Veröffentlichungen
des Max-Planck-Instituts für Geschichte
110

VERÖFFENTLICHUNGEN
DES MAX-PLANCK-INSTITUTS FÜR GESCHICHTE
110

# Lebensläufe, Familien, Höfe

Die Bauern und Heuerleute
des Osnabrückischen Kirchspiels Belm
in proto-industrieller Zeit, 1650–1860

von

Jürgen Schlumbohm

2., durchgesehene Auflage

VANDENHOECK & RUPRECHT
GÖTTINGEN · 1997

Die Deutsche Bibliothek – CIP-Einheitsaufnahme

*Schlumbohm, Jürgen:*
Lebensläufe, Familien, Höfe : die Bauern und Heuerleute des
Osnabrückischen Kirchspiels Belm in proto-industrieller Zeit,
1650–1860 / von Jürgen Schlumbohm. – 2., durchges. Aufl. –
Göttingen : Vandenhoeck und Ruprecht, 1997
(Veröffentlichungen des Max-Planck-Instituts für Geschichte ; 110)
ISBN 3-525-35647-1

2., durchgesehene Auflage 1997

© 1997, 1994 Vandenhoeck & Ruprecht in Göttingen. Printed in Germany. – Alle Rechte vorbehalten. Das Werk einschließlich aller seiner Teile ist urheberrechtlich geschützt. Jede Verwertung außerhalb der engen Grenzen des Urheberrechtsgesetzes ist ohne Zustimmung des Verlages unzulässig und strafbar. Das gilt insbesondere für Vervielfältigungen, Übersetzungen, Mikroverfilmungen und die Einspeicherung und Verarbeitung in elektronischen Systemen.
Gesamtherstellung: Hubert & Co., Göttingen

# Inhalt

| | | |
|---|---|---|
| Vorwort | | 17 |
| 1. | Einleitung: Fragen – Methoden – Quellen | 19 |
| 2. | Das Kirchspiel Belm vom 16. zum 19. Jahrhundert: Bevölkerung – soziale Struktur – Wirtschaft im Überblick | 46 |
| 2.1. | Bevölkerung und Landbesitz | 46 |
| 2.2. | Prinzipielle Konflikte um die Ansiedlung der landlosen Haushalte | 59 |
| 2.3. | Leinengewerbe und andere nicht-agrarische Erwerbsquellen | 66 |
| 2.4. | Von der Expansion zur Krise | 75 |
| 2.5. | Vergleichender Ausblick – Fragen | 94 |
| 3. | Demographie: Verhaltensweisen von Großbauern, Kleinbauern und Landlosen | 96 |
| 3.1. | Modelle des demographisch-ökonomischen Systems im vorindustriellen Europa | 96 |
| 3.2. | Familiengründung: Heiratsalter – Sexualität vor der Ehe – Ehelosigkeit | 99 |
| 3.3. | Eheliche Fruchtbarkeit | 140 |
| 3.4. | Sterblichkeit – Lücken füllen: Mortalität von Säuglingen, Kindern, Müttern – Dauer der Ehen – Wiederverheiratung | 152 |
| 3.5. | Schlußfolgerungen | 185 |
| 4. | Haushalte: Großfamilien – Kernfamilien | 191 |
| 4.1. | Theorien und Probleme | 191 |
| 4.2. | Größe der Haushalte | 197 |
| 4.3. | Kinder, Gesinde und die schichtspezifische Altersstruktur der Haushalte | 213 |

| | | |
|---|---|---|
| 4.4. | Haushalte ohne Hausfrau, Haushalte ohne Hausherr, Konkubinate | 233 |
| 4.5. | Witwen, Witwer, Alte, Arme und die Frage des Mehrgenerationen-Haushalts | 252 |
| 4.6. | Schlußfolgerung | 290 |
| 5. | Lebensläufe: Kindheit und Jugend – Elternhaus und Dienst in fremdem Haus | 294 |
| 5.1. | Thesen und Fragen | 294 |
| 5.2. | Eingebettet in Familie, Verwandtschaft, Hof: leibliche und Stiefkinder, uneheliche und Pflegekinder | 296 |
| 5.3. | Zäsuren: Konfirmation, Erstkommunion, Ende des Schulbesuchs | 324 |
| 5.4. | Eine Phase erhöhter Mobilität: Gesindedienst und Alternativen | 337 |
| 5.5. | Schlußbemerkung | 365 |
| 6. | Lebensläufe und Strategien: Heiraten – (s)einen Platz einnehmen in der inegalitären Gesellschaft | 368 |
| 6.1. | Einleitung | 368 |
| 6.2. | Soziale Immobilität und soziale Mobilität: Umriß | 370 |
| 6.3. | Vererbung der Höfe: Norm und Praxis | 379 |
| 6.4. | Ehen von Bauern | 411 |
| 6.4.1. | Hochzeitsfeier | 411 |
| 6.4.2. | Anerbe/Anerbin des Hofes und einheiratender Teil, der ‚Brautschatz' | 418 |
| 6.4.3. | Mehrfache Heirats-Allianzen zwischen zwei Höfen – arrangierte Ehen? | 430 |
| 6.4.4. | Hofübergabe an die Jungen – Rückzug der Alten auf die Leibzucht | 444 |
| 6.4.5. | Wiederheiraten und ihre Auswirkungen auf die Erbfolge | 451 |
| 6.5. | Der Hof als lebenslange und vererbbare Versorgung | 480 |
| 6.5.1. | Vorherrschendes Muster und Ausnahmen | 480 |
| 6.5.2. | Familienstrategien: erweiterte Möglichkeiten und neue Risiken im Gefolge der Agrarreformen | 494 |
| 6.5.3. | Kontinuität des Hofes und/oder des ‚Geblüts': bäuerliches Erbhof-Denken? | 506 |
| 6.6. | Ehen der Landlosen | 524 |

| | | |
|---|---|---|
| 7. | Höfe: Verbund bäuerlicher und landloser Haushalte | 539 |
| 7.1. | Einleitung | 539 |
| 7.2. | Bauern und ihre Nebenhausbewohner: Umriß der quantitativen Entwicklung | 540 |
| 7.3. | Das Verhältnis des Bauern zu seinen Heuerleuten: ein Hof mit schriftlicher Überlieferung | 543 |
| 7.4. | Das Verhältnis zwischen Bauer und seinen Heuerleuten: Dauer und Mobilität | 570 |
| 7.5. | Verwandtschaft zwischen Bauer und seinen Heuerleuten – Verwandtschaftsbeziehungen unter Heuerleuten – Patenschaft | 582 |
| 7.6. | „Die Bauern fressen die Heuersleute auf" | 606 |
| 7.7. | Schlußbemerkungen: Patron-Klienten-Beziehung und/oder Selbstbewußtsein als Klasse | 615 |
| 8. | Statt einer Zusammenfassung: Soziale Ungleichheit und soziale Integration als Lebenserfahrung | 621 |

| | |
|---|---|
| Technische Hinweise | 625 |
| Maße und Währungseinheiten | 625 |
| Erläuterung zu den Verwandtschaftsdiagrammen | 626 |
| Erläuterungen zu den Karten-Beilagen | 627 |
| Tabellen-Anhang | 630 |
| Verzeichnis der benutzten Quellen | 646 |
| Verzeichnis der benutzten Literatur | 650 |
| Glossar | 686 |
| Sachregister | 688 |

# Verzeichnis der Grafiken

| | | |
|---|---|---|
| 2.01 | Einwohnerzahl des Kirchspiels Belm, 17. bis 19. Jahrhundert | 48 |
| 2.02 | Anteil der besteuerten privaten landwirtschaftlichen Nutzfläche an der Gesamtfläche des Kirchspiels Belm, 1667-1723-1806 | 49 |
| 2.03 | Bevölkerung und soziale Schichtung im Kirchspiel Belm, 16. bis 19. Jahrhundert | 55 |
| 2.04 | Lorenzkurven: Verteilung des privaten Grundbesitzes im Kirchspiel Belm, 1651/67 und 1806/12 | 56 |

| | | |
|---|---|---|
| 2.05a | Leinenverkauf auf der Stadtlegge Osnabrück: Zahl der Stücke und Menge in Meter pro Jahr, 1771/1806–1880 | 76 |
| 2.05b | Dgl., 9jährig gleitende Durchschnitte | 77 |
| 2.05c | Dgl., Durchschnitte pro Jahrzehnt | 78 |
| 2.06a | Gesamtwert der Leinenverkäufe auf der Stadtlegge Osnabrück (in Taler vereinheitlicht) pro Jahr, 1806–1880 | 79 |
| 2.06b | Dgl., 9jährig gleitende Durchschnitte | 80 |
| 2.06c | Dgl., Durchschnitte pro Jahrzehnt | 81 |
| 2.07a | Durchschnittspreis des Leinens auf der Stadtlegge Osnabrück (in Taler vereinheitlicht – je 100 Meter) und Quotient Leinenpreis:Roggenpreis, pro Jahr, 1806–1861/80 | 82 |
| 2.07b | Dgl., 9jährig gleitende Durchschnitte | 83 |
| 2.07c | Dgl., Durchschnitte pro Jahrzehnt | 84 |
| 2.08a | Jährliche Roggenpreise in Osnabrück (in Taler vereinheitlicht – je Osnabrückischen Malter), 1647–1861 | 85 |
| 2.08b | Dgl., 9jährig gleitende Durchschnitte | 86 |
| 2.08c | Dgl., Durchschnitte pro Jahrzehnt | 87 |
| 3.01 | Durchschnittliches Alter der Frauen bei der Erstehe, 1651–1860 | 102 |
| 3.02 | Durchschnittliches Alter der Männer bei der Erstehe, 1651–1860 | 103 |
| 3.03 | Anteil der unehelich Geborenen an der Gesamtzahl aller Geborenen und Anteil der vorehelichen Konzeptionen an allen ehelichen Erstgeburten, 1651–1860 | 124 |
| 3.04 | Säuglings- und Kindersterblichkeit, 1771–1858 | 158 |
| 6.01 | Hofbesitzerfolge auf dem Meyerhof zu Belm, 1806–1860 | 414 |
| 6.02 | Heiratsbeziehungen zwischen den Höfen Rolf und Sudendarp, 1778–1815 | 431 |
| 6.03 | Heiratsbeziehungen zwischen den Höfen Lahmann und Placke, 1852 | 434 |
| 6.04 | Heiratsbeziehungen zwischen den Höfen Holtgreve, Meikinghaus und Althoff, 1807–1835 | 434 |
| 6.05 | Heiratsbeziehungen zwischen den Höfen Aulbrand und Tiemann, 1760–1860 | 435 |
| 6.06 | Hofbesitzerfolge auf dem Hof Vincke in Gretesch, 1757–1838 | 468 |
| 6.07 | Hofbesitzerfolge auf dem Vollerbe Wiebold in Vehrte, 1651–1867 | 476 |
| 6.08 | Hofbesitzerfolge auf dem Meyerhof zu Belm, 1716–1815, und Bewerber um den Hof, 1803–1809 | 510 |
| 7.01 | Verwandtschaft zwischen dem Vollerben Weghorst und einem seiner Heuerleute, ca. 1765–1835 | 584 |
| 7.02 | Verwandtschaft zwischen dem Vollerben Niederrielage und einem seiner Heuerleute, 1772 | 586 |

# Verzeichnis der Tabellen im Text

| | | |
|---|---|---|
| 2.01 | Einwohnerzahl des Kirchspiels Belm, 17. bis 19. Jahrhundert | 48 |
| 2.02 | Umfang der besteuerten privaten landwirtschaftlichen Nutzfläche im Kirchspiel Belm, 1667–1723–1806 | 49 |
| 2.03 | Zahl der Haushalte und Zahl der Höfe im Kirchspiel Belm, 16. bis 19. Jahrhundert | 54 |
| 2.04 | Verteilung des privaten Grundbesitzes im Kirchspiel Belm, 1651/1667 und 1806/1812 | 57 |
| 2.05 | Umfang des Leinenverkaufs von Haushalten des Kirchspiels Belm, 1809–1814 und 1847–1849, nach sozialer Schicht | 70 |
| 2.06 | Jährliche Zahl der auswandernden Personen aus dem Kirchspiel Belm, 1832–1848 | 91 |
| 3.01 | Durchschnittliches Alter bei der Erstehe, nach sozialer Schicht, 1651–1860 | 100 |
| 3.02 | Durchschnittlicher Altersabstand zwischen Bräutigam und Braut, nach ihrem vorherigen Familienstand sowie nach sozialer Schicht, 1651–1860 | 106 |
| 3.03 | Durchschnittliches Alter bei der Erstehe, nach sozialer Schicht des Bräutigams und des Vaters, 1741–1860 | 116 |
| 3.04 | Durchschnittliches Alter von Groß- und Kleinbauern sowie deren Frauen in beidseitigen Erstehen, je nachdem, ob der Mann Anerbe oder die Frau Anerbin des Hofes war, 1741–1860 | 117 |
| 3.05 | Anteile der Erstehen und Wiederheiraten sowie Heiraten von Witwern und Witwen nach dem vorherigen Familienstand des Partners und nach sozialer Schicht, 1711/1741–1860 | 119 |
| 3.06 | Durchschnittliches Heiratsalter, nach dem vorherigen Familienstand von Braut und Bräutigam, 1651–1860 | 120 |
| 3.07 | Durchschnittliches Heiratsalter, nach dem vorherigen Familienstand von Braut und Bräutigam sowie nach sozialer Schicht, 1741–1860 | 121 |
| 3.08 | Anteil der unehelich Geborenen an der Gesamtzahl aller Geborenen und Anteil der vorehelichen Konzeptionen an allen ehelichen Erstgeburten, 1651–1860 | 122 |
| 3.09 | Anteil der vorehelichen Konzeptionen an allen ehelichen Erstgeburten, nach Konfession und sozialer Schicht der Eltern, 1711–1860 | 126 |
| 3.10 | Anteil der Ehepaare mit einem gemeinsamen vorehelich geborenen Kind, nach Konfession und sozialer Schicht, 1711–1860 | 132 |
| 3.11 | Durchschnittliches Alter der Frauen und Männer bei der Geburt ihres ersten Kindes, nach sozialer Schicht und nach Legitimität des ersten Kindes, 1741–1860 | 134 |

| | | |
|---|---|---|
| 3.12 | Durchschnittliches Alter bei der Erstehe, nach sozialer Schicht und nach Legitimität des ersten Kindes, 1741–1860 | 136 |
| 3.13 | Altersspezifische eheliche Fruchtbarkeit, nach Heiratsperiode, nach Heiratsalter der Frau und nach sozialer Schicht, 1651–1858 | 142 |
| 3.14 | Durchschnittliches Alter der Frau bei der letzten Geburt in vollständigen Ehen, nach sozialer Schicht und Heiratsalter, 1651–1860 | 146 |
| 3.15 | Zahl der je Ehe geborenen Kinder, nach Heiratsperiode, sozialer Schicht und Heiratsalter der Frau, 1651–1860 | 150 |
| 3.16 | Säuglings- und Kindersterblichkeit, nach Periode, sozialer Schicht, Konfession, Geschlecht, Einzel- oder Zwillingsgeburt sowie nach Überleben oder vorhergehendem Tod von Mutter oder Vater, 1741/1771–1858 | 153 |
| 3.17 | Müttersterblichkeit, nach Periode, Geburtsrang des Kindes, Lebend- oder Totgeburt, Einzel- oder Mehrlingsgeburt, sozialer Schicht, Konfession sowie nach dem zeitlichen Abstand zur Entbindung, 1711/1814–1858 | 162 |
| 3.18 | Durchschnittliches Sterbealter verheirateter Frauen und Männer, nach Heiratsjahrzehnt, 1691–1810 | 169 |
| 3.19 | Durchschnittliche Ehedauer, nach Heiratsalter von Frau und Mann, 1691–1810 | 171 |
| 3.20 | Durchschnittliches Alter der Frauen und Männer bei ihrer Verwitwung und Dauer der definitiven Witwen- bzw. Witwerschaft, 1691–1810 | 172 |
| 3.21 | Wiederheiraten von Witwen und Witwern, nach Periode, Alter und sozialer Schicht, 1691–1858 | 176 |
| 3.22 | Frauen und Männer nach ihrem Alter bei der Verwitwung, 1691–1810 | 183 |
| 3.23 | Schätzung der durchschnittlichen Dauer des Stillens, nach Periode, Geschlecht des Kindes und sozialer Schicht, 1651–1858 | 186 |
| 4.01 | Zahl der Personen in verschiedenen Haushaltspositionen, nach sozialer Schicht, 1651–1772–1858 | 198 |
| 4.02 | Durchschnittliche Größe und Zusammensetzung der Haushalte, nach sozialer Schicht, 1651–1772–1812–1858 | 201 |
| 4.03 | Verteilung der Haushalte auf verschiedene Größenklassen, nach sozialer Schicht, 1651–1772–1858 | 211 |
| 4.04 | Die Haushalte nach der Zahl ihrer Gesindepersonen und nach sozialer Schicht, 1651–1772–1858 | 214 |
| 4.05 | Die großbäuerlichen Haushalte nach der Zahl der Kinder „über 14 Jahr" und der Zahl der Gesindepersonen, 1772 | 217 |
| 4.06 | Die großbäuerlichen Haushalte nach der Zahl der Kinder ab 14 Jahre und der Zahl der Gesindepersonen, 1858 | 218 |
| 4.07 | Die Gesindepersonen nach Geschlecht, 1651–1772–1812–1858 | 222 |

| | | |
|---|---|---|
| 4.08 | Die Gesindepersonen nach Geschlecht und Alter, 1812 und 1858 | 223 |
| 4.09 | Die männlichen und weiblichen Personen nach Alter und sozialer Schicht, 1812 | 226 |
| 4.10 | Die männlichen und weiblichen Personen nach Alter und sozialer Schicht, 1858 | 228 |
| 4.11 | Geschlechtsproportion nach sozialer Schicht, 1651 und 1772 | 230 |
| 4.12 | Geschlechtsproportion nach Alter und sozialer Schicht, 1812 und 1858 | 231 |
| 4.13 | Die Haushalte nach dem Anteil der Kinder unter 14 Jahren und der Personen ab 60 Jahren an der Gesamtzahl der Haushaltsmitglieder, sowie nach sozialer Schicht, 1858 | 232 |
| 4.14 | Die Haushalte nach der Geschlechtsproportion ihrer Mitglieder ab 14 Jahre und nach sozialer Schicht, 1858 | 232 |
| 4.15 | Haushalte ohne Hausvater, Haushalte ohne Hausmutter, Haushalte mit Hausvater und Hausmutter, nach sozialer Schicht, 1651-1772-1858 | 234 |
| 4.16 | Haushalte ohne Hausvater nach der Zahl der männlichen Haushaltsmitglieder (ohne Kinder) sowie Haushalte ohne Hausmutter nach der Zahl der weiblichen Haushaltsmitglieder (ohne Kinder), jeweils nach sozialer Schicht, 1772 und 1858 | 236 |
| 4.17 | Die verwitweten Personen nach ihrer Stellung im Haushalt und nach sozialer Schicht, 1772 und 1858 | 254 |
| 4.18 | Die Altenteiler großer und kleiner Höfe nach Geschlecht, Familienstand und Stellung im Haushalt, 1772 und 1858 | 257 |
| 4.19 | Haushalte mit Vater und/oder Mutter des Haushaltsvorstands oder seiner Ehefrau, nach sozialer Schicht, 1772 und 1858 | 264 |
| 4.20 | Verschiedene Haushaltstypen, nach sozialer Schicht, 1651-1772-1858 | 268 |
| 4.21 | Die Haushalte nach Größe, Getreidemangel und sozialer Schicht, 1772 | 271 |
| 4.22 | Die Haushalte nach Zahl der Kinder „unter 14 Jahr", Getreidemangel und sozialer Schicht, 1772 | 273 |
| 5.01 | Die Haushalte nach der Zahl der Kinder des Haushaltsvorstands und nach sozialer Schicht, 1651 | 297 |
| 5.02 | Die Haushalte nach der Zahl der Kinder und nach sozialer Schicht, 1772 | 298 |
| 5.03 | Die Haushalte nach der Zahl der Kinder des Haushaltsvorstands und nach sozialer Schicht, 1858 | 299 |
| 5.04 | Die Kinder der Haushaltsvorstände nach der Größe der Geschwistergruppe, in der sie leben, und nach sozialer Schicht, 1651 | 300 |
| 5.05 | Die Kinder der Haushaltsvorstände nach der Größe der Geschwistergruppe, in der sie leben, und nach sozialer Schicht, 1772 | 301 |

| | | |
|---|---|---|
| 5.06 | Die Kinder der Haushaltsvorstände nach der Größe der Geschwistergruppe, in der sie leben, und nach sozialer Schicht, 1858 | 302 |
| 5.07 | Die männlichen und weiblichen Ledigen nach Alter und Stellung im Haushalt, 1858 | 303 |
| 5.08 | Die Kinder der Haushaltsvorstände nach Art des Kindschaftsverhältnisses und nach sozialer Schicht, 1858 | 305 |
| 5.09 | Die unehelich Geborenen unter 15 Jahren nach Art der verwandtschaftlichen Beziehung zu anderen Personen des Haushalts, in dem sie leben, 1858 | 308 |
| 5.10 | Die Erstkommunikanten (kathol.) und Konfirmanden (luther.) nach Alter und Geschlecht in ausgewählten Jahren, 17. bis 19. Jahrhundert | 332 |
| 5.11 | Der Anteil der Gesindepersonen an einzelnen Altersgruppen, nach Geschlecht, 1858 | 339 |
| 5.12 | Die Männer und Frauen, die zwischen dem 1.2.1812 und dem 31.12.1815 erstmals heirateten, nach ihrer Stellung im Haushalt zur Zeit der Volkszählung vom Januar 1812, sowie nach der Schichtzugehörigkeit ihrer Väter | 343 |
| 5.13 | Kinder von Groß- und Kleinbauern, die zwischen dem 1.2.1812 und dem 31.12.1815 erstmals heirateten, nach ihrer Stellung im Haushalt zur Zeit der Volkszählung vom Januar 1812, sowie nach ihrem späteren Status | 346 |
| 5.14 | Die Männer und Frauen, die zwischen dem 4.12.1852 und dem 3.12.1858 erstmals heirateten, nach ihrer Stellung im Haushalt zur Zeit der Volkszählung vom 3.12.1852, sowie nach der Schichtzugehörigkeit ihrer Väter | 350 |
| 5.15 | Kinder von Groß- und Kleinbauern, die zwischen dem 4.12.1852 und dem 3.12.1858 erstmals heirateten, nach ihrer Stellung im Haushalt zur Zeit der Volkszählung vom 3.12.1852, sowie nach ihrem späteren Status | 352 |
| 5.16 | Die am Ort geborenen Gesindepersonen nach Geschlecht und Schichtzugehörigkeit ihrer Väter, 1858 | 353 |
| 5.17 | Die Personen, die 1852 *und* 1858 Gesinde waren, nach Geschlecht und Wechsel des Dienstherrn | 358 |
| 6.01 | Die Männer, die 1771 bis 1860 ihre erste Ehe schlossen, nach ihrer Schichtzugehörigkeit und nach der ihrer Väter, sowie nach Heiratsperiode | 371 |
| 6.02 | Die Frauen, die 1771 bis 1860 ihre erste Ehe schlossen, nach der Schichtzugehörigkeit ihrer Ehemänner und ihrer Väter, sowie nach Heiratsperiode | 374 |
| 6.03 | Die Männer und Frauen, die 1771 bis 1860 ihre erste Ehe schlossen, nach ihrer Schichtzugehörigkeit und nach der ihrer Väter, sowie nach Heiratsperiode | 377 |

| | | |
|---|---|---|
| 6.04 | Art der Besitzwechsel auf großen und kleinen Höfen | 384 |
| 6.05 | Die Anerben großer und kleiner Höfe nach Geschlecht und Zeit der Hofübernahme | 386 |
| 6.06 | Übergaben großer und kleiner Höfe an männliche Anerben, nach Beachtung bzw. Nicht-Beachtung des Vorrechts des jüngsten Sohnes | 388 |
| 6.07 | Große und kleine Höfe nach Bevorzugung des jüngsten oder des ältesten Sohnes als Anerben | 392 |
| 6.08 | Männliche und weibliche Anerben großer und kleiner Höfe, nach dem Geschlecht des auf sie folgenden Anerben | 404 |
| 6.09 | Konfessionell gemischte Ehen in % aller Ehen, nach sozialer Schicht und Heiratsperiode | 419 |
| 6.10 | Konnubium der Anerben und Witwer auf großen und kleinen Höfen | 421 |
| 6.11 | Konnubium der Anerbinnen und Witwen auf großen und kleinen Höfen | 422 |
| 6.12 | Die soziale Mobilität von Groß- und Kleinbauernsöhnen, nach dem Rang der Ehe ihrer Eltern | 473 |
| 6.13 | Die soziale Mobilität von Groß- und Kleinbauerntöchtern, nach dem Rang der Ehe ihrer Eltern | 474 |
| 7.01 | Durchschnittliche Zahl der Haushalte und Personen je Hof, 1651-1772-1858 | 541 |
| 7.02 | Die Heuerleute des Meyerhofs zu Belm, ihre Ausstattung mit Wohnraum und Land sowie ihr Miet- und Pachtzins, 1774-1813-1827 | 560 |
| 7.03 | Die Verhältnisse der Heuerleute in den Ortschaften des Kirchspiels Belm, 1847 | 568 |
| 7.04 | 50 ausgewählte Heuerlingsfamilien nach ihrer Verweildauer auf einem Hof, ab 1833 | 580 |
| 7.05 | Die Taufpaten nach Geschlecht und Familienstand, 1767-1777 und 1850-60 (Stichproben) | 596 |
| 7.06 | Die Taufpaten und Eltern des Täuflings nach Konfession, sozialer Schicht, Verwandtschaft und Colon-Heuerling-Beziehung, 1767-1777 und 1850-1860 (Stichproben) | 598 |

## Verzeichnis der Tabellen im Anhang

1 Roggenpreise in Osnabrück (Taler je Osnabrückischen Malter), 1647–1861 .................................................. 630
2 Leinenverkauf auf der Stadtlegge Osnabrück: Menge, Wert und Durchschnittspreis pro Jahr und pro Jahrzehnt, 1770/1806–1880 ......... 634
3 Im Kirchspiel Belm – auswärts Geborene nach Stellung im Haushalt und nach sozialer Schicht, 1858 ................................. 641
4 Die männlichen und weiblichen Personen nach Alter und Familienstand, 1812 ................................................ 642
5 Die männlichen und weiblichen Personen nach Alter und Familienstand, 1858 ................................................ 644

## Verzeichnis der Abbildungen

1 Das Ortszentrum von Belm mit den beiden Kirchen auf einem Postkarten-Foto, ca. 1970 .......................................... 33
2 Haupthaus des Vollerbes Vincke, Gretesch, von 1766 ............ 203
3 Haupthaus des Vollerbes Recker, Gretesch, von 1796 ............ 204
4 Haupthaus des Halberbes Droste, Vehrte, von 1751 ............. 205
5 Markkotten Steinbrink in Icker .............................. 206
6 Heuerlingskotten des Markkötters Christopher, Haltern, von 1840 ... 207
7 Heuerlingskotten des Vollerbes Voß, Gretesch, von 1780 ......... 208
8 Grundrißskizzen von Bauernhäusern und Heuerlingskotten in verschiedenen Ortschaften des Osnabrücker Landes ..................... 209
9 Grundrißskizze und Beschreibung eines Doppel-Heuerhauses aus dem Jahre 1847 ................................................ 210
10 Foto eines großbäuerlichen Ehepaares ........................ 409

## Nachweis zu den Abbildungen

Abb. 1: Postkarte, Verlag Stramm & Co, St. Michaelisdonn
Abb. 2–7: Niedersächsisches Landesverwaltungsamt Hannover, Institut für Denkmalpflege
Abb. 8: Aus SCHLOEMANN 1925, Anhang
Abb. 9: Aus FUNKE 1847 S. 6 f.
Abb. 10: Aus VINCKE 1950 bei S. 38

## Verzeichnis der Karten-Beilagen

(am Schluß des Bandes; Erläuterungen S. 627–629)

1 Das Kirchdorf Belm sowie der Meyerhof zu Belm mit seinen Heuerlingskotten, 1784
2 Die Bauerschaft Icker mit einem Teil ihrer Mark, 1785/89
3 Teil der Bauerschaft Powe mit dem Meyerhof zu Osterhus und seinen Heuerlingskotten, 1785/86
4 Das Kirchspiel Belm, 1834–1850

# Vorwort

Ein wissenschaftliches Werk hat bekanntlich seine eigene Geschichte. Auch wenn es nicht auf einem personalintensiven Großprojekt, sondern eher einem Ein-Mann-Unternehmen beruht, ist sein Entstehen kaum denkbar ohne Anregungen, Kontakte und Hilfen vielfältiger Art. Nur einige der wichtigsten können hier namentlich erwähnt werden; mein Dank gilt zugleich vielen weiteren Menschen und Institutionen, die mein Vorhaben in der einen oder anderen Form gefördert haben.

Hervorgegangen ist dies Buch aus dem Projekt „Proto-Industrialisierung", das Peter Kriedte, Hans Medick und ich am Max-Planck-Institut für Geschichte in Göttingen betrieben haben. Der Austausch und die Zusammenarbeit mit beiden hatte für mich grundlegende Bedeutung. Zahlreiche Gespräche, die ich mit David Sabean während seiner Göttinger Jahre und danach geführt habe, waren gleichermaßen anregend. Rudolf Vierhaus hat unermüdlich Ansporn, Ermutigung, Unterstützung geboten – persönlich und als Direktor am Max-Planck-Institut für Geschichte.

Überhaupt hätte die Forschung, auf der dies Buch beruht, schwerlich außerhalb des Kontexts dieses Instituts so durchgeführt werden können. Das gilt für die wissenschaftlichen Anregungen, die der Austausch mit Kolleginnen und Kollegen sowie zahlreichen Gästen aus vielen Ländern bot, aber auch für die praktische Arbeit. Kornelia Draws, Jutta Tschentscher-Dauskardt, Gerlinde Müller und Brigitte Kamp-Fittkau leisteten nacheinander über eine Reihe von Jahren unentbehrliche Hilfe bei der Eingabe der Quellen und Verarbeitung der Daten. Wichtig waren bei allen EDV-Fragen Rat und Unterstützung durch Manfred Thaller und Michael Goerke. Bei der Erstellung des Manuskripts gab Brigitte Weiß alle Tabellen und die zahllosen Überarbeitungen des Textes mit unveränderlicher Sorgfalt ein; Birgitt Sippel fertigte die Grafiken an.

Dank sage ich allen beteiligten Archiven, den staatlichen, kirchlichen und privaten, für die großzügige Unterstützung meiner Arbeit. Besondere Erwähnung verdienen die stete Hilfsbereitschaft der Damen und Herren des Niedersächsischen Staatsarchivs Osnabrück, das außerordentliche Entgegenkommen des katholischen und des evangelisch-lutherischen Pfarrers von Belm sowie die Gastfreundschaft, mit der Frau Meta Meyer zu Belm mir die Akten ihres Hofarchivs zur Benutzung überließ.

Eine erste Fassung des Buch-Manuskripts wurde im Frühjahr 1992 vom Fachbereich Sozialwissenschaften der Carl-von-Ossietzky-Universität Oldenburg als Habilitationsschrift angenommen; mein Dank gilt insbesondere den Gutachtern und den Mitgliedern der Kommission.

Daß eine wissenschaftliche Arbeit dieser Art, auch wenn sie die Familie zum Gegenstand hat, nicht immer leicht vereinbar ist mit dem, was das Leben in einer realen Familie ausmacht, wissen meine Frau und meine Kinder am besten. Ihnen danke ich für Geduld und Widerspruch.

Göttingen, am Ende des Jahres 1992                                      Jürgen Schlumbohm

# 1. Einleitung: Fragen – Methoden – Quellen

Diese Studie untersucht eine lokale Gesellschaft und ihren Wandel in wesentlichen Aspekten bis in die kleinsten Einheiten hinein: Sie geht den Familiengeschichten, ja den einzelnen Lebensläufen nach, und sie fragt nach den Banden, welche Eigentumslose und besitzende Bauern mehr oder weniger spannungsreich miteinander verknüpften. Insofern versteht sie sich als ein Versuch der ‚Mikro-Geschichte' – freilich einer spezifischen Art von Mikro-Geschichte. Denn sie erzählt von den ‚gewöhnlichen Menschen' nicht primär ungewöhnliche Geschichten aufgrund außerordentlicher Dokumente, sondern unternimmt es, die gewöhnlichen Lebensgeschichten der einfachen Menschen aufgrund der ‚normalen' Massenquellen zu rekonstruieren und erzählend wie analysierend darzustellen. Gerade dadurch treten die Männer und Frauen einer frühneuzeitlichen ländlichen Gesellschaft als Handelnde mit eigenen Zielen und Gestaltungsmöglichkeiten hervor. Auf dieser breiten Basis ruht dann die Interpretation einzelner ausführlich überlieferter Konfliktfälle; sie erlaubt tiefere Einblicke in die Vorstellungen und Motive, welche dem Verhalten und den Strategien der Menschen zugrundelagen. Diese Mikro-Historie stellt sich der ‚Makro-Geschichte' nicht schlicht entgegen, sondern möchte sie zu einem produktiven Dialog herausfordern.

Begonnen wurde diese Arbeit als lokale Fallstudie zur ‚Proto-Industrialisierung'[1]: Durch die detaillierte Untersuchung einiger kleinräumiger Gesellschaften sollte überprüft werden, wieweit die Hypothesen, welche die Theorie über den Zusammenhang von wirtschaftlichem, sozialem und demographischem Wandel im frühneuzeitlichen Europa aufgestellt hatte, empirisch bestätigt werden konnten oder aber zu modifizieren und weiter zu verfeinern waren.[2] Dabei war dem Verfahren der Mikro-Analyse von vornherein eine zentrale Rolle zugedacht. Als Vorbild diente die historische Demographie, die seit den 1950er Jahren dazu übergegangen war, ihre Aussagen auf die Auswertung der Daten aller namentlich rekonstruierten Familien von jeweils

---

[1] MENDELS 1972; KRIEDTE/MEDICK/SCHLUMBOHM 1977.
[2] Siehe KRIEDTE/MEDICK/SCHLUMBOHM 1977 S. 7, 34f. Peter Kriedte wandte sich der vom Seidengewerbe geprägten Stadt Krefeld samt ihrem Umland zu, Hans Medick dem Leinenort Laichingen auf der Schwäbischen Alb, siehe KRIEDTE 1991; KRIEDTE 1986; KRIEDTE 1983; KRIEDTE 1982; MEDICK 1982a; MEDICK 1983; MEDICK 1986; MEDICK 1991a.

einer Gemeinde zu gründen, und die auf diesem Wege zu einem wesentlich vertieften Verständnis demographischer Verhaltensweisen im vorindustriellen Europa gelangt war.[3] Im Unterschied zu der Vielzahl der Monographien, die aus dieser Teildisziplin hervorgegangen waren, sollte freilich die Isolierung der demographischen Aspekte überwunden und die Analyse auf ökonomische und soziale Fragen ausgedehnt werden, und zwar ebenfalls aufgrund namentlich zu erhebender Quellen: Die verfügbaren nominativen Daten über Haushaltszusammensetzung, Besitz, Einkommen galt es in die Familienrekonstitution zu integrieren. Gerade begannen auch führende Vertreter der historischen Demographie, diesen Weg erwartungsvoll ins Auge zu fassen: „Die Methode der Familienrekonstitution, ergänzt durch den Rückgriff auf alle nominativen Quellen, könnte für die Sozialgeschichte das werden, was das Mikroskop für die Biologie geworden ist."[4]

Je mehr dies methodische Konzept tatsächlich in Forschungspraxis umgesetzt wurde, desto deutlicher wurden einerseits die praktischen Schwierigkeiten, andererseits die weitreichenden Möglichkeiten, die mit ihm verbunden sind. Hatte erst die Verfügbarkeit maschineller Datenverarbeitung es möglich gemacht, ein derart umfassendes Projekt für eine größere sozial differenziert und über einen langen Zeitraum zu untersuchende Gemeinde in Angriff zu nehmen, so stellte sich doch heraus, daß weder eine ‚historische Fachinformatik' noch eine entsprechende Software bereits so weit entwickelt waren, daß die Erfassung, Aufbereitung, systematische Verknüpfung und Auswertung solcher Massen historischer – und das heißt hier: nur mäßig standardisierter – Informationen problemlos gewesen wäre. Dieser neue Zweig historischer Hilfswissenschaften und die auf ihn angewiesene inhaltliche Forschung konnten nur durch geduldig ausdauernde, für beide Seiten manchmal mühsame Kooperation vorankommen.[5] Das enorme Ausmaß des Arbeitsaufwands, den ein solches Forschungsprojekt auch bei fortschreiten-

---

[3] Zu den technischen Aspekten des Verfahrens s. FLEURY/HENRY 1976; HENRY/BLUM 1988. Die Pionierstudie war GAUTIER/HENRY 1958. Als Vorläufer verdient ROLLER 1907 genannt zu werden. Auch die rassebiologisch motivierte Bevölkerungswissenschaft hatte in Deutschland ähnliche Verfahren entwickelt, s. IMHOF 1977 S. 21 ff.

[4] So 1979 die deutsche Fassung eines Konferenzpapiers von Jacques Dupâquier; in der Druckfassung DUPÂQUIER 1981a S. 170 etwas abgeschwächt: „... comment un historien ne serait-il pas tenté d'utiliser le magnifique instrument inventé par Louis Henry pour faire plus que de la démographie historique? La méthode de reconstitution des familles, complétée par le recours à toutes les sources nominatives, pourrait devenir, pour l'histoire sociale en général, et pas seulement pour l'histoire démographique, le plus précieux des instruments." Vgl. DUPÂQUIER 1984 S. 172 ff.

[5] Siehe dazu sowie zu dem bei der Datenerfassung, -aufbereitung und -verknüpfung verwendeten Programmsystem CLIO bzw. KLEIO THALLER 1981; THALLER 1991. – Statistische Auswertungen wurden mit SPSS-X vorgenommen, dazu SPSS-X 1988.

der Technologie mit sich brachte, dürfte in der Tat die Ursache dafür sein, daß dergleichen umfassende Mikro-Analysen bisher nur vereinzelt zu Ende geführt werden konnten.

War jedoch auf dem mühsamen Weg der Rekonstruktion der sozialen und demographischen Umrisse aller Lebensläufe und Familiengeschichten erst einmal ein gutes Stück zurückgelegt, so zeigte sich, daß hier noch mehr zu erreichen war als genauere und tiefergreifende Antworten auf die alten Fragen. Diese Form der ‚Mikro-Geschichte' eröffnete vielmehr den Zugang zu einer neuen Dimension des historischen Prozesses, die einer auf die Makro-Ebene fixierten ‚historischen Sozialwissenschaft' weitgehend verschlossen geblieben war. Es ergab sich die Chance zu einer grundsätzlich veränderten Betrachtungsweise, wenn die Menschen, deren familiale und soziale Vita Stück für Stück wie ein Mosaik rekonstruiert wurde, nicht nur als Träger quantifizierbarer Merkmale benutzt, sondern als Handelnde mit eigenen Zielen und Strategien ernstgenommen wurden.

Die Sozialgeschichte und die historische Demographie hatten ihr Interesse mit Entschiedenheit der Masse der Bevölkerung zugewandt und so die Einengung des Blickwinkels auf den kleinen Kreis der Eliten, wie sie einen großen Teil der älteren politik- und geistesgeschichtlichen Forschung kennzeichnete, überwunden. Für die ‚historische Sozialwissenschaft' verband sich jedoch der Begriff der „unteren Klassen" von vornherein mit der Vorstellung der „Zahl und Anonymität"; durch Quantifizierung sollten die Menschen der Unterschichten Gegenstand der Geschichtswissenschaft werden, freilich blieben sie dabei „stumm".[6] Das war der vorherrschende Trend in der anglo-amerikanischen quantifizierenden ‚New Social History' wie in der theoretisch interessierten politischen Sozialgeschichte der Bundesrepublik und der marxistisch sich verstehenden Wirtschaftsgeschichte der DDR; es galt auch für die meisten der großen regionalgeschichtlichen Studien aus dem Umkreis der ‚Annales'.[7]

---

[6] Dies spricht der programmatische Aufsatz FURET 1963 S. 459 mit klarem Bewußtsein aus: „Pour l'histoire d'hier et celle d'aujourd'hui, la notion de classes inférieures évoque d'abord celle de nombre et d'anonymat. Car l'homme des classes inférieures n'existe pour l'historien que perdu dans l'étude démographique ou sociologique; l'histoire noble, qui fut longtemps la seule histoire – celle qui honore et récompense les personnalités – l'a ignoré. L'histoire d'aujourd'hui le réintègre dans l'aventure humaine par l'étude quantitative des sociétés du passé: mais il y reste silencieux."

[7] Vgl. IGGERS 1978. – Im Unterschied dazu betonten Historiker aus dem Kreis des Anglo-Marxismus in ihren Arbeiten zur Geschichte der Unterschichten und der Arbeiter früh die Bedeutung der handelnden Menschen und ihrer Leitvorstellungen gegenüber den sog. ‚objektiven Strukturen', s. insbes. THOMPSON 1968; THOMPSON 1980c; dazu jetzt THOMPSON 1991b; aber auch etwa HOBSBAWM 1962.

Indem die Forschungsarbeit nun den Weg, den die historische Demographie mit der Technik der Familienrekonstitution eingeschlagen hatte, konsequent weiterging, die Lebens- und Familiengeschichten durch wirtschaftlich-soziale Informationen ergänzte, ergab sich nicht nur die Möglichkeit zu sozial differenzierten Auswertungen, welche die verbreitete Vorstellung von der Homogenität relativ kleiner ‚traditioneller' ländlicher Gemeinden kritisch zu überprüfen erlaubte. Darüber hinaus führte dieser Ansatz dazu, daß neben Durchschnitten und ‚Regeln' auch Muster von Abweichungen und Alternativen aufgedeckt werden konnten: die „normalen Ausnahmen".[8] Prinzipiell stand nun nichts mehr im Wege, bis auf die Ebene der einzelnen Familie und Person hinabzusteigen. Statt diese Menschen mit ihren jeweiligen Besonderheiten so schnell und glatt wie möglich hinter anonymisierten Mittelwerten verschwinden zu lassen und sie damit unter eine übergreifende gesellschaftliche Struktur zu subsumieren, konnte der Versuch gemacht werden, ihre differenzierten Verhaltensweisen als ein von Strategien geleitetes Handeln innerhalb der lokalen und der umfassenderen Gesellschaft zu analysieren.[9] Nicht zuletzt eröffnete sich die Chance, das Netz der sozialen Beziehungen zumindest in einigen wichtigen Aspekten zu studieren, und zwar zwischen konkreten Personen und Familien sowie über einen längeren Zeitraum hinweg.[10] Kurz, auf der Mikro-Ebene können nicht allein Tatbestände, die aus der Makro-Perspektive lediglich in ihren gröberen Umrissen wahrgenommen wurden, genauer beobachtet werden; sondern hier kommen wesentliche Aspekte einer vergangenen Gesellschaft zum Vorschein, die dem auf größere Aggregate gerichteten Blick der ‚historischen Sozialwissenschaft' ganz und gar entgingen.[11]

Die konsequente Durchführung der nominativen Mikro-Analyse einer Gemeinde führte so ein gutes Stück in die gleiche Richtung, in welche die deutsche ‚Alltagsgeschichte', die italienische ‚microstoria' sowie die internationalen Bemühungen um eine wechselseitige Zusammenarbeit von Geschichtswissenschaft und Kultur- und Sozialanthropologie strebten. Teils infolge der unausweichlichen Gegebenheiten der Quellenlage, teils aufgrund bewußter Entscheidung geht diese Studie dennoch ihren eigenen Weg und versucht nicht, sich einer dieser Tendenzen ganz anzuschließen. Mit der zentralen Strömung der ‚Alltagsgeschichte'[12] teilt sie das Bemühen, die vie-

---

[8] GINZBURG/PONI 1981 S. 135 f.: „...l'exceptionnel normal ..." (im Anschluß an Edoardo Grendi).
[9] Dazu BOURDIEU 1979 S. 203 ff.; BOURDIEU 1987a; LEVI 1986 S. 9 ff.
[10] Vgl. GINZBURG/PONI 1981 S. 134.
[11] Dazu auch REVEL 1989 bes. S. XI ff.; LEVI 1991.
[12] Dazu programmatisch und retrospektiv LÜDTKE 1989, die folgenden Zitate dort

len bisher „Namenlosen" nicht nur als „Objekte", sondern zugleich als „Subjekte" zu verstehen, die „soziale Praxis der Menschen" in den Mittelpunkt zu rücken und ihre „Handlungsgrenzen wie Handlungschancen" zu analysieren. Da jedoch aufgrund des Untersuchungszeitraums die Methoden der ‚mündlichen Geschichte' nicht anwendbar sind und wichtige qualitative Quellenarten – wie massenhafte Gerichtsprotokolle – nicht zur Verfügung stehen, kann die Innenseite der „Deutungs-, Wahrnehmungs- und Orientierungsweisen", der „Erfahrungszusammenhänge", welche die Menschen im Laufe ihres Lebens herstellten, nur dort in Ansätzen expliziert werden, wo zu einzelnen Konfliktfällen ausreichendes Material überliefert ist. – Die Anregungen einer historisch interessierten Anthropologie aufnehmend, wendet sich diese Arbeit den scheinbar rein persönlich-familialen Handlungen zu, etwa den Eheallianzen und Vererbungsstrategien – und zwar ihrer Praxis, nicht bloß ihrer rechtlich vorgegebenen Regelhaftigkeit –, um so zu einem tieferen Verständnis von Reproduktion und Dynamik, Kohärenz und inneren Differenzen der Gesellschaft zu kommen.[13] Kaum kann sie jedoch durch „dichte Beschreibung" bestimmter Handlungsabläufe oder Rituale die Welt der symbolischen Bedeutungen einer untergegangenen Kultur erhellen.[14] – Die umfassende Mikro-Analyse einer Gemeinde, wie sie hier unternommen wird, erschien in dem frühen Programm der ‚microstoria' neben der Biographie von Menschen der unteren Schichten als zentrales Forschungsverfahren.[15] Die größte Wirkung hat diese neue Richtung der Geschichtsschreibung freilich mit den Studien erzielt, die von einem „Extremfall" her Licht auf die Kultur des Volkes warfen.[16] Sie waren der Vorstellungswelt eines einzelnen Menschen gewidmet, der durch sein außergewöhnliches Denken oder Handeln Anstoß erregte und so zum Gegenstand detaillierter gerichtlich-obrigkeitlicher Protokolle wurde. Im Unterschied dazu stellt diese Arbeit bewußt die ‚Normalfälle' in den Mittelpunkt. Auch die Lebensläufe der großen Mehrzahl der Menschen, die soweit im Kreis des

---

S. 12, 17, 20 f., 25. Als Einstieg in die – hierzulande besonders heftigen – Kontroversen um die ‚Alltagsgeschichte' s. BRÜGGEMEIER/KOCKA 1985; KOCKA 1986 bes. S. 162 ff.

[13] Siehe BOURDIEU 1972; BOURDIEU 1987 a; vgl. GOODY 1976 a; GOODY 1990. Wichtige Anregungen brachten die einschlägigen Arbeiten der französischen ‚anthropologie historique' wie COLLOMP 1983; SEGALEN 1985; DELILLE 1985.

[14] Siehe GEERTZ 1987. – Zur Bedeutung von Methoden und Fragestellungen der Kultur- und Sozialanthropologie für die Geschichtswissenschaft insbes. MEDICK 1989; MEDICK 1991 b; SCHINDLER 1984.

[15] GINZBURG/PONI 1981. Als kritische Würdigung s. REVEL 1989; neuere Positionsbestimmung bei LEVI 1991.

[16] So GINZBURG 1979, das Zitat S. 16. – LEVI 1986 stellt hingegen das auffällige Verhalten eines einzelnen auf dem Hintergrund von – und in Beziehung zu – einer in wichtigen Aspekten rekonstruierten lokalen Gesellschaft dar.

‚Gewöhnlichen' blieben, daß sie nicht Anlaß zu eingehender obrigkeitlicher Aufmerksamkeit und archivalischer Überlieferung gaben, sind einer näheren Untersuchung fähig und wert. Wie und wo sie Arbeit, Lebensunterhalt, Ehepartner und Wohnung fanden, welcher Art und Dauerhaftigkeit ihre Beziehungen zu Kindern, Nachbarn, Verwandten waren, darin zeigt sich, daß auch sie – und nicht nur die wenigen auffallenden einzelnen aus dem ‚Volk' – eine aktive Antwort auf die Herausforderungen und Schwierigkeiten der ‚Verhältnisse' gaben; und gerade durch die Antwort, die sie in der Gestaltung der elementaren Muster ihres Lebens und Zusammenlebens gaben, mögen die ‚gewöhnlichen Menschen' Reproduktion oder Wandel der Gesellschaft mitgestaltet haben.[17] Denn so wenig das ‚Volk' insgesamt oder doch die ländliche Bevölkerung ausschließlich einer „stagnierenden" oder gar „immobilen Geschichte" angehört, so wenig ist das ‚Alltägliche' „zeitlos" und „allgegenwärtige Vergangenheit in monotoner Wiederholung".[18]

Auch wenn diese Mikro-Geschichte in die Tiefen einer lokalen Gesellschaft einzudringen sucht, will sie sich nicht darin verlieren. Schon die Fragestellung wird geschärft durch den Vergleich mit ähnlichen und mit anders strukturierten Gesellschaften; und im Verlauf der Untersuchung können die spezifischen Züge unseres Falles immer wieder erhellt werden durch den Hinweis auf analoge oder abweichende Muster, die sich in anderen sozialen Kontexten finden.

Eine so verstandene Mikro-Historie will und kann keineswegs jegliche Untersuchung der Makro-Ebene überflüssig machen; sehr wohl aber erhebt sie den Anspruch, Aspekte der geschichtlichen Prozesse zum Gegenstand zu machen, die nicht weniger wesentlich sind als die von der strukturorientierten Makro-Geschichte privilegierten.[19] In Zukunft verdient die komplexe Wechselwirkung zwischen den Mikro- und den Makrokosmen besondere Aufmerksamkeit; auch wird die Frage, wie das mikroskopische Bild und die Vogelschau in eine fruchtbare Beziehung gesetzt werden können, einer vertieften Reflexion bedürfen.

In der Praxis der quantitativ ausgerichteten Sozialgeschichte und historischen Sozialwissenschaft haben sich zu oft die verschiedenen Dimensionen der Gesellschaft verdinglicht, die Grenzen etwa zwischen Demographie,

---

[17] Exemplarisch haben GUTMAN 1976 und SABEAN 1990 das an so unterschiedlichen Fällen wie dem der Schwarzen in den USA und dem eines württembergischen Dorfes gezeigt.

[18] Das ist gegen LE ROY LADURIE 1978 und BRAUDEL 1985–1986 bes. Bd. 1, S. 11 ff., zit. S. 12, und BRAUDEL 1986 bes S. 14 ff., zit. S. 17, zu erinnern. Freilich darf darüber nicht die Bedeutung der Tatsache übersehen werden, daß insbesondere Braudel ebd. herausgearbeitet hat, in welchem Maße die Dynamik der (früh-)modernen Welt in ihren Möglichkeiten und Grenzen mit dem ‚Alltäglichen' zusammenhing.

[19] In diesem Sinne auch DAVIS 1990.

Ökonomie, Sozialstruktur verhärtet[20]; bestenfalls wurden nachträglich Zusammenhänge, Korrelationen zwischen solchen ‚Teilbereichen' gesucht. Auch solche Aufspaltungen will diese Studie ein Stück weit überwinden. Indem die einzelnen Lebensläufe und Familiengeschichten Grundlage der Analyse und Darstellung werden, soll der innere gelebte Zusammenhang etwa zwischen dem ‚demographischen Faktum' der Heirat, dem ‚sozialen' der Haushaltsgründung und dem ‚ökonomischen' des Besitzerwerbs wieder hergestellt und als Gegenstand der Untersuchung thematisiert werden.

Freilich muß auch diese Arbeit sich ihrem Ziel schrittweise nähern; und selbst die gleichsam mikroskopische Betrachtung einer lokalen Gesellschaft bleibt notwendig fragmentarisch, sie rundet sich nicht zur ‚histoire totale'.

Zunächst wird, gleichsam aus der Distanz, ein Überblick über die äußeren Umrisse dieser lokalen Gesellschaft und ihrer Entwicklung gegeben (Kap. 2). Als Grundzug tritt dabei die wachsende soziale Ungleichheit hervor, der scharfe Kontrast zwischen der Stabilität der Schicht der landbesitzenden Bauern und der enormen Expansion der landlosen Bevölkerung. Das Funktionieren dieser spezifischen Gesellschaft zu verstehen und den Entwicklungsgang, den sie während der agrarisch-protoindustriellen Expansion und in der Krise genommen hat, mikro-analytisch zu durchdringen, ist die Aufgabe, die sich diese Arbeit stellt. Wie konnte die starre Reproduktion einer fixen Zahl bäuerlicher Familien vereinbart werden mit der ständigen Neu-Schaffung eigentumsloser Haushalte? Wie sah die innere Konstellation der Familien aus, die ihre Kinder in so krass unterschiedliche Positionen entließen? Wie war es möglich, die Eigentumsrechte an Haus und Land so wenigen vorzubehalten; nach welchen Kriterien wurden diese ausgewählt; wie wurde der Besitz unter Lebenden oder von Todes wegen weitergegeben? Wie zeigte sich die Differenz der sozialen Chancen im Lebenslauf der einzelnen Menschen, der Kinder, Jugendlichen, Männer und Frauen? Schließlich, welche Bande hielten diese ausgeprägt inegalitäre ländliche Gesellschaft zusammen, verknüpften Leben und Interesse der Eigentumslosen mit den Inhabern der stattlichen Höfe? Wann und wo traten Spannungen zutage?

Der erste Schritt zur näheren Untersuchung der Lebens-Muster dieser Menschen ist die Beschreibung und Analyse ihrer demographisch relevanten Verhaltensweisen (Kap. 3). Wie wirkten die sozialen Unterschiede sich auf die Chancen zu Eheschließung und Fortpflanzung, wie auf die Risiken der Sterblichkeit aus? Wieweit passen die Befunde zu den akzepierten Modellen eines europäischen demographischen Systems und seiner Varianten?

Im Anschluß daran richtet sich der Blick auf die soziale Gruppe, die von frühneuzeitlichen Obrigkeiten und vielen Gesellschaftstheoretikern als ele-

---

[20] Dazu REVEL 1989 S.Vf.

mentarer Baustein des sozialen Gefüges betrachtet wurde, auf die zusammenwohnende ‚Familie', den Haushalt (Kap. 4). Diejenigen, die von der Bedeutung dieser ‚Keimzelle' der Gesellschaft überzeugt waren und sie nicht wie manche Vertreter einer auf die Makro-Aggregate fixierten Gesellschaftsgeschichte ignorierten, waren schnell bei der Hand mit weitreichenden Thesen über den Zusammenhang von sozialem Wandel im Großen und Familienstrukturen im Kleinen; sie hielten sich nicht zurück mit allgemeinen Urteilen über die Auswirkungen von Modernisierung, Industrialisierung, Urbanisierung auf die Lebensweisen von Alten und Kindern, Männern und Frauen. Freilich wurden im Laufe der Zeit durchaus widersprüchliche Thesen formuliert und mehr oder weniger plausibel gemacht. Viele stellten einen Zusammenhang her auf der einen Seite zwischen Kleinfamilie, Individualismus und moderner kapitalistischer Wirtschafts- und Sozialordnung, auf der anderen Seite zwischen Mehrgenerationen-Großfamilie und ‚traditionaler' bäuerlicher Lebens- und Wirtschaftsweise; dabei bewerteten manche den behaupteten Wandel positiv, manchen erschien er als Verfall. Andere sahen weniger einen Wandel als zwei gegensätzliche Strukturen, die langfristig nebeneinander bestanden, die eine in dem einen, die andere in dem anderen Teil Europas. Hier greift unsere Fallstudie in die Diskussion ein. Indem sie Größe und Zusammensetzung der Haushalte im Zeitverlauf sowie differenziert nach sozialer Schicht betrachtet, erweist sie die großen Thesen und allgemeinen Urteile in vieler Hinsicht als problematisch; vor allem gilt dies für die grundlegende Vorstellung, die elementaren Formen des Zusammenlebens ließen sich dichotomisch einteilen in ‚traditionale' und ‚moderne', ‚familistische' und ‚individualistische'. Die vorliegende Arbeit geht darüber hinaus auch den weniger häufigen und den außergewöhnlichen Konstellationen nach und zeigt so, in welchem Maß die Männer und Frauen dieser Gesellschaft einen Gestaltungsspielraum hinsichtlich ihrer unmittelbarsten sozialen Beziehungen besaßen und nutzten. Je weiter die Untersuchung fortschreitet, desto weniger erscheinen die Menschen, deren Lebensweise ihr Gegenstand ist, in ihrem Verhalten als durchgehend determiniert von den harten Strukturen der wirtschaftlichen Bedingungen und des Makro-Wandels, desto mehr zeigt sich, daß sie das soziale Gefüge, in dem sie lebten, aktiv mitgestalteten. Die Einbeziehung dieser Dimension macht das Gesamtbild des historischen Prozesses wesentlich komplexer, aber – so steht zu hoffen – auch realitätsnäher.

Gerade die Einsicht, daß die häuslich-familialen Strukturen flexibel und gestaltbar waren, verweist darauf, daß die Gruppe der Familie, des Haushalts nicht als eine Quasi-Substanz behandelt werden darf, sondern in gewisser Weise nur die Bündelung der Lebensläufe einzelner Menschen ist. Die Analyse steigt folgerichtig hinab auf die Ebene der Einzelpersonen (Kap. 5

und 6). Die Frage, die sich hier stellt, ist, ob es in ‚vormoderner' Zeit angesichts der Unsicherheit des Lebens, der Unberechenbarkeit des Todes und der ständigen Notwendigkeit von Ersatz- und Behelfslösungen überhaupt so etwas wie Muster des Lebenslaufs gegeben hat, auf deren Grundlage die Menschen ihre Erwartungen und Planungen organisieren konnten. Eine sorgfältige Untersuchung zeigt, daß sich derartige Muster in der Tat abzeichnen, freilich waren sie nach sozialer Schicht und Geschlecht differenziert; und immer wieder fanden die Menschen alternative Pfade, wenn die Hauptstraßen für sie nicht gangbar waren. Auch wenn unsere Quellen Aufschluß nur über den äußeren Verlauf der Lebenswege geben und nicht explizit davon berichten, wie die Kinder, Männer und Frauen ihr Erleben innerlich wahrnahmen, läßt sich doch etwas davon erahnen, wie Kindheit und Jugend die Menschen auf das Leben in dieser Gesellschaft vorbereiteten (Kap. 5).

Angesichts der scharf ausgeprägten sozialen Ungleichheit ist zu fragen, nach welchen Kriterien und zu welchem Zeitpunkt sich entschied, in welche Position der jeweilige Lebensweg führte. Heirat und Erbschaft (Kap. 6) dürften hier eine zentrale Rolle spielen, so lassen uns nicht zuletzt anthropologische Studien erwarten, die herausgearbeitet haben, in welcher Weise diese familialen Entscheidungen für Erhaltung und/oder Veränderung der sozialen Struktur relevant sind. Doch bleibt einerseits zu prüfen, ob und ggf. inwieweit die Weichen bereits längst vor der Eheschließung gestellt waren oder ob andererseits noch in späteren Phasen des Lebens wesentliche Veränderungen vorkamen. Die soziale Praxis der Eheallianzen und Vererbungsstrategien gilt es zu studieren. Hier bestätigt sich, daß die Strategien der Menschen weit flexibler waren, als eine allein auf Regelhaftigkeit orientierte Betrachtungsweise erwarten läßt. Darüber hinaus läßt das tatsächliche Verhalten dieser Bauern und Bäuerinnen verbreitete Annahmen über die Werte und Orientierungsmuster bäuerlicher Familien und Gesellschaften als fraglich erscheinen; das gilt etwa für die These, die kontinuierliche Weitergabe des Besitzes innerhalb der Abstammungslinie der Familie sei oberstes Ziel aller Strategien gewesen. Wie für die Besitzenden so ist auch für die Eigentumslosen zu fragen, ob es Muster gab, nach denen sie auskömmliche ökonomisch-soziale Positionen und Ehepartner suchten und fanden. Die Ergebnisse einer solchen Mikro-Studie machen einige Grundpfeiler des bei Demographen, aber auch Sozialhistorikern weithin etablierten demo-ökonomischen Gleichgewichts-Modells des vorindustriellen Europa problematisch: Die Verknüpfung von Heirat, Haushaltsgründung und ökonomischen Ressourcen scheint in der Praxis der Menschen weit weniger starr gewesen zu sein als das Modell annimmt.

Wenn einerseits die Gesellschaft in ihre kleinsten Momente, die einzelnen

Lebensläufe, aufgegliedert wird, so gilt es andererseits auch, die Bande zu untersuchen, die diese Menschen miteinander verknüpften. Nicht zuletzt geht es darum, wie eng und wie dauerhaft das Leben der Eigentumslosen mit dem der Besitzenden verfugt war. Hier rückt der Hof in den Mittelpunkt der Betrachtung (Kap. 7), er fungierte als wirtschaftlicher und sozialer Verbund ungleicher Familien. Zu fragen ist, wieweit Verwandtschafts- und Patenschafts-Bande in der Lage waren, die sozialen Unterschiede zu überbrücken, und welche Bedeutung ihnen andererseits innerhalb einer Schicht zukam.

In gewisser Weise rundet sich damit das ‚mikroskopische' Bild dieser ländlichen Gesellschaft; die Untersuchung, wie die Menschen unter den gegebenen Bedingungen ihr Leben einrichteten und wie sie durch ihre Strategien und Verhaltensweisen wiederum zu Stabilität oder Wandel der größeren Welten beitrugen, kommt an ihr Ende. Gleichwohl ist noch einmal zu betonen, daß auch – und gerade – unsere Mikro-Geschichte notwendig fragmentarisch bleibt. Das hat nicht nur äußere Gründe, wie sie durch die Grenzen der Arbeitsmöglichkeiten eines Forschers gegeben sind. Fundamental ist vielmehr der stets fragmentarische Charakter des historischen Materials, die Einseitigkeit und Zufälligkeit der Quellenlage. Daß alle Überlieferung lückenhaft ist, dessen ist sich die Historik seit langem bewußt.[21] Doch gerade der um die signifikanten Einzelheiten bemühte Mikro-Historiker stellt immer wieder fest, daß zu dem Puzzle-Bild, das er zusammensetzen möchte, mehr Einzelstücke zu fehlen als überliefert zu sein scheinen. Darum weist die Mikro-Geschichtsschreibung die Erwartung, sie könne zur ‚histoire totale' werden, explizit ab, und ruft dem Leser nachdrücklich ins Gedächtnis, daß sie kein vollständiges Abbild vergangener Wirklichkeit zeichnen kann; sie läßt ihn vielmehr an dem Prozeß der schrittweisen Rekonstruktion teilnehmen.[22]

Was die Form der Untersuchung und Darstellung angeht, so kombiniert diese Arbeit zwei Arten von Verfahren. Zum einen sucht sie, auf statistisch-quantitativem Wege sich dem ‚Regelmäßigen', Durchschnittlichen zu nähern, aber auch die ‚normalen Ausnahmen' aufzuspüren. Zum anderen erzählt sie Einzelfälle, Geschichten einzelner Personen oder Familien sowie Konflikte zwischen mehreren Beteiligten; und diese Geschichten werden mit Fortschreiten der Darstellung ausführlicher und vielfältiger. Solchen Erzählungen kommt keineswegs nur illustrative Bedeutung zu, und umgekehrt wird die Last der Analyse nicht ausschließlich von den quantitativ angelegten Abschnitten getragen. Erst die Fallgeschichte zeigt die Komplexität der Ver-

---

[21] DROYSEN 1977 S. 117, 155 f., 427 ff.
[22] Siehe dazu GINZBURG 1988; LEVI 1991 bes. S. 103 ff., 106 ff.

flechtung von Handlungsbedingungen und Entscheidungen; und eine Serie von erzählten Fällen kann subtilere Zusammenhänge der Analyse zugänglich machen als Zahlen und Tabellen. Insofern findet in der Erzählung von ‚Geschichten' eine Annäherung an das ‚gelebte Leben' statt, die auf anderen Wegen nicht möglich ist.[23] Hier wird zugleich deutlich, daß es auch in den Zahlen um das Handeln und Erleiden von Menschen geht. – Insgesamt behandelt diese Arbeit Erzählung und Analyse, qualitative und quantitative Verfahren nicht als sich ausschließende Gegensätze; vielmehr sucht sie beide komplementär so anzuwenden, wie es den gestellten Fragen und dem verfügbaren Material angemessen ist. Der Leser mag beurteilen, wieweit es gelungen ist, eine „passende Mischung" dieser „beiden Stile" zu finden.[24]

Wenn die Kombination dieser unterschiedlichen Methoden dazu bestimmt ist, den Gehalt der Quellen im Hinblick auf die interessierende Problematik so gut wie möglich auszuschöpfen, so wird doch nirgends versucht, die von den Quellen gesetzten Grenzen zu überspringen und mittels „Invention" – und sei sie auch „sorgfältig gesteuert durch die Stimmen der Vergangenheit"[25] – die Lücken zu füllen. Angestrebt wird hingegen, dem Leser so viel wie möglich von den Umständen und vom Verhalten der Menschen der Vergangenheit zu berichten, und ihn dadurch in die Lage zu versetzen, ebensogut wie der Autor seine Betrachtungen anzustellen über mögliche Motive und Emotionen, innere Wahrnehmungen und Verarbeitungsformen, kurz über das Bewußtsein der Menschen von ihrem Leben und Handeln.

Die Geschichten einzelner Familien zu erzählen, heißt der Komplexität des gelebten Lebens näherzukommen; diese Menschen mit ihrem Namen[26] zu nennen, trägt dazu bei, sie als Personen in Erscheinung treten zu lassen und so der Geschichte dieser Gesellschaft ein menschliches Gesicht zu geben. Es mag sich jedoch das Bedenken erheben, ob der Historiker hier nicht den Menschen, über die er schreibt, *zu* nahe tritt – auch wenn sie schon seit mehr als einem Jahrhundert tot sind. Das könnte die problematische

---

[23] Früh hat die historiographische Trendwende ‚zurück zur Erzählung' diagnostiziert und in ihren Gründen analysiert STONE 1979; kritisch zu ihr KOCKA 1984.
[24] DAVIS 1990 S. 33: „[...] I [...] insist on the importance of drawing – nay, the obligation to draw – on both styles of social history, to find a suitable mix for them in one's work." Natalie Davis stellt hier die neuere Mikro-Sozialgeschichte der „klassischen" Makro-Sozialgeschichte gegenüber.
[25] So die provozierende Formulierung von DAVIS 1989 S. 20; zur Relativierung im Hinblick auf ihr Buch s. das Nachwort von C. Ginzburg, ebd. bes. S. 190 f., aber auch die Kritik von FINLAY 1988 und die Antwort von DAVIS 1988.
[26] Dabei wurde die Schreibweise der Namen und der Wechsel zwischen ihren hoch- und niederdeutschen Formen *nicht* durchgreifend normalisiert; denn es sollte nicht der Eindruck einer Standardisierung der Namen entstehen, wie sie erst im Laufe des späteren 19. Jahrhunderts üblich wurde.

Kehrseite des mikro-historischen Bemühens um die Rekonstruktion der Einzelheiten des Lebens sein. Es ist nicht auszuschließen, daß selbst von den Heutigen diese oder jene sich betroffen fühlen, wenn sie am gleichen Ort, auf dem gleichen Hof leben oder wenn sie einen Namen tragen, der hier erwähnt wird. Demgegenüber ist hervorzuheben, daß weder die Gleichheit des Namens noch die Identität des Ortes oder Hofes auf einen familialen Kontinuitätszusammenhang schließen läßt; zu zahlreich waren schon in den hier behandelten Jahrhunderten die Familien gleichen Nachnamens innerhalb des einen Kirchspiels, und zu oft verdeckte die Stabilität des Hofnamens Brüche in der Verwandtschafts- und Abstammungslinie, wie sie etwa durch Ketten von Wiederheiraten oder das Eintreten Außenstehender zustandekamen. Deshalb können Personen der Gegenwart in keinem Falle ohne weiteres als Nachfahren jener Menschen angesehen werden, von denen diese Studie handelt. Was das Problem der Zudringlichkeit gegenüber den Toten betrifft, so sei daran erinnert, daß diese Historie nicht urteilen, sondern analysieren und verstehen will, den Menschen der Vergangenheit also in einem Geist der Empathie gegenübertritt. Vor allem ist zu bedenken, daß auch der Blick des Mikro-Historikers keineswegs in alle Winkel der Familien- und Lebensgeschichten dringt; viel zu fragmentarisch sind die überlieferten Informationen.

Welches sind nun die Quellen, aufgrund deren diese Arbeit die Geschichte aller Familien, Höfe, Einwohner des Osnabrückischen Kirchspiels Belm zu rekonstruieren unternimmt? Durchweg sind sie aus dem Blickwinkel und Interesse der geistlichen oder weltlichen Obrigkeit entstanden; gering ist demgegenüber die Zahl der Selbstzeugnisse aus dem Kreis der Dorfbevölkerung.

Die umfangreichste und in mancher Hinsicht grundlegende Quellengruppe sind die Kirchenbücher, die Register der Taufen, Heiraten und Begräbnisse.[27] Die Serie beginnt mit dem ersten Taufeintrag am Stephanstag – dem 26. Dezember – des Jahres 1650. In diesem Monat war der katholische Geistliche Johannes Brinkmann zum Pfarrer von Belm ernannt, sein lutherischer Vorgänger hingegen abgesetzt worden.[28] Der Wechsel war Teil des nach zähen Verhandlungen erzielten Kompromisses hinsichtlich der Ordnung im Fürstbistum Osnabrück, wie er im Sommer 1650 in der Capitulatio Perpetua Osnabrugensis niedergelegt wurde: Von den 53 Kirchspielen des Osnabrücker Landes erhielten nur 8 je einen katholischen *und* einen luthe-

---

[27] Sie werden in den Pfarrarchiven der katholischen sowie der evangelisch-lutherischen Kirchengemeinde Belm aufbewahrt.
[28] VINCKE 1980 S. 23.

rischen Pfarrer, während 28 einem katholischen, 17 einem lutherischen Geistlichen zugesprochen wurden.[29] Daß Johannes Brinkmann sogleich nach seinem Amtsantritt mit der sorgfältigen Führung der Pfarrmatrikeln begann, stand offenbar in Zusammenhang mit seinem Bemühen, die konfessionellen Verhältnisse in seiner Pfarrei zu kontrollieren und zu ändern, möglichst viele der Einwohner für den katholischen Glauben zu gewinnen.[30] Seine Nachfolger haben dann ab etwa 1680 bei den Heiratseinträgen regelmäßig die Konfession beider Ehegatten notiert.

Bemerkenswerterweise nahmen bei Taufen, Trauungen und Begräbnissen nicht nur die Katholiken, sondern auch die meisten lutherischen Bewohner der zum Kirchspiel Belm gehörigen Ortschaften die Dienste des katholischen Pfarrers von Belm in Anspruch. Immerhin stellten diese Andersgläubigen noch im 19. Jahrhundert eine Mehrheit von über 60% dar.[31] Der konfessionelle Kompromiß von 1650/51 gab ihnen das Recht, die Amtshandlungen von einem Geistlichen ihres Bekenntnisses vornehmen zu lassen, z. B. in einem Nachbarkirchspiel; die Stolgebühren waren in diesem Fall allerdings auch dem Ortspfarrer zu entrichten, mußten also wohl doppelt gezahlt werden.[32] Ob dies oder die Weite der Wege den Ausschlag gab, entzieht sich unserer Kenntnis; doch stimmt es zu diesem Verhalten, daß von den Kirchenstühlen der katholischen Pfarrkirche zu Belm, die im späten 18. Jahrhundert erneuert wurden, nach Ausweis der eingeschnitzten Namen die Mehrzahl im Besitz von evangelischen Eingesessenen war; und noch 1808 wird berichtet, daß die Protestanten durchweg die Sonntagspredigt des Pfarrers in der katholischen Kirche von Belm hörten.[33]

Ganz überwiegend sind also auch die Geborenen, Gestorbenen und Ge-

---

[29] HOBERG 1939 S. 5 ff., 13 ff.; vgl. ROHM 1991 S. 143 ff.

[30] In diesem Zusammenhang entstand 1651 auch das Seelenregister (s. unten S. 35 f.), das die Einwohner des Kirchspiels namentlich verzeichnete, sowie die Liste der Kommunikanten von Ostern 1651 - es waren lediglich 36 von den fast 1300 Bewohnern der Pfarrei! - und das Verzeichnis der 137 Personen, die Brinkmann bis Ostern 1652 zum katholischen Glauben zurückführen konnte. Die beiden letzteren Listen sind im Anhang zum Seelenregister von 1651 überliefert: StA OS Rep. 100/188 Nr. 7 Bd. II fol. 115-119. - Allgemein zur Geschichte der Kirchenbücher s. jetzt BECKER 1989 S. 7 ff.; DUPÂQUIER/DUPÂQUIER 1985 S. 48 ff.; HENNING/WEGELEBEN 1991 (Bibliographie); für das Osnabrückische PENNERS 1978 S. 156-160 mit der Literatur.

[31] Im Zensus von 1812 wurden 61% Lutheraner und 39% Katholiken innerhalb des Kirchspiels Belm gezählt, 1858 63% Lutheraner und 37% Katholiken.

[32] HOBERG 1939 S. 19 ff., 46 ff.

[33] HOBERG 1939 S. 34 ff., 123 f. - Die Bedeutung der konfessionellen Grenze im Leben der Menschen zu untersuchen, muß einer gesonderten Untersuchung vorbehalten bleiben. Hier werden nur wenige Aspekte dieser Problematik angesprochen, die mit den zentralen Fragen dieser Arbeit in unmittelbarem Zusammenhang stehen.

trauten des lutherischen Bekenntnisses in den Registern der katholischen Kirche zu Belm verzeichnet. Erst nach dem Untergang des Fürstbistums Osnabrück und des Heiligen Römischen Reiches Deutscher Nation, in dessen Struktur die eigentümliche Ordnung dieses Territoriums durch das Vertragswerk des Westfälischen Friedens eingebettet war, erhielten die Belmer Lutheraner 1809 auf ihren Antrag hin von den Behörden des Königreichs Westfalen die Genehmigung, eigene Gottesdienste in Belm abzuhalten.[34] Im folgenden Jahr setzten die eigenen Kirchenbücher der Evangelischen ein. Ein längerer Streit über die Stolgebühren führte zu wechselnden Zwischenergebnissen und wurde erst 1814 durch eine Entschädigung beigelegt; von nun an wurden die Taufen, Heiraten und Beerdigungen der Lutheraner definitiv nicht mehr in die katholischen Register eingetragen. 1812 war der erste lutherische Pastor von Belm ernannt worden, 1815 wurde eine Trennung der Friedhöfe zwischen den Konfessionen vereinbart, in den folgenden vier Jahren das Gebäude der lutherischen Kirche in Belm errichtet.

Als das Kirchspiel zum Königreich Westfalen, dann zum Kaiserreich Frankreich gehörte, wurden während der Jahre 1808 bis 1813 neben den Kirchenbüchern Zivilstandsregister geführt, zunächst vom Pfarrer, später vom Maire.[35]

Die einzelnen Eintragungen in den Kirchenbüchern wurden im Laufe der beiden Jahrhunderte detaillierter. Von Anfang an aber war es üblich, nicht nur die Bräute bei der Eheschließung, sondern auch die Mütter bei der Taufe ihrer Kinder mit ihrem Geburtsnamen zu bezeichnen – eine Tatsache, die bei der Verknüpfung der Eintragungen zur Familienrekonstitution entscheidend half. Erst 1786 wurde der Inhalt der Register durch eine Verordnung in groben Zügen geregelt.[36] Obwohl diese formell nur für die lutherischen Pfarrer galt, wurde auch im katholischen Belm ab 1787 erstmals ein vorgedrucktes Formular verwendet und diesen Vorschriften im wesentlichen entsprochen. Ab 1822 wurden die Angaben in den evangelischen Kirchenbüchern, einem Ausschreiben des Osnabrücker Konsistoriums[37] entsprechend, sehr viel detaillierter; ab 1853 galten einheitliche Bestimmungen für beide Konfessionen im ganzen Königreich Hannover.[38]

---

[34] IMSIEKE 1985; VINCKE 1980 S. 24 f.; auch zum Folgenden. Insbes. zu den Stolgebühren außerdem HOBERG 1939 S. 74 ff., 124 ff.

[35] Sie werden teils im katholischen, teils im evangelisch-lutherischen Gemeindearchiv Belm aufbewahrt.

[36] CCO 1783–1819 Teil 2 Bd. 2 S. 608 f. Nr. 1381: Verordnung wegen der Kirchenbücher vom 27.5.1786.

[37] EBHARDT 1839–1840 Bd. 4 S. 33–45: Ausschreiben des Kgl. Evangelischen Consistorii zu Osnabrück, die Superintendenturen und Kirchen-Kommissionen betr., vom 22. 11. 1821.

[38] EBHARDT 1856–1857 Bd. 1 S. 716–728: Bekanntmachung des Kgl. Ministeriums der geist-

Abbildung 1: Das Ortszentrum von Belm mit den beiden Kirchen auf einem Postkarten-Foto, ca. 1970

Rechts die mittelalterliche katholische, links die 1815–1819 erbaute evangelisch-lutherische Kirche.

Der volle Informationsgehalt all dieser Kirchenbuch- und Zivilstandsregister-Eintragungen wurde mittels des Programmsystems CLIO maschinenlesbar gemacht.[39] Insgesamt handelt es sich für die Untersuchungsperiode von 1650 bis 1860 um etwa 17000 Geburts-, 11000 Sterbe- und 5000 Heirats-Dokumente. Nach umfangreichen Korrekturgängen wurde Schritt für Schritt die Verknüpfung zur Familienrekonstitution vorgenommen. Dabei konnten zum großen Teil Vorschläge benutzt werden, die aufgrund von Identitätsprüfungen nach jeweils vom Forscher festgesetzten Kriterien maschinell erstellt wurden; die Entscheidung über jede einzelne Verknüpfung nahm jedoch der Bearbeiter ‚von Hand' vor. Es sei nicht verhehlt, daß die Erstellung der Familienrekonstitution beträchtliche Schwierigkeiten bereitete. Diese rühren u. a. daher, daß viele Nachnamen von mehreren Familien geführt wurden und daß nur eine recht kleine Zahl von Vornamen gebräuchlich war. Hinzukommt, daß nicht ganz selten dieselbe Person in verschiedenen Einträgen mit teilweise abweichenden Vornamen bezeichnet wurde. Diese Schwierigkeiten wurden jedoch im Verlaufe von drei ‚Auflagen' der Familienrekonstitution, zwischen denen jeweils umfassende Kontrollen auf Widersprüche oder Fehler sowie zahlreiche Ergänzungen stattfanden, mehr und mehr überwunden.

---

lichen und Unterrichts-Angelegenheiten über Einrichtung und Führung der Kirchenbücher, vom 13.11.1852.
[39] S. oben Anm. 5.

Nachdem die Familienrekonstitution fertiggestellt war, konnte geprüft werden, wieweit die Taufregister die Geburten der Belmer Familien vollständig verzeichnen. Da Auslassungen in den Kirchenbüchern stets denkbar sind, außerdem damit zu rechnen ist, daß einige Familien sich vorübergehend auswärts aufhielten, ist diese Frage in jedem Fall der Beachtung wert. Für unser Kirchspiel kommt ihr besondere Bedeutung zu, weil nicht ausgeschlossen werden kann, daß ein Teil der Lutheraner gelegentlich ein Kind von einem Geistlichen ihres Bekenntnisses taufen ließ, ohne dem katholischen Pfarrer von Belm die Gebühren zu entrichten und ihn damit zu einem Eintrag im Belmer Kirchenbuch zu veranlassen. Das Ergebnis dieser Prüfung kann als beruhigend angesehen werden: Bei den Ehen, die vor 1771 geschlossen wurden, müssen 6 % der Geburten als in den Belmer Taufregistern fehlend gelten („naissances perdues'); danach fiel dieser Anteil schrittweise auf 2 %.[40]

Wie in vielen anderen Orten erwies sich die ‚Unter-Registrierung' der Toten als erheblicher. In den 17 Jahren zwischen April 1672 und April 1689 fehlen die Beerdigungseinträge ganz – dies ist die einzige wirkliche Lücke in den Belmer Kirchenbüchern. Im übrigen wird nach den Erfahrungen der historischen Demographie vor allem der Tod von Säuglingen oft nicht registriert. Die entsprechenden Tests führten zu der Schätzung, daß bei den Kindern, deren Eltern zwischen 1711 und 1740 geheiratet hatten, etwa 19 % der gestorbenen Säuglinge nicht in die Begräbnisbücher eingetragen wurden; für die folgende 30 Jahres-Periode beläuft sich diese Quote nur noch auf ca. 10 %. Ab etwa 1771 wurden die verstorbenen Säuglinge offenbar vollständig registriert.[41]

---

[40] Zu diesem Problem s. HENRY/BLUM 1988 S. 75 ff. Die Belmer Quellen legten einen anderen Weg zur Schätzung des Anteils der ‚naissances perdues' nahe als den von Henry/Blum ebd. empfohlenen: Da bei den Todeseintragungen verheirateter oder verwitweter Personen im 19. Jahrhundert häufig die Zahl der von ihnen geborenen bzw. gezeugten Kinder genannt wird, konnte diese mit der Familienrekonstitution verglichen und so der Anteil der in den Belmer Taufregistern fehlenden Geburten ermittelt werden. Im einzelnen wurden folgende Anteile von ‚naissances perdues' errechnet: Heiraten vor 1771 6,3 %, Heiraten 1771–1800 4,5 %, Heiraten 1801–1830 3,5 %, Heiraten nach 1831 2,0 %. Um diese Faktoren wurden die altersspezifischen ehelichen Fertilitätsraten korrigiert (s. Tab. 3.13 mit Anmerkungen, vgl. Tab. 3.15). Laut A. Bideau und J.-P. Bardet (in: DUPÂQUIER 1988 Bd. 2 S. 360 f.) gilt ein Anteil von 5 % ‚naissances perdues' als durchaus akzeptabel in dem Sinn, daß selbst die unkorrigierten Fertilitätsziffern eine brauchbare Vorstellung geben, und haben renommierte französische Enqueten mit Registern gearbeitet, in denen 10 % und mehr der Geburten ‚perdues' sind. Für die nicht-quantitative Auswertung einzelner Familien, wie sie in dieser Arbeit häufiger vorgenommen wird, ist es natürlich wichtig, daß unser Material einen solchen Grad der Unterregistrierung offenbar nicht aufweist.

[41] Die Tests wurden nach dem weithin üblichen Verfahren von HENRY/BLUM 1988 S. 141–

Eine wesentliche Ergänzung zu den Informationen der Kirchenbücher bilden die Listen, die für verschiedene Zeitpunkte querschnittsartig jeweils alle Einwohner des Kirchspiels, geordnet nach Haushalten und Höfen, verzeichnen. Während die Familienrekonstitution demographisch-genealogische Zusammenhänge zeigt, gibt dieser Quellentyp Einblick in wichtige soziale Beziehungen, insbesondere in Konstellationen des Zusammenlebens und -arbeitens.[42]

Die erste Liste dieser Art fällt zeitlich annähernd mit dem Beginn der Belmer Kirchenbücher zusammen. Pastor Brinkmann erstellte sie im Laufe mehrerer Monate in der zweiten Jahreshälfte 1651, nicht zuletzt offenbar, um sich Rechenschaft davon zu geben, wieviele von seinen Pfarrkindern sich zum katholischen Glauben bekannten und wieviele noch zu überzeugen blieben.[43] Zwar enthält dies Verzeichnis, seinem geistlichen Zweck entsprechend, weder Standes- noch Altersangaben. Aufgrund eines Vergleichs mit anderen Quellen der Zeit, insbesondere den Kopfschatzregistern, ließ sich

---

145 durchgeführt. Es nutzt die Kenntnis, daß kurze Geburtenabstände häufiger sind, wenn das vorhergehende Kind im Säuglingsalter gestorben ist als wenn es überlebt – vorausgesetzt, daß die Mütter allgemein stillen. (Diese Voraussetzung wird von HENRY/BLUM 1988 S. 141–145 vielleicht nicht genügend betont, vgl. allerdings S. 173 ff.; sie trifft für Belm jedoch zu: s. unten Kap. 3.5.) Aufgrund der Verteilung der Geburtenabstände wird daher zunächst geschätzt, wieviele von den Kindern mit unbekanntem Schicksal im Säuglingsalter gestorben sind; danach läßt sich errechnen, wieviel % aller gestorbenen Säuglinge nicht ins Totenbuch eingetragen sind und mit welchem Korrekturfaktor die Zahl der registrierten gestorbenen Säuglinge zu multiplizieren ist. Die Belmer Daten führten zu dem Ergebnis, daß die Unterregistrierung vor allem die in den ersten sechs Lebensmonaten gestorbenen Säuglinge betrifft, weniger die, die im zweiten Halbjahr ihres Lebens starben. Daher wurde die Schätzung – entsprechend HENRY/BLUM 1988 S. 142 – ausgerichtet auf die Unterregistrierung der in den ersten sechs Lebensmonaten gestorbenen Säuglinge. Freilich würden die Werte für die Säuglingssterblichkeit nur um weniger als einen Prozentpunkt abweichen, wenn die Schätzung auf die Unterregistrierung der in den ersten zwölf Lebensmonaten gestorbenen Säuglinge abgehoben hätte. Im einzelnen ergeben sich folgende Schätzwerte für den Anteil der im 1. bis 6. Lebensmonat gestorbenen, jedoch nicht ins Totenbuch eingetragenen Säuglinge (Datierung nach Heiratsjahr der Eltern, bedingt durch die Methode der Schätzung): 1711–40 18,7 %, 1741–70: 10,4 %. Die entsprechenden Korrekturfaktoren wurden angewendet, soweit die Mortalitätsberechnungen auf diese Perioden ausgedehnt wurden (s. Tab. 3.16). Für die Zeit vor dem frühen 18. Jahrhundert wird wegen der Lücke im Beerdigungsregister und des Problems der Unterregistrierung auf Mortalitätsberechnungen verzichtet.

[42] Zu den Problemen, die sich hier stellen, s. Kap. 4; insbes. zur Definition des ‚Haushalts' Kap. 4.1.

[43] StA OS Rep. 100/188 Nr. 7 Bd. II fol. 102–112. Die Liste trägt die Überschrift: „Omnium parochianorum parochiae Belmensis nomina". Im Anhang dazu finden sich die Verzeichnisse der Kommunikanten und Konvertiten bis 1652, s. o. Anm. 30. – Die Datierung ergibt sich aus dem Vergleich mit den Kirchenbuch-Eintragungen des Jahres 1651.

jedoch für die meisten Haushalte klären, ob sie zu den Großbauern, Kleinbauern oder Landlosen gehörten. Auch bestätigte sich dabei, daß Brinkmann in der Seelenliste die - eindeutig voneinander abgegrenzten - Haushalte in aller Regel so anordnete, daß jeweils auf einen bäuerlichen Haushalt die zu seinem Hof gehörigen Nebenhausbewohner folgten.[44]

Diese Ordnung findet sich auch in den späteren Haushaltslisten; sie gab nach Meinung der Obrigkeit, die solche Register erstellen ließ, offenbar die Strukturierung dieser ländlichen Gesellschaft am besten wieder. Die einzelnen Höfe aber wurden in den späteren Volkszählungen nach den Größenklassen aufgelistet, so daß für jeden Ort zuerst die Voll- , dann die Halberben, danach die Erbkotten und schließlich die Markkotten registriert wurden.

Für die Volkszählung vom Februar 1772 wurde diese Anordnung der Höfe und Haushalte ausdrücklich vorgeschrieben.[45] Dies war der erste Zensus, der die gesamte Einwohnerschaft des Hochstifts Osnabrück nach einheitlichen Kategorien erfassen sollte. Die Regierung hatte das Bedürfnis danach seit längerem gespürt, jedoch auf eine unverdächtige Gelegenheit zu einer solchen Erfassung der Bevölkerung gewartet; denn sie rechnete damit, daß die Untertanen die wohltätigen Absichten der Obrigkeit mißdeuten, den Zensus als Vorbereitung zur Aushebung von Soldaten oder zu einer Kopfsteuer betrachten und so ungenügende Resultate liefern würden. Die Teuerungskrise von 1771/72 bot nun die beste Gelegenheit, das Vorhaben zu verwirklichen; es wurde als Vorbereitung für Maßnahmen zur Abhilfe gegen den „Kornmangel" dargestellt.[46] Die Untertanen konnten nicht wissen, daß

---

[44] Unterschieden werden in der Quelle Ehefrauen, Söhne, Töchter, Knechte und Mägde; auch Hirten sind als solche gekennzeichnet. Der Vergleich mit den Taufregistern zeigt, daß die Seelenliste auch Säuglinge aufführt. - Die soziale Zuordnung der Haushalte wurde vor allem aufgrund der Kopfschatzregister von 1649 und 1652 vorgenommen: StA OS Rep. 100/88 Nr. 36 fol. 30-40, 79-88; daneben wurde der Kataster von 1667 zu Rate gezogen. Aufgrund dieses Vergleichs der Quellen konnten auch kleinere Widersprüche oder Unklarheiten in der Seelenliste behoben werden.

[45] Gedrucktes Regierungsausschreiben an die sämtlichen Vögte vom 6.2.1772: StA OS Rep. 100/188 Nr. 38, fol. 31-32, auch zum Folgenden.

[46] "Vorbericht" vom 7.7.1772 zu den handschriftlichen Tabellen, die die Ergebnisse des Zensus für das ganze Hochstift zusammenfaßten: StA OS Rep. 100/188 Nr. 41, fol. 25-27. Dieser Vorbericht beginnt folgendermaßen: „Die Absicht der Allerhöchst verordneten Regierung ging seit einiger Zeit dahin, eine genaue Kenntnis von der Anzahl der in jedem Kirchspiele und im ganzen Hochstifte lebender [!] Menschen und deren Stande und Hantierungen zu haben. Hiezu konnte man nicht anders gelangen, als daß man durch die Vögte eine Konskription vornehmen ließ; dieses aber fand man ohne nähere Ursache und Veranlassung bedenklich, weil ein Teil der Untertanen daraus den Schluß auf eine bevorstehende Werbung machen und sich entfernen, ein anderer aber aus Furcht eines anzuordnenden Kopfschatzes die richtige Anzahl der Menschen verschweigen mögte. Man wartete demnach, bis Zeit und Umstände die

die Spalte mit der Frage, wieviel Roggen jeder Haushalt übrig habe oder wieviel ihm fehle, dem Formular erst im letzten Moment angefügt worden war.[47] So scheint die Umsicht der Regierenden bei dem Zensus in der Tat zu sehr brauchbaren Ergebnissen geführt zu haben. Es wurden jedoch nicht alle Einwohner namentlich registriert, sondern nur die Haushaltsvorstände („Hausväter" und „verwitwete Hausmütter"); die übrigen Personen erschienen lediglich in Form von Zahlen, klassifiziert nach Stellung zum Haushaltsvorstand und Geschlecht, die Kinder auch nach zwei Altersklassen.[48]

Obwohl das Osnabrücker Land einschließlich des Kirchspiels Belm nur wenige Jahre zum Kaiserreich Frankreich gehörte, hat der Statistik-Eifer der Napoleonischen Verwaltung[49] auch hier beachtliches Material hinterlassen. Im Dezember 1811/Januar 1812 fand im Ober-Ems-Département, zu dem die – mit dem Kirchspiel deckungsgleiche – Mairie Belm gehörte, eine Volkszählung statt. Nun wurden erstmals alle Einwohner mit Vor- und Nachnamen, Alter, Familienstand sowie „Profession oder Gewerbe" in vorgedruckte Listen eingetragen. Eine explizite Kennzeichnung der Grenzen zwischen den Haushalten war allerdings weder von der vorgesetzten Behör-

---

Gelegenheit geben würden, solche Konskription ohne Veranlassung einiger Besorgnis bei den Untertanen vornehmen zu lassen. Bei dem im Winter 1772 eingefallenen außerordentlichen Korn-Mangel bot sich solche Gelegenheit auf die beste Weise dar, indem das ganze Land danach seufzte, daß sich die Regierung der allgemeinen Not annehmen und für die Abhelfung derselben durch anzuschaffendes Korn sorgen mögte. Den würklichen Mangel des Korns konnte man nicht zuverlässiger erfahren als durch eine allgemeine Untersuchung, ob und wieviel vorrätig und wieviel nötig sei, um bis zur Ernte durchzukommen, und letzteres ließ sich nicht bestimmen, wann man nicht zugleich die Anzahl der Konsumenten wußte. [...]" – Das gedruckte Regierungsausschreiben, mit dem am 6.2.1772 die Volkszählung angeordnet wurde (s. Anm. 45), begann mit den Worten: „Demnach bei dem gegenwärtigen Kornmangel nötig erachtet worden, von der Anzahl der in jedem Kirchspiele dieses Hochstifts wohnender [!] Untertanen, deren Stande und Hantierung, imgleichen von deren Bedürfnisse oder Überflusse in Absicht des Brotkorns eine genaue Nachricht einzuziehen, so haben Wir zu dem Ende eine Tabelle entwerfen lassen [...]".

[47] Diese Spalte fehlte im Entwurf vom 11.12.1771; in der handschriftlichen Tabelle, die dem – anschließend gedruckten – Original des Regierungsausschreibens vom 6.2.1772 beilag, war diese Spalte erst nachträglich angeklebt worden: StA OS Rep. 100/188 Nr. 38, fol. 7, 26. – Freilich blieb die Obrigkeit gegenüber der Teuerungskrise nicht tatenlos: HATZIG 1909 S. 152 ff.; WRASMANN 1919-1921 Teil 1 S. 131 f. Doch standen ihre Maßnahmen nicht in solch direktem Zusammenhang mit der Volkszählung, wie sie nach außen hin den Eindruck erweckte.

[48] Die Vögte füllten handschriftlich die vorgedruckten Tabellen aus. Die Originalliste für Belm trägt den Titel „Tabelle der im Kirchspiele Belm lebenden Menschen nach ihrem Stande und Hantierungen, formiert im Februario 1772" und wurde am 11.3.1772 eingereicht: StA OS Rep. 100/188 Nr. 42, fol. 58-82. Der Vergleich mit den Kirchenbüchern ergibt, daß sie in der zweiten Februarhälfte erstellt wurde.

[49] Dazu PERROT/WOOLF 1984; speziell zur Bevölkerungsstatistik DUPÂQUIER 1970; BIRABEN 1970.

de gefordert, noch findet sie sich in der vom Maire erstellten Liste. Implizit ergibt sie sich freilich in der Regel aus der Anordnung der Namen der einzelnen Personen.⁵⁰ – Bei diesem Zensus ist offensichtlich, daß der bürokratische Aufwand nicht ausschließlich den Zwecken der Statistik galt. Wenn es, wie der Präfekt den Maires einschärfte, für sie „notwendig" war, sich zur Volkszählung „in jede Wohnung zu begeben", so sollten sie dabei auch „die geeigneten Mittel nicht außer acht [...] lassen, um Refractaire[s] oder Deserteurs, welche sich in Ihren Kommunen aufhalten dürften, [...] aufzufinden." Entsprechend enthielt das Listenformular außer den vier Spalten, in welche die Masse der Zivilpersonen nach Geschlecht und Familienstand einzutragen war, nicht weniger als fünf Spalten für Soldaten und Militärpflichtige verschiedener Kategorien.⁵¹

Das Königreich Hannover, zu dem das Osnabrücker Land seit 1813/15 gehörte, führte zunächst keine Volkszählungen in der Weise durch, daß sämtliche Einwohner namentlich verzeichnet worden wären; vielmehr begnügte es sich bis zur Jahrhundertmitte mit der nominativen Erfassung der Haushaltsvorstände und der zahlenmäßigen Registrierung der übrigen Personen. Bis zum Beginn der 1830er Jahre wurde die Bevölkerungszahl in unregelmäßigen Abständen nach verschiedenen Verfahren ermittelt; von den dabei entstandenen Listen erwies sich besonders die früheste, das „Verzeichnis der Feuerstätten und der Volkszahl vom Kirchspiele Belm" vom Dezember 1815, als nützlich für einige nominative Auswertungen.⁵² Von 1833 bis 1848 veranstaltete das Königreich am 1. Juli eines jeden dritten Jahres eine Zählung der Volksmenge und der Wohngebäude nach einheitlichen und

---

⁵⁰ Dazu s. auch unten Kap. 4.1.

⁵¹ Rundschreiben des Präfekten an die Unterpräfekten und Maire des Ober-Ems-Departements vom 8.12.1811 mit dem Beschluß zur Volkszählung vom 7.12.1811, in: SAMMLUNG... OBER-EMS-DEPARTEMENT 1811- 1813 Bd. 1 Nr. 39-40 S. 137-146, die Zitate S. 138f. – Die Originalliste für die Mairie Belm, die am 12.4.1812 vom Maire unterzeichnet wurde, befindet sich in StA OS Rep. 240 Nr. 118. Der Vergleich mit den Kirchenbüchern ergibt, daß sie in der zweiten Hälfte des Januar 1812 erstellt wurde.

⁵² StA OS Rep. 350 Osn. Nr. 178. Während die Liste für das Kirchspiel Belm dem Amt Osnabrück aufgrund dessen Reskript vom 5.12.1815 am 27.12.1815 eingereicht wurde, zog sich die Erfassung in anderen Orten bis in die ersten Monate von 1816 hin. – Die nominative Auswertung dieser Quelle beschränkt sich im wesentlichen auf einige Verknüpfungen mit der Zensusliste von Januar 1812; insbesondere geht es dabei um die Frage der Mobilität der Heuerleute sowie um den Lebensweg derer, die zwischen Januar 1812 und Dezember 1815 heirateten. Der Grund für diese Beschränkung liegt in der Spärlichkeit der Informationen dieser Quelle: So werden die meisten Haushaltsvorstände nur mit dem Nachnamen bezeichnet; und wo mehrere Haushalte eine Feuerstätte teilen, ist die Personenzahl nur für sie gemeinsam angegeben. Die vom Amt an die vorgesetzte Behörde weitergereichten Listen sind noch weniger detailliert: StA OS Rep. 335 Nr. 836 fol. 194-267. Vgl. auch Rep. 360 Osn. Nr. 55 zu dieser Erhebung.

gleichbleibenden Grundsätzen.[53] In den Urlisten wurden die Namen der Haushaltsvorstände notiert, dazu jeweils die Zahl der Personen nach Geschlecht, Altersgruppe, Familienstand und Religion; ausgefüllt wurden sie in der Regel vom Orts-Vorsteher der einzelnen Bauerschaft, der meist aus dem Kreis der Großbauern kam. Von den für das Kirchspiel Belm erhaltenen Urlisten wurde diejenige vom 1. Juli 1848 namentlich ausgewertet.[54]

Erst seit 1852 ging Hannover dazu über, bei den – nun am 3. Dezember eines jeden dritten Jahres durchgeführten – Volkszählungen jede einzelne Person mit Vor- und Familiennamen, „Stand, Beruf oder Gewerbe", Alter, Geschlecht, Familienstand und Religion registrieren zu lassen. Gegliedert nach Haushalten, Häusern, Höfen, Bauerschaften, und weiterhin geführt vom Orts-Vorsteher, sollten die Urlisten ein vollständiges, klar strukturiertes und exaktes Bild der Einwohnerschaft bieten.[55] Für Belm wurden die Urlisten von 1852 und 1858 nominativ benutzt.[56] Mit dem Zensus von 1858 liegt für das Ende unserer Untersuchungsperiode eine Übersicht aller ‚in Beobachtung befindlichen' Personen vor.

Die bei weitem wichtigste Art des Vermögens war in dieser ländlichen Gesellschaft der Immobiliarbesitz. Daher machte die Obrigkeit 1667 diesen zur hauptsächlichen Grundlage der Besteuerung, und er blieb es während unserer gesamten Untersuchungsperiode. Die zentralen Quellen zu den Besitzverhältnissen sind daher fiskalischer Art.

Zwar hatte der Fürstbischof von Osnabrück bereits im Laufe des 16. Jahrhunderts eine mehr oder weniger regelmäßige Besteuerung der Untertanen durchgesetzt; doch gab es verschiedene Arten, Sätze und Erhebungsmodi

---

[53] GESETZ-SAMMLUNG HANNOVER 1833 II.Abteilung Nr. 2 S. 25–32: Ausschreiben des Kgl. Ministerii des Innern [...] die Zählung der Volksmenge und der Wohngebäude im Königreiche betreffend, vom 9.3.1833. – Zum Vergleich mit Grundsätzen und Verfahren bei den Volkszählungen anderer deutscher und europäischer Staaten HANSSEN 1850; unter seinen Verbesserungsvorschlägen war auch der, „jedes der Zählung unterworfene Individuum ohne Ausnahme [...] namentlich" einzutragen, nicht nur die Haushaltsvorstände: S. 32f.

[54] StA OS Rep. 350 Osn. Nr. 185. Erhalten sind für das Kirchspiel Belm außerdem die Urlisten von 1833, 1836, 1842: ebd. Nr. 181, 183, 184; vgl. auch das Konzept der Listen von 1833/36 in: StA OS Rep. 360 Osn. Nr. 57.

[55] GESETZ-SAMMLUNG HANNOVER 1852 II.Abteilung Nr. 7 S. 97–107: Ausschreiben, die Zählung der Volksmenge und Wohnhäuser im Königreiche betreffend, vom 4.10.1852. Die wesentlichen Bestimmungen dieses Ausschreibens sollten laut Erlaß des Innenministeriums vom 3.11.1858 (gedrucktes Exemplar in StA OS Rep. 350 Osn. Nr. 190) auch bei der Volkszählung 1858 angewendet werden. – Vgl. auch unten Kap. 4.1.

[56] StA OS Rep. 350 Osn. Nr. 186 und 190. Vergleichend wurden zu den „Urlisten" die „Listen" herangezogen, die lediglich die Haushaltsvorstände mit Namen, die Angehörigen in Zahlen aufführten. Die Listen und Urlisten von 1855 sind für das Kirchspiel Belm nicht erhalten.

der Steuern. 1667 wurde nun der ‚Monatsschatz' zur wichtigsten und permanenten Steuer; in monatlichen Raten erhoben, lag er auf dem Grundbesitz, soweit dieser nicht exemt war; die Steuerfreiheit von Adel und Geistlichkeit wurde aus einer ‚Personal- zu einer ‚Realfreiheit'. Durch diese Steuerreform wurden die Einnahmen des Landesherrn nicht nur erhöht, sondern zugleich auf eine dauerhafte Grundlage gestellt, sie wurden regelmäßig und vorhersehbar. Das zentrale Instrument der neuen Besteuerung war der sog. ‚Kataster', der 1667 angelegt wurde. Die Verordnung, die am 15. Februar 1667 die „Beschreibung" aller steuerpflichtigen Grundstücke gebot, nahm zunächst die Klagen über die Ungerechtigkeiten der bisherigen Steuern auf und betonte, der Landesherr sei „gnädigst und sorgfältig bedacht" auf „Erleichterung" seiner Untertanen, insbesondere von dem „beschwerlichen Viehschatz". Sodann befahl sie allen Inhabern „schatzbarer Güter, Erben, halben Erben, Erb- und Mark-Kotten" oder anderer Häuser, zu einer bestimmten Zeit vor den örtlichen Beamten zu erscheinen; dort solle ein jeder „bei seinem Gewissen redlich und aufrichtig, wie er befraget werden wird, angeben, bekennen und beschreiben lassen", wieviel Ackerland, Wiese, Garten und Privatwald er habe, sowie „was eines jeden Gewerb, Handel, Hantier- und Nahrunge sei"; auch wurden die Wohngebäude bzw. Feuerstätten jedes Hofes notiert. Bei Verdacht unvollständiger oder falscher Angaben sollte das Land des betreffenden Untertanen nachgemessen werden; wenn sich der Verdacht bewahrheitete, hatte der Steuerpflichtige eine empfindliche Geldstrafe und die Kosten der Vermessung zu tragen.[57]

Auf diese Weise wurde auch im Kirchspiel Belm ein ‚Kataster' aller steuerpflichtigen Höfe angelegt.[58] Einzelne Bemerkungen des Lokalbeamten zeigen, daß die Bauern sich der Bedeutung dieses Vorgangs für die Höhe ihrer künftigen Belastung sehr wohl bewußt waren und daß es nicht ohne Ringen zwischen schatzbaren Untertanen und schatzender Obrigkeit abging. Gleich beim ersten Hof des Kirchspiels, einem der großen Vollerben, der damals von einer Witwe geführt wurde, steht am Rande: „Vidua beklaget, daß ihr Mann kürzlich verstorben, sie die Landerei nicht verstanden und 6 Scheffelsaat mehr habe schreiben lassen als an ihr Erbe gehörig." Eine Änderung der Flächenangaben zu diesem Hof ist in der Liste jedoch nicht zu erkennen. Anders bei einem anderen Vollerben, wo sich folgende Bemerkung findet:

---

[57] CCO 1783–1819 Teil 2 Bd. 1 Nr. 263 S. 80 f.: Verordnung wegen Beschreibung der Grundstücke behuef des Schatzes, vom 15. 2. 1667. Siehe auch die weiteren Verordnungen zur Einrichtung des Monatsschatzes ebd. Nr. 265–268, S. 81–86. – Zu der Steuerreform von 1667 s. WINKLER 1959 S. 15 f., 69 ff.; HIRSCHFELDER 1971 S. 158 ff., 162 ff.; PRINZ 1948–1950 Teil 2 S. 112 ff.; RENGER 1968 S. 75, 108 ff.; HEUVEL 1984 S. 112 ff., 246, vgl. 65 ff., 109 f.; BÄR 1901 S. 56 ff.

[58] StA OS Rep. 100/88 Nr. 67 Bd. II a fol. 40–55.

„NB. hat einen großen Kampff aus der Heide zu Saetlande gemacht und selbigen nicht anschreiben lassen wollen." Hier *sind* die Zahlen zu dem Hof berichtigt worden.[59] – Da die Obrigkeit wesentlich auf die Angaben angewiesen war, welche die Untertanen in ihrer Selbsteinschätzung lieferten, kann trotz solcher Vorgänge nicht ausgeschlossen werden, daß die *absolute* Größe der zu den Höfen gehörigen Flächen systematisch untertrieben wurde[60]; sehr viel aussagekräftiger dürften hingegen die *Relationen* der Größenangaben sein. Dafür wird schon die wechselseitige Selbstkontrolle der Steuerpflichtigen gesorgt haben. Der Landesherr suchte sich die mögliche Eifersucht zwischen Groß- und Kleinbauern zunutze zu machen, indem er außer den Beamten und den Bauerrichtern auch ein oder zwei Bauern aus jeder Hofklasse zur Überprüfung der Listen heranziehen ließ; und zwar sollten diese jeweils einzeln vorgeladen und befragt werden.[61]

Mit dem Kataster von 1667 hatte die landesherrliche Verwaltung nicht nur ein Instrument zu permanenter Besteuerung in der Hand; zugleich fixierte dies Register aller schatzpflichtigen Stellen den Bestand der groß- und kleinbäuerlichen Höfe. Hinfort war die Regierung nicht nur aus fiskalischen Gründen interessiert, sondern mittels dieser Liste auch in der Lage, das Weiterbestehen jedes einzelnen Hofes zu kontrollieren.[62]

Trotz anhaltender Klagen und mehrerer Anläufe zu Reformen blieb das Kataster von 1667 bis zum Ende des Hochstifts Osnabrück die Grundlage der hauptsächlichen Steuer. Selbst eine Vermessung des gesamten steuerpflichtigen Kulturlandes, die in den Jahren 1719 bis 1723 mit beträchtlichen Kosten durchgeführt wurde, konnte zahlreicher Proteste wegen nicht als neue Basis der Grundsteuer durchgesetzt werden.[63] Erst als in den Jahren 1784 bis 1790 alle Grundstücke des Hochstifts, einschließlich der Gemeinheiten, nicht nur vermessen, sondern auch kartiert wurden,[64] erhielt die Verwaltung eine unzweifelhafte Grundlage für die Besteuerung; freilich zogen sich die Folge-Arbeiten so lange hin, daß das Werk erst seit den 1820er

---

[59] Ebd. fol. 41, 53.

[60] Vgl. unten Kap. 2.1.

[61] So die Instruktion des Landesherrn vom 2.4.1667, in: StA OS Rep. 100/88 Nr. 67 Bd. I fol. 20-22, hier 20 v. – Bauerrichter hieß der „Vorsteher einer Bauerschaft": KLÖNTRUP 1798-1800 Bd. 1 S. 117 s. v. ,Bauerrichter'.

[62] Siehe WINKLER 1959 S. 15 f. zu dieser „Verbindung zwischen Höfe- und Steuerverfassung".

[63] PRINZ 1948-1950 Teil 2 S. 115 ff. – Wohl aber dienten die Vermessungsregister von 1723 den Grundherren bis ins 19. Jahrhundert als Grundlage für die Bewertung des Besitzstandes ihrer Bauernhöfe, siehe z. B. das Lagerbuch des Domkapitels StA OS Rep. 560 III Nr. 693.

[64] Der Besitz der Exemten freilich konnte nur im Umriß, nicht in den einzelnen Parzellen erfaßt werden. – Zu der Osnabrückischen Landesvermessung PRINZ 1948-1950 Teil 2 S. 119 ff.; DU PLAT/WREDE 1784/ 1961 S. 4 ff. mit dem Nachdruck der Karten vom Kirchspiel Belm. – Siehe als Proben die Karten 1-3 am Ende dieses Bandes!

Jahren von der hannoverschen Regierung für die Grundsteuer-Mutterrollen genutzt werden konnte.[65] Zu der kartographischen Aufnahme wurden nämlich zwei Register angelegt: zunächst die Vermessungsregister, die nach Fluren geordnet waren und dort die einzelnen Parzellen mit ihrem Besitzer und der Nutzungsart aufführten. Auf dieser Grundlage wurden die Schätzungsregister erstellt; sie waren nach Besitzern geordnet, wiesen also sämtliche zu einem Hof gehörigen Grundstücke mit Flur- und Parzellennummer sowie Nutzungsart nach. Für das Kirchspiel Belm wurden die Schätzungsregister erst 1806/07 fertiggestellt; freilich versuchte die Verwaltung, durch Nachträge und Berichtigungen mit den Veränderungen Schritt zu halten. – Die Informationen über den Besitzstand der Belmer Höfe wurden den Schätzungsregistern[66] entnommen und mit den übrigen Daten verknüpft.

Über die wichtigste gewerbliche Einkommensquelle, die Verkäufe von hausindustriell erzeugter Leinwand, geben die Register der städtischen bzw. staatlichen Leggen (Schauanstalten) exakte Auskunft – freilich erst für den letzten Teil unserer Untersuchungsperiode. Denn seit die Regierung in den 1770er Jahren die Leggeordnung erneuert hatte, mußten die Landbewohner die für den Verkauf bestimmten Stücke zu einer der Leggen bringen und sie dort messen, kontrollieren und klassifizieren lassen. Von der Stadtlegge Osnabrück sind detaillierte Leggebücher von 1806 bis 1858 in geschlossener Folge erhalten; in ihnen ist jedes Stück einzeln aufgeführt mit dem Namen und Wohnort des Verkäufers, dem Namen des Kaufmanns, an den es abgesetzt wurde, sowie mit Angabe von Länge, Qualitätsklasse und Preis des Leinens. Von den übrigen Leggen des Osnabrücker Landes sind nur wenige Jahrgänge dieser Register überliefert. Für die Bewohner des Kirchspiels Belm kam vor allem die Stadtlegge von Osnabrück, daneben die Legge von Ostercappeln in Frage. Namentlich erfaßt wurden alle Leinenverkäufe von Einwohnern des Kirchspiels Belm aus den Jahren 1809–1814 sowie 1847–1849.[67]

---

[65] Zur Einführung einer einheitlichen Grundsteuer im Königreich Hannover s. die Verordnung, die Veranlagung einer allgemeinen Grundsteuer im Königreich Hannover betr. vom 9.8.1822 (abgedr. in: EBHARDT 1839–1840 Bd. 5 S. 136–146) und die Verordnung, die Erhebung der allgemeinen Grundsteuer betr. vom 3.6.1826 (abgedr. in: ebd. S. 146–171). Daß im Fürstentum Osnabrück damals die Mutterrollen aufgrund der Vermessung der 1780er Jahre erstellt wurden, wird u. a. in der Korrespondenz bei der späteren Erneuerung der Mutterrollen in den 1850er Jahren erwähnt: Schreiben des Amtes Schledehausen an die Landdrostei Osnabrück vom 6.1.1859, in: StA OS Rep. 350 Osn. Nr. 908; Schreiben der Steuer-Direktion Osnabrück an Amt Dissen vom 28.3.1859, in: StA OS Rep. 350 Ibg. I Nr. 828. – Erst seit 1870 wurde von der preußischen Verwaltung ein neues Kataster aufgestellt: DU PLAT/WREDE 1784/ 1961 S. 7.

[66] StA OS Rep. 100a Nr. 5a – 9a und 27a.

[67] StA OS Dep. 3 b V Nr. 1064–1069 und 1102–1104: Stadtlegge Osnabrück 1809–1814 und 1847–1849; StA OS Rep. 330[I] Nr. 88 Bd. I Teil 2: Legge von Essen und Ostercappeln 1814, ebd.

Als die Auswanderung nach Nordamerika massenhaft zu werden begann, ließ die Landdrostei Osnabrück von den Ämtern bzw. Vogteien seit 1832/33 die Emigranten in Listen registrieren. Da das Königreich Hannover Hindernisse allenfalls den militärdienstpflichtigen jungen Männern in den Weg legte[68], dürften diese Verzeichnisse den größten Teil der Auswanderer enthalten. Notiert wurden Name und Vorname, Wohnort, Stand, Alter, „mutmaßlicher Betrag des mitgenommenen Vermögens" und Datum der Auswanderung; bei Familien schrieb man Namen und Alter meist nur für den Mann auf, vermerkte jedoch dazu, welche und wieviele Angehörige ihn begleiteten. Von der Vogtei Belm sind die Listen von 1832/33 bis 1848 vollständig erhalten. Ihnen wurden die Angaben über die Auswanderer aus dem Kirchspiel entnommen.[69]

All diese nominativen Quellen wurden in ihrem vollen Informationsgehalt maschinenlesbar gemacht[70], so daß sie miteinander verknüpft werden konnten. Insgesamt zeugen sie von einer eindrucksvollen bürokratischen Erfassung der einzelnen Höfe, Familien, Personen durch die geistliche und weltliche Obrigkeit. Diese registrierende und kontrollierende Erfassung nahm im Laufe der beiden untersuchten Jahrhunderte merklich zu.[71] Freilich konnten Pfarrer, Vögte und Amtleute kaum eines dieser namentlichen Register ganz ohne die Mitwirkung der Betroffenen erstellen. Das Verfahren bei der Anlegung des Grundsteuer-Katasters von 1667 und die Überlegungen, die der Volkszählung von 1772 vorausgingen, zeigen, daß insbesondere neue Listen dieser Art nur in Form eines wechselseitigen Gebens und Nehmens zustandekommen konnten: Neben Strafandrohungen mußte die Verwaltung eine gewisse Gegenleistung in Form von gerechter Lastenverteilung oder wirtschaftlich-sozialer Vorsorge zumindest plausibel in Aussicht stellen, um von den Untertanen brauchbare Informationen zu erhalten. - In diesem Angewiesen-Sein auf die Kooperation der Untertanen dürfte - neben den

---

Nr. 90 Bd. III: Legge von Ostercappeln für 1849. - Näheres unten Kap. 2.3. (mit Tab. 2.05, Anhang Tab. 2), auch zur Institution der Legge (mit der Literatur). - Die überwiegende Mehrheit der von den kleinen ländlichen Produzenten für den Verkauf hergestellten Leinenstücke dürfte in der Tat über die Legge gegangen sein: SCHLUMBOHM 1979 S. 264.

[68] KIEL 1941 S. 136 ff.

[69] StA OS Rep. 360 Osn. Nr. 9: Konzept; StA OS Rep. 350 Osn. Nr. 209: Reinschrift. Für 1848 sowie vier Auswanderer des Jahres 1847 liegt nur die Reinschrift vor. - Bis 1851 sind einzelne weitere Auswanderer in diesen Akten registriert; außerdem finden sich in den Kirchenbüchern des öfteren Vermerke über Auswanderung; auch diese Informationen wurden benutzt. - Zur Vogtei Belm zählten die Kirchspiele Belm, Rulle und Wallenhorst.

[70] Eine Ausnahme stellen die Schätzungsregister von 1806/07 insofern dar, als aus ihnen für jeden Hof nicht die einzelnen Parzellen, sondern lediglich die Summe der Grundstücke einer jeden Kulturart entnommen wurde.

[71] Grundsätzliches dazu bei FOUCAULT 1977 S. 243 ff.

begrenzten personellen Ressourcen der Obrigkeiten – eine wichtige Ursache dafür zu suchen sein, daß die bürokratische Erfassung der Personen trotz ihres unverkennbaren Fortschreitens prinzipiell Stückwerk blieb. Und selbst in den vorhandenen Teilen funktionierte sie in der Praxis keineswegs perfekt. Das belegen z. B. die Irrtümer, die den zeitgenössischen Pfarrern nicht ganz selten bei ihren Bemühungen um Identifizierung bestimmter Personen in den Kirchenbüchern unterliefen und die wir im Verlaufe der Familienrekonstitution aufspürten; doch auch die Schwierigkeiten, die wir selber beim Zusammenfügen der Informationsstücke zu überwinden hatten, weisen auf die Grenzen der Registrierung hin. Trotz alledem sei der Versuch gewagt, aus den obrigkeitlichen Quellen die Verhaltensweisen der Untertanen zu rekonstruieren.

Weitgehend entgangen sind dem registrierenden Zugriff der obrigkeitlichen Kirchenbücher und Volkszählungen all diejenigen Personen, die es nicht zu einem Mindestmaß an Seßhaftigkeit brachten.[72] Um so weniger kann sie unser Versuch erreichen, aufgrund dieser Quellen Lebensläufe zu rekonstruieren. Nicht die namenlose ‚vagabunda', die tot aufgefunden und vom Belmer Pfarrer beerdigt wurde, oder der Soldat des Kaiserreichs Frankreich, der als Vater eines unehelichen Kindes notiert wurde, können den Gegenstand dieser Studie bilden, sondern nur diejenigen, die wenigstens einige Jahre am Ort lebten.

Zu den Massenquellen, die aus der staatlichen und kirchlichen Verwaltung hervorgingen, bilden die Dokumente, die von den Landbewohnern selbst herrühren, eine wesentliche Ergänzung, auch wenn sie der Zahl nach wenig ins Gewicht zu fallen scheinen. Zwei Anschreibebücher, die von den Inhabern eines großen Hofes seit 1774 geführt wurden, zeugen von dem Bestreben einzelner Bäuerinnen und Bauern, die Ordnung ihrer Wirtschaft und ihrer Familie mittels Schriftlichkeit zu fixieren und zu kontrollieren. Nicht zuletzt geht es dabei um die Beziehungen des besitzenden Bauern zu den landlosen Haushalten, die seinem Hof als Kleinpächter und Landarbeiter eingegliedert waren, – wie sich zusätzlich in einer Serie schriftlicher Heuerlings-Kontrakte aus den 1820er Jahren zeigt.[73] Auch ein Kleinbauer suchte im frühen 19. Jahrhundert möglichen Konflikten in Familie und Verwandtschaft durch sorgfältige Registrierung von Soll und Haben vorzubeugen.[74]

---

[72] Zu den zahlreichen ‚Fahrenden' der frühneuzeitlichen Gesellschaft s. SCHUBERT 1983; KÜTHER 1983.

[73] Diese Akten liegen im HOFARCHIV MEYER ZU BELM; Näheres unten insbes. im Kap. 6.5. und 7.3. – Zum Quellentyp ‚Anschreibebücher' s. LORENZEN-SCHMIDT/POULSEN 1992; HOPF-DROSTE/HACKE 1989; OTTENJANN/WIEGELMANN 1982; PETERS/HARNISCH/ENDERS 1989; VOIGTLÄNDER 1983.

[74] URKUNDE LANDWEHR 1980; das Original liegt im HOFARCHIV LANDWEHR, HALTERN. Siehe

Nur ganz vereinzelt hat hingegen ein Landloser zur Feder gegriffen und so der Nachwelt seine Sicht des Heuerling-Bauer-Verhältnisses überliefert; auch er untermauerte seine Argumentation mit Hilfe einer Buchführung, die der Bilanzierung von Leistungen und – mangelnden – Gegenleistungen dienen sollte.[75]

Die Dokumente, die aus einzelnen Konflikten hervorgegangen sind, entstanden oft in ausdrücklicher Interaktion der Landleute mit den Behörden. In einigen Fällen sind im Archiv des Grundherrn, des Amts oder der Kirche sogar die Eingaben erhalten, die die Dorfbewohner persönlich oder durch einen Rechtsbeistand abgefaßt haben. Hier bietet sich die Chance, der Vorstellungswelt und Denkweise der Menschen, die im Zentrum dieser Studie stehen, näherzukommen. Insbesondere auf dem Hintergrund der Rekonstruktion der Verhaltensmuster aller Einwohner des Kirchspiels kann die Interpretation ausgewählter Streitfälle, Hof- und Familienverträge die Einsicht in die Zielsetzungen und Strategien der Männer und Frauen wesentlich vertiefen.[76]

Diese Studie erstreckt sich auf die Periode von der Mitte des 17. Jahrhunderts bis 1858/60, also vom Ende des Dreißigjährigen Krieges und dem Beginn der Kirchenbücher bis in eine Zeit, da die ländliche Gesellschaft unter den Auswirkungen von Agrarreformen, Verfall der Hausleinenindustrie und massenhafter Auswanderung einem beträchtlichen Wandel unterlag, eine Fabrik-Industrialisierung innerhalb der untersuchten Region aber noch kaum zum Tragen kam. Blickt man aus der Distanz auf die großen Linien der Strukturen und Veränderungen dieser lokalen Gesellschaft, so scheinen sich fortschreitende ‚Modernisierung' und zähes Beharren auf merkwürdige Weise zu verbinden. Aufgabe der Mikro-Untersuchung wird es sein, diese Verbindung von scheinbar gegensätzlichen Momenten verstehend und analysierend zu durchdringen.

---

dazu unten S. 265, 320f., 397. – Einzelne weitere Quellen bäuerlicher Provenienz werden genannt und ggf. beschrieben, wo sie benutzt werden.

[75] Dazu unten Kap. 7.6.
[76] Siehe insbesondere Kap. 6.

## 2. Das Kirchspiel Belm vom 16. zum 19. Jahrhundert: Bevölkerung – soziale Struktur – Wirtschaft im Überblick

### 2.1. Bevölkerung und Landbesitz

Das Kirchspiel Belm bestand aus dem Kirchdorf und den acht Bauerschaften Lüstringen, Gretesch, Darum, Wellingen, Haltern, Powe, Vehrte und Icker. Etwa fünf bis zwölf Kilometer nordöstlich der Stadt Osnabrück gelegen, erstreckte es sich auf einer Fläche von 63 km² bis hin zum Wiehengebirge (s. Karten 1-4 im Anhang).[1] Wie gewöhnlich in dieser Region, gab es keine eng gebauten Siedlungen; lediglich im Kirchdorf Belm drängten sich die Behausungen der Kleinstbesitzer dichter. Die Bauerschaften bestanden aus je einem oder mehreren lockeren Kernen; hinzu kamen kleinere Gruppen von Gehöften sowie Einzelhöfe. Im Mittelpunkt eines Hofes stand das Haupthaus, das den Haushalt des Bauern samt seinem Vieh beherbergte und unter dem Dach Platz für Getreide, Stroh und Heu bot.[2] Auf größeren Höfen gruppierten sich Nebengebäude ringsum: Speicher, Schuppen, Back- oder Dreschhaus. Weitere Wohngebäude[3], insbesondere die für die Altenteiler vorgesehene ‚Leibzucht‘, schlossen sich teils im näheren Umkreis an, teils waren sie in größerer Entfernung errichtet. – Administrativ gehörte das

---

[1] Das alte Kirchspiel Belm entspricht der heutigen Gemeinde Belm im Landkreis Osnabrück sowie den Ortsteilen Gretesch, Darum und Lüstringen der Stadt Osnabrück. Grundlegende Informationen in den Artikeln von WREDE 1975-1980, vgl. die Karten von der Landesvermessung des Fürstbistums Osnabrück 1784-1790: DU PLAT/WREDE 1784/ 1961. Die Fläche errechnet aus UELSCHEN 1966 S.180ff. – Die Stadt Osnabrück zählte im Jahre 1772 etwa 5900 Einwohner, 1814 etwa 9100, 1858 etwa 15400: Klaus Harting, Osnabrück, in: SCHULER 1990 S. 361-375.

[2] Klassisch dazu: Justus Möser, Die Häuser des Landmanns im Osnabrückischen sind in ihrem Plan die besten (1767), in: MÖSER 1944ff. Bd.6 S.127-129. Vgl. WARNECKE 1984 und KÄMMERER 1986 S.33f., auch zum Folgenden.

[3] Diese wurden – im Unterschied zu dem Haupthaus des Bauern – ‚Nebenfeuerstätten‘ genannt. – Vgl. unten die Abbildungen 2-9 auf Seite 203ff. mit Fotos und Grundrissen von Haupt- und Nebenhäusern; die Karten am Ende des Bandes (vgl. dazu die Erläuterungen auf S.627ff.) zeigen die Lage von Hof und Nebenfeuerstätten.

Kirchspiel zum Amt Iburg des Fürstbistums Osnabrück, im 19. Jahrhundert zum Amt Osnabrück des Königreichs Hannover.

Im Jahre 1651, drei Jahre nach dem Ende des Dreißigjährigen Krieges, registrierte der Pfarrer etwa 1300 Seelen im Kirchspiel (Tab. 2.01 und Grafik 2.01).[4] Bis zur Volkszählung von 1772 stieg die Einwohnerzahl um 75%, in den folgenden 40 Jahren noch einmal um 30%, so daß sie 1812 bei fast 3000 lag. Die beiden anschließenden Jahrzehnte stellen mit einem Zuwachs von 31% eine Phase stärkster Expansion dar. 1833 hatte sich die Zahl der Menschen gegenüber 1651 annähernd verdreifacht. Infolge der Amerika-Auswanderung schrumpfte danach die Bevölkerung bis über die Jahrhundertmitte hinaus; erst im letzten Drittel des 19. Jahrhunderts stieg sie wieder. – Wie in anderen von der Proto-Industrialisierung erfaßten Regionen[5] gab es also ein kräftiges Bevölkerungswachstum. Die Dichte blieb freilich hinter der des benachbarten Ravensberger Landes zurück.[6]

Die private landwirtschaftliche Nutzfläche nahm in diesen beiden Jahrhunderten ebenfalls stark zu (Tab. 2.02 und Grafik 2.02). Wären die Ergebnisse der Selbst-Einschätzung, die die Bauern 1667 zum Zwecke der Festsetzung der Grundsteuer vornahmen, mit denen der späteren Vermessungen vergleichbar, so müßten wir annehmen, daß damals erst etwa 11% der Gesamtoberfläche als Privatbesitz von Bauern genutzt wurde. – Als 1723 die

---

[4] Vgl. SCHLUMBOHM 1986, auch zum Folgenden. Die in der Einleitung besprochenen Hauptquellen werden im Folgenden nicht mehr einzeln nachgewiesen.

[5] Dazu MENDELS 1972; MENDELS 1981; KRIEDTE/MEDICK/SCHLUMBOHM 1977 bes. S. 155 ff. Zum gegenwärtigen Stand der Forschung betr. Demographie der Proto-Industrialisierung KRIEDTE/MEDICK/SCHLUMBOHM 1992 S. 73–87.

[6] Die Zahl der Einwohner je km$^2$ betrug im Kirchspiel Belm im Jahre 1801: 46, 1821: 53; im ganzen Gebiet des Landkreises Osnabrück 1821: 63 (nach UELSCHEN 1966 S.4); in der Grafschaft Ravensberg 1801: 98, im Fürstentum Minden 1801: 59 (REEKERS 1965 S. 122), in der Grafschaft Tecklenburg 1801: 55 (REEKERS 1966 S. 70). Tecklenburg gehörte mit dem Osnabrücker Land und Teilen von Minden und Ravensberg zum Kerngebiet der Löwendleinenproduktion, während in einigen Ravensberger Kirchspielen nahe bei Bielefeld eine intensivere Feinleinenherstellung dominierte: REEKERS 1965; REEKERS 1966 S. 41 ff.; SCHLUMBOHM 1979; SCHLUMBOHM 1982. – Die Steigerungsraten einiger oldenburgischer Kirchspiele stehen nicht hinter denen von Belm zurück; doch handelt es sich dabei in der Regel um das Auffüllen von besonders dünn besiedelten Räumen: HINRICHS/KRÄMER/REINDERS 1988 S. 19 ff. – Wenn für Deutschland insgesamt in etwa mit einer Verdoppelung der Einwohnerzahl zwischen 1650 und 1800 gerechnet wird (s. den Überblick über die vorliegenden Schätzungen bei DIPPER 1991 S. 42 ff.), so ist dabei zu berücksichtigen, daß in vielen Regionen – und somit auch in Deutschland insgesamt – ein erheblicher Teil dieses Wachstums zunächst einmal ein Aufholen der Verluste aus der Periode des Dreißigjährigen Krieges (dazu FRANZ 1979) bedeutete. Da in unserem Untersuchungsgebiet bereits 1651 wieder der Bevölkerungsstand vom Beginn des Jahrhunderts erreicht war (s. Tab. 2.03 und Grafik 2.03), hebt sich das anschließende Wachstum deutlich vom Durchschnitt der deutschen Territorien ab.

Tabelle 2.01: Einwohnerzahl des Kirchspiels Belm, 17. bis 19. Jahrhundert

| Jahr | Einwohnerzahl | Quelle |
|---|---|---|
| 1651 | 1296 | |
| 1662 | 1559 | BINDEL 1924 S. 125 |
| 1772 | 2252 | |
| 1812 | 2935 | |
| 1816 | 3174 | StA OS Rep. 335 Nr. 836 fol. 214 |
| 1821 | 3334 | StA OS Rep. 350 Osn. Nr. 179 |
| 1833 | 3851 | StA OS Rep. 350 Osn. Nr. 181 |
| 1836 | 3744 | StA OS Rep. 350 Osn. Nr. 183 |
| 1839 | 3733 | StA OS Rep. 335 Nr. 846 |
| 1842 | 3664 | StA OS Rep. 335 Nr. 847 |
| 1845 | 3656 | StA OS Rep. 335 Nr. 848 |
| 1848 | 3413 | StA OS Rep. 335 Nr. 849 |
| 1852 | 3494 | |
| 1855 | 3444 | StA OS Rep. 335 Nr. 857 |
| 1858 | 3296 | |
| 1871 | 3492 | errechnet aus UELSCHEN 1966 S. 188 ff. |
| 1885 | 3676 | errechnet aus UELSCHEN 1966 S. 188 ff. |
| 1905 | 3934 | errechnet aus UELSCHEN 1966 S. 188 ff. |

Anmerkung: Hier und in allen folgenden Tabellen beruhen die Zahlen, zu denen keine Quelle genannt ist, auf der Auswertung der namentlich erfaßten Quellen durch den Vf. Zu diesen s. Kap. 1.

Grafik 2.01: Einwohnerzahl des Kirchspiels Belm, 17. bis 19. Jahrhundert

Quelle: Tab. 2.01

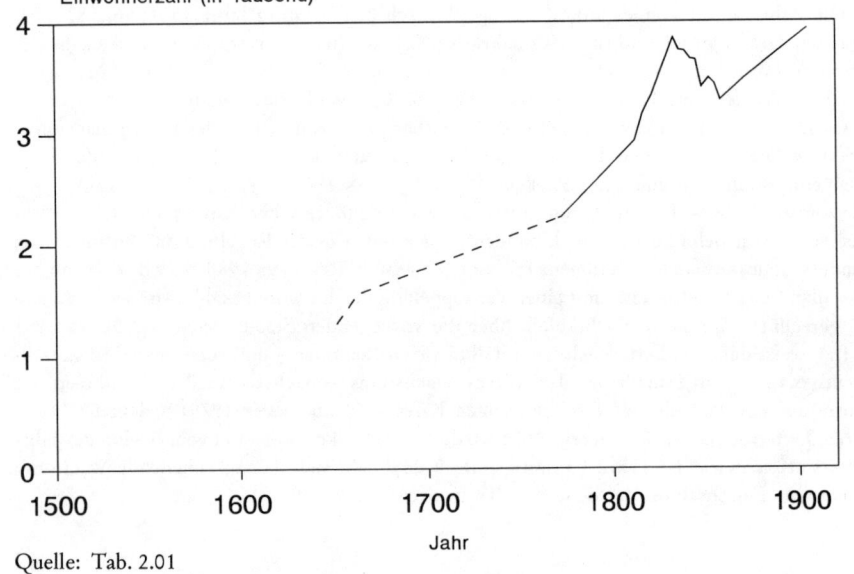

Tabelle 2.02: Umfang der besteuerten privaten landwirtschaftlichen Nutzfläche (NF) im Kirchspiel Belm, 1667-1723-1806

| Jahr | besteuerte priv. NF | | Besitz der Freien | | Gemeinheiten | | Vermessene Gesamtfläche |
|---|---|---|---|---|---|---|---|
| | in Scheffelsaat | in % der Gesamtfläche von 1806 | in Scheffelsaat | in % der Gesamtfläche von 1806 | in Scheffelsaat | in % der Gesamtfläche von 1806 | |
| 1667 | (5317)[1] | (11,0%)[1] | | | | | |
| 1723 | 17701 | 36,5% | | | | | |
| 1806 | 25773 | 53,1% | 1762 | 3,6% | 20989 | 43,3% | 48524 |

[1] 1667 deklarierten die Bauern bei ihrer Selbst-Einschätzung insgesamt 4870 Scheffelsaat Ackerland und 185 „Fuder Wiesenwachs". In Ermangelung eines Umrechnungsschlüssels für Wiesenwachs wurde angenommen, daß die Wiesen wie 1723 etwa 8,4% der privaten NF der Bauern ausmachten.

Anmerkungen: 1 Scheffelsaat = 0,1177 ha (im späten 18. und im 19. Jahrhundert).
Quelle für 1723: StA OS Rep. 100/92 Nr. 37 und 38: Vermessungs- und Prästationsregister.

Grafik 2.02: Anteil der besteuerten privaten landwirtschaftlichen Nutzfläche (NF) an der Gesamtfläche des Kirchspiels Belm, 1667-1723-1806

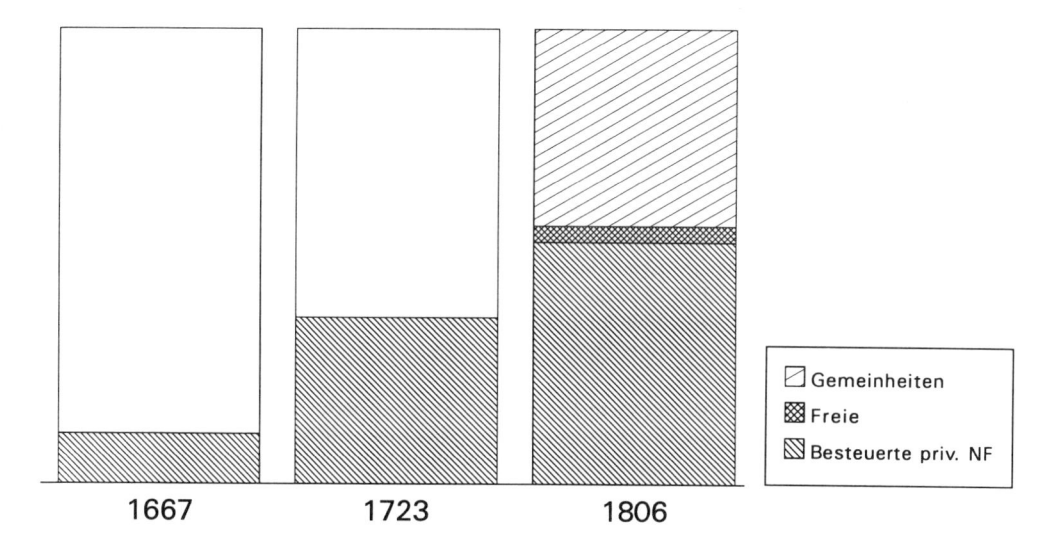

Quelle: Tab. 2.02

Nutzflächen aller Höfe vermessen wurden, machten sie gut ein Drittel der Gesamtfläche des Kirchspiels aus; die gemeinen Marken nahmen also deutlich mehr als die Hälfte des Bodens ein.[7] – Exakte Resultate lieferte die Vermessung und Kartierung, die ab 1784 im Fürstbistum durchgeführt wurde[8]; die Bearbeitung der Register für das Kirchspiel Belm wurde 1806/07 beendet. Die besteuerten privaten Nutzflächen machten nun 53 % der Gesamtoberfläche aus. Knapp 4 % gehörte Freien, sie entzogen ihren Besitz mit Hinweis auf ihre Privilegien der detaillierten Vermessung; über die Hälfte davon nahm mit 129 Hektar das Gut Astrup in Vehrte ein, zum Pastorat gehörten 32 Hektar, dazu kamen noch einige kleinere steuerfreie Besitztümer.[9] 43 % des gesamten Bodens entfiel auf die Gemeinheiten.

Zu drei Vierteln bestanden die Gemeinheiten um 1806 aus „Plaggenmatte" – und zwar ganz überwiegend in Form von Heide (73 %), nur 2 % Grasanger; ein Viertel war „Holzgrund", hauptsächlich in der Powe-Vehrter Mark, ein wenig in Icker, so gut wie gar nicht in der Belmer, Gretesch-Darum-Lüstringer und Haltern-Wellinger Mark.[10] Freilich waren auch die Heideflächen zum Teil von Büschen und Bäumen durchwachsen. Die gemeine Mark bildete noch immer eine wesentliche Ergänzung zu der Einzelwirtschaft der Höfe: Hier weidete man das Vieh, holte ‚Plaggen' (Heide- oder Grassoden) zur Düngung der Äcker, Streu für den Stall sowie Feuerung für den Herd.[11]

Auch wenn die Zahlen nicht exakt vergleichbar sind und insbesondere die Werte für 1667 wahrscheinlich stark untertreiben, so wird doch deutlich, daß in diesen eineinhalb Jahrhunderten die gemeinen Marken in erheblichem Umfang schrumpften, während die privat genutzten Flächen expandierten.[12] Das geschah in vielen kleinen Einzelaktionen, nur teilweise in Form eines regulären Verfahrens durch „Zuschläge", die allen Markgenossen bewilligt oder an einzelne verkauft wurden, manchmal als kleinräumige Begradigung, die man „Zaunrichtung" nannte, oft wohl heimlich oder nur stillschweigend

---

[7] Errechnet aufgrund von StA OS Rep. 100/92 Nr. 37 und 38. Vgl. dazu PRINZ 1948–1950 Teil 2 S. 115 ff.

[8] Siehe dazu die kommentierte Edition Du PLAT/WREDE 1784/ 1961; vgl. PRINZ 1948–1950 Teil 2 S. 119 ff. – Siehe als Proben die Karten 1–3 am Ende dieses Bandes!

[9] Zu ihnen s. auch die Beschreibung des Kirchspiels Belm, die um 1790 vom Vogt verfaßt wurde: StA OS Rep. 100/88 fol. 90–120, hier fol. 90 ff.; z. T. abgedruckt bei HINZE 1985 a, hier S. 146 ff.

[10] Es ist charakteristisch für diese Region, daß es keinen mehr oder weniger einheitlichen Gemeindeverband gab, sondern daß Bauerschaft, Kirchspiel und Markgenossenschaft nebeneinander bestanden: STÜVE 1853–1882 Bd. 2 S. 758; WREDE 1964 S. 295 ff.

[11] Dazu HERZOG 1938 S. 30 ff.; ECKELMANN/KLAUSING 1982.

[12] Dazu allgemein MIDDENDORFF 1927; WINKLER 1959 S. 17 ff. – Vgl. die Entwicklung in einigen braunschweigischen Ämtern: SAALFELD 1960 S. 33 ff.; allgemein BERTHOLD 1964; MAYHEW 1973 S. 150 ff., 167 f.

geduldet: „Krebs" nannte man einen „Zuschlag mitten in offener Mark [...], weil er unvermerkt vergrößert werden kann und also immer weiter um sich frißt".[13] Die offiziellen und nahezu vollständigen Teilungen der Gemeinheiten erfolgten im Kirchspiel Belm erst in der anschließenden Periode, zwischen 1806 und 1835.[14]

Um 1806 nutzten die Bauern im Kirchspiel ihre privaten Ländereien zu 55% als Acker, zu 14% als Wiesen und zu 13% als Holzgrund.[15] Nimmt man jedoch die Gemeinheiten hinzu, so nahm die Heide noch ebensoviel Raum ein wie das Pflugland.[16] – Unter den Produkten stand beim Getreide der Roggen ganz im Vordergrund, wie in Norddeutschland gewöhnlich[17]; daneben spielten Hafer und Gerste eine Rolle, nicht hingegen Weizen. In den ersten Jahren des 19. Jahrhunderts wurden auch bereits Kartoffeln in erheblichem Umfang angebaut; nicht ohne Bedeutung waren Erbsen. Die Flachskultur diente dem örtlichen Leinengewerbe. Mit Heu und – im frühen 19. Jahrhundert – mit Klee wurde das Vieh gefüttert.[18] Beim Tierbestand war das Rindvieh am zahlreichsten, lieferte es doch Milch, Fleisch und Dünger. Demgegenüber war die Anzahl der Schweine und Schafe begrenzt, erheblich die Zahl der Pferde, der Zugtiere für den Ackerbau.[19]

---

[13] KLÖNTRUP 1798–1800 Bd. 3 S. 327 s. v. ‚Zaunrichtung', S. 345–352 s. v. ‚Zuschlag', zit. S. 346.

[14] HERZOG 1938 S. 169 f.; vgl. HINZE 1972 S. 32 ff.

[15] Berechnet nach den ‚Schätzungsregistern'; in den ‚Vermeßregistern' sind die Bodennutzungsarten etwas anders eingeteilt.

[16] Von der Gesamtfläche nahmen im Kirchspiel Belm die Äcker der Bauern 29%, die Heide 31% ein. Da der Besitz der Freien nur im Umriß, nicht der Nutzung nach vermessen wurde, wären insbesondere deren Äcker noch hinzuzurechnen. Das Kirchspiel unterschied sich demnach nicht wesentlich von der Region: Im Gebiet des späteren Amtes Osnabrück machte das Ackerland 32%, die Heide 29% aus; vom gesamten Osnabrücker Land waren 29% Acker, 27% Heide (errechnet aus HERZOG 1938 S. 165 f.). – Damit liegt unser Gebiet nicht weit vom Durchschnitt Deutschlands, für das der Anteil des Ackerlandes an der Gebietsfläche um 1800 auf ein Drittel veranschlagt wird: SAALFELD 1967 S. 141 f.

[17] ABEL 1978 b S. 233, vgl. 343 ff.; BREMEN 1971 S. 85 ff.; SAALFELD 1964; SAALFELD 1991 a; SAALFELD 1991 b; vgl. TEUTEBERG/WIEGELMANN 1972 S. 64 ff.

[18] Ein „Statistisches Tableau von den Produkten im Kirchspiele Belm" von 1806/1807 (StA OS Rep. 100/189 a Nr. 11 fol. 63–64; vgl. ebd. Rep. 350 Osn. Nr. 2136) gibt den Ertrag „bei mittelmäßiger Ernte" für das ganze Kirchspiel an mit 1895 Malter Roggen, 646 Malter Hafer, 469 Malter Gerste, 49 Malter Weizen, 7 Malter Buchweizen; 1450 Malter „Erdäpfeln", 239 Malter Erbsen, 36 Malter Bohnen, 8 Malter Rübesamen; 14 Malter Leinsamen, 452 Zentner Flachs; 44 Zentner Zichorien, 492 Fuder Heu und 485 Fuder „grünen Klee".

[19] Das „Tableau vom Viehstande [...] im Canton Schledehausen" vom Dezember 1809 (StA OS Rep. 230 Nr. 424 fol. 62–63) registriert für das Kirchspiel Belm 394 Pferde, 1435 Stück Rindvieh, 564 Schweine, 861 Schafe und 194 Hunde, jeweils einschl. Jungvieh. Zur typischen Unterordnung der Viehwirtschaft unter dem Ackerbau s. ABEL 1978 b S. 244 ff., bes. 250 f.; vgl. ACHILLES 1991 S. 23 ff., 103 ff.

Daß die privat genutzte landwirtschaftliche Fläche mehr oder weniger im Gleichschritt mit der Bevölkerung wuchs, könnte die Vorstellung eines recht harmonischen Entwicklungsprozesses erwecken: Nach den Annahmen liberaler Agrartheorien wurde privater Grund effizienter genutzt als die Gemeinheiten; so hätte sich die Landwirtschaft fortentwickelt entsprechend der Zahl der Menschen, die zu ernähren waren. In Wirklichkeit jedoch verlief der Wandel keineswegs so ausgeglichen, hinsichtlich der Sozialstruktur vielmehr ausgesprochen asymmetrisch.

Praktisch konstant blieb die Zahl der Großbauern[20]. Von der Mitte des 16. bis zur Mitte des 19. Jahrhunderts bestanden etwa einhundert Voll- und Halberbenhöfe im Kirchspiel (Tab. 2.03 und Grafik 2.03). Weder vermehrte sich die Anzahl im Zuge der Ausdehnung der privaten Nutzflächen, noch nahm sie ab durch Zerstückelung von Besitz-Einheiten. Bei der Kataster-Aufnahme um 1800 wurden 85 Vollerben und 18 Halberben registriert. Im Durchschnitt waren ihre Höfe zu dieser Zeit 27,5 Hektar groß; der Meyer zu Belm als größter besaß 99 Hektar. 1667 hatten die Voll- und Halberben durchschnittlich Ackerflächen von 48 Scheffelsaat deklariert; das entspräche knapp sechs Hektar.[21] Mit 110 bzw. 104 Scheffelsaat lagen Duling in Powe und Meyer zu Belm an der Spitze.

Noch bemerkenswerter erscheint, wie wenig die Zahl der Kleinbauern wuchs. Hatte sie schon in der zweiten Hälfte des 16. Jahrhunderts kaum mehr zugenommen, so stieg sie auch im 18. nur sehr allmählich.[22] Erst im 19. Jahrhundert fand eine deutlichere Vermehrung statt. Doch während etwa im benachbarten Minden-Ravensberg die Teilung der Marken einen wahren Gründungs-Boom neuer Klein- und Kleinst-Stellen, Neubauereien und Erbpachtungen auslöste,[23] hielt sich in Belm das Wachstum in Grenzen.[24] – Um

---

[20] Wenn nicht im Einzelfall ausdrücklich anders definiert, meint der Terminus ‚Groß-‘ oder ‚Vollbauern‘ in dieser Arbeit die Gesamtheit der Voll- und Halberben; als ‚Kleinbauern‘ werden die übrigen Eigentümer bezeichnet, also insbesondere die Erb- und Markkötter, aber auch die Kirchhöfer, Neubauern und Erbpächter. Beide Gruppen zusammen werden entsprechend dem zeitgenössischen Sprachgebrauch der Region Colonen oder Bauern genannt. Demgegenüber sind mit dem Terminus ‚Landlose‘ oder ‚Eigentumslose‘ in dieser Arbeit alle Personen bzw. Haushalte ohne Eigentumsrechte an Haus und Grund gemeint, insbesondere also die Heuerlinge.

[21] Nach dem aus späterer Zeit überlieferten Schlüssel 1 Scheffelsaat = 0,1177 ha (HERZOG 1938 S.165; vgl. HIRSCHFELDER 1971 S.192).

[22] Das trifft für zahlreiche Gemeinden des Kreises Osnabrück zu: WREDE 1971 bes. S.108ff. Anders z. B. im Amt Wittlage, wo andererseits die Heuerlingsschicht viel weniger zahlreich war als in anderen Teilen des Osnabrücker Landes: SCHLOEMANN 1925 S.209ff. – Zum interregionalen Vergleich s. RITTER 1968; MAYHEW 1973 S.122ff.; HINRICHS 1980 S..152ff.; GREES 1983; ACHILLES 1991 S.52ff., 110ff.

[23] MOOSER 1984 S.126ff., 227ff., 467f.; BRAKENSIEK 1991 S.156ff., 165ff. Ähnlich auf der

1800 waren unter den 71 Kleinstellen 6 Erb- und 57 Markkotten; im Durchschnitt verfügten sie über drei Hektar.[25] 1667 hatten die Kleinbauern im Schnitt erst gut zwei Scheffelsaat anzugeben – was einem Viertel Hektar entspräche; 26 Markkötter meldeten nicht einmal ein Scheffelsaat an.

Auf der einen Seite wurden also fast alle Flächen, die im Laufe der Zeit aus den Gemeinheiten herausgelöst wurden, bestehenden Höfen zugeschlagen; diese nahmen an Größe stark zu; neue Besitzungen wurden nur in geringem Ausmaß geschaffen. Auf der anderen Seite bedeutete das, daß fast der gesamte Bevölkerungszuwachs in die Schicht ohne Eigentum an Grund und Boden ging.

Wie weithin in Europa[26], so hatte auch im Kirchspiel Belm die Bevölkerung bereits im 16. Jahrhundert kräftig zugenommen, jedenfalls in seinen beiden letzten Dritteln; das belegt die wachsende Zahl der Haushalte (Tab. 2.03 und Grafik 2.03). Um 1600 besaß etwa ein Drittel der Haushalte kein Eigentum an Haus und Grund. Während des Dreißigjährigen Krieges gab es nicht unbeträchtliche Verluste; sogar etwa ein Zehntel der Großhöfe standen leer, die landlose Schicht aber schrumpfte auf ungefähr die Hälfte ihres vorigen Umfangs.[27] Schon wenige Jahre nach dem Friedensschluß war

---

Oldenburgischen Geest: HINRICHS/KRÄMER/REINDERS 1988 S. 52 ff. Für die östlichen und mittleren Provinzen Preußens s. HARNISCH 1984 S. 290 ff.; BERTHOLD 1978.

[24] Die Obrigkeit behielt sich das Recht der Zustimmung zur Vererbpachtung von Grundstükken vor; siehe die Fälle aus den Jahren 1818 bis 1826: StA OS Rep. 350 Osn. Nr. 3045, 3046, 3047.

[25] Die Einteilung aufgrund der Hofklassen stimmt recht gut zu der nach Besitzgrößen: Nach der Selbst-Einschätzung von 1667 besaßen alle Voll- und Halberben mindestens 15 Scheffelsaat, alle Erb- und Markkötter unter 15 Scheffelsaat Land. – Nach den um 1806 erstellten Schätzungsregistern hatten nur vier Halberben weniger als 10 Hektar (jedoch alle über 8), umgekehrt nur ein Erb- und ein Markkötter über 10 Hektar (jedoch unter 12).

In den benutzten Quellen wurden sämtliche Höfe des Kirchspiels bis auf acht während der ganzen Untersuchungsperiode stets derselben Hofklasse zugerechnet; nur in drei der acht Fälle schwankender Zuordnung wird die Grenze zwischen Groß- und Kleinbauern überschritten, d.h. der Hof wurde zeitweise als Erbkotten, zeitweise als Halberbe klassifiziert.

Der Vorzug der in dieser Arbeit vorwiegend benutzten Einteilung in Groß- und Kleinbauern (s. o. Anm. 20) nach dem Kriterium der Hofklasse (statt der Besitzgröße) besteht also zum einen in der Konstanz des Kriteriums (während sich die Besitzgröße ja veränderte), zum anderen darin, daß die Zuordnung der Höfe zu den Hofklassen kontinuierlich bestand, während Angaben über Besitzgrößen nur für wenige Stichjahre zur Verfügung stehen.

[26] KRIEDTE 1980 S. 28 ff.; ABEL 1978a 104 ff.; WRIGLEY/SCHOFIELD 1989 S. 157 ff., 207 ff.; Jean-Noël Biraben/Didier Blanchet/Alain Blum, Le mouvement de la population, in: DUPÂQUIER 1988 Bd. 2, S. 145 ff.

[27] Allgemein für das Osnabrücker Land dazu WINKLER 1959 S. 9 ff., 19 ff.; HIRSCHFELDER 1971 S. 186 ff.; WESTERFELD 1934 S. 123 ff.

Tabelle 2.03: Zahl der Haushalte und Zahl der Höfe im Kirchspiel Belm, 16. bis 19. Jahrhundert

| Jahr | Zahl der Haushalte | Zahl der Höfe | davon große Höfe[1] | Quelle |
|---|---|---|---|---|
| 1512 | 176 | | | StA OS Rep. 100/89 Nr. 1 a: Kopfschatzregister |
| ca. 1535 | 165 | | | StA OS Rep. 100/89 Nr. 1: Kopfschatzregister abgedr.: VINCKE 1928 S. 97 ff. |
| 1565 | | 163 | 103 | StA OS Rep. 100/88 Nr. 10: Schatzregister |
| 1601 | 252 | | | StA OS Rep. 100/89 Nr. 3: Kopfschatzregister |
| nach 1605 | | 172 | 104 | StA OS Rep. 100/88 Nr. 9 a fol. 95 f.: Verzeichnis der Freien und Eigenbehörigen |
| 1634 | 184 | 152 | 89 | StA OS Rep. 100/89 Nr. 17: Kopfschatzregister |
| 1651 | 251 | | | |
| 1667 | | 164 | 99 | |
| 1723 | | 172 | 101 | StA OS Rep. 100/92 Nr. 37: Prästationsregister |
| 1772 | 436 | | | |
| 1806 | | 182 | 103 | |
| 1812 | 580 | | | |
| 1833 | 683 | | | StA OS Rep. 350 Osn. Nr. 181: Volkszählung |
| 1858 | 561 | 213[2] | 99 | |

[1] D.i. Voll- und Halberben.
[2] Einschließlich Pastorate, Lehrerstellen u. ä. Anwesen. Auch Höfe, auf denen derzeit Pächter saßen, sind hier mitgezählt.

jedoch der Vorkriegsstand wieder erreicht, sowohl in der Gesamtzahl der Haushalte, als auch in der Stärke der eigentumslosen Schicht. Nun begann ein langfristiger Anstieg der Zahl und des Anteils der Landlosen. 1772 waren bereits 60 % der Haushalte ohne Landbesitz (Tab. 4.01 b)[28], 1812 sogar 69 %.

---

[28] Damit lag das Kirchspiel nur wenig über dem Durchschnitt des Amtes Iburg, zu dem es gehörte, und des gesamten Fürstbistums. In Belm kamen 1772 auf einen Hof („Hauptfeuerstät-

Grafik 2.03: Bevölkerung und soziale Schichtung im Kirchspiel Belm, 16. bis 19. Jahrhundert

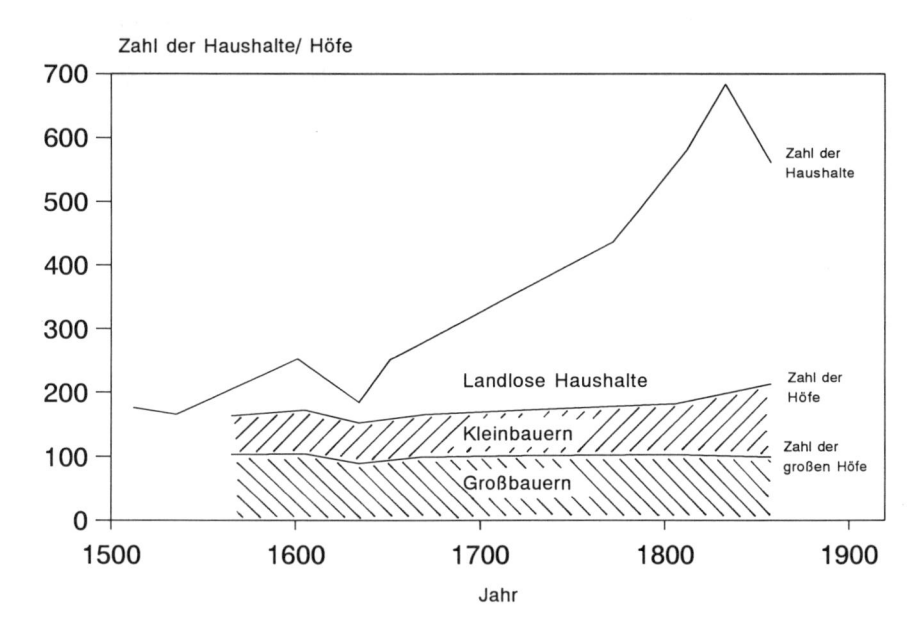

Quelle: Tab. 2.03

Quantitativ wurden die Bauern zur Minderheit in dieser ländlichen Gesellschaft; die Großbauern stellten 1812 noch 17%, die Kleinbauern 12% der Haushalte (Tab. 4.02c).

Daß sich die Sozialstruktur in dieser Weise entwickelte, hing natürlich damit zusammen, daß die Höfe in dieser Region prinzipiell als unteilbar galten.[29] Dieser Grundsatz war bereits vor Beginn unserer Untersuchungsperiode durchgesetzt; Landesherr und Grundherren[30] achteten darauf, um die Steuer- und Abgaben-Fähigkeit der Stätten zu erhalten. Die landesherrliche Seite verhinderte nach dem großen Kriege auch immer effektiver, daß bäuerliche Stellen zugunsten von steuerfreien Gütern eingezogen wurden.[31]

---

te") im Schnitt 2,4 Haushalte, im Amt Iburg und im Fürstbistum insgesamt 2,2: erechnet aufgrund StA OS Rep. 100/188 Nr. 41 f. 90; Auszug abgedr. bei HATZIG 1909 S. 199 f.

[29] Dazu unten Kap. 6.3.

[30] Die Quellen unserer Untersuchungsperiode sprechen meist von „Gutsherren", s. auch unten Kap. 6.3. – Zu der relativ starken Position, die die Grundherren im Osnabrücker Land gegenüber den Bauern hatten, s. unten Kap. 6.3. – 6.4.

[31] Vgl. WINKLER 1959 S. 14 ff., 20 ff.

Grafik 2.04: Lorenzkurven: Verteilungen des privaten Grundbesitzes im Kirchspiel Belm

1. Verteilung unter die landbesitzenden Haushalte
   1667 ———  1806 --------

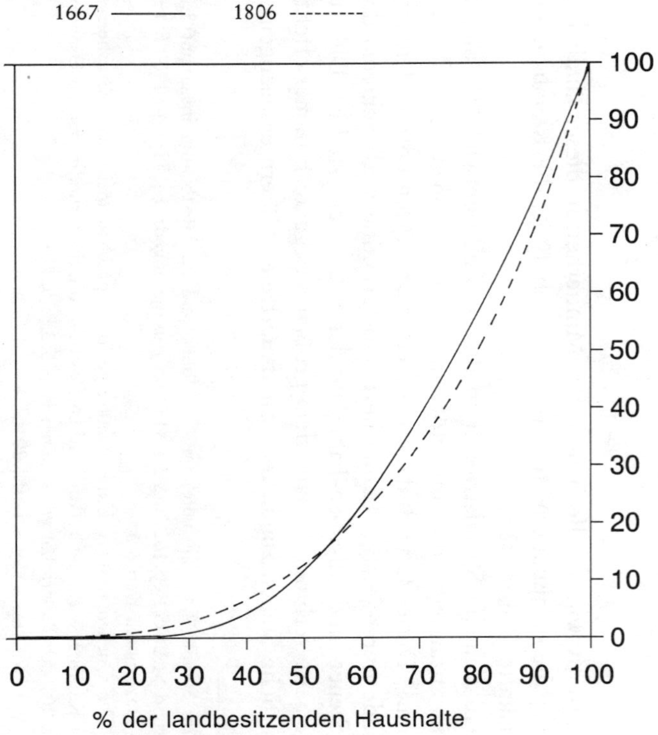

2. Verteilung unter alle Haushalte
   1651/67 ———  1806/12 --------

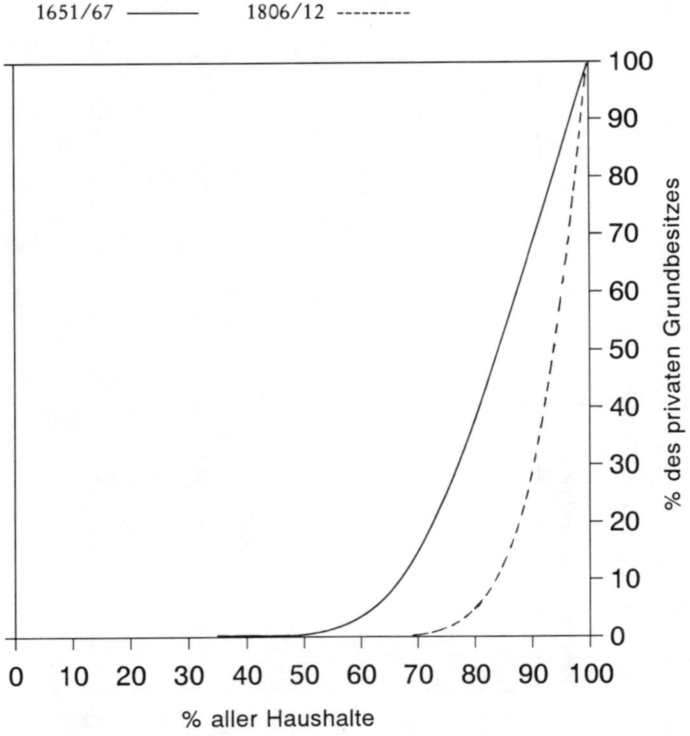

Quelle: Tab. 2.04

Tabelle 2.04: Verteilung des privaten Grundbesitzes im Kirchspiel Belm, 1651/1667 und 1806/1812

a) 1651/1667

| Besitzgröße[1] in Scheffelsaat | Zahl der Haushalte | | | Anteil am gesamten privaten Grundbesitz |
|---|---|---|---|---|
| | absolute Zahl | in % aller Haushalte | in % der besitzenden Haushalte | |
| ohne Besitz | 87 | 34,7 % | – | 0 % |
| –10 | 62 | 24,7 % | 37,8 % | 2,3 % |
| 11–50 | 59 | 23,5 % | 36,0 % | 41,7 % |
| 50– | 43 | 17,1 % | 26,2 % | 56,0 % |

[1] Nur das Ackerland wurde berücksichtigt, nicht die Wiesen.

b) 1806/1812

| Besitzgröße von ... ha bis unter ... ha | Zahl der Haushalte | | | Anteil am gesamten privaten Grundbesitz |
|---|---|---|---|---|
| | absolute Zahl | in % aller Haushalte | in % der landbesitzenden Haushalte | |
| 0 | 398 | 68,6 % | – | 0 % |
| 0,01–5 | 66 | 11,4 % | 36,3 % | 4,5 % |
| 5–15 | 25 | 4,3 % | 13,7 % | 7,8 % |
| 15–30 | 57 | 9,8 % | 31,3 % | 38,5 % |
| 30 und mehr | 34 | 5,9 % | 18,7 % | 49,2 % |

Noch während des 16. Jahrhunderts war im Kirchspiel Belm aus vier Vollhöfen und drei Kotten das Rittergut Astrup entstanden.[32]

Aufgrund des Abstands zwischen großen und kleinen Höfen war die Verteilung der privat genutzten Flächen unter die Bauern recht ungleich (Tab. 2.04 und Grafik 2.04). Nach der Selbst-Einschätzung von 1667 – bei der die Relationen zwischen der Größe der Anwesen zuverlässiger sein dürften als die absoluten Werte – war gut ein Viertel der Höfe mit mehr als fünfzig Scheffelsaat ausgestattet und besaß zusammen weit über die Hälfte des Ackerlandes. 38 % der Stätten hingegen verfügten je über nicht mehr als

[32] WREDE 1975–1980 Bd. 1 S. 29 f. s. v. ‚Astrup'.

zehn Scheffelsaat und zusammen lediglich über 2% aller Äcker. – Bis zum Beginn des 19. Jahrhunderts änderte sich die relative Verteilung des Besitzes unter die verschiedenen Höfe bemerkenswert wenig. Wie 1667 besaß die untere Hälfte der Eigentümer etwa ein Achtel der Gesamtfläche; das obere Viertel der Bauern hingegen hatte seinen Anteil noch ein wenig gesteigert, nämlich von 53% auf 59% des privaten steuerbaren Grundes.[33]

Da die Höfe aufgrund der Kontinuität der Namen[34] über längere Zeiträume hin identifiziert werden können, läßt sich über diesen aggregativen Befund hinaus auch bestimmen, inwieweit die einzelnen Stätten ihren Rang in der Hierarchie der Besitzgrößen veränderten. Teilt man die bäuerlichen Stellen 1667 und 1806 in sechzehn möglichst gleichmäßig besetzte Rangklassen ein, so blieben 69% über die eineinhalb Jahrhunderte in derselben Rangklasse oder stiegen doch nur um eine auf bzw. ab. Um mehr als zwei von den sechzehn Rangklassen hat sich lediglich ein Sechstel bewegt. Es gab also Veränderungen in der Hierarchie der Höfe, doch erscheinen sie nicht groß, zumal angesichts der Länge der Zeitspanne und der Verschiedenheit der Erhebungsmethoden der beiden Quellen. Obwohl die absolute Größe aller Höfe während dieser Periode enorm wuchs, sind die Proportionen zwischen ihnen recht stabil geblieben. Ein Grund dafür lag darin, daß Regierung und Grundherren im Interesse der Sicherung der Stellen den Verkauf von Land stark einschränkten, insbesondere hinsichtlich des ererbten Bestandes des jeweiligen Hofes; die Veräußerung einzelner neu erworbener Grundstücke war hingegen nicht ausgeschlossen.[35] Die Bauern haben jedoch davon offenbar nicht in großem Umfang Gebrauch gemacht, vielmehr dehnten alle ihre Besitzungen relativ gleichmäßig aus.

Nicht innerhalb des Kreises der bäuerlichen Besitzer fanden also die wesentlichen Verschiebungen der Sozialstruktur statt, sondern das außerordentliche Wachstum der eigentumslosen Schicht veränderte das Gesicht dieser ländlichen Gesellschaft (Grafik 2.04 a–b).

Um die Haushalte ohne eigenen Besitz unterzubringen, errichteten die Bauern mehr und mehr ‚Nebenfeuerstätten' bei ihren Höfen. Das Haupthaus eines jeden Hofes bewohnte in aller Regel der Haushalt des bäuerlichen Besitzers allein. In dem Jahrhundert von 1667 bis 1772 wuchs die Zahl der Nebenfeuerstätten im Kirchspiel Belm von 78 auf 174. In den folgenden Jahrzehnten wurde zwar weiter gebaut, doch hielt die Vermehrung der Wohngebäude nicht Schritt mit dem Bevölkerungswachstum. Während die

---

[33] Näher dazu SCHLUMBOHM 1982 S. 316 f.; SCHLUMBOHM 1986 S. 85 f. (auch zum Folgenden).
[34] Dazu unten S. 506 ff.
[35] HIRSCHFELDER 1971 S. 89 ff.; WINKLER 1959 S. 16.

Einwohnerzahl von 1772 bis 1858 um 47% zunahm, kamen nur 21% weitere Häuser dazu. Schon 1772 teilten 44% aller Haushalte ihre Feuerstätte mit einer weiteren Familie, von den eigentumslosen Haushalten waren es sogar 72%. In der Folge wurden die Häuser und Kotten noch dichter belegt: Lebten 1772 im Schnitt 6,3 Personen unter einem Dach, so waren es 1858 sogar 7,6.

## 2.2. Prinzipielle Konflikte um die Ansiedlung der landlosen Haushalte

Nicht ohne erhebliche Auseinandersetzungen ging die Umgestaltung der bäuerlichen Gesellschaft durch die Ansiedlung einer ständig wachsenden Zahl landloser Menschen vor sich. Prinzipielle Konflikte darum, ob überhaupt eigentumslose Haushalte in der Gemeinde aufgenommen werden sollten, fanden vor allem im späten 16. und frühen 17. Jahrhundert sowie in den Jahrzehnten nach dem Dreißigjährigen Krieg statt, und zwar sowohl auf lokaler Ebene in den einzelnen Markgenossenschaften als auch auf territorialer in den Institutionen des Fürstbistums.

Bereits im 16. Jahrhundert war die Zahl der Haushalte kräftig gewachsen, während die der Höfe stagnierte, so daß um 1600 im Kirchspiel Belm etwa ein Drittel der Haushalte ohne Eigentumsrechte an Grund und Boden waren. Als im Jahre 1601 Bischof und Stände eine Personensteuer („Kopfschatz") erhoben, wurden außer 173 groß- und kleinbäuerlichen Familien 79 weitere Haushaltungen registriert.[36] Schon damals wohnten die meisten von ihnen nicht mit im Haupthaus, sondern in einem Nebengebäude des Hofes: 39 „upe Liftucht", also im Altenteilerhaus, 18 in einem Backhaus (vgl. Abb. 8 unten auf S. 209), 14 in einem „Kotten". Nur in zehn Fällen waren die Bewohner der Leibzucht als Vater und/oder Mutter des Colonen gekennzeichnet. Auch fünf andere sind freilich als Verwandte des Bauern erkennbar; beim Meyer thor Wechorst in Icker z.B. lebte „in de Lieftucht Johan, Trine uxor filia villici, filia Anna": Schwiegersohn und Tochter des Meyers mit ihrem Kind. Bei der großen Mehrzahl der Haushalte ohne Eigentum findet sich jedoch keinerlei Hinweis auf eine solche Verwandtschaft, sie werden meist als „Husselten" bezeichnet.[37]

---

[36] StA OS Rep. 100/89 Nr. 3 fol. 35–47.

[37] Außerdem gab es alleinstehende „Husselten" auch in bäuerlichen Haushalten. – Bei Johan, dem Schwiegersohn des Meyer zur Weghorst, ist in der Quelle „1 Husselt" gestrichen: Die nahen Verwandten der Großbauern wurden offenbar nicht so genannt. Außerdem wurden sie mit neun Schilling besteuert, männliche Husselten in Leibzuchten großer Höfe hingegen nur

Um die „Husselten" wurde in diesen Jahrzehnten eine heftige Debatte ausgetragen. Die unterste Ebene, auf der sie in den Quellen faßbar wird, ist die der Markgenossenschaft. Aus dem Kirchspiel Belm sind vom „Holzgericht" („Hölting") der Powe-Vehrter Mark aus dem 16. und 17. Jahrhundert umfangreiche Auszüge überliefert.[38] Das Hölting[39] war die Versammlung der berechtigten Bauern als Markgenossen und ihrer Grundherren unter Vorsitz des „Holzgrafen", in diesem Falle des Besitzers von Gut Astrup. In der Powe-Vehrter Mark hatten die Grundherren („Erbexen") eine ungewöhnlich starke Stellung[40]; der Holzgraf und sie waren es, die auf dem Hölting vom 26. September 1586 eine förmliche und schriftliche Markordnung verabschieden ließen. Der 27. Artikel handelte „Von Husselten und der Kotter Pferde": „Es sollen auch die Mark-Kottere keine Hüsselten in ihren Backhäusern halten oder nehmen, auch keine Pferde in der Mark halten, wie dann auch die Markgenossen keine frembde, die nicht in der Marke geboren, bei sich zu wohnen, einnehmen sollen, bei poen fünf Mark; und so jemand welche hätte, dieselbigen bei selbiger poen abschaffe, sonst mit einem als mit einem Uthmann zu verfahren."[41] Außer der empfindlichen Geldstrafe wurde der Ausschluß von der Nutzung der gemeinen Mark angedroht.[42] Unterschieden wurde jedoch zwischen den Markköttern, die damals erst geringe Rechte an den Gemeinheiten hatten, und den eigentlichen

---

mit sechs Schilling. Es könnte daher sein, daß einige „Husselten" ihre Verwandtschaft zum Colon verschwiegen. Da der Steuererheber umgekehrt interessiert sein mußte, solche Beziehungen in Erfahrung zu bringen, dürften solche verschwiegenen engen Verwandtschaften kaum sehr zahlreich gewesen sein.

Zum Wort STRODTMANN 1756 S. 91 s. v. ‚Hüssent': „ein Heuermann auf dem Lande, der bei andern einwohnet. Man sagt auch Hüsselt." Im 18. Jahrhundert kam das Wort immer mehr außer Gebrauch, es fehlt bei ROSEMANN-KLÖNTRUP 1982-1984 (um 1800 entstanden). Man sprach nun von ‚Heuerlingen' oder ‚Heuerleuten'; s. ebd. Bd. 1 Sp. 369 s. v. ‚Hürlink', ‚Hürmann'.

[38] StA OS Dep. 6 b Nr. 724. Es handelt sich um einen Band, in den der Besitzer von Gut Astrup als Erbholzgraf im Jahre 1675 Auszüge aus Protokollen von Höltingen von 1551 bis 1654 eintragen ließ (fol. 1-160); danach folgen die Protokolle der Höltinge 1675-1677 (fol. 161-181).

[39] Zur Markenverfassung STÜVE 1853-1882 Bd. 2 S. 781 ff.; WREDE 1964 S. 300 ff.; KLÖNTRUP 1798-1800 Bd. 1 S. 326 -333 s. v. ‚Erbexen'; Bd. 2 S. 178-181 s. v. ‚Hölting', S. 184-188 s. v. ‚Holzgraf', S. 310-314 s. v. ‚Mark'.

[40] STÜVE 1853-1882 Bd. 2 S. 791, 818.

[41] StA OS Dep. 6 b Nr. 724 fol. 16 f. - Vgl. WRASMANN 1919-1921 Teil 1 S. 82-84 und STÜVE 1853-1882 Bd. 2 S. 740 f. mit knappen Zusammenfassungen dieser und der im Folgenden dargestellten Vorgänge.

[42] ROSEMANN-KLÖNTRUP 1982-1984 Bd. 2 Sp. 418: „Utmann s. *Butenmann*"; Bd. 1 Sp. 128: „Butenmann ein Fremdling, nicht Bürger"; vgl. KLÖNTRUP 1798-1800 Bd. 1 S. 107-109 s. v. ‚Ausmärker'.

Markgenossen, den Voll- und Halberben sowie Erbköttern[43]; bei ersteren wurden offenbar Mieter und Pferde gleichermaßen als Schädigung der Mark empfunden und daher rundweg verboten. Den größeren Höfen wurde lediglich die Beherbergung auswärts geborener Leute untersagt. – Doch der letztere Punkt war keineswegs unumstritten. Auf dem folgenden Hölting, genau ein Jahr nach dem Beschluß der Markordnung, klagte der Holzgraf mit Berufung auf einen Abschied vom Jahre 1580 ganz allgemein, „daß fast allenthalben die Markgenossen in ihren Lifftuchten und Backhäusern Hüsselten wohnend haben, dadurch der Marke allerhand Schade begegnet".[44] Diesmal erwirkten die Gutsherren einen kurzfristigen Aufschub der Strafen: Es sollte bei den Beschlüssen bleiben; die jetzt verfallenen Strafen wurden jedoch erlassen; jeder Gutsherr werde seinen Eigenbehörigen „einbinden und befehlen", sich „gegen diesen Michaelis" – also innerhalb drei Tagen – den Abschieden gemäß zu verhalten; danach solle der Holzgraf mit Strafen vorgehen.

Aber der Gutsherr von Astrup als Holzgraf stand nicht allein, wenn er die landlosen Leute nicht dulden wollte. Zwei Jahre später, beim Hölting im September 1589, waren es die Markgenossen, die „bitten, daß die Hüsselten mügen abgeschaffet werden".[45] Holzgraf und Gutsherren bekräftigten daraufhin die Abschiede von 1580 und 1586 hinsichtlich der „Husselten u[nd] Abschaffunge der Kotter Pferde".[46] – Auf dem Hölting vom September 1592 wurde ganz deutlich, daß die Bauern in dieser Frage nicht einer Meinung waren. Es meldeten sich zum einen die „Mahlleute" – die vom Holzgrafen auf dem Hölting als „Gerichtsdiener" eingesetzten und vereidigten Colonen, deren Aufgabe es war, „alles genau anzuzeigen, was etwa zum Nachteile der Mark vorgenommen ist," sowie die erkannten Strafen durch Pfändung zu vollstrecken[47] – außerdem aber auch „verschiedene Markgenossen". Sie gaben an, „daß etzliche Markgenossen sein, welche zwo, drei Hüsselten ihnen zum großen Nachteil und Schaden an Hag und Zäunen mit Gänsen und Schweinen, hauen ihnen auch die Hoppenstaken aus ihren Düßdeilen, ingleichen mit Stüven der Bäume für ihr Vieh und zur Feuerung; bitten, daß die abgeschaffet werden mögen." Die Vorwürfe gegen die landlosen Leute

---

[43] KLÖNTRUP 1798–1800 Bd. 2 S. 314–318 s. v. ‚Markgenossen' (bes. Nr. 3: S. 315), S. 319 f. s. v. ‚Markkötter'.

[44] StA OS Dep. 6 b Nr. 724 fol. 28 f. Der Abschied von 1580 ist in dieser Akte nicht enthalten.

[45] Ebd. fol. 38; in der Quelle, die ja nur einen Auszug wiedergibt, folgt: „vide plura in protocoll. original." Es ist also nicht ganz sicher, daß die Bauern die Abschaffung der Husselten ohne jede Einschränkung forderten.

[46] Ebd. fol. 44.

[47] KLÖNTRUP 1798–1800 Bd. 2 S. 305–308 s. v. ‚Mahlmann'.

bestanden also darin, daß deren Kleinvieh die Hecken um die Grundstücke der Nachbarn abfraß und ihre Zäune beschädigte; daß sie in den Teilen der Mark, in welchen einzelnen Colonen die Nutzung des Unterholzes zustand, Hopfenstangen fällten und die Bäume stutzten, um Viehfutter und Feuerungsmaterial zu gewinnen.[48] Hier argumentierten die klageführenden Bauern also weniger mit dem Gesamtinteresse aller Markgenossen als mit den Eigentums- und Nutzungsrechten der einzelnen. Nicht mehr war die Rede davon, daß in der Mark geborene Husselten bei Erben und Erbköttern geduldet wurden, sondern der Antrag zielte anscheinend auf die völlige ‚Abschaffung' dieser Leute, zumindest dagegen, daß mehrere auf einem Hof lebten. Die Gutsherren ließen es bei den früheren Beschlüssen bewenden; zwar gaben sie noch bis Ostern – ein halbes Jahr – Zeit, drohten dann aber zusätzlich zu der Geldstrafe noch einmal explizit den vorübergehenden Ausschluß von der Nutzung der Mark an: „woferner dann einige Markgenossen wären, welche sie [die Hüsselten] inmittelst nicht abschaffen würden, soll man selbe aus der Mark weisen, bis sie abgeschaffet".[49] – Trotzdem änderte sich offenbar nichts. Im nächsten September auf dem folgenden Hölting griff wiederum der Holzgraf das Problem auf; er trat als Sachwalter des Gesamtinteresses aller Markberechtigten auf und klagte, „daß fast allenthalben die Markgenossen in ihren Leibzuchten und Backhäusern Hüsselten wohnen hätten, die ohne Willen des Holzgräfen und Markgenossen die Marken genössen und gebrauchen, dadurch der Marke allerhand Schade zugefüget"; im gleichen Atemzug war wiederum von den Pferden der Kötter die Rede. Die Antwort der Gutsherren war die gleiche wie schon im Jahre 1587: Bestätigung der früher gefaßten Beschlüsse, Verzicht auf die bis jetzt verwirkten Strafen, Ermahnung der Gutsherren an ihre Eigenbehörigen – diesmal mit einem Monat Frist, danach Verhängung von Strafen.[50] Die ständige Wiederholung der Verbote deutet auf ihre mangelnde Effektivität; die mehrfache Gewährung von Nachfristen unter Erlaß zuvor verwirkter Strafen macht den Eindruck einer gewissen Halbherzigkeit, insbesondere auf Seiten der Grundherren; und das Schwanken zwischen völligem und eingeschränktem Verbot schuf Freiräume für diejenigen Bauern, die interessiert waren, Landlose aufzunehmen.

---

[48] KLÖNTRUP 1798–1800 Bd. 1 S. 279 f. s. v. ‚Dustheil'; Bd. 2 S. 125–133 s. v. ‚Hagenrecht'; ROSEMANN-KLÖNTRUP 1982–1984 Bd. 1 Sp. 185 s. v. ‚Dusdeel', Sp. 362 s. v. ‚Hoppenstake'; Bd. 2 Sp. 242 s. v. ‚stüven'. – Nach dem „Statistischen Tableau von den Produkten im Kirchspiel Belm" von 1806/1807 (StA OS Rep. 100/189 a Nr. 11 fol. 63–64) wurde um 1800 kein Hopfen mehr angebaut.
[49] StA OS Dep. 6 b Nr. 724 fol. 55 f.
[50] Ebd. fol. 70 f.

Das Kopfschatzregister von 1601[51] zeigt, daß auch in den folgenden Jahren den Bestrebungen um völlige Abschaffung oder doch entschiedene Zurückdrängung der Husselten kein durchschlagender Erfolg beschieden war. Wie in der Gesamtheit des Kirchspiels Belm knapp ein Drittel aller Haushalte kein eigenes Haus oder Grund besaßen, so waren auch in den zu dieser Mark gehörigen Bauerschaften Powe und Vehrte 24 von 80 Haushalten eigentumslos. Sogar die Markkötter Redeker und Plümer hielten verheiratete Husselten: Plümer in seinem Backhaus, Redeker – der selber als „pauper" von der Steuer befreit wurde – bei sich im Hauptgebäude. Von den 40 eigentlichen Genossen der Powe-Vehrter Mark, den Vollerben, Halberben und Erbköttern also, beherbergten 16 – immerhin 40 % – landlose Haushalte, einzelne sogar zwei, einen in der Leibzucht und einen im Backhaus. – Kein Wunder, daß auf dem Hölting 1604 von seiten des Holzgrafen wieder über die Husselten geklagt und die alten Beschlüsse bestätigt wurden; am 31. August 1605 wurde sogar – anscheinend ohne Einschränkung – „verabschiedet, daß die Hüsselten zwischen dato und folgenden Michaelis sollen abgeschaffet werden."[52]

In den folgenden Jahren wurde die Debatte um die Husselten auf der Ebene der Institutionen des Hochstifts geführt. Beamte[53], Regierung und Stände[54] versuchten mit mehr oder weniger radikalen Beschlüssen, die Niederlassung landloser Leute rückgängig zu machen oder einzudämmen.[55] Sie sahen in einem großen Teil der Husselten entlaufene oder ehemalige Dienstboten, die als Mieter größere Selbständigkeit erlangen und sich durch freien Tagelohn ernähren wollten, jedoch die Marken wie die Bauern schädigten. Besonderes Mißtrauen erweckte die Mobilität dieser Menschen, ihre Bereitschaft kurzfristig den Wohnort zu wechseln, für besseren Lohn sogar bis nach Friesland zu wandern.[56] Im August 1607 erließ das Amt Iburg ein Mandat, das die Entfernung aller außerhalb des jeweiligen Kirchspiels geborenen Husselten befahl. Im Januar des folgenden Jahres ging die Regierung mit Zustimmung der Stände noch weiter und verordnete, daß keine Nebenfeuerstätten außer den bereits bestehenden Leibzuchten von Voll- und Halberben gestattet seien, daß auf jeder Stätte nur eine Partei wohnen dürfe und daß die Hüsselten verboten und an keinem Ort des Hochstifts zu dulden seien. Doch zeigte sich, daß im ganzen Land schon viel zu viel eigentumslose

---

[51] StA OS Rep. 100/89 Nr. 3 fol. 35–47.
[52] StA OS Dep. 6 b Nr. 724 fol. 126, 132, 138.
[53] Dazu HEUVEL 1984.
[54] Dazu RENGER 1968.
[55] Das Folgende nach WRASMANN 1919–1921 Teil 1 S. 87 ff.; STÜVE 1853–1882 Bd. 2 S. 740 f.
[56] Zu den Anfängen der Hollandgängerei s. LUCASSEN 1986 S. 133 ff.; BÖLSKER-SCHLICHT 1987 S. 33 ff.

Leute lebten, als daß man sie einfach hätte ‚abschaffen' können. In den folgenden beiden Jahren, zog man wegen drohender Kriegsgefahr auch einen Teil der eigentumslosen Leute zu Kriegssteuer und Kriegsdienst heran.[57] Nun unterschied die Regierung zwei Arten von Landlosen. Zum einen die „Husselten"; darunter sollten nun nur noch „Frembde, so den Erben nitt angehörig," verstanden werden, männliche und weibliche Tagelöhner, meist Einzelpersonen, die in den Nebengebäuden der Höfe wohnten und sich durch gelegentliche Arbeit bei den verschiedensten Herren zu ernähren suchten. Zum anderen die „Heurleute", die ebenfalls in den Nebengebäuden wohnten, jedoch auf dem Hof arbeiteten, „zu den Wehren dienlich" waren.[58] Abgeschafft werden sollten nun nur noch die ungebundenen Husselten; die Heuerleute, die dem betreffenden Hof durch ihre Arbeitskraft nutzten, sollten hingegen geduldet, freilich auch zum Kriegsdienst herangezogen werden. In der Realität mochten diese Unterschiede weniger deutlich sein als auf dem Papier, jedenfalls ist die Differenzierung in der Folge nicht durchgehalten worden. Bis 1618 gingen die Bemühungen von Regierung und Beamten weiter, die eigentumslosen Leute loszuwerden. Dahinter stand die Befürchtung, die Steuerkraft des Landes werde beeinträchtigt, wenn viele arme Haushalte mit von der Mark lebten, insbesondere würden die Bauern weniger steuerbares Vieh halten können. Die Stände folgten dem ein gutes Stück; wenn freilich zu rigoros mit Strafen gegen die Bauern vorgegangen wurde, deren Grundherren sie waren, drangen sie auf mehr Rücksicht, besorgt um die Fähigkeit ihrer Höfe, die Feudalabgaben zu leisten.[59]

Während des Dreißigjährigen Krieges ruhte die Debatte weitgehend; einerseits gab es drängendere Probleme, andererseits wurde gerade die eigentumslose Schicht durch die Folgen der Not drastisch reduziert, wie sich in Belm zeigte. Da jedoch wenige Jahre nach dem Friedensschluß die Zahl der Haushalte ohne Besitz wieder den Stand vom Jahrhundertanfang erreicht hatte – so jedenfalls in Belm –, begannen auch die alten Kontroversen von neuem.

Auf dem Hölting der Powe-Vehrter Mark im Januar 1654 wurden die früheren Beschlüsse und der Artikel 27 der Markordnung von 1586 in Erinnerung gerufen: „daß die Hüsselten sollen abgeschaffet werden". „Aus sonderlich Mitleiden" sei solches bishero „übersehen" worden, „und man hat auch bei lang vorgewesenen betrübten Zeiten selbe nicht allerdings ver-

---

[57] Vgl. STÜVE 1853–1882 Bd. 2 S. 473 ff.
[58] WRASMANN 1919–1921 Teil 1 S. 91 f. Vgl. KLÖNTRUP 1798–1800 Bd. 3 S. 281 f. s. v. ‚Wehr': „alle Erbgründe eines Erbes, alles was ein Landmann in seinen Hagen, Wällen und Zäunen hat."
[59] WRASMANN 1919–1921 Teil 1 S. 94 f.

stoßen mögen". So wurde jetzt „verabschiedet [..], daß die Leute, bei welchen oder in welcher Zimmer selbe vorhanden, dem Holzgräfen die Halbscheid der Heurgelder geben sollten." Die Mahllleute wurden angewiesen, diejenigen anzugeben, die Husselten hielten, damit die Hälfte ihrer Heurgelder und die Geldstrafen eingetrieben werden konnten. Sogleich wurde ein Exempel am Vollerben Relage statuiert: Da er „einen Ausländer, so nicht in der Mark geboren, eingehabt und noch habe", wurden ihm fünf Mark Strafe auferlegt. Der Vollerbe Bultmann stand persönlich gegen seine Nachbarin, die Inhaberin von Drostes Halberbe, auf, brachte vor, daß sie „eine Hüsselte bei ihr habe, so ihme schädlich sei", und bat, „daß selbe möge weggeschaffet werden". Darauf wurde der Drosteschen sowie sieben anderen namentlich genannten Colonen – darunter auch Relage und ein Markkötter – und „allen, so Hüsselten bei sich oder in ihren Zimmern haben, bei poen von 5 Mark anbefohlen [...], selbe gegen künftigen Ostern abzuschaffen oder sich bei dem Holzgräfen zu qualifizieren und mit der Nachbarn Willen zu leben."[60] Der Holzgraf nahm also, bewegt durch Mitleid und die trüben Zeiten, eine neue Position ein: Er war bereit, die Husselten zu akzeptieren, wenn die Bauern ihm die Hälfte der Miet- und Pachtgelder überließen. Sogar auswärts geborene oder bei Markköttern eingemietete Leute war er unter dieser Bedingung zu dulden bereit. Die Bauern waren gespalten. Den einen ging diese Toleranz viel zu weit, sie sahen sich durch die Husselten des Nachbarn geschädigt und die Mark insgesamt durch Übernutzung bedroht. Die anderen hatten längst solche Bewohner aufgenommen, teils wegen familialer Bande, vor allem aber wegen der Arbeitsleistungen und der Heuergelder; sie scheinen auf dem Hölting nie offensiv aufgetreten zu sein, sich aber faktisch mit großer Hartnäckigkeit über die Abschiede hinweggesetzt zu haben. Sie werden auch jetzt kaum die Hälfte dieser ihrer Einnahmen dem Herrn von Heiden auf Astrup als Holzgrafen überreicht haben. So suchte dieser wieder den früheren gestrengen Standpunkt einzunehmen und befahl im Jahre 1675 noch einmal, „die Hüsselten abzuschaffen".[61]

Auch Regierung und Stände beschäftigten sich in den ersten Jahrzehnten nach dem Großen Krieg wieder mit dem alten Problem. Doch ließ die Intensität des Bemühens um die Beseitigung der Besitzlosen bald nach.[62] Regierung und Stände begannen einzusehen, daß diese Menschen die Steuerkraft des Landes nicht schwächten, sondern daß sie sogar einen Beitrag zu den Steuern leisten konnten. Von den Bauern erkannten immer mehr, daß die Heuergelder und die Arbeitskraft solcher Mieter ihnen zugute ka-

---

[60] StA OS Dep. 6 b Nr. 724 fol. 156 f.
[61] Ebd. fol. 163.
[62] WRASMANN 1919–1921 Teil 1 S. 98–100, auch zum Vorhergehenden.

men, zumal angesichts wachsender Nutzflächen je Hof. Das beruhigte auch die Grundherren; wenn die Höfe ihrer Eigenbehörigen zu mehr Wohlstand kamen, konnten höhere Abgaben – z. B. beim nächsten Sterbfall – verlangt werden.

So wurde allmählich und unter mancherlei Konflikten ein modus vivendi mit den eigentumslosen Leuten gefunden. Weder vertrieb man sie, noch gab man ihnen die Möglichkeit, von den bestehenden Höfen oder aus der gemeinen Mark eigenen Besitz zu erwerben. Ausgebildet wurde vielmehr das Heuerlings-System, das in den Quellen des 18. Jahrhunderts voll faßbar wird.[63] Bei aller Verschiedenheit im einzelnen sahen seine Grundzüge so aus: Die Landlosen pachteten ein Nebenwohngebäude und etwas Land von einem Bauern; dafür zahlten sie Heuergelder in bar; außerdem waren Mann und Frau zur Arbeit auf dem Hof des Besitzers verpflichtet, und zwar in unbeschränktem Umfang und auf kurzfristigen Abruf. So konnte der Bauer die saisonalen Arbeitsspitzen abdecken. Als Gegenleistung half der Hof dem Heuerling, insbesondere mit dem Gespann beim Pflügen, Bestellen und Abernten des Pachtlandes. Das Heuerverhältnis war stets zeitlich befristet, oft auf vier Jahre, ließ sich aber wiederholt verlängern. Dabei konnte das Wort ‚Heuer‘, mundartlich ‚Hür‘, sowohl die Miete bzw. Pacht als auch den Arbeitslohn bedeuten.[64] Faktisch waren die Heuerleute darauf angewiesen, die Gemeinheiten mit zu nutzen, für Feuerung, Weide, Plaggendünger usw.; insofern waren die Befürchtungen der frühen Zeit keineswegs aus der Luft gegriffen. Ein eigenständiges Recht dazu wurde ihnen freilich nie konzediert.

## 2.3. Leinengewerbe und andere nicht-agrarische Erwerbsquellen

Die kleine Landwirtschaft auf dem Pachtland und die Arbeit auf dem Hof des Bauern waren in der Regel nicht die einzigen Quellen des Lebensunterhalts der landlosen Haushalte. Trotz der Intensivierung, die mit der Vergrößerung der bäuerlichen Nutzflächen auf Kosten der Gemeinheiten verbunden gewesen sein mag, reichten die Fortschritte der Landwirtschaft auch keineswegs aus, einer so stark wachsenden Zahl von Einwohnern Arbeit und

---

[63] WRASMANN 1919–1921 Teil 1 S. 103 ff.
[64] Siehe ROSEMANN-KLÖNTRUP 1982–1984 Bd. 1 Sp. 368 f. s. v. ‚Hür‘, ‚hüren‘ und Komposita. – Zum Übergang vom Terminus ‚Husselten‘ zu ‚Heuerlinge‘, ‚Heuerleute‘ s. oben Anm. 37 und S. 64.

Brot zu geben. Das Hausleinengewerbe wurde eine zweite wesentliche Erwerbsquelle der Landbevölkerung.

Schon im späten Mittelalter gab es einen Leinwandhandel und eine Leinen-Beschau in der Stadt Osnabrück.[65] Im Laufe des 16. Jahrhunderts und bis in die Anfangsjahre des Dreißigjährigen Krieges scheint der Leinen-Export nicht nur an Volumen stark zugenommen, sondern zugleich eine Verschiebung hinsichtlich der gehandelten Arten erfahren zu haben. In engem Zusammenhang damit stand eine Veränderung der Produktionsstandorte. Während zunächst wohl hauptsächlich von städtischen Leinewebern gefertigte feine Qualitäten in den Handel kamen, wurden nun mehr und mehr auch die einfacheren und billigeren Produkte des flachen Landes einbezogen. Dort wurde seit langem Flachs angebaut, versponnen und verwebt, ursprünglich jedoch wesentlich für den Eigenbedarf; seit dem 16. Jahrhundert wurden diese gröberen und preisgünstigeren Qualitäten zunehmend für die Kaufleute interessant. Die Stadt Osnabrück suchte, wenn schon nicht die Produktion, so wenigstens den Handel ihrer Schauanstalt (Legge) und ihren Kaufleuten vorzubehalten, während auf dem Lande in örtlichen und auswärtigen Aufkäufern eine Konkurrenz entstand.

Nach dem Dreißigjährigen Krieg wurde das flache Land immer eindeutiger der entscheidende Standort für die Leinwandproduktion. Der Handel und die Legge der Stadt Osnabrück hatten zwar mit mancherlei Schwierigkeiten zu kämpfen; doch für die Erzeugnisse der ländlichen Spinnerei und Weberei scheint es bis zum Ende des 18. Jahrhunderts eine langfristige Expansion des Absatzes gegeben zu haben, obwohl die Entwicklung auch hier nicht frei von konjunkturellen und kriegsbedingten Störungen war. Getragen wurde das Wachstum von der Überseenachfrage. Mit dem Übergang zum „neuen Kolonialismus" (E.J. Hobsbawm) breitete sich in den verschiedenen Teilen Amerikas und auf den vorgelagerten Inseln die auf Sklavenarbeit beruhende Plantagenwirtschaft aus, und in der westlichen Hemisphäre entstand das Atlantische Handelsdreieck: Die europäischen Metropolen exportierten Fertigprodukte, insbesondere Textilien und Metall nach Afrika und Amerika, schifften Sklaven von Afrika in die amerikanischen Kolonien und brachten von dort Zucker, Tabak, Baumwolle u.dgl. zurück.[66] In dies „moderne Weltsystem" (I. Wallerstein) war auch das Leinengewerbe des Osna-

---

[65] Dies und das folgende nach WIEMANN 1910 und MACHENS o.J.; vgl. KUSKE 1949 S. 82 ff.; zu den städtischen Leinewebern auch HOFFMEYER 1925b S. 117 ff. Zu bedenken ist, daß die Quellen- und Forschungslage für die Zeit vor dem späten 18. Jahrhundert unbefriedigend ist, die Entwicklungslinien bis dahin also nur grob und tentativ gezogen werden können.

[66] HOBSBAWM 1954 Teil 1 S. 46, Teil 2 S. 60 ff.; KRIEDTE/MEDICK/SCHLUMBOHM 1977 S. 85 ff.; KRIEDTE 1980 S. 95 ff., 100 ff., 146 ff.; WALLERSTEIN 1974–1989; BRAUDEL 1985–1986 Bd. 3, S. 488 ff.

brücker Landes einbezogen: Das grobe ‚Löwend' wurde besonders in den Kolonien verbraucht. Es diente zur Bekleidung der Sklaven, aber auch der Masse der einfachen Leute und war unter dem Namen ‚osnaburgs' bekannt.[67]

Im Vergleich zu anderen Formen der ‚Proto-Industrialisierung' behielt das Osnabrückische Löwendgewerbe bis zu seinem Niedergang in den mittleren Jahrzehnten des 19. Jahrhunderts einen spezifischen Charakter.[68] Es blieb ein Nebengewerbe, das im saisonalen Wechsel neben der Landwirtschaft betrieben wurde; es gab kaum Landbewohner, die ausschließlich davon lebten. Insbesondere das Spinnen fand im Winterhalbjahr statt, wenn die Arbeit auf den Feldern weitgehend ruhte; und das Spinnen war bei weitem der zeitaufwendigste Abschnitt der ganzen Leinen-Produktion. Es kann fast zwei Drittel der für die Herstellung eines Stückes Leinen erforderlichen Gesamtarbeitszeit beansprucht haben, während der Rest annähernd zu gleichen Teilen auf Flachsanbau und -bearbeitung einerseits und Weben andererseits entfallen sein mag.[69] – Hier gab es kaum eine gesellschaftliche Teilung der Arbeit: der ganze Produktionsprozeß vom Flachsanbau bis zum Weben fand typischerweise innerhalb desselben Haushalts statt. Die Bauern säten den Flachs auf ihrem Land, die Heuerlinge auf gepachteten Stücken. Es gab kaum spezialisierte Spinner und Weber, vielmehr betonten die Zeitgenossen, daß Frauen, Männer, Kinder, Knechte und Mägde sämtlich das Ihre zur Leinen-Erzeugung beitrugen. – Aufgrund dieser Produktionsstrukturen blieb es im Löwendleinengewerbe bei einem ‚Kaufsystem'[70]; gestützt wurde es seit den 1770er Jahren durch die erneuerte Leggeordnung[71]: Die kleinen ländlichen Produzenten hatten ihr Leinen zu einer der Leggen zu bringen, wo es gemessen, auf seine Qualität hin kontrolliert und klassifiziert wurde und wo sie es an einen der Kaufleute absetzten. Die Bewohner des Kirchspiels Belm gingen ganz überwiegend zur Stadtlegge in Osnabrück.[72]

---

[67] Siehe z.B. ISAAC 1982 S. 43f., 258. – Allerdings wurde dies Gewebe im 18. Jahrhundert von der schottischen Konkurrenz äußerst erfolgreich imitiert und unter diesem Namen in großen Mengen exportiert: TURNER 1966; DURIE 1979.

[68] Dazu SCHLUMBOHM 1979; SCHLUMBOHM 1982; REEKERS 1966 S. 44ff.

[69] SCHLUMBOHM 1979 S. 284. – Eingehende Beschreibung aller Arbeitsgänge bei SCHONEWEG 1923.

[70] Vgl. KRIEDTE/MEDICK/SCHLUMBOHM 1977 S. 202ff.

[71] Dazu außer der bereits genannten Literatur auch HATZIG 1909 S. 95ff.; RUNGE 1966 S. 66ff.

[72] Von den Landleggen kam für die Belmer vor allem die in Ostercappeln in Frage, von deren Leggeregistern nur wenige Jahrgänge erhalten sind. Für das Jahr 1814 ist jedoch das Leggebuch von Essen und Ostercappeln vorhanden (StA OS Rep. 330$^I$ Nr. 88 Bd. I Teil 2), für 1849 das von Ostercappeln (ebd. Nr. 90 Bd. III). Während im Jahre 1814 Einwohner des Kirchspiels Belm 832 Stücke Leinen auf der Stadtlegge in Osnabrück verkauften, brachten sie 52

Während in vielen proto-industriellen Regionen vor allem die Landarmen und Landlosen sich der gewerblichen Arbeit zuwendeten, um ihre mangelnde Ausstattung mit dem wichtigsten Faktor agrarischer Produktion zu kompensieren[73], beteiligten sich an der Löwend-Herstellung für den Markt alle Schichten dieser ländlichen Gesellschaft. Selbst für die Besitzer der größten Höfe bestand „der Nahrungsstand […] in Ackerbau und Löwendlinnen-Machen".[74] Die Verknüpfung der im Register der Osnabrücker Stadtlegge erfaßten Leinen-Verkäufe von 1809 bis 1814 mit den Haushalten im Belmer Zensus von 1812 zeigt darüber hinaus, daß ein großbäuerlicher Haushalt normalerweise weit mehr Leinen verkaufte als ein landloser (Tab. 2.05).[75] Ein Großbauer trug pro Jahr im Schnitt zweieinhalb Stücke Leinwand zur Legge – jedes war gut 100 Meter lang – und erlöste dafür fast 60 Taler. Ein Heuermann hatte gewöhnlich nur jedes zweite Jahr ein Stück zu verkaufen und nahm daher jährlich nur 12 Taler durch die textile Arbeit ein. Die Kleinbauern hatten eine mittlere Position inne, sie stellten annähernd ein Stück Leinen pro Jahr her und verdienten damit jährlich 18 Taler. Das lag zunächst daran, daß die Vollbauern größere Haushalte, mithin mehr Arbeitskräfte hatten. Doch selbst wenn man die unterschiedliche Größe der Haushalte in den einzelnen Schichten (Tab. 4.02c) berücksichtigt, bleiben die Abstände deutlich: Pro Kopf und Jahr erlöste ein großbäuerlicher Haushalt 6,7 Taler, ein kleinbäuerlicher die Hälfte (3,4 Taler), ein landloser 2,9 Taler. Eine Ursache dafür wird in der günstigen Altersstruktur der großbäuerlichen Haushalte zu suchen sein[76]: Dadurch, daß sie die Arbeitskraft ihrer Familie durch Knechte und Mägde ergänzten, verfügten sie über einen hohen Anteil junger, aber voll arbeitsfähiger Personen, die im Winterhalbjahr weitgehend für die Leinenarbeit eingesetzt werden konnten. Außerdem waren die Vollbauern reichlicher mit Rohstoff versorgt; denn sie besaßen das für die Flachskultur geeignete Land in weit größerem Umfang als Kleinbauern oder gar Heuerleute. Da in diesem Gebiet Flachs und Garn offenbar kaum gehandelt wurden, schlug das auf das Leinwand-Verkaufs-Volumen durch.[77] Schließlich nahmen die Bauern bei Anbau und Ernte von Flachs die

---

Stücke zur Legge in Essen und Ostercappeln. 1849 trugen sie 639 Stücke nach Osnabrück, nur 6 nach Ostercappeln.

[73] Siehe KRIEDTE/MEDICK/SCHLUMBOHM 1977 S. 41 ff., 66 ff., 102 ff.; jetzt aber auch KRIEDTE/MEDICK/SCHLUMBOHM 1992 S. 231 ff.

[74] So schrieb der zuständige Beamte 1804 in einer Aufstellung über Besitz, Lasten und Ertrag des größten Hofes im Kirchspiel, Meyer zu Belm: StA OS Rep. 560 VIII Nr. 944, ähnlich für den Halberben Meyer zu Powe i.J. 1814: ebd. Rep. 350 Osn. Nr. 3051.

[75] Vgl. auch SCHLUMBOHM 1982 S. 319 f.

[76] Siehe dazu unten Kap. 4.3.

[77] Eine multiple lineare Regression zu der Frage, ob und inwieweit einerseits die Größe des

Tabelle 2.05: Umfang des Leinenverkaufs von Haushalten des Kirchspiels Belm, 1809–1814 und 1847–1849, nach sozialer Schicht

a) Durchschnittliche Zahl der verkauften Leinenstücke je Haushalt und Jahr[1]

| Jahre | Großbauern | Kleinbauern | Heuerlinge/Landlose |
|---|---|---|---|
| 1809–1814 | 2,55 | 0,83 | 0,56 |
| 1847–1849 | 1,64 | 0,85 | 0,50 |

b) Durchschnittlich verkaufte Leinenmenge (in Leggeellen[2]) je Haushalt und Jahr[1]

| Jahre | Großbauern | Kleinbauern | Heuerlinge/Landlose |
|---|---|---|---|
| 1809–1814 | 226,6 | 72,1 | 46,2 |
| 1847–1849 | 127,7 | 64,6 | 35,8 |

c) Durchschnittlicher Erlös aus Leinenverkauf (in Taler) je Haushalt und Jahr[1]

| Jahre | Großbauern | Kleinbauern | Heuerlinge/Landlose |
|---|---|---|---|
| 1809–1814[3] | 57,39 | 18,37 | 11,80 |
| 1847–1849 | 24,24 | 12,53 | 6,88 |

d) Anteil der Haushalte, die kein Leinen verkauften

| Jahre | Großbauern | Kleinbauern | Heuerlinge/Landlose |
|---|---|---|---|
| 1809–1814[4] | 4,1 % | 23,1 % | 33,1 % |
| 1847–1849 | 25,0 % | 32,7 % | 48,8 % |

[1] Einschließlich derjenigen Haushalte, die kein Leinen verkauften.
[2] 1 Leggeelle = 1,22 Meter.
[3] Um die Erlöse von 1809–1814 mit denen von 1847–1849 zu vergleichen, müßten die ersteren mit 1,05 multipliziert werden, weil das Königreich Hannover 1834 seine Währung vom Conventionsfuß auf den Vierzehntalerfuß umstellte (s. GESETZ-SAMMLUNG HANNOVER 1834 1. Abteilung Nr. 8 S. 25 ff.; zum Silbergehalt: NOBACK 1858 S. 268 f., 1004 f.).
[4] Da der Beobachtungszeitraum 1809–1814 doppelt so lang ist wie der von 1847–1849, müßte beim Vergleich zwischen den beiden Zeiträumen die Hälfte derjenigen Haushalte, die 1809–1814 insgesamt nur 1 Stück Leinen verkauften, zu dem in der Tabelle ausgewiesenen Wert für 1809–1814 hinzuaddiert werden. Denn die Hälfte derjenigen Haushalte, die in 6 Jahren nur ein Stück verkaufte, würde in den 3 Jahren 1847–1849 keinen Verkauf tätigen. 1809–1814 verkauften nur 1 Stück Leinen 4,1 % der Großbauern, 5,1 % der Kleinbauern, 11,0 % der Heuerlinge/Landlosen.

Arbeitskraft ihrer Heuerleute ebenso in Anspruch wie bei anderen Arbeiten. Beim Spinnen scheint das jedoch nur in geringem Umfang geschehen zu sein[78], obwohl dies doch der aufwendigste Teil des gesamten Prozesses war. Dafür reichte offenbar im wesentlichen die Arbeitskraft des bäuerlichen Haushalts während der Wintermonate aus. Das große Volumen der Leinen-Verkäufe bei den Vollbauern beruhte demnach nur in geringem Maß auf den Leistungen ihrer Heuerleute. Deren gewerbliche Produktion haben sich die Colone nicht direkt subsumiert.[79] Diese Einnahmen benötigten die Landlosen auch dringend, um Heuergelder, Steuern und diejenigen Lebensbedürfnisse zu bezahlen, die sie nicht selbst herstellen konnten. Ein Stück Leinen wurde um diese Zeit durchschnittlich für etwa 22 Taler verkauft; da man in der Regel den Rohstoff selbst erzeugte, konnte dieser Betrag als Netto-Einnahme betrachtet werden. Wenn auch die Heuerlinge im Schnitt nur 12 Taler pro Jahr durch diese gewerbliche Arbeit verdienten, war das

---

Landbesitzes (um 1806) und andererseits die Haushaltsgröße (im Jahre 1812) die Höhe des Erlöses der Haushalte aus Leinenverkauf (1809-14) erklären können, führte zu folgendem Ergebnis: Die Größe des Landbesitzes ist der wichtigere Faktor, er bestimmt die Höhe des Erlöses aus Leinen in stärkerem Maße ($\beta = 0{,}45$) als es die Haushaltsgröße tut ($\beta = 0{,}18$; signifikant auf 0,05-Niveau); insgesamt ‚erklären' diese beiden Faktoren 35 % der Varianz der Leinen-Erlöse ($r^2 = 0{,}35$). Da die Größe des Landbesitzes eine hohe positive Korrelation mit der Haushaltsgröße aufweist ($r = 0{,}69$), bietet sich folgende Interpretation an: Der Landbesitz ist der grundlegende Faktor, der das Volumen der Leinen-Produktion direkt (durch Flachsanbau usw.) und indirekt (über die Haushaltsgröße) in erheblichem Ausmaß bestimmt. Dieser Befund ist auch insofern plausibel, als er dafür spricht, daß die Bauern die Zahl ihrer Arbeitskräfte primär nach dem agrarischen Arbeitsbedarf bemaßen, freilich die vorhandenen Arbeitskräfte im Winter für die gewerbliche Produktion nutzten.

[78] Siehe den unten in Kap. 7.6. dargestellten Fall von 1832/33.

[79] Dafür spricht auch, daß die Zahl der Leinenverkäufe der Bauern mit der Zahl der Leinenverkäufe *ihrer* Heuerlinge nicht negativ, sondern positiv korrelierte ($r = 0{,}29$).

---

Anmerkung (zu Tab. 2.05): Diese Tabelle beruht ausschließlich auf denjenigen Haushalten, für die mit großer Sicherheit die Leinenverkäufe annähernd vollständig erfaßt und verknüpft werden konnten. D. h. 1809-1814 wurden ausgeschlossen die Haushalte, für die 4 oder mehr von denjenigen Leinenverkäufen in Frage kommen, die wegen Namensgleichheit oder ähnlicher Zweifel mit keinem bestimmten Haushalt verknüpft wurden. Da für 1809-1813 nur die Leggeregister der Stadtlegge Osnabrück benutzt werden konnten und die von Essen/Ostercappeln fehlen, wurden ferner die 5 Haushalte ausgeschlossen, die 1814 mehr als 1 Stück in Essen und Ostercappeln verkauften. (Näheres s. SCHLUMBOHM 1982 S. 317 f.). 1847-1849 wurden ausgeschlossen die Haushalte, für die 2 oder mehr von denjenigen Leinenverkäufen in Frage kommen, die mit keinem bestimmten Haushalt verknüpft werden konnten. Da die Leggeregister von Ostercappeln für 1847 und 1848 fehlen, wurde ferner der Haushalt ausgeschlossen, der 1849 in Ostercappeln 3 Stücke verkaufte; berücksichtigt wurden hingegen die 3 Haushalte, die 1849 in Ostercappeln 1 Stück verkauften.

doch ein ganz wesentlicher Beitrag zu ihrem Bargeld-Bedarf.[80] – Nach dem durchschnittlichen Verkaufs-Volumen der großbäuerlichen, kleinbäuerlichen und landlosen Haushalte (Tab. 2.05 b) und dem Anteil der drei Schichten an der Gesamtheit der Belmer Haushalte (Tab. 4.02 c) läßt sich schätzen, daß auf die Großbauern annähernd die Hälfte (49%) der Leinenerzeugung des Kirchspiels entfiel. Dabei stellten sie nur 17% der Haushalte, wenn diese auch fast 30% der Menschen umfaßten. Doch auch der Beitrag der Landlosen zur Textilproduktion war mit etwa 40% sehr erheblich, blieb freilich hinter dem Anteil dieser Schicht an der Zahl der Haushalte (69%) und der Personen (56%) zurück. Mit etwa 11% hatten die Kleinbauern den geringsten Anteil am Leinenausstoß; bei ihnen entsprach dieser Wert recht genau der Stärke ihrer Schicht (Tab. 4.02 c).

Durch die Kombination der kleinen Landwirtschaft auf den gepachteten Stücken mit dem Leinengewerbe konnten die Heuerleute ihr Überleben sichern. Sogar im Februar 1772, ein halbes Jahr nach der Mißernte von 1771 (vgl. Anhang Tab. 1) meldete die Hälfte von ihnen keinen Mangel an Brotgetreide; bei den Kleinbauern war der Anteil der ausreichend Versorgten niedriger (Tab. 4.21). Die andere Hälfte der eigentumslosen Haushalte hatte im Schnitt einen Fehlbedarf von je knapp fünf Scheffeln (d.i. rund ein Doppelzentner) Roggen[81], dem wichtigsten Nahrungsmittel, das zugleich die dominierende Ackerfrucht Norddeutschlands darstellte.[82]

Einige weitere Erwerbsquellen wurden von den Landlosen und Landarmen genutzt. Saisonale Wanderarbeit in den Niederlanden war für viele Bewohner des Fürstbistums eine wesentliche Lebensgrundlage. Im Kirchspiel Belm wurden im Jahre 1811 allerdings nur 40 Hollandgänger gezählt; hier wie überhaupt in den südlichen Landesteilen bildete das Leinengewerbe eine attraktive Alternative. Dadurch wurde die Zahl der Männer, die in jedem Jahr ihre Familien für einige Wochen oder Monate allein ließen, um in der Ferne ihr Brot zu verdienen, niedrig gehalten.[83]

---

[80] Vgl. unten Kap. 7.3.: Auf einem großen Hof des Kirchspiels belief sich 1827 die gesamte Geldschuld der Heuerlinge gegenüber ihrem Colon (für Kottenmiete, Pacht und Hilfe des Bauern) auf 25 bis 33 Taler pro Jahr; ein Teil davon wurde jedoch durch die Arbeit von Heuermann und -frau auf dem Hof abgegolten. Siehe auch die Haushalts-Budgets aus dem Jahre 1846 bei WRASMANN 1919–1921 Teil 2 S. 42 ff.; sie stammen freilich aus dem Osnabrücker Nordland, wo die wirtschaftlichen Verhältnisse etwas anders lagen.

[81] Vgl. unten Kap. 4.4. und 4.5. Allerdings mochten sich zu dieser Zeit bereits die von der Regierung veranlaßten Getreideimporte und Maßnahmen zur Verteilung an Bedürftige auswirken: s. HATZIG 1909 S. 155 ff.; WRASMANN 1919–1921 Teil 1 S. 131 f.

[82] Vgl. oben Anm. 17.

[83] BÖLSKER-SCHLICHT 1987 S. 102 ff., 109, 131 mit den Zahlen für Belm; S. 123 ff. zur

Nicht ohne Bedeutung war das Landhandwerk, das am Ort für den lokalen Bedarf das lieferte, was die einzelnen Haushalte nicht selber herstellen konnten oder wollten. Schon 1667, als bei der Anlage des Katasters neben dem Landbesitz auch „eines jeden Gewerb, Handel, Hantier- und Nahrunge" erfragt wurde[84], findet sich bei dreißig Häusern ein Hinweis, daß ihre Bewohner mehr oder weniger einem außer-agrarischen Erwerb nachgingen. Im Kirchspiel gab es sieben „Pflug- oder Rademacher", sechs „Sagenschneider oder Zimmerknechte", fünf Schneider, vier „Drechsler oder Stuhlmacher", drei Bierbrauer, zwei „Bierzäpfer", zwei Schmiede und einen Böttcher. Spezialisten wurden also zum einen gebraucht für größere und kompliziertere landwirtschaftliche Geräte wie Pflüge und Wagen, zum andern für den Bau – beim Fachwerkhaus vor allem Holzhandwerker; die Drechsler werden nicht zuletzt Spinnräder hergestellt haben. Für das Anfertigen von Bekleidung wandte man sich ebenfalls an einen Handwerker. An Nahrungsmitteln scheint man hingegen nur das Bier von einem spezialisierten Nachbarn bezogen zu haben, nicht etwa das Brot; viele große Höfe hatten ja ihr eigenes Backhaus. Nicht ein Leineweber wurde erwähnt; die Löwend-Herstellung war nur saisonales Nebengewerbe, als solches aber wohl schon zu weit verbreitet, um als Kriterium für die Steuer-Verteilung zu dienen.[85] Nur bei Kleinbauern, Bewohnern von Nebenfeuerstätten und Husselten wurden außer-landwirtschaftliche Gewerbe genannt; die einzige Ausnahme bildet der Vollerbe Dreyer in Vehrte, der sich als „Bierzäpfer" betätigte.

Auch später blieb es dabei, daß die Großbauern in aller Regel keinen handwerklichen oder dienstleistenden Nebenberuf ausübten – so wichtig auch die Leinenproduktion ihrer Haushalte war. 1772, als in der Volkszählung u. a. nach „Bedienung, Gewerbe oder Hantierung" der Haushaltsvorstände gefragt wurde, registrierte man nur einen Leineweber und 33, die sich durch Spinnen ernährten – durchweg landlose Witwen[86]: Sie waren offenbar die einzigen, die in diesem Gewerbezweig hauptberuflich tätig waren. – Außer ihnen übten 72 Haushalte, d. i. etwa ein Sechstel von allen, ein Handwerk oder eine ‚Bedienung' aus. Das Spektrum der Berufe war breiter

---

Erklärung der Befunde; dazu und allgemein auch LUCASSEN 1986 bes. S. 30 ff., 39 ff. Zu benachbarten Regionen s. außerdem HINRICHS/KRÄMER/REINDERS 1988 S. 70 ff.; MOOSER 1984 S. 242 ff.

[84] Verordnung wegen Beschreibung der Grundstücke behuef des Schatzes vom 15.2.1667, abgedr. in: CCO 1783–1819 Teil 2 Bd. 1 Nr. 263 S. 80 f.

[85] Ähnlich WINKLER 1959 S. 99 f., 148 f. mit den Zahlen für das ganze Fürstbistum und zwei andere Kirchspiele; vgl. STÜVE 1864 S. 37, 162. – Zum interregionalen Vergleich betr. ländliches Handwerk s. SCHULTZ 1983; HINRICHS/KRÄMER/REINDERS 1988 S. 185 ff.; KAUFHOLD 1978 (für die Zeit um 1800).

[86] Siehe unten Kap. 4.4.

geworden; offenbar wandte man sich häufiger gegen Bezahlung an örtliche Spezialisten als ein Jahrhundert zuvor und verließ sich nicht mehr in dem Maße auf die eigene Geschicklichkeit und die Hilfe von Nachbarn. Am stärksten vertreten waren die Schneider (15), Schmiede (10), Holzschuhmacher (7, außerdem 4 Schuhmacher) und Zimmerleute (7). Neu waren gegenüber 1667 außer den Schuh- und Holzschuhmachern auch die Tischler (6) und die Dachdecker (5 Strohdach- und 1 Ziegeldecker). 5 Wagenmacher und 5 Wirte zählte man, außerdem 3 Müller sowie einen Ölmüller und zwei Grützmacher. Zwei Spinnradmacher, ein Maurer, ein Uhrmacher kamen hinzu. Zwei hatten einen kleinen Nebenverdienst als Musikanten, bei Hochzeiten u. dgl.[87] – Außerdem waren Vertreter sowohl der weltlichen als der geistlichen Obrigkeit im Kirchspiel angesessen: der Pastor und der Vogt, unter ihnen der Küster und drei „Schulhalter" sowie der Untervogt. Bis auf die Lehrer von Icker und Vehrte[88] wohnten sie sämtlich im Kirchdorf Belm. Dort gab es überhaupt eine gewisse Verdichtung der Handwerker und Wirte, nicht minder stark freilich auf dem Rittergut Astrup. Doch blieben diese Konzentrationen mäßig, auch die Bauerschaften hatten einen Anteil an den Handwerkern, der in etwa der Zahl ihrer Haushalte entsprach; nur Icker war eindeutig unterversorgt. In dem weiträumigen Kirchspiel verteilte sich das Landhandwerk offenbar möglichst kundennah.

Der Zensus von 1812 zeigte demgegenüber keine grundlegenden Veränderungen. Fünf Maurer zeugen jedoch vom Fortschreiten des Steinbaus. Erstmals wurden vier Frauen als Hebammen gekennzeichnet.[89] Die größte Neuerung hinsichtlich außer-agrarischer Erwerbsquellen bestand darin, daß nun sieben Papiermacher auf dem Gelände des Gretescher Turms lebten und arbeiteten; der Osnabrücker Kaufmann Christian Siegfried Gruner hatte die Grundstücke 1808 erworben und dort mit der Papierherstellung beginnen lassen.[90]

---

[87] Zum Teil sind bei einem Haushaltsvorstand mehrere Berufe genannt.
[88] Zum Schulwesen s. unten Kap. 5.3.
[89] Dazu unten in Kap. 3.4. Daß diese Frauen als Hebammen kenntlich sind, ist auch dadurch bedingt, daß 1812 alle Personen namentlich registriert wurden, nicht nur die Haushaltsvorstände wie 1772. Alle vier Hebammen waren nämlich 1812 verheiratet.
[90] HINZE 1972 S. 43 ff., 58 ff. Vgl. unten in Kap. 7.2.

## 2.4. Von der Expansion zur Krise

Die Bedingungen der agrarischen Wirtschaft begannen sich in den folgenden Jahrzehnten durch die Reformen grundlegend zu ändern. Während die bäuerlich-grundherrlichen Beziehungen erst im Gefolge der hannoverschen Ablösungsgesetze von 1831/33 systematisch umgestaltet wurden – und zwar mit der ausgesprochenen Tendenz zur Erhaltung großer bäuerlicher Höfe[91] –, wurden die Gemeinheiten vielerorts schon vorher vollständig aufgeteilt. In den zum Kirchspiel Belm gehörigen Marken geschah das zwischen 1806 und 1835.[92] Gravierende Folgen muß das für die Heuerleute gehabt haben. Faktisch hatten sie die gemeine Mark stets mitgenutzt; da sie jedoch nicht Markgenossen waren und ihnen kein eigenständiges Nutzungsrecht zugebilligt war, gingen sie bei der Teilung leer aus. Zwar bauten die Colonen z.T. auf abgelegenen Grundstücken, die sie bei der Teilung erhielten, neue Heuerlingskotten und ließen sich von deren Bewohnern bei der Urbarmachung helfen[93]; doch entzog die Beseitigung der gemeinen Mark den Eigentumslosen wichtige Ressourcen: Es fehlten ihnen die Weide für das Vieh, die Feuerung für den Herd, die Plaggen zur Düngung; sie wurden auf Kauf oder auf neue Vereinbarungen mit ihrem Colon verwiesen. Anscheinend leistete weder eine Vergrößerung oder Verbesserung ihres Pachtlandes Ausgleich, noch boten sogleich Intensivierung und Expansion der bäuerlichen Wirtschaft genügend zusätzliche Arbeitsmöglichkeiten, jedenfalls nicht mit ausreichender Bezahlung. Zumindest reichte der agrarische ‚Fortschritt' offensichtlich nicht aus, um das starke natürliche Bevölkerungswachstum dieser Jahrzehnte zu kompensieren. Vieles spricht sogar dafür, daß die Gemeinheitsteilungen die agrarischen Subsistenzmöglichkeiten der Heuerlinge empfindlich einschränkten.[94]

Das Leinengewerbe, die zweite grundlegende Erwerbsquelle, geriet in diesen Jahrzehnten mehr und mehr in die Krise. Da es ganz überwiegend für überseeische Märkte arbeitete, war es seit jeher anfällig nicht nur für konjunkturelle, sondern auch für politisch-militärische Störungen. Nicht zuletzt

*Forts. S. 88*

---

[91] Siehe dazu unten Kap. 6.3.
[92] HERZOG 1938 S. 169f., vgl. 96ff. Nicht in jedem Fall wurde freilich die gemeine Weide sogleich mit der Teilung auch faktisch beendet: ebd. S. 98; MOOSER 1984 S. 129.
[93] Siehe als Beispiel StA OS Rep. 350 Osn. Nr. 1837: Halberbe Meyer zu Powe i.J. 1823.
[94] WRASMANN 1919–1921 Teil 2 S. 5ff.; vgl. schon FUNKE 1847 S. 28ff. Für benachbarte preußische Gebiete BRAKENSIEK 1991 S. 165ff., 432ff.; BRAKENSIEK 1990 bes. S. 81f.; ANGERMANN 1982 S. 42ff.; GLADEN 1970 S. 30ff.; differenzierend MOOSER 1984 S. 122ff., bes. 129ff. Abweichend für das Herzogtum Braunschweig SCHILDT 1986 S. 127ff. Abwägend für Niedersachsen insgesamt SCHNEIDER/SEEDORF 1989 S. 104ff.

Grafik 2.05 a: Leinenverkauf auf der Stadtlegge Osnabrück: Zahl der Stücke und Menge in Meter pro Jahr, 1771/1806–1880

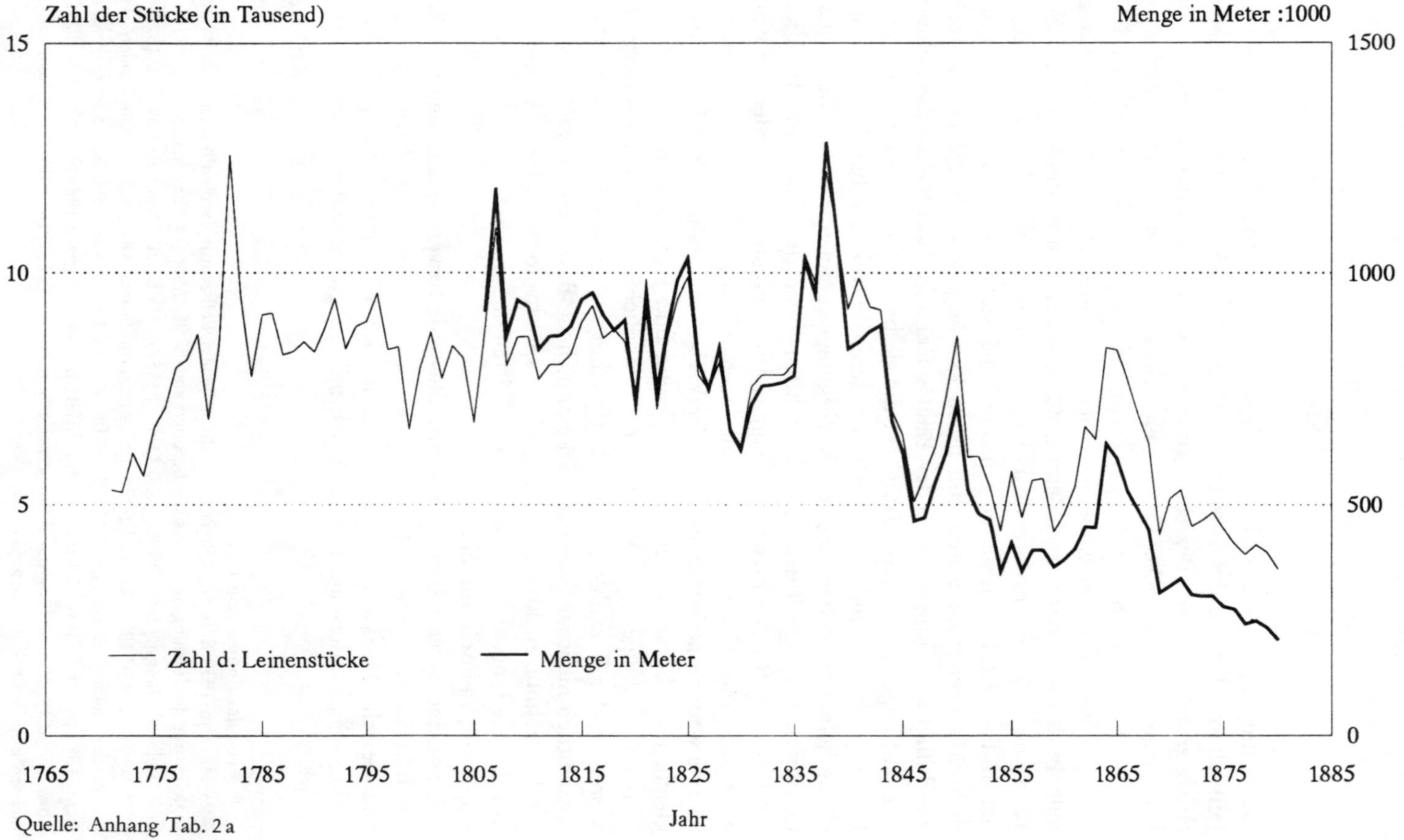

Quelle: Anhang Tab. 2 a

Grafik 2.05 b: Leinenverkauf auf der Stadtlegge Osnabrück: Zahl der Stücke und Menge in Meter, 9jährig gleitende Durchschnitte, 1771/1806–1880

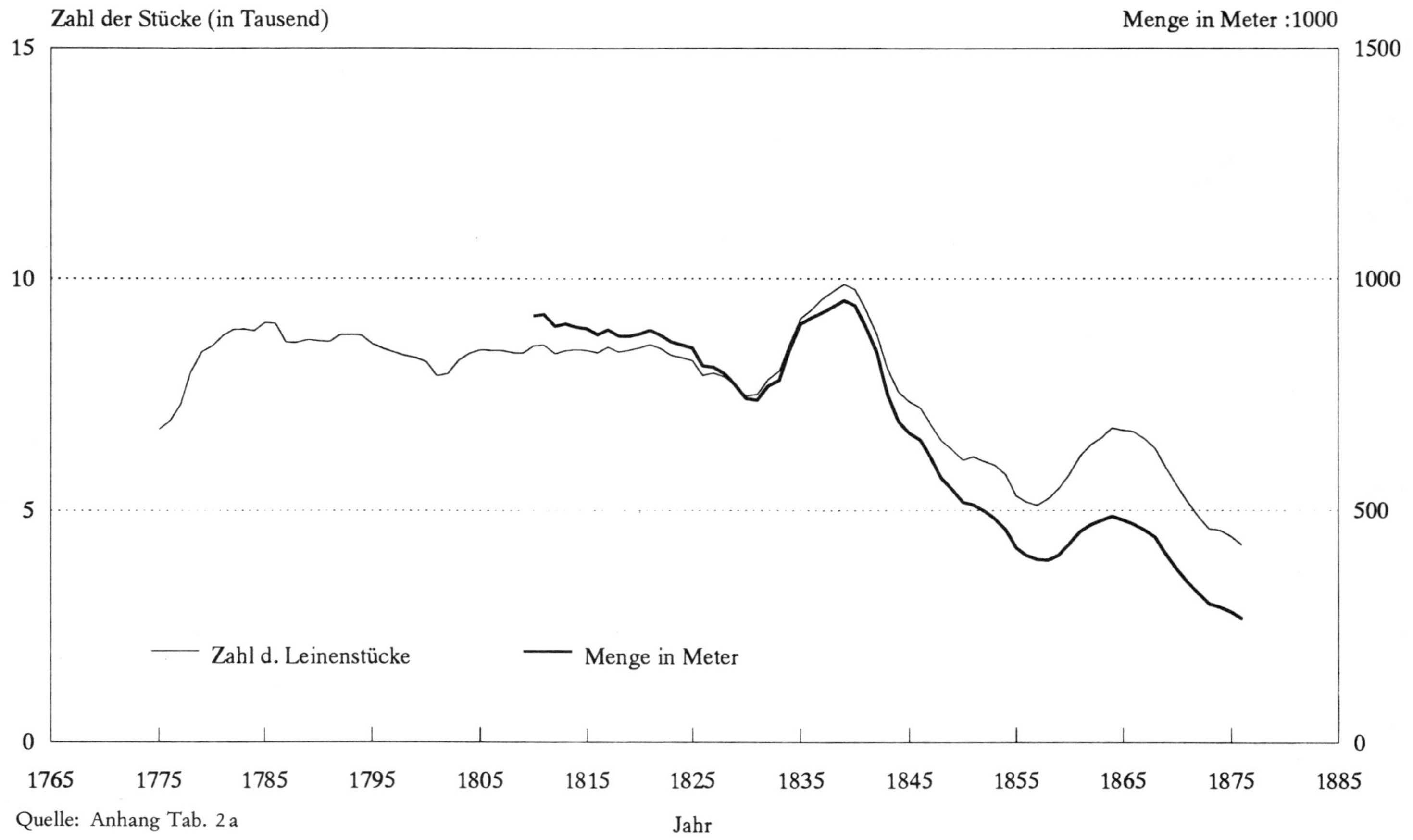

Quelle: Anhang Tab. 2a

Grafik 2.05 c: Leinenverkauf auf der Stadtlegge Osnabrück: Zahl der Stücke und Menge in Meter, Durchschnitte pro Jahrzehnt, 1771/1811–1880

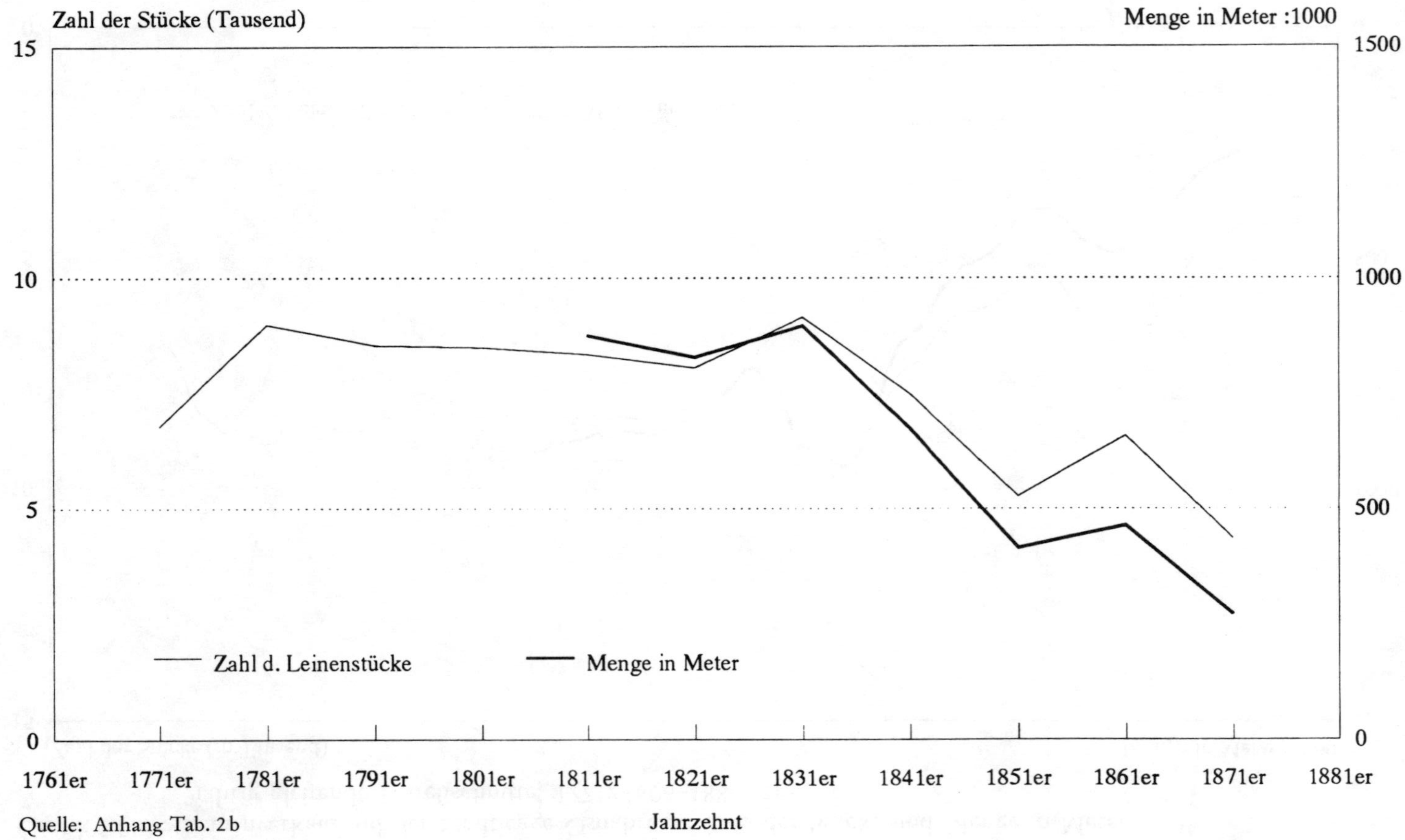

Quelle: Anhang Tab. 2b

Grafik 2.06a: Gesamtwert der Leinenverkäufe auf der Stadtlegge Osnabrück (in Taler vereinheitlicht), pro Jahr, 1806–1880

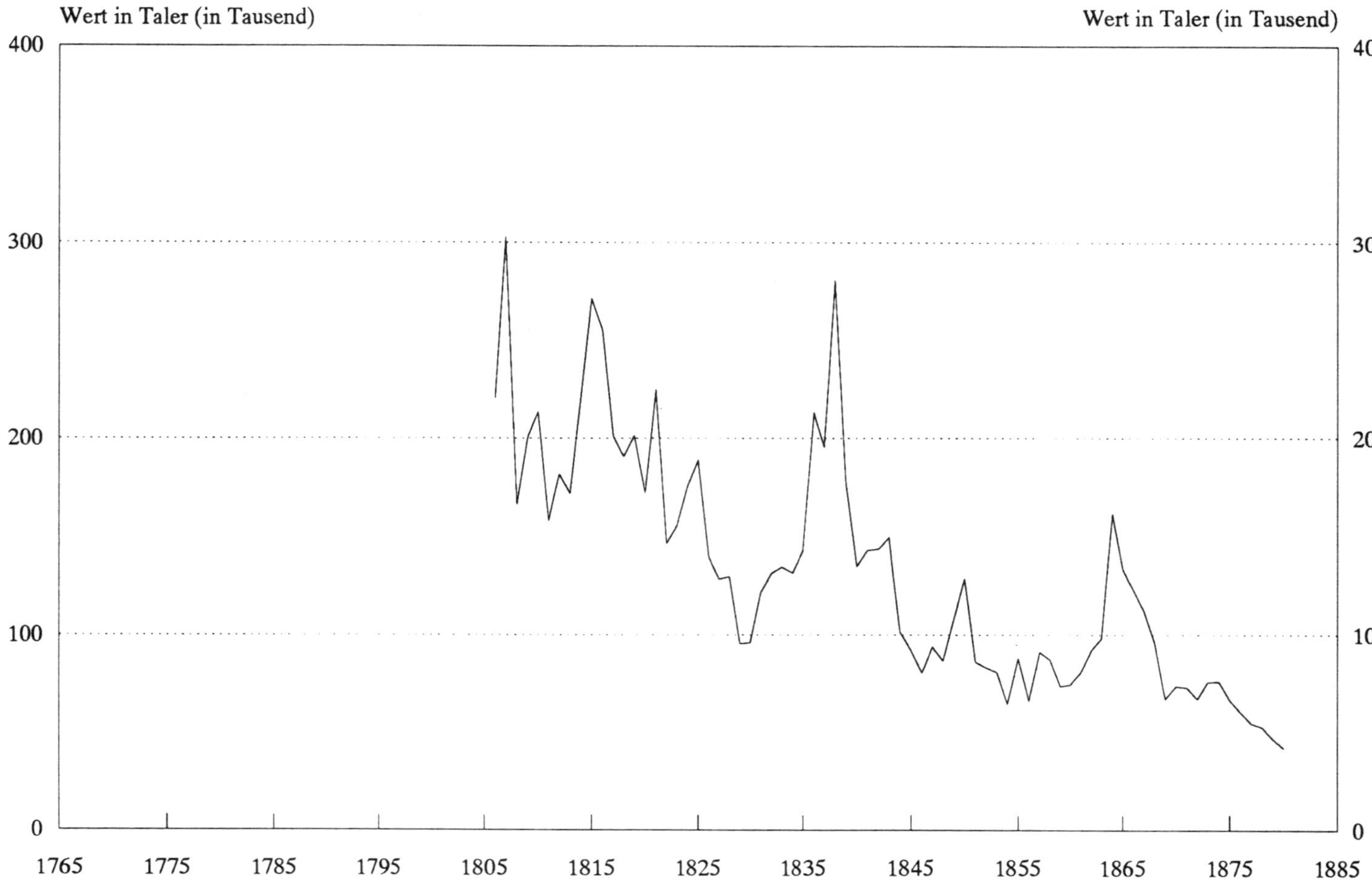

Quelle: Anhang Tab. 2a

Grafik 2.06 b: Gesamtwert der Leinenverkäufe auf der Stadtlegge Osnabrück (in Taler vereinheitlicht), 9jährig gleitende Durchschnitte, 1806–1880

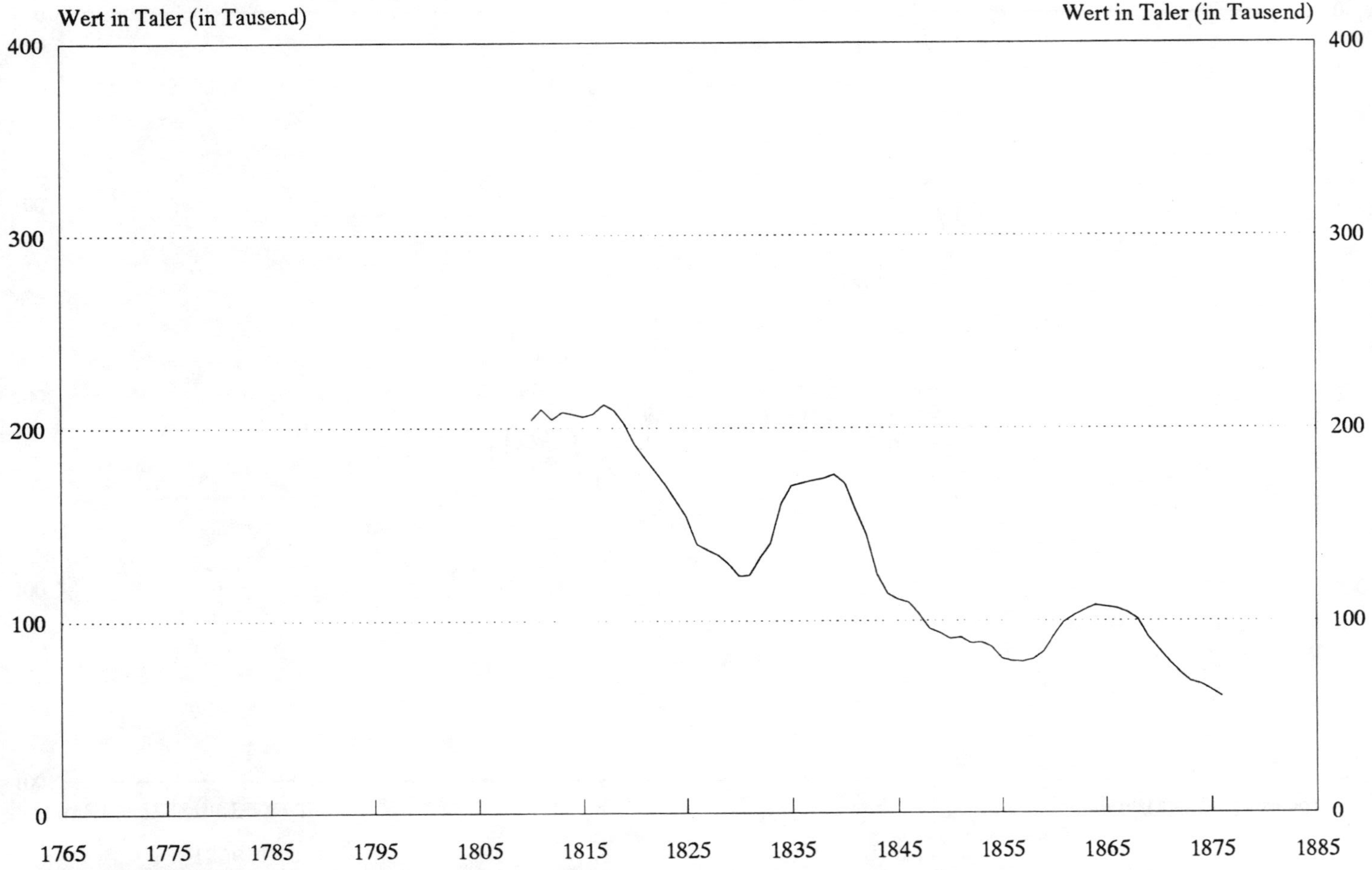

Quelle: Anhang Tab. 2 a

Grafik 2.08c: Gesamtwert der Leinenverkäufe auf der Stadtlegge Osnabrück (in Taler vereinheitlicht), Durchschnitte pro Jahrzehnt, 1811–1880

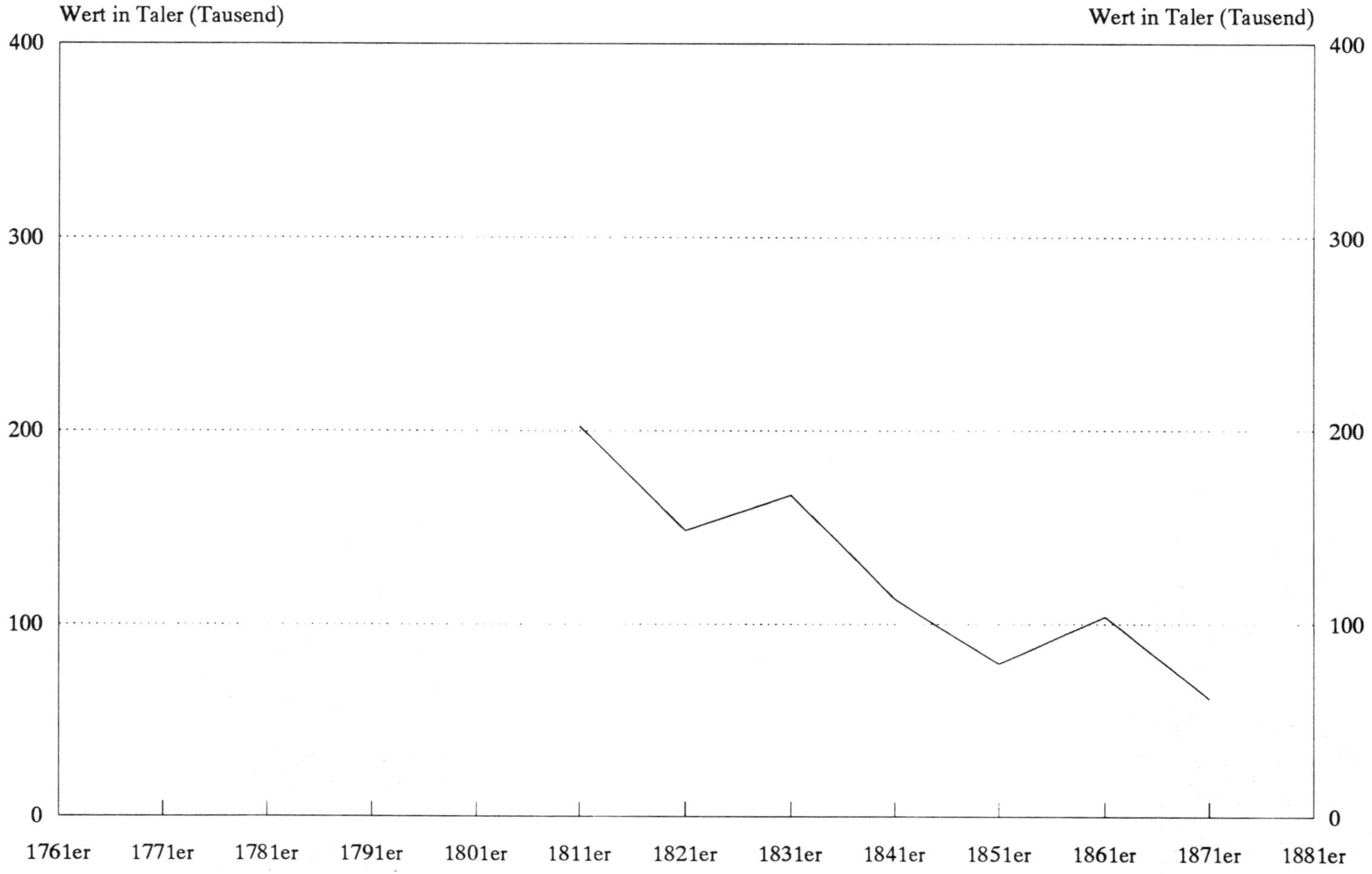

Quelle: Anhang Tab. 2b

Grafik 2.07a: Durchschnittspreis des Leinens auf der Stadtlegge Osnabrück (in Taler vereinheitlicht – je 100 Meter) und Quotient Leinenpreis:Roggenpreis, pro Jahr, 1806–1861/80

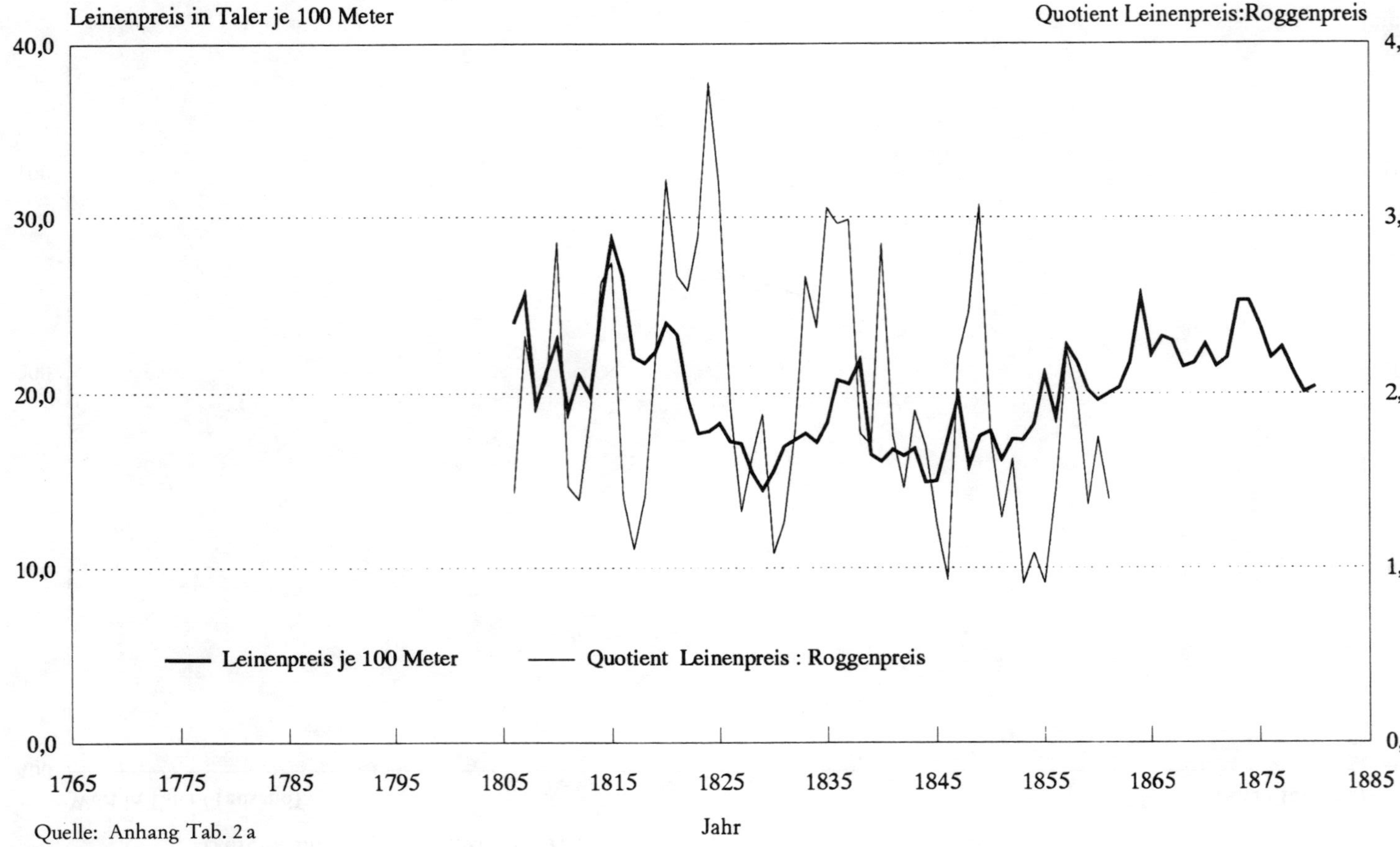

Quelle: Anhang Tab. 2a

Grafik 2.07b: Durchschnittspreis des Leinens auf der Stadtlegge Osnabrück (in Taler vereinheitlicht – je 100 Meter) und Quotient Leinenpreis:Roggenpreis, 9jährig gleitende Durchschnitte, 1806–1861/80

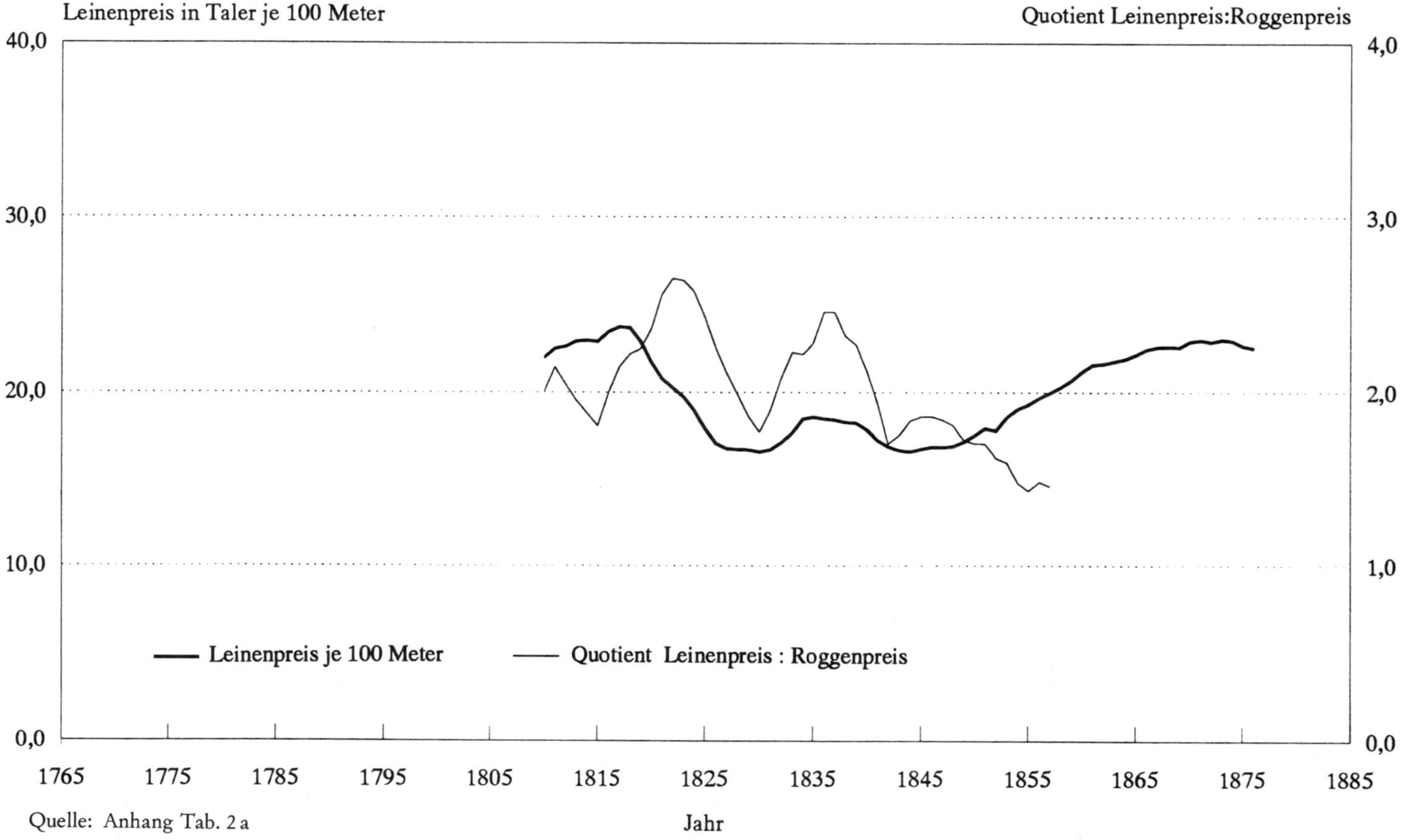

Quelle: Anhang Tab. 2a

Grafik 2.07 c: Durchschnittspreis des Leinens auf der Stadtlegge Osnabrück (in Taler vereinheitlicht – je 100 Meter) und Quotient Leinenpreis:Roggenpreis, Durchschnitt pro Jahrzehnt, 1811–1860/80

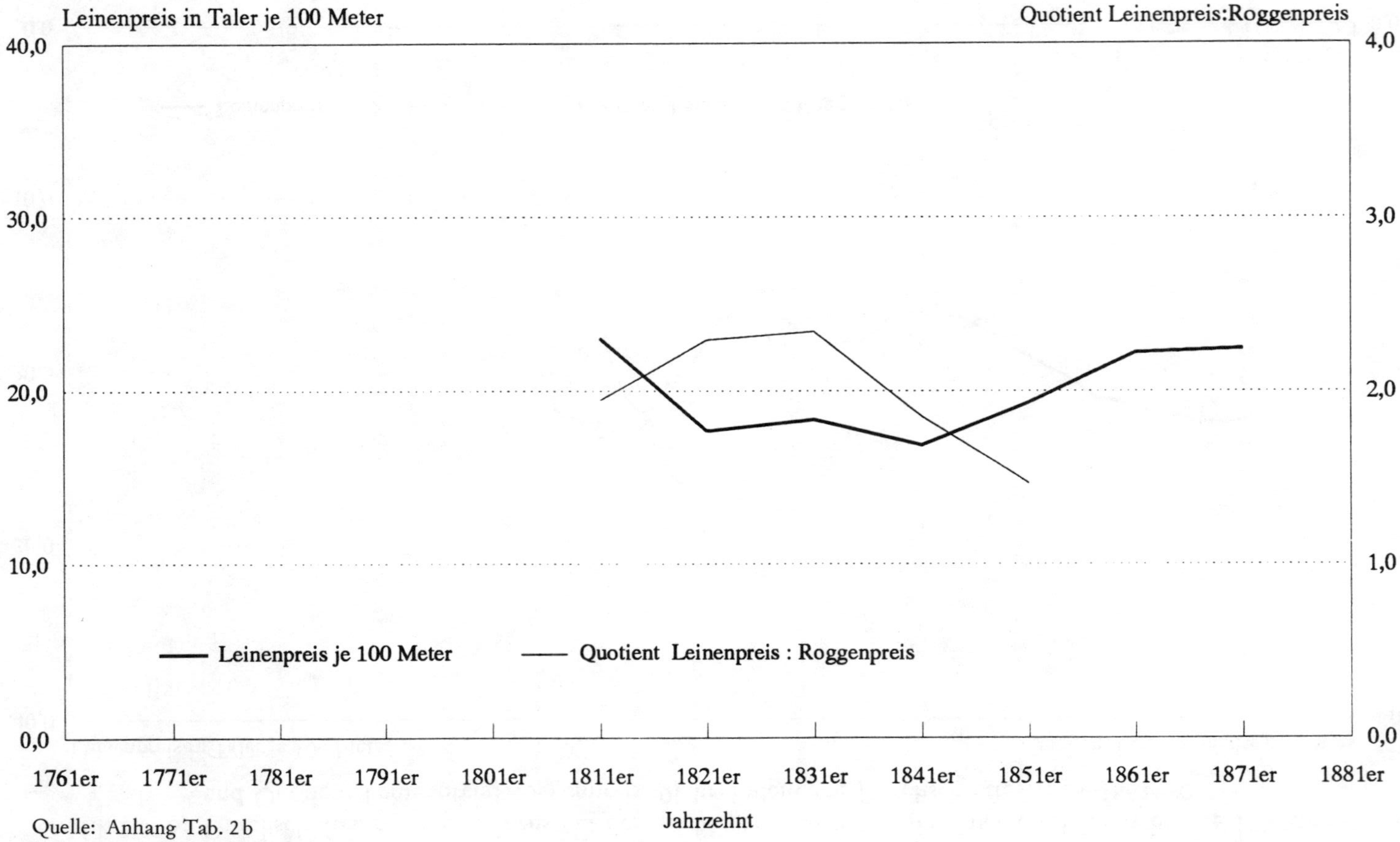

Quelle: Anhang Tab. 2b

Grafik: 2.08a: Jährliche Roggenpreise in Osnabrück (in Taler vereinheitlicht – je Osnabrückischen Malter), 1647–1861

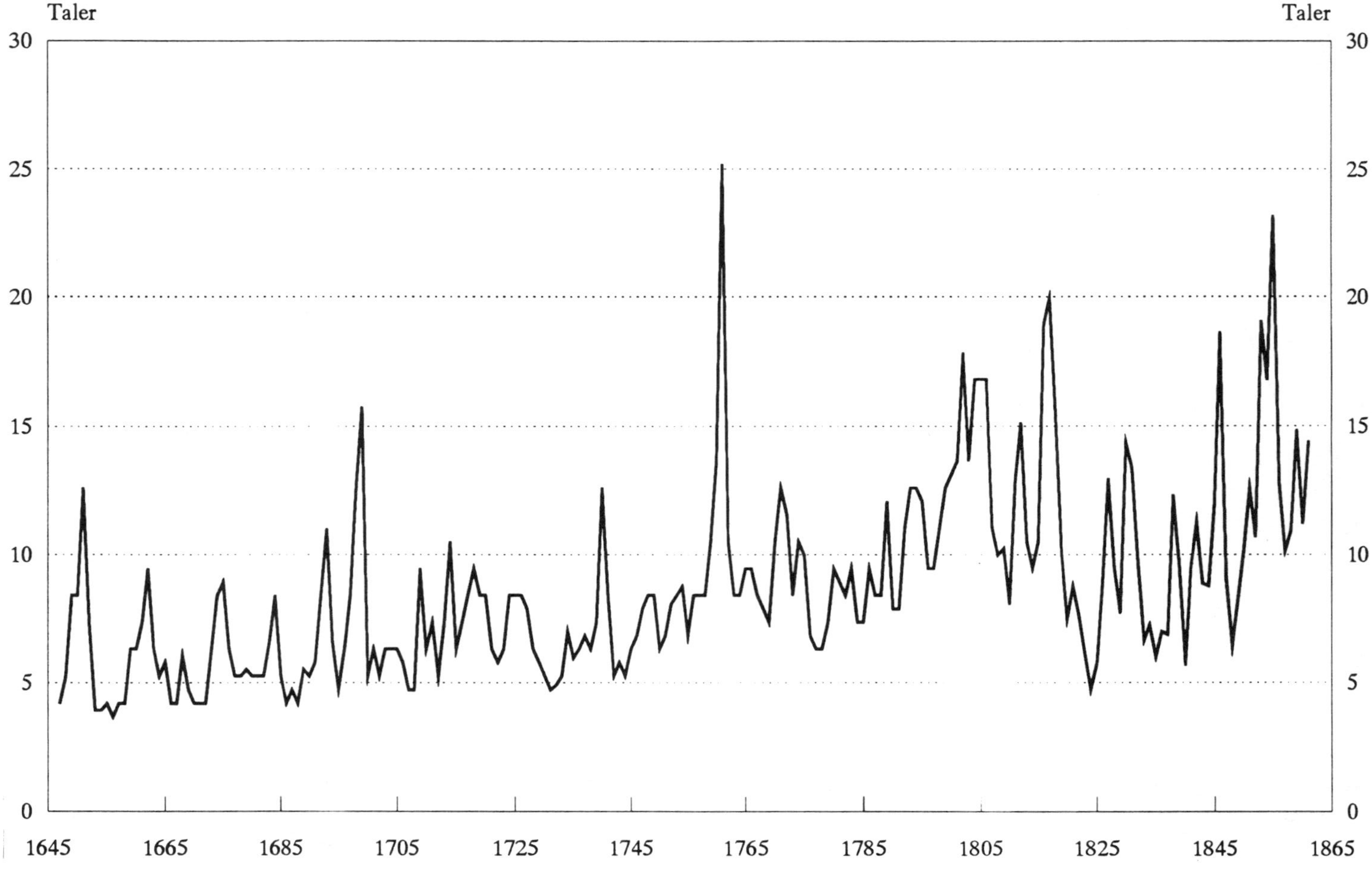

Quelle: Anhang Tab. 1a

Grafik 2.08 b: Roggenpreise in Osnabrück (in Taler vereinheitlicht – je Osnabrückischen Malter), 9jährig gleitende Durchschnitte, 1647–1861

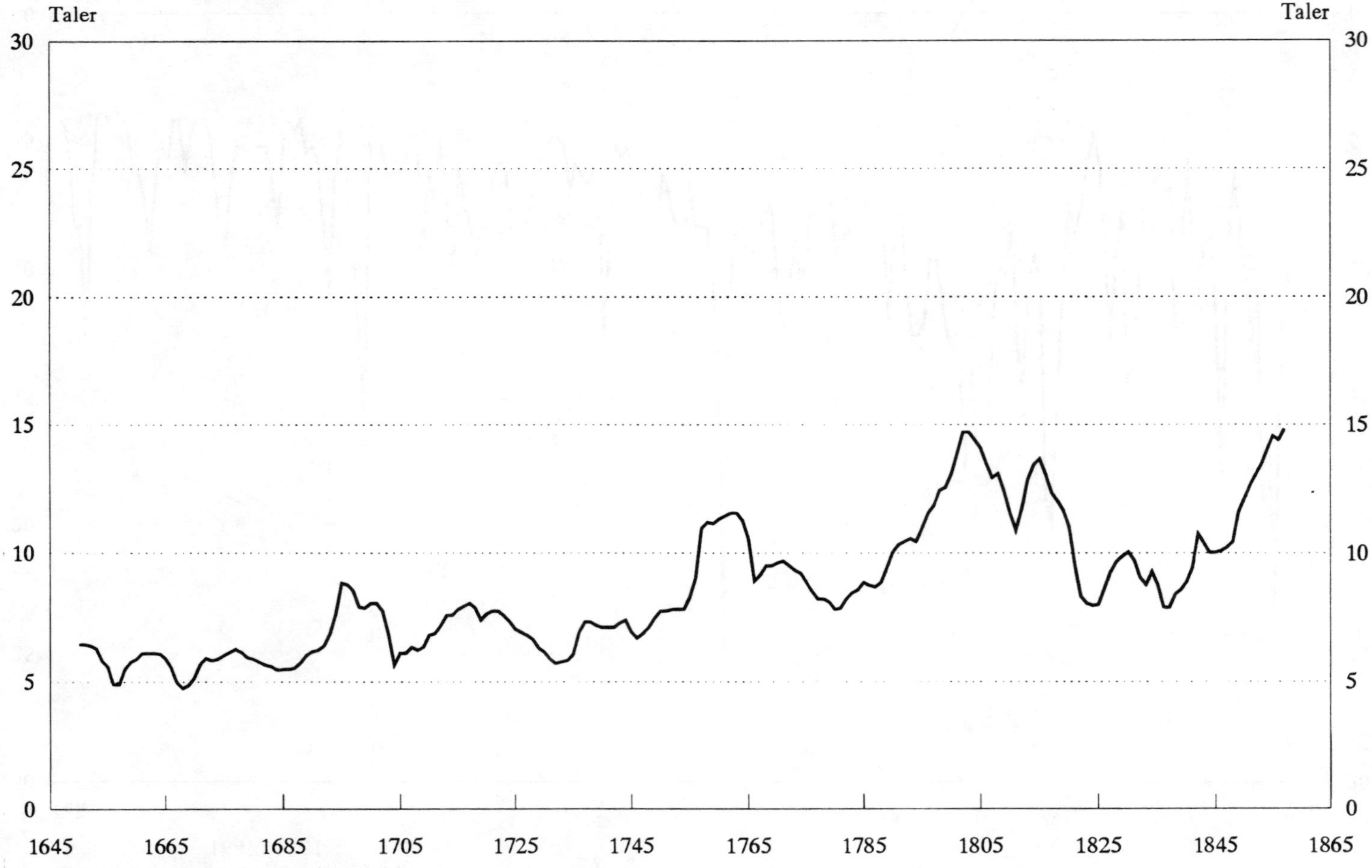

Quelle: Anhang Tab. 1 a

Grafik 2.08 c: Roggenpreise in Osnabrück (in Taler vereinheitlicht – je Osnabrückischen Malter), Durchschnitte pro Jahrzehnt, 1651–1860

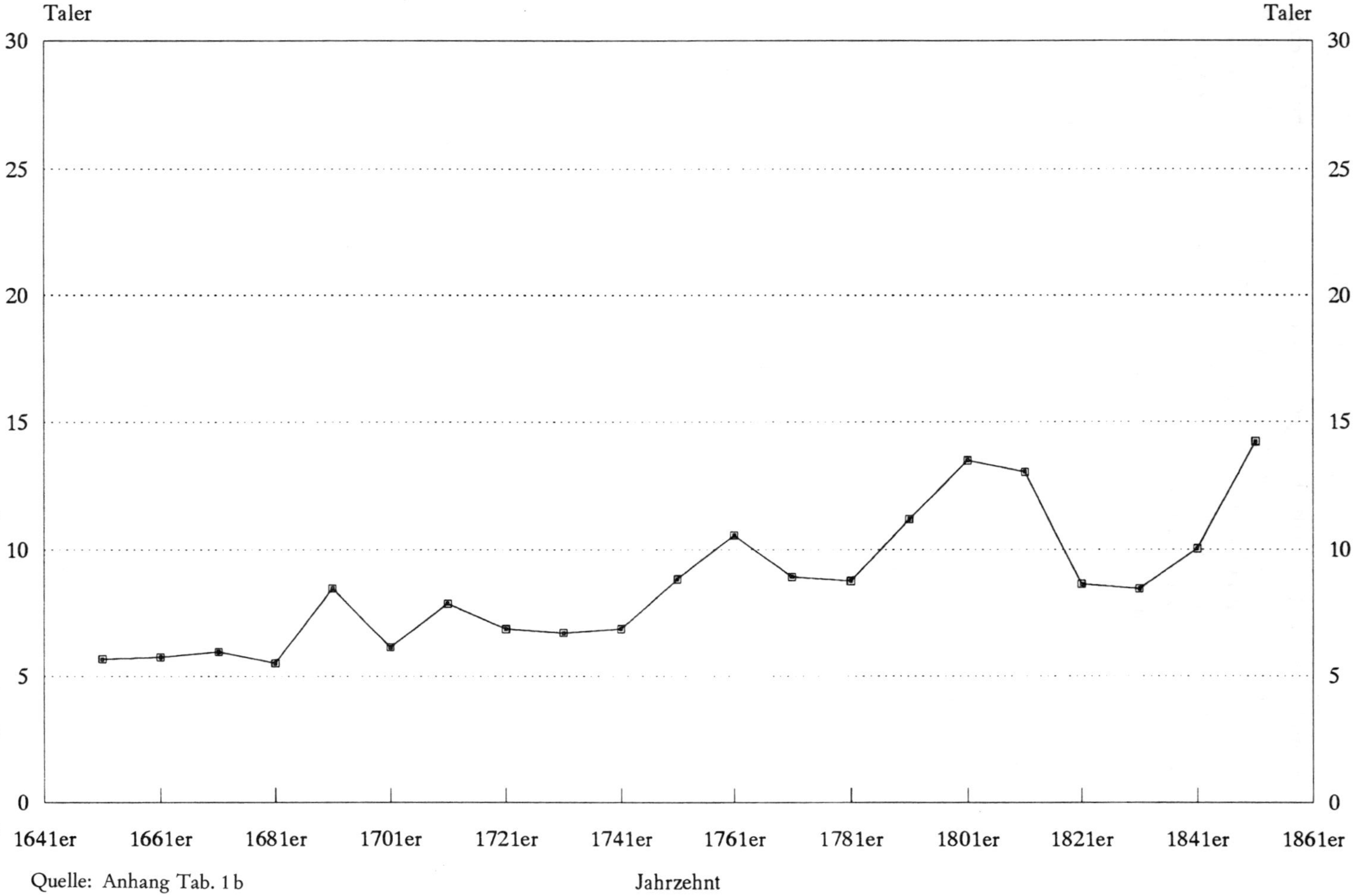

Quelle: Anhang Tab. 1b

dadurch sind die beträchtlichen Preisschwankungen von Jahr zu Jahr verursacht, wie sie besonders in der Zeit der Kontinentalsperre und der Napoleonischen Kriege auffallen (Anhang Tab. 2 und Grafik 2.07). Zudem stand es in einem internationalen Konkurrenzgeflecht und mußte sich gegen die übrigen Leinenregionen Europas behaupten, die von Frankreich und Belgien bis nach Ostmitteleuropa und Rußland reichten; seit den späten 1830er Jahren rückte die Leinenindustrie der britischen Inseln, vor allem die irische, in die Position eines übermächtigen Rivalen auf. Dort wurde mehr und mehr Maschinengarn verwebt, so daß die deutschen Leinengebiete in Preis und Qualität immer weniger mithalten konnten, sondern von den amerikanischen Märkten weitgehend verdrängt wurden. Nicht minder gewichtig war die Substitutionskonkurrenz der mechanisierten Baumwollindustrie; deren Expansion ging in beträchtlichem Maße zu Lasten des Leinens.[95]

Auf der Osnabrücker Legge – dem Umschlagplatz, den die Bewohner des Kirchspiels Belm ganz überwiegend benutzten, – zeigte sich nach dem Gipfel der Nachkriegs-Preis-Konjunktur im Jahre 1815 ein dramatischer Preisverfall, der mit geringer Unterbrechung eineinhalb Jahrzehnte anhielt: Im Jahre 1829 wurde für eine Elle Leinen nur noch halb soviel gezahlt wie 1815 (Anhang Tab. 2, Grafiken 2.07). Die Bewegung des Produktionsvolumens war mehr oszillierend, die Tendenz wies aber ebenfalls nach unten: Die Menge des verkauften Leinens schrumpfte in diesen eineinhalb Jahrzehnten um etwa ein Drittel (Grafik 2.05). Beides zusammen bedeutete, daß die Bewohner des Umlandes von Osnabrück im Jahre 1829 nur noch gut ein Drittel so viel Bargeld durch Leinenherstellung erlösten wie 1815 (Grafik 2.06). Gewiß wirkt der Verfall weniger dramatisch, wenn man statt des Jahres 1815 die Zeit der Kontinentalsperre und der Kriege zum Ausgangspunkt des Vergleichs nimmt; doch selbst in Relation zu jenen schwierigen Jahren war der Abstieg erheblich, vor allem bei Preisen und Erlösen. – Die 1830er Jahre brachten noch einmal eine Trendwende; die Preise erholten sich über neun Jahre hin kontinuierlich und in beträchtlichem Ausmaß. Das Produktionsvolumen explodierte und erreichte, indem es sich nahezu verdoppelte, fast den Rekord des Jahres 1782. So verdreifachte sich von 1829 bis 1838 der Erlös, den die kleinen Produzenten aus ihrem Leinenverkauf in Osnabrück zogen – stärker freilich durch Ausweitung der Mengen, also vermehrten Arbeitseinsatz, nur in zweiter Linie infolge der besseren Preise.

---

[95] BLUMBERG 1960; ADELMANN 1974; HARDER-GERSDORFF 1986; HORNUNG 1905 bes. S. 96 ff. Zum Osnabrücker Land s. auch SCHRÖTER 1959 S. 325 ff.; die Zeitreihen bei ihm S. 331 sind jedoch z. T. mit einem gravierenden Fehler behaftet. Aus der zeitgenössischen Diskussion s. insbes. GÜLICH 1827; GÜLICH 1831; REDEN 1833; REDEN 1838; ROSCHER 1845; NOBACK 1850. – Zur vorhergehenden Phase s. KAUFHOLD 1978 S. 102 ff., 114 ff.; KAUFHOLD 1983 S. 190 ff.

– Von 1838 auf 1839 sank der Leinenpreis kräftig und stagnierte über viele Jahre auf dem niedrigen Niveau. Noch mehr verschlechterte sich um diese Zeit die Austauschrelation zwischen Leinen und Roggen (in der sich ausdrückt, wieviel Brotgetreide man für den Erlös einer bestimmten Menge Leinwand kaufen konnte); hier wies der Trend von nun an entschieden nach unten (Anhang Tab. 2 und Grafiken 2. 07 a–c). Gleichzeitig begann eine dramatische Schrumpfung der Produktionsmenge; entsprechend verfiel der Erlös noch rapider. Im Rückblick erweist sich dieser Knick als der definitive Wendepunkt, der zum unwiderruflichen Verfall des Osnabrücker Hausleinengewerbes führte, jedenfalls soweit es für den Markt und nicht den Eigenbedarf arbeitete. Auch in einigen anderen deutschen Leinengebieten liegt in diesen Jahren ein Wendepunkt.[96] In die 1830er Jahre fallen die entscheidenden Fortschritte der britischen – vor allem irischen – Leinenindustrie insbesondere auf den nordamerikanischen Märkten, die der deutschen Konkurrenz dort nur noch einen marginalen Platz übrigließen.[97] Im Osnabrückischen änderten kürzerfristige Erholungen um 1850 sowie während des amerikanischen Bürgerkrieges und der durch ihn bedingten Baumwollknappheit nichts an dem langfristigen starken Abwärtstrend.

Die Zeitgenossen waren sich bewußt, daß die Krise des Leinengewerbes die Heuerleute weit schwerer traf als die größeren Bauern, weil jene kaum eine Alternative hatten, während sich diese dem Ausbau ihrer agrarischen Produktion zuwenden konnten.[98] Und eben dies rationale Verhalten meinten die Fachleute bei den Vollbauern in der Tat beobachten zu können. Der Osnabrücker Legge-Inspektor stellte in seinem Jahresbericht für 1847 fest, „daß unsere größeren Grundbesitzer der niedrigen Preise wegen von der Produktion des Leinens zum Verkaufe abgingen und ihre Kräfte dafür der Landwirtschaft zuwandten, welches ihnen lohnender schien; was aber bei den Heuerleuten [...] nicht der Fall war." Im Gegenteil hätten diese mehr Leinwand gewebt als zuvor.[99] Acht Jahre später berichtete er wiederum,

---

[96] BLUMBERG 1960 S. 73 ff.; unrichtig die Datierung des Beginns des Rückgangs von HARDER-GERSDORFF 1986 S. 218 f., jedenfalls betr. die Osnabrücker Daten, wohl veranlaßt durch Fehler in der Tabelle von WIEMANN 1910 S. 59 ff.

[97] BLUMBERG 1960 S. 93 ff.

[98] GÜLICH 1827 S. 47 f.; FUNKE 1847 S. 15 ff. Vgl. WRASMANN 1919–1921 Teil 2 S. 9 ff.

[99] Jahresbericht des Leggeinspektors Meier vom 6.1.1848 an die Landdrostei Osnabrück, in: StA OS Rep. 335 Nr. 8018. – Vgl. schon ROSCHER 1845 S. 405 f.: „Eine Hauptursache dieses Verfalles [der Qualität des im Königreich Hannover hergestellten Leinens] liegt darin, daß die Leinenproduktion jetzt großenteils in andere Hände geraten ist als vormals. In den deutschen Leinendistrikten nahm früher gerade der große Bauer besonders lebhaft an diesem Gewerbe teil. Die Hausfrauen setzten ihren Stolz darin, schönes und dauerhaftes Leinen zu verfertigen. Bei einem solchen Wetteifer unter den Angesehensten des Dorfes wagte auch der kleine Mann nicht, allzu schlechte Ware zu liefern. Heutzutage hat das Spinnen und Weben für die großen

„daß die bemittelten Landbewohner sich mehr und mehr der Fabrikation des Leinens und des Anbau [!] des Flachses [...] entschlagen haben", und fügte sogar hinzu, daß diese „Beschäftigung einigen Colonen als erniedrigend für sie erscheint"; jedenfalls gäben sie der „anhaltend günstiger gestellten Landwirtschaft den Vorzug".[100]

Verknüpft man die Leinen-Verkäufe der Jahre 1847 bis 1849 mit den Belmer Haushalten, wie sie im Zensus von 1848 registriert sind, so erweist sich, daß diese Aussagen zwar eine Tendenz richtig diagnostizieren, in ihrer Pauschalität jedoch eine weit übertriebene Vorstellung erwecken von dem Ausmaß, in dem der Wandel sich durchgesetzt hatte. Dies gilt zumindest von dem Befund im Kirchspiel Belm. Eine grundlegende Veränderung hatte sich nämlich gegenüber der Sozialstruktur der Produzenten, wie sie fast vier Jahrzehnte zuvor ermittelt werden konnte, nicht ergeben (Tab. 2.05). Nach wie vor verkaufte ein großbäuerlicher Haushalt wesentlich mehr Leinen als ein Kleinbauer oder gar ein Heuerling, im Schnitt etwa doppelt soviele Ellen wie ein Kleinbauer und mehr als dreimal soviele wie ein Heuerling. Der Rückgang des durchschnittlichen Produktionsvolumens je Haushalt jedoch war bei den Großbauern mit Abstand am stärksten: sie stellten nun pro Jahr im Mittel nur noch 56% der Leinenmenge her, die sie etwa vierzig Jahre zuvor zu verfertigen pflegten. Bei den Heuerleuten bewegte sich der jährliche Ausstoß auf einem Niveau von 77% des früheren; noch zäher hielten die Kleinbauern am Leinenverkauf fest (90% der früheren Ellenzahl). – Wie bei den Durchschnittswerten so sah es aus beim Anteil der Haushalte, die kein Leinen verkauften (Tab. 2.05d). Wie früher war er am geringsten bei den Großbauern, am höchsten bei den Landlosen. Ein Viertel der Großbauern, ein Drittel der Kleinbauern, fast die Hälfte der Landlosen beteiligte sich überhaupt nicht mehr an der Leinwand-Erzeugung für den Markt. Auch hier war jedoch die Rückzugsbewegung in der vollbäuerlichen Schicht bei weitem am stärksten ausgeprägt, hatte doch zu Beginn des Jahrhunderts kaum ein Großbauer auf diesen Erwerbszweig verzichtet. – Darüber hinaus läßt sich beobachten, daß in der großbäuerlichen Schicht nun auch diejenigen Haushalte im Schnitt weniger Leinen produzierten, die weiterhin für den Verkauf arbeiteten. Bei den Kleinbauern und bei Landlosen trifft das nicht zu: In diesen unteren Schichten gaben etliche diese Erwerbsquelle ganz

---

Bauern sehr an Interesse verloren. Die Landwirtschaft ist ungemein viel intensiver geworden; sie läßt daher dem irgend größern Betreiber nicht mehr so viele Zeit für Nebenbeschäftigungen übrig. So ist denn das Leinengewerbe viel mehr als sonst auf die ärmere Klasse des Landvolkes eingeschränkt, die überdies, wenigstens in vielen Gegenden, durch die immer steigende Übervölkerung und Übersplitterung des Grundbesitzes an sich noch ärmer ist als früher."

[100] Jahresbericht des Leggeinspektors Meier vom 6.1.1856 an die Landdrostei Osnabrück, in: StA OS Rep. 335 Nr. 8022.

Tabelle 2.06: Jährliche Zahl der auswandernden Personen aus dem Kirchspiel Belm, 1832–1848

| Jahr | Auswanderer |
|------|-------------|
| 1832 | 12 |
| 1833 | 31 |
| 1834 | 205 |
| 1835 | 90 |
| 1836 | 120 |
| 1837 | 68 |
| 1838 | 69 |
| 1839 | 39 |
| 1840 | 44 |
| 1841 | 56 |
| 1842 | 69 |
| 1843 | 34 |
| 1844 | 24 |
| 1845 | 204 |
| 1846 | 63 |
| 1847 | 59 |
| 1848 | 50 |
| Summe | 1 237 |

auf; die anderen aber hielten ihr Produktionsvolumen auf dem alten Stand.[101] – Versucht man wiederum den Anteil der drei Schichten an der Gesamtmenge der Leinenverkäufe Belmer Haushalte zu schätzen, so ergibt sich, daß die Großbauern als Gruppe jetzt mit 39% hinter den Heuerlingen (44%) zurückstanden; die Kleinbauern hatten ihren Beitrag auf 14% gesteigert.[102]

Da sich wahrscheinlich die agrarischen, entschieden die gewerblichen Subsistenzmöglichkeiten für die Eigentumslosen verschlechterten, wurden diese aufnahmebereit für die Kunde, daß jenseits des Atlantiks in Nordamerika sich unvergleichlich bessere Chancen eröffneten. Die Zahl derer, die diesem Rufe folgten, nahm ein solches Ausmaß an, daß die Landdrostei

---

[101] Zu errechnen aus Tab. 2.05 b in Verbindung mit Tab. 2.05 d.
[102] Von den 607 Haushalten, die 1848 im Kirchspiel Belm gezählt wurden, gehörten 96 (15,8%) zur großbäuerlichen, 71 (11,7%) zur kleinbäuerlichen, 388 (63,8%) zur landlosen Schicht. Die obige Schätzung beruht wiederum auf dem Anteil der drei Schichten an der Gesamtheit der Belmer Haushalte und auf der durchschnittlich von den Haushalten dieser Schichten verkauften Leinenmenge (in Leggeellen: Tab. 2.05 b).

Osnabrück ab 1832/33 in allen Teilen ihres Verwaltungsbezirks die Auswanderer in Listen registrieren ließ.[103]

Aus dem Kirchspiel Belm wanderten demnach in den siebzehn Jahren von 1832 bis 1848 nicht weniger als 1237 Personen aus (Tab. 2.06). Gemessen an der Einwohnerzahl von 1833 – der höchsten der ganzen Periode – war das annähernd ein Drittel. Im Durchschnitt dieser Jahre verließen jährlich 2% der Bewohner die Heimat – ein ausgesprochen hoher Wert.[104] Ein erster Höhepunkt der Emigration fiel gleich in die Mitte der 1830er Jahre, ein zweiter Mitte der 1840er. In den Spitzen von 1834 und 1845 verließen binnen eines Jahres 5 bis 6% aller Einwohner das Kirchspiel, um in die Neue Welt zu reisen – konkret sogar jeweils innerhalb eines guten halben Jahres, da in den Wintermonaten von Mitte Oktober bis Mitte März kaum jemand aufbrach. Wie im regionalen so fand auch im lokalen Rahmen ein wahrer Massen-Exodus statt. Hatten die Menschen zuvor grobes Leinen verfertigt, das auf die amerikanischen Märkte verschifft wurde, so zogen sie nun – da dieser Absatz auf zunehmende Schwierigkeiten stieß – selber über den Atlantik, um sich dort anzusiedeln und womöglich ein Stück eigenen Landes zu erwerben, das ihnen in der Heimat fast immer verwehrt blieb.

Im Unterschied zu dem benachbarten Ravensberger Land kam es in unserem Untersuchungsgebiet auch im 19. Jahrhundert nicht zur Ausbildung einer größeren Schicht von ‚Heuerleuten neuen Typs', die bloße Mieter waren, kein Land pachteten und auch nicht zur Arbeit auf dem Hof verpflichtet waren.[105] Bei einer statistischen Erhebung über die Verhältnisse der Heuerleute, die im Jahre 1847 durchgeführt wurde, zählte man im Kirchspiel Belm 338 Heuerleute, die durchschnittlich 1½ Hektar Ackerland ge-

---

[103] Dazu KIEL 1941, hier S. 97; S. 166 die jährlichen Zahlen der Auswanderer aus dem Amt Osnabrück 1832/33–1866. Zur Erklärung und Interpretation KAMPHOEFNER 1982 bes. 22 ff., 57 ff.; S. 68 ff. zum Zusammenhang zwischen den Zeitreihen der Auswandererzahl und des Ertrags vom Leinenverkauf. – Näheres zu den Auswanderern des Kirchspiels Belm unten in den Kapiteln 5.4., 6.4.–6.6. und 7.6.

[104] Nimmt man das Mittel der Einwohnerzahl von 1833, dem Maximum, und 1848, dem Minimum dieser 17 Jahre (s. Tab. 2.01), so entspricht die durchschnittliche Auswandererzahl von 72,8 pro Jahr 2,0%. Im Durchschnitt größerer Gebiete und/oder Zeiträume wurde ein solcher Wert kaum erreicht: KAMPHOEFNER 1982 S. 23 ff.; KIEL 1941 S. 176; HINRICHS/KRÄMER/REINDERS 1988 S. 69 ff., 83 ff. Im benachbarten Kirchspiel Schledehausen lagen die Auswanderungsraten nicht so hoch wie in Belm: BÖLSKER-SCHLICHT 1990b S. 349 f., 356 f.

[105] Diese „Mieter-Heuerlinge" wohnten im Ravensbergischen oft bei den Klein- und Neubauern, deren Zahl dort ja im Zuge der Markenteilungen stark zugenommen hatte; sie ernährten sich großenteils durch Spinnen oder Weben: im Ravensberger Feinleinengewerbe war die soziale und regionale Arbeitsteilung weit ausgeprägter als bei der Osnabrückischen Löwend-Herstellung (dazu SCHLUMBOHM 1979 S. 286 ff.). Zu den „Mieter-Heuerlingen" MOOSER 1984 S. 234 ff.; MAGER 1982 S. 468 ff.; MAGER 1984 S. 149 ff.; vgl. MAGER 1981 S. 143 f., 157 ff., 165.

pachtet hatten.[106] Aus der Volkszählungsliste des folgenden Jahres können 388 Haushalte der landlosen Schicht zugeordnet werden. Diese bestand also nach wie vor ganz überwiegend aus Heuerleuten im alten Sinne: zur Arbeit verpflichteten Kleinpächtern mit Arbeitspflicht auf dem Hof ‚ihres' Colons.

Im Hinblick auf die Textilindustrie gehörte das Kirchspiel Belm wie der größte Teil des Osnabrücker Landes zu den ausgesprochenen De-Industrialisierungs-Gebieten: Das Hausleinengewerbe führte nicht zu einer Fabrik-Textilindustrie.[107] Auch andere Industrien, die am Ort einen Ersatz für die schwindenden Einkommensmöglichkeiten des Löwendgewerbes hätten bieten können, entstanden bis 1860, dem Ende unserer Untersuchungsperiode, nur in geringem Umfang. Die 1808 auf der sogenannten Burg Gretesch begonnene Papierherstellung nahm einen beachtlichen Aufschwung, bot jedoch 1858 nicht mehr als einem guten Dutzend Familien und einigen Ledigen Arbeit und Brot.[108] In Lüstringen wurde eine Maschinenfabrik gegründet; hier verdienten 1858 außer dem „Fabrikanten" ein „Werkführer", ein Dutzend „Fabrikarbeiter" – zur Hälfte verheiratet, zur Hälfte ledig – ihren Lebensunterhalt.[109] Quantitativ die größte Bedeutung hatte die Zigarrenherstellung, die sich um die Jahrhundertmitte von der Stadt Osnabrück her mit mehreren Betrieben im Kirchspiel niederließ, vor allem im Dorf Belm.[110] 1858 waren immerhin 100 Personen in dieser Branche beschäftigt. Freilich waren das ganz überwiegend junge ledige Leute, zu zwei Dritteln Frauen. Eine Familie konnte man allein auf dieser Grundlage offenbar nicht gründen.

Auch die Verdienstmöglichkeiten in Handwerk und Dienstleistung wuchsen kaum. Vergleicht man die Angaben im Zensus von 1858 mit denen von 1772, so waren neu die Händler: zwei „Commerzianten", ein Hausierer und zwei Krämer, von denen einer zugleich Bäcker, der andere Schlachter war. Im Kirchdorf gab es nun auch einen Tierarzt. Im Handwerkssektor traten Mitte des 19. Jahrhunderts als neue lokale Gewerbe in Erscheinung die

---

[106] Errechnet aus STATISTISCHE NACHRICHTEN ÜBER ... HEUERLEUTE 1849; vgl. WRASMANN 1919-1921 Teil 2 S. 35, 96 ff. – Näheres zu den Ergebnissen dieser Erhebung s. unten in Kap. 7.3 mit Tab. 7.03.
[107] Allgemein dazu KRIEDTE/MEDICK/SCHLUMBOHM 1977 S. 292 ff., 309 ff.
[108] Siehe oben S. 74 und unten in Kap. 5.4. und 7.2.
[109] Siehe unten in Kap. 5.4. und 7.2.
[110] HINZE 1980a; zur Vorgeschichte, insbesondere in der Stadt Osnabrück MACHENS 1961 S. 86 ff. – Vgl. unten Kap. 5.4., bes. auch zum Folgenden. – Auch in benachbarten ländlichen Gebieten Westfalens trat die Zigarrenherstellung bis zu einem gewissen Grade die Nachfolge des Leinengewerbes an: BOTZET 1992 S. 114 ff.; THIELKING 1988; MOOSER 1980 S. 129, 133 f.; MOOSER 1984 S. 158 f.; REININGHAUS 1982. Allgemein zur deutschen Zigarrenindustrie im 19. Jahrhundert, zum Übergang von zentralisierten manufakturartigen Betrieben zur Heimindustrie sowie zur Verlagerung von der Stadt aufs Land JAFFÉ 1899 bes. S. 299 ff.; SCHRÖDER 1978 S. 120 ff.; KOCKA 1990b S. 378 ff.

Schlachter bzw. Hausschlachter (6) und die Bäcker (4): Bei der Nahrungsmittelherstellung verließ man sich mehr als früher auf Spezialisten. Auch je ein Steinhauer, Färber und Glaser lebten nun am Ort. Zugenommen hatte die Zahl der Schuhmacher (10) und der Maurer (3), abgenommen aber die der Holzschuhmacher (3), und Zimmerleute oder Dachdecker wurden im Kirchspiel gar nicht mehr registriert. Geschrumpft waren auch die Gewerke der Schneider (8, außerdem eine Näherin), Schmiede (5) und Wagenmacher (2).

Die Subsistenzmöglichkeiten der Landlosen waren also entschieden enger geworden; die alte Kombination von Heuerlingspacht und Leinengewerbe trug nicht mehr in ausreichendem Maße, und neue Erwerbsquellen eröffneten sich nur in geringem Umfang. Insofern war die massive Auswanderung nach Amerika ein deutliches Zeichen der Krise der lokalen Wirtschaft und Gesellschaft.

## 2.5. Vergleichender Ausblick – Fragen

Ein kräftiges Bevölkerungswachstum läßt sich in dem mehr oder weniger ‚langen 18. Jahrhundert' in den meisten Teilen Deutschlands und Europas feststellen[111]; auch eine starke Expansion der landarmen und landlosen Schichten ist eher die Regel als die Ausnahme.[112] Trotzdem ist die Richtung, in die sich die Sozialstruktur in unserem Untersuchungsgebiet entwickelte, spezifisch, wenn auch keineswegs einmalig[113]; sie hebt sich merklich ab von einer Reihe ländlicher Regionen Europas, in denen der demographisch-soziale Wandel einen wesentlich anderen Verlauf nahm.

So gab es einige Gebiete, in denen wie in Belm die Zahl der großen und kleinen Höfe relativ konstant blieb, in denen aber – im Gegensatz zu Belm – zugleich die Einwohnerzahl mehr oder weniger stagnierte. Beispiele hat man in den französischen Pyrenäen und Alpen, aber auch in der Oldenbur-

---

[111] KRIEDTE 1980 S. 127 ff.; WRIGLEY/SCHOFIELD 1989 S. 157 ff., 207 ff.; Jacques Dupâquier/Bernard Lepetit, Le peuplement, in: DUPÂQUIER 1988 Bd. 2 S. 61 ff. – Zu Deutschland s. oben Anm. 6.

[112] KRIEDTE 1980 S. 179 ff.; PETERS 1967; PETERS 1970; FRANZ 1970 S. 214 ff. – Vgl. auch oben Anm. 22.

[113] Ein Beispiel für eine ähnliche Entwicklung aus einer ganz anderen Region Deutschlands ist die – ebenfalls protoindustriell durchdrungene – südliche Oberlausitz: KUNZE 1961. Für das 16. und 17. Jahrhundert beobachtet für ein süddeutsches Gebiet mit ungleicher Erbpraxis zunehmende soziale Ungleichheit in Perioden anhaltenden Bevölkerungswachstums und eine umgekehrte Tendenz bei sinkender Bevölkerung ROBISHEAUX 1989 S. 68 ff., 84 ff., 243 ff., vgl. 121 ff. – Vergleichsliteratur zu anderen Gebieten Nordwestdeutschlands wurde oben S. 47 ff. angeführt.

ger Küstenmarsch gefunden.[114] Zur Erklärung wird einerseits auf die Praxis ungeteilter Vererbung verwiesen, andererseits entweder auf eine hohe Mortalität oder auf Abwanderung oder auf einen starken Anteil lebenslang Eheloser: auf einem dieser Wege oder durch eine Kombination der drei sei ein eventueller ‚Überschuß' nicht-erbender Kinder ‚beseitigt' worden.

Daneben standen Regionen, in denen ein starkes Bevölkerungswachstum mit zunehmender Zersplitterung des Landbesitzes einherging. Als schlagendes Beispiel kann eine württembergische Gemeinde dienen, in der die Einwohnerzahl von der Mitte des 17. bis zum Ende des 18. Jahrhunderts sich mehr als verdreifachte, die relative Verteilung des Besitzes sich jedoch nicht wandelte.[115] Nicht zuletzt infolge der entschieden egalitären Erbpraxis wuchs die Zahl der Besitzungen mit der Zahl der Einwohner, und das Ausmaß der sozialen Ungleichheit war konstant.

Bei diesen beiden Wegen blieb die Sozialstruktur in einer zentralen Hinsicht unverändert: Die Proportionen zwischen den Besitzklassen wurden erhalten. Im ersten Fall ging dies mit der Stagnation der Bevölkerungszahl einher, im zweiten verlief das Wachstum, so kräftig es war, sozial ausgewogen.

Auf diesem Hintergrund tritt die Besonderheit eines Entwicklungsgangs, wie unser Untersuchungsgebiet ihn nahm, plastisch hervor. Von hier aus stellt sich verschärft die Frage, durch welche Verhaltensmuster die Menschen diesen sozial extrem asymmetrisch verlaufenden Expansionsprozeß ermöglichten und mit welchen sie seine Folgen bewältigten. Wie gestalteten die Menschen ihre Lebensläufe, wie die Familien ihr Zusammenleben, einerseits in der langen Wachstumsperiode, andererseits in der Zeit der Krise? Es stellt sich die Aufgabe, die demographischen Strukturen sozial spezifisch zu beschreiben. In Frage stehen Gestalt und Funktion der Familie bei Besitzenden und Nicht-Besitzenden. Zu untersuchen ist, in welcher Weise die nachwachsende Generation auf die höchst unterschiedlichen Positionen vorbereitet und verteilt wurde. Schließlich: was hielt diese ländliche Gesellschaft trotz aller Ungleichheit zusammen? Waren es Bande der Verwandtschaft, oder verstärkten diese eher die sozialökonomische Inegalität statt sie zu überbrücken? – Obwohl es nicht Aufgabe einer Mikro-Analyse sein kann, generelle Antworten zu geben, steht doch zu hoffen, daß die Ergebnisse auch einige Einsichten grundsätzlicher Art eröffnen. Der vergleichende Blick auf ähnliche wie auf abweichende Befunde wird helfen, ihre Reichweite abzuschätzen.

---

[114] FAUVE-CHAMOUX 1981 bes. S. 51 ff.; COLLOMP 1988 bes. S. 70; vgl. COLLOMP 1983; NORDEN 1984; vgl. KRÄMER/REINDERS 1986; HINRICHS/KRÄMER/REINDERS 1988 S. 17 ff., 49 ff.
[115] SABEAN 1990 S. 40 f., 61 f., 454 ff., vgl. 256 f.

# 3. Demographie: Verhaltensweisen von Großbauern, Kleinbauern und Landlosen

## 3.1. Modelle des demographisch-ökonomischen Systems im vorindustriellen Europa

Folgt man der historisch-demographischen Literatur der letzten beiden Jahrzehnte, so ergibt sich der Eindruck, daß die wesentlichen Linien des Verhaltens der Populationen im vorindustriellen Europa bekannt sind und nur noch die Details durch weitere monographische Untersuchungen nuanciert werden können. Was das Zusammenspiel zwischen demographischen Verhaltensweisen und ökonomisch-sozialen Strukturen betrifft, so weisen die vorliegenden Modelle eines auf das Gleichgewicht von Bevölkerung und Ressourcen angelegten Regelsystems in ihrem Kern ein hohes Maß von Übereinstimmung auf; dadurch wird dem Sozialhistoriker[1] suggeriert, auch in dieser Hinsicht seien die Grundfragen geklärt.[2]

Im Anschluß an das von Gunther Ipsen in den 1930er Jahren skizzierte Konzept einer „agrarischen Bevölkerung"[3] formulierte Gerhard Mackenroth die Lehre von der spezifischen „Bevölkerungsweise des vorindustriellen Europa", bei der sich nicht durch die „Variablen" Sterblichkeit oder eheliche Fruchtbarkeit, sondern durch „Heiratsalter und Heiratshäufigkeit" die „Anpassung von Bevölkerungsvorgang und Wirtschaftsvorgang" vollzog. Den entscheidenden sozialen Mechanismus, der die Tendenz zum Gleichgewicht zwischen „generativem Verhalten" und „ökonomischem Nahrungsspielraum" gewährleistete, sah Mackenroth darin, daß in der alteuropäischen Gesellschaft nur eine durch die jeweiligen wirtschaftlichen Ressourcen recht strikt begrenzte Zahl von bäuerlichen und handwerklichen „Vollstellen" die

---

[1] Siehe etwa HINRICHS 1980 S. 18 ff.; BRAUDEL 1985–1986 Bd. 1, S. 22 ff., 66 ff., 88 ff.; WEHLER 1987 Bd. 1 S. 67 ff.; DIPPER 1991 S. 46 ff.

[2] Demgegenüber haben gerade Demographen – und unter ihnen besonders die Modell-Bauer, die zugleich empirisch-historisch arbeiten – wiederholt darauf hingewiesen, wie schmal bisher die Datenbasis gerade für die Probleme des Zusammenhangs zwischen Demographie, Ökonomie und sozialer Ordnung ist: WRIGLEY/SCHOFIELD 1989 S. 402 ff., 638 ff., XX ff.; WRIGLEY 1983 S. 148 f.; SCHOFIELD 1989 S. 292 f.

[3] IPSEN 1933 S. 431 ff.; IPSEN 1941.

Gründung einer Familie erlaubte, während die Inhaber bloßer „Hilfsstellen" wie Gesinde und Gesellen der „generativen Sterilisierung [...] durch Ehelosigkeit" unterworfen waren. Insbesondere im „europäischen Westen", im „germanisch-romanischen Raum" habe die „sehr frühe Verankerung der Familie, d. h. der Zwei-Generationen-Kleinfamilie an Stelle der Sippe in der Wirtschaftsweise" bewirkt, daß die Menschen zäh an der überlieferten „Konsumnorm" festhielten: Da eine solche Familie sich selbst ernähren mußte, konnte sie erst begründet werden, wenn Mann und Frau in eine der etablierten Vollstellen einrückten.[4]

Größere internationale Wirkung hatte das Konzept des „europäischen Heiratsmusters", das John Hajnal 1965 eher im Anschluß an Malthus als an diese Traditionen einer deutschen Bevölkerungswissenschaft entwickelte. Trotzdem zeigen sich wesentliche Gemeinsamkeiten zwischen den beiden Modellen. Nach Hajnal zeichnete sich der größte Teil Europas – mit Ausnahme des Ostens und Südostens – in seinem demographischen Verhalten durch zwei spezifische Merkmale aus: ein hohes Alter bei der Eheschließung und einen hohen Anteil von Menschen, die nie heirateten.[5] Auch dieser theoretische Ansatz sah das Heiratsmuster in engem Zusammenhang mit den spezifischen Regeln der Haushaltsgründung und fand darin die Koppelung der Demographie an die ökonomischen Ressourcen begründet: In dem nordwesteuropäischen System des einfachen Haushalts („Northwest European simple household system") hatte ein junges Paar nach der Heirat selbst für sich zu sorgen, es bildete gewöhnlich einen eigenen Haushalt, so daß in der Gesellschaft Kernfamilienhaushalte vorherrschten, Mehrgenerationen- und Mehrfamilienhaushalte selten waren.[6]

Diese Modelle haben sich seitdem weitestgehend durchgesetzt. Die breite empirische Forschung und anschließende theoretische Überlegungen haben zwar zu Modifikationen und Ergänzungen geführt, nicht aber die Grundzüge des konstruierten demo-ökonomischen Systems in Frage gestellt.

Gegen die Vorstellung, im vorindustriellen Europa sei das Bevölkerungswachstum durch eine relativ fixe Zahl von ‚Stellen' begrenzt worden[7], hat sich insbesondere die Proto-Industrialisierungs-Theorie gewendet: In Gebieten mit verdichtetem Exportgewerbe sei die eiserne „Kette zwischen Fort-

---

[4] MACKENROTH 1953 S. 119 ff., 408 ff., zit. S. 119 f., 422, 425 f., 432. – Siehe EHMER 1991 S. 34 ff., 40 ff., 62 ff. zur Kritik sowie zur Verwurzelung dieser Lehren in einer deutschen Tradition der Bevölkerungswissenschaft und obrigkeitlichen Bevölkerungspolitik; zum Folgenden ebd. S. 15 ff., 25 ff.

[5] HAJNAL 1965 bes. S. 101, 130 ff.

[6] HAJNAL 1982; vgl. schon HAJNAL 1965 S. 132 ff. und LASLETT 1977 a.

[7] In diese Richtung geht auch das Modell von DUPÂQUIER 1972; vgl. DUPÂQUIER 1979 S. 387 ff.

pflanzung und Erbschaft"⁸ zerbrochen worden und eine Familiengründung in relativ frühem Lebensalter nicht auf der Grundlage einer ererbten Stelle, sondern der eigenen Arbeitskraft möglich, ja nützlich, wenn nicht notwendig geworden; dadurch habe sich in den betroffenen Regionen die Bevölkerung weit über den in einer Agrarwirtschaft bestehenden Rahmen hinaus vermehren können. Hier wurde das Konzept des „demo-ökonomischen Regelsystems traditioneller Agrargesellschaften" ausdrücklich akzeptiert, jedoch durch ein weiteres Modell für die von der Proto-Industrialisierung erfaßten Bereiche des vorindustriellen Europa ergänzt.⁹

Auch die Vielfalt der Ergebnisse, die von den Monographien zur historischen Demographie im Laufe dreier Jahrzehnte zutage gefördert wurden, paßte immer weniger zu der These von der „Homogenität" eines einheitlichen „europäischen demographischen Systems" in der Frühen Neuzeit.¹⁰ E.A.Wrigley und R.Schofield haben dann aufgrund ihrer beeindruckenden Rekonstruktion der Bevölkerungsgeschichte Englands vom 16. bis 19. Jahrhundert sowie vergleichender Betrachtung der kontinentaleuropäischen Entwicklungen vorgeschlagen, mindestens zwei Varianten des europäischen demo-ökonomischen Systems zu unterscheiden. Während ihnen für das Festland das Konzept der durch eine feste Zahl von ‚Nischen' begrenzten Bevölkerung angemessen erschien, entwarfen sie für England ein sehr viel flexibleres Modell. Hier spielten nicht nur Wanderungsbewegungen und exogene Nachfrage eine dynamisierende Rolle, sondern insgesamt vermittelten sich ökonomische und demographische Variable mehr über die Marktmechanismen von Preisen und Löhnen als durch die Weitergabe von ‚Stellen' im Erbgang.¹¹ Dieser Unterschied hänge eng mit der spezifischen ökonomischen und sozialen Struktur Englands zusammen, die sich – im Gegensatz zu den bäuerlich-familistischen Gesellschaften des Kontinents – früh durch individualistische Werthaltungen, Mobilität und tiefgreifende Marktbeziehungen ausgezeichnet habe.¹² Zugleich habe sich das englische System der Rückkoppelung zwischen Bevölkerung und Ressourcen als so effizient er-

---

⁸ So die Formulierung von TILLY/TILLY 1971 S.189.

⁹ KRIEDTE/MEDICK/SCHLUMBOHM 1977 S.122 ff., 155 ff., zit. 161; vgl. schon MENDELS 1972. – Siehe dazu jetzt KRIEDTE/MEDICK/SCHLUMBOHM 1992 S.73–87.

¹⁰ Diese These noch bei FLINN 1981 S.30, obwohl gerade seine Arbeit das Verdienst hat, diese Vielfalt sichtbar zu machen.

¹¹ WRIGLEY/SCHOFIELD 1989 S.454 ff., vgl. XX ff.; WRIGLEY 1981 bes. S.182 ff.; SCHOFIELD 1989; vgl. schon SCHOFIELD 1976: ebd. S.151 f. wird explizit das Mackenroth-Modell diskutiert.

¹² Dazu vor allem SCHOFIELD 1989, der hier Argumente von MACFARLANE 1978 und MACFARLANE 1986 aufnimmt. Im Unterschied zu Macfarlane betont Schofield (S.284 f.), daß er die beiden Strukturen nicht dichotomisch, sondern als Idealtypen auffaßt, die die entgegengesetzten Enden eines Spektrums bezeichnen.

wiesen, daß es ein Gleichgewicht bei „niedrigem Druck", also bei relativ geringer Mortalität *und* Fertilität sowie bei relativ hohen Einkommen, herstellte; im Unterschied dazu habe auf dem Kontinent vielfach ein „Hochdruck-Gleichgewicht" geherrscht: Sterblichkeit *und* Fruchtbarkeit bewegten sich auf hohem Niveau, Mortalitätskrisen spielten eine nicht unbeträchtliche Rolle bei der Erhaltung des Äquilibriums.[13]

All diese Modelle zielen letztlich darauf, zur Erklärung der „Einmaligkeit" der (nordwest-)europäischen wirtschaftlichen und gesellschaftlichen Entwicklung beizutragen. Ein kapitalistisches Wirtschaftswachstum - so oder ähnlich lautet die Hypothese - konnte nur dadurch überhaupt in Gang kommen, daß das demo-ökonomische System das Bevölkerungswachstum mit Hilfe der in der Familienorganisation angelegten ‚preventive checks' im Zaum hielt.[14]

Bevor wir über solche weitreichenden Theorien urteilen, haben wir zunächst zu untersuchen, wieweit sich die Befunde zu den demographischen Verhaltensweisen in unserem nordwestdeutschen Kirchspiel in die so abgesteckte Karte des europäischen demographischen Systems und seiner Varianten einfügen. Im weiteren wird zu prüfen sein, ob die Haushaltsformen und Lebenslaufmuster, wie sie die Mikro-Analyse freilegt, zu den Eckpfeilern der demo-ökonomischen Theorien stimmen.

## 3.2. Familiengründung:
### Heiratsalter - Sexualität vor der Ehe - Ehelosigkeit

Was das Zusammenspiel der demographischen Variablen angeht, so liegt die Pointe des Konzepts vom ‚europäischen Heiratsmuster' darin, daß das Alter bei der Eheschließung - und zwar insbesondere das der Frauen - das Tempo der demographischen Reproduktion in hohem Maße bestimmte, solange innereheliche Geburtenbeschränkung nicht verbreitet war: Je später eine Frau heiratete, desto weniger Kinder gebar sie bis zur Menopause. Wenn also in Europa normalerweise zwischen physischer Geschlechtsreife[15] und

---

[13] WRIGLEY/SCHOFIELD 1989 S. 450 ff., 458 ff., 478 f., vgl. XXIV f. - Kritische Einschätzung zur Bedeutung begrenzter Nahrungsressourcen für die Mortalität im vorindustriellen Europa: LIVI-BACCI 1991.

[14] HAJNAL 1965 S. 132 ff.; SCHOFIELD 1989 bes. S. 283 f.; vgl. LASLETT 1976. - Vgl. jedoch die Gegenargumente von BOSERUP 1965; dazu die Beiträge in FAUVE-CHAMOUX (HG.) 1987.

[15] Dazu liegen nur wenige historische Untersuchungen vor: s. LASLETT 1977 c; SHORTER 1987 S. 34 ff.; STEPHAN 1990; WUNDER 1992 S. 43 f. Zum Vergleich mit der Gegenwart SCHUMACHER 1985.

Tabelle 3.01: Durchschnittliches Alter bei der Ersthehe[1], nach sozialer Schicht, 1651–1860

| Heiratsjahr | Durchschnittliches Heiratsalter in Jahren ||||||||
| --- | --- | --- | --- | --- | --- | --- | --- | --- |
| | Frauen |||| Männer ||||
| | alle[2] | Frauen von ||| alle[2] | | | |
| | | Großbauern | Kleinbauern | Heuerlingen/Landlosen | | Großbauern | Kleinbauern | Heuerlinge/Landlose |
| 1651–1680 | (26,7) | | | | (29,2) | | | |
| 1681–1690 | 26,3 | | | | 29,4 | | | |
| 1691–1700 | 28,4 | | | | 30,9 | | | |
| 1701–1710 | 27,5 | (26,1) | | | 30,9 | (33,0) | | |
| 1711–1720 | 27,7 | | | | 31,0 | (30,8) | | |
| 1721–1730 | 27,8 | (24,6) | | | 29,9 | (29,3) | | |
| 1731–1740 | 27,4 | (24,3) | | | 29,4 | (31,5) | | |
| 1741–1750 | 27,5 | (24,7) | (29,2) | (26,6) | 29,3 | (29,8) | (28,6) | (26,7) |
| 1751–1760 | 26,6 | (25,0) | | 26,2 | 28,5 | (29,5) | (30,4) | 26,8 |
| 1761–1770 | 26,6 | (24,8) | (25,7) | 27,3 | 29,6 | (28,0) | (28,2) | 30,3 |
| 1771–1780 | 28,1 | (26,0) | (27,6) | 29,0 | 29,5 | (31,2) | | 29,5 |
| 1781–1790 | 26,9 | (24,7) | (25,4) | 27,5 | 29,3 | (29,7) | (31,2) | 28,4 |
| 1791–1800 | 26,0 | (24,0) | (24,6) | 26,8 | 28,8 | (30,0) | (29,0) | 28,6 |
| 1801–1810 | 25,8 | (23,0) | | 26,4 | 28,3 | (29,0) | | 28,1 |
| 1811–1820 | 26,1 | (23,2) | (25,8) | 27,0 | 27,5 | (27,2) | (27,1) | 27,4 |
| 1821–1830 | 25,3 | (23,8) | (24,2) | 25,5 | 26,8 | (28,4) | (27,1) | 26,2 |
| 1831–1840 | 26,3 | (26,3) | (25,7) | 26,8 | 28,3 | (30,6) | (27,6) | 27,9 |
| 1841–1850 | 25,6 | (23,8) | | 26,4 | 27,5 | (28,3) | | 26,8 |
| 1851–1860 | 26,1 | (24,2) | (27,4) | 26,4 | 28,5 | (28,2) | (30,0) | 28,2 |
| 1651–1860 | 26,5 | 24,4 | 25,8 | 26,7 | 28,8 | 29,1 | 28,5 | 27,9 |
| 1741–1860 | | | | | | | | |

Eintritt in den Stand der Ehe, d. h. dem Beginn der legitimen Fortpflanzung, mehrere Jahre vergingen, so wurde im Vergleich zu anderen Gesellschaften ein beträchtlicher Teil des Fortpflanzungspotentials nicht genutzt.

Da im Kirchspiel Belm die Einwohnerzahl sich von der Mitte des 17. Jahrhunderts bis in die erste Hälfte des 19. annähernd verdreifachte (Tab. 2.01), wäre zu vermuten, daß hier in recht jungem Alter geheiratet wurde. Das Gegenteil ist der Fall: Mit 26,5 Jahren für die Frauen und 28,8 Jahren für die Männer (Tab. 3.01) stand das durchschnittliche Alter bei der Erstehe[16] während der beiden untersuchten Jahrhunderte sogar im Rahmen des ‚europäischen Heiratsmusters' eher auf der hohen als auf der niedrigen Seite.[17]

---

[16] Überall, wo nicht ausdrücklich von „beidseitigen Erstehen" die Rede ist, sind in dieser Arbeit mit „Erstehen" alle Erstehen des *betreffenden Teils* gemeint, unabhängig davon, ob der andere Teil ledig oder verwitwet war. Wie DUPÂQUIER 1981b S.179f. mit Recht kritisiert, herrscht in diesem Punkt in zahlreichen Monographien Unklarheit – trotz der sonst oft penibel ausgefeilten Techniken der historischen Demographie; sogar HENRY/BLUM 1988 S.113ff. übergehen diese Frage mit Stillschweigen. – Freilich lag das durchschnittliche Heiratsalter der Partner in *beidseitigen* Erstehen im Kirchspiel Belm nur etwa ein halbes Jahr niedriger als die oben genannten Werte: es belief sich bei den Frauen auf 26,0 Jahre, bei den Männern auf 28,4 (Tab. 3.06).

[17] Im Durchschnitt von 13 untersuchten englischen Orten lag sowohl das Heiratsalter der Frauen wie der Männer während des 17. und 18. Jahrhunderts niedriger: WRIGLEY/SCHOFIELD

---

*Erläuterungen und Anmerkungen zu Tabelle 3.01:*

¹ Erstehen des jeweiligen Teils, d.h. bei der Berechnung des durchschnittlichen Heiratsalters der Frauen wurden alle Ehen eingeschlossen, bei denen die Frau zum ersten Mal heiratete, auch wenn der Bräutigam Witwer war; entsprechend bei den Männern alle Erstehen des Mannes, auch wenn die Braut Witwe war.

² Einschließlich derer, bei denen die Schichtzugehörigkeit nicht ermittelt werden konnte.

Anmerkungen: Zahlen in Klammern beruhen auf 20–49 Fällen; weggelassen sind Ergebnisse, die auf weniger als 20 Fällen beruhen.
Eingeschlossen sind sowohl diejenigen Frauen und Männer, die im Kirchspiel Belm getauft wurden, zu denen also ein Taufeintrag gefunden wurde, als auch zugewanderte, bei denen also der Taufeintrag fehlt, jedoch im Heirats- oder Sterbeeintrag das Alter oder das Geburtsdatum angegeben ist. Ein Vergleich solcher Altersangaben mit dem aus dem Taufeintrag errechneten Alter für die Fälle, wo beides zur Verfügung steht, ergab, daß bei den Heiratsjahrgängen vor 1801 im Sterbeeintrag das Alter für die über 69jährigen im Schnitt um 2 Jahre überschätzt wurde, für die 60- bis 69jährigen Männer sowie die 50- bis 69jährigen Frauen um 0,5 Jahre; das gilt freilich nur, wenn das Alter lediglich in vollen Jahren angegeben wurde. Deshalb wurde die Altersangabe für die demographischen Auswertungen entsprechend korrigiert in den – wenig zahlreichen – Fällen, wo das Alter nur aus einem solchen Todeseintrag bekannt ist und die genannten Bedingungen zutreffen.
Für die Heiraten 1651–1680 wurden nur die Fälle einbezogen, bei denen eine Altersangabe im Trauungs- oder Sterbeeintrag stand. Da die Taufregister erst ab 1650 zur Verfügung stehen, wäre hier sonst ein Bias zugunsten der jung Heiratenden entstanden.

Grafik 3.01: Durchschnittliches Alter der Frauen bei der Erstehe, 1651–1860

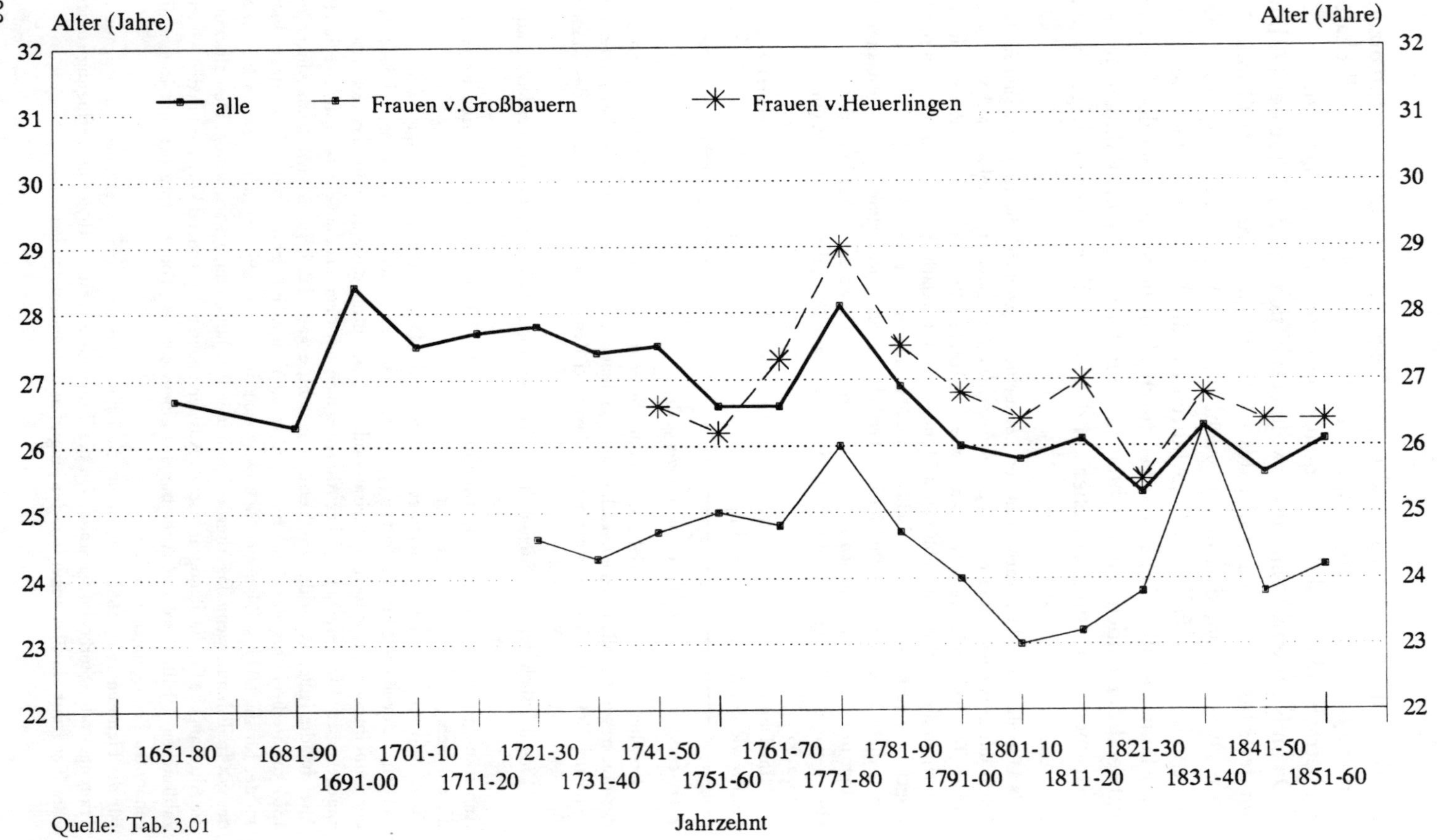

Quelle: Tab. 3.01

Grafik 3.02: Durchschnittliches Alter der Männer bei der Erstehe, 1651–1860

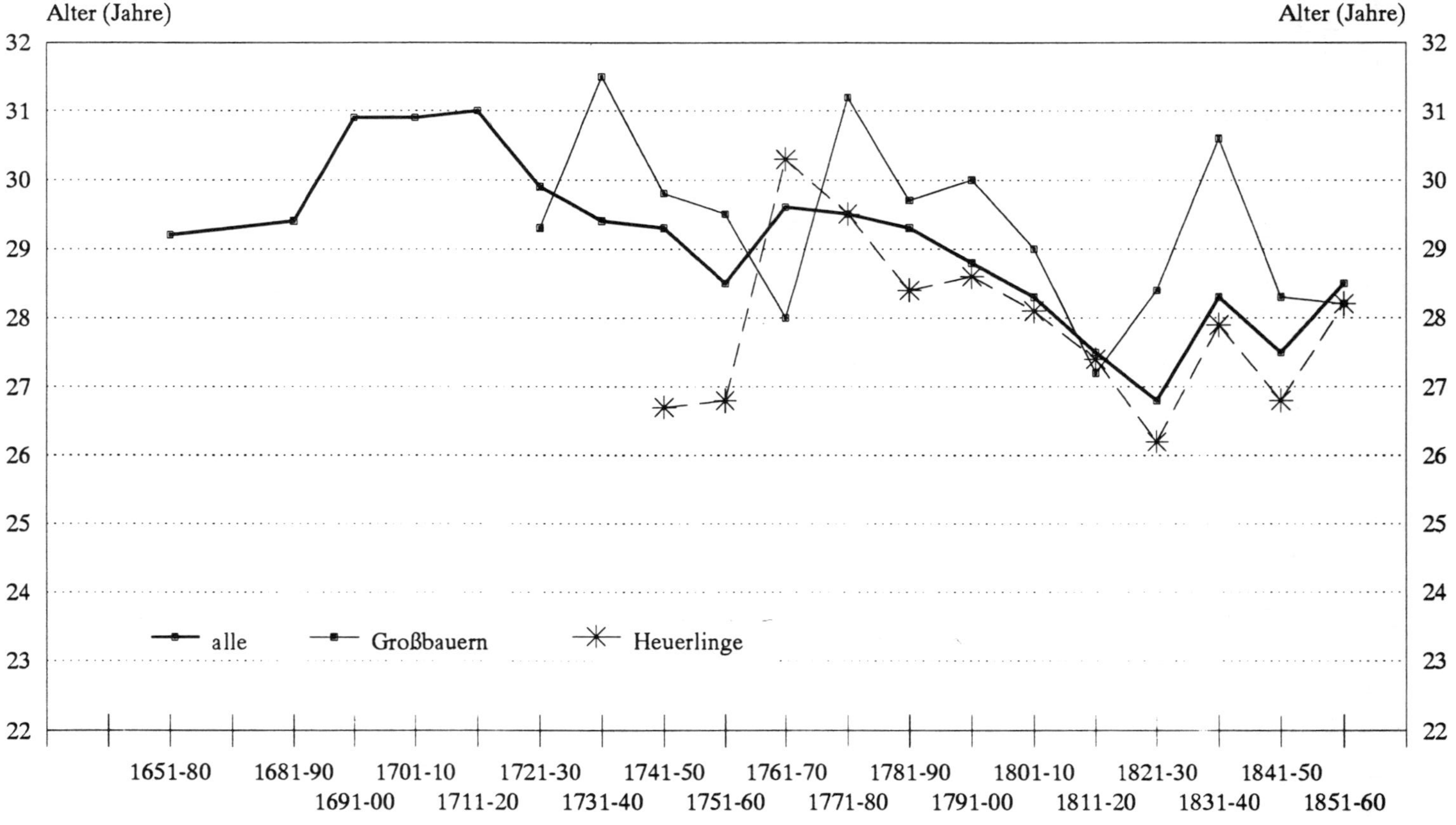

Quelle: Tab. 3.01

Im Zeitverlauf war das Heiratsalter bei den Frauen wie bei den Männern nicht unerheblichem Wandel unterworfen (Tab. 3.01 und Grafiken 3.01, 3.02). Dieser ging jedoch nicht kontinuierlich in eine Richtung, sondern war durch das Zusammenwirken von säkularen Trends und zyklischen Bewegungen geprägt. Bemerkenswert ist, daß die Veränderungen bei Bräutigamen und Bräuten in hohem Maße parallel verliefen. Dies gilt für die langfristigen Trends, häufig aber auch für die Schwankungen von Jahrzehnt zu Jahrzehnt. Während in den ersten Dekaden nach dem Dreißigjährigen Krieg Frauen und Männer offenbar relativ jung heirateten, stieg das Heiratsalter beider Geschlechter am Ende des 17. Jahrhunderts stark an und erreichte um 1700 den höchsten Stand der gesamten Untersuchungsperiode. Danach setzte ein säkularer Trend zu früherer Eheschließung ein.[18] Er begann bei den Frauen etwas eher, schritt dann freilich bei den Männern schneller voran. Unterbrochen wurde er durch einen Wiederanstieg des Heiratsalters bei den Männern in den 1760er, noch stärker bei den Frauen in den 1770er Jahren. Danach setzte sich die stufenweise Abwärtsbewegung fort, bis in den 1820er Jahren für Bräute und Bräutigame das jüngste Durchschnittsalter der Gesamtperiode verzeichnet wird. Bei den Frauen lag es mit 25,3 Jahren um 3,1 Jahre, bei den Männern mit 26,8 Jahren sogar um 4,2 Jahre unter dem Maximum. Schon in den 1830er Jahren stieg das mittlere Heiratsalter von Frauen und Männern wieder fühlbar an.

Bedenkt man, wie groß der Unterschied zwischen den Lebensgrundlagen eines großbäuerlichen, eines kleinbäuerlichen und eines landlosen Haushalts war, so ist zu fragen, ob sich hinter den Durchschnittswerten für alle Bräute bzw. alle Bräutigame nicht ganz gegensätzliche Verhaltensweisen verschiedener Schichten der ländlichen Bevölkerung verbergen.

In der Tat waren im Durchschnitt der Periode 1741 bis 1860 die angehenden Vollbauern bei ihrer ersten Eheschließung mit 29,1 Jahren um ein gutes Jahr älter als die angehenden Heuerlinge (27,9 Jahre); die Kleinbauern lagen mit 28,5 Jahren in der Mitte (Tab. 3.01). Die Männer ohne Eigentum an Haus und Land pflegten also früher zu heiraten als die Hoferben! Beim Alter der Bräute tritt der soziale Unterschied noch stärker hervor, jedoch verläuft er in die entgegengesetzte Richtung. Während die künftigen Voll-

---

1983 S. 162. – Von 14 deutschen Dörfern zeigt die Mehrzahl für Männer und Frauen im 18. und 19. Jahrhundert niedrigere Werte: KNODEL 1988 S. 122 f. – Das gilt auch für die Mehrheit der untersuchten Orte und Perioden in Frankreich vom 17. bis zur Mitte des 19. Jahrhunderts: HENRY/HOUDAILLE 1978–1979 Teil 2 S. 403 ff.; FLINN 1981 S. 125 f.

[18] Das gilt auch für den Durchschnitt der 13 englischen Orte im 18. Jahrhundert: WRIGLEY/SCHOFIELD 1983 S. 162. Hingegen zeigt der Durchschnitt von 14 Dörfern in der westlichen Hälfte Deutschlands vom frühen 18. bis zur Mitte des 19. Jahrhunderts einen Trend steigenden Heiratsalters bei Männern und Frauen: KNODEL 1988 S. 122 ff.

bauernfrauen im Alter von 24,4 Jahren heirateten, waren die Bräute der Kleinbauern mit 25,8 Jahren um eineinhalb, die angehenden Heuerlingsfrauen sogar um mehr als zwei Jahre älter (26,7 Jahre).

Im Vergleich der sozialen Schichten heirateten also die ältesten Männer die jüngsten Frauen und die jüngsten Männer die ältesten Frauen; d. h. der Altersabstand zwischen Mann und Frau war je nach sozialer Schicht sehr unterschiedlich ausgeprägt (Tab. 3.02b). In beidseitigen Erstehen von Heuerlingen war der Mann durchschnittlich um 1,6 Jahre älter als die Frau, bei Kleinbauern war der Unterschied doppelt (3,3 Jahre), bei Vollbauern dreimal so groß (4,7 Jahre). Dementsprechend war in jeder dritten beidseitigen Erstehe von Heuerlingen die Frau um mindestens ein Jahr älter als der Mann (33,3%), bei Vollbauern kam das nur halb so oft vor (17,1%). Bei diesen war vielmehr fast in der Hälfte der beidseitigen Erstehen der Mann um 5 oder mehr Jahre älter (48,3%), in einem weiteren Viertel der Fälle um ein bis vier Jahre (23,4%).[19]

Daß die jungen Männer, die einen Hof übernahmen, so spät heirateten, scheint bestens zu Mackenroths Modell zu passen: Da die Zahl der bäuerlichen Stellen im Kirchspiel Belm in der Tat nahezu konstant blieb (s. Kap. 2.1., Tab. 2.03, Grafik 2.03), wäre das hohe Alter bei der Eheschließung das Mittel, die Bevölkerungsvermehrung einzudämmen und an die begrenzten Ressourcen anzupassen. Doch für die Zahl der aus einer Ehe hervorgehenden Kinder ist das Heiratsalter der Frau weit wichtiger als das des Mannes[20], und gerade die Bauern freiten die jüngsten Bräute!

Daß die angehenden Heuermänner in jüngerem Alter eine Familie gründeten als diejenigen, die eine ‚Vollstelle' übernahmen, will erst recht nicht zu dem Theorem der ‚Bevölkerungsweise des vorindustriellen Europa' passen. Ist für unseren Fall also vielmehr das demo-ökonomische Modell der Proto-Industrialisierung angemessen? Wenn wir einem gut informierten Zeitgenossen wie Justus Möser glauben wollten, spräche alles dafür. Er meinte im Jahre 1767, „daß die Fortpflanzung des menschlichen Geschlechts unter den Heuerleuten um ein Drittel schneller gehe als unter den Landbe-

---

[19] Obwohl das Heiratsalter sowohl der Männer wie der Frauen im Zeitverlauf erheblichen Veränderungen unterlag, blieb das soziale Muster hinsichtlich des Altersabstands zwischen den Ehegatten von der Mitte des 18. bis zur Mitte des 19. Jahrhunderts (1741–1860) bemerkenswert konstant: In allen vier Generationen (zu je 30 Jahren) war er bei den Inhabern der großen Höfe weit stärker als bei den Heuerlingen, während die Kleinbauern stets eine mittlere Position einnahmen.

[20] Allerdings hat KNODEL 1988 S. 380 ff. nachgewiesen, daß daneben auch das Alter des Mannes einen gewissen Einfluß hat: Bei Frauen mit gleichem Heiratsalter hatten vor dem Einsetzen der Geburtenbeschränkung in der Regel diejenigen mit den ältesten Männern die niedrigste altersspezifische eheliche Fertilität.

Tabelle 3.02: Durchschnittlicher Altersabstand zwischen Bräutigam und Braut[1], nach ihrem vorherigen Familienstand sowie nach sozialer Schicht, 1651–1860

a) alle[2]

| Heiratsjahr | Vorheriger Familienstand | | | | alle |
|---|---|---|---|---|---|
| | beide ledig | Mann Witwer/ Frau ledig | Mann ledig/ Frau Witwe | beide verwitwet | |
| 1651–1680 | | | | | |
| 1681–1710 | 3,5 | | | | 3,5 |
| 1711–1740 | 2,2 | (12,4) | (−3,0) | | 3,2 |
| 1741–1770 | 2,6 | 11,3 | (−8,1) | | 2,8 |
| 1771–1800 | 2,5 | 11,6 | −6,3 | | 2,9 |
| 1801–1830 | 2,5 | 12,3 | −6,1 | | 3,5 |
| 1831–1860 | 2,5 | 9,8 | −4,4 | | 3,1 |
| 1651–1860 | 2,5 | 11,4 | −5,5 | 5,4 | 3,2 |

b) nach sozialer Schicht, 1741–1860

| Schicht des Ehemanns | Vorheriger Familienstand | | | | alle |
|---|---|---|---|---|---|
| | beide ledig | Mann Witwer/ Frau ledig | Mann ledig/ Frau Witwe | beide verwitwet | |
| Großbauern | 4,7 | 15,2 | −6,2 | | 4,4 |
| Kleinbauern | 3,3 | 12,6 | (−8,4) | | 3,8 |
| Heuerlinge/ Landlose | 1,6 | 9,8 | −5,4 | (3,3) | 2,5 |

[1] In Jahren. Positive Werte bedeuten, daß der Bräutigam, negative, daß die Braut älter war.
[2] Einschließlich derer, bei denen die Schichtzugehörigkeit nicht ermittelt werden konnte.

Anmerkungen: Siehe bei Tabelle 3.01!
Die Werte in dieser Tabelle entsprechen nicht genau der Differenz zwischen dem durchschnittlichen Heiratsalter der Männer und dem der Frauen lt. Tabellen 3.06 bzw. 3.07, weil hier in Tabelle 3.02 nur die Fälle berücksichtigt sind, wo das Alter von Mann *und* Frau bekannt ist.

sitzern", und führte zur Begründung an: „Hier muß insgemein der Anerbe warten, bis der Vater stirbt oder abzieht; ehe [!] ist vor eine junge Frau kein Platz im Hause offen. Die Mahljahre von Stiefeltern gehen insgemein so weit, bis der Anerbe sein dreißigstes Jahr erreicht.[21] Dreißig Jahre machen also das gewöhnlichste Alter aus, worin Landbesitzer heiraten.... . Die hiesigen Heuerleute heiraten mit zwanzig Jahren; und mithin zehn Jahr [!] früher als Anerben."[22] In Mösers Augen war in der ländlichen Gesellschaft seiner Region die eherne ‚Kette zwischen Fortpflanzung und Erbschaft' zerbrochen, und daher nahm eine nahezu ungehemmte Bevölkerungsvermehrung ihren Lauf. Doch bei näherer Betrachtung zeigt sich an seiner Bemerkung in geradezu exemplarischer Weise, wie die spezifische Sichtweise interessierter und gebildeter Zeitgenossen in einer Hinsicht wichtige Zusammenhänge schlaglichtartig erhellen und zugleich die tatsächlichen Verhaltensweisen der Landbewohner wesentlich verzerren kann.[23] So hat Möser die Größenordnung des Heiratsalters der Bauern recht gut getroffen und richtig gesehen, daß Heuermänner tendenziell früher heirateten; weiter zu verfolgen ist insbesondere sein Hinweis auf den Zusammenhang von Heirat und Besitzübergabe: Hier wird die Frage nach schichtspezifischen Voraussetzungen der Familiengründung aufgeworfen. Die Größe des sozialen Unterschieds im Heiratsalter der Männer freilich hat er maßlos überschätzt, und vor allem hat er völlig ignoriert, daß zur Fortpflanzung auch Frauen erforderlich sind und daß bei ihrem Heiratsalter das soziale Muster dem der Männer genau entgegengesetzt war.

Wenn demnach das demographische Modell der Proto-Industrialisierung auf unseren Fall nicht recht passen will, insbesondere wegen des im Vergleich zu den Bäuerinnen höheren Heiratsalters der Unterschichtfrauen, kann das kaum überraschen, sobald die spezifische soziale Struktur der Hausindustrie im Osnabrücker Land berücksichtigt wird. In gewisser Weise könnten unsere Daten sogar als Bestätigung des Modells gewertet werden. Denn im Unterschied zu vielen ‚klassischen' proto-industriellen Regionen wurde hier die gewerbliche Produktion für den Markt ja gerade nicht allein von der Unterschicht getragen, sondern alle Schichten nahmen daran teil,

---

[21] Zur Interimswirtschaft bei Wiederheiraten s. unten Kap. 6.4.5.
[22] Justus Möser, Die Frage: Ist es gut, daß die Untertanen jährlich nach Holland gehen? wird bejahet (1767), in: MÖSER 1944 ff. Bd. 4 S. 84–97, hier 86 f.
[23] Im Unterschied zu MOOSER 1984 S. 89 f., der in diesem Zusammenhang von einer „klassenspezifischen Mentalität der Ignoranz" spricht, verstehe ich also eine Äußerung wie die zitierte Mösers nicht als Ausdruck völliger ideologischer Verblendung, sondern als Produkt einer eigentümlichen Verbindung von partieller Hellsicht und partiell verzerrter Wahrnehmung. – Zur Verbindung von aufklärerischem und sozialkonservativem Denken bei Möser s. KNUDSEN 1986.

die großen Bauern sogar mit einem je Haushalt größeren Leinwandausstoß als die Landarmen und Landlosen.[24] Deshalb kann gar nicht erwartet werden, daß hier die Proto-Industrialisierung das Heiratsverhalten speziell der Eigentumslosen im Unterschied zu den Landbesitzern prägte. Da im vorliegenden Fall die gewerbliche Produktion eingebettet war in die agrarischen Rhythmen und Strukturen, scheint hier eher als das Modell der ‚klassischen' Proto-Industrialisierung die Hypothese des „cottager marital age pattern" von „proto-industriellen Teilbevölkerungen im agrarischen Milieu" angemessen. Als dessen Charakteristikum wurde ein relativ hohes Heiratsalter der landarmen bzw. landlosen Frauen hervorgehoben,[25] und eben das ergab unsere Untersuchung.

Betrachten wir das Heiratsalter sowohl der Frauen wie der Männer für die verschiedenen Schichten im Zeitverlauf (Tab. 3.01, Grafiken 3.01, 3.02), so erweist sich das soziale Muster bei den Frauen als stabil: Immer war das durchschnittliche Alter der Bräute von Heuerlingen höher als das der Bräute von Vollbauern, nur die Größe dieses Unterschieds schwankte. Bei den Männern hingegen gab es auch kurze Perioden, wo sich das vorherrschende soziale Muster umkehrte und die Erben der großen Höfe jünger heirateten als die Landlosen. Doch nicht nur bei den Männern, auch bei den Frauen kam es vor, daß sich das durchschnittliche Heiratsalter bei den Vollbauern von einem Jahrzehnt zum nächsten in die entgegengesetzte Richtung veränderte wie bei den Heuerlingen.

Das wirft die Frage auf, ob vielleicht auch in unserem Gebiet – ähnlich wie Wrigley und Schofield es für England wahrscheinlich gemacht haben[26] – ökonomische Schwankungen das Heiratsverhalten beeinflußten. Insbesondere Fluktuationen, die über den Markt vermittelt waren, könnten auf die einzelnen Schichten der ländlichen Gesellschaft je nach deren Erwerbsquellen unterschiedliche Wirkungen ausüben. Lassen sich in unserem Fall die mittelfristigen Schwankungen des durchschnittlichen Heiratsalters als Antwort auf ökonomische Krisen und Konjunkturen des agrarischen oder des proto-industriellen Sektors auffassen? Verschoben die jungen Leute in

---

[24] SCHLUMBOHM 1982 und oben Kap. 2.3.

[25] So KRIEDTE/MEDICK/SCHLUMBOHM 1977 S. 179 ff., Überlegungen von DRAKE 1969 S. 138 ff. aufgreifend. – Es ist gleichwohl einzuräumen, daß im Lichte des internationalen Forschungsstands vieles für Modifikationen an den ursprünglichen Hypothesen eines spezifischen „demo-ökonomischen System-Zusammenhangs" der Proto-Industrialisierung spricht; dazu KRIEDTE/MEDICK/SCHLUMBOHM 1992 S. 73–87.

[26] S. oben S. 98. – Diese Frage wurde auch mehrfach im Zusammenhang der Proto-Industrialisierung untersucht, freilich mit unterschiedlichen Ergebnissen; s. insbes. MENDELS 1972 S. 249 ff.; HOHORST 1977 S. 208 ff.; GUTMANN 1987; GUTMANN 1988 S. 142 ff.; PFISTER 1989; KRIEDTE 1991 S. 46 ff., 183 f.

schlechten Zeiten die Familiengründung und beschleunigten sie in guten? Stellen wir den jahrzehnteweisen Durchschnitten der Heiratsalter die entsprechenden Mittelwerte ökonomischer Reihen gegenüber, so haben wir eine zwar grobe, aber doch brauchbare Annäherung an mittelfristige Veränderungen der wirtschaftlichen Bedingungen einerseits, des Zeitpunkts der Eheschließung andererseits.

Roggen war in Norddeutschland die vorherrschende Ackerfrucht, und auf der Verbrauchsseite stellte er für die große Mehrheit der Bevölkerung den größten Einzelposten bei den Nahrungsmitteln dar[27]. Vom späten 17. Jahrhundert bis etwa in die Mitte des 18. zeigt sich, daß die mittelfristigen Veränderungen des Roggenpreises in der Regel in dieselbe Richtung liefen wie die des Heiratsalters der Belmer Männer und Frauen (Anhang Tab. 1 b; Tab. 3.01; Grafiken 2.08 c, 3.01, 3.02). Wenn es zutrifft, daß die Veränderungen des Osnabrücker Getreidepreises stark durch die Schwankungen der Ernteergebnisse *in dieser Region* mitbestimmt wurden und daß bei der Masse der ländlichen Bevölkerung der Roggenanbau mehr der Eigenversorgung als der Vermarktung diente, so ergibt sich ein plausibler Befund: in einer Zeit relativ guter Ernten warteten Frauen und Männer nicht so lange, bis sie eine eigene Familie gründeten wie in Zeiten, wo die Versorgung mit dem Grundnahrungsmittel weniger gesichert erschien. Seit dem späten 18. Jahrhundert jedoch zeichnet sich eine Auflockerung oder sogar Umkehrung der Beziehung zwischen mittelfristigen Veränderungen von Roggenpreis und Heiratsalter bei beiden Geschlechtern ab. Ist das Ausdruck einer zunehmenden Lösung dieser ländlichen Gesellschaft von der agrarischen Subsistenz und einer wachsenden Bedeutung der Einkommen aus der Proto-Industrialisierung? Vor einer solchen Schlußfolgerung gilt es, einen wichtigen sozialen Unterschied festzuhalten. Die Tendenz zu gegenläufigen Veränderungen von Roggenpreis und Heiratsalter trifft mehr bei Vollbauern als bei Landlosen zu. Das spricht dafür, daß für die Heuerlinge weiterhin eher niedrige Getreidepreise und gute Ernteerträge einen gesicherten Lebensunterhalt versprachen, während Vollbauern möglicherweise Nutzen aus Perioden hoher Agrarpreise ziehen konnten, weil sie Überschüsse auf dem Markt zu verkaufen hatten.[28]

Veränderungen der Einkommenschancen im proto-industriellen Sektor, der ja neben dem agrarischen diese ländliche Gesellschaft wesentlich mittrug, können am besten an den Mengen- und Preisreihen von der Osnabrücker Stadtlegge als dem für die Bewohner des Kirchspiels Belm bei weitem wichtigsten Leinenmarkt abgelesen werden (Anhang Tab. 2 b und Grafiken

---

[27] Vgl. oben S. 51.
[28] Klassisch dazu ABEL 1978 a S. 23 ff.

2.05 c–2.07 c). Der starke Anstieg der Leinenverkäufe von den 1770er zu den 1780er Jahren ging in der Tat einher mit einer Senkung des Heiratsalters bei Männern und Frauen. Demnach scheint dieser Expansionsschub der Proto-Industrie eine frühere Eheschließung ermöglicht zu haben. Vom Ende des 18. Jahrhunderts an aber stellt sich der Zusammenhang zwischen der mittelfristigen Entwicklung von verkaufter Leinenmenge bzw. deren Geldwert einerseits und Heiratsalter von Frauen und Männern andererseits irregulär dar. Auch auf Veränderungen des Leinenpreises antworteten die Belmer offenbar keineswegs in der Weise, die man erwarten könnte, daß nämlich steigende Preise zu früherer Eheschließung ermunterten. Nehmen wir hingegen den Quotienten Leinenpreis : Roggenpreis, der als ‚Realpreis' ausdrücken mag, wieviel Nahrungsmittel man jeweils für den Erlös von einem Stück Leinen kaufen konnte, so zeigen sich stärkere Ansätze einer im Vergleich zum Heiratsalter gegenläufigen Bewegung: Das durchschnittliche Heiratsalter der Männer und der Frauen sank, wenn der ‚Realpreis' des Leinens stieg, und umgekehrt; das gilt mehr für die Heuerlinge als für Vollbauern. Ein solcher Befund – der freilich nicht durchgängig gilt – läßt sich plausibel interpretieren: Ein Haushalt ohne eigenes Land hatte die besten Aussichten, wenn der Leinenpreis im Verhältnis zum Roggenpreis hoch stand, also wenn eine relativ gute proto-industrielle Konjunktur mit reichlicher Nahrungsmittelversorgung zusammentraf. Für Vollbauern, die die Chance hatten, in Jahren hoher Getreidepreise zu profitieren, war die Situation anders.

Es gibt also in Belm durchaus Anhaltspunkte dafür, daß die Menschen mit ihrem Heiratsverhalten auf mittelfristige Veränderungen der ökonomischen Bedingungen reagierten; das scheint sowohl für die regionalen Ernteergebnisse als für die Fluktuationen auf den stark international geprägten Leinenmärkten zuzutreffen. Eine durchgängige Determination der Nuptialität durch ökonomische Faktoren läßt sich freilich nicht feststellen.

Die Variabilität des Heiratsalters, gemessen als Durchschnitt der prozentualen Abweichungen jeweils gegenüber dem vorhergehenden Jahrzehnt, war bei den Bräuten und Bräutigamen der großbäuerlichen Schicht eher größer als bei den Landlosen.[29] Dieser Befund widerspricht der These, daß allein

---

[29] Der Durchschnitt der prozentualen Abweichungen jeweils gegenüber dem vorhergehenden Jahrzehnt betrug 1741–1860 bei den Bräuten von Vollbauern 4,0%, bei den Bräuten von Heuerlingen/Landlosen 3,2%; bei den Großbauern 4,8%, bei den Heuerlingen/Landlosen 4,1%. Freilich mögen bei den Großbauern und ihren Bräuten wegen der geringeren Fallzahlen die Zufallsschwankungen größer sein. Beim Alter *aller* Bräute beträgt der entsprechende Wert für 1681–1860 2,6%, beim Alter aller Bräutigame 2,3%. All diese Berechnungen erfolgten aufgrund Tab. 3.01.

die Ärmeren die Bürde trugen, durch expansives oder aber kontraktives demographisches Verhalten die Bevölkerungsbewegung an die ökonomischen Ressourcen anzupassen.[30] Hier waren offenbar die Erben großer Höfe nicht weniger als die Landlosen bereit, den Zeitpunkt der Eheschließung veränderten Zeitumständen anzupassen. Freilich waren die Lebensbedingungen der Menschen der Oberschicht so verschieden von denen der Unterschicht, daß eine Konstellation, welche die einen zu früherer Heirat veranlaßte, bei den anderen die entgegengesetzte Wirkung hervorrufen konnte.

Als eine mögliche Ursache von Veränderungen und sozialen Unterschieden im Heiratsalter verdienen die rechtlichen Ehebeschränkungen betrachtet zu werden, die im Königreich Hannover wie in vielen anderen deutschen Staaten in der ersten Hälfte des 19. Jahrhunderts unter dem Eindruck der Gefahren des ‚Pauperismus' teils neu eingeführt, teils wieder verschärft wurden.[31] Im Jahre 1827 wurde in Hannover ein restriktiver Verbund von „Domizilordnung" und „Trauscheinwesen" eingerichtet. Kein Pfarrer durfte seitdem eine Trauung vornehmen, ohne daß die Beteiligten ihm einen „Trauschein" des zuständigen Amtes vorlegten. Dieser wurde nur ausgestellt, wenn feststand, daß eine bestimmte Gemeinde das Paar aufnehmen würde; Voraussetzung dafür war der Nachweis ausreichenden Besitzes oder aber gesicherter Arbeit und Wohnung.[32] Diese Regelung galt im wesentlichen, bis sie 1868 durch den Norddeutschen Bund aufgehoben wurde.[33]

Im Kirchspiel Belm stieg in der Tat das durchschnittliche Heiratsalter von Männern und Frauen in den 1830er Jahren gegenüber den 1820ern merklich an (Tab. 3.01, Grafiken 3.01, 3.02). Bei den Bräutigamen der Heuerlingsschicht war der Anstieg freilich nicht stärker als bei den Erben der großen Höfe, und bei den Bräuten der Landlosen war er sogar deutlich geringer als bei denen der Vollbauern. Wenn die Ehebeschränkungen darauf zielten, das

---

[30] Diese These stellte DEROUET 1980 aufgrund eines französischen Beispiels auf.

[31] Zu den Ehebeschränkungen in anderen deutschen Staaten und ihren Auswirkungen s. MATZ 1980; A. Kraus, in: KÖLLMANN 1974 S. 96 ff.; KNODEL 1988 S. 124 ff., 195 ff., 361. KNODEL 1967. Als Fallstudie aus dem besonders restriktiven Württemberg LIPP 1982 S. 298 ff., 312 ff., 328 ff.

[32] Verordnung über die Bestimmung des Wohnorts der Untertanen in polizeilicher Hinsicht vom 6.7.1827, abgedr. in: EBHARDT 1839–1840 Bd. 7 S. 58–66; Ausschreiben des Kgl. Konsistorii zu Hannover [...], die Erteilung von Trauscheinen betr. vom 13.8.1827 (inhaltsgleich mit dem Ausschreiben der Landdrostei Osnabrück vom 10.8.1827 und des Evang. Konsistorium Osnabrück vom 1.8.1827), in: ebd. S. 1263 f.; ebd. S. 1264 ff. sind weitere einschlägige Detail-Vorschriften abgedruckt; s. auch die Zusammenstellungen STRANDES 1863; NIEMEYER/STRANDES 1863. – Vgl. dazu LINDE 1951 S. 434 f. und insbes. WRASMANN 1919–1921 Teil 2 S. 66 ff.

[33] Gesetz über die Aufhebung der polizeilichen Beschränkungen der Eheschließung vom 4.5.1868, abgedr. in: EBERT 1873 S. 38–41; dazu MATZ 1980 S. 179 ff.

demographische Wachstum speziell der Eigentumslosen einzudämmen, so deuten die Befunde der sozial differenzierten Entwicklung des Heiratsalters in unserem Untersuchungsgebiet darauf hin, daß die Wirkung nur sehr bedingt dieser Absicht entsprach. Dafür spricht auch die Tatsache, daß in den 1840er Jahren das Heiratsalter beider Geschlechter schon wieder sank, diesmal freilich bei den Vollbauern und ihren Bräuten mehr als in der Heuerlingsschicht. Erst in den 1850er Jahren erreichte das durchschnittliche Heiratsalter der Heuermänner dieselbe Höhe wie das der großbäuerlichen Bräutigame.

Trotz der rechtlichen Ehebeschränkungen und trotz der krisenhaften Entwicklung im agrarischen wie im proto-industriellen Bereich kehrten weder Männer noch Frauen der landlosen Schicht zu einem so hohen Heiratsalter zurück, wie es noch für große Teile des 18. Jahrhunderts kennzeichnend gewesen war. Offenbar gab es für sie eine Grenze, über die hinaus sie nicht bereit waren, sich obrigkeitlichen Einschränkungen oder aber den Pressionen des Marktes zu beugen. Diese Grenze entsprach keineswegs Werten, wie sie seit unvordenklichen Zeiten das Verhalten geprägt hätten, sondern vielmehr einem Standard, der sich erst im Zuge der Abwärtsbewegung des Heiratsalters in den fünfzig Jahren zuvor gebildet hatte. In der sich zuspitzenden Situation faßten gerade die Eigentumslosen seit den 1830er Jahren eher den weiten und in seinen Risiken schwer übersehbaren Weg der Auswanderung in die Neue Welt[34] ins Auge, als daß sie mit der Eheschließung über ein ihnen angemessen erscheinendes Alter hinaus warteten. Wie diejenigen, die im Lande blieben, es fertig brachten, sich die Möglichkeit zur Heirat in nicht zu späten Jahren offenzuhalten[35], wird bei der Untersuchung der Lebenslaufmuster und der Formen des Zusammenlebens zu fragen sein.[36]

Wenn die Fluktuationen des Heiratsalters zum Teil als Antwort auf ökonomische Veränderungen und politisch-institutionelle Einschränkungen verstanden werden können, so müssen die sozialen Muster von längerer Dauer eher aus den grundsätzlichen Bedingungen erklärt werden, die den Lebenslauf der jungen Frauen und Männer vor und nach der Eheschließung bestimmten. Dabei bedarf vieles von dem, was die Modelle des demographischen Systems im vorindustriellen Europa annehmen, noch der empirischen Prüfung: War die Heirat in unserer ländlichen Gesellschaft regelmäßig mit

---

[34] Dazu oben Kap. 2.4. und unten Kap. 5.4., 6.4.–6.6., 7.6.
[35] Siehe unten S. 138f. zu dem nur mäßigen Steigen der Zahl derer, die gar nicht zur Ehe kamen.
[36] Siehe unten Kap. 4.5, 6.6., 7.4., 7.5.

der Gründung eines neuen Haushalts verbunden? Wie fanden die Angehörigen der verschiedenen Schichten die soziale Position, die ihnen die Eheschließung gestattete? Wieweit war dazu Besitz erforderlich? Welche Rolle spielte bei dessen Erwerb Erbschaft einerseits, eigene Arbeit andererseits? Welche Etappen prägten das Leben der jungen Leute aus den verschiedenen Schichten vor der Eheschließung?

Bevor die folgenden Kapitel solchen Fragen im einzelnen nachgehen, lassen sich lediglich plausible Hypothesen zur Erklärung unserer Befunde aufstellen.[37] Was das späte Heiraten der Männer in der bäuerlichen Schicht angeht, so liegt es nahe, einen Zusammenhang mit dem Erbgang herzustellen, wie es schon Justus Möser[38] tat: Wenn in einer ländlichen Gesellschaft die Höfe ungeteilt weitergegeben wurden und der Erbe üblicherweise bei der Eheschließung zugleich die Leitung des Anwesens antrat, während die ältere Generation sich auf ein Altenteil zurückzog[39], werden die Eltern eher darauf hingewirkt haben, den Zeitpunkt der Übergabe und mithin der Heirat des Erben hinauszuschieben als ihn zu beschleunigen. Die Grundherren, interessiert an der Leistungsfähigkeit der Höfe insbesondere mit Blick auf die Feudalabgaben, dürften, soweit ihr Einfluß reichte, darauf gesehen haben, daß ein Wechsel erfolgte, ehe Bauer und Bäuerin durch Alter und Gebrechlichkeit massiv in ihrer Arbeitskraft beeinträchtigt waren; nicht minder wichtig war jedoch, die Perioden, während derer der Hof mit einem Altenteil belastet war, möglichst kurz zu halten. All dies kann die Anerben gehindert haben, jung zu heiraten, also in der bäuerlichen Schicht das Heiratsalter der Männer in die Höhe getrieben haben, sofern Söhne als Erben gegenüber Töchtern bevorzugt wurden. – Wurde hingegen der Landbesitz unter die Kinder geteilt, begann die Übergabe des Vermögens oft mit der Heirat des ersten Kindes und endete erst mit dem Tod des überlebenden Elternteils. Unter solchen Bedingungen konnten begüterte Eltern diesen Prozeß möglicherweise besser steuern, wenn ihre Kinder nicht zu spät heirate-

---

[37] Solche Überlegungen auch bei DRAKE 1969 S.133ff.; MOOSER 1980 S.202ff.; MOOSER 1984 S.89f.; s. jetzt insbes. EHMER 1991.
[38] Siehe oben S.105ff.
[39] Als Kontrast bieten sich bäuerliche Gesellschaften im Süden Frankreichs an, in denen zwar auch Haus und Landbesitz ungeteilt vererbt wurden, typischerweise jedoch der Vater dem Haus bis zu seinem Tode vorstand und der Erbe samt Frau und Kindern ihm unterstellt blieb; als Beispiel s. COLLOMP 1983; COLLOMP 1988 S.79 betont das niedrige Heiratsalter, das hier herrschte, bevor im 19. Jahrhundert das Erb- und Haushaltssystem grundlegend umgestaltet wurde. Zu einer ähnlichen Erbpraxis und Haushaltsstruktur in den Pyrenäen, mit sehr niedrigem Heiratsalter im 17. Jahrhundert FAUVE-CHAMOUX 1987 S.249ff.; in späteren Perioden freilich lag das Heiratsalter höher: FAUVE-CHAMOUX 1981 S.58.

ten; denn so hatten sie die Ausssicht, die junge Familie an sich zu binden und über einen längeren Zeitraum hin zu kontrollieren.[40]

Für einen angehenden Heuerling sah die Situation wesentlich anders aus als für einen Anerben. Sowie er bei einem Bauern eine Heuerlingsstelle gefunden hatte – also ein paar Morgen Pachtland und einen Kotten, vielleicht auch nur einen halben, der mit einer anderen Familie zu teilen war –, konnte er seine Heiratspläne verwirklichen. Den Teil des Lebensunterhalts, den die Heuerlingspacht nicht deckte, lieferte das Leinengewerbe. Auf eine nennenswerte Erbschaft konnten die Kinder der Landlosen kaum rechnen; soweit der Heuermann ein bescheidenes Startkapital brauchte, mag er es im Gesindedienst erworben haben; wichtiger war für ihn allemal die Arbeitskraft. Zumindest solange die ökonomische Konstellation günstig war, hinderte nichts den jungen Mann, in recht jungem Alter einen Heuerlingshaushalt zu gründen.[41]

---

[40] SABEAN 1990 S. 16, 189 ff., 247 ff., 259 ff., 300 ff.; LIPP 1982 S. 344 ff. Dazu paßt, daß für badische und württembergische Realteilungs-Orte belegt ist, daß die Bauern im Durchschnitt jünger heirateten als die Männer der Unterschicht: KNODEL 1988 S. 132 f., vgl. 24 f.; LIPP 1982 S. 529. – Insgesamt vgl. SCHLUMBOHM 1991, auch zum Folgenden.

[41] Diese Überlegungen werden bestätigt durch Studien, die in zwei Kirchspielen des benachbarten Minden-Ravensberg sowie einer Oldenburger Gemeinde ähnliche soziale Muster des Heiratsalters wie in Belm fanden; dabei scheinen auch wesentliche Züge der gesellschaftlichen und wirtschaftlichen Struktur vergleichbar zu sein. Im Kirchspiel Quernheim (Fürstentum Minden, etwa 30 km westlich von Belm) heirateten die landbesitzenden Bauern zwischen 1801 und 1870 regelmäßig Frauen, die im Durchschnitt mehrere Jahre jünger waren als die der Heuerlinge; sie selbst aber waren in den meisten Perioden etwas älter als die Bräutigame der Heuerlingsschicht: MOOSER 1980 bes. S. 192. Im Kirchspiel Spenge (Grafschaft Ravensberg, etwa 30 km südwestlich von Belm) waren zwischen 1814 und 1868 die Bräute um so jünger, je größer der Hof, auf den sie heirateten, und die Frauen der Heuerlinge hatten das höchste Durchschnittsalter. Auch hier schritten die Heuermänner etwas jünger zum Traualtar als die Bauern; innerhalb der Gruppe der landbesitzenden Bauern freilich waren die Inhaber mittlerer Höfe noch älter als Klein- und Großbauern: EBELING/KLEIN 1988 bes. S. 36. – Auch in Altenesch (Oldenburger Wesermarsch), wo offenbar die Schiffahrt in ähnlicher Weise den agrarischen Lebensunterhalt ergänzte wie im Osnabrücker und ostwestfälischen Raum das Leinengewerbe, zeigte die Schicht der Vollbauern im Vergleich zu den Unterschichten bei den Männern ein höheres, bei den Frauen ein niedrigeres Heiratsalter: HINRICHS/LIFFERS/ZIEGLER 1981 bes. S. 53.

Auch in drei bayerischen Dörfern mit Anerbenrecht waren Bräutigame der bäuerlichen Schicht im Durchschnitt älter als Landlose; umgekehrt verhielt es sich in vier Waldecker Orten (19. Jh.) und im ostfriesischen Middels, wo die Praxis der Vererbung als gemischt, jedoch zur Unteilbarkeit tendierend beschrieben wird: KNODEL 1988 S. 132 f., vgl. 24 f.

Zu betonen ist, daß es nicht auf das bloße Erb*recht* ankommt, sondern auf die Praxis, und die muß im Zusammenhang der spezifischen sozialen und ökonomischen Konstellation in der betreffenden Region, an dem betreffenden Ort gesehen werden.

Für die jungen Frauen galten hier andere Bedingungen als für die Männer.[42] Wenn männliche Hoferben in der Regel Bräute aus ihrer eigenen Schicht heirateten, so werden diese aus dem Hof ihrer Eltern eine Mitgift erhalten haben, deren Höhe kaum von ihrem Alter abhing. Ganz anders bei den Heuerlingstöchtern: ihnen konnten die Eltern keinen Besitz mitgeben, also hatten sie als Mägde ihren Heiratsfond wohl selber anzusammeln, sei es durch den bescheidenen Lohn, sei es durch Spinnen und Weben über das vom Dienstherrn gesetzte Pensum hinaus. Eine solche selbst erworbene ‚Mitgift' aber wuchs mit der Zahl der Dienstjahre. Zusätzlich wird für den Start eines Haushalts mit wenig Besitz die längere Arbeitserfahrung der Frau besonders wichtig gewesen sein. Dem besitzenden Bauern hingegen mag die junge Frau besondere Befriedigung und Bewunderung eingebracht haben; auch wurde seine Autorität ihr gegenüber durch einen beträchtlichen Altersabstand unterstrichen und befestigt.[43] Zu klären bleibt, wie eine solche junge Frau dem komplexen Hauswesen eines großen Hofes vorstehen konnte.[44]

Die Bedeutung, welche den Erwartungen hinsichtlich der Übernahme von Landbesitz für das Heiratsalter zukam, wird noch klarer, wenn wir den Aspekt der intergenerationellen sozialen Mobilität berücksichtigen. Fragen wir, wieweit der Zeitpunkt der Eheschließung nicht allein vom Stand des Bräutigams, sondern auch von dem des Vaters abhing, so zeigen sich in Belm interessante Differenzierungen (Tab. 3.03). Diejenigen Töchter von Großbauern, die in die landlose Schicht abstiegen, waren im Schnitt gut drei Jahre älter als die, die Großbauern ehelichten. Mithin zählten sie sogar eineinhalb Jahre mehr als diejenigen Heuerlingsbräute, die bereits in landlosen Familien geboren waren. – Bei den Männern ergibt sich ein entsprechender Befund. Söhne aus großbäuerlichen Familien, die Heuerlinge wurden, heirateten deutlich später als die Erben großer Höfe. Angesichts des relativ niedrigen durchschnittlichen Heiratsalters der Heuerlinge lag damit das Alter dieser absteigenden Bräutigame um fast fünf Jahre über dem ‚geborener' Heuerlinge. Diese Daten legen die Interpretation nahe, daß die Kinder großer Bauern erst warteten, ob sich nicht eine Gelegenheit zur

---

[42] Beim Heiratsalter der Frauen zeichnet sich als vorwiegendes soziales Muster ab, daß die besitzenden Bauern jüngere Bräute nahmen als die Männer der ländlichen Unterschichten, s. die Nachweise bei SCHLUMBOHM 1991; SCHLUMBOHM 1992 S. 323 ff.. Ausnahmen finden sich in einigen – freilich längst nicht allen – von der Proto-Industrialisierung erfaßten Regionen, s. KRIEDTE/MEDICK/SCHLUMBOHM 1992 S. 78 f.

[43] So zumindest eine bei Sozialhistorikern verbreitete Vorstellung: MOOSER 1980; vgl. SHORTER 1977 S. 72 ff., 181 ff.; BARDET 1983 Teil 1 S. 255 ff., bes. 259. Zu bedenken ist demgegenüber, daß sich das Verhältnis bei längerer Dauer der Ehe umkehren und der jüngere Partner die Oberhand gewinnen könnte.

[44] Siehe unten Kap. 4.5.

Tabelle 3.03: Durchschnittliches Alter bei der Erstehe[1], nach sozialer Schicht des Bräutigams und des Vaters, 1741–1860

a) Heiratsalter der Frauen in Jahren

| Schicht des Ehemanns | Schicht des Vaters der Frau | | |
|---|---|---|---|
| | Großbauern | Kleinbauern | Heuerlinge/Landlose |
| Großbauern | 24,3 | | |
| Kleinbauern | (24,6) | 24,7 | (23,8) |
| Heuerlinge/Landlose | 27,5 | 26,7 | 26,0 |

b) Heiratsalter der Männer in Jahren

| Schicht des Ehemanns | Schicht des Vaters des Ehemanns | | |
|---|---|---|---|
| | Großbauern | Kleinbauern | Heuerlinge/Landlose |
| Großbauern | 28,5 | | |
| Kleinbauern | (30,2) | 28,0 | (27,2) |
| Heuerlinge/Landlose | 31,0 | (27,9) | 26,3 |

[1] Erstehen des jeweiligen Teils, d.h. bei der Berechnung des durchschnittlichen Heiratsalters der Frauen wurden alle Ehen eingeschlossen, bei denen die Frau zum ersten Mal heiratete, auch wenn der Bräutigam Witwer war; entsprechend bei den Männern alle Erstehen des Mannes, auch wenn die Braut Witwe war.

Anmerkungen: Siehe bei Tabelle 3.01!

Einheirat auf einen Hof bot – vielleicht bei einem Witwer oder einer Witwe[45] –, bevor sie sich zu einer Heirat ohne Landbesitz entschlossen.[46]

Wenn unsere demographischen Befunde auch in mehrererlei Hinsicht auf den Zusammenhang zwischen Erbgang und Heiratsalter verweisen, sollte

[45] Vgl. unten S.118 ff. und Tab.3.07 zum Alter der Bräute von Witwern und der Bräutigame von Witwen.
[46] Ähnlich der Befund im Mindenschen Kirchspiel Quernheim: MOOSER 1980 S.198. – Diese Interpretation setzt freilich voraus, daß sich erst im heiratsfähigen Alter entschied, welche von den Bauernkindern abzusteigen hatten und welche auf einen Hof heiraten konnten. Wären solche Weichenstellungen schon viel früher vorgenommen worden, etwa infolge langfristiger Planung der Eltern mit der Entscheidung über das Verbleiben im elterlichen Haus oder Dienstantritt, hätte es keinen Grund zu warten gegeben. Die Analyse der Lebenslaufmuster wird ergeben, wieweit diese Annahme begründet ist. Überhaupt ist dort zu fragen, in welchem Maße die Heirat der Zeitpunkt war, an dem sich der soziale Status für das weitere Leben entschied. Siehe unten Kap.5.4. und 6.

Tabelle 3.04: Durchschnittliches Alter von Groß- und Kleinbauern sowie deren Frauen in beidseitigen Erstehen, je nachdem, ob der Mann Anerbe oder die Frau Anerbin des Hofes war, 1741-1860

a) Heiratsalter der Frauen in Jahren

|  | Großbauern | Kleinbauern |
|---|---|---|
| Mann ist Anerbe | 23,2 | 24,7 |
| Frau ist Anerbin | 24,0 | (24,3) |

b) Heiratsalter der Männer in Jahren

|  | Großbauern | Kleinbauern |
|---|---|---|
| Mann ist Anerbe | 28,6 | 27,8 |
| Frau ist Anerbin | (28,3) | (28,7) |

c) Durchschnittlicher Altersabstand zwischen Bräutigam und Braut in Jahren[1]

|  | Großbauern | Kleinbauern |
|---|---|---|
| Mann ist Anerbe | 5,3 | 3,5 |
| Frau ist Anerbin | (4,2) | (4,3) |

[1] Positive Werte bedeuten, daß der Bräutigam älter war.
Anmerkungen: Siehe bei Tabelle 3.01!

diese Verbindung doch nicht als ein rigider Mechanismus mißverstanden werden. In Fällen nämlich, wo eine Tochter den Hof erbte, heiratete sie keineswegs in so vorgerücktem Alter wie es männliche Anerben zu tun pflegten; vielmehr traten Anerbinnen kaum später in den Stand der Ehe als die von Anerben Erwählten. Auch waren die Bräutigame dieser Erbtöchter im Schnitt nicht jünger als männliche Hoferben bei ihrer Hochzeit (Tab. 3.04). Offenbar setzten sich Vorstellungen von einem angemessenen Heiratsalter künftiger Bäuerinnen und Bauern sowie von einem passenden Altersverhältnis zwischen beiden auch dann durch, wenn der Besitz in weiblicher Linie weitergegeben wurde. Das spricht gegen die Annahme, daß allein die Bedingungen des Erbgangs der determinierende Faktor waren, und es erhebt sich die Frage, welches Ausmaß an Flexibilität die Praxis der Vererbung aufwies.

Die Mehrzahl der Heiraten wurde zwischen zwei ledigen Partnern geschlossen. Doch mit 29% war die Minderheit beträchtlich, bei der zumindest ein Partner schon eine Ehe hinter sich hatte, der andere also in einer vorhandenen Familie einen durch Tod leer gewordenen Platz einnahm (Tab. 3.05 a). Nur bei jeder 13. Wiederheirat waren *beide* Teile verwitwet[47]; verwitwete Personen bevorzugten entschieden ledige Partner.[48] Das galt grundsätzlich für beide Geschlechter und alle sozialen Schichten; bei den kleinbäuerlichen und landlosen Witwen kam es freilich im 19. Jahrhundert etwas häufiger vor, daß sie einen Witwer wählten (Tab. 3.05 b). Wenn sich zwei Verwitwete zusammenfanden, waren beide in der Regel älter als andere Wiederheiratende (Tab. 3.06).

Welches Alter hatten nun die ledigen Partner verwitweter Personen im Vergleich zu Bräuten und Bräutigamen in beidseitigen Erstehen? Es fällt auf, daß sowohl Witwer als Witwen sich ihre Partner in ungefähr derselben Altersgruppe suchten wie diejenigen Heiratslustigen, die zu ihrer ersten Ehe schritten. Die ledigen Männer, die eine Witwe heirateten, waren im Schnitt nur etwa zwei Jahre älter als diejenigen, die eine ledige Braut heimführten. Die ledigen Frauen, die einen Witwer nahmen, waren im Mittel drei Jahre älter als die, die einen ledigen Bräutigam hatten (Tab. 3.06).[49] Dies traf mit geringen Unterschieden für alle sozialen Schichten zu (Tab. 3.07).

Daher sah das Altersverhältnis zwischen den Gatten ganz anders aus, wenn ein Teil verwitwet war, als wenn es sich für beide um die erste Ehe handelte (Tab. 3.02).[50] War der Mann in beidseitigen Erstehen im Schnitt

---

[47] Das ist die Relation der Ehen zwischen zwei verwitweten Personen (1711–1860: 2,3%, s. Tab. 3.05 a) zu den Ehen, an denen mindestens eine verwitwete Person beteiligt war (29,5%). Betrachtet man hingegen die Wiederheiraten von Frauen und Männern jeweils gesondert (s. Tab. 3.05 b), so liegt der Anteil der Ehen mit einem verwitweten Partner natürlich höher, da hier die Ehen zwischen zwei verwitweten Partnern sowohl bei den Wiederheiraten der Männer als auch bei denen der Frauen gezählt werden.

[48] Im Durchschnitt der vierzehn von Knodel untersuchten Orte lag der Anteil der Wiederheiraten etwas niedriger (im Gesamtdurchschnitt des 18. und 19. Jahrhunderts war an 25% aller Ehen mindestens ein verwitweter Partner beteiligt), doch kam es etwas häufiger vor, daß sich ein Witwer und eine Witwe zusammenfanden (nämlich bei jeder 9. Wiederheirat). Dabei sank im Zeitverlauf der Anteil der Wiederheiraten an der Gesamtheit der Trauungen, während unter den Wiederheiraten der Anteil der Fälle zunahm, in denen *beide* Teile verwitwet waren: KNODEL 1988 S. 161 f.

[49] In den vierzehn von Knodel untersuchten Orten verhielt es sich beim Heiratsalter der Männer ähnlich, hingegen waren ledige Bräute von Witwern im Mittel um fast fünf Jahre älter als die Bräute in beidseitigen Erstehen (jeweils Gesamtdurchschnitte für das 18. und 19. Jahrhundert für alle Orte): KNODEL 1988 S. 162.

[50] Ähnlich in einem österreichischen Beispiel: SIEDER 1978 S. 180 ff.; auch die Zahlen bei KNODEL 1988 S. 162 lassen auf vergleichbare Befunde schließen. Ein städtischer Fall: KOHL 1985 S. 161 ff. Allgemein vgl. BORSCHEID 1989 S. 412 ff.

Tabelle 3.05: Anteile der Erstehen und Wiederheiraten sowie Heiraten von Witwern und Witwen nach dem vorherigen Familienstand des Partners und nach sozialer Schicht, 1711/1741-1860

a) Anteil der Erstehen und Wiederheiraten, 1711-1860

| Heiratsjahr | Vorheriger Familienstand | | | | alle |
|---|---|---|---|---|---|
| | beide ledig | Mann Witwer/ Frau ledig | Mann ledig/ Frau Witwe | beide verwitwet | |
| 1711-1800 | 70,9% | 13,6% | 13,5% | 1,9% | 100% |
| 1801-1860 | 70,1% | 16,7% | 10,7% | 2,6% | 100% |
| 1711-1860 | 70,5% | 15,2% | 12,0% | 2,3% | 100% |

b) Heiraten von Witwern und Witwen nach dem vorherigen Familienstand des Partners und nach sozialer Schicht, 1741-1860

| Heiratsjahr | Schicht | Von 100 wiederheiratenden | |
|---|---|---|---|
| | | Witwern heiraten eine ledige Braut | Witwen heiraten einen ledigen Bräutigam |
| 1741-1800 | Großbauern | (85,4) | 89,1 |
| | Kleinbauern | (85,3) | (78,3) |
| | Heuerlinge/Landlose | 90,0 | 84,5 |
| | alle[1] | 88,3 | 86,8 |
| 1801-1860 | Großbauern | 84,1 | 84,6 |
| | Kleinbauern | (82,2) | (70,4) |
| | Heuerlinge/Landlose | 88,8 | 78,0 |
| | alle[1] | 86,7 | 80,6 |
| 1741-1860 | Großbauern | 84,7 | 86,8 |
| | Kleinbauern | 83,5 | 74,0 |
| | Heuerlinge/Landlose | 89,2 | 80,4 |
| | alle[1] | 87,3 | 83,2 |

[1] Einschließlich derer, bei denen die Schichtzugehörigkeit nicht ermittelt werden konnte.
Anmerkung: In Klammern gesetzt sind die Werte, wenn 100% 20-49 Fällen entspricht; nirgends entspricht 100% weniger als 20 Fällen.

Tabelle 3.06: Durchschnittliches Heiratsalter, nach dem vorherigen Familienstand von Braut und Bräutigam, 1651–1860

a) Heiratsalter der Frauen in Jahren

| Heiratsjahr | Vorheriger Familienstand | | | | alle |
|---|---|---|---|---|---|
| | beide ledig | Mann Witwer/ Frau ledig | Mann ledig/ Frau Witwe | beide verwitwet | |
| 1651–1680 | (27,0) | | | | (26,7) |
| 1681–1710 | 27,0 | | (36,0) | | 28,1 |
| 1711–1740 | 27,5 | (28,5) | 36,9 | | 29,0 |
| 1741–1770 | 26,2 | 30,0 | 38,0 | | 28,3 |
| 1771–1800 | 26,5 | 29,3 | 37,8 | | 28,8 |
| 1801–1830 | 24,9 | 28,5 | 35,3 | (45,8) | 27,3 |
| 1831–1860 | 25,4 | 29,0 | 35,5 | | 27,2 |
| 1651–1860 | 26,0 | 29,0 | 36,5 | 42,1 | 27,9 |

b) Heiratsalter der Männer in Jahren

| Heiratsjahr | Vorheriger Familienstand | | | | alle |
|---|---|---|---|---|---|
| | beide ledig | Mann Witwer/ Frau ledig | Mann ledig/ Frau Witwe | beide verwitwet | |
| 1651–1680 | (29,2) | | | | 29,7 |
| 1681–1710 | 30,3 | (41,4) | (32,0) | | 31,6 |
| 1711–1740 | 29,8 | 39,5 | 31,8 | | 31,8 |
| 1741–1770 | 29,0 | 40,4 | 29,7 | | 31,2 |
| 1771–1800 | 28,6 | 41,7 | 31,9 | | 31,9 |
| 1801–1830 | 27,0 | 40,5 | 29,9 | (45,1) | 30,3 |
| 1831–1860 | 27,8 | 39,1 | 30,6 | (46,0) | 30,5 |
| 1651–1860 | 28,4 | 40,3 | 30,8 | 46,2 | 31,0 |

Anmerkungen: Siehe bei Tabelle 3.01!

Tabelle 3.07: Durchschnittliches Heiratsalter, nach dem vorherigen Familienstand von Braut und Bräutigam sowie nach sozialer Schicht, 1741 - 1860

a) Heiratsalter der Frauen in Jahren

| Schicht des Ehemanns | Vorheriger Familienstand | | | | alle |
|---|---|---|---|---|---|
| | beide ledig | Mann Witwer/ Frau ledig | Mann ledig/ Witwe ledig | beide verwitwet | |
| Großbauern | 23,7 | 27,0 | 36,7 | | 27,6 |
| Kleinbauern | 25,1 | 28,5 | (38,8) | | 27,8 |
| Heuerlinge/Landlose | 26,1 | 29,5 | 35,7 | (41,8) | 27,8 |

b) Heiratsalter der Männer in Jahren

| Schicht | Vorheriger Familienstand | | | | alle |
|---|---|---|---|---|---|
| | beide ledig | Mann Witwer/ Frau ledig | Mann ledig/ Frau Witwe | beide verwitwet | |
| Großbauern | 28,5 | 42,7 | 30,7 | | 32,1 |
| Kleinbauern | 28,1 | 40,9 | 31,1 | | 31,7 |
| Heuerlinge/Landlose | 27,6 | 39,2 | 30,3 | (43,8) | 30,2 |

Anmerkungen: Siehe bei Tabelle 3.01!

um 2,5 Jahre älter, so betrug der Abstand zwischen einem Witwer und seiner ledigen Braut gut 11 Jahre. Der Befund gilt mit kleinen Schwankungen für die gesamte Untersuchungsperiode. Er läßt sich bei allen Schichten beobachten, wenn auch in unterschiedlichem Ausmaß: Bei den Heuerlingen, wo der Altersabstand zwischen den Gatten schon in beidseitigen Erstehen am geringsten war, nahm er nicht so stark zu, wenn der Mann Witwer war, wie dies insbesondere bei den Großbauern zutraf. - War nun die Frau Witwe, so drehte sich das gewöhnliche Altersverhältnis um, und sie war im Mittel um fünfeinhalb Jahre älter als er. Der Altersvorsprung einer Witwe zu ihrem ledigen Bräutigam war bei Bäuerinnen noch größer als bei Heuerlingen. Da andererseits in beidseitigen Erstehen der Altersvorsprung des Mannes bei Bauern wesentlich größer war als bei den Landlosen, bedeutete das, daß bei Bauern der Unterschied zwischen Erstehe und Wiederheirat hinsichtlich der Altersrelation von Mann und Frau am stärksten ausgeprägt war. Die Ursa-

Tabelle 3.08: Anteil der unehelich Geborenen an der Gesamtzahl aller Geborenen und Anteil der vorehelichen Konzeptionen an allen ehelichen Erstgeburten[1], 1651–1860

| Jahrzehnt | Anteil der unehelich Geborenen | Anteil der vorehelichen Konzeptionen |
|---|---|---|
| 1651–1660 | 9,3% | |
| 1661–1670 | 10,9% | (20,9%) |
| 1671–1680 | 6,7% | |
| 1681–1690 | 4,9% | (18,5%) |
| 1691–1700 | 4,9% | (12,5%) |
| 1701–1710 | 5,8% | (14,3%) |
| 1711–1720 | 4,0% | (12,2%) |
| 1721–1730 | 2,9% | (10,4%) |
| 1731–1740 | 3,0% | 11,1% |
| 1741–1750 | 1,8% | 11,9% |
| 1751–1760 | 1,9% | 8,9% |
| 1761–1770 | 3,7% | 8,4% |
| 1771–1780 | 3,9% | 15,7% |
| 1781–1790 | 3,2% | 21,8% |
| 1791–1800 | 6,9% | 30,1% |
| 1801–1810 | 5,2% | 29,7% |
| 1811–1820 | 7,3% | 27,5% |
| 1821–1830 | 6,8% | 24,7% |
| 1831–1840 | 8,1% | 24,8% |
| 1841–1850 | 8,0% | 24,8% |
| 1851–1860 | 10,5% | (14,0%) |
| 1651–1860 | 6,0% | 20,6% |

[1] Als vorehelich konzipiert werde – in Übereinstimmung mit HENRY/BLUM 1988 S. 107f. – die Kinder betrachtet, die weniger als 8 Monate nach der Heirat geboren wurden. Um die Gefahr eines Bias auszuschließen und die Vergleichbarkeit mit anderen Studien zu sichern, wurden entsprechend HENRY/BLUM 1988 S. 106 nur die Ehen berücksichtigt, die mindestens 5 Jahre dauerten. – Da hier nur die ehelichen Erstgeburten betrachtet werden, können einzelne Paare außer einer vorehelichen Konzeption auch ein vorehelich geborenes Kind haben.

Anmerkung: In Klammern gesetzt sind die Werte, wenn 100% 20–49 Fällen entspricht, nirgends entspricht 100% weniger als 20 Fällen.

che dafür wird im Zusammenhang zwischen Heirat und sozialer Plazierung zu suchen sein. Zwar war es offensichtlich in allen Schichten dieser ländlichen Gesellschaft üblich, daß verwitwete Männer wie Frauen sich für eine erneute Heirat in der Regel weder verwitwete noch annähernd gleichaltrige Partner suchten, sondern ledige, die nur wenig älter waren als die Bräute bzw. Bräutigame in beidseitigen Erstehen. Daß dieses Muster bei Witwen und Witwern, die einen Hof besaßen, am stärksten ausgeprägt war, wird jedoch erst im Zusammenhang mit den Regeln und Praktiken des Besitzes und seiner Weitergabe ganz verständlich.[51]

Der Gang zum Traualtar markierte einen Einschnitt im Leben von Mann und Frau, der für die ganze dörfliche Gesellschaft sichtbar war. Welche Bedeutung aber hatte die Eheschließung für das Binnen-Verhältnis zwischen Mann und Frau? Stand sie am Beginn ihrer sexuellen Beziehungen oder bedeutete sie nur deren nachträgliche Legitimierung?

Einen Hinweis gibt der Zeitpunkt der Geburt des jeweils ersten Kindes in einer Ehe. Fand diese weniger als acht Monate nach der Trauung statt, so kann mit großer Sicherheit auf Zeugung vor der Heirat geschlossen werden.[52] In Belm war dies im Durchschnitt der untersuchten beiden Jahrhunderte bei jeder fünften Ehe der Fall (Tab. 3.08). Das ist häufig im Vergleich zu den meisten untersuchten Orten Frankreichs[53], nicht jedoch zu denen Englands[54]; in Deutschland scheint dies einem mittleren Niveau zu entsprechen.[55]

Die Veränderungen im Zeitverlauf waren erheblich (Grafik 3.03), jedoch keineswegs durch einen geradlinigen Trend gekennzeichnet – etwa in der

---

[51] Dazu unten Kap. 6.

[52] LASLETT 1977d S. 129f., vgl. LASLETT 1980a S. 23 rechnet hingegen alle innerhalb von 9 Monaten nach der Hochzeit registrierten Geburten zu den vorehelichen Konzeptionen; die Vergleichbarkeit der Ergebnisse wird dadurch wahrscheinlich weniger beeinträchtigt, als man denken möchte, weil in England oft die Taufe relativ spät vorgenommen wurde und in den Kirchenbüchern meist nur das Taufdatum eingetragen ist: BERRY/SCHOFIELD 1971. – Würden für das Kirchspiel Belm alle innerhalb von 9 Monaten nach der Heirat geborenen Kinder als vorehelich konzipiert betrachtet, so erhöhte sich ihr Anteil im Gesamtdurchschnitt 1651–1860 von 20,6% (Tab. 3.08) auf 25,2%. Daraus läßt sich allerdings kein allgemeiner Umrechnungsfaktor ableiten; denn es kommt ganz darauf an, ob die meisten schwangeren Bräute erst kurz vor der Entbindung oder aber bald nach der Konzeption heirateten, und darin gab es nach Ort und Zeit eine erhebliche Varianz: WRIGLEY 1981 S. 157ff.; BARDET 1983 Bd. 1 S. 327; KNODEL 1988 S. 216ff.

[53] FLINN 1981 S. 26, 82f., 121f.; HENRY 1972 S. 998f.; HENRY/HOUDAILLE 1973 S. 918ff.; HOUDAILLE 1976 S. 383ff.; HENRY 1978 S. 881f.; BARDET 1983 Bd. 1 S. 324ff., Bd. 2 S. 176.

[54] FLINN 1981 S. 26, 82f., 121; LASLETT 1977d S. 129f., LASLETT 1980a S. 22ff.; WRIGLEY 1981 S. 155ff.

[55] KNODEL 1988 S. 209ff.; FLINN 1981 S. 26, 82f., 122f.

Grafik 3.03: Anteil der unehelich Geborenen an der Gesamtzahl aller Geborenen und Anteil der vorehelichen Konzeptionen an allen ehelichen Erstgeburten, 1651–1860

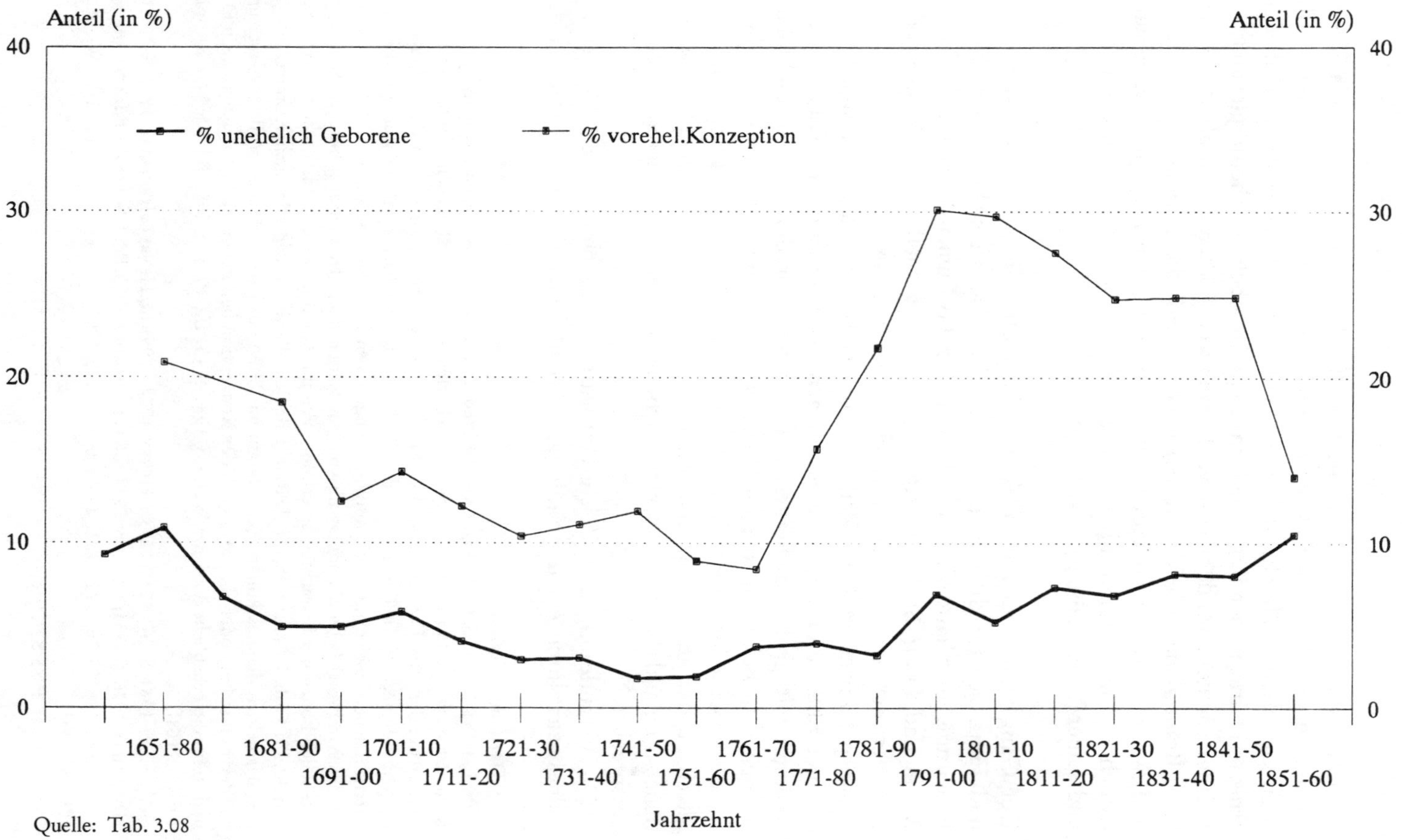

Quelle: Tab. 3.08

Weise, daß die Dorfbewohner der Vorstellung einer bis zur Hochzeit einzuhaltenden Keuschheit zunächst weitgehend entsprochen und sich dann immer weiter davon entfernt hätten.[56] Vielmehr kam es in der zweiten Hälfte des 17. Jahrhunderts relativ oft vor, daß die Braut bei der Hochzeit schwanger war. Seit den 1690er Jahren wurde das merklich weniger häufig; der tiefste Punkt der Kurve wurde Mitte des 18. Jahrhunderts erreicht, als nur in einer von zwölf Ehen das erste Kind vor der Heirat gezeugt war. Bereits in den 1770er Jahren verdoppelte sich dieser Anteil und erreichte um 1800 mit 30% den Höhepunkt. Während der ganzen ersten Hälfte des 19. Jahrhunderts blieben schwangere Bräute eine häufige Erscheinung (ca 25%); erst in den 1850er Jahren deutete sich ein erneutes Sinken der Kurve an.[57]

Da im Kirchspiel Belm Evangelische und Katholiken nebeneinander lebten, bietet sich unser Fall an, die Bedeutung des konfessionellen Faktors für das Sexualverhalten der Paare vor der kirchlichen Trauung zu prüfen. Daß aus Frankreich meist relativ wenige, aus England hingegen zahlreiche vorehelige Konzeptionen gemeldet werden und in Deutschland die meisten bisher untersuchten Orte mit auffallend niedrigen Werten katholisch[58], die mit hohen evangelisch waren[59], führt zu der Überlegung, daß möglicherwei-

---

[56] Ein solcher Trend zeichnet sich hingegen in großen Teilen Frankreichs vom späten 17. bis zum frühen 19. Jahrhundert ab: HENRY 1972 S. 998 f.; HENRY/HOUDAILLE 1973 S. 918 ff.; HOUDAILLE 1976 S. 383 ff.; HENRY 1978 S. 881 f. Für Rouen gilt das nicht in gleicher Weise: BARDET 1983 Bd. 2 S. 176.

[57] In ihrer großen Linie scheint die Kurve im Kirchspiel Belm für Deutschland nicht ungewöhnlich verlaufen zu sein. Jedenfalls verlief sie in der Gesamtheit der vierzehn von KNODEL 1988 (S. 210 ff.) untersuchten Orte ähnlich: Der Tiefstpunkt lag in der Mitte des 18., das Maximum im frühen 19. Jahrhundert. – Auch für England ist eine nicht lineare, sondern wellenförmige Entwicklung im Zeitverlauf belegt, wobei freilich der niedrigste Punkt der Kurve bereits mehr als ein halbes Jahrhundert früher festzustellen ist: von der zweiten Hälfte des 16. Jahrhunderts verringerte sich der Anteil der vorehelichen Zeugungen bis zur zweiten Hälfte des 17. auf etwa die Hälfte; danach stieg er stetig an, lag bereits 1750–1799 über den Werten von 1550–1599 und erreichte in der ersten Hälfte des 19. Jahrhunderts ein noch höheres Niveau: LASLETT 1980a S. 23 f.; WRIGLEY 1981 S. 156 ff. zeigt die kurzfristigen Schwankungen um diesen Trend.

[58] So bei KNODEL 1988 S. 214 (vgl. S. 24 f. zur Konfession) die drei bayerischen und ein Teil der badischen Orte.

[59] So bei KNODEL 1988 S. 214 das württembergische Öschelbronn, die beiden ostfriesischen und ein Teil der Waldecker Orte; außerdem seit dem späten 18. Jahrhundert das holsteinische Leezen (GEHRMANN 1984 S. 177) und das ostwestfälische Spenge (EBELING/KLEIN 1988 S. 39 f.). – Zu beachten ist freilich, daß die Unterschiede zwischen nahe benachbarten Orten erheblich sein konnten. So waren im 18. Jahrhundert im badischen Herbolzheim 5%, im nahen Rust 18% der Erstgeburten vorehelich gezeugt, im Waldeckischen Vasbeck 10%, im nahen Braunsen 27%: KNODEL 1988 S. 214. – Da die seinerzeit von KNODEL 1975 S. 323 veröffentlichten Werte z. T. beträchtlich von KNODEL 1988 S. 214 abweichen, werden sie hier nicht berücksichtigt.

Tabelle 3.09: Anteil der vorehelichen Konzeptionen an allen ehelichen Erstgeburten[1], nach Konfession und sozialer Schicht der Eltern, 1711-1860

a) nach Konfession der Eltern

| Heiratsjahr | Konfession der Eltern | | |
| --- | --- | --- | --- |
| | beide katholisch | beide lutherisch | gemischt[2] |
| 1711-1740 | (11,1%) | 12,5% | (9,1%) |
| 1741-1770 | 11,5% | 8,0% | (15,0%) |
| 1771-1800 | 22,0% | 22,7% | (47,8%) |
| 1801-1830 | 20,3% | 29,6% | (56,0%) |
| 1831-1860 | 21,2% | 22,9% | |
| 1711-1860 | 18,9% | 21,4% | 30,7% |

b) nach sozialer Schicht der Eltern

| Heiratsjahr | Soziale Schicht | | |
| --- | --- | --- | --- |
| | Großbauern | Kleinbauern | Heuerlinge/Landlose |
| 1741-1770 | 8,2% | (0,0%) | 14,0% |
| 1771-1800 | 13,3% | 17,7% | 28,9% |
| 1801-1830 | 11,5% | 21,3% | 34,3% |
| 1831-1860 | 5,4% | (17,1%) | 29,0% |
| 1741-1860 | 10,1% | 15,0% | 28,9% |

c) nach Konfession und sozialer Schicht der Eltern

| Heiratsjahr | Schicht der Eltern | Konfession der Eltern | | |
| --- | --- | --- | --- | --- |
| | | beide katholisch | beide lutherisch | gemischt[2] |
| 1741-1800 | Großbauern | 10,0% | 10,7% | |
| | Kleinbauern | (13,5%) | 10,3% | |
| | Heuerlinge/Landlose | 23,1% | 24,0% | (46,2%) |
| 1801-1860 | Großbauern | 3,9% | 11,9% | |
| | Kleinbauern | (13,6%) | 25,5% | |
| | Heuerlinge/Landlose | 26,7% | 32,7% | (58,3%) |

se die katholische Morallehre strengere Vorstellungen durchsetzte als die protestantische.

In Belm waren jedoch in dieser Hinsicht die Differenzen zwischen Katholiken und Lutheranern aufs Ganze gesehen eher gering (Tab. 3.09a). Bei katholischen Paaren waren 19% der Bräute schwanger, bei lutherischen 21%. Interessanterweise gab es in diesem Punkt während des 18. Jahrhunderts keinen klaren Unterschied zwischen den Angehörigen der beiden Konfessionen, im frühen 19.Jahrhundert hingegen trat er bis zu einem gewissen Grad hervor, und zwar unabhängig von schichtspezifischen Unterschieden (Tab. 3.09c): 30% der lutherischen Paare hatten vor der Hochzeit ein Kind gezeugt, aber nur 20% der katholischen.[60] Es hat also den Anschein, als hätte sich die konfessionelle Trennung erst im gesellschaftlichen Handeln ausgewirkt, nachdem die Angehörigen beider Konfessionen ihren eigenen Pfarrer am Ort hatten, getrennte Gottesdienste besuchten und Heirat, Taufe, Beerdigung je von einem Geistlichen des eigenen Bekenntnisses vornehmen ließen. Paradoxerweise zeigte sich die Veränderung jedoch nicht darin,

---

[60] In der gemischtkonfessionellen Kleinstadt Oppenheim am Rhein verliefen die Unterschiede gerade in umgekehrter Richtung: Dort waren zwischen 1650 und 1794 voreheliche Konzeptionen bei den Reformierten am seltensten, bei den Lutheranern doppelt, bei den Katholiken fast dreimal so häufig: ZSCHUNKE 1984 S.207. Auch in Rouen waren im 18. Jahrhundert die Bräute bei den Katholiken fast doppelt so häufig schwanger wie bei der reformierten Minderheit: BARDET 1983 Bd. 1 S.325. Diese Befunde können als Hinweis darauf verstanden werden, daß sich der Konfessionsunterschied im interregionalen Vergleich möglicherweise anders auswirkt als in einer gemischtkonfessionellen Population; bei letzterer kreuzt er sich mit sozialen Unterschieden; außerdem kommt die Frage einer Mentalität der Minderheit ins Spiel.

---

*Anmerkungen zu Tabelle 3.09:*

[1] Als vorehelich konzipiert werden - in Übereinstimmung mit HENRY/BLUM 1988 S.107f. - die Kinder betrachtet, die weniger als 8 Monate nach der Heirat geboren wurden. Um die Gefahr eines Bias auszuschließen und die Vergleichbarkeit mit anderen Studien zu sichern, wurden entsprechend HENRY/BLUM 1988 S.106 nur die Ehen berücksichtigt, die mindestens 5 Jahre dauerten. - Da hier nur die ehelichen Erstgeburten betrachtet werden, können einzelne Paare außer einer vorehelichen Konzeption auch ein vorehelich geborenes Kind haben.

[2] Seit etwa 1680 ist bis zum Beginn der lutherischen Heiratsregister (1810/11) bei der großen Mehrzahl der Heiraten die Konfession beider Ehegatten angegeben; in dieser Periode werden auch die wenigen Fälle als Mischehen betrachtet, bei denen ein Teil als lutherisch gekennzeichnet ist, während bei dem anderen Teil die Konfession nicht angegeben ist. - Seit Beginn der getrennten Kirchenbuch-Führung von Lutheranern und Katholiken (1810/11) wurde die Konfession in der Regel nur noch bei andersgläubigen Personen angegeben; daher werden in dieser Periode die Fälle als Mischehen betrachtet, bei denen ein Teil vom katholischen Pfarrer als lutherisch oder vom lutherischen Pfarrer als katholisch bezeichnet ist.

Anmerkung: In Klammern gesetzt sind die Werte, wenn 100% 20-49 Fällen entspricht. Weggelassen sind die Ergebnisse, wenn 100% weniger als 20 Fällen entspricht.

daß nun der lutherische Pfarrer das Verhalten der jungen Leute in seiner Gemeinde besser hätte kontrollieren können, als es zuvor dem katholischen Hirten gegenüber den Andersgläubigen möglich war. Vielmehr entfernten sich gerade die Lutheraner nun noch weiter von der offiziellen Norm sexueller Enthaltsamkeit vor der Eheschließung. Wie sehr dem Geistlichen das mißfiel, brachte er zum Ausdruck, indem er bei einigen Taufeinträgen der Jahre 1822 bis 1824 durch eine Anmerkung ausdrücklich auf die erst kurz zuvor stattgefundene Trauung der Eltern verwies.

Obwohl der Anteil der vorehelichen Konzeptionen Mitte des 19. Jahrhunderts bei den Lutheranern wieder zurückging und kaum mehr höher als bei den Katholiken war, blieb dieser Punkt für die kirchliche Obrigkeit ein Grund zur Sorge. Das zeigte sich 1857 bei der Visitation der lutherischen Gemeinde von Belm. Auf die im Formular gestellte Frage „Wie steht es rücksichtlich der Keuschheit (namentlich bei der heranwachsenden und herangewachsenen Jugend) [...] in der Gemeinde? [...] Findet es sich häufig, daß Brautleute sich durch concubitus anticipatus vergangen haben?" antwortete der örtliche Seelsorger pflichtgemäß: „Rücksichtlich der Keuschheit müßte es mit der herangewachsenen Jugend besser aussehen; ich sage das von der Kanzel bei geeigneter Gelegenheit manchmal, auch sonst [...]. Durch concubitus anticipatus vergehen sich leider manche Brautleute; ich rüge dies von der Kanzel aus manchmal, auch sonst."[61]

Übertroffen wurden die evangelischen Brautleute freilich von den Paaren mit unterschiedlicher Konfession (Tab. 3.09 a). Seit dem späten 18. Jahrhundert war bei diesen etwa die Hälfte der Bräute bei der Hochzeit schwanger, das heißt, ungefähr doppelt so viele wie sonst. Je seltener solche gemischten Ehen wurden (s. Tab. 6.09), desto stärker hoben sie sich in dieser Hinsicht von anderen ab. Der Grund dafür könnte in einer ausgeprägten Indifferenz dieser jungen Menschen gegenüber der kirchlichen Morallehre gesucht werden. Es kann aber auch sein, daß sie den Entschluß zur Eheschließung über die konfessionelle Grenze hinweg deshalb faßten, weil sich die Folgen der aufgenommenen Beziehung bemerkbar machten.[62]

Wesentlich massiver als die Unterschiede zwischen Katholiken und Lutheranern sind die zwischen den sozialen Schichten (Tab. 3.09 b); freilich machen sich beide Faktoren unabhängig voneinander geltend (Tab. 3.09 c). Zwar war es auch bei Vollbauern nicht ganz ungewöhnlich, daß ein Paar

---

[61] LKA H, A9, Nr. 2791 a: Visitationsfragen Nr. 11, Seite 4. Im selben Atemzug wurde nicht nur nach der Zahl der unehelichen Geburten, sondern auch nach der „Mäßigkeit" und nach „notorischen Säufern" gefragt.

[62] Vgl. unten S. 135 ff. zu den Anzeichen, daß Eheschließungen durch eingetretene Schwangerschaft beschleunigt wurden.

erst heiratete, nachdem es ein Kind gezeugt hatte (10% im Durchschnitt von 1740 bis 1860). Bei Heuerlingen aber war es fast dreimal so häufig (29%), während die Kleinbauern in dieser Hinsicht zwischen beiden standen, sich aber mehr an den Großbauern orientierten (15%). Die unterschiedliche Einstellung zur Aufnahme sexueller Beziehungen vor der Hochzeit existierte aber keineswegs so deutlich bereits seit Entstehen der breiten landlosen Schicht. Mitte des 18. Jahrhunderts gab es in diesem Punkt nur eine mäßige Differenz zwischen Großbauern und Heuerlingen. Vom späten 18. Jahrhundert bis zur Mitte des 19. entwickelte sich dann jedoch die Praxis der beiden großen Schichten immer weiter auseinander. Bei den Vollbauern sank in der Heiratsgeneration von 1831–1860 der Anteil der vorehelichen Zeugungen auf 5%, während er bei den Landlosen mehr als fünfmal so hoch war.

Daß schwangere Bräute bei der Unterschicht wesentlich häufiger vorkamen als bei der Oberschicht, war offenbar auch sonst in Stadt und Land die Regel.[63] Daß die Verhaltensweisen der sozialen Schichten sich vom 18. zum 19. Jahrhundert in gegensätzlicher Richtung entwickelten, scheint hingegen eher ein spezifischer Zug unseres Untersuchungsgebiets zu sein.[64] Er könnte darauf verweisen, daß in dieser ländlichen Gesellschaft die Bedingungen und Gewohnheiten bei der Ehe-Einleitung für die Erben großer Höfe sich immer mehr abhoben von denen, die für junge Leute ohne Landbesitz galten, daß also ökonomische Unterschiede sich in wachsendem Ausmaß in unterschiedliche Verhaltensweisen bei der Familiengründung umsetzten.

Nicht in allen Fällen, wo ein Mann und eine Frau außerhalb einer Ehe sexuelle Beziehungen aufnahmen und ein Kind zeugten, schlossen sie die Ehe, bevor dieses geboren wurde. Der Anerbe eines großen Hofes in Powe hatte sich am 23. und 29. April 1821 mit seiner Verlobten proklamieren lassen. Die Hochzeit war für den 5. Mai angesetzt. Sie mußte verschoben werden, weil die Braut am Morgen eben dieses Tages niederkam. So fand die Trauung am 3. Juni 1821 statt, und zwar ausnahmsweise nicht in der Belmer Kirche, sondern im Hause des Brautvaters, eines Großbauern in Vehrte, – „wegen Unpäßlichkeit der Braut". Der Pfarrer vermerkte sogleich bei dem Geburtseintrag des Kindes, das er zunächst als illegitim („sp[uria]") notiert hatte, den Hinweis auf die Legitimierung durch die Eheschließung der Eltern.

---

[63] So KNODEL 1988 S. 222 ff.; GEHRMANN 1984 S. 178 f.; EBELING/KLEIN 1988 S. 39 f.; BARDET 1983 Bd. 1 S. 325 f. – Keine erheblichen schichtspezifischen Unterschiede: CHARBONNEAU 1970 S. 381 f.; LIPP 1982 S. 384 f. (für 1810–1869).

[64] KNODEL 1988 S. 223 ff. stellt für die von ihm untersuchten 14 deutschen Orte fest, daß die Zunahme vorehelicher Konzeptionen vom 18. zum 19. Jahrhundert die größeren sozialen Gruppen mehr oder weniger gleichmäßig betraf.

Insgesamt kamen im Kirchspiel Belm von 1651 bis 1860 immerhin 1010 uneheliche Kinder zur Welt, das sind 6% aller Geburten (Tab. 3.08). Auch hier verlief der Trend keineswegs linear etwa im Sinne eines zunehmenden ‚Verfalls der Sitten' bzw. einer Befreiung der Individuen von traditionellen Repressionen (Grafik 3.03).[65] Vielmehr war der Anteil unehelicher Geburten in den 1650er und 1660er Jahren ausgesprochen hoch, nicht geringer als auf dem Höhepunkt im 19. Jahrhundert: mehr als jedes zehnte Kind entsprang einer nichtehelichen Verbindung. Zwischen diesen beiden Maxima lag der Tiefpunkt in der Mitte des 18. Jahrhunderts; damals waren weniger als 2% aller Geborenen illegitim. Im Großen verlief die Kurve also ähnlich wie die der vorehelichen Konzeptionen[66], auch wenn es im einzelnen Unterschiede gab. So wurde der Tiefststand im 17. Jahrhundert bei den unehelichen Geburten ein Jahrzehnt früher erreicht, und der Anstieg im 19. Jahrhundert setzte sich bis über die Jahrhundertmitte fort.

Bemerkenswert ist, daß die Zeiten mit den höchsten Illegitimitätsquoten sich keineswegs durch ein besonders hohes, sondern eher durch ein niedriges durchschnittliches Heiratsalter der Frauen auszeichneten (Grafiken 3.01 und 3.03).[67] Dies gilt für die Generation nach dem Ende des Dreißigjährigen Krieges ebenso wie für das 19. Jahrhundert. In umgekehrter Richtung ist der Zusammenhang weniger klar: In der Zeit mit den wenigsten unehelichen Geburten Mitte des 18. Jahrhunderts lag das Heiratsalter der Frauen zwar noch über dem Gesamtdurchschnitt der beiden Jahrhunderte, war jedoch seit der Wende des 17. Jahrhunderts beträchtlich gefallen. Umgekehrt ging der folgende Wiederanstieg der illegitimen Geburten einher mit steigendem Heiratsalter. Anders bei der folgenden Etappe der Zunahme unehelicher Geburten am Ende des 18. Jahrhunderts: sie fiel zusammen mit einem nachhaltigen Sinken des durchschnittlichen Heiratsalters. Deutlich wird dadurch, daß die Veränderungen der Unehelichenquote *nicht* lediglich dadurch bedingt sind, daß es infolge des gestiegenen Heiratsalters mehr ledige

---

[65] Darauf laufen die Thesen von PHAYER 1977 und SHORTER 1971/72 hinaus; vgl. SHORTER 1977 S. 99 ff.; SHORTER 1977/78. Sie wurden freilich vielfach kritisiert, s. insbes. LEE 1976/77 S. 420 ff.; LEE 1977/78; MITTERAUER 1983. Die Daten, die BLAYO 1975a für die Entwicklung in Frankreich von 1740 bis 1829 gab, können als Beleg für einen monoton steigenden Trend dienen. – Als lokale bzw. regionale Fallstudien zu einer Grundherrschaft in der Steiermark bzw. zu Oberbayern s. jetzt BECKER 1990 und BREIT 1991.

[66] So auch in England: WRIGLEY 1981 S. 156 ff.; in England verlief also der Trend bei den unehelichen Geburten ebenfalls wellenförmig, wobei das Minimum in der Mitte des 17. Jahrhunderts lag: LASLETT 1977d; LASLETT 1980a S. 12 ff.

[67] Auch dies trifft für England ebenfalls zu: WRIGLEY 1981 S. 155 ff.; vgl. LASLETT 1980a S. 20 ff. Anders in Frankreich: WRIGLEY 1981 S. 176 ff. Für die von ihm untersuchten deutschen Orte stellt KNODEL 1988 S. 197, 227 eher eine parallele als entgegengesetzte Bewegung von Heiratsalter und Zahl der unehelichen Geburten fest.

Frauen fruchtbaren Alters und weniger eheliche Geburten gab, so daß der Anteil illegitimer an der Gesamtzahl aller Geburten sich erhöhte, während die Illegitimitäts-Rate, bezogen auf die ledigen Frauen im gebärfähigen Alter, möglicherweise konstant geblieben wäre.[68] Ebensowenig könnte eine Erklärung zutreffen, die den Geschlechtstrieb als bloße Naturkonstante betrachtet und unterstellt, daß er sich um so mehr in illegitimen Verbindungen Befriedigung verschafft, je ungünstiger die Bedingungen für Heiraten sind.[69] Diesen beiden Erklärungsansätzen widerspricht die Tatsache, daß die meisten unehelichen Kinder in Perioden niedrigen Heiratsalters zu verzeichnen sind. All das zeigt, daß es im Laufe der beiden Jahrhunderte in der Tat einen Wandel der Verhaltensweisen gab.

Ein Teil der Kinder, die unehelich geboren waren, wurden später legitimiert, weil ihre Eltern heirateten[70]. Nicht selten setzte der Pfarrer in solchen Fällen im Taufregister neben den Vermerk über die illegitime Geburt einen Hinweis wie „per subsequens matrimonium legitimatus", in einzelnen Fällen strich er sogar den Hinweis auf die Unehelichkeit der Geburt.

Es überrascht nicht, daß bei Heuerlingspaaren wesentlich häufiger bereits vor der Hochzeit ein gemeinsames Kind geboren war als bei Bauern[71]: Dies traf auf eine von 13 Heuerlingsehen, aber nur eine von 67 Ehen von Großbauern zu. Ähnlich wie bei den vorehelichen Konzeptionen hatten im 19. Jahrhundert neben den sozialen Faktoren auch die konfessionellen eine gewisse Bedeutung: Voreheliche Geburten kamen bei lutherischen Paaren öfter vor als bei katholischen.[72] Seit dem späten 18. Jahrhundert standen auch in dieser Hinsicht die konfessionellen Mischehen an der Spitze, und ihr Vorsprung wuchs weiter, als sie im 19. Jahrhundert noch seltener wurden (Tab. 3.10).

Da bei den Heuerlingen voreheliche Geburten und Konzeptionen wesentlich häufiger waren als bei Bauern, stellt sich die Frage, ob die einschränkenden Bedingungen wirtschaftlicher, sozialer und politischer Art nur den Zeitpunkt der offiziellen Eheschließung für die Frauen der landlosen Schicht

---

[68] Dazu KNODEL 1988 S. 188, 197; LASLETT 1977 d S. 120 ff.

[69] Vgl. etwa WEHLER 1987 Bd. 2 S. 19 f. (der hier eine ältere Position der Spezialliteratur vergröbernd aufnimmt): Die restriktive Bevölkerungspolitik zahlreicher deutscher Staaten habe im frühen und mittleren 19. Jahrhundert für viele „nur mehr die Ventilsitte des illegalen vorehelichen Zusammenlebens mit unehelichen Geburten übrig" gelassen.

[70] Dazu COING 1985–1989 Bd. 1 S. 252 f., Bd. 2 S. 326; SCHUBART-FIKENTSCHER 1967 S. 129 ff.; LEINEWEBER 1978 S. 182 ff., 227 ff.

[71] Entsprechende soziale Unterschiede stellen z. B. auch fest KNODEL 1988 S. 222 ff.; LIPP 1982 S. 363 ff.; BECKER 1990 S. 275 ff.; vgl. auch LASLETT 1980 b.

[72] Grundsätzlich zur Frage der konfessionellen Unterschiede MITTERAUER 1983 S. 33 ff. – Keine wesentlichen Unterschiede zwischen Katholiken und Lutheranern hinsichtlich der Quote der illegitimen Geburten findet FRANÇOIS 1991 S. 65 f. im Augsburg des 18. Jahrhunderts.

Tabelle 3.10: Anteil der Ehepaare mit einem gemeinsamen vorehelich geborenen Kind, nach Konfession und sozialer Schicht, 1711–1860

a) nach Konfession

| Heiratsjahr | Konfession | | |
|---|---|---|---|
| | beide katholisch | beide lutherisch | gemischt[1] |
| 1711–1740 | (2,2%) | 0,0% | (3,0%) |
| 1741–1770 | 1,3% | 0,7% | (0,0%) |
| 1771–1800 | 2,3% | 0,9% | (8,7%) |
| 1801–1830 | 3,5% | 5,3% | (28,0%) |
| 1831–1860 | 5,9% | 12,9% | |
| 1711–1860 | 3,3% | 4,8% | 9,9% |

b) nach sozialer Schicht

| Heiratsjahr | Soziale Schicht | | |
|---|---|---|---|
| | Großbauern | Kleinbauern | Heuerlinge/Landlose |
| 1741–1770 | 0,0% | (0,0%) | 2,0% |
| 1771–1800 | 0,0% | 0,0% | 3,8% |
| 1801–1830 | 5,2% | 1,6% | 5,5% |
| 1831–1860 | 0,0% | (0,0%) | 16,4% |
| 1741–1860 | 1,5% | 0,5% | 7,6% |

c) nach Konfession und sozialer Schicht

| Heiratsjahr | Schicht | Konfession | | |
|---|---|---|---|---|
| | | beide katholisch | beide lutherisch | gemischt[1] |
| 1741–1800 | Großbauern | 0,0% | 0,0% | |
| | Kleinbauern | (0,0%) | 0,0% | |
| | Heuerlinge/Landlose | 3,4% | 1,8% | (7,7%) |
| 1801–1860 | Großbauern | 2,0% | 4,0% | |
| | Kleinbauern | (0,0%) | 2,0% | |
| | Heuerlinge/Landlose | 6,3% | 12,1% | (29,2%) |

hinausschoben, nicht aber den Beginn einer festen sexuellen Beziehung. Vergleichen wir das durchschnittliche Alter von Vollbauern- und von Heuerlingsfrauen bei ihrer ersten Geburt, gleichgültig, ob diese vorehelich oder ehelich war, so verschwindet der Unterschied zwischen den Schichten nicht, sondern wird nur etwas geringer (Tab. 3.11 a, vgl. 3.01). Wenn wir nicht annehmen wollen, daß unverheiratete Paare im Gegensatz zu verheirateten in erheblichem Umfang Empfängnisverhütung betrieben[73], so läßt sich demnach nicht sagen, die Frauen der Heuerlingsschicht seien im Durchschnitt ebenso früh ein stabiles Verhältnis eingegangen wie Großbauernfrauen und der Unterschied habe ‚nur' darin bestanden, daß dies Verhältnis für die einen öfter eine voreheliche, für die anderen fast immer von Anfang an eine eheliche Beziehung war.

Von den Heuerlingsfrauen waren jedoch diejenigen, die ein Kind vorehelich gebaren oder konzipierten, bei der ersten Niederkunft wesentlich jünger als die, welche erst nach der Hochzeit schwanger wurden.[74] Im Durchschnitt der Periode von 1741 bis 1860 waren die Heuerlingsfrauen, die ein voreheliches Kind von ihrem späteren Ehemann bekamen, 25,2 Jahre alt; diejenigen, die ein vorehelich gezeugtes Kind nach der Heirat zur Welt brachten, 25,5 Jahre; diejenigen, die ihr erstes Kind mehr als acht Monate nach dem Hochzeitstag gebaren, hingegen 28,5 Jahre (Tab. 3.11 b). Insgesamt umfaßte die Minderheit der Heuerlingsfrauen, die offenkundig vor der Heirat sexuelle Beziehungen mit dem künftigen Ehemann begonnen hatte, mehr als ein

---

[73] Dies war die These von FLANDRIN 1969; vgl. FLANDRIN 1977; FLANDRIN 1978 S. 256 ff.; sie stieß freilich sogleich auf Skepsis, s. BURGUIÈRE 1972; DEPAUW 1972. Die Praxis des coitus interruptus weist BECKER 1990 S. 141 ff. bei der ländlichen Bevölkerung in einem österreichischen Gebiet für das 18. und frühe 19. Jahrhundert nach; daß die Belege sich ausschließlich auf außereheliche Verhältnisse beziehen, hält er jedoch für quellenbedingt. ULBRICHT 1990 S. 184 bringt einzelne Belege für coitus interruptus bei außerehelichen Beziehungen einfacher Leute aus Norddeutschland im 18. Jahrhundert.

[74] Ähnlich der Befund bei KNODEL 1988 S. 229 ff. für sechs Orte, allerdings ohne soziale Unterscheidungen.

---

*Anmerkungen zu Tabelle 3.10:*

[1] Seit etwa 1680 ist bis zum Beginn der lutherischen Heiratsregister (1810/11) bei der großen Mehrzahl der Heiraten die Konfession beider Ehegatten angegeben; in dieser Periode werden auch die wenigen Fälle als Mischehen betrachtet, bei denen ein Teil als lutherisch gekennzeichnet ist, während bei dem anderen Teil die Konfession nicht angegeben ist. – Seit Beginn der getrennten Kirchenbuch-Führung von Lutheranern und Katholiken (1810/11) wurde die Konfession in der Regel nur noch bei andersgläubigen Personen angegeben; daher werden in dieser Periode die Fälle als Mischehen betrachtet, bei denen ein Teil vom katholischen Pfarrer als lutherisch oder vom lutherischen Pfarrer als katholisch bezeichnet ist.

Anmerkung: Siehe bei Tabelle 3.09!

Tabelle 3.11: Durchschnittliches Alter der Frauen und Männer bei der Geburt ihres ersten Kindes[1], nach sozialer Schicht und nach Legitimität des ersten Kindes, 1741–1860

a) nach sozialer Schicht

| Heiratsjahr | Frauen von | | | Männer | | |
|---|---|---|---|---|---|---|
| | Großbauern | Kleinbauern | Heuerlingen/Landlosen | Großbauern | Kleinbauern | Heuerlinge/Landlose |
| 1741–1770 | 25,9 | 28,6 | 28,1 | 31,0 | 30,7 | 29,1 |
| 1771–1800 | 25,9 | 27,0 | 28,3 | 31,3 | 29,5 | 29,8 |
| 1801–1830 | 24,4 | 26,6 | 27,1 | 28,5 | 28,4 | 27,9 |
| 1831–1860 | 26,0 | (25,5) | 26,9 | 30,1 | (29,2) | 28,0 |
| 1741–1860 | 25,5 | 26,9 | 27,4 | 30,2 | 29,4 | 28,5 |

b) nach sozialer Schicht und Legitimität des Kindes

| Legitimität des ersten Kindes | Frauen von | | | Männer | | |
|---|---|---|---|---|---|---|
| | Großbauern | Kleinbauern | Heuerlingen/Landlosen | Großbauern | Kleinbauern | Heuerlinge/Landlose |
| vorehelich geboren | | | 25,2 | | | 26,6 |
| vorehelich konzipiert[2] | (24,8) | (24,6) | 25,5 | (27,0) | (26,8) | 26,7 |
| nach Heirat konzipiert | 25,6 | 27,2 | 28,5 | 30,7 | 30,1 | 29,6 |
| alle | 25,5 | 26,9 | 27,4 | 30,2 | 29,4 | 28,5 |

[1] Uneheliche Kinder wurden hier nur berücksichtigt, wenn die Eltern sich später heirateten.
[2] Als vorehelich konzipiert werden – in Übereinstimmung mit Henry/Blum 1988 S. 107 f. – die Kinder betrachtet, die weniger als 8 Monate nach der Heirat geboren wurden.

Anmerkungen: Siehe bei Tabelle 3.01!

Drittel (vgl. Tab. 3.09 b und 3.10 b). Für diese starke Minderheit nun gilt, daß sie im selben Alter ein stabiles voreheliches Verhältnis begann, wie die Großbauernfrauen in ihre – in aller Regel eheliche – Beziehung traten. Auch der Teil der Kleinbauernfrauen, die ihr erstes Kind vorehelich gebaren oder empfingen, war bei der ersten Entbindung im Mittel nicht älter als der Gesamtdurchschnitt der Frauen von Großbauern. Bei den Kleinbauernfrauen gehörte jedoch nur ein knappes Sechstel zu dieser Minderheit.

Für die Männer stellen die Altersmuster bei der ersten ehelichen oder vorehelichen Vaterschaft die spiegelbildliche Entsprechung zu denen der Frauen dar (Tab. 3.11). Da in allen Schichten das Durchschnittsalter der Männer bei der Geburt des ersten Kindes niedriger lag, wenn dies Kind vorehelich geboren oder gezeugt war, als wenn es erst nach der Hochzeit konzipiert wurde[75], und da voreheliche Geburten und Konzeptionen bei den Heuerlingen am häufigsten vorkamen, war der Unterschied im Alter bei der ersten Vaterschaft zwischen Heuerlingen und Vollbauern größer als im Heiratsalter. Die relativ kleine Minderheit der Vollbauern jedoch, deren erstes Kind vorehelich geboren oder gezeugt war – diese umfaßte etwa ein Achtel der Vollbauern – war im Mittel bei der ersten Vaterschaft etwas jünger als der Gesamtdurchschnitt aller Heuerlinge.

An diesen Befunden wird deutlich: So wichtig die sozialen und ökonomischen Bedingungen für die Eheschließung gewesen sein mögen, sie dürfen keinesfalls als unbedingte Zwänge aufgefaßt werden. Auch wenn es gesellschaftliche Regeln gab, die den Ablauf der Phasen des Lebens für Frauen und Männer der einzelnen Schichten ordneten, ließen sie doch Raum für unterschiedliche Verhaltensweisen. Und diese Abweichungen konnten soweit gehen, daß sie das zwischen Bauern und Heuersleuten vorherrschende soziale Muster – etwa hinsichtlich des Zeitpunkts, zu dem eine junge Frau oder ein junger Mann eine feste Beziehung einging – umkehrte.

Stand das Heiratsalter von Frauen und Männern damit im Zusammenhang, ob eine feste sexuelle Beziehung schon vor der Hochzeit begonnen hatte oder nicht? In Frankreich war es vom späten 17. bis zum frühen 19. Jahrhundert die Regel, daß von den älteren Bräuten ein höherer Anteil schwanger war als von den jüngeren. Dies kann so interpretiert werden, daß diejenigen, die gezwungen waren, spät zu heiraten, eher dazu neigten, die ‚fleischliche' Gemeinschaft schon vor der Trauung zu beginnen. In England hingegen kamen seit Beginn des 18. Jahrhunderts voreheliche Konzeptionen bei jüngeren Bräuten häufiger vor als bei älteren.[76] Das läßt sich so verste-

---

[75] So auch bei KNODEL 1988 S. 231 ff.
[76] So die Befunde bei WRIGLEY 1981 S. 181. – KNODEL 1988 S. 227 ff. stellt für deutsche Orte fest, daß der Anteil der schwangeren Bräute zwischen den verschiedenen Altersgruppen nicht

Tabelle 3.12: Durchschnittliches Alter bei der Erstehe[1], nach sozialer Schicht und nach Legitimität des ersten Kindes[2], 1741–1860

| Legitimität des ersten Kindes | Frauen von | | | Männer | | |
|---|---|---|---|---|---|---|
| | Großbauern | Kleinbauern | Heuerlingen/Landlosen | Großbauern | Kleinbauern | Heuerlinge/Landlose |
| vorehelich geboren | | | 26,9 | | | 28,1 |
| vorehelich konzipiert[3] | (24,4) | (24,3) | 25,1 | (26,6) | (26,5) | 26,3 |
| nach Heirat konzipiert | 24,0 | 25,4 | 27,0 | 29,0 | 28,2 | 28,0 |

[1] Erstehen des jeweiligen Teils, d.h. bei der Berechnung des durchschnittlichen Heiratsalters der Frauen wurden alle Ehen eingeschlossen, bei denen die Frau zum ersten Mal heiratete, auch wenn der Bräutigam Witwer war; entsprechend bei den Männern alle Erstehen des Mannes, auch wenn die Braut Witwe war.

[2] Uneheliche Kinder werden hier nur berücksichtigt, wenn die Eltern sich später heirateten.

[3] Als vorehelich konzipiert werden – in Übereinstimmung mit HENRY/BLUM 1988 S.107f. – die Kinder betrachtet, die weniger als 8 Monate nach der Heirat geboren wurden.

Anmerkungen: Siehe bei Tabelle 3.01!

hen, daß die Eheschließung durch den Eintritt der Schwangerschaft beschleunigt wurde. Was das Kirchspiel Belm angeht, so scheint die Tatsache, daß die Heuerlingsfrauen mit ihrem relativ hohen Heiratsalter den größten Anteil schwangerer Bräute stellten, für die erste Interpretation zu sprechen. Vergleicht man jedoch das Heiratsalter schwangerer und nicht schwangerer Bräute für jede Schicht gesondert (Tab. 3.12), so zeigt sich, daß schwangere Heuerlingsbräute durchschnittlich um zwei Jahre jünger waren als nicht schwangere. Ähnlich verhielt es sich mit den Bräuten von Kleinbauern; freilich belief sich der Unterschied hier nur auf ein Jahr. Anders bei den Bräuten von Großbauern: bei ihnen waren die schwangeren im Mittel etwas älter als die nicht schwangeren. In dieser Sicht läßt sich also durchaus sagen, daß bei Heuerlingen und Kleinbauern eine vor der Ehe eingetretene Schwangerschaft die Heirat beschleunigte. – Was das Heiratsalter der Männer angeht, so gilt dies für alle drei Schichten: Großbauern, Kleinbauern und Heuerlinge waren bei der ersten Eheschließung im Mittel jeweils etwa zwei Jahre jünger, wenn ihre Braut schwanger war als wenn dies nicht zutraf. Bei den Heuerlingen, wo relativ häufig ein gemeinsames Kind bereits vor der Hochzeit geboren wurde, läßt sich beobachten, daß in diesen Fällen das Alter von Mann und Frau bei der anschließenden Eheschließung kaum von demjenigen Paare abwich, die ihr erstes Kind erst nach der Trauung zeugten.

Neben dem hohen Heiratsalter gilt „ein hoher Anteil von Menschen, die nie heiraten", als kennzeichnend für das „europäische Heiratsmuster".[77] In dieser Hinsicht war freilich innerhalb der nordwestlichen Hälfte Europas die Varianz nach Zeit und Ort außerordentlich groß. So blieben in England von den in der ersten Hälfte des 17. Jahrhunderts Geborenen offenbar etwa 20 % lebenslang unverheiratet, während sich ihr Anteil im 18. und 19. Jahrhundert zwischen 7 % und 12 % bewegte.[78] In Frankreich stieg diese Ziffer von etwa 5 % bei der Generation, die im späten 17. Jahrhundert starb, auf deutlich über 10 % im späten 18. Jahrhundert.[79] Im Durchschnitt von sieben deutschen Gebieten erhöhte sich der Wert von knapp 10 % im frühen 18. auf gut 13 % Mitte des 19. Jahrhunderts.[80] – Noch breiter streuen die Werte zwischen verschiedenen Regionen. Während in einem Kirchspiel des Kreises

---

systematisch variierte, daß jedoch mit dem Alter der Bräute der Anteil derjenigen, die ein voreheliches Kind hatten, zunahm; vgl. jedoch ebd. S. 233 ff.

[77] HAJNAL 1965 S. 101.

[78] So die revidierte Schätzung von SCHOFIELD 1985 bes. S. 10, 14; vgl. WEIR 1984; WRIGLEY/SCHOFIELD 1989 S. XIX ff., 257 ff.

[79] HENRY/HOUDAILLE 1978–1979 Teil 1 bes. S. 50 f., 57 f. Nach den Argumenten von DUPÂQUIER 1979 S. 299 ff. sind diese Zahlen als Mindestwerte anzusehen.

[80] IMHOF 1990 S. 69 f.

Minden (Westfalen) 6% ledig blieben, waren es in einigen württembergischen Gemeinden 17% und in Hamburg 22%.[81] Zuverlässige Zahlen für größere Populationen stehen erst für die zweite Hälfte des 19. Jahrhunderts zur Verfügung. So waren im Deutschen Reich 1880 von den 45- bis 49 jährigen 9% der Männer und 11% der Frauen nie verheiratet; die Durchschnittswerte für die einzelnen Regierungsbezirke schwankten jedoch zwischen 5% und 18% bei den Männern bzw. 6% und 20% bei den Frauen.[82] In österreichischen Alpenländern wurden zur selben Zeit bei den Männern dieser Altersgruppe sogar 33% (Kronland Salzburg) und 42% Ledige (Kärnten) gezählt.[83]

Für das Kirchspiel Belm können entsprechende Zahlen erst aufgrund der Volkszählungen des 19. Jahrhunderts erhoben werden.[84] Im Zensus von 1812 wurden bei einer Gesamtbevölkerung von knapp dreitausend Einwohnern nur zehn Männer und neun Frauen im Alter von mindestens 45 Jahren ermittelt, die nicht verheiratet oder verwitwet waren, sondern ledig (s. Anhang Tab. 4). Das waren 3,5% der Männer und 3,2% der Frauen dieser Altersgruppe. Im europäischen Vergleich liegen solche Werte sehr niedrig. Diese Tatsache mag in einer Region, wo der Landbesitz ungeteilt vererbt wurde, besonders überraschend erscheinen. Nachdem jedoch die Konflikte um die Ansiedlung der Eigentumslosen abgeebbt, das Heuerlingssystem etabliert und die Proto-Industrialisierung in Form des Leinengewerbes durchgedrungen war[85], war in unserem Untersuchungsgebiet die Möglichkeit, eine Familie zu gründen, nicht mehr gebunden an das Eigentum an Grund und Boden. Die Kombination von Landwirtschaft und Leinengewerbe bot hier auch den Landlosen die Grundlage für eine eigene Familie.

1858 wurden im Kirchspiel Belm fünfundzwanzig ledige Männer und siebzehn ledige Frauen von mindestens 45 Jahren gezählt; das waren 8% der Männer und 6% der Frauen ihrer Altersgruppe (s. Anhang Tab. 5). Die Verschlechterung der wirtschaftlich-sozialen Bedingungen, welche die unteren Schichten infolge des Verfalls des Hausleinengewerbes und möglicherweise der Teilung der Gemeinheiten traf, sowie die Ehebeschränkungen

---

[81] Ebd. – Es handelt sich jeweils um Durchschnittswerte für die Geburtsjahrgänge 1700–1859.

[82] KNODEL/MAYNES 1976 bes. S. 162 f.

[83] EHMER 1991 S. 293, vgl. S. 123 ff., 310 ff. Diese Regionen bieten Extremwerte innerhalb des „europäischen Heiratsmusters", und zwar auch schon im 18. Jahrhundert: Soweit für jeweils einige Pfarren Daten zur Verfügung stehen, ergibt sich für Salzburg ein Anteil der Ledigen an den 45–49 jährigen Männern von 31%, für Kärnten von 39%: ebd. S. 293.

[84] Denn in den Sterberegistern des 17. und 18. Jahrhundert ist der Familienstand oft nicht ersichtlich.

[85] Siehe oben Kap. 2.

durch Trauscheinwesen und Domizilordnung führten offenbar dazu, daß nun ein größerer Teil der Männer und Frauen nie zur Ehe kam. Im Vergleich zu anderen deutschen und europäischen Regionen blieb ihr Anteil freilich auf mäßigem Niveau. Der ökonomische und politische Druck veranlaßte demnach nur relativ wenige, sich mit lebenslanger Ehelosigkeit abzufinden, wie er auch die übrigen nicht dazu vermochte, sehr viel länger mit der Heirat zu warten als die vorige Generation. Ehe diese Männer und Frauen sich dazu verstanden, die Aussicht auf die relative Selbständigkeit eines Heuerlings und Leinenproduzenten aufzugeben und ihr ganzes Leben etwa in der hausrechtlichen Abhängigkeit des Gesindes zu verbringen, machten viele sich auf den Weg, um die große Freiheit in der Neuen Welt zu suchen.

Die Stellung als Hagestolz oder alte Jungfer sah anscheinend wenig verlockend aus. Von den 25 ledigen Männern, die das 45. Lebensjahr vollendet hatten, waren 1858 nur vier Vorstand eines eigenen Haushalts (vgl. Tab. 5.07), einer als Inhaber einer winzigen Neubauernstelle, dazu kamen der katholische Pfarrer, der Kaplan und in diesem Fall auch der lutherische Geistliche. Die meisten lebten als Verwandte (8) oder Knechte (7, außerdem 2 Schäfer) in untergeordneter Position. Von den 17 ledigen Frauen ab 45 Jahren standen drei einem eigenen kleinen Haushalt vor, acht lebten als Tagelöhnerin, „Arme" oder sonstige Mitwohnerin in fremdem Haushalt, nur vier waren Verwandte und zwei familienfremde Mägde. – Soweit sich die soziale Herkunft dieser älteren ledigen Personen ermitteln läßt, gab es unter ihnen mehrere Colonensöhne; diese lebten meist als Verwandte bei der Bauernfamilie auf dem Hof, aus dem sie stammten. Die ledigen Frauen hingegen kamen fast alle aus landlosen Familien. Nur ganz selten blieb eine Bauerntochter unverheiratet. Da ihnen die Alternative offenstand, ggf. noch in relativ vorgerücktem Alter einen Heuerling zu heiraten, zogen sie das offenbar einem Dasein als ledige Tante vor. Im Unterschied zu anderen bäuerlichen Gesellschaften mit ungeteilter Hofvererbung[86] scheint bei ihnen die Identifikation mit der Herkunftsfamilie nicht so weit gegangen zu sein, daß sie ihr Leben lang für den glücklichen Hoferben und dessen Kinder hätten arbeiten mögen.

Daß in unserem Untersuchungsgebiet – anders als in weiten Teilen Europas – nahezu alle Frauen und Männer heiraten konnten, auch ohne Eigentum an Land oder Haus, dazu trug ohne Frage die Proto-Industrialisierung wesentlich bei, indem sie eine zweite Quelle des Lebensunterhalts neben der Landwirtschaft bereitstellte. Insofern zeigt auch unser Fall deutlich einen ursächlichen Zusammenhang zwischen Proto-Industrialisierung und Bevölkerungswachstum. Daß der Anteil derjenigen, die nie zur Ehe kamen, hier

---

[86] Ein eindrucksvolles Beispiel stellt VERNIER 1984 dar; vgl. auch MITTERAUER 1986a S. 317 f.

so niedrig lag, war zugleich ein wichtiger Faktor bei der starken Zunahme der Einwohnerzahl, wie sie von der Mitte des 17. bis in das frühe 19. Jahrhundert festzustellen ist. Denn diese Expansion beruhte nicht auf Wanderungsgewinnen.[87] Vielmehr waren hier auch die Heuerlingsstellen „generativ [...] vollwertig", ihre Inhaber blieben keineswegs „für ihre Proliferation auf die außereheliche Fortpflanzung angewiesen", sondern ihnen stand wie den besitzenden Bauern die Möglichkeit zur „Familiengründung und Teilnahme am Bevölkerungsvorgang" offen.[88] Obendrein war die Anzahl dieser Stellen durchaus nicht eng begrenzt; sie vervielfachte sich vom 17. bis zum frühen 19. Jahrhundert.

### 3.3. Eheliche Fruchtbarkeit

Ausgangspunkt der neueren historischen Demographie und ihrer bevorzugten Methode, der Familien-Rekonstitution, war die Hypothese, daß vor dem sog. demographischen Übergang, mithin vor der Verbreitung einer bewußten innerehelichen Geburtenbeschränkung, die Fertilität allgemein hoch war und im wesentlichen von biologischen, nicht aber sozialen Faktoren bestimmt wurde; im Unterschied zu der geplanten sei dies die „natürliche Fruchtbarkeit" gewesen. Sozial gesteuert worden sei die Fortpflanzung damals – wenn überhaupt – durch die Nuptialität: das Heiratsalter und die Heiratshäufigkeit (den Anteil derer, die zur Ehe kamen). Waren die Ehen einmal geschlossen, so habe die Fertilität unkontrolliert ihren „natürlichen" Lauf genommen.[89] – Inzwischen haben die historisch-demographischen Mikro-Analysen gezeigt, daß längst vor dem 19. und 20. Jahrhundert das Niveau der ehelichen Fruchtbarkeit zwischen verschiedenen Perioden und vor allem zwischen verschiedenen Regionen, ja Orten, ganz erhebliche Unterschiede aufwies.[90] Dadurch wird die Vorstellung einer biologisch determinierten Einheitlichkeit des nicht empfängnisverhütenden Verhaltens in Frage gestellt. Einige französische Demographie-Historiker haben deshalb das Konzept der „natürlichen Fruchtbarkeit" ganz aufgegeben.[91] Eine andere

---

[87] Eine Kontrollrechung für 1772 bis 1832 ergibt, daß der Geborenenüberschuß um 528 höher lag als die Zunahme der Einwohnerzahl; es gab also eine Netto-Abwanderung aus dem Kirchspiel Belm von durchschnittlich etwa 9 Personen pro Jahr.

[88] Dies die Termini von MACKENROTH 1953 S. 422.

[89] HENRY 1952; HENRY 1953; HENRY 1961. Vgl. MACKENROTH 1953 S. 120. Vgl. jetzt HENRY 1979.

[90] Siehe den Überblick von FLINN 1981 S. 25 ff., 102 ff.

[91] So DUPÂQUIER 1984 S. 45 ff.; Alain Bideau/Jean-Pierre Bardet, in: DUPÂQUIER 1988 Bd. 2 S. 367.

Konsequenz haben anglo-amerikanische Forscher aus denselben empirischen Befunden gezogen: für sie impliziert der Begriff der natürlichen Fruchtbarkeit nicht mehr ein biologisch bestimmtes hohes Niveau, sondern ist lediglich Gegenbegriff zu Geburtenbeschränkung („family limitation") in dem engen Sinne des bewußten Bestrebens, die Fortpflanzung dann abzubrechen, wenn eine bestimmte angestrebte Kinderzahl erreicht ist. Sogar ein Verhalten, das bewußt darauf abzielt, die Kinderzahl niedrig zu halten (etwa durch Verlängerung der Abstände zwischen den Geburten) würde der „natürlichen Fruchtbarkeit" nicht widersprechen, wenn es von Beginn der Ehe an und nicht erst ab Erreichen einer bestimmten Kinderzahl praktiziert wird. Somit meint das Konzept „natural fertility" nur noch eine bestimmte („konvexe") Form der Kurve der ehelichen Fertilität über die einzelnen Altersgruppen der Frauen: bis etwa zum 40. Lebensjahr sinkt diese nur langsam, danach hört die Fortpflanzung recht abrupt auf.[92]

Im Vergleich zu anderen Regionen Deutschlands und Europas erreichte die eheliche Fruchtbarkeit im Kirchspiel Belm nur ein mäßiges Niveau.[93] Es gibt also kein Anzeichen, daß hier die relativ späte Eheschließung kompensiert worden wäre durch eine erhöhte Fertilität der Ehen. Wie die altersspezifischen Raten der ehelichen Fruchtbarkeit zeigen (Tab. 3.13), bekamen die verheirateten Frauen im Alter zwischen zwanzig und dreißig Jahren durchschnittlich nicht öfter als etwa alle zweieinhalb Jahre ein Kind. Freilich sank die Fruchtbarkeit bis zum vierzigsten Lebensjahr ungewöhnlich wenig: auch in diesem Alter gebaren die Belmer Frauen etwa in jedem dritten Jahr ein Kind. Und selbst in der ersten Hälfte des fünften Lebensjahrzehnts brachten sie im Mittel in jedem sechsten Jahr ein Kind zur Welt. In keiner Altersgruppe folgten also die Geburten schnell aufeinander, doch wurde die gesamte fruchtbare Periode der Frau – soweit sie in der Ehe verlebt wurde – mit ungewöhnlicher Gleichmäßigkeit genutzt. Von der Gesamtrate der ehelichen Fruchtbarkeit der Altersgruppen vom 21. bis einschließlich dem 50. Lebensjahr entfielen 52 % auf die Zeit nach Vollendung des 30. Lebensjahres. Das heißt: wenn eine Frau mit genau zwanzig Jahren heiratete, ihre Ehe mindestens bestand, bis sie 50 Jahre alt war, und sie in allen Altersgruppen die durchschnittliche Geburtenzahl hatte, so brachte sie mehr als die Hälfte ihrer Kinder nach Vollendung des dreißigsten Lebensjahres zur Welt. Das ist ein deutlicher Hinweis, daß im Kirchspiel Belm während unserer Untersuchungsperiode kaum eine innereheliche Geburtenbeschränkung in dem Sinne praktiziert wurde, daß die Paare die Fortpflanzung eingestellt hätten,

---

[92] PRESSAT/WILSON 1985 S. 156 f. s. v. ‚natural fertility'; WILSON 1984; KNODEL 1988 S. 251 ff.
[93] Vgl. FLINN 1981 S. 30 ff., 102 ff; WRIGLEY/SCHOFIELD 1983 S. 168 ff.; WILSON 1984 S. 226 ff.; KNODEL 1978 S. 487 ff.; KNODEL 1988 S. 247 ff.

Tabelle 3.13: Altersspezifische eheliche Fruchtbarkeit, nach Heiratsperiode, nach Heiratsalter der Frau und nach sozialer Schicht, 1651–1858

a) nach Heiratsperiode

| Heiratsjahr | Zahl der Geborenen pro Jahr je 1000 verheiratete Frauen der Altersgruppe | | | | | | | Gesamtrate der ehelichen Fruchtbarkeit (TMFR) 20–49 J.[1] | TMFR 30–49 / TMFR 20–49[2] |
|---|---|---|---|---|---|---|---|---|---|
| | 15–19 | 20–24 | 25–29 | 30–34 | 35–39 | 40–44 | 45–49 | | |
| 1651–1680 | | (378) | | (327) | (293) | (197) | (62) | 7,72 | 0,52 |
| 1681–1710 | | 426 | 365 | 336 | 256 | 165 | 45 | 7,92 | 0,49 |
| 1711–1740 | | 398 | 386 | 323 | 279 | 135 | 36 | 7,96 | 0,52 |
| 1741–1770 | | 427 | 369 | 370 | 289 | 142 | 26 | 8,43 | 0,52 |
| 1771–1800 | (289) | 405 | 384 | 364 | 301 | 179 | 30 | 8,19 | 0,51 |
| 1801–1830 | (339) | 367 | 391 | 339 | 296 | 174 | 33 | 8,17 | 0,52 |
| 1831–1858 | | | 409 | 347 | 306 | 169 | 35 | | |
| 1651–1858 | 304 | 402 | 388 | 350 | 294 | 165 | 33 | 8,16 | 0,52 |

b) nach Heiratsalter der Frau, 1651–1858

| Heiratsalter der Frau | Zahl der Geborenen pro Jahr je 1000 verheiratete Frauen der Altersgruppe | | | | | | |
|---|---|---|---|---|---|---|---|
| | 15–19 | 20–24 | 25–29 | 30–34 | 35–39 | 40–44 | 45–49 |
| 20–24 | | 408 | 391 | 342 | 284 | 157 | 29 |
| 25–29 | | | 407 | 352 | 284 | 158 | 27 |
| 30–34 | | | | 391 | 311 | 170 | 41 |

| Schicht | Zahl der Geborenen pro Jahr je 1000 verheiratete Frauen der Altersgruppe ||||||| Gesamtrate der ehelichen Fruchtbarkeit (TMFR) 20–49 J.[1] | $\dfrac{\text{TMFR } 30-49}{\text{TMFR } 20-49}$[2] |
|---|---|---|---|---|---|---|---|---|
|  | 15–19 | 20–24 | 25–29 | 30–34 | 35–39 | 40–44 | 45–49 |  |  |
| Großbauern | (299) | 424 | 387 | 357 | 294 | 188 | 30 | 8,40 | 0,52 |
| Kleinbauern | (320) | 370 | 376 | 349 | 301 | 165 | 26 | 7,94 | 0,53 |
| Heuerlinge/Landlose | (254) | 401 | 399 | 355 | 301 | 166 | 34 | 8,28 | 0,52 |

[1] Die Gesamtrate der ehelichen Fruchtbarkeit (engl.: total marital fertility rate, abgekürzt TMFR), hier berechnet für das Alter 20 bis 49, ist die Summe der altersspezifischen ehelichen Fruchtbarkeitsraten (hier jeweils multipliziert mit 5 und dividiert durch 1000, da die Fruchtbarkeitsraten je 1000 Frauen für 5-Jahres-Altersgruppen angegeben sind) und gibt an, wieviele Kinder eine Frau zur Welt brachte, die mit genau 20 Jahren heiratete, in allen Altersgruppen die durchschnittliche Fruchtbarkeit hatte und deren Ehe bis zur Vollendung ihres 50. Lebensjahres dauerte (vgl. PRESSAT/WILSON 1985 S. 222).

[2] Der Quotient Gesamtrate der ehelichen Fruchtbarkeit (TMFR) ab 30 Jahren: Gesamtrate der ehelichen Fruchtbarkeit (TMFR) ab 20 Jahren gibt an, welcher Anteil der Geburten auf die Zeit nach Vollendung des 30. Lebensjahres entfiel, wenn eine Frau mit genau 20 Jahren heiratete, in allen Altersgruppen die durchschnittliche Fruchtbarkeit hatte und ihre Ehe bis zur Vollendung ihres 50. Lebensjahres dauerte (vgl. KNODEL 1988 S. 259 f.). Der Quotient 0,52 bedeutet also, daß in einem solchen Fall 52 % der Geburten auf die Zeit nach Vollendung des 30. Lebensjahres der Frau entfielen.

Anmerkungen:

In Klammern gesetzt sind die Fruchtbarkeitsraten, wenn sie auf 50 bis 199 Frauen-Jahren beruhen; weggelassen sind die Raten, wenn sie auf weniger als 50 Frauen-Jahren beruhen.
Die hier gezeigten Werte enthalten eine dreifache Korrektur:

1. Wegen Unterregistrierung der Geburten in den Taufregistern ('naissances perdues', zum Problem HENRY/BLUM 1988 S. 75 ff., zu der hier benutzten Methode s. Kap. 1 Anm. 40) wurden die ursprünglich errechneten Fruchtbarkeitsraten mit folgenden Korrekturfaktoren multipliziert:

Heiraten bis 1770  1,0625    Heiraten 1771–1800  1,0450    Heiraten 1801–1830  1,0347    Heiraten 1831–1858  1,0202.

Für die Auswertung nach sozialer Schicht (1741–1858) wurden die 'naissances perdues' ebenfalls nach dem in Kap. 1 Anm. 40 beschriebenen Verfahren geschätzt; daraufhin wurden die ursprünglich errechneten Fruchtbarkeitsraten mit folgenden Korrekturfaktoren multipliziert:

Großbauern 1,0262    Kleinbauern 1,0335    Heuerlinge/Landlose 1,0482.

2. Nach den Erfahrungen der historischen Demographie werden in den Kirchenbüchern, zumal in katholischen, oft Totgeburten nicht klar von Nottaufen, die gleich nach der Geburt verstarben, unterschieden; obendrein werden beide Kategorien oft unvollständig registriert (s. HENRY/BLUM 1988 S. 79 ff.: 'ondoyés décédés'; GUTIERREZ/HOUDAILLE 1983 S. 989; KNODEL 1988 S. 493 ff.; IMHOF 1990 S. 73). Daß auch in Belm die Unterscheidung nicht scharf war, deutet z. B. der Beerdigungseintrag eines Mädchens vom 22.8.1713 an »[…] in utero matris ab obstetrice baptizata«. Es besteht also einerseits die Möglichkeit, daß totgeborene Kinder als gleich nach der Nottaufe verstorben registriert wurden; anderer-

*Fortsetzung der Anmerkungen zu Tabelle 3.13:*

seits könnten Totgeburten und/oder Nottaufen unvollständig registriert sein. Da in Belm im 19. Jahrhundert 0,5 bis 0,75 % aller Geborenen als nach der Nottaufe verstorben erkennbar sind, wird angenommen, daß dies ein normaler Wert ist, wenn keine totgeborenen Kinder als notgetauft registriert werden. Für die Perioden, in denen ein höherer Prozentsatz als nach der Nottaufe verstorben registriert wurde, wird angenommen, daß einige Totgeburten darunter sind. Totgeburten sind in den lutherischen Kirchenbüchern ab 1814, in den katholischen ab 1818 als solche gekennzeichnet. Der Anteil der als Totgeburten registrierten an allen Geborenen beträgt:

 1811–20 0,8 %  1821–30 3,5 %  1831–40 2,9 %  1841–50 3,9 %  1851–60 3,3 %.

Da diese Werte zu den jährlichen Durchschnitten des Königreichs Hannover passen (s. KRAUS 1980 S.118), wird angenommen, daß seit 1814/18 in Belm die Totgeburten vollständig registriert und von den nach der Nottaufe Verstorbenen unterschieden wurden. Für die Zeit davor wird angenommen, daß der Anteil der Totgeburten und der nach der Nottaufe Verstorbenen zusammen etwa 3,5 bis 3,75 % aller Geborenen betragen sollte. Um diesen Anteil zu erreichen, wurden die wegen ‚naissances perdues' korrigierten Fruchtbarkeitsraten mit folgenden Korrekturfaktoren multipliziert:

  Heiraten 1651–1680 1,03  Heiraten 1711–1740 1,02  Heiraten 1771–1800 1,02
  Heiraten 1681–1710 1,02  Heiraten 1741–1770 1,03  Heiraten 1801–1830 1,01.

Die in den Tabellen gezeigten Fruchtbarkeitsraten sind demnach so zu verstehen, daß totgeborene Kinder eingeschlossen sind; dabei sind freilich die Totgeburten mit ca. 3 % eher niedrig geschätzt. Um Fruchtbarkeitsraten *ausschließlich* der Totgeburten zu erhalten, müßten die hier gezeigten Werte um ca. 3 % vermindert werden.

3. Da Frauen hinsichtlich der altersspezifischen ehelichen Fruchtbarkeit erst von der Heirat an als ‚at risk' betrachtet werden, vorehelich konzipierte ehelich geborene Kinder jedoch mitzählen, führt ein erheblicher Anteil vorehelicher Konzeptionen zu einer Überschätzung der Fruchtbarkeitsraten in den Altersgruppen, in denen viele Frauen heirateten. Zum Ausgleich wurden hier (in Verfeinerung der von WILSON 1984 S.232, KNODEL 1988 S.6, 264 ff., 375 ff. verwendeten Verfahren) diejenigen Frauen, die weniger als acht Monate nach der Hochzeit ein Kind zur Welt brachten, bereits 19,6 Monate vor dieser Geburt als ‚at risk' betrachtet; denn 19,6 Monate beträgt der durchschnittliche Abstand zwischen Hochzeit und erster Geburt in den Fällen, wo diese acht Monate oder mehr nach der Hochzeit stattfand.

Wurde die Ehe durch Tod des Mannes beendet, so wurde die Frau (entsprechend HENRY/BLUM 1988 S.71) noch 9 Monate danach als ‚at risk' betrachtet. – Um die Vergleichbarkeit mit anderen Studien zu sichern und die Gefahr eines Bias auszuschließen, wurden (entsprechend CHARBONNEAU 1970 S.105 f.; GEHRMANN 1984 S.223; vgl. GAUTIER/HENRY 1958 S.108; HENRY/BLUM 1988 S.75) nur die Ehen berücksichtigt, die mindestens 5 Jahre dauerten.

Eingeschlossen sind sowohl diejenigen Frauen, die im Kirchspiel Belm getauft wurden, zu denen also ein Taufeintrag gefunden wurde, als auch zugewanderte, bei denen also der Taufeintrag fehlt, jedoch im Heirats- oder Sterbeeintrag das Alter oder das Geburtsdatum angegeben ist. Ein Vergleich solcher Altersangaben mit dem aus dem Taufeintrag errechneten Alter für die Fälle, wo beides zur Verfügung steht, ergab, daß bei den Heiratsjahrgängen vor 1801 im Sterbeeintrag das Alter für die über 69jährigen im Schnitt um 2 Jahre überschätzt wurde, für die 50- bis 69jährigen Frauen um 0,5 Jahre; das gilt freilich nur, wenn das Alter lediglich in vollen Jahren angegeben wurde. Deshalb wurde die Altersangabe für die demographischen Auswertungen entsprechend korrigiert in den – wenig zahlreichen – Fällen, wo das Alter nur aus einem solchen Todeseintrag bekannt ist und die genannten Bedingungen zutreffen.

wenn sie eine bestimmte angestrebte Kinderzahl erreicht hatten; vielmehr handelte es sich um ein Regime der sog. „natürlichen Fertilität".[94]

Die zeitliche Abfolge der Geburten stellte sich im Durchschnitt der beiden untersuchten Jahrhunderte folgendermaßen dar: Zwischen Heirat und der ersten ehelichen Geburt vergingen im Mittel 16,4 Monate; schließt man die Familien aus, in denen das erste eheliche Kind weniger als acht Monate nach der Hochzeit geboren wurde, mithin vor der Ehe gezeugt war, so betrug der Abstand 19,6 Monate. In Familien mit mindestens sechs ehelichen Geburten folgte die zweite Entbindung erst mehr als zwei Jahre später (nach 25,3 Monaten), die dritte nach weiteren 27,9 Monaten, die vierte nach 30,1 Monaten. Zwischen der drittletzten und der vorletzten Niederkunft lagen 34,2, zwischen der vorletzten und der letzten 39,0 Monate.

Auffallend ist, wie wenig sich die eheliche Fruchtbarkeit im Laufe der zwei Jahrhunderte verändert hat (Tab. 3.13a). Um die Auswirkungen von Veränderungen im Heiratsalter möglichst auszuschalten, nehmen wir die altersspezifischen ehelichen Fruchtbarkeitsraten und die Gesamtrate der ehelichen Fruchtbarkeit von 20 bis 49 Jahren, welche angibt, wieviele Kinder eine Frau im Durchschnitt zur Welt gebracht hätte, wenn ihre Ehe vom vollendeten zwanzigsten bis zum vollendeten 50. Lebensjahr gedauert hätte. Bei diesem zusammenfassenden Maß beträgt der Abstand zwischen den Heiratskohorten (von je dreißig Jahren) mit der niedrigsten und der höchsten Fruchtbarkeit nicht einmal eine Geburt, weniger als 10%. Von der Generation, die um 1700 heiratete, bis zu der, die im späten 18. Jahrhundert in die Ehe trat, stieg die eheliche Fruchtbarkeit etwas an; danach stagnierte sie auf leicht ermäßigtem Niveau. Die Verteilung der Geburten auf die verschiedenen Altersgruppen der Frauen änderte sich nicht nennenswert: der Anteil der Altersgruppen ab 30 Jahre schwankte zwischen den verschiedenen Heiratskohorten lediglich zwischen 49% und 52%, und er hatte im Zeitverlauf durchaus keine sinkende Tendenz. Bis zur Mitte des 19. Jahrhunderts, dem Ende unserer Untersuchungsperiode, ist also keine Geburtenbeschränkung festzustellen.

Vergleichen wir die altersspezifische eheliche Fruchtbarkeit für verschiedene Heiratsalter, so zeigt sich jedoch, daß unter den Frauen gleichen Alters regelmäßig diejenigen die geringste Fertilität hatten, die schon am längsten verheiratet waren (Tab. 3.13b). Dieser Befund, der sich in demographischen Studien inzwischen ziemlich allgemein ergeben hat, wird nicht mehr als Zeichen einer gezielten Geburtenbeschränkung in den späteren Jahren der

---

[94] Im Durchschnitt der zehn Populationen, die Coale und Trussel für die Konstruktion ihres Standardmodells der „natürlichen Fertilität" benutzten, hatten die Altersgruppen ab 30 Jahre nur einen Anteil von 50% an der Gesamtrate der ehelichen Fruchtbarkeit: KNODEL 1988 S. 259f.

Tabelle 3.14: Durchschnittliches Alter der Frau bei der letzten Geburt in vollständigen Ehen[1], nach sozialer Schicht und Heiratsalter, 1651-1860

a) nach sozialer Schicht

| Heiratsjahr | alle[2] | Frauen von | | |
| --- | --- | --- | --- | --- |
| | | Großbauern | Kleinbauern | Heuerlingen/Landlosen |
| 1651-1680 | | | | |
| 1681-1710 | 40,3 | | | |
| 1711-1740 | 40,0 | (40,1) | | |
| 1741-1770 | 40,6 | (41,6) | (39,8) | 40,4 |
| 1771-1800 | 41,1 | 40,8 | (41,2) | 41,2 |
| 1801-1830 | 41,1 | 41,1 | (40,6) | 41,2 |
| 1831-1860 | 41,4 | | | 41,6 |
| 1651-1860 | 40,9 | | | |
| 1741-1860 | | 41,2 | 40,6 | 41,2 |

b) nach Heiratsalter der Frau

| Heiratsalter | Alter bei der letzten Geburt |
| --- | --- |
| 15-19 | 38,8 |
| 20-24 | 40,3 |
| 25-29 | 40,5 |
| 30-34 | 41,7 |
| 35-39 | 42,9 |
| 40-44 | (44,6) |

[1] Vollständig sind die Ehen, die mindestens bestanden, bis die Frau ihr 45. Lebensjahr vollendet hatte.
[2] Einschließlich derer, bei denen die Schichtzugehörigkeit nicht ermittelt werden konnte.

Anmerkungen: Zahlen in Klammern beruhen auf 20-49 Fällen; weggelassen sind Ergebnisse, die auf weniger als 20 Fällen beruhen.

Eingeschlossen sind sowohl diejenigen Frauen, die im Kirchspiel Belm getauft wurden, zu denen also ein Taufeintrag gefunden wurde, als auch zugewanderte, bei denen also der Taufeintrag fehlt, jedoch im Heirats- oder Sterbeeintrag das Alter oder das Geburtsdatum angegeben ist. Ein Vergleich solcher Altersangaben mit dem aus dem Taufeintrag errechneten Alter für die Fälle, wo beides zur Verfügung steht, ergab, daß bei den Heiratsjahrgängen vor 1801 im Sterbeeintrag das Alter für die über 69jährigen im Schnitt um 2 Jahre überschätzt wurde, für die 50- bis 69jährigen Frauen um 0,5 Jahre; das gilt freilich nur, wenn das Alter lediglich in vollen Jahren angegeben wurde. Deshalb wurde die Altersangabe für die demographischen Auswertungen entsprechend korrigiert in den - wenig zahlreichen - Fällen, wo das Alter nur aus einem solchen Todeseintrag bekannt ist und die genannten Bedingungen zutreffen.

Ehe interpretiert.⁹⁵ Als Ursache kommt „sekundäre Sterilität" in Frage: Mit der Dauer der Ehe und der Zahl der Entbindungen nahm das Risiko zu, daß bei einer Schwangerschaft oder Geburt Komplikationen auftraten, die zu Unfruchtbarkeit führten. Außerdem könnte mit der Dauer der Ehe die Häufigkeit des Geschlechtsverkehrs abgenommen haben.⁹⁶ Wo immer die Ursachen im einzelnen lagen, dieser Effekt dämpfte nur ein wenig den Einfluß des Heiratsalters auf die Zahl der Kinder, die in einer Ehe geboren wurden, kompensierte ihn aber bei weitem nicht. Denn es war keineswegs so, daß etwa in den ersten zehn oder fünfzehn Jahren einer Ehe unabhängig vom Heiratsalter der Frau immer ungefähr die gleiche Zahl von Kindern geboren worden wäre; vielmehr war diese Zahl umso geringer, je höher das Heiratsalter (Tab. 3.13 b).

Zwischen den sozialen Schichten gab es im Kirchspiel Belm keine nennenswerten Unterschiede in der altersspezifischen ehelichen Fruchtbarkeit (Tab. 3.13 c).⁹⁷ Im Durchschnitt der Belmer Heiratsgenerationen von 1741 bis 1858 betrug der Abstand zwischen den Großbauern, die die höchste Gesamtrate der ehelichen Fertilität vom 21. bis 50. Lebensjahr aufwiesen, und den Kleinbauern, für die sich der niedrigste Wert ergibt, weniger als 0,5 Geburten (d.i. 6%). Bei allen drei Schichten entfiel mehr als die Hälfte dieses Werts auf die Zeit nach Vollendung des 30. Lebensjahres; offenbar wurde also in keiner Schicht eine gezielte Geburtenbeschränkung in den späteren Jahren der Ehe bzw. bei fortgeschrittenem Alter der Frau betrieben. Eine Kontrollrechnung ergibt, daß sich bei keiner Schicht im Zeitverlauf eine Tendenz zu einem Sinken des Niveaus der Fertilität abzeichnet, weder insgesamt noch speziell nach dem 30. Lebensjahr.

Das fortgeschrittene Alter der Frauen bei ihrer letzten Entbindung bestätigt, daß die Belmer bis zur Mitte des 19. Jahrhunderts offenbar solange fortfuhren, Kinder zu zeugen, wie die fruchtbaren Jahre der Frau dauerten (Tab. 3.14). In den Ehen, die Bestand hatten, bis die Frau ihr 45. Lebensjahr vollendet hatte, betrug ihr durchschnittliches Alter bei der letzten Geburt fast 41 Jahre – ein Wert, der noch etwas höher ist als in den meisten Orten Deutschlands und Europas, für die „natürliche Fruchtbarkeit" diagnostiziert wird.⁹⁸ Im Laufe der beiden untersuchten Jahrhunderte sank dieser Wert nicht, sondern stieg von etwa 40 auf 41 Jahre.

---

⁹⁵ So HENRY/BLUM 1988 S. 87; WRIGLEY/SCHOFIELD 1983 S. 172 ff. Anders noch HENRY 1961 S. 627, 629; vgl. auch WRIGLEY 1966 S. 91 f.
⁹⁶ KNODEL 1988 S. 372 ff.; KNODEL 1978 S. 492 ff.; STENFLO 1989.
⁹⁷ Das war, den bisher vorliegenden Ergebnissen nach zu urteilen, auch sonst in ländlichen Gebieten Deutschlands vor der Mitte des 19. Jahrhunderts die Regel: s. SCHLUMBOHM 1992 a S. 333 ff. und insbes. KNODEL 1988 S. 293 ff.; vgl. KNODEL 1978 S. 490 ff.; NORDEN 1984 S. 158 ff. Größere Unterschiede zwischen den Schichten: LIPP 1982 S. 525 ff.; GEHRMANN 1984 S. 253 ff.

Frauen, die spät geheiratet hatten, waren bei der Geburt ihres letzten Kindes im Durchschnitt nicht viel älter als die, die ihre Ehe jung begonnen hatten. Diejenigen, die bei der Hochzeit 20 bis 29 waren, wurden zum letzten Mal mit vierzig Jahren entbunden; die Anfang dreißig Verheirateten bekamen das letzte Kind mit knapp 42 Jahren, und die Ende dreißig Verheirateten mit fast 43 Jahren. Diese Unterschiede dürften sich durch das mit der Zahl der Entbindungen wachsende Risiko ‚sekundärer Sterilität' oder durch eine mit der Dauer der Ehe abnehmende Häufigkeit des Beischlafs erklären lassen, ohne daß eine gezielte Geburtenbeschränkung bei den schon lange verheirateten Paaren angenommen werden müßte.[99]

Zwischen den sozialen Schichten gab es keine nennenswerten Unterschiede im Alter, bei dem die Frauen ihr letztes Kind zur Welt brachten. Weder in bäuerlichen noch in landlosen Familien ist eine Tendenz zum Sinken dieses Alters festzustellen.

Wieviele Kinder gebar eine Frau, wenn ihre Ehe nicht vorzeitig durch den Tod beendet wurde? Der Gesamtdurchschnitt lag für das Kirchspiel Belm bei 5,5 (Tab. 3.15). Dieser Wert muß im Vergleich zu anderen ländlichen Gemeinden Deutschlands als eher niedrig gelten.[100] Das recht hohe Heiratsalter und die langen Abstände zwischen den Geburten wirkten sich also stärker aus als die Tatsache, daß in Belm die fruchtbare Periode der Frau bis zu ihrem Ende besonders nachhaltig genutzt wurde.

Hinter der Durchschnittszahl verbergen sich natürlich sehr unterschiedliche ‚Reproduktionskarrieren' der einzelnen Paare. Fünf war die häufigste Kinderzahl (13% der Erstehen der Frau, die nicht durch Tod beendet wurden, bevor sie 45 Jahre alt war; s. Tab. 3.15 d). Familien mit drei bis sieben Kindern kamen freilich kaum seltener vor (je über 10%). 9% der Ehen hatten acht, 6% neun Kinder. Zehn oder mehr Kinder entsprangen immerhin in 6% der Ehen, wobei sechzehn die Höchstzahl darstellt. Auf der anderen Seite blieben 6% der Paare ganz ohne Nachwuchs; in einem Viertel dieser Fälle war allerdings die Braut bei der Hochzeit bereits 40 bis 44 Jahre alt.

Wieviele Kinder eine Frau im Laufe ihrer Ehe zur Welt brachte, hing in erster Linie davon ab, in welchem Alter sie heiratete (Tab. 3.15 c). In vollem Ausmaß zeigt sich diese Grundtatsache der sog. natürlichen Fertilität, wenn

---

[98] Vgl. FLINN 1981 S. 29, 128f.; WILSON 1984 S. 234ff.; LEBOUTTE 1988 S. 369f.; KNODEL 1988 S. 291 ff.; GEHRMANN 1984 S. 229 ff.

[99] Vgl. KNODEL 1988 S. 309 ff., 367 ff.

[100] Nimmt man zum Vergleich mit KNODEL 1988 S. 355 alle vollständigen Ehen (einschl. Wiederheiraten), so beläuft sich in Belm der Durchschnitt auf 4,8. Nur zwei der vierzehn von Knodel untersuchten Orte weisen für 1700-1899 einen niedrigeren Wert auf.

wir auch hier nur diejenigen Erstehen der Frau berücksichtigen, die bis zum Ende ihres 45. Lebensjahres dauerten. Die Frauen, die mit 20 bis 24 Jahren heirateten, gebaren im Schnitt fast sieben Kinder; die mit 25 bis 29 Jahren verheirateten fünf; diejenigen, die erst mit 30 bis 34 ihre Ehe begannen, kamen kaum auf vier, die Ende dreißig vermählten auf drei.

In der Realität war freilich die Entwicklung der Familiengröße nicht so vorhersehbar, wie diese Zahlen suggerieren. Nicht wenige Ehen wurden durch den Tod eines Ehegatten vorzeitig beendet; und je früher die Frau heiratete, desto größer war die Wahrscheinlichkeit, daß dieser Fall eintrat, bevor sie das 45. Lebensjahr vollendete. Beziehen wir solche Ehen ein, so wird der Zusammenhang von Heiratsalter der Frau und Kinderzahl schwächer. Die Frauen z.B., die mit Anfang zwanzig heirateten, haben dann im Durchschnitt nur ein – und nicht zwei – Kinder mehr als die, die mit Ende zwanzig heirateten. Verwischt ist der Zusammenhang jedoch auch hier keineswegs. Das heißt: Auch das an sich unkalkulierbare Sterblichkeitsrisiko beider Ehegatten hob die Wahrscheinlichkeit nicht auf, daß eine Frau, die jung heiratete, in der Regel einer größeren Kinderzahl entgegensah als eine, die sich später vermählte.

Im Laufe der Untersuchungsperiode nahm die durchschnittliche Kinderzahl zu (Tab. 3.15a). Wurden um 1700 im Mittel fünf Kinder je vollständige Erstehe der Frau geboren, so waren es im frühen 19. Jahrhundert sechs. Das entspricht dem sinkenden Trend des Heiratsalters; zusätzlich trug das leichte Ansteigen der ehelichen Fertilitätsraten dazu bei.

In großbäuerlichen Familien wurde im Durchschnitt ein Kind mehr geboren als in kleinbäuerlichen oder landlosen (Tab. 3.15b). Da die altersspezifische Fertilität der sozialen Schichten sich so gut wie nicht unterschied, wirkte sich das jüngere Heiratsalter der Großbauernfrauen voll aus. In den Familien der dörflichen Oberschicht kamen in Belm also deutlich mehr Kinder zur Welt als bei den Ärmeren. Wenn nicht eine erhöhte Sterblichkeit entgegenwirkte, wurde damit die Gefahr heraufbeschworen, daß infolge der Unteilbarkeit der Höfe und der gegen Null gehenden Möglichkeiten zur Gründung neuer bäuerlichen Stellen ein Teil der Großbauernkinder dem sozialen Abstieg entgegensah. Bis zur Mitte des 19. Jahrhunderts hat diese Aussicht die Belmer Großbauern aber nicht veranlaßt, zur Geburtenbeschränkung überzugehen.[101]

---

[101] In einzelnen ländlichen Gemeinden Deutschlands stellt KNODEL 1988 S. 287 ff. seit Beginn des 19. Jahrhunderts einen Übergang zur Geburtenbeschränkung fest, in der Mehrzahl erst für die zweite Hälfte des 19. Jahrhunderts. Regelmäßig war die Geburtenkontrolle zunächst bei den Bauern stärker ausgeprägt als bei den Besitzlosen: ebd. S. 293 ff. – Grundsätzlich zum Problem der ‚Fertilitäts-Strategie' WRIGLEY 1978.

Tabelle 3.15: Zahl der je Ehe geborenen Kinder, nach Heiratsperiode, sozialer Schicht und Heiratsalter der Frau, 1651-1860

a) Vollständige[1] Erstehen der Frau: Zahl der durchschnittlich je Ehe geborenen Kinder, nach Heiratsperiode

| Heiratsjahr | Kinderzahl |
| --- | --- |
| 1651-1680 | |
| 1681-1710 | 4,9 |
| 1711-1740 | 4,9 |
| 1741-1770 | 5,2 |
| 1771-1800 | 5,6 |
| 1801-1830 | 6,0 |
| 1831-1860 | [2] |
| 1651-1860 | 5,5 |

b) Vollständige[1] Erstehen der Frau: Zahl der durchschnittlich je Ehe geborenen Kinder, nach sozialer Schicht, 1741-1860

| Schicht | Kinderzahl |
| --- | --- |
| Großbauern | 6,4 |
| Kleinbauern | 5,3 |
| Heuerlinge/Landlose | 5,4 |

c) Vollständige[1] - alle[3] Erstehen der Frau: Zahl der durchschnittlich je Ehe geborenen Kinder, nach Heiratsalter der Frau, 1651-1860

| Heiratsalter[4] | Kinderzahl in | |
| --- | --- | --- |
| | vollständigen Erstehen | allen[3] Erstehen |
| 15-19 | 7,6 | 5,6 |
| 20-24 | 6,7 | 5,1 |
| 25-29 | 4,8 | 4,1 |
| 30-34 | 3,6 | 2,9 |
| 35-39 | (2,6) | 2,1 |
| 40-44 | (0,8) | (0,7) |

Tabelle 3.15 (Fortsetzung):

d) Vollständige Erstehen der Frau, nach der Kinderzahl, 1651-1860

| Kinderzahl | Anteil an allen vollständigen Erstehen der Frau |
|---|---|
| 0 | 6,1 % |
| 1 | 4,3 % |
| 2 | 7,7 % |
| 3 | 12,2 % |
| 4 | 10,5 % |
| 5 | 13,4 % |
| 6 | 11,3 % |
| 7 | 12,7 % |
| 8 | 9,1 % |
| 9 | 6,2 % |
| 10 | 3,4 % |
| 11 - | 3,0 % |

[1] Vollständig sind die Ehen, die mindestens bestanden, bis die Frau ihr 45. Lebensjahr vollendet hatte.
[2] Für die Heiraten 1831-1860 errechnet sich eine durchschnittliche Kinderzahl von 4,8. Dieser Wert sollte jedoch nicht interpretiert werden, da wegen des Endes der Untersuchungsperiode hier ein Bias zugunsten der Ehen mit hohem Heiratsalter der Frau besteht.
[3] D.h. außer den vollständigen Erstehen der Frau sind auch solche einbezogen, die durch Tod beendet wurden, bevor die Frau ihr 45. Lebensjahr vollendet hatte.
[4] Dazu s. die Anmerkung in Tab. 3.01!

Anmerkungen: Zahlen in Klammern beruhen auf 20-49 Fällen; weggelassen sind Ergebnisse, die auf weniger als 20 Fällen beruhen.
Mit Ausnahme von Tabelle c) sind vorehelich geborene Kinder des Paares eingeschlossen.
Die Werte in Tabelle a) sind sowohl wegen Unterregistrierung der Geburten als auch wegen Totgeburten/Nottaufen korrigiert (dazu siehe die Anmerkung bei Tab. 3.13), die Werte in Tabelle b) nur wegen Unterregistrierung der Geburten. Im übrigen wurden keine Korrekturfaktoren angewendet, weil sich die Relationen zwischen den verschiedenen Gruppen einer Tabelle nicht verschoben hätten.

## 3.4. Sterblichkeit – Lücken füllen: Mortalität von Säuglingen, Kindern, Müttern – Dauer der Ehen – Wiederverheiratung

Der Tod riß erhebliche Lücken[102], vor allem bei den Säuglingen und Kindern. Er konnte den ‚Reproduktionserfolg' eines Paares mehr oder weniger zunichtemachen. So erging es dem Heuerling Caspar Heinrich Menke und seiner Frau Catharina Margarethe, geb. Maschmeyer. Schon bevor sie im Mai 1825 heirateten, hatten sie im Oktober 1824 einen Sohn Christoph Heinrich, der jedoch nach zwölf Tagen verschied. Im November 1825 und im Dezember 1826 wurden zwei Töchter tot geboren. Das vierte Kind, Johann Heinrich, im November 1827 geboren, starb wie das fünfte, die im März 1829 geborene Maria Engel, im dritten Lebensmonat. Im September 1830 wurde wiederum ein Mädchen tot geboren. Ein Jahr später kam Anna Maria zur Welt; sie starb im zehnten Lebensjahr an Schwindsucht. Im Februar 1836 folgte noch einmal ein totgeborenes Mädchen. Erst das neunte Kind, der im Oktober 1837 geborene Johann Gerhard Heinrich, überlebte; später wanderte er nach Amerika aus. Das letzte Kind dieser Ehe wurde am 28. August 1840 geboren. Am 7. September 1840, dem Tag, an dem es auf den Namen Anna Catharina Maria getauft wurde, starb seine Mutter „im Wochenbett". Der Säugling jedoch scheint überlebt zu haben. – Andere Familien hatten ganz andere Schicksale. Maria Elisabeth Fideldey, geborene Schawe, gebar ihrem Mann, dem Heuerling Gerd Henrich Fideldey, den sie im September 1821 geheiratet hatte, vier Töchter und zwei Söhne. Das erste Kind wurde zweieinhalb Monate nach der Hochzeit, das letzte im April 1837 geboren, acht Tage bevor der Mann an Lungenschwindsucht verstarb. Alle sechs Kinder überlebten die Kinderjahre und heirateten oder wanderten nach Amerika aus.

Wie sah es im Durchschnitt der Familien des Kirchspiels Belm aus? Da ab etwa 1770 die Beerdigungsregister offenbar auch die gestorbenen Säuglinge vollständig verzeichnen[103], läßt sich das Mortalitätsrisiko für die Geburtsjahrgänge von 1771 bis 1858 mit der Methode der Sterbetafeln recht genau abschätzen (Tab. 3.16b). Demnach starben von den Lebendgeborenen 15,2% im ersten Lebensjahr. Von den Überlebenden erreichten 10,9% nicht das Alter von fünf Jahren. Aus der Schar der Verbleibenden starben noch einmal 4,5%, bevor sie zehn wurden; und 2,8% von den übrigen vollendeten

*Forts. S. 156*

---

[102] Dazu die grundsätzlichen Reflexionen von Imhof 1981a S. 75 ff.; Imhof 1988 S. 54 ff.
[103] Siehe Kapitel 1 Anm. 41.

Tabelle 3.16: Säuglings- und Kindersterblichkeit, nach Periode, sozialer Schicht, Konfession, Geschlecht, Einzel- oder Zwillingsgeburt sowie nach Überleben oder vorhergehendem Tod von Mutter oder Vater, 1741/1771-1858

a) nach 30-Jahres-Perioden

| Geburtsjahr | Sterbewahrscheinlichkeit | | | |
|---|---|---|---|---|
| | im 1. Lebensjahr $_1q_0$ | im 2.-5. Lj. $_4q_1$ | im 6.-15. Lj. $_{10}q_5$ | im 1.-15. Lj. $_{15}q_0$ |
| 1741-1770 | 0,165[1] | 0,097[1] | 0,105[1] | 0,324[1] |
| 1771-1800 | 0,173 | 0,122 | 0,091 | 0,340 |
| 1801-1830 | 0,149 | 0,113 | 0,071 | 0,298 |
| 1831-1858 | 0,138 | 0,092 | 0,052 | 0,259 |

[1] Da für 1741-70 aufgrund des entsprechenden Tests (s. Kap. 1 Anm. 41) mit einer Unterregistrierung der im 1. bis 6. Lebensmonat Gestorbenen in Höhe von 10,4% zu rechnen ist, wurde hier bei der Berechnung der Sterbewahrscheinlichkeiten ein entsprechender Anteil der Kinder mit unbekanntem Schicksal zu den im 1. bis 6. Lebensmonat Gestorbenen gezählt.

b) nach Jahrzehnten

| Geburtsjahr | Sterbewahrscheinlichkeit | | | |
|---|---|---|---|---|
| | im 1. Lebensjahr $_1q_0$ | im 2.-5. Lj. $_4q_1$ | im 6.-15. Lj. $_{10}q_5$ | im 1.-15. Lj. $_{15}q_0$ |
| 1771-1780 | 0,171 | 0,140 | 0,090 | 0,351 |
| 1781-1790 | 0,172 | 0,103 | 0,084 | 0,319 |
| 1791-1800 | 0,177 | 0,124 | 0,098 | 0,349 |
| 1801-1810 | 0,146 | 0,164 | 0,108 | 0,361 |
| 1811-1820 | 0,161 | 0,088 | 0,060 | 0,281 |
| 1821-1830 | 0,139 | 0,092 | 0,050 | 0,257 |
| 1831-1840 | 0,146 | 0,103 | 0,053 | 0,275 |
| 1841-1850 | 0,120 | 0,083 | 0,059 | 0,235 |
| 1851-1858 | 0,149 | 0,084 | | |
| 1771-1858 | 0,152 | 0,109 | 0,073 | 0,299 |

Tabelle 3.16 (Fortsetzung):

c) nach sozialer Schicht, 1771-1858

| Schicht | Sterbewahrscheinlichkeit | | | |
|---|---|---|---|---|
| | im 1. Lebensjahr $_1q_0$ | im 2.-5. Lj. $_4q_1$ | im 6.-15. Lj. $_{10}q_5$ | im 1.-15. Lj. $_{15}q_0$ |
| Großbauern | 0,153 | 0,124 | 0,062 | 0,303 |
| Kleinbauern | 0,159 | 0,123 | 0,072 | 0,315 |
| Heuerlinge/ Landlose | 0,149 | 0,103 | 0,077 | 0,294 |

d) nach Konfession der Eltern, 1771-1858

| Konfession der Eltern | Sterbewahrscheinlichkeit | | | |
|---|---|---|---|---|
| | im 1. Lebensjahr $_1q_0$ | im 2.-5. Lj. $_4q_1$ | im 6.-15. Lj. $_{10}q_5$ | im 1.-15. Lj. $_{15}q_0$ |
| beide katholisch | 0,163 | 0,111 | 0,071 | 0,309 |
| beide lutherisch | 0,149 | 0,109 | 0,071 | 0,295 |

e) nach Geschlecht, 1771-1858

| Geschlecht | Sterbewahrscheinlichkeit | | | |
|---|---|---|---|---|
| | im 1. Lebensjahr $_1q_0$ | im 2.-5. Lj. $_4q_1$ | im 6.-15. Lj. $_{10}q_5$ | im 1.-15. Lj. $_{15}q_0$ |
| männlich | 0,160 | 0,115 | 0,068 | 0,308 |
| weiblich | 0,134 | 0,101 | 0,072 | 0,277 |

f) nach Einzel- oder Zwillingsgeburt, 1771-1858

| | Sterbewahrscheinlichkeit | | | |
|---|---|---|---|---|
| | im 1. Lebensjahr $_1q_0$ | im 2.-5. Lj. $_4q_1$ | im 6.-15. Lj. $_{10}q_5$ | im 1.-15. Lj. $_{15}q_0$ |
| Einzelgeburten | 0,142 | 0,106 | 0,071 | 0,287 |
| Zwillinge | 0,360 | 0,224 | 0,063 | 0,533 |

g) nach Überleben oder vorhergehendem Tod von Mutter oder Vater, 1771-1858

|  | Sterbewahrscheinlichkeit | | | |
|---|---|---|---|---|
|  | im 1. Lebensjahr $_1q_0$ | im 2.-5. Lj. $_4q_1$ | im 6.-15. Lj. $_{10}q_5$ | im 1.-15. Lj. $_{15}q_0$ |
| Mutter lebt, bis Kind 15 J. alt ist | 0,153 | 0,118 | 0,080 | 0,313 |
| Mutter stirbt im 1. Lj. des Kindes | 0,264 | 0,194 | (0,071) | 0,451 |
| Vater lebt, bis Kind 15 J. alt ist | 0,162 | 0,119 | 0,078 | 0,319 |
| Vater stirbt im 1. Lj. des Kindes | 0,149 | 0,168 | (0,118) | 0,375 |

Anmerkungen: In Klammern gesetzt sind die Werte, wenn die Zahl der Personen ‚at risk' 20-49 betrug; nirgends war die Zahl der Personen ‚at risk' unter 20.
Es handelt sich um die Sterblichkeit der Lebendgeborenen; Totgeburten wurden ausgeschlossen. Die Berechnungen wurden nach der Methode der Sterbetafeln mittels der SPSS-Prozedur „Survival" (s. SPSS-X 1988 S. 955 ff.) vorgenommen.
Das Ende der Beobachtung ist im Anschluß an HENRY/BLUM 1988 S. 138 definiert
1. durch den Tod (bzw. das Beobachtungsende) des länger lebenden Elternteils, wenn Tod (bzw. Beobachtungsende) beider Eltern bekannt ist;
2. wenn nur für ein Elternteil Tod (bzw. Beobachtungsende) bekannt ist, ist dies zugleich das Beobachtungsende für das Kind;
3. wenn für kein Elternteil Tod (bzw. Beobachtungsende) bekannt ist, ist die Geburt des letzten Geschwisterkindes das Ende der Beobachtung.

Ende der Untersuchungsperiode ist der 3.12.1858, da zu diesem Zeitpunkt die in Beobachtung befindlichen Personen durch die Zensusliste bekannt sind.
Diese Definition des Beobachtungsendes beruht auf der Annahme, daß Kinder unter 15 Jahren in der Regel das Kirchspiel nicht ohne ihre Eltern verlassen (dazu s. unten Kap. 5). Sie wurde nach detaillierten Tests vorgezogen sowohl gegenüber derjenigen von John Knodel als auch derjenigen der Cambridge Group for the History of Population and Social Structure. KNODEL 1988 S. 37 f., 535 ff. nimmt für Kinder mit unbekanntem Schicksal ein Überleben bis zum Alter von 15 Jahren an, selbst wenn beide Eltern vorher starben; demgegenüber dürfte es sicherer sein anzunehmen, daß die Kinder in diesem Fall aus der Beobachtung verschwinden. Die Cambridge Group nahm ursprünglich an, daß ein Kind mit dem Tod des zuerst sterbenden Elternteils aus der Beobachtung verschwindet (dazu WRIGLEY/SCHOFIELD 1983 S. 175 ff.; vgl. KNODEL 1988 S. 535 ff.); nur wenn eine Mutter innerhalb von drei Monaten nach einer Geburt starb, wird jetzt in einer modifizierten Version angenommen, daß das letzte Kind während seines ganzen ersten Lebensjahres in Beobachtung blieb (WRIGLEY/SCHOFIELD 1983 S. 175 ff.). Selbst bei dieser Modifikation wird die Erhöhung der Säuglings- und Kindersterblichkeit durch den vorhergehenden Tod der Mutter (s. oben Tab. 3.16 g) nur teilweise berücksichtigt; die Frage, ob und in welchem Maße der vorhergehende Tod von Mutter und/oder Vater die Überlebenschancen von Säuglingen und Kindern beeinflußt, entzieht sich zudem bei dieser Definition des Beobachtungsendes der empirischen Untersuchung.

nicht ihr fünfzehntes Lebensjahr. Insgesamt überlebten 70,1 % die ersten fünfzehn Jahre.

Im Vergleich zu anderen Gebieten Deutschlands und Europas stehen diese Mortalitäts-Werte eher auf der niedrigen als auf der hohen Seite. Damit fügen sie sich ein in den Rahmen ähnlicher Ergebnisse aus dem norddeutschen Raum sowie aus England.[104] In Bayern und in Württemberg hingegen gab es viele Dörfer, wo die Säuglingssterblichkeit doppelt so hoch war wie in Belm; in einigen Orten starb zeitweise mehr als die Hälfte der Neugeborenen innerhalb des ersten Lebensjahres.[105] Auch in Frankreich weist die Mehrzahl der untersuchten Orte eine deutlich höhere Säuglingssterblichkeit auf, vor allem im 18. Jahrhundert.[106]

Betrachten wir die Entwicklung im Zeitverlauf, und zwar zunächst grob nach Generationen (zu je 30 Geburtsjahrgängen - s. Tab. 3.16a), so zeigt sich ein Rückgang der Sterblichkeit, der zwar nicht dramatisch, aber doch spürbar war: Ende des 18. Jahrhunderts erreichten zwei Drittel aller Lebendgeborenen das Alter von 15 Jahren, Mitte des 19. Jahrhunderts waren es drei Viertel. Die Verbesserung betraf sowohl die Säuglinge als auch die Kinder.[107] Allerdings darf dieser Fortschritt nicht als eine ungebrochene lang-

---

[104] Norddeutschland: KNODEL 1988 S. 39 ff.; IMHOF 1990 S. 199 ff., 248 ff., 281 ff.; HINRICHS/NORDEN 1980 bes. S. 63; NORDEN 1984 S. 63 ff.; GEHRMANN 1984 S. 125 ff.; PETERS/HARNISCH/ENDERS 1989 S. 276. – Ähnlich niedrig war die Säuglingssterblichkeit in Gemeinden des Saargebiets: IMHOF 1990 S. 199 ff., 353 ff. – England: WRIGLEY/SCHOFIELD 1983 S. 175 ff.; FLINN 1981 S. 132 f.

[105] KNODEL 1988 S. 39 ff.; LEE 1977 S. 63 ff.; LIPP 1982 S. 548 ff.; IMHOF 1990 S. 199 ff., 389 ff. – Deutlich höher als in Belm war das Niveau der Säuglingssterblichkeit auch in badischen Orten: KNODEL 1988 S. 39 ff.; IMHOF 1990 S. 199 ff., 425 ff.; etwas höher in Waldecker Gemeinden (KNODEL 1988 S. 39 ff.), nicht jedoch in der hessischen Schwalm: IMHOF 1990 S. 317 ff. – Auch in den meisten deutschen Städten lag die Säuglingssterblichkeit weit höher als in Belm: FRANÇOIS 1978; anscheinend jedoch nicht in Hamburg (was freilich auch ein quellen-bedingter Bias sein könnte): IMHOF 1990 S. 223 ff., vgl. 58 f., 189. – Die Kindersterblichkeit zeigt in den untersuchten deutschen Gemeinden keine so extremen Spitzen: IMHOF 1990 S. 200 f.; ja in einigen Orten Bayerns, wo die Mortalität im ersten Lebensjahr besonders stark war, starben in den folgenden Jahren ungewöhnlich wenig Kinder: KNODEL 1988 S. 40 ff. Trotzdem darf auch die Kindersterblichkeit von Belm als mäßig gelten.

[106] HOUDAILLE 1984; HOUDAILLE 1980; BLAYO 1975 b; FLINN 1981 S. 133 ff. – Freilich gab es auch in Frankreich eine erhebliche Varianz zwischen Orten und Regionen, wie Alain Bideau in: DUPÂQUIER 1988 Bd. 2 S. 223 ff. mit Recht betont.

[107] Ein ähnlicher Trend wurde in Ostfriesland, im Saarland, in einigen Oldenburgischen Gemeinden und dem holsteinischen Leezen festgestellt, während in vielen anderen ländlichen Orten Deutschlands in dieser Zeit die Säuglingssterblichkeit eher steigende Tendenz hatte und allenfalls die Kindersterblichkeit zurückging: KNODEL 1988 S. 39 ff.; IMHOF 1990 S. 199 ff.; GEHRMANN 1984 S. 92 ff., 132; vgl. NORDEN 1984 S. 56 ff.. Noch deutlicher sank die durchschnittliche Säuglings- und Kindersterblichkeit etwa um 1800 in Frankreich, wo sie sich freilich

fristige Entwicklungslinie mißverstanden werden: Mitte des 18. Jahrhunderts waren die Säuglings- und Kindersterblichkeit offenbar niedriger als in der nach 1770 geborenen Generation.

Daß die Entwicklung der Mortalität Auf- und Abwärtsbewegungen aufwies und z. T. widersprüchlich verlief, zeigt sich noch deutlicher, wenn wir von der langfristigen Betrachtung nach Generationen auf die mittelfristige nach Geburtsjahrzehnten übergehen (Tab. 3.16 b und Grafik 3.04). So erreichte die Kindersterblichkeit bei den im ersten Jahrzehnt des 19. Jahrhunderts Geborenen ein Maximum, während die Säuglingssterblichkeit gerade in dieser Kohorte fühlbar sank. Auch sonst verlief die Entwicklung längst nicht immer parallel für alle Altersgruppen unter 15 Jahren. Und am Ende der Untersuchungsperiode wies die Kurve der Säuglingssterblichkeit noch einmal nach oben.

Vergleichen wir die mittelfristige Entwicklung der Säuglings- und Kindersterblichkeit mit der der ökonomischen Indikatoren, so zeigt sich, daß Roggenpreis und Mortalität[108] sich in der Regel parallel veränderten: war das Getreide teuer, so starben mehr Kinder (Anhang Tab. 1 und Tab. 3.16 b, Grafiken 2.08 c und 3.04). Das entspricht der Erwartung in einer ländlichen Gesellschaft, wo für die große Mehrheit der Bevölkerung gute Ernten und niedrigere Getreidepreise eine bessere Ernährungslage bedeuteten. Weniger klar ist die Beziehung zu den Reihen der Leinenmenge und -preise (Anhang Tab. 2, Grafiken 2.05 c–2.07 c).

Bemerkenswerterweise gab es keine nennenswerten Unterschiede zwischen den sozialen Schichten hinsichtlich der Mortalität der Säuglinge und Kinder (Tab. 3.16 c). Die Kinder der Heuerlinge scheinen sogar geringfügig bessere Überlebenschancen gehabt zu haben; doch waren die Differenzen so gering, daß sie als statistisch nicht signifikant zu gelten hätten, wenn die Daten aus dem Kirchspiel Belm als eine Zufallsstichprobe betrachtet werden könnten.

Daß sich innerhalb eines Ortes die Überlebenschancen der Kinder zwischen den sozialen Schichten nicht wesentlich unterschieden, ergibt sich als überwiegender – wenn auch keineswegs ausnahmsloser – Befund auch aus Arbeiten zu anderen ländlichen Gemeinden des 17. bis 19. Jahrhunderts.[109] Ganz anders sah das in größeren Städten des frühneuzeitlichen Europa aus:

---

vorher auf einem recht hohen Niveau bewegt hatte: BLAYO 1975 b; POULAIN/TABUTIN 1980 bes. S. 121, 147, 152.

[108] Hier wird insbesondere auf den Gesamtwert ‚Sterbewahrscheinlichkeit im 1. bis 15. Lebensjahr' abgehoben.

[109] Siehe SCHLUMBOHM 1992 a S. 339 ff. mit den Belegen für Deutschland; Alain Bideau in: DUPÂQUIER 1988 Bd. 2 S. 226 ff.; vgl. HOUDAILLE 1980 S. 108 ff.; DEROUET 1980 S. 21 f.

Grafik 3.04: Säuglings- und Kindersterblichkeit, 1771–1858

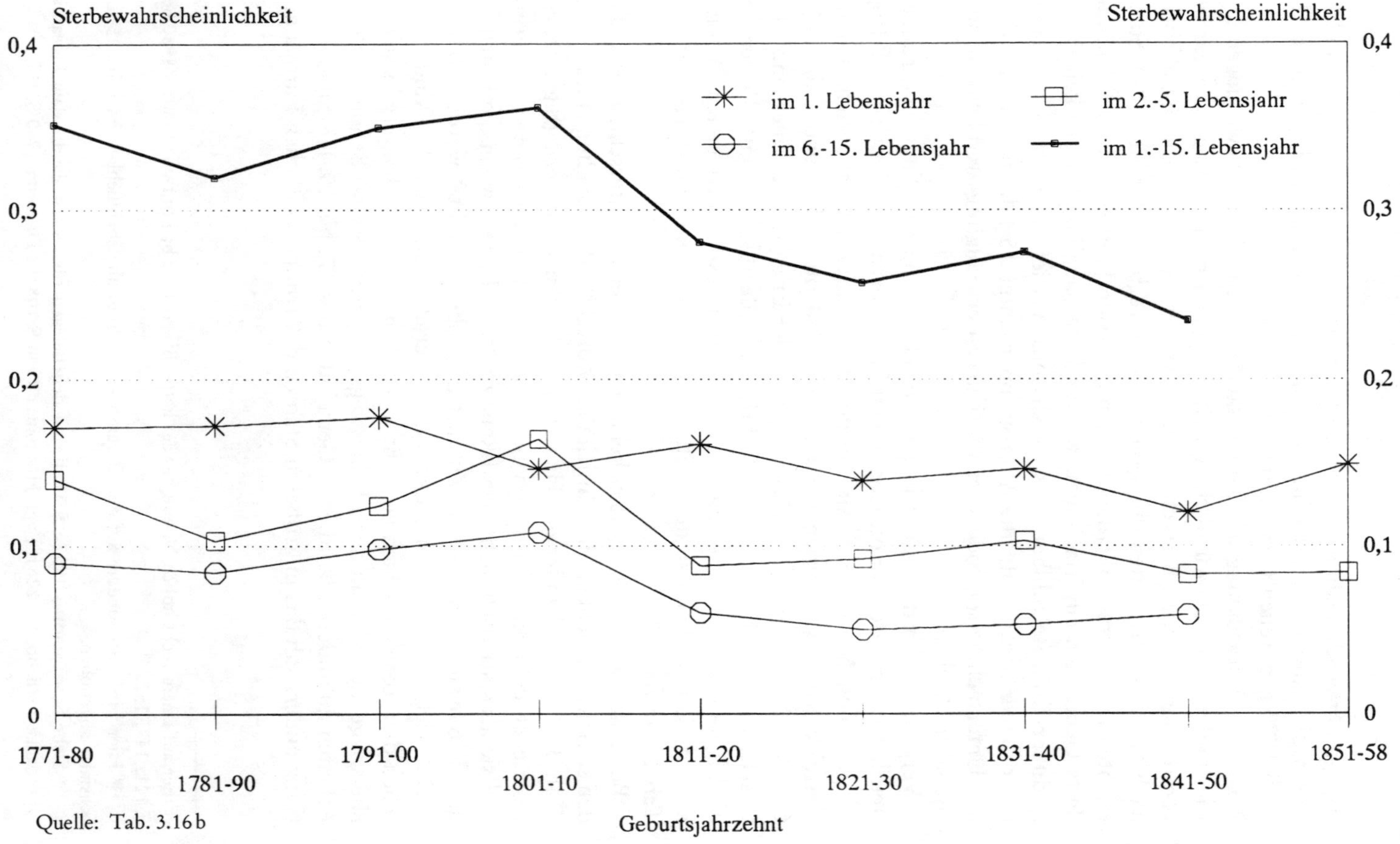

Quelle: Tab. 3.16b

Dort war die Mortalität für die Kinder der Unterschicht offenbar erheblich höher als für die der Oberschicht.[110]

Auch die Konfessionszugehörigkeit der Eltern bedeutete keinen Unterschied für das Sterblichkeitsrisiko der Kinder (Tab. 3.16d). Dieser Befund aus dem gemischtkonfessionellen Belm steht in einem gewissen Gegensatz zu Thesen, die der katholischen Religiosität eine größere Bereitschaft zur Hinnahme des Todes als Schicksal zusprechen und – meist im interregionalen Vergleich – eine höhere Säuglings- und Kindersterblichkeit bei katholischen Bevölkerungen behaupten.[111] Allerdings ergibt sich in Belm für die letzte Generation unserer Untersuchungsperiode (Geborene 1831–1858) im Unterschied zu den früheren eine etwas niedrigere Säuglingssterblichkeit bei den Lutheranern (12,3% gegenüber 16,5% bei den Katholiken); die Kindersterblichkeit hingegen war etwa gleich. Es könnte also sein, daß sich in unserem konfessionellen Mischgebiet die Konfessionen in ihren Einstellungen und Verhaltensweisen gegenüber Neugeborenen erst im Laufe des 19. Jahrhunderts auseinanderentwickelten.[112]

Bei den Knaben war die Säuglingssterblichhkeit deutlich höher als bei den Mädchen (Tab. 3.16e), wie es als biologisch bedingt und normal gilt.[113] Die männliche Übersterblichkeit hielt auch im zweiten bis fünften Lebensjahr an. Dadurch war das Mortalitätsrisiko während der ersten fünfzehn Lebensjahre insgesamt beim weiblichen Geschlecht um 10% niedriger als für das männliche. Dieser Befund gilt mit geringen Abweichungen für alle Schichten, so daß sich keinerlei Anhaltspunkt dafür ergibt, daß männlichen Säuglingen und Kleinkindern mehr Pflege zuteil geworden wäre als weiblichen.[114]

Wesentlich erhöht war die Sterblichkeit für Zwillinge und zwar nicht nur im ersten, sondern bis zum fünften Lebensjahr: Während von den anderen Kindern mehr als drei Viertel das Alter von fünf Jahren erreichten, war es nur die Hälfte der Zwillinge (Tab. 3.16f).

Starb die Mutter im ersten Lebensjahr des Kindes, so nahm die Gefahr

---

[110] PERRENOUD 1978 S.135ff.; BARDET 1983 Bd.1 S.370f.; FRANÇOIS 1978 S.163f.; SCHULTZ 1991 S.241ff.; vgl. RÖDEL 1985 S.203ff. – Mäßige bis geringe Unterschiede zwischen den Schichten finden sich in einer mittleren bzw. einer kleinen Stadt KOHL 1985 S.135ff.; ZSCHUNKE 1984 S.169.

[111] IMHOF 1981b S.366f. Zu dieser These würden die Befunde von ZSCHUNKE 1984 S.165ff. aus dem späten 18. Jahrhundert passen, kaum jedoch diejenigen zum frühen 18. Jahrhundert.

[112] Vgl. oben S.125ff., 131f. zur Sexualität vor der Ehe.

[113] Vgl. KNODEL 1988 S.76ff.; IMHOF 1990 S.214ff. – GEHRMANN 1984 S.158ff. meint hingegen, „bei den Vollbauern eine Übersterblichkeit der Mädchen" im 2. bis 4. Lebensmonat feststellen zu können; angesichts der geringen Fallzahlen sollte diesem Befund freilich nicht zu viel Gewicht beigemessen werden; vgl. trotzdem auch die sozio-biologische Interpretation von Gehrmanns Daten durch VOLAND 1984.

[114] Entgegen etwa der extremen These von DEMAUSE 1977 S.45ff.; DEMAUSE 1989.

für dessen Leben stark zu[115]: Die Säuglingssterblichkeit erhöhte sich in diesen Fällen um 73%, aber auch die Sterblichkeit im zweiten bis fünften Lebensjahr um 64%; erst jenseits dieser Altersgruppe normalisierte sich die Mortalität (Tab. 3.16 g). Infolgedessen erreichten nur 55% der Kinder, die im ersten Lebensjahr die Mutter verloren, das Alter von 15 Jahren; von denen, deren Mutter noch lebte, hingegen 69%. – Beeinträchtigte auch der frühe Verlust des Vaters die Überlebenschancen eines Kindes? In der Tat errechnet sich auch hier ein leicht erhöhtes Mortalitätsrisiko: von den Kindern, denen der Vater im ersten Lebensjahr starb, konnten nur 62% das fünfzehnte Lebensjahr vollenden – im Vergleich zu 68%, deren Vater noch lebte. Freilich wäre dieser Unterschied wegen der geringen Fallzahl statistisch nicht signifikant, wenn es sich bei unseren Daten um eine Zufallsstichprobe handelte.[116] – Die stark erhöhte Mortalität nach dem frühen Verlust der Mutter erklärt sich vor allem durch das vorzeitige Aufhören des Stillens, das unter den damaligen Bedingungen bei weitem die sicherste Methode der Ernährung war.[117] Daß in diesen Fällen die Sterblichkeit auch im zweiten bis fünften Lebensjahr deutlich größer war, mag freilich darauf hindeuten, daß die Pflege durch die eigene Mutter und die soziale Stabilität, die durch ihre Anwesenheit bedingt war, über das Säuglichsalter hinaus zum physischen Wohlergehen des Kindes beitrugen.[118]

In welchem Maße setzte eine Frau ihr eigenes Leben aufs Spiel, wenn sie einem Kind das Leben schenkte? Seit 1824 geben die Belmer Beerdigungsregister regelmäßig die „Todesart" an. Von 1824 bis 1858 findet sich 36mal die Angabe „starb im Wochenbett", „in puerperio obiit" o.dgl., im Durchschnitt also ziemlich genau einmal pro Jahr. Da in diesen Jahren insgesamt 4405 Entbindungen verzeichnet sind, betrug die Müttersterblichkeit 8,2 je tausend Geburten (Tab. 3.17 f und g).

---

[115] Zu diesem Ergebnis kommt mit anderen Methoden auch Broström 1987 für sieben schwedische Kirchspiele im 19. Jahrhundert.

[116] Darüber hinaus ist zu beachten, daß ein Fünftel dieser Kinder, die dem früh verlorenen Vater in den Tod folgten, innerhalb eines Monats nach seinem Tod starben. Sofern der frühe Verlust des Vaters also überhaupt das Mortalitätsrisiko für das Kind erhöhte, dürfte zumindest in Belm die Ursache eher in ansteckenden Krankheiten liegen als in einer bewußten oder unbewußten, jedenfalls diskriminierenden Vernachlässigung von Halbwaisen durch die Mutter, wie unlängst von sozio-biologischer Seite behauptet worden ist: Voland 1984; Voland 1987; Voland 1989.

[117] Dazu s. unten S. 185 ff.

[118] Starb hingegen die Mutter oder der Vater erst, nachdem das Kind das erste Lebensjahr überstanden hatte, so beeinträchtigte ihr Tod dessen Überlebenschancen nicht mehr. Dieser Befund dürfte eher gegen die Vermutung einer gezielten Vernachlässigung mutterloser Kinder durch den Vater und die Stiefmutter bzw. die Mutter und den Stiefvater sprechen.

Natürlich ist diese Zahl nur insoweit brauchbar, wie dem kirchenbuchführenden Pfarrer oder vielmehr seinen Gewährsleuten – vermutlich dem Witwer oder anderen Angehörigen und Nachbarn der Verstorbenen – eine korrekte Diagnose der Todesursache zugetraut werden kann.[119] Immerhin stimmt der ermittelte Wert exakt überein mit der Ziffer, die sich errechnet, wenn man ohne Rücksicht auf die angegebene „Todesart" die Zahl der innerhalb von sechzig Tagen nach einer Entbindung gestorbenen Frauen je tausend Geburten nimmt, wie es die historische Demographie in Ermangelung von Angaben über die Todesursachen zu tun pflegt.[120] Da sich die beiden Berechnungsweisen gegenseitig bestätigen, werden sie in etwa eine richtige Vorstellung von der Größenordnung der Kindbettsterblichkeit geben, selbst wenn sie nicht die Exaktheit von auf moderner medizinischer Diagnostik beruhenden Daten beanspruchen können.[121]

In den anderen Generationen war die Mortalität im Kindbett etwas höher, Mitte des 18. Jahrhunderts sogar etwa doppelt so hoch (Tab. 3.17a). Obwohl die Qualität der Daten es verbietet, den Verlauf der Entwicklung ganz exakt zu ermitteln, ist deutlich, daß auch hier der Fortschritt nicht geradlinig vonstatten ging. Im frühen 18. Jahrhundert war das Risiko im Zusammenhang mit einer Entbindung niedriger als im mittleren; und bis zur Mitte

---

[119] Nach SHORTER 1987 S. 127f., 131 scheinen Ärzte im 19. und frühen 20. Jahrhundert dazu geneigt zu haben, öfter als gerechtfertigt einen Zusammenhang von Erkrankungen mit der Entbindung zu leugnen. Die Angaben über die Todesursachen im Kirchenbuch müssen nicht in ähnlicher Weise tendenziös sein, da hier – anders als bei den Ärzten – keine apologetischen Interessen im Spiel waren.

[120] Alternativ wird z. T. eine Zeitspanne von 30, 42 oder 90 Tagen nach der Entbindung gewählt; s. zur Methode SCHOFIELD 1986; KNODEL 1988 S. 102ff.; GUTIERREZ/HOUDAILLE 1983; BARDET u. a. 1981. – In unserem Fall sprach die Übereinstimmung mit der Auswertung nach den Angaben der „Todesart" dafür, die Zeitspanne von 60 Tagen nach der Entbindung zugrundezulegen.

[121] Um über das Jahr 1824 hinaus die Müttersterblichkeit zurückverfolgen zu können, wird im Folgenden jede Frau als im Kindbett gestorben betrachtet, die innerhalb von 60 Tagen nach einer Geburt verschied. Dabei werden die Fälle mitgezählt, wo eine Frau in den ersten beiden Monaten nach einer Entbindung aus anderen Ursachen ums Leben kam; andererseits werden die Frauen nicht erfaßt, die wegen Komplikationen während der Schwangerschaft oder der Entbindung verstarben, bevor ein Kind zur Welt kam. Die Übereinstimmung, die sich für die Zeit nach 1824 mit der Berechnungsweise nach der „Todesart" ergab, begründet die Erwartung, daß sich die zuviel gezählten Fälle mit den zu wenig gezählten annähernd ausgleichen könnten. So gab es 1824–1858 acht Fälle, in denen eine Frau innerhalb von 60 Tagen nach der Entbindung starb, im Kirchenbuch jedoch eine „Todesart" verzeichnet ist, die keinen ursächlichen Zusammenhang mit der Geburt erkennen läßt; andererseits starben laut Kirchenbuch fünf Mütter „in Kindsnöten" o.dgl., ohne daß eine Geburt verzeichnet ist, offenbar also unentbunden, und weitere vier Frauen verschieden mehr als 60 Tage nach der Niederkunft „an den Folgen der Entbindung" o.dgl. (s. Tab. 3.17g).

Tabelle 3.17: Müttersterblichkeit, nach Periode, Geburtsrang des Kindes, Lebend- oder Totgeburt, Einzel- oder Mehrlingsgeburt, sozialer Schicht, Konfession sowie nach dem zeitlichen Abstand zur Entbindung, 1711/1814–1858

a) nach Periode

| Jahr | Von 1000 Müttern starben innerhalb von 60 Tagen nach der Entbindung |
|---|---|
| 1711–1740 | 9,4 |
| 1741–1770 | 15,0 |
| 1771–1800 | 8,9 |
| 1801–1830 | 9,8 |
| 1831–1858 | 8,3 |

b) nach Geburtsrang des Kindes, 1814–1858

| Geburtsrang | Von 1000 Müttern starben innerhalb von 60 Tagen nach der Entbindung |
|---|---|
| 1. Kind | 7,8 |
| 2.–5. Kind | 5,4 |
| ab 6. Kind | 11,3 |

c) nach Lebend- oder Totgeburt, 1814–1858

| | Von 1000 Müttern starben innerhalb von 60 Tagen nach der Entbindung |
|---|---|
| nach Lebendgeburt | 6,4 |
| nach Totgeburt | 58,8 |

d) nach Einzel- oder Mehrlingsgeburt, 1814–1858

| | Von 1000 Müttern starben innerhalb von 60 Tagen nach der Entbindung |
|---|---|
| nach Einzelgeburt | 7,6 |
| nach Mehrlingsgeburt | 14,5 |

e) nach sozialer Schicht, 1814-1858

| Schicht | Von 1000 Müttern starben innerhalb von 60 Tagen nach der Entbindung |
|---|---|
| Großbauern | 8,2 |
| Kleinbauern | 8,3 |
| Heuerlinge/Landlose | 7,7 |

f) nach Konfession, 1824-1858

| Konfession | Je 1000 Geburten starben ... Frauen infolge Entbindung oder Schwangerschaft[1] |
|---|---|
| katholisch | 8,5 |
| lutherisch | 8,0 |
| alle | 8,2 |

g) nach dem zeitlichen Abstand zur Entbindung, 1824-1858

| Zeitpunkt des Todes | Es starben ... Frauen infolge Entbindung oder Schwangerschaft[1] | |
|---|---|---|
| | Zahl | % |
| vor Entbindung | 5 | 13,9% |
| am Tag der Entbindung | 8 | 22,2% |
| 1-7 Tage nach Entbindung | 6 | 16,7% |
| 8-14 Tage nach Entbindung | 7 | 19,4% |
| 15-30 Tage nach Entbindung | 5 | 13,9% |
| 31-42 Tage nach Entbindung | 1 | 2,8% |
| 43-60 Tage nach Entbindung | 0 | |
| 61-90 Tage nach Entbindung | 2 | 5,6% |
| mehr als 90 Tage nach Entbindung | 2 | 5,6% |
| Summe | 36 | 100% |

[1] Laut der im Kirchenbuch angegebenen „Todesart".

Anmerkungen: Einbezogen sind alle Entbindungen, nicht nur diejenigen von Frauen, deren Todesdaten oder Eheende bekannt ist, da sonst die Müttersterblichkeit überschätzt würde (s. KNODEL 1988 S. 102 f.; BARDET u. a. 1981 S. 37 f.).
Berechnet wurde stets die Zahl der gestorbenen Frauen je 1000 Entbindungen (nicht: Geborene), d. h. Mehrlingsgeburten zählen nur einfach.

des 19. Jahrhunderts ist noch kein nachhaltiges Sinken der Gefahr festzustellen.

Wenn im Durchschnitt etwa eine von hundert Entbindungen für die Mutter tödlich verlief, so muß das Risiko einer Frau, im Laufe ihres Ehelebens im Kindbett zu sterben, mit etwa eins zu achtzehn veranschlagt werden. Denn in Belm erlebten Frauen, deren erste Ehe bestand, bis sie fünfundvierzig Jahre alt wurden, im Durchschnitt 5,5 Entbindungen (Tab. 3.15). In der Tat findet sich, daß 5% der Frauen, die in Belm heirateten und deren Ehen nicht kinderlos blieben, innerhalb von zwei Monaten nach einer Geburt starben.

Im Verlaufe der ‚Reproduktionskarriere' einer Frau gab es einen typischen Verlauf der Risikokurve[122], den wir auch in Belm finden (Tab. 3.17b). Bei der ersten Geburt war die Gefahr für die Frau größer als bei den folgenden Entbindungen. Später stieg die Mortalität dann jedoch auf ein noch höheres Niveau als bei der Erstgeburt, in Belm vom sechsten Kind an. Dafür dürfte freilich das fortgeschrittene Alter der Frau mindestens so ausschlaggebend gewesen sein wie die Zahl der vorhergegangenen Geburten.

Die in den einzelnen Orten, Regionen und Ländern je unterschiedliche Qualität der Quellen und die verschiedenen Berechnungsmethoden erschweren den Vergleich unserer Ergebnisse mit denen anderer Arbeiten. Immerhin

---

[122] Siehe KNODEL 1988 S.109ff.; SCHOFIELD 1986 S.255ff.; GUTIERREZ/HOUDAILLE 1983 S.980ff., 986f.; BARDET u.a. 1981 S.42ff.

---

*Anmerkungen zu Tabelle 3.17 (Fortsetzung):*

Berücksichtigt wurden nur Entbindungen vor dem 4.10.1858, damit alle Mütter noch mindestens 60 Tage in Beobachtung blieben, kontrolliert durch die Zensusliste vom 3.12.1858.

Die detaillierten Auswertungen werden auf die Periode von 1814 bis 1858 beschränkt; denn ab 1814/1818 sind die Totgeburten anscheinend richtig und vollständig registriert; außerdem stellt im 19. Jahrhundert auch die Unterregistrierung der Geburten keine erheblichen Probleme mehr (s. Anmerkungen zu Tab. 3.13), vielmehr dürften die dort festgestellten ‚naissances perdues' eher auf zeitweilige Abwesenheit der Familie als auf unvollständige Registrierung zurückzuführen sein, so daß ggf. außer der Geburt auch der Tod im Kindbett in dem auswärtigen Kirchenbuch registriert ist. Für die früheren Perioden werden die hier in Tabelle a) gezeigten Werte die Müttersterblichkeit eher unter- als überschätzen, da nicht nur die Unterregistrierung der Geburten stärker ist, sondern vor allem auch die Totgeburten nicht vollständig registriert wurden (s. Anmerkungen zu Tab. 3.13): Wenn eine Frau starb, ohne daß eine vorhergehende Geburt oder Totgeburt feststellbar ist, kann der Fall nicht der Müttersterblichkeit zugerechnet werden, da für diese Periode keine „Todesart" angegeben ist, sondern lediglich die Todesfälle 60 Tage nach einer Entbindung erfaßt werden. Da die Müttersterblichkeit nach Totgeburten stark erhöht ist (dazu oben Tabelle c); vgl. SCHOFIELD 1986 S.235ff.; GUTIERREZ/HOUDAILLE 1983 S.978, 989ff.), fällt deren Unterregistrierung besonders ins Gewicht.

Grundsätzliches zu den verschiedenen Verfahren der Berechnung der Müttersterblichkeit s. den Text mit Anmerkungen.

kann gesagt werden, daß die Müttersterblichkeit in Belm weder auffällig hoch noch niedrig erscheint, sich vielmehr im Rahmen der auch sonst für diese Zeit beobachteten Werte hält. Allerdings ist in Schweden und in englischen Kirchspielen schon im frühen 19. Jahrhundert ein deutlicheres Sinken festzustellen; dort fanden bei tausend Entbindungen nur noch etwa fünf Frauen den Tod.[123] Bei der Frage, warum in unserem Untersuchungebiet eine solche Verbesserung nicht eintrat, sollte man nicht vorschnell mangelnde medizinische Versorgung als ausschließliche Ursache anführen. Denn gerade von medizingeschichtlicher Seite ist darauf hingewiesen worden, daß die geburtshilfliche Praxis keineswegs nur bei Hebammen, sondern auch bei Ärzten bis ins 19., ja 20. Jahrhundert mangelhaft war.[124]

Die Osnabrückische Regierung setzte vor allem auf eine verbesserte Ausbildung der Hebammen, nicht so sehr auf ärztliche Geburtshelfer. So wurde 1787 eine „Hebammen-Kasse" eingerichtet, aus der Unterrichtskurse finanziert wurden und in die jeder Untertan bei der Hochzeit einen bestimmten Betrag zu zahlen hatte.[125] 1824 wurde dann in der Stadt Osnabrück eine „öffentliche Entbindungsanstalt" mit einer „Hebammen-Schule" gegründet, damit die angehenden Geburtshelferinnen nicht nur theoretisch, sondern auch praktisch ausgebildet werden konnten. Finanziert wurde auch dies Institut durch obligatorische Beiträge aller Brautleute.[126]

Über die Praxis der Geburtshilfe im Kirchspiel Belm erfahren wir aus unseren Quellen wenig. Gar nichts sagen diese über die Masse der normal verlaufenen Entbindungen. Wenn in den Kirchenbüchern oder Zivilstandsregistern Geburtshelferinnen oder -helfer erwähnt werden, so gerade nicht in ihrer quasi-medizinischen Eigenschaft, sondern wegen ihrer geistlichen oder obrigkeitlichen Funktionen im Zusammenhang mit Nottaufen oder illegitimen Geburten. Insgesamt erwähnen die Tauf- und Beerdigungsregister von 1651 bis 1860 172mal Nottaufen (das sind etwa 1 % aller Geburten). Diese Fälle sind recht breit über die gesamte Untersuchungsperiode gestreut. Während in 15 Fällen nicht gesagt wird, wer die Nottaufe erteilte, wird 154mal ausdrücklich die Hebamme (obstetrix) als Spenderin des Notsakraments genannt. Nur drei Nottaufen sind belegt, die nicht von einer Hebam-

---

[123] SCHOFIELD 1986 S. 238, 248, 251.

[124] So LOUDON 1986 insbesondere für England; grundlegend jetzt zur Müttersterblichkeit LOUDON 1992.

[125] Verordnung wegen Aufbringung der Kosten zum Unterricht der Hebammen vom 30. 8. 1787, in: CCO 1783–1819 Teil 2 Bd. 2 S. 624 ff. Nr. 1405; vgl. die Rescripte vom 8. 8. 1789, 2. 9. 1789 und 6. 11. 1789, in: ebd. S. 645 f., 650 f., Nr. 1429 f. und 1434.

[126] Bekanntmachung der Kgl. Landdrostei zu Osnabrück, die Verbesserung des Hebammen-Wesens in ihrem Geschäfts-Bezirke betr., vom 6. 8. 1824, abgedr. in: EBHARDT 1839–1840 Bd. 7 S. 340–345. – Vgl. PANKE-KOCHINKE 1990 S. 42 ff.; AUFBAU DER HEBAMMENSCHULEN 1982 S. 45 ff.

me gegeben wurden: 1780 erteilte ein Vater seinem Sohn die Nottaufe, und ein 1860 geborener Knabe erhielt im Alter von zwölf Tagen von seiner Mutter „kurz vor seinem Tode" die „unvermittelt nötig gewordene" Nottaufe. 1859 ist im katholischen Geburtsregister ein totgeborenes Kind eingetragen, das „vom Arzte" die Nottaufe empfing; die Mutter überlebte. Dies ist der erste und einzige Fall, in dem Geburtshilfe durch einen Arzt belegt ist. Da die Notwendigkeit einer Nottaufe sich meist erst im Laufe des Geburtsvorgangs herausgestellt haben dürfte, spricht die regelmäßige Erteilung des Notsakraments durch Hebammen dafür, daß bereits seit dem 17. Jahrhundert bei den meisten Entbindungen im Kirchspiel Belm eine Hebamme anwesend war.[127] Hier könnte ein bemerkenswerter Unterschied zu anderen Regionen liegen.[128]

Im Kirchspiel Belm mit seinen gut hundert Geburten pro Jahr registrierte der „Maire" bei der Volkszählung 1812 vier Hebammen: die katholische 57jährige Elisabeth Herft, geborene Schulhof, Ehefrau eines Heuermanns im Kirchdorf Belm; die 36jährige katholische Catrina Fänger, verheiratet mit Markkötter Fänger in Icker; die 60jährige katholische Wilhelmine Meyer geb. Schave, Ehefrau des Altenteilers auf einem Vollerbenhof in Lüstringen[129], sowie die lutherische Elisabeth Greife, geb. Hößmann, 46 Jahre alt und Ehefrau eines Heuerlings in Gretesch. Wie diese vier Geburtshelferinnen mit ihren Wohnorten über die verschiedenen Gemeinden verteilt waren, so bildeten sie auch der sozialen Stellung – weniger der Konfession – nach so etwas wie einen Querschnitt durch die verheiratete weibliche Bevölkerung des Kirchspiels. Sie passen also kaum in das negative Klischeebild der sogenannten' ‚traditionellen' Hebammen... in Kleinstädten und Dörfern", die angeblich „ältere, verarmte Frauen" gewesen sein sollen, „die keinen anderen Weg sahen, sich ihren Lebensunterhalt zu verdienen".[130] Standen die Belmer

---

[127] Es sei denn, man wollte annehmen, daß die Eltern auf die Nottaufe verzichteten, wenn keine Hebamme anwesend war, oder daß Nottaufen, die von Eltern oder Nachbarn gespendet waren, im Kirchenbuch in der Regel nicht vermerkt wurden. Zwar wird bei besonders langwierigen Geburten das Kind öfter in Gefahr gekommen sein als bei anderen, und man könnte die Hebamme erst geholt haben, wenn die Geburt sich verzögerte; doch muß es auch bei normalen Geburten Kinder gegeben haben, die der Nottaufe bedurften.

[128] So fanden sich in der ersten Hälfte des 19. Jahrhunderts unter acht bayerischen Kirchspielen zwei, in denen ausgebildeteHebammen nur bei knapp einem Drittel aller Entbindungen mitwirkten; in einer Gemeinde war bei 60%, in vier anderen bei etwa drei Viertel der Geburten eine Hebamme zugegen; nur in einem Ort wurde die Hebamme fast immer (93%) zugezogen: LEE 1977 S. 93. In dieser Region war die Säuglingssterblichkeit sehr hoch. – Freilich wäre noch zu prüfen, ob die Anforderungen an die Qualifikation einer ‚Hebamme' in den einzelnen Regionen vergleichbar waren.

[129] Sie hatte diesen freilich erst geheiratet, als er schon Altenteiler war.

[130] So SHORTER 1987 S. 54, vgl. 62ff. Ausgewogener jetzt LABOUVIE 1992.

Hebammen räumlich und sozial den Gebärenden nahe, so hatten sie diesen an Alter und weiblicher Lebenserfahrung einiges voraus. Sie waren nicht durchweg alte Frauen; doch jede von ihnen hatte mehrere Kinder geboren; Elisabeth Herft acht, Elisabeth Greife neun, Catrina Fänger bis 1811 zehn – ein elftes sollte 1813 folgen.[131]

Die Hebammen scheinen keine festen Amtsbezirke gehabt zu haben. Wenn Hebammen vor dem „Maire" als Zivilstandsbeamten erschienen und Geburten meldeten – dies war während der französischen Periode ihre Aufgabe bei unehelichen Geburten und bei Verhinderung des Vaters durch Krankheit oder Abwesenheit –, so traten verschiedene Hebammen auf, auch wenn die Wöchnerinnen denselben Wohnort hatten.[132] Offenbar konnten die Gebärenden unter den Geburtshelferinnen wählen.

Die Bedeutung der Geburtshilfe für die Müttersterblichkeit zeigt sich auch daran, daß in Belm – wie überall – die größte Gefahr für das Leben der Frau am Tag der Entbindung selbst bestand (Tab. 3.17 g). Von den 36 Frauen der Sterbejahrgänge 1824 bis 1858, bei denen die Angabe über die „Todesart" einen ursächlichen Zusammenhang mit Schwangerschaft oder Niederkunft erkennen läßt, verschieden acht am Tag der Geburt, dreizehn weitere innerhalb von zwei Wochen, fünf in der dritten und vierten Woche. Bei vieren waren bereits mehr als zwei Monate seit der Entbindung vergangen. Auf der anderen Seite starben fünf Frauen in „Kindesnöten" oder „an den Folgen der Niederkunft", ohne daß im Geburtsregister ein Kind eingetragen wäre, offenbar also bevor das Kind das Licht der Welt erblickte.[133]

Nach Totgeburten war die Müttersterblichkeit neunmal so hoch wie nach Lebendgeburten (Tab. 3.17 c). Komplikationen während der Schwangerschaft und des Geburtsvorgangs, die zum Absterben des ungeborenen Kindes führten, bedeuteten also zugleich eine besondere Gefahr für die Mutter.[134] Bei einer Mehrlingsgeburt dürfte das Risiko für die Frau etwa doppelt so hoch gewesen sein wie sonst (Tab. 3.17 d).[135]

Zwischen den Angehörigen der beiden Konfessionen hingegen gab es im Kirchspiel Belm offenbar keine nennenswerten Unterschiede in der Müttersterblichkeit (Tab. 3.17 f). – Auch zwischen den sozialen Schichten war die

---

[131] Wilhelmine Meyer hatte eine erste Ehe auswärts geschlossen; im Kirchspiel Belm waren zwei Kinder von ihr getauft worden.

[132] Das gilt auch bei verheirateten Wöchnerinnen, bei denen noch mehr als bei ledigen anzunehmen ist, daß sie an ihrem Wohnort entbunden wurden. Gelegentlich traten auch Hebammen in Belm auf, die in benachbarten Kirchspielen wohnten.

[133] Zum Vergleich siehe SCHOFIELD 1986 S. 243; BARDET u. a. 1981 S. 41 f.; GUTIERREZ/HOUDAILLE 1983 S. 985; KNODEL 1988 S. 105.

[134] So auch SCHOFIELD 1986 S. 235 ff.; GUTIERREZ/HOUDAILLE 1983 S. 978, 989 ff.

[135] Zum Vergleich siehe SCHOFIELD 1986 S. 243; BARDET u. a. 1981 S. 46; KNODEL 1988 S. 108.

Mortalität im Kindbett sehr ähnlich (Tab. 3.17 e).[136] Wie bei der Säuglings- und Kindersterblichkeit und der ehelichen Fruchtbarkeit so zeigt sich also auch hier, daß trotz der enormen Unterschiede in den Vermögensverhältnissen Großbauern, Kleinbauern und Eigentumslose keineswegs in der Gesamtheit ihrer Verhaltensweisen und Lebensbedingungen differierten, sondern daß es in einer Reihe von wichtigen Bereichen Gemeinsamkeiten zwischen allen Angehörigen dieser ländlichen Gesellschaft gab.

Eine ungefähre Vorstellung von der Lebenserwartung verheirateter Männer und Frauen kann ihr durchschnittliches Sterbealter geben (Tab. 3.18). Für alle Männer, die von 1691 bis 1810 geheiratet hatten, lag das mittlere Sterbealter bei 58,4, für die Frauen bei 57,1 Jahren. Die Veränderungen im Laufe dieser Untersuchungsperiode waren beträchtlich. Sie erlauben allerdings keinen unmittelbaren Rückschluß auf die Entwicklung der Erwachsenenmortalität, sondern müssen zunächst im Zusammenhang mit Veränderungen im durchschnittlichen Heiratsalter interpretiert werden. Denn das Mortalitätsrisiko wird ja hier erst von der Hochzeit an erfaßt.[137] Insofern kann es nicht überraschen, daß der grobe Trend der Entwicklung des mittleren Sterbealters dem des Heiratsalters ähnelt. Freilich verlaufen die beiden Kurven im einzelnen nicht immer parallel, und die Veränderungen des Sterbealters sind häufig größer als die des Heiratsalters. Es gab also Wandlungen in der Sterblichkeit der Erwachsenen in beträchtlichem Ausmaß. Und offenbar verlief die Entwicklung – wie bei der Säuglings- und Kindersterblichkeit – nicht im Sinne eines geradlinigen Fortschritts zu immer höherer Lebenserwartung.

51% aller Ehen endeten durch den Tod der Frau, 49% durch den Tod des Mannes. Diese Proportion dürfte eine Folge der Kindbettsterblichkeit sein, zumal ja die Frauen im Durchschnitt jünger waren als ihre Ehemänner.

Daß eine Ehe anders als durch Tod endete, kam so gut wie nicht vor. Die förmliche Scheidung oder Annullierung einer im Kirchspiel Belm geschlossenen Ehe ist während der ganzen Untersuchungsperiode nicht belegt.[138]

---

[136] In Rouen hingegen war die Müttersterblichkeit bei den unteren Schichten höher: BARDET 1983 Bd.1 S.366f. In Trier fielen die sozialen Unterschiede kaum ins Gewicht: KOHL 1985 S.140f.

[137] Aus diesem Grund sind Familienrekonstitutionsdaten weniger gut geeignet zur Analyse der Mortalität von Erwachsenen als zu der der Säuglinge und Kinder: HENRY/BLUM 1988 S.127ff.; KNODEL 1988 S.53ff.; s. jetzt aber IMHOF 1990.

[138] In einem kleinen württembergischen Dorf hingegen kamen in der Zeit von 1800 bis 1839 zehn Scheidungsfälle vor (SABEAN 1990 S.163ff., vgl. 126ff., 215ff.) – eine für ländliche Gebiete Deutschlands in dieser Periode ungewöhnlich wirkende Häufigkeit. Allerdings ist die Praxis der Scheidung für deutsche Gebiete noch kaum untersucht, s. BLASIUS 1987; DÜLMEN 1990

Tabelle 3.18: Durchschnittliches Sterbealter verheirateter Frauen und Männer, nach Heiratsjahrzehnt, 1691–1810

| Heiratsjahr | Durchschnittliches Sterbealter in Jahren | |
|---|---|---|
| | verheiratete Frauen | verheiratete Männer |
| 1691–1700 | (60,7) | 63,5 |
| 1701–1710 | (59,8) | 57,7 |
| 1711–1720 | 59,3 | 58,7 |
| 1721–1730 | 55,3 | 57,3 |
| 1731–1740 | 59,1 | 58,0 |
| 1741–1750 | 55,9 | 55,9 |
| 1751–1760 | 53,4 | 55,9 |
| 1761–1770 | 57,7 | 57,8 |
| 1771–1780 | 58,8 | 60,6 |
| 1781–1790 | 57,6 | 59,4 |
| 1791–1800 | 57,3 | 59,5 |
| 1801–1810 | 55,1 | 58,0 |
| 1691–1810 | 57,1 | 58,4 |

Anmerkungen: Siehe bei Tabelle 3.01!
Um Doppelzählungen zu vermeiden, wurden nur Erstehen des jeweiligen Teils berücksichtigt. Wegen der Lücke in den Sterberegistern (1672–1689) beginnen die Berechnungen erst mit dem letzten Jahrzehnt des 17. Jahrhunderts. Sie enden mit den Heiraten 1801–1810, da infolge des Endes des Untersuchungszeitraums 1858/60 sich danach ein Bias zugunsten niedriger Sterbealter ergeben hätte.

Wohl erfahren wir von einer 1824 im preußischen Münster erfolgten gerichtlichen Scheidung. Der Mann, ein etwa 38 jähriger ehemaliger Soldat namens Hesse, stammte aus Magdeburg; von der Frau hieß es, daß sie „in Münster ein liederliches Leben führt". In Belm hatte er schon 1820 eine neue Lebensgefährtin gefunden, und einige Monate nach der Scheidung legalisierte er sein Verhältnis zu ihr.[139]

Selbst eine faktische Trennung von Ehegatten wird nur in einer Handvoll Fälle in unseren Quellen greifbar.[140] So wird aus dem späten 17. Jahrhundert

---

S. 178 ff. – Zu anderen europäischen Ländern PHILLIPS 1988; STONE 1990; MENEFEE 1981; DESSERTINE 1981; PHILLIPS 1980; LOTTIN u. a. 1975.

[139] Näheres zu diesem Fall unten S. 244 ff.

[140] Vgl. unten in Kap. 4.4. einige weitere Fälle aus Zensuslisten: Dort wurden verheiratete Personen ohne Gatten registriert, doch scheint es sich nicht unbedingt um dauernde Trennung gehandelt zu haben.

von einem Vollerben in Vehrte berichtet, der völlig verarmte und unter die Soldaten ging, während seine Frau samt Kindern in einem Nebengebäude des Hofes zurückblieb.[141] – Im Jahre 1811 „verließ" nach dreijähriger Ehe eine junge Frau „ihren Mann", den Inhaber eines größeren Hofes in Icker, „weil sie mit ihm, einem Trunkenbolde, Spieler und schlechten Wirte, nicht leben konnte und die Magd im Haus von ihm schwanger war".[142] Zuvor hatte sie ihm zwei Kinder geschenkt, von denen das ältere, ein Sohn, später den Hof erbte, während das jüngere, eine Tochter, im Oktober 1811 im Alter von sieben Monaten starb. Zur Zeit des Zensus im Januar 1812 hauste der Bauer mit einem älteren Bruder, zwei Mägden und zwei Knechten auf dem Hof; seine Frau hielt sich nicht im Kirchspiel auf. Erst nachdem der Mann im Winter 1816 ertrunken war – der Pfarrer vermutete Selbstmord oder Trunkenheit als Ursache –, ging die Witwe eine neue Ehe ein; so konnte sie bis zur Volljährigkeit ihres Sohnes, des künftigen Anerben, über den Hof verfügen und dem zweiten Mann die Gelegenheit zur Einheirat bieten. – Als seit den 1830er Jahren die massenhafte Auswanderung nach Nordamerika einsetzte, emigrierten viele junge Ledige, aber auch ganze Familien; zwei Fälle sind jedoch bezeugt, in denen Verheiratete aufbrachen und den Gatten zurückließen. 1836 machte sich ein 36jähriger Heuermann aus Icker auf die Reise und ließ – wie der Beamte ausdrücklich vermerkte – Frau und vier Kinder zurück. Ohne ihren Mann, einen Vollerben in Vehrte, schiffte sich 1846 Maria Elisabeth Hustedde ein.[143] Eine dauerhafte Trennung muß nicht unbedingt von vornherein beabsichtigt gewesen sein. So wanderte im Jahre 1845 der 33jährige Tagelöhner Johann Heinrich Fänger allein aus; er „hat Frau und Kinder zurückgelassen", notierte auch hier der Vogt in seiner Liste. Zwei Jahre später reiste jedoch seine Frau Anna Maria mit beiden Kindern hinterher.

In allen anderen Fällen scheint erst der Tod die Gatten geschieden zu haben. Zu diesem Zeitpunkt hatte ihre Ehe im Durchschnitt 21 Jahre bestanden. Je jünger Mann und Frau bei der Hochzeit waren, desto größer waren naturgemäß die Aussichten auf ein langes gemeinsames Leben. Bräutigame bzw. Bräute, die zwischen zwanzig und dreißig heirateten, erlebten im Schnitt eine Ehedauer von 22 bis 23 Jahren; bei denen, die zwischen

---

[141] WESTERFELD 1934 S.71f.
[142] So merkte der lutherische Pfarrer 1816 im Beerdigungseintrag des Mannes an. Nachdem der katholische Pastor ihn bei der Trauung noch als den „ehrsamen" qualifiziert hatte, galt er nun als „entschieden das schlechteste Subjekt im ganzen Kirchspiel" und wurde „öffentlich, jedoch ohne Leichpredigt" zu Grabe getragen, weil der Pfarrer „es vorher bezeugte, daß [...] [er] nichts Gutes von ihm sagen könnte".
[143] Näheres dazu unten S.489f.

Tabelle 3.19: Durchschnittliche Ehedauer, nach Heiratsalter von Frau und Mann, 1691-1810

a) nach dem Heiratsalter der Frau

| Heiratsalter | Durchschnittliche Ehedauer in Jahren |
|---|---|
| 15-19 | 24,0 |
| 20-24 | 22,4 |
| 25-29 | 21,9 |
| 30-34 | 19,3 |
| 35-39 | 17,9 |
| 40-44 | 15,5 |
| 45-49 | (17,6) |
| 50- | |

b) nach dem Heiratsalter des Mannes

| Heiratsalter | Durchschnittliche Ehedauer in Jahren |
|---|---|
| 15-19 | (31,0) |
| 20-24 | 23,5 |
| 25-29 | 23,0 |
| 30-34 | 20,4 |
| 35-39 | 18,4 |
| 40-44 | 17,6 |
| 45-49 | (15,0) |
| 50- | 13,1 |

Anmerkungen: Siehe bei Tabelle 3.01!
Hier sind Erstehen und Wiederheiraten berücksichtigt. Die Gründe für die Begrenzung auf die 1691-1810 geschlossenen Ehen sind bei Tabelle 3.18 erläutert.

fünfunddreißig und vierzig heirateten, endete die Ehe im Mittel nach etwa 18 Jahren (Tab. 3.19).[144]

Bei den Ehen, die durch den Tod der Frau endeten, waren die Männer zu diesem Zeitpunkt im Mittel 51 Jahre alt und hatten noch 16 Lebensjahre vor sich. Die Frauen hatten ein durchschnittliches Alter von 49, wenn sie Witwe wurden, und ebenfalls noch 16 Jahre zu leben (Tab. 3.20).[145] Nicht

---

[144] Zum Vergleich s. FLINN 1981 S. 29f.; KNODEL 1988 S. 158f. - Vgl. auch unten S. 479f. zur Dauer der Hofinhaberschaft bei Bauern.

[145] Zum Vergleich s. KNODEL 1988 S. 155ff., 159ff.

Tabelle 3.20: Durchschnittliches Alter der Frauen und Männer bei ihrer Verwitwung und Dauer der definitiven Witwen- bzw. Witwerschaft, 1691–1810

a) Frauen, die ihre Männer überlebten

| Heiratsjahr | Durchschnittliches Alter bei der Verwitwung in Jahren | | | Durchschnittliche Zahl der Jahre vom Ende der letzten Ehe bis zum Tod |
|---|---|---|---|---|
| | alle Ehen | Erstehen | letzte Ehen[1] | |
| 1691–1710 | (53,2) | (53,1) | (57,3) | (10,1) |
| 1711–1740 | 48,9 | 48,6 | 55,2 | 12,3 |
| 1741–1770 | 47,0 | 46,4 | 54,0 | 13,6 |
| 1771–1800 | 50,7 | 49,7 | 56,9 | 11,6 |
| 1801–1810 | 48,7 | 48,5 | 56,3 | (9,4) |
| 1691–1810 | 49,3 | 48,7 | 55,8 | 11,9 |

b) Männer, die ihre Frauen überlebten

| Heiratsjahr | Durchschnittliches Alter bei der Verwitwung in Jahren | | | Durchschnittliche Zahl der Jahre vom Ende der letzten Ehe bis zum Tod |
|---|---|---|---|---|
| | alle Ehen | Erstehen | letzte Ehen[1] | |
| 1691–1710 | (53,9) | (54,8) | | |
| 1711–1740 | 48,4 | 48,5 | (59,6) | (9,1) |
| 1741–1770 | 49,3 | 48,1 | 59,8 | 8,4 |
| 1771–1800 | 51,3 | 50,6 | 60,7 | 9,4 |
| 1801–1810 | 51,6 | 51,2 | 62,4 | (7,4) |
| 1691–1810 | 50,5 | 49,9 | 60,7 | 8,9 |

[1] Wenn die Frau bzw. der Mann nur einmal verheiratet war, wird diese Ehe sowohl bei den ‚Erstehen' wie bei ‚letzte Ehe' berücksichtigt.

Anmerkungen: Siehe bei Tabelle 3.01!
Die Gründe für die Begrenzung auf die 1691–1810 geschlossenen Ehen sind bei Tabelle 3.18 erläutert.

wenige Witwer und Witwen entschlossen sich zur Wiederheirat. Die Männer, die nach ihrer letzten Ehe als Witwer zurückblieben, waren dann im Schnitt 61 Jahre alt und hatten noch 9 Jahre vor sich. Die Frauen hatten in der entsprechenden Situation ein mittleres Alter von 56 und konnten noch 12 Lebensjahre erwarten. Schon diese Zahlenverhältnisse lassen erkennen, daß für die beiden Geschlechter die Lage nach dem Verlust des Gatten unterschiedlich aussah, die Wahrscheinlichkeit einer Wiederheirat ungleich verteilt war.

Hin und wieder brachten Zufall oder ansteckende Krankheiten es mit sich, daß beide Ehegatten kurz nacheinander starben. So beerdigte der Belmer Pfarrer am 9. Juni 1734 den Halberben Peter Droste, der nach 35jähriger Ehe im Alter von siebzig Jahren gestorben war, und seine zehn Jahre jüngere Frau Angela. Vor einem solchen Ereignis stand die Gemeinde auch am 20. September 1858. Zu Grabe trug man Maria Engel Cordon, geborene Rothert, die am 16. September nachmittags zwischen drei und vier Uhr im Alter von fünfzig Jahren an „Nervenfieber" gestorben war, und ihren Ehemann, den Heuerling Johann Gerhard Cordon, der ihr einen Tag später gegen neun Uhr abends im Alter von dreiundfünfzig Jahren gefolgt war, ebenfalls an „Nervenfieber". Im Beerdigungsregister vermerkte der lutherische Pastor, spürbar bewegt: „Diese Verstorbenen lebten miteinander ungefähr 24 Jahre und 5 Monate in sehr glücklicher Ehe und sind miteinander in ein Grab gesenkt worden."

Natürlich waren das ganz ungewöhnliche Fälle. Da der überlebende Teil nach dem Ende der Ehe im Durchschnitt noch etwa sechzehn Lebensjahre vor sich hatte, stellte sich sehr oft die Frage einer Wiederheirat. In der Tat gehörten Wiederheiraten verwitweter Personen zum Alltag dieser ländlichen Gesellschaft. Fast bei drei von zehn Eheschließungen war ein Witwer oder eine Witwe beteiligt (s. Tab. 3.05a). Zweitheiraten waren häufig, Drittheiraten kamen nicht selten vor; es gab sogar Frauen, die im Laufe ihres Lebens vier, und Männer, die fünf Ehen eingingen. Dadurch, daß Witwer und Witwen in aller Regel ledige Partner wählten, die nur wenig älter waren als die in beidseitigen Erstehen, vielfach aber wesentlich jünger als sie selber[146], kam es häufig vor, daß eine solche ‚ungleiche' Ehe relativ bald durch den Tod des älteren Teils getrennt wurde und der oder die Überlebende wiederum heiratete. So entstanden Ketten von Wiederheiraten, die bisweilen mehr als ein Jahrhundert überspannten. Es stellt sich die Frage, in welchem Maße solche Abfolgen von Wiederheiraten mit dem ‚normalen' Generationswechsel konkurrierten und möglicherweise einen zweiten Weg der sozialen Reproduktion darstellten.[147]

---

[146] Siehe oben S. 118 ff.   [147] Siehe dazu unten Kap. 6.4.5., 6.6.

Eine besonders eindrucksvolle Kette dieser Art beginnt am 27. September 1728, als der etwa im Jahre 1700 geborene Otto Wilm Meyerbuck (manchmal auch nur Meyer oder Buck genannt) zum ersten Mal vor den Traualtar trat. Seine etwa drei Jahre ältere Frau Anna Catharina, geborene Schulhoff, gebar ihm zwei Kinder und starb am 7. Februar 1745. Knapp drei Monate später heiratete Meyerbuck erneut. Seine Frau Catharina Gertrud, geborene Hagemans, etwa neunzehn Jahre jünger als er, schenkte ihm drei Kinder, bevor sie am 16. Juni 1757 hinschied. Einen Monat und zwei Tage danach schritt der Witwer zu seiner dritten Ehe mit Catharina Margaretha Bietenduvel, die nur zehn Jahre jünger war als er und im April 1766 kinderlos starb. Zwei Monate darauf folgte Meyerbucks letzte Ehe mit Anna Alheid Greive, damals etwa siebenundzwanzig Jahre alt, also fast vierzig Jahre jünger als er. Meyerbuck zeugte keine Kinder mit ihr, sondern starb am 24. Januar 1770. Seine Witwe heiratete dreieinhalb Monate später den gleichaltrigen Nicolaus Henrich Balzmeyer. Diesem gebar sie eine Tochter, bevor er am 27. April 1772 verblich. Ein Monat und vier Tage vergingen, bevor Anna Alheid ihre dritte Ehe mit dem sechs Jahre jüngeren Johann Henrich Rotert schloß. Am 30. Januar 1774 wurde sie von einer Tochter entbunden, sechs Tage später starb sie im Alter von fünfunddreißig Jahren. Der junge Witwer heiratete nach zwei Monaten Catharina Engel Macke, drei Jahre jünger als er. Nach 32 Jahren kinderloser Ehe starb diese im April 1806. Knapp eineinhalb Monate wartete der nunmehr etwa einundsechzigjährige Witwer, bevor er mit der fünfundzwanzigjährigen Engel Gertrud Placke den Bund fürs Leben schloß. Fast vierzehn Jahre waren Johann Henrich Rotert in dieser dritten und letzten Ehe noch beschieden; Kinder stellten sich freilich nicht mehr ein. Ein knappes halbes Jahr nach dem Tod des fünfundsiebzigjährigen Rotert heiratete Engel Gertrud, nun neununddreißig Jahre alt, den zehn Jahre jüngeren Johann Heinrich Voß. Ihm schenkte sie zwei Kinder und verschied im April 1844. Ihr Mann blieb Witwer und ist als solcher noch in der Volkszählung vom Dezember 1858 verzeichnet.

Um allgemeine Aussagen über die Wahrscheinlichkeit von Wiederheiraten verwitweter Personen zu machen, kann die Methode der Sterbetafeln sinngemäß benutzt werden (Tab. 3. 21). Frappierend ist bei den Ergebnissen vor allem der Unterschied zwischen den Geschlechtern. Mehr als die Hälfte der Witwer ging eine neue Ehe ein, aber weniger als ein Drittel der Frauen. Zudem warteten Witwen länger mit einer Wiederheirat als Witwer. Von den Witwern, die sich überhaupt zu einer weiteren Hochzeit entschlossen, waren fast 30% bereits ein Vierteljahr nach dem Tod ihrer vorigen Frau erneut verheiratet, bei den Witwen betrug der entsprechende Anteil nur 13%. Hier scheinen die kirchenrechtlichen Bestimmungen eine gewisse Wirkung gezeigt zu haben, die für Frauen eine doppelt so lange Regel-Trauerzeit vorsahen wie für Männer.[148]

Daß verwitwete Frauen weniger häufig und weniger schnell wiederheirateten als Männer, hat sich auch in anderen Dörfern der westlichen Hälfte Deutschlands gezeigt, die mit ähnlichen Methoden untersucht wurden, und kann somit als ein allgemeiner Zug der ländlichen Gesellschaft des 18. und 19. Jahrhunderts gelten, zumindest in Deutschland. Im Kirchspiel Belm waren die Wiederheiratschancen von Witwen sogar höher als in all diesen anderen Dörfern.[149]

Besonders sticht Belm durch die Eile hervor, mit der Witwer und Witwen die durch Tod entstandenen Lücken füllten. Männer, die wiederheirateten, taten das mehrheitlich binnen eines halben, Frauen binnen eines Jahres. Im Laufe des zweiten Jahres der Witwerschaft traten noch einige Nachzügler vor den Traualtar; danach wurden Wiederheiraten immer seltener.[150] Die geistliche Obrigkeit in Osnabrück vernahm denn auch „mißfällig [...], wasgestalt sowohl Weibes- als Mannspersonen, wenn ihre Ehegatten verstorben, sich oftmalen nicht nur innerhalb wenigen Wochen wiederumb verloben, sondern wohl gar intra tempus luctus copuliert zu werden begehren". Nach den Normen der Obrigkeit lief „dieses [...] wider alle Ehrbarkeit, auch denen beschriebenen Rechten schnurstracks zuwider", weshalb das Konsistorium den lutherischen Pastoren wiederholt einschärfte, daß sie „ohne erhaltende [!] sonderbare schriftliche Dispensation des Consistorii [...] keinen Witwer vor Ablauf sechs voller Monate bei willkürlichen Strafen und keine Witwe vor Ablauf eines vollen Jahres sub poena suspensionis ab officio copulieren sollen".[151]

---

[148] Siehe das Folgende, bes. Anm. 151.

[149] Auch die Heiratschancen verwitweter Männer waren in den meisten anderen Orten geringer als in Belm, in einigen wenigen freilich noch etwas höher: KNODEL 1988 S. 163 ff. Allerdings beziehen sich Knodels Durchschnitte (S. 165) auf die Zeit von 1700 bis 1899, was – angesichts der im 19. Jahrhundert stark abnehmenden Zahl der Wiederheiraten – die Vergleichbarkeit mit den nur bis 1858 reichenden Belmer Werten etwas einschränkt.

[150] In etlichen deutschen Dörfern kamen Wiederheiraten von Witwen in den ersten sechs Monaten der Trauerzeit gar nicht, solche von Männern in den ersten drei Monaten höchst selten vor. Nur in einem badischen Ort war der Weg von der Trauer am Grab zum Traualtar noch etwas kürzer als in Belm: KNODEL 1988 S. 165. – Für Frankreich vgl. CABOURDIN 1981 S. 280 ff., für England SCHOFIELD/WRIGLEY 1981 S. 213 ff.

[151] Verordnung wegen der verbotenen Heiraten innerhalb der Trauerzeit vom 2.11.1686, in: CCO 1783-1819 Teil 2 Bd. 1 S. 118 Nr. 381; ähnlich wiederholt in den Ausschreiben des Evangelischen Consistorii an die Prediger vom 7.5.1788 und 3.3.1790, in: ebd. Teil 2 Bd. 2 S. 631 f. und 655, Nr. 1414 und 1441. – Im Jahre 1825 wurde die Trauerzeit für Frauen auf neun Monate festgesetzt, freilich mit der Möglichkeit der Dispensation, für Männer auf drei Monate: Ver-

*Forts. S. 180*

Tabelle 3.21: Wiederheiraten von Witwen und Witwern, nach Periode, Alter und sozialer Schicht, 1691–1858

a) Anteil der Wiederheiratenden nach Periode

| Jahr der Verwitwung | Frauen: % wiederverheiratet innerhalb von | | | | | | Männer: % wiederverheiratet innerhalb von | | | | | |
|---|---|---|---|---|---|---|---|---|---|---|---|---|
| | 3 Mon. | 6 Mon. | 1 Jahr | 2 J. | 5 J. | 10 J. | 3 Mon. | 6 Mon. | 1 Jahr | 2 J. | 5 J. | 10 J. |
| 1691–1740 | (3,1) | (17,6) | (35,5) | (45,5) | (46,7) | (49,7) | 10,6 | 28,4 | 44,4 | 48,5 | 54,5 | 56,1 |
| 1741–1800 | 8,6 | 21,9 | 27,4 | 31,5 | 36,0 | 37,3 | 26,0 | 41,9 | 55,4 | 59,7 | 61,6 | 63,0 |
| 1801–1858 | 1,4 | 8,1 | 14,8 | 17,3 | 20,6 | 22,3 | 10,7 | 27,1 | 38,3 | 44,9 | 48,1 | 48,5 |
| 1691–1858 | 4,3 | 14,4 | 22,0 | 26,2 | 29,6 | 31,1 | 16,2 | 32,3 | 45,1 | 50,5 | 53,8 | 54,7 |

b) Anteil der Wiederheiratenden nach dem Alter bei der Verwitwung

| Alter bei der Verwitwung in Jahren | Frauen: % wiederverheiratet innerhalb von | | | | | | Männer: % wiederverheiratet innerhalb von | | | | | |
|---|---|---|---|---|---|---|---|---|---|---|---|---|
| | 3 Mon. | 6 Mon. | 1 Jahr | 2 J. | 5 J. | 10 J. | 3 Mon. | 6 Mon. | 1 Jahr | 2 J. | 5 J. | 10 J. |
| –30 | (6,2) | (48,4) | (65,6) | (78,4) | (85,3) | (89,0) | (24,5) | (53,1) | (71,4) | (81,6) | (89,0) | (92,6) |
| 30–39 | 9,6 | 33,0 | 54,2 | 63,5 | 70,5 | 72,7 | 35,0 | 67,5 | 83,1 | 87,8 | 90,9 | 90,9 |
| 40–49 | 5,4 | 15,0 | 23,0 | 24,4 | 28,5 | 31,0 | 22,7 | 48,0 | 67,9 | 72,6 | 76,6 | 78,1 |
| 50–59 | 1,2 | 1,8 | 2,4 | 5,6 | 6,4 | 6,4 | 6,0 | 13,9 | 27,9 | 36,1 | 39,8 | 39,8 |
| 60– | 0,0 | 0,0 | 0,0 | 0,0 | 0,0 | 0,0 | 2,6 | 3,1 | 4,2 | 6,6 | 6,6 | 8,0 |

c) Anteil der Wiederheiratenden nach dem Alter bei der Verwitwung und Periode

| Jahr der Verwitwung | Alter bei der Verwitwung in Jahren | Frauen: % wiederverheiratet innerhalb von | | | | | | Männer: % wiederverheiratet innerhalb von | | | | | |
|---|---|---|---|---|---|---|---|---|---|---|---|---|---|
| | | 3 Mon. | 6 Mon. | 1 Jahr | 2 J. | 5 J. | 10 J. | 3 Mon. | 6 Mon. | 1 Jahr | 2 J. | 5 J. | 10 J. |
| 1691–1740 | unter 40 | (2,6) | (34,2) | (60,5) | (73,7) | (76,4) | (82,3) | | | | | | |
| | unter 50 | | | | | | | (18,5) | (44,4) | (61,1) | (63,0) | (71,5) | (73,8) |
| 1741–1800 | unter 40 | 16,3 | 44,2 | 57,7 | 68,4 | 75,4 | 75,4 | | | | | | |
| | unter 50 | | | | | | | 40,5 | 64,5 | 82,2 | 85,6 | 87,1 | 87,9 |
| 1801–1858 | unter 40 | 1,3 | 30,2 | 56,0 | 64,4 | 73,3 | 78,1 | | | | | | |
| | unter 50 | | | | | | | 20,8 | 53,8 | 71,5 | 79,5 | 84,3 | 85,1 |
| 1691–1740 | ab 40 | (2,0) | (6,0) | (20,6) | (29,4) | (29,4) | (29,4) | | | | | | |
| | ab 50 | | | | | | | (2,7) | (11,2) | (25,5) | (31,3) | (34,7) | (34,7) |
| 1741–1800 | ab 40 | 3,8 | 10,1 | 12,0 | 12,5 | 14,8 | 16,9 | | | | | | |
| | ab 50 | | | | | | | 9,6 | 15,4 | 23,2 | 29,0 | 31,5 | 33,6 |
| 1801–1858 | ab 40 | 1,6 | 3,8 | 6,1 | 6,8 | 8,8 | 9,4 | | | | | | |
| | ab 50 | | | | | | | 1,4 | 3,8 | 9,7 | 14,5 | 15,8 | 15,8 |

Tabelle 3.21 (Fortsetzung):

d) Anteil der Wiederheiratenden nach sozialer Schicht und Periode

| Jahr der Verwitwung | Schicht | Frauen: % wiederverheiratet innerhalb von | | | | | | Männer: % wiederverheiratet innerhalb von | | | | | |
|---|---|---|---|---|---|---|---|---|---|---|---|---|---|
| | | 3 Mon. | 6 Mon. | 1 Jahr | 2 J. | 5 J. | 10 J. | 3 Mon. | 6 Mon. | 1 Jahr | 2 J. | 5 J. | 10 J. |
| 1741–1800 | Großbauern | (9,8) | (33,4) | (43,5) | (48,7) | (53,0) | (53,0) | (12,2) | (28,6) | (52,4) | (57,2) | (59,4) | (63,2) |
| | Kleinbauern | (11,8) | (32,3) | (32,3) | (32,3) | (38,8) | (38,8) | (19,3) | (41,1) | (52,5) | (55,1) | (58,6) | (58,6) |
| | Heuerlinge/Landlose | 9,5 | 19,1 | 25,3 | 32,4 | 38,1 | 41,2 | (37,8) | (56,7) | (68,3) | (71,6) | (73,8) | (75,3) |
| 1801–1858 | Großbauern | 2,7 | 15,0 | 24,6 | 26,6 | 30,1 | 31,8 | (1,1) | (14,9) | (30,3) | (36,7) | (44,7) | (44,7) |
| | Kleinbauern | (0,0) | (5,4) | (9,1) | (12,9) | (14,9) | (18,0) | (7,2) | (22,0) | (37,3) | (45,3) | (49,3) | (49,3) |
| | Heuerlinge/Landlose | 1,1 | 6,1 | 12,0 | 14,6 | 18,0 | 19,5 | 15,5 | 33,7 | 43,3 | 48,8 | 49,4 | 50,2 |
| 1741–1858 | Großbauern | 5,7 | 21,3 | 32,1 | 36,8 | 40,3 | 41,8 | 5,6 | 20,2 | 38,4 | 44,7 | 50,8 | 51,8 |
| | Kleinbauern | 4,9 | 16,9 | 18,9 | 24,1 | 27,3 | 28,5 | 11,2 | 28,2 | 40,9 | 46,4 | 50,5 | 50,5 |
| | Heuerlinge/Landlose | 3,6 | 10,0 | 15,9 | 19,9 | 24,1 | 26,0 | 21,5 | 39,8 | 50,1 | 55,2 | 56,4 | 57,5 |

e) Anteil der Wiederheiratenden nach sozialer Schicht und Alter bei der Verwitwung, 1741–1858

| Schicht | Alter bei der Verwitwung in Jahren | Frauen: % wiederverheiratet innerhalb von | | | | | | Männer: % wiederverheiratet innerhalb von | | | | | |
|---|---|---|---|---|---|---|---|---|---|---|---|---|---|
| | | 3 Mon. | 6 Mon. | 1 Jahr | 2 J. | 5 J. | 10 J. | 3 Mon. | 6 Mon. | 1 Jahr | 2 J. | 5 J. | 10 J. |
| Großbauern | unter 40 | (9,1) | (49,5) | (73,8) | (85,0) | (89,0) | (91,2) | | | | | | |
| | unter 50 | | | | | | | (13,5) | (39,2) | (74,3) | (78,5) | (86,2) | (86,2) |
| Kleinbauern | unter 40 | | | | | | | (17,9) | (52,9) | (71,8) | (81,2) | (87,4) | (87,4) |
| | unter 50 | | | | | | | | | | | | |
| Heuerlinge/ | unter 40 | (9,4) | (29,5) | (46,8) | (55,5) | (64,7) | (67,1) | | | | | | |
| Landlose | unter 50 | | | | | | | 36,6 | 67,7 | 79,9 | 84,3 | 84,9 | 86,5 |
| Großbauern | ab 40 | 4,0 | 10,2 | 16,5 | 18,7 | 22,1 | 23,2 | | | | | | |
| | ab 50 | | | | | | | (0,0) | (6,3) | (12,8) | (21,3) | (24,3) | (26,6) |
| Kleinbauern | ab 40 | (3,9) | (9,2) | (10,6) | (10,6) | (13,6) | (13,6) | | | | | | |
| | ab 50 | | | | | | | (4,8) | (6,5) | (13,4) | (15,2) | (17,8) | (17,8) |
| Heuerlinge/ | ab 40 | 1,2 | 2,9 | 4,7 | 6,0 | 7,7 | 9,9 | | | | | | |
| Landlose | ab 50 | | | | | | | 4,0 | 7,5 | 14,6 | 19,1 | 21,0 | 21,0 |

Anmerkungen: Diese Tabellen beruhen auf der Schätzung der Wahrscheinlichkeit der Wiederverheiratung nach der Methode der Sterbetafeln mittels der SPSS-Prozedur „Survival" (s. SPSS-X 1988 S. 955ff.; vgl. KNODEL 1988 S. 163ff.).

In Klammern gesetzt sind die Werte, wenn die Zahl der Witwen bzw. Witwer, die während der ersten 3 Monate nach der Verwitwung in Beobachtung waren, sich auf 30–99 belief; lag diese Zahl unter 30, so wurden die Ergebnisse weggelassen.

Berücksichtigt wurden nur die Fälle, wo das genaue Datum der Verwitwung bekannt ist und das Überleben des einen Teils durch einen anderen Beleg als seine Wiederheirat bekannt ist: in der Regel durch den eigenen Todeseintrag, im 19. Jahrhundert auch durch Auswanderungsvermerk oder Anwesenheit im Zensus vom 3.12.1858. Mit dem Datum des Todes, der Auswanderung oder des Zensus verschwinden die betreffenden Witwen und Witwer aus der Beobachtung, wenn sie nicht bereits vorher wiedergeheiratet haben. Würden hingegen auch die Witwen und Witwer einbezogen, deren Überleben lediglich durch ihre Wiederheirat belegt ist, so würde die Wahrscheinlichkeit der Wiederheirat überschätzt (s. HENRY/BLUM 1988 S. 67f., 116).

Wegen der Lücke in den Sterberegistern (1672–1689) beginnen die Berechnungen erst mit dem letzten Jahrzehnt des 17. Jahrhunderts.
Zur Berechnung des Alters siehe die Anmerkung in Tabelle 3.01!

Die ländliche Bevölkerung jedoch hatte offensichtlich andere Begriffe von „Ehrbarkeit" und akzeptierte das Bedürfnis der Witwer und der Witwen, schnell einen neuen Ehegatten zu finden. Auch die Grundherren sahen oft eine „Notwendigkeit [...], zum anderen Mal zu heiraten". Von dem Markkötter Landwehr in Haltern, der am 4. Mai 1804 im Alter von sechzig Jahren seine zweite Frau verloren hatte, wurde gesagt: „Seinen fünf noch lebenden, fast alle noch kleinen Kindern [...] ist eine Mutter unentbehrlich; das Wohl des Erbes fordert [...], daß der Witwer eine Gehülfin erhalte." Schon sechs Wochen nach dem Tod der Frau hatte er „denn auch bereits ein Mädchen gefunden [- es stand immerhin im 38. Lebensjahr -], welches seinen Kindern Mutter zu werden und dem Erbe vorzustehen bereit ist."[152] Am 5. Juli 1804 trat der Witwer mit seiner dritten Braut vor den Altar. – Auch die Ortspfarrer machten sich zu Fürsprechern dieser Bedürfnisse, wenn sie beim Konsistorium bzw. General-Vikariat für ihre Gemeindemitglieder den Dispens von der gesetzlichen Trauerzeit erbaten. So schrieb der lutherische Pastor im Mai 1830 von der Heuerlingswitwe Dingmeyer, deren Mann vier Monate zuvor verstorben war, daß „ihr Hauswesen die beabsichtigte Verheiratung erfordert".[153] Ähnlich argumentierte sein katholischer Amtsbruder im Oktober 1851 im Interesse der Witwe eines Kleinbauern und Glasers, der vor fünf Monaten gestorben war, sie könne der Wirtschaft allein nicht vorstehen, eine Verschiebung der Wiederheirat würde einen großen ökonomischen Schaden bedeuten.[154] In den Kirchenbüchern ist daher immer wieder vermerkt, daß ein Dispens „wegen der nicht beendeten gesetzlichen Trauerzeit" beantragt und bewilligt wurde. Trine Lisebeth Recker hingegen, 21jährige Witwe des am 1. April 1814 nach nur einem Jahr der Ehe verstorbenen Markkötters, erhielt aus Gründen, die uns entgehen, eine solche Sondergenehmigung nicht. Zwar wurde sie mit ihrem neuen Bräutigam am 14. und 21. August 1814 aufgeboten; doch „weil die Witwe das Trauer-Jahr noch nicht vollendet, ist die Copulation aufgeschoben und nachher den 23. April 1815 vollzogen".

Natürlich war die Wahrscheinlichkeit einer erneuten Eheschließung um so höher, je jünger Männer und Frauen in dem Augenblick waren, da sie

---

ordnung über die von Witwern und Witwen sowie von geschiedenen Eheleuten vor der Wiederverheiratung zu beobachtenden Fristen vom 31.12.1825, abgedr. in: EBHARDT 1839–1840 Bd. 5 S. 79 f.
[152] StA OS Rep. 550 II Nr. 72. Von ihren eigenbehörigen Bauern erhielten die Grundherren in diesen Fällen das sog. „Auffahrtgeld"; dazu s. unten Kap. 6.4.2.
[153] EPA BELM K. B. III Nr. 2.
[154] KPA BELM Nr. 209.

verwitweten (Tab. 3. 21 b).[155] Über 90% der Männer, die unter 40 Jahre alt waren, als sie ihre Frau verloren, fanden eine neue; unter den mit 40 bis 50 Jahren verwitweten waren es mehr als drei Viertel; unter den 50- bis 60jährigen noch 40% und bei den über 60jährigen 8%. Bei den Frauen sank die Wahrscheinlichkeit einer Wiederheirat bereits in jüngerem Alter: Nur von denen, die vor Vollendung des dreißigsten Lebensjahres Witwe wurden, schlossen annähernd 90% eine neue Ehe; von den 30- bis 40jährigen waren es knapp drei Viertel, von den 40- bis 50jährigen kaum ein Drittel, von den 50- bis 60jährigen 6%; unter den Belmerinnen, die das sechzigste Lebensjahr überschritten hatten, als sie den Gatten zu Grabe geleiteten, hat keine mehr geheiratet. Bei den Witwen nahm also die Häufigkeit von Wiederheiraten mit wachsendem Alter in ganz ähnlichen Stufen ab, wie bei den Witwern, allerdings mit dem wesentlichen Unterschied, daß die Witwen die nächstniedrigere Stufe jeweils rund zehn Jahre früher erreichten als die Witwer: Die unter dreißigjährigen Witwen schlossen etwa ebenso oft eine weitere Ehe wie die unter vierzigjährigen Witwer, die dreißig- bis vierzigjährigen Witwen annähernd so oft wie die vierzig- bis fünfzigjährigen Witwer usw.

Dieser Befund scheint auch einen Schlüssel zur Klärung der Ursachen für den geschlechtsspezifischen Unterschied in der Häufigkeit der Wiederheiraten zu bieten, indem er die Vermutung nahelegt, daß verwitwete Frauen im Vergleich zu Männern nicht über bessere Möglichkeiten verfügten, ohne Ehegatten ihr weiteres Leben zu führen, sondern daß Witwen schlechtere Chancen auf dem Heiratsmarkt hatten als Witwer. Denn es scheint natürlich, daß die Fähigkeit und der Wille, ein selbständiges Leben als Vorstand eines eigenen Haushalts zu führen, mit wachsendem Alter abnahmen. – Doch übersieht diese dichotomisch aufgebaute Überlegung, daß Kraft und Bereitschaft, der wirtschaftlich-sozialen Einheit eines Haushalts oder Hofes vorzustehen, nicht allein – ja möglicherweise nicht einmal überwiegend – von der altersbedingten physischen Leistungsfähigkeit abhängen. Ebenso wichtig dürften die Erwartungen der dörflichen Gesellschaft und – damit zusammenhängend – die subjektive Einschätzung der eigenen Möglichkeiten gewesen sein. Unter diesem Gesichtspunkt könnte es durchaus sein, daß eine Frau jenseits der Vierzig sich eher ein Leben ohne Unterordnung unter ein männliches Familienoberhaupt zutraute als eine jüngere. Ebenso mag die Umwelt eine ältere Frau in solch selbständiger Position eher akzeptiert haben. Die Analyse der Haushaltsstrukturen wird erweisen, wieweit diese Ar-

---

[155] Ähnlich KNODEL 1988 S. 165 ff., 170 ff.; CABOURDIN 1981 S. 278 ff.

gumentation für unsere ländliche Gesellschaft begründet ist, indem sie zeigt, ob Witwen in der Tat Haushalte und Höfe führten oder ob sie der jüngeren Generation, dem Sohn oder Schwiegersohn, den leitenden Platz einräumten, sowie der Ehemann ihn verlassen hatte.[156]

Die Altersschwelle, jenseits derer die Wiederheirat nicht mehr die Regel, sondern die Ausnahme war, lag also für die Männer bei fünfzig, für die Frauen bei vierzig Jahren. Die Hälfte aller Männer, die ihre Ehefrau überlebten, verwitweten, bevor sie diese Schwelle überschritten; bei den überlebenden Frauen waren es nur ein gutes Viertel (Tab. 3.22).

Vom 18. zum 19. Jahrhundert sank in Belm wie andernorts[157] die Häufigkeit der Wiederheiraten merklich, bei den Witwen freilich viel stärker als bei den Witwern (Tab. 3.21a). Im späten 17. und frühen 18. Jahrhundert waren anscheinend die Wiederheiratsmöglichkeiten für beide Geschlechter annähernd gleich; erst danach entwickelten sie sich mehr und mehr auseinander. Von den Männern, die zwischen 1741 und 1800 ihre Frau verloren, suchten sich 63% eine neue; 1801 bis 1858 waren es noch 49%. Bei den Witwen gingen in der früheren Periode 37% eine neue Verbindung ein, in der späteren 22%. – Im 19. Jahrhundert wurde zugleich die Trauerzeit, die man bis zur neuen Eheschließung einhielt, etwas länger. Wenn man diese – auch in anderen Teilen Deutschlands beobachtete[158] – Tatsache als Annäherung an die von der Obrigkeit propagierten (und uns als modern erscheinenden) Vorstellungen von Anstand und guter Ordnung verstehen kann, so handelte es sich doch lediglich um einen Schritt in diese Richtung: Nur in den ersten drei Monaten heirateten Witwer merklich seltener, Witwen in den ersten sechs Monaten.

Wichtig ist, daß das Sinken der Chance oder Neigung zur Wiederheirat nicht die jüngeren, sondern ausschließlich die älteren Witwer und Witwen betraf (Tab. 3.21c). Nur Männer, die das fünfzigste, und Frauen, die das vierzigste Lebensjahr überschritten hatten, als sie den Gatten verloren, verzichteten im 19. Jahrhundert wesentlich öfter als im 18. auf eine neue Ehe.[159] Dies mag ein Anzeichen sein, daß sich nun der ‚natürliche' Wechsel der Generationen gegenüber den langen Abfolgen von Wiederheiraten als *der* Weg der Reproduktion durchzusetzen begann.

---

[156] Siehe unten Kap. 4.4., 4.5., 6.4., 6.6.
[157] KNODEL 1988 S. 164ff., 171ff.; MITTERAUER 1986a S. 312ff.
[158] KNODEL 1988 S. 164ff.
[159] Demgegenüber stellt KNODEL 1988 S. 171f. für die von ihm untersuchten Orte fest, daß sämtliche Altersgruppen mit Ausnahme der Männer unter 30 Jahren von dem Rückgang der Wiederheiraten im 19. Jahrhundert betroffen waren.

Tabelle 3.22: Frauen und Männer nach ihrem Alter bei der Verwitwung, 1691–1810

| Alter in Jahren | Frauen | Männer |
|---|---|---|
| –29 | 8,0% | 5,9% |
| 30–39 | 20,1% | 19,7% |
| 40–49 | 26,9% | 24,7% |
| 50–59 | 19,6% | 22,8% |
| 60– | 25,4% | 26,8% |

Anmerkungen: Siehe bei Tabelle 3.01!
Hier sind Erstehen und Wiederheiraten berücksichtigt.
Die Gründe für die Begrenzung auf die 1691–1810 geschlossenen Ehen sind bei Tabelle 3.18 erläutert.

Interessante Unterschiede gab es zwischen den sozialen Schichten unserer ländlichen Gesellschaft (Tab. 3.21 d). Von den verwitweten Männern zeigten die Heuerlinge wesentlich mehr Eile, eine neue Frau zu finden, als die Großbauern; und die Kleinbauern hielten nur wenig längere Trauerzeiten ein als die Heuerlinge. Man könnte das als Hinweis interpretieren, daß die Ehrbarkeits-Vorstellungen der Obrigkeit schichtweise von oben nach unten in die dörfliche Gesellschaft einsickerten. Wenn überhaupt, so gilt das jedoch nur für die Männer: Unter den Witwen, die wiederheirateten, war der Anteil derer, die das bereits im ersten halben Jahr nach dem Tod des Mannes taten, in der großbäuerlichen Schicht höher als bei den Heuerlingen. – Verwitweten Heuerleuten mag es leichter gefallen sein, einen Partner zu finden, der persönlich zusagte, während verwitwete Bauern darüber hinaus darauf zu achten hatten, daß der neue Partner seiner wirtschaftlich-sozialen Statur nach für die Führung eines großen Hofes in Frage kam. Doch müßte dies für Witwer *und* für Witwen der bäuerlichen Schicht gelten. – Zu untersuchen ist, ob verwitwete Großbauern bessere Möglichkeiten als Kleinbauern und Heuermänner hatten, die Ehefrau zeitweilig durch eine Verwandte oder eine Magd zu ersetzen. Freilich scheint dies gegebenenfalls nur für eine zeitlich begrenzte Überbrückung zuzutreffen[160]; denn schließlich heirateten verwitwete Großbauern nicht weniger häufig wieder als Heuerlinge.

Anders als bei den Männern gab es bei den Frauen wesentliche Unterschiede in der Häufigkeit von Wiederheiraten zwischen den sozialen Schichten. 42% der Witwen von Großbauern fanden einen neuen Mann, aber nur

---

[160] Siehe unten Kap. 4.4.

26% der Heuerlings- und 29% der Kleinbauernwitwen.¹⁶¹ Das bedeutet, daß der Unterschied zwischen den Geschlechtern in diesem Punkt bei der dörflichen Oberschicht viel weniger ausgeprägt war als bei der Unterschicht.¹⁶² Daß unter den Witwen diejenigen mit einem großen Hof die weitaus besten Chancen für eine erneute Eheschließung hatten, galt im 18. wie im 19. Jahrhundert. Der sinkende Trend der Wiederheiraten ging an den großbäuerlichen Witwen zwar nicht vorbei, betraf sie aber in geringerem Maße als die Witwen der unteren Schichten. Sofern Ehe gleichbedeutend war mit Glück, hatte also der bürgerliche Beobachter recht, der 1787 über eine benachbarte Region schrieb: „Keine Witwe ist [...] glücklicher als die Witwe von einem Colonate. Sobald der Mann gestorben ist, so versammelt sich um selbige ein eigentlicher Hof von allen jungen Leuten ihres Standes [...]". Daß solche Wiederheiraten oft die „ungleichsten Ehen" waren, fiel ihm offenbar nur auf, wenn die Frau als Witwe der ältere Teil war. Zumindest in einem Punkt aber traf für unser Untersuchungsgebiet nicht zu, was er weiter sagte: „Ohne Rücksicht, ob sie alt oder jung, schön oder häßlich, beerbt oder unbeerbt, gefällig oder zänkisch ist, hat sie das Vergnügen, sich unter allen den besten auszuprobieren."¹⁶³ Auch in der großbäuerlichen Schicht war die Häufigkeit der Wiederheirat von Witwen entscheidend von ihrem Alter abhängig: Von denen, die vor Vollendung ihres vierzigsten Lebensjahres den Mann verloren, gingen mehr als 90% eine neue Ehe ein; von den älteren waren es weniger als ein Viertel (Tab. 3.21 e). Ob Schönheit oder Häßlichkeit, gefälliges oder streitbares Wesen bei diesen Entscheidungen in Betracht gezogen wurden, wird freilich das Geheimnis der Belmer und Belmerinnen bleiben.

---

[161] Und wenn sie wiederheirateten, nahmen Heuerlings- und Kleinbauernwitwen häufiger als andere einen Witwer, s. oben S. 118 f. und Tab. 3.05 b. – KNODEL 1988 S. 174 ff. findet hingegen nur geringe Unterschiede zwischen den beruflich-sozialen Gruppen hinsichtlich der Wiederheiratschancen.

[162] Ganz anders COLLOMP 1983 S. 166 ff., COLLOMP 1988 S. 70 für ein Gebiet in den französischen Alpen: Dort heirateten Witwer schnell wieder, Witwen gingen selten eine neue Ehe ein; denn der sterbende Mann pflegte ihnen die Leitung von Haus und Hof nur unter der Bedingung anzuvertrauen, daß sie nicht wiederheirateten.

[163] Zitiert nach MOOSER 1980 S. 136.

## 3.5. Schlußfolgerungen

Wenn wir die demographisch relevanten Verhaltensweisen der Frauen und Männer dieses Kirchspiels in ihrer Gesamtheit und in ihrem Zusammenwirken betrachten, so lassen sie sich als ein System niedrigen Drucks kennzeichnen, das sich in einem Prozeß langfristiger Expansion befand, jedenfalls bis zum Einsetzen der massiven Überseeauswanderung in den 1830er Jahren. Das selbst im Rahmen des ‚europäischen Heiratsmusters' hohe Heiratsalter von Frauen und Männern sowie das relativ niedrige Niveau der ehelichen Fruchtbarkeit hielten das Bevölkerungswachstum in Grenzen. Die Tatsache, daß fast alle Frauen und Männer heirateten, sowie die recht niedrige Säuglings- und Kindersterblichkeit sorgten jedoch dafür, daß sich die Einwohnerzahl im Laufe der sechs Generationen von der Mitte des 17. Jahrhunderts bis zu den 1830er Jahren verdreifachen konnte.

Solange es weder eine sichere Methode ‚künstlicher' Säuglingsernährung gab noch innereheliche Geburtenbeschränkung verbreitet war, bestand in dem ‚System' demographischer Verhaltensweisen ein ursächlicher Zusammenhang zwischen Fertilität und Säuglingssterblichkeit; vermittelt war er durch die Stillpraxis.[164] Bei dem damaligen Stand der hygienischen Kenntnisse und Möglichkeiten waren diejenigen Säuglinge bei weitem am besten vor Krankheits- und Todesgefahr geschützt, die von ihren Müttern gestillt wurden. Diese Erkenntnis führte im 18. Jahrhundert zu einer regelrechten Kampagne europäischen Ausmaßes: Ärzte, Pädagogen und Obrigkeiten wollten all die Mütter zum „Selbststillen" veranlassen, die ihre Babies entweder mit Brei, Kuhmilch und anderen ‚künstlichen' Mitteln aufzogen oder sie zu Ammen weggaben. Beides war in manchen Regionen und sozialen Schichten Europas verbreitet.[165] – Zugleich wirkte sich das Stillen auf die Fertilität aus: Solange eine Frau stillt, ist die Wahrscheinlichkeit einer neuen Konzeption deutlich vermindert. Möglicherweise wurde dieser naturgegebene Zusammenhang verstärkt durch eine soziale Praxis, in der Geschlechtsverkehr mit einer stillenden Frau tabuiert oder doch unüblich sein mochte.[166] Aus verstreuten Zeugnissen wissen wir, daß die negative Wirkung des Stillens auf die Konzeptionsfähigkeit im 18. Jahrhundert nicht nur Fachmännern, sondern zumindest auch einigen Frauen bewußt war.[167]

---

[164] Dazu KNODEL 1988 S. 45 ff., 319 f., 393 ff. mit der Literatur.
[165] Siehe SCHLUMBOHM 1983a S. 11 f., 24 f., 48, 55, 228 f.; BADINTER 1984 S. 91 ff., 160 ff.; FAUVE-CHAMOUX 1983.
[166] So für Frankreich WALLE/WALLE 1972 S. 692 ff.; FAUVE-CHAMOUX 1983 S. 18 ff.; für England McLAREN 1984 S. 69 f.
[167] Siehe SCHLUMBOHM 1983a S. 24, 324 f.; SÜSSMILCH 1765 Bd. 1 S. 194 f.; PFEUFER 1810 S. 65; vgl. WALLE/WALLE 1972 bes. S. 694 ff.

Tabelle 3.23: Schätzung der durchschnittlichen Dauer des Stillens, nach Periode, Geschlecht des Kindes und sozialer Schicht, 1651–1858

a) nach Periode

| Heiratsjahr | Durchschnittlicher Geburtenabstand in Monaten | | Differenz = geschätzte durchschnittliche Stilldauer in Monaten |
|---|---|---|---|
| | nach einem Kind, das ein Jahr lebte | nach einem Kind, das im 1. Monat starb | |
| 1651–1740 | 34,7 | 16,8 | 17,9 |
| 1741–1800 | 32,3 | 18,6 | 13,7 |
| 1801–1858 | 31,3 | 18,2 | 13,1 |
| 1651–1858 | 32,4 | 18,1 | 14,3 |

b) nach Geschlecht des Kindes[1]

| Heiratsjahr | Geschlecht | Durchschnittlicher Geburtenabstand in Monaten | | Differenz = geschätzte durchschnittliche Stilldauer in Monaten |
|---|---|---|---|---|
| | | nach einem Kind, das ein Jahr lebte | nach einem Kind, das im 1. Monat starb | |
| 1651–1740 | männlich | 34,7 | 16,8 | 17,9 |
| | weiblich | 34,8 | 16,8 | 18,0 |
| 1741–1800 | männlich | 32,0 | 18,6 | 13,4 |
| | weiblich | 32,8 | 18,6 | 14,2 |
| 1801–1858 | männlich | 31,8 | 18,2 | 13,6 |
| | weiblich | 30,8 | 18,2 | 12,6 |
| 1651–1858 | männlich | 32,5 | 18,1 | 14,4 |
| | weiblich | 32,3 | 18,1 | 14,2 |

[1] Maßgeblich ist natürlich jeweils das Geschlecht des Kindes, auf dessen Geburt der betreffende Geburtenabstand folgt. Geburtenabstände nach Zwillingen verschiedenen Geschlechts wurden nicht berücksichtigt.

c) nach sozialer Schicht

| Schicht | Durchschnittlicher Geburtenabstand in Monaten | | Differenz = geschätzte durchschnittliche Stilldauer in Monaten |
|---|---|---|---|
| | nach einem Kind, das ein Jahr lebte | nach einem Kind, das im 1. Monat starb | |
| Großbauern | 31,1 | 16,2 | 14,9 |
| Kleinbauern | 32,0 | 17,9 | 14,1 |
| Heuerlinge/ Landlose | 32,3 | 19,1 | 13,2 |

Anmerkungen: Alle Werte beruhen auf mehr als 50 Fällen.
Die hier benutzte Methode der Schätzung folgt im wesentlichen KNODEL 1988 S. 545 ff., vgl. 82 ff., 275 ff. („estimate A"). Jedoch werden hier von jeder Familie alle Geburtenabstände außer dem letzten berücksichtigt, während Knodel nur die ersten drei benutzt. Kinder mit unbekanntem Schicksal werden hier nicht berücksichtigt, während Knodel sie als mindestens 1 Jahr überlebend behandelt.
Knodels alternative Schätzungsmethode („estimate B") ergibt für Belm 1651–1858 eine durchschnittliche Stilldauer von 10,8 Monaten. Bei dieser Methode wird der durchschnittliche Abstand zwischen Heirat und Geburt des ersten Kindes (ohne die Fälle, wo dieser Abstand kleiner als 9 Monate war) mit dem durchschnittlichen Abstand zwischen der ersten und zweiten ehelichen Geburt (nur die Fälle, wo das erste Kind mindestens 1 Jahr lebte) verglichen, und die Differenz als Schätzwert für die durchschnittliche Dauer des Stillens benutzt. Diese Methode dürfte jedoch mit noch größeren Unsicherheiten behaftet sein als die andere, weil hier die Frage hineinspielt, wieweit die Hochzeit den Beginn der sexuellen Beziehungen bedeutete.

Jedenfalls ist in der historischen Demographie seit langem bekannt, daß in Gebieten, wo Säuglinge regelmäßig gestillt wurden, der durchschnittliche Abstand zur nächsten Geburt merklich länger war, wenn das vorige Kind überlebte, als wenn die Stillperiode durch den frühen Tod des Kindes abgekürzt wurde. Diese Differenz läßt sich nutzen, um Häufigkeit bzw. Dauer des mütterlichen Stillens zu schätzen (Tab. 3.23). Für Belm errechnet sich ein durchschnittliches Geburtenintervall von 18 Monaten für die Fälle, wo das vorhergehende Kind im ersten Lebensmonat starb, hingegen von 32 Monaten, wo das vorhergehende Kind mindestens ein Jahr überlebte. Das läßt auf eine durchschnittliche Stilldauer von 14 Monaten schließen. Damit reiht sich Belm ein unter andere ländliche Orte der nördlichen Hälfte Deutschlands, in denen offenbar so gut wie alle Mütter ihre Kinder stillten, und zwar recht lange, ein gutes Jahr.[168] Es gibt keine Hinweise, daß in Belm

---

[168] Vgl. KNODEL 1988 S. 542 ff.; für das späte 19. und frühe 20. Jahrhundert KINTNER 1985.

Söhne gegenüber Töchtern bevorzugt wurden, beide Geschlechter wurden vielmehr gleich lange gestillt. Zwischen den sozialen Schichten gab es hier keine wesentlichen Unterschiede; alle Mütter stillten offenbar ein gutes Jahr lang. Es hat den Anschein, daß im späten 17. und frühen 18. Jahrhundert die Frauen sogar etwa 18 Monate lang den Kindern die Brust gaben, später ‚nur' noch 14 bis 13 Monate.

In dem breiten Spektrum unterschiedlicher demographischer Muster, das die historische Demographie für das frühneuzeitliche Europa inzwischen ermittelt hat, steht Belm – wie die meisten bisher untersuchten Orte in Norddeutschland und England – nahe bei dem Pol, den man „System der Bewahrung menschlichen Lebens" genannt hat: Relativ wenig Kinder wurden geboren (etwa fünf bis sechs je vollständige Erstehe der Frau), doch erreichten die meisten von ihnen auch das Erwachsenenalter (etwa 15% Säuglingssterblichkeit, 70% wurden zumindest fünfzehn Jahre alt). Den Gegenpol, der etwa durch einige Dörfer im süddeutsch-Schweizer Raum repräsentiert wird, hat man plakativ als „System der Verschwendung menschlichen Lebens" bezeichnet.[169] Dort gebaren die Frauen Kind auf Kind in viel dichterer Folge, doch starb davon allein im ersten Lebensjahr oft mehr als ein Drittel, zeitweise mehr als die Hälfte. Die unmittelbare Ursache sowohl der hohen Fertilität wie der enormen Säuglingssterblichkeit lag darin, daß Stillen nicht üblich war.[170]

Ein spezifischer Zug der Gesellschaft unseres Untersuchungsgebiets liegt darin, daß hier fast alle Männer und Frauen heiraten konnten. Zwar lag das Heiratsalter im europäischen Vergleich relativ hoch; doch ermöglichten das System der mit den bäuerlichen Höfen verflochtenen Heuerlingswirtschaft und die zusätzlichen Verdienstmöglichkeiten des Leinengewerbes praktisch allen Einwohnern die Eheschließung. Ja die hohen Wiederverheiratungsraten und die Eile, mit der Witwer und Witwen sich erneut vermählten, scheinen darauf hinzudeuten, daß verheiratet zu sein in diesem System gewissermaßen erforderlich war. Mußten bäuerliche und Heuerlings-Wirtschaften je-

---

[169] So IMHOF 1981 b S. 369 ff. im Anschluß an Helmut Muhsam; vgl. IMHOF 1984 S. 101 ff. Imhofs Interpretation ist m.E. sehr anregend in der Zuspitzung, jedoch unbefriedigend in den Erklärungsansätzen. – Aus der Sicht der Belmer Befunde ist es auch nicht berechtigt, kurze Abstände zwischen Verwitwung und Wiederheirat als Teil eines „Systems der Verschwendung menschlichen Lebens" zu betrachten, wie es IMHOF 1981 b S. 375 f., IMHOF 1984 S. 110 f. tut. – Zu einem Schweizer Beispiel des Typs „Verschwendung" jetzt KRIEDTE/MEDICK/SCHLUMBOHM 1992 S. 80 ff.

[170] Für Belm wird zu untersuchen sein, wie lange diese familiale ‚Bewahrung' das kindliche Leben begleitete und wie sich die Übergänge in die späteren Phasen des Lebenslaufs vollzogen; s. Kap. 4 und 5.

weils von Mann *und* Frau versehen werden? Konnte der Komplex von Arbeiten auf dem Hof des Bauern und in der Pachtwirtschaft, im agrarischen und im gewerblichen Bereich am besten von einem ‚vollständigen' Haushalt bewältigt werden?

Obwohl im Unterschied zu anderen lokalen Gesellschaften früherer Jahrhunderte in Belm nahezu jedermann und jedefrau heiraten konnten, treten hier gerade in den Aspekten, die mit der Heirat und Familiengründung zusammenhängen, die sozialen Unterschiede deutlich hervor. Das gilt für das Ausmaß vorehelicher Sexualität ebenso wie für das Alter bei der ersten Eheschließung und für Häufigkeit bzw. Tempo von Wiederheiraten. Freilich wirkte sich die soziale Lage – z. B. auf den Zeitpunkt der Heirat – bei den Männern anders aus als bei den Frauen, so daß hier der soziale Unterschied durch den Geschlechtsunterschied gebrochen erscheint. Waren die Ehen erst einmal geschlossen, so treten im weiteren ‚Reproduktionsverhalten' keine wesentlichen Unterschiede zwischen den sozialen Schichten hervor: Eheliche Fruchtbarkeit, Säuglingspflege und -ernährung sowie Mortalitätsrisiko im Säuglings- und Kindesalter waren in dieser ländlichen Gesellschaft für Besitzende und Besitzlose gleich.

Im Hinblick auf die etablierten Modelle eines demo-ökonomischen Regelungssystems im vorindustriellen Europa ergibt sich aus unseren Befunden ein Bild von beunruhigender Widersprüchlichkeit. Einerseits erscheint unser Fall als Paradebeispiel für die behauptete Nicht-Vermehrbarkeit der bäuerlichen Stellen; dem steht die rapide Zunahme der ‚Stellen' für eigentumslose Leute gegenüber; und so erscheint die Stagnation der Zahl der Höfe weniger durch eine objektiv begrenzte ‚Tragfähigkeit' der Ökonomie als vielmehr durch die interessengeleitete Art der sozialen Steuerung des Wachstumsprozesses verursacht.[171] Denn die Eigentumslosen waren in ihren ‚Nischen' keineswegs einer ‚generativen Sterilisierung [...] durch Ehelosigkeit'[172] unterworfen, sondern sie heirateten – die Männer sogar in jüngerem Alter als die angehenden Bauern –, sie zeugten Kinder und vermehrten sich in einem Maße, das manche Zeitgenossen mit Sorge erfüllte. Für die Bauern gab es offenbar einen Zusammenhang zwischen Eheschließung und Besitzübergabe, eine Art ‚Kette zwischen Fortpflanzung und Erbschaft'[173]. Doch welche Glieder diese Verbindung herstellten und wie sie tatsächlich funktionierte, kann offenbar nicht so einfach erschlossen werden, wie die Modelle annehmen, sondern muß Gegenstand der Untersuchung werden. Entsprechend gilt

---

[171] Vgl. dazu EHMER 1991 S. 67 ff., 71 ff.
[172] Siehe oben S. 97.
[173] Siehe oben S. 97 f.

es, die Lebenswege[174] der Eigentumslosen zu verfolgen, nachdem wir die ‚Hilfsstellen' eines durch lebenslanges Zölibat ‚generativ sterilisierten' Gesindes in unserem Untersuchungsgebiet nicht angetroffen haben.

Obwohl wir in unserer Region ein „Hofbauerntum"[175] finden, das den Eindruck einer die Jahrhunderte überdauernden Kontinuität erweckt, scheinen die demographischen Verhaltensweisen in mancherlei Hinsicht denen ähnlicher, die im ‚individualistisch-kapitalistischen' England beobachtet wurden, als denen, die den ‚bäuerlich-familistischen' Gesellschaften des europäischen Kontinents zugeschrieben werden[176]: so die ausgeprägten Charakteristika eines ‚Niedrigdruck-Systems'. Auch zeigten sich Hinweise, daß Marktfaktoren einen gewissen Einfluß auf Aspekte der Familiengründung hatten. Doch auch hier stießen wir auf Widersprüche. So scheint der Mechanismus, der – dem Modell zufolge – die wachstums-relevanten demographischen Verhaltensweisen der Menschen an die ökonomischen Ressourcen binden sollte, im entscheidenden Moment der Krise während der mittleren Jahrzehnte des 19. Jahrhunderts versagt zu haben: Gerade da reagierten die Belmer weder mit massenhaftem Ehe-Verzicht noch mit einer durchgreifenden Verzögerung der Heiraten.

Insgesamt ergibt sich so die Schlußfolgerung, daß zwar verschiedene Einzelzüge der Modelle zu den Befunden unserer Mikro-Analyse passen, daß aber diese partiellen Aspekte sich keineswegs in der Weise zusammenfügen, wie die Modelle uns erwarten lassen. Deshalb gilt es, das soziale Gebilde in näheren Augenschein zu nehmen, das in den theoretischen Modellen das Kernstück des demo-ökonomischen Regelungssystems auf der Mikro-Ebene darstellt: den Haushalt. Diese Institution sieht die deutsche wie die englische Tradition der Modellbildung in der Form des Kleinfamilien-Haushalts, der jeweils bei der Heirat neu gegründet wird, als das Spezifikum, das den europäischen Gesellschaften – oder doch einigen von ihnen – den Ausbruch aus den krisengeschüttelten Kreisläufen von Übervölkerung und Massensterben ermöglichte. Es stellt sich also die Frage, wie in unserem Gebiet die Haushalte strukturiert waren, ob und in welcher Weise sie die Steuerungsfunktion wahrnehmen konnten, die die Theoretiker der demo-ökonomischen Systeme ihnen zuwiesen.

---

[174] Die Bedeutung derartiger Fragen wird jüngst hervorgehoben durch die „biographische Theorie der demographischen Reproduktion": BIRG/FLÖTHMANN/REITER 1991; BIRG 1992.

[175] Es steht im Mittelpunkt von Ipsens Vorstellung einer „agrarischen Bevölkerung" (IPSEN 1941 S. 210 ff.) wie auch seiner Gesellschaftslehre insgesamt (dazu KRIEDTE/MEDICK/SCHLUMBOHM 1983 S. 93 f.). – Der Terminus spielt übrigens schon bei RIEHL 1885 S. 49 eine Rolle: „[...] bekannt ist's, daß wir in dem Hofbauern den treuesten Bewahrer väterlicher Sitte, den echtesten historischen Bauer besitzen."

[176] Vgl. oben S. 98 f.

# 4. Haushalte: Großfamilien – Kernfamilien

## 4.1. Theorien und Probleme

Die demographische Analyse geht aus von der Familie als einer quasi-biologischen Einheit der Fortpflanzung, die durch Heirat und Kindschaft konstituiert wird. Die Familie in diesem Sinne muß keineswegs identisch sein mit der sozialen Einheit des Zusammenlebens, dem Haushalt, der im frühneuzeitlichen Europa häufig zugleich als eine grundlegende ökonomische Einheit von Produktion und Reproduktion gilt: Aus diesem können einerseits Mitglieder der biologischen Familie, insbesondere Kinder, ausscheiden, andererseits können ihm weitere verwandte oder ‚familienfremde' Personen angehören.

Daß die Formen des häuslichen Zusammenlebens und die Familie elementare Bedeutung für die Gesellschaft insgesamt haben, entspricht einer alten und verbreiteten Überzeugung in Wissenschaft und Öffentlichkeit.[1] Schon bei den Gründungsvätern der Familiensoziologie und der Volkskunde in der Mitte des 19. Jahrhunderts verband sich das sozialwissenschaftliche Interesse mit einer sozialpolitischen Zwecksetzung. Auch hatte das neue Forschungsgebiet von Anfang an eine historische Dimension. Sowohl Frédéric Le Play als Wilhelm Heinrich Riehl waren überzeugt, in ihrer Epoche einen Ausschnitt aus einem langfristigen Wandel der Familien- und Haushaltsstrukturen mitzuerleben; freilich empfanden beide diese fundamentalen Veränderungen als Verfall der natürlichen und rechten Ordnung. Die Einflüsse von Kapitalismus und Industrialisierung, Verstädterung, Revolution und Individualismus drohten die umfassenden und stabilen Einheiten aufzulösen: Für Riehl war es das „ganze Haus"[2], das nicht nur Eltern und Kinder, sondern auch die alten Großeltern und vor allem das Gesinde integriert

---

[1] Vgl. SCHWEIZER 1972; MIES 1990; SCHWAB 1975 S. 287 ff.; FLANDRIN 1978 S. 140 ff.; SCHWÄGLER 1970 S. 18 ff.; MARCUSE 1936.

[2] BRUNNER 1968 S. 104 bekennt sich explizit, wenn auch eher beiläufig, zur Entlehnung dieses Begriffs aus Riehl; in der breiten Rezeption seines Konzepts ist diese Herkunft oft ignoriert (so jüngst auch DÜLMEN 1990 S. 12 ff.), selten reflektiert worden; s. immerhin den Hinweis bei WEHLER 1987 Bd. 1 S. 81 f. und vor allem jetzt die Erörterung bei SABEAN 1990 S. 89 ff.

hatte, für Le Play die „patriarchalische Familie" („famille patriarcale"), die unter der Führung des alten Vaters alle Söhne samt deren Frauen und Kindern vereinte, aber auch die „Stammfamilie" („famille-souche"), in der Eltern mit nur einem verheirateten Kind als Anerben sowie ledigen Verwandten und Dienstboten zusammenlebten. An die Stelle dieser – viele verschiedenartige Menschen zusammenbindenden und die Generationen überdauernden – Hausgemeinschaften traten mehr und mehr „unstabile Familien" („familles instables": Le Play), vorübergehende kleine Einheiten, in denen lediglich Eltern und junge unverheiratete Kinder zusammenwohnten, während Dienstboten, sofern überhaupt vorhanden, aus der Familienintimität ausgeschlossen wurden. Sowohl Riehl als Le Play wünschten, durch ihre Schriften und Forschungen zur Rettung und womöglich Wiederherstellung der stabilen Familie, des ganzen Hauses beizutragen; mit den auf Autorität und Dauer angelegten Familienverhältnissen dachten sie die Basis von Ordnung und Regiment in Gesellschaft und Staat zu bewahren oder zu restaurieren.[3]

Auch unabhängig von dieser entschieden sozialkonservativen Tendenz fanden solche Grundanschauungen weite Verbreitung in Sozialwissenschaft und Öffentlichkeit. Das gilt sowohl von der Vorstellung, daß die Struktur der Familie Grundlage oder doch wesentlicher Teil der gesellschaftlichen Ordnung insgesamt sei, als auch von dem Bild des langfristigen Wandels von einer vorindustriellen Groß- und Mehrgenerationenfamilie hin zu einer modernen bzw. bürgerlichen Klein- und Kernfamilie.

In den letzten drei Jahrzehnten hat sich nun eine quantitativ orientierte historische Haushalts- und Familienforschung entwickelt, die den Realitätsgehalt dieses Bildes vom Wandel der Familienstrukturen in ernsthaften Zweifel gezogen hat. Insbesondere Peter Laslett und die von ihm angeregte Forschungsrichtung haben herausgearbeitet, daß in England, möglicherweise darüber hinaus auch in größeren Teilen des nordwestlichen Europa längst vor der Industrialisierung die Haushalte im Durchschnitt weit kleiner waren, als die Vorstellung einer ‚vorindustriellen Großfamilie' erwarten läßt; daß diese mittlere Haushaltsgröße sich zumindest in England vom späten 16. bis zum frühen 20. Jahrhundert bemerkenswert wenig änderte und daß schon in der frühen Neuzeit typischerweise jede ‚Kernfamilie' von Eltern und Kin-

---

[3] RIEHL 1856 S.113ff., 142ff.; vgl. zu ihm GERAMB 1954 hier S.252ff.; STEINBACH 1980; PANKOKE 1970 S.61ff., 114ff.; EMMERICH 1971 S.56ff.; WEBER-KELLERMANN 1975 S.87ff.; WEBER-KELLERMANN/BIMMER 1985 S.42ff. – LE PLAY 1867 bes. Bd.1 S.321ff., 380ff.; LE PLAY 1871 S.1–113; LE PLAY 1877–1879 bes. Bd.3 S.XXVIIff., Bd.5 S.IXff., XLIXf.; vgl. zu ihm BROOKE 1970 S.77ff., 98ff.; ASSIER-ANDRIEU 1984; SEGALEN 1990 S.15ff., 40ff.; WALL 1983a S.18ff. – Zur Bedeutung beider für die Familiensoziologie vgl. den Abriß bei SCHWÄGLER 1970 S.33ff., 42ff.

dern einen eigenen Haushalt bildete („simple family household"). Sehr gering erschien in diesen quantitativen Studien der Anteil der Haushalte, die etwa um eine verwitwete oder verwandte Person erweitert waren („extended family household"), noch geringer die Zahl der Haushalte, die mehrere Ehepaare oder Elternteil-Kinder-Gruppen umfaßten („multiple family household"). Für England oder sogar Nordwest-Europa insgesamt zeichnete sich demnach eine prinzipielle Identität der ökonomisch-sozialen Grundeinheit ‚Haushalt' mit der demographischen Einheit ‚Familie' ab, modifiziert freilich durch den Austausch von unverheirateten Gesindepersonen zwischen den Haushalten.[4] Das bestätigte und konkretisierte die Modell-Überlegungen hinsichtlich eines spezifischen demo-ökonomischen Regelungssystems im frühneuzeitlichen Europa.[5]

In eine andere Richtung ist der Sozialanthropologe Alan Macfarlane gegangen, als er diese Befunde mit den Ergebnissen eigener und anderer Forschungen zu einem neuen Gesamtbild zusammenzusetzen suchte: Mindestens seit dem späten Mittelalter habe in der englischen Gesellschaft der Individualismus geherrscht, es habe keine die Generationen überdauernden und ihren ererbten Besitz zusammenhaltenden bäuerlichen Familien gegeben, und verwandtschaftlichen Bindungen sei eine wesentliche Bedeutung nicht zugekommen. In all diesen Aspekten habe, soweit die Quellen zurückreichten, in England kein Wandel von traditionalen zu modernen Formen stattgefunden, vielmehr handele es sich um grundlegende Unterschiede von langer Dauer zwischen der seit Jahrhunderten ‚modernen' englischen Gesellschaft und den von bäuerlich-familistischen Strukturen geprägten Ländern des europäischen Kontinents.[6]

Von familiensoziologischer Seite ist hingegen die These vertreten worden, die verschiedenen Formen des familialen Zusammenlebens stellten eher schichtenspezifische Phänomene *innerhalb* jeder Gesellschaft dar: Zu allen Zeiten hätten die Oberklassen erweiterte Formen der Familie ausgebildet, um ihr Vermögen in der Familie zu erhalten, während die besitzlosen Unterschichten in Kernfamilien lebten.[7]

Gegen die generellen Schlußfolgerungen und Hypothesen der einen oder anderen Art hat sich bald Kritik erhoben. Vor allem wurde darauf hingewiesen, daß Haushalte keine statischen Entitäten sind, sondern in ihrer

---

[4] LASLETT 1971 S. 93 ff.; LASLETT 1974a S. 45 ff.; LASLETT 1974b.
[5] Siehe oben Kap. 3.1.
[6] MACFARLANE 1978; MACFARLANE 1986; siehe auch die Kritik von WHITE/VANN 1983; SNELL 1989; SREENIVASAN 1991. – Ein anderer Versuch der Systematisierung, und zwar im Rahmen einer Theorie von Kern, Peripherie und Semiperipherie: ALDERSON/SANDERSON 1991.
[7] KÖNIG 1966; KÖNIG 1976 S. 62 ff.

Größe und Zusammensetzung dem Wandel unterliegen; dieser habe typischerweise eine zyklische Verlaufsform (Familienzyklus). Daher könne z. B., selbst wenn die Stammfamilie das herrschende System sei, im Querschnitt durch eine Bevölkerung stets nur ein Teil – möglicherweise ein kleiner Teil – aller Haushalte mehr als zwei Generationen umfassen, nämlich diejenigen, wo der Sohn bzw. die Tochter relativ jung verheiratet ist und die ältere Generation noch lebt.[8]

Auch die Anwendung des Konzepts des Familienzyklus auf das frühneuzeitliche Europa ist inzwischen jedoch auf grundsätzliche Kritik gestoßen. Aus der detaillierten Untersuchung der Entwicklung einzelner Haushalte im Zeitverlauf ergaben sich Zweifel, ob die von dem Zykluskonzept angenommene Regelmäßigkeit in der Realität nicht eher die Ausnahme als die Regel war: Insbesondere die „demographische Lotterie", der Tod von Eltern oder Kindern, aber auch andere unvorhersehbare Wechselfälle führten dazu, daß die in der Region als Norm erwarteten Konstellationen – z. B. Vererbung des Hofes vom Vater auf den Sohn und Übertritt des Vaters in die Position des Altenteilers – oft nur in der Minderheit der Fälle anzutreffen war.[9]

Die Fragestellungen der historischen Haushalts- und Familienforschung, die zunächst einfach, präzise und mit Hilfe elementarer quantitativer Techniken beantwortbar schienen, haben sich also im Laufe der relativ kurzen Geschichte dieser Teildisziplin[10] in erstaunlichem Maße kompliziert. Selbst ihr Gegenstand erschien, je weiter die Arbeiten in die Tiefe drangen, immer weniger faßbar, immer schwerer abgrenzbar. Peter Laslett hatte den Haushalt als „coresident domestic group" durch drei Kriterien definiert gesehen: das räumliche Kriterium des Zusammenwohnens, das funktionale Kriterium der Teilnahme an gemeinsamen Tätigkeiten (Essen, Schlafen usw., z. T. Arbeiten) sowie, zumindest was den familialen Kern des Haushalts angeht, das Kriterium der Verwandtschaft.[11] Trotz möglicher Einwände glaubte Laslett – und mit ihm das Gros der neuen Forschungsrichtung – annehmen

---

[8] BERKNER 1972; vgl. HAMMEL 1974

[9] MITTERAUER 1975 S. 253 ff.; MITTERAUER/SIEDER 1977 S. 66 ff.; MITTERAUER/SIEDER 1979; SIEDER/MITTERAUER 1983; HAREVEN 1982. – Zur „demographischen Lotterie": SMITH 1984 S. 40 ff.; vgl. IMHOF 1981a S. 75 ff.; IMHOF 1984 S. 91 ff.; IMHOF 1988 S. 54 ff.; ANDERSON 1985.

[10] Überblick bei ANDERSON 1980; MITTERAUER/SIEDER 1982; sowie die anregende Analyse FREITAG 1988.

[11] LASLETT 1974a S. 23 ff.; HAMMEL/LASLETT 1974 S. 75 ff.; vgl. LASLETT 1983 S. 512 ff., 535 ff. – Kontrovers diskutiert wurde in der historischen Familienforschung insbesondere, ob und mit welchem Stellenwert das Kriterium der Verwandtschaft bei der Abgrenzung und Typisierung der Haushalte zu berücksichtigen sei; das berührt insbesondere die Frage, ob nicht verwandt scheinende Mitwohner u. ä. als gesonderter Haushalt zu rechnen sind oder nicht (vgl. unten S. 281 ff.), sowie die Einschätzung der Position des nicht verwandt scheinenden Gesindes (vgl. unten S. 220).

zu dürfen, daß die überlieferten Quellen diese bedeutsame Grundeinheit der Gesellschaft unmittelbar abbilden. Während nämlich die historische Demographie des frühneuzeitlichen Europa die ‚biologischen' Familien als Basiseinheiten ihrer Analyse zunächst rekonstruiert aus den einzelnen Tauf-, Heirats- und Beerdigungseinträgen, benutzt die quantifizierende Sozialgeschichte der Familie sog. Haushaltslisten als Hauptquelle. Diese wurden teils als ‚Seelenlisten' von der geistlichen, teils als Zensuslisten von der weltlichen Obrigkeit angelegt in einer Form, die die einzelnen Personen zu Gruppen zusammenfaßt und deshalb die Zuversicht nährt, daß die Unterteilungen der Quelle die sozialen Einheiten der Haushalte widerspiegeln. Offen bleibt dabei freilich oft, wie gut die Definitionen des modernen Forschers mit den Kriterien der Schreiber dieser Listen übereinstimmen und ob zu verschiedenen Zeiten und an unterschiedlichen Orten die gleichen Kriterien angewendet wurden, – ja angesichts disparater sozialer Realitäten überhaupt angewendet werden konnten.[12]

Wenn wir trotz dieser Schwierigkeiten versuchen, aufgrund derartiger Quellen Aussagen über Strukturen des Zusammenlebens und -arbeitens in Belm zu machen, so ist zunächst zu prüfen, ob und inwieweit die jeweiligen Listen dafür tatsächlich geeignet sind. Die in der zweiten Hälfte des Jahres 1651 vom Pfarrer aufgestellte Liste aller Bewohner des Kirchspiels[13] enthält zwar klare Unterteilungen, doch keinerlei Angaben über deren Kriterien. – Als der Maire von Belm in der zweiten Januarhälfte 1812 auf Geheiß der Behörden des Ober-Ems-Départements des Kaiserreichs Frankreich alle Einwohner in vorgedruckte Formulare eintrug, gab er keine explizite Einteilung in Haushalte – sie war auch in dem Erlaß für den Zensus nicht vorgesehen; aus der Anordnung der einzelnen Personen läßt sich jedoch implizit eine solche Gruppierung erschließen, zumindest was Eltern, Kinder und Gesinde angeht, nur bedingt hingegen, soweit verwitwete Personen, ältere Paare u. ä. betroffen sind.[14]

Bei der Volkszählung von 1772, die in Belm in der zweiten Februarhälfte durchgeführt wurde, sollte – dem ausführlichen Ausschreiben der Osnabrückischen Regierung entsprechend – „jede Oeconomie oder Hausstand" als eine Einheit behandelt werden. Innerhalb jeder Bauerschaft waren die Haushalte nach Höfen zu ordnen, zuerst wurde jeweils der Colon, danach „die Leibzucht oder Nebenwohnungen" registriert. Kriterium der Abgrenzung der „Haushaltungen" war stets, ob die betreffenden Personen oder

---

[12] Vgl. HAMMEL 1984; FREITAG 1988 S. 5 ff.; WALL 1983a.
[13] Nähere Ausführungen zu diesen Quellen und ihrer Entstehung oben in Kap. 1.
[14] Deshalb wird dieser Zensus für Fragen der Haushaltsstruktur nur ergänzend herangezogen.

Gruppen „ihre eigene Oeconomie" hatten, – der Inhalt dieses Begriffs wurde freilich als bekannt vorausgesetzt: „4) Wird unter dem Namen von Hausvater ein jeder Colonus oder Heuersmann oder Inhaber eines Hauses verstanden, der seine eigene Oeconomie führt, er mag beweibt sein oder nicht. 5) Unter der Rubrik der verwitweten Hausmütter werden solche nicht anders aufgeführt, als wenn sie ihre eigene Oeconomie haben, immaßen sie widrigenfalls in die Rubrik ‚des Hausvaters im Hause befindliche Mütter' gehören. 6) Wann in einem Hause mehrere Parteien wohnen, die besondere Haushaltungen oder Familien ausmachen, so werden solche genannt."[15]

Als die Hannöversche Regierung für den 3. Dezember 1858 einen Zensus anordnete, ließ sie vorn in jedem Formular einer „Urliste" genaue Anweisungen an die Zähler abdrucken, darunter: „Die zu einem Haushalt oder zu einer Familie gehörigen Personen sind in der Urliste hinter einander aufzuführen, zuerst der Hauseigentümer, wenn er im Hause wohnt. Die zu jedem Haushalte gehörigen Personen sind mit einer fortlaufenden Nummer, bei jedem Haushalte von No. 1 anfangend, zu bezeichnen."[16] Auch hier schien es keiner näheren Erläuterung bedürftig, was unter „einem Haushalt oder einer Familie" zu verstehen sei.

Solche Anweisungen geben uns die Zuversicht, daß die Gruppierungen dieser Listen, die „Haushalte" oder „Oeconomien", in etwa miteinander vergleichbar sind und – noch wichtiger – daß sie einen wesentlichen Aspekt des Zusammenlebens in dieser ländlichen Gesellschaft erfassen. Auf dieser Grundlage sollte es möglich sein, für unser kleines Untersuchungsgebiet die Thesen der großen Theorien zu prüfen. Zu fragen ist, ob, wann und in welchem Maße die Belmer an einem Prozeß der ‚Modernisierung' teilhatten, ob sie von erweiterten Familienformen zur Kernfamilie übergingen. Oder blieben sie permanent bei der einen oder der anderen Form des Zusammenlebens, der ‚individualistischen' bzw. der ‚bäuerlich-traditionellen'? Oder waren die Haushaltstypen schichtspezifische Konstanten, zeigte sich die soziale Ungleichheit auch in der jeweiligen Gestalt der häuslichen Gemeinschaft?

Durch die Kombination unterschiedlicher Quellen wird es möglich sein, unsere Haushaltsanalyse weiterzutreiben als bei ausschließlicher Benutzung einer Zensus- oder Seelenliste. Als erster wichtiger Schritt erweist sich die

---

[15] Gedrucktes Regierungsausschreiben vom 6.2.1772: StA OS Rep. 100/188 Nr. 38, fol. 31–32.

[16] StA OS Rep. 350 Osn. Nr. 190. Fast wörtlich gleichlautend der §12 des Ausschreibens des Innenministeriums vom 4.10.1852 für die Volkszählung am 3.12.1852 (GESETZ-SAMMLUNG HANNOVER 1852, II. Abteilung S. 100); die wesentlichen Bestimmungen des Ausschreibens vom 4.10.1852 sollten laut Erlaß des Innenministeriums vom 3.11.1858 (gedrucktes Exemplar in StA OS Rep. 350 Osn. Nr. 190) auch bei der Volkszählung 1858 angewendet werden.

Frage nach schichtspezifischen Unterschieden innerhalb der dörflichen Gesellschaft; die Berufsangaben einer Haushaltsliste sind dafür oft keine ausreichende Grundlage, wohl aber die Informationen über den Besitz eines großen oder kleinen Hofes. Den Aussagen über Verwandtschaftsbeziehungen innerhalb wie außerhalb eines Haushalts gibt erst die Verbindung mit der Familienrekonstitution eine sichere Grundlage; im Vergleich dazu erweisen sich die üblichen – auf Namensgleichheit oder -verschiedenheit und den oft unsystematischen expliziten Verwandtschaftsbenennungen der Haushaltslisten beruhenden – Annahmen zumindest als problematisch, wenn nicht als irreführend.[17]

Schon bald wird sich zeigen, daß bloße Durchschnitte die Strukturen der Haushalte ganz unzureichend charakterisieren; die Differenzierung nach sozialen Schichten ist ein bedeutender, aber nur ein erster Schritt darüber hinaus. Selbst innerhalb jeder Besitzklasse stoßen wir auf eine überraschende Vielfalt häuslicher Arrangements, auf abweichende, ja dem ‚Normalen' widersprechende Gruppierungen. Auch diese ‚Sonderfälle' gilt es näher – und z.T. einzeln – zu betrachten, um sie aus ihrem sozialen Kontext zu verstehen. Schritt für Schritt wird so deutlich, in welchem Maße die Formen des Zusammenlebens von den Menschen je nach ihren Bedingungen und Präferenzen gestaltet werden konnten. Neben den vorherrschenden Strukturen kommt deren Flexibilität in den Blick.

## 4.2. Größe der Haushalte

Im Kirchspiel Belm lassen die Zahlen der durchschnittlichen Haushaltsgröße nicht auf einen spektakulären sozialen Wandel schließen, sondern erwecken den Eindruck außerordentlicher Stabilität zumindest bis zum frühen 19. Jahrhundert. 1651 bestand ein Haushalt im Mittel aus gut fünf Personen, genau so war es 1772 und 1812. Bis zur Mitte des 19. Jahrhunderts trat dann ein gewisser Wandel ein, allerdings nicht im Sinne einer ‚Modernisierung' hin zu kleineren Einheiten; im Gegenteil, der Durchschnittshaushalt wuchs auf knapp sechs Personen an (Tab. 4.02).

Diese Werte liegen nur geringfügig über dem von 4,75 Personen, den Laslett seinerzeit als das überraschend niedrige und erstaunlich konstante Niveau der mittleren Haushaltsgröße in England vom späten 16. bis zum frühen 20. Jahrhundert bezeichnete und der ihm ein wichtiges Beweisstück

---

[17] Vgl. dazu an einem spätmittelalterlichen englischen Beispiel RAZI 1981 S.18ff.

Tabelle 4.01: Zahl der Personen in verschiedenen Haushaltspositionen, nach sozialer Schicht, 1651 – 1772 – 1858

a) 1651

|  | Großbauern | Kleinbauern | Landlose/ Nebenhaus- bewohner | Sonstige/ zweifelhaft | Summe (Spalten-%) |
|---|---|---|---|---|---|
| Haushaltsvorstände, männlich oder weiblich | 97 | 53 | 57 | 44 | 251 |
| (Zeilen-%) | (38,6%) | (21,1%) | (22,7%) | (17,5%) | |
| (Spalten-%) | (15,1%) | (19,5%) | (27,7%) | (25,3%) | (19,4%) |
| Ehefrauen der Haushaltsvorstände | 80 | 46 | 38 | 33 | 197 |
| (Spalten-%) | (12,4%) | (16,9%) | (18,4%) | (19,0%) | (15,2%) |
| Kinder der Haushaltsvorstände | 300 | 114 | 75 | 60 | 549 |
| (Spalten-%) | (46,6%) | (41,9%) | (36,4%) | (34,5%) | (42,4%) |
| Pflegekinder | 10 | 3 | – | 4 | 17 |
| (Spalten-%) | (1,6%) | (1,1%) | | (2,3%) | (1,3%) |
| Gesindepersonen | 117 | 21 | 10 | 16 | 164 |
| (Zeilen-%) | (71,3%) | (12,8%) | (6,1%) | (9,8%) | |
| (Spalten-%) | (18,2%) | (7,7%) | (4,9%) | (9,2%) | (12,7%) |
| Sonstige | 40 | 35 | 26 | 17 | 118 |
| (Spalten-%) | (6,2%) | (12,9%) | (12,6%) | (9,8%) | (9,1%) |
| Summe der Personen | 644 | 272 | 206 | 174 | 1296 |
| (Zeilen-%) | (49,7%) | (21,0%) | (15,9%) | (13,4%) | (100%) |

gegen die Vorstellung der ‚vorindustriellen Großfamilie' war. Jedenfalls halten sich die Belmer Werte bis zum frühen 19. Jahrhundert durchaus im Streubereich der englischen.[18]

Daß solche Mittelwerte jedoch die Realität dieser ländlichen Gesellschaft in wichtigen Aspekten mehr verdecken als spiegeln, zeigt sich, sowie die Haushalte nach sozialen Schichten unterschieden werden.[19] Der Haushalt

---

[18] LASLETT 1971 S. 93 f.; LASLETT 1974b S. 126 ff., 137 ff. Vgl. WALL 1977 S. 95 ff., 100 ff. zu der – auch in England erheblichen – Varianz zwischen verschiedenen Orten und Regionen.

[19] Daß die durchschnittliche Haushaltsgröße und -zusammensetzung schichtspezifisch variierte, hat LASLETT 1974b S. 153 ff. bereits bemerkt, freilich ohne systematische Konsequenzen daraus zu ziehen. – Zum Vergleich mit anderen Regionen des nordwestdeutschen Raumes s. BERKNER 1976 S. 90 ff.; LORENZEN-SCHMIDT 1987 S. 45 ff. Allgemein dazu FLANDRIN 1978 S. 70 ff.

b) 1772

|  | Großbauern | Kleinbauern | Heuerlinge/ Landlose | Sonstige | Summe (Spalten-%) |
|---|---|---|---|---|---|
| Haushaltsvorstände, männlich oder weiblich | 99 | 66 | 261 | 10 | 436 |
| (Zeilen-%) | (22,7%) | (15,1%) | (59,9%) | (2,3%) |  |
| (Spalten-%) | (12,0%) | (20,1%) | (24,8%) | (22,7%) | (19,4%) |
| Ehefrauen der Haushaltsvorstände | 90 | 63 | 199 | 7 | 359 |
| (Spalten-%) | (10,9%) | (19,2%) | (18,9%) | (15,9%) | (15,9%) |
| Kinder „unter 14 Jahr"[1] | 241 | 114 | 466 | 13 | 834 |
| (Spalten-%) | (29,1%) | (34,8%) | (44,3%) | (29,5%) | (37,0%) |
| Kinder „über 14 Jahr" | 86 | 34 | 64 | 3 | 187 |
| (Spalten-%) | (10,4%) | (10,4%) | (6,1%) | (6,8%) | (8,3%) |
| Gesindepersonen[2] | 245 | 21 | 20 | 10 | 296 |
| (Zeilen-%) | (82,8%) | (7,1%) | (6,8%) | (3,4%) |  |
| (Spalten-%) | (29,6%) | (6,4%) | (1,9%) | (22,7%) | (13,1%) |
| Sonstige[3] | 66 | 30 | 43 | 1 | 140 |
| (Spalten-%) | (8,0%) | (9,1%) | (4,1%) | (2,3%) | (6,2%) |
| Summe der Personen | 827 | 328 | 1053 | 44 | 2252 |
| (Zeilen-%) | (36,7%) | (14,6%) | (46,8%) | (2,0%) | (100%) |

[1] Davon scheinen 17 als „Angehörige oder Hausgenossen [...] unter 14 Jahren" gekennzeichnet (im Unterschied zu den eigentlichen „Söhnen und Töchtern des Hausvaters").
[2] Darunter 6 „Gesellen und Lehrbursche".
[3] D. i. „des Hausvaters oder der Hausmutter im Hause befindliche Väter", „Mütter", „Angehörige männlichen" und „weiblichen Geschlechts".

eines Großbauern (eines Voll- oder Halberben also) war im Durchschnitt etwa doppelt so groß wie der eines Heuerlings. Zwischen ihnen lag die Haushaltsgröße der Kleinbauern (also der Erb- und Markkötter, Kirchhöfer usw.), im 18. und 19. Jahrhundert freilich sehr viel näher bei den Landlosen als bei den Vollbauern. Die mittlere Haushaltsgröße der beiden größten Schichten wich also erheblich von den Gesamt-Durchschnittswerten für alle Haushalte des Kirchspiels ab, bei den Vollbauern lag sie weit darüber, bei den Landlosen beträchtlich darunter. Der Gesamt-Durchschnitt kommt am ehesten der Realität der Kleinbauern-Haushalte nahe, obwohl diese im 18. und 19. Jahrhundert die kleinste von den drei Schichten dieser Gesellschaft waren.

Tabelle 4.01 (Fortsetzung):

c) 1858

|  | Großbauern | Kleinbauern | Heuerlinge/ Landlose | Sonstige | Summe (Spalten-%) |
|---|---|---|---|---|---|
| Haushaltsvorstände, männlich oder weiblich | 90 | 71 | 372 | 28 | 561 |
| (Zeilen-%) | (16,0%) | (12,7%) | (66,3%) | (5,0%) |  |
| (Spalten-%) | (11,7%) | (17,0%) | (19,7%) | (12,7%) | (17,0%) |
| Ehefrauen der Haushaltsvorstände | 72 | 57 | 295 | 18 | 442 |
| (Spalten-%) | (9,4%) | (13,6%) | (15,6%) | (8,2%) | (13,4%) |
| Kinder der Haushaltsvorstände unter 14 Jahren[1] | 146 | 113 | 637 | 33 | 929 |
| (Spalten-%) | (19,0%) | (27,0%) | (33,7%) | (15,0%) | (28,2%) |
| Kinder der Haushaltsvorstände ab 14 Jahren[1] | 105 | 71 | 221 | 31 | 428 |
| (Spalten-%) | (13,7%) | (17,0%) | (11,7%) | (14,1%) | (13,0%) |
| Pflegekinder | 26 | 11 | 24 | 7 | 68 |
| (Spalten-%) | (3,4%) | (2,6%) | (1,3%) | (3,2%) | (2,1%) |
| Gesindepersonen | 269 | 33 | 46 | 63 | 411 |
| (Zeilen-%) | (65,5%) | (8,0%) | (11,2%) | (15,3%) |  |
| (Spalten-%) | (35,1%) | (7,9%) | (2,4%) | (28,6%) | (12,5%) |
| Sonstige | 59 | 62 | 296 | 40 | 457 |
| (Spalten-%) | (7,7%) | (14,8%) | (15,7%) | (18,2%) | (13,9%) |
| Summe der Personen | 767 | 418 | 1891 | 220 | 3296 |
| (Zeilen-%) | (26,3%) | (12,7%) | (57,4%) | (6,7%) | (100%) |

[1] Bei den Auswertungen der Volkszählungsliste von 1858 wurden die Altersangaben für alle Personen, die innerhalb des Kirchspiels Belm geboren sind, aufgrund des Geburtseintrags überprüft und ggf. korrigiert.

Tabelle 4.02: Durchschnittliche Größe und Zusammensetzung der Haushalte, nach sozialer Schicht, 1651-1772-1812-1858

a) 1651

|  | Durchschnittliche Zahl der Personen je Haushalt | | | | |
|---|---|---|---|---|---|
|  | Großbauern | Kleinbauern | Landlose/ Nebenhausbewohner | Sonstige/ zweifelhaft | alle |
| Haushaltsvorstände, männlich oder weiblich | 1,00 | 1,00 | 1,00 | 1,00 | 1,00 |
| Ehefrauen der Haushaltsvorstände | 0,82 | 0,87 | 0,67 | 0,75 | 0,78 |
| Kinder der Haushaltsvorstände | 3,09 | 2,15 | 1,32 | 1,36 | 2,19 |
| Pflegekinder | 0,10 | 0,06 | 0,00 | 0,09 | 0,07 |
| Gesindepersonen | 1,21 | 0,40 | 0,18 | 0,36 | 0,65 |
| Sonstige | 0,41 | 0,66 | 0,46 | 0,39 | 0,47 |
| durchschnittliche Haushaltsgröße | 6,64 | 5,13 | 3,61 | 3,95 | 5,16 |

b) 1772

|  | Durchschnittliche Zahl der Personen je Haushalt | | | | |
|---|---|---|---|---|---|
|  | Großbauern | Kleinbauern | Heuerlinge/ Landlose | Sonstige | alle |
| Haushaltsvorstände, männlich oder weiblich | 1,00 | 1,00 | 1,00 | 1,00 | 1,00 |
| Ehefrauen der Haushaltsvorstände | 0,91 | 0,95 | 0,76 | 0,70 | 0,82 |
| Kinder „unter 14 Jahr" | 2,43 | 1,73 | 1,79 | 1,30 | 1,91 |
| Kinder „über 14 Jahr" | 0,87 | 0,52 | 0,25 | 0,30 | 0,43 |
| Gesindepersonen | 2,47 | 0,32 | 0,08 | 1,00 | 0,68 |
| Sonstige | 0,67 | 0,45 | 0,16 | 0,10 | 0,32 |
| durchschnittliche Haushaltsgröße | 8,35 | 4,97 | 4,03 | 4,40 | 5,17 |

Tabelle 4.02 (Fortsetzung):

c) Zahl der Personen, Zahl der Haushalte und durchschnittliche Haushaltsgröße, 1812

|  | Großbauern | Kleinbauern | Heuerlinge/ Landlose | Sonstige | alle |
|---|---|---|---|---|---|
| Zahl der Haushalte | 101 | 68 | 399 | 12 | 580 |
| (Zeilen-%) | (17,4%) | (11,7%) | (68,8%) | (2,1%) |  |
| Zahl der Personen | 865 | 371 | 1649 | 50 | 2935 |
| (Zeilen-%) | (29,5%) | (12,6%) | (56,2%) | (1,7%) |  |
| durchschnittliche Haushaltsgröße | 8,56 | 5,46 | 4,13 | 4,17 | 5,06 |

d) 1858

|  | Durchschnittliche Zahl der Personen je Haushalt | | | | |
|---|---|---|---|---|---|
|  | Großbauern | Kleinbauern | Heuerlinge/ Landlose | Sonstige | alle |
| Haushaltsvorstände, männlich oder weiblich | 1,00 | 1,00 | 1,00 | 1,00 | 1,00 |
| Ehefrauen der Haushaltsvorstände | 0,80 | 0,80 | 0,79 | 0,64 | 0,79 |
| Kinder der Haushaltsvorstände unter 14 Jahren[1] | 1,62 | 1,59 | 1,71 | 1,18 | 1,66 |
| Kinder der Haushaltsvorstände ab 14 Jahren[1] | 1,17 | 1,00 | 0,59 | 1,11 | 0,76 |
| Pflegekinder | 0,29 | 0,15 | 0,06 | 0,25 | 0,12 |
| Gesindepersonen | 2,99 | 0,46 | 0,12 | 2,25 | 0,73 |
| Sonstige | 0,66 | 0,87 | 0,80 | 1,43 | 0,81 |
| durchschnittliche Haushaltsgröße | 8,52 | 5,89 | 5,08 | 7,86 | 5,88 |

[1] Bei den Auswertungen der Volkszählungsliste von 1858 wurden die Altersangaben für alle Personen, die innerhalb des Kirchspiels Belm geboren sind, aufgrund des Geburtseintrags überprüft und ggf. korrigiert.

Abbildung 2: Haupthaus des Vollerbes Vincke, Gretesch, von 1766

Blick auf den Wirtschaftsgiebel. – Auf dem Balken über dem Dielentor steht die Inschrift „Die Augen Des Herrn Sehen auf die, Die Ihm Fürchten, Er ist ihnen ein mächtiger schutz, eine Gewaltige Festung. Eccli. 34 v. 19." – Auf dem Türsturz (unmittelbar über dem Tor) steht: „Johan Wilhelm Fincke – Anna Cahtriena Ostendarps – 1766". – Auf den Pfosten rechts und links des Tores steht: "Meister C. Clausing – Den 10ten Septemb." (Zur Inschrift s. VINCKE 1950 S. 194, 244; zur Besitzerfolge auf diesem Hof s. unten Grafik 6.06).
Heutige Anschrift: Osnabrück-Gretesch, Bruchweg 148.

Veränderungen der mittleren Haushaltsgröße traten bei den einzelnen Schichten zu unterschiedlichen Zeiten ein; auch in dieser Hinsicht erweist sich mithin die Aussagekraft der Gesamt-Durchschnittswerte als problematisch. Die Großbauern erweiterten ihre Haushalte zwischen der Mitte des 17. und dem späten 18. Jahrhundert um fast zwei Personen; danach blieben sie auf dem hohen Niveau von durchschnittlich 8,5 Mitgliedern stehen. Die kleinbäuerlichen Haushalte umfaßten 1651 und 1772 im Mittel fünf Personen; danach wuchsen sie schrittweise auf fast sechs an. Der durchschnittliche Haushalt eines Landlosen vergrößerte sich zwischen 1651 und 1772 geringfügig, stagnierte dann bei vier Mitgliedern und vergrößerte sich zwischen 1811 und 1858 sprunghaft auf fünf.

Abbildung 3: Haupthaus des Vollerbes Recker, Gretesch, von 1796

Blick auf den Wirtschaftsgiebel.
Heutige Anschrift: Osnabrück-Gretesch, Burg Gretesch 46.

Natürlich gab es auch innerhalb jeder Schicht eine erhebliche Variationsbreite in der Größe der einzelnen Haushalte. 1651 fanden sich großbäuerliche Haushalte mit zwei bis vierzehn Mitgliedern, die kleinbäuerlichen variierten zwischen zwei und elf, die landlosen zwischen einer und acht Personen. 1772 zählten die großbäuerlichen Haushalte vier bis zwölf Köpfe, die kleinbäuerlichen zwei bis zehn, die landlosen ein bis neun. 1858 schwankte die Größe der vollbäuerlichen Haushalte zwischen fünf und dreizehn Mitgliedern[20], die der kleinbäuerlichen zwischen zwei und elf, die der landlosen zwischen eins und zehn. Trotz dieser Varianz bleiben sowohl die Unterschiede zwischen den Schichten als auch die Veränderungen im Zeitverlauf deutlich (Tab. 4.03).

*Forts. S. 213*

---

[20] Außerdem bildete der Vollerbe Helmich als 67jähriger Witwer einen Ein-Personen-Haushalt, hatte aber den neunköpfigen Haushalt des Pächters seines Hofes mit in sein Haus aufgenommen.

Abbildung 4: Haupthaus des Halberbes Droste, Vehrte, von 1751

Oben: Blick auf den Wohngiebel (das „Kammerfach").
Unten: Blick auf den Wirtschaftsgiebel. Auf dem Türsturz steht die Inschrift: „Mensze Henrich Droste und seinne Frauwe Cathrina Elisabeth Kluten genandt Drosche. Wer Gott vertraut hat wohl gebaut im Himel und auf Erden. Anno 1751 den 14. Junius. M[eister] Johan Caspar Clausing." (Zur Inschrift s. VINCKE 1950 S. 171).
Heutige Anschrift: Belm-Vehrte, Im Gattberg 19.

Abbildung 5: Markkotten Steinbrink in Icker

Oben: Blick auf den Wohngiebel (das „Kammerfach").
Unten: Blick auf den Wirtschaftsgiebel.
Das Haus wurde nach Ausweis der Inschrift Ende des 18. oder Anfang des 19. Jahrhunderts gebaut; kurz zuvor war der Markkotten in den Besitz des Erbkötters Schwarze in Icker übergegangen.
Heutige Anschrift: Belm-Icker, Hunteburger Str. 20–24.

Abbildung 6: Heuerlingskotten des Markkötters Christopher, Haltern, von 1840
Oben: Blick auf den Wohngiebel (das „Kammerfach").
Unten: Blick auf den Wirtschaftsgiebel. Auf dem Dielentor das Datum „1840".

Abbildung 7: Heuerlingskotten des Vollerbes Voß, Gretesch, von 1780

Blick auf den Wirtschaftsgiebel. An beiden Giebeln ist der Kotten durch je zwei Stallvorbauten erweitert. Über dem Dielentor nennt die Inschrift die Jahreszahl 1780 sowie die damaligen Besitzer des Vollerbes „Johan Herman Boberg genand Voß" und seine Frau „Anne Margretha".
Heutige Anschrift: Osnabrück-Gretesch, Bruchweg 120.

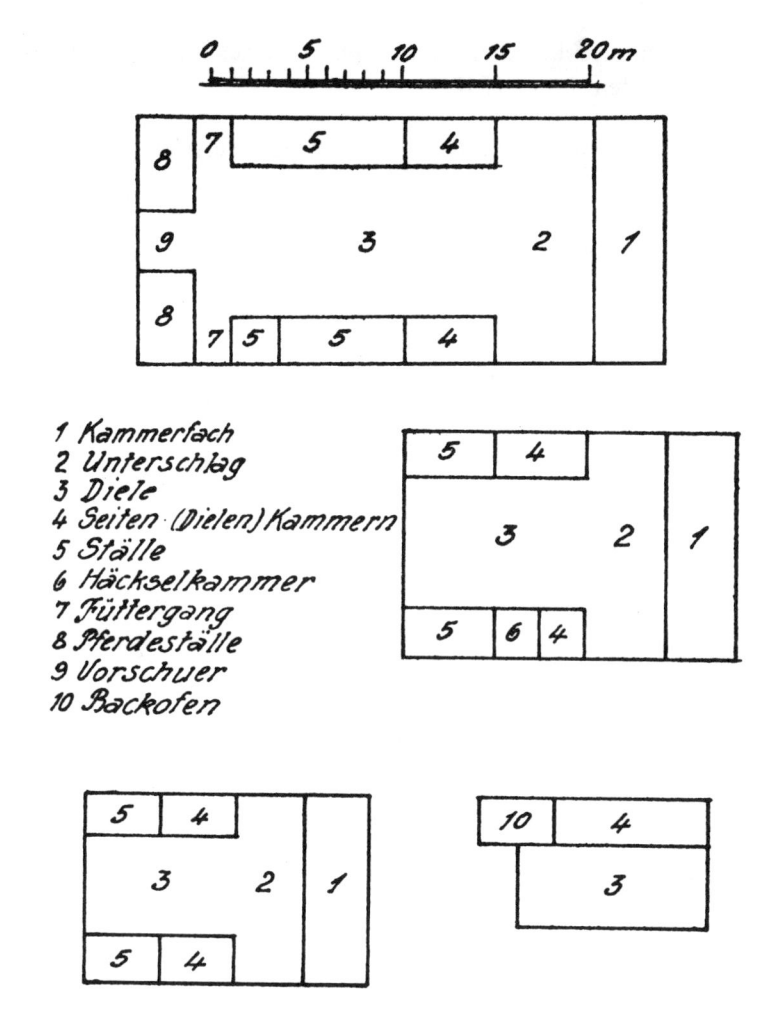

1 Kammerfach
2 Unterschlag
3 Diele
4 Seiten (Dielen) Kammern
5 Ställe
6 Häckselkammer
7 Füttergang
8 Pferdeställe
9 Vorschuer
10 Backofen

Abbildung 8: Grundrißskizzen von Bauernhäusern und Heuerlingskotten in verschiedenen Ortschaften des Osnabrücker Landes

Oben: Haupthaus des Vollerbes Lahrmann in Wimmer, Kirchspiel Lintorf; erbaut 1754.
Mitte: Haupthaus des Erbkottens Flaßkamp in Rabber, Kirchspiel Barkhausen; erbaut 1750.
Unten links: Heuerlingskotten des Halberbes Hallmann in Hüsede, Kirchspiel Essen; erbaut 1719.
Unten rechts: Zum Heuerlingshaus erweitertes Backhaus aus dem Jahre 1800 auf dem Halberbe Schmieding in Rabber, Kirchspiel Barkhausen.

Abbildung 9: Grundrißskizze und Beschreibung eines Doppel-Heuerhauses aus dem Jahre 1847

„Was die Einrichtung und Beschaffenheit dieser Heuerhäuser betrifft, so könnten sie häufig viel besser sein. Sie sind zwar ganz in der Weise der westfälischen Bauerwohnungen gebaut, allein nicht selten gar zu klein. Der Grundriß ist bei den besseren mit geringen Abweichungen folgender:

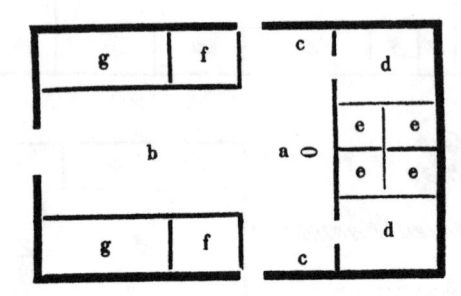

Nehmen wir an, daß ein nach vorstehendem Grundrisse erbautes Haus von zwei Familien bewohnt würde, so wäre a der Doppelherd, b die gemeine Dreschdiele, c der Wasch- und Standort der Küchengeräte, d Wohnstube, e Durtige [d.i. Schlafstelle, Bettschrank] zum Schlafen, f Kammer für Aufbewahrung der Lebensmittel, g Stallung für das Vieh. – Bemerken müssen wir jedoch, daß f nicht selten fehlt und dann mithin ein Heuerhaus verhältnismäßig um so viel kürzer zu sein pflegt."
Aus: FUNKE 1847 S. 6 f.

Tabelle 4.03: Verteilung der Haushalte auf verschiedene Größenklassen, nach sozialer Schicht, 1651-1772-1858

a) 1651

| Haushaltsgröße | Großbauern | Kleinbauern | Landlose/ Nebenhausbewohner | Sonstige/ zweifelhaft | alle |
|---|---|---|---|---|---|
| 1-4 Personen | 20 | 22 | 40 | 29 | 111 |
| (Spalten-%) | (20,6%) | (41,5%) | (70,2%) | (65,9%) | (44,2%) |
| 5-8 Personen | 58 | 30 | 17 | 15 | 120 |
| (Spalten-%) | (59,8%) | (56,6%) | (29,8%) | (34,1%) | (47,8%) |
| 9-12 Personen | 16 | 1 | - | - | 17 |
| (Spalten-%) | (16,5%) | (1,9%) | | | (6,8%) |
| 13- Personen | 3 | - | - | - | 3 |
| (Spalten-%) | (3,1%) | | | | (1,2%) |
| Gesamtzahl der Haushalte | 97 | 53 | 57 | 44 | 251 |
| (Zeilen-%) | (38,6%) | (21,1%) | (22,7%) | (17,5%) | (100%) |

b) 1772

| Haushaltsgröße | Großbauern | Kleinbauern | Heuerlinge/ Landlose | Sonstige | alle |
|---|---|---|---|---|---|
| 1-4 Personen | 1 | 32 | 164 | 5 | 202 |
| (Spalten-%) | (1,0%) | (48,5%) | (62,8%) | (50,0%) | (46,3%) |
| 5-8 Personen | 52 | 32 | 95 | 5 | 184 |
| (Spalten-%) | (52,5%) | (48,5%) | (36,4%) | (50,0%) | (42,2%) |
| 9-12 Personen | 46 | 2 | 2 | - | 50 |
| (Spalten-%) | (46,5%) | (3,0%) | (0,8%) | | (11,5%) |
| Gesamtzahl der Haushalte | 99 | 66 | 261 | 10 | 436 |
| (Zeilen-%) | (22,7%) | (15,1%) | (59,9%) | (2,3%) | (100%) |

## Tabelle 4.03 (Fortsetzung):

c) 1858

| Haushaltsgröße | Großbauern | Kleinbauern | Heuerlinge/ Landlose | Sonstige | alle |
|---|---|---|---|---|---|
| 1–4 Personen | 1 | 17 | 150 | 7 | 175 |
| (Spalten-%) | (1,1%) | (23,9%) | (40,3%) | (25,0%) | (31,2%) |
| 5–8 Personen | 48 | 47 | 206 | 13 | 314 |
| (Spalten-%) | (53,3%) | (66,2%) | (55,4%) | (46,4%) | (56,0%) |
| 9–12 Personen | 39 | 7 | 16 | 3 | 65 |
| (Spalten-%) | (43,3%) | (9,9%) | (4,3%) | (10,7%) | (11,6%) |
| 13- Personen | 2 | – | – | 5 | 7 |
| (Spalten-%) | (2,2%) | | | (17,9%) | (1,2%) |
| Gesamtzahl der Haushalte | 90 | 71 | 372 | 28 | 561 |
| (Zeilen-%) | (16,0%) | (12,7%) | (66,3%) | (5,0%) | (100%) |

## 4.3. Kinder, Gesinde und die schichtspezifische Altersstruktur der Haushalte

Für den frappierenden Unterschied in der mittleren Größe vollbäuerlicher und landloser Haushalte, wie wir ihn in Belm finden, lassen sich in allen Perioden zwei Hauptursachen feststellen, die miteinander in einem inneren Zusammenhang stehen. Zum einen lebten in landlosen Haushalten kaum Kinder, die älter als vierzehn Jahre waren, während bei den Großbauern auch Söhne und Töchter dieser Altersgruppe häufig vorkamen. Zum anderen hielten die Heuerlinge im Gegensatz zu den Vollbauern praktisch kein Gesinde.

Der Pfarrer von Belm nahm in die Seelenliste, die er 1651 zusammenstellte, keine Altersangaben auf. Doch fällt auf, daß großbäuerliche Haushalte im Schnitt drei, landlose nur etwas mehr als ein Kind enthielten (Tab. 4.02, vgl. auch Tab. 5.01). In der Volkszählung von 1772 wurde die Zahl der Söhne und Töchter „über 14 Jahr" und „unter 14 Jahr" jeweils gesondert erhoben. Auf einen Vollbauernhaushalt entfiel etwa ein Kind „über 14 Jahr", bei den Landlosen kam auf vier Haushalte nur ein Kind dieses Alters. Im Vergleich zu 1772 lebten 1858 zwar mehr Kinder über 13 Jahren in Heuerlingshaushalten (im Durchschnitt 0,6); doch war die Zahl bei den Großbauern doppelt so hoch. Die Haushalte der Kleinbauern nahmen auch in dieser Hinsicht stets eine mittlere Position ein. Warum die Großbauern im Gegensatz zu den Landlosen ihre Kinder über das Alter von zehn Jahren hinaus zu Hause behielten, liegt auf der Hand. Nicht nur hatten sie die Ressourcen, mehr Menschen zu ernähren, sondern vor allem konnten sie die Arbeitskraft der Heranwachsenden auf ihren Höfen produktiv nutzen; weder das eine noch das andere war den Heuerlingen möglich.

Noch stärker wirkte sich die ungleiche Verteilung des Gesindes auf die sozialen Unterschiede der Haushaltsgröße aus, jedenfalls im 18. und 19. Jahrhundert. 1651 kamen auf einen großbäuerlichen Haushalt 1,2 Knechte und Mägde, auf einen kleinbäuerlichen 0,4, auf einen landlosen 0,2 (Tab. 4.02). Immerhin konnte in der Zeit nach dem Dreißigjährigen Krieg noch die Hälfte der Vollbauern Knechte und Mägde entbehren, ebenso wie 72% der Kleinbauern und 88% der Landlosen (Tab. 4.04). – Im Zuge der Vergrößerung der landwirtschaftlichen Nutzflächen nahm in der Folge der Bedarf an ständigen Arbeitskräften auf den großen Höfen offenbar stark zu; so verdoppelte sich bis 1772 die Zahl der Gesindepersonen je Vollhof auf 2,5. Ohne Knecht und Magd wirtschafteten nur noch 11% der Großbauern. Die Kleinbauern konnten ihre Arbeit ganz überwiegend weiterhin ohne Gesinde bewältigen (73%), erst recht die Heuerleute (95%); in diesen

Tabelle 4.04: Die Haushalte nach der Zahl ihrer Gesindepersonen und nach sozialer Schicht, 1651 – 1772 – 1858

a) 1651

| Zahl der Gesindepersonen | Großbauern | Kleinbauern | Landlose/ Nebenhausbewohner | Sonstige/ zweifelhaft | Summe |
|---|---|---|---|---|---|
| 0 | 49 | 38 | 50 | 34 | 171 |
| (Spalten-%) | (50,5%) | (71,7%) | (87,7%) | (77,3%) | (68,1%) |
| 1 | 17 | 10 | 5 | 6 | 38 |
| (Spalten-%) | (17,5%) | (18,9%) | (8,8%) | (13,6%) | (15,1%) |
| 2 | 10 | 4 | 1 | 3 | 18 |
| (Spalten-%) | (10,3%) | (7,5%) | (1,8%) | (6,8%) | (7,2%) |
| 3 | 8 | 1 | 1 | – | 10 |
| (Spalten-%) | (8,2%) | (1,9%) | (1,8%) | | (4,0%) |
| 4 | 10 | – | – | 1 | 11 |
| (Spalten-%) | (10,3%) | | | (2,3%) | (4,4%) |
| 5 | 2 | – | – | – | 2 |
| (Spalten-%) | (2,1%) | | | | (0,8%) |
| 6 | 1 | – | – | – | 1 |
| (Spalten-%) | (1,0%) | | | | (0,4%) |
| Summe | 97 | 53 | 57 | 44 | 251 |

beiden Schichten war der durchschnittliche Gesindebesatz 1772 noch etwas geringer als 1651. – Mitte des 19. Jahrhunderts hatte sich die Dienstbotenzahl je Vollhof nochmals erhöht und belief sich nun auf drei; nur 7% der Haushalte dieser Schicht verzichteten auf Gesinde; am häufigsten traf man vier Dienstboten bei einem Großbauern an, nämlich bei 30%. Hingegen hatten weiterhin 73% der Kleinbauern und 92% der Landlosen weder Knecht noch Magd.[21]

Daß Kinder etwa ab vierzehn Jahren nicht zuletzt als Arbeitskräfte fungierten, wird durch das indirekt proportionale Verhältnis erwiesen, das auf den großen Höfen zwischen der Zahl der Knechte und der der herangewachsenen Söhne sowie der Mägde und der herangewachsenen Töchter bestand. Waren die eigenen Kinder alt genug, so konnte selbst ein Großbauer mit wenig oder gar keinem Gesinde auskommen. So der Vollerbe Grothman im Jahre 1858: er war 56, seine Frau 52 Jahre alt, seit 28 Jahren

---

[21] Vergleichsmaterial aus der nordwestdeutschen Küstenregion bei LORENZEN-SCHMIDT 1987 S. 48 ff.

b) 1772

| Zahl der Gesindepersonen | Großbauern | Kleinbauern | Heuerlinge/ Landlose | Sonstige | Summe |
|---|---|---|---|---|---|
| 0 | 11 | 48 | 248 | 5 | 312 |
| (Spalten-%) | (11,1%) | (72,7%) | (95,0%) | (50,0%) | (71,6%) |
| 1 | 14 | 15 | 8 | 2 | 39 |
| (Spalten-%) | (14,1%) | (22,7%) | (3,1%) | (20,0%) | (8,9%) |
| 2 | 24 | 3 | 3 | 1 | 31 |
| (Spalten-%) | (24,2%) | (4,5%) | (1,1%) | (10,0%) | (7,1%) |
| 3 | 26 | – | 2 | 2 | 30 |
| (Spalten-%) | (26,3%) | | (0,8%) | (20,0%) | (6,9%) |
| 4 | 18 | – | – | – | 18 |
| (Spalten-%) | (18,2%) | | | | (4,1%) |
| 5 | 4 | – | – | – | 4 |
| (Spalten-%) | (4,0%) | | | | (0,9%) |
| 6 | 1 | – | – | – | 1 |
| (Spalten-%) | (1,0%) | | | | (0,2%) |
| 7 | 1 | – | – | – | 1 |
| (Spalten-%) | (1,0%) | | | | (0,2%) |
| Summe | 99 | 66 | 261 | 10 | 436 |

verheiratet; neben drei jüngeren Kindern hatten sie einen 24jährigen Sohn und zwei Töchter im Alter von 22 und 17 Jahren; das reichte für den ständigen Bedarf an Arbeitskräften; die saisonalen Spitzen konnten mit Hilfe der Heuerleute des Hofes abgedeckt werden. Ähnlich war die Konstellation beim 60jährigen Vollerben Brörmann und seiner 51jährigen Frau: nach 31 Ehejahren lebten drei Söhne von 20, 15 und 12 Jahren sowie eine 22jährige Tochter in ihrem Haus; zusätzlich hatten sie lediglich eine 15jährige Magd eingestellt.[22] Ganz anders der Vollerbe Meikinghaus, 31 Jahre alt, der mit seiner gleichaltrigen Frau seit drei Jahren verheiratet war und nur eine Tochter im Säuglingsalter hatte. Er benötigte zwei Knechte und zwei Mägde.

Fehlten auf einem großen Hof Söhne und Töchter im voll arbeitsfähigen Alter, so wurden sie durch Knechte und Mägde ersetzt.[23] 1772 hatten von

---

[22] Dazu kam ein sechsjähriges Pflegekind. – Die Altersangaben der Zensus-Urliste von 1858 habe ich hier und überall ggf. aufgrund der Familienrekonstitution berichtigt.
[23] Vgl. dazu BERKNER 1972 S. 413 ff.; LÖFGREN 1974 S. 23 ff.; ROSENBAUM 1982 S. 66 ff.; MITTERAUER 1986a S. 261 ff., 292 ff.; PETERS/HARNISCH/ENDERS 1989 S. 286 ff.; PFISTER 1990 S. 31 f. Ähnlich übrigens auch LASLETT 1971 S. 2 f. – jedoch ohne systematische Konsequenzen im

Tabelle 4.04 (Fortsetzung):

c) 1858

| Zahl der Gesindepersonen | Großbauern | Kleinbauern | Heuerlinge/ Landlose | Sonstige | Summe |
|---|---|---|---|---|---|
| 0 | 6 | 52 | 343 | 10 | 411 |
| (Spalten-%) | (6,7%) | (73,2%) | (92,2%) | (35,7%) | (73,3%) |
| 1 | 9 | 10 | 18 | 7 | 44 |
| (Spalten-%) | (10,0%) | (14,1%) | (4,8%) | (25,0%) | (7,8%) |
| 2 | 15 | 4 | 7 | 6 | 32 |
| (Spalten-%) | (16,7%) | (5,6%) | (1,9%) | (21,4%) | (5,7%) |
| 3 | 22 | 5 | 2 | 2 | 31 |
| (Spalten-%) | (24,4%) | (7,0%) | (0,5%) | (7,1%) | (5,5%) |
| 4 | 27 | – | 2 | – | 29 |
| (Spalten-%) | (30,0%) | | (0,5%) | | (5,2%) |
| 5 | 10 | – | – | 1 | 11 |
| (Spalten-%) | (11,1%) | | | (3,6%) | (2,0%) |
| 6 | 1 | – | – | – | 1 |
| (Spalten-%) | (1,1%) | | | | (0,2%) |
| 13 | – | – | – | 1 | 1 |
| (Spalten-%) | | | | (3,6%) | (0,2%) |
| 20 | – | – | – | 1 | 1 |
| (Spalten-%) | | | | (3,6%) | (0,2%) |
| Summe | 90 | 71 | 372 | 28 | 561 |

14 Großbauern mit mehr als einem Sohn „über 14 Jahr" nur 2 männliches Gesinde, von den 68 Großbauern ohne Söhne „über 14 Jahr" hingegen 63. Entsprechend verzichteten neun von zehn Vollbauern mit mehr als einer Tochter „über 14 Jahr" auf Mägde, von den 75 ohne eine Tochter dieses Alters aber nur sieben (Tab. 4.05). – Obwohl der Gesindebesatz der Vollhöfe 1858 noch stärker war, blieb das Substitutionsverhältnis zwischen familialer und ‚familienfremder' Arbeitskraft sichtbar. Von den 52 Großbauern, die keinen Sohn von mindestens vierzehn Jahren im Hause hatten, hielten 50 mindestens einen Knecht, 38 mehr als einen. Unter den 15 mit mehr als einem Sohn dieses Alters, kamen 6 ohne männliches Gesinde, die übrigen 9 mit einem Knecht aus. Entsprechend sah die Relation zwischen Mägden und herangewachsenen Töchtern aus (Tab. 4.06).

---

Hinblick auf das Kriterium der Verwandtschaft bei Definition und Typisierung der Haushalte zu ziehen.

Tabelle 4.05: Die großbäuerlichen Haushalte nach der Zahl der Kinder „über 14 Jahr" und der Zahl der Gesindepersonen, 1772

a) Söhne – Knechte

| Zahl der „Söhne über 14 Jahr" | Zahl der Knechte | | | | | Summe (Spalten-%) |
|---|---|---|---|---|---|---|
| | 0 | 1 | 2 | 3 | 4 | |
| 0 | 5 | 29 | 33 | 1 | – | 68 (68,7%) |
| 1 | 6 | 5 | 4 | 2 | – | 17 (17,2%) |
| 2 | 7 | 1 | – | – | 1 | 9 (9,1%) |
| 3 | 5 | – | – | – | – | 5 (5,1%) |
| Summe (Zeilen-%) | 23 (23,2%) | 35 (35,4%) | 37 (37,4%) | 3 (3,0%) | 1 (1,0%) | 99 (100%) |

b) Töchter – Mägde

| Zahl der „Töchter über 14 Jahr" | Zahl der Mägde | | | | Summe (Spalten-%) |
|---|---|---|---|---|---|
| | 0 | 1 | 2 | 3 | |
| 0 | 7 | 27 | 38 | 3 | 75 (75,8%) |
| 1 | 7 | 6 | 1 | – | 14 (14,1%) |
| 2 | 7 | – | – | 1 | 8 (8,1%) |
| 3 | 2 | – | – | – | 2 (2,0%) |
| Summe (Zeilen-%) | 23 (23,2%) | 33 (33,3%) | 39 (39,4%) | 4 (4,0%) | 99 (100%) |

Tabelle 4.06: Die großbäuerlichen Haushalte nach der Zahl der Kinder ab 14 Jahre[1] und der Zahl der Gesindepersonen, 1858

a) Söhne – Knechte

| Zahl der Söhne ab 14 Jahre | Zahl der Knechte | | | | | | Summe (Spalten-%) |
|---|---|---|---|---|---|---|---|
| | 0 | 1 | 2 | 3 | 4 | 5 | |
| 0 | 2 | 12 | 32 | 4 | 2 | – | 52 (57,8%) |
| 1 | 3 | 8 | 8 | 3 | – | 1 | 23 (25,6%) |
| 2 | 6 | 7 | – | – | – | – | 13 (14,4%) |
| 3 | – | 2 | – | – | – | – | 2 (2,2%) |
| Summe (Zeilen-%) | 11 (12,2%) | 29 (32,2%) | 40 (44,4%) | 7 (7,8%) | 2 (2,2%) | 1 (1,1%) | 90 (100%) |

b) Töchter – Mägde

| Zahl der Töchter ab 14 Jahre | Zahl der Mägde | | | | Summe (Spalten-%) |
|---|---|---|---|---|---|
| | 0 | 1 | 2 | 3 | |
| 0 | 3 | 17 | 31 | 5 | 56 (62,2%) |
| 1 | 2 | 12 | 4 | 1 | 19 (21,1%) |
| 2 | 7 | 5 | 2 | – | 14 (15,6%) |
| 3 | 1 | – | – | – | 1 (1,1%) |
| Summe (Zeilen-%) | 13 (14,4%) | 34 (37,8%) | 37 (41,1%) | 6 (6,7%) | 90 (100%) |

[1] Bei den Auswertungen der Volkszählungsliste von 1858 wurden die Altersangaben für alle Personen, die innerhalb des Kirchspiels Belm geboren sind, aufgrund des Geburtseintrags überprüft und ggf. korrigiert.

Offenbar erfüllten in diesen bäuerlichen Haushalten die Kinder von einem bestimmten Alter an ähnliche Funktionen wie Dienstboten. Was die Deckung des Arbeitskräftebedarfs anging, so waren beide austauschbar. Insofern war es konsequent, daß in der Volkszählungsliste von 1812 die unverheirateten Leute ab 14 Jahren fast sämtlich als „Knecht" oder „Magd" bezeichnet wurden, selbst die, welche die Familienrekonstitution als Kinder des Haushaltsvorstands erweist.[24]

Diese Befunde legen einen wichtigen Aspekt des Verhältnisses zwischen bäuerlichen Eltern und Kindern offen; doch wäre es vorschnell, aus ihnen zu folgern, daß die Beziehung der Eltern zu ihren Kindern *ausschließlich* vom Gesichtspunkt der Verwendung der Arbeitskraft bestimmt wurde.[25] Schon die Überlegung, daß besitzende Eltern für die spätere Plazierung ihrer Kinder in der einen oder anderen Form Verantwortung gehabt haben dürften, gegenüber Knechten und Mägden eine vergleichbare über die Dienstzeit hinausgehende Verpflichtung jedoch nicht vorausgesetzt werden kann[26], läßt erwarten, daß bei aller Ähnlichkeit der Funktionen auch mit wesentlichen Unterschieden zwischen Kindern und Gesinde zu rechnen ist.

Die Tatsache, daß Kinder und Dienstboten gleiche Arbeit zu leisten hatten und in ähnlicher Weise dem ‚Hausvater' und der ‚Hausmutter' unterstellt waren[27], sollte auch nicht als Indiz für einen gemütvollen ‚Familienanschluß' der Knechte und Mägde gewertet werden. Die Rede von der „Familienhaf-

---

[24] Im Gegensatz dazu sah das gedruckte Regierungsausschreiben zur Volkszählung von 1772 (StA OS Rep. 100/188 Nr. 38, fol. 31 v.) vor: „8) Wann Söhne und Töchter des Hausvaters etwan bei selbigem Gesellen-, Lehrburschen-, Knechte- oder Mägdearbeit verrichten, so sind sie doch nur unter der Rubrik von Söhnen oder Töchtern aufzuführen …". – Beim Zensus von 1858 enthielt die in das Formular jeder Urliste eingedruckte Anweisung an die Zähler keine besondere Bestimmung betr. Gesindepersonen, auch nicht das Ausschreiben des Innenministeriums vom 4. 10. 1852 (GESETZ-SAMMLUNG HANNOVER 1852, II. Abteilung S. 97 ff.). Die systematische Verknüpfung der im Zensus erfaßten Personen mit der Familienrekonstitution erweist jedoch, daß im Kirchspiel Belm in aller Regel die „Knechte" und „Mägde" keine Kinder oder Stiefkinder des Haushaltsvorstands waren. Nur vier Ausnahmen wurden gefunden; sie scheinen sämtlich dadurch veranlaßt, daß in dem betreffenden Haushalt noch eine weitere familiale Gruppierung lebte, so daß die Bezeichnung „Sohn" oder „Tochter" möglicherweise Mißverständnisse veranlaßt hätte. – Die unterschiedliche Handhabung in den Volkszählungen von 1772 und 1858 einerseits, 1812 andererseits kann demnach kaum als Indiz für eine wesentliche Veränderung im Verhältnis zwischen den Bauern und ihrem Gesinde interpretiert werden, sondern verweist darauf, daß Gesinde und herangewachsene Kinder in mancher Hinsicht die gleiche Funktion hatten, unter anderen Aspekten hingegen unterschieden waren. Näheres dazu aufgrund österreichischen Materials bei MITTERAUER 1986 a S. 272 ff., 277 ff.

[25] Allgemein zum Problem der sozial-emotionalen Beziehungen SCHLUMBOHM 1983 a S. 8 ff., 67 ff.; ROSENBAUM 1982 S. 91 ff.

[26] Dazu s. unten Kap. 5. 4.

[27] Auch dazu Näheres in Kap. 5. 4.

tigkeit des Gesindes" könnte erst dann eine partielle Berechtigung haben, wenn wir zuvor die Vorstellung sentimentaler Intimität aus dem Begriff der Familie entfernt hätten. Wilhelm Heinrich Riehls „freundlicher, gemütlicher Begriff des ganzen Hauses, welches nicht bloß die natürlichen Familienmitglieder, sondern auch alle jene freiwilligen Genossen und Mitarbeiter der Familie in sich schließt, die man vor Alters mit dem Worte ‚Ingesinde' umfaßte"[28], hingegen trägt die Erwartungen an die emotionale Qualität des Familienlebens, wie sie das gebildete Bürgertums des 19. Jahrhunderts hegte, hinein in die durchaus anders strukturierten Familien- und Haushaltskonstellationen ‚fremder' sozialer Schichten und vergangener Zeiten.

Auf der anderen Seite begründet die Übereinstimmung in der Funktion von Gesinde und herangewachsenen Kindern ernsthafte Zweifel, ob es angemessen ist, bei der Definition und Typisierung von Haushalten dem Kriterium der Verwandtschaft einen so hohen Stellenwert zu geben, wie es der Laslett'sche Ansatz tut. Zum einen besteht hier die Gefahr, daß moderne Annahmen über die emotionale Qualität von Familien- und Verwandtschaftsbeziehungen in unangemessener Weise die Kategorien zur Erfassung historischer Verhältnisse prägen[29]; der frühneuzeitliche Begriff der ‚Familie' umfaßte jedenfalls alle Angehörigen des Haushalts einschließlich des Gesindes.[30] Zum anderen wird das Risiko verzerrter Ergebnisse noch dadurch vergrößert, daß die üblicherweise ausgewerteten Haushaltslisten in der Regel nur höchst unsichere Vermutungen über Verwandtschaft oder Nicht-Verwandtschaft erlauben.[31]

---

[28] RIEHL 1856 S. 147; näher zur „Familienhaftigkeit des Gesindes" ebd. S. 150 ff. – Riehl (S. 116 ff., 122 ff.) betont durchaus das Moment der Herrschaft innerhalb des Hauses, indem er vom „Hausregiment" und der „Obervormundschaft der Eltern und speziell des Familienvaters" spricht. Nicht nur bewertet er dies herrschaftliche Moment positiv, sondern er erklärt es einerseits als „natürlich" und umgibt es andererseits mit einer Aura der Emotionalität, die dem bürgerlichen Familienleitbild seiner Zeit entstammt: „[...] die Familie [ist] gegründet [...] auf das Bewußtsein der liebevollen Autorität und Pietät unter ihren Gliedern [...]".

[29] Dazu MITTERAUER 1973 S. 173 ff.; MITTERAUER 1975 S. 231 ff.; MITTERAUER/SIEDER 1977 S. 31 ff.; SIEDER/MITTERAUER 1983 S. 338 f.; ROSENBAUM 1982 S. 67 f. – LASLETT 1974a S. 29 ff., HAMMEL/LASLETT 1974 S. 92 ff. klassifiziert einen Haushalt, der aus Eltern, unverheirateten Kindern und Gesinde besteht, als „simple family household", einen Haushalt, der Eltern, Kinder und einen oder mehrere Verwandte umfaßt, hingegen in der Regel als „extended" bzw. „multiple family household". Zusätzliche Einwände dagegen ergeben sich daraus, daß in manchen Regionen häufig Verwandte als Gesinde eingestellt wurden: SIEDER/MITTERAUER 1983 S. 322 ff., 339; MITTERAUER 1986a S. 272 ff.

[30] SCHWAB 1975 S. 266 ff.; ähnlich für England STONE 1977 S. 27 ff.; KUSSMAUL 1981 S. 7 f. Daneben konnte ‚Familie' noch im 18. Jahrhundert – entsprechend dem lateinischen Sprachgebrauch – speziell das Gesinde bezeichnen: SCHWAB 1975 S. 266 ff.

[31] Vgl. oben S. 194, 197 und unten S. 281 ff.

Insgesamt hatte etwa ein Achtel aller Einwohner des Kirchspiels den Status einer Gesindeperson. Dieser Befund paßt sehr gut zu der Hypothese, daß ein hoher Anteil von Gesindepersonen – mindestens 6%, gewöhnlich mehr als 10% der Gesamtbevölkerung – ein wichtiges Moment des vorindustriellen Systems der Haushaltsgründung in der nordwestlichen Hälfte Europas bildete und insbesondere in engem ursächlichen Zusammenhang mit dem herrschenden Muster später Eheschließung stand.[32] 1651 belief sich die Zahl der Dienstboten auf 164, 1772 auf 296, 1858 auf 411. Ihr Anteil an der Einwohnerschaft blieb von der Mitte des 17. bis zur Mitte des 19. Jahrhunderts sehr konstant, ihre Zahl wuchs also proportional zur Gesamtbevölkerung (Tab. 4.01).[33] – Da die Zahl der Haushalte etwa in demselben Maße zunahm wie die der Einwohner, war die durchschnittliche Zahl der Gesindepersonen je Haushalt für das Kirchspiel insgesamt mit 0,7 in den Jahren 1651, 1772 und 1858 identisch (Tab. 4.02). Daß die Großbauern ihr Gesinde auf 250% des ursprünglichen Bestandes vermehrten, wurde im Gesamtdurchschnitt dadurch kompensiert, daß der Anteil der Vollbauern an der Gesamtzahl der Haushalte drastisch sank, weil die Zahl der – meist gesindelosen – Heuerlinge rapide zunahm (Tab. 4.03).

Im späten 18. und zu Beginn des 19. Jahrhunderts gab es mehr Mägde als Knechte, während unmittelbar nach dem Dreißigjährigen Krieg und Mitte des 19. Jahrhunderts die Zahl der Knechte die der Mägde übertraf (Tab. 4.07). Hier wirkten sich offenbar Verschiebungen im relativen Gewicht weiblicher und männlicher Arbeiten für die großbäuerliche Wirtschaft aus. Insbesondere könnte die Bedeutung, die das Leinengewerbe gerade auch für den bäuerlichen Betrieb hatte, im 18. und frühen 19. Jahrhundert die Nachfrage nach weiblichen Dienstboten erhöht haben, da trotz der prinzipiellen Beteiligung beider Geschlechter an der Flachsverarbeitung speziell das Weben Sache der Frauen war.[34] Als sich die Großbauern in den mittleren

---

[32] HAJNAL 1982 S. 473, vgl. LASLETT 1977a S. 29 ff. sowie für Preußen im 19. Jahrhundert TENFELDE 1979 S. 208 ff.

[33] Im Zensus von 1812 betrug der Anteil der „Knechte" und „Mägde" an der Gesamtbevölkerung hingegen 20,6%, weil hier auch Söhne und Töchter so bezeichnet wurden.

[34] SCHLUMBOHM 1979 S. 280 ff. – Die Argumentation, mit der die HAUSTAFEL FÜR DIENSTBOTEN (Nr. 29) im Osnabrücker Land etwa 1838 die Spinnpflicht nur für das männliche Gesinde einschärfte, spricht dafür, daß um diese Zeit die Frauen den überwiegenden Anteil an der Garn-Herstellung übernommen hatten: „Weil der Dienstbote schuldig ist, die ganze Zeit über für die Herrschaft zu arbeiten, so müssen die Knechte auch, wenn die Herrschaft statt anderer Arbeit es verlangt, des Abends für sie spinnen und dürfen sich nicht darauf berufen, daß dies sonst in der Gegend nicht mehr gebräuchlich sei [...]". – Wenn die Berichte aus dem 18. und beginnenden 19. Jahrhundert hervorhoben, daß sich im Osnabrücker Land auch die Männer am Spinnen beteiligten, so mußte das nicht unbedingt bedeuten, daß ihr Anteil an dieser Arbeit ebenso groß war wie der des weiblichen Geschlechts.

Tabelle 4.07: Die Gesindepersonen nach Geschlecht,
1651 – 1772 – 1812 – 1858

| Jahr | männlich | weiblich | Summe |
|---|---|---|---|
| 1651 | 87 | 77 | 164 |
| (Zeilen-%) | (53,0%) | (47,0%) | (100%) |
| 1772 | 135 | 161 | 296 |
| (Zeilen-%) | (45,6%) | (54,4%) | (100%) |
| 1812[1] | 292 | 312 | 604 |
| (Zeilen-%) | (48,3%) | (51,7%) | (100%) |
| 1858 | 221 | 190 | 411 |
| (Zeilen-%) | (53,8%) | (46,2%) | (100%) |

[1] Da im Zensus von 1812 regelmäßig auch Söhne und Töchter des Haushaltsvorstands, die über 13 Jahre alt waren, als „Knecht" bzw. „Magd" bezeichnet wurden, sind diese hier eingeschlossen.

Jahrzehnten des 19. Jahrhunderts aus der Leinenproduktion für den Verkauf zurückzuziehen begannen und gleichzeitig der Kultivierung der neu aufgeteilten Gemeinheiten zuwandten, brauchten sie hingegen mehr männliche Arbeitskräfte.

Der Gesindestatus war in dieser ländlichen Gesellschaft eindeutig eine Phase im Lebenslauf, die zwischen Kindheit und Eheschließung lag.[35] Verheiratete Dienstboten gab es praktisch nicht, auch Witwer oder Witwen ohne Anhang begaben sich nicht in die hausrechtliche Abhängigkeit des Gesindes. Äußerst selten sind die Ausnahmen von dieser Regel. So lebte 1651 beim Vollerben Dreilman der Knecht Johannes Hasenkamp mit seiner Frau Gerdrudis, bei dem Altenteilerpaar des Meyerhofs zu Belm der Knecht („famulus") Wilhelmus Schutte mit seiner Ehefrau Catharina und dem Sohn Rudolphus. 1812 begegnet nur ein solcher Fall: Der 26jährige Knecht Johann Schröer war seit einem Jahr verheiratet und wohnte mit seiner 27jährigen Frau Maria bei seinem Dienstherrn, dem Vollerben Rolf. 1858 gab es nicht einen verheirateten Dienstboten; wohl war die 45jährige Witwe Anna Maria Meyer Magd beim Halberben Bücker und der 29jährige Witwer Adam Burgard Dienstknecht im Hause des Papierfabrikanten Gruner.

Bis auf seltene Ausnahmen zutreffend ist also für unser Gebiet[36] die The-

---

[35] Vgl. auch Kap. 5.4.
[36] Häufiger kamen verheiratete Mägde und Knechte in Kärnten im 18. Jahrhundert vor, doch lebten die Ehegatten dann in der Regel getrennt: MITTERAUER 1990a.

Tabelle 4.08: Die Gesindepersonen nach Geschlecht und Alter,
1812 und 1858

a) 1812

| Alter (in Jahren) | männlich | weiblich | Summe |
|---|---|---|---|
| –14 | 28 | 41 | 69 |
| (Spalten-%) | (9,6%) | (13,1%) | (11,4%) |
| 15–19 | 118 | 125 | 243 |
| (Spalten-%) | (40,4%) | (40,1%) | (40,2%) |
| 20–24 | 55 | 98 | 153 |
| (Spalten-%) | (18,8%) | (31,4%) | (25,3%) |
| 25–29 | 44 | 26 | 70 |
| (Spalten-%) | (15,1%) | (8,3%) | (11,6%) |
| 30–34 | 31 | 6 | 37 |
| (Spalten-%) | (10,6%) | (1,9%) | (6,1%) |
| 35–39 | 7 | 8 | 15 |
| (Spalten-%) | (2,4%) | (2,6%) | (2,5%) |
| 40–44 | 2 | 4 | 6 |
| (Spalten-%) | (0,7%) | (1,3%) | (1,0%) |
| 45– | 4 | 4 | 8 |
| (Spalten-%) | (1,4%) | (1,3%) | (1,3%) |
| unbekannt | 3 | – | 3 |
| (Spalten-%) | (1,0%) | | (0,5%) |
| Summe | 292 | 312 | 604 |

Anmerkung: Da im Zensus von 1812 regelmäßig auch Söhne und Töchter des Haushaltsvorstands, die über 13 Jahre alt waren, als „Knecht" bzw. „Magd" bezeichnet wurden, sind diese hier eingeschlossen.

se, daß „Knechtstellen, Gesindestellen [...] keine Eheschließung und Familiengründung gestatteten"; völlig irrig jedoch die Schlußfolgerung der ‚Bevölkerungslehre', daß dadurch ein großer Teil der Frauen und Männer vom legitimen „Fortpflanzungsvorgang" ausgeschlossen wurde.[37] Denn lebenslang blieb hier kaum jemand im Gesindedienst[38]: fast jeder Mann und jede Frau konnte heiraten. So waren 1812 nur sechs Knechte und acht Mägde älter als neununddreißig Jahre (Tab. 4.08). 1858 galt das für zwölf Knechte

---

[37] MACKENROTH 1953 S. 422; vgl. oben Kap. 3.1.
[38] Anders in den österreichischen Alpenländern, zumindest im späteren 19. Jahrhundert: EHMER 1991 S. 127 ff.

Tabelle 4.08 (Fortsetzung):

b) 1858

| Alter (in Jahren) | männlich | weiblich | Summe |
|---|---|---|---|
| −14 | 7 | 10 | 17 |
| (Spalten-%) | (3,2%) | (5,3%) | (4,1%) |
| 15–19 | 83 | 85 | 168 |
| (Spalten-%) | (37,6%) | (44,7%) | (40,9%) |
| 20–24 | 62 | 62 | 124 |
| (Spalten-%) | (28,1%) | (32,6%) | (30,2%) |
| 25–29 | 39 | 12 | 51 |
| (Spalten-%) | (17,6%) | (6,3%) | (12,4%) |
| 30–34 | 11 | 9 | 20 |
| (Spalten-%) | (5,0%) | (4,7%) | (4,9%) |
| 35–39 | 7 | 6 | 13 |
| (Spalten-%) | (3,2%) | (3,2%) | (3,2%) |
| 40–44 | 4 | 2 | 6 |
| (Spalten-%) | (1,8%) | (1,1%) | (1,5%) |
| 45– | 8 | 4 | 12 |
| (Spalten-%) | (3,6%) | (2,1%) | (2,9%) |
| Summe | 221 | 190 | 411 |

und sechs Mägde, das waren lediglich 5% aller Knechte und 3% aller Mägde. Hingegen waren 86% der männlichen und 89% der weiblichen Dienstboten jünger als dreißig Jahre, die Hälfte der Mägde und zwei Fünftel der Knechte sogar unter zwanzig. – Auf der anderen Seite gingen sehr wenige vor Vollendung des vierzehnten Lebensjahres in den Dienst. 1812 wurden nur zwei Dreizehnjährige als Mägde, ein Zwölf- und ein Dreizehnjähriger als Knecht bezeichnet. 1858 gab es eine elf-, zwei zwölf- und eine dreizehnjährige Magd sowie einen zwölf- und drei dreizehnjährige Knechte.

Stets wurde die große Mehrheit des Gesindes von Großbauern beschäftigt (Tab. 4.01): 1651 arbeiteten 71% auf Vollhöfen, 1772 waren es 83%, 1858 noch 66%. Kleinbauern hielten nach dem Dreißigjährigen Krieg immerhin 13% aller Knechte und Mägde, im 18. und 19. Jahrhundert nur noch 7% bzw. 8%; das entsprach in etwa dem sinkenden Gewicht dieser Schicht in der lokalen Gesellschaft. Der Anteil der Dienstboten in landlosen Haushalten stieg zwar von 6% über 7% auf 11%, blieb damit aber hinter dem Wachstum dieser Schicht zurück, so daß die Zahl der Gesindepersonen je eigentumslosem Haushalt fiel (Tab. 4.02).

Die ganz ungleiche Verteilung des Gesindes *und* der Kinder über 14 Jahren auf die verschiedenen sozialen Schichten führte zu charakteristischen Unterschieden in der Altersstruktur der Haushalte. Schon die grobe Klassifizierung des Zensus von 1772 läßt erkennen, daß der Anteil der Kinder „unter 14 Jahr" bei den Landlosen viel höher war (44%) als bei den Vollbauern (29%) (Tab. 4.01 b). - Das bestätigt die detaillierte Volkszählungsliste von 1812; zugleich läßt sie den Kernpunkt der extrem asymmetrischen Verteilung der verschiedenen Altersgruppen auf die Haushalte der einzelnen Schichten erkennen (Tab. 4.09): Die Mehrheit der 15- bis 29jährigen lebte und arbeitete bei den Vollbauern, obwohl diese nur etwa ein Sechstel aller Haushalte ausmachten; bei den Landlosen, die mehr als zwei Drittel aller Haushalte stellten, lebte weniger als ein Drittel dieser Jugendlichen und jungen Erwachsenen. In der Gruppe der 15- bis 24jährigen, von der ja erst sehr wenige verheiratet waren, tritt die Diskrepanz am massivsten hervor: von diesen 471 jungen Leuten lebten 292 in den 101 Großbauernhaushalten, aber nur 109 in den 399 landlosen Familien. Bei den Männern von 25 bis 29 Jahren bestand dies Ungleichgewicht nahezu unvermindert fort, nicht aber bei den Frauen, denn von diesen hatten viele in dem Alter bereits den Dienst verlassen und standen einem eigenen landlosen Haushalt vor. Im Vergleich dazu scheinen sich die übrigen Altersklassen relativ proportional auf die Haushalte der verschiedenen Schichten verteilt zu haben.[39]

Mitte des 19. Jahrhunderts hielten, wie wir gesehen haben, mehr Landlose ihre Kinder über deren 14. Lebensjahr hinaus bei sich als in früheren Perioden. Das schwächte die Ungleichheit in der Altersstruktur der Haushalte ab, beseitigte sie jedoch keineswegs (Tab. 4.10). Auch wenn wir jeden Haushalt einzeln betrachten, bestätigt sich, daß Großbauern strikt auf eine günstige Relation zwischen vollen Arbeitskräften einerseits, nicht oder nur beschränkt Arbeitsfähigen andererseits achteten. Nur in einem von zwanzig vollbäuerlichen Haushalten machten die Kinder unter vierzehn Jahren und die Älteren ab sechzig Jahren zusammen mehr als die Hälfte der Haushaltsangehörigen aus: Auf einem großen Hof mußte stets für einen ausreichenden Bestand an Arbeitskräften gesorgt werden; waren infolge der Familienkonstellation mehrere kleine Kinder und Alte zu versorgen, so wurde zum Ausgleich Gesinde eingestellt. Diese Möglichkeit hatten Kleinbauern kaum, Landlose so gut wie gar nicht. Daher bestand jeder fünfte kleinbäuerliche

---

[39] Da die Abgrenzung der Haushalte in der Volkszählungsliste von 1812 nicht explizit gekennzeichnet ist und da insbesondere die Entscheidung, ob ältere Paare, Witwer und Witwen als eigener Haushalt anzusehen sind, nicht ohne inhaltliche Vorannahmen getroffen werden konnte, sind gerade die Zahlen bezüglich der Verteilung der Älteren auf die Haushalte der verschiedenen Schichten wenig aussagekräftig.

Tabelle 4.09: Die männlichen und weiblichen Personen nach Alter und sozialer Schicht, 1812

a) männlich

| Alter (in Jahren) | Es leben in Haushalten von | | | | insgesamt |
|---|---|---|---|---|---|
| | Großbauern | Kleinbauern | Heuerlingen/ Landlosen | Sonstigen | |
| 0–4 | 31 | 28 | 117 | 1 | 177 |
| (Zeilen-%) | (17,5%) | (15,8%) | (66,1%) | (0,6%) | |
| 5–9 | 33 | 26 | 127 | – | 186 |
| (Zeilen-%) | (17,7%) | (14,0%) | (68,3%) | | |
| 10–14 | 58 | 21 | 106 | 1 | 186 |
| (Zeilen-%) | (31,2%) | (11,3%) | (57,0%) | (0,5%) | |
| 15–19 | 83 | 18 | 26 | 1 | 128 |
| (Zeilen-%) | (64,8%) | (14,1%) | (20,3%) | (0,8%) | |
| 20–24 | 50 | 9 | 23 | 3 | 85 |
| (Zeilen-%) | (58,8%) | (10,6%) | (27,1%) | (3,5%) | |
| 25–29 | 45 | 5 | 27 | 4 | 81 |
| (Zeilen-%) | (55,6%) | (6,2%) | (33,3%) | (4,9%) | |
| 30–44 | 70 | 39 | 192 | 10 | 311 |
| (Zeilen-%) | (22,5%) | (12,5%) | (61,7%) | (3,2%) | |
| 45–59 | 40 | 19 | 84 | 2 | 145 |
| (Zeilen-%) | (27,6%) | (13,1%) | (57,9%) | (1,4%) | |
| 60– | 34 | 14 | 79 | 5 | 132 |
| (Zeilen-%) | (25,8%) | (10,6%) | (59,8%) | (3,8%) | |
| Summe männl. Personen | 444 | 179 | 781 | 27 | 1431 |
| (Zeilen-%) | (31,0%) | (12,5%) | (54,6%) | (1,9%) | (100%) |
| Zahl der Haushalte | 101 | 68 | 399 | 12 | 580 |
| (Zeilen-%) | (17,4%) | (11,7%) | (68,8%) | (2,1%) | (100%) |

Anmerkung: Im Zensus von 1812 sind außerdem 7 männliche Personen ohne Altersangabe verzeichnet.

b) weiblich

| Alter (in Jahren) | Es leben in Haushalten von | | | | insgesamt |
|---|---|---|---|---|---|
| | Großbauern | Kleinbauern | Heuerlingen/ Landlosen | Sonstigen | |
| 0-4 | 36 | 22 | 152 | 3 | 213 |
| (Zeilen-%) | (16,9%) | (10,3%) | (71,4%) | (1,4%) | |
| 5-9 | 33 | 27 | 121 | 1 | 182 |
| (Zeilen-%) | (18,1%) | (14,8%) | (66,5%) | (0,5%) | |
| 10-14 | 63 | 35 | 90 | 2 | 190 |
| (Zeilen-%) | (33,2%) | (18,4%) | (47,4%) | (1,1%) | |
| 15-19 | 88 | 17 | 29 | 2 | 136 |
| (Zeilen-%) | (64,7%) | (12,5%) | (21,3%) | (1,5%) | |
| 20-24 | 71 | 14 | 31 | 6 | 122 |
| (Zeilen-%) | (58,2%) | (11,5%) | (25,4%) | (4,9%) | |
| 25-29 | 26 | 11 | 59 | – | 96 |
| (Zeilen-%) | (27,1%) | (11,5%) | (61,5%) | | |
| 30-44 | 41 | 35 | 191 | 3 | 270 |
| (Zeilen-%) | (15,2%) | (13,0%) | (70,7%) | (1,1%) | |
| 45-59 | 34 | 19 | 99 | 2 | 154 |
| (Zeilen-%) | (22,1%) | (12,3%) | (64,3%) | (1,3%) | |
| 60- | 25 | 12 | 90 | 4 | 131 |
| (Zeilen-%) | (19,1%) | (9,2%) | (68,7%) | (3,1%) | |
| Summe weibl. Personen | 417 | 192 | 862 | 23 | 1494 |
| (Zeilen-%) | (27,9%) | (12,9%) | (57,7%) | (1,5%) | (100%) |
| Zahl der Haushalte | 101 | 68 | 399 | 12 | 580 |
| (Zeilen-%) | (17,4%) | (11,7%) | (68,8%) | (2,1%) | (100%) |

Anmerkung: Im Zensus von 1812 sind außerdem 3 weibliche Personen ohne Altersangabe verzeichnet.

Tabelle 4.10: Die männlichen und weiblichen Personen nach Alter und sozialer Schicht, 1858

a) männlich

| Alter (in Jahren) | Es leben in Haushalten von | | | | insgesamt |
| --- | --- | --- | --- | --- | --- |
| | Großbauern | Kleinbauern | Heuerlingen/ Landlosen | Sonstigen | |
| 0–4 | 30 | 22 | 123 | 8 | 183 |
| (Zeilen-%) | (16,4%) | (12,0%) | (67,2%) | (4,4%) | |
| 5–9 | 38 | 25 | 141 | 7 | 211 |
| (Zeilen-%) | (18,0%) | (11,8%) | (66,8%) | (3,3%) | |
| 10–14 | 35 | 28 | 119 | 12 | 194 |
| (Zeilen-%) | (18,0%) | (14,4%) | (61,3%) | (6,2%) | |
| 15–19 | 73 | 31 | 90 | 19 | 213 |
| (Zeilen-%) | (34,3%) | (14,6%) | (42,3%) | (8,9%) | |
| 20–24 | 63 | 21 | 50 | 20 | 154 |
| (Zeilen-%) | (40,9%) | (13,6%) | (32,5%) | (13,0%) | |
| 25–29 | 41 | 13 | 52 | 12 | 118 |
| (Zeilen-%) | (34,7%) | (11,0%) | (44,1%) | (10,2%) | |
| 30–44 | 59 | 33 | 174 | 15 | 281 |
| (Zeilen-%) | (21,0%) | (11,7%) | (61,9%) | (5,3%) | |
| 45–59 | 38 | 29 | 117 | 18 | 202 |
| (Zeilen-%) | (18,8%) | (14,4%) | (57,9%) | (8,9%) | |
| 60 – | 28 | 15 | 58 | 5 | 106 |
| (Zeilen-%) | (26,4%) | (14,2%) | (54,7%) | (4,7%) | |
| Summe männl. Personen | 405 | 217 | 924 | 116 | 1662 |
| (Zeilen-%) | (24,4%) | (13,1%) | (55,6%) | (7,0%) | (100%) |
| Zahl der Haushalte | 90 | 71 | 372 | 28 | 561 |
| (Zeilen-%) | (16,0%) | (12,7%) | (66,3%) | (5,0%) | (100%) |

b) weiblich

| Alter (in Jahren) | Es leben in Haushalten von | | | | insgesamt |
|---|---|---|---|---|---|
| | Großbauern | Kleinbauern | Heuerlingen/ Landlosen | Sonstigen | |
| 0–4 | 31 | 22 | 145 | 10 | 208 |
| (Zeilen-%) | (14,9%) | (10,6%) | (69,7%) | (4,8%) | |
| 5–9 | 30 | 24 | 139 | 8 | 201 |
| (Zeilen-%) | (14,9%) | (11,9%) | (69,2%) | (4,0%) | |
| 10–14 | 38 | 29 | 110 | 7 | 184 |
| (Zeilen-%) | (20,7%) | (15,8%) | (59,8%) | (3,8%) | |
| 15–19 | 92 | 30 | 82 | 11 | 215 |
| (Zeilen-%) | (42,8%) | (14,0%) | (38,1%) | (5,1%) | |
| 20–24 | 64 | 15 | 61 | 24 | 164 |
| (Zeilen-%) | (39,0%) | (9,1%) | (37,2%) | (14,6%) | |
| 25–29 | 19 | 11 | 56 | 11 | 97 |
| (Zeilen-%) | (19,6%) | (11,3%) | (57,7%) | (11,3%) | |
| 30–44 | 43 | 26 | 189 | 15 | 273 |
| (Zeilen-%) | (15,8%) | (9,5%) | (69,2%) | (5,5%) | |
| 45–59 | 28 | 32 | 128 | 9 | 197 |
| (Zeilen-%) | (14,2%) | (16,2%) | (65,0%) | (4,6%) | |
| 60 – | 17 | 12 | 57 | 9 | 95 |
| (Zeilen-%) | (17,9%) | (12,6%) | (60,0%) | (9,5%) | |
| Summe weibl. Personen | 362 | 201 | 967 | 104 | 1634 |
| (Zeilen-%) | (22,2%) | (12,3%) | (59,2%) | (6,4%) | (100%) |
| Zahl der Haushalte | 90 | 71 | 372 | 28 | 561 |
| (Zeilen-%) | (16,0%) | (12,7%) | (66,3%) | (5,0%) | (100%) |

Anmerkung: Bei den Auswertungen der Volkszählungsliste von 1858 wurden die Altersangaben für alle Personen, die innerhalb des Kirchspiels Belm geboren sind, aufgrund des Geburtseintrags überprüft und ggf. korrigiert.

Tabelle 4.11: Geschlechtsproportion nach sozialer Schicht, 1651 und 1772

| Jahr | Personengruppe | Wieviel männliche Personen kommen auf 100 weibliche Personen? | | | | |
|---|---|---|---|---|---|---|
| | | In Haushalten von | | | | insgesamt |
| | | Großbauern | Kleinbauern | Landlosen/ Nebenhausbewohnern/ Heuerlingen | Sonstigen/ zweifelhaften | |
| 1651 | alle | 120,5 | 80,1 | 66,1 | 89,1 | 96,7 |
| 1772 | Kinder „unter 14 Jahr" | 99,2 | 65,2 | 89,4 | 85,7 | 88,3 |
| | Die übrigen | 100,7 | 81,4 | 72,6 | 93,8 | 85,1 |
| | alle | 100,2 | 75,4 | 79,7 | 91,3 | 86,3 |

und jeder dritte landlose Haushalt mehrheitlich aus Kindern unter vierzehn und Älteren ab sechzig Jahren (Tab. 4.13).

Da bei den Großbauern die überwiegend Männern zukommende Feldarbeit besonderes Gewicht hatte, stellten in ihren Haushalten die Männer zu allen Zeiten einen höheren Anteil als in den anderen Schichten; im späten 18. und frühen 19. Jahrhundert, zur Blütezeit des Leinengewerbes also, war jedoch der Männerüberschuß auf den großen Höfen viel weniger ausgeprägt als im 17. und Mitte des 19. Jahrhunderts (Tab. 4.11–4.12).

Auch auf der Ebene der einzelnen Haushalte zeigt sich, daß die Vollbauern mehr als die Landarmen und Landlosen auf eine möglichst ausgeglichene Geschlechtsproportion achteten (Tab. 4.14). Da ihre Wirtschaft aufgrund des Landbesitzes regelmäßig verschiedene Zweige umfaßte und die Arbeiten in erheblichem Maße geschlechtsspezifisch definiert waren[40], mußten sie auf eine entsprechende Zusammensetzung ihres Arbeitskräftebestandes hinwirken; in ihren großen Hausgemeinschaften war das auch viel leichter möglich als in den kleineren der Unterschicht, zumal sie die familiale Arbeitskraft durch Gesinde zu ergänzen pflegten.[41]

---

[40] Dazu MITTERAUER 1990b; MITTERAUER 1989; SEGALEN 1989; SEGALEN 1980 S. 87ff.; ROSENBAUM 1982 S. 79ff.; WIEGELMANN 1975; WIEGELMANN 1960. Detailliert für ein württembergisches Dorf: SABEAN 1990 S. 148ff., 171ff.

[41] Zum Vergleich mit einer österreichischen Region s. jetzt EDER 1990. – Vgl. den auch methodisch interessanten Versuch von PFISTER 1991, die ökonomischen Ursachen unterschiedlicher Haushaltszusammensetzungen mit Hilfe eines statistischen Modells zu erfassen; s. dazu auch seine grundsätzlichen Überlegungen zum proto-industriellen Haushalt: PFISTER 1992b.

Tabelle 4.12: Geschlechtsproportion nach Alter und sozialer Schicht, 1812 und 1858

a) 1812

| Alter (in Jahren) | Wieviel männliche Personen kommen auf 100 weibliche Personen? | | | |
| --- | --- | --- | --- | --- |
| | In Haushalten von | | | insgesamt |
| | Großbauern | Kleinbauern | Heuerlingen/ Landlosen | |
| 0–14 | 92,4 | 89,3 | 96,4 | 93,8 |
| 15–29 | 96,2 | 76,2 | 63,9 | 83,1 |
| 30–44 | 170,7 | 111,4 | 100,5 | 115,2 |
| 45–59 | 117,6 | 100,0 | 84,8 | 94,2 |
| 60 – | 136,0 | 116,7 | 87,8 | 100,8 |
| insgesamt | 106,5 | 93,2 | 90,6 | 96,1 |

b) 1858

| Alter (in Jahren) | Wieviel männliche Personen kommen auf 100 weibliche Personen? | | | |
| --- | --- | --- | --- | --- |
| | In Haushalten von | | | insgesamt |
| | Großbauern | Kleinbauern | Heuerlingen/ Landlosen | |
| 0–14 | 104,0 | 100,0 | 97,2 | 99,2 |
| 15–29 | 101,1 | 116,1 | 96,5 | 101,9 |
| 30–44 | 137,2 | 126,9 | 92,1 | 102,9 |
| 45–59 | 135,7 | 90,6 | 91,4 | 102,5 |
| 60 – | 164,7 | 125,0 | 101,8 | 111,6 |
| insgesamt | 111,9 | 108,0 | 95,6 | 101,7 |

Anmerkung: Bei den Auswertungen der Volkszählungsliste von 1858 wurden die Altersangaben für alle Personen, die innerhalb des Kirchspiels Belm geboren sind, aufgrund des Geburtseintrags überprüft und ggf. korrigiert.

Tabelle 4.13: Die Haushalte nach dem Anteil der Kinder unter 14 Jahren und der Personen ab 60 Jahren[1] an der Gesamtzahl der Haushaltsmitglieder, sowie nach sozialer Schicht, 1858

| Anteil der Kinder unter 14 Jahren und der Personen ab 60 Jahren an der Gesamtzahl der Haushaltsmitglieder | Großbauern | Kleinbauern | Heuerlinge/ Landlose | Sonstige | insgesamt |
|---|---|---|---|---|---|
| 0–25 % | 39 | 23 | 107 | 12 | 181 |
| (Spalten-%) | (43,3 %) | (32,4 %) | (28,8 %) | (42,9 %) | (32,3 %) |
| 25,1–50 % | 46 | 34 | 145 | 12 | 237 |
| (Spalten-%) | (51,1 %) | (47,9 %) | (39,0 %) | (42,9 %) | (42,2 %) |
| 50,1 %– | 5 | 14 | 120 | 4 | 143 |
| (Spalten-%) | (5,6 %) | (19,7 %) | (32,3 %) | (14,3 %) | (25,5 %) |
| Summe | 90 | 71 | 372 | 28 | 561 |

[1] Bei den Auswertungen der Volkszählungsliste von 1858 wurden die Altersangaben für alle Personen, die innerhalb des Kirchspiels Belm geboren sind, aufgrund des Geburtseintrags überprüft und ggf. korrigiert.

Tabelle 4.14: Die Haushalte nach der Geschlechtsproportion ihrer Mitglieder ab 14 Jahre[1] und nach sozialer Schicht, 1858

| Auf 1 weibl. Person ab 14 Jahre kommen ... männliche Personen ab 14 Jahre | Großbauern | Kleinbauern | Heuerlinge/ Landlose | Sonstige | insgesamt |
|---|---|---|---|---|---|
| weniger als 0,75 | 9 | 16 | 118 | 5 | 148 |
| (Spalten-%) | (10,0 %) | (22,5 %) | (31,7 %) | (17,9 %) | (26,4 %) |
| 0,75 bis 1,33 | 60 | 27 | 163 | 14 | 264 |
| (Spalten-%) | (66,7 %) | (38,0 %) | (43,8 %) | (50,0 %) | (47,1 %) |
| mehr als 1,33 | 21 | 28 | 91 | 9 | 149 |
| (Spalten-%) | (23,3 %) | (39,4 %) | (24,5 %) | (32,1 %) | (26,6 %) |
| Summe | 90 | 71 | 372 | 28 | 561 |

[1] Bei den Auswertungen der Volkszählungsliste von 1858 wurden die Altersangaben für alle Personen, die innerhalb des Kirchspiels Belm geboren sind, aufgrund des Geburtseintrags überprüft und ggf. korrigiert.

Obwohl der *Anteil* der Kinder unter vierzehn Jahren in den großbäuerlichen Haushalten niedriger war als in den landlosen, war ihre *Zahl* je Haushalt in der Regel etwas höher (Tab. 4.02).[42] Hier dürfte sich das niedrigere Heiratsalter der Vollbauernfrauen ausgewirkt haben; denn weder in der ehelichen Fruchtbarkeit noch in der Säuglings- und Kindersterblichkeit unterschieden sich die sozialen Schichten dieser ländlichen Gesellschaft; auch fanden sich keine Hinweise, daß die Kinder landloser Leute ihr Elternhaus in erheblicher Zahl bereits vor Vollendung des vierzehnten Lebensjahres verließen.[43]

## 4.4. Haushalte ohne Hausfrau, Haushalte ohne Hausherr, Konkubinate

So wichtig Kinder und Dienstboten in vielen Haushalten waren, die zentralen Positionen hatten ohne Frage der „Hausvater" und die „Hausmutter" inne. Das galt nicht nur für die physische Arbeit, sondern mehr noch für die verantwortliche Führung der wirtschaftlich-sozialen Einheit eines Hofes. Für die eigenbehörigen Bauern formulierte daher die Osnabrückische Ordnung von 1722 sowohl körperliche als moralische Kriterien, denen jeder Mann und jede Frau zu genügen hatte, der oder die durch Erbschaft oder Heirat diese Rolle übernehmen wollte: „Der oder diejenige Mannspersonen sind vor untüchtig oder ungeschickt zu halten, einem Erbe vorzustehen, welche lahm oder gebrechlich, folglich die Arbeit, welche einem Eigenbehörigen zu tuen gebühret, als den Ackerbau bestellen, pflügen, mähen, dreschen, Holz hauen und übrige häusliche Arbeit zu verrichten, nicht im Stand, wie auch sonsten die nicht guten Gerüchts sind und dergleichen. Auch sind die Weibspersonen, welche dergestalt gebrechlich, daß sie den Garten zu bestellen, darin zu graben, Flachs zu bracken, zu racken, zu

---

[42] 1772 scheinen von den 834 Söhnen und Töchtern „unter 14 Jahr" 17 durch Unterstreichung als „Angehörige oder Hausgenossen [...] unter 14 Jahren" (im Unterschied zu den eigentlichen „Söhnen und Töchtern des Hausvaters") gekennzeichnet. Vgl. gedrucktes Regierungsausschreiben vom 6.2.1772, Abs. 9: StA OS Rep. 100/188 Nr. 38, fol. 31 v.: „[...] Sind solche Angehörige oder Hausgenossen aber noch unter 14 Jahren, so kommen sie in die Rubrik der Söhne oder Töchter und sind in dem Falle mit einem unter der Zahl zu machenden Strich bemerklich zu machen; und wann sie etwan dem Hausvater als Gesellen, Lehrbursche, Knechte oder Mägde dienen, so gehören sie unter die Rubriken, die desfalls besonders vorhanden sind." Gesindepersonen unter 14 Jahren sind demnach nicht als Söhne oder Töchter registriert.
[43] Siehe Kap. 3 sowie Kap. 5.2. – Auffälligerweise war 1858 die Zahl der Kinder unter 14 Jahren je Haushalt in allen Schichten etwa gleich groß: Tab. 4.02 d.

Tabelle 4.15: Haushalte ohne Hausvater, Haushalte ohne Hausmutter, Haushalte mit Hausvater und Hausmutter, Haushalte ohne Hausvater und Hausmutter, nach sozialer Schicht, 1651 – 1772 – 1858

| Jahr | Haushaltstyp | Großbauern | Kleinbauern | Heuerlinge/Landlose/ Nebenhausbewohner | Sonstige/ zweifelhaft | alle |
|---|---|---|---|---|---|---|
| 1651 | Haushalte ohne Hausvater | 10 | 3 | 16 | 8 | 37 |
| | (dgl., in % aller Haushalte) | (10,3%) | (5,7%) | (28,1%) | (18,2%) | (14,7%) |
| | Haushalte ohne Hausmutter | 7 | 4 | 3 | 3 | 17 |
| | (dgl., in % aller Haushalte) | (7,2%) | (7,5%) | (5,3%) | (6,8%) | (6,8%) |
| | Haushalte mit Hausvater und Hausmutter | 80 | 46 | 38 | 33 | 197 |
| | (dgl., in % aller Haushalte) | (82,5%) | (86,8%) | (66,7%) | (75,0%) | (78,5%) |
| 1772 | Haushalte ohne Hausvater | 8 | 2 | 49 | – | 59 |
| | (dgl., in % aller Haushalte) | (8,1%) | (3,0%) | (18,8%) | | (13,5%) |
| | Haushalte ohne Hausmutter | 1 | 1 | 13 | 3 | 18 |
| | (dgl., in % aller Haushalte) | (1,0%) | (1,5%) | (5,0%) | (30,0%) | (4,1%) |
| | Haushalte mit Hausvater und Hausmutter | 90 | 63 | 199 | 7 | 359 |
| | (dgl., in % aller Haushalte) | (90,9%) | (95,5%) | (76,2%) | (70,0%) | (82,3%) |
| 1858 | Haushalte ohne Hausvater[1] | 7 | 4 | 43 | 3 | 57 |
| | (dgl., in % aller Haushalte) | (7,8%) | (5,6%) | (11,6%) | (10,7%) | (10,2%) |
| | Haushalte ohne Hausmutter[2] | 6 | 5 | 22 | 5 | 38 |
| | (dgl., in % aller Haushalte) | (6,7%) | (7,0%) | (5,9%) | (17,9%) | (6,8%) |
| | Haushalte mit Hausvater und Hausmutter | 77 | 62 | 307 | 20 | 466 |
| | (dgl., in % aller Haushalte) | (85,6%) | (87,3%) | (82,5%) | (71,4%) | (83,1%) |

[1] Für 1858 werden hier die 8 Haushalte nicht mitgezählt, bei denen in der „Urliste" zwar ein weiblicher Haushaltsvorstand genannt ist, in denen jedoch ein verheiratetes Paar (in der Regel ein verheiratetes Kind) mitlebte. Denn bei solchen Haushalten wird in der „Liste", abweichend von der „Urliste", oft der verheiratete Mann als Haushaltsvorstand genannt. Von diesen 8 Haushalten waren 4 kleinbäuerlich, 3 landlos, 1 sonstiger.

[2] Aus demselben Grund werden hier die 16 Haushalte nicht mitgezählt, bei denen zwar in der „Urliste" ein männlicher Haushaltsvorstand ohne Ehefrau genannt ist, in denen jedoch ein verheiratetes Paar (in der Regel ein verheiratetes Kind) mitlebte. Von diesen 16 Haushalten waren 5 großbäuerliche, 1 kleinbäuerlicher, 9 landlose und 1 sonstiger.

schwingen und übrige Hausarbeit zu verrichten nicht vermögen oder auch sich dem Hurenleben ergeben haben und sonst berüchtigt sind, gleichfalls vor untüchtig zu achten, also ihnen keine Stätte anzuvertrauen, wanngleich solche Stätte so groß, daß sie Volk dazu halten können, weil solches derselben nur zur Beschwerde gereichet und die Erben sowohl in- als ausserhalb Hauses der Hausväter und Hausmütter vorgangs nicht entraten können."[44]

Konnte trotzdem die Rolle des Hausvaters oder der Hausmutter unbesetzt bleiben? Schwer zu entbehren war die Hausfrau. 1651 und 1858 fehlte sie in 7% aller Haushalte, 1772 in 4% (Tab. 4.15). Meist hatte der Tod diese Lücke gerissen, die Haushaltsvorstände waren überwiegend Witwer.[45] Sie halfen sich normalerweise, indem sie eine oder mehrere andere weibliche Personen im arbeitsfähigen Alter bei sich hielten. Das galt in allen Schichten; die Großbauern hatten in der Regel sogar mehrere weibliche Arbeitskräfte im Hause, insbesondere herangewachsene Töchter und/oder Mägde (Tab. 4.16b und d). Die wichtigsten Aufgaben bei der Versorgung von Mensch und Vieh werden diese erfüllt haben. Daß trotzdem die eigentliche Hausfrau so selten fehlte, deutet darauf hin, daß zu ihrer Rolle mehr und anderes gehörte als zu der einer Tochter oder Magd. Wir müssen annehmen, daß niemand anderes die Fähigkeit und Bereitschaft hatte, die Fülle der Arbeiten innerhalb und außerhalb des Hauses so verantwortlich entweder selbst wahrzunehmen (wie die Frau des Landlosen und Landarmen) oder doch zu verteilen, zu überwachen und mitzutragen (wie die des Großbauern). Noch schwerer in unseren Quellen zu fassen, aber nicht zu vernachlässigen sind die übrigen Aspekte der Rolle der Hausmütter, insbesondere im sozialen und emotionalen Bereich.[46]

Häufiger kamen Haushalte ohne den Hausherrn aus. Die Bereitschaft und Fähigkeit, ohne Ehegatten einem Hauswesen vorzustehen, war also bei den Frauen größer als bei den Männern. 1651 standen Frauen 15% aller Haushalte vor, 1772 14%, 1858 immerhin 10% (Tab. 4.15).[47] Stärker als bei den Fällen, wo die Hausfrau fehlte, waren hier die Unterschiede zwischen den Schichten ausgeprägt.[48] Nach dem Dreißigjährigen Krieg und im späten 18. Jahrhundert war der Anteil weiblicher Haushaltsvorstände bei den Land-

---

[44] Eigentums-Ordnung vom 25.4.1722 Kap. 4 § 3, in: OSNABRÜCKISCHES EIGENTUMS-RECHT 1794 S. 7 f. – Näheres zur Osnabrückischen Eigentums-Ordnung unten in Kap. 6.3.

[45] 1858 waren von den Vorständen der 38 Haushalte ohne Hausfrau 25 Witwer, 12 ledig und 1 verheiratet, jedoch allein lebend.

[46] Vgl. SEGALEN 1980 S. 130 ff., 138 ff.

[47] 1858 waren von den Vorständen der 57 Haushalte ohne Hausherrn 47 Witwen und 10 ledige Frauen.

[48] Das entspricht den Befunden hinsichtlich der Wiederverheiratungschancen, s. oben Kap. 3.4.

Tabelle 4.16: Haushalte ohne Hausvater nach der Zahl der männlichen Haushaltsmitglieder (ohne Kinder) sowie Haushalte ohne Hausmutter nach der Zahl der weiblichen Haushaltsmitglieder (ohne Kinder), jeweils nach sozialer Schicht, 1772 und 1858

a) Haushalte ohne Hausvater, 1772

| Haushalte mit ... männl. Mitgliedern (ohne „Söhne unter 14 Jahr") | Großbauern | Kleinbauern | Heuerlinge/ Landlose | Sonstige | alle (Spalten-%) |
|---|---|---|---|---|---|
| 0 | - | 1 | 38 | - | 39 (66,1%) |
| 1 | 2 | 1 | 11 | - | 14 (23,7%) |
| 2 | 2 | - | - | - | 2 (3,4%) |
| 3 | 2 | - | - | - | 2 (3,4%) |
| 4 | 2 | - | - | - | 2 (3,4%) |
| Summe der Haushalte ohne Hausvater | 8 | 2 | 49 | - | 59 (100%) |

b) Haushalte ohne Hausmutter, 1772

| Haushalte mit ... weibl. Mitgliedern (ohne „Töchter unter 14 Jahr") | Großbauern | Kleinbauern | Heuerlinge/ Landlose | Sonstige | alle (Spalten-%) |
|---|---|---|---|---|---|
| 0 | - | - | 3 | 1 | 4 (22,2%) |
| 1 | - | - | 7 | 1 | 8 (44,4%) |
| 2 | 1 | 1 | 3 | 1 | 6 (33,3%) |
| Summe der Haushalte ohne Hausmutter | 1 | 1 | 13 | 3 | 18 (100%) |

c) Haushalte ohne Hausvater, 1858

| Haushalte mit ... männl. Mitgliedern ab 14 Jahren[1] | Großbauern | Kleinbauern | Heuerlinge/ Landlose | Sonstige | alle (Spalten-%) |
|---|---|---|---|---|---|
| 0 | – | – | 25 | – | 25 (43,9%) |
| 1 | – | 2 | 10 | 1 | 13 (22,8%) |
| 2 | 1 | 2 | 6 | 1 | 10 (17,5%) |
| 3 | 4 | – | 1 | – | 5 (8,8%) |
| 4 | 2 | – | 1 | 1 | 4 (7,0%) |
| Summe der Haushalte ohne Hausvater | 7 | 4 | 43 | 3 | 57 (100%) |

d) Haushalte ohne Hausmutter, 1858

| Haushalte mit ... weibl. Mitgliedern ab 14 Jahren[1] | Großbauern | Kleinbauern | Heuerlinge/ Landlose | Sonstige | alle (Spalten-%) |
|---|---|---|---|---|---|
| 0 | 1 | 1 | 5 | 1 | 8 (21,1%) |
| 1 | 1 | 4 | 9 | 3 | 17 (44,7%) |
| 2 | 2 | – | 6 | 1 | 9 (23,7%) |
| 3 | 1 | – | 2 | – | 3 (7,9%) |
| 4 | 1 | – | – | – | 1 (2,6%) |
| Summe der Haushalte ohne Hausmutter | 6 | 5 | 22 | 5 | 38 (100%) |

[1] Bei den Auswertungen der Volkszählungsliste von 1858 wurden die Altersangaben für alle Personen, die innerhalb des Kirchspiels Belm geboren sind, aufgrund des Geburtseintrags überprüft und ggf. korrigiert.

losen drei- bzw. zweimal so hoch wie bei den Bauern; Mitte des 19. Jahrhunderts war die schichtspezifische Differenz weniger spektakulär, aber immer noch unverkennbar (8% weibliche Haushaltsvorstände bei den Bauern, 12% bei den Landlosen). 1772 fehlte in allen Schichten der Hausvater öfter als die Hausmutter; 1651 und 1858 galt das speziell für die Landlosen, während man im Bauernhaus etwa gleich selten die eine oder die andere zentrale Position unbesetzt ließ.

Trotzdem: auch einen bäuerlichen Betrieb konnte eine Frau weiterführen. Auf großen Höfen hatten die Witwen in aller Regel mehr als eine männliche Person über 14 Jahren im Hause, die meisten mindestens einen Sohn und mindestens einen Knecht (Tab. 4.16a und c).[49] So leiteten einige Frauen einen Vollhof über einen langen Zeitraum.[50] Von den zehn verwitweten Bäuerinnen, die der Zensus von 1772 verzeichnet, waren nach Ausweis der Familienrekonstitution zwei bereits mehr als zehn Jahre ohne Ehemann. Als der Vollerbe Duling 1761 starb, war Anna Margareta Duling 47 Jahre alt. Eine zweite Ehe ging sie nicht ein. Ihren zweitjüngsten Sohn ließ sie 1764 in den Vollerbenhof Eylert einheiraten, und auch die Eheschließung des jüngsten wurde nicht beschleunigt. 1772 hatte sie immerhin vier männliche Arbeitskräfte im Haus: zwei Söhne, einen Angehörigen und einen Knecht. Auf diese Weise stand sie offenbar dem Anwesen vor, bis 1778 ihr jüngster Sohn, der Anerbe, im Alter von 32 Jahren heiratete. Einen Monat später wurde sie 65 Jahre alt. – Auch Anna Engel Michel war 1772 bereits seit zehn Jahren Witwe. Als 63jährige führte sie den Vollerbenhof und konnte sich, was die männlichen Arbeiten anging, auf einen Sohn, einen Angehörigen und einen Knecht stützen, bis 1773 der Hoferbe im Alter von 34 Jahren in den Stand der Ehe trat. – Die Entschlossenheit, den großen Hof so lange allein zu führen, könnte bei diesen Frauen dadurch befördert worden sein, daß es sich in beiden Fällen um den angestammten Hof ihrer Eltern handelte; die verstorbenen Ehemänner hatten eingeheiratet.[51]

Von den Frauen, die an der Spitze eines landlosen Haushalts standen, kam die große Mehrheit ohne jeden männlichen Beistand aus (wenn man

---

[49] So 1772 und 1858. 1651 war einer von den zehn Vollbauernhaushalten mit weiblichem Vorstand ohne männliches Mitglied; freilich fehlen hier ja die Altersangaben.

[50] Siehe auch unten S. 510 ff. zu Anna Maria Elisabeth Meyer zu Belm, geborener Linnemann, die 1772 im Alter von 45 Jahren Witwe wurde und den Hof mehr als vier Jahrzehnte führte. In den letzten Jahren wurde sie dabei von ihrem Neffen unterstützt, der ihr als erster Knecht diente und den sie – zumindest zeitweise – als ihren Nachfolger ausersehen hatte. Freilich wurde 1804/1805 von den zuständigen Beamten berichtet, daß der Hof seit einigen Jahren sehr verfiel, weil die Kräfte der Witwe merklich nachließen.

[51] Vgl. aber unten S. 458 f. den Fall der Christina Elisabeth Eistrup, geborener Brombstrup, die als Eingeheiratete zwölf Jahre lang einen großen Hof führte.

von Knaben unter vierzehn Jahren absieht) (Tab. 4.16a und c). So 1772 zum Beispiel die 56jährige Witwe Drehlmanns, die neben einer Heuerlingsfamilie im Leibzuchtkotten des Halberben Ostendarp lebte. Ihr Mann war schon fast zehn Jahre tot, und sie ernährte sich durch Spinnen, wobei ihre Tochter, die über vierzehn Jahre alt war, fraglos voll mitarbeitete. Nach Kräften werden das auch Sohn und Tochter der 1765 nach nur siebenjähriger Ehe verwitweten „vidua" Kollmeyers getan haben, obwohl sie noch unter vierzehn waren; auch sie lebten von der Flachsverarbeitung.

Überhaupt ist für etwa zwei Drittel der Witwen ohne Landbesitz im Zensus von 1772 „spinnet" oder „spinnet und bracket" als „Bedienung, Gewerbe oder Handthierung" angegeben.[52] Von mehr als einem Viertel notierte der Schreiber lakonisch „arm" oder „bettelt". Was es hieß, sich vom Leinengewerbe zu ernähren, schätzte in dieser Zeit ein prominenter Kenner der osnabrückischen Verhältnisse so ein: „[...] Spinnen und Weben sind die undankbarsten Beschäftigungen. Niemand kann sich leicht davon ernähren. Auf dem Ackerbau sowohl als auf alle andre Arten von Fabriken ist mehr Vorteil als auf dem Spinnen. Und bloß diejenigen, welche Mangel an anderm Gewerbe, Mangel an Acker und leere Stunden in der Haushaltung haben, können sich mit Vorteil darauf legen."[53] Ohne männliche Arbeitskraft konnte eine Witwe die Pflichten einer Heuerlingsstelle schwerlich erfüllen.[54] Einen Knecht zu halten war zu kostspielig; also mußten eigentumslose Witwen als zweiter oder dritter Haushalt in einem Heuerlingskotten Unterschlupf suchen.[55] Sie brachten sich und ihre Familien, so gut oder schlecht es ging, auch ohne Mann durch, indem sie sich auf ‚weibliche' Arbeiten warfen, –

---

[52] Sonst wird Spinnerei als Gewerbe nur noch bei einer Kleinbauernwitwe und bei einem landlosen Haushalt mit männlichem Vorstand genannt.

[53] Justus Möser, Abhandlung von dem Verfall des osnabrückischen Linnenhandels und den Mitteln, solchen wieder aufzuhelfen (1766), in: MÖSER 1944 ff. Bd. 8. 1956 S. 27–46, hier 37.

[54] So wurde 1825 in dem Gesuch um vorzeitige Konfirmation – und damit Schulentlassung – eines Dreizehnjährigen argumentiert, die Mutter, „eine sehr unbemittelte Witwe", bedürfe „zur Erhaltung ihrer bisherigen Heuer der Mitwirkung und des Beistandes jenes ihres ältesten und einzigen Sohnes" (s. unten S. 328).

[55] Im Zensus von 1772 wurde die Bezeichnung „Heuersmann" o.dgl. in der Regel nicht für Haushalte gebraucht, die als zweiter oder dritter in einem Kotten wohnten; und kein weiblicher Haushaltsvorstand wurde als „Heuersfrau" o.ä. registriert. – In der Volkszählungsliste von 1858 hingegen wurde der Begriff „Heuerling" ziemlich unterschiedslos für erste und zweite, selbst für dritte und vierte Haushalte in einem Kotten verwendet. Nun wurden auch 17 von den 43 Frauen, die einen Haushalt ohne Hausherr führten, als „Heuerling" bezeichnet, darunter 8, die keine männliche Person über 13 Jahren in ihrem Haushalt hatten. Doch blieb die Zahl der bloßen Mieter-Heuerlinge ohne Pachtland und Arbeitspflicht in unserem Untersuchungsgebiet sehr klein, s. oben Kap. 2.4.

während die relativ wenigen Männer, die sich ohne Hausfrau behalfen, in der Regel zumindest eine weibliche Arbeitskraft im Hause hatten.

Dabei müssen die Frauen, die an der Spitze landloser Haushalte standen, in dieser Periode recht erfolgreich gewesen sein. Von ihnen konnte ein größerer Teil die Ernährung ihrer Familie sicherstellen als von den männlichen Haushaltsvorständen dieser Schicht.[56]

Die meisten Männer und Frauen, die allein einem Haushalt vorstanden, waren offenbar verwitwet.[57] Hin und wieder führten jedoch auch Ledige einen eigenen Haushalt. Das galt natürlich für den katholischen Pfarrer. 1772 bildete anscheinend auch eine unverheiratete Frau mit ihrem weniger als vierzehn Jahre alten Sohn einen eigenen Haushalt; sie wohnte im Kirchdorf Belm bei einem Heuermann und ernährte sich durch Spinnen. Mitte des 19. Jahrhunderts waren ledige Haushaltsvorstände etwas häufiger: 22 verzeichnete die Zensusliste von 1858 (vgl. Tab. 5.07). Trotzdem blieben sie mit 4% aller Haushaltsvorstände eine relativ seltene Ausnahme. Das galt insbesondere in der landbesitzenden Schicht.[58]

Nur ein großer Hof und eine der winzigen Neubauernstellen wurden von ledigen Inhabern geführt. Der 66jährige Neubauer Eberhard Pimpe lebte lediglich mit seinem 61 Jahre alten Bruder zusammen; in einem Nebengebäude wohnte freilich noch eine Heuerlingswitwe mit drei Kindern. Einen auffallenden Einzelfall stellte der Haushalt des 40jährigen ledigen Halberben Clamor Adolf Schefermann dar. Von den dreizehn Kindern, die der Ehe seiner inzwischen verstorbenen Eltern beschieden waren, hatten acht das Kindesalter nicht überlebt. Die restlichen fünf, sämtlich Söhne, lebten 1858 in einem gemeinsamen Haushalt auf dem elterlichen Hof. Nur Conrad, der älteste von ihnen, inzwischen fast 57 Jahre alt, hatte je geheiratet, und

---

[56] Nach den Angaben im Zensus vom Februar 1772 hatten damals – ein halbes Jahr nach der Mißernte von 1771 – von insgesamt 261 landlosen Haushalten 131 (d.i. 50%) keinen Mangel an Roggen (s. unten Tab. 4.21c); bei den übrigen 130 betrug der durchschnittliche Fehlbedarf je Haushalt 4,8 Scheffel. Von den 49 landlosen Haushalten mit weiblichem Vorstand meldeten 29 (d.i. 59%) keinen Mangel; die übrigen 20 hatten im Durchschnitt einen Fehlbedarf von 3,7 Scheffel. Von den 212 landlosen Haushalten mit männlichem Vorstand hatten 102 (d.i. 48%) keinen Mangel; der durchschnittliche Fehlbedarf der restlichen 110 belief sich auf 5,1 Scheffel.

[57] In den Listen von 1651 und 1772 ist freilich der Familienstand nicht regelmäßig explizit angegeben, und für 1812 sind Aussagen wegen des Problems der Abgrenzung der Haushalte nur bedingt möglich.

[58] MITTERAUER 1986a S. 314 ff. beobachtet in österreichischen Gebieten Mitte des 19. Jahrhunderts ebenfalls vermehrt ledige Haushaltsvorstände. Dort handelte es sich jedoch vor allem um Großbauern, die die Hausfrau durch eine Magd oder ledige Schwester ersetzten, kaum um Kleinbauern und Häusler.

zwar die Witwe eines Bauern in einem benachbarten Kirchspiel. Nach dem Tod seiner Frau war er aber als „Excolon Eggemann" zu seinen Brüdern zurückgekehrt.[59] Dort war der jüngste nun der „Halberbe"; der 50jährige Eberhard Heinrich und der 47jährige Johann Heinrich figurierten als „Bruder" und „Knecht", der 43jährige Adam Heinrich wurde als „Bruder" und „Steinhauer" bezeichnet. Bei diesen fünf Brüdern lebte als einzige weitere Person eine dreißigjährige Magd.

Zu den zwölf Männern, die 1858 als Ledige einen eigenen Haushalt bildeten, zählten der katholische Pfarrer und der Kaplan, aber auch der lutherische Pastor. Ihnen führte eine „Haushälterin" bzw. „Dienstmagd" die Wirtschaft. – Die übrigen sieben Haushalte, denen ein unverheirateter Mann vorstand, gehörten der landlosen Schicht an. In vieren ersetzte eine erwachsene ledige Schwester die Hausfrau, so z. B. bei August Meyer, dem 28jährigen lutherischen Lehrer der Bauerschaft Lüstringen, und dem 37jährigen „Heuerling" und „Tischlermeister" Gerhard Heinrich Meyer, bei dem aber auch noch seine 70 Jahre alte Mutter, ein Lehrling und eine „arme" Pflegetochter von 11 Jahren lebten. Dem Heuerling Johann H. Jansing, 30 Jahre alt, stand seine erst 53jährige Mutter zur Seite[60]; außerdem wohnte eine ledige Zigarrenarbeiterin, 36 Jahre alt, mit zwei Kindern bei ihnen.

Die zehn Haushalte, an deren Spitze 1858 eine ledige Frau stand, zählten ausnahmslos zu den landlosen. Diese Frauen wurden als „Tagelöhnerin" oder auch als „Heuerling" bezeichnet, bei einer stand anstelle einer Berufs- oder Standesangabe der Hinweis „im Armenhause". Bei mindestens fünf von ihnen lebten ein oder zwei eigene Kinder, nur eine bildete einen Ein-Personen-Haushalt.

Eine Besonderheit stellte die Hausgemeinschaft der drei unverheirateten Geschwister Niemeyer dar. Der Zensusliste von 1858 nach zu urteilen, hatte die älteste, Margarethe Elisabeth, „Tochter des verst[orbenen] Heuermannes", 33 Jahre alt, die Leitung gegenüber dem dreißigjährigen Caspar und der 26jährigen Louise. Ihr Vater war drei Jahre, ihre Mutter erst acht Monate zuvor verschieden. Nun lebten sie allein in einem Nebenhaus des Vollerben Sundermann. – Einen vergleichbaren Haushalt bildeten die vier Geschwister Kordon, unter einem Dach freilich mit einer anderen Heuerlingsfamilie. Hier figurierte der älteste Bruder als Vorstand; er zählte 23,

---

[59] Es war ungewöhnlich, daß ein Mann oder eine Frau, der oder die durch Erbschaft oder Heirat auf einen Hof gekommen war, nicht bis zum Tod auf ihm blieb; s. unten S. 480 ff.

[60] Der Unterschied zwischen einem solchen Haushalt unter Leitung des ledigen Sohnes und den (oben S. 235 ff. besprochenen) Fällen, bei denen der Volkszähler die Witwe als Vorstand, die herangewachsenen ledigen Söhne als Kinder registrierte, muß in der Realität natürlich nicht groß gewesen sein.

die beiden Schwestern 20 und 13, der jüngste 9 Jahre. Ihre beiden Eltern waren erst am 16. und 17. September des Jahres verstorben[61]; und es ist nicht anzunehmen, daß solche Haushalte von lauter ledigen Geschwistern ohne ein Elternteil lange zusammenblieben.[62]

Nur eine einzige Hausgemeinschaft läßt sich 1858 eindeutig als Konkubinat erkennen. Ganz am Ende der Urliste zur Volkszählung registrierte der Gemeindevorsteher des Kirchdorfes Belm den 25 jährigen Tagelöhner Heinrich Brockschmidt und die 33 jährige Tagelöhnerin Catharina Haagen, beide katholisch. Aus dem Kirchenbuch erfahren wir, daß diese Heuerlingstochter Katharina Maria Hage im Oktober 1853 einen unehelichen Sohn Heinrich Joseph Wilhelm Hage hatte taufen lassen. Im April 1854 erkannte der Heuerlingssohn Bernhard Heinrich Brokschmidt aus dem Nachbarkirchspiel Ostercappeln in einem förmlichen Protokoll die Vaterschaft zu diesem Kinde ausdrücklich an, wie der Pfarrer in einem Zusatz zu dem Taufeintrag vermerkte. Zwei Monate darauf starb der Sohn und wurde nun mit dem Nachnamen seines Vaters registriert. Als im Dezember 1858 der Zensus aufgenommen wurde, erwartete Katharina Hage wieder ein Kind; im Mai 1859 brachte sie eine Tochter zur Welt, die auf den Namen Maria Anna getauft wurde. Diesmal ließ Johann Heinrich Brockschmidt sich im Kirchenbuch sogleich als Vater eintragen und gab so der Tochter seinen Namen[63]; nun wurde er als „Papierarbeiter" bezeichnet; offenbar hatte er eine regelmäßige Beschäftigung in der Grunerschen Fabrik gefunden. Im April 1860, als die beiden zum dritten Mal ein Kind erwarteten, traten sie vor den Traualtar. Der „Fabrikarbeiter" Brockschmidt war inzwischen 27, seine Braut 34 Jahre alt.

---

[61] Siehe dazu oben S. 173.

[62] Vgl. jedoch den oben S. 240 f. dargelegten Fall des Halberben Schefermann. Ungewöhnlich häufig waren solche „Geschwisterhaushalte" während des 18. Jahrhunderts in einer Gemeinde des Vorarlberger Realteilungsgebiets, die zunächst als übervölkertes Agrargebiet galt, jedoch nach und nach vom proto-industriellen Textilgewerbe erfaßt wurde: FITZ 1985 S. 110, 119ff.

[63] In der Regel wurden in Belm uneheliche Kinder mit dem Nachnamen des Vaters genannt, wenn dieser sich zur Vaterschaft bekannt hatte; doch wurde dabei nicht immer ganz konsequent verfahren. – Die Bekanntmachung des Kgl. Ministeriums der geistlichen und Unterrichts-Angelegenheiten über Einrichtung und Führung der Kirchenbücher, vom 13. 11. 1852 § 36 (abgedr. in: EBHARDT 1856–1857 Bd. 1 S. 716–728, hier S. 725 f.) bestimmte hingegen: „Uneheliche Kinder sollen mit dem Geschlechtsnamen ihrer Mutter eingetragen werden." Der Vater eines unehelichen Kindes durfte hinfort nur noch dann im Kirchenbuch überhaupt erwähnt werden, wenn er sich persönlich vor dem Kirchenbuchführer oder schriftlich in einer beglaubigten Urkunde als Vater bekannt und die Mutter des Kindes dies bestätigt hatte. – Allgemein zum Familiennamen der unehelichen Kinder vgl. KOPP 1959; STADLER 1936; KNODEL 1988 S. 190 f.; MITTERAUER 1983 S. 43 f.; MITTERAUER 1979 a S. 140; LEE 1976/77 S. 417 f.; SCHUBART-FIKENTSCHER 1967 S. 100 ff.

Diese nichteheliche Gemeinschaft war Mitte des 19. Jahrhunderts im Kirchspiel Belm kein absoluter Einzelfall, wie wir durch die Nachforschungen der um die religiös-moralische Ordnung besorgten geistlichen Obrigkeit wissen. In dem vorgedruckten Fragebogen zur Kirchenvisitation, den der lutherische Pfarrer im Juli 1857 auszufüllen hatte, stand u. a. die Frage: „Finden sich auch eigentliche Freigeister und Religionsspötter; solche, die ein offenbar ärgerliches Leben führen, z. B. in Ehebruch, wilder Ehe leben?" Die Antwort lautete: „Die ersteren finden sich, Gott sei Dank! nicht vor, auch nicht Religionsspötter. In den 14 Jahren, welche ich nun hieselbst ungefähr im Amte erlebt habe, sind mir zwei Fälle von Ehebruch bekannt geworden. In wilder Ehe leben drei Glieder der Gemeinde, was zu ändern mir nicht gelungen ist."[64] Schon der örtliche Pastor fand bei seinen verirrten Schafen nicht den Zusammenhang zwischen der Mißachtung moralischer Normen und einer offen irreligiösen Einstellung, wie ihn die geistlichen Oberen unterstellten. Erst recht nicht gab offenbar das Verhalten der inkriminierten Männer und Frauen Anlaß zu einer solchen Vermutung. Ledige Mütter ließen ihre Kinder taufen wie alle anderen, und manche nichteheliche Beziehung wurde früher oder später vor dem Traualtar legalisiert.

Trotzdem blieb die Kirche um die Beachtung der Gebote der Sittlichkeit besorgt. Die weltliche Obrigkeit bemühte sich nach Kräften um eben dieses Ziel, galt ihr doch die Ordnung in der Familie als Grundlage der gesellschaftlichen und staatlichen Ordnung. So bestimmte das Polizeistrafgesetz für das Königreich Hannover: „Unverheiratete Personen, welche wie Eheleute zusammenleben (Konkubinat, wilde Ehe) sind mit Geldbuße bis zu fünfundzwanzig Talern oder mit Gefängnis bis zu vierzehn Tagen zu bestrafen und von einander zu trennen."[65] Freilich wurde den Behörden bewußt, daß die restriktive Ehegesetzgebung möglicherweise außerehelichen Verbindungen Vorschub leistete, und so versuchten sie, lavierend zwischen den beiden konfligierenden Zielen – Bewahrung der sittlich-familialen Ordnung einerseits, Eindämmung des Wachstums der Unterschichten andererseits – zu vermitteln.[66]

---

[64] LKA H, A9, Nr. 2791 a: Visitationsfragen Nr. 5, Seite 2.

[65] Polizeistrafgesetz für das Königreich Hannover vom 25.5.1847 § 94, abgedr. in EBHARDT 1851 Bd. 2 S. 373–423, hier S. 396. – Wichtig zum Kampf gegen Konkubinate BLASIUS 1987 S. 86 ff. am Beispiel Preußens, insbesondere des Rheinlandes; ebd. S. 88 ff. zu der liberaleren Politik der staatlichen Instanzen Preußens in den 1820er und 1830er Jahren – Näheres zu nichtehelichen Lebensgemeinschaften im Osnabrücker Land sowie ihrem Verhalten angesichts kirchlicher und staatlicher Sanktionen bei SCHLUMBOHM (im Druck).

[66] So wendete sich das Hannoversche Ministerium des Innern in einem Ausschreiben vom 22.2.1853 (abgedruckt in STRANDES 1863 S. 13–17) gegen eine allzu rigide Handhabung der Domizil- und Trauscheinordnung durch die Ortsobrigkeiten. Ohne grundsätzliche Änderung

Einige wenige Fälle, zu denen seit den 1820er Jahren Einzelheiten überliefert sind, zeigen, daß der geistlichen Obrigkeit ein differenziertes Instrumentarium zu Gebote stand, wobei der repressive Eifer durch die Differenz zwischen den beiden Konfessionen manchmal gedämpft, manchmal angestachelt scheint. Vor allem aber erweisen diese Fälle, daß betroffene Paare mit einem erheblichen Maß von Flexibilität auf die obrigkeitlichen Maßnahmen zu reagieren wußten. Johann Heinrich Hesse, der etwa 1786 in Magdeburg geboren war und etliche Jahre in der vielgerühmten, aber nach dem Krieg im wesentlichen aufgelösten „Legion" gegen Napoleon gekämpft hatte[67], wurde im Kirchspiel Belm zuerst im Dezember 1820 als Vater einer unehelichen Tochter aktenkundig. Da die Kindsmutter, die 1790 im Nachbarkirchspiel Ostercappeln geborene Maria Margrethe Clausing, katholisch war, wurde die Kleine von dem katholischen Pfarrer getauft. Das wirklich Heikle an dem Ereignis hielt dieser im Kirchenbuch mit den beiden Worten „ex adulterio" fest: Hesse war verheiratet. Trotzdem brachte Maria Margrethe Clausing knapp zwei Jahre später im Oktober 1822 einen Sohn zur Welt, und als Vater bekannte sich wiederum Johann Heinrich Hesse. Da dieser Lutheraner war, wurde dies Kind von dem lutherischen Pfarrer in Belm getauft. Auch er wies im Kirchenbuch auf das Prekäre der Konstellation hin, deutete aber in der näheren Erläuterung ein gewisses Verständnis der besonderen Situation an, vielleicht gar so etwas wie Mitgefühl für den Kindsvater, dem er das Attribut ‚Ehebrecher' ersparte: „Ein uneheliches Kind. Hesse [...] ist verheiratet. Er verließ aber seine Ehefrau[68], die in

---

der seit 1827 bestehenden Ordnung (s. oben Kap. 3.2.) wurde das Verfahren insbesondere gegenüber „Fabrikarbeitern" präzisiert. Anlaß dazu gaben die „Erhöhung der Verhältniszahl der unehelichen Geburten" und „das vielfach bemerkte Überhandnehmen der wilden Ehen". Was letztere anging, so sollten die Obrigkeiten „unter Mitwirkung der Pfarrer und Gemeindevorsteher die Fälle [...] erkundigen, in welchen in ihren Bezirken ein offenkundiges Zusammenleben im Konkubinate Statt findet". Vor allem bei solchen Verhältnissen, die schon länger bestanden und zu Kindern geführt hatten, sollte nach Möglichkeit durch Erteilung des Trauscheins der Weg zur Legalisierung gebahnt werden. Auf der anderen Seite stand die Drohung: „Erscheint es aber untunlich, das Konkubinat durch Eheschließung zu beseitigen, so ist mit Nachdruck darauf zu halten, daß das gesetzliche Strafverfahren und eine Trennung der betreffenden Personen veranlaßt werde (§ 94 des Polizeistrafgesetzes)." – Allgemein zu der Frage, wieweit die restriktive Ehegesetzgebung eine Ursache hoher Illegitimitätsquoten war, s. die – z. T. unterschiedlichen – Einschätzungen von KNODEL 1967; LEE 1976/77 S. 410 ff.; KRAUS 1979; MATZ 1980 S. 244 ff.; LIPP 1982 S. 298 ff., 312 ff., 363 ff.; KNODEL 1988 S. 124 f., 195 ff., 203. Vgl. auch oben S. 111.

[67] Das hielt der lutherische Pfarrer 1822 bei der Taufe von Hesses zweitem außerehelichen Kind fest. Zur ‚königlich-deutschen Legion' HASSELL 1898–1901 Bd. 1 S. 182 ff.

[68] Der katholische Pfarrer erwähnte in seiner Eingabe vom 3.2.1825, daß aus dieser Ehe noch zwei Kinder lebten. Diese scheinen aber nicht bei dem Vater gewohnt zu haben; zumindest sind sie nicht in den Belmer Heirats- oder Totenregistern verzeichnet.

Münster ein liederliches Leben führt, und lebt jetzt mit dieser Clausing, mit der er bereits zwei Kinder gezeugt." Der evangelische Pastor wußte also von der Existenz des ersten Kindes und war möglicherweise positiv berührt von der Tatsache, daß das gemischtkonfessionelle, wenn auch illegitime Paar den neuen Täufling dem lutherischen Bekenntnis zuführte. Gerade das aber wird das Mißfallen seines katholischen Amtsbruders wo nicht geweckt, so doch verstärkt haben. Im Juni des folgenden Jahres zeigte dieser die nicht-eheliche Lebensgemeinschaft bei der bischöflichen Behörde an und bat, „diesem Unfuge ein Ende zu machen".[69] So erreichte er, daß die weltliche Obrigkeit dem unverheirateten Paar den Aufenthalt im Kirchspiel Belm untersagte. Dagegen konnten sich die beiden nicht wehren. Was sie aber verweigerten, war die Trennung; lieber haben „sie sich [...] einige Zeit herumgetrieben" – so die Worte des katholischen Pfarrers von Belm. Sie waren entschlossen, ihre Beziehung nicht nur aufrechtzuerhalten, sondern auch zu legalisieren. Im Februar 1824 erreichte Johann Heinrich Hesse im preußischen Münster, dem Wohnort seiner Frau, die gerichtliche Scheidung seiner Ehe; im Dezember desselben Jahres ließ er sich mit Maria Margrethe Clausing in der lutherischen Kirche zu Belm proklamieren und anschließend durch den evangelischen Divisionsprediger in Münster trauen. Danach zogen sie wiederum nach Belm. Wenn sie gehofft hatten, nun in Frieden mit der Obrigkeit dort leben zu können, so hatten sie sich, was den katholischen Pfarrherrn anging, getäuscht. Nach der Scheidung und protestantischen Eheschließung bestand zwar keine Aussicht mehr, bei der weltlichen Obrigkeit die Ausweisung der beiden zu erwirken. Da sie jedoch nach katholischer Auffassung weiterhin in einem ehebrecherischen Konkubinat lebten, wurde Maria Margrethe exkommuniziert. Trotzdem blieb sie nicht nur ihrem Manne treu, sondern – soweit es an ihr lag – auch ihrer Konfession. Jedenfalls trat sie nicht zum Luthertum über, wie der katholische Pfarrer anfangs geargwöhnt hatte. Erst nach mehr als drei Jahrzehnten konnte sie den Frieden mit ihrer Kirche wiederherstellen, ohne die Verbindung mit dem Mann, dem sie ihr Jawort gegeben hatte, zu verleugnen: Der Tod seiner ersten Frau öffnete den Weg, und die Hesses beschritten ihn ohne Zögern. Ein halbes Jahr später, im November 1857, starb Maria Margrethe, geborene Clausing, nun unbestrittene Ehefrau Hesse, und wurde gut katholisch beerdigt. Sie selbst hatte offenbar nie einen Widerspruch zwischen der Loyalität zu ihrem Mann und der zu ihrer Kirche empfunden; mit eigentümlicher Beharrlich-

---

[69] Dies und das Folgende nach KPA BELM Nr. 209. Leider sind die Akten zu diesem Vorgang nicht vollständig, doch können die wesentlichen Etappen rekonstruiert werden; siehe die Einzelheiten bei SCHLUMBOHM (im Druck).

keit konnte sie schließlich die allseitige Anerkennung für diese Maxime ihres Lebens erreichen.

Ein anderes Paar, das in den Jahren 1830/31 eine Weile unverheiratet unter einem Dache lebte, konnte durch einvernehmliches Zusammenwirken mit dem katholischen Geistlichen und dem bischöflichen Generalvikariat in kurzer Frist seine Beziehung legalisieren, obwohl dem auch in diesem Fall erhebliche Hindernisse entgegenstanden.[70] Der katholische Franz Henrich Buschkotte, etwa 1777 geboren, hatte 1798 eine 19 Jahre ältere lutherische Witwe geheiratet, mit ihr lange als Heuerling gelebt, dann aber eine kleine Neubauerei in Vehrte erwerben können. Schon bevor seine Frau im April 1830 der Schwindsucht erlag, hatte er die Tochter von deren Bruder, die 1792 geborene lutherische Anna Maria Voß, ins Haus genommen. Sie blieb bei ihm – den Berichten des Pfarrers nach ein öffentliches „Ärgernis" („scandalum publicum"); denn dieser Zustand nährte den Verdacht, daß die beiden sexuelle Beziehungen unterhielten („quod se carnaliter cognoverint"). Diese Vermutung sei falsch, beteuerte freilich Franz Henrich seinem Pfarrer. Spätestens im August 1830 beschlossen die beiden zu heiraten. Zwischen ihnen lag jedoch das Ehehindernis der Verschwägerung im zweiten Grade, angrenzend an den ersten. Davon konnte nach katholischem Kirchenrecht nur der Heilige Stuhl in Rom dispensieren. Diesen Weg zu beschreiten, ermutigte der Generalvikar den Ortsgeistlichen, um weiteren Skandal zu vermeiden; zugleich stellte er in Aussicht, daß der Dispens „in diesem Falle wahrscheinlich keine bedeutende [!] Kosten veranlassen würde" – ein Gesichtspunkt, der für den Neubauern fraglos wichtig war. Allerdings solle der Pfarrer diesen „dazu anhalten", vorerst die häusliche Gemeinschaft mit seiner Braut aufzugeben. Dazu konnte er die beiden offenbar nicht bewegen. Wohl aber brachte er im November eine in wohlgesetztem Latein abgefaßte Bittschrift an den Heiligen Vater in Rom auf die Reise. Daß dieser am 1. Dezember 1830 starb, verkürzte das Verfahren beträchtlich, denn „bei erledigtem päpstlichen Stuhle" sah sich der Weihbischof und Generalvikar von Osnabrück in der Lage, die „nachgesuchte Dispense von hier aus zu erteilen". Zuvor sollte Buschkotte jedoch eidlich die katholische Erziehung für „alle und jede aus der einzugehenden Ehe entspringenden Kinder *nach* wie *bei* seinen Lebzeiten" versprechen. Das müsse nicht gerade vor dem Königlichen Amt geschehen – ein solches Verfahren könnte „sogar ein vielleicht unvorteilhaftes Aufsehen erregen"; zweckmäßig würde es vor dem Ortspfarrer „und einigen diskreten Zeugen" erfolgen; doch „könnte es nicht schaden, wenn er aus eigenem *Antriebe* seine Braut mitbrächte, um dabei

---

[70] KPA BELM Nr. 227. Erhalten sind hier nur die Antworten des Generalvikariats und der Text der Supplik des Belmer Pfarrers an den Papst; außerdem der Dispens in Nr. 208.

gegenwärtig zu sein". Ganz knapp nur erinnerte die geistliche Behörde den Pastor daran, seinem Pfarrkind zu „bedeuten", „daß er sich von seiner Braut völlig separiert halte". Nachdem Franz Henrich Buschkotte die geforderte Erklärung gegeben hatte, war die wesentliche Bedingung erfüllt und der Weihbischof konnte am 26. Januar 1831 den Dispens übersenden, eine Woche vor Ende der römischen Sedisvakanz. Die Gebühren beliefen sich immerhin auf 15 Taler; außerdem mußte der Bräutigam vor der Trauung 20 Taler zugunsten der katholischen Armen zahlen und während einer vom Ortspfarrer festzusetzenden Zeitspanne allmonatlich an Bußsakrament und Kommunion öffentlich teilnehmen. Großzügig waren jedoch die Verhaltensregeln, die das Begleitschreiben dem Ortsgeistlichen hinsichtlich dreier noch offener Fragen gab: Zum einen blieb es ihm überlassen, „inwieweit es noch erforderlich" sei, die Braut darauf hinzuweisen, daß auch sie einen Dispens von der evangelischen Kirchenbehörde benötige. Zum anderen müßten zwar „der Regel nach" die Brautleute „nicht unter einem Dache bis zu ihrer Verheiratung wohnen"; darauf solle der Seelsorger „dringen [...] – auch des Exempels halber"; das galt jedoch nur, „insofern diese Separation noch nicht geschehen und nur immer noch möglich" sei. Schließlich „befürchtete" der Weihbischof, daß der Bräutigam seine so nah verwandte Braut entgegen seinen Beteuerungen doch ‚fleischlich erkannt' habe; für den Fall, daß dieser in der Beichte „sich darüber anzuklagen hätte", erteilte der Bischof dem Belmer Pastor „die Facultät", die „Dispense darauf auszudehnen". Mit diesen verständnisvollen Maßgaben waren alle Hindernisse beseitigt, und nach umgehender Proklamation – die, wie bei Mischehen vorgeschrieben, zusätzlich auch in der lutherischen Kirche erfolgte – konnten Franz Henrich Buschkotte und Anna Maria Voß am 8. Februar 1831 in der *katholischen* Kirche von Belm getraut werden.

Die Schärfe des Gesetzes bekamen hingegen im Jahre 1846 Franz Heinrich Bergmann und Maria Elisabeth Busch zu spüren, obwohl sie sich schon längst um eine Legalisierung ihres Verhältnisses bemüht hatten.[71] Sie waren im Mai 1845 aus Belm aufgebrochen, hatten Amerika als ihr Ziel angegeben, waren aber im Bremischen geblieben und dort beide bei demselben Herrn in den Gesindedienst getreten. Wie sie später dem Belmer Pfarrer gestanden, war ihr „Wandel dort ein sündhafter". Der Dienstherr drängte sie zur Heirat, und sie wendeten sich deshalb an einen Pastor in Bremen. Der wies sie jedoch „in Ermangelung der gehörigen Legitimation" zurück. Einen Ausweg wußte der Dienstherr: Obwohl sie beide katholisch waren, ließen sie sich

---

[71] KPA BELM Nr. 227: Bericht des Belmer Pfarrers vom 28.1.1847 und Antwort des Weihbischofs vom 8.2.1847.

„vor dem reformierten Prediger in Delmenhorst im Oldenburgischen in dessen Hause ohne Zeugen [...] kopulieren" – so sagten sie aus und erklärten sich bereit, es zu beschwören. Im Mai 1846, offenbar nach Ablauf der Dienstzeit, kamen sie nach Belm zurück und „gerierten sich als Eheleute", konnten aber keinerlei „schriftliche Ausweisung der geschlossenen Kopulation" vorzeigen. So setzte der katholische Ortspfarrer die weltliche und geistliche Macht gegen sie in Bewegung: Auf seinen Antrag wurden sie „beim Amte separiert und des Ärgernisses wegen a sacr[amentis] exclusiert". Im Oktober 1846 brachte Maria Elisabeth Busch im Armenhaus einen Sohn zur Welt; sie ließ ihn von dem katholischen Pfarrer in Belm taufen, obwohl der ihn als „illegitimus" ins Kirchenbuch eintrug. Doch Franz Heinrich Bergmann bekannte sich vor dem Pastor ausdrücklich in einem Protokoll als Vater, und sein Vater hob den Enkel aus der Taufe. Über die Familie Bergmann – es handelte sich um einen Großbauern in einem unfernen Kirchspiel – wirkte der Belmer Pfarrer nun auf eine Lösung hin. Da er von der Ungültigkeit der Eheschließung vor dem reformierten Pastor in Delmenhorst – wegen dessen konfessioneller und örtlicher Unzuständigkeit und wegen Nicht-Beachtung der tridentinischen Form – überzeugt war, sah er den einzig möglichen Weg „zur Hebung des gegebenen Ärgernisses und Beseitigung der Gefahr der Incontinenz" in einer nochmaligen förmlichen Trauung. Dazu mußte jedoch zunächst der Trauschein von der weltlichen Obrigkeit erwirkt werden. Das gelang den beiden Ende Januar 1847. Sogleich schrieb der Belmer Pfarrer an seinen Bischof, vergewisserte sich über die Rechtslage und bat vorsorglich um Dispens von der einen oder anderen Proklamation, damit die Ehe noch vor Beginn der Fastenzeit rechtsgültig geschlossen werden konnte. Am 8. Februar erfolgte die zustimmende Antwort des Weihbischofs, und am 16. Februar 1847 nahm der Belmer Pastor die Trauung vor. Der Sohn freilich kam nicht mehr in den Genuß der Legitimierung, er war am 8. Februar gestorben und am 10. als Johann Stephan Busch, „filius illegitimus", beerdigt worden.

Welches die drei „wilden Ehen" waren, die der lutherische Geistliche 1857 in seiner Gemeinde kannte, wissen wir nicht; ebenso entzieht es sich unserem Blick, ob sie in den eineinhalb Jahren bis zu dem nächsten Zensus durch Trennung oder Trauung beseitigt wurden oder aber, hinter einer unverdächtigen Haushaltskonstellation versteckt, fortbestanden. Daß ein Mann und eine Frau, ohne verheiratet zu sein, über Jahre hin eine Beziehung aufrechterhielten, kam freilich nicht selten vor. Erschließen können wir das, wenn sie mehrere uneheliche Kinder zusammen zeugten oder wenn sie erst lange nach der Geburt eines außerehelichen Nachkommen heirateten. Ohne Zensuslisten, die sämtliche Haushaltsangehörigen namentlich aufführten, bleibt uns jedoch zumeist verborgen, ob solche Paare in offen eheähnlicher Weise

Tisch und Bett teilten oder nur von Zeit zu Zeit mehr oder weniger verstohlen für einen Tag, eine Nacht, einige Stunden zusammenkamen.

Ein Paar ohne gemeinsamen Hausstand waren vor ihrer Hochzeit mehr als sechs Jahre lang der Kleinbauernsohn Johann Heinrich Schulhof und Marie Elisabeth Seger, die außerehelich in einem benachbarten Kirchspiel geboren war. Im September 1852 taufte der katholische Pfarrer in Belm ihren Sohn. Zunächst ließ sich der Vater nicht in das Kirchenbuch eintragen; doch Pate stand sein Bruder, der inzwischen den bescheidenen elterlichen Hof übernommen hatte. Als im Dezember 1852 die Volkszählung durchgeführt wurde, hielten sich offenbar Schulhof und Seger auswärts auf. Spätestens beim Tod des Sohnes im Mai 1853 erklärte sich Johann Henrich Schulhoff vor dem Pastor als Vater, und dieser schrieb eine entsprechende Ergänzung an den Rand des Taufeintrags. Im Mai 1854 kam das zweite Kind der beiden, eine Tochter, zur Welt; bereits acht Tage nach der Taufe erkannte Schulhoff vor dem Pfarrer in einem förmlichen Protokoll die Vaterschaft an. Da er – wie schon ein Jahr zuvor beim Tod des Sohnes – als „Dienstknecht" bezeichnet wurde, wird er keinen eigenen Hausstand mit Marie Elisabeth Seger geführt haben. Das galt offenbar auch noch bei der Taufe ihres dritten Kindes im Dezember 1857: Schulhof war nun Maurer in Vehrte, Marie Elisabeth Seeger „Heuerlingstochter zu Wellingen, der Zeit wohnend zu Darum". Im Oktober 1858 schließlich konnten sie zum Traualtar schreiten, er 31, sie 36 Jahre alt; im Taufregister trug der Geistliche gewissenhaft bei beiden überlebenden Töchtern den Hinweis auf die nachträgliche Legitimierung nach. Nach Ausweis des Zensus vom Dezember dieses Jahres bildeten sie mit ihren Kindern nun endlich auch einen eigenen Haushalt.

Zwei Konkubinate, die in der Volkszählungs-Urliste von 1852 mehr oder weniger offen erkennbar sind, bestanden 1858 nicht mehr als solche. Der Neubauer Adam Heinrich Duling hatte im April 1855 Maria Gertrud Bücker geheiratet, knapp einen Monat nach der Geburt ihres zweiten Kindes. Er hatte inzwischen das 45., sie das 42. Lebensjahr vollendet. Bereits 1852 lebten und arbeiteten sie auf der winzigen Neubauernstelle zusammen; in der Zensus-Urliste dieses Jahres stand bei ihr der Hinweis „unverheiratet", doch ihr erstes Kind, damals 10 Monate alt, war mit dem Nachnamen des Vaters eingetragen.

Getrennt hatte sich hingegen ein anderes Paar, das 1852 in nicht-ehelicher Gemeinschaft lebte. Freilich zogen diese beiden es damals vor, dem Volkszähler gegenüber die Form zu wahren und sich als Witwer und Witwe auszugeben, die in getrennten Haushalten unter einem Dach lebten, zusammen noch mit einer weiteren Familie im Heuerlingskotten des Erbkötters Hagebusch. In dem Haushalt der Frau wurden 1852 die beiden gemeinsamen

Kinder registriert, der Sohn drei Jahre, die Tochter acht Tage alt, beide freilich mit dem Nachnamen des Mannes. Ein erstes gemeinsames Kind der beiden war bereits fünf Jahre zuvor geboren, jedoch nach wenigen Wochen verstorben. Der Mann, ein etwa 33jähriger Schneider, ließ in seinem Haushalt den neunjährigen Sohn verzeichnen, den er in seinem unweit entfernten Heimatort mit einer anderen Frau gezeugt hatte. Seit 1852 hatte das Paar keine Kinder mehr, und 1858 führten beide getrennte Haushalte: er in Lüstringen, gemeinsam mit einer 55jährigen Witwe und deren 19 Jahre altem Sohn, sie in Darum mit dem nun 9jährigen Sohn, unter einem Dach mit der Familie ihres Halbbruders. Die Tochter der beiden und der älteste Sohn des Mannes waren inzwischen verstorben. Was zu der Trennung dieser Gemeinschaft geführt hat, ob es die freie Entscheidung des Mannes, der Frau oder beider war oder ob der Druck von geistlicher und weltlicher Obrigkeit Wirkung zeigte, bleibt unserem Blick entzogen.

Mitte des 19. Jahrhunderts hatten also einzelne nicht verheiratete Frauen und Männer den Mut, über einen längeren Zeitraum inmitten dieser ländlichen Gesellschaft relativ offen in eheähnlicher Weise zusammenzuwohnen und die Mißbilligung der geistlichen und weltlichen Obrigkeit zu tragen. Trotzdem blieb es die ganz überwiegend befolgte Regel, daß Mann und Frau erst dann beständig und sichtbar Tisch und Bett teilten, wenn sie mit dem Segen der Kirche eine förmliche Ehe geschlossen hatten. Es war ungewöhnlich, daß bei der Volkszählung in der zweiten Januarhälfte 1812 im Haus der 39jährigen Halberbenwitwe Langewand, deren Mann im April 1811 gestorben war, bereits der 23jährige ledige „Ackersmann" Wilhelm Voss verzeichnet wurde, obwohl die Hochzeit der beiden erst etwa zwei Wochen später am 6.Februar gefeiert wurde.

Eher noch seltener waren die entgegengesetzten Ausnahmefälle, wo ein verheiratetes Paar nicht in einem gemeinsamen Haushalt zusammenlebte.[72] Freilich waren die „Hollandgänger", von denen der Zensus 1812 neunundzwanzig notierte, im Sommerhalbjahr mehrere Monate fern ihren Familien; doch handelte es sich hier durchweg um eine strikt saisonale Arbeitswanderung.[73] In den Volkszählungen, die wie 1772, 1812, 1852 und 1858 im Winter durchgeführt wurden, blieb diese vorübergehende Abwesenheit zudem unbemerkt. Anders lag der Fall anscheinend bei der ausdrücklich als

---

[72] Vgl. oben Kap. 3.4. zu den wenigen Fällen einer dauernden Trennung von Eheleuten. – Daß Ehepaare nicht zusammenwohnten, kam in Kärnten im 18. Jahrhundert häufiger vor, und zwar insbesondere bei den verheirateten Knechten und Mägden, die es dort gab: MITTERAUER 1990a S. 236ff.

[73] Vgl. LUCASSEN 1986; BÖLSKER-SCHLICHT 1987.

„Ehefrau" bezeichneten Frau, die 1772 allein mit ihrem kleinen Sohn einen Haushalt bildete und sich mit Spinnen durchbrachte.[74]

Als der Maire von Belm in der zweiten Januarhälfte 1812, den Anweisungen der Behörden des Oberems-Departements des Kaiserreichs Frankreich folgend, alle Einwohner erfaßte, fanden sich darunter drei verehelichte Personen ohne ihren Gatten.[75] Den einen, Inhaber eines größeren Hofes in Icker, hatte seine Frau wegen seines Lebenswandels verlassen, wie wir aus anderer Quelle wissen.[76] Der Heuerling Gerd Besselmann, 55 Jahre alt, wohnte nur mit einem 10 jährigen Sohn und einer 5 jährigen Tochter zusammen. Als er im Mai 1811 seine dritte Ehe geschlossen hatte, vermerkte der Pastor, daß seine Frau bisher im Kotten des Bauern Christopher im nahegelegenen Schwagsdorf wohne.[77] Offenbar zog sie auch im folgenden halben Jahr noch nicht zu ihrem Ehemann und ihren Stiefkindern. - Auf dem Vollhof Wiesehahn wohnte beim Heuermann Winter und dessen Familie die 24 jährige Maria Rüsse, verheiratet, mit ihrer Tochter, die ein halbes Jahr alt war, und ihrer Schwiegermutter, die ebenfalls Maria Rüsse hieß. Ihr Mann Eberhard Henrich Rüsse, den sie vor einem Monat am 19. Dezember geheiratet hatte, hielt sich im Januar offenbar nicht in Belm auf. In beiden Fällen hinderten anscheinend besondere Umstände die jung Vermählten, sofort nach der Hochzeit zusammenzuziehen. - Ob das auch bei Joseph Nieweg zutraf, der einzigen verheirateten Person, die 1858 ohne Ehepartner registriert wurde, wissen wir nicht; denn dieser 32 jährige Fabrikarbeiter beim Fabrikanten und Maschinenbauer Stüve in Lüstringen hatte auswärts geheiratet.

Trotz dieser verschiedenartigen Ausnahmen blieb es in dieser Gesellschaft der Normalfall, daß ein Ehepaar den Kern eines Haushalts bildete. Vom 17. bis zum 19. Jahrhundert traf das auf vier Fünftel aller Hausgemeinschaften zu (Tab. 4.15). Unter den übrigen Haushalten waren die von einer Witwe geführten häufiger als die unter Leitung eines Witwers; noch seltener kamen - selbst Mitte des 19. Jahrhunderts - ledige Haushaltsvorstände vor.

Auch wenn all diese Ausnahmen nur eine relativ kleine Minderheit der Fälle bildeten, sind sie doch in mehrfacher Hinsicht interessant. Sie zeigen

---

[74] Da bei den „Hausvätern" 1772 nie der Familienstand angegeben wurde, wäre ein ohne seine Frau lebender verheirateter Mann in der Zensusliste nicht von einem Witwer zu unterscheiden. Bei der Verknüpfung mit der Familienrekonstitution wurde kein getrennt lebender Ehemann festgestellt. Da natürlich einige Personen, die 1772 im Kirchspiel lebten, auswärts geheiratet hatten, konnten nicht alle mit einem Heiratsdokument verknüpft werden.

[75] Bei einem vierten erweist die Familienrekonstitution, daß er nicht, wie der Zensus behauptet, verheiratet, sondern Witwer war.

[76] Dazu s. oben in Kap. 3.4.

[77] "Habitans huc usque in casetta coloni Christopher in Schwastrup".

das Spektrum der Möglichkeiten und machen klar, daß die Menschen in bestimmten Situationen ihre Hausgemeinschaften auch abweichend von der ‚Regel' gestalten konnten. Darüber hinaus erhellt aus der näheren Betrachtung dieser ‚Sonderfälle', wieweit die Menschen bestrebt und in der Lage waren, eine ‚unbesetzte' zentrale Position im Haushalt durch einen Ersatz zu füllen. Letzteres war, so hat sich ergeben, bei den Großbauern durchweg der Fall, nicht aber bei den Heuerleuten. Vor allem: Die meisten Männer fühlten die Notwendigkeit, durch eine Magd, herangewachsene Tochter o.ä. Ersatz für die fehlende Ehefrau zu schaffen, während alleinstehende Frauen – insbesondere in der landlosen Schicht – nicht selten ohne männlichen Beistand auskamen.

## 4.5. Witwen, Witwer, Alte, Arme und die Frage des Mehrgenerationen-Haushalts

Wie oft Haushalte von Witwern oder Witwen geführt wurden, hing vor allem von zwei Faktoren ab: einerseits von den – nach Alter, Geschlecht, Schicht und Periode unterschiedlich großen – Chancen und Bedürfnissen zu einer Wiederverehelichung[78], andererseits von der Möglichkeit, in einem anderen Haushalt aufgenommen zu werden. Denn wer den Ehegatten verloren hatte, stand vor der Entscheidung zwischen drei Wegen: entweder wiederzuheiraten oder allein den Haushalt weiterzuführen oder aber fortan mit anderen zusammen, in der Regel mit einem verheirateten Paar, eine Hausgemeinschaft zu bilden.

Daß es im Kirchspiel stets mehr Witwen als Witwer gab, lag vor allem daran, daß Männer viel häufiger wiederheirateten.[79] Doch wo und wie lebten die verwitweten Personen?

Die Volkszählung von 1772 zeigt entgegengesetzte Muster bei landbesitzenden Bauern einerseits, landlosen Familien andererseits. Drei Viertel der landlosen Witwen und Witwer führten einen eigenen Haushalt, nur ein Viertel wohnte als „Mutter" oder „Vater" bei einem verheirateten Kind; in der bäuerlichen Schicht verhielt es sich genau umgekehrt (Tab. 4.17 a). Zwar gab es bei den Landbesitzern und bei den Eigentumslosen prinzipiell beide Möglichkeiten; doch welche im Normalfall gewählt wurde, darin unterschieden sich die beiden Schichten. Dies soziale Muster galt für Witwen und Witwer

---

[78] Dazu s. oben Kap. 3.4.
[79] Weniger fällt ins Gewicht, daß Frauen infolge ihres niedrigeren Heiratsalters noch länger zu leben hatten, vgl. oben Kap. 3.4.

gleichermaßen; zwischen Groß- und Kleinbauern gab es in diesem Punkt keinen nennenswerten Unterschied.[80]

Hier zeigt sich eine Differenz, der innerhalb dieser ländlichen Gesellschaft grundlegende Bedeutung zukam, die jedoch in großräumig vergleichenden Studien leicht hinter trügerischen Gesamt-Durchschnitten verborgen bleibt.

Da der Hof ungeteilt vererbt wurde, war er für die bäuerliche Familie ein Zentrum, das die verschiedenen Generationen zusammenband. Im Rahmen der Institution des Altenteils[81] wurde das Miteinander des ehemaligen und des neuen Inhabers auf dem Hof ausbalanciert. Als Regel war im Osnabrückischen vorgesehen, daß den ‚Leibzüchtern' auf den großen Höfen ein Teil des Landes zeitlebens zur Nutznießung überlassen wurde; maximal konnte es ein Sechstel aller Flächen sein. Verstarb der Leibzüchter oder seine Frau, so blieb dem bzw. der Überlebenden die Hälfte dieses Altenteils.[82] In der Regel sollten sich Umfang und Qualität dieser Ländereien nach dem Herkommen einer jeden Stätte richten. Diese Bestimmung zielte offenbar auf eine die Generationen überspannende Symmetrie und Reziprozität der Rechte und Pflichten. Normalerweise war die Reziprozität nicht zweiseitig, sondern zwischen fortlaufend aufeinanderfolgenden Generationen zu praktizieren: Das Altenteil, das der Jungbauer seinem Vorgänger einzuräumen hatte, wurde ihm später von seinem Nachfolger überlassen. In einzelnen Fällen kam dies Prinzip der Ausgewogenheit jedoch unmittelbar im Wechselverhältnis zwischen zwei Generationen zur Anwendung: Wenn ein Hof ausnahmsweise nicht sogleich bei der Heirat des Anerben übergeben wurde, vereinbarten die Beteiligten im 19. Jahrhundert bisweilen vertraglich, daß dem jungen Paar zunächst das zur Verfügung stehen sollte, was nach der Übergabe die Älteren als ‚Leibzucht' erhielten.[83] Das spezielle „Leibzucht"-Gebäude, das auf den meisten großen Höfen stand, gab dem Excolon die Möglichkeit, eine vom Colon auch räumlich getrennte Wirtschaft – ein-

---

[80] In Anbetracht der niedrigen Fallzahlen sollten die leichten Unterschiede, die sich bei den Prozentwerten errechnen, nicht interpretiert werden.

[81] Allgemein dazu LÖFGREN 1974 S. 40 ff.; MITTERAUER/SIEDER 1977 S. 48 ff., 195 ff.; HELD 1985; EHMER 1990 S. 27 ff. Vgl. die lokalen bzw. regionalen Spezialarbeiten ACHILLES 1965 S. 101 ff.; KEESENBERG 1972; REBEL 1983 S. 170 ff., 179 ff.; CZERANNOWSKI 1988; TREIBER 1988; BEGEMANN 1990 S. 177 ff. – Selten waren altenteils-ähnliche Übergaberegelungen in einem klassischen Realteilungs-Gebiet: SABEAN 1990 S. 341 ff., 348. – PIEPENBROCK 1926 und WEILAND 1939 bieten lediglich einen rechtsgeschichtlichen Überblick; dazu siehe bereits RUNDE 1805.

[82] Eigentums-Ordnung vom 25.4.1722 Kap. 7 §§ 1–6, in: OSNABRÜCKISCHES EIGENTUMS-RECHT 1794 S. 20 ff.; vgl. KLÖNTRUP 1798–1800 Bd. 2 S. 264–275 s. v. ‚Leibzucht'. – Näheres zur Osnabrückischen Eigentums-Ordnung unten in Kap. 6.3.

[83] Siehe unten S. 447.

Tabelle 4.17: Die verwitweten Personen nach ihrer Stellung im Haushalt und nach sozialer Schicht, 1772 und 1858

a) 1772

| Geschlecht | Stellung im Haushalt | Großbauern | Kleinbauern | Heuerlinge/Landlose | Sonstige | alle |
|---|---|---|---|---|---|---|
| männlich | Haushaltsvorstand[1] | 1 | 1 | 13 | 3 | 18 |
| | „Vater" des Hausvaters oder der Hausmutter[2] | 6 | 2 | 5 | – | 13 |
| | Summe Witwer | 7 | 3 | 18 | 3 | 31 |
| weiblich | Haushaltsvorstand[3] | 8 | 2 | 47 | – | 57 |
| | „Mutter" des Hausvaters oder der Hausmutter[4] | 18 | 9 | 15 | – | 42 |
| | Summe Witwen | 26 | 11 | 62 | – | 99 |
| männlich u. weiblich | Haushaltsvorstand | 9 | 3 | 60 | 3 | 75 |
| | (dgl., in % der Witwer und Witwen) | (27,3%) | (21,4%) | (75,0%) | (100%) | (57,7%) |
| | „Vater" oder „Mutter" des Hausvaters oder der Hausmutter | 24 | 11 | 20 | – | 55 |
| | (dgl., in % der Witwer und Witwen) | (72,7%) | (78,6%) | (25,0%) | – | (42,3%) |
| | Summe Witwer u. Witwen | 33 | 14 | 80 | 3 | 130 |

[1] D.i. Zahl der Haushalte ohne Hausmutter (Tab. 4.15).
[2] D.i. Zahl der Personen, die als „Vater" des Hausvaters oder der Hausmutter im Hause befindliche Väter" registriert sind, jedoch ohne die 9, bei denen auch eine „Mutter" von Hausvater/Hausmutter lebte.
[3] D.i. Zahl der Haushalte ohne Hausvater (Tab. 4.15), jedoch ohne die beiden, deren Vorstand als ledig bzw. verheiratet gekennzeichnet ist.
[4] D.i. Zahl der Personen, die als „des Hausvaters oder der Hausmutter im Hause befindliche Mütter" registriert sind, jedoch ohne die 9, bei denen auch ein „Vater" von Hausvater/Hausmutter lebte.

Anmerkungen: Da im Zensus von 1772 der Familienstand nicht explizit angegeben wird, ist nicht auszuschließen, daß noch einzelne verwitwete Personen unter den übrigen Kategorien, etwa unter den „Angehörigen", vorkommen; doch kann deren Zahl nur gering sein. 1772 waren die Witwer und Witwen der groß- und kleinbäuerlichen Schicht, die als Haushaltsvorstände registriert wurden, offenbar noch Hofinhaber, die „Väter" und „Mütter" von Hausvater/Hausmutter hingegen Altenteiler.

Unter den Witwen, die Haushaltsvorstände waren, ist hier eine als landlos eingeordnet, die als zweiter Haushalt nach einem Heuermann in der Leibzucht eines Vollerben-Hofes registriert wurde. Die Familien-Rekonstitution erweist sie jedoch als zweite Frau eines Interimswirtes dieses Hofes: Daher wird sie in Tab. 4.18 als Altenteilerin gezählt. Alle anderen verwitweten AltenteilerInnen lebten 1772 mit im Haushalt des Bauern, s. Tab. 4.18.

b) 1858

| Geschlecht | Stellung im Haushalt | Großbauern | Kleinbauern | Heuerlinge/Landlose | Sonstige | alle |
|---|---|---|---|---|---|---|
| männlich | Vorstand eines eigenen Haushalts[1] | 5 | 4 | 14 | 2 | 25 |
| | Mitlebend im Haushalt eines Ehepaares | 9 | 3 | 21 | 2 | 35 |
| | Summe Witwer | 14 | 7 | 35 | 4 | 60 |
| weiblich | Vorstand eines eigenen Haushalts[2] | 7 | 4 | 33 | 3 | 47 |
| | Mitlebend im Haushalt eines Ehepaares | 5 | 9 | 37 | 6 | 57 |
| | Summe Witwen | 12 | 13 | 70 | 9 | 104 |
| männlich u. weiblich | Vorstand eines eigenen Haushalts | 12 | 8 | 47 | 5 | 72 |
| | (dgl., in % der Witwer und Witwen) | (46,2%) | (40,0%) | (44,8%) | (38,5%) | (43,9%) |
| | Mitlebend im Haushalt eines Ehepaares | 14 | 12 | 58 | 8 | 92 |
| | (dgl., in % der Witwer und Witwen) | (53,8%) | (60,0%) | (55,2%) | (61,5%) | (56,1%) |
| | Summe Witwer u. Witwen | 26 | 20 | 105 | 13 | 164 |

[1] D.i. Zahl der Haushalte ohne Hausmutter (Tab. 4.15), soweit der Vorstand verwitwet (und nicht ledig oder verheiratet) war.
[2] D.i. Zahl der Haushalte ohne Hausvater (Tab. 4.15), soweit der Vorstand verwitwet (und nicht ledig oder verheiratet) war.

Anmerkung: AltenteilerInnen, die Vorstand eines eigenen Haushalts waren, werden hier – wie sonst auch – zu den „Sonstigen" gezählt. Da es sich hier lediglich um 3 Haushalte handelt (2 Altenteiler und 1 Altenteilerin, sämtlich von großen Höfen), würde sich das Bild nur wenig verschieben, wenn sie zur großbäuerlichen Schicht gerechnet würden.

schließlich eigenem Viehbestand – zu führen. Doch zumindest verwitwete Personen machten davon wenig Gebrauch.

Im Jahr 1772 hatten vierundzwanzig Großbauern einen verwitweten Elternteil – offenbar also Altenteiler – mit im Haushalt; vier weitere hatten Vater und Mutter bei sich. Auf der anderen Seite lebten nur auf vier Vollhöfen Altenteiler als eigenständiger Haushalt in der „Leibzucht", eine Witwe und vier Ehepaare (Tab. 4.18). Verwitwete Excolonen, Männer wie Frauen, fanden also meist innerhalb des bäuerlichen Haushalts im Hauptgebäude des Hofes ihren Platz; lebten hingegen Mann und Frau noch, wurde die Alternative, im Leibzuchtkotten für sich zu wohnen, fast ebenso häufig gewählt.

Betrachten wir aufgrund der Familienrekonstitution die Verwandtschaftsbeziehung zwischen Bauer und Altenteiler näher, so zeigt sich, daß keiner der Excolonen, die einen getrennten Haushalt führten, der leibliche Vater oder die leibliche Mutter des Hofinhabers von 1772 oder seiner Ehefrau war. Die Witwe Rohlffs, die mit einem Sohn neben der Familie eines Heuermanns als zweiter Haushalt in der Leibzucht des Vollerben Rohlff registriert wurde, war die zweite Frau des Stiefvaters des derzeitigen Hofbesitzers, also gewissermaßen seine indirekte Stiefmutter. Ähnlich verhielt es sich auf dem Vollerbe Drehlmann, wo in der Leibzucht „des Coloni Vater" mit Ehefrau und zwei Töchtern notiert wurden. Hier handelte es sich um die Stiefmutter des Bauern mit ihrem zweiten Mann. Beim Vollerben Everd Voß in Lüstringen verzeichnete der Zensus in der Leibzucht den „Heuermann" und „Tagelöhner" Johann Caspar Voß mit Frau, einem Sohn und drei Töchtern; erst die Familienrekonstitution erweist sie als Altenteiler des Hofes, nämlich als Stiefmutter der Bäuerin[84] samt zweitem Ehemann. Stiefeltern des Anerben oder der Anerbin mögen also nach der Hofübergabe häufiger in den Leibzuchtkotten umgezogen sein als leibliche Eltern.

Die große Mehrheit der vollbäuerlichen Altenteiler wohnte mit in der Bauernfamilie. Für den Hof hatte das den Vorteil, daß die Leibzucht an einen Heuerling vermietet werden konnte, so daß zusätzliche Bareinnahmen und Arbeitskräfte zur Verfügung standen. Wir können vermuten, daß die Leibzüchter und Leibzüchterinnen, die mit im Haushalt des Bauern lebten, auch nicht das Recht in Anspruch nahmen, eine eigene Ökonomie auf einem Teil der Ländereien des Hofes zu führen, sondern daß sie aus der Wirtschaft des Bauern versorgt wurden.[85]

---

[84] In diesem Fall hatte die Bäuerin den Hof geerbt, ihr Ehemann eingeheiratet.

[85] Man könnte vermuten, daß Alte und Junge auch deshalb oft zusammenlebten, weil sie damit rechneten, daß der ‚Sterbfall', der beim Tod der Alten an den Feudalherrn zu entrichten war (s. unten Kap. 6.4.2.), in diesem Fall niedriger angesetzt wurde oder gar entfiel. Denn die

Tabelle 4.18: Die Altenteiler großer und kleiner Höfe nach Geschlecht, Familienstand und Stellung im Haushalt, 1772 und 1858

a) 1772

| Geschlecht u. Familienstand | Stellung im Haushalt | Große Höfe | Kleine Höfe | alle |
|---|---|---|---|---|
| Ehepaar | Vorstand eines eigenen Haushalts | 3 | – | 3 |
| | Mitlebend im Haushalt des Bauern | 4 | 4 | 8 |
| | Summe Ehepaare | 7 | 4 | 11 |
| Witwer | Vorstand eines eigenen Haushalts | – | – | – |
| | Mitlebend im Haushalt des Bauern | 6 | 2 | 8 |
| | Summe Witwer | 6 | 2 | 8 |
| Witwe | Vorstand eines eigenen Haushalts | 1 | – | 1 |
| | Mitlebend im Haushalt des Bauern | 18 | 9 | 27 |
| | Summe Witwen | 19 | 9 | 28 |
| Ehepaare, Witwer u. Witwen | Vorstand eines eigenen Haushalts | 4 | – | 4 |
| | (Spalten-%) | (12,5 %) | | (8,5 %) |
| | Mitlebend im Haushalt des Bauern | 28 | 15 | 43 |
| | (Spalten-%) | (87,5 %) | (100 %) | (91,5 %) |
| | Summe Ehepaare, Witwer und Witwen | 32 | 15 | 47 |

b) 1858[1]

| Geschlecht u. Familienstand | Stellung im Haushalt | Große Höfe | Kleine Höfe | alle |
|---|---|---|---|---|
| Ehepaar | Vorstand eines eigenen Haushalts | 3 | 1 | 4 |
| | Mitlebend im Haushalt des Bauern | 5 | 2 | 7 |
| | Summe Ehepaare | 8 | 3 | 11 |
| Witwer | Vorstand eines eigenen Haushalts | 2 | – | 2 |
| | Mitlebend im Haushalt des Bauern | 8 | 3 | 11 |
| | Summe Witwer | 10 | 3 | 13 |
| Witwe | Vorstand eines eigenen Haushalts | 1 | – | 1 |
| | Mitlebend im Haushalt des Bauern | 4 | 5 | 9 |
| | Summe Witwen | 5 | 5 | 10 |
| Ehepaare, Witwer u. Witwen | Vorstand eines eigenen Haushalts | 6 | 1 | 7 |
| | (Spalten-%) | (26,1 %) | (9,1 %) | (20,6 %) |
| | Mitlebend im Haushalt des Bauern | 17 | 10 | 27 |
| | (Spalten-%) | (73,9 %) | (90,9 %) | (79,4 %) |
| | Summe Ehepaare, Witwer und Witwen | 23 | 11 | 34 |

[1] Da es hier vor allem um das Verhältnis zwischen verheirateten oder verwitweten Generationen von Hofinhabern – auch unabhängig vom Zeitpunkt der Hofübergabe – geht, sind 3 Fälle einbezogen worden, in denen die ältere Generation den Hof anscheinend noch nicht an den verheirateten Anerben übergeben hatte (dazu s. Kap. 6.4.4.). Dabei handelte es sich um zwei große Höfe und einen kleinen. In allen drei Fällen bildeten Alte und Junge einen gemeinsamen Haushalt. Die ältere Generation wurde auf einem großen Hof durch einen Witwer repräsentiert, in den beiden anderen Fällen handelte es sich um Ehepaare.

Auf keinem der kleinen Höfe gab es 1772 einen gesonderten Altenteilerhaushalt. Nicht nur die elf verwitweten Excolonen bzw. Excoloninnen, sondern auch die vier Ehepaare lebten mit der Bauernfamilie im Haupthaus (Tab. 4.18). Freilich stand auf neun dieser Stellen auch nur ein einziges Wohnhaus; die Wahlmöglichkeit war im Vergleich zu den großen Höfen merklich eingeschränkt. Sechs der Kleinhöfe mit AltenteilerIn aber besaßen ein zweites Wohngebäude und zogen es trotzdem vor, dieses zu vermieten. Ein weiterer, der Markkötter Johann Caspar Hurdelbrinck, hatte sogar zwei bewohnbare Nebengebäude: Im einen wohnte ein armer Heuersmann, das andere, ein „Backhaus", also besonders bescheiden, stand 1772 leer; Vater und Mutter lebten hingegen mit im Haushalt des Markkötters.

Die Spannungen zwischen Bauer und Altenteiler – von denen wir aus vielen Gebieten hören[86] – scheinen demnach in dieser Gesellschaft auf der Mehrzahl der großen und der kleinen Höfe nicht so groß oder nicht der Art gewesen zu sein, daß man es vorgezogen hätte, durch getrennte Haushaltsführung die Reibungsflächen zu verringern. Die Bedürfnisse von Bauern waren offenbar differenzierter, ihre Verhaltensweisen komplexer, als die gängigen Allgemeinurteile uns glauben machen, die den Gebildeten im allgemeinen und den Historikern im besonderen oft so flott aus der Feder fließen, wenn sie über das ‚Volk' und seine Mentalität schreiben. In einer „Geschichte des Alters" heißt es etwa: Erst als Alt- und Jungbauer „zwei völlig getrennte Wohnungen" hatten, konnte „Intimität auf Distanz" entstehen; denn „überall dort, wo die Menschen aus materiellen Zwängen wie frierende Stachelschweine enger zusammenrücken mußten, trieben sie sich gegenseitig ihre Stacheln ins Fleisch und rieben sich aneinander blutig. Wer dagegen diesen Zwängen entfliehen konnte, ging räumlich auf Distanz und vermied das Zusammenleben von Jung und Alt. Hier waren die Beziehungen

---

Eigentums-Ordnung vom 25.4.1722 Kap. 7 § 13 (in: OSNABRÜCKISCHES EIGENTUMS-RECHT 1794 S. 24) bestimmte: „Weil auch öfters die Eltern, damit der Gutsherr keinen Sterbfall von ihnen haben solle, bei denen Jungen im Haus bleiben, so ist billig, daß die zeitige Coloni nach der Eltern Absterben dem Gutsherrn, anstatt des Sterbfalls, nach Gelegenheit des Erbes eine Erkenntlichkeit geben, welche jedoch nicht höher zu ziehen, als was die Leibzucht, soviel die dazu gehörige Ländereien betreffen, in zwei Jahren zur Heuer hätte tragen können [...]". – Doch fand sich in den herangezogenen Sterbfall-Akten z. B. des Domkapitels nicht, daß die Frage des Zusammenlebens bei der Bemessung der Abgabe eine Rolle spielte; argumentiert wurde vielmehr mit Größe und Zustand des Hofes. Oft wurde der Sterbfall auch gleich bei der Hofübergabe und ‚Auffahrt-Dingung' mit ausgehandelt, also zu einem Zeitpunkt, wo noch nicht mit Sicherheit vorherzusehen war, ob die Excolonen auf die Leibzucht ziehen und dort sterben oder auf Dauer im Haupthaus bleiben würden.

[86] BERKNER 1972 S. 400 ff.; GAUNT 1982; KRAMER 1987 S. 111 f.; CZERANNOWSKI 1988 S. 158 ff.; BORSCHEID 1989 S. 319 ff., bes. 329 ff.

sehr viel öfter von Intimität und Herzlichkeit geprägt."[87] Weder die auf universelle Geltung zielende biologistische Metaphorik noch die Unterstellung spätbürgerlicher psychischer Bedürfnisstrukturen noch die unreflektierte Kombination von beiden scheinen geeignet, das Verständnis bäuerlicher Lebenswirklichkeiten zu fördern. Eher sollte aus der detaillierten Untersuchung tatsächlicher Verhaltensweisen auf die Bedürfnisse und Präferenzen der Menschen der Vergangenheit geschlossen werden.

Der Grundbesitz und die institutionellen Arrangements von Anerbensystem und Altenteil waren die Basis dafür, daß Besitzer und Vorbesitzer, solange letztere lebten, zusammen auf einem Hof zu wohnen hatten. Daß dabei die bestehenden Möglichkeiten zur Distanz, nämlich zu getrennter Haushalts- und Wirtschaftsführung in zwei separaten Häusern, relativ selten genutzt wurden, Altenteiler und Altenteilerinnen, besonders die verwitweten, vielmehr meist in den Haushalt des Bauern aufgenommen wurden, war jedoch Ergebnis eines Abwägungs- und Entscheidungsprozesses der Beteiligten. Nicht Besitz und Erbrecht allein führten also zur Bildung von Dreigenerationenhaushalten, sondern der Gebrauch, den die Menschen von ihnen machten.

Welche Überlegungen dabei angestellt wurden, zeigt am ehesten der konkrete Einzelfall. Als im Mai 1797 die 25jährige Anna Margaretha Tiemann, Anerbin des Halberbes in Wellingen, den 30jährigen Gerd Henrich Voß heiratete, waren die 22 Mahljahre[88] noch nicht abgelaufen, die der Gutsherr ihrem Stiefvater mit ihrer Mutter 1777 bei der Heirat zugestanden hatte. Obwohl der Stiefvater erst 46 Jahre zählte – die Mutter war freilich 55, und Kinder hatten die beiden nicht –, erklärte er sich bereit, zwei Jahre vor der vereinbarten Zeit den Hof abzutreten. Es waren wohl diese besonderen Umstände, die dazu führten, daß am 10. Juni 1797 ein schriftlicher Vertrag vor der Gutsherrschaft geschlossen wurde.[89] Er sah vor, daß „die alten Coloni auf dem Erbe", also im Haupthaus, blieben und sich „die Leibzuchtheuer und das sogenannte Hackstückland zu ihrer Nutzung" vorbehielten: Sie verfügten also über eine Parzelle und über die Einkünfte, die durch ihren Verzicht auf eine eigene Wohnung erzielt wurden. Vorsorge trafen die Parteien jedoch für den Fall, daß ihnen das Zusammenleben Schwierigkeiten bereitete: „Würden wider Verhoffen die alten und jungen Coloni in Uneinigkeiten geraten, so beziehen die alten Coloni die Leibzucht"; in diesem

---

[87] BORSCHEID 1989 S. 12, 329.
[88] Allgemein dazu unten S. 452. – Im ‚Lagerbuch' der Gutsherrschaft, des Domkapitels, war fälschlich 1769 (statt 1771) als Geburtsjahr der Anerbin notiert (STA OS Rep. 560 III Nr. 693 pag. 6); demnach wären die Mahljahre des Stiefvaters bis zu ihrem 30. Lebensjahr gegangen.
[89] Er umfaßt eine Seite und liegt in STA OS Rep. 560 III Nr. 693.

Fall wollten sie die gesetzliche Regelung über die Land-Ausstattung der Altenteiler in Anspruch nehmen und sich mit „Einstimmung des Gutsherrn das Land, so ihnen am einträglichsten zur Benutzung, nebst zwei Kühe [!]" vorbehalten.

Als Mitte des 19. Jahrhunderts Hofübergabe-Verträge regelmäßiger schriftlich abgefaßt wurden, ließ sich die ältere Generation bisweilen ausdrücklich von der jüngeren versprechen, daß diese sie „stets mit kindlicher Liebe und Respekt [...] behandeln [!]" werde[90]; für den Fall der Verletzung „pflichtmäßiger kindlicher Liebe und Achtung" konnten Sanktionen vereinbart werden.[91] Häufiger wurde der Eventualität, daß „Unfrieden unter Alten und Jungen entstehen" mochte, begegnet, indem die abtretende Generation sich bei der Entscheidung für ein Zusammenleben im Haupthaus doch das Recht vorbehielt, die Leibzucht zu beziehen.[92]

Natürlich konnte Streit auch auftreten, wenn Altenteiler und Bauer in Erbwohnhaus und Leibzucht getrennt wirtschafteten. Aktenkundig wurde ein solcher Konflikt auf dem Halberbe Meyer zu Powe; er betraf den Colon und seinen Stiefvater bzw. dessen zweite Frau.[93] Dabei hatte zunächst alles nach einem guten Einvernehmen zwischen den Generationen – die im Lebensalter gar nicht weit voneinander entfernt waren – ausgesehen. Obwohl der Interimswirt Johann Jobst Meyer zu Powe, geborener Biermann, erst 45 Jahre alt war und die Gutsherrschaft – in diesem Fall der Landesherr – ihm

---

[90] So im Vertrag zur Übergabe des Mehrpohl-Vollerbes in Haltern vom 24.10.1861, in: StA OS Rep. 350 Osn. Nr. 1772. Der verwitwete Vater wollte im Erbwohnhaus bei Tochter und Schwiegersohn wohnen bleiben; Sanktionen für den Fall der Verletzung des Versprechens wurden hier nicht vereinbart. – Als die kinderlose Markkötterswitwe Landwehr 1854 ihrer Nichte und deren Bräutigam den Hof schenkte, ließ sie sich von diesen „stets kindliches freundliches Benehmen" versprechen. Sanktionen schienen auch ihr entbehrlich, vermutlich weil sie sich zeitlebens „die Regierung des Haushalts" vorbehielt: Vertrag vom 30.12.1854 in Hofarchiv Landwehr, Haltern.

[91] So im Vertrag zur Übergabe des Klute-Vollerbes in Wellingen vom 6.6.1860, in StA OS Rep. 350 Osn. Nr. 1772. Die Eltern sollten im Erbwohnhaus von den jungen Leuten freie Wohnung, Kost und Kleidung sowie eine jährliche Rente von 50 Talern – bzw. nach Tod eines Elternteils von 30 Talern – erhalten. Weiter hieß es: „Diese Rente erhöht sich auf 75 Taler resp. 40 Taler, sobald die oder der überlebende der alten Colonen auf dem Colonate nicht mit der pflichtmäßigen kindlichen Liebe und Achtung behandelt werden."

[92] So z.B. im Hofübergabe-Vertrag des Vollerben Meikinghaus zu Gretesch vom 13.2.1818, in: StA OS Rep. 350 Osn. Nr. 1789. – Der abgehende Halberbe Meyer zu Powe und seine Frau stellten ausdrücklich klar, daß das Beziehen der Leibzucht stets ihr Recht, aber niemals ihre Pflicht sei: „Statt der Natural-Leibzucht (deren Beziehung jedoch den Eltern nach ihrem Belieben stets frei stehet, von den jungen Colonen aber nicht erzwungen werden kann)" zogen sie das Zusammenleben mit ihrem Sohn, dem Anerben, und dessen Frau vor: Vertrag vom 29.10.1859, in: StA OS Rep. 350 Osn. Nr. 1772.

[93] StA OS Rep. 350 Osn. Nr. 3051, auch zum Folgenden. – Zur Vorgeschichte s. unten S. 462.

bei der Einheirat im Jahre 1798 die Führung des Betriebs für zwanzig ‚Mahljahre' eingeräumt hatte[94], erklärte er sich im März 1814 bereit, den Hof an seinen 26jährigen Stiefsohn, den Anerben Johann Matthias Gerhard Meyer, zu übergeben. Dabei hatte der bisherige Colon mehrere kleine Kinder zu versorgen; denn nach der kinderlosen Ehe mit der um 16 Jahre älteren Mutter des Anerben hatte er 1809 Engel Gertrud, geborene Führing, zur zweiten Frau genommen, die fast zwanzig Jahre jünger war als er, mithin etwa im Alter des Anerben stand und nun 1814 zum dritten Mal schwanger war. Doch der Anerbe wollte heiraten. Der Ältere gab vor der Gutsherrschaft an, er sei „bei zunehmender Körperschwäche nicht mehr imstande, das Colonat der Stätte zu führen". Da aber die Verlobung des Jungen einige Monate später einvernehmlich gelöst wurde[95], zog sich der Stiefvater mit seiner Familie anscheinend nicht auf die Leibzucht zurück. Seine Frau gebar ihm 1816 ein viertes Kind, dem 1819 ein fünftes folgen sollte. Doch 1818 gingen die Mahljahre definitiv zu Ende, der Anerbe Johann Matthias Gerhard hatte sein 30. Lebensjahr vollendet und eine neue Braut gefunden. In dieser Situation brach der Konflikt um die Bedingungen des Abgangs aufs Altenteil aus. Bevor der künftige Meyer zu Powe im April 1818 heiratete, erschien er mit dem Vater seiner Braut vor dem Amt als Gutsherrschaft, führte Beschwerde, daß sein Stiefvater weit höhere Schulden hinterlassen habe als seinerzeit angegeben, und forderte, dies bei der Ausstattung der Leibzucht zu berücksichtigen.[96] Der abgehende Interimswirt konterte mit der Forderung, das Amt möge festsetzen, daß seinen Kindern eine ebenso hohe Mitgift aus dem Hof zustehe, wie er seinerzeit den weichenden Geschwistern des Anerben gegeben habe. Es scheint dem Vogt von Belm, der im Auftrag des Amtes als Vermittler tätig wurde, gelungen zu sein, eine gütliche Einigung herbeizuführen. Auch nach dem Tod des Excolonen Meyer, geborenen Biermanns, kam im April 1821 sogleich eine friedlich-schiedliche Vereinbarung über den Umfang des seiner Witwe verbleibenden Altenteils zustande. Daraufhin heiratete die Witwe Engel Gertrud Meyer zu Powe, geborene Führing, im Februar 1822 erneut, und zwar den etwas jüngeren Knecht Johann Heinrich Sander. Ende 1822 gebar sie ihm das erste Kind, so daß nun insgesamt sechs Nachkommen zu versorgen waren; zwei Jahre später war Engel Gertrud wieder schwanger. Nun entbrannte der Streit um

---

[94] StA OS Rep. 350 Osn. Nr. 2998 fol. 18.

[95] Vor dem Amt als Gutsherrn gaben die Ex-Verlobten im Oktober 1814 als Grund an, sie hätten „in Erwägung gezogen, daß sie in zu naher Verwandtschaft stünden". Da die Braut von auswärts kam, läßt sich der genaue Grad der Verwandtschaft nicht ermitteln. – Vgl. unten Kap. 6.4.3. und 6.6. zum Problem von Verwandten-Ehen.

[96] Diese Möglichkeit sah die Eigentums-Ordnung von 1722 Kap. 7 § 8 vor, in: OSNABRÜCKISCHES EIGENTUMS-RECHT 1794 S. 22.

die Höhe des Altenteils aufs neue. Im Januar 1825 wandte sich Engel Gertrud Sander, verwitwete Meyer zu Powe, mit einer empörten, aber sauber geschriebenen[97] Eingabe an die Obrigkeit: „Da ich Excoloni Meyern zu Powe Kirchspiel Belm vor sechs Jahr mit vier kleine Kinder in der Leibsucht [!] gezogen, und habe von den Meyerhofe weiter nicht [!] als meinen Altenteil vor mich als Witwe, ich beschwere mich darüber; ich bin schwächlich und nicht imstande, meine Kinder zu erhalten; darum verlange ich etwas Beistand von den Meyerhofe. Sie werden mir meine Bitte gnädigst nicht abschlagen, um mich damit zu verhelfen, daß ich meine Kinder nach der Kirche und Schule schiecken [!] kann." Das Amt lud den Hofbesitzer Johann Matthias Gerhard Meyer zu Powe vor, zusammen mit der Excolonin und einem der beiden Vormünder der Kinder aus ihrer ersten Ehe. Die Beschwerdeführerin wiederholte ihre Klage unter Zustimmung des Vormunds und wies darauf hin, daß sie angesichts der Zahl ihrer unmündigen Kinder schon im Jahre 1821 „Zweifel" hatte, „ob die ihr ausgewiesene Leibzucht für den ihr nötigen Lebensunterhalt hinreichen werde"; deshalb habe sie der damaligen Übereinkunft ausdrücklich nur für ein Jahr zugestimmt. Der Halberbe Meyer erklärte sich keinesfalls zu einer gütlichen Neuregelung bereit; die Excolona habe sich 1821 für „den Fall, daß sie damit nicht durchzukommen sehe", lediglich vorbehalten, die Vereinbarung binnen eines Jahres aufzukündigen; diese Frist sei ungenutzt verstrichen. Da kein Einvernehmen erzielt werden konnte, entschied das Amt, „daß die Leibzucht durch den Vogt [...] demnächst dem Recht gemäß ausgemittelt werden solle". Offenbar wurde nun die Ausstattung der Leibzucht in einer Weise geregelt, mit der beide Seiten leben konnten: ob die Lösung darin bestand, daß entsprechend der von der ‚Eigentums-Ordnung' festgelegten Obergrenze ein Zwölftel der Ländereien des Halberbes der Excolona zur Nutzung überwiesen wurden, wissen wir nicht. Jedenfalls blieb diese mit ihrem zweiten Mann auf dem Hof; sechs Kinder gingen insgesamt aus ihrer Ehe hervor. Ungeklärt blieb freilich die Abfindung der Nachkommen aus ihrer ersten Ehe mit dem damaligen Interimswirt des Power Meyerhofes. Nachdem Engel Gertrud Sander, geborene Führing, verwitwete Meyer zu Powe, 1846 gestorben war, kam es darüber zu einem längeren Rechtsstreit.[98] Der Witwer Johann Heinrich Sander jedoch heiratete wieder und blieb als Heuermann beim Meyer zu Powe. – Getrennte Haushaltsführung schützte also nicht per se

---

[97] Das im Folgenden vollständig wiedergegebene Schriftstück trägt keine Unterschrift, so daß nicht gesichert ist, daß Engel Gertrud es selbst zu Papier brachte. Doch zeigen Handschrift und Sprache, daß es nicht von einem professionellen Schreiber verfaßt ist.
[98] Dazu StA OS Rep. 350 Osn. Nr. 1837; vgl. unten Kap. 6.4.5. zu den Rechten der Kinder von Interimswirten und anderen Fragen, die sich bei Wiederheiraten auf Höfen stellten.

vor Konflikten zwischen Bauer und Excolon; vielmehr konnte gerade in diesem Fall um die Aufteilung der Ressourcen des Hofes ein Streit entstehen, für dessen Lösung die Rechtssätze der ‚Eigentums-Ordnung' nur eine ungefähre Richtlinie gaben.

Bei jeder Hofübergabe hatten Alt- und Jungbauern in diesem Rahmen Entscheidungen zu treffen. Die Beschlüsse über gemeinsames oder getrenntes Wohnen blieben meist revidierbar; jedenfalls gab es keinerlei automatisch anzuwendende Regel. Mit dieser wesentlichen Modifikation läßt sich sagen, daß unsere Mikro-Analyse bestätigt, was aufgrund aggregativer Datenauswertung für andere Regionen behauptet wurde, aber bis zu einem gewissen Grade kontrovers blieb[99]: Auch wenn im Querschnitt durch eine Bevölkerung, also in einer Zensusliste, nur eine Minderheit der Haushalte eine Tiefe von mehr als zwei Generationen hat – in Belm lebten 1772 in einem Viertel der *Bauern*haushalte Vater und/oder Mutter des Hausherrn oder der Hausfrau –, so kann die Mehrgenerationenfamilie trotzdem regulärer Bestandteil des Musters der Haushaltsbildung sein: Wenn die demographische Konstellation so war, daß noch ein Altenteiler oder eine Altenteilerin lebte, kam es meist zu dieser Form des Haushalts.

Daraus folgte: War die Frau eines Großbauern noch sehr jung, so war die Chance groß, daß neben ihr eine ‚Mutter' bzw. Schwiegermutter im Hause lebte. 1772 traf dies in der Hälfte derjenigen großbäuerlichen Haushalte zu, in denen die Bäuerin unter dreißig Jahre alt war. Diese Tatsache wirft zusätzliches Licht auf das relativ niedrige Heiratsalter der Frauen in der großbäuerlichen Schicht.[100] Jüngere Bräute mögen – diese Vermutung wird durch unseren Befund bestärkt – neben anderen Vorzügen auch den gehabt haben, daß sie sich leichter in das vorgefundene Gefüge eines Hofes und einer Familie einordneten[101]; ja die Unterstützung oder Anleitung durch die ältere erfahrene Frau wird ihnen nicht immer unwillkommen gewesen sein. Jedenfalls dürfen wir annehmen, daß schon eine recht junge Frau deshalb in der Lage war, dem komplexen Hauswesen eines großen Hofes vorzustehen, weil sie nie die einzige Frau im Haushalt war: Die Arbeit teilte sie stets mit Mägden, die Leitung oft mit der (Schwieger-)Mutter.[102]

---

[99] BERKNER 1972; andererseits LASLETT 1974a S. 20 ff., vgl. 32 ff.; siehe dazu oben S. 193 f. Überzeugende Beispiele sind BERKNER 1976 und COLLOMP 1988 S. 72 ff.; vgl. COLLOMP 1983; s. auch FAUVE-CHAMOUX 1984; FAUVE-CHAMOUX 1987 S. 245 ff.; FAUVE-CHAMOUX 1988 S. 336.

[100] Siehe oben Kap. 3.2.

[101] So schon MOOSER 1980 S. 203.

[102] Zur Zeit der Volkszählung von 1772 lassen sich aufgrund der Verknüpfung mit der Familienrekonstitution 47 Haushalte ermitteln, in denen die „Hausmutter" das 30. Lebensjahr noch nicht vollendet hatte. Dem niedrigeren durchschnittlichen Heiratsalter entsprechend, war dabei die großbäuerliche Schicht mit 20 Haushalten stark überrepräsentiert. Von diesen 20

Tabelle 4.19: Haushalte mit Vater und/oder Mutter des Haushaltsvorstands oder seiner Ehefrau, nach sozialer Schicht, 1772 und 1858

a) Haushalte mit Vater und/oder Mutter des Hausvaters oder der Hausmutter, 1772

|  | Großbauern | Kleinbauern | Heuerlinge/ Landlose | Sonstige | alle |
|---|---|---|---|---|---|
| Anzahl der Haushalte | 28 | 15 | 21 | – | 64 |
| (in % aller Haushalte) | (28,3%) | (22,7%) | (8,0%) |  | (14,7%) |

b) Haushalte, in denen leibliche oder rechtliche Eltern(teile) mit verheirateten Kindern zusammenlebten, 1858

| Haushaltskonstellation | Großbauern | Kleinbauern | Heuerlinge/ Landlose | Sonstige | alle |
|---|---|---|---|---|---|
| Eltern(teil) mit verheiratetem Sohn/Schwiegertochter | 12 | 6 | 28 | 2 | 48 |
| Eltern(teil) mit verheirateter Tochter/Schwiegersohn | 5 | 7 | 42 | – | 54 |
| Summe: Eltern(teil) mit verheiratem Kind | 17 | 13 | 70 | 2 | 102 |
| (in % aller Haushalte) | (18,9%) | (18,3%) | (18,8%) | (7,1%) | (18,2%) |

Ganz anders verhielt es sich mit der Generationentiefe der landlosen Haushalte: Bei ihnen fehlte mit dem Eigentum das beständige die Generationen zusammenhaltende Zentrum; die jüngere Generation hatte keinen Grund, sich bei den Eltern niederzulassen; die ältere wurde nicht aus einem an die Kinder übergebenen Besitz versorgt. Deshalb waren Haushalte, in denen mindestens ein Elternteil von Hausvater oder -mutter mitlebte, bei den Bauern häufig (26,1%), bei den Landlosen selten (8,0%) (Tab. 4.19).[103]

---

jungen Großbäuerinnen hatten zehn zusätzlich die Mutter oder Schwiegermutter bei sich; keine war die einzige Frau im Hause: Zwei von ihnen hatten eine, vierzehn hatten zwei, und vier hatten drei weitere Frauen (ohne Mädchen unter 14 Jahren) um sich. Von den fünf Kleinbäuerinnen unter 30 Jahren waren drei die einzige Frau im Haus, den anderen beiden stand noch eine weitere Frau zur Seite, keiner jedoch die (Schwieger-)Mutter. Von den 22 Heuerlingsfrauen unter 30 Jahren lebten fünf mit der (Schwieger-)Mutter zusammen, während vierzehn die einzige Frau im Hause waren; eine hatte zwei weitere Frauen um sich. – Allgemein zum starken Gesindebesatz der großen Höfe oben S. 213 ff.

[103] Von *allen* Belmer Haushalten enthielten 14,7% im Jahre 1772 Vater und/oder Mutter

Diese Haushaltsstrukturen passen auch zu dem, was sich aus dem Gesichtspunkt der Zuständigkeiten für den Fall der Armut ergibt. Ältere Menschen der besitzenden Schicht waren aus dem Hof zu unterhalten: Das war der Sinn des Altenteils[104] und wurde in Übergabeverträgen ausdrücklich festgelegt, insbesondere, wenn die Leibzüchter sich nicht einen Teil der Ländereien zur Nutznießung vorbehielten[105]; die Aufnahme in den Haushalt des Hofinhabers mag als der konsequenteste Ausdruck dieser Verantwortlichkeit erscheinen. Eigentumslose Familien hingegen hatten viel weniger Möglichkeiten, arbeitsunfähige Verwandte, Alleinstehende oder Alte mitzuernähren; hier konnte leicht Armut infolge von Alter und/oder Verwitwung

---

des Haushaltsvorstands oder seiner Ehefrau. Dieser Wert fällt nicht aus dem Rahmen der Laslett'schen Ziffern für den Anteil von „extended family households" und „multiple family households" in England (LASLETT 1974a S. 58 ff.; LASLETT 1977a S. 20 ff.). Auch hier zeigen die Belmer Werte, wie trügerisch sozial undifferenzierte Ziffern für eine Gesamtbevölkerung sein können. Vgl. WALL 1983b S. 508 ff. zur Differenzierung zwischen verschiedenen Berufsgruppen in England.

[104] Das heißt nicht, daß in jedem Einzelfall der Altenteilerhaushalt völlig gesichert war. Nach der Mißernte von 1771 fehlten laut Zensusliste vom Februar 1772 dem „Heuersmann" Johann Caspar Voß, der in Wirklichkeit Leibzüchter des Voß'schen Vollerbes war (s. oben S. 256), 12 Scheffel Roggen zur Ernährung seiner Familie; freilich war diese mit sechs Köpfen, darunter vier Kindern unter 14 Jahren, für einen Altenteiler ungewöhnlich groß. Der Vollerbe Everd Voß meldete zu dieser Zeit weder Überschuß noch Mangel an Roggen. Die wenigen anderen Altenteilerhaushalte gaben keinen Fehlbedarf an Getreide an.

[105] So lautete 1847 die erste Bedingung in dem Vertrag, mit dem das betagte Vollerbenpaar Pante in Wellingen seinen Hof an einen Großneffen schenkte: „[...] uns beide bis an unser seliges Ende zu alimentieren und namentlich auch in kranken Tagen mit Hege, Pflege, Arzt und Apotheker unentgeltlich zu versehen, und auch in vierteljährigen Raten zusammen Einhundert Taler als Taschengeld zu verabreichen." (VINCKE 1950 S. 37). – Auch der Inhaber eines kleinen Hofes trug nach Kräften eine entsprechende Verpflichtung. In der Rechnungslegung des Markkötters Johann Caspar Landwehr in Haltern für die Zeit von der Hofübernahme im Jahre 1815 bis 1829 hieß es (URKUNDE LANDWEHR 1980 S. 81):
„1. Meinen alten 69 jährigen Vater unterstützen müssen mit Nahrung und Kleidung bei seines Alters Schwäche und Kränklichkeit, es ihnen an Wartung und Pflege nicht fehlen lassen, wenn Krankheiten bei ihm eintraten, durch nötige ärztliche Hülfe ihn besuchen lassen, wenn seine Krankheit es leiden konnte, mit einem Pferde ihn zum Arzt begleitet, bis ihn der Herr durch den Tod abgefordert, und nach Landesgebrauch ihm zur Ruhestätte verholfen, – die Unterstützung währte 9 Jahre 1 Monat 16 Tage, wo ich ihm die jährliche Unterstützung doch nicht ohne 40 R[eichs]T[aler] leisten konnte,
macht...........................................................................365 R[eichs]T[aler]
2. Meine mitteljährige, noch lebende Stiefmutter, weil es ihre Kräfte noch erlaubten, daß sie zur Arbeit noch behülflich war, jedoch sie Hülfsleistung nötig hatte, an Kleidung und in Krankheiten die nötige Unterstützung reichen mußte, per Jahr 8 R[eichs]T[aler] macht 13$^1/_2$ Jahr........................................................................108 R[eichs]T[aler]".
Nach Ausweis des ‚Verzeichnisses der Feuerstätten' lebten die Altenteiler bereits im Dezember 1815 mit im Hause des jungen Markkötters, während das Backhaus an eine fünfköpfige landlose Familie vermietet war. Der Vater war 1744, die Stiefmutter 1766 geboren.

entstehen. Nicht zufällig waren unter den 23 Haushaltsvorständen, die im Zensus von 1772 mit dem Vermerk „arm" oder „bettelt" versehen wurden, 14 Witwen und 2 Witwer; alle 23 gehörten der landlosen Schicht an. Die Ernährung dieser Armen war zu diesem Zeitpunkt offenbar relativ gesichert. Jedenfalls meldeten im Februar 1772, ein halbes Jahr nach der Mißernte des Jahres 1771, nur acht von ihnen Mangel an Brotgetreide.[106] Für die Armen, zumindest für die Einheimischen, wies die Osnabrückische bzw. Hannöversche Gesetzgebung der Gemeinde – sei es dem Kirchspiel, sei es der Bauerschaft – die Zuständigkeit zu.[107] Insofern kann es als Konsequenz der kommunalen Verantwortung für die Armen betrachtet werden, daß bei den Landlosen verwitwete Personen in der Regel nicht im Haushalt verheirateter Kinder aufgenommen wurden.

Das Vorherrschen von Kernfamilienhaushalten und die kommunale Zuständigkeit für die Bedürftigen scheinen hier so zusammenzugehen, wie das Modell des nordwesteuropäischen Heirats-, Haushalts- und Gesellschaftsmusters es nahelegt[108]: Wenn der einzelne nicht im Rahmen eines Mehrgenerationenhaushalts aufgehoben war, sondern mit der Heirat eine neue ökonomisch-soziale Einheit begründete, mochte das eine Rückkoppelung des demographischen Prozesses an die wirtschaftlichen Ressourcen bewirken; zugleich ergab sich daraus aber die Notwendigkeit einer verstärkten kollektiven Verantwortung, insbesondere der Gemeinden, den Alten und Kranken beizustehen. In unserem Fall jedoch traf dies Modell offenbar nur auf die landlose Schicht zu; für die besitzenden Bauern galt anscheinend das Entgegengesetzte: Die Alten wurden im Rahmen der Großfamilie versorgt.

Was die Aufnahme anderer Verwandter angeht, so entsprechen die Befunde von 1772 ganz diesem Muster. Viel seltener als ein verwitweter Elternteil lebten Vater *und* Mutter des „Hausvaters" oder der „Hausmutter"

---

[106] Von der Gesamtheit der landlosen Haushalte meldete hingegen die Hälfte Mangel an Roggen: s. unten Tab. 4. 21 c.

[107] In der Teuerung 1771/72 griff auch die Regierung mit Getreideimporten und Maßnahmen zur Unterstützung der Armen ein: WRASMANN 1919–1921 Teil 1 S. 131 f.; HATZIG 1909 S. 155 ff. – Zum Armenwesen im Osnabrücker Land: STÜVE 1851 S. 139 ff., 161 f.; HATZIG 1909 S. 163 ff.; WRASMANN 1919–1921 Teil 1 S. 135 ff., Teil 2 S. 66 ff.; BÖHME/KRETER 1990 S. 183 ff. – MOLLY 1919 beschränkt sich auf die Stadt Osnabrück. – Dem Kirchspiel Belm diente im 18. Jahrhundert ein „Speicher"-Gebäude im Kirchdorf als Armenhaus, es wurde jedoch vor 1790 in eine Schule umgewandelt: HINZE 1985 a S. 147 f.
Mitte des 19. Jahrhunderts sind in drei Bauerschaften des Kirchspiels Armenhäuser belegt, s. unten S. 288; dort auch Näheres zum Belmer Armenwesen im 19. Jahrhundert.

[108] Siehe LASLETT 1988 zu dieser Hypothese sowie zu ihrer Relativierung aufgrund der empirischen Befunde; vgl. SMITH 1984 S. 72 ff., 78 ff. In das demo-ökonomische Modell wurde dieser Aspekt einbezogen von SCHOFIELD 1989 bes. S. 285, 291 f.

mit in einem Haushalt. Doch wo diese Konstellation vorkam, handelte es sich mit einer Ausnahme um bäuerliche Familien, nämlich um vier groß- und vier kleinbäuerliche (vgl. Tab. 4.17 mit Tab. 4.19a). Andere „Angehörige" des „Hausvaters" oder der „Hausmutter"[109] waren nicht sehr zahlreich in den Belmer Haushalten, kamen aber am häufigsten in großbäuerlichen, am seltensten in landlosen Haushalten vor.

Faßt man alle Verwandten außerhalb der ‚Kernfamilie' zusammen, nämlich „des Hausvaters oder der Hausmutter im Hause befindliche Väter", „Mütter" sowie „Angehörige männlichen" und „weiblichen Geschlechts"[110], so kam im Gesamt-Durchschnitt nur eine verwandte Person auf drei Haushalte; bei den Landlosen waren es jedoch im Mittel nur halb so viele, bei den Großbauern doppelt soviele – mithin vier mal so viele wie bei den Landlosen –, auch bei den Kleinbauern lag ihre Zahl über dem Durchschnitt (Tab. 4.02b). Von allen Belmer Haushalten enthielt etwa ein Viertel mindestens eine solche verwandte Person, von den großbäuerlichen Haushalten jedoch die Hälfte, von den kleinbäuerlichen waren es 30%, von den landlosen lediglich 14% (Tab. 4.20b).[111]

Die große Mehrheit der landlosen Haushalte bestand 1772 lediglich aus Angehörigen der ‚Kernfamilie': Mann, Frau und Kindern; 82% der Haushalte in dieser Schicht enthielten weder Verwandte noch Gesinde. Bei den Kleinbauern traf das auf gut die Hälfte der Haushalte zu; denn wenn bei der Hofübergabe der bisherige Besitzer und/oder seine Frau noch lebte, so bildeten beide Generationen regelmäßig einen gemeinsamen Haushalt; gelegentlich wurden auch andere Verwandte aufgenommen; selten hatte man freilich einen Knecht oder eine Magd. Die Großbauern hingegen hielten außerdem regelmäßig Gesinde; daher war bei ihnen der reine Kernfamilienhaushalt eine Ausnahme, die in weniger als 10% der Fälle vorkam. Der Gesamt-Durchschnittswert von 60% reiner Kernfamilienhaushalte im Kirch-

---

[109] Nach dem gedruckten Regierungsausschreiben zur Volkszählung vom 6.2.1772, Abs. 9 (StA OS Rep. 100/188 Nr. 38, fol. 31v.) fielen unter diese Kategorie freilich auch Nicht-Verwandte: „Unter der Rubrik von Angehörigen werden die Brüder, Schwester[!] und sonstige Verwandte, imgleichen des Hausvaters übrige Hausgenossen, wann sie mit selbigem auch nicht verwandt sind, in so ferne sie mit ihm in einer Oeconomie leben, sonst aber besonders als Beiwohner aufgeführet [..]"

[110] So die Bezeichnung der Kategorien im gedruckten Formular der Volkszählung von 1772. Zur ‚Kernfamilie' zähle ich hingegen „Hausväter" bzw. „Hausmütter", „des Hausvaters oder der Hausmutter im Hause befindliche Ehefrauen", „Söhne über 14 Jahr" und „unter 14 Jahr" sowie „Töchter über 14 Jahr" und „unter 14 Jahr".

[111] Hier übertrifft auch der Gesamtwert für alle Belmer Haushalte die Laslett'schen Durchschnittszahlen für England: LASLETT 1974a S. 56f., 81; LASLETT 1974b S. 148f.; LASLETT 1977a S. 29ff. Vgl. aber auch dort die sozialen Unterschiede (LASLETT 1974b S. 153f.) sowie die erhebliche Varianz zwischen verschiedenen Orten und Regionen: WALL 1977 S. 96f., 102ff.

Tabelle 4.20: Verschiedene Haushaltstypen, nach sozialer Schicht, 1651 – 1772 – 1858

a) 1651

| Haushaltstyp | Großbauern | Kleinbauern | Landlose/ Nebenhaus-bewohner | Sonstige/ zweifelhaft | alle |
|---|---|---|---|---|---|
| Reine Kernfamilienhaushalte[1] | 37 | 23 | 35 | 24 | 119 |
| (dgl., in % aller Haushalte) | (38,1%) | (43,4%) | (61,4%) | (54,5%) | (47,4%) |
| Kernfamilienhaushalte mit Gesinde[2] | 34 | 10 | 7 | 9 | 60 |
| (dgl., in % aller Haushalte) | (35,1%) | (18,9%) | (12,3%) | (20,5%) | (23,9%) |
| Haushalte mit Sonstigen[3] | 20 | 20 | 15 | 8 | 63 |
| (dgl., in % aller Haushalte) | (20,6%) | (37,7%) | (26,3%) | (18,2%) | (25,1%) |

b) 1772

| Haushaltstyp | Großbauern | Kleinbauern | Heuerlinge/ Landlose | Sonstige | alle |
|---|---|---|---|---|---|
| Reine Kernfamilienhaushalte[4] | 9 | 34 | 214 | 5 | 262 |
| (dgl., in % aller Haushalte) | (9,1%) | (51,5%) | (82,0%) | (50,0%) | (60,1%) |
| Kernfamilienhaushalte mit Gesinde[5] | 41 | 12 | 11 | 4 | 68 |
| (dgl., in % aller Haushalte) | (41,4%) | (18,2%) | (4,2%) | (40,0%) | (15,6%) |
| Haushalte mit Sonstigen[6] | 49 | 20 | 36 | 1 | 106 |
| (dgl., in % aller Haushalte) | (49,5%) | (30,3%) | (13,8%) | (10,0%) | (24,3%) |

c) 1858

| Haushaltstyp | Großbauern | Kleinbauern | Heuerlinge/ Landlose | Sonstige | alle |
|---|---|---|---|---|---|
| Reine Kernfamilienhaushalte[7] | 5 | 31 | 212 | 5 | 253 |
| (dgl., in % aller Haushalte) | (5,6 %) | (43,7 %) | (57,0 %) | (17,9 %) | (45,1 %) |
| Kernfamilienhaushalte mit Gesinde[8] | 40 | 8 | 16 | 6 | 70 |
| (dgl., in % aller Haushalte) | (44,4 %) | (11,3 %) | (4,3 %) | (21,4 %) | (12,5 %) |
| Haushalte mit Sonstigen[9] | 27 | 30 | 134 | 13 | 204 |
| (dgl., in % aller Haushalte) | (30,0 %) | (42,3 %) | (36,0 %) | (46,4 %) | (36,4 %) |

[1] D.i. Haushalte, die keine anderen Personen als Haushaltsvorstand, dessen Ehefrau und dessen Kinder enthalten. Würden die Pflegekinder mit zur Kernfamilie gerechnet, so erhöhte sich die Zahl bei den Großbauern auf 38, bei den Sonstigen auf 27, insgesamt auf 123.

[2] D.i. Haushalte, die mindestens eine Gesindeperson enthalten, im übrigen aber keine anderen Personen als Haushaltsvorstand, dessen Ehefrau und dessen Kinder. Würden die Pflegekinder mit zur Kernfamilie gerechnet, so erhöhte sich die Zahl bei den Großbauern auf 39, insgesamt auf 65.

[3] Die „Sonstigen" sind definiert wie in Tab. 4.01 a. Würden hingegen die Pflegekinder zu den „Sonstigen" gezählt, so erhöhte sich die Zahl bei den Großbauern auf 26, bei den Sonstigen auf 11, insgesamt auf 72.

[4] D.i. Haushalte, die keine anderen Personen als Hausvater, Hausmutter, Kinder „unter 14 Jahr" enthalten; vgl. auch Anm. 1 zu Tab. 4.01b.

[5] D.i. Haushalte, die mindestens eine Gesindeperson enthalten, im übrigen aber keine anderen Personen als Hausvater, Hausmutter, Kinder „unter 14 Jahr" und Kinder „über 14 Jahr".

[6] Die „Sonstigen" sind definiert wie in Tab. 4.01b.

[7] D.i. Haushalte, die keine anderen Personen als Haushaltsvorstand, dessen Ehefrau und dessen Kinder enthalten. Würden die Pflegekinder mit zur Kernfamilie gerechnet, so erhöhte sich die Zahlen auf 6, 32, 221, 6 für die einzelnen Schichten, insgesamt 265.

[8] D.i. Haushalte, die mindestens eine Gesindeperson enthalten, im übrigen aber keine anderen Personen als Haushaltsvorstand, dessen Ehefrau und dessen Kinder. Würden die Pflegekinder mit zur Kernfamilie gerechnet, so erhöhten sich die Zahlen auf 57, 9, 17, 9 für die einzelnen Schichten, insgesamt 92.

[9] Die „Sonstigen" sind definiert wie in Tab. 4.01c. Würden hingegen die Pflegekinder zu den „Sonstigen" gezählt, so erhöhten sich die Zahlen auf 45, 32, 144, 17 für die einzelnen Schichten, insgesamt 238.

spiel Belm läßt diese grundlegenden sozialen Unterschiede verschwinden (Tab. 4. 20 b).

Insgesamt war es in dieser Zeit den Belmern recht gut gelungen, in ihren Haushalten eine Übereinstimmung zwischen der Zahl der zu fütternden Münder und den Erwerbs- und Ernährungsmöglichkeiten zu schaffen. Das zeigen die Ergebnisse der Frage nach dem Roggen-Fehlbedarf der einzelnen Haushalte, die mit dem Zensus vom Februar 1772 verbunden war: Es gab keinen klaren Zusammenhang zwischen der Größe eines Haushalts und der Frage, ob er ausreichend mit Brotgetreide versorgt war, auch nicht innerhalb der landlosen Schicht (Tab. 4. 21).[112] Wohl hatte die Zahl der Kinder unter vierzehn Jahren eine gewissen Einfluß darauf (Tab. 4. 22): Solange man weder Geburtenbeschränkung betrieb noch kleine Kinder aus dem Haus geben wollte, unterlag diese Zahl auch am wenigsten der freien Entscheidung von Hausvater und -mutter.

Zusammengenommen mögen diese Befunde wie eine Bilderbuch-Illustration zu der These der frühen Volkskunde und Familiensoziologie erscheinen, daß die ‚traditionelle' bäuerliche Familie aufgrund ihres ungeteilt vererbten Grundbesitzes eine Stabilität und Kontinuität über die Generationen hin aufwies, die nicht zuletzt im Zusammenleben von Ahnen, Eltern und Kindern zum Ausdruck kam, während die Proletarisierung den Familien die materielle Basis zur Bildung solch umfassender Hausgemeinschaften entzog, so daß die generationelle Tiefe der Haushalte verflachte und nur mehr Eltern und kleine Kinder in relativ flüchtiger Weise zusammenlebten. „Zu der Idee des ganzen Hauses gehört es auch", so meinte Riehl, „daß Eltern und Großeltern, wenn sie sich in ihren alten Tagen zur Ruhe setzen, im Hause der Kinder wohnen. [...] Am festesten [...] zeigt sich dieses Zusammenwohnen von Großeltern, Kindern und Enkeln auf dem Lande, wenn der Grundbesitz geschlossen ist. Bei Gleichteilung der Güter, wenn Grund und Boden, Haus und Hof zu einer beweglichen Ware wird, muß dieses Beisammenbleiben der Alten und Jungen allmählich verschwinden. Es wird wie in den Städten eine zufällige, keine notwendige Erscheinung mehr sein." Da Riehl das „ganze Haus" als eine „halb naturnotwendige, halb freiwillige Genossenschaft" und als ein „Mittelglied zwischen der Familie und der Gesellschaftsgruppe" konzipierte, legte er besonderes Gewicht auf die Einbeziehung des Gesindes – was durchaus der quantitativen Bedeutung der Knechte und Mägde in unserer wie in anderen ländlichen Gesellschaften entsprach.[113]

---

[112] Freilich war unter denjenigen Haushalten, die Mangel an Roggen meldeten, der Fehlbedarf großer Haushalte meist größer als der kleiner Haushalte.

[113] RIEHL 1856 S. 147, 156. – Erst recht war für Le Play die ungeteilte Vererbung des

*Forts. S. 274*

Tabelle 4.21: Die Haushalte nach Größe, Getreidemangel und sozialer Schicht, 1772

a) Großbauern

| Fehlender Roggen (in Scheffel) | Haushaltsgröße (Personen) | | | | alle |
|---|---|---|---|---|---|
| | 1–3 | 4–5 | 6–8 | 9–12 | |
| 0 | – | 2 | 42 | 38 | 82 |
| (Spalten-%) | | (50,0%) | (85,7%) | (82,6%) | (82,8%) |
| 1–3 | – | – | – | – | – |
| (Spalten-%) | | | | | |
| 4–6 | – | 1 | 3 | 3 | 7 |
| (Spalten-%) | | (25,0%) | (6,1%) | (6,5%) | (7,1%) |
| 7–13 | – | 1 | 4 | 5 | 10 |
| (Spalten-%) | | (25,0%) | (8,2%) | (10,9%) | (10,1%) |

b) Kleinbauern

| Fehlender Roggen (in Scheffel) | Haushaltsgröße (Personen) | | | | alle |
|---|---|---|---|---|---|
| | 1–3 | 4–5 | 6–8 | 9–12 | |
| 0 | 6 | 13 | 8 | 2 | 29 |
| (Spalten-%) | (60,0%) | (40,6%) | (36,4%) | (100,0%) | (43,9%) |
| 1–3 | 2 | 7 | 2 | – | 11 |
| (Spalten-%) | (20,0%) | (21,9%) | (9,1%) | | (16,7%) |
| 4–6 | 2 | 9 | 5 | – | 16 |
| (Spalten-%) | (20,0%) | (28,1%) | (22,7%) | | (24,2%) |
| 7–13 | – | 3 | 7 | – | 10 |
| (Spalten-%) | | (9,4%) | (31,8%) | | (15,2%) |

Anmerkung: 1 Osnabrücker Scheffel Roggen entsprach etwa 21 kg; denn: 1 Osnabrücker Scheffel = 28,703 Liter (NOBACK 1858 S.540), und als Reduktionsfaktor für Liter in Kilogramm errechnet ABEL 1978a S.294 bei Roggen 0,7278. – HOFFMEYER/BÄTE 1964 S.460 gibt das Gewicht von 1 Scheffel Roggen mit 22 bis 22,5 kg an. In der Tat ist bei der Umrechnung der alten Getreidehohlmaße in Gewichtsmaße mit einer beträchtlichen Unschärfe zu rechnen.

Tabelle 4.21 (Fortsetzung):

c) Heuerlinge/Landlose

| Fehlender Roggen (in Scheffel) | Haushaltsgröße (Personen) | | | | alle |
|---|---|---|---|---|---|
| | 1–3 | 4–5 | 6–8 | 9–12 | |
| 0 | 66 | 42 | 21 | 2 | 131 |
| (Spalten-%) | (59,5%) | (39,3%) | (51,2%) | (100,0%) | (50,2%) |
| 1–3 | 28 | 23 | 2 | – | 53 |
| (Spalten-%) | (25,2%) | (21,5%) | (4,9%) | | (20,3%) |
| 4–6 | 16 | 33 | 12 | – | 61 |
| (Spalten-%) | (14,4%) | (30,8%) | (29,3%) | | (23,4%) |
| 7–13 | 1 | 9 | 6 | – | 16 |
| (Spalten-%) | (0,9%) | (8,4%) | (14,6%) | | (6,1%) |

d) Sonstige

| Fehlender Roggen (in Scheffel) | Haushaltsgröße (Personen) | | | | alle |
|---|---|---|---|---|---|
| | 1–3 | 4–5 | 6–8 | 9–12 | |
| 0 | 1 | 2 | 3 | – | 6 |
| 1–3 | 1 | – | – | – | 1 |
| 4–6 | 1 | 1 | – | – | 2 |
| 7–13 | 1 | – | – | – | 1 |

e) alle

| Fehlender Roggen (in Scheffel) | Haushaltsgröße (Personen) | | | | alle |
|---|---|---|---|---|---|
| | 1–3 | 4–5 | 6–8 | 9–12 | |
| 0 | 73 | 59 | 74 | 42 | 248 |
| (Spalten-%) | (58,4%) | (40,4%) | (64,3%) | (84,0%) | (56,9%) |
| 1–3 | 31 | 30 | 4 | – | 65 |
| (Spalten-%) | (24,8%) | (20,5%) | (3,5%) | | (14,9%) |
| 4–6 | 19 | 44 | 20 | 3 | 86 |
| (Spalten-%) | (15,2%) | (30,1%) | (17,4%) | (6,0%) | (19,7%) |
| 7–13 | 2 | 13 | 17 | 5 | 37 |
| (Spalten-%) | (1,6%) | (8,9%) | (14,8%) | (10,0%) | (8,5%) |

Tabelle 4.22: Die Haushalte nach Zahl der Kinder „unter 14 Jahr", Getreidemangel und sozialer Schicht, 1772

a) Großbauern

| Fehlender Roggen (in Scheffel) | Zahl der Kinder „unter 14 Jahr" | |
|---|---|---|
| | 0–1 | 2–6 |
| 0 | 32 | 50 |
| (Spalten-%) | (91,4%) | (78,1%) |
| 1–3 | – | – |
| (Spalten-%) | | |
| 4–6 | – | 7 |
| (Spalten-%) | | (10,9%) |
| 7–13 | 3 | 7 |
| (Spalten-%) | (8,6%) | (10,9%) |

b) Kleinbauern

| Fehlender Roggen (in Scheffel) | Zahl der Kinder „unter 14 Jahr" | |
|---|---|---|
| | 0–1 | 2–6 |
| 0 | 15 | 14 |
| (Spalten-%) | (45,5%) | (42,4%) |
| 1–3 | 6 | 5 |
| (Spalten-%) | (18,2%) | (15,2%) |
| 4–6 | 9 | 7 |
| (Spalten-%) | (27,3%) | (21,2%) |
| 7–13 | 3 | 7 |
| (Spalten-%) | (9,1%) | (21,2%) |

c) Heuerlinge/Landlose

| Fehlender Roggen (in Scheffel) | Zahl der Kinder „unter 14 Jahr" | |
|---|---|---|
| | 0–1 | 2–6 |
| 0 | 73 | 58 |
| (Spalten-%) | (58,9%) | (42,3%) |
| 1–3 | 28 | 25 |
| (Spalten-%) | (22,6%) | (18,2%) |
| 4–6 | 19 | 42 |
| (Spalten-%) | (15,3%) | (30,7%) |
| 7–13 | 4 | 12 |
| (Spalten-%) | (3,2%) | (8,8%) |

Tabelle 4.22 (Fortsetzung):

d) Sonstige

| Fehlender Roggen (in Scheffel) | Zahl der Kinder „unter 14 Jahr" | |
|---|---|---|
| | 0–1 | 2–6 |
| 0 | 3 | 3 |
| 1–3 | 1 | – |
| 4–6 | 1 | 1 |
| 7–13 | 1 | – |

e) alle

| Fehlender Roggen (in Scheffel) | Zahl der Kinder „unter 14 Jahr" | |
|---|---|---|
| | 0–1 | 2–6 |
| 0 | 123 | 125 |
| (Spalten-%) | (62,1%) | (52,5%) |
| 1–3 | 35 | 30 |
| (Spalten-%) | (17,7%) | (12,6%) |
| 4–6 | 29 | 57 |
| (Spalten-%) | (14,6%) | (23,9%) |
| 7–13 | 11 | 26 |
| (Spalten-%) | (5,6%) | (10,9%) |

Freilich traten in unserem Fall die ‚neuen' Verhältnisse nicht in der Stadt, sondern auf dem Land, und nicht erst mit der Industrialisierung und Fabrikarbeit des 19. Jahrhunderts[114], sondern schon im 18. voll in Erscheinung.

---

Grundbesitzes die Basis der von ihm gepriesenen Stammfamilie; er griff damit aktiv in die politischen Kontroversen um Fragen des Erbrechts im Frankreich Napoleons III. ein; dazu ASSIER-ANDRIEU 1984. – Als empirische Illustration s. dazu den interregionalen Vergleich zwischen dem Realteilungsgebiet des Fürstentums Göttingen und dem Anerbengebiet des Fürstentums Calenberg sowie die schichtspezifische Analyse beider Regionen bei BERKNER 1976; allgemein dazu FLANDRIN 1978 S. 66 ff., 90 ff. Schichtspezifische Daten zum Anteil erweiterter Familien auch bei LORENZEN-SCHMIDT 1987 S. 64 ff. – Wichtig die Erweiterung der Fragestellung durch das Konzept der „historischen Ökotypen" bei MITTERAUER 1986a; differenzierend auch PFISTER 1990.

[114] Eine Fallstudie aus den französischen Alpen, die den Wandel von einem Stammfamiliensystem mit ungeteilter Erbfolge zu Kernfamilienhaushalten in der ersten Hälfte des 19. Jahrhunderts unter der Einwirkung von Industrialisierung und egalitärer Gesetzgebung belegt und damit recht gut zu der Theorie zu passen scheint, ist COLLOMP 1988; vgl. COLLOMP 1983. Komplizierter stellt sich ein Fall aus den französischen Pyrenäen dar, dem Gebiet, in dem Le

Auch handelte es sich um ein Nebeneinander kontrastierender Strukturen bei verschiedenen Schichten derselben Gesellschaft zu ein und demselben Zeitpunkt, nicht um eine Abfolge von Entwicklungsphasen.[115] Brachte hier die Proto-Industrialisierung in schichtspezifischer Weise bereits die Umgestaltung der Familien und Haushalte zuwege, die sonst der Industrialisierung und Verstädterung zugeschrieben wird?[116]

Die Entwicklung der Strukturen bis zur Mitte des 19. Jahrhunderts sollte Aufschluß über den weiteren Fortgang des Prozesses geben. Fragen wir nach der Position der Witwen und Witwer, so stellen wir fest, daß 1858 in der bäuerlichen Schicht verwitwete Personen häufiger als 1772 einen Haushalt für sich führten: damals ein Viertel, nun mehr als zwei Fünftel. Die Mehrzahl lebte freilich auch 1858 in einem gemeinsamen Haushalt, gewöhnlich mit einem verheirateten Kind (Tab. 4.17). Immerhin scheint dieser Befund ein gewisses Fortschreiten der Tendenz zum ‚modernen' Kernfamilienhaushalt zu signalisieren, und zwar eine Ausbreitung in die Kreise der Groß- und Kleinbauern hinein.

Wenden wir uns jedoch den Witwen und Witwern der landlosen Schicht zu, so stellen wir eine Veränderung in die entgegengesetzte Richtung fest, die noch massiver ist: Während im späten 18. Jahrhundert drei Viertel von ihnen in einem Haushalt für sich gelebt hatten, waren es 1858 nur noch 45 %; die Mehrzahl wohnte nun mit anderen zusammen in einer Hausgemeinschaft.

Mitte des 19. Jahrhunderts war damit der Unterschied zwischen Bauern und Landlosen, den wir 1772 in diesem Aspekt der Haushaltsstruktur so

---

Play sein Vorbild der Stammfamilie fand: FAUVE-CHAMOUX 1981; FAUVE-CHAMOUX 1984; FAUVE-CHAMOUX 1985; FAUVE-CHAMOUX 1987 S. 245 ff.; vgl. ASSIER-ANDRIEU 1984. – In zwei Gebieten Schwedens wurde ebenfalls ein starkes Abnehmen komplexer Haushaltsformen im Zuge des sozialen, ökonomischen und kulturellen Wandels vom 18. zum 19. Jahrhundert festgestellt: ERIKSSON/ROGERS 1978 S. 159 ff.; EGERBLADH 1989. – Vgl. andererseits unten S. 290.

[115] Genau betrachtet, beobachteten auch Riehl und Le Play unterschiedliche Verhältnisse in ihrer Zeit, interpretierten sie aber als Repräsentanten verschiedener Phasen einer Entwicklung, indem sie einen zielgerichteten Trend im Zeitverlauf unterstellten. Vgl. etwa bei RIEHL 1885 S. 41 ff., 66 ff. die Kapitel „Der Bauer von guter Art" und „Der entartete Bauer"; die zweite Kategorie sieht er u. a. durch Realteilung und „übermäßige Kleingüterei", durch starke Marktabhängigkeit sowie durch ländliches Gewerbe entstehen. In diesem Zusammenhang weist er hin auf „die eigentümlichen Zustände ganzer Landstriche, namentlich Gebirgsgegenden, wo irgend ein Gewerbszweig notwendig den mageren Feldbau ergänzen muß und darum auch längst historisch eingewurzelt ist. Wie leicht aber auch hier der feste soziale Bestand erschüttert wird, das haben uns die Schicksale der Nagelschmiede im Taunus, der Uhrmacher auf dem Schwarzwalde, der Spitzenklöppler in Sachsen, der schlesischen Leineweber genugsam bewiesen. Der deutsche Bauer erhält sich nur da in vollster Kraft und Gesundheit, wo er ganz und ausschließlich Bauer ist." (ebd. S. 71).

[116] Vgl. KRIEDTE/MEDICK/SCHLUMBOHM 1977 S. 119 ff.

deutlich ausgeprägt gefunden hatten, völlig eingeebnet, und zwar durch Angleichung der Verhaltensweisen beider Schichten aneinander, stärker freilich durch Annäherung der Heuerleute an das Muster, das sich im 18. Jahrhundert als typisch bäuerlich dargestellt hatte, denn umgekehrt. Von allen Witwen und Witwern des Kirchspiels lebte daher 1858 nur noch eine Minderheit (44%) in einem separaten Haushalt; die Relation hatte sich gegenüber 1772 umgedreht (damals 58%).

Nicht nur verwitwete Personen wurden Mitte des 19. Jahrhunderts vermehrt in gemeinsame Haushalte aufgenommen, sondern die Zahl der weder zur Kernfamilie noch zu den Dienstboten gehörenden Haushaltsangehörigen wuchs auch insgesamt kräftig. Im Schnitt entfiel nun fast eine solche Person auf jeden Belmer Haushalt (Tab. 4.02d, vgl. b). Bei den Großbauern freilich hatte sich hier gegenüber dem späten 18. Jahrhundert nichts geändert; in den kleinbäuerlichen Haushalten war diese Personengruppe durchschnittlich auf den doppelten Umfang angewachsen, in landlosen sogar auf den fünffachen. Dadurch war auch in dieser Hinsicht 1858 der Unterschied zwischen großbäuerlichen, kleinbäuerlichen und landlosen Haushalten verschwunden.[117]

In diesem Punkt war der Befund übrigens unmittelbar nach dem Dreißigjährigen Krieg ähnlich gewesen (Tab. 4.02a, 4.20a). Das prägnante schichtspezifische Muster bei der Erweiterung der Haushalte durch Verwandte, das so gut zu den Theorien über den Zusammenhang von unteilbarem Grundbesitz und stammfamilienartigen Haushaltsformen zu passen schien, war in dieser Gesellschaft demnach keineswegs seit unvordenklichen Zeiten überliefert, sondern bildete sich im späten 17. oder im 18. Jahrhundert aus und verblaßte im Laufe des 19. Jahrhunderts wiederum.

Infolge dieser Entwicklungen war der Unterschied in der durchschnittlichen Haushaltsgröße zwischen Großbauern und Landlosen Mitte des 19. Jahrhunderts absolut und relativ etwas kleiner geworden als 1772 (Tab. 4.02d, vgl. b). Er beruhte wie zuvor in erster Linie auf dem Gesindebesatz der Vollhöfe – der ja sogar noch stärker geworden war –, in zweiter Linie auf der größeren Zahl der Kinder ab vierzehn Jahren – hier war der relative Abstand geschrumpft, weil nun auch etliche Landlose herangewachsene Söhne und Töchter im Hause hatten. Auch Pflegekinder – die sich in

---

[117] Personen, die weder zur ‚Kernfamilie' (d.h. Haushaltsvorstand, dessen Ehefrau und Kinder) gehörten, noch Dienstboten waren, enthielten 1858 bei den Großbauern 50% der Haushalte, bei den Kleinbauern 45%, bei den Landlosen 39%, insgesamt 42%. Sieht man – wie 1772 – von den Pflegekindern ab, so waren es bei den Großbauern sogar nur 30%, bei den Kleinbauern 42%, bei den Landlosen 36%, insgesamt 36% (Tab. 4.20c mit Anm. 9; vgl. Tab. 4.20b).

der Zensusliste von 1858 deutlicher unterscheiden lassen – kamen bei Großbauern öfter vor. In der Aufnahme weiterer insbesondere verwandter Personen hingegen scheint 1858 kein schichtspezifischer Unterschied mehr bestanden zu haben.

Dadurch sank in der landlosen Schicht gegenüber 1772 der Anteil der Haushalte, die lediglich aus Angehörigen der ‚Kernfamilie' (Mann, Frau, Kinder) bestanden, drastisch um 25 Prozentpunkte auf 57%. Infolgedessen war dieser Haushaltstyp nun im Gesamtdurchschnitt des Kirchspiels mit 45% in der Minderheit (Tab. 4.20).[118]

Bisher beruhen die Aussagen über einen Wandel der Praxis, weitere Menschen in den Haushalt aufzunehmen, lediglich auf quantitativen Informationen insbesondere über die Residualgruppe der Personen, die weder zur ‚Kernfamilie' gehörten noch Dienstboten waren. Das ist jedoch, genauer betrachtet, noch keine sichere Basis für die Behauptung, daß sich das Verhalten der landlosen Familien dem der Bauern wirklich angeglichen hat: Es kann noch nicht ausgeschlossen werden, daß in der Heuerlingsschicht infolge der immer größeren Bevölkerungsdichte aus rein materieller Not ‚familienfremde' Mitbewohner, verwitwete und andere, aufgenommen wurden. In diesem Fall läge nur eine oberflächliche Ähnlichkeit zu der Verhaltensweise der Bauern vor, denn bei diesen waren es offenbar vor allem Verwandtschaftsbande, die einen Hofinhaber bestimmten, alte Eltern oder andere Angehörige in sein Haus zu nehmen. Erst die Verknüpfung der Volkszählungsliste mit der Familienrekonstitution kann hier Klarheit schaffen.

Zunächst gilt es freilich, auch auf dieser Ebene zu prüfen, wieweit sich die Praxis bei den Bauern Mitte des 19. Jahrhunderts gewandelt hatte. Wie stand es um das Verhältnis zwischen Colonen und Altenteilern? Lebten Witwer und Witwen der bäuerlichen Schicht deshalb weniger häufig als 1772 mit einem verheirateten Kind zusammen, weil Leibzüchter und Leibzüchterinnen nun öfter einen separaten Haushalt führten? Oder handelte es sich hier um Hofinhaber und Hofinhaberinnen, die auf eine Wiederheirat verzichteten, die Wirtschaft aber noch weiter leiteten, da der Anerbe bzw. die Anerbin noch nicht verheiratet war?

1858 gab es auf elf von den kleinen Höfen einen Altenteiler und/oder eine Altenteilerin (Tab. 4.18). Nur auf einem führte dieser einen eigenen Haus-

---

[118] Auch in dieser Hinsicht waren die Befunde von 1651 denen von 1858 wesentlich ähnlicher als denen von 1772 (Tab. 4.20). 1651 bestanden 47% aller Haushalte lediglich aus Angehörigen der Kernfamilie, von den Landlosen waren es 61%. Allerdings setzten sich 1651 auch 38% der Großbauernhaushalte lediglich aus Angehörigen der Kernfamilie zusammen – eine Folge der relativen Seltenheit mitwohnender Verwandter und des geringen Gesinde-Besatzes.

halt, nämlich auf dem Markkotten Balgenort. Und das, obwohl der Excolon bereits 85, seine Frau 71 Jahre alt war. Freilich hatten sie einen 32 jährigen unverheirateten Sohn bei sich. Die Familienrekonstitution zeigt, daß der Altenteiler Stiefvater des Bauern, die Altenteilerin seine dritte Stiefmutter, der 32 jährige Ledige ihr gemeinsamer Sohn war. Bei allen anderen Kleinbauern lebten der Excolon oder die Excolona mit im Haupthaus. Natürlich waren Wohnraum und Wahlmöglichkeiten auf diesen kleinen Stellen auch Mitte des 19. Jahrhunderts begrenzt. Fast drei Viertel aller Kleinbauern besaß ja nur ein bewohnbares Gebäude. Immerhin verfügten drei von den zehn, die Altenteiler im Hause hatten, über ein zweites Wohnhaus, zogen es aber vor, dieses zu vermieten.

Vereinzelt wurde von ehemaligen Hofinhabern oder -inhaberinnen ein dritter Weg beschritten: sie verließen den Hof und das Kirchspiel. Daher sind diese Fälle in einer Volkszählungsliste nicht zu finden; wir stoßen auf sie nur, wenn wir das weitere Schicksal der älteren Generation nach der Hofübergabe und Heirat des Anerben bzw. der Anerbin verfolgen. Bei drei von den Höfen, auf denen Anerben zwischen Dezember 1852 und Dezember 1858 heirateten, finden wir diesen Fall, bei einem Vollerben, einem Markkotten und einer Neubauerei. Zwei Witwer und eine Witwe zogen weg; zwei waren Stiefeltern, einer leiblicher Vater des Anerben bzw. der Anerbin. Bei zweien wissen wir aus dem Kirchenbuch, daß sie mit auswärtigen Partnern eine neue Ehe eingingen. Dieser Weg blieb auch im 19. Jahrhundert eine seltene Ausnahme.[119]

Wie schon im 18. Jahrhundert besaßen die Großbauern in aller Regel mehrere Wohngebäude und konnten so zwischen einem engeren und einem weniger engen Zusammenleben mit den Altenteilern auf dem Hof wählen. 1858 lebten auf 23 großen Höfen Excolonen oder Excoloninnen, sechs davon in separaten Haushalten (Tab. 4.18). Im Vergleich zu 1772 scheint diese Lösung also etwas beliebter geworden zu sein. Altenteiler-Ehepaare wählten sie etwas häufiger als Witwer und Witwen.

Diejenigen, bei denen unverheiratete Kinder wohnten, behielten eher ihre Eigenständigkeit als die, deren sämtliche Kinder bereits das Elternhaus verlassen hatten. So hatten von den 17, die mit in der Familie des Hofinhabers lebten, nur drei je einen ledigen Sohn oder Tochter bei sich. Unter denen, die in die Leibzucht gezogen waren, hatte das Ehepaar Marquard fünf Kinder, alle unter 13 Jahren; beim Witwer Eistrup wohnten vier Kinder im Alter zwischen neun und einundzwanzig Jahren, beim Witwer Dreyer in Wellingen ein Sohn von 15 und eine Tochter von 11 Jahren, außerdem eine Magd. Die Witwe Aulbert in Vehrte hatte einen Sohn mit Frau und Kind

---

[119] Vgl. auch unten S. 480 ff. zu einigen weiteren Fällen dieser Art.

ins Haus genommen. Nicht in jedem Fall muß die Anwesenheit von Kindern die Ursache dafür gewesen sein, daß die Altenteiler einen eigenen Hausstand weiterführten; gerade wenn die Kinder schon arbeitsfähig waren, können – umgekehrt – die Eltern sie bei sich behalten haben, um eine eigene Wirtschaft aufrechterhalten zu können. Zu diesem Zeitpunkt konnten fehlende Kinder durch Gesinde ersetzt werden. So hatte das Excolonen-Ehepaar Meyer zu Belm keine Kinder bei sich, dafür aber einen Knecht und eine Magd eingestellt; und das Leibzüchter-Paar Meikinghaus lebte ebenfalls ohne Kinder, aber mit einer Magd und einem Pflegekind.

Auch das Alter der ExcolonInnen spielte verständlicherweise eine wichtige Rolle bei der Wahl zwischen eigenständiger Haushaltsführung und Integration in die Familie des Hofinhabers. Unter den siebzehn, die mit dem Bauern im Haupthaus wohnten, war einer 59 Jahre alt, alle anderen hatten die 60 überschritten. Ihr Durchschnittsalter lag bei 71 Jahren. Auf der anderen Seite war von den sechs, die den Leibzuchtkotten gewählt hatten, nur die Witwe Aulbert über 60 Jahre alt; doch sie bildete als 76jährige eine Hausgemeinschaft mit der Familie ihres nicht erbberechtigten Sohnes, eines „Heuerlings". Die anderen fünf zählten 47, 48, 50, 51 und 58 Jahre, hatten also den Hof erstaunlich früh abgegeben.[120]

Möglicherweise ausschlaggebend bei der Entscheidung für oder gegen das Wohnen unter einem Dach war die Art des Verwandtschaftsverhältnisses zwischen den Generationen. Die Altenteiler, die mit im Haupthaus lebten, waren durchweg leibliche Eltern des Anerben bzw. der Anerbin. Nur der verwitwete Excolon Ostendarp war Stiefvater der Hoferbin; und der Altenteiler im Haus des Vollerben Behrmann war dessen Stiefvater, die Altenteilerin freilich seine leibliche Mutter. Die sechs AltenteilerInnen hingegen, die in der Leibzucht einem eigenen Haushalt vorstanden, waren ausnahmslos Stiefeltern des Anerben bzw. der Anerbin; Leibzüchter beim Meyer zu Belm waren allerdings der Stiefvater[121] und die leibliche Mutter der Hoferbin, bei Meikinghaus der Stiefvater und die leibliche Mutter des Hoferben.

Die anderen Faktoren, die bei der Wahl des Haushalts-Arrangements offenbar in Betracht gezogen wurden, hingen mit diesem Aspekt zusammen. Denn da wiederheiratende Witwer und Witwen junge Partner bevorzugten[122], waren Stiefeltern in der Regel jünger als leibliche. Aus demselben Grunde entsprangen einer späteren Ehe oft Kinder, die wesentlich jünger

---

[120] Fälle dieser Art widersprechen natürlich der Vorstellung eines regulären Lebens- und Familienzyklus; die Ursachen werden unten in Kap. 6.4. näher erörtert.

[121] Er war zugleich der ältere Bruder des derzeitigen Meyer zu Belm; vgl. unten S. 413 f. und Grafik 6.01 zu den komplizierten Erb- und Verwandtschaftsverhältnissen.

[122] Siehe oben Kap. 3.2.

als ihre Halbgeschwister aus früheren Ehen waren und deshalb noch bei den Eltern lebten, nachdem der – der ersten Ehe entstammende – Anerbe den Hof bereits übernommen hatte. Da obendrein der junge Partner den wiederheiratenden Teil oft überlebte und dann selber erneut freite[123], war bei Stiefeltern die Wahrscheinlichkeit höher, daß sie als Ehepaar über den Zeitpunkt der Hofübergabe hinaus lebten, denn bei leiblichen Eltern. Eine solche Kette von Wiederheiraten hatte es auf dem Marquard'schen Vollerbe gegeben: Der Vater des Colons von 1858 war 1836 gestorben; seine Mutter hatte 1837 den Altenteiler von 1858 geheiratet, war aber 1845 selber gestorben. Im selben Jahr hatte sich der Interimswirt mit der Frau verehelicht, die 1858 mit ihm in der Leibzucht wohnte; daher waren ihre fünf Kinder noch so jung, eines war sogar erst geboren, nachdem der Anerbe im Jahr 1856 geheiratet hatte. Der Vollerbe Marquard zählte 1858 28 Jahre, seine Frau 22, der Altenteiler 48, dessen Frau 39 Jahre. – Noch zwei Glieder mehr wies die Kette der Wiederverehelichungen auf dem Vollerbe Dreyer zu Wellingen auf, wo 1858 der Colon 38 Jahre, der Excolon in der Leibzucht 50 Jahre alt war. Nachdem die Mutter des Hofinhabers von 1858 im Jahre 1827 gestorben war, schloß sein Vater noch zwei Ehen, bevor er 1833 verschied. Seine dritte und letzte Frau heiratete 1835 den Mann, der nicht nur ihren Tod im Jahre 1852 überlebte, sondern 1857 auch den seiner zweiten Frau und der nun 1858 mit zwei Kindern und einer Magd in der Leibzucht zurückgeblieben war. Solche Folgen von Wiederheiraten führten dazu, daß zwischen zwei auf einem Hof lebenden ‚Generationen' weder Blutsverwandtschaft bestand noch ein Altersverhältnis, das einem biologischen Verständnis von Generationen entspricht.

Insgesamt kann trotz der etwas häufiger gewählten separaten Haushaltsführung der Altenteiler nicht gesagt werden, daß sich Mitte des 19. Jahrhunderts bei den Belmer Bauern die Verwandtschaftsbeziehungen wesentlich gelockert hätten. Denn vorwiegend folgten sie weiterhin dem Muster, einen Dreigenerationen-Haushalt zu bilden, wenn die Besitzübergabe unter Lebenden erfolgte, zumal wenn Eltern den Hof an ihr eigenes Kind abgaben. Von denjenigen Bauern, die seit 1852 ihre erste Ehe geschlossen hatten, wohnte 1858 gut die Hälfte mit mindestens einem Elternteil unter einem Dach.[124] Die ‚Phase des Stammfamilienhaushalts' wurde also von der Mehrzahl durchlaufen. Von allen bäuerlichen Haushalten beherbergte jeder fünfte

---

[123] Vgl. oben Kap. 3.4.

[124] Nämlich 8 von 17 Großbauern und 7 von 11 Kleinbauern. Aber auch von den 68 Landlosen, die seit 1852 ihre erste Ehe geschlossen hatten, lebten 1858 nicht weniger als 35 mit mindestens einem Elternteil in einem gemeinsamen Haushalt; dazu das Folgende sowie unten Kap. 6.6.

einen oder mehrere verheiratete oder verwitwete Verwandte, in der Regel Eltern des Anerben bzw. der Anerbin.[125]

Wie sahen im Vergleich dazu die Haushalts- und Familienkonstellationen bei den Landlosen aus? Beschränken wir uns zunächst auf die verheirateten und verwitweten[126] Personen, die in ihren Hausgemeinschaften mitlebten, so erweckt die Volkszählungsliste den Eindruck, daß die Hälfte von ihnen Verwandte, die andere Hälfte ‚familienfremde' MitwohnerInnen waren[127]: diesen Schluß würden wir jedenfalls aufgrund der Gleichheit oder Ungleichheit der Familiennamen und aus den – nur gelegentlich vorkommenden – Angaben wie „Mutter", „Schwiegervater", „Schwiegersohn" u.dgl. ziehen. Demnach hätte nur jeder zehnte landlose Haushalt verheiratete oder verwitwete Verwandte beherbergt – halb so viele wie bei den Bauern –, ein weiteres Zehntel der landlosen Haushalte hätte fremde Witwen, Witwer oder Ehepaare aufgenommen, vermutlich eine blanke Folge von Armut und Wohnungsnot. Die letzteren würden im Laslett'schen Klassifikationsschema auch nicht als „extended" oder „multiple family households" erscheinen, sondern als zwei Haushalte, die lediglich ein „houseful" bildeten.[128] Es bliebe also ein Muster von grundlegend verschiedenen Haushaltsstrukturen und Verwandtschaftsbeziehungen bei hofbesitzenden Bauern einerseits, Landlosen andererseits erhalten – trotz gewisser seit dem späten 18. Jahrhundert eingetretener Modifikationen.

Überprüfen wir diese Schlußfolgerungen mit Hilfe der Verknüpfung von Zensus und Familienrekonstitution, so stellen wir fest, daß die auf Namensgleichheit bzw. -ungleichheit beruhenden Vermutungen über Verwandtschaft uns systematisch in die Irre geführt haben. Es zeigt sich, daß die 79 mitwohnenden Ehepaare, Witwer und Witwen in landlosen Haushalten bis auf

---

[125] In 17 großbäuerlichen und 14 kleinbäuerlichen Haushalten lebten 1858 verheiratete oder verwitwete Verwandte, das sind 18,9 % der groß- und 19,7 % der kleinbäuerlichen Haushalte. Bei den Großbauern handelte es sich in allen Fällen um leibliche oder rechtliche Eltern des Anerben bzw. der Anerbin, bei den Kleinbauern nur in 10 Fällen; in drei anderen kleinbäuerlichen Haushalten lebten Eltern(teile) des eingeheirateten Teils, in einem weiteren eine andere verwandte Person (vgl. Tab. 4.18 b, 4.19). Darüber hinaus hatten zwei Großbauern und drei Kleinbauern verheiratete oder verwitwete Mitwohner, die offenbar nicht mit dem Haushaltsvorstand verwandt oder verschwägert waren.

[126] Zu den ledigen s. unten Kap. 5.

[127] Hier und im folgenden wird ein Ehepaar – ebenso wie eine verwitwete Person – als ein Fall betrachtet, so daß die Zahl der Fälle kleiner ist als die Zahl der betroffenen Personen. Zu beachten ist, daß vereinzelte Haushalte zwei verwitwete Personen aufgenommen hatten.

[128] HAMMEL/LASLETT 1974 S.77f., 87; LASLETT 1974a S.26ff., 34ff. Zur Kritik vgl. auch oben S.220.

fünf Ausnahmen nahe Verwandte des Haushaltsvorstands oder seiner Ehefrau waren![129]

Überwiegend lebten Eltern und verheiratete Kinder zusammen (Tab. 4.19b). So führten auf dem Biermann'schen Vollerbe der 33jährige Heuerling Eberhard Frische und seine 23jährige Frau einen gemeinsamen Haushalt mit dem 57 Jahre alten Heuerling Franz Möller und dessen 60jähriger Frau, welche die Familienrekonstitution als seine Schwiegereltern erweist. Auf dem Riepe-Hof lebte der 28jährige Heuerling Johann Heinrich Berner samt Frau und Tochter in häuslicher Gemeinschaft mit seiner Mutter, der 58jährigen Witwe Engel Berner, und seinen drei unverheirateten Geschwistern im Alter zwischen zwölf und zwanzig Jahren. In beiden Fällen teilten sich übrigens dieser „Mehrfamilien-" bzw. „erweiterte-Familien-Haushalt" einen Kotten mit einer weiteren Heuerlingsfamilie.

In 61 Fällen waren es leibliche Eltern, die als Ehepaar oder verwitwet mit einem verheirateten Kind eine Hausgemeinschaft bildeten; in 4 weiteren handelte es sich um Elternpaare, von denen der eine Teil leiblich, der andere Stiefvater bzw. -mutter war. Darüber hinaus fanden zwei Witwen Aufnahme bei einem Stiefkind. Eine von ihnen war die 74jährige Maria Elisabeth Beckmanns, die in der Familie des Heuerlings Johann Wilhelm Wamhoff und seiner 42jährigen Frau, ihrer Stieftochter, in einem Kotten des Meyerhofes zu Lüstringen lebte.

Ebenfalls rein rechtlich-sozialer Art war das Eltern-Kind-Verhältnis in drei weiteren Fällen: Der Witwer David Voßgröne, 79 Jahre alt, der mit seinem 31jährigen unverheirateten Sohn im Haushalt des Heuerlings Casper Bücker und dessen Ehefrau wohnte, war der Vater der verstorbenen ersten Frau Bückers. – Ähnlich verhielt es sich mit dem 75 Jahre alten Gerhard H.

---

[129] Mit Hilfe der Familienrekonstitution wurden insgesamt 107 mitwohnende Ehepaare und verwitwete Personen als Verwandte des Haushaltsvorstands oder seiner Ehefrau erkannt, davon 17 in großbäuerlichen, 14 in kleinbäuerlichen, 74 in landlosen, 2 in sonstigen Haushalten. Davon waren aufgrund der Informationen in der Volkszählungsurliste (Namensungleichheit, keine Angaben über Verwandtschaft) als nicht verwandt eingestuft: insgesamt 41, davon 1 in vollbäuerlichem, 3 in kleinbäuerlichen, 37 in landlosen Haushalten. Ohne Verknüpfung mit der Familienrekonstitution würde also nicht nur global die Bedeutung von Verwandtschaftsbeziehungen für die Zusammensetzung der Haushalte stark unterschätzt, sondern dieser Fehlschluß hätte zudem einen krassen schichtspezifischen Bias: Bei den Bauern würden 13% der Verwandten nicht als solche erkannt, bei den Landlosen 50%. Ursache dafür ist erstens, daß in den landlosen Haushalten viele Verwandte der Frau, in den bäuerlichen überwiegend Verwandte des Mannes lebten (Tab. 4.19b) und zweitens, daß in bäuerlichen Familien auch ein wichtiger Teil der Verwandtschaft weiblicher Linie an Namensgleichheit erkannt werden kann, weil einheiratende Männer den Hofnamen anzunehmen pflegten. Deshalb führt das Kriterium der Namensgleichheit verschiedener Angehöriger eines Haushalts bei den Bauern zu weit zuverlässigeren Ergebnissen als bei den Landlosen.

Baringhaus, der samt seiner drei Jahre jüngeren Frau als „Schwiegervater" im Haushalt des Heuerlings und Tischlers Franz Lübbe, 45 Jahre, registriert wurde; sie waren die Eltern von Franz Lübbes erster seit mehr als dreizehn Jahren verstorbener Frau; 1846 hatte er wiedergeheiratet, und die fünf Kinder in seinem Haus stammten alle aus der zweiten Ehe. – Über zwei Todesfälle und zwei Wiederheiraten hinweg hatte sich das durch eine Heirat begründete Verwandtschaftsband im Fall der 78 jährigen Witwe Maria Elisabeth Brüggemann erhalten: 1858 wurde sie als „Schwiegermutter" bei dem Heuermann Gerhard Heinrich Menke, 38 Jahre alt, verzeichnet; auch 1852 hatte sie schon seinem Haushalt angehört. Sie war die Mutter des ersten Ehemanns der verstorbenen ersten Frau Menkes, der bereits 1847 seine jetzige Frau geheiratet und mit dieser die fünf in seinem Haushalt lebenden Kinder gezeugt hatte.[130]

Wenn solche Konstellationen auch nicht zahlreich sind, so zeugen sie doch davon, daß zumindest einige landlose Familien Verwandtschaftsbeziehungen über lange Zeiträume und über mannigfaltige Wechselfälle hinweg pflegten – und das, obwohl es bei ihnen nicht das Band des Grundbesitzes gab, der bei den Bauern entlang solcher Heiratsketten weitergegeben wurde und den ehemaligen wie den derzeitigen Hofinhaber ernährte.

In dieser Gesellschaft galt offenbar *nicht*, was für ein südwestdeutsches Realteilungsgebiet behauptet wurde: daß erwachsene Kinder ihre Eltern nur deshalb respektierten, weil diese für sie die Quelle der Besitztümer waren, und daß das Ausmaß der kindlichen Fürsorge direkt proportional zu dem übertragenen Eigentum war.[131]

Neben den siebzig Witwern, Witwen und Ehepaaren, die als leibliche oder rechtliche Eltern mit verheirateten Kindern in landlosen Haushalten zusammenlebten, gab es nur vier andere verheiratete oder verwitwete Verwandte in dieser Schicht: einen Onkel, eine Tante, einen Neffen und die Mutter eines Schwiegersohns.

---

[130] 1852 hatten auch noch zwei Kinder aus der ersten Ehe seiner Frau zu Menkes Haushalt gehört; 1858 war das ältere davon 15 Jahre alt und im Gesindedienst, das jüngere als „Pflegekind" von dem Leibzüchter Meikinghaus angenommen, auf dessen Hof der Vater Heuerling gewesen war.

[131] So SABEAN 1990 S. 35, vgl. 322 ff. Es kann sehr wohl sein, daß hier in der Tat ein wesentlicher Unterschied zwischen unserer Gesellschaft und der des württembergischen Dorfes bestand; darauf deutet insbesondere das enorme Ausmaß der Verrechtlichung und buchführenden Verschriftlichung des innerfamilialen Austausches im Württembergischen hin. Andererseits mag bei Sabean eine etwas zu mechanische Vorstellung von der Determinierung familialer und verwandtschaftlicher Beziehungen durch Eigentumsrechte mitschwingen; vgl. SABEAN 1976 S. 98: „[...] in the absence of property there is little tendency to develop extended kin ties." – Zur Bedeutung von Verwandtschaftsbeziehungen über die Haushaltsgrenzen hinweg s. unten Kap. 7.5.

Insgesamt beherbergte 1858 jeder fünfte landlose Haushalt einen oder mehrere verheiratete oder verwitwete Verwandte – genau wie in der bäuerlichen Schicht.[132] Und das trotz des viel beengteren Wohnraums und des Mangels an Vermögen! – Gemeinsam war allen Schichten auch, daß die Familien in der Regel ein weiteres Ehepaar oder eine verwitwete Person nur dann in den Haushalt aufnahmen, wenn es sich um Eltern bzw. Kinder – und zwar überwiegend, aber nicht ausschließlich: leibliche – handelte (Tab. 4.19 b).

In einem Punkt aber unterschieden sich zwischen den Schichten die Verwandtschaftsbande, die einer gemeinsamen Haushaltsführung zugrundelagen. Speziell bei den Vollbauern waren es in zwölf Fällen Eltern des Mannes, die mit im Hause wohnten, nur fünfmal Eltern der Frau (Tab. 4.19 b). Bei Kleinbauern waren Eltern des Mannes und der Frau etwa gleich häufig, bei den Landlosen handelte es sich zu 60 % um Eltern der Frau. Daß besonders bei den Großbauern so selten Eltern der Frau mitwohnten, lag an der Bevorzugung der männlichen Erbfolge; denn in allen siebzehn Fällen waren es AltenteilerInnen, die mit im großbäuerlichen Haushalt wohnten, nie Eltern, die einem eingeheirateten Kind gefolgt waren. Bei den Kleinbauern gab es außer den zehn Haushalten mit Altenteilern (Tab. 4.18 b) auch drei, bei denen Eltern der eingeheirateten Seite lebten; so waren trotz der auch hier feststellbaren Bevorzugung der Söhne als Erben[133] Eltern der Frau ebenso oft im Haus wie Eltern des Mannes. Da die Eltern der Heuerlingsschicht weder Haus noch Hof zu vererben hatten und so das Zusammenwohnen unabhängig von den Regeln und Strategien war, die für die Bauern galten, waren die Eltern hier frei, zum Sohn oder zur Tochter zu ziehen, ebenso wie die Kinder die Wahl hatten zwischen Eltern und Schwiegereltern. In der Mehrzahl der Fälle war, was die Bildung eines gemeinsamen Haushalts angeht, das Band zwischen Eltern und Tochter stärker als das zwischen Eltern und Sohn, oder das Verhältnis zum Schwiegersohn war unproblematischer als das zur Schwiegertochter.

Obwohl von den landlosen Haushalten nur ein gutes Drittel ein Nebengebäude für sich allein zur Verfügung hatte, die Hälfte mit einem zweiten sich eines teilte, ein Siebtel sogar zu drei oder vier Haushalten in einem

---

[132] In 72 Haushalten von Heuerlingen/Landlosen lebten verheiratete oder verwitwete Verwandte, das sind 19,4 % der Haushalte dieser Schicht; dabei wohnten in zwei Haushalten je zwei verwitwete Verwandte. Darüber hinaus lebten in fünf Haushalten dieser Schicht verheiratete oder verwitwete Mitwohner, die offenbar nicht verwandt waren. Zum Vergleich mit den Haushalten der Bauern siehe oben Anm. 125 zu diesem Kapitel. – Vgl. ähnliche Befunde in einer proto-industriellen Gemeinde Vorarlbergs im späten 18. und frühen 19. Jahrhundert: FITZ 1985 S. 159, 180 f.

[133] Siehe unten Kap. 6.3.

Kotten zusammengepfercht war[134], hinderte sie das offenbar ebensowenig wie ihre beschränkten ökonomischen Möglichkeiten, Eltern bzw. verheiratete Kinder aufzunehmen. Die zunehmende Knappheit des Wohnraums[135] und die Verschlechterung der wirtschaftlichen Situation der landlosen Mehrheit dieser ländlichen Bevölkerung scheinen vielmehr wichtige Ursachen für den bemerkenswerten Wandel ihrer Haushaltsverhältnisse gewesen zu sein. Angesichts der Krise der Hausleinenindustrie wanderten viele nach Amerika aus und die, die blieben, mußten enger zusammenrücken. Doch mit wem man zusammenlebte, das suchte man sich im Rahmen des engeren Verwandtschaftskreises aus.[136]

Das gibt uns allen Grund anzunehmen, daß in dieser schwierigen Zeit nicht nur bei den besitzenden Bauern, sondern auch bei den Landlosen erwachsene Kinder Verantwortung für ihre alten Eltern übernahmen.[137] Und das, obwohl nach dem Recht die örtliche Gemeinde für diejenigen Armen zuständig war, die ihr gesetzliches Domizil dort hatten![138] Doch darauf allein konnte man in jenen Zeiten offenbar nicht bauen. Gewiß, die Bauerschaft als ‚politische Gemeinde' und auch die Kirchengemeinde unterstützten tatsächlich einige Arme. Auf die Frage: „Wie nimmt man sich der Armen und Kranken an?" berichtete der lutherische Pfarrer bei der Visitation vom Juli 1857: „Die Armen und Kranken werden von den einzelnen Bauerschaften, in denen sie sich finden, unterstützt; jedoch greift die kirchliche Armen- und Krankenpflege ein. So bekommen z. B. die Armen Kleidungsstücke und auch andre Unterstützung aus der Kirchen-Armen-Kasse; es wird aus der Kirchen-Armen-Kasse das Schulgeld für die armen Kinder bezahlt. Es besteht auch bei mir eine Privat-Armenkasse von solchem Gelde, das mir von einzelnen Gemeindegliedern zu zweckmäßiger Verwendung vertrauensvoll in die Hand gegeben wird."[139]

Ein Blick in die z. T. erhaltenen Armenrechnungen der beiden Kirchengemeinden aus dem 19. Jahrhundert bestätigt wesentliche Punkte dieses Berichts, zeigt aber auch, wie begrenzt die Reichweite der kirchlichen Sozialfürsorge war. Die gesamten Aufwendungen der katholischen Gemeinde Belm für ihre Armen beliefen sich 1816–19 auf jährlich etwa vierzig bis siebzig

---

[134] Vgl. auch oben Kap. 2.1. und unten Kap. 7.2.
[135] 1772 entfielen im Kirchspiel Belm durchschnittlich 6,3 Bewohner auf ein Wohngebäude, 1858 waren es 7,6.
[136] Jedenfalls soweit es sich nicht um jugendliche ledige Personen handelte, s. unten Kap. 5.
[137] Das Zusammenwohnen von älterer und jüngerer Generation konnte ebenso für die Jungen hilfreich sein; dazu unten Kap. 6.6.
[138] Siehe oben S. 266 und die dort angeführte Literatur.
[139] LKA H, A9, Nr. 2791 a: Visitationsfragen Nr. 13, Seite 4.

Taler.[140] Aufgebracht wurden diese Mittel nahezu ausschließlich durch Zinserträge von Kapitalien, die immerhin einen Gesamtwert von etwa 1300 Talern repräsentierten, aber z. T. schon seit mehr als hundert Jahren an Colonen im Kirchspiel ausgeliehen waren. Die Zahlungen gingen zum überwiegenden Teil an die beiden katholischen Lehrer, teils als Festbeträge, teils „für Unterrich[t] der Armen-Kinder" je nach deren Zahl. Einige Taler wurden gewöhnlich zum Einkauf von Sach-Beihilfen verwendet. Nur vereinzelt erhielten Bedürftige direkte Bar-Unterstützungen, nie waren es mehr als drei pro Jahr, und keiner bekam mehr als 2,5 Taler. Einem armen Mädchen wurde 1817 ein halber Taler „für ein Kam[i]sol und ein Paar Strümpfe bezahlt", 1818 empfing ein Familienvater „bei Krankheit seiner Frau und Kinder" zweieinhalb Taler. Zwei außerordentliche Aufwendungen führten 1816 sogleich zu einem Defizit der Armenkasse: An Brockmann – wohl den Vollerben in Icker – wurden fünf, an Klehmann – wohl den Halberben in Haltern – zehn Taler gezahlt, je „für ein Waisenkind", das sie offenbar aufgenommen hatten. Mitte des Jahrhunderts konnten die Einnahmen der katholischen Armenkasse immerhin nahezu verdoppelt werden, weil zu den – praktisch unveränderten – Zinserträgen die Ergebnisse der Klingelbeutel-Kollekten hinzukamen, 1858 waren es 47 Taler. Immer noch ging von den Ausgaben der Hauptposten an die Lehrer, dabei wurden jetzt außer dem Schulgeld für die Armen-Kinder die Kosten der Bücher ausdrücklich erwähnt. Ein Betrag in Höhe der Kollekten-Einnahmen stand nun zwecks Einkauf von Kleidungsstücken zur Verfügung, die an bedürftige Kinder verteilt wurden.[141] – Um die Leistungsfähigkeit der evangelischen Armen-Kasse war es nicht besser bestellt. 1839 zum Beispiel beliefen sich ihre Ausgaben auf 140 Taler, und die lutherische Gemeinde war weit größer als die katholische. Die Verwendung war ganz ähnlich wie bei der anderen Konfession, einen Hauptposten bildeten die Entschädigungen für die Lehrer; daneben wurden Kleidungsstücke an Mittellose ausgegeben, am häufigsten Strümpfe und Kamisol, gelegentlich Hose, Oberrock oder Kleid. Ein protestantisches Spezifikum waren natürlich die 3 „Gesangbücher, in ganz Leder", welche zu insgesamt 2,5 Taler „für arme Konfirmanden" gekauft wurden.[142] Hin und wieder wurden die Armenmittel durch milde Stiftungen aufgebessert. So vermachte die hochbetagte Witwe Maria Elisabeth Meyer, Inhaberin des größten Hofes im Kirchspiel, im Jahre 1808 der „Evang.

---

[140] So die Armenrechnungen dieser Jahre, die als Beispiel herangezogen wurden: KPA BELM Nr. 395.

[141] So die Armenrechnung 1858, in: ebd.

[142] So die Belege zur Armen-Rechnung von 1839, die beispielhaft herangezogen wurde: EPA BELM K. R. III b Nr. 1.

Hauptschule zu Belm behuff Information armer Evang. notleidende[r] Kinder in [!] Kirchspiel Belm" eine Forderung in Höhe von fünfzig Talern; die Zinsen dieses – an den Vollerben Voß zu Darum ausgeliehenen – Kapitals in Höhe von zwei Talern sollte der „Evangel. Schullehrer zu Belm [...] jährlich zu genießen und zu haben haben".[143] – In außergewöhnlichen Fällen gelang es dem Pfarrer auch, durch Vorstellungen bei der Landdrostei einige Taler aus der Regierungs-Kasse zugunsten besonders bedrängter Gemeinde-Angehöriger zu erwirken. Für den blinden Sohn des Heuermanns Stoffer Henrich Dinckmeyer hatte er eigentlich mehr erbeten, doch bewilligte die Regierung 1817 immerhin fünf Taler. 1827 gewährte die Landdrostei „aus einem kleinen vom Königl. Kabinetts-Ministerio zu unserer Disposition für milde Zwecke gestellten Fond" vierzehn Taler für einen notleidenden Heuerling und zehn für den „dürftigen Heuerling und Totengräber Johann Heinrich Knockewefel".[144]

Im wesentlichen aber lag die Aufgabe der Armenfürsorge neben den Kirchengemeinden bei den Bauerschaften. Diese konnten bedürftige Personen, die in der betreffenden Kommune Heimatrecht hatten, entweder durch Zuwendungen unterstützen oder sie bei besitzenden Bauern unterbringen. Zu wählen zwischen solchen Alternativen hatte gewiß nicht der Betroffene, wie ein Fall aus dem Jahre 1847 zeigt, der dadurch aktenkundig wurde, daß ein konfessioneller Neben-Aspekt zum Konflikt führte und den katholischen Pfarrer auf den Plan rief. Die katholische Witwe Möller aus Wellingen hatte nämlich „die Gemeinde zur Unterstützung amtlich auffordern lassen", weil sie „ihre noch schulpflichtigen Kinder zu ernähren" außerstande war. „Statt der Witwe Wunsche zu entsprechen wegen einer bestimmten Unterstützung, hat die rein protestantische Dorfschaft Wellingen vorgezogen, die Kinder bei den lutherischen Colonen unterzubringen". Dagegen konnte die Mutter offenbar nichts unternehmen. Wogegen der Geistliche – gewiß auf ihre Vorstellung hin – Einspruch erhob, war nur, daß die Pflegeeltern die Möller-Kinder mit ihren eigenen in die nächste evangelische Schule schickten. Als Grund führten die Wellinger Colonen an, daß „die Kinder der Nähe des Ortes wegen zu Mittag zu Hause gehen und sie selben kein Mittagsbrot mitzugeben brauchen". Der Pastor bestand darauf, daß die Möller-Kinder nicht in die „etwa ½ Stunde" entfernte protestantische Schule, sondern in die katholische des „reichlich eine Stunde" entfernten Kirchdorfes Belm gingen.[145]

---

[143] Verschreibung vom 8.12.1808, in: HOFARCHIV MEYER ZU BELM. Nach dem Tode i.J. 1811 wurde ihr persönliches Vermögen auf 1500 Taler geschätzt; s. zu ihr unten S. 511 ff.

[144] EPA BELM A 362.

[145] KPA BELM Nr. 226: Schreiben des katholischen Pfarrers von Belm an das General-Vikariat vom 29. April 1847.

Mehrere Gemeinden richteten zur Unterbringung derjenigen rechtmäßigen Mitglieder, die sich selbst nicht ernähren konnten, ein eigenes Armenhaus ein. 1858 waren das die Bauerschaften Icker, Wellingen und Haltern. In dem einen wohnte damals ein 64jähriger Mann mit seiner fünf Jahre jüngeren Frau, der zunächst als Schuster, später als Heuerling auf verschiedenen Höfen gelebt hatte. Von den acht Kindern seiner beiden Ehen lebte keines mehr im Kirchspiel Belm: Eines war gestorben, von zweien ist ausdrücklich vermerkt, daß sie nach Amerika auswanderten, das Schicksal der übrigen kennen wir nicht. – In dem anderen Armenhaus lebte ein 66jähriger Witwer mit zwei unverheirateten Töchtern, die 37 bzw. 28 Jahre alt waren, sowie dem kleinen Kind der älteren. Er hatte noch einen Sohn im Kirchspiel; dieser diente trotz seiner 42 Jahre noch als Knecht bei einem Markkötter. In diesem Armen-Haushalt wohnte außerdem eine 59jährige ledige Frau, die ebenfalls als „arm" bezeichnet wird, mit dem Witwer und seinen Töchtern aber offenbar nicht verwandt war. – In dem dritten Armenhaus war eine 43jährige ledige Frau mit ihrer 13jährigen Tochter und ihrem 7jährigen Sohn untergebracht. Die Kinder hatten verschiedene Väter; der zweite hatte sich bei der Taufe ausdrücklich vor dem Pfarrer zu dem Kinde bekannt, zur Heirat war es trotzdem nicht gekommen. Nähere Verwandte hatte sie offenbar nicht im Kirchspiel.

Außer diesen zehn Armenhaus-Insassen wurden im Zensus von 1858 noch neunzehn weitere Personen als „arm" gekennzeichnet, insgesamt also kaum ein Prozent der Einwohner. Schon das zeigt, daß nicht alle am Rande des Subsistenzminimums Lebenden mit diesem Terminus belegt wurden, sondern vermutlich eher die, die in der einen oder anderen Weise von der Gemeinde unterstützt wurden. Elf davon lebten als Pflegekinder in ‚fremden' Haushalten[146], vier bei Großbauern, vier bei Kleinbauern, drei bei Landlosen. Unter den übrigen waren noch zwei ledige Frauen im Alter von 53 und 54 Jahren und zwei ledige Männer von 56 bzw. 77 Jahren, die ohne Anhang in bäuerlichen oder landlosen Haushalten wohnten, zu denen offenbar keine Verwandtschaft bestand. Der 56jährige im Hause des Meier zu Darum wird ausdrücklich als „arm Umlieger" bezeichnet; offenbar wurde er reihum bei den Bauern der Gemeinde untergebracht – eine Art rotierender Armenfürsorge, die auch aus anderen Gegenden bekannt ist.[147] Schließlich hatte eine Pächterfamilie eine 35jährige ledige Frau mit ihrem zweijährigen Kind, beide „arm", aufgenommen, dazu ein „armes" Pflegekind. Ein Erbpächter und Wirt bot nicht nur einer 34jährigen „armen" Frau und einem 15jährigen

---

[146] Näheres s. unten Kap. 5.2.
[147] WRASMANN 1919–1921 Teil 2 S. 66; allgemein SACHßE/TENNSTEDT 1980 S. 250 f.; für eine österreichische Region noch im 20. Jahrhundert KHERA 1973 S. 817.

„armen" Jugendlichen, sondern auch drei „armen" Pflegekindern Unterkunft; ansonsten lebte noch seine Frau, sein 20jähriger Sohn und eine 15jährige Magd in seinem Haushalt. Es könnte also sein, daß ein von der Gemeinde zu bezahlendes Kostgeld mit zu seinen Einkünften beitrug.

Kinder und ältere Menschen kamen also am ehesten in eine so ausweglose Situation, daß sie offiziell als „arm" registriert wurden. Vor allem aber waren es offenbar Menschen, die – zumindest am Ort – keine nahen Verwandten hatten, insbesondere keine Eltern und Kinder.

Überraschend wirkt auf diesem Hintergrund die Auskunft, die der lutherische Pastor 1857 zu einem weiteren Punkt des Visitationsfragebogens gab. „Wie werden im Allgemeinen [...] von den Kindern, namentlich den erwachsenen, die Eltern geehrt [...]?" Antwort: „Das Verhältnis der Kinder zu den Eltern ist im Allgemeinen gut. Manche Fälle sind mir vorgekommen, in denen ich von den Kindern, nämlich den erwachsenen, mehr Fürsorge für die alt und schwach gewordenen Eltern gewünscht hätte; in solchen Fällen habe ich den Kindern das bemerklich gemacht. Alte und schwache Eltern werden, wie meine Erfahrung mich gelehrt hat, auf dem Lande im Allgemeinen zu leicht der Gemeinde zur Unterstützung zugeschoben. Ich rüge das nicht selten von der Kanzel herab."[148] Die in der Volkszählungs-Urliste als „arm" etikettierten Personen können kaum zu diesen gerügten Fällen gehört haben. Soweit es um die Aufnahme alter Eltern in einen gemeinsamen Haushalt geht, spricht der Befund von Zensus und Familienrekonstitution eine ganz andere Sprache. Er läßt – auch wenn wir nichts Näheres über Art und Ausmaß der kindlichen „Fürsorge" wissen – das pauschale Urteil, daß „alte und schwache Eltern [...] auf dem Lande im Allgemeinen zu leicht der Gemeinde zur Unterstützung zugeschoben" werden, in einem anderen Licht erscheinen: Das Bild der gesellschaftlichen Wirklichkeit, wie es in einem solchen Text zum Ausdruck kommt, wird offenbar mit geprägt von den normativen Erwartungen des Autors; es sollte nicht einfach als unverzerrtes Abbild einer ‚objektiven' Realität interpretiert werden. Zwar mögen die Besitzlosen die Einrichtung einer kommunalen oder staatlichen Versorgungsanstalt für arme, alte und invalide Heuerleute gewünscht haben[149]; doch da es sie nicht gab, trugen in der Regel die Familien diese Last.

Die prinzipiell gegebene Zuständigkeit der Gemeinde für die Unterstützung von Armen machte offensichtlich in der angespannten Situation, in der sich die landlose Mehrheit dieser ländlichen Gesellschaft Mitte des 19. Jahrhunderts befand, das Zusammenhalten und Zusammenleben von Eltern und

---

[148] LKA H, A9, Nr. 2791a: Visitationsfragen Nr. 10, Seite 3.
[149] Diese Forderung wurde in der Bewegung des Jahres 1848 von Heuerleuten in dem – Belm benachbarten – Kirchspiel Engter erhoben: BEHR 1974 S. 134.

verheirateten Kindern durchaus nicht überflüssig. Die Veränderungen, die hier seit dem späten 18. Jahrhundert eingetreten waren, zeigen also auch für unseren Fall, daß keineswegs die Gemeinde einfach die Risiken übernahm, die sich ergaben, wenn eine Kernfamilie oder ihr Rest, etwa eine verwitwete Person, ökonomisch nicht mehr auf eigenen Füßen stehen konnte.[150] Ja, unser Fall deutet sogar darauf hin, daß unter veränderten wirtschaftlichen und sozialen Bedingungen das System der Kernfamilien-Haushalte selbst modifiziert oder aufgegeben wurde.[151]

## 4.6. Schlußfolgerung

Überhaupt haben sich die Haushalts- und Familienstrukturen unserer ländlichen Gesellschaft, je detaillierter wir sie untersuchten, um so mehr als querliegend zu zentralen Annahmen der globalen Modelle und Theorien erwiesen. Das gilt sowohl für die Dimension des Wandels im Zeitverlauf als auch für die der Unterschiede zwischen den sozialen Schichten.

Offensichtlich gab es hier keine lineare Entwicklung, schon gar nicht ‚von der Großfamilie zur Kernfamilie'. Im Gegenteil, die komplexen und insbesondere die Dreigenerationen-Haushalte nahmen im 19. Jahrhundert stark zu, und zwar speziell bei den Eigentumslosen, bei denen zeitgenössische und nachfolgende Theoretiker die ‚unstabile Familie' zu finden glaubten. Gerade die Menschen dieser Schicht nahmen angesichts der Probleme, vor die Krise und Wandel sie stellten, vermehrt Verwandte, Eltern oder verheiratete Kinder, in einen gemeinsamen Haushalt auf. Daß das Kirchspiel Belm in dieser Hinsicht kein vereinzelter Ausnahmefall ist, zeigen ähnliche Befunde für England im 19. Jahrhundert, und zwar sowohl für krisengeschüttelte proto-industrielle Gebiete wie für Fabrikstädte.[152] In unserem Gebiet fand dieser Wandel jedoch keineswegs im Zuge einer grundlegenden Umgestaltung der Wirtschaft und Gesellschaft durch die Industrialisierung statt, sondern im Zusammenhang mit einer De-Industrialisierungs-Krise.

---

[150] So auch – aufgrund eines vergleichenden Überblicks im europäischen Maßstab – LASLETT 1988; vgl. oben S. 266.

[151] Weiter dazu unten Kap. 6.6.

[152] Allgemein s. schon LASLETT 1971 S. 95; LASLETT 1977a S. 24, vgl. 20f.; vgl. WALL 1983b bes. S. 499ff., 508ff.; ANDERSON 1988 sowie RUGGLES 1987 (mit abweichender Interpretation). – Proto-industrielles Gebiet: LEVINE 1977 S. 45ff. – Fabrikstädte: ANDERSON 1971; FOSTER 1974 S. 97ff. – SOKOLL 1987 findet in einem Dorf Südost-Englands bereits am Ende des 18. Jahrhunderts, daß die Armen größere und mehr komplexe Haushalte hatten als die anderen Schichten. – Vgl. andererseits oben Anm. 114.

So verschwand in unserem Gebiet während des 19. Jahrhunderts der soziale Kontrast in einem zentralen Aspekt der Haushaltsformen, der im 18. Jahrhundert so deutlich gewesen war und der in der Zuordnung der stammfamilienartigen Konstellationen zu den Bauern, der Kernfamilien-Haushalte zu den Landlosen so gut zu den familiensoziologischen Theorien des 19. und 20. Jahrhunderts zu passen schien.

Nicht minder interessant, wenn auch aufgrund der Quellenlage weniger umfassend abgesichert, ist der Befund, daß diese schichtspezifische Differenz der Haushaltsformen keineswegs von altersher überliefert war, sondern sich anscheinend erst im späten 17. oder 18. Jahrhundert ausbildete. Zumindest gab es nach dem Ende des Dreißigjährigen Krieges hinsichtlich einer Erweiterung der Haushalte durch Verwandte und sonstige Mitwohner keineswegs den prägnanten Kontrast zwischen Bauern und Landlosen, der im späten 18. Jahrhundert ins Auge fällt.[153]

In der klassischen mittleren Periode unserer Untersuchung finden wir in der Tat Kernfamilienhaushalte *und* komplexe Haushalte – jedoch nicht verteilt auf Zentrum und Peripherie des damaligen ‚Weltsystems'; auch nicht verschiedenen Teilen Europas, die einen in einer individualistisch-kapitalistisch orientierten Gesellschaft, die anderen in einer bäuerlich-familistisch geprägten[154]; sondern beide bestanden innerhalb ein und derselben lokalen Gesellschaft nebeneinander, die eine bei den Besitzlosen, die andere bei den Eigentümern. Ja dies war – das wird bei genauerer Betrachtung immer deutlicher – nicht ein beziehungsloses Nebeneinander zweier schichtspezifischer Muster; vielmehr handelte es sich um eine Symbiose der großen Haushalte der Vollbauern und der kleinen der Heuerleute, bei der beide Seiten notwendig aufeinander angewiesen waren. Keineswegs ruhte die bäuerliche Großfamilie stabil in sich, sondern die Bauern rekrutierten ihr Gesinde unter den jungen Leuten, die aus landlosen Familien stammten[155]; außerdem verließen sie sich bei den saisonalen Arbeitsspitzen auf die ‚Hilfe' ihrer Heuerlinge und deren Frauen.[156] Die Landlosen konnten nur Familien gründen, weil sie auf den großen Höfen Wohnung und ein wenig Pachtland als Grundlage für einen Teil des Lebensunterhalts fanden. In dieser Symbiose unterschiedlicher Haushaltsformen, von denen die eine dem Bild der ‚traditionellen Großfamilie', die andere dem der ‚modernen Kleinfamilie' ent-

---

[153] Diese frühe Periode ist – auch wegen der schlechteren Quellenlage – bisher viel weniger untersucht. Vgl. jedoch REBEL 1983 S. 43 ff., 120 ff., 170 ff. und passim, der die Ausbildung derartiger Haushalts- und Familienstrukturen bei den Bauern Oberösterreichs im 16. und frühen 17. Jahrhundert in erheblichem Ausmaß auf obrigkeitliche Einwirkung zurückführt.

[154] Vgl. oben Kap. 4. 1.

[155] Dazu unten Kap. 5. 4.

[156] Näheres dazu unten Kap. 7.

sprach, konnte also offenbar weder das ‚Moderne' ohne das ‚Traditionelle' existieren noch das ‚Traditionelle' ohne das ‚Moderne'.

Dauerhafter als die Unterschiede in der Generationentiefe waren andere Differenzen zwischen den Haushalten landbesitzender Bauern und Eigentumsloser; das gilt vor allem hinsichtlich der Beschäftigung von Gesinde. Insofern läßt sich durchaus sagen, daß in dieser ländlichen Gesellschaft – wie in anderen mittel- und nordeuropäischen Gebieten – bei den Bauern, zumindest bei den großen, durch den Landbesitz ein bestimmter Arbeitskräftebedarf relativ fest vorgegeben war und daß die Haushaltsgröße und -zusammensetzung sich dem anzupassen hatte.[157] Das Substitutionsverhältnis zwischen arbeitsfähigen Kindern und Gesinde belegt das. Nicht nur die Zahl, sondern auch die Alters- und Geschlechtsproportion der in einem großbäuerlichen Haushalt zusammenlebenden und -arbeitenden Menschen wurde stark durch die betrieblichen Anforderungen bestimmt.

Determinierte die bäuerliche Wirtschaft die Haushaltsstruktur so weitgehend, daß von einem „Rollenergänzungszwang"[158] gesprochen werden muß, insbesondere was die beiden Hauptrollen angeht? Auf den ersten Blick scheinen Häufigkeit und Tempo der Wiederheiraten[159] sowie das starke Überwiegen von Haushalten, an deren Spitze ein Ehepaar stand, die These zu bestätigen: „Die beiden zentralen Positionen im bäuerlichen Haushalt, die von Bauer und Bäuerin, mußten [...] stets besetzt sein."[160] Doch die genauere Untersuchung zeigte, daß selbst auf einem großen Hof ein alleinstehender Bauer eine Zeitlang mit erwachsenen Töchtern oder Mägden wirtschaften konnte, ja daß einige verwitwete Großbäuerinnen viele Jahre ihren

---

[157] Im Gegensatz dazu wurde in weiten Teilen Rußlands während des 18. und 19. Jahrhunderts die Landausstattung an die Familiengröße angepaßt, und zwar durch periodische Umverteilung des Landes in der bäuerlichen Gemeinde, s. BLUM 1961 S. 513 ff.; diese Tatsache scheint noch für Čajanovs Modell der bäuerlichen Familienwirtschaft grundlegend CHAYANOV 1966; TSCHAJANOW 1987; vgl. SHANIN 1972 S. 102 ff. – Natürlich gab es in Mitteleuropa je nach ökologischen Bedingungen und vorherrschendem Betriebszweig (z. B. Ackerbau – Viehzucht – Weinbau) wesentliche regionale Unterschiede in Art und Umfang des Arbeitskräftebedarfs bäuerlicher Wirtschaften, dazu am Beispiel Österreichs MITTERAUER 1986 a.

[158] MITTERAUER/SIEDER 1977 S. 178; MITTERAUER 1973 S. 186 ff.; vgl. SIEDER/MITTERAUER 1983 S. 318 ff. Differenzierung dieses Begriffs insbes. bei MITTERAUER 1986 a S. 261 ff. mit Anm. 131: nicht nur die „Ersetzung ausgefallener Positionen" (z. B. durch Wiederverehelichung), sondern auch die Ausfüllung einer „Rolle" durch den Inhaber einer anderen Positon (z. B. der Rolle des Hausherrn durch einen Knecht) soll darunter verstanden werden. MITTERAUER/SIEDER 1977 S. 178 hatten hingegen in diesem Zusammenhang von einem „ökonomischen Zwang zur Wiederverehelichung" gesprochen. Dagegen s. auch LORENZEN-SCHMIDT 1987 S. 67 ff.

[159] Siehe oben Kap. 3.4.

[160] ROSENBAUM 1982 S. 69. Vgl. auch die Argumentation der Zeitgenossen oben S. 180.

Hof führten, freilich mit Hilfe von Söhnen, Knechten oder Verwandten: Nicht immer reduzierte sich die Entscheidungsmöglichkeit auf die Wahl zwischen Wiederheirat und Hofübergabe. Wenn solche Fälle auch stets eine begrenzte Minderheit blieben, so zeigen sie doch, daß von ‚Zwang' oder ‚Notwendigkeit' hier nicht gesprochen werden kann, sondern daß es ein gewisses Maß an Alternativen gab.

Im Vergleich zu den Großbauern kann von den Landlosen gesagt werden, daß sie eher ihren Erwerb an die gegebene Familienkonstellation anpaßten, in gewisser Weise also der bestimmende Einfluß in die entgegengesetzte Richtung verlief wie bei den Großbauern. Die Witwen, die allein die Heuerlingsstelle nicht halten konnten, verlegten sich auf die Garnspinnerei. Die Umfrage wegen der Getreideversorgung im Winter nach der Mißernte von 1771 zeigt, wie erfolgreich sie dabei waren. Auch sonst ist beobachtet worden, mit welch außerordentlicher Flexibilität gerade die Unbegüterten ihre Wirtschaft an Zwänge und Chancen anpaßten. Olwen Hufton hat mit Blick auf die Armen im Frankreich des 18. Jahrhunderts den Begriff der „Ökonomie der Notbehelfe" geprägt[161], und Richard Wall hat in programmatischer Weise von der „adaptiven Familienwirtschaft" der Menschen, die von ihrer Arbeit überleben mußten, gesprochen.[162]

Es geht hier um wesentliche Unterschiede zwischen den sozialen Schichten hinsichtlich des Ausmaßes an Flexibilität und hinsichtlich der überwiegenden Richtung der Anpassung zwischen Familien- und Haushaltskonstellation einerseits, Erwerbsquellen andererseits. Diese Unterschiede dürfen jedoch nicht zu einer Dichotomie zugespitzt werden. Die bäuerliche Wirtschaft war keineswegs unflexibel; in unserem Fall scheint gerade das saisonale Leinengewerbe ein bewegliches Moment dargestellt zu haben. Außerdem mußte nicht der gesamte Arbeitskräftebedarf von Angehörigen des bäuerlichen Haushalts gedeckt werden; im Osnabrückischen spielten die Heuerleute und ihre Frauen eine wesentliche ergänzende Rolle.[163] Umgekehrt waren die Landlosen den Wechselfällen, die ihre Familien betrafen, nicht in der Weise ausgeliefert, daß sie nicht je nach den ökonomischen und sozialen Bedingungen – und auch nach ihren Bedürfnissen – ihre Haushalte hätten gestalten können: Auch auf einer Heuerlingsstelle konnte ein Witwer oder eine Witwe wiederheiraten, und auf die veränderten Umstände des 19. Jahrhunderts konnte mit neuen Haushaltsformen, ja einem neuen Muster der Heirat und Familiengründung[164] reagiert werden.

---

[161] HUFTON 1974 S. 69 ff., 107 ff.: „An economy of makeshifts".
[162] WALL 1986a bes. S. 265 f.; vgl. WALL 1986b. Siehe auch LÖFGREN 1974 S. 28 ff.
[163] Dazu unten Kap. 7.
[164] Weiter dazu unten Kap. 6.6.

# 5. Lebensläufe: Kindheit und Jugend – Elternhaus und Dienst in fremdem Haus

## 5.1. Thesen und Fragen

Flexibilität der Haushalte bedeutet nicht zuletzt Wahl- und Entscheidungsmöglichkeiten hinsichtlich des Mitgliederbestandes der Hausgemeinschaft. Soll das Postulat ernstgenommen werden, daß Haushalte nicht als statische Einheiten, sondern als dynamische und anpassungsfähige Gebilde zu betrachten sind, so kann die Analyse nicht stehenbleiben auf dieser Ebene der zusammenwohnenden Gruppe, sondern muß hinabsteigen auf die der einzelnen Personen, um nach den Mustern ihrer Lebensläufe zu fragen. Dies gilt um so mehr, als Eintritt in und Ausscheiden aus einer häuslichen Gemeinschaft keineswegs ausschließlich von mehr oder weniger schicksalhaft scheinenden demographischen Ereignissen wie Geburt und Tod abhingen, sondern auch von sozialen Entscheidungen, wie etwa beim Gesindedienst oder bei der Aufnahme Verwandter, die nicht zur Kernfamilie gehörten. In dieser Sicht ist dann die Familie bzw. der Haushalt nicht mehr eine Quasi-Substanz, sondern lediglich die Instanz, in der „die Lebenszyklen ihrer Mitglieder koordiniert" werden.[1] Mit der Einzelperson scheint die Einheit erreicht, die unzweifelhaft sowohl eine reale Existenz wie auch eine kontinuierliche Dauer im Zeitverlauf besitzt.

Der Hoffnung, auf diesem methodischen Weg einen letzten festen Grund zu erreichen, wird allerdings sogleich die Warnung entgegengestellt, daß hier – im Gegenteil – nichts als die unendliche und unentwirrbare Vielfalt der Zufälligkeiten anzutreffen sei. So hat Martin Kohli in einem anregenden Essay über „die Institutionalisierung des Lebenslaufs" behauptet, daß es vor der Etablierung eines für nahezu alle Mitglieder einer Gesellschaft „chronologisch standardisierten ‚Normallebenslaufs'", wie sie im Zuge der Industrialisierung, des Rückgangs der Sterblichkeit und der Durchsetzung von Sozial- und Bildungsstaatlichkeit (mit allgemeiner Schulpflicht, Alterssicherung usw.) erfolgte, keinen „vorhersehbaren Lebenslauf" gab, sondern nur

---

[1] HAREVEN 1982 S. 66; vgl. KERTZER 1985; FREITAG 1988 S. 19 ff.; SABEAN 1990 S. 96 ff., 259 ff., 300 ff.

ein „Muster der Zufälligkeit der Lebensereignisse".[2] Ohne zu bestreiten, daß es zwischen dem 18. und dem 20. Jahrhundert in den europäischen Gesellschaften wesentliche Veränderungen gegeben hat, die als eine „Homogenisierung"[3] und „Chronologisierung"[4] der Lebensläufe verstanden werden können, wird man dieser modernisierungstheoretischen Zuspitzung doch, was unsere Gegenwart angeht, die Frage entgegenhalten dürfen, ob hier nicht die Regelmäßigkeit und Planbarkeit überzeichnet werden: entstehen z. B. nicht heute durch Scheidung und neue Verbindungen ‚irreguläre' Verwerfungen von Lebensläufen und Familienzyklen in einem ähnlichen Ausmaß wie früher durch Verwitwung und Wiederheiraten?[5] Was aber die Vergangenheit betrifft, so ist zuallererst zu untersuchen, ob das „Muster der Zufälligkeit der Lebensereignisse", das sich dem Modernisierungstheoretiker bei seiner Vogelschau auf das ferne Land der ‚traditionalen Gesellschaft' zeigt, bei näherer Betrachtung nicht doch eine partielle Ordnung aufweist: fehlte jede Regelmäßigkeit und Vorhersehbarkeit der Lebensläufe oder waren die Muster nur vielfältiger[6], in ihrem Geltungsbereich kleinräumiger, sozial – und vielleicht auch geschlechtsspezifisch – stärker differenziert? Konnten die betroffenen Menschen selber in ihrem jeweiligen Rahmen – so ist zu fragen – die ihnen offenstehenden Möglichkeiten und die wahrscheinlichen Risiken bis zu einem gewissen Grad abschätzen und planend berücksichtigen? Gab es in dieser Hinsicht Unterschiede zwischen den sozialen Schichten oder zwischen verschiedenen Phasen des Lebenslaufs? Zeichnet sich ein historischer Wandel im Laufe der untersuchten beiden Jahrhunderte ab?

Methodisch ist zu bedenken, daß das übliche Verfahren, aus den Altersgruppen einer Querschnitts-Quelle – etwa einer Zensusliste – Muster von Lebensläufen zu konstruieren, nur als erste Annäherung gelten kann. Dies Verfahren ist um so problematischer, je mehr es sich um Perioden des Wandels handelt.[7] Um die tatsächlichen Erfahrungen einer Generation zu erfassen, sollen daher, wo immer möglich, die Lebenswege der Menschen im Zeitverlauf verfolgt werden.

---

[2] KOHLI 1985 S. 2, 4f.; vgl. WEYMANN 1989; FEATHERMAN 1989; ANDERSON 1985; s. auch IMHOF 1981a S. 75ff.; IMHOF 1984 S. 91ff.; IMHOF 1988 S. 54ff.

[3] ANDERSON 1985 S. 76ff., 86.

[4] KOHLI 1985 S. 2, 4ff.

[5] Dazu Daten für England und Wales bei ANDERSON 1985 S. 78f. Vgl. auch die Andeutungen über einen möglichen neuen Trendwechsel ebd. S. 87 und KOHLI 1985 S. 22ff.

[6] So die vorsichtigere Formulierung von HAREVEN 1982 S. 71. – Zu den Lebensläufen von Frauen s. jetzt WUNDER 1992 S. 34ff.

[7] Vgl. KERTZER 1985 S. 101f.

## 5.2. Eingebettet in Familie, Verwandtschaft, Hof: leibliche und Stiefkinder, uneheliche und Pflegekinder

Der Beginn jedes Lebens war überschattet von der erheblichen Säuglingssterblichkeit. Für die einzelne Familie entzog sich dies Risiko ohne Frage jeder Vorhersehbarkeit, auch wenn wir in der Rückschau feststellen können, daß es für die Einwohner Belms im europäischen Vergleich eher unter- als überdurchschnittlich hoch war. Hatte ein Kind das erste Lebensjahr überstanden, so war die Gefahr wesentlich geringer, und nach dem fünften Jahr sank die Mortalität noch einmal. Die wichtigste unmittelbare Ursache für die relativ guten Überlebenschancen der in unserem Untersuchungsgebiet Geborenen lag darin, daß die Mütter ihre Kinder allgemein ein gutes Jahr lang stillten.[8]

Wie verhält sich dieser Befund zu dem düsteren Bild, das einige Autoren von der Kindheit in der ‚traditionellen Gesellschaft' Europas gemalt haben? Angeblich standen doch die Eltern ihren Kinder damals gleichgültig gegenüber, gefährdeten mehr oder weniger bewußt das Leben ihrer Nachkommen durch nachlässige Pflege und künstliche Ernährung oder schafften sich die lästigen kleinen Wesen so weit wie möglich vom Halse, gaben sie gleich als Säuglinge zu Ammen oder in Findelhäuser oder schickten sie, kaum zehn Jahre alt, zu Dienst und Lehre in fremde Haushalte.[9] Das Schreckensbild der hin- und hergestoßenen Kinder paßt sehr gut zu der Vorstellung, daß die Lebensläufe damals insgesamt durch Unregelmäßigkeit und Unvorhersehbarkeit gekennzeichnet waren; doch wieweit entspricht es dem, was die Quellen über den Verlauf der Kindheit in unserem Untersuchungsgebiet erkennen lassen?

Die Haushaltslisten des Kirchspiels Belm zeigen uns eine Kindheit, die ganz überwiegend familial geprägt war. Selten gibt es Hinweise auf Kinder, die aus ihrer Herkunftsfamilie in fremde Häuser weggegeben waren. Dies gilt für den gesamten Untersuchungszeitraum von der Mitte des 17. bis zur Mitte des 19. Jahrhunderts: Stets sind nur wenige junge Menschen als Pflegekinder erkennbar (s. Tab. 4.01 a–4.01 c). Die große Mehrzahl wuchs offenbar bis etwa zum vierzehnten Lebensjahr bei den Eltern auf. Bis zu dieser Altersstufe war insofern der äußere Verlauf des Lebens für die Angehörigen dieser ländlichen Gesellschaft in der Regel gleich, unabhängig davon, ob die

---

[8] Siehe oben Kap. 3.4. und 3.5.
[9] SHORTER 1977 S. 41 ff., 196 ff.; DeMAUSE 1977; BADINTER 1984 S. 44 ff.; vgl. GILLIS 1980 S. 23 f., 30 ff.; MACFARLANE 1970 S. 92 f., 205 ff., vgl. aber S. 83, 87 f. Siehe schon ARIÈS 1975 bes. 502 ff., der freilich insgesamt nicht die düstere Sicht der ‚traditionellen' Kindheit teilt. – Zur Kritik s. SCHLUMBOHM 1981; SCHLUMBOHM 1983 b; LIPP 1984.

Tabelle 5.01: Die Haushalte nach der Zahl der Kinder des Haushaltsvorstands und nach sozialer Schicht, 1651

| Zahl der Kinder | Großbauern | Kleinbauern | Landlose/ Nebenhaus- bewohner | Sonstige/ zweifelhaft | Summe |
|---|---|---|---|---|---|
| 0 | 9 | 9 | 18 | 11 | 47 |
| (Spalten-%) | (9,3%) | (17,0%) | (31,6%) | (25,0%) | (18,7%) |
| 1 | 10 | 11 | 15 | 15 | 51 |
| (Spalten-%) | (10,3%) | (20,8%) | (26,3%) | (34,1%) | (20,3%) |
| 2 | 16 | 14 | 14 | 12 | 56 |
| (Spalten-%) | (16,5%) | (26,4%) | (24,6%) | (27,3%) | (22,3%) |
| 3 | 20 | 8 | 9 | 5 | 42 |
| (Spalten-%) | (20,6%) | (15,1%) | (15,8%) | (11,4%) | (16,7%) |
| 4 | 20 | 6 | – | – | 26 |
| (Spalten-%) | (20,6%) | (11,3%) | | | (10,4%) |
| 5 | 16 | 3 | 1 | – | 20 |
| (Spalten-%) | (16,5%) | (5,7%) | (1,8%) | | (8,0%) |
| 6 | 4 | 2 | – | 1 | 7 |
| (Spalten-%) | (4,1%) | (3,8%) | | (2,3%) | (2,8%) |
| 7 | 2 | – | – | – | 2 |
| (Spalten-%) | (2,1%) | | | | (0,8%) |
| Summe | 97 | 53 | 57 | 44 | 251 |

Anmerkung: Hier sind ‚Kinder' jeden Alters berücksichtigt.

Eltern einen großen oder kleinen Hof besaßen oder ob sie als Heuerleute weder Haus noch Land ihr eigen nannten.

Etwas größer waren die Unterschiede in einem anderen Punkt. Für die meisten hieß Kind zu sein, sich in eine Gruppe von Geschwistern unterschiedlichen Alters eingeordnet zu finden. Zwar war bei keiner Volkszählung und in keiner Schicht die Mehrheit der *Haushalte* kinderreich in dem Sinne, daß sie vier oder mehr Kinder zählten; mit Ausnahme der Großbauern hatte sogar die Mehrheit der Haushaltsvorstände jeweils nur bis zu zwei Kinder – gleich welchen Alters – bei sich (Tab. 5.01–5.03). Trotzdem waren 1651, 1772 und 1858 stets weniger als ein Drittel der *Kinder* allein oder nur mit einem Geschwister zusammen; die Mehrheit wuchs in einer Gruppe von drei, vier oder fünf Kindern heran (Tab. 5.04–5.06). Freilich lebten bei den Landlosen wesentlich mehr Kinder allein oder zu zweit als bei den Großbauern, vor allem im 17., aber auch im 18. Jahrhundert, als in dieser Schicht

Tabelle 5.02: Die Haushalte nach der Zahl der Kinder und nach sozialer Schicht, 1772

| Zahl der Kinder | Großbauern | Kleinbauern | Heuerlinge/ Landlose | Sonstige | Summe |
|---|---|---|---|---|---|
| 0 | 5 | 6 | 31 | 3 | 45 |
| (Spalten-%) | (5,1%) | (9,1%) | (11,9%) | (30,0%) | (10,3%) |
| 1 | 11 | 17 | 74 | 2 | 104 |
| (Spalten-%) | (11,1%) | (25,8%) | (28,4%) | (20,0%) | (23,9%) |
| 2 | 15 | 17 | 72 | 2 | 106 |
| (Spalten-%) | (15,2%) | (25,8%) | (27,6%) | (20,0%) | (24,3%) |
| 3 | 22 | 14 | 43 | 2 | 81 |
| (Spalten-%) | (22,2%) | (21,2%) | (16,5%) | (20,0%) | (18,6%) |
| 4 | 20 | 7 | 26 | 1 | 54 |
| (Spalten-%) | (20,2%) | (10,6%) | (10,0%) | (10,0%) | (12,4%) |
| 5 | 18 | 3 | 11 | – | 32 |
| (Spalten-%) | (18,2%) | (4,5%) | (4,2%) | | (7,3%) |
| 6 | 7 | 2 | 4 | – | 13 |
| (Spalten-%) | (7,1%) | (3,0%) | (1,5%) | | (3,0%) |
| 7 | – | – | – | – | – |
| (Spalten-%) | | | | | |
| 8 | 1 | – | – | – | 1 |
| (Spalten-%) | (1,0%) | | | | (0,2%) |
| alle | 99 | 66 | 261 | 10 | 436 |

Anmerkung: Hier sind „Kinder unter 14 Jahr" und „Kinder über 14 Jahr" berücksichtigt, einschließlich der 17 „Angehörigen oder Hausgenossen [...] unter 14 Jahren", die nicht „Söhne und Töchter des Hausvaters" waren.

die Nachkommen selten über das fünfzehnte Lebensjahr hinaus im Elternhaus blieben (s. Tab. 4.01 b, 4.02 b).

Detailliert lassen sich die familialen Verhältnisse der Kinder erst für die Mitte des 19. Jahrhunderts prüfen, da nur die Zensus-Urliste von 1858 sowohl alle Einwohner mit Namen und Alter aufführt als auch eindeutige Grenzlinien zwischen den Haushalten zieht. Vier Fünftel der Jungen und Mädchen bis zum Alter von 14 Jahren wohnten damals als Kinder im Haushalt ihres Vaters und/oder ihrer Mutter (Tab. 5.07). Von dem restlichen Fünftel lebte die Mehrzahl ebenfalls bei mindestens einem Elternteil, doch waren diese Eltern nicht selber Haushaltsvorstand. Nur 8 von den 391 Kindern unter fünf Jahren wuchsen als Pflegekinder in einem fremden Hause

Tabelle 5.03: Die Haushalte nach der Zahl der Kinder des Haushaltsvorstands und nach sozialer Schicht, 1858

| Zahl der Kinder | Großbauern | Kleinbauern | Heuerlinge/ Landlose | Sonstige | Summe |
|---|---|---|---|---|---|
| 0 | 20 | 14 | 76 | 6 | 116 |
| (Spalten-%) | (22,2%) | (19,7%) | (20,4%) | (21,4%) | (20,7%) |
| 1 | 5 | 6 | 59 | 4 | 74 |
| (Spalten-%) | (5,6%) | (8,5%) | (15,9%) | (14,3%) | (13,2%) |
| 2 | 19 | 16 | 77 | 6 | 118 |
| (Spalten-%) | (21,1%) | (22,5%) | (20,7%) | (21,4%) | (21,0%) |
| 3 | 14 | 15 | 67 | 4 | 100 |
| (Spalten-%) | (15,6%) | (21,1%) | (18,0%) | (14,3%) | (17,8%) |
| 4 | 11 | 7 | 46 | 6 | 70 |
| (Spalten-%) | (12,2%) | (9,9%) | (12,4%) | (21,4%) | (12,5%) |
| 5 | 9 | 7 | 27 | 1 | 44 |
| (Spalten-%) | (10,0%) | (9,9%) | (7,3%) | (3,6%) | (7,8%) |
| 6 | 9 | 4 | 15 | – | 28 |
| (Spalten-%) | (10,0%) | (5,6%) | (4,0%) | | (5,0%) |
| 7 | 2 | 2 | 5 | 1 | 10 |
| (Spalten-%) | (2,2%) | (2,8%) | (1,3%) | (3,6%) | (1,8%) |
| 8 | – | – | – | – | – |
| (Spalten-%) | | | | | |
| 9 | 1 | – | – | – | 1 |
| (Spalten-%) | (1,1%) | | | | (0,2%) |
| alle | 90 | 71 | 372 | 28 | 561 |

Anmerkung: Hier sind ‚Kinder‘ jeden Alters berücksichtigt.

auf, von den Fünf- bis Neunjährigen waren es 23 (d. i. 6%), von den Zehn- bis Vierzehnjährigen 36 (d. i. 10%).

Nicht alle ‚Kinder‘ waren freilich leibliche Kinder ihres ‚Vaters‘ und ihrer ‚Mutter‘. Die Verknüpfung mit der Familienrekonstitution zeigt, daß von den in der Volkszählung von 1858 erfaßten Kindern, die im Kirchspiel Belm geboren waren und deren Eltern ebenfalls am Ort geheiratet hatten[10], etwa 8% eine Stiefmutter oder einen Stiefvater hatten (Tab. 5.08). Stiefmütter

---

[10] Von den außerehelich geborenen Kindern werden also hier nur diejenigen erfaßt, deren Eltern anschließend geheiratet hatten.

Tabelle 5.04: Die Kinder der Haushaltsvorstände nach der Größe der Geschwistergruppe, in der sie leben, und nach sozialer Schicht, 1651

| Größe der Geschwistergruppe | Zahl der Kinder in solchen Haushalten | | | | |
|---|---|---|---|---|---|
| | Großbauern | Kleinbauern | Landlose/ Nebenhaus- bewohner | Sonstige/ zweifelhaft | alle |
| 1 | 10 | 11 | 15 | 15 | 51 |
| (Spalten-%) | (3,3%) | (9,6%) | (20,0%) | (25,0%) | (9,3%) |
| 2 | 32 | 28 | 28 | 24 | 112 |
| (Spalten-%) | (10,7%) | (24,6%) | (37,3%) | (40,0%) | (20,4%) |
| 3 | 60 | 24 | 27 | 15 | 126 |
| (Spalten-%) | (20,0%) | (21,1%) | (36,0%) | (25,0%) | (23,0%) |
| 4 | 80 | 24 | – | – | 104 |
| (Spalten-%) | (26,7%) | (21,1%) | | | (18,9%) |
| 5 | 80 | 15 | 5 | – | 100 |
| (Spalten-%) | (26,7%) | (13,2%) | (6,7%) | | (18,2%) |
| 6 | 24 | 12 | – | 6 | 42 |
| (Spalten-%) | (8,0%) | (10,5%) | | (10,0%) | (7,7%) |
| 7 | 14 | – | – | – | 14 |
| (Spalten-%) | (4,7%) | | | | (2,6%) |
| Summe der Kinder | 300 | 114 | 75 | 60 | 549 |

Anmerkung: Hier sind ‚Kinder' jeden Alters berücksichtigt.

waren häufiger als Stiefväter, da Frauen seltener wiederheirateten als Männer.[11]

In einzelnen Fällen waren sogar beide Eltern Stiefeltern, weil eine Kette von Wiederheiraten vorhergegangen war. So war es im Hause des Vollerben Wiebold: Der 20jährige „Sohn" Heinrich entstammte der ersten Ehe der verstorbenen ersten Frau des derzeitigen Hofinhabers. Aber auch eine Familie ohne Eigentum hielt Kinder über mehrfache tödliche Schicksalsschläge hin zusammen: Bei dem 33jährigen Heuerling Heinrich Hartmann und seiner gleichaltrigen Frau Engel lebten in einem Nebenhaus des Gutes Astrup die dreijährige Tochter Loise, die offenbar der gemeinsamen Ehe entsprungen war, außerdem die 6jährige Maria Elisabeth aus der vorigen Ehe des Mannes; daneben wurden Sophia Engel Ehlert, 9 Jahre, und Maria Engel

---

[11] Siehe oben Kap. 3.4.

Tabelle 5.05: Die Kinder der Haushaltsvorstände nach der Größe der Geschwistergruppe, in der sie leben, und nach sozialer Schicht, 1772

| Größe der Geschwistergruppe | Zahl der Kinder in solchen Haushalten | | | | |
|---|---|---|---|---|---|
| | Großbauern | Kleinbauern | Heuerlinge/ Landlose | Sonstige | alle |
| 1 | 11 | 17 | 74 | 2 | 104 |
| (Spalten-%) | (3,4%) | (11,5%) | (14,0%) | (12,5%) | (10,2%) |
| 2 | 30 | 34 | 144 | 4 | 212 |
| (Spalten-%) | (9,2%) | (23,0%) | (27,2%) | (25,0%) | (20,8%) |
| 3 | 66 | 42 | 129 | 6 | 243 |
| (Spalten-%) | (20,2%) | (28,4%) | (24,3%) | (37,5%) | (23,8%) |
| 4 | 80 | 28 | 104 | 4 | 216 |
| (Spalten-%) | (24,5%) | (18,9%) | (19,6%) | (25,0%) | (21,2%) |
| 5 | 90 | 15 | 55 | – | 160 |
| (Spalten-%) | (27,5%) | (10,1%) | (10,4%) | | (15,7%) |
| 6 | 42 | 12 | 24 | – | 78 |
| (Spalten-%) | (12,8%) | (8,1%) | (4,5%) | | (7,6%) |
| 7 | – | – | – | – | – |
| (Spalten-%) | | | | | |
| 8 | 8 | – | – | – | 8 |
| (Spalten-%) | (2,4%) | | | | (0,8%) |
| Summe der Kinder | 327 | 148 | 530 | 16 | 1021 |

Anmerkung: Hier sind „Kinder unter 14 Jahr" und „Kinder über 14 Jahr" berücksichtigt, einschließlich der 17 „Angehörigen oder Hausgenossen [...] unter 14 Jahren", die nicht „Söhne und Töchter des Hausvaters" waren.

Ehlert, 11 Jahre, als „erster Ehe Töchter" verzeichnet; sie waren in der ersten Ehe der verstorbenen ersten Frau des Heinrich Hartmann geboren.

Naturgemäß nahm mit steigendem Alter der Anteil der Kinder zu, die eine Stiefmutter oder einen Stiefvater hatten: Von den unter fünf Jahre alten waren es 3%, von den fünf- bis neunjährigen 7%, von den zehn- bis vierzehnjährigen 13%. Von den fünfzehn bis neunzehn Jahre alten Jugendlichen lebten 14% bei mindestens einem Stiefelternteil. Da in dieser Altersgruppe fraglos mehr Kinder waren, die Vater oder Mutter verloren hatten, als in den jüngeren, hätte man hier einen noch höheren Anteil von Stiefeltern erwarten mögen; andererseits heirateten ältere Witwen und Witwer seltener wieder. Auch mögen Stiefkinder in diesem Alter etwas häufiger das Eltern-

Tabelle 5.06: Die Kinder der Haushaltsvorstände nach der Größe der Geschwistergruppe, in der sie leben, und nach sozialer Schicht, 1858

| Größe der Geschwistergruppe | Zahl der Kinder in solchen Haushalten | | | | |
|---|---|---|---|---|---|
| | Großbauern | Kleinbauern | Heuerlinge/ Landlose | Sonstige | alle |
| 1 | 5 | 6 | 59 | 4 | 74 |
| (Spalten-%) | (2,0%) | (3,3%) | (6,9%) | (6,3%) | (5,5%) |
| 2 | 38 | 32 | 154 | 12 | 236 |
| (Spalten-%) | (15,1%) | (17,4%) | (17,9%) | (18,8%) | (17,4%) |
| 3 | 42 | 45 | 201 | 12 | 300 |
| (Spalten-%) | (16,7%) | (24,5%) | (23,4%) | (18,8%) | (22,1%) |
| 4 | 44 | 28 | 184 | 24 | 280 |
| (Spalten-%) | (17,5%) | (15,2%) | (21,4%) | (37,5%) | (20,6%) |
| 5 | 45 | 35 | 135 | 5 | 220 |
| (Spalten-%) | (17,9%) | (19,0%) | (15,7%) | (7,8%) | (16,2%) |
| 6 | 54 | 24 | 90 | - | 168 |
| (Spalten-%) | (21,5%) | (13,0%) | (10,5%) | | (12,4%) |
| 7 | 14 | 14 | 35 | 7 | 70 |
| (Spalten-%) | (5,6%) | (7,6%) | (4,1%) | (10,9%) | (5,2%) |
| 8 | - | - | - | - | - |
| (Spalten-%) | | | | | |
| 9 | 9 | - | - | - | 9 |
| (Spalten-%) | (3,6%) | | | | (0,7%) |
| Summe der Kinder | 251 | 184 | 858 | 64 | 1357 |

Anmerkung: Hier sind ‚Kinder' jeden Alters berücksichtigt.

haus verlassen haben als leibliche Kinder[12]; auf der anderen Seite zeigt diese Zahl, daß Stiefeltern die Kinder aus früheren Ehen keineswegs systematisch aus dem Hause schafften, sowie diese als voll arbeitsfähig galten, und daß Stiefkinder auch ihrerseits nicht regelmäßig zum frühestmöglichen Zeitpunkt das Elternhaus verließen.[13]

Viel größer war natürlich die Zahl der Menschen, die in ihrer Kindheit den Tod von Vater und/oder Mutter erlebten. Aufgrund der Familienrekonstitution läßt sich schätzen, daß während des gesamten Untersuchungszeitraums gut ein Drittel aller Kinder Halbwaisen wurden und weitere acht

*Forts. S. 306*

---

[12] Vgl. unten S. 350/353.
[13] Vgl. allgemein zur Beziehung zwischen Stiefeltern und Kindern COLLINS 1991.

Tabelle 5.07: Die männlichen und weiblichen Ledigen nach Alter und Stellung im Haushalt, 1858

a) männliche Ledige

| Alter (in Jahren) | Stellung im Haushalt | | | | | insgesamt (Spalten-%) |
|---|---|---|---|---|---|---|
| | Haushalts-vorstände | Kinder der Haushalts-vorstände | Pflege-kinder | Gesinde-personen | Sonstige | |
| 0–4 (Zeilen-%) | – | 155 (84,7%) | 2 (1,1%) | – | 26 (14,2%) | 183 (16,5%) |
| 5–9 (Zeilen-%) | – | 181 (85,8%) | 12 (5,7%) | – | 18 (8,5%) | 211 (19,1%) |
| 10–14 (Zeilen-%) | – | 161 (83,0%) | 18 (9,3%) | 7 (3,6%) | 8 (4,1%) | 194 (17,5%) |
| 15–19 (Zeilen-%) | – | 99 (46,5%) | – | 83 (39,0%) | 31 (14,6%) | 213 (19,2%) |
| 20–24 (Zeilen-%) | 1 (0,7%) | 65 (43,9%) | – | 62 (41,9%) | 20 (13,5%) | 148 (13,4%) |
| 25–29 (Zeilen-%) | 3 (3,8%) | 25 (31,3%) | – | 38 (47,5%) | 14 (17,5%) | 80 (7,2%) |
| 30–34 (Zeilen-%) | 2 (6,5%) | 11 (35,5%) | – | 11 (35,5%) | 7 (22,6%) | 31 (2,8%) |
| 35–39 (Zeilen-%) | 1 (9,1%) | 3 (27,3%) | – | 7 (63,6%) | – | 11 (1,0%) |
| 40–44 (Zeilen-%) | 1 (9,1%) | – | – | 4 (36,4%) | 6 (54,5%) | 11 (1,0%) |
| 45–59 (Zeilen-%) | 3 (16,7%) | – | – | 6 (33,3%) | 9 (50,0%) | 18 (1,6%) |
| 60– (Zeilen-%) | 1 (14,3%) | – | – | 2 (28,6%) | 4 (57,1%) | 7 (0,6%) |
| Summe (Zeilen-%) | 12 (1,1%) | 700 (63,2%) | 32 (2,9%) | 220 (19,9%) | 143 (12,9%) | 1107 (100%) |

Tabelle 5.07 (Fortsetzung):

b) weibliche Ledige

| Alter (in Jahren) | Stellung im Haushalt | | | | | insgesamt (Spalten-%) |
|---|---|---|---|---|---|---|
| | Haushalts-vorstände | Kinder der Haushalts-vorstände | Pflege-kinder | Gesinde-personen | Sonstige | |
| 0–4 (Zeilen-%) | – | 166 (79,8%) | 6 (2,9%) | – | 36 (17,3%) | 208 (20,1%) |
| 5–9 (Zeilen-%) | – | 176 (87,6%) | 11 (5,5%) | – | 14 (7,0%) | 201 (19,4%) |
| 10–14 (Zeilen-%) | – | 147 (79,9%) | 18 (9,8%) | 10 (5,4%) | 9 (4,9%) | 184 (17,8%) |
| 15–19 (Zeilen-%) | – | 104 (49,1%) | 1 (0,5%) | 85 (40,1%) | 22 (10,4%) | 212 (20,5%) |
| 20–24 (Zeilen-%) | – | 39 (30,7%) | – | 62 (48,8%) | 26 (20,5%) | 127 (12,3%) |
| 25–29 (Zeilen-%) | 1 (2,4%) | 16 (38,1%) | | 12 (28,6%) | 13 (31,0%) | 42 (4,1%) |
| 30–34 (Zeilen-%) | 1 (5,6%) | 5 (27,8%) | – | 9 (50,0%) | 3 (16,7%) | 18 (1,7%) |
| 35–39 (Zeilen-%) | 2 (11,8%) | 3 (17,6%) | – | 6 (35,3%) | 6 (35,3%) | 17 (1,6%) |
| 40–44 (Zeilen-%) | 3 (33,3%) | 1 (11,1%) | – | 2 (22,2%) | 3 (33,3%) | 9 (0,9%) |
| 45–59 (Zeilen-%) | 2 (18,2%) | – | – | 1 (9,1%) | 8 (72,7%) | 11 (1,1%) |
| 60– (Zeilen-%) | 1 (16,7%) | – | – | 2 (33,3%) | 3 (50,0%) | 6 (0,6%) |
| Summe (Zeilen-%) | 10 (1,0%) | 657 (63,5%) | 36 (3,5%) | 189 (18,3%) | 143 (13,8%) | 1035 (100%) |

Anmerkung: Bei den Auswertungen der Volkszählungsliste von 1858 wurden die Altersangaben für alle Personen, die innerhalb des Kirchspiels Belm geboren sind, aufgrund des Geburtseintrags überprüft und ggf. korrigiert.

Tabelle 5.08: Die Kinder der Haushaltsvorstände nach Art des Kindschaftsverhältnisses und nach sozialer Schicht, 1858[1]

| Kindschaftsverhältnis[2] | Großbauern | Kleinbauern | Heuerlinge/ Landlose | Sonstige | Summe |
|---|---|---|---|---|---|
| Leibliche Kinder des Haushaltsvorstands und seiner Ehefrau | 219 | 152 | 641 | 48 | 1060 |
| (Spalten-%) | (90,9%) | (89,4%) | (94,5%) | (81,4%) | (92,3%) |
| Leibliche Kinder des Haushaltsvorstands, aber Stiefkinder seiner Ehefrau | 17 | 7 | 31 | 6 | 61 |
| (Spalten-%) | (7,1%) | (4,1%) | (4,6%) | (10,2%) | (5,3%) |
| Stiefkinder des Haushaltsvorstands, aber leibl. Kinder seiner Ehefrau | 4 | 11 | 4 | 5 | 24 |
| (Spalten-%) | (1,7%) | (6,5%) | (10,6%) | (8,5%) | (2,1%) |
| Stiefkinder des Haushaltsvorstands und seiner Ehefrau | 1 | – | 2 | – | 3 |
| (Spalten-%) | (0,4%) | | (0,3%) | | (0,3%) |
| Summe | 241 | 170 | 678 | 59 | 1148 |

[1] Hier sind nur die Kinder aus Ehen berücksichtigt, die in Belm registriert wurden.
[2] Wenn der Haushaltsvorstand verwitwet war, werden die Kinder in der ersten Zeile aufgeführt, falls sie seiner letzten Ehe entstammten; in der zweiten Zeile, falls sie einer früheren Ehe des Mannes, in der dritten Zeile, falls sie einer früheren Ehe der Frau entstammten.

Prozent sogar beide Eltern verloren, bevor sie das fünfzehnte Lebensjahr vollendet hatten.[14]

Angesichts der Tatsache, daß ein so beträchtlicher Teil der Kinder verwaiste, erscheint die Zahl der Pflegekinder nicht hoch: Im Jahre 1858 waren es 32 Jungen und 36 Mädchen, 6% aller Personen unter 15 Jahren.[15] In der Volkszählungs-Urliste werden sie als „angenommen", „Pflegkind", „arm", „SchülerIn", z. T. auch einfach als „Kind", „Sohn" oder „Tochter" bezeichnet. In großbäuerlichen Haushalten lebten etwa ebensoviele von ihnen wie in landlosen, weniger bei Kleinbauern (Tab. 4.01 c); d. h. je Haushalt war die Zahl der Pflegekinder bei Großbauern am höchsten, bei Eigentumslosen am geringsten (Tab. 4.02 d).

Etwa die Hälfte der 1858 verzeichneten Pflegekinder war außerhalb des Kirchspiels Belm geboren (Anhang Tab. 3). Häufig war also mit der Trennung von den leiblichen Eltern ein Ortswechsel verbunden. Möglicherweise kamen mehr Pflegekinder in das Kirchspiel als hinausgingen; denn in den lutherischen Konfirmationsregistern finden sich seit den 1830er Jahren gelegentliche Hinweise, daß Kinder von der Armen-Kommission der nahen Stadt Osnabrück in Belmer Haushalten „untergebracht" wurden. Da diese Angaben anscheinend nicht regelmäßig im Kirchenbuch notiert sind, läßt sich nicht sagen, in welchem Umfang das vorkam; immerhin scheint es kein seltener Vorgang gewesen zu sein.[16] Infolge des Umstands, daß sie lutheri-

---

[14] Für diese Frage haben sich historische Demographie und Familienforschung bisher erstaunlich wenig interessiert; als Ausnahme s. jedoch LASLETT 1977 b. – Methodisch sind solche Berechnungen aufgrund von Familienrekonstitutionen freilich nicht unproblematisch, insbesondere wegen der Frage, wielange ein Kind als ‚in Beobachtung' gelten kann (vgl. dazu die Anmerkungen zu Tab. 3.16). Wird das Beobachtungsende im Anschluß an KNODEL 1988 S. 37 f., 535 ff. definiert (d.h. Kinder mit unbekanntem Schicksal gelten bis zur Vollendung des 15. Lebensjahres als in Beobachtung, wenn bekannt ist, daß beide Eltern innerhalb des Kirchspiels Belm gestorben sind), so ergibt sich, daß 35,4% aller Kinder Halb- und 8,1% Vollwaisen wurden. Wird das Beobachtungsende nach HENRY/BLUM 1988 S. 138 definiert, so lassen sich nur die Halbwaisen ermitteln, da die Familie spätestens mit dem Tod des zweiten Elternteils aus der Beobachtung verschwindet. Von allen Kindern, die nach dieser Definition mindestens bis zur Vollendung des 15. Lebensjahres überlebten und in Beobachtung blieben, erlebten 17,6% den Tod des Vaters und 16,3% den Tod der Mutter.

[15] Eine „Pflegetochter" war mehr als 14 Jahre alt: die 18jährige Louise Meier beim Vollerben Voß zu Darum; außerdem galt das für die 20jährige Louise Mutert, die im Zensus zwar als „Kind" registriert wurde, in Wirklichkeit jedoch Schwesterkind der Catharina Gang war, bei der sie lebte. Beider Geschichte wird im folgenden S. 311 ff. beschrieben.

[16] Nur bei 42 Konfirmierten wurde vermerkt, daß er/sie bei Pflegeeltern lebte; das sind 1,7% aller in den Konfirmationsregistern zwischen 1810 und 1860 verzeichneten jungen Leute. Dieser Anteil ist zu niedrig – etwa im Vergleich zu dem Anteil von 9,5%, den die Pflegekinder 1858 an der Altersgruppe der 10- bis 14jährigen stellten (Tab. 5.07); demnach wurde dieser Hinweis nicht bei allen Konfirmierten, die nicht bei ihren Eltern lebten, ins Kirchenbuch

scher Konfession waren und in den beiden folgenden Jahren das Alter der Konfirmation erreichten, wissen wir auch von zwei der im Zensus von 1858 verzeichneten Pflegekinder, daß sie „Armen-Commissionsseitig [...] untergebracht" waren, das eine bei dem Erbpächter und Schankwirt Engel in Haltern[17], das andere bei dem Heuerling und Maurer Michel in Darum.

Es ist anzunehmen, daß die Familien, die ein von der Osnabrücker Armen-Kommission vermitteltes Kind aufzogen, eine Entschädigung für ihre Aufwendungen bekamen.[18] Dazu paßt, daß *diese* Pflegekinder überwiegend bei landlosen Haushalten lebten.[19] Wenn solche Familien auf das Geld angewiesen waren, das sie wohl von der Armen-Kommission erhielten, und insofern finanzielle Überlegungen bei der Entscheidung zur Aufnahme eines Zöglings eine wesentliche Rolle spielten, so schloß das nicht aus, daß zugleich menschlich-familiale Beziehungen zu ihrem Recht kamen. Jedenfalls wuchsen Wilhelmine Maria und Margarethe Elisabeth Krone – das einzige Geschwisterpaar, von dem bezeugt ist, daß es von der Osnabrücker Kommission nach Belm gegeben wurde[20], – offenbar gemeinsam bei dem Heuerling Ahlbrand in Vehrte auf, bevor sie 1837 und 1839 konfirmiert wurden.

In der Regel wissen wir Näheres nur von denen, die am Ort geboren waren.

Vermuten könnte man, daß viele unehelich geborene Kinder in Pflege gegeben wurden. Aus anderen Gegenden ist bekannt, daß ledige Mütter ihre Kinder aufgrund verwandtschaftlicher Bindungen oder gegen Geld oft anderen anvertrauten, um selber weiter für den Lebensunterhalt sorgen zu können.[21] Da in Belm während der 1850er Jahre mehr als zehn Prozent aller Geborenen illegitim waren[22], könnte von hier ein erheblicher Beitrag zu der Zahl der Kinder, die nicht bei ihren Eltern lebten, kommen.

Durch die Verknüpfung mit der Familienrekonstitution wissen wir von 61

---

eingetragen. – Unter diesen 42 waren aber immerhin 13, bei denen der Pastor ausdrücklich vermerkte, daß sie „von der Armen-Commission in Osnabrück" bei den Pflegeeltern im Kirchspiel Belm „untergebracht" waren. – Beispiel für eine Konfirmandin, die bei Pflegeeltern lebte, ohne daß dies im Kirchenbuch bei der Liste der Konfirmierten vermerkt wurde, ist Catharina Elisabeth Schmidt, eingesegnet 1824. Nur aus dem Dispens-Antrag wissen wir, daß der Heuerling Brüggemann sie angenommen hatte; s. unten S. 327.

[17] Zu seinem Haushalt s. auch unten S. 319.
[18] Auch einige andere Pflegeeltern bekamen einen Geldbeitrag zu ihren Unkosten, s. unten S. 320f. mit Anm. 45, S. 324 Anm. 62.
[19] Von diesen 13 Konfirmierten lebten sieben bei Heuerleuten, je eines bei einem Papiermacher, einem Pächter und einem Erbpächter, nur eines bei einem Großbauern; in zwei Fällen ist der Stand der Pflegeeltern nicht zu ermitteln.
[20] Vgl. unten S. 318f. zu anderen in Pflege gegebenen Geschwistern.
[21] MITTERAUER 1979a S. 159, 161ff., 165f.
[22] Siehe Tab. 3.08.

Tabelle 5.09: Die unehelich Geborenen unter 15 Jahren nach Art der verwandtschaftlichen Beziehung zu anderen Personen des Haushalts, in dem sie leben, 1858

| Die unehelich geborene Person lebt bei[1] | Zahl | % |
|---|---|---|
| ihrem Vater und ihrer Mutter[2] | 20 | 32,8% |
| ihrer Mutter | 11 | 18,0% |
| ihrer Mutter und deren Eltern[3] | 12 | 19,7% |
| ihren mütterlichen Großeltern[3] | 8 | 13,1% |
| ihrem Vater | 1 | 1,6% |
| Nicht-Verwandten | 9 | 14,8% |
| Summe | 61 | 100% |

[1] Keine Doppel-Nennungen.
[2] In all diesen Fällen hatten die Eltern inzwischen geheiratet, so daß das Kind nachträglich legitimiert war.
[3] Hier wurden auch die Fälle eingereiht, wo nur der Großvater *oder* die Großmutter lebte.

Personen, die bei der Volkszählung von 1858 weniger als fünfzehn Jahre zählten, daß sie illegitim zur Welt gekommen waren. Fast ein Drittel von ihnen lebte jedoch bei Mutter *und* Vater; deren nachfolgende Eheschließung hatte sie inzwischen legitimiert (Tab. 5.09). Dem knapp vierjährigen Gerhard Carl Bäke war freilich seitdem die leibliche Mutter gestorben; so lebte er bei seinem Vater, einem Fabrikarbeiter und dessen zweiter Frau.

Ein anderer Fabrikarbeiter hatte 1849 als Witwer einen Sohn gezeugt und danach eine andere Frau geheiratet. 1858 wuchs dieser außereheliche Sohn zusammen mit den Kindern zweiter Ehe in der Familie auf. Dies war allerdings der einzige Fall, in dem der Vater ein nicht legitimiertes Kind in seinem Haushalt hatte; auch die Eltern des Vaters nahmen solche Nachkommen nicht zu sich. Dafür fühlte sich vielmehr in erster Linie die Mutter und deren Familie zuständig.

Gut ein Drittel der außer der Ehe Geborenen wohnte bei der Mutter. In elf Fällen gab es sonst keine unmittelbaren Verwandten des Kindes mehr im Hause: entweder bildete die ledige Mutter mit einem oder zwei Kindern einen eigenen Haushalt, oder sie war Mitbewohnerin bei fremden Menschen. Eine dieser Frauen hatte offenbar einen anderen Mann, nicht den Vater ihres Kindes geheiratet, aber ihr früheres Kind bei sich behalten. Nur eine von ihnen war Magd und hatte ihre eineinhalbjährige Tochter bei sich im Hause ihres Dienstherrn, des Excolonen Dreyer. Es scheint also, daß hier die Bauern nur in Ausnahmefällen akzeptierten, daß Mägde mit unehelichen Kindern ins Haus kamen bzw. im Dienst blieben. Die Dienstboten-Ordnung von 1838 sprach der Herrschaft das Recht zu fristloser Entlassung einer schwangeren Magd zu.[23] Im Unterschied etwa zu einigen österreichischen und bayerischen Regionen, in denen Gesindepersonen als Arbeitskräfte für die Landwirtschaft ebenfalls große Bedeutung hatten, war in Belm weder die Nachfrage nach Mägden so stark[24], daß diese sich leisten konnten, ein Kind mitzubringen, noch scheinen die Bauern hier an der Arbeitskraft solcher Kinder unmittelbar oder für die Zukunft so sehr interessiert gewesen zu sein, daß sie unehelichen Nachwuchs der Mägde in ihrem Hause tolerierten oder gar ermutigten.[25]

Zwölf der illegitimen Kinder, die bei ihrer Mutter waren, wohnten mit ihr bei deren Eltern. Diese waren also ein häufiger Zufluchtsort für ledige Mütter; im Vergleich dazu sind die Fälle, in denen unverheiratete Frauen mit ihrem Nachwuchs auf sich allein gestellt blieben, in der Minderheit. Ein verwitweter Maurer von 72 Jahren hatte in seinem Haushalt drei erwachsene Kinder, eine Schwiegertochter sowie sechs Enkel, davon drei uneheliche; diese gehörten seinen beiden 28 jährigen Zwillingstöchtern, die beide als Zigarrenmacherinnen zum Lebensunterhalt beitrugen.

Insgesamt lebte sogar fast ein Drittel der außerehelich Geborenen bei den mütterlichen Großeltern[26], denn acht weitere Knaben und Mädchen wohnten ohne ihre Mutter im Haushalt von deren Eltern (Tab. 5.09). In vier Fällen hatten die Mütter inzwischen geheiratet, jedoch nicht den Vater ihres vorehelichen Kindes, und hatten dieses nicht mit in den neu gegründeten Hausstand genommen. Zwei andere ließen das Kind bei den Großeltern, obwohl sie dessen Vater ehelichten. Dorothea Friederike Klockenbrink hatte 1855 den Fabrikarbeiter Heinrich Wilhelm Heede geheiratet und war mit

---

[23] Dienstboten-Ordnung für den Landdrostei-Bezirk Osnabrück vom 28.4.1838 Art. 21 und 55, abgedr. in: EBHARDT 1839–1840 Bd.1 S.115–124 hier 118, 121.- Die Gesinde-Verordnung vom 3.3.1766 §11, abgedr. in: CCO 1783–1819 Teil 2 Bd.1 S. 393–396, hatte dies noch nicht eigens unter den Gründen zu fristloser Entlassung aufgeführt, wohl aber u.a. „nächtliches unerlaubtes Auslaufen" (§11).- Nach KUSSMAUL 1981 S.32 war es im England des 17. und 18. Jahrhunderts nicht rechtmäßig, eine Magd wegen Schwangerschaft vorzeitig zu entlassen, es geschah aber trotzdem.- Die Schleswig-Holsteinische Gesinde-Ordnung vom 25.2.1840 §§18, 26 (abgedr. bei GÖTTSCH 1978 S.127–136) entsprach in dieser Hinsicht der Osnabrückischen von 1838; in Preußen enthielten bereits das Allgemeine Landrecht von 1794 (s. SCHRÖDER 1992 S.45f., 106) und die Gesinde-Ordnung vom 8.11.1810 §§48, 133 entsprechende Bestimmungen (abgedr. bei GERHARD 1978 S.261–275; vgl. VORMBAUM 1980 S.46f.).
[24] So LEE 1976/77 S.420ff. und LEE 1977/78 in der Kontroverse mit SHORTER 1971/72 und SHORTER 1977/78.
[25] So MITTERAUER 1979a S.137ff., vgl. 175ff.; MITTERAUER 1983 S.71ff.; vgl. SABEAN 1982 S. 56ff.
[26] S. auch unten S.314f. betr. ehelich geborene Pflegekinder.

ihm aus dem Kirchspiel weggezogen. Ihr gemeinsamer vorehelicher Sohn Wilhelm blieb als „angenommen Kind" bei der Großmutter Catharina Klokkenbrink, die 1858 als 60jährige Witwe mit Hilfe von drei erwachsenen Söhnen, einer Tochter, einem „Dienstknecht" und einer „Dienstmagd" eine mit einem Kramladen verbundene Bäckerei im Kirchdorf Belm führte. Ein Heuerling, der zugleich als Schlachter tätig war, und seine Frau, beide 62 Jahre alt, hatten 1858 sogar zwei uneheliche Kinder von zweien ihrer Töchter bei sich. Eine von diesen hatte zwar den Vater ihres nun neunjährigen vorehelichen Sohnes geheiratet; sie lebten aber nur mit ihren vier jüngeren Kindern als Heuerleute auf einem anderen Hof derselben Bauerschaft. Bei einer anderen Mutter lag der Grund für ihre Abwesenheit darin, daß sie im Gesindedienst beim Papierfabrikanten Gruner stand; offenbar sah dieser in seinem Haus keinen Platz für deren halbjährige Tochter.

Nur 9 von den 61 Kindern, deren uneheliche Geburt sich feststellen ließ, wuchsen in Haushalten auf, zu denen anscheinend keine nahe Verwandtschaft bestand; sie wurden im Zensus von 1858 als „Pflegkind", „angenommenes Kind", „arm", „Schüler", zum Teil auch schlicht als „Kind" bezeichnet. In der Regel reichen die vorhandenen Informationen gerade hier nicht aus, um die Gründe für die Trennung von der Mutter ahnen zu lassen. Anders ist es nur bei dem „Pflegkind" eines Vollerben: Bei seiner Taufe hatte der Pfarrer die Mutter als „meretrix vaga" bezeichnet. Das scheint zwar in einem gewissen Widerspruch zu der gleichzeitigen Angabe zu stehen, daß sie „seit langer Zeit dienend zu Venne", dem Nachbarkirchspiel Belms, sei. Trotzdem: wenn das der öffentliche Leumund dieser Frau war, dürfte es ihr schwerlich möglich gewesen sein, ihr Kind selber aufzuziehen.

Insgesamt war also auch von den unehelich geborenen Kindern, die am Ort geboren und geblieben waren[27], die große Mehrheit in das Netz familialer Beziehungen eingebunden. Dies galt ohnehin für den beträchtlichen Teil, der durch nachfolgende Eheschließung der Eltern legitimiert war. Aber auch von den anderen wurden die meisten durch die Mutter und deren Herkunftsfamilie aufgenommen, so daß nur etwa ein Siebtel der illegitim zur Welt Gekommenen als echte Pflegekinder in fremde Haushalte weggegeben wurde.

---

[27] Es liegt in der Natur der benutzten Quellen, daß keine Aussagen darüber gemacht werden können, in welchem Maße unehelich geborene Kinder das Kirchspiel verließen und unter welchen Bedingungen sie dann aufwuchsen. Insofern stehen unsere Ausführungen nicht notwendigerweise in diametralem Widerspruch zu dem düsteren Bild, das SCHUBERT 1983 S. 120 ff. von der Situation lediger Mütter und ihrer Kinder gezeichnet hat; wohl aber dürften sie eine wesentliche Ergänzung dazu bedeuten.

Von den 1858 registrierten Pflegekindern können wir bei 29 die Familiengeschichte bis zur Heirat der Eltern zurückverfolgen. Auf diese Weise lassen sich bis zu einem gewissen Grade die Umstände aufhellen, die zur Trennung von den leiblichen Eltern führten; auch wird häufig etwas von den Beziehungen zu der Familie sichtbar, die sich zur Aufnahme des Kindes entschloß. Freilich treffen diese Ergebnisse nur für diejenigen Pflegekinder zu, deren Herkunftsfamilie ein Mindestmaß von Ortsfestigkeit aufwies; für jene andere Hälfte der Ziehkinder, die von auswärts kam, können daraus keine Rückschlüsse gezogen werden. Mag die Zahl dieser jungen Menschen in Relation zu der Summe von 1181 Personen unter 15 Jahren auch gering erscheinen, so zeigen diese Ausnahmefälle doch, wie es in dieser Gesellschaft zu einer Trennung zwischen Eltern und kleinen Kindern kommen konnte und welche Netze dann ein Kind auffingen.

In etwa der Hälfte dieser Fälle scheint der Tod zur Trennung geführt zu haben. Sechs Kinder hatten beide Eltern verloren, acht weitere den Vater, eines die Mutter. Bei einigen Familien könnte die Größe der Nachkommenschaft zu dem Entschluß beigetragen haben, eines der Kinder einem anderen Hause anzuvertrauen. In zwei Fällen lebten im Haushalt der leiblichen Eltern – bzw. des überlebenden Elternteils – noch sechs Kinder, und in jeweils drei Fällen war die bei den Eltern verbliebene Kinderschar fünf oder drei Köpfe, in vier Fällen vier Köpfe stark.[28] Allerdings ist nicht in all diesen Fällen eine Notlage erkennbar[29]; und in vier Fällen läßt die Familienkonstellation der leiblichen Eltern überhaupt keinen Engpaß erschließen, der Anlaß zur Weggabe des Kindes gewesen sein könnte.

Nur selten kann aus der Konfiguration der Pflegefamilie ein mögliches Motiv zur Aufnahme des Zöglings hergeleitet werden. So bei dem 56 Jahre alten Vollerben Johann Heinrich Voß in Darum und seiner 49jährigen Frau: nur zwei Kinder wurden in ihrer – bereits seit 22 Jahren bestehenden – Ehe geboren; beide hatte ihnen der Tod geraubt. 1858 lebte in ihrem Hause außer zwei Knechten und einer Magd die 18 Jahre alte „Pflegetochter" Louise Meier, die aus dem benachbarten Meierhof stammte. Hier wird die Initiative mehr von der aufnehmenden als von der weggebenden Familie ausgegangen sein: Zwar war die leibliche Mutter, die 49jährige Vollerbin Maria Elisabeth Meier seit 1855 Witwe und hatte noch sechs Kinder bei

---

[28] Bei zwei dieser zwölf kinderreichen Familien war der Vater gestorben.
[29] Siehe z. B. den Fall der Vollerbentochter Louise Meier im Hause des Colon Voß, der im folgenden beschrieben wird. – Von den Haushaltsvorständen der landlosen Schicht hatten freilich 1858 nur 25% mehr als drei Kinder im Haushalt, 57% weniger als drei (Tab. 5.03), so daß eine Familie mit insgesamt vier Kindern in dieser Schicht bereits als relativ kinderreich gelten konnte.

sich, die zwischen sieben und zweiundzwanzig Jahre alt waren; die achtzehnjährige Louise aber hatte sie durch eine Magd ersetzt. Daß der kinderlose Colon Voß die Pflegetochter lediglich als Arbeitskraft ins Haus geholt hatte, ist unwahrscheinlich; sie würde sonst in der Zensusliste als „Magd" verzeichnet stehen. Da sie 1858 als einzige unter den über 14 jährigen ausdrücklich als Pflegekind registriert wurde, handelte es sich wohl um eine besondere Beziehung. Jedenfalls waren die beiden Familien eng verbunden, obwohl anscheinend keine nahe Verwandtschaft bestand: Der Colon Voß hatte zwei Geschwister der Louise Meier aus der Taufe gehoben, und seine Frau war Patin eines weiteren. Ob die Pflegetochter womöglich als Erbin des Voß-Hofes in Frage kam, wissen wir nicht.

Anderer Art war fraglos das Verhältnis des 41 jährigen Vollerben Hermann H. Rolf und seiner 27 Jahre alten Frau zu ihrem Zögling, obwohl auch sie zum Zeitpunkt der Volkszählung von 1858 keine eigene Kinder hatten.[30] Sie waren jedoch erst seit zwei Jahren verheiratet. Den zwölfjährigen „Schüler" Wilhelm Baringhaus beherbergten sie gewiß nur für begrenzte Zeit, vielleicht bis zum Ende seiner Schulzeit. Er stammte aus einer kinderreichen Heuerlingsfamilie; zwei ältere und drei jüngere Geschwister lebten im Haushalt seiner leiblichen Eltern. Eine besondere Verbindung zwischen den beiden Familien ist nicht erkennbar.

Bei den älteren unter den Pflegekindern, etwa denen, die mindestens zwölf Jahre alt waren, könnte man vermuten, daß sie ihren Zieheltern vor allem als mithelfende Arbeitskräfte willkommen waren.[31] Denn da in dieser Periode die Eltern gerade auch auf dem Lande überall bereits von kleinen Kindern mancherlei Arbeitsleistungen erwarteten[32], wird das für Pflegeeltern erst recht gelten. Die Konstellation der betreffenden Belmer Haushalte im Jahre 1858 spricht jedoch häufiger dagegen als dafür, daß dies ein ausschlaggebendes Motiv war. Am ehesten könnte dieser Gesichtspunkt für die 60 jährige ledige Heuerlingsfrau Catharina Gang ins Gewicht gefallen sein; sie hätte allein gestanden, wäre nicht die 20 Jahre alte Louise Mutert bei ihr gewesen. Der Volkszähler registrierte sie schlicht als „Kind" dieses Haushalts, tatsächlich war sie die Tochter der Schwester von Catharina Gang. Selbst hier scheint die Sorge der ledigen eigentumslosen Frau vor einem einsamen Alter nicht entscheidend gewesen zu sein; denn im selben Kotten wohnte Catharina Gangs Bruder mit seiner Familie. Ausschlaggebend war

---

[30] Ein drittes Pflegeelternpaar ohne Kinder waren beim Zensus 1858 der Vollerbe Holdgreiwe und seine Frau; sie hatten jedoch erst fünf Monate zuvor geheiratet; ihr Fall wird unten S. 314 dargestellt.

[31] Vgl. MITTERAUER 1985 S. 189.

[32] SCHLUMBOHM 1983 a S. 7 ff., 67 ff., 79, 81 ff., 133 ff.; ROSENBAUM 1982 S. 93 ff.

offenbar, daß Louise Mutert im Alter von sieben Jahren die Mutter, mit neun den Vater verloren hatte. – Andere Haushalte, die ein zwölf-, dreizehn- oder vierzehnjähriges Kind in Pflege hatten, waren durchweg auch ohne dieses mit Arbeitskräften des entsprechenden Alters und Geschlechts wohl versehen.

Demnach wurden die meisten dieser Hausväter und -mütter nicht durch eine bestimmte Konstellation in der eigenen Familie zu dem Entschluß bewogen, *irgendein* Pflegekind aufnehmen zu wollen. So mag es freilich gewesen sein bei den Haushalten, die einen Schützling der Osnabrücker Armen-Kommission betreuten. Bei den Kindern, die aus Belmer Ehen hervorgegangen waren, hingegen spricht eine genaue Betrachtung des familialen Hintergrunds der Zöglinge und ihrer Pflegeeltern nachdrücklich dafür, daß hier meist seit langem eine nähere Verbindung zwischen beiden Familien bestand und daß diese Beziehung bei akutem Anlaß zu der Entscheidung führte, ein Kind *dieser bestimmten* Eltern in Pflege zu nehmen.

Ein ungewöhnlicher Fall war es zweifellos, daß zwei Familien Kinder wechselseitig austauschten, wie es der 36 jährige Heuerling Heinrich Besselmann und seine 30 jährige Ehefrau Maria mit der 40 jährigen Heuerlingsfrau Elisabeth Besselmann, der Witwe seines Bruders, getan hatten. Bei der Witwe wohnte außer ihrem leiblichen Sohn Heinrich, 13 Jahre alt, die siebenjährige Elisabeth und der einjährige Franz Heinrich Besselmann, die der Ehe ihres Schwagers Heinrich mit Maria entstammten. Bei diesen wiederum lebten außer den leiblichen Söhnen Friedrich und Heinrich, neun und fünf Jahre alt, die vierjährige Maria, Tochter des verstorbenen Bruders Besselmann und der Elisabeth. Auch früher hatten die beiden Familien die Verbindung gepflegt: Heinrich Besselmann und seine Frau Maria hatten 1849 bei der Taufe ihres ältesten Sohnes Friedrich den inzwischen verstorbenen Bruder zum Paten gebeten. 1858 wohnten sie auf benachbarten Höfen in Vehrte.

Auch mehrere andere Pflegekinder lebten bei einem Onkel und einer Tante.[33] So die 10 jährige Maria Recker bei dem Vollerben Hermann Siebert in Vehrte, dem jüngeren Bruder ihres Vaters. Dieser war der Markkötter Recker, ebenfalls in Vehrte, ein geborener Siebert, der als weichender Erbe die Anerbin des kleinen Recker-Hofes geheiratet hatte. Vier ältere und zwei jüngere Geschwister der Maria Recker lebten noch bei den Eltern; sieben Kinder mögen zu viel für die kleine Stelle gewesen sein. Daß der Vollerbe Hermann Siebert und seine Frau zwei Geschwister der Maria Recker aus der Taufe gehoben hatten, zeugt von der anhaltenden Verbindung zwischen

---

[33] S. auch den soeben dargelegten Fall der Louise Mutert, die bei ihrer Tante Catharina Gang wohnte.

den Familien der Brüder. – Ähnlich war die soziale und verwandtschaftliche Relation zwischen dem Neubauern Schürmann in Darum und den Eltern ihres 12 jährigen „angenommenen Kindes" Louise Dirker; freilich war es hier der Inhaber einer Kleinststelle, der aus der kinderreichen Familie eines Eigentumslosen eine Tochter versorgte, und das verwandtschaftliche Band war das des Bruders zur Schwester. Schürmanns Schwester hatte den Heuerling Eberhard Heinrich Dierker geheiratet. 1858 war dieser 51, sie 44 Jahre alt, und bei ihnen lebten fünf Kinder im Alter von ein bis fünfzehn Jahren. In dieser Situation wird das Anerbieten des zehn Jahre jüngeren Bruders, Louise zu sich zu nehmen, willkommen gewesen sein. 1852 war er übrigens Pate eines Dierker-Sohnes geworden. Freilich hatte er selbst bereits drei Kinder von einem, drei und sechs Jahren. Nützlich mag sich die angenommene Tochter bei der Versorgung dieser kleinen Kinder gemacht haben; doch konnten sich in derlei Aufgaben auch noch die 73 jährige Großmutter und eine 16 jährige Magd mit der Ehefrau Schürmann teilen. – Als Hoferbe hatte Eberhard Holdgreiwe von seiner in die landlose Schicht abgestiegenen Schwester Maria Elisabeth den ältesten Sohn „angenommen"; dieser war 1858 acht Jahre alt. Maria Elisabeth Holdgreiwe hatte 1850 den Heuerling Johann Heinrich Wiehmann geheiratet; in ihrem Haushalt lebten 1858 noch drei Kinder von ein bis fünf Jahren sowie ein vierzehnjähriger „Dienstknecht". Der Vollerbe Eberhard Holdgreiwe war erst seit knapp fünf Monaten verheiratet und hatte noch keine eigenen Kinder. Im März 1860 durfte er ein Brüderchen seines angenommenen Sohnes aus der Taufe heben. – Auch innerhalb der landlosen Schicht nahm sich ein Onkel seines Schwesterkindes an. Der Heuerling Johann H. Sollmann hatte Maria Engel Brune, die neunjährige Tochter seiner Schwester und zugleich Patentochter seiner Frau, als „Pflegkind" bei sich. Sein Schwager, der Heuerling Brune, war im Februar 1858 gestorben und hatte die Witwe mit sechs Kindern zurückgelassen.[34]

In sieben Fällen waren es die Großeltern, die ein Enkelkind in Pflege nahmen.[35] Dem Vollerben Johann Heinrich Schleibaum, 70 Jahre alt, war diese Aufgabe dadurch zugefallen, daß der Tod zunächst 1849 seine Schwiegertochter, danach 1852 auch seinen Sohn, den Hoferben, hingerafft hatte. Dieser hatte sich nicht zu einer neuen Ehe entschlossen, so daß sein einziges Kind, die mutmaßliche Anerbin, verwaist in der Obhut des alten Vollerben Schleibaum und seiner um zwölf Jahre jüngeren Frau zurückblieb. Auch die

---

[34] Zu dieser Familie s. auch unten S. 319.
[35] S. auch oben S. 309f. betr. uneheliche Kinder; die beiden, deren Eltern einander inzwischen geheiratet hatten, zählen zu den hier besprochenen 29 Fällen.

Leitung des Hofes hatten diese wieder übernommen[36], unterstützt von drei Knechten und zwei erwachsenen Töchtern. – Warum der 35 jährige Vollerbe Grupe in Wellingen und seine gleichaltrige Frau ihren ältesten Sohn, den neun Jahre alten Gerhard Heinrich, zur mütterlichen Großmutter, der 59 jährigen verwitweten Vollerbin Sudhoff nach Darum gegeben hatten, wo er nun als „angenommen Kind" lebte, ist nicht recht ersichtlich. Es sei denn, daß Grupes Haus einfach überfüllt war. Mit zwölf Personen gehörte dieser Haushalt jedenfalls zu den größten im Kirchspiel (vgl. Tab. 4.03 c); vier kleine Kinder – drei Söhne und eine Tochter –, zwei Knechte, zwei Mägde, der verwitwete Altenteiler sowie ein unverheirateter vierzigjähriger Bruder des Bauern wohnten zusammen. Die Verbindung zur Großmutter Sudhoff hatten die Grupes immer gepflegt; 1850 hatten sie sie zur dritten Patin ihres zweiten Sohnes, 1852 zur ersten Patin ihrer Tochter gewählt.

Auch in bescheideneren Verhältnissen lebende Großeltern sprangen ein, wenn es um ihr Enkelkind ging. Dem Grützemüller Christoffer Albrand und seiner Frau, die auf einer Markkötterstelle saßen und beide die sechzig überschritten hatten, vertraute die Tochter, Ehefrau des landlosen Schlachters Gang, eines ihrer fünf kleinen Kinder an. Als im Januar 1859 bei den Gangs das nächste Kind getauft wurde, war der Großvater Albrand erster Pate; seine Frau hatte schon 1847 diese Funktion bei der ältesten Tochter übernommen. In der Obhut des Amtsdieners Gerhard Heinrich Fraumann und seiner Frau Anna Maria, 58 und 66 Jahre alt, befand sich Louise Bierbaum als „Pflegkind"; sie war ihre Enkelin, obendrein Anna Maria Fraumanns Patentochter. Ihr Vater, ein kleiner Erbpächter, war 1847 gestorben; ihre Mutter, Fraumanns Tochter, hatte ein halbes Jahr später den Tierarzt Sielschott geheiratet. In dessen Hause scheint für die Tochter erster Ehe kein rechter Platz mehr gewesen zu sein; vier kleine Kinder der neuen Ehe, eine Magd, aber auch vier mitwohnende ledige ZigarrenmacherInnen sowie eine dreiköpfige Schneiderfamilie gehörten diesem 14-Personen-Haushalt an.

Sogar ein Vollerbe fand es nicht unter seinem Stand, den Schwiegereltern, die auf einer winzigen Neubauernstelle hausten, eines seiner Kinder zu übergeben. Zwei Söhne und eine Tochter – sechs, fünf und ein Jahr alt – behielten Heinrich und Anna Maria Dreyer auf ihrem großen Hof; die dreijährige Maria wuchs auf der Neubauerei Wiemeyer bei ihren mütterlichen Großeltern heran; die Großmutter war ihr auch als Patin verbunden. Den gewiß nicht reichlichen Wohnraum teilten auch der Bruder ihrer Mutter samt Frau und Baby.

---

[36] Zu einem ähnlichen Fall auf dem Vollerbe Eistrup in Powe im späten 18. Jahrhundert s. unten S. 400.

Eine Verwandtschaft komplizierter Art verband den 39jährigen Vollerben Meyer zur Weghorst mit der vierzehnjährigen Anna M. Meyers, die als Tochter in seinem Hause registriert wurde. Rechtlich war sie gewissermaßen seine indirekte Stiefschwester, Tochter des 1857 durch Freitod aus dem Leben geschiedenen Interimswirtes dieses Hofes. Ihre Mutter – sie hatte danach das Kirchspiel verlassen – war jedoch nicht seine Mutter; es war auf dem Hofe zu einer Kette von Wiederheiraten gekommen. Daß sie trotzdem nicht als „Magd", sondern als „Tochter" notiert wurde, scheint anzudeuten, daß man sich der Verwandtschaft bewußt war. Oder verdankte sie diese Bezeichnung nur ihrer Jugend? Ihr drei Jahre älterer Bruder figurierte im selben Haushalt als „Knecht".

In gut der Hälfte der Fälle, wo wir die familialen Hintergründe sowohl der Ziehkinder wie der Zieheltern verfolgen können, war nahe Verwandtschaft der offenbare Grund, daß eine Familie das Kind einer anderen zu sich nahm. Selbst hier, wo ein junger Mensch durch Not oder freie Entscheidung aus seiner Kernfamilie herausgerissen wurde, blieb also das Kind sehr häufig innerhalb des Kreises der nächstverwandten Familien: Die Geschwister oder Eltern der leiblichen Eltern traten für diese ein.

Das ‚Patron-Klient'-Verhältnis[37] zwischen dem Bauern und seinem Heuerling wirkte – im Vergleich dazu – überraschend selten als Auffangnetz für in Bedrängnis geratene Kinder, unter den 1858 im Detail zu verfolgenden Fällen nur vier- oder fünfmal. In eindrucksvoller Weise scheint das jedoch zuzutreffen für den zwölfjährigen Johann Friedrich Brüggemanns, der innerhalb seiner ersten eineinhalb Lebensjahre zuerst den Vater, dann die Mutter verloren hatte. 1858 lebte er als „Pflegkind" bei dem Excolon Meikinghaus und seiner Frau, 47 und 61 Jahre alt. Bei ihnen war sein Vater bis zu seinem Tode Heuerling gewesen; der Anerbe, der 1855 geheiratet und den Hof übernommen hatte, war sein Pate; und schon der Vater seines Vaters war von 1814 bis zu seinem Tod im Jahre 1840 Heuerling auf dem Vollerbe Meikinghaus gewesen. Vergleichen wir in diesem Fall die Volkszählungsliste von 1852 in Verbindung mit der Familienrekonstitution, so stellen wir freilich fest, daß der Colon Meikinghaus den verwaisten Sohn seines über zwei Generationen getreuen Heuerlings nicht sogleich nach dem frühen Tode seiner Eltern in Pflege genommen hatte. 1852, als Johann Friedrich Brüggemanns sechs Jahre alt war, befand er sich vielmehr zusammen mit seiner zehnjährigen Schwester bei seinem Stiefvater, dem Heuerling Menke, und dessen zweiter Frau; Johann Friedrichs leibliche Mutter war mit diesem nur ein knappes Jahr bis zu ihrem Tode verheiratet gewesen, und er hatte bald wiedergeheiratet; in diesem Haushalt lebte auch noch die

---

[37] Siehe dazu unten Kap. 7.7.

72jährige verwitwete Mutter von Johann Friedrichs leiblichem Vater Brüggemann. Zunächst waren die Brüggemann-Waisen also bei dem Stiefvater und der indirekten Stiefmutter geblieben; erst als Johann Friedrich heranwuchs, möglicherweise auch im Zusammenhang mit dem Weggang des Stiefvaters Menke vom Meikinghaus-Vollerbe auf einen anderen Hof, wechselte er über in den Haushalt des ehemaligen Patrons seines Vaters. Übrigens beschäftigte der Leibzüchter Meikinghaus 1858 auch eine zwanzigjährige Magd; demnach führte er, nachdem er als Stiefvater des Anerben und Interimswirt bereits im Alter von Mitte vierzig den Hof abgegeben hatte, auf dem Altenteil seine eigene Wirtschaft. Vielleicht konnte der zwölfjährige Pflegesohn sich da ein wenig nützlich machen.

Der Vollerbe Brockmann hatte die siebenjährige Maria Lübben als „Schüler" aufgenommen, die Tochter von Franz Lübbe, der als Heuerling und Tischler seit seiner Heirat im Jahre 1846 auf diesem Hof lebte und arbeitete. Die Lübbes hatten ihren Colon gleich beim ersten Sohn zum Paten gewählt. 1858 zählte ihr Haushalt fünf Kinder im Alter zwischen vier Monaten und zwölf Jahren; außerdem gehörten die mehr als siebzigjährigen Schwiegereltern dazu. In dieser Situation war es gewiß eine Hilfe für die Eltern, daß Maria im Haus des Bauern Unterschlupf fand. – Das mag auch für den Heuerling Eberhard Brügemann und seine Frau Lotte gegolten haben. Zwar lebten nur drei Kinder bei ihnen, doch teilten sie sich mit drei weiteren Haushalten, insgesamt sechzehn Personen, einen Kotten auf dem Vollerbe Eistrup in Powe. Ihr ältester Sohn Friedrich, 13 Jahre, wohnte als „Schüler" im Haupthaus bei dem jungen Colon, der übrigens auch sein Pate war. Eberhard Brügemann hatte nach seiner Verehelichung zunächst zwar auf einem anderen Hof, inzwischen aber fünfzehn Jahre bei den Eistrups gearbeitet.

Immer wieder zeigt sich, daß zwischen den Familien, die ein Kind austauschten, Patenschafts-Beziehungen bestanden. Von den 29 Fällen, wo wir das Verhältnis von der Heirat der leiblichen Eltern an verfolgen können, traf dies 21mal zu. Jedoch nur dreimal war die Gevatterschaft die einzige Beziehung, die wir zwischen den beteiligten Familien feststellen können; und in einem dieser drei Fälle wurde sie erst geknüpft, nachdem ein Kind in Pflege genommen war: Beim Vollerben Gerding wohnte zur Zeit der Volkszählung von 1858 die zwölfjährige Maria Louise Rothers. Im Hause von deren Eltern lebten damals drei jüngere Geschwister, außerdem die verwitwete Großmutter. Als im März 1859 das nächste Kind geboren war, hob es der Colon Gerding aus der Taufe. Hier wurde das Paten-Verhältnis im Gefolge der Plegeelternschaft eingegangen, nicht umgekehrt.

Bei den meisten dieser Ziehkinder ist ohnehin deutlich, daß neben der Patenschaft andere Verbindungen existierten; in dreizehn Fällen war es nahe

Verwandtschaft, in vier anderen das ‚Patron-Klient'-Verhältnis zwischen dem Bauern und seinem Heuerling, einmal Nachbarschaft. Wie in anderen Regionen und Zeiten[38] bekräftigte und intensivierte offenbar die Gevattern-Beziehung eine bereits vorher bestehende Verbindung: man wählte nicht jemand Fremdes zum Paten seines Kindes, um dadurch ein Band zu der betreffenden Person oder Familie ganz neu zu schaffen. Den Vorgeschichten der Belmer Ziehkinder von 1858 nach zu urteilen, begründete das Patenverhältnis *allein* offenbar auch keine Verpflichtung, im Notfall das Kind der anderen Familie in Pflege zu nehmen.[39] Dazu kam es in der Regel erst durch ein Geflecht enger Beziehungen, in welchem die Patenschaft nur einer der Stränge war. Dafür sprechen auch die insgesamt drei Fälle, in denen ein Pflegevater in den Jahren 1859 und 1860 von den Eltern des Zöglings, den er 1858 im Hause hatte, zum Paten bei der Taufe eines nächsten Kindes gebeten wurde.

Selbst bei der Entscheidung, welches der Kinder aus einer in Bedrängnis geratenen, eng verbundenen Familie man in Obhut nahm, war die Paten-Beziehung offenbar nicht mehr als einer unter den wesentlichen Gesichtspunkten. Jedenfalls hatte nur in neun Fällen die Pflegefamilie gerade ihr Patenkind aufgenommen; in zwölf anderen war ein Geschwister gewählt worden.

Wenn mehrere Kinder von ihren Eltern getrennt wurden, wurde oft auch die Geschwistergruppe auseinandergerissen. So geschah es bei den vier Nachkommen des Heuerlings Johann Gerhard Rüsse. Seine Frau war am 24. Januar, er selber am 31. März 1858 gestorben. Bei der Volkszählung im Dezember dieses Jahres war der älteste Sohn knapp fünfzehn Jahre, – alt genug, um bei dem Bruder seines Vaters, Gerhard Heinrich Rüsse, dem Pächter eines Vollerbenhofes, die Stelle eines „Knechts" auszufüllen. Das jüngste Kind, die dreijährige Louise, wurde als „arm" vom Schwiegervater dieses Onkels beherbergt; dieser war übrigens Pächter des Nachbarhofes. Vermutlich war diese Pflegestelle durch die Vermittlung Gerhard Heinrich Rüsses und seiner Frau gefunden worden; letztere war Louises Patentante. Die zwölfjährige Maria Rüssen, ebenfalls als „arm" registriert, kam beim Vollerben Mehrpohl unter, dessen verstorbene Frau ihre Patin gewesen war.[40] Während diese drei Geschwister in Haltern blieben, wo ihre Eltern gelebt hatten, und damit räumlich nicht allzuweit voneinander getrennt wurden, kam die sieben Jahre alte Dorothea als „Kind" zum Vollerben Suden-

---

[38] STAUDT 1958 S. 25 ff. – Zu Patenbeziehungen s. auch unten Kap. 7.4. und Kap. 7.5.

[39] So auch FOJTIK 1969 S. 340; anders MINTZ/WOLF 1950 S. 357. STAUDT 1958 S. 82 ff. hebt hingegen hervor, daß Paten in einem solchen Fall die Funktion des Vormunds übernahmen.

[40] Das ist die einzige feststellbare Verbindung zwischen den Rüsses und den Mehrpohls.

darp in Vehrte; die einzige erkennbare Verbindung zu dieser Bauernfamilie besteht darin, daß die Schwester des Vollerben Sudendarp – die inzwischen als Ehefrau des Heuerlings Stagge auf diesem Hof lebte – Dorotheas zweite Patin war.

Als der Heuermann Friedrich Wilhelm Brune am 5. Februar 1858 starb, hinterließ er seine 37jährige Frau Maria Engel mit fünf Kindern unter 14 Jahren, ein sechstes wurde posthum geboren. Im Dezember 1858 hatte die Witwe Brune nur noch die beiden jüngsten bei sich; sie teilte sich mit zwei anderen Haushalten einen Heuerlingskotten des Vollerben Barth in Vehrte, darunter war die Familie ihrer Schwester. Ihr Bruder, der Heuerling Johann H. Sollmann, hatte die neunjährige Tochter aufgenommen[41]; darüber hinaus scheint er vermittelt zu haben, daß sein Colon, der Vollerbe Glüsenkamp in Gretesch, den elfjährigen Johann Heinrich als „Pflegkind" nahm; eine andere Verbindung zur Familie Glüsenkamp ist zumindest nicht erkennbar. Den sechsjährigen Heinrich Brune beherbergte der Vollerbe Brörmann in Haltern, bei dem der verstorbene Vater Heuermann gewesen war; seine Frau war auch dritte Patin von Heinrich. Die älteste von den Geschwistern war „Pflegetochter" des Markkötters Wellmann in Wellingen, ohne daß wir eine weitere Beziehung zur Familie Brune kennten.

In anderen Fällen gelang es hingegen, Geschwister zusammen in einer Familie unterzubringen.[42] Unter den Pflegekindern, die 1858 im Kirchspiel Belm verzeichnet wurden, jedoch nicht aus am Ort geschlossenen Ehen stammten, scheinen drei Geschwisterpaare gewesen zu sein. Davon waren zwei jeweils gemeinsam in demselben Haushalt, nämlich Antonie und Heinrich Korte, 14 und 9 Jahre alt, als „angenommene Kinder" des katholischen Pfarrers v. Lotten, sowie Carl Heinrich und Dorothea Hagemann, 8 und 4 Jahre alt, beide „arm", beim Erbpächter und Schankwirt Engel.[43] Die 14jährige Maria Klausing war hingegen getrennt von dem 5jährigen Johann Heinrich Klausing.

Nicht überraschen kann, daß nur in Ausnahmefällen die Pflegefamilie einer niedrigeren sozialen Schicht angehörte als die leiblichen Eltern.[44] Da Kinder anscheinend erst ab etwa vierzehn Jahren als voll arbeitsfähig galten, wurden sie vorher offenbar eher als Kosten- denn als Nutzenfaktor betrach-

---

[41] Vgl. oben S. 314.

[42] Vgl. auch oben S. 307 zum Fall der Schwestern Krone in den 1830er Jahren.

[43] Dieser hatte außerdem noch drei weitere „Arme" aufgenommen: eine 13jährige, die – wie wir aus dem Konfirmationsregister von 1859 wissen – von der Armen-Kommission untergebracht war; eine 34jährige ledige Frau und einen 15Jährigen. Im übrigen gehörten Frau, ein 20jähriger Sohn und eine Magd zu seinem Haushalt.

[44] Eindeutig ist das nur bei der Tochter des Vollerben Dreyer, die bei ihren Großeltern, dem Neubauern Wiemeyer, lebte, s. oben S. 315.

tet. Dazu paßt, daß in 13 der 29 Fälle, deren familiale Hintergründe wir aufklären konnten, die Pflegeeltern zu einer höheren Schicht zählten als die Familie, aus der ihr Zögling stammte. Wo die ‚Patron-Klient'-Beziehung zwischen Bauer und seinem Heuerling maßgeblich für die Aufnahme des Kindes war, traf dies per definitionem zu; außerdem galt es in den drei Fällen, in denen zwischen Herkunfts- und Pflegefamilie lediglich die Patenschafts-Beziehung feststellbar war.[45]

Einige Beispiele scheinen zu belegen, daß der bäuerliche Haushalt auf dem Stammhof tatsächlich die Funktion wahrnahm, welche die Theorie Frédéric Le Plays der auf ungeteilter Vererbung beruhenden Stammfamilie zuschrieb: „Sie stellt ein bleibendes Zentrum des Schutzes dar, zu dem alle Mitglieder der Familie in den Unglücksfällen des Lebens ihre Zuflucht nehmen können; und sie gibt so den Individuen eine Sicherheit, die sie in der instabilen Familie nicht finden könnten."[46] Der Hoferbe schuldet seinen Geschwistern „Unterstützung, wenn eines von ihnen in seinen Unternehmungen scheitert, und im Bedarfsfall Zuflucht am väterlichen Herd. Ihm obliegen auch Schutz und Vormundschaft über die verwaisten Neffen."[47] Allerdings gibt es im Belmer Zensus von 1858 unter allen Pflegekindern nur drei, die als Beleg für eine solche Praxis dienen können[48]: der Sohn des Heuerlings Wichmann, der bei dem Bruder seiner Mutter, dem Vollerben Holdgreiwe, Aufnahme gefunden hatte; die Markkötterstochter Recker, die bei dem Bruder ihres Vaters, dem Vollerben Siebert, auf dem Stammhof lebte; und Anna M. Meyers, die Tochter des unglücklichen Interimswirtes, die auf dem Meyerhof zu Weghorst nun dem Haushalt des Anerben angehörte.

Aus dem frühen 19. Jahrhundert kennen wir einen weiteren Fall dieser Art. Als der Markkötter Johann Wennemar Landwehr, geborener Grothmann, 1815 die Stelle in Haltern an seinen Sohn Johann Casper übergab, hatte er seinen elfjährigen Sohn Gerhard Heinrich bei seiner Schwester unterge-

---

[45] Außerdem in zwei Fällen, wo keine nähere Verbindung zwischen den beteiligten Familien erkennbar ist. – Von zwei Pflegeeltern – wohl Großbauern –, die im Jahre 1816 je ein Waisenkind aufgenommen hatten, wissen wir, daß sie eine Entschädigung von 5 bzw. 10 Talern aus der katholischen Armen-Kasse erhielten; s. oben S. 286.

[46] LE PLAY 1867 Bd. 1 S. 319.

[47] LE PLAY 1877–1879 Bd. 3 S. 135 (hier in Bezug auf die Höfe des Lüneburger Landes). – Über eine schroff entgegengesetzte Praxis berichtet aus einem österreichischen Anerbengebiet im 20. Jahrhundert KHERA 1973 S. 816f.

[48] Vgl. zu ihnen oben S. 313f., 315. – Die Osnabrückische Eigentums-Ordnung von 1722 (abgedruckt in: CCO 1783–1819 Teil 2 Bd. 1 S. 232–269 als Nr. 734; außerdem in: OSNABRÜCKISCHES EIGENTUMS-RECHT 1794 S. 1–47). Kap. 4 § 20 hatte den Grundherren eigenbehöriger Bauern nahegelegt, verwaiste Kinder in erster Linie bei ihren nächsten Verwandten unterzubringen („[...] die Kinder bei ihre nächste Anverwandte oder sonst andere Leute tuen").

bracht, welche das elterliche Grothmann-Vollerbe in Vehrte übernommen hatte und mit ihrem Mann bewirtschaftete. Der Grund wird die schwierige wirtschaftliche Situation auf dem Landwehr-Hof gewesen sein: Der Markkotten war hochverschuldet, der Steuereinnehmer drohte wiederholt mit Exekution, es fehlte „oft an Lebensnahrung"; und als der Erbe Johann Casper aus dem Kriege zurückkam, mußte er seine „Militär-Kleider mit [...] Vatter und Brüdern" teilen. Gerhard Heinrich blieb bis zu seiner Konfirmation als Pflegesohn bei der Tante und dem Onkel auf dem großen Hof. Sein Bruder Johann Casper, der neue Markkötter Landwehr, kam allerdings für das Schulgeld und die Kleidung auf. Ja, er zahlte obendrein noch vierzehn Taler und zwei Mariengroschen „für Beköstigung" an den Pflegevater und Onkel, den Vollerben Grothmann! Ganz kostendeckend war dieser Beitrag freilich kaum, der begüterte Onkel tat anscheinend das Fehlende aus dem Seinen dazu.[49]

Sollte die Aufnahme solcher Kinder also Ausdruck einer regelmäßig gefühlten und erfüllten Verpflichtung der Stammhof-Inhaber gegenüber den weichenden Erben und deren Angehörigen sein[50], so mag der Fall der Pflegetochter Louise Dirker[51] die Grenzen dieser Verbundenheit noch deutlicher machen. Ihre Mutter war 1814 auf dem Sudhoffschen Vollerbe geboren, jedoch entstammte sie der Wiederheirat eines Interimswirtes. Diese Tatsache kann – zusammen mit dem Mangel einer direkten Verwandtschaftsbeziehung und dem zeitlichen Abstand zu der Periode des Zusammenlebens auf demselben Hofe – die Ursache dafür gewesen sein, daß in den 1850er Jahren die Inhaberin des Sudhoff-Colonats – eine Witwe, die 1818 den Anerben geheiratet hatte, welcher auf diesen Interimswirt folgte – sich nicht gebunden fühlte, eines der sechs Kinder der Heuerlingsfrau Dirker, geborener Sudhoff, auf ihrem Hof unterzubringen; sie nahm vielmehr den Sohn ihrer leiblichen Tochter, welche einen anderen Vollerben geheiratet hatte, als Pflegekind ins Haus.[52] Louise Dirker hingegen wurde von dem Bruder ihrer Mutter an Kindes Statt angenommen, der – nach dem Geburtsnamen des

---

[49] Das Kostgeld wurde offenbar für 2 Jahre und $1^1/_2$ Monate geleistet, belief sich jährlich demnach auf 6,6 Taler. Schulgeld und Kleidung für Gerhard Heinrich berechnete Johann Casper Landwehr mit 10 Talern pro Jahr; die Gesamtausgaben für ihn betrugen also 16,6 Taler im Jahr. Hingegen veranschlagte Johann Casper Landwehr die Kosten für den Unterhalt des anderen Bruders, der bei ihm auf dem Markkotten lebte, mit jährlich 25 Talern (einschließlich Schulgeld, Bekleidung und Nahrung): URKUNDE LANDWEHR 1980 S. 81 f., 87. Die Art der Verwandtschaft und der Stand Grothmanns ergeben sich aus der Familienrekonstitution.

[50] Ein direktes Gegenbeispiel zu der Le-Play-These gibt es unter den Pflegekinder-Fällen von 1858 nicht.

[51] Vgl. dazu oben S. 314.

[52] Vgl. dazu oben S. 315.

Vaters – den Namen Schürmann führte. Dieser Pflegevater hatte keinen wirklichen Hof geerbt, sondern lediglich die winzige Neubauernstelle, die der Vater hatte begründen können, nachdem er das Sudhoff-Colonat an den Anerben übergeben hatte. Trotzdem nahm er sich in der Weise des Kindes seines eigentumslosen Schwagers und seiner Schwester an, wie es die Le Play'sche Theorie ausschließlich von den Inhabern der stattlichen traditionsreichen Höfe erwartet. Und selbst eine Familie ohne jedes Eigentum an Grund und Boden – wie die des Heuerlings Sollmann[53] – empfand und erfüllte eine solche Verpflichtung gegenüber der in Bedrängnis geratenen Familie der Schwester.

Dem Rechte nach endeten die Ansprüche der weichenden Erben an den Stammhof mit der Abfindung durch den sog. ‚Brautschatz'.[54] Noch nicht ausgesteuerte ledige ‚Kinder' waren hingegen auf dem Hof zu versorgen, selbst wenn sie längst erwachsen waren; so eine ‚blödsinnige' oder beständig kranke Tochter, ein schwächlicher gichtgeplagter Sohn.[55] Doch in der Praxis dehnte man die Verpflichtung z. T. weiter aus. Als die Vollerbenwitwe Maria Elisabeth Linnemann 1859 den Hof abgab, mußte ihr Sohn und Anerbe zusagen, seiner Schwester, „der Ehefrau [des Färbers] Bullerdieck, welche leider durch den Konkurs ihres Ehemanns in schlechte Vermögensverhältnisse geraten ist, für ihre Person und ihre etwaigen Kinder – sie ist augenblicklich kinderlos – die notdürftigen Unterstützungen zu verabreichen, sie auch, sofern ihre Gesundheit es erfordert, unentgeltlich auf das Colonat aufzunehmen und dort standesmäßig, ohne weitere Vergütung als durch ihre nach Kräften für die Stätte zu leistende Arbeit, zu alimentieren", – und das, obwohl diese Schwester ihre Abfindung bereits ausgezahlt bekommen hatte.[56]

Auch auf einer kleinen Stätte versuchte man, herangewachsenen nicht erbenden Kindern im Bedarfsfall nach Kräften beizuspringen. Als Johann

---

[53] Siehe oben S. 314.

[54] Die Eigentums-Ordnung von 1722 (vgl. oben Anm. 48). Kap. 4 § 6 sagte explizit nur, daß ausgesteuerte Kinder kein *Anerbrecht* an dem elterlichen Hof mehr haben. Die Freibriefe, die abgehende Kinder zu lösen hatten, insbesondere, wenn sie auf den Hof einer anderen Gutsherrschaft heiraten wollten, scheinen jedoch häufig *alle* über den Brautschatz hinausgehenden Forderungen an den Stammhof ausgeschlossen zu haben (siehe etwa StA OS Rep. 560 III Nr. 719: Freibrief vom 27.9.1721). Nach KLÖNTRUP 1798–1800 Bd. 1 S. 16 (s. v. ‚Abgehende Kinder') galt für die weichenden Erben von eigenbehörigen Stätten: „Sind sie [...] wirklich abgefunden, so haben sie weiter kein Recht, auf der Stätte zu bleiben, sondern der Wehrfester kann auf ihren [!] Abzug bestehen". – Zu Abfindung, Freibrief usw. siehe Näheres unten S. 424 ff., 428 f.

[55] Siehe unten S. 467 ff., 513 ff.

[56] StA OS Rep. 350 Osn. Nr. 1772: Vertrag vom 26.5.1859.

Daniel Victor Kemper 1861 seinen Markkotten dem Erbsohn und dessen Braut abtrat, stellte er u. a. die Bedingung: „Die beiden noch unverheirateten Schwestern des Bräutigams erhalten auf der Stätte in dienstlosen und Krankheitsfällen Zuflucht und jegliche Hege und Pflege, und zwar unentgeltlich, wogegen sie nach Kräften zum Besten der Stätte zu arbeiten haben."[57] Sogar auf einer der winzigen Neubauernstellen versuchte man bei einer Wiederheirat, nicht nur die „unentgeltliche vollständige Alimentation der vier [...] Kinder erster Ehe" bis zur Konfirmation zu gewährleisten, sondern auch für die Zeit danach im Fall von Krankheit oder Dienstlosigkeit die „freie Beköstigung und Wohnung auf der Stätte", lediglich gegen die Verpflichtung, „nach Kräften unentgeltlich [...] [zu] arbeiten".[58]

Auf der anderen Seite hatten die Inhaber großer Höfe keine Scheu, die Grenzen ihrer Fürsorgepflicht deutlich zu machen, wo es ihnen angebracht schien. Um 1825 verweigerte ein Halberbe der zweiten Frau seines Stiefvaters, die inzwischen selber wiedergeheiratet hatte, und ihren fünf kleinen Kindern jede Unterstützung, die über das festgelegte Witwen-Altenteil hinausging.[59] In den 1850er Jahren bot der Vollerbe Voß in Darum seinem alten verarmten Vetter Johann Heinrich Huckriede nicht nur keine Hilfe an, sondern lehnte aus formalrechtlichen Gründen sogar die Auszahlung eines seit etwa sechzig Jahren rückständigen Brautschatzes in Höhe von 190 Talern ab, obwohl unbestritten war, daß dieser Huckriedes Mutter versprochen, aber nicht ausgehändigt war. Huckriede war allem Anschein nach wirklich in Bedrängnis. In früheren Zeiten hatte er einmal das Glück eines Lotteriegewinns von 500 Talern gehabt, den größten Teil davon aber seinem hochverschuldeten Vater, einem Bauern, geliehen; dieser hatte ihm dafür die Brautschatzforderung seiner Frau abgetreten und war danach in Konkurs gegangen.[60] Dabei hatte der Colon Voß selbst keine überlebenden Kinder[61], so daß er zumindest durch Brautschätze nicht akut belastet war. – Wenn also der Stammhof in etlichen Fällen weichenden Erben und sogar deren Abkömmlingen im Notfall als Zufluchtsort und Quelle der Unterstützung diente, so konnte diese Fürsorge doch nicht grenzenlos sein; ja einige Bauern beharrten entschieden darauf, nicht mehr zu geben, als wozu sie nach striktem Recht verbunden waren. Auf der anderen Seite finden wir Kleinstellenbesitzer und Landlose, die trotz ihrer beschränkten Möglichkei-

---

[57] Ebd.: Vertrag vom 22.6.1861.
[58] Ebd.: Ehestiftung zwischen Johann Friedrich Kormeyer und Witwe Lampe, 25.1.1849.
[59] Dazu oben S. 260 ff.
[60] StA OS Rep. 350 Osn. Nr. 1781.
[61] Siehe oben S. 311 f.

ten nicht minder als Großbauern bemüht waren, ihren in Not geratenen Enkeln, Neffen oder Nichten ein Zuhause zu bieten.[62]

Insgesamt kann nach all dem in unserem Untersuchungsgebiet nicht davon die Rede sein, daß Kinder von ihren Eltern nach Belieben weggegeben und zwischen fremden Haushalten hin- und hergeworfen wurden. Im Gegenteil, die große Mehrzahl der Kinder unter fünfzehn Jahren lebte bei ihren leiblichen Eltern; war ein Elternteil gestorben, blieben sie bei dem überlebenden und dessen neuem Gatten. Selbst von den unehelich Geborenen lebten die meisten bei der Mutter und/oder deren Eltern, – wenn sie nicht durch nachfolgende Eheschließung von Vater und Mutter legitimiert und in eine ‚normale' Familie integriert worden waren. Von den wenigen Kindern, die durch Tod oder besondere Umstände von ihren Eltern getrennt und in Pflege gegeben wurden, fing viele das Netz der Verwandtschaft auf: Großeltern, Tanten und Onkel nahmen sich häufig ihrer an. So jedenfalls verhielt es sich Mitte des 19. Jahrhunderts, zu dem Zeitpunkt, wo die Quellen ausreichend Licht auf diese Zusammenhänge werfen.

## 5.3. Zäsuren:
## Konfirmation, Erstkommunion, Ende des Schulbesuchs

In mancher Hinsicht scheint das Alter von 14 Jahren in dieser ländlichen Gesellschaft die Grenze gewesen zu sein zwischen einer ‚Kindheit', die ganz überwiegend familial geprägt war, die mit den Eltern und in der Geschwistergruppe verbracht wurde, und einer ‚Jugend', für die das nicht mehr in gleicher Weise galt.[63] Die Volkszählungen von 1812 und 1858 zeigen übereinstimmend, daß der Gesindedienst – von ganz wenigen Ausnahmen abgesehen – in aller Regel nicht vor Vollendung des vierzehnten Lebensjahres angetreten wurde.[64]

---

[62] Waren sie selbst unbemittelt, mochten sie eine gewisse Unterstützung, insbesondere hinsichtlich des Schulgeldes, aus der Armenkasse erhalten. So wurde von Catharina Elisabeth Schmidt, deren landlose Eltern beide 1817 gestorben waren, bei ihrer Konfirmation im Jahre 1824 gesagt, daß sie „von dem Heuerling Brüggemann angenommen" sei – einem Bruder ihrer Mutter – und „seit dem Tode der Eltern aus den Armenmitteln unterstützt und zur Schule gehalten" werde: s. unten S. 327. Insofern schlossen sich gemeindliche und verwandtschaftlich-familiale Fürsorge auch hier natürlich nicht aus; vgl. dazu oben Kap. 4.5.

[63] Allgemein zu der Frage, ob bzw. seit wann Kindheit, Jugend und Erwachsen-Sein als Phasen klar unterscheidbar waren, ARIÈS 1975; DAVIS 1987 S. 106–135; GILLIS 1980 S. 17 ff.; MITTERAUER 1986 b S. 44 ff.

[64] Siehe oben Kap. 4.3, Tab. 4.08a und 4.08b sowie unten S. 337 ff.

Für die lutherische Mehrheit der Bevölkerung wurde diese Altersgrenze im 19. Jahrhundert feierlich markiert durch die Konfirmation, die insofern als eine Art ‚Ritus des Übergangs' wirkte. Mit ihr wurde die durch die Taufe des Säuglings erfolgte Aufnahme in die Gemeinde bestätigt, von nun an hatte der junge Mensch in kirchlicher Hinsicht volle Rechte: er war zum Heiligen Abendmahl und als Taufpate zugelassen. Mitte des 19. Jahrhunderts hatte die Zeremonie in Belm folgende Gestalt: Nachdem am Sonntag zuvor eine Prüfung der Konfirmanden stattgefunden hatte, erfolgte im April oder Mai die Einsegnung in einem herausgehobenen Gottesdienst. Durch eine „Konfirmations-Rede" würdigte der Geistliche die Bedeutung des Anlasses, verlas sodann die Namen aller Konfirmanden und nahm ihnen das dreifache „Gelübde" ab, am christlichen Glauben festzuhalten, bis zum Ende des Lebens Glieder der evangelisch-lutherischen Kirche zu bleiben sowie vor aller wissentlichen Sünde sich zu hüten, Gott zu fürchten und recht zu tun; auf die drei entsprechenden Fragen des Pfarrers antworteten die Konfirmanden dreimal: „Ja, mit Gottes Hülfe!" Kniend empfingen sie die Einsegnung und reichten dem Geistlichen die Hand auf ihr Gelübde. Dieser übergab ihnen die „Gedenkblätter", die sie ihr Leben lang an den Tag erinnern sollten.[65] – Symbol der definitiven und vollberechtigten Einbindung in die protestantische Glaubensgemeinschaft war das Gesangbuch, das dem Konfirmanden geschenkt wurde. Wie wichtig es war, zeigt sich daran, daß die Kirchengemeinde hier einsprang, wenn die Familie ganz unbemittelt war: Aus dem stets knappen Armen-Fonds kaufte sie „für arme Konfirmanden" ein Gesangbuch, sogar „in ganz Leder" zum lebenslangen Besitz und Gebrauch, das Stück zu fast einem Taler.[66]

1788 hatte das Osnabrücker Konsistorium die Vollendung des vierzehnten Lebensjahres zur Voraussetzung der Konfirmation erklärt: Nachdem „sehr mißfällig bemerkt worden, daß in einigen Kirchspielen [...] die Kinder ohne den gehörigen Unterricht in der Religion empfangen zu haben [...], ja oft ohne einmal das Entscheidungs-Jahr, wozu das vierzehnte Jahr des Alters angenommen ist, erreicht zu haben, zur Konfirmation gelassen werden", wurde verordnet, „daß keiner, der nicht das vierzehnte Jahr zurückgelegt und den gehörigen Unterricht in der Religion empfangen, mithin die erforderlichen Kenntnisse erworben hat, unter die Konfirmanden aufgenommen werden solle"; nur aus „ganz besonders erheblichen Ursachen", über

---

[65] LKA H, A 9, Nr. 2791 a: Visitationsfragen Nr. 26 d, Seite 10 (1857). – Vgl. allgemein zur Konfirmationsfeier GRAFF 1937–1939 Bd. 1 S. 323 ff.; Bd. 2 S. 248 ff.

[66] So im Jahre 1839 für drei Konfirmanden: EPA BELM K. R. III b Nr. 1. – Zu Gesangbuch und Choral als Symbol der evangelischen Identität: VEIT 1988; CHAIX/VEIT 1991; vgl. VEIT 1986; MEDICK 1991 a bes. S. 163 f.; FRANÇOIS 1982.

die dem Konsistorium zuvor schriftlich zu berichten sei, dürfe „in Ansehung des Alters in irgend einem speziellen Falle eine Ausnahme" gemacht werden.[67]

In Belm begannen die Konfirmationen 1810, gleich nachdem unter französischer Regierung ein lutherischer Geistlicher – neben dem bis dahin in Belm allein waltenden katholischen – seine Amtstätigkeit hatte aufnehmen können. Die Liste der am Sonntag Misericordias Domini 1810, dem zweiten Sonntag nach Ostern[68], Konfirmierten steht am Anfang des ersten Bandes der evangelischen Kirchenbücher von Belm. Seit 1822 wurde – der Anordnung des Osnabrücker Konsistoriums über die künftige Einrichtung der Kirchenbücher entsprechend[69] – stets das Geburtsdatum der Konfirmanden und Konfirmandinnen eingetragen, daneben auch die Namen der Eltern. Augenscheinlich schlug der Pfarrer diese Angaben im Taufregister nach, und für die ersten Jahrgänge, deren Geburt in die Zeit vor Einrichtung des lutherischen Pastorats zu Belm fiel und daher in den katholischen Matrikeln verzeichnet war, nahm er sogar die Hilfe seines Amtsbruders von der anderen Konfession in Anspruch[70] – ein Zeichen, daß die Einhaltung der Altersgrenzen einer Art bürokratischer Kontrolle unterlag.

Wer im Frühjahr konfirmiert werden wollte, ohne das 14. Lebensjahr vollendet zu haben oder doch spätestens im Mai zu vollenden, brauchte einen Dispens des Superintendenten oder des Konsistoriums. Ab 1822 wurden auch die Dispense ausdrücklich im Kirchenbuch vermerkt. Demnach erhielten bis 1860 insgesamt 112 Jungen und 165 Mädchen die Erlaubnis zu vorzeitiger Einsegnung, das waren 14% aller KonfirmandInnen dieser 39 Jahre. Die Dispensierten waren durchweg nur um wenige Monate zu jung. Mit neun Ausnahmen vollendeten alle noch im Laufe des Konfirmationsjahres das 14. Lebensjahr, ganz überwiegend bereits zwischen Juni und Okto-

---

[67] CCO 1783–1819 Teil 2 Bd. 2 S. 633 Nr. 1417: Rescript an die Evangel. Prediger die Konfirmation der Kinder betreffend, vom 17.9.1788; vgl. ebd. S. 642 f. Nr. 1426: Verordnung, die Vorbereitung der Konfirmanden betr., vom 22.4.1789.

[68] Der Donnerstag danach war nach der Osnabrückischen Gesinde-Verordnung vom 3.3.1766 §6 (abgedr. in CCO 1783–1819 Teil 2 Bd. 1 S. 393–396, hier S. 394) Termin für den Dienstantritt von Gesinde. Bis 1818 einschließlich blieb man in Belm bei dem Konfirmationstermin Misericordias Domini.

[69] EBHARDT 1839–1840 Bd. 4 S. 33–45: Ausschreiben des Kgl. Evangelischen Consistorii zu Osnabrück, die Superintendenturen und Kirchen-Kommissionen betr., vom 22.11.1821, §6 S. 43 f. Ebd. §5, S. 41, die Vorschrift, daß einen Dispens benötigte, wer erst nach dem 31. Mai des Konfirmationsjahres das 14. Lebensjahr vollendete, und zwar vom Superintendenten, wenn das 14. Lebensjahr im Juni oder Juli vollendet wurde, sonst vom Konsistorium.

[70] EPA Belm K. B. III Nr. 1 enthält eine vom lutherischen Pfarrer geschriebene Liste der Konfirmanden des Jahres 1821, in der etliche Ergänzungen und Berichtigungen, insbesondere hinsichtlich der Geburtsdaten, von der Hand seines katholischen Amtsbruders hinzugefügt sind.

ber, nur sechs im November oder Dezember. Die neun, die erst im nächsten oder übernächsten Jahr nach ihrer Konfirmation das vierzehnte Lebensjahr vollendeten, erhielten sämtlich die Sondergenehmigung mit der Begründung, daß ihre Auswanderung kurz bevorstand. Deshalb wurden sie sogar einzeln eingesegnet und brauchten nicht auf den üblichen Termin der öffentlichen Konfirmation im April bzw. Mai zu warten.

Bei den z. T. erhaltenen Anlagen zu den Kirchenbüchern finden sich einige der Dispensgesuche, die der Belmer Pfarrer für die betreffenden Jungen und Mädchen einreichte. Sie stammen aus den Jahren 1821, 1824, 1825 und betreffen insgesamt vierzehn KonfirmandInnen.[71] In den meist kurz gehaltenen Antragsschreiben führte der Pastor am häufigsten die Armut der Familie als Grund für eine vorgezogene Einsegnung an: Es ging um einen „Sohn unbemittelter Heuerleute" oder die „Tochter eines unbemittelten Heuerlings". Oft war die wirtschaftliche Notlage durch den Tod des Vaters hervorgerufen oder verschärft: „Der Sohn einer sehr dürftigen Witwe" und „die Tochter einer armen Witwe" konnten auf das Verständnis des Konsistoriums rechnen. Das galt erst recht für die „Waise" Catharina Elisabeth Schmidt, die „von dem Heuerling Brüggemann [, einem Bruder ihrer Mutter,] angenommen" und „seit dem Tode der Eltern [vor sieben Jahren] aus den Armenmitteln unterstützt und zur Schule gehalten" wurde. In einem anderen Fall kam zu den prekären materiellen Verhältnissen ein Gebrechen des Kindes hinzu: Es handelte sich um Maria Elisabeth Niemeyer, „die seit 9 Jahren fast gänzlich erblindete Tochter eines unbemittelten Heuerlings", die „nicht im Stande war, den ziemlich weiten Schulweg ohne Führer zurückzulegen". – Einzelne Jugendliche erbaten und erhielten freilich den Dispens, ohne daß eine wirtschaftliche Notlage zur Begründung angeführt wurde oder ersichtlich wäre. Von Maria Engel Marquarts aus Icker und Margrethe Elisabeth Steinmeyer aus Lüstringen hieß es lediglich, sie seien „die älteste vieler kleiner Geschwister" bzw. „die älteste mehrerer kleiner Geschwister". In der Tat hatte die eine fünf Stiefgeschwister im Alter zwischen einem und acht Jahren, die andere eine Schwester und zwei Stiefgeschwister von sechs bis elf Jahren. Beide waren Töchter von Großbauern und hatten zwei lebende Elternteile, den Vater und die Stiefmutter. Wahrscheinlich leuchtete dem Belmer Pfarrer ein, daß die älteste Tochter bei der Betreuung der jüngeren Kinder und im Haushalt gebraucht wurde. Zwei andere Jugendliche durften aus schulischen Gründen frühzeitig konfirmiert werden: Wilhelmine Catharina Bultmanns „zeichnet[e] sich durch besondere Fähigkeiten aus", und Johann Friedrich Hagebusch aus Darum, der Sohn eines

---

[71] EPA BELM K. B. III Nr. 1 und 3.

vermögenden Erbkötters[72], sollte „Ostern zu dem H[errn] Schullehrer Weber [kommen], um sich dort weiter auszubilden". – Von einem schrieb der Pastor lediglich, er sei „der älteste Sohn eines Kötters" und implizierte damit wohl, daß er den kleinbäuerlichen Eltern beim Erwerb des Lebensunterhalts helfen mußte. Ein Mädchen setzte der Seelsorger sogar auf die Liste der zu Dispensierenden, ohne mehr als Namen, Wohnort und Geburtsdatum anzuführen. Trotzdem erteilte die geistliche Obrigkeit in all diesen Fällen den Dispens, den Armen meist gratis, den anderen gegen die Gebühr von einem oder einem halben Taler. Im Jahr 1825 jedoch lehnte das Konsistorium die beiden Anträge des Belmer Pfarrers ab[73], obwohl dieser sie eingehender begründet hatte als in den Vorjahren: Dem am 15. August 1811 geborenen Johann Heinrich Stagge stellte er „in Ansehung seiner Fähigkeit zur Konfirmation ein sehr rühmliches Zeugnis" aus und führte weiter an, daß er „der Sohn eines Heuerlings" sei und „noch mehrere schulpflichtige Geschwister" habe. Den Fall des Eberhard Heinrich Kemper, geboren am 24. Oktober 1811, stellte er noch dringlicher dar: „Da die Mutter dieses Knaben eine sehr unbemittelte Witwe ist und noch mehrere kleinere Kinder hat, so bedarf sie in der hülfsbedürftigen Lage, worin sie durch den Tod ihres Ehemannes versetzt worden, und zur Erhaltung ihrer bisherigen Heuer der Mitwirkung und des Beistandes jenes ihres ältesten und einzigen Sohnes, dem es auch an den zur Konfirmation nötigen Kenntnissen nicht fehlt, natürlich sehr." Als das Konsistorium diese Gesuche auf vorzeitige Konfirmation ohne Angabe von Gründen abwies, so daß beide erst im Frühjahr 1826 eingesegnet wurden, kam es den Eltern doch entgegen, indem es die Jungen „von dem Besuche der Sommerschule dispensiert[e]". Denn der wesentliche Punkt bei allen Dispens-Anträgen war offenbar, das Ende der Schulzeit ein Jahr früher zu erreichen.[74] Deshalb hatte der Ortspfarrer bei einer entsprechenden Bitte dem betreffenden Kind zumindest „hinreichende Kenntnisse" zu bescheinigen.[75]

Zur Schule gehen sollten alle Kinder „sowohl im Winter als im Sommer nach zurückgelegtem sechsten Jahre bis dahin, daß sie das funfzehnte Jahr ihres Lebens erreicht haben und zur Konfirmation oder zum Abendmahle zugelassen worden sind", so hatte die Provinzial-Regierung 1818 für Luthe-

---

[72] Zu dieser Familie s. unten S. 496 ff.

[73] Der Superintendent gewährte hingegen 1825 im Rahmen seiner Zuständigkeit acht Dispense für Kinder, die im Juni oder Juli 1811 geboren waren: EPA BELM K.B. III Nr. 1 (ohne Antragsschreiben).

[74] Vgl. auch ein Württembergisches Beispiel aus dem späten 18. Jahrhundert bei HERBERT 1982 S. 436.

[75] 1821 galt das freilich noch nicht.

raner und Katholiken des Fürstentums Osnabrück verordnet.[76] Das hieß natürlich noch längst nicht, daß tatsächlich alle Kinder acht Jahre lang kontinuierlich zur Schule gingen; die bis weit ins 19. Jahrhundert anhaltenden Klagen über mangelhaften Schulbesuch[77] zeigen, daß das trotz aller Strafandrohungen durchaus nicht der Fall war. Zwar waren die Lehrer seit 1818 gehalten, die schulpflichtigen Kinder durch namentliche Listen zu erfassen und zu überwachen[78]; doch in der Praxis erwies sich diese Kontrolle als ein zweischneidiges Instrument. Führte der Schulmeister die „Absentenlisten" gewissenhaft, so daß die Eltern fehlender Kinder für jeden versäumten Tag einen Gutengroschen zahlen mußten, so brachte er die Gemeinde gegen sich auf, diese schmälerte ihm Einkommen und Wohnung, wenn nicht gar sein Haus in Flammen aufging und er die „schrecklichen Worte" hörte: „Da sieht er ja, was er von dem Gutengroschen hat!!" Obendrein wurden bei solchem Unfrieden zwischen Lehrer und Gemeinde die Schulversäumnisse eher noch größer. Denn Kern des Problems war, daß „die Leute [...] die Kinder auf dem Moore und bei dem Viehe gar zu nötig" hatten; darüber bestand Konsens in der Landgemeinde, bis hin zu ihren offiziellen Sprechern. So jedenfalls beurteilte ein Lehrer aus dem Osnabrücker Land 1851 im ‚Osnabrücker Volksblatt' die Situation.[79] – In der Zeit vor der Konfirmation aber war die Kontrolle offenbar bis zu einem gewissen Grad effektiv. So vermerkte der Pfarrer in den meisten Jahren bei der Liste der Konfirmanden im Kirchenbuch, welche der drei lutherischen Schulen des Kirchspiels sie besucht hatten: die im Kirchdorf Belm, die in Vehrte oder Lüstringen.

Wollte oder sollte ein Junge oder Mädchen in den Gesindedienst treten, so war das schwerlich mit einem weiteren Schulbesuch zu vereinbaren. „Kein Kind darf, ehe es das vierzehnte Jahr seines Alters zurückgelegt hat und konfirmiert oder zum heiligen Abendmahle zugelassen worden ist, sich als Dienstbote vermieten oder zur Erlernung eines Handwerks als Lehrling angenommen werden; es wäre denn, daß der Brotherr oder Lehrmeister die

---

[76] EBHARDT 1839–1840 Bd. 4 S. 297–301: Bekanntmachung der Kgl. Provinzial-Regierung zu Osnabrück, die Landschulen beider Religions-Parteien im Fürstentum Osnabrück betr., vom 3.8.1818, hier § 1; vgl. HOFFMEYER 1925a S. 7, 340 f.; RHOTERT 1921 S. 40. – Allgemein zur Konfirmation als dem Ende der Schulpflicht vgl. FRIEDERICH 1987 S. 145, 148.

[77] RHOTERT 1921 S. 31 ff.; HOFFMEYER 1925a S. 6 f. Allgemein vgl. FRIEDERICH 1987 S. 125 ff.; LESCHINSKY/ROEDER 1976 S. 137 ff.

[78] §§ 2–8 der Verordnung vom 3.8.1818; Polizeistrafgesetz für das Königreich Hannover vom 25.5.1847 § 125, abgedr. in: EBHARDT 1851 Bd. 2 S. 373–423, hier S. 399 f.; Bekanntmachung des Kgl. Ministeriums der geistlichen und Unterrichts-Angelegenheiten betr. den Schulbesuch im Landdrosteibezirke Osnabrück vom 26.8.1852, in: EBHARDT 1856–1857 Bd. 1 S. 755–757.

[79] Osnabrücker Volksblatt 4. Jg. Nr. 63, 6.8.1851; ein Exemplar befindet sich in KPA BELM Nr. 226. Der Aufsatz ist unterzeichnet „Ein katholischer Lehrer".

Verpflichtung übernähmen, dasselbe während der vorgeschriebenen Zeit zur Schule zu schicken," so bestimmte die Osnabrückische Landschul-Verordnung von 1818. Soweit – wie vorgeschrieben – täglich sechs Schulstunden im Winter und vier im Sommer tatsächlich erteilt wurden[80], konnte sich ein „Brotherr" darauf kaum einlassen.[81] – Bei den eigenen Eltern hatten Kinder schon in jungen Jahren vielfältige Arbeitsaufgaben zu verrichten, gerade auf dem Lande[82]; uneingeschränkt konnten sie aber auch im Elternhaus erst zum Lebensunterhalt beitragen, wenn sie ihre Zeit nicht mehr zwischen Schule und Arbeit zu teilen hatten.

So ging es bei den Dispensationsgesuchen auch keineswegs ausschließlich darum, eine Stelle als Knecht oder Magd anzutreten. Von den zehn Jungen und Mädchen, die zu Jubilate 1858, dem dritten Sonntag nach Ostern, den Dispens zu vorzeitiger Konfirmation erhalten hatten, waren im Dezember sogar nur zwei im Gesindedienst: der Heuerlingssohn Johann Heinrich Wichmann, der im Juli 1844 geboren war, und die Heuerlingstochter Katharina Maria Menke, geboren im Juni 1844. Die anderen acht wurden bei der Volkszählung sämtlich als Kinder im Haushalt ihrer Eltern registriert. Mehr noch als in den 1820er Jahren scheint die wirtschaftliche Situation der Familie der entscheidende Grund gewesen zu sein, warum die Arbeitskraft des knapp vierzehnjährigen Kindes bereits voll benötigt wurde. Darauf deutet die Tatsache hin, daß diese zehn Jungen und Mädchen ausnahmslos der landlosen Schicht angehörten.

Die große Mehrheit wurde seit den 1820er Jahren mit vierzehn Jahren konfirmiert (Tab. 5.10). Freilich gab es neben der Minderheit, die aufgrund Dispenses mit dreizehn Jahren vorzeitig zugelassen wurde, auf der anderen Seite auch eine – freilich noch kleinere – Gruppe, die bei der Einsegnung bereits das fünfzehnte oder sechzehnte Lebensjahr vollendet hatte. Dabei handelte es sich nicht ausschließlich um Kinder der besitzenden Schicht, sondern überwiegend um Söhne und Töchter von Heuerleuten; selbst ein Mädchen, das von der Osnabrücker Armen-Kommission bei einem Heuerling untergebracht war, wurde erst mit fast 16 Jahren konfirmiert, zwei Jahre nach dem frühestmöglichen Termin. Möglicherweise wurden diese Jugendlichen vom Lehrer oder Pfarrer zurückgehalten, bis sie ein Mindestmaß an Kenntnissen insbesondere religiöser Art vorweisen konnten.

Insgesamt jedoch hielten sich die Abweichungen nach beiden Richtungen

---

[80] So die Verordnung vom 3.8.1818 §§2 und 7, abgedr. in: EBHARDT 1839–1840 Bd. 4 S. 297–301.

[81] Anders war es, wenn die Schule nur im Winter besucht werden mußte, s. GÖTTSCH 1978 S. 48 ff.

[82] Vgl. ROSENBAUM 1982 S. 93 ff.; SCHLUMBOHM 1983a S. 7 ff., 68 ff., 79, 82 ff., 134 ff.

in so engen Grenzen, daß der ‚Übergangs-Ritus' der Konfirmation für die jungen Menschen lutherischer Konfession hier sehr fest an ein bestimmtes Lebensalter gebunden erscheint, und zwar weitgehend unabhängig von Geschlecht und sozialer Schicht. Bauern- wie Heuerlingskinder, Jungen wie Mädchen wurden in aller Regel mit vierzehn Jahren eingesegnet; daran änderte die etwas höhere Bereitschaft, für Mädchen Dispense zwecks vorzeitiger Konfirmation zu beantragen und zu bewilligen, nur wenig. Insofern zeigt sich hier bereits im frühen 19. Jahrhundert ein wichtiges Moment der „Chronologisierung" des Lebenslaufs. Es fällt um so mehr ins Gewicht, als sich an diesem Einschnitt um das vierzehnte Lebensjahr verschiedene Aspekte des Übergangs bündelten[83]: Bei der Konfirmation wurden dem jungen Menschen nicht nur die vollen Rechte in der kirchlichen Gemeinschaft zugesprochen, sondern endete auch die Schulpflicht; damit entfielen zugleich die Hindernisse gegen eine volle Einbeziehung in die Arbeitspflichten; von nun an konnte man sich als Knecht oder Magd verdingen.

Für die jungen Katholiken war Mitte des 19. Jahrhunderts in ganz ähnlicher Weise die Erstkommunion der kirchliche Übergangsritus, der mit diesem Einschnitt im Lebenslauf zusammenfiel. Schon die Verordnung für die katholischen Landschulen hatte 1786 das Ende der Schulzeit mit der feierlichen Zulassung zum „heiligen Abendmahl" verbunden; als Mindestalter setzte sie jedoch für Mädchen zwölf, für Jungen dreizehn Jahre fest. Beginnen sollten beide Geschlechter mit dem Schulbesuch im sechsten Lebensjahr. Die zwölfjährigen Mädchen und die dreizehnjährigen Knaben hatte der Pfarrer gründlich zu examinieren, für noch nicht Fähige konnte er die Schulzeit um ein Jahr verlängern. Die übrigen erklärte er in einer öffentlichen Feier in der Kirche, gewöhnlich am Nachmittag des Palmsonntag, für „fähig, zum Altarsakrament zugelassen zu werden".[84] Seit der Verordnung von 1818 galt dann für die Katholiken wie die Lutheraner, daß sie bis zum Alter von vierzehn Jahren die Schule besuchen sollten.[85] Schon 1815 hatte der katholische Pfarrer begonnen, regelmäßig die Erstkommunikanten zu notieren und dabei zu vermerken, ob sie in die katholische Schule in Belm oder in Icker gegangen waren.[86] Gelegentlich fügte er eine Einschätzung der Kenntnisse oder des Charakters seiner jungen Pfarrkinder hinzu. Seit 1828 versuchte er, sie sämtlich in eine Rangordnung zu bringen, je nachdem wie gut ein jedes „antworten konnte und sich aufführte"; der Nachfolger nahm seit 1845 eine systematische „Klassifikation der Kommunionkinder in Be-

---

[83] Vgl. MITTERAUER 1986b S. 55, 61 ff.; WEBER-KELLERMANN 1979 S. 186 ff.
[84] Abgedr. bei RHOTERT 1921 S. 22–29.
[85] Siehe oben S. 328 f.
[86] KPA BELM Nr. 231. Es fehlen nur die Listen für 1842 und 1843.

Tabelle 5.10: Die Erstkommunikanten (kathol.) und Konfirmanden (luther.) nach Alter und Geschlecht in ausgewählten Jahren, 17. bis 19. Jahrhundert

a) männliche Personen

| Konfession | Periode | Alter | | | | | | | | | | | Summe |
|---|---|---|---|---|---|---|---|---|---|---|---|---|---|
| | | -10 | 11 | 12 | 13 | 14 | 15 | 16 | 17 | 18 | 19- | unbekannt | |
| Erstkommunion (kathol.) | 1690–95 | – | – | 3 | 4 | 4 | 6 | 1 | – | 2 | – | 11 | 31 |
| | 1715–17 | – | – | 9 | 14 | 4 | 1 | – | – | – | – | 3 | 31 |
| | 1824–25 | – | – | – | 9 | 7 | 5 | – | – | – | – | 2 | 23 |
| | 1850–52 | – | – | – | 10 | 38 | 1 | – | – | – | – | 1 | 50 |
| Konfirmation (luther.) | 1822–57 | – | – | – | 6 | 48 | 5 | 2 | – | – | – | – | 61 |

b) weibliche Personen

| Konfession | Periode | Alter | | | | | | | | | | | Summe |
|---|---|---|---|---|---|---|---|---|---|---|---|---|---|
| | | -10 | 11 | 12 | 13 | 14 | 15 | 16 | 17 | 18 | 19- | unbekannt | |
| Erstkommunion (kathol.) | 1690–95 | – | – | 4 | 4 | 5 | 2 | 1 | – | 1 | – | 6 | 23 |
| | 1715–17 | – | 2 | 4 | 5 | – | 1 | – | 1 | 1 | – | 5 | 19 |
| | 1824–25 | – | – | – | 17 | 4 | – | 1 | – | – | – | 3 | 25 |
| | 1850–52 | – | – | – | 16 | 28 | 5 | – | 1 | – | – | 1 | 51 |
| Konfirmation (luther.) | 1822–57 | – | – | – | 10 | 45 | 1 | 3 | – | – | – | – | 59 |

c) männliche und weibliche Personen

| Konfession | Periode | Alter | | | | | | | | | | Summe |
|---|---|---|---|---|---|---|---|---|---|---|---|---|
| | | -10 | 11 | 12 | 13 | 14 | 15 | 16 | 17 | 18 | 19- | unbekannt | |
| Erstkommunion (kathol.) | 1690-95 | - | - | 7 | 8 | 9 | 8 | 2 | - | 3 | - | 17 | 54 |
| (%) | | | | (18,9%) | (21,6%) | (24,3%) | (21,6%) | (5,4%) | | (8,1%) | | | |
| | 1715-17 | - | 2 | 13 | 19 | 4 | 2 | - | 1 | 1 | - | 8 | 50 |
| (%) | | | (4,8%) | (31,0%) | (45,2%) | (9,5%) | (4,8%) | | (2,4%) | (2,4%) | | | |
| | 1824-25 | - | - | - | 26 | 11 | 5 | 1 | - | - | - | 5 | 48 |
| (%) | | | | | (60,5%) | (25,6%) | (11,6%) | (2,3%) | | | | | |
| | 1850-52 | - | - | - | 26 | 66 | 6 | - | 1 | - | - | 2 | 101 |
| (%) | | | | | (26,3%) | (66,7%) | (6,1%) | | (1,0%) | | | | |
| Konfirmation (luther.) | 1822-57 | - | - | - | 16 | 93 | 6 | 5 | - | - | - | - | 120 |
| (%) | | | | | (13,3%) | (77,5%) | (5,0%) | (4,2%) | | | | | |

Anmerkungen: Angegeben ist nicht das Alter exakt für den jeweiligen Tag der Erstkommunion bzw. Konfirmation, sondern stets das Alter am 31. Mai des Jahres, in dem die Erstkommunion bzw. Konfirmation stattfand. Dies entspricht der seit 1821 für die Lutheraner geltenden Vorschrift, daß einen Dispens benötigte, wer nach dem 31. Mai des Konfirmationsjahres das 14. Lebensjahr vollendete (siehe S. 325 f. mit Anm. 69).
Von den lutherischen Konfirmanden 1822-1857 wurde eine Stichprobe gezogen: In 5-Jahres-Abständen wurden je 15 Fälle nach der laufenden Nummer ausgewählt. Für die katholischen Erstkommunikanten und Konfirmanden in den Kirchenbüchern, für die katholischen Erstkommunikanten des 19. Jahrhunderts jedoch KPA BELM Nr. 231. Der Geburtstag ist jeweils in diesen Listen angegeben, nur für 1690-95 und 1715-17 mußte er durch Verknüpfung mit den Taufregistern ermittelt werden.
Bei der Berechnung der %-Werte bleiben die Personen unbekannten Alters jeweils unberücksichtigt.

treff ihrer Fähigkeit" vor. Auch das Alter wurde zunehmend kontrolliert; erstmals 1824/25 und regelmäßig ab 1850 findet sich der Geburtstag in der Liste vermerkt. Schon Mitte der 1820er Jahre waren die meisten Kommunionkinder gleichaltrig, jedoch ein Jahr jünger als die evangelischen Konfirmanden, nämlich dreizehn Jahre (Tab. 5.10); davon wurden freilich die allermeisten noch vor Ende des Kalenderjahres vierzehn. Ob auch diese Dreizehnjährigen mit der Zulassung zur Kommunion aus der Schule entlassen wurden – was der Landschulverordnung von 1818 widersprochen hätte –, oder ob sie als Kommunikanten noch ein Jahr den Unterricht zu besuchen hatten, ist nicht ersichtlich. Gering war auch bei den Katholiken die Zahl derer, die erst mit fünfzehn oder sechzehn Jahren zur Kommunion gingen. Bis Mitte des 19. Jahrhunderts glich sich die Handhabung der Altersgrenze fast vollständig an die der Lutheraner an: Die große Mehrheit der Erstkommunikanten war vierzehn Jahre alt; der Anteil der Dreizehnjährigen lag zwar immer noch höher als bei den Evangelischen, doch war niemand darunter, der nicht vor Jahresende das vierzehnte Lebensjahr vollendete; wenige waren fünfzehn. Daß sich eine Siebzehnjährige in der Schar befand, rechtfertigte der Pfarrer, indem er ihr in seiner Liste das Prädikat „stockdumm" zuerkannte. Wie die evangelische Konfirmation, so fand auch die katholische Erstkommunion im April oder Mai jeden Jahres statt, in einigen Jahren fiel die Feier in den beiden – nur etwa hundert Meter voneinander entfernten – Kirchen sogar auf denselben Tag. So markierte die Zulassung zum Abendmahl für die Heranwachsenden beider Konfessionen den gleichen Einschnitt im Lebenslauf.[87]

---

[87] Zur Bedeutung der Erstkommunion aufgrund französischen historischen Materials ROBERT 1987; MELLOT 1987. Allgemein vgl. GATTERER 1934. Die Daten zum Alter der Erstkommunikanten im 18. Jahrhundert bei ROBERT 1987 S. 94f. ähneln eher denen für Belm im späten 17. und frühen 18. als im 19. Jahrhundert. Für Österreich, besonders im 18. und frühen 19. Jahrhundert stellt MITTERAUER 1986a S. 278 fest: „Die Grenze der Arbeitsfähigkeit [...] ist das Kommunikantenalter. Daß mit dem Zeitpunkt der Erstkommunion oder bald danach Kinder Gesindepersonen ersetzen konnten, ergibt sich auch aus seriellen Seelenbeschreibungen. Häufig fällt dieser Termin mit der 12-Jahre-Grenze zusammen." – Vgl. ebd. S. 242, 298f., 322. – Da die Firmung dem Weihbischof vorbehalten war und Firmungen deshalb nur in großen Abständen vorgenommen wurden, eignete sie sich viel weniger zum Ritus des Übergangs von einer Altersgruppe zur nächsten als die Erstkommunion. Für Belm fanden Firmungen statt in den Jahren 1800, 1816, 1831, 1837, 1844, 1850 und 1858: KPA BELM Nr. 231 (mit den Namens-Listen). Entsprechend breit streute das Alter der Firmlinge: Für 1844 notierte der Pfarrer, daß zwei Verheiratete darunter waren. Zur Firmung am 3. Juni 1850 bemerkte er hinsichtlich des Alters: „Es sind nur diejenigen Kinder zur h[eiligen] Firmung zugelassen, die auf nächsten Ostern zur h[eiligen] Kommunion sich in der Vorbereitung befinden." Hingegen wurde 1858 offenbar nur gefirmt, wer bereits zur ersten Kommunion gegangen war; denn das Verzeichnis trägt die Überschrift: „Verzeichnis der gefirmten Kommunikanten". Allgemein zur Firmung NEUNHEUSER 1983 S. 145ff.

Im 17. und frühen 18. Jahrhundert war diese Etappe im Lebenslauf offenbar noch nicht so umfassend ausgebildet, und die Übergänge erscheinen weniger strikt an ein exaktes Lebensalter gebunden. Zwar fehlen uns die Quellen, die für die spätere Periode zur Verfügung stehen, insbesondere Haushaltslisten, die alle Personen mit Altersangabe aufführen. Im Formular des Zensus von 1772 fällt jedoch auf, daß bei den Söhnen und Töchtern des Hausvaters und der Hausmutter eine Altersgrenze zwischen denen „über 14 Jahr" und „unter 14 Jahr" gezogen wurde. Diese Tatsache macht einerseits deutlich, daß hier bereits ein wesentlicher Einschnitt gesehen wurde; andererseits weist die Unklarheit hinsichtlich der Zuordnung der genau Vierzehnjährigen darauf hin, daß man eine ganz präzise Erfassung des Lebensalters weder für möglich noch für nötig hielt – anders als etwa bei den Konfirmanden und Erstkommunikanten im 19. Jahrhundert.

Die jungen Pfarrkinder, die erstmals zur Kommunion zugelassen wurden, notierte der katholische Pfarrer bereits für etliche Jahre im späten 17. und frühen 18. Jahrhundert.[88] Ermitteln wir deren Alter (Tab. 5.10), so zeigt sich, daß schon am Ende des 17. Jahrhunderts die Erstkommunion keineswegs mit sieben oder zehn Jahren begangen wurde, sondern ungefähr der gleichen Altersgruppe zugeordnet war wie im 19. Jahrhundert. Insofern markierte das kirchliche Ritual möglicherweise bereits in dieser frühen Periode das Ende der Kindheit. Freilich stellte sich diese Schwelle im 17. Jahrhundert weniger als eine scharfe Trennlinie denn als eine Zone des Übergangs dar: Bei den Kommunionkindern waren die vier Jahrgänge der Zwölf- bis Fünfzehnjährigen ziemlich gleichmäßig vertreten. Gut zwanzig Jahre später finden wir eine stärkere Bündelung, die Zwölf- und Dreizehnjährigen machten nun das Gros der Erstkommunikanten aus; doch immer noch gab es Achtzehnjährige darunter, und neben ihnen standen Kinder von elf Jahren. Im Jahreslauf des Gemeindelebens scheint das Ereignis der ersten Kommunion noch nicht den Stellenwert gehabt zu haben wie später: Zwar gingen die meisten jungen Menschen gemeinsam erstmals zur Kommunion – gewöhnlich wurde dazu ein Sonn- oder Festtag zwischen Palmsonntag und Christi Himmelfahrt gewählt; doch oft gab es daneben einzelne oder kleinere Gruppen, die an einem anderen Termin zur Eucharistie zugelassen wurden.

Konfirmationen sind im Kirchspiel Belm vor 1810 nicht nachweisbar, da es nur den katholischen Pfarrer am Ort gab. Im übrigen wurde in den evangelischen Territorien Deutschlands die öffentliche Konfirmationsfeier nur allmählich eingeführt, in einigen bereits im 16., in vielen im 17. und 18., in anderen sogar erst im 19. Jahrhundert. Ein bestimmtes Mindestalter wurde meist nicht sogleich festgelegt, und die Verbindung mit dem Ende des

---

[88] Es handelt sich um die Jahre 1690–1703, 1710, 1712–17.

Schulbesuchs konnte erst hergestellt werden und Bedeutung erlangen in dem Maße, wie die Schulpflicht dekretiert und durchgesetzt wurde.[89] Zwar hatte bereits 1693 eine Verordnung für die evangelischen Schulen im Fürstbistum Osnabrück bestimmt, daß alle Kinder „wann sie das siebende Jahr erreichet und verständig seind, etwas Tüchtiges zu erlernen", in die Schule geschickt werden sollten; über das Ende der Schulzeit hatte sie jedoch nichts bestimmt; und bei dieser Schulordnung blieb es für die Lutheraner bis zum Ende des Fürstbistums.[90] Auch war die Zahl der Schulen und der Lehrer bei weitem nicht ausreichend, um allen Kindern mehrere Jahre lang Unterricht zu erteilen. In einem Kirchspiel wie Belm, wo im Anschluß an den Westfälischen Frieden ein katholischer Pfarrer eingesetzt wurde, obwohl die große Mehrheit der Einwohner Lutheraner waren, behinderten zudem die konfesionellen Auseinandersetzungen die Entwicklung der Schule. So fand 1653/1655 der katholische Visitator in Belm keinen Lehrer vor, hielt eine Schule im Kirchspiel aber für dringend notwendig.[91] Eine evangelische Schule bestand die meiste Zeit, doch wurde sie unter katholischen Fürstbischöfen zeitweilig geschlossen, weil sie in einem katholischen Kirchspiel nicht zulässig sei. Erst im Laufe der zweiten Hälfte des 18. Jahrhunderts kam es zu einem Ausbau des Schulwesens; nun erhielt neben der katholischen auch die lutherische Schule eine sichere Grundlage, und zusätzlich zu den Schulen der beiden Konfessionen im Kirchdorf Belm entstanden zwei lutherische „Nebenschulen" in Vehrte und Lüstringen sowie eine katholische in Icker. Erst seit dieser Zeit dürfte die Schule eine größere Rolle im Leben der Kinder gespielt haben.[92]

---

[89] Allgemein zur Geschichte der Konfirmation GRAFF 1937–1939 Bd. 1 S. 313 ff., 326, Bd. 2 S. 243 ff., 246; ROTT 1959; CASPARI 1890 S. 70 ff., 99 ff.; VISCHER 1958 S. 67 ff.; MAURER 1959; HAUSCHILDT 1959. Wichtig die historisch-volkskundliche Studie zu Basel-Stadt und -Land BURCKHARDT-SEEBASS 1975: dort fiel die Konfirmation nicht mit dem Ende der Schulpflicht zusammen, ein Mindestalter wurde erst Mitte des 19. Jahrhunderts festgelegt und zwar auf 16 Jahre für Jungen und 15 Jahre für Mädchen (S. 130 f., 136, 179 ff.; vgl. 15 f., 30 f., 90). Für Württemberg OGILVIE 1986; GESTRICH 1986 S. 74 ff.; für die Reichsstädte Nürnberg und Frankfurt LEDER 1973 bes. S. 249 ff., 257 f.; DIENST 1979; für eine südniedersächsische Gemeinde (20. Jahrhundert) SCHLEGEL 1992; für das Elsaß LIENHARD 1987; DEBARD 1987.

[90] CCO 1783–1819 Teil 2 Bd. 1 S. 135 f. Nr. 429: Verordnung wegen des Schulwesens vom 14.1.1693; vgl. HOFFMEYER 1925a S. 6 f., 339.

[91] FLASKAMP 1940 S. 29.

[92] HOFFMEYER 1925a S. 10 f., 265 ff. Die Beschreibung des Kirchspiels um 1790 erwähnt die katholischen Schulen in Belm und Icker sowie die evangelischen in Belm und Vehrte: HINZE 1985a S. 146 ff. – Im Zensus von 1772 wurden drei „Schulhalter" registriert: der Katholik Franz Gescher in „des Schulmeisters Wohnung" im Kirchdorf Belm; Johann Wellmar Barth als lutherischer Schulhalter, ebenfalls im Kirchdorf, jedoch mit dem Vermerk: „wohnt itzo noch bei Rittman zu Vehrte" (die lutherische Schule im Kirchdorf wurde gerade erst fertiggestellt: HOFFMEYER 1925a S. 268 f.); schließlich der katholische Schulhalter und Markkötter Diederich Well-

Es spricht also vieles dafür, daß das Ende der Schulpflicht und die Erstkommunion bzw. Konfirmation in dieser ländlichen Gesellschaft im Laufe der zweiten Hälfte des 18. Jahrhunderts und zu Beginn des 19. mehr und mehr zu Zäsuren im Lebenslauf ausgebildet wurden und die Bedeutung erhielten, die ihnen Mitte des 19. Jahrhunderts zukam: Um das Alter von 14 Jahren gebündelt, markierten diese Ereignisse nun den Zeitpunkt der vollen Einbeziehung in den Kreis der Arbeitskräfte und des möglichen Abschieds vom Elternhaus.

Was die Arbeit anging, so ist freilich noch einmal zu betonen, daß es sich bei dieser Schwelle keineswegs um eine absolute Grenze, sondern eher um die wichtigste unter einer Reihe von Stufen handelte. Einerseits mußten schon die Kinder den Eltern nach ihren jeweiligen Kräften helfen, andererseits wird für die Burschen und Mädchen jenseits der 14-Jahres-Schwelle, besonders für das Gesinde, aus vielen Regionen von nach Alter und Erfahrung gestaffelten Aufgaben und Löhnen, berichtet[93]. Auf großen Höfen gab es eine solche Hierarchie offenbar auch in Belm[94], obgleich die Volkszählungslisten Unterscheidungen wie Pferdejunge, Kleinknecht, Großknecht nicht registrierten.

## 5.4. Eine Phase erhöhter Mobilität: Gesindedienst und Alternativen

Wieviele verließen um diese Zeit ihre Herkunftsfamilie und traten in den Gesindedienst? Die Volkszählung von 1858 ermöglicht erstmals eine recht genaue Antwort. Damals lebten und arbeiteten etwa zwei von fünf jungen Leuten zwischen 15 und 24 Jahren als Knecht bzw. Magd in fremdem Hause (Tab. 5.11). Von den 25- bis 29jährigen stand noch ein Drittel der Männer, aber nur ein Achtel der Frauen im Dienst. Denn mehr als die Hälfte der Frauen dieses Alters waren bereits verheiratet, von den Männern nur ein Drittel (Anhang Tab. 5, vgl. Anhang Tab. 4). In der Altersgruppe der 30- bis

---

mar Espo in Icker. – Zu den konfessionellen Auseinandersetzungen um das Schulwesen im Fürstbistum s. außerdem RHOTERT 1921 S. 19 ff.; HOBERG 1939 S. 68 ff. – Vgl. zur Schulentwicklung in einem Kirchspiel des Osnabrücker Nordlands ZIESSOW 1988 Bd. 1 S. 40 ff.

[93] MITTERAUER 1986a S. 278 ff.; SIEDER 1987 S. 50 ff.; ACHILLES 1982 S. 98 f.; KRAMER 1987 S. 161 ff.; GÖTTSCH 1978 S. 53 ff. Für das Osnabrücker Land FUNKE 1847 S. 43. – In stilisierter Form wurde eine Stufenfolge der Arbeiten vom Kind bis zum Hausvater für das männliche Geschlecht 1789 in der Grafschaft Lippe beschrieben, abgedr. in SCHLUMBOHM 1983a S. 81-87.
[94] Siehe unten S. 356.

34jährigen schrumpfte der Anteil der Gesindepersonen auf ein Zehntel, denn bei beiden Geschlechtern waren nun etwa drei Viertel verehelicht.

Diese Zahlen bestätigen, daß der Gesindedienst eine Phase im Lebenslauf war, die in der Regel nicht vor Vollendung des 14. Lebensjahres begann und mit der Heirat endete.[95] Das entspricht den Befunden aus zahlreichen anderen Gebieten Mittel-, West- und Nordeuropas.[96]

Im späten 18. Jahrhundert, als die Zahl der Kinder über 14 Jahren in den landlosen Haushalten noch wesentlich geringer war als 1858 – nur auf jeden vierten Haushalt dieser Schicht entfiel 1772 ein solches Kind[97] –, war der Anteil der Gesindepersonen an den jungen Leuten noch höher. Etwa 60% der unverheirateten Personen über 14 Jahren waren damals offenbar Knechte und Mägde.[98] Ähnlich verhielt es sich zu Beginn des 19. Jahrhunderts: Von den Männern und Frauen, die in den Jahren von 1812 bis 1815 in Belm erstmals heirateten und über deren Stellung zur Zeit der Volkszählung vom Januar 1812 wir etwas wissen, leisteten damals 47% Gesindedienst bei einem fremden Haushalt innerhalb des Kirchspiels, weitere 13% wahrscheinlich auswärts.[99]

Damit gehört unser Untersuchungsgebiet zu den ländlichen Regionen Europas, in denen besonders viele Menschen eine Phase des Gesindedienstes durchliefen.[100] Angesichts des Überwiegens der großbäuerlichen gegenüber

---

[95] Vgl. oben Kap. 4.3., Tab. 4.08a und 4.08b.

[96] In einigen Gebieten trat ein Teil der Knaben und Mädchen schon früher in den Gesindedienst, so im österreichischen Raum ab 12 Jahren: MITTERAUER 1986a S. 242, 266, 278f., 298f., 322; vgl. EDER 1990 S. 207ff.; auch in einem Kirchspiel des Münsterlandes: ILISCH 1976 S. 263. Für England: WALL 1987; WALL 1978; MACFARLANE 1970 S. 205ff.; für Schweden: ERIKSSON/ROGERS 1978 S. 153ff.; für ein französisches Dorf: BOUCHARD 1972 S. 163ff., 193ff. – Zum Gesindedienst als Phase im Lebenslauf: MITTERAUER 1985; vgl. MITTERAUER 1986b S. 80ff., 107ff.; KUSSMAUL 1981 S. 70ff.; LASLETT 1977a S. 29ff.; HAJNAL 1982 S. 470ff. – Anders z.B. in Süditalien: DA MOLIN 1990.

[97] Siehe oben Kap. 4.3., Tab. 4.02b und 4.02d.

[98] Geht man davon aus, daß auch 1772 nur wenige Knechte und Mägde jünger als 14 Jahre alt waren, so standen 296 Gesindepersonen 187 Kindern „über 14 Jahr" gegenüber (Tab. 4.01b); von dieser Gesamtzahl machten die Gesindepersonen also 61,3% aus. Im Vergleich dazu gab es 1858 unter den ledigen Personen ab 15 Jahren (s. Tab. 5.07) 392 Knechte und Mägde, aber 547 Kinder, Pflegekinder und „Sonstige"; von dieser Gesamtzahl machten die Gesindepersonen also 41,7% aus. Ließe man die „Sonstigen" beiseite, so betrüge der Anteil der Gesindepersonen 51,3%.

[99] Siehe unten Tab. 5.12. – Für die Mitte des 19. Jahrhunderts bestätigt unten Tab. 5.14, daß annähernd 40% der jungen Leute Gesindedienst leisteten (unter Einbeziehung derer, die in Belm geboren waren und heirateten, aber 1852 abwesend waren, also *wahrscheinlich* auswärts Knecht oder Magd waren).

[100] Vgl. MITTERAUER 1985 S. 185ff.; HAJNAL 1982 S. 470ff. Die Schätzung von KUSSMAUL 1981 S. 3, daß im Gesamtdurchschnitt des frühneuzeitlichen England etwa 60% der 15- bis

Tabelle 5.11: Der Anteil der Gesindepersonen an einzelnen Altersgruppen, nach Geschlecht, 1858

a) männliche Personen

| Alter (in Jahren) | alle Personen | Gesindepersonen | |
|---|---|---|---|
| | | Zahl | Anteil |
| 10–14 | 194 | 7 | 3,6 % |
| 15–19 | 213 | 83 | 39,0 % |
| 20–24 | 154 | 62 | 40,3 % |
| 25–29 | 118 | 39 | 33,1 % |
| 30–34 | 118 | 11 | 9,3 % |

b) weibliche Personen

| Alter (in Jahren) | alle Personen | Gesindepersonen | |
|---|---|---|---|
| | | Zahl | Anteil |
| 10–14 | 184 | 10 | 5,4 % |
| 15–19 | 215 | 85 | 39,5 % |
| 20–24 | 164 | 62 | 37,8 % |
| 25–29 | 97 | 12 | 12,4 % |
| 30–34 | 86 | 9 | 10,5 % |

Anmerkung: Bei den Auswertungen der Volkszählungsliste von 1858 wurden die Altersangaben für alle Personen, die innerhalb des Kirchspiels Belm geboren sind, aufgrund des Geburtseintrags überprüft und ggf. korrigiert.

den kleinbäuerlichen Betrieben könnte dieser Befund kaum überraschen; wohl aber zeigt er, daß das Osnabrückische Löwendleinengewerbe infolge seiner spezifischen Struktur weniger als einige andere Fälle der Proto-Industrialisierung[101] dazu führte, daß die Kinder der Landarmen und Landlosen durch die gewerblichen Beschäftigungsmöglichkeiten im Elternhaus fest- und vom Gesindedienst abgehalten wurden: Da die großbäuerlichen Haushalte den meisten Flachs anbauten, in der Regel zugleich die größten Leinen-Produzenten waren und da die Flachsverarbeitung in den saisonalen Rhythmus des landwirtschaftlichen Arbeitsjahres eingepaßt wurde, leisteten

---

24jährigen im Gesindedienst standen, scheint mir zu hoch gegriffen; vgl. die errechneten Werte für einige Orte bei LASLETT 1977a S. 34 und WALL 1987 S. 84 f. Ähnlich urteilt MITTERAUER 1985 S. 187.

[101] KRIEDTE/MEDICK/SCHLUMBOHM 1977 S. 121 ff.

vielmehr die Gesindepersonen einen wesentlichen Beitrag zu dem Leinen-Ausstoß der Großbauern. Insofern wurden die großbäuerlich geprägten Strukturen hier durch die Proto-Industrialisierung nicht aufgelöst; im Gegenteil sie verlängerten sich in den gewerblichen Sektor hinein und wurden durch den spezifischen Charakter der regionalen Hausindustrie eher befestigt.[102]

Eine Schätzung, wieviele von den jungen Leuten einen Teil ihres Lebens als Gesinde arbeiteten[103], wird erschwert durch die räumliche Mobilität, die bei den Knechten und Mägden größer war als bei allen anderen Personengruppen (Anhang Tab. 3). Angesichts der Quellenlage ist es daher schwierig, eine genau definierte Personengruppe von der Kindheit an in ihren Lebensläufen zu verfolgen. Gerade hier gilt es also zu beachten, daß die zu einem bestimmten Zeitpunkt Ortsanwesenden keineswegs mit den am Orte Geborenen identisch sind. Ob per saldo mehr Gesindepersonen zu- oder abwanderten oder ob die Wanderungsbilanz der Dienstboten im Kirchspiel Belm ausgeglichen war, lassen unsere Quellen nicht erkennen.

61% der Knechte und 57% der Mägde, die der Zensus von 1858 registrierte, waren nicht in Belm getauft – das erweist die Verknüpfung mit der Familienrekonstitution. Schon die Tatsache, daß unter den Haushaltsvorständen und deren Ehefrauen wesentlich mehr am Ort geboren waren, deutet darauf hin, daß etliche zur Eheschließung in die Heimat zurückkehrten. Auch finden sich unter den Männern und Frauen, die in den Jahren nach einem Zensus heirateten, stets einige, die zwar innerhalb des Kirchspiels geboren waren, zur Zeit der Volkszählung sich aber nicht am Ort aufhielten[104], also wohl großenteils auswärts Gesindedienst leisteten.

Wie auch in anderen Regionen bei ländlichen Gesindepersonen – im Unterschied zu städtisch-zünftigen Handwerksgesellen – festgestellt wurde[105], waren die Entfernungen zwischen Herkunfts- und Dienstort in der Regel nicht groß, sondern in wenigen Stunden Fußmarsch zurückzulegen. Das zeigen die Geburtsorte der Männer und Frauen, die zwischen Dezember 1852 und Dezember 1858 heirateten und von denen wir wissen, daß sie zuvor bereits als Dienstboten im Kirchspiel Belm arbeiteten.[106] Von diesen

---

[102] Vgl. oben Kap. 2.3. und unten Kap. 7.7.

[103] Dieser Anteil muß noch über den errechneten Prozentwerten liegen, da manche erst später als mit 14 oder 15 Jahren einen Dienst antraten, einige auch nicht ununterbrochen bis zur Heirat als Knecht oder Magd beschäftigt waren.

[104] Siehe unten Tab. 5.12 und 5.14.

[105] KUSSMAUL 1981 S. 57 ff.; MITTERAUER 1985 S. 202.

[106] Es handelt sich also um diejenigen Bräutigame und Bräute, die auswärts geboren waren, aber entweder im Belmer Zensus von 1852 als Knecht oder Magd registriert sind oder im Heiratseintrag als Dienstbote im Kirchspiel Belm bezeichnet wurden.

achtzehn Personen stammten zwölf aus unmittelbar angrenzenden Kirchspielen, drei aus solchen, die durch ein dazwischenliegendes Kirchspiel von Belm getrennt waren, und drei aus weiter entfernten Orten. Die größte Distanz lag hinter Maria Adelheid von der Heide, die 1822 in Gehrde als Tochter eines Heuermanns geboren war und 1854 den landlosen Schumacher Loxtermann heiratete; freilich war sie zur Zeit der Volkszählung von 1852 keine gewöhnliche Magd, sondern „Haushälterin" bei dem unverheirateten lutherischen Pastor; die Luftlinien-Entfernung zwischen Gehrde und Belm beläuft sich auf etwa 32 Kilometer.

Gingen die Kinder aus allen sozialen Schichten in den Gesindedienst oder traf das nur auf die Nachkommen der unbegüterten Familien zu, während die der Besitzenden im Elternhaus blieben? Über diese Frage gibt es in der Literatur kontroverse Meinungen, aber wenig zuverlässige Daten.[107] Für das frühneuzeitliche England ist einerseits behauptet worden, Familien aller Schichten hätten ihre Kinder in den Dienst geschickt; in Verbindung mit der These, daß außer den ärmsten auch alle Haushalte Dienstboten beschäftigten, ergibt sich das Bild eines wechselseitigen Austauschs junger Menschen zwischen den Familien, in den fast alle Ebenen der Gesellschaft einbezogen waren.[108] Auf der anderen Seite steht die Vorstellung, daß die ärmeren Familien ihre Kinder den besitzenden als Knechte und Mägde zur Verfügung stellten: „Half the parish hired the other half." Gerade dies sei einer der spezifischen Züge, der zeige, daß England schon in der Frühen Neuzeit, ja seit dem Späten Mittelalter eine ‚moderne' Gesellschaft gewesen sei, im Unterschied zu den ‚bäuerlichen Gesellschaften' in anderen Teilen Europas und der Welt.[109]

Was das Kirchspiel Belm angeht, so hat bereits die Haushaltsanalyse gezeigt, daß das Gesinde vor allem von den Großbauern beschäftigt wurde, während nur eine Minderheit der Kleinbauern und vereinzelte Landlose eine Magd oder einen Knecht hielten. Zum anderen ergab die Auswertung der Zensuslisten, daß in den eigentumslosen Haushalten selten Kinder über 14

---

[107] Eine Schätzung aufgrund dänischer Daten des 17. Jahrhunderts bei HAJNAL 1982 S. 471 f.; vgl. auch GÖTTSCH 1978 S. 25 f.; MITTERAUER 1985 S. 187 f.; SEGALEN 1984 S. 187; SEGALEN 1985 S. 259 ff. – Für eine schwedische Region im frühen und mittleren 19. Jahrhundert belegen ERIKSSON/ROGERS 1978 S. 153 ff., daß etwa zwei Drittel der Kinder der Landlosen, aber nur etwa ein Viertel der Bauernkinder im Alter von 15 bis 19 Jahren das Elternhaus verlassen hatten.

[108] So KUSSMAUL 1981 S. 9 f., 27, 77 f.: Erst im 19. Jahrhundert sei der Gesindedienst zu einer Sache der Ärmeren geworden. Daß Dienstboten ein normaler Bestandteil aller Haushalte mit Ausnahme der ärmsten gewesen seien, behauptet auch STONE 1977 S. 27 ff.

[109] MACFARLANE 1978 S. 76; vgl. MACFARLANE 1970 S. 205 ff.: nicht nur arme Eltern, sondern auch viele wohlhabendere hätten ihre Kinder aus dem Haus gegeben, doch nur die dörfliche Oberschicht habe Gesinde beschäftigt.

Jahren anzutreffen waren, ganz im Gegensatz zu den Vollbauern.[110] Diese Befunde sprechen deutlich gegen die Vorstellung eines wechselseitigen Austauschs der Jugendlichen zwischen den Familien aller Schichten, hingegen für die Interpretation, daß mehrheitlich die Familien, die das Gesinde stellten, zur dörflichen Unterschicht, diejenigen, die es aufnahmen, zur Oberschicht gehörten. Freilich heißt das noch nicht, daß unsere ländliche Gesellschaft zusammen mit der englischen einem ‚modernen' Typ zuzurechnen und dem ‚bäuerlichen' entgegenzusetzen ist.[111]

Zu fragen bleibt auch, ob die Kinder der Großbauern durchweg bis zur Heirat im Elternhaus blieben oder ob auch von ihnen einige Knechte und Mägde wurden – und damit den ‚Klassencharakter' des Gesindedienstes abmilderten. Wichtig wäre in diesem Fall, zwischen Söhnen und Töchtern, erbenden und nicht-erbenden zu unterscheiden.[112]

Solche Fragen können nur beantwortet werden, wenn es gelingt, einer Reihe von Lebensläufen über einen gewissen Zeitraum hin zu folgen. Die Verknüpfung von Volkszählungslisten und Familienrekonstitution schafft diese Möglichkeit, freilich nur für diejenigen, die mehrere Phasen ihres Lebens innerhalb des Kirchspiels Belm verbrachten. Wer nur zum Gesindedienst kam und danach wieder abwanderte oder wer erst zur Heirat eintraf, entgeht dieser Beobachtung.

Verfolgen wir den Weg derjenigen Männer und Frauen, die zwischen dem 1. Februar 1812 und dem 31. Dezember 1815 erstmals heirateten, zurück und ermitteln, wo und in welcher Position sie sich zur Zeit der Volkszählung im Januar 1812 aufhielten, so bestätigt sich das entschieden schichtspezifische Muster, das sich bereits in der Momentaufnahme der Volkszählungslisten abzeichnete. Gut drei Viertel der Großbauernkinder lebten 1812 als Kinder im Elternhaus, während mehr als drei Viertel der Nachkommen von Heuerleuten am Ort Gesinde oder auswärts waren. Die jungen Leute, die aus Kleinbauernfamilien stammten, nahmen eine Mittelstellung ein, folgten dabei aber mehr dem vollbäuerlichen Vorbild: die Mehrheit hielt sich im Elternhaus auf (Tab. 5.12).[113]

In allen drei Schichten gab es freilich eine Minderheit, die einen anderen Weg eingeschlagen hatte. 10% der Kinder von Vollbauern waren Dienstboten in einem fremden Haushalt des Kirchspiels, ein paar andere hielten sich

---

[110] Siehe oben Kap. 4.3.
[111] Dazu auch oben Kap. 3.1, 3.5., 4.1., 4.6.; vgl. unten S. 362 f.
[112] Vgl. MITTERAUER 1985 S. 187 f.
[113] Ein Landpfarrer im unfernen preußischen Kreis Herford machte 1831 das soziale Prestige-Denken der Bauern dafür verantwortlich: „Kinder der Colonen [...] dürfen nicht dienen; nein, das wäre eine Schande, wenn der Vater Colon seine Kinder nicht groß füttern könnte." Zitiert bei MOOSER 1980 S. 144 f.

Tabelle 5.12: Die Männer und Frauen, die zwischen dem 1.2.1812 und dem 31.12.1815 erstmals heirateten, nach ihrer Stellung im Haushalt zur Zeit der Volkszählung vom Januar 1812, sowie nach der Schichtzugehörigkeit ihrer Väter

a) Männer

| Stellung im Haushalt 1812 | Schichtzugehörigkeit des Vaters | | | | Summe |
|---|---|---|---|---|---|
| | Großbauer | Kleinbauer | Heuerling/ Landlos | Sonstige/ unbekannt | |
| 1. Im Elternhaus oder bei nahen Verwandten | 14 | 6 | 10 | 1 | 31 |
| (Spalten-%) | (77,8%) | (60,0%) | (26,3%) | (8,3%) | (39,7%) |
| 2. Im Gesindedienst | – | 3 | 21 | 10 | 34 |
| (Spalten-%) | | (30,0%) | (55,3%) | (83,3%) | (43,6%) |
| 3. In anderer Position ortsanwesend | 2 | – | 2 | – | 4 |
| (Spalten-%) | (11,1%) | | (5,3%) | | (5,1%) |
| 4. Abwesend, obwohl im Kirchspiel Belm geboren | 2 | 1 | 5 | 1 | 9 |
| (Spalten-%) | (11,1%) | (10,0%) | (13,2%) | (8,3%) | (11,5%) |
| Summe Zeilen 1. bis 4. | 18 | 10 | 38 | 12 | 78 |
| (Spalten-%) | (100%) | (100%) | (100%) | (100%) | (100%) |
| Teilsumme Zeilen 2. und 4. | 2 | 4 | 26 | 11 | 43 |
| (Spalten-%) | (11,1%) | (40,0%) | (68,4%) | (91,7%) | (55,1%) |
| 5. Abwesend und nicht im Kirchspiel Belm geboren | – | – | 3 | 19 | 22 |

Anmerkung: Nicht in diese Tabellen aufgenommen wurden 1 Mann und 2 Frauen, die im Januar 1812 weniger als 15 Jahre alt waren.

auswärts auf, vermutlich als Knecht oder Magd in einem Nachbarkirchspiel[114], kehrten später aber zur Eheschließung zurück. (Diejenigen, die frühzeitig abgewandert waren und nicht zurückkamen, entgehen unserem Blick.) Mehr als doppelt so hoch war der Anteil der Kleinbauernkinder, die am Ort oder auswärts dienten. Umgekehrt lebten knapp 20% der Heuerlingskinder noch im Elternhaus, obwohl sie bereits über 14 Jahre alt waren.

Innerhalb des hier betrachteten Personenkreises gab es einen geschlechtsspezifischen Unterschied bei den Kindern der Großbauern und Landlosen, nicht aber bei denen der Kleinbauern; freilich war dieser – wenn er über-

---

[114] Diejenigen jungen Männer, die Militärdienst leisteten, wurden bei dieser Volkszählung als besondere Gruppe erfaßt, auch wenn sie nicht am Orte weilten. Auf keinen der Bräutigame der Jahre 1812 bis 1815 traf das zu.

Tabelle 5.12 (Fortsetzung):

b) Frauen

| Stellung im Haushalt 1812 | Schichtzugehörigkeit des Vaters | | | | Summe |
|---|---|---|---|---|---|
| | Großbauer | Kleinbauer | Heuerling/ Landlos | Sonstige/ unbekannt | |
| 1. Im Elternhaus oder bei nahen Verwandten | 16 | 6 | 3 | – | 25 |
| (Spalten-%) | (76,2%) | (60,0%) | (9,7%) | | (35,2%) |
| 2. Im Gesindedienst | 4 | 4 | 19 | 9 | 36 |
| (Spalten-%) | (19,0%) | (40,0%) | (61,3%) | | (50,7%) |
| 3. In anderer Position ortsanwesend | – | – | – | – | – |
| (Spalten-%) | | | | | |
| 4. Abwesend, obwohl im Kirchspiel Belm geboren | 1 | – | 9 | – | 10 |
| (Spalten-%) | (4,8%) | | (29,0%) | | (14,1%) |
| Summe Zeilen 1. bis 4. | 21 | 10 | 31 | 9 | 71 |
| (Spalten-%) | (100%) | (100%) | (100%) | | (100%) |
| Teilsumme Zeilen 2. und 4. | 5 | 4 | 28 | 9 | 46 |
| (Spalten-%) | (23,8%) | (40,0%) | (90,3%) | | (64,8%) |
| 5. Abwesend und nicht im Kirchspiel Belm geboren | – | 1 | 5 | 35 | 41 |

c) Männer und Frauen

| Stellung im Haushalt 1812 | Schichtzugehörigkeit des Vaters | | | | Summe |
|---|---|---|---|---|---|
| | Großbauer | Kleinbauer | Heuerling/ Landlos | Sonstige/ unbekannt | |
| 1. Im Elternhaus oder bei nahen Verwandten | 30 | 12 | 13 | 1 | 56 |
| (Spalten-%) | (76,9%) | (60,0%) | (18,8%) | (4,8%) | (37,6%) |
| 2. Im Gesindedienst | 4 | 7 | 40 | 19 | 70 |
| (Spalten-%) | (10,3%) | (35,0%) | (58,0%) | (90,5%) | (47,0%) |
| 3. In anderer Position ortsanwesend | 2 | – | 2 | – | 4 |
| (Spalten-%) | (5,1%) | | (2,9%) | | (2,7%) |
| 4. Abwesend, obwohl im Kirchspiel Belm geboren | 3 | 1 | 14 | 1 | 19 |
| (Spalten-%) | (7,7%) | (5,0%) | (20,3%) | (4,8%) | (12,8%) |
| Summe Zeilen 1. bis 4. | 39 | 20 | 69 | 21 | 149 |
| (Spalten-%) | (100%) | (100%) | (100%) | (100%) | (100%) |
| Teilsumme Zeilen 2. und 4. | 7 | 8 | 54 | 20 | 89 |
| (Spalten-%) | (17,9%) | (40,0%) | (78,3%) | (95,2%) | (59,7%) |
| 5. Abwesend und nicht im Kirchspiel Belm geboren | – | 1 | 8 | 54 | 63 |

haupt reale Differenzen der Lebenslaufmuster wiedergibt und nicht durch die Auswahl der beobachteten Fälle bedingt ist[115] – bei weitem nicht so ausgeprägt wie der Unterschied zwischen den Schichten. In beiden sozialen Gruppen scheinen mehr Töchter als Mägde gedient, mehr Söhne zu Hause geblieben zu sein. Einige landlose Haushalte mögen den Sohn gebraucht haben, weil der Mann verstorben war. So verhielt es sich wohl bei Friederich Diercker, der 1812 als 18jähriger mit seiner jüngeren Schwester bei der 53 Jahre alten Mutter lebte; sie war seit einem Jahr Witwe. Auch drei weitere Söhne landloser Familien wohnten bei ihrer verwitweten Mutter; im Falle der anderen sechs Söhne und der drei Töchter ist keine entsprechende Notlage in der Konstellation des Haushalts festzustellen.

Die wenigen Fälle in unserer ‚Stichprobe', wo Nachkommen von Bauern 1812 im Gesindedienst standen, lassen auf den ersten Blick keine klare Regel der Art erkennen, daß nur weichende Erben in den Dienst gingen, die künftigen Anerben unbedingt bis zur Heirat auf dem Stammhof blieben (Tab. 5.13). Von den sieben Großbauernkindern, die zur Zeit des Zensus Dienstboten waren, übernahm einer später den elterlichen Hof, von den acht Kleinbauernkindern sogar drei. Eine genauere Betrachtung der jeweiligen Familienkonstellation läßt jedoch ein gewisses Verhaltensmuster erkennen. Bei den Anerben, die 1812 in Belm im Gesindedienst oder auswärts waren, fällt nämlich auf, daß ihr Stammhof zu diesem Zeitpunkt nicht von den eigenen Eltern, sondern anscheinend von einem interimistischen Inhaber verwaltet wurde.[116]

So war es bei Balz Hinrich Wichmann, geboren 1784, der sich 1812 nicht am Ort aufhielt, nach seiner Hochzeit im November 1814 aber das Wichmannsche Vollerbe in Haltern antrat. Auf diesem Hof war seit dem Tod des Vaters im Jahre 1804 und dem Ableben der Stiefmutter 1805 die Stelle des Bauern und der Bäuerin vakant. Freilich wirtschaftete dort im Jahre 1812 Balz Hinrichs um vier Jahre älterer Bruder Johann Henrich mit Frau und Kindern; der Zensus bezeichnete ihn sogar als „Vollerben"; das Taufregister hingegen nannte ihn bei der Geburt seiner Kinder Heuerling, 1810 Heuerling und Pächter des Wichmann-Hofes („inquilinus, conductor praedii Wichmann"). Johann Henrich war demnach von vornherein nicht als Anerbe ausersehen, sondern führte den Hof nur vorübergehend; später blieb er als Heuerling auf dem Stammhof. Zum Anerben bestimmt war zunächst möglicherweise nicht der abwesende Balz Hinrich, sondern Adam Wichmann, der jüngste der drei Brüder, der damals noch lebte. Der Zensus registrierte

---
[115] Vgl. unten Anm. 120.
[116] So war es auch auf dem Halberbe Meyer zu Powe (s. oben S. 260 ff.) und dem Vollerbe zu Hage in Vehrte (s. dazu unten S. 448), doch heirateten diese Anerben erst 1818 bzw. 1819.

Tabelle 5.13: Kinder von Groß- und Kleinbauern, die zwischen dem 1.2.1812 und dem 31.12.1815 erstmals heirateten, nach ihrer Stellung im Haushalt zur Zeit der Volkszählung vom Januar 1812, sowie nach ihrem späteren Status

a) Kinder von Großbauern

| Stellung im Haushalt 1812 | späterer Status | | | | Summe |
|---|---|---|---|---|---|
| | AnerbIn des Stammhofs | in anderen Hof einheiratend | in landlose Schicht absteigend | unbekannt | |
| Im Elternhaus | 11 | 14 | 1 | 4 | 30 |
| Im Gesindedienst oder auswärts | 1 | 3 | 2 | 1 | 7 |
| In anderer Position ortsanwesend | 1 | 1 | - | - | 2 |
| Summe | 13 | 18 | 3 | 5 | 39 |

b) Kinder von Kleinbauern

| Stellung im Haushalt 1812 | späterer Status | | | | Summe |
|---|---|---|---|---|---|
| | AnerbIn des Stammhofs | in anderen Hof einheiratend | in landlose Schicht absteigend | unbekannt | |
| Im Elternhaus | 6 | 2 | 3 | 1 | 12 |
| Im Gesindedienst oder auswärts | 3 | 1 | 3 | 1 | 8 |
| In anderer Position ortsanwesend | - | - | - | - | - |
| Summe | 9 | 3 | 6 | 2 | 20 |

Anmerkung: Nicht in diese Tabellen aufgenommen wurden zwei Kinder von Großbauern, die im Januar 1812 weniger als 15 Jahre alt waren.

ihn auf dem Wichmann-Hof; er mußte Militärdienst leisten und gehörte zu den „Conscribierten, welche aus dem westfälischen in den französischen Dienst übergegangen sind". Über sein weiteres Schicksal wissen wir nichts; vielleicht kehrte er aus dem Krieg nicht zurück und Balz Hinrich wurde erst dadurch zurückgerufen und zum Erben bestimmt.

Johann Heinrich Vincke lebte 1812 als Knecht beim Vollerben Aulbert in Vehrte, übernahm nach der Heirat im Jahre 1815 den Markkotten Vincke auf dem Talkamp, das Erbe seiner Eltern. Diese lebten 1812 nicht mehr, auf dem kleinen Hof saßen damals seine Schwester und sein Schwager. – Gerd Heinrich Recker, geboren 1782, hielt sich 1812 auswärts auf, verehelichte sich im Mai 1813 und bewirtschaftete fortan den Markkotten Recker auf dem Bulte in Vehrte. Dieser hatte zuvor seinen Eltern gehört. Die Mutter war 1808, der Vater im Februar 1811 gestorben. Im Januar 1812 verwaltete die Stelle Gerd Heinrichs Schwester Elisabeth, 23 Jahre alt und seit Oktober 1811 Witwe, zusammen mit einer 40 jährigen ledigen Verwandten. – Johann Heinrich Schnieder arbeitete 1812 als Knecht beim Vollerben Grupe, nach seiner Hochzeit im Jahre 1815 fiel der Schniedersche Erbkotten in Wellingen an ihn. Diesen hatten früher seine Eltern innegehabt; zwar wohnten sie auch 1812 noch auf ihm, der Zensus nannte sie jedoch Heuerleute; als Erbkötter firmierte ein Bruder des Vaters.

Bei denjenigen Anerben und Anerbinnnen unserer ‚Stichprobe', die 1812 auf dem elterlichen Hof, nicht als Gesinde auf einem fremden lebten, waren die Familienkonstellation und die Besitzerfolge durchweg anders. Bis auf eine Ausnahme übernahm das erbende Kind das Anwesen unmittelbar von den Eltern, wohnte und arbeitete also bis dahin im Haushalt des leiblichen Vaters und/oder der leiblichen Mutter, und diese führten den Hof 1812 noch selber. Bei acht von den elf AnerbInnen großer Höfe lebten sowohl Vater als auch Mutter noch, bei zwei anderen der Vater und die Stiefmutter. Unter den sechs AnerbInnen kleiner Stellen, die 1812 im Elternhaus lebten, hatten zwei noch den Vater und die Mutter, drei den Vater und die Stiefmutter, bei einem führte die Mutter als Witwe die Wirtschaft. Nur in einem dieser Fälle gab es eine interimistische Verwaltung des Hofes und damit eine ähnliche Situation wie bei jenen Anerben, die nicht bis zur Heirat auf dem Stammhof blieben, sondern 1812 in den Dienst gegangen waren: Auf dem Vollerbe Oberrielage in Powe saß 1812 der 39 jährige Franz Henrich Rielage; der eigentliche Anerbe aber war sein neun Jahre jüngerer Bruder Franz Ferdinand, der nach seiner Hochzeit im Mai 1813 den Besitz antrat. Bis dahin wohnte er nicht bei seinem Bruder, sondern im Haushalt seiner Mutter, der verwitweten Leibzüchterin des Hofes.

Demnach zogen es offenbar Groß- und Kleinbauern vor, dasjenige Kind, das zum Anerben bestimmt war, ohne Unterbrechung auch während der Jugendzeit im Hause zu halten.[117] Nur in Ausnahmefällen ging ein Anerbe in den Gesindedienst, am ehesten dann, wenn die Eltern nicht mehr lebten

---

[117] Ähnlich war es in Österreich, jedenfalls bei größeren Bauern: SIEDER/MITTERAUER 1983 S. 340; MITTERAUER 1986 a S. 299.

und der Hof inzwischen anderweitig verwaltet wurde. Keine Auskunft geben unsere Quellen darüber, ob ein junger Mann eine solche Situation als Chance wahrnahm, die ihm erlaubte, eine andere Wirtschaft und andere Menschen näher kennenzulernen. Es könnte auch sein, daß ein enges Zusammenleben von Geschwistern dann als konfliktträchtig empfunden wurde, wenn das eine zeitweilig den elterlichen Hof führte, jedoch in dem Bewußtsein, dem anderen als dem eigentlichen Anerben demnächst weichen zu müssen; im Vergleich zu dem üblichen Zusammenwohnen von Eltern und Kindern war dies jedenfalls eine ungewohnte Situation, und es ist denkbar, daß man vorzog, ihr aus dem Wege zu gehen, indem der Anerbe sich als Knecht verdingte und erst zurückkehrte, um zu heiraten und den Hof zu übernehmen.

Ob für die nicht erbenden Kinder der Eintritt in den Gesindedienst eine Weichenstellung bedeutete, die die Chancen zur Einheirat in einen anderen Hof verschlechterte[118], oder ob im Gegenteil das Verlassen des Elternhauses bessere Möglichkeiten bot, eine solche Gelegenheit zu finden, läßt sich wegen der geringen Zahl der Fälle nicht eindeutig beantworten; doch spricht mehr für die erste als die zweite Vermutung, insbesondere bei den Kindern von Großbauern (Tab. 5.13).

Wenn die Wahl zwischen Dienst in fremdem Haus und Verbleiben bei den Eltern einen Einfluß auf den späteren sozialen Status hatte, so jedenfalls keinen unwiderruflichen. Von den Vollbauernkindern, die 1812 dienten, heirateten später drei Töchter ein, während ein Sohn und eine Tochter in die landlose Schicht abstiegen. Maria Angela Bergmann, Tochter des Halberben in Icker, diente 1812 beim Vollerben Drelmann in Icker und vermählte sich 1815 mit dem verwitweten Vollerben Beermann in Vehrte. Anna Maria Biermann hielt sich 1812 auswärts auf; 1814 ehelichte sie den ebenfalls verwitweten Vollerben Wiebold. Marie Engel Voss, Tochter des Vollerben in Wellingen, war im Januar 1812 Magd beim Vollerben Helmig in Wellingen und heiratete im November den Markkötter Wellmann in ihrem Heimatort. – Maria Gertrud Bultmann hingegen, die aus dem Vollerbe in Vehrte stammte und 1812 beim Halberben Kleimann in Haltern diente, gelangte nicht in den Besitz eines Hofes, sondern schloß 1813 die Ehe mit dem Heuermann Temmeyer. Und Johann Wilhelm Schleibaum, Sohn des Vollerben in Darum, war im Januar 1812 abwesend und wurde nach der Heirat Heuermann. – Umgekehrt heiratete die Vollerbentochter Anne Marie Duhling, die 1812 bei ihrer Mutter und ihrem Stiefvater auf deren Hof in Powe wohnte, 1815 den Heuerling Hermann Heinrich von Sundern. Vier-

---

[118] In diesem Sinne MITTERAUER 1986a S. 271.; CLAVERIE/LAMAISON 1982 S. 55 f.

zehn andere Großbauernkinder, die 1812 bei den Eltern lebten, fanden Ehepartner, die einen Hof besaßen.

Bei den Söhnen und Töchtern von Kleinbauern gibt es keinen Grund, die Entscheidung für eine Gesindestelle als Weichenstellung für das spätere Leben anzusehen. Von denen, die 1812 Dienstboten waren, heiratete eine in eine Kleinstelle ein, und drei wurden Heuerleute. Von denen, die bei den Eltern blieben, fanden zwei hofbesitzende Gatten, drei stiegen in die landlose Schicht ab.

Gehen wir vier Jahrzehnte weiter und betrachten, wo sich zur Zeit der Volkszählung vom 3. Dezember 1852 diejenigen jungen Leute aufhielten, die in den sechs Jahren danach ihre erste Ehe eingingen, so bestätigt sich zunächst, daß deutlich weniger im Gesindedienst standen, mehr als Kinder im Elternhaus und in anderen Positionen[119] lebten (Tab. 5.14 im Vergleich zu Tab. 5.12). Vor allem unter den Kindern der Heuerleute gab es mit 45% weit weniger, die Knechte und Mägde innerhalb des Kirchspiels oder auswärts waren (1812: 78%); bei den Kindern von Großbauern lag dieser Anteil noch niedriger als zu Beginn des Jahrhunderts. Im Gegensatz dazu scheinen die Kinder kleiner Bauern vermehrt in den Dienst gegangen zu sein. – Das änderte jedoch nichts daran, daß die große Mehrheit der Knechte und Mägde aus landlosen Familien stammten; von denen, die 1858 im Dienst standen und am Ort geboren waren, traf dies auf über 70% zu (Tab. 5.16).

Unter den jungen Menschen, deren Leben wir von 1852 bis 1858 verfolgen können, leisteten mehr Töchter als Söhne Gesindedienst; vor allem bei den Kindern von Heuerleuten fällt dieser geschlechtsspezifische Unterschied ins Auge.[120]

Die große Mehrheit der Kinder von Vollbauern lebte im Elternhaus; das galt 1852 für Anerben und weichende Erben, für diejenigen, die später in einen anderen Hof einheirateten, wie für die, die ohne Eigentum an Grund und Boden blieben (Tab. 5.15). In dieser ‚Stichprobe' gab es nicht mehr als drei junge Leute, die aus einem großen Hof stammten und 1852 Dienstboten waren. Maria Anna Middendarp, geboren 1833, wohnte damals nicht bei ihren Eltern auf dem Vollerbe in Icker, sondern hielt sich auswärts auf; 1856

---

[119] Dazu s. unten S. 363 f.
[120] Hingegen zeigt Tab. 5.11 hinsichtlich des Anteils der Gesindepersonen an den Altersgruppen von 15 bis 24 Jahren keinen wesentlichen geschlechtsspezifischen Unterschied und weist für die 25- bis 29jährigen einen höheren Gesindeanteil bei den Männern nach. Diese Diskrepanz zu Tab. 5.14 (und 5.12) ist dadurch verursacht, daß infolge der räumlichen Mobilität des Gesindes – die ja nach Geschlecht differierte (Anhang Tab. 3) – verschiedene Personenkreise erfaßt werden.

Tabelle 5.14: Die Männer und Frauen, die zwischen dem 4.12.1852 und dem 3.12.1858 erstmals heirateten, nach ihrer Stellung im Haushalt zur Zeit der Volkszählung vom 3.12.1852, sowie nach der Schichtzugehörigkeit ihrer Väter

a) Männer

| Stellung im Haushalt 1852 | Schichtzugehörigkeit des Vaters | | | | Summe |
|---|---|---|---|---|---|
| | Großbauer | Kleinbauer | Heuerling/ Landlos | Sonstige/ unbekannt | |
| 1. Im Elternhaus oder bei nahen Verwandten | 15 | 4 | 24 | 1 | 44 |
| (Spalten-%) | (71,4%) | (33,3%) | (57,1%) | | (57,1%) |
| 2. Im Gesindedienst | 2 | 3 | 9 | – | 14 |
| (Spalten-%) | (9,5%) | (25,0%) | (21,4%) | | (18,2%) |
| 3. In anderer Position ortsanwesend | 4 | 1 | 3 | 1 | 9 |
| (Spalten-%) | (19,0%) | (8,3%) | (7,1%) | | (11,7%) |
| 4. Abwesend, obwohl im Kirchspiel Belm geboren | – | 4 | 6 | – | 10 |
| (Spalten-%) | | (33,3%) | (14,3%) | | (13,0%) |
| Summe Zeilen 1. bis 4. | 21 | 12 | 42 | 2 | 77 |
| (Spalten-%) | (100%) | (100%) | (100%) | | (100%) |
| Teilsumme Zeilen 2. und 4. | 2 | 7 | 15 | – | 24 |
| (Spalten-%) | (9,5%) | (58,3%) | (35,7%) | | (31,2%) |
| 5. Abwesend und nicht im Kirchspiel Belm geboren | 1 | 5 | 18 | 3 | 27 |

Anmerkung: Nicht in diese Tabellen aufgenommen wurden die 5 Frauen, die am 3.12.1852 weniger als 15 Jahre alt waren.

nahm sie den verwitweten Vollerben Meyer zu Lüstringen zum Mann. Die beiden Söhne, die zur Zeit des Zensus von 1852 als Knechte auf einem fremden Hof arbeiteten, waren interessanterweise Anerben. Johann Heinrich Marquard, geboren 1830, diente beim Halberben Rohtert in Icker. Seine beiden Eltern waren gestorben; auf dem Stammhof in Icker saß als Interimswirt der Stiefvater Johann Gerhard Marquard, geborener Reling, mit seiner zweiten Frau. Johann Adam Meikinghaus war 1852 bereits 25 Jahre alt und arbeitete als Dienstknecht beim Vollerben Meyer zu Belm. Sein Vater lebte nicht mehr; seine Mutter hatte in zweiter Ehe Gerhard Heinrich, geborenen Holtgrewe, geheiratet, er bewirtschaftete nun das Vollerbe Meikinghaus. In beiden Fällen führte also ein Stiefvater als Interimswirt den Stammhof, wäh-

b) Frauen

| Stellung im Haushalt 1852 | Schichtzugehörigkeit des Vaters | | | | Summe |
|---|---|---|---|---|---|
| | Großbauer | Kleinbauer | Heuerling/Landlos | Sonstige/unbekannt | |
| 1. Im Elternhaus oder bei nahen Verwandten | 8 | 1 | 21 | 3 | 33 |
| (Spalten-%) | | | (38,9%) | | (43,4%) |
| 2. Im Gesindedienst | – | 3 | 20 | 2 | 25 |
| (Spalten-%) | | | (37,0%) | | (32,9%) |
| 3. In anderer Position ortsanwesend | – | – | 5 | 2 | 7 |
| (Spalten-%) | | | (9,3%) | | (9,2%) |
| 4. Abwesend, obwohl im Kirchspiel Belm geboren | 1 | 1 | 8 | 1 | 11 |
| (Spalten-%) | | | (14,8%) | | (14,5%) |
| Summe Zeilen 1. bis 4. | 9 | 5 | 54 | 8 | 76 |
| (Spalten-%) | | | (100%) | | (100%) |
| Teilsumme Zeilen 2. und 4. | 1 | 4 | 28 | 3 | 36 |
| (Spalten-%) | | | (51,9%) | | (47,4%) |
| 5. Abwesend und nicht im Kirchspiel Belm geboren | – | 1 | 13 | 21 | 35 |

c) Männer und Frauen

| Stellung im Haushalt 1852 | Schichtzugehörigkeit des Vaters | | | | Summe |
|---|---|---|---|---|---|
| | Großbauer | Kleinbauer | Heuerling/Landlos | Sonstige/unbekannt | |
| 1. Im Elternhaus oder bei nahen Verwandten | 23 | 5 | 45 | 4 | 77 |
| (Spalten-%) | (76,7%) | (29,4%) | (46,9%) | (40,0%) | (50,3%) |
| 2. Im Gesindedienst | 2 | 6 | 29 | 2 | 39 |
| (Spalten-%) | (6,7%) | (35,3%) | (30,2%) | (20,0%) | (25,5%) |
| 3. In anderer Position ortsanwesend | 4 | 1 | 8 | 3 | 16 |
| (Spalten-%) | (13,3%) | (5,9%) | (8,3%) | (30,0%) | (10,5%) |
| 4. Abwesend, obwohl im Kirchspiel Belm geboren | 1 | 5 | 14 | 1 | 21 |
| (Spalten-%) | (3,3%) | (29,4%) | (14,6%) | (10,0%) | (13,7%) |
| Summe Zeilen 1. bis 4. | 30 | 17 | 96 | 10 | 153 |
| (Spalten-%) | (100%) | (100%) | (100%) | (100%) | (100%) |
| Teilsumme Zeilen 2. und 4. | 3 | 11 | 43 | 3 | 60 |
| (Spalten-%) | (10,0%) | (64,7%) | (44,8%) | (30,0%) | (39,2%) |
| 5. Abwesend und nicht im Kirchspiel Belm geboren | 1 | 6 | 31 | 24 | 62 |

Tabelle 5.15: Kinder von Groß- und Kleinbauern, die zwischen dem 4.12.1852 und dem 3.12.1858 erstmals heirateten, nach ihrer Stellung im Haushalt zur Zeit der Volkszählung vom 3.12.1852, sowie nach ihrem späteren Status

a) Kinder von Großbauern

| Stellung im Haushalt 1852 | späterer Status | | | Summe |
|---|---|---|---|---|
| | AnerbIn des Stammhofs | in anderen Hof einheiratend | in landlose Schicht absteigend | |
| Im Elternhaus | 12 | 7 | 4 | 23 |
| Im Gesindedienst oder auswärts | 2 | 1 | – | 3 |
| Lediger Haushaltsvorstand o. dgl. | 3 | 1 | – | 4 |
| Summe | 17 | 9 | 4 | 30 |

b) Kinder von Kleinbauern

| Stellung im Haushalt 1852 | späterer Status | | | Summe |
|---|---|---|---|---|
| | AnerbIn des Stammhofs | in anderen Hof einheiratend | in landlose Schicht absteigend | |
| Im Elternhaus | 4 | 1 | – | 5 |
| Im Gesindedienst oder auswärts | 3 | – | 8 | 11 |
| Lediger Haushaltsvorstand o. dgl. | 1 | – | – | 1 |
| Summe | 8 | 1 | 8 | 17 |

Anmerkung: Nicht in diese Tabellen aufgenommen wurden ein Groß- und ein Kleinbauernkind, die am 3.12.1852 weniger als 15 Jahre alt waren.

Tabelle 5.16: Die am Ort geborenen Gesindepersonen nach Geschlecht und Schichtzugehörigkeit ihrer Väter, 1858

| Geschlecht | Schichtzugehörigkeit des Vaters | | | | Summe |
|---|---|---|---|---|---|
| | Großbauer | Kleinbauer | Heuerling/Landlos | Sonstige/unbekannt | |
| männlich | 4 | 8 | 62 | 13 | 87 |
| (Zeilen-%) | (4,6%) | (9,2%) | (71,3%) | (14,9%) | |
| weiblich | 11 | 5 | 60 | 6 | 82 |
| (Zeilen-%) | (13,4%) | (6,1%) | (73,2%) | (7,3%) | |
| Summe | 15 | 13 | 122 | 19 | 169 |
| (Zeilen-%) | (8,9%) | (7,7%) | (72,2%) | (11,2%) | |

rend der künftige Anerbe bei einem anderen Bauern als Knecht lebte.[121] Und beide Male blieb der Stiefvater nach der Hochzeit des Erben nicht bei ihm im Haupthaus, sondern zog in die Leibzucht.[122] Damit bestätigt sich, daß zumindest bei den Großbauern in dieser Zeit Stiefeltern und erwachsene Kinder dazu neigten, mehr Distanz zu halten als leibliche Eltern.[123]

Einen vergleichbaren Fall gab es auch bei den Kleinbauern: Gerhard Heinrich Niehaus, geboren 1831, hielt sich 1852 auswärts auf, während sein Stiefvater mit seiner Mutter den Markkotten Niehaus in Haltern bewirtschaftete. Die Mutter starb 1856, der Stiefvater heiratete im Juli 1858 noch einmal. Gerhard Heinrich verehelichte sich im November dieses Jahres; die Volkszählung vom Dezember 1858 registrierte ihn als Markkötter Niehaus. Der Stiefvater war mit seiner zweiten Frau aus dem Kirchspiel Belm weggezogen. Freilich war auch der Anerbe des Markkottens Christoffer 1852 abwesend, obwohl seine leiblichen Eltern den Hof innehatten; und die spätere Erbin der Dierkerschen Markkötterei in Haltern war Magd beim Vollerben Meyer zu Hage in Vehrte, während ihre verwitwete Mutter das Anwesen führte.

Insgesamt aber blieben bei den Kleinbauern die Anerben eher im Elternhaus[124]; die weichenden Erben hingegen gingen Mitte des 19. Jahrhunderts

---

[121] Umgekehrt lebten die 23 Vollbauernkinder unserer ‚Stichprobe', die 1852 über vierzehn Jahre alt waren und im Elternhaus wohnten, entweder bei ihren beiden leiblichen Eltern oder bei einem verwitweten leiblichen Elternteil, nie bei einem Stiefvater oder einer Stiefmutter.
[122] Dazu s. oben Kap. 4.5.
[123] Vgl. oben S. 301 ff.
[124] Von den fünf Kleinbauernkindern dieser ‚Stichprobe', die 1852 im Elternhaus lebten, waren vier Anerben.

überwiegend in den Gesindedienst. Daß die jungen Leute, die aus dieser Schicht stammten, nun mehr als zu Beginn des Jahrhunderts Knecht oder Magd wurden, wirkte sich also nicht für alle Kinder gleichmäßig aus, sondern betraf diejenigen, die das Anwesen der Eltern übernehmen sollten, viel weniger als die, welche ohnehin nicht auf Dauer dort bleiben konnten (Tab. 5. 15).

In welchem Maße die jungen Menschen die Phase zwischen der Vollendung des vierzehnten Lebensjahres und der Heirat in der Position des Kindes bei den Eltern oder aber in der des Knechts bzw. der Magd verbrachten, hing also vor allem von ihrer sozialen Herkunft, in geringerem Maße von ihrem Geschlecht, zum Teil auch von ihrer späteren Bestimmung ab.

Zu fragen bleibt allerdings, wie groß der Unterschied zwischen dem Dienst in fremdem Haus und dem Leben bei den Eltern tatsächlich war.[125] Denn wir wissen allgemein, daß die Kinder gerade auch auf dem Lande schon jung bei der Arbeit zu helfen hatten; und für Belm belegt das indirekt proportionale Verhältnis, welches auf den großen Höfen zwischen der Zahl der Kinder ab vierzehn Jahren und der der Dienstboten zu beobachten ist, daß Söhne und Töchter ebenso als Arbeitskräfte zählten wie Knechte und Mägde.[126]

Nach der Dienstboten-Ordnung für den Landdrostei-Bezirk Osnabrück vom 28. April 1838 hatten Knechte und Mägde „treu, fleißig und aufmerksam" *alle* Arbeiten zu verrichten, die ihnen aufgetragen wurden; sie schuldeten „der Herrschaft Treue, Ehrerbietung und Gehorsam" und durften sich ohne Erlaubnis nicht vom Hause entfernen. Pflicht der Herrschaft war es, „den Dienstboten zum sittlichen Betragen anzuhalten".[127] Eine „Haustafel

---

[125] Dazu auch SIEDER 1987 S. 53 ff., vgl. 38 ff.
[126] Dazu oben Kap. 4. 3.
[127] Abgedr. in EBHARDT 1839–1840 Bd. 1 S. 115–124, hier S. 119 Art. 30 f., 37, 40. – Die Gesinde-Verordnung vom 3.3.1766 (abgedr. in CCO 1783–1819 Teil 2 Bd. 1 S. 393–396, hier S. 395 f.), die im Vergleich dazu weit weniger detailliert war, hatte sich in dieser Hinsicht auf eine allgemeine Ermahnung beschränkt: „Wir ermahnen zugleich alle Dienstboten, sich in ihrem Dienste treu, fleißig und ordentlich zu verhalten, ohne Erlaubnis ihrer Herrschaften des Nachts nicht aus dem Hause zu bleiben, [...]"; außerdem war nach § 11 „nächtliches unerlaubtes Auslaufen" ein Grund für fristlose Entlassung. Im Vorfeld dieser Verordnung hatte das Amt Iburg am 12.7.1765 (StA OS Rep. 100/188 Nr. 28 fol. 41–43, hier 42 v./43 r.) vorgeschlagen: „Weilen unter den [!] Vorwand, daß das Gesinde die Nacht vor sich hat, viele Unordnungen und Laster vorgehen, indem selbige ganze Nächte herumvagieren, um andern spinnen und bracken zu helfen, dadurch aber folgenden Tages zur Arbeit ungeschickt sich befinden, so könnte dieses entweder ganz abgestellet oder auf eine gewisse Stunde restringieret werden." Wahrscheinlich war die Arbeitshilfe für andere nicht das schlimmste ‚Laster', vor dem das Amt warnen wollte; es scheint vielmehr die verbreitete Sorge vor einem mehr oder weniger unkon-

für Dienstboten [...] mit besonderer Rücksicht auf die Verhältnisse des Bauernstandes", die aufgrund der Verordnung gedruckt wurde, zog aus diesen Prinzipien weitgehende Konsequenzen bis ins Detail: Der Dienstbote muß „zu der Zeit aufstehen und zu Bette gehen, welche die Herrschaft vorschreibt". „Weil der Dienstbote schuldig ist, die ganze Zeit über für die Herrschaft zu arbeiten, so müssen die Knechte auch, wenn die Herrschaft statt anderer Arbeit es verlangt, des Abends für sie spinnen und dürfen sich nicht darauf berufen, daß dies sonst in der Gegend nicht mehr gebräuchlich sei; denn der Faulheit und dem Müßiggange darf sich kein Dienstbote ergeben." Der Dienstbote „darf auch heimlich keine Besuche annehmen."[128]

Gewiß waren Kinder dem Vater und der Mutter in ganz ähnlicher Weise untergeordnet, sowohl was die Arbeit als das ‚sittliche Betragen' anging. Nicht unwichtig ist freilich der Unterschied, daß man für das Gesinde – anders als für die Kinder – zunehmend detaillierte Rechtsvorschriften als erforderlich ansah. Schon 1766 war für das Fürstbistum Osnabrück eine „Gesinde-Verordnung" erlassen worden; noch weit genauer suchte die „Dienstboten-Ordnung" 1838 die Verhältnisse zu regeln. Ganz im Vordergrund standen dabei jedesmal die Pflichten des Gesindes, sehr knapp wurden die der Herrschaft abgehandelt. Mehr als das Verhältnis zwischen Eltern und Kindern schien das zwischen Herrschaft und Dienstboten rechtlicher Regelungen fähig und bedürftig: Daß Knechte und Mägde sich oft nicht so verhielten, wie sie sollten, war der Grund für die Verordnungen.[129] Natürlich konnten die Herrschaften auch mit Hilfe solcher Rechtsvorschriften das ‚sittliche Betragen' der Dienstboten nicht gewährleisten; das belegt schon die Tatsache, daß unter den ledigen Müttern viele Mägde, unter den außerehelichen Vätern zahlreiche Knechte waren. Freilich gibt es wenig Grund zu der Annahme, daß in dieser Hinsicht Eltern gegenüber den herangewachsenen Töchtern und Söhnen in ihrem Hause eine effektivere Kontrolle ausübten.

---

trollierten Treiben der ledigen jungen Leute zugrundezuliegen (s. dazu MEDICK 1980; HENKHAUS 1991 S. 133 ff.).

[128] HAUSTAFEL FÜR DIENSTBOTEN Nr. 28 f., 34.

[129] Das sagt die Präambel der Gesinde-Verordnung von 1766 mit drastischen Worten: CCO 1783–1819 Teil 2 Bd. 1 S. 393. – Auch die Dienstboten-Verordnung von 1838 wird eingangs damit begründet, daß die bisherigen „Bestimmungen über das Dienstbotenwesen [...] sich als ungenügend erwiesen haben": EBHARDT 1839–1840 Bd. 1 S. 115 f. – Vgl. dazu allgemein SCHRÖDER 1992; VORMBAUM 1980; GÖTTSCH 1978 S. 20 ff.; TENFELDE 1979 S. 199 ff.; GERHARD 1978 S. 52 ff.; KOCKA 1990b S. 125 ff. – Zu Konflikten zwischen Herrschaft und Gesinde in einem holsteinischen Gutsbezirk im 19. Jahrhundert: KRAMER/WILKENS 1979 S. 321 ff.

Wesentliches Spezifikum des Gesindes scheint zu sein, daß es neben Kost und Unterkunft einen Lohn für seine Arbeit erhielt. Dieser wurde in Geld gezahlt, konnte aber teilweise auch aus „Naturalien, als: Linnen oder Hemdlaken, Schuh oder gesäeten [!] Flachs etc.", bestehen.[130] Die Löhne waren von Kirchspiel zu Kirchspiel verschieden[131]; männliche Dienstboten erhielten mehr als weibliche, „Jungens" weniger als ausgewachsene „Knechte". Im Kirchspiel Belm bildete das Korn, das der Bauer dem Knecht aussäte, während des 18. Jahrhunderts einen wesentlichen Teil des Lohnes.[132] Den Geld-Nexus mochten die Beteiligten symbolisiert sehen im „Handschilling" oder „Weinkauf": Rechtswirksam wurde der Dienstvertrag erst dadurch, daß der Herr dem künftigen Dienstboten ein Geldstück gab und dieser es annahm.[133]

---

[130] So KLÖNTRUP 1798-1800 s.v. „Gesinde" Bd.2 S.75-79, hier 77; vgl. ACHILLES 1982 S.98ff.; ACHILLES 1975 S.117f.

[131] Darauf wies das Amt Iburg in seinem Bericht vom 12.7.1765 hin und wünschte für das ganze Amt ein einheitliches Entgelt (StA OS Rep.100/188 Nr.28 fol.41-43, hier 42v.). Es handelt sich hier um die Antwort auf eine Umfrage, die dem Erlaß der Gesinde-Verordnung von 1766 vorausging. Diese strebte – wie im Folgenden ausgeführt wird – lediglich eine Vereinheitlichung der Entgelte innerhalb jedes Kirchspiels an.

[132] Der Vogt von Belm stimmte in seiner Antwort auf diese Umfrage (ebd. fol.53-54) in die allgemeine Klage über gestiegene Gesindelöhne ein. Im einzelnen berichtete er, „Knechte" erhielten einen halben Taler, manchmal mehr als Weinkauf; ihr „Lohn ist nicht wohl zu taxieren, weilen denenselben Korn davor gesahet wird, ein solches Korn gut, zuweilen übel ausschlagen [!]". Mägde bekämen für ein halbes Jahr ein bis zwei Taler als Weinkauf sowie einen Taler Lohn je Halbjahr. „Jungens" zahle man ein Sechstel Taler Weinkauf sowie Lohn je nach ihrem „Können der Arbeit". – Die Akten im HOFARCHIV MEYER ZU BELM zeigen für das frühe 19. Jahrhundert wesentlich höhere Barlöhne, lassen aber auch eine Abstufung unter den Knechten erkennen. In dem 1774 begonnenen Anschreibebuch wurden unter den Ausgaben von 1814 für einen Knecht 1 Taler Weinkauf und 27,5 Taler Jahreslohn notiert, für einen anderen, den „Schwopen" (d.i. Pferdeknecht: ROSEMANN-KLÖNTRUP 1982-1984 Bd.2 Sp.258, 260 s.v. ‚Swiepe' und ‚Swüöpe'), zwei Drittel Taler Weinkauf und 24 Taler Jahreslohn; für 1815 erhielt ein Knecht zwei Drittel Taler Weinkauf und 25 Taler. – Laut Inventar des Hofes vom 5.6.1823 (HOFARCHIV MEYER ZU BELM) forderte hingegen Johann Henrich Linnemann, der dem Hof seinerzeit unter der hochbetagten Witwe Meyer als erster Knecht gedient, aber zeitweilig auch große Aussicht auf die Nachfolge als Colon gehabt hatte (s. dazu unten S.512ff.), für 1805 rückständigen Lohn in Höhe von 48,2 Talern; ein anderer Knecht verlangte für 1821 und 1823 zusammen 54,3 Taler, d.h. pro Jahr etwa 27 Taler; ein dritter hatte für 1820 bis 1822 72,7 Taler gut, d.i. pro Jahr etwa 24 Taler. – Aus dem 1817 begonnenen zweiten Anschreibebuch (HOFARCHIV MEYER ZU BELM) geht hervor, daß noch in den 1820er Jahren den Dienstboten „Leinsamen gesäet" wurde; diese Eintragungen deuten darauf hin, daß die Jahresentgelte der verschiedenen Knechte mit 12 bis 28 Talern sehr stark differenziert waren.

[133] Gesinde-Verordnung von 1766 §4 (CCO 1783-1819 Teil 2 Bd.1 S.393f.): „[...] befehlen wir [...], daß [...] die Mieten nicht bloß durch beiderseitige Einwilligung, sondern durch würkliche Erlegung und Annahme des Weinkaufs geschehen [...]". – Dienstboten-Verordnung von 1838 Art.9 (EBHARDT 1839-1840 Bd.1 S.117): „Der Mietvertrag ist als abgeschlossen

Freilich muß der Gegensatz zu der unbezahlten Arbeit der Kinder nicht immer scharf gewesen sein. Wenn die nicht-erbenden Kinder der Bauern eine ‚Aussteuer' erhielten, kann sich dabei der Gedanke einer Vergütung für geleistete Arbeit mit dem der Abgeltung von Erbansprüchen verbunden haben.[134]

Grundlegend für die Beziehung zwischen Herrschaft und Gesinde – und zentraler Unterschied zu der zwischen Eltern und Kindern – war, daß es sich um ein zeitlich befristetes Vertragsverhältnis handelte. Die Gesinde-Verordnung von 1766 sah eine halbjährige Dauer des Dienstes als Regel vor, die Dienstboten-Ordnung von 1838 höchstens ein Jahr.[135] Doch ging die Tendenz beider Erlasse dahin, die Mobilität des Gesindes durch lange Kündigungsfristen – bei deren Nicht-Einhaltung der Vertrag stillschweigend verlängert wurde – sowie durch Strafbestimmungen gegen das Abwerben von Dienstboten einzuschränken. Die Verordnung von 1766 sollte vor allem verhindern, daß das Gesinde einen eventuellen Arbeitskräftemangel zu seinen Gunsten ausnutzte. Beklagt wurde, daß manche Herrschaften „das Gesinde [...] durch Verstattung mehrerer Freiheit wie auch mit Essen und Trinken, Tee und Kaffee verwöhnen und solchergestalt oftmals einem geringern Nachbar [...] schaden" und daß „die Dienstboten ein übermäßiges Lohn und Dienstgeld fordern"; deshalb sollten in jedem Kirchspiel die angesessenen Bauern den Lohn festsetzen, der nicht überschritten werden durfte.[136]

Wieweit machten die Knechte und Mägde von der Möglichkeit, die Stelle zu wechseln, Gebrauch? Blieben sie gewöhnlich nur ein Jahr bei einem Herrn, wie es anscheinend in England die Regel und in Österreich nicht selten war[137], oder verbrachten viele ihre gesamte Dienstzeit in demselben Haushalt? Eine genaue Antwort könnte nur eine Serie von jährlichen Volkszählungslisten geben, wie sie für das Kirchspiel Belm nicht existiert. Einen

---

anzusehen, wenn das Mietgeld (Weinkauf, Handgeld, Handschilling, Winnegeld) gegeben und angenommen ist."

[134] Vgl. dazu aufgrund österreichischen Materials MITTERAUER 1986a S. 277 ff.; s. unten S. 424 ff. zu den Abfindungen der weichenden Colonenkinder.

[135] CCO 1783–1819 Teil 2 Bd. 1 S. 393 (§ 1); EBHARDT 1839–1840 Bd. 1 S. 117 (Art. 17). – Eine bloß halbjährige Dienstzeit gab den Bauern die Möglichkeit, im Winter bei geringerem Arbeitskräftebedarf weniger Gesinde zu halten; in Schleswig-Holstein wurde davon auch Gebrauch gemacht: GÖTTSCH 1978 S. 28, 42 ff. – Was Belm angeht, so spricht der hohe Gesindebesatz etwa bei der Volkszählung vom Februar 1772 dagegen, daß die Bauern in erheblichem Umfang so verfuhren.

[136] CCO 1783–1819 Teil 2 Bd. 1 S. 393 ff. (Präambel, §§ 7–10, 13)

[137] KUSSMAUL 1981 S. 49 ff., 85 ff.; MITTERAUER 1985 S. 190, 194, 199 f.; MITTERAUER 1986a S. 282 ff. Ähnlich für Holstein KRAMER/WILKENS 1979 S. 331 ff.

Tabelle 5.17: Die Personen, die 1852 *und* 1858 Gesinde waren, nach Geschlecht und Wechsel des Dienstherrn

| Es dienten 1852 und 1858 | männlich | | weiblich | | alle | |
|---|---|---|---|---|---|---|
| | Zahl | (Spalten-%) | Zahl | (Spalten-%) | Zahl | (Spalten-%) |
| in demselben Haushalt | 8 | (19,5%) | 7 | (30,4%) | 15 | (23,4%) |
| in verschiedenen Haushalten | 33 | (80,5%) | 16 | (69,6%) | 49 | (76,6%) |
| Summe | 41 | (100%) | 23 | (100%) | 64 | (100%) |

Einblick erhalten wir jedoch, wenn wir dem Weg der jungen Männer und Frauen folgen, die sowohl im Zensus von 1852 wie in dem von 1858 als Knechte und Mägde registriert sind (Tab. 5.17). Einige blieben in der Tat die ganzen sechs Jahre bei demselben Herrn. So diente Anna Maria Bettenbrock bereits als 16jährige bei der Vollerbenwitwe Aulbert in Haltern und war auch als 22jährige noch bei ihr. Und Hermann Gerding, geboren 1828, arbeitete in beiden Stichjahren beim Halberben Niegengerdt in Vehrte. Doch waren insgesamt nur 15 von 64 – weniger als ein Viertel unserer ‚Stichprobe' – so beständig, von den Mägden 30%, von den Knechten 20%. Demnach wird nur eine kleine Minderheit die gesamte Zeit vom Verlassen des Elternhauses bis zur Heirat bei demselben Bauern gedient haben; die große Mehrheit hatte mehrere Stellen. Andererseits ist der Anteil derer, die sechs Jahre auf demselben Hof blieben, so hoch, daß ein jährlicher Wechsel kaum die Regel gewesen sein kann.[138] – Hatten die Knechte und Mägde die Mitte ihrer zwanziger Jahre überschritten, scheinen sie mehr zum Bleiben bei demselben Bauern geneigt zu haben als in jüngeren Jahren; jedenfalls waren 1858 von den 15 ‚Beständigen' allein 7 dreißig Jahre und älter.[139] Die auswärts Geborenen fanden ebenso oft oder öfter ein langfristiges Beschäftigungsverhältnis wie die Einheimischen.[140]

---

[138] Zu Beginn des 19. Jahrhunderts scheint sich das Gesinde in dieser Hinsicht nicht wesentlich anders verhalten zu haben. Bei einigen wenigen Bräuten und Bräutigamen der Jahre 1813 bis 1815 wurde im Heiratseintrag vermerkt, bei welchem Bauern im Kirchspiel Belm sie Magd oder Knecht waren. Von diesen sieben jungen Leuten hatten nur zwei zur Zeit der Volkszählung im Januar 1812 auf demselben Hof gedient, drei auf einem andern, und zwei waren 1812 auswärts, unmittelbar vor der Hochzeit jedoch in Belm Gesinde.

[139] Es handelte sich um vier Knechte und drei Mägde. Vgl. die Altersverteilung der Gesindepersonen in Tab. 4.08 b!

[140] Von den 15 ‚Beständigen' waren 5 Knechte und 6 Mägde auswärts geboren, von allen Dienstboten 59% (Anhang Tab. 3).

Wie fanden die jungen Menschen eine Stelle als Gesinde? Naheliegend scheint, daß viele einfach aus dem Heuerlingskotten ihrer Eltern in das Haupthaus ihres Bauern zogen, also bei dem Colon den Dienst antraten, auf desssen Hof der Vater als Heuermann lebte und arbeitete. Die Volkszählungsliste von 1858, verknüpft mit der Familienrekonstitution, zeigt jedoch, daß dies überraschend selten vorkam. 43 landlose Eltern hatten damals 62 Kinder, die Dienstboten im Kirchspiel Belm waren. Nur 10 von diesen Knechten und Mägden dienten bei demjenigen Bauern, zu dessen Hof ihre Eltern gehörten; kaum ein Sechstel blieb also den Eltern und deren Lebenskreis so nahe. Zu ihnen gehörten Heinrich und Catrina Hurdelbrinck, 18 und 14 Jahre alt, Knecht und Magd bei der Vollerbenwitwe Linnemann in Icker; ihre Eltern wohnten mit der jüngsten Tochter als Heuerlinge auf eben diesem Hof.[141] Auch Anna Maria Bettenbrock, die schon seit 1852 bei der Witwe Aulbert in Vehrte diente, war auf dem Hof geblieben, auf dem ihre Eltern eine Heuerlingsstelle innehatten; nach dem Tod des Vaters im April 1858 wurde diese von der Witwe Bettenbrock mit Hilfe ihrer herangewachsenen Kinder weitergeführt. Und Christian Brügemann, 20 Jahre alt, war Knecht beim Vollerben Hermann Friedrich Eistrup in Powe; sein Vater arbeitete seit fünfzehn Jahren als Heuermann auf diesem Hof und hatte anscheinend ein besonders enges Verhältnis zur Colonenfamilie, denn Hermann Friedrich Eistrup hatte auch seinen jüngeren Sohn, den 13 jährigen Schüler Friedrich Brügemann, ins Haus genommen[142]; außerdem hatten seine Frau und er bei zwei Brügemann-Kindern Pate gestanden.

Gut fünf Sechstel dieser Knechte und Mägde aber arbeiteten gerade nicht auf dem Hof, dem ihre Eltern verpflichtet waren. Wäre es möglich, auch diejenigen zu berücksichtigen, die zum Gesindedienst nach auswärts gingen, fiele diese Mehrheit fraglos noch größer aus. Die Ursache dafür war nicht, daß der Bauer, bei dem die Eltern Heuerleute waren, kein Gesinde des betreffenden Geschlechts benötigte, etwa weil er genügend eigene Kinder in arbeitsfähigem Alter hatte; in gut zwei Drittel dieser Fälle beschäftigte der Bauer vielmehr eine ‚hoffremde' Person als Knecht bzw. Magd. Offenbar strebten die jungen Leute, wenn sie das Elternhaus verließen, selber ein Stück weit fort, entweder in ein benachbartes Kirchspiel oder doch auf einen anderen Hof.[143]

---

[141] Dies ist der einzige Fall, wo zwei Kinder landloser Eltern bei demjenigen Bauern dienten, zu dessen Hof die Eltern als Heuerleute gehörten.

[142] Siehe oben S. 317.

[143] Da sich zu dieser Zeit die Kinder landloser Eltern nach der Hochzeit häufig bei den Eltern oder Schwiegereltern niederließen (s. unten Kap. 6.6.), also als Heuerleute von demjenigen Bauern aufgenommen wurden, bei dem schon die (Schwieger-)Eltern waren, ist es weniger

Mehr als die Eltern[144] scheinen Geschwister dabei geholfen zu haben, eine Gesindestelle zu finden.[145] 51 Knechte und Mägde, die am Ort geboren waren[146], hatten 1858 noch mindestens einen Bruder oder eine Schwester, der oder die ebenfalls in Belm diente. Immerhin 13 von ihnen – gut ein Viertel – arbeiteten in demselben Haushalt.[147] So beschäftigte der Vollerbe Hermann Siebert in Vehrte die 28jährige Anna Maria Placke als Magd und ihren um ein Jahr jüngeren Bruder Eberhardt als Knecht; deren 25jähriger Bruder Johann Heinrich Placke allerdings diente beim Halberben Ostendarp in Icker. Die Brüder Friedrich und Heinrich Dume, 16 und 15 Jahre alt, waren beide „Lehrlinge" bei dem Schneider Gerhardt Placke, während ihr 18jähriger Bruder Franz Heinrich als Knecht beim Müller Zurwelle im Kirchdorf Belm arbeitete. Daß öfter Geschwister zusammenblieben – oder wieder zusammentrafen – als daß Kinder auf jenem Hof dienten, auf dem bereits ihre Eltern arbeiteten, paßt zu dem transitorischen Charakter des Gesindedienstes.

Die Lebensphase, die man als Knecht oder Magd verbrachte, war entschieden auf zeitlich begrenzte Verpflichtungen und Rechte angelegt, nicht auf langfristige Kontinuität. Diese Zeitspanne war von erhöhter Mobilität gekennzeichnet: Viele gingen in ein anderes Kirchspiel; die meisten dienten nacheinander mehreren Herren. Die große Mehrzahl löste sich beim Verlassen des Elternhauses zugleich aus dem Hof, zu dem die Eltern als Heuerleute gehörten, und unterbrach damit die Kontinuität ‚nach rückwärts', zu der bisherigen Umgebung. Ebensowenig wurde der Gesindedienst dazu genutzt, eine Kontinuität ‚nach vorwärts' zu stiften: Nur sehr wenige ließen

---

wahrscheinlich, daß die *Bauern* vermieden, die Kinder ihrer Heuerleute als Gesinde einzustellen.

[144] Das Amt Iburg behauptete 1765, daß es „oft vorkommt, daß die Kinder sich ohne Consens ihrer Eltern an diesen, die Eltern dagegen aber auch ihre Kinder ohne deren Vorwissen an jenen zu gleicher Zeit vermieten und beide darauf den Weinkauf annehmen". Doch erscheint zweifelhaft, ob dies eine verbreitete Praxis war. Zumindest enthielt die Gesinde-Verordnung von 1766 – entgegen dem Wunsch des Amtes – keine speziellen Bestimmungen hierzu, sondern lediglich Sanktionen gegen „Dienstboten, welche von zweien Herren den Weinkauf angenommen" (§ 5): CCO 1783–1819 Teil 2 Bd. 1 S. 394.

[145] Auch in Österreich dienten oft Geschwister bei demselben Bauern: MITTERAUER/SIEDER 1979 S. 266; SIEDER/MITTERAUER 1983 S. 329.

[146] Da Namensgleichheit kein sicheres Indiz für Verwandtschaft ist, wurde darauf verzichtet, unter den auswärts Geborenen Geschwister zu ermitteln; d. h. nur diejenigen wurden als Geschwister gewertet, die durch die Familienrekonstitution als solche erwiesen sind.

[147] Diese 51 Knechte und Mägde bildeten 22 Geschwistergruppen; denn 15mal dienten zwei Geschwister im Kirchspiel, 7mal drei. Davon arbeiteten 6 Geschwistergruppen in demselben Haushalt, fünfmal zwei Geschwister, einmal drei.

sich am Ende der Dienstzeit, nach der Heirat, als Heuerleute auf *dem* Hof nieder, wo sie als Knecht oder Magd gedient hatten.[148]

Trotzdem wurden durch den Dienst wichtige Voraussetzungen für die anschließende Familiengründung geschaffen, und das in mehrfacher Hinsicht. Zwar waren die jungen Menschen von Kind auf an Arbeit gewöhnt; doch nachdem sie etwa ab dem Alter von vierzehn Jahren voll in die Pflichten der Erwachsenen einbezogen wurden, erwarben sie in der Gesindephase die Arbeitserfahrung, die gerade für das künftige Überleben eines eigentumslosen Haushalts unentbehrlich war. – Nicht zuletzt mußten die jungen Männer und Frauen, die von ihren Eltern keine Mitgift zu erwarten hatten, während dieser Zeit aus ihrem geringen Lohn oder durch zusätzliche Arbeit die Mittel zur Gründung eines Hausstands ansammeln. So wird verständlich, daß die Braut eines Heuerlings in der Regel mehrere Jahre älter war als die eines Vollbauern, wurde doch die Mitgift der letzteren relativ unabhängig von ihrem Alter – und wohl auch von ihrer bisherigen Arbeitsleistung – aus dem elterlichen Hofe bestritten. Der künftige Heuermann diente im Durchschnitt noch länger als seine Braut, wenn er auch in der Regel früher heiraten konnte als die meisten angehenden Großbauern. Der Befund des sozial differenzierten Gesindedienstes fügt sich also zu dem schichtspezifischen Muster des Heiratsalters.[149]

In einigen Fällen lernten sich junge Leute, die später heirateten, offenbar durch den Gesindedienst kennen.[150] Ebert Hinrich Bultmann, geboren 1780, und die sechs Jahre jüngere Cathrine Elisabeth Rotert, beide Heuerlingskinder, arbeiteten 1812 gemeinsam beim Vollerben Eistrup; im April 1815 gingen sie zum Traualtar. Im November 1814 taten diesen Schritt Marie Elisabeth Greive und Hermann Heinrich Busdieker; 1812 hatten sie zusammen beim Vollerben Meickenhaus gedient. Der Heuerling Christian Menke, der im Dezember 1814 seine Frau verlor, heiratete im Oktober des folgenden Jahres Cathrine Margrete Tiemann, die bis dahin im Haupthaus des Hofes, zu dem er gehörte, nämlich beim Colon Wiesehahn, Magd war. Gerhard Wilhelm Seger zählte 1812 zu den wenigen Knechten, die bei einem Heuermann dienten; nachdem sein ‚Herr', Claus Gerd Bultmann, gestorben war, ehelichte er dessen Witwe. Ganz im Gegensatz zu dem, was wir über Handwerksgesellen und Meisterswitwen wissen[151], war dies freilich der einzige Fall, wo ein Knecht seine verwitwete Herrin heiratete; unter denen, die

---

[148] Dazu unten Kap. 6.6.
[149] Siehe oben Kap. 3.2.
[150] Drei solche Fälle lassen sich auch unter den Heiratenden der Jahre 1852 bis 1858 nachweisen; dazu unten in Kap. 6.6.
[151] Vgl. MITTERAUER 1979b S. 115 ff.

zwischen Dezember 1852 und Dezember 1858 die Ehe schlossen, kam es nicht vor.[152]

Wie die jungen Leute, so sahen offenbar auch die Bauern, die sie beschäftigten, in dem Gesindedienst ein Vertragsverhältnis, aus dem keine Pflichten und Ansprüche erwuchsen, die über dessen Ende hinausreichten. Die Realität dieser ländlichen Gesellschaft bietet demnach keinen Anhaltspunkt für die These Wilhelm Heinrich Riehls, das Gesinde betrachte sich auch deshalb als „ein Glied der Familie", weil „an ein willkürliches Wechseln des Dienstes gar nicht gedacht wird; das Gesinde weiß, daß es auf Lebenszeit Versorgung im Hause findet."[153] Dem widerstreitet nicht nur der Stellenwechsel von Knechten und Mägden, sondern auch die grundlegende Tatsache, daß der Gesindedienst hier, wo fast alle heirateten und wo es so gut wie keine verehelichten oder verwitweten Dienstboten gab, strikt auf eine Etappe im Lebenszyklus begrenzt war.

Obwohl der Dienst im fremden Haus kein lebenslanger Status war, wies er in dieser Gesellschaft ausgeprägter sozialer Ungleichheit entschieden die Züge einer klassenspezifischen Erscheinung auf: Die große Mehrheit der Dienstboten stammte nicht aus derselben Schicht wie ihre ‚Herrschaft' und hatte auch keine Aussicht, jemals selber ‚Herr' über einen Hof und über Gesinde zu werden. Denn die meisten Knechte und Mägde kamen aus landlosen Familien und arbeiteten bei Großbauern; nur in seltenen Ausnahmefällen gelang es einem Nachkommen eigentumsloser Eltern, durch Heirat, Kauf oder auf anderem Weg eine klein- oder gar großbäuerliche Stelle zu erwerben.[154] Bauernkinder waren eine kleine Minderheit unter dem Gesinde, insbesondere die Söhne und Töchter aus großen Höfen gingen selten in den Dienst. Anerben verließen das Elternhaus nur in besonderen Fällen, so wenn ein Stiefvater oder Bruder dort als Interimswirt schaltete; und nur eine geringe Anzahl weichender Erben von großen und kleinen Stellen, die später Gelegenheit zur Einheirat fanden, waren unter den Knechten und Mägden.

Mehr noch als für England erscheint daher für diese ländliche Gesellschaft die These berechtigt: „Man könnte die Institution des Gesindedienstes als eine verkappte Methode betrachten, Wohlstand und Arbeitskraft von den Ärmeren zu den Reicheren fließen zu lassen."[155] Wollte man akzeptieren,

---

[152] Daß ein Witwer seine Magd ehelichte, kam weder unter den Heiratenden von 1812 bis 1815 noch unter denen von 1852 bis 1858 vor.

[153] RIEHL 1856 S.151f.

[154] Dazu unten Kap. 6.2. und 6.6.

[155] MACFARLANE 1970 S. 209. Für England scheint der Klassencharakter des Gesindedienstes dadurch abgeschwächt zu sein, daß dort angeblich auch die Kinder und Erben wohlhabenderer Eltern aus dem Haus und in den Dienst gingen, entweder um später auswärts Besitz zu erwer-

daß dieser Zustand Ausdruck einer ‚modernen', ‚kapitalistischen' Klassengesellschaft sei[156], so wäre Belm noch ‚moderner', noch ‚kapitalistischer', noch weniger ‚bäuerlich' gewesen als England! Die landlosen Familien zogen ihre Kinder groß, bis sie als voll arbeitsfähig galten, und mußten die Kosten dafür im Rahmen ihrer Familienwirtschaft aufbringen: Die Mehrheit der Kinder unter vierzehn Jahren lebte in eigentumslosen Haushalten.[157] Waren die Kinder soweit herangewachsen, daß sie voll in den Kreis der Arbeitspflichten einbezogen wurden, verließ die Mehrzahl die landlosen Eltern und stellte ihre jugendliche Kraft den Bauern gegen Unterkunft, Verpflegung und einen bescheidenen Lohn zur Verfügung. So lebten und arbeiteten die Altersgruppen von fünfzehn Jahren bis Mitte/Ende zwanzig mehrheitlich in den Haushalten der Bauern. Danach heirateten die jungen Menschen und ließen sich als Heuerleute nieder, mit einem vom Bauern getrennten Haushalt, doch durch Arbeitsverpflichtung ihm weiter verbunden; nun zogen sie wiederum Kinder auf. So vorteilhaft dieser asymmetrische Austausch von Arbeitskraft zwischen bäuerlichen und eigentumslosen Familien für die Bauern war, er hatte auch für die Landlosen insofern einen Sinn, als er ihnen die Möglichkeit gewährte, zu heiraten, eine Familie zu gründen und Kinder zu haben; alternative Wege dazu eröffneten sich erst allmählich im Laufe des 19. Jahrhunderts.

Was die Phase zwischen dem Ende der Schulpflicht und der Heirat angeht, so zeigt die Volkszählung von 1858, daß es in begrenztem Maße neue Möglichkeiten gab, die dem Rückgang des Anteils der Dienstboten gegenüberstanden. 61 Mädchen und 65 Burschen, d. i. fast ein Sechstel der Ledigen im Alter von 15 bis 29 Jahren, lebten weder als Kinder bei ihren Eltern noch dienten sie als Gesinde.[158] Davon wurden 38 Mädchen und 24 Burschen als „ZigarrenmacherIn" oder „ZigarrenarbeiterIn" registriert, außerdem 14 Burschen und 5 Mädchen als „FabrikarbeiterIn". Die am Anfang des 19. Jahrhunderts begründete Papierfabrik auf der Burg Gretesch, mehr noch die um die Jahrhundertmitte ins Kirchdorf Belm gekommene Tabakverarbeitung, schließlich die Maschinenbaufabrik in Lüstringen[159] ließen gerade für junge Menschen alternative Arbeits- und Lebensmöglichkeiten ent-

---

ben oder um nach Jahren zurückzukehren und das Eigentum der Eltern zu übernehmen: ebd. S. 205 ff.
[156] Vgl. oben S. 341.
[157] Vgl. Tab. 4.09, 4.10 sowie oben Kap. 4.3., auch zum Folgenden.
[158] In Tab. 5.07 beträgt der Anteil der ‚Sonstigen' an allen Ledigen der Altersgruppen von 15 bis 29 Jahren 14,7 % bei den Männlichen, 16,0 % bei den Weiblichen, insgesamt 15,3 %.
[159] Siehe oben Kap. 2.4.

stehen, wenn auch nur in begrenztem Umfang. Die Ledigen[160], die in diesen neuen Erwerbszweigen Beschäftigung suchten und fanden, lebten überwiegend als nicht-verwandte Mitwohner bei fremden Leuten, vermutlich gegen Entgelt; meist handelte es sich bei den Aufnehmenden um landlose Haushalte, manchmal um Kleinbauern, fast nie um Großbauern. Produktionsort war nicht nur in der Papier- und Maschinenherstellung, sondern auch für einen großen Teil der ZigarrenarbeiterInnen ein zentrales Gebäude, das als „Fabrikhaus" hergerichtet war.[161] Nur ein Fünftel von diesen ZigarrenmacherInnen und ein Drittel von diesen FabrikarbeiterInnen waren am Ort geboren[162]; auch räumlich waren diese jungen Menschen also besonders mobil. Nicht alle waren völlig ohne familialen Rückhalt; die Namen lassen vermuten, daß gelegentlich Geschwister in demselben Haushalt wohnten, und drei ledige Tabakarbeiterinnen hatten ein oder zwei kleine Kinder bei sich – eine Möglichkeit, die Mägden in der Regel verwehrt war.[163]

Daneben gab es auch ‚Kinder', die bei ihren Eltern lebten und als ZigarrenarbeiterInnen ihren Lebensunterhalt verdienten; 22 wurden im Jahr 1858 gezählt. Einige, insbesondere Töchter, nutzten also den neuen Erwerbszweig, um über das Schulalter hinaus zu Hause zu bleiben.

In der Zigarrenherstellung arbeiteten fast ausschließlich junge Ledige, und zwar zu zwei Dritteln Frauen. Nur acht Verheiratete und eine Witwe gab es 1858 unter den insgesamt 100 Beschäftigten dieser Branche. Unter den 41 Fabrikarbeitern, die ganz überwiegend Männer waren, befanden sich hingegen auch 16 Verheiratete, die Vorstand eines eigenen Haushalts waren.[164] Die Arbeit in der Papier- oder Maschinenfabrik ermöglichte also einigen Männern, eine Familie zu gründen.

Viel bedeutender als diese durchaus begrenzten neuen Erwerbsarten am Ort war seit den 1830er Jahren eine andere Alternative: die Auswanderung nach Nordamerika. Zwar machten sich auch ganze Familien auf die Reise über den Ozean; aber gerade junge ledige Männer, nicht selten auch Frauen

---

[160] Zu den verheirateten Farbrikarbeitern des Papier- und des Maschinenbau-Betriebes s. unten Kap. 7.2.

[161] So ein Bericht von 1858 abgedr. bei HINZE 1980a S. 134f.

[162] Von den Ledigen im Alter zwischen 15 und 29 Jahren, die weder Kinder im Elternhaus noch Gesinde waren, waren im Kirchspiel Belm geboren: 12 (von 62) ZigarrenmacherInnen, 6 (von 19) FabrikarbeiterInnen. – Von sämtlichen 100 ZigarrenmacherInnen, die 1858 registriert wurden, waren 38 im Kirchspiel geboren, von sämtlichen 41 FabrikarbeiterInnen 15 (d.i. 36,6 %). Auch unter Einschluß der Älteren, Verheirateten und Verwitweten war dieser Personenkreis also noch etwas mobiler als das Gesinde.

[163] Siehe oben S. 308 f.

[164] Außerdem war ein Witwer darunter. Die sechs Fabrikarbeiterinnen waren ausnahmslos ledig.

brachen in die Neue Welt auf. Gut zwei Drittel der registrierten EmigrantInnen waren ledig. Von allen, deren Alter wir kennen, gehörten mehr als die Hälfte (57%) der Altersgruppe von 15 bis 29 Jahren an; den größten Anteil hatten mit 26% die 20- bis 24jährigen. Die meisten von ihnen reisten allein; etliche dienten später folgenden Geschwistern und/oder Eltern als Vorhut.[165] Nicht weniger als 143 junge Männer und 106 Frauen wurden explizit als Knechte bzw. Mägde bezeichnet.[166] In dem fernen Kontinent suchten sie die wirkliche Alternative zu dem Weg, der ihnen in der heimischen Gesellschaft mit Gesindedienst und Heuerlings-Dasein nach wie vor weitgehend vorgegeben war.

## 5.5. Schlußbemerkung

Der äußere Verlauf des Lebens war in dieser ländlichen Gesellschaft für die allermeisten Menschen bis etwa zum 14. Lebensjahr gleich; weder nach Geschlecht noch nach sozialer Schicht gab es große Unterschiede. Als Säuglinge wurden sie ein gutes Jahr lang von den Müttern gestillt, als Kinder wuchsen sie bei den Eltern auf. Der Tod stellte gerade in den frühen Jahren ein beträchtliches Risiko dar; sehr groß erscheint die Mortalität, wenn wir mit den westlichen Ländern der Gegenwart vergleichen; unter den damaligen Verhältnissen freilich war sie eher unterdurchschnittlich. Starb der Vater oder die Mutter, so blieben die Kinder in der Regel bei dem überlebenden Teil; der Platz des Toten wurde oft nach einigen Monaten durch einen Stiefvater oder eine Stiefmutter eingenommen. Selten wurden Kinder von ihren Eltern getrennt; geschah das doch, so nahmen sie gewöhnlich nahe Verwandte auf. Insofern hielten sich offenbar die Unwägbarkeiten in Grenzen; das Leben der Kinder verlief in vorgegebenen Bahnen.

Gleich waren die Wege der Kinder, insofern fast alle in der Familie ihrer Eltern aufwuchsen. Sehr ungleich waren sie, insofern das relativ geräumige Haus des Großbauern andere Lebensbedingungen bot als die Enge eines Heuerlingskottens.

Etwa um das Alter von vierzehn Jahren wurde im Laufe des 18. und frühen 19. Jahrhunderts mit wachsender Deutlichkeit eine Zäsur ausgebildet, die als Ende der Kindheit und Beginn der Jugend interpretiert werden kann; Mitte

---

[165] Vgl. die unten in Kap. 6.4.–6.6. geschilderten Fälle. – Zur Auswanderung s. auch oben Kap. 2.4. mit Tab. 2.06 und unten Kap. 7.6.
[166] In vielem ähnliche Charakteristika wies die Auswanderung aus benachbarten Gebieten auf: KAMPHOEFNER 1982 S. 57 ff., GLADEN 1970 S. 150 ff., 210 f.; BÖLSKER-SCHLICHT 1990 b.

des 19. Jahrhunderts war dieser Einschnitt klar ausgeprägt. Mit dem Ausbau des ländlichen Volksschulwesens und der Durchsetzung der Konfirmation als öffentlichem festlichen Ritus erlangten das Ende des Schulbesuchs und die volle Zulassung zu der kirchlichen Gemeinde zunehmend Bedeutung, und beide Ereignisse wurden immer mehr an ein bestimmtes Lebensalter, das vollendete 14. Jahr, gebunden. Zwar hatten die jungen Menschen längst als Kinder ihren Arbeitsbeitrag im elterlichen Haushalt zu leisten gelernt; von nun an aber galten sie als voll arbeitsfähig, und die Schule entzog sie nicht mehr für einen Teil des Tages oder des Jahres der Erwerbspflicht.

Nach dem vierzehnten Lebensjahr differenzierten sich die Muster der Lebensläufe deutlich zwischen den sozialen Schichten; von nun an wirkte sich die soziale Ungleichheit dieser Gesellschaft unübersehbar auf den Weg der Jugend aus. Die Kinder der Landlosen verließen weitgehend das Elternhaus und gingen in den Gesindedienst; die Söhne und Töchter der Bauern blieben großenteils bei den Eltern. Gerade infolge dieser unterschiedlichen Verlaufsform kreuzten sich ihre Lebenswege in dieser Phase, die jungen Menschen aus verschiedenen Schichten kamen näher zusammen: Hatten bisher die einen im Haupthaus des Hofes, die anderen in den umliegenden Kotten gewohnt, so zogen nun die Kinder der Heuerleute als Knechte und Mägde in ein Bauernhaus, freilich in der Regel auf einen fremden Hof, oft sogar in eines der umliegenden Kirchspiele. Immerhin lebte in dieser Phase die Mehrzahl aller jungen Leute in den Häusern der Großbauern. Hatte dieser selbst einen Sohn oder eine Tochter in diesem Alter, so arbeiteten sie ähnlich wie das Gesinde und mit diesem zusammen.[167] Trotzdem werden die Unterschiede kaum ganz in Vergessenheit geraten sein: Die einen weilten für wenige Jahre in dem bäuerlichen Haushalt, erhielten ihren Lohn und hatten danach keine weiteren Ansprüche; die anderen gehörten von Kind auf dazu und hatten die Aussicht entweder auf das Erbe des Hofes oder auf eine Aussteuer, an die sich die Hoffnung knüpfte, in eine andere bäuerliche Stelle zu heiraten.

Die Unterschiede zwischen den Geschlechtern traten, was den äußeren Verlauf des Lebens bis zur Heirat angeht, hinter den schichtspezifischen Differenzen zurück.

Betrachten wir die Muster der Kindheit und Jugend unter dem Gesichtspunkt der Sozialisation, so erscheinen gerade die spezifischen Bedingungen, unter denen die Nachkommen der Heuerleute aufwuchsen, dazu angetan, sie von klein auf mit der Notwendigkeit der Einpassung in das engräumige Miteinander einer Vielzahl verschiedener Menschen vertraut zu machen. Oft lebten mehrere Familien in einem Kotten eng beieinander, so daß Wechsel

---

[167] Vgl. Tab. 4.05, 4.06.

häufig war und man sich immer wieder arrangieren mußte. Auch innerhalb des elterlichen Haushalts waren Veränderungen nicht selten: Geschwister wurden geboren, starben oder gingen weg; ein Elternteil mochte dahingerafft und durch Wiederheirat ersetzt werden. Diese Erfahrungen innerhalb der elterlichen Familie machten auch die Kinder der Bauern. Der Gesindedienst jedoch wird die Fähigkeit zur Anpassung an verschiedene personelle Konstellationen in besonderem Maße gefördert haben. Das Verlassen des Elternhauses, das Arbeiten und Leben in verschiedenen fremden Haushalten scheinen dazu bestimmt, auf ein Leben vorbereiten, in dem es keine gesicherte Stabilität gab: Die Landlosen konnten nicht wie die Bauern damit rechnen, ihr Lebtag auf dem Hof zu bleiben, auf dem sie sich nach der Hochzeit niederließen, sondern hatten sich auf Umzüge von Hof zu Hof, auf ein gedrängtes Zusammenwohnen mit verschiedenen Menschen, auf das Arbeiten für unterschiedliche Bauern einzustellen.

Die Einfügung in verschiedene Haushalte mag dadurch erleichtert worden sein, daß deren Klima und Grundstruktur möglicherweise keine ganz großen Unterschiede aufwies; jedenfalls füllte die Arbeit überall den allergrößten Teil der Zeit aus, und die Art und Verteilung der Aufgaben dürfte auf den meisten Höfen ähnlich gewesen sein. Insofern wird die „Lösung von der Herkunftsfamilie" und der Eintritt in einen ‚fremden' Haushalt schwerlich eine „stärker *individuell* ausgerichteten Lebensgestaltung" ermöglicht[168], sondern eher darauf vorbereitet haben, den für die meisten Menschen dieser Gesellschaft, zumal in der landlosen Schicht, *normalen* Lebensweg durch alle Wechselfälle hindurch zu bestehen.[169]

Daß bei aller Festigkeit der Grundmuster der Lebensläufe, wie sie innerhalb dieser lokalen Gesellschaft vorgegeben waren, die Menschen doch von Kind an daran gewöhnt wurden, sich auf engem Raum immer wieder in wechselnde Personenkonstellationen einzufügen, hilft verständlich zu machen, daß sie bereit und fähig waren, mit verschiedenen verwandten und nicht verwandten Personen zusammenzuleben, wo immer es erforderlich wurde oder sinnvoll erschien: mit Eltern oder Schwiegereltern, mit Knechten und Mägden, oder auch mit anderen Familien, die denselben Kotten bewohnten. Sogar einen verstorbenen Ehegatten nach einigen Monaten durch eine neue Heirat zu ersetzen, mag man oder frau auf solchen Lebenswegen gelernt haben.

---

[168] So MITTERAUER 1985 S. 199 f. (Hervorhebung von mir, J.S.).
[169] Darüber hinaus ist zu bezweifeln, ob die Grundmuster der Sozialisation geeignet waren, Individualität zu fördern; s. dazu SCHLUMBOHM 1981; SCHLUMBOHM 1983 a S. 7 ff., 62 ff.

# 6. Lebensläufe und Strategien:
# Heiraten – (s)einen Platz einnehmen in der inegalitären Gesellschaft

## 6.1. Einleitung

In den Theorien eines demo-ökonomischen Systems des vorindustriellen Europa kommt zentrale Bedeutung der These zu, daß zur Heirat erst schreiten konnte, wer eine Position in der Gesellschaft gefunden hatte, die ihm erlaubte, eine Familie eigenständig zu ernähren: Die jungen Menschen bildeten, so wird argumentiert, in der Regel bei der Hochzeit einen neuen Haushalt, eine unabhängige ökonomisch-soziale Einheit; erst wenn sie über die dazu erforderlichen Ressourcen verfügten, wurden sie zur legitimen Fortpflanzung zugelassen. Diese Vorstellung teilt das rigide Ipsen-Mackenrothsche Konzept einer „vorindustriellen alten Bevölkerungsweise der europäischen Völker", in dessen Kern die Annahme einer prinzipiell fixen Zahl von „Stellen" steht, mit dem flexibleren Modell der englischen Theoretiker Wrigley und Schofield, die in der frühneuzeitlichen Gesellschaft zumindest ihres Landes eine größere Offenheit und Mobilität, mehr Expansionsmöglichkeiten sehen.[1] Aus dieser zentralen These werden oft weitreichende Schlüsse gezogen; nicht zuletzt im Vergleich zu der wirtschaftlichen und gesellschaftlichen Entwicklung außereuropäischer Völker soll damit erklärt werden, warum in Europa ein ökonomisches Wachstum in Gang kommen konnte, das nicht von einer unkontrolliert expandierenden Bevölkerung ‚aufgefressen' wurde.[2]

In eigenartigem Kontrast zu der fundamentalen Bedeutung dieser Kernthese steht die Dürftigkeit ihrer empirischen Grundlage: Nach wie vor beruht sie im wesentlichen auf einer Synthese disparaten aggregativen Materials. Selten ist versucht worden, in konkreten lokalen Gesellschaften des vorindustriellen Europa die ökonomisch-sozialen Voraussetzungen und Konsequenzen der Heirat an Hand von Lebensläufen zu analysieren.[3]

---

[1] Siehe oben Kap. 3.1.
[2] HAJNAL 1965 S. 132 ff.; LASLETT 1976; SCHOFIELD 1989 bes. S. 283 f.
[3] Dies wird als vordringliches Desiderat auch von WRIGLEY 1983 S. 148 f. hervorgehoben; vgl. WRIGLEY/SCHOFIELD 1989 S. XXI.

Wie stand es in unserem nordwestdeutschen Untersuchungsgebiet um den Zusammenhang von Heirat, Familiengründung und Etablierung in einer subsistenzsichernden Position? Wie starr oder flexibel stellte sich die Zahl solcher ‚Stellen' für die Heiratswilligen dar? Wie und nach welchen Kriterien wurden die oberen, mittleren und unteren Plätze in der dörflichen Gesellschaft vergeben, wie fanden der junge Mann und die junge Frau den konkreten Platz, auf dem sie sich niederließen?

Weit über die demo-ökonomischen Aspekte hinaus sind diese Fragen zentral für das Verständnis einer Gesellschaft. Die „Heirat", so hat Pierre Bourdieu einmal im Hinblick auf eine bäuerliche Gesellschaft formuliert, konnte für die beteiligten Familien „auf Mehrung, Bewahrung oder Vergeudung materiellen und symbolischen Kapitals hinauslaufen"; aufs Ganze gesehen, war sie „Grundlage von Statik und Dynamik der gesamten Gesellschaftsstruktur."[4] Zu untersuchen ist, ob es in unserem Fall zutraf, daß die Eheschließung zentral war für die Zuteilung der Positionen in der sozialen Hierarchie und ob ihr damit eine Schlüsselfunktion bei der Reproduktion oder Veränderung der sozialen Struktur zukam. Zugleich dürfen von der Analyse des Heiratsverhaltens Aufschlüsse erwartet werden zu der Frage, wieweit die Grenzen zwischen sozialen Gruppen und Schichten durchlässig oder verfestigt waren.

Hier geht es zugleich um grundlegende Fragen im Hinblick auf die Art der sozialen Ungleichheit und den Charakter der Grenzlinien innerhalb dieser Gesellschaft. Eine bestimmte Forschungstradition betrachtet es als generelles Kennzeichen bäuerlicher Gesellschaften, daß soziale Ungleichheit – soweit es sie gab – primär lebenszyklisch bedingt war und nicht eine dauerhafte Differenzierung von Schichten oder Klassen bedeutete: Personen und Haushalte hätten im Laufe ihres Daseins typischerweise verschiedene Ränge der sozialen Hierarchie durchlaufen.[5] Galt das in unserem nordwestdeutschen Gebiet, oder wurden die Plätze mit der Heirat – oder gar schon mit der Geburt – dauerhaft zugewiesen?

Sofern den Eheschließungen Bedeutung zukam für die Zuteilung der Positionen in der Gesellschaft, müßte sich hier auch erweisen, in welchem Maße das Verhalten der Menschen von festen Normen und Regeln bestimmt wurde oder wieweit Raum war für alternative Entscheidungen. Die Verer-

---

[4] BOURDIEU 1987a S. 273.
[5] So etwa MACFARLANE 1978 S. 29f. im Anschluß an die Analyse des Spezialfalls der russischen Bauernschaft von SHANIN 1972. Diese Sicht geht insbesondere auf Čajanov zurück, s. CHAYANOV 1966; TSCHAJANOW 1987. – Hingegen erörtert SMITH 1984 S. 6ff. die beiden entgegengesetzten Perspektiven auf bäuerliche Gesellschaften – demographisch-lebenszyklische Differenzierung versus Klassen-Differenzierung – modellhaft im Hinblick auf die ländliche Gesellschaft Englands im späten Mittelalter.

bung des Landbesitzes bietet sich als bevorzugtes Feld der Beobachtung an, doch auch das Heiratsverhalten gilt es zu untersuchen: Wieweit war die Partnerwahl auf bestimmte soziale Gruppen eingeengt? Oder ließ sich der/die einzelne sogar – weit genauer noch – in festgelegten Bahnen zu einem ganz bestimmten Partner lenken, der durch ein übergeordnetes System von Allianzen zwischen den Familien vorgegeben wurde?

Für all diese Fragen gilt es, die quantifizierende Analyse der Gesamtheit aller Höfe, Familien, Paare zu verbinden mit der detaillierten Betrachtung zahlreicher Einzelfälle; denn es geht nicht nur darum zu klassifizieren, was ‚Regel' und was ‚Ausnahme' war, sondern – soweit immer möglich – das Verhalten der Menschen in dem jeweiligen sozialen Kontext zu verstehen.

## 6.2. Soziale Immobilität und soziale Mobilität: Umriß

In fundamentaler Weise war in dieser ländlichen Gesellschaft ein nahezu starrer Rahmen für die Chancen jeder nachwachsenden Generation dadurch gesetzt, daß die Zahl der großen Höfe unverändert blieb und auch die der Kleinbauernstellen nur wenig zunahm. Der beinahe fixen Anzahl von Positionen mit Eigentumsrecht an Haus und Land stand die rasch expandierende Zahl von Einwohnern und Haushalten gegenüber.

Seit der Generation, die in den letzten drei Jahrzehnten des 18. Jahrhunderts heiratete, stehen für eine ausreichende Zahl von Männern und Frauen aus allen Schichten Informationen über den Status der Eltern zur Verfügung, so daß sich Fragen der intergenerationellen sozialen Mobilität auf gesicherter Grundlage quantitativ untersuchen lassen (Tab. 6.01–6.03). Freilich können nur die Personen erfaßt werden, die innerhalb des Kirchspiels blieben. Welche Möglichkeiten und Risiken auswärts auf die Abwandernden warteten, läßt sich mit unseren Quellen nicht ermitteln.

Das hervorstechende Ergebnis ist die außerordentliche Immobilität: 90% der Männer und Frauen, die einen großen Hof besaßen, stammten von Eltern, die ebenfalls einen Vollhof ihr eigen nannten (Tab. 6.03: Zeilen-%). Kaum geringer war der Grad der Selbstrekrutierung in der landlosen Schicht: 85% der Eigentumslosen waren bereits als solche geboren. Nur die relativ schmale Schicht der Kleinbauern stellt sich offener dar; doch selbst hier kam über die Hälfte der Männer und Frauen aus kleinbäuerlichen Familien.

Wenden wir den Blick in die umgekehrte Richtung und fragen nach dem

Tabelle 6.01: Die Männer, die 1771 bis 1860 ihre erste Ehe schlossen, nach ihrer Schichtzugehörigkeit und nach der ihrer Väter, sowie nach Heiratsperiode

a) Heiratsperiode 1771–1800

| Schicht des Ehemannes | Schicht des Vaters des Ehemannes | | | | Summe |
|---|---|---|---|---|---|
| | Großbauern | Kleinbauern | Heuerlinge/Landlose | Sonstige | |
| Großbauern | 72 | 2 | 1 | – | 75 |
| (Zeilen-%) | (96,0%) | (2,7%) | (1,3%) | | |
| (Spalten-%) | (75,8%) | (5,1%) | (0,8%) | | |
| Kleinbauern | 6 | 26 | 6 | 1 | 39 |
| (Zeilen-%) | (15,4%) | (66,7%) | (15,4%) | (2,6%) | |
| (Spalten-%) | (6,3%) | (66,7%) | (4,7%) | (100%) | |
| Heuerlinge/Landlose | 17 | 11 | 122 | – | 150 |
| (Zeilen-%) | (11,3%) | (7,3%) | (81,3%) | | |
| (Spalten-%) | (17,9%) | (28,2%) | (94,6%) | | |
| Sonstige | – | – | – | – | – |
| (Zeilen-%) | | | | | |
| (Spalten-%) | | | | | |
| Summe | 95 | 39 | 129 | 1 | 264 |

Schicksal der heiratenden Kinder von Großbauern, Kleinbauern und Landlosen, so zeigt sich, daß diese Gesellschaft durchaus Mobilität in erheblichem Ausmaß kannte; freilich war diese Bewegung ganz überwiegend nach unten gerichtet. Hier trifft also tatsächlich zu, was Gerhard Lenski aufgrund allgemeiner theoretischer Überlegungen für „Agrargesellschaften" prinzipiell postuliert: daß sie sich weniger durch die Abwesenheit von vertikaler Mobilität auszeichnen als vielmehr dadurch, „daß auf lange Sicht in allen diesen Gesellschaften Mobilität nach unten viel häufiger war als nach oben".[6]

---

[6] LENSKI 1977 S.384f. – Ähnliche Befunde ergaben sich für zwei Gemeinden in Minden-Ravensberg, die ebenfalls durch ungeteilte Vererbung der Höfe, Heuerlingssystem und ländliches Gewerbe gekennzeichnet waren: MOOSER 1980; vgl. MOOSER 1984 S.194ff.; EBELING/KLEIN 1988 S.32f. Für weitere Anerbengebiete s. WÜLKER 1940 S.50ff.; BEGEMANN 1990 S.124ff. sowie allgemein ROSENBAUM 1982 S.72ff.

Tabelle 6.01 (Fortsetzung):

b) Heiratsperiode 1801–1830

| Schicht des Ehemannes | Schicht des Vaters des Ehemannes | | | | Summe |
|---|---|---|---|---|---|
| | Großbauern | Kleinbauern | Heuerlinge/ Landlose | Sonstige | |
| Großbauern | 80 | 2 | 3 | 1 | 86 |
| (Zeilen-%) | (93,0%) | (2,3%) | (3,5%) | (1,2%) | |
| (Spalten-%) | (74,8%) | (3,4%) | (1,0%) | (100%) | |
| Kleinbauern | 6 | 36 | 14 | – | 56 |
| (Zeilen-%) | (10,7%) | (64,3%) | (25,0%) | | |
| (Spalten-%) | (5,6%) | (62,1%) | (4,8%) | | |
| Heuerlinge/Landlose | 21 | 19 | 269 | – | 309 |
| (Zeilen-%) | (6,8%) | (6,1%) | (87,1%) | | |
| (Spalten-%) | (19,6%) | (32,8%) | (91,5%) | | |
| Sonstige | – | 1 | 8 | – | 9 |
| (Zeilen-%) | | (11,1%) | (88,9%) | | |
| (Spalten-%) | | (1,7%) | (2,7%) | | |
| Summe | 107 | 58 | 294 | 1 | 460 |

c) Heiratsperiode 1831–1860

| Schicht des Ehemannes | Schicht des Vaters des Ehemannes | | | | Summe |
|---|---|---|---|---|---|
| | Großbauern | Kleinbauern | Heuerlinge/ Landlose | Sonstige | |
| Großbauern | 61 | 2 | 3 | – | 66 |
| (Zeilen-%) | (92,4%) | (3,0%) | (4,5%) | | |
| (Spalten-%) | (70,9%) | (4,1%) | (1,0%) | | |
| Kleinbauern | 12 | 22 | 10 | – | 44 |
| (Zeilen-%) | (27,3%) | (50,0%) | (22,7%) | | |
| (Spalten-%) | (14,0%) | (44,9%) | (3,4%) | | |
| Heuerlinge/Landlose | 13 | 17 | 268 | – | 298 |
| (Zeilen-%) | (4,4%) | (5,7%) | (89,9%) | | |
| (Spalten-%) | (15,1%) | (34,7%) | (91,8%) | | |
| Sonstige | – | 8 | 11 | 3 | 22 |
| (Zeilen-%) | | (36,4%) | (50,0%) | (13,6%) | |
| (Spalten-%) | | (16,3%) | (3,8%) | (100%) | |
| Summe | 86 | 49 | 292 | 3 | 430 |

d) alle drei Heiratsperioden

| Schicht des Ehemannes | Schicht des Vaters des Ehemannes | | | | Summe |
|---|---|---|---|---|---|
| | Großbauern | Kleinbauern | Heuerlinge/ Landlose | Sonstige | |
| Großbauern | 213 | 6 | 7 | 1 | 227 |
| (Zeilen-%) | (93,8%) | (2,6%) | (3,1%) | (0,4%) | |
| (Spalten-%) | (74,0%) | (4,1%) | (1,0%) | (20,0%) | |
| Kleinbauern | 24 | 84 | 30 | 1 | 139 |
| (Zeilen-%) | (17,3%) | (60,4%) | (21,6%) | (0,7%) | |
| (Spalten-%) | (8,3%) | (57,5%) | (4,2%) | (20,0%) | |
| Heuerlinge/Landlose | 51 | 47 | 659 | – | 757 |
| (Zeilen-%) | (6,7%) | (6,2%) | (87,1%) | | |
| (Spalten-%) | (17,7%) | (32,2%) | (92,2%) | | |
| Sonstige | – | 9 | 19 | 3 | 31 |
| (Zeilen-%) | | (29,0%) | (61,3%) | (9,7%) | |
| (Spalten-%) | | (6,2%) | (2,7%) | (60,0%) | |
| Summe | 288 | 146 | 715 | 5 | 1154 |

Anmerkung: Es wurden nur diejenigen Erstehen berücksichtigt, bei denen die Schichtzugehörigkeit des Ehemanns und seines Vaters bekannt sind.

Von den Kindern großbäuerlicher Eltern konnten knapp zwei Drittel sich den Status ihrer Geburt erhalten; fast ein Viertel stieg in die Heuerlingsschicht ab; den restlichen 11% gelang es immerhin, auf eine kleinbäuerliche Stelle kommen. – Schlechter waren die Bedingungen für die Söhne und Töchter von Kleinbauern: über 40% von ihnen blieben ohne Eigentum an Haus und Grund (Tab. 6.03: Spalten-%).

Hinter diesen Ziffern verbirgt sich eine erhebliche Ungleichheit der Chancen zwischen den Geschlechtern (Tab. 6.01–6.02). Durchweg mußten mehr Töchter als Söhne den Weg nach unten gehen. Fast drei Viertel der Söhne von Vollbauern kamen in den Besitz eines großen Hofes, aber nur gut die Hälfte der Töchter; in der Heuerlingsschicht endeten weniger als 20% der Söhne, aber 30% der Töchter dieser Familien. Bei den Kindern der kleinen Eigentümer sah es nicht anders aus: weniger als ein Drittel der Söhne, aber mehr als die Hälfte der Töchter gingen, was Landbesitz anlangt, leer aus.

Die Abstiegsmobilität nahm vom 18. zum 19. Jahrhundert zu. Das gilt für Männer und Frauen, für die Nachkommen der großen wie der kleinen

Tabelle 6.02: Die Frauen, die 1771 bis 1860 ihre erste Ehe schlossen, nach der Schichtzugehörigkeit ihrer Ehemänner und ihrer Väter, sowie nach Heiratsperiode

a) Heiratsperiode 1771–1800

| Schicht des Ehemannes | Schicht des Vaters der Ehefrau | | | | Summe |
|---|---|---|---|---|---|
| | Großbauern | Kleinbauern | Heuerlinge/ Landlose | Sonstige | |
| Großbauern | 50 | 1 | 4 | – | 55 |
| (Zeilen-%) | (90,9%) | (1,8%) | (7,3%) | | |
| (Spalten-%) | (61,7%) | (2,0%) | (2,6%) | | |
| Kleinbauern | 10 | 23 | 10 | – | 43 |
| (Zeilen-%) | (23,3%) | (53,5%) | (23,3%) | | |
| (Spalten-%) | (12,3%) | (45,1%) | (6,5%) | | |
| Heuerlinge/Landlose | 21 | 27 | 138 | – | 186 |
| (Zeilen-%) | (11,3%) | (14,5%) | (74,2%) | | |
| (Spalten-%) | (25,9%) | (52,9%) | (89,6%) | | |
| Sonstige | – | – | 2 | 1 | 3 |
| (Zeilen-%) | | | (66,7%) | (33,3%) | |
| (Spalten-%) | | | (1,3%) | (100%) | |
| Summe | 81 | 51 | 154 | 1 | 287 |

Bauern. Nach 1830 jedoch wurde dieser Trend gestoppt, ja bis zu einem gewissen Grad umgedreht: besonders die Töchter hatten nun wieder etwas bessere Aussichten als die Generation zuvor, freilich blieben ihre Chancen weiterhin wesentlich ungünstiger als die ihrer Brüder. Vermutlich führte die massive Auswanderung nach Übersee dazu, daß von den zurückbleibenden Bauernkindern ein größerer Anteil auf einen Hof gelangen konnte.

Trotz zunehmenden Abstiegs von Colonenkindern schwächte sich das Ausmaß der Selbstrekrutierung der Heuerlingsschicht nicht ab. Im Gegenteil, die Zahl der eigentumslosen Männer und Frauen expandierte so stark, daß der Anteil derer, die aus Bauernfamilien stammten, immer geringer wurde. Traf das Ende des 18. Jahrhunderts auf gut ein Fünftel zu, so Mitte des 19. auf ein Zehntel.

Dem kräftigen Strom der Abwärtsbewegung standen nur seltene Fälle von sozialem Aufstieg gegenüber. Es war und blieb eine große Ausnahme, daß

b) Heiratsperiode 1801-1830

| Schicht des Ehemannes | Schicht des Vaters der Ehefrau | | | | Summe |
|---|---|---|---|---|---|
| | Großbauern | Kleinbauern | Heuerlinge/Landlose | Sonstige | |
| Großbauern | 51 | 4 | 3 | 2 | 60 |
| (Zeilen-%) | (85,0%) | (6,7%) | (5,0%) | (3,3%) | |
| (Spalten-%) | (49,5%) | (6,9%) | (1,0%) | (66,7%) | |
| Kleinbauern | 14 | 20 | 12 | 1 | 47 |
| (Zeilen-%) | (29,8%) | (42,6%) | (25,5%) | (2,1%) | |
| (Spalten-%) | (13,6%) | (34,5%) | (3,9%) | (33,3%) | |
| Heuerlinge/Landlose | 36 | 32 | 290 | – | 358 |
| (Zeilen-%) | (10,1%) | (8,9%) | (81,0%) | | |
| (Spalten-%) | (35,0%) | (55,2%) | (93,9%) | | |
| Sonstige | 2 | 2 | 4 | – | 8 |
| (Zeilen-%) | (25,0%) | (25,0%) | (50,0%) | | |
| (Spalten-%) | (1,9%) | (3,4%) | (1,3%) | | |
| Summe | 103 | 58 | 309 | 3 | 473 |

c) Heiratsperiode 1831-1860

| Schicht des Ehemannes | Schicht des Vaters der Ehefrau | | | | Summe |
|---|---|---|---|---|---|
| | Großbauern | Kleinbauern | Heuerlinge/Landlose | Sonstige | |
| Großbauern | 35 | 4 | 7 | 2 | 48 |
| (Zeilen-%) | (72,9%) | (8,3%) | (14,6%) | (4,2%) | |
| (Spalten-%) | (54,7%) | (8,7%) | (2,0%) | (33,3%) | |
| Kleinbauern | 10 | 13 | 21 | – | 44 |
| (Zeilen-%) | (22,7%) | (29,5%) | (47,7%) | | |
| (Spalten-%) | (15,6%) | (28,3%) | (5,9%) | | |
| Heuerlinge/Landlose | 17 | 22 | 307 | 3 | 349 |
| (Zeilen-%) | (4,9%) | (6,3%) | (88,0%) | (0,9%) | |
| (Spalten-%) | (26,6%) | (47,8%) | (87,0%) | (50,0%) | |
| Sonstige | 2 | 7 | 18 | 1 | 28 |
| (Zeilen-%) | (7,1%) | (25,0%) | (64,3%) | (3,6%) | |
| (Spalten-%) | (3,1%) | (15,2%) | (5,1%) | (16,7%) | |
| Summe | 64 | 46 | 353 | 6 | 469 |

Tabelle 6.02 (Fortsetzung):

d) alle drei Heiratsperioden

| Schicht des Ehemannes | Schicht des Vaters der Ehefrau | | | | Summe |
|---|---|---|---|---|---|
| | Großbauern | Kleinbauern | Heuerlinge/ Landlose | Sonstige | |
| Großbauern | 136 | 9 | 14 | 4 | 163 |
| (Zeilen-%) | (83,4%) | (5,5%) | (8,6%) | (2,5%) | |
| (Spalten-%) | (54,8%) | (5,8%) | (1,7%) | (40,0%) | |
| Kleinbauern | 34 | 56 | 43 | 1 | 134 |
| (Zeilen-%) | (25,4%) | (41,8%) | (32,1%) | (0,7%) | |
| (Spalten-%) | (13,7%) | (36,1%) | (5,3%) | (10,0%) | |
| Heuerlinge/Landlose | 74 | 81 | 735 | 3 | 893 |
| (Zeilen-%) | (8,3%) | (9,1%) | (82,3%) | (0,3%) | |
| (Spalten-%) | (29,8%) | (52,3%) | (90,1%) | (30,0%) | |
| Sonstige | 4 | 9 | 24 | 2 | 39 |
| (Zeilen-%) | (10,3%) | (23,1%) | (61,5%) | (5,1%) | |
| (Spalten-%) | (1,6%) | (5,8%) | (2,9%) | (20,0%) | |
| Summe | 248 | 155 | 816 | 10 | 1229 |

Anmerkung: Es wurden nur diejenigen Erstehen berücksichtigt, bei denen die Schichtzugehörigkeit des Ehemannes und des Vaters der Ehefrau bekannt sind.

ein Kind kleinbäuerlicher Eltern in den Besitz eines Vollhofes kam oder daß ein Heuerlingskind Eigentumsrechte an einer kleinen – geschweige denn einer großen – Stelle erwarb. Unter diesen wenigen scheinen allerdings die Töchter jeweils etwas zahlreicher als die Söhne gewesen zu sein. Doch waren diese Aufstiegschancen viel zu gering, als daß sie die massiv stärkere Abstiegsmobilität der Frauen quantitativ auch nur annähernd hätten kompensieren können.

Tabelle 6.03: Die Männer und Frauen, die 1771 bis 1860 ihre erste Ehe schlossen, nach ihrer Schichtzugehörigkeit und nach der ihrer Väter, sowie nach Heiratsperiode

a) Heiratsperiode 1771-1800

| Schicht des Ehemannes | Schicht des Vaters | | | | Summe |
|---|---|---|---|---|---|
| | Großbauern | Kleinbauern | Heuerlinge/Landlose | Sonstige | |
| Großbauern | 122 | 3 | 5 | – | 130 |
| (Zeilen-%) | (93,8%) | (2,3%) | (3,8%) | | |
| (Spalten-%) | (69,3%) | (3,3%) | (1,8%) | | |
| Kleinbauern | 16 | 49 | 16 | 1 | 82 |
| (Zeilen-%) | (19,5%) | (59,8%) | (19,5%) | (1,2%) | |
| (Spalten-%) | (9,1%) | (54,4%) | (5,7%) | (50,0%) | |
| Heuerlinge/Landlose | 38 | 38 | 260 | – | 336 |
| (Zeilen-%) | (11,3%) | (11,3%) | (77,4%) | | |
| (Spalten-%) | (21,6%) | (42,2%) | (91,9%) | | |
| Sonstige | – | – | 2 | 1 | 3 |
| (Zeilen-%) | | | (66,7%) | (33,3%) | |
| (Spalten-%) | | | (0,7%) | (50,0%) | |
| Summe | 176 | 90 | 283 | 2 | 551 |

b) Heiratsperiode 1801-1830

| Großbauern | 131 | 6 | 6 | 3 | 146 |
|---|---|---|---|---|---|
| (Zeilen-%) | (89,7%) | (4,1%) | (4,1%) | (2,1%) | |
| (Spalten-%) | (62,4%) | (5,2%) | (1,0%) | (75,0%) | |
| Kleinbauern | 20 | 56 | 26 | 1 | 103 |
| (Zeilen-%) | (19,4%) | (54,4%) | (25,2%) | (1,0%) | |
| (Spalten-%) | (9,5%) | (48,3%) | (4,3%) | (25,0%) | |
| Heuerlinge/Landlose | 57 | 51 | 559 | – | 667 |
| (Zeilen-%) | (8,5%) | (7,6%) | (83,8%) | | |
| (Spalten-%) | (27,1%) | (44,0%) | (92,7%) | | |
| Sonstige | 2 | 3 | 12 | – | 17 |
| (Zeilen-%) | (11,8%) | (17,6%) | (70,6%) | | |
| (Spalten-%) | (1,0%) | (2,6%) | (2,0%) | | |
| Summe | 210 | 116 | 603 | 4 | 933 |

Tabelle 6.03 (Fortsetzung):

c) Heiratsperiode 1831–1860

| Schicht des Ehemannes | Schicht des Vaters | | | | Summe |
|---|---|---|---|---|---|
| | Großbauern | Kleinbauern | Heuerlinge/ Landlose | Sonstige | |
| Großbauern | 96 | 6 | 10 | 2 | 114 |
| (Zeilen-%) | (84,2%) | (5,3%) | (8,8%) | (1,8%) | |
| (Spalten-%) | (64,0%) | (6,3%) | (1,6%) | (22,2%) | |
| Kleinbauern | 22 | 35 | 31 | – | 88 |
| (Zeilen-%) | (25,0%) | (39,8%) | (35,2%) | | |
| (Spalten-%) | (14,7%) | (36,8%) | (4,8%) | | |
| Heuerlinge/Landlose | 30 | 39 | 575 | 3 | 647 |
| (Zeilen-%) | (4,6%) | (6,0%) | (88,9%) | (0,5%) | |
| (Spalten-%) | (20,0%) | (41,1%) | (89,1%) | (33,3%) | |
| Sonstige | 2 | 15 | 29 | 4 | 50 |
| (Zeilen-%) | (4,0%) | (30,0%) | (58,0%) | (8,0%) | |
| (Spalten-%) | (1,3%) | (15,8%) | (4,5%) | (44,4%) | |
| Summe | 150 | 95 | 645 | 9 | 899 |

d) alle drei Heiratsperioden

| Schicht des Ehemannes | Schicht des Vaters | | | | Summe |
|---|---|---|---|---|---|
| | Großbauern | Kleinbauern | Heuerlinge/ Landlose | Sonstige | |
| Großbauern | 349 | 15 | 21 | 5 | 390 |
| (Zeilen-%) | (89,5%) | (3,8%) | (5,4%) | (1,3%) | |
| (Spalten-%) | (65,1%) | (5,0%) | (1,4%) | (33,3%) | |
| Kleinbauern | 58 | 140 | 73 | 2 | 273 |
| (Zeilen-%) | (21,2%) | (51,3%) | (26,7%) | (0,7%) | |
| (Spalten-%) | (10,8%) | (46,5%) | (4,8%) | (13,3%) | |
| Heuerlinge/Landlose | 125 | 128 | 1394 | 3 | 1650 |
| (Zeilen-%) | (7,6%) | (7,8%) | (84,5%) | (0,2%) | |
| (Spalten-%) | (23,3%) | (42,5%) | (91,1%) | (20,0%) | |
| Sonstige | 4 | 18 | 43 | 5 | 70 |
| (Zeilen-%) | (5,7%) | (25,7%) | (61,4%) | (7,1%) | |
| (Spalten-%) | (0,7%) | (6,0%) | (2,8%) | (33,3%) | |
| Summe | 536 | 301 | 1531 | 15 | 2383 |

Anmerkung: Tabelle 6.03 enthält die Addition der Fälle aus den Tabellen 6.01 und 6.02.

## 6.3. Vererbung der Höfe: Norm und Praxis

Daß nahezu ausschließlich Kinder von Bauern in den Besitz eines Hofes gelangten, ist nicht zuletzt dadurch bedingt, daß die Höfe in aller Regel nicht durch Kauf und Verkauf auf dem Markt den Eigentümer wechselten[7], sondern innerhalb des familialen Netzwerks durch Heirat oder Erbschaft. Dahin wirkten in starkem Maße die von den Grundherren sowie dem Landesherrn gesetzten Bedingungen. Daß sich daran auch im Zuge der Agrarreformen wenig änderte, entsprach den Intentionen der hannoverschen Ablösungsgesetze von 1831/33.[8]

Grundlegend war die bereits vor Beginn unseres Untersuchungszeitraums weitgehend durchgesetzte Regel, daß die Höfe ungeteilt weitergegeben werden sollten. Seitdem die landesherrliche Verwaltung die regelmäßige Steuer auf die einzelnen Höfe gelegt und zu diesem Zweck den Bestand aller Stellen in dem Kataster von 1667 erfaßt hatte, hatte sie das Interesse und das Instrumentarium, die Unteilbarkeit und Erhaltung der Stätten zu kontrollieren.[9] 1722 wurden in der „Eigentums-Ordnung" die wichtigsten Bestimmungen auch für die Erbfolge festgelegt bzw. zusammengefaßt.[10] Anerbe sollte in der Regel der jüngste Sohn sein; wenn kein Sohn vorhanden war, die jüngste Tochter.[11] Den übrigen Kindern kam lediglich eine Abfindung zu: Sie wurden „vom Erbe mit Aussteuer abgegütert", dafür verzichteten sie

---

[7] Zu einigen Fällen des Verkaufs s. unten S. 486 ff.

[8] Die Verordnung über die bei Ablösung der grund- und gutsherrlichen Lasten und Regulierung der bäuerlichen Verhältnisse zu befolgenden Grundsätze vom 10.11.1831 (abgedr. in: EBHARDT 1839–1840 Bd. 1 S. 579–590) und die Ablösungs-Verordnung (abgedr. in: ebd. S. 597–682) machten die bäuerlichen Leistungen ablösbar. Bestehen blieben aber die Beschränkungen der freien Dispositionsbefugnis der Eigentümer und alle bisherigen Grundsätze und Vorschriften hinsichtlich Erbfolge, Brautschätze, Altenteil, Interimswirtschaft, Wiederheiraten der Witwer und Witwen usw.; denn Ziel war, daß die „Bauerhöfe [...] erhalten werden sollen". In beiderlei Hinsicht übten nach der Ablösung die staatlichen Behörden ähnliche Kontroll- und Konsensrechte aus wie bisher die Feudalherren: Verordnung vom 10.11.1831 §§ 33 f. (das Zitat aus § 34); Verordnung über die Verhältnisse der infolge der Verordnung vom 10.11.1831 durch Ablösung frei gewordenen Güter ... vom 23.7.1833 (abgedr. in: ebd. S. 683–686) §§ 1–3. – Zur hannoverschen Ablösungsgesetzgebung s. SCHNEIDER/SEEDORF 1989 bes. S. 69 f.; WITTICH 1896 S. 435 ff., bes. 443 ff.; Fr. Großmann, Provinz Hannover, S. 39 ff., in: SERING 1899–1910 Bd. 2 Teil 1; BISCHOFF 1966 S. 26 ff.; REIBSTEIN 1909; CONZE 1947; vgl. OBERSCHELP 1988 S. 129 ff.; DIPPER 1980 S. 74 ff.; LÜTGE 1967 S. 260 f.

[9] Vgl. WINKLER 1959 S. 15 f., 69 ff. – Zum Kataster von 1667 s. oben in Kap. 1.

[10] Eigentums-Ordnung vom 25.4.1722, abgedruckt in CCO 1783–1819 Teil 2 Bd. 1 S. 232–269 als Nr. 734; außerdem in: OSNABRÜCKISCHES EIGENTUMS-RECHT 1794 S. 1–47; vgl. dazu SCHARPWINKEL 1965.

[11] Eigentums-Ordnung Kap. 4 §§ 1, 5. – Die wichtigsten Bestimmungen über das Erbrecht werden auf den folgenden Seiten wörtlich zitiert.

auf alle Ansprüche an den elterlichen Hof.[12] Wie der Grundsatz der Unteilbarkeit der Höfe, so bestand in den meisten Gebieten des Fürstbistums auch das Vorrecht des jüngsten Sohnes bereits vor Erlaß der Eigentumsordnung. Seit dem Ende des 16. Jahrhunderts hatte der Landesherr – meist unter Mitwirkung der Stände – begonnen, mehr und mehr durch Verordnungen das bäuerliche Besitz- und Erbrecht zu regulieren.[13]

Die „Eigentums-Ordnung" galt nur für die einem Feudalherrn „eigenbehörigen" Bauern und Höfe. Im Kirchspiel Belm wurden jedoch im späten 18. Jahrhundert alle regulären Höfe als eigenbehörig bezeichnet[14] – mit der einzigen Ausnahme des Erbkötters Buddeke in Icker. Frei waren außer dem adeligen Gut Astrup, dem Pastorat, dem Gretescher Turm und den kleinen Landstücken, die zur Vogtei, Küsterei und Schule gehörten, nur die wenigen Kirchhöfer mit ihren winzigen Hausgrundstücken im Dorf Belm.[15]

Wieweit entsprach die Praxis der Vererbung den vom Recht gesetzten Regeln?[16] Wieweit gab es Spielräume für Abweichungen von der ‚Norm'? Wenn wir so fragen, sollten wir freilich bedenken, daß die landesherrlichen Ordnungen dieser Epoche gar nicht unbedingt beanspruchten, so umfassende und allgemeine Regeln zu setzen, daß sich aus ihnen die Entscheidung eines jeden Einzelfalls ohne weiteres deduzieren ließ. In mancherlei Hinsicht blieben vielmehr Unklarheiten, ja Widersprüche. Die Osnabrückische Eigen-

---

[12] Ebd. Kap. 4 §6, vgl. Kap. 15 §§7ff.

[13] Dazu WINKLER 1959 S. 13 ff., 26 ff.; HIRSCHFELDER 1971 S. 54 ff. mit der älteren Literatur. – Die wichtigsten Verordnungen sind abgedruckt in OSNABRÜCKISCHES EIGENTUMS-RECHT 1794 S. 49 ff. – Anregend die Interpretation dieser „Bürokratisierung von Eigentums- und Familienbeziehungen" am Beispiel Oberösterreichs durch REBEL 1983.

[14] Das schließt unterschiedliche Rechte der einzelnen Höfe nicht aus, s. unten S. 424 f. mit Anm. 105; vgl. HIRSCHFELDER 1971 S. 79 ff.; doch sollte die praktische Bedeutung solcher Rechtsunterschiede im Hinblick auf die bäuerliche Belastung nicht überschätzt werden: BREMEN 1971 S. 111 ff., bes. 116 f.

[15] So die Zensusliste von 1772 (StA OS, Rep. 100/188, Nr. 42, fol. 58–82), in der bei jedem Colon anzugeben war, wem er eigenbehörig oder ob er frei war. In DU PLAT/WREDE 1784/1961 Lieferung 3, Text S. 21 ff. werden mit Berufung auf den Zensus von 1772 (ebd. S. 3) eine ganze Reihe von Markköttern als „frei" bezeichnet. In der Zensusliste selbst hingegen steht bei diesen durchweg „eigen dem Landesherrn"; bei vieren fehlt in der Quelle die Angabe über Eigenbehörigkeit, was aber damit zusammenzuhängen scheint, daß sie nicht vom Eigentümer, sondern einem Heuermann bewohnt wurden. PIESCH 1985 S. 77 bezeichnet Gödecker (später Horstmann) in Wellingen für das 18. Jahrhundert als „den einzigen freien Vollerbenhof im Kirchspiel Belm"; die Zensusliste von 1772 nennt das Vollerbe Horstmann jedoch „eigen d[em] H[errn] Klincken in Osnabr[ück]".

[16] So ist nach dem Vorbild neuerer monographischer Untersuchungen zu fragen, s. SEGALEN 1984; SEGALEN 1985 S. 79 ff.; DELILLE 1985; COLLOMP 1983 S. 136 ff.; HOWELL 1983 S. 237 ff.; SABEAN 1990 S. 247 ff., 300 ff.; vgl. schon ACHILLES 1965 S. 58 ff., 63 ff.; SPUFFORD 1976; SPUFFORD 1974 S. 85 ff., 104 ff., 159 ff. – Siehe auch unten Anm. 24.

tums-Ordnung hielt obendrein fest, daß ein abweichendes „Herkommen", wenn es sich genügend erweisen lasse, fortgelten sollte[17]; doch auch der Rekurs auf das Gewohnheitsrecht führte keineswegs immer zu einer zweifelsfreien und eindeutigen Lösung. Johann Carl Bertram Stüve, der dieser Zeit noch nicht fern war und sich mit den älteren bäuerlichen Verhältnissen als Politiker wie als Historiker auseinandersetzte,[18] wies in seiner Osnabrückischen Geschichte gerade im Zusammenhang mit der Erbfolge auf diese Besonderheit des älteren Rechts hin: „Jenes Schwanken des Landgebrauchs" ist „als wesentlicher Charakter der ältern Zustände zu betrachten". „Es ist der große Unterschied zwischen Landgebrauch oder Gewohnheitsrecht und juristischer Theorie, daß jene sich stets den Umständen anbequemen und anscheinend widersprechende Prinzipien vereinigen, während diese stets auf absolute Durchführung einheitlicher Grundsätze ausgeht."[19]

Freiräume, die durch unklare und widersprüchliche Verordnungen oder durch die Überlagerung verschiedener Arten und Vorstellungen von Recht entstanden, konnten einerseits die Bauern zu nutzen suchen[20]; auf der anderen Seite gaben sie auch den herrschaftlichen Gewalten Gelegenheit einzugreifen. Die Osnabrückische „Eigentums-Ordnung" sprach insbesondere den „Gutsherren"[21] das Recht zu, einen weitgehenden Einfluß auf die Regelung der Erbfolge zu nehmen, freilich „mit Zuziehung" der bisherigen Hofbesitzer bzw. der „nächsten Anverwandten".[22]

---

[17] Eigentums-Ordnung (vgl. oben Anm. 10) Kap. 1 § 2.
[18] Zu Stüves Anteil an der hannoverschen Ablösungsgesetzgebung KOLB/TEIWES 1977 S. 56 ff.; GRAF 1972; CONZE 1947 S. 9 ff.; VENTKER 1935; STÜVE 1900 Bd. 1 S. 107 ff., 139 ff., 211 f. Zu Stüve als Historiker sowie zur Verbindung von Politik und Geschichtswissenschaft SCHMIDT 1972.
[19] STÜVE 1853–1882 Bd. 2 S. 678, 842.
[20] Daß dabei die einzelnen Angehörigen einer bäuerlichen Familie durchaus unterschiedliche Interessen haben konnten, betont REBEL 1983 S. 14 f., 122 ff., 170 ff.
[21] Die Eigentums-Ordnung benutzt überwiegend den Terminus „Guts-Herr", gelegentlich „Eigentums-Herr"; Kap. 3 § 1 lautet: „Der Eigentums-Herr, welcher insgemein der Guts-Herr genennet wird, ist derjenige, welchem der Eigenbehöriger [!] mit Leib-Eigentum verwandt und, in Kraft gutsherrlichen Herkommens und Macht, angehöret und dem die gutsherrliche Gerechtsame gegen den Eigenbehörigen zu exercieren von rechtswegen zustehet." – Die Unterscheidung ‚Gutsherrschaft' – ‚Grundherrschaft' geht erst auf das späte 19. Jahrhundert, insbesondere auf G.F.Knapp, zurück; s. KAAK 1991 S. 64 ff.; HARNISCH 1985.
[22] Eigentums-Ordnung (vgl. oben Anm. 10) Kap. 4 § 2. – In der Praxis hatte die Grundherrschaft offenbar insbesondere dann Einfluß auf die Auswahl des Nachfolgers, wenn ein Bauernpaar ohne leibliche Erben blieb, s. unten S. 404 ff., 511 ff. Aber auch eine Abweichung von der ‚normalen' Erbfolge bedurfte des Einvernehmens mit dem Grundherrn, s. unten S. 395 ff.; 466 ff.; daß der Gutsherr „die freie Wahl" des Nachfolgers praktizierte (die ihm die Eigentums-Ordnung Kap. 4 §§ 2 und 5 in solchen Fällen zubilligte: s. die Zitate unten S. 387 f., ist hingegen nirgends ersichtlich. Waren sich die Beteiligten einig, so scheint der Grundherr ihre Entschei-

Konnte und sollte so das Recht nicht jeden Fall unzweideutig regeln, so bedurfte auf der anderen Seite gar nicht jeder Erbfall einer rechtlichen Regelung: Unter den demographischen Bedingungen der frühen Neuzeit, so ist mit guten Gründen argumentiert worden, wird ein beträchtlicher Teil der Familien gar nicht mehr als ein überlebendes Kind gehabt haben.[23] Auch dadurch könnten sich die Differenzen zwischen den verschiedenen Erbsystemen, die in der älteren Forschung oft aufgrund einer schematischen oder juridischen Betrachtungsweise scharf betont wurden, relativieren.[24]

In Belm war in knapp einem Achtel aller Fälle[25] der Anerbe bzw. die Anerbin, der/die den Hof antrat, mit Sicherheit das einzige zu diesem Zeitpunkt noch lebende Kind aus der Ehe der Eltern; entweder waren keine weiteren Nachkommen geboren oder der Tod hatte sie vor der Heirat des Erben hinweggerafft.[26] In der großen Mehrzahl der Fälle gab es also doch

---

dung in aller Regel akzeptiert zu haben. Gab es hingegen Streit, so wurde der Konflikt in der Tat vor den Grundherrn getragen. Doch zeigen diese Fälle, daß die unterlegene Partei die Entscheidung der Grundherrschaft vor Gericht anfechten konnte.

[23] SMITH 1984 S. 38 ff.; WRIGLEY 1978; GOODY 1973 b.

[24] Das gilt insbesondere für die Gegenüberstellung von Anerbenrecht und Realteilung. HUPPERTZ 1939 S. 25 ff. ist exemplarisch für eine simplifizierende Betrachtungsweise: Er geht vom Erb*recht* aus, behauptet dabei eine klare Dichotomie zwischen Räumen mit Einzelerbfolge und solchen mit Realteilung und konzediert Misch- und Übergangsformen lediglich in Berührungszonen und als punktuelle Ausnahme; dem Zeitgeist entsprechend, sah er die Einzelerbfolge als „Eigentümlichkeit der nordisch-germanischen Welt und ihres Volkstums", die er „aus der physisch-geographischen Sonderart und der rassisch-völkischen und kulturellen Gesamtentwicklung" erklären wollte (S. 49). – Vielfach differenzierter waren hingegen die Ergebnisse der empirischen Erhebung vom Ende des 19. Jahrhunderts bei SERING 1899-1910; sie standen im Kontext einer sozialpolitischen Debatte über Groß- und Klein-Grundbesitz und die Vererbung des ländlichen Grundbesitzes. Ein wichtiger Beitrag dazu war auch MIASKOWSKI 1882-1884; vgl. den rechtsgeschichtlichen Überblick über die Debatte von Stephan Buchholz in COING 1973 ff. Bd. 3 Teilbd. 2 S. 1687 ff. – Die neuere Forschung betont demgegenüber die flexiblere Praxis und sieht Einzelerbfolge sowie gleiches Teilen eher als extreme Pole eines Kontinuums: COLE/WOLF 1974 S. 175 ff.; SABEAN 1976 S. 103 ff.; BERKNER 1976 S. 71 ff.; SPUFFORD 1976; SIDDLE 1986 a; SIDDLE 1986 b; ROBISHEAUX 1989 S. 128 ff.

[25] Hier in Kap. 6.3. werden nur Übergaben an Anerben und Anerbinnen betrachtet und alle anderen Arten des Besitzwechsels, insbesondere die durch Wiederheirat, beiseitegelassen; zu letzteren s. unten S. 451 ff.

[26] Genau traf dies auf 11,8 % all der Fälle zu, wo ein Anerbe oder eine Anerbin einen Hof übernahmen. *Maximal* könnte in 26,1 % dieser Fälle der Anerbe bzw. die Anerbin das einzige überlebende Kind gewesen sein; dieser Wert ergibt sich, wenn wir alle Kinder, über deren Schicksal nichts bekannt ist, als vor der Heirat des Erben verstorben betrachten. – Bei allen Auswertungen zur Vererbung der Höfe sind, sofern nicht ausdrücklich anderes gesagt wird, nur Geschwister aus derselben Ehe berücksichtigt, nicht Halb- oder Stiefgeschwister. Dies ist dadurch geboten, daß das Vorrecht der Kinder erster Ehe vor denen aus Wiederheiraten überwiegend befolgt wurde, s. unten S. 460 ff.

mehrere Kinder, zwischen denen eine Entscheidung über die Nachfolge zu treffen war.

Um etwas über die Verhaltensweisen und Präferenzen der Bauern bei der Übergabe des Besitzes von einer Generation an die nächste auszusagen, genügt es nicht, die Resultate ihrer Entscheidungen isoliert zu betrachten: Wie oft z. B. ein Sohn, wie oft eine Tochter das Erbe antrat, sagt noch nicht viel aus, solange nicht bekannt ist, ob jeweils auch Kinder des anderen Geschlechts vorhanden waren. Das Ergebnis der Auswahl des Erben bzw. der Erbin muß, soweit immer möglich, auf dem Hintergrund der jeweiligen familialen Konstellation betrachtet werden. Die Familienrekonstitution erlaubt uns, einen Schritt in diese Richtung zu tun und damit über die Auszählungen, wie sie für andere Gebiete bereits vorliegen[27], hinauszukommen. Nur so sind begründete Aussagen über ‚Normbefolgung' und ‚Abweichung' möglich.

In welchem Maße wurden in der Praxis die Söhne als Erben vor den Töchtern bevorzugt? Immerhin waren 131 von 501 Anerben weiblichen Geschlechts, das entspricht 26 % (Tab. 6.04c). Aufschluß über Präferenz und Diskriminierung geben allein die Fälle, in denen mindestens ein Sohn *und* mindestens eine Tochter überlebten (Tab. 6.05). In sieben von acht solchen Erbfällen trat der Sohn die Nachfolge auf dem Stammhof an. Die Großbauern begünstigten die männliche Erbfolge noch entschiedener als die Kleinbauern. In allen Generationen hatten Töchter nur eine geringe Chance, zur Anerbin ausersehen zu werden, solange sie einen Bruder hatten: Das galt bereits am Ende des 17. Jahrhunderts, also vor Erlaß der „Eigentums-Ordnung"; und es blieb – zumindest auf den großen Höfen – so im 19., als die Agrarreformen zwar die grundherrlichen Bindungen auflösten, im Hannoverschen jedoch die überlieferten Grundsätze der Erbfolge festschrieben und die Praxis einer staatlichen Kontrolle unterwarfen.[28] Gerade bei den Vollbauern geht der Trend eher zu einer immer weitergehenden Durchsetzung des Vorrangs der Söhne als zu seiner Aufweichung.

Wieweit hielten sich die Bauern an den Grundsatz, daß der jüngste unter den Söhnen das Vorrecht haben sollte? Von den 370 männlichen Anerben, die im Kirchspiel Belm ermittelt werden konnten, waren 57, d. i. 15 % als einzige Söhne ihrer Eltern geboren; bei weiteren 57 starben alle Brüder,

---

[27] Z. B. SIEDER/MITTERAUER 1983 S. 311 ff.; GEHRMANN 1984 S. 50 ff. Problematisch ist die Berechnung einer „Quote der Normbefolgung" aus solchen Auszählungen bei FREITAG 1988 S. 11 f. – Differenzierter im Hinblick auf die Fälle weiblicher Erbfolge: BEGEMANN 1990 S. 118 ff. – Eine solche differenziertere Analyse kann freilich nur dann zu brauchbaren quantitativen Ergebnissen führen, wenn die Zahl der untersuchten bäuerlichen Stellen und der Untersuchungszeitraum groß genug sind.

[28] Siehe oben Anm. 8.

Tabelle 6.04: Art der Besitzwechsel auf großen und kleinen Höfen
a) große Höfe

| Jahr des Besitzwechsels | Art des Besitzwechsels ||||| Summe |
|---|---|---|---|---|---|---|
| | Übergabe an || Wiederheirat von || sonstige/ unbekannt | |
| | Anerben | Anerbin | Mann | Frau | | |
| 1651–1680 | 1 | 1 | 10 | 2 | 2 | 16 |
| 1681–1710 (Zeilen-%) | 36 (49,3%) | 10 (13,7%) | 9 (12,3%) | 11 (15,1%) | 7 (9,6%) | 73 |
| 1711–1740 (Zeilen-%) | 30 (34,5%) | 12 (13,8%) | 19 (21,8%) | 18 (20,7%) | 8 (9,2%) | 87 |
| 1741–1770 (Zeilen-%) | 40 (33,9%) | 15 (12,7%) | 22 (18,6%) | 28 (23,7%) | 13 (11,0%) | 118 |
| 1771–1800 (Zeilen-%) | 48 (40,0%) | 17 (14,2%) | 21 (17,5%) | 23 (19,2%) | 11 (9,2%) | 120 |
| 1801–1830 (Zeilen-%) | 57 (42,5%) | 14 (10,4%) | 28 (20,9%) | 20 (14,9%) | 15 (11,2%) | 134 |
| 1831–1860 (Zeilen-%) | 54 (51,4%) | 10 (9,5%) | 18 (17,1%) | 16 (15,2%) | 7 (6,7%) | 105 |
| Summe (Zeilen-%) | 266 (40,7%) | 79 (12,1%) | 127 (19,4%) | 118 (18,1%) | 63 (9,6%) | 653 |

Anmerkung: Der Besitzwechsel wurde in der Regel nach dem Jahr der Heirat datiert. Auch Wiederheiraten des Anerben oder der Anerbin werden als Besitzwechsel behandelt.

bevor der Hof übergeben wurde. Mithin war fast jeder dritte Anerbe mit Sicherheit der einzige überlebende Sohn. Bei 22% ist ungewiß, ob die Brüder zum Zeitpunkt des Besitzwechsels noch am Leben waren, weil deren Schicksal uns nicht bekannt ist. In 173 Fällen (47%) steht hingegen fest, daß mindestens zwei Söhne überlebten.

b) kleine Höfe

| Jahr des Besitzwechsels | Art des Besitzwechsels | | | | | Summe |
|---|---|---|---|---|---|---|
| | Übergabe an | | Wiederheirat von | | sonstige/ unbekannt | |
| | Anerben | Anerbin | Mann | Frau | | |
| 1651–1680 | – | – | 5 | – | 3 | 8 |
| 1681–1710 (Zeilen-%) | 7 (25,0%) | 5 (17,9%) | 6 (21,4%) | 3 (10,7%) | 7 (25,0%) | 28 |
| 1711–1740 (Zeilen-%) | 14 (35,0%) | 3 (7,5%) | 8 (20,0%) | 7 (17,5%) | 8 (20,0%) | 40 |
| 1741–1770 (Zeilen-%) | 15 (26,3%) | 9 (15,8%) | 12 (21,1%) | 5 (8,8%) | 16 (28,1%) | 57 |
| 1771–1800 (Zeilen-%) | 22 (29,3%) | 17 (22,7%) | 18 (24,0%) | 6 (8,0%) | 12 (16,0%) | 75 |
| 1801–1830 (Zeilen-%) | 31 (43,7%) | 10 (14,1%) | 20 (28,2%) | 4 (5,6%) | 6 (8,5%) | 71 |
| 1831–1860 (Zeilen-%) | 15 (30,0%) | 8 (16,0%) | 6 (12,0%) | 8 (16,0%) | 13 (26,0%) | 50 |
| Summe (Zeilen-%) | 104 (31,6%) | 52 (15,8%) | 75 (22,8%) | 33 (10,0%) | 65 (19,8%) | 329 |

c) große und kleine Höfe

| Jahr des Besitzwechsels | Übergabe an Anerben | Anerbin | Wiederheirat von Mann | Frau | sonstige/ unbekannt | Summe |
|---|---|---|---|---|---|---|
| 1651–1680 | 1 | 1 | 15 | 2 | 5 | 24 |
| 1681–1710 (Zeilen-%) | 43 (42,6%) | 15 (14,9%) | 15 (14,9%) | 14 (13,9%) | 14 (13,9%) | 101 |
| 1711–1740 (Zeilen-%) | 44 (34,6%) | 15 (11,8%) | 27 (21,3%) | 25 (19,7%) | 16 (12,6%) | 127 |
| 1741–1770 (Zeilen-%) | 55 (31,4%) | 24 (13,7%) | 34 (19,4%) | 33 (18,9%) | 29 (16,6%) | 175 |
| 1771–1800 (Zeilen-%) | 70 (35,9%) | 34 (17,4%) | 39 (20,0%) | 29 (14,9%) | 23 (11,8%) | 195 |
| 1801–1830 (Zeilen-%) | 88 (42,9%) | 24 (11,7%) | 48 (23,4%) | 24 (11,7%) | 21 (10,2%) | 205 |
| 1831–1860 (Zeilen-%) | 69 (44,5%) | 18 (11,6%) | 24 (15,5%) | 24 (15,5%) | 20 (12,9%) | 155 |
| Summe (Zeilen-%) | 370 (37,7%) | 131 (13,3%) | 202 (20,6%) | 151 (15,4%) | 128 (13,0%) | 982 |

Tabelle 6.05: Die Anerben großer und kleiner Höfe nach Geschlecht und Zeit der Hofübernahme

| Jahr des Besitzwechsels | große Höfe | | kleine Höfe | | große und kleine Höfe | |
|---|---|---|---|---|---|---|
| | Sohn erbt | Tochter erbt | Sohn erbt | Tochter erbt | Sohn erbt | Tochter erbt |
| 1681–1710 | 26 (83,9%) | 5 (16,1%) | 2 (66,7%) | 1 (33,3%) | 28 (82,4%) | 6 (17,6%) |
| 1711–1740 | 20 (80,0%) | 5 (20,0%) | 8 (88,9%) | 1 (11,1%) | 28 (82,4%) | 6 (17,6%) |
| 1741–1770 | 20 (87,0%) | 3 (13,0%) | 10 (83,3%) | 2 (16,7%) | 30 (85,7%) | 5 (14,3%) |
| 1771–1800 | 27 (90,0%) | 3 (10,0%) | 12 (80,0%) | 3 (20,0%) | 39 (86,7%) | 6 (13,3%) |
| 1801–1830 | 39 (97,5%) | 1 (2,5%) | 21 (87,5%) | 3 (12,5%) | 60 (93,8%) | 4 (6,3%) |
| 1831–1860 | 30 (93,8%) | 2 (6,3%) | 12 (75,0%) | 4 (25,0%) | 42 (87,5%) | 6 (12,5%) |
| Summe | 162 (89,5%) | 19 (10,5%) | 65 (82,3%) | 14 (17,7%) | 227 (87,3%) | 33 (12,7%) |

Anmerkung: Hier wurden nur die Fälle berücksichtigt, wo aus der Ehe der Eltern mit Sicherheit mindestens ein Sohn *und* mindestens eine Tochter bis zur Heirat des Anerben bzw. der Anerbin überlebte. Der Besitzwechsel wurde in der Regel nach dem Jahr der Heirat datiert.

Berücksichtigen wir nur die Hofübergaben, bei denen der Jüngstgeborene zweifelsfrei unter den Lebenden war, so wurde 84 mal dieser Letztgeborene als Erbe ausgewählt, hingegen 39 mal ein älterer (Tab. 6.06 a); mithin kam auf zwei Fälle der ‚Regelbefolgung' fast eine ‚Ausnahme'. Die Unterscheidung nach großen und kleinen Höfen zeigt jedoch, daß die Gruppe der Kleinbauern dem jüngsten Sohn faktisch überhaupt keinen Vorrang vor den älteren einräumte: sie erkoren öfter einen älteren als den zuletzt geborenen.[29] Anders die Vollbauern: Sie setzten in drei von vier Fällen den Letztgeborenen zum Nachfolger ein.

In juristischer Betrachtungsweise wurde „die Person des Anerben [...] schon durch die Geburt bestimmt", war also „das Anerbrecht [...] unabhängig von dem Willen der Eltern", und erschien eine willkürliche Auswahl des Erben durch die Eltern als „incompatibel" „mit der Natur und dem Wesen des Anerbrechts selbst".[30] Die Praxis ließ hingegen einen gewissen Spielraum für eine abweichende Handhabung.

Wie die Erbfolge zu regeln sei, wenn der jüngstgeborene Sohn zuvor gestorben war, ließ sich der Osnabrückischen „Eigentums-Ordnung" nicht mit völliger Klarheit entnehmen. Gleich zu Beginn des Kapitels „Von Succession der Eigenbehörigen" hob sie beim Prinzip des Jüngsten-Rechts auf die „vorhandenen" Söhne ab.[31] Später sagte sie jedoch ausdrücklich: „Würde aber der jüngste Sohn [...] vor [...] würklicher Betret- und Annehmung des Erbes oder Guts mit Tod abgehen [...], alsdann bleibt es (wie § 2 hoc capite erwähnet) zur freien Verordnung des Gutsherrn gestellet, welche Person er geschickt befindet, das Erbe anzunehmen [...]." § 2 verpflichtete den Gutsherrn, eine solche Entscheidung „mit Zuziehung der Eltern und nächsten Anverwandten" zu treffen, betonte aber, daß unter den „Kindern" in diesem Fall „der nächste von denen jüngern derowegen kein Vorrecht vor denen

---

[29] Das schließt nicht aus, daß zumindest auf einigen kleinen Höfen das Jüngsten-Erbrecht als Regel betrachtet wurde: so in dem unten S. 397 dargestelltem Fall des Markkötters Landwehr in Haltern.

[30] KLÖNTRUP 1802 S. 10, 36, 51. Freilich war Klöntrup sachkundig genug, seine Behauptung darauf einzuschränken, daß man von dem gewohnheitsrechtlichen Ältesten- oder Jüngsten-Erbrecht „wohl nicht füglich ohne besondere Ursachen abgehen könne" (S. 36). – In anderen Gebieten Nordwestdeutschlands konnten hingegen die Eltern den Anerben bestimmen: ACHILLES 1965 S. 55, 58 ff., 65 ff.; BEGEMANN 1990 S. 118 ff.; WITTICH 1896 S. 46 f.; ähnlich z. T. in Südfrankreich: CLAVERIE/LAMAISON 1982 S. 59 ff.

[31] Eigentums-Ordnung (vgl. oben Anm. 10) Kap. 4 § 1: „Wann ein eigenbehöriges Erbe oder Stätte durch den Tod des Coloni, Mannes oder Weibes oder beider oder auch durch Abtretung derselben und Annehmung der Leibzucht zur neuen Besetzung oder sonst eröffnet wird und Söhne vorhanden sind, so kann unter selbigen der jüngste das Erbrecht vor seinen Brüdern und Schwestern prätendieren und soll auch denenselben darunter vorgezogen werden, falls er von dem Gutsherrn dazu tüchtig erachtet wird."

Tabelle 6.06: Übergaben großer und kleiner Höfe an männliche Anerben, nach Beachtung bzw. Nicht-Beachtung des Vorrechts des jüngsten Sohnes

a) Schicksal des jüngstgeborenen Sohnes

| Schicksal des jüngstgeborenen Sohnes | große Höfe | kleine Höfe | Summe |
|---|---|---|---|
| ist Anerbe | 74 | 10 | 84 |
| (Spalten-%) | (55,2%) | (25,6%) | (48,6%) |
| überlebt, aber ein älterer Bruder erbt | 24 | 15 | 39 |
| (Spalten-%) | (17,9%) | (38,5%) | (22,5%) |
| stirbt vor Heirat des Anerben | 25 | 13 | 38 |
| (Spalten-%) | (18,7%) | (33,3%) | (22,0%) |
| unbekannt | 11 | 1 | 12 |
| (Spalten-%) | (8,2%) | (2,6%) | (6,9%) |
| Summe | 134 | 39 | 173 |

andern" habe, „sondern [...] dem Gutsherrn darunter die freie Wahl" bleibe.[32] Daß hier nicht von Söhnen, sondern von „Kindern" gesprochen wurde, könnte so verstanden werden, daß bei vorzeitigem Tod des jüngstgeborenen Sohnes auch das Vorrecht der Söhne vor den Töchtern nicht weiter galt. Dem stand die Formulierung über die weibliche Erbfolge nicht unbedingt entgegen: „In dem Fall, da keine Söhne, sondern nur Töchter vorhanden, hat die jüngste Tochter vor der ältern das Anerbrecht zu prätendieren."[33]

Kein Wunder, daß diese Rechtsfragen Anlaß zu kontroverser Diskussion unter den Juristen des Fürstbistums gaben. Johann Ägidius Klöntrup freilich schien die Meinung, „das dem jüngsten Sohne [...] zustehende Vorrecht erstreckte sich nur auf den jüngst*gebornen* Sohn, so daß, wenn dieser stürbe, derjenige, welcher alsdann der jüngste wäre, kein weiteres Vorrecht hätte", „etwas singulair zu sein". Das abschließende und stärkste Gegenargument des praktischen Advokaten und gelehrten Schriftstellers der regionalen bäuerlichen Rechte lautete: „Auch ist die Observanz dagegen."[34]

---

[32] Ebd. Kap. 4 §§ 2, 5.
[33] Ebd. Kap. 4 § 5.
[34] KLÖNTRUP 1798–1800 Bd. 1 S. 334 s. v. ‚Erbfolge', Hervorhebung von Klöntrup. – Zu ihm RUNGE 1898, die Einleitung in ROSEMANN-KLÖNTRUP 1982–1984 und insbesondere NIEBAUM 1985 mit der älteren Literatur.

b) Hofübergaben, bei denen der jüngstgeborene Sohn nicht mehr lebte

| welcher Sohn erbt? | große Höfe | kleine Höfe | Summe |
|---|---|---|---|
| der jüngste noch lebende[1] | 21 | 6 | 27 |
| (Spalten-%) | (84,0%) | (46,2%) | (71,1%) |
| ein älterer | 4 | 7 | 11 |
| (Spalten-%) | (16,0%) | (53,8%) | (28,9%) |
| Summe | 25 | 13 | 38 |

[1] Söhne mit unbekanntem Schicksal wurden bei Ermittlung des jüngsten noch lebenden Sohnes nicht berücksichtigt.

c) Übergaben großer Höfe nach Beachtung bzw. Nicht-Beachtung des Vorrechts des jüngsten *noch lebenden* Sohnes

| Jahr des Besitzwechsels | Vorrecht wird | | der jüngstgeborene Sohn hat unbekanntes Schicksal |
|---|---|---|---|
| | beachtet[1] | nicht beachtet | |
| 1681–1710 | 9 | 4 | 1 |
| (Zeilen-%) | (64,3%) | (28,6%) | (7,1%) |
| 1711–1740 | 10 | 2 | 3 |
| (Zeilen-%) | (66,7%) | (13,3%) | (20,0%) |
| 1741–1770 | 10 | 5 | 3 |
| (Zeilen-%) | (55,6%) | (27,8%) | (16,7%) |
| 1771–1800 | 13 | 9 | 2 |
| (Zeilen-%) | (54,2%) | (37,5%) | (8,3%) |
| 1801–1830 | 30 | 4 | 2 |
| (Zeilen-%) | (83,3%) | (11,1%) | (5,6%) |
| 1831–1860 | 23 | 4 | – |
| (Zeilen-%) | (85,2%) | (14,8%) | |
| Summe | 95 | 28 | 11 |
| (Zeilen-%) | (70,9%) | (20,9%) | (8,2%) |

[1] D.h.: Der jüngstgeborene Sohn erbt bzw., wenn dieser verstorben ist, der jüngste, von dem sicher bekannt ist, daß er noch lebt.

Anmerkung: In diesen drei Tabellen wurden nur die Fälle berücksichtigt, wo aus der Ehe der Eltern mit Sicherheit mindestens zwei Söhne bis zur Hofübergabe überlebten. Die Hofübergabe wurde in der Regel nach der Heirat des Anerben datiert.

Was die Chancen der Töchter bei vorzeitigem Tod des letztgeborenen Sohnes angeht, so sprach die ‚Observanz' im Kirchspiel Belm in der Tat mit auffälliger Eindeutigkeit. 63 Familien finden sich, in denen der jüngste verstorben war, aber mindestens ein Sohn und eine Tochter lebten; dabei kam nur fünfmal die Tochter zum Zuge. Groß- und Kleinbauern blieben mit gleicher Entschiedenheit beim Vorrang der männlichen Nachfolge, auch wenn der Tod ihnen den jüngstgeborenen Sohn genommen hatte.[35]

Ob der nächstjüngste oder ein älterer Sohn in einem solchen Falle den Hof bekam, scheint im Vergleich dazu nicht so klar festgelegt; immerhin hatte der jüngste unter den überlebenden die besseren Aussichten (Tab. 6.06b). Auf den großen Höfen, so zeigt die differenzierte Betrachtung, galt das in der großen Mehrzahl der Fälle; bei der Gruppe der Kleinbauern hingegen ist keinerlei Präferenz dieser Art erkennbar.

Als Erklärung für die Ausnahmen, in denen selbst bei Vollbauern *nicht* der nächstjüngste in die Position des Anerben nachrückte, bietet sich die Überlegung an, daß dieser bereits anderweitig plaziert sein mochte, wenn der letztgeborene nicht als Kind, sondern erst als junger Mann starb. Für die hier ermittelten vier Fälle trifft dies jedoch nicht zu. In drei Familien war der jüngste bereits als Säugling gestorben. Bei der vierten, dem Vollerben Holtgreve in Darum, verschied der jüngste, Fritz mit Namen, 1855 im Alter von 24 Jahren; doch damals war der zweitjüngste Sohn Henrich noch ledig, erst im Mai 1857 heiratete er in den Erbkotten Hagebusch ein; Holtgreves Vollerbe hingegen übernahm der ältere Eberhard, der im Juli 1858 die Ehe schloß. Die Volkszählungsliste von 1852 zeigt, daß hier die Entscheidung über den Anerben schon vor dem Tod des Jüngsten gefallen war. Im November 1852 war nämlich die Mutter Holtgreve gestorben, ihr Mann war 1844 vorangegangen, ohne daß sie wiedergeheiratet hatte. Im Zensus vom Dezember 1852 figurierte bereits Eberhard, der älteste von den drei noch unverheirateten Holtgreve-Brüdern, als „Colon"; seine beiden jüngeren Brüder Henrich und Fritz lebten bei ihm im Hause. Hier scheint also der Tod der Mutter dazu geführt zu haben, daß nicht der letztgeborene Fritz, der damals erst 21 Jahre zählte, auch nicht der 24jährige Henrich, sondern der 31 Jahre alte Eberhard den Hof übernahm. Die beiden ältesten Brüder standen nicht mehr zur Verfügung, da sie bereits 1835 bzw. 1847 geheiratet hatten, der eine in das Meikinghaus-Vollerbe, der andere ohne Landbesitz als Heuerling.

In der Regel jedoch begünstigten die Vollbauern den jeweils jüngsten lebenden Sohn als Nachfolger. Das galt in allen Perioden, obwohl sich

---

[35] Unter diesen Fällen waren 40 Großbauern, davon erbten 3 Töchter; außerdem 23 Kleinbauern, davon erbten 2 Töchter.

gewisse Veränderungen im Zeitverlauf abzeichnen (Tab. 6.06 c). Interessanterweise ging auch hier im 19. Jahrhundert, der Periode der Agrarreformen, der Trend nicht zu einer Lockerung der Gebräuche. Eher erscheint das späte 18. Jahrhundert als eine Zeit größerer Flexibilität; davor und danach war die Zahl der Ausnahmen geringer.

In den Fällen, wo der letztgeborene Sohn starb, finden wir also eine Praxis der Erbfolge, die mehr Regelmäßigkeit zeigt, als die vom Landesherrn erlassene „Eigentums-Ordnung" erwarten läßt: Gleichgültig ob der jüngstgeborene starb oder überlebte, die Söhne genossen auf großen und kleinen Höfen den Vorrang vor den Töchtern. Was die Verteilung der Chancen zwischen dem jüngsten und den älteren Söhnen betrifft, so war sie ebenfalls unabhängig von Tod oder Leben des zuletzt geborenen; die Großbauern zogen den *jeweils* jüngsten vor, die Kleinbauern scheinen sich in dieser Frage ohnehin nicht festgelegt zu haben.

Wenn in dieser Hinsicht die Praxis konsequenter war als die Regeln des Rechts, so gibt das Grund zu der Frage, ob die Entscheidungen, die auf der aggregativen Ebene – der Gesamtheit aller Höfe, der Gruppe der großen oder der kleinen Bauern – als Abweichungen von der allgemeinen Regel erscheinen, in Wirklichkeit vielleicht Ausdruck einer speziellen Regel einzelner Höfe sind. Gab es bestimmte Höfe, die konsequent eine von dem vorherrschenden Muster abweichende Erbfolge praktizierten, indem sie z.B. regelmäßig den ältesten Sohn vorzogen? In der lokalen Überlieferung findet sich diese These.[36]

Betrachten wir jeden Hof gesondert und verfolgen alle rekonstruierbaren Übergaben an eine neue Generation (Tab. 6.07), so ergeben sich in der Tat Anhaltspunkte dafür, daß solche abweichenden Hof-Traditionen existierten und über Generationen durchgehalten wurden, insbesondere bei einigen Markkotten. Bei Espo in Icker trat 1703[37] Johann Baltz Espo die Nachfolge auf der elterlichen Stelle an; er war der älteste von drei überlebenden Brüdern. Seine Frau schenkte ihm zwar außer drei Töchtern auch drei Söhne, doch starben zwei davon vorzeitig, so daß 1734 der einzig überlebende Sohn die Stätte erhielt. In dieser Generation wurden zwei Töchter und vier Söhne geboren, von denen einer früh abschied. Aus der Geschwisterreihe übernahm 1777 wiederum der älteste, Johann Ewerd mit Namen, den Markkotten. 1814 trat dann seine Tochter die Nachfolge an, denn der einzige Sohn war

---

[36] VINCKE 1928 S. 39f., gestützt auf ein Beispiel aus der Bauerschaft Gretesch, aus der er stammte.

[37] Der überwiegenden Praxis entsprechend (s. unten S. 444ff.), wird jeweils das Heiratsjahr des Anerben als Termin der Hofübergabe betrachtet, wenn keine Hinweise auf eine abweichende Terminierung vorliegen.

Tabelle 6.07: Große und kleine Höfe nach Bevorzugung des jüngsten oder des ältesten Sohnes als Anerben

|  | große Höfe | kleine Höfe | insgesamt |
|---|---|---|---|
| Höfe, auf denen stets der jüngste überlebende Sohn erbte[1] | 18 | 2 | 20 |
| Höfe, auf denen stets ein älterer Sohn erbte[2] | 1 | 3 | 4 |
| Höfe, auf denen beides vorkam | 14 | 3 | 17 |
| Summe | 33 | 8 | 41 |

[1] D.h.: Der jüngstgeborene Sohn erbte bzw., wenn dieser verstorben war, der jüngste, von dem sicher bekannt ist, daß er noch lebte.
[2] In allen diesen Fällen erbte der *älteste* überlebende Sohn.
Anmerkung: Hier wurden nur die Höfe berücksichtigt, für die mindestens zwei Übergaben an männliche Anerben nachzuweisen sind, bei welchen jeweils mindestens zwei Söhne überlebten.

gestorben. – Auch die Markkötterei Krämer in Haltern fiel 1756 an den älteren von zwei Brüdern, 1824 an den ältesten von dreien. Pimpes Markkotten in Powe erbte 1704 und 1776 jeweils der ältere von zwei vorhandenen Brüdern. Für diese drei Stätten ist während unserer Untersuchungsperiode kein Erbfall zu belegen, bei dem mehrere Söhne lebten und der jüngste von ihnen Besitzer wurde.

Das gilt auch von einem der großen Höfe, Niederrielage in Powe. 1779 trat hier Johann Joist als ältester von vier Brüdern die Nachfolge seiner Eltern an. Seine Frau gebar ihm nach drei Töchtern einen Sohn, und so fiel der Hof an diesen, als er 1812 heiratete. Diese Ehe war mit sechs Töchtern und zehn Söhnen gesegnet, von denen zwei Töchter und sieben Söhne das Kindesalter überstanden. Anerbe wurde der erstgeborene Johann Heinrich. Die Hofübergabe von 1742 wirft allerdings Zweifel auf, ob das Majorat bei Niederrielage ganz fest verankert war. Damals waren aus einer Geschwisterreihe von acht die beiden männlichen im Jünglingsalter verstorben; von den sechs Schwestern aber wurde Anerbin die jüngste, Anna Gertrud.

Diesen vier Höfen, bei denen die Vererbungspraxis mehr oder weniger klar auf ein Majorat deutet, stehen zwanzig Stätten gegenüber, bei denen in allen rekonstruierbaren Generationswechseln der jüngste Sohn zum Zuge kam (Tab. 6.07). Eine davon war Lückemeyers Vollerbe in Haltern: 1724 trat Johann Adam als jüngerer von zwei Brüdern den Besitz an. Er hatte sieben Kinder, darunter zwei Söhne. Da der ältere früh starb, fiel der Hof 1760 an den jüngeren, der wie der Vater Johann Adam hieß. Seiner Ehe entsprangen neben einer Tochter sechs Söhne, von denen mindestens vier das Erwachsenenalter erreichten. Anerbe wurde 1807 Johann Friederich, der jüngste. Auch seine Frau gebar sieben Kinder; von den fünf Söhnen starben zwei, dies waren die beiden letztgeborenen aus der Geschwisterschar. Das nächstjüngste Kind war eine Tochter; also ging der Hof 1848 an Johann Heinrich, das vierte Kind, der nunmehr der jüngste unter den Söhnen war. – Auch zwei Markköttereien hingen offenbar dem Minorat an, nämlich Kiwitt und Christopher in Haltern.

Wenn demnach bei 24 Höfen des Kirchspiels alle während des Untersuchungszeitraums feststellbaren einschlägigen Besitzwechsel dafür sprechen, daß eine über die Generationen unveränderte hofspezifische Erbsitte bestand – meist Minorat, in einigen Fällen Majorat –, so stehen auf der anderen Seite 17 bäuerliche Anwesen, für die mit Sicherheit ein Schwanken zwischen Übergabe an den jüngsten und Übergabe an einen anderen Sohn nachzuweisen ist (Tab. 6.07). Zu ihnen gehört Klutes Vollerbe in Wellingen. 1707 und 1748 hatte jeweils der jüngstgeborene der Söhne geerbt; 1785 hingegen erhielt Johann Wilhelm Klute als mittlerer von fünf noch lebenden Söhnen den Hof; 1819 und 1853 fiel die Wahl wiederum auf den letztgeborenen. Ähnlich verhielt es sich beim Vollerben Biermann in Powe, wo 1703 und 1825 der jüngste, 1779 aber der älteste die Nachfolge antrat.[38] Auch drei kleinere Stellen zeigen die Flexibilität des Erb-Gebrauchs: die Markkotten Fänger in Icker und Voßkuhle in Lüstringen, außerdem der Erbkotten Schnieder in Wellingen. 1791 hatte dort Hermann Henrich Schnieder als ältester Sohn seines Vorgängers die Stätte bekommen; der Zensus von 1812 zeigt allerdings die ungewöhnliche Regelung, daß Hermann Henrich, der Anerbe von 1791, als Heuermann mit seiner Familie in das Backhaus der Schniederschen Stätte gezogen war, während sein jüngerer Bruder Gerd Wennemar – er hatte nur den einen – als Colon figurierte. 1815 wurde jedoch Hermann Henrichs ältester Sohn Johann Heinrich zum Anerben.[39] Ihm folgte 1840 sein jüngstgeborener Sohn Carl Heinrich.

Es gibt gute Argumente für die Vermutung, daß über die siebzehn Stätten, für die wir es erweisen konnten (Tab. 6.07), hinaus ein erheblicher Teil der Höfe nicht unbedingt auf das Minorat oder Majorat festgelegt waren. Denn nur für eine Minderheit der bäuerlichen Stellen sind während der beiden untersuchten Jahrhunderte auch nur zwei Übergaben an männliche Anerben zu ermitteln, bei denen mindestens noch ein Bruder lebte. Nicht so selten war der Anerbe als einziger Sohn übriggeblieben, in anderen Fällen gab es nur weibliche Nachkommen; und vielfach wurden Höfe durch Wiederheirat weitergegeben: All diese Arten von Besitzwechsel konnten hier nicht einbe-

---

[38] Dazu s. unten S. 396.
[39] Er war 1812 im Gesindedienst, s. oben in Kap. 5.4.

zogen werden. Unter den Höfen aber, welche in diese Auswertung eingingen (Tab. 6.07), weisen viele während der beiden Jahrhunderte lediglich zwei Generationswechsel mit mehreren überlebenden Söhnen auf; das ist gewiß noch keine zuverlässige Basis für die Behauptung einer unveränderlichen Erbsitte der betreffenden Stätte.

Auch auf der Ebene der einzelnen Höfe, so müssen wir folgern, gab es vielfach keine unbedingt befolgte Regel, nach der die Wahl des rechten Erben ausnahmslos vorbestimmt war. Das Vorrecht des letztgeborenen, das auf den Vollhöfen prinzipiell anerkannt wurde, ließ vielmehr für die Entscheidung des Einzelfalls einen gewissen Spielraum, der es ermöglichte, auf die spezifische personelle, familiale und ökonomische Konstellation Rücksicht zu nehmen.

Auch das gesetzte Recht sah vor, daß aus mehr oder weniger scharf bestimmten Ursachen von dem Vorrang des Jüngstgeborenen abgewichen werden konnte. Gleich bei der Formulierung des Grundsatzes, daß der jüngste Sohn „das Erbrecht vor seinen Brüdern und Schwestern prätendieren [könne] und [...] auch denenselben darunter vorgezogen werden" solle, machte die Osnabrückische Eigentums-Ordnung den Vorbehalt: „falls er von dem Gutsherrn dazu tüchtig erachtet wird".[40] Welche Anforderungen der Begriff der ‚Tüchtigkeit' umschloß, wurde folgendermaßen definiert: „Der oder diejenige Mannspersonen sind vor untüchtig oder ungeschickt zu halten, einem Erbe vorzustehen, welche lahm oder gebrechlich, folglich die Arbeit, welche einem Eigenbehörigen zu tuen gebühret, als den Ackerbau bestellen, pflügen, mähen, dreschen, Holz hauen und übrige häusliche Arbeit zu verrichten, nicht im Stand, wie auch sonsten die nicht guten Gerüchts sind und dergleichen." Traf das auf den jüngsten Sohn zu, so sprach die Eigentums-Ordnung dem Gutsherrn das Recht zu, „mit Zuziehung der Eltern und nächsten Anverwandten" den Erben auszuwählen, ohne daß der nächstjüngste ein Vorrecht vor den anderen Kindern haben sollte.[41]

Unsere Quellen sprechen nur in Ausnahmefällen über die Motive der Entscheidungen, meist kennen wir nur die Ergebnisse der Erbregelungen. Als Indiz mag in etwa taugen, ob übergangene jüngste Söhne selbst heirateten oder nicht; denn ein sehr gebrechlicher junger Mann wird in dieser ländlichen Gesellschaft – die von Bauern und Heuerleuten schwere körperliche Arbeit erwartete – nur geringe Chancen gehabt haben, eine Frau zu finden und eine Familie zu gründen. Von den 28 jüngsten Söhnen von Großbauern, die nicht den elterlichen Hof bekamen (Tab. 6.06 c), gingen immerhin 20 eine Ehe ein; für die Mehrzahl ergibt sich also hier kein

---

[40] Siehe oben Anm. 31.
[41] Eigentums-Ordnung (vgl. oben Anm. 10) Kap. 4 §§ 2, 3.

Anhaltspunkt, daß sie wegen Untüchtigkeit von der Erbfolge ausgeschlossen wurden. Mit Sicherheit kann das für die vier verneint werden, die in einen anderen Hof einheirateten: Sie würden sonst dort nicht akzeptiert worden sein. Von vier anderen wissen wir, daß weder sie noch ihre Bräute Landbesitz in die Ehe einbrachten, daß sie mithin Heuerleute wurden.

Wenn die Ursachen für die Abweichung vom Normalfall des Minorats nicht in der Person des jüngsten Sohnes lagen, werden sie meist in der familialen Konstellation zu suchen sein. Denkbar wäre z. B., daß in manchen Fällen dem jüngsten eine Gelegenheit zur Heirat in einen anderen Hof geboten wurde, die dieser annahm, so daß ein älterer Bruder auf dem elterlichen Hof nachfolgen konnte. Es gibt jedoch nur eine Übergabe, die tatsächlich so erklärt werden kann: Dem Halberben Negengerd in Vehrte war sein letzter Sohn 1805 im Alter von nur neun Tagen gestorben. Der nächstjüngste, Johann Gerhard, geboren 1792, vermählte sich 1818 mit der Witwe des Halberben Rotert in Icker und zog als Interimswirt auf diesen Hof. So konnte der eineinhalb Jahre ältere Hermann Heinrich 1826 den Stammhof übernehmen. – Alle anderen jüngsten Söhne von Großbauern, die nicht den Hof der Eltern erhielten, heirateten erst, nachdem dieser an ihren älteren Bruder übergeben war. Und nur einmal lagen diese Termine nahe beieinander: Diederich Wennemar Bröermann, mittlerer von drei Brüdern, heiratete am 23. Oktober 1786 im Alter von 24 Jahren als Anerbe des Halterner Vollhofs; zehn Tage später, am 2. November, schloß sein um drei Jahre jüngerer Bruder Gerd Henrich die Ehe – jedoch ohne Landbesitz; er wurde Heuermann: Diese Aussicht wird ihn nicht zu einem Verzicht auf den – in diesem Fall von der Mutter kommenden – Stammhof bewogen haben. In allen anderen Fällen heiratete der übergangene jüngste erst mehrere Jahre, nachdem der ältere Bruder die Stätte angetreten hatte, nicht selten lag ein volles Jahrzehnt dazwischen.

Ein weiterer Grund, aus dem die ‚Eigentumsordnung' dem Grundherrn das Recht zusprach, „mit Zuziehung der Eltern und nächsten Anverwandten" die „freie Wahl" des künftigen Colonen unter den Kindern zu treffen, war der, „daß der Anerbe wegen seiner Jugend [...] dem Erbe oder dem Gut der Gebühr vorzustehen nicht tüchtig befunden würde".[42] Eine solche Situation konnte insbesondere eintreten, wenn beide Eltern gestorben waren, ohne daß der längerlebende Teil durch Wiederheirat für einen Interimswirt gesorgt hatte. Genau dies trug sich im November 1852 auf Holtgreves Vollerbe zu, als der älteste der drei noch ledigen Söhne die Stelle übernahm.[43] Vier weitere Fälle, in denen auf großen Höfen der jüngste Sohn nicht zum

---

[42] Eigentums-Ordnung (vgl. oben Anm. 10) Kap. 4 § 2.
[43] Siehe oben S. 390.

Nachfolger wurde, mögen ebenso erklärt werden, z. B. die 1779 auf Biermanns Vollerbe in Powe getroffene Regelung. Am 31. März 1779 starb dort der Colon, nachdem seine Frau ihm 1776 vorangegangen war. Anerbe wurde Franz Henrich, mit 24 Jahren der älteste der vier überlebenden Söhne – vier waren bereits verblichen; und er säumte nicht länger als ein halbes Jahr, eine Frau auf den Hof zu bringen. Zwei von seinen jüngeren Brüdern konnten später in den Besitz einer Bauernstelle kommen: der eine ging im Juni 1798 als Interimswirt auf das Halberbe des Meyers zu Powe, wo er als 29jähriger die sechzehn Jahre ältere Witwe heiratete; der jüngste ehelichte im Oktober desselben Jahres im Alter von 26 Jahren die 18jährige Anerbin von Middendarps Vollerbe in Icker. Möglicherweise kam ihm dabei zustatten, daß nach der ‚Eigentums-Ordnung‘ dem jüngsten Sohn, wenn er „wegen seiner Jugend oder sonst" in der Erbfolge übergangen wurde, neben der normalen Abfindung „wegen seines Abstandes alsobald eine absonderliche Erkenntnis ausgelobet werden" sollte[44]: Er wird mit einer größeren Mitgift ausgestattet gewesen sein als der mittlere Bruder.

Aus den Akten der Grundherren wissen wir in einzelnen Fällen, daß eine spezielle Entschädigung für den Verzicht auf das Anerbrecht in der Tat vereinbart wurde. Nachdem 1762 der Halberbe Tiemann in Wellingen und ein Jahr später seine Witwe gestorben waren, erschienen im September 1766 die drei „nächsten Anverwandten" des seligen Colons vor dem zuständigen Mitglied des Domkapitals, dem der Hof eigenbehörig war. Sie zeigten an, „daß der Anerbe von Thiemans Stätte Johan Evert Thieman erst 13 Jahre alt seie [in Wirklichkeit hatte er das 14. Lebensjahr vollendet] und die Stätte in 12 Jahren noch nicht annehmen könnte, die Stätte hingegen, dieweilen beide Eltern verstorben, hinwieder besetzet werden müßte; so hat obiger Johan Evert Thieman seinem Bruder Gerdt Henrich Thieman in Gegenwart vorgen. dreier Männer die Thiemans Stätte freiwillig und ohngezwungen abgestanden, jedoch mit dem Vorbehalt, daß ihme von der Stätte 1½ Scheffelsaat Landes im Kleefeld auf den Brehen, solange er ledigen Standes oder nicht auf einer eigenen Stätte kommen würde, gutsherrlich zuerkannt werden möge." Der jüngere Bruder wurde also gegen einen Abstieg in die völlige Landlosigkeit gesichert; dabei griff man zu dem sonst ganz ungewöhnlichen Mittel, ein kleines Grundstück – möglicherweise sogar auf Dauer – von dem Stammhof zu entfremden. Der Gutsherr genehmigte den Vorschlag in allen Teilen und bewilligte dem 22jährigen Gerdt Henrich Thieman und seiner Braut die „Auffahrt" auf das Halberbe – natürlich gegen Zahlung der Besitzwechsel-Abgabe.[45] Trotzdem ist es dann nicht zur Abspaltung des Land-

---

[44] Eigentums-Ordnung (vgl. oben Anm. 10) Kap. 4 § 2.
[45] StA OS Rep. 560 III Nr. 701.

stückes vom Hof gekommen. Denn der jüngere Bruder starb im April 1767, fünf Monate nach der Hochzeit des neuen Hofinhabers. – Das Doppelte eines normalen Brautschatzes mußte im Jahr 1815 der 26jährige Johann Casper Landwehr seinem jüngsten Bruder Gerhard Heinrich, dem „gesetzmäßigen Anerben", „zur Entschädigung [...] für das verlorene Anerbrecht" versprechen. Erst daraufhin akzeptierte der Grundherr, daß der 70jährige Markkötter Landwehr in Haltern die Stätte „seinem älteren Sohn Johann Casper mit Vorbeigehung des erst zehnjährigen jüngeren Sohnes und Anerben [...] überlassen möge"; denn der Alte fühlte „sich wegen zunehmender Altersschwäche nicht mehr im Stande [...], dem Colonate länger vorzustehen."[46] Nachdem dann der jüngere volljährig geworden war, schlossen die Brüder im Januar 1829 einen Vergleich, in dem der Markkötter Johann Casper Landwehr seinem Bruder Gerhard Heinrich 300 Taler und einen Brautwagen für den Verzicht auf das Anerbrecht zusagte.[47] Diesmal äußerte die Grundherrschaft zunächst das Bedenken, die Summe sei für eine Markkötterei zu hoch; doch wurde es mit dem Hinweis überwunden, daß dies „eine der besten Köttereien im Kirchspiele Belm" sei.[48] So zahlte Johann Casper den jüngeren, der im November 1830 als Heuerling heiratete, bis September 1831 vollständig aus, mußte sich freilich dafür anderweitig verschulden.[49]

---

[46] StA OS Rep. 550 II Nr. 78: Ein entsprechendes Protokoll mußte Johann Casper Landwehr vor dem Beauftragten des Grundherrn unterzeichnen, bevor er im Februar 1815 mit seiner Braut zur „Auffahrt" auf den Markkotten zugelassen wurde. Dabei wurde nicht nur festgehalten, daß Johann Casper Landwehr „erbötig" sei, seinem Bruder „bei erlangter Großjährigkeit den doppelten Teil eines abgehenden Kindes als Brautschatz auszukehren"; außerdem mußte er sich verpflichten, „bei allen Reklamationen, welche sein Bruder in der Folge etwan machen mögte, die Gutsherrschaft keineswegs in Anspruch zu nehmen, sondern solche auf eigene Gefahr und Kosten mit seinem Bruder auszumachen." Offenbar wegen dieser Unwägbarkeiten führte Johann Casper Landwehr eine detaillierte Rechnung über Aktiva und Passiva des Markkottens, bis er sich 1829 mit seinem jüngeren Bruder über dessen Brautschatz einigte: URKUNDE LANDWEHR 1980; vgl. oben S. 265 Anm. 105 und S. 320 f. – Grundherr des Markkottens war ursprünglich das Domkapitel, an dessen Stelle 1815 die General-Interims-Administrationskommission der säkularisierten geistlichen Güter getreten war. Später wurden die grundherrlichen Rechte im Namen des Landesherrn von der Landdrostei bzw. dem Amt wahrgenommen.
[47] In einer Zusatz-Vereinbarung, die die Brüder nicht vor dem Amt bzw. Notar abschlossen, jedoch am selben Tag schriftlich festhielten, regelten sie sogar, wieviel jeder von ihnen zu dem Bettzeug für Gerhard Heinrich Landwehr beitragen sollte: HOFARCHIV LANDWEHR, HALTERN.
[48] StA OS Rep. 350 Osn. Nr. 3044. – Für 1815 schilderte hingegen die Aufstellung des Johann Casper Landwehr den Zustand des Hofes in den düstersten Farben, s. oben S. 320 f.
[49] HOFARCHIV LANDWEHR, HALTERN: Protokoll des Amts Osnabrück vom 8.9.1831; Schuldurkunde vom 25.9.1831. – In der folgenden Generation erbte dann doch die Tochter des auf sein Anerbrecht verzichtenden Gerhard Heinrich Landwehr den Markkotten, weil Johann Caspers Ehe kinderlos blieb: s. unten S. 407.

Es war freilich keineswegs der normale Gang der Dinge, daß nach dem Tod beider Eltern oder gar bei Gebrechlichkeit des Vaters der Hof sogleich an den ältesten der Söhne überging. Häufig hatte der überlebende Elternteil inzwischen wiedergeheiratet, so daß nun der Stiefvater oder die Stiefmutter die Wirtschaft bis zur Volljährigkeit des Anerben weiterführen konnte, sei es allein, sei es mit einem neuen Gatten. – Auch wo es nicht zu einer Wiederheirat gekommen war, ging die Stätte in der Mehrzahl der Fälle an den jüngsten Sohn.[50] Oft war dieser bereits alt genug. So um das Jahr 1780 auf Lübbersmanns Vollerbe in Icker: Dort war 1776 der Colon gestorben; seine Witwe, 59 Jahre alt, leitete nun den Betrieb, vermutlich bereits mit Unterstützung ihres jüngsten Sohnes Johann Gerhard, der damals 22 Jahre zählte. Nachdem auch sie im März 1781 dahingegangen war, entschloß Johann Gerhard sich im Oktober des folgenden Jahres, nunmehr 28 Jahre alt, zur Hochzeit.

In einzelnen Fällen scheint der Verlust beider Eltern den Anerben bewogen zu haben, ungewöhnlich früh in den Ehestand zu treten; dies fällt um so mehr ins Auge, als die Großbauern – im Unterschied zu ihren Frauen – durchschnittlich besonders spät heirateten.[51] Dieser Fall trat bei Lübbersmann in der folgenden Generation ein. Johann Gerhards Frau war 1811 verschieden, er folgte ihr im März 1815. Ihr letztgeborener Sohn war bereits tot, der nächstjüngste Franz Heinrich noch keine 18 Jahre alt; im Oktober desselben Jahres trat er vor den Traualtar und nahm sein Anerbenrecht wahr. Sein neun Jahre älterer Bruder Johann Henrich heiratete acht Monate nach ihm die Witwe auf Besselmanns Vollerbe. – Christopher Voß, der nach dem Tod des Vaters im Jahre 1813 und der Mutter im Februar 1817 als jüngster von vier Brüdern zurückblieb, heiratete im Oktober des folgenden Jahres, 17 Jahre jung, und übernahm das Vollerbe in Gretesch. – Ebenfalls als 17 jähriger hatte der jüngste Sohn und Anerbe 1765 bei Hackmann in Vehrte Hochzeit gefeiert, eine Woche vor Vollendung des 18. Lebensjahres 1782 Johann Caspar Glüsenkamp in Gretesch, ebenfalls als jüngster Sohn und Anerbe; beide waren zu dieser Zeit Vollwaisen und hatten auch keine Stiefeltern.

Von den Rechtsgelehrten der Region wurde durchaus bestritten, daß „die bloße Jugend des Anerben" ein hinreichender Grund sei, ihn von der Erb-

---

[50] Unter den Fällen, wo ein großer Hof an einen Anerben übergeben wurde, der mindestens noch einen Bruder hatte, finden sich 28, bei denen zum Zeitpunkt der Heirat des Anerben seine beiden leiblichen Eltern tot waren. In 12 dieser Fälle hatte der überlebende Elternteil inzwischen wiedergeheiratet. Unter den übrigen 16 Fällen waren 11, in denen der jüngste Sohn den Hof bekam, und 5, wo ein älterer Erbe wurde.

[51] Vgl. oben Kap. 3.2.

folge auszuschließen. Johann Ägidius Klöntrup argumentierte zusammen mit anderen Experten, daß „die gar zu große Jugend [...] bei der Wiederbesetzung der Stätte dem Anerben nur dann [schade], wenn Schulden oder anderer Ursachen halber dessen Großjährigkeit nicht erwartet werden kann"; „denn die bloße Jugend des Anerben macht denselben zur Erhaltung der Stätte an sich nicht untüchtig, sondern gibt den Gutsherrn bloß das Recht, durch eine Interimsbesetzung über die Stätte bis zur Großjährigkeit des Anerben zu disponieren."[52] Das konnte durch Verpachtung oder vorübergehende Einsetzung eines Verwandten geschehen.

In der Tat finden wir verschiedentlich solche Zwischenlösungen auf ‚verwaisten' Höfen. Nicht selten übernahmen ältere Brüder oder Schwestern und Schwäger einstweilen die Leitung – normalerweise wohl unter der Bedingung, daß der interimistische Wirt „die jüngern Kinder ernährt, die Lasten der Stätte trägt und sie dann dem Anerben bei dessen Großjährigkeit, so wie er sie empfangen, wieder einräumt."[53] In Belm begab sich in einer solchen Konstellation der eigentliche Anerbe eher in den Gesindedienst, um erst zur Heirat und Hofübernahme zurückzukehren.[54] Schwester und Schwager traten 1763 auf Sundermanns Vollerbe in Gretesch ein, nachdem 1761 der Colon Johann Christoph Sundermann und knapp zwei Jahre später seine Witwe gestorben waren. In diesem Augenblick war Clara Elisabeth, geboren 1735, das älteste noch lebende Kind; im Februar 1762 hatte sie Caspar Adam Herbert geheiratet; ihre drei Brüder waren beim Tod der Mutter 19, 16 bzw. 8 Jahre alt. So verwalteten Clara Elisabeth und Caspar Adam neun Jahre lang den Hof; als dessen Inhaber wurde Caspar Adam nun „Sundermann, geborener Herbert," genannt – etwa bei der Taufe seiner Kinder. Bereits 1764 hatte Johann Henrich, der mittlere der drei Brüder, im Alter von 18 Jahren die Ehe geschlossen, jedoch ohne den elterlichen Hof zu erhalten. Am 13. Februar 1772 heiratete dann Christopher, der älteste der Brüder, nun 28 Jahre alt; er wurde der neue Vollerbe Sundermann. Als solchen verzeichnete ihn wenige Tage nach der Hochzeit die Volkszählungsliste von 1772. Caspar Adam und Clara Elisabeth waren auf dem Hof geblieben, jedoch in einen der Kotten gezogen, als dessen Bewohner der Zensus sie neben einem anderen Haushalt registrierte, freilich unter dem Namen Sundermann und mit der Berufsangabe („Bedienung, Gewerbe oder Hantierung") „Bauer", die sonst den Hofbesitzern vorbehalten war. Noch

---

[52] KLÖNTRUP 1798–1800 Bd. 1 S. 62 f. s. v. ‚Anerbe'; vgl. Bd. 2 S. 211–216 s. v. ‚Interims-Wirtschaft'.
[53] KLÖNTRUP 1798–1800 Bd. 3 S. 361 s. v. ‚Anerbe' (Zusätze).
[54] Siehe oben S. 345 ff.; zu einem weiteren Fall interimistischer Betriebsführung durch einen älteren Bruder des Anerben s. unten S. 437.

bei seinem Tod im Jahre 1816 trug der Pfarrer den Zwischenwirt Johann Caspar unter dem Namen Sundermann, geborener Herbert, ins Kirchenbuch ein. Johann Jürgen Sundermann, der jüngste der drei Brüder, der bei dieser Erbregelung nicht zum Zuge kam, heiratete 1781.

Gelegentlich kam es auch vor, daß nach dem frühen Tod von Colon und Colonin die Altenteiler ‚reaktiviert' wurden und den Hof verwalteten, bis der Anerbe ihn antreten konnte.[55] So geschah es, nachdem im April 1773 der Vollerbe Claus Henrich Eistrup in Powe seiner ein Jahr zuvor verstorbenen Frau gefolgt war; der einzige Sohn zählte zwölf, die drei Töchter acht, sechs und drei Jahre. Auf dem Hof lebte aber noch der 79jährige Excolon Johann Jürgen Eistrup, geborener Meyer zu Weghorst. 1729 war er in interimistischer Funktion auf die Stätte gekommen, als der Vater des 1773 entschlafenen Claus Henrich gestorben war und er die Witwe ehelichte; nach deren Tod hatte er wieder geheiratet, war 1750 bei Claus Henrichs Hochzeit aufs Altenteil gegangen und hatte 1768 seine zweite Frau verloren. Nun übernahm er aufs neue die Leitung. Dabei konnte und wollte er nicht auf weibliche Unterstützung verzichten, so schritt er im Juli 1774 als 80jähriger zur dritten Ehe. Im November 1776 rief der Tod den rüstigen Greis ab; seine Witwe stand nun dem Hause vor, bis der Anerbe Hermann Eberhard Eistrup 1788 im Alter von 28 Jahren eine Frau ins Haus brachte.[56]

Töchter hatten ohne Frage geringere Chancen als Söhne, den Hof ihrer Eltern zu übernehmen. Trotzdem bleibt wichtig, daß dies nicht prinzipiell ausgeschlossen war – etwa durch Weitergabe des Besitzes an eine männliche Seitenlinie, falls keine Söhne vorhanden waren.[57] In Belm waren immerhin 26% aller Anerben weiblich. Unter den 131 ermittelten Fällen, wo eine Anerbin eine Stätte antrat, hatten bei 32 – fast einem Viertel – die Eltern nie einen Sohn gehabt. In weiteren 45 Familien – einem guten Drittel – starben alle Söhne, bevor der Hof übergeben wurde; in 21 Fällen ist unsicher, ob ein Sohn überlebte, weil uns das Schicksal dieser Söhne nicht bekannt ist. Nur in einem Viertel der Fälle, insgesamt 33mal (s. Tab. 6.05), steht fest, daß die Tochter bei Antritt des Erbes mindestens einen Bruder hatte.

Die Osnabrückische Eigentums-Ordnung sprach, wenn keine Söhne vorhanden waren, der jüngsten unter den Töchtern das Vorrecht zu.[58] In der

---

[55] Siehe auch oben S. 314 f. den Fall vom Vollerbe Schlebaum zu Darum im Jahre 1858.
[56] VINCKE 1938 S. 22 f., 27 f. Vgl. unten S. 458 f.
[57] Das hebt GOODY 1976b für Europa insgesamt im Vergleich etwa zu afrikanischen Gesellschaften hervor; vgl. GOODY 1976a; GOODY 1990.
[58] Siehe oben S. 388.

Praxis der Belmer Bauern ist davon wenig zu sehen. 60 von den Anerbinnen, knapp die Hälfte also, hatten zum Zeitpunkt der Übergabe mit Sicherheit mindestens noch eine Schwester; 29 mal war die jüngste die Erbtochter, 31 mal eine ältere. Auf den kleinen Stellen hatte die jüngste sogar deutlich schlechtere Chancen (3:10); die Vollbauern scheinen sich im Fall einer weiblichen Nachfolge nicht auf einen bestimmten Geburtsrang festgelegt zu haben: 26 wählten die jüngste, 21 eine ältere Tochter. – Auch wenn – dem Buchstaben der ‚Eigentums-Ordnung' entsprechend – nur die Fälle berücksichtigt werden, in denen feststeht, daß kein Sohn lebte, bleibt dieser Befund bestehen.[59]

Die Generationswechsel, bei denen eine Tochter den Hof erhielt, obwohl auch ein Sohn lebte, zeigen wiederum die Flexibilität der Praxis. Die bloße Tatsache, daß der jüngstgeborene Sohn starb, reichte – wie wir gesehen haben – keineswegs aus, um den Töchtern gleiche Chancen mit den Söhnen zu verschaffen. Verschied jedoch der prospektive Anerbe zu einem Zeitpunkt, da die anderen Söhne schon sämtlich versorgt waren, so öffnete das der verbleibenden Tochter den Weg zur Nachfolge. Der Vehrter Vollerbe Joannes Jodocus Grothmann, geborener Voß, und seine Frau Anna Maria, die – in Ermangelung männlicher Erben – den Hof seinerzeit von ihrem Vater bekommen hatte, verloren 1763 ihren jüngsten Sohn im Alter von sieben Jahren; so werden sie den zweitjüngsten Johann Ewerd zum Anerben ausersehen haben. Daraufhin nahm der älteste Sohn 1770 im Alter von 29 Jahren die Gelegenheit wahr, die um ein Jahr ältere Erbtochter Anna Maria Telker zu heiraten und auf deren Markkotten in Icker zu gelangen. 1777 folgte der nächste Bruder diesem Beispiel, knapp 27 jährig ehelichte er die Witwe des Halberben Thyeman in Wellingen, die ihm acht Jahre voraus war, und trat dort als Interimswirt ein. Ein Jahr später raffte der Tod Johann Ewerd Grothmann im Alter von 25 Jahren hin. Nun wurde Engel Gertrud, 1760 als jüngste der Geschwister geboren, zur Anerbin; 1781 feierte sie die Hochzeit mit Claus Henrich Rittmar, der gleich ihr Kind eines Vollerben in Vehrte war. – Ähnliches ereignete sich 1851 auf Probsts Halberbe in Darum. Dort führte seit 1838 die Witwe die Wirtschaft, gewiß mit Unterstützung ihres jüngsten Sohnes Hermann Heinrich, der 1817 geboren und offenbar dem Brauch gemäß zum Anerben bestimmt war. Drei Töchter hatten zwischen 1830 und 1838 geheiratet, die beiden älteren Söhne Gerhard Henrich und Johann Friedrich waren schon zu Lebzeiten des Vaters 1834 bzw. 1837 im Alter von 28 bzw. 26 Jahren nach Amerika ausgewandert.

---

[59] Von den dann verbleibenden 33 Fällen erbte 16 mal die jüngste, 17 mal eine ältere; bei den Großbauern 13 mal die jüngste, 10 mal eine ältere; bei den Kleinbauern 3 mal die jüngste, 7 mal eine ältere.

Da starb Hermann Heinrich im Januar 1851 an Magenkrebs. Einen von den Söhnen aus Amerika zurückzurufen, ging kaum an; auch werden sie ihre Abfindung erhalten haben: Der eine war mit 180, der andere mit 150 Talern abgereist. So ging der Hof aus der Hand der inzwischen 72jährigen Mutter an das jüngste und einzige noch verfügbare Kind Anna Maria, die daraufhin im Dezember 1851, 32 Jahre alt, den fünf Jahre jüngeren Johann Christoph Backhaus aus dem Nachbarkirchspiel Bissendorf zum Mann nahm.

In einzelnen Fällen war der Hof durch den Tod beider Eltern verwaist, und die ältere Tochter kam statt ihres zu jungen Bruders in den Besitz der Stätte. Im Oktober 1733 starb Johann Gerd Duling, geborener Werges, Vollerbe in Powe; im August 1734 folgte seine Frau, die den Hof 1708 von ihren Eltern geerbt hatte. Der einzige noch lebende Sohn zählte erst acht, seine Schwester Anna Margaretha zwanzig Jahre. So trat diese drei Monate nach dem Tod der Mutter mit Baltz Caspar Averbecke vor den Traualtar, und beide wurden die neuen Colonen Duling. – Solche Umstände führten auch bei dem Markkotten Meyer aufm Talkamp in Vehrte 1749 zu einer weiblichen Erbfolge. Die ursprüngliche Colonin war bereits 1741 abgeschieden, der Witwer hatte zwar 1746 wieder geheiratet, doch wissen wir über das Ende seiner zweiten Frau nichts. Er selber starb im März 1749, als der einzige Sohn Claus Herbordt, sein jüngstes Kind, erst im 13. Lebensjahr stand. Statt seiner wurde die 21jährige Anna Dorothea Erbin; sie säumte nicht, einen Mann auf die Stätte zu bringen: Vier Monate nach dem Tod des Vaters führte sie Joist Gerd Baart heim. Ihr Bruder Claus Herbordt heiratete 1765 ohne Landbesitz, später finden wir ihn als Heuermann und Tagelöhner beim Vollerben Wibbelt in Vehrte.

Nur der kleinere Teil der 33 Fälle, in denen eine Tochter erbte, obwohl noch ein Bruder da war, läßt sich auf diese Weise erklären. Denkbar ist freilich, daß vergleichbare Konstellationen auch in einigen weiteren dieser Familien gegeben waren, uns jedoch durch die Unvollständigkeit der Belmer Beerdigungsregister in der frühen Zeit[60] verborgen bleiben.

Eine andere Möglichkeit ist, daß der Sohn, der normalerweise Anerbe gewesen wäre, als „untüchtig oder ungeschickt" ausgeschlossen wurde. Nehmen wir auch hier als erstes Indiz, ob der betreffende Bruder ehelos blieb, so ergibt sich nur bei zwölfen ein Anhaltspunkt für diese Möglichkeit. Freilich darf keinesfalls jede Person, die nicht heiratete, als gebrechlich oder übel beleumundet angesehen werden; vielmehr könnte der kausale Zusammenhang gerade in umgekehrter Richtung verlaufen: Der in der Erbfolge Übergangene verzichtete darauf, ohne Besitz eine Familie zu gründen. Johann Gerdt Brörmann, der nach dem Tod seines gleichnamigen Vaters, des

---

[60] Siehe oben in Kap. 1.

Vollerben in Haltern, als 17jähriger zugunsten seiner um drei Jahre älteren Schwester zurückstehen mußte und mit 31 Jahren als Junggeselle starb, wird in seiner Person keine Defizite aufgewiesen haben, sonst hätte er es nicht zum „Hausvogt" des adligen Hauses Astrup gebracht.

Da aufgrund der verfügbaren Informationen nur ein Teil der ‚irregulären' Fälle weiblicher Erbfolge erklärt werden kann, stellt sich die Frage, ob Anerbinnen vielleicht unter ihren Kindern wiederum die weibliche Erbfolge begünstigten und auf diese Weise möglicherweise auf einzelnen Höfen eine – der vorherrschenden patrilinearen Sitte entgegenstehende – matrilineare Tradition begründeten. Auf dem Halberbe Bergmann in Icker hatte 1698 Henrich die Nachfolge seines Vaters angetreten; er verlor im Oktober 1719 den einzigen Sohn, so daß er seinen Besitz im November 1720 an seine 15 Jahre junge Tochter Anna Margaretha und den Schwiegersohn Claus Gerdt, geborenen Wilwisch, übergab. Anna Margaretha schenkte ihrem Mann drei Mädchen und drei Knaben, von denen mindestens zwei Töchter und ein Sohn am Leben blieben. Nachdem der Bauer Claus Gerdt, geborener Wilwisch, im April 1754 entschlafen war, heiratete im Folgejahr zunächst die ältere Tochter Anna Catharina in den Markkotten Holschemacher. Wenige Monate später schloß die jüngere, die wie die Mutter Anna Margaretha hieß, den Bund mit Joist Henrich Peddenpohl, – und ihnen wurde der Hof übertragen! Der Bruder Johann Joist Bergmann zählte zu dieser Zeit 18 Lenze; erst 15 Jahre später entschloß er sich zur Ehe, freilich ohne Immobiliarvermögen; als Heuerling finden wir ihn beim Erbkotten Buddeke in seinem Heimatort Icker. In der folgenden Generation war 1789 wiederum Anna Margarethas Tochter Maria Gertrud Anerbin; ihr einziger Bruder war gestorben.

Insgesamt lassen sich nicht weniger als 32 Höfe ermitteln, auf denen während der Untersuchungsperiode mehrfach Erbtöchter zum Zuge kamen. Hackmanns Halberbe in Icker fiel 1709 an die Tochter Christina Margaretha, obwohl auch ein Sohn da war; diese übertrug es 1740 an ihre Tochter Anna Maria, von der es 1764 an deren Tochter Catharina Elisabeth ging; in diesen beiden Generationen existierten freilich keine männlichen Nachkommen. Den Markkotten Gildehaus im Kirchdorf bekam 1800 die Tochter Maria Elisabeth, 1832 deren Tochter Catharina Margarethe, obwohl beide auch einen Bruder hatten. Marquards Vollerbe in Icker nahm 1762 die Anerbin Anna Maria an; 1796 ging es an ihre Tochter, 1828 an ihre Enkelin über; in allen drei Generationen fehlten jedoch die Söhne. Dierkers Markkotten in Haltern wurde zwischen 1707 und 1853 sogar viermal in weiblicher Linie weitergegeben; doch wissen wir, daß in keinem Fall ein Bruder lebte.

Betrachten wir alle Bauern und alle Bäuerinnen, die als Anerben oder Anerbinnen den Hof ihrer Eltern übernahmen und ihn später an einen Sohn

Tabelle 6.08: Männliche und weibliche Anerben großer und kleiner
Höfe, nach dem Geschlecht des auf sie folgenden Anerben

a) Vater war Anerbe

|  | große Höfe | kleine Höfe | insgesamt |
|---|---|---|---|
| Sohn wird Anerbe (Spalten-%) | 84 (91,3%) | 26 (78,8%) | 110 (88,0%) |
| Tochter wird Anerbin (Spalten-%) | 8 (8,7%) | 7 (21,2%) | 15 (12,0%) |
| Summe | 92 | 33 | 125 |

b) Mutter war Anerbin

|  | große Höfe | kleine Höfe | insgesamt |
|---|---|---|---|
| Sohn wird Anerbe (Spalten-%) | 18 (85,7%) | 14 (93,3%) | 32 (88,9%) |
| Tochter wird Anerbin (Spalten-%) | 3 (14,3%) | 1 (6,7%) | 4 (11,1%) |
| Summe | 21 | 15 | 36 |

Anmerkung: Hier wurden nur die Fälle berücksichtigt, bei denen aus der Ehe der Eltern mit Sicherheit mindestens ein Sohn *und* mindestens eine Tochter bis zur Hofübergabe überlebten und bei denen bekannt ist, daß der Vater oder die Mutter Anerbe/Anerbin war.

oder eine Tochter weitergaben, so finden wir keinen Hinweis darauf, daß Anerbinnen den Einfluß, den sie möglicherweise in größerem Maße ausübten als andere Frauen, systematisch dazu genutzt hätten, eine ihrer Töchter als Erbin zu favorisieren. Wenn diese Paare mindestens einen lebenden Sohn und eine Tochter hatten, war die Chance, daß die Wahl auf das Mädchen fiel, nicht größer, wenn die Mutter Anerbin war als wenn sie auf den Hof geheiratet hatte (Tab. 6.08). Das schließt natürlich nicht aus, daß in Einzelfällen wie bei Bergmanns Halberbe oder Gildehaus' Markkotten eine wiederholte weibliche Erbfolge kein Zufall, sondern Ergebnis mütterlicher Strategie war.

Zwar gab es in der großen Mehrzahl der Erbfälle mehrere Kinder der bisherigen Hofinhaber, die als potentielle Erben in Frage kamen. Hin und wieder aber ging ein Bauernpaar ganz ohne Kinder dem Alter entgegen, so daß weder ein Anerbe vorhanden noch ein neuer Ehepartner in Sicht war, sondern ein Nachfolger außerhalb dieser beiden üblichen Wege gefunden werden mußte.[61] In einem solchen Fall hatte der Grundherr eine stärkere Position als bei einem gewöhnlichen Erbgang.[62]

Den Sohn seiner Cousine wählte 1787 der 67 jährige Vollerbe Hermann Henrich Grupe in Wellingen zum Nachfolger, nachdem ihm in den 35 Jahren der Ehe mit seiner Frau Catharine Margarethe, geborener Döhrmann, Kinder versagt geblieben waren. Ob er keine näheren Verwandten hatte, läßt sich aufgrund der Belmer Kirchenbücher nicht sicher feststellen. Der erkorene Anerbe Ewerd Henrich Voß war Enkel einer Schwester des Vaters und Vorgängers des kinderlosen Hermann Henrich Grupe; die Eltern des 27 jährigen bewirtschafteten Horstmanns Vollerbe, ebenfalls in der Bauerschaft Wellingen. Als neue Colonin brachte er im Oktober 1787 die sechs Jahre ältere Anne Margarethe Pante aus dem Wellinger Vollerbe auf Grupen Hof.

Dem Vollerben Johann Gerhard Nordmann in Icker, der den Hof 1791 von seinem Vater übernommen hatte, schenkte seine Frau Maria Elisabeth, Tochter des Vollerben Tiemann in Icker, 1792 einen Sohn, der auf den Namen Gerhard Wilhelm getauft wurde, und 1794 eine Tochter, die Catharina Maria genannt wurde. Catharina Maria starb im Alter von zwei Jahren. 1819 erkrankte Gerhard Wilhelm schwer und verschied unverheiratet nach einjährigem „sehr schmerzhaftem Krankenlager". Zu diesem Zeitpunkt zählte der Colon 56, seine Frau 49 Jahre. Der beiden eigenen Kinder beraubt, mußten sie sich nach einem anderen Nachfolger umsehen. Von seiten des Mannes waren möglicherweise keine Neffen und Nichten vorhanden; zumindest hatte keines seiner Geschwister und Halbgeschwister aus dem Nordmann-Hof innerhalb des Kirchspiels geheiratet. Die Wahl fiel auf Gerhard Heinrich Tiemann, den Sohn der jüngeren Schwester der eingeheirateten Colona Nordmann; diese Schwester hatte als Anerbin Tiemanns Vollerbe 1801 übernommen und eineinhalb Jahre später als zweites Kind Gerhard Heinrich geboren; der älteste Sohn war jedoch 1819 gestorben. Im Alter von 21 Jahren heiratete Gerhard Heinrich Tiemann 1824 Catharina Engel Meyer aus Stockum im benachbarten Kirchspiel Bissendorf und wurde der neue Vollerbe Nordmann.

Dem Halberben Johann Herman Probst in Darum waren in der 45 Jahre

---

[61] In Tab. 6.04 zählen diese Fälle zu der Kategorie „sonstige/unbekannt", außerdem u. a. Verkäufe sowie Fälle, wo die Reihe der Hofinhaber nicht lückenlos rekonstruiert werden konnte.

[62] Vgl. HIRSCHFELDER 1971 S. 88 f., 105 f. und den unten S. 511 ff. dargestellten Fall.

währenden Verbindung mit Catharina Elisabeth, geborener Thymanns, sieben Kinder beschieden; vier davon starben als Säuglinge oder Kleinkinder, die Tochter Catharina Maria verschied 1783, 18 Jahre alt. Übrig blieben der 1769 geborene Christopher Henrich und der jüngste Gerd Henrich, der dem Brauch entsprechend als Anerbe ausersehen war. Also nutzte 1796 Christopher Henrich die Gelegenheit, die 25jährige Anerbin Maria Margaretha Marquard in Icker zu heiraten und so auf deren Vollerben-Hof zu gelangen. Im Oktober 1800 erkrankte der Anerbe Gerd Henrich Probst an Ruhr und erlag ihr am 24. Oktober. So blieben die Eltern ohne leibliche Erben zurück; er stand inzwischen im 73., sie im 67. Lebensjahr. Zum Nachfolger wählten sie in dieser Situation keinen Verwandten von der Seite des Mannes, der doch den Hof von seinem Vater geerbt hatte. Anna Margaretha Probst, die Tochter seines ältesten Bruders, hätte z. B. in Betracht kommen können; sie hatte 1792 den Heuermann Johann Christopher Hellmig geheiratet, zählte zwar im Jahr 1800 schon 48 Jahre, ihr Mann aber erst 35, und sie hatten eine Tochter. Stattdessen zogen im Jahre 1803 der 27jährige Hermann Henrich, geborener Wefel, ein Bauernsohn aus dem Kirchspiel Schledehausen, und Maria Elisabeth, geborene Holtgreve, 25 Jahre alt und Tochter des Vollerben in Darum, als Nachfolger auf Probsts Hof. Sie war vermutlich mit der alten Colona Probst verwandt, denn ihre Mutter war wie diese eine geborene Thymann.

Kinderlos war die Ehe, die Maria Engel Langewand, Erbtochter des Halberbes in Haltern, 1792 mit Gerhard Heinrich, geborenem Laermann, eingegangen war. So adoptierten sie den Sohn der Schwester des Mannes, Johann Friedrich Knollhof mit Namen; dies geschah noch, bevor Gerhard Heinrich Langewand, geborener Laermann, 1833 im Alter von 75 Jahren starb. Maria Engel zählte zu dieser Zeit 67 Jahre. Ein Jahr später ehelichte Johann Friedrich als Colon Langewand, geborener Knollhof, Anna Maria Pimpe aus dem Markkotten in Powe. Bemerkenswert erscheint auch an dieser Entscheidung, daß die Wahl nicht auf einen Neffen oder eine Nichte der Langewand-Seite – also der Frau – fiel, von der der Hof ja kam. Dabei hatte die jüngere Schwester der Maria Engel Langewand außer zwei schon verheirateten Kindern noch einen Sohn, der nicht gebunden war. 1812 geboren und seit 1831 Vollwaise, mochte dieser, Gerd Christian Frahmann genannt, für eine Adoption sogar besonders geeignet erscheinen. Daß sein Vater keinen Grundbesitz hatte, sondern Heuermann gewesen war, kann nicht den ausschlaggebenden Grund gegen ihn gebildet haben; denn das traf auch auf Johann Friedrich Knollhof, den zur Adoption gewählten Schwestersohn des eingeheirateten Colonen, zu. Offenbar gab es für die Beteiligten wichtigere Gesichtspunkte als den, das Halberbe in der blutsverwandtschaftlichen Linie der Familie Langewand weiterzugeben. So blieb Gerd Christian

Frahmann, der Neffe von der Langewand-Seite, zunächst Knecht; im Sommer 1834 – etwa drei Monate vor der Heirat des adoptierten künftigen Colonen Langewand – machte er sich, hundert Taler in der Tasche, auf den Weg in eine neue Welt jenseits des Ozeans.

Da der Markkötter Gerd Henrich Kiewitt in Haltern weder in seiner ersten noch in seiner zweiten Ehe Kinder zeugte, vermachte er seinen Besitz 1837 an Cathrine Marie Wöstmann, die Tochter seines älteren Bruders, den seinerzeit die Anerbin des Markkottens Wöstmann, ebenfalls in Haltern, zum Mann genommen hatte; die 24jährige reichte ihre Hand dem um ein Jahr älteren Christoph Heinrich Placke, einem weichenden Kind vom Power Halberbe.

Johann Casper Landwehr, Erbe des Markkottens in Haltern, hatte 1815 als 26jähriger die 19 Jahre junge Cathrine Engel Hehmann geheiratet.[63] Auch ihrer Ehe blieben Kinder versagt. 1849 starb Johann Casper; seine Witwe, nun 53 Jahre alt, war über das übliche Alter für eine zweite Heirat hinaus. 1852 beherbergte sie als „Pflegetochter" in ihrem Kotten die siebzehnjährige Marie Engel Landwehr, Tochter des jüngeren Bruders ihres Mannes, des Heuermanns Gerhard Heinrich Landwehr. Zwei Jahre später schenkte sie dieser Nichte und deren Bräutigam, dem 24jährigen Vollerben-Sohn Johann Heinrich Aulbert, den Hof.[64] Nachdem die beiden im Februar 1855 geheiratet hatten, lebten sie als Colon und Colona Landwehr auf dem Markkotten, mit ihnen die Witwe, Tante und Vorgängerin Cathrine Engel.

Frei von grundherrlicher Mitwirkung[65] konnten 1847 Maria Engel Pante und ihr Mann Carl Diederich, geborener Lammerding[66], über ihr Vollerbe in Wellingen disponieren; denn sie hatten 1836 mit der Königlichen Domänenkammer, die in den Feudalrechten Nachfolgerin des Domkapitels war, einen Ablösungs-Kontrakt über alle „ungewissen Eigentumsgefälle" geschlossen. Gegen eine Zahlung von 215 Talern entband die Kammer die Pantes von der „Verpflichtung zur Entrichtung der Auffahrten und Sterbfälle, zur Lösung der Freibriefe" usw. und erklärte „die jetzigen und künftigen Besitzer des Colonats für völlig freie Leute". Damit erhielten die jeweiligen Besitzer der Stätte das Recht, „darüber unter den Lebenden und auf den Todesfall frei zu verfügen, ohne an die Genehmigung der Gutsherrschaft gebunden zu sein"; freilich wurde – wie von der Hannoverschen

---

[63] Vgl. oben S. 397.
[64] Die genauen Bedingungen wurden vor dem Amtsgericht Osnabrück in einem Vertrag am 30.12.1854 festgelegt; eine Ausfertigung befindet sich im HOFARCHIV LANDWEHR, HALTERN.
[65] An deren Stelle trat nach den hannoverschen Ablösungs-Verordnungen freilich die Aufsicht der staatlichen Behörden, s. oben Anm. 8.
[66] Zu ihrer Hof-Übernahme im Jahre 1797 s. unten S. 426f.

Agrarreform-Gesetzgebung ohnehin vorgeschrieben – ausdrücklich vereinbart, daß fortgelten sollte sowohl der Grundsatz der Unteilbarkeit des Hofes wie auch das „bisherige Herkommen" bezüglich „der ehelichen Vermögensverhältnisse der zeitigen Besitzer des Colonats, der Succession, des Anerbenrechts, der Abfindung der abgehenden Kinder, der Wiederverheiratung der überlebenden Ehegatten, der Anordnung von Interimswirtschaften" usw. – Gerd Wennemar Pante, das einzige Kind von Maria Engel und Carl Diederich Pante, war 1799 im Alter von sieben Monaten gestorben. Als Nachfolger entschied sich das alternde Paar für Karl Diedrich Sudhoff, einen Großneffen der Bäuerin, Enkel ihrer Schwester, ältesten Sohn von Sudhoffs Vollerbe in Darum; er stammte also über seine Großmutter aus der Pante-Linie. Daß er Maria Engel Lammerding, eine Verwandte des eingeheirateten alten Colonen Pante, zu seiner Braut erkoren hatte, wird dieser gern gesehen haben. Im März 1847 schlossen die Pantes nach fast 50jähriger Ehe und Hofinhaberschaft, sie nunmehr 81, er 72 Jahre alt, mit dem jungen Brautpaar und dessen Eltern einen Vertrag, in dem sie diesen den Panten-Hof und all ihr Vermögen schenkten gegen die Verpflichtung, daß die jungen Leute sie mit allem, auch einem namhaften „Taschengeld", versorgten. Dafür brachten sowohl Bräutigam als Braut eine Mitgift und je einen standesgemäßen „Brautwagen" in den Hof ein: der 27jährige Bräutigam 500, die 18jährige Braut 2300 Taler.[67]

Wenn direkte Nachkommen fehlten, wurden offenbar in erster Linie nähere Verwandte, Bruder- oder Schwesterkinder des Mannes oder der Frau, als mögliche Anerben in Betracht gezogen. Ob solche Neffen oder Nichten von der Seite der bisherigen Hofbesitzerfamilie oder von der des eingeheirateten Teils stammten, scheint dabei nicht der entscheidende Gesichtspunkt gewesen zu sein.[68]

Insgesamt zeigt in dieser ländlichen Gesellschaft die Praxis der Vererbung der bäuerlichen Anwesen in mancher Hinsicht mehr Regelmäßigkeit als das erlassene und geschriebene Recht erwarten läßt; das gilt insbesondere für den Fall, daß der bevorzugte jüngste Sohn vorzeitig verstorben war. In anderer Hinsicht erweist sich die Praxis, gemessen am Buchstaben der juridischen Vorschrift, als irregulär: So wurde das Minorat von den Kleinbauern weitgehend mißachtet, im Falle weiblicher Erbfolge auch von den Großbauern. Bemerkenswert erscheint andererseits, daß in der Periode, da die Agrarreformen die grund- und leibherrlichen Bindungen auflösten, die Tendenz eher zu einer strikteren Einhaltung der Regeln vom Vorrang der männlichen

---

[67] VINCKE 1950 S. 36 ff., 82 f. – Zu den Einzelheiten der Übergabe s. unten S. 450 f.
[68] Siehe dazu auch den unten S. 511 ff. dargestellten Fall.

Abbildung 10: Foto eines großbäuerlichen Ehepaares

Das Bild zeigt Karl Diedrich Pante, geb. Sudhoff (1820-1895), und seine Frau Maria Engel Pante, geb. Lammerding (1829-1872), verheiratet seit 1847. Sie waren Besitzer des Vollerbes Pante in Wellingen.

Erbfolge und vom Minorat ging als zu ihrer Aufweichung, jedenfalls bei den Großbauern.

Trotzdem gab es zu allen Zeiten neben dem ‚Normalfall' die ‚Ausnahmen'. Zu einem Teil mögen sie als Ausdruck einer spezifischen Tradition einzelner Höfe verstanden werden; vor allem zeugen sie davon, daß das Vererbungs-System flexibel genug war, die Berücksichtigung besonderer – bis zu einem gewissen Grade auch unerwarteter – Ereignisse oder Konstellationen zu gestatten.[69] Der spezifische Charakter des bäuerlichen Rechts mit seinen unterschiedlichen Schichten von Setzung und Tradition[70] kam dem ebenfalls entgegen. Das Verhältnis von ‚Normbefolgung' und ‚Abweichung' deutet letztlich darauf hin, daß die Bauern nicht einfach vorgegebene Regeln erfüllten, sondern im Rahmen und mit Hilfe des Rechts Entscheidungen trafen und Strategien verfolgten.[71]

In dem Maße, wie ein Spielraum für alternative Wahlen existierte und ein Prozeß der Entscheidungsfindung stattfand, konnte es freilich auch zu Interessenkonflikten kommen, zunächst zwischen den Beteiligten innerhalb der bäuerlichen Familie, möglicherweise auch zwischen der Familie und dem Grundherrn. Wenn zwischen Eltern und Kindern *nicht* von vornherein feststand, wer aus der Geschwisterreihe der Erbe sein würde – und das Minorat hielt im Unterschied zum Ältestenrecht diese Frage ohnehin offen bis zum Tod des ersten Elternteils bzw. bis zum Ende der fertilen Zeit der Mutter –, so mag es in der Familie weniger Gelegenheit zu einer permanenten Ungleichbehandlung von Anerbe und weichenden Erben[72], aber mehr Anlaß zum Abwägen, Taktieren, Ringen und Einflußnehmen, möglicherweise auch zu wechselnden Koalitionen innerhalb der Familie sowie mit Außenstehenden, gegeben haben.[73] Immerhin hing für die einzelnen Kinder des Bauern viel von der Auswahl des Anerben ab: Der Auserkorene konnte mit dem elterlichen Hof seinen sozialen Status dauerhaft sichern; die weichenden Geschwister waren auf den Heiratsmarkt verwiesen und hatten dort nach einer Gelegenheit zur Einheirat in einen fremden Hof Ausschau zu halten.

---

[69] Vgl. SIEDER/MITTERAUER 1983 S. 311 ff.; IMHOF 1984 S. 50 ff., 136 ff.; FREITAG 1988 S. 11 f., 30 f.

[70] Vgl. allgemein LÜTGE 1967 S. 116 ff., 159 ff.; ABEL 1978b S. 299 ff.; SCHULZE 1980 S. 64 ff., 76 ff; SCHULZE 1990; WUNDER 1986 S. 80 ff.; RAEFF 1983 S. 72 ff., 111 ff.; WIEACKER 1967 S. 231 ff., 243 ff., 322 ff.; COING 1985–1989 Bd. 1 S. 372 ff.

[71] Vgl. BOURDIEU 1987a; BOURDIEU 1979 S. 203 ff.

[72] Dazu MITTERAUER/SIEDER 1977 S. 126 ff.; ROSENBAUM 1982 S. 93 ff.

[73] Vgl. SEGALEN 1984 S. 186 ff., 196 f.; SEGALEN 1985 S. 107 ff. zu einem prinzipiell egalitären Erbsystem, in dem jedoch oft der Hauptbesitz an *ein* Kind übergeben wurde; CLAVERIE/LAMAISON 1982 S. 59 ff. zu einem Gebiet mit ungeteilter Vererbung bei freier Auswahl des Erben durch die Eltern; vgl. dazu auch ROBISHEAUX 1989 S. 129, 133 ff.

Für die Söhne hieß das, entweder eine der nicht zahlreichen Erbtöchter als Gattin zu suchen oder eine verwitwete Bäuerin zu nehmen, für die Töchter: einen Anerben oder einen Witwer. Wenn beides nicht gelang, blieb den weichenden Bauernkindern in der lokalen Gesellschaft nur der Abstieg in die landlose Schicht. Denn der Grundsatz der Unteilbarkeit der bäuerlichen Höfe wurde hier über die Jahrhunderte hin nicht angetastet.

## 6.4. Ehen von Bauern

### 6.4.1. Hochzeitsfeier

Die Bedeutung, die der Eheschließung zukam, wurde sinnfällig unterstrichen durch das Fest, mit dem sie begangen wurde; und der besondere Stellenwert der Vermählung eines Hoferben bzw. einer Hoferbin kam zum Ausdruck in Größe und spezifischem Ritual der Hochzeitsfeier.[74] Die weltliche und geistliche Obrigkeit, besorgt um diese unproduktiv oder gar gefährlich scheinenden Verausgabungen der Untertanen, trachtete vom 17. bis zum 19. Jahrhundert, die „Mißbräuche" bei diesen Festen zu verbieten[75]; ihre Verordnungen lassen wie in einem Zerrspiegel etwas davon ahnen, daß hier nicht nur die Vereinigung zweier junger Menschen zu einem Paar und die Allianz zweier Familien begangen, sondern zugleich die Verbindung der Hauptbeteiligten mit Nachbarn, Verwandten und Gemeinde unterstrichen und bestätigt wurde.

Die eingeladenen Gäste bildeten den engeren Kreis derer, die intensiv an dem Ereignis teilnahmen. Ein spezieller „Hochzeitsbitter"[76] stand im Kirchspiel zur Verfügung, um diesen die Nachricht zu überbringen; in Belm war das 1772 der Heuermann Adam Hössman auf Meckinghaus' Vollerbe in Gretesch. Seit 1696 legten Erlasse immer wieder Höchstzahlen der Einzuladenden fest, für die Großbauern freilich höhere als für Kleinbauern und Heuerleute. Neben Nachbarn wurden vor allem Verwandte zum Fest gebeten: In einer Verordnung von 1780 wurde anerkannt, daß bei Voll- und

---

[74] Speziell die Hochzeiten großbäuerlicher Erben waren ein bevorzugtes Thema der traditionellen Volkskunde; für das Osnabrücker Land s. JOSTES 1904 S.93ff.; MAßMANN 1934; WESTERFELD 1981–1982, zu den obrigkeitlichen Verboten ebd. 1982, S.139f.; allgemein vgl. WEBER-KELLERMANN 1985 S.21ff.; DÜLMEN 1990 S.150ff. – Über die Hochzeiten in den unteren Schichten ist viel weniger bekannt; vgl. dazu mit britischem Material GILLIS 1984; GILLIS 1985 S.55ff., 84ff., 135ff.

[75] Vgl. allgemein RAEFF 1983 S.76ff., 80 sowie ROBISHEAUX 1989 S.116ff.

[76] Allgemein dazu DETTMER 1976.

Halberben die ein Jahr zuvor fixierte Obergrenze von 40 Hochzeitsgästen „den weitläuftigen Verwandtschaften der Landleute nicht angemessen" sei; daher wurden für die Hochzeiten auf großen Höfen nun 80 Personen gestattet, bei Erb- und Markköttern hingegen nur 30, bei Heuerleuten 20. Die Familie, die die Hochzeit beging, hatte offenbar eine starke Neigung, den Kreis der Eingeladenen auszudehnen; denn häufig wurden die Edikte wiederholt, die Klagen über ihre ungenügende Einhaltung rissen nicht ab; noch 1822 wurden die Obergrenzen von 1780 erneut bekräftigt.[77] Gerade Großbauern luden anscheinend oft auch die Vertreter der geistlichen und weltlichen Obrigkeit, Pfarrer, Vogt und Küster, ein[78]; das wird deren Eifer bei der Überwachung der landesherrlichen und konsistorialen Verbote gemäßigt haben[79], stellte das Fest aber zugleich in einen Rahmen, der über den von Familie, Verwandtschaft und Nachbarschaft hinausging. Die Dauer der Hochzeiten sollte bei Colonen nicht länger als zwei, bei Heuerleuten nur einen Tag betragen.[80] – Die Eingeladenen bekräftigten ihrerseits die Verbundenheit mit dem jungen Paar durch Geschenke, sei es in natura, sei es in Geld. Diese Gaben wurden nicht als rein persönliche Angelegenheit diskret behandelt; vielmehr stellten sie vor der Festversammlung den Rang des Gebers sowie seine Beziehung zu dem Empfänger zur Schau. Jedenfalls sah die landesherrliche Regierung 1780 den „Mißbrauch" einreißen, „daß dasjenige, was jeder Gast gibt, öffentlich abgezählet und abgelesen oder abgerufen wird".[81]

Nicht nur die Eingeladenen waren in die Feier einbezogen; die Gemeinde insgesamt bildete einen weiteren Kreis, der in gewisser Weise zu dem Fest

---

[77] Verordnung vom 10.9.1696, in: CCO 1783–1819 Teil 2 Bd. 1 Nr. 447 S. 142; erneuert 18.6.1698, in: ebd. Nr. 471 S. 150 sowie 30.11.1716, ebd. Nr. 606 S. 181. – Verordnung vom 4.5.1767, ebd. Nr. 1087 S. 413; Verordnung vom 31.8.1779, ebd. Teil 2 Bd. 2 Nr. 1285 S. 530; Verordnung vom 18.8.1780, abgedr. in: ebd. Nr. 1302 S. 542–546; Ausschreiben der Kgl. Provinzial-Regierung zu Osnabrück vom 28.1.1822, abgedr. in: EBHARDT 1839–1840 Bd. 7 S. 270 f.

[78] Nach der Verordnung vom 31.8.1779 sollten diese bei der Obergrenze von 40 Gästen nicht mitgezählt werden, wohl aber nach der Verordnung vom 18.8.1780 bei der Höchstzahl von 80.

[79] Immer wieder klagten die Verordnungen über die unzureichende Verfolgung der Übertretungen; s. auch das Rescript vom 6.12.1706, abgedr. in: CCO 1783–1819 Teil 1 Bd. 2 S. 1228 f.; das Ausschreiben vom 28.1.1822 stellte fest: „Es ist jetzt, dem Vernehmen nach, in einigen Ämtern gleichsam herkömmlich, daß [...] das Überschreiten der Zahl der auf Hochzeiten einzuladenden Gäste [...] auf die Art geduldet wird, daß, wenn auch das ganze Kirchspiel weiß, daß die Zahl vielleicht um das Vierfache und noch mehr überschritten worden ist, dennoch von dem Vogte oder Untervogte angezeigt wird, daß eine oder zwei Personen zu viel eingeladen seien, wonach denn anstatt der wirklich verwirkten nur eine sehr geringe Strafe erkannt wird."

[80] So die Verordnung vom 18.8.1780 § 1.

[81] Ebd. § 4.

beitrug und an den die Hochzeiter austeilten. Besonders die jungen Leute markierten den Übertritt des Paares in eine neue Statusgruppe, indem sie den Zug mit „Lärmen und Schießen" zur Kirche begleiteten; sie forderten und erhielten ihren Anteil, indem sie das Paar unterwegs aufhielten[82] und ihm „die sogenannte Braut-Schatzung ungebührlich" abpreßten – auch dies ein „fast zur Gewohnheit gewordenes [...] Unwesen", das durch wiederholte Verbote nicht abgestellt werden konnte.[83]

Einen seltenen, wenn auch partiellen Einblick in die Praxis des Feierns gewährt eine Liste mit der Überschrift „Hochzeit am 11ten Juni 1840", die vom größten Hof des Kirchspiels erhalten ist.[84] Am 10. Juni 1840 waren der 31 jährige Witwer Johann Heinrich Meyer zu Belm, geborener Plogmann, und die 19 Jahre junge Anna Maria Luise Meyer in der evangelischen Kirche zu Belm getraut worden; das Fest dauerte also mindestens zwei Tage. Eine ungewöhnliche Hochzeit war dies, was die familiale Konstellation zwischen den Brautleuten anging (vgl. Grafik 6.01): Der Bräutigam war zuvor mit der Anerbin des Meyerhofes verheiratet gewesen; diese war jedoch nach knapp einjähriger Ehe im November 1839 an den "Folgen der Entbindung von einem toten Knaben" gestorben. Die jetzige Braut stammte wie die verstorbene aus dem Belmer Meyerhof, doch waren beide nicht blutsverwandt, sondern gewissermaßen Stief-Stief-Schwestern: nach dem Tod des Vaters der Anerbin hatte die Mutter wiedergeheiratet, nach deren Tod der Stiefvater.[85] Trotz dieser Besonderheit gibt es keinen Grund anzunehmen, daß das Fest anders begangen wurde, als auf den großen Höfen in dieser Zeit üblich war. Die handschriftliche Liste verzeichnet 71 Namen, die meisten mit Standes- und Ortsangabe, einige mit Vornamen, alle mit einem Geldbetrag, der zwischen einem und zehn Talern lag.[86] Offenbar handelt es sich um ein Verzeichnis der Geldgeschenke, und es steht zu vermuten, daß die Geber zugleich die Gäste der Feier waren. Von anderen als geldförmigen Geschenken ist nicht die Rede, diese scheinen also das Normale gewesen zu

---

[82] Allgemein dazu DÜNNINGER 1967.
[83] Verordnung vom 15.7.1693, abgedr. in: CCO 1783–1819 Teil 2 Bd. 1 Nr. 433 S. 137; erneuert 6.6.1703, in: ebd. Nr. 516 S. 159; Verordnung vom 14.7.1721, abgedr. in: ebd. Nr. 721 S. 226 f. (daraus die Zitate).
[84] Sie liegt im HOFARCHIV MEYER ZU BELM – Den Hof zeigt Karte 1 (im Anhang).
[85] Siehe dazu unten S. 443 f., 500 ff.; zur ferneren Vorgeschichte des Hofes unten S. 511 ff. und Grafik 6.08. Die alte Colona Meyer zu Belm war leibliche Mutter der Braut vom 10.6.1840 und Stiefmutter der Anerbin (der verstorbenen ersten Frau); der alte Colon Meyer zu Belm, ihr dritter Mann, war auch ein geborener Plogmann, und zwar der ältere Bruder des Bräutigams vom 10.6.1840, zugleich also dessen Stief-Schwiegervater.
[86] 10 Taler entsprachen etwa dem Wert einer besonders guten Kuh, 1 Taler dem Wert eines Kalbs oder eines Dutzends Hühner, wie ein Inventar vom 5.6.1823 im HOFARCHIV MEYER ZU BELM zeigt.

# Grafik 6.01: Hofbesitzerfolge auf dem Meyerhof zu Belm, 1806–1860

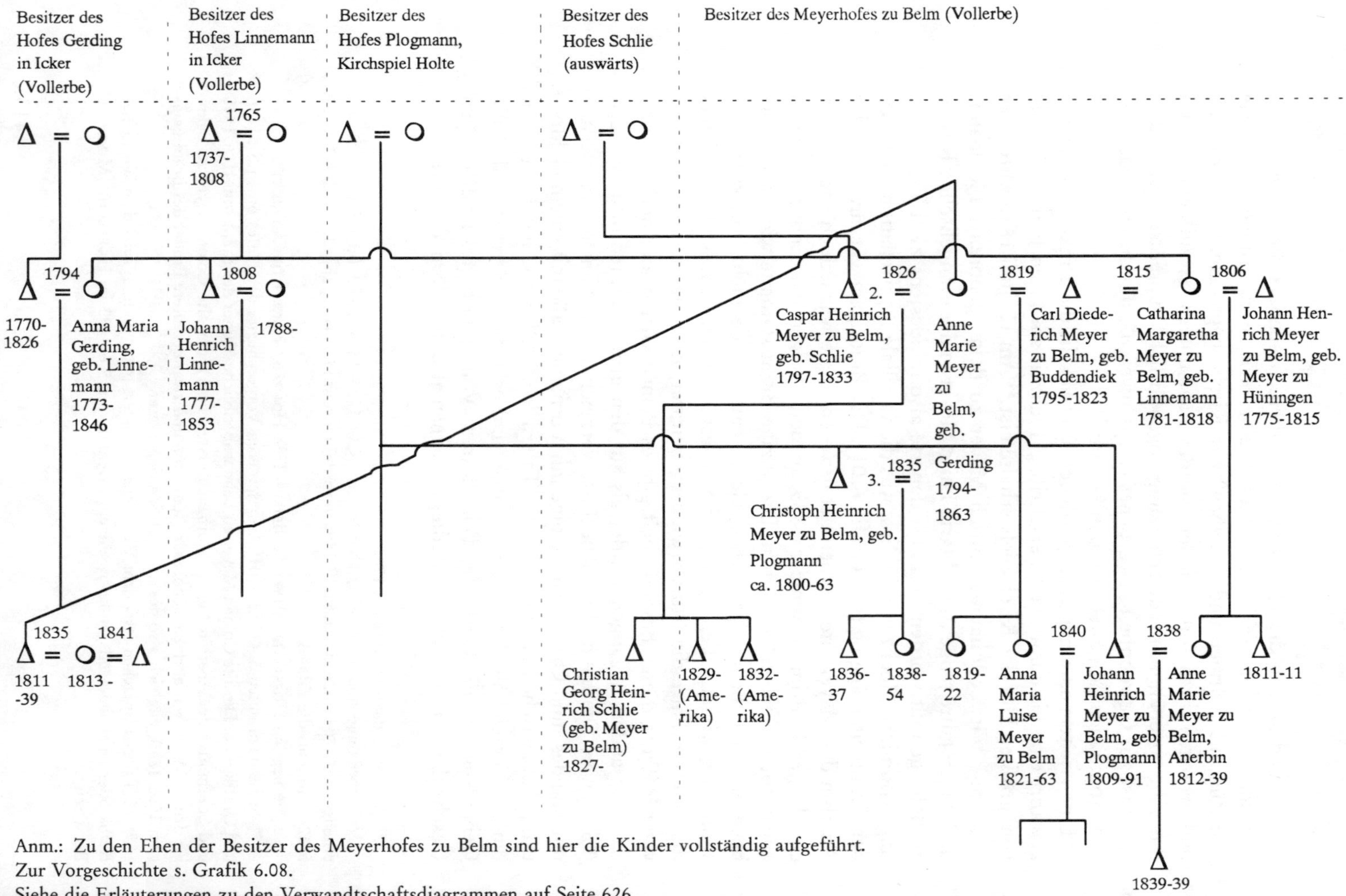

Anm.: Zu den Ehen der Besitzer des Meyerhofes zu Belm sind hier die Kinder vollständig aufgeführt.
Zur Vorgeschichte s. Grafik 6.08.
Siehe die Erläuterungen zu den Verwandtschaftsdiagrammen auf Seite 626.

sein. Insgesamt kamen fast 150 Taler zusammen.[87] Die Mehrzahl der Verzeichneten waren offenbar Ehepaare, der andere Teil ledige Jugendliche bzw. junge Erwachsene, außerdem wenige verwitwete Personen. So läßt sich die Gesamtzahl der Gäste ausschließlich der Kinder auf etwa 120 schätzen; das sind 50% mehr als die Verordnungen von 1780/1822 bei Großbauern erlaubten.[88]

Eingeladen waren zunächst die Verwandten. Da der Bräutigam aus dem Kirchspiel Holte kam, können wir dessen Angehörige freilich nicht genau identifizieren. Der Colon Plogmann zu Holte, der 10 Taler in Gold schenkte, war der derzeitige Inhaber des Hofes, aus dem der Bräutigam stammte, entweder sein Stiefvater oder sein Bruder. Ebensoviel gab der Colon Meyer zu Belm, also der Stiefvater mit der Mutter der Braut.[89] Die Onkel und Tanten der Braut sowohl von mütterlicher wie väterlicher Seite waren alle oder fast alle eingeladen[90]: zwei Schwestern der Mutter mit ihren Männern sowie eine verwitwete Schwägerin, die drei Stiefschwestern des verstorbenen Vaters mit ihren Männern; sie waren sämtlich Colonen und verehrten dem Brautpaar je 1⅓ bis 3 Taler. Dazu kamen mehrere, wenn auch nicht alle, heranwachsenden Vettern und Cousinen; sie brachten je eine eigene Gabe in Höhe von 1⅓ oder 1½ Talern. Anwesend war die Stief-Großmutter der Braut, die Witwe Buddendiek aus Belm, die zweite Frau des Vaters ihres Vaters; sie schenkte 1½ Taler. Auffälligerweise fehlte die mütterliche Großmutter, die Altenteilerin Gerding aus Icker; ob die 66 jährige Witwe durch

---

[87] Bei der Addition auf der Rückseite der Quelle wurden 147 Taler 3 Mariengroschen errechnet; eine Kontrollrechnung ergibt 149 Taler 3 Mariengroschen. Der Fehler ist dadurch bedingt, daß eine Korrektur auf Seite 3 bei der abschließenden Addition nicht berücksichtigt ist. – Daß dies eine erhebliche Summe ist, erhellt schon daraus, daß die jährlichen Geldausgaben einer fünf- bis sechsköpfigen Heuerlingsfamilie in Modell-Haushaltsbudgets für das Osnabrücker Nordland im Jahr 1846 mit 78 bis 118 Talern veranschlagt wurden: WRASMANN 1919–1921 Teil 2 S. 42 ff.

[88] Siehe oben S. 412 mit Anm. 77. Es sei denn, man wollte annehmen, in der Verordnung sei mit einem Gast jeweils ein Ehepaar gemeint gewesen; daß das beabsichtigt war, ist um so weniger wahrscheinlich, als die Verordnung vom 18.8.1780 in §2 bei der Festsetzung der maximalen Zahlen der Gäste fortfuhr: „es sollen aber unter dieser Zahl nunmehro [...] auch die kleinen noch nicht konfirmierten Kinder, wenn sie als Gäste mit angesetzt werden, durchaus mit begriffen sein."

[89] Vier auswärtige Colonen und ein Excolon schenkten je fünf Taler, den zweithöchsten Betrag. Die Vermutung liegt nahe, daß sie enge Verwandte des Bräutigams waren.

[90] Es fehlte eine Schwester der Brautmutter, die 1824 den Christian Rudolf Gildehaus in Osnabrück geheiratet hatte. Wir wissen jedoch nicht, ob sie und ihr Mann 1840 vielleicht schon gestorben oder weiter weggezogen bzw. ausgewandert waren. Anwesend waren seine Eltern, die Markkötter Gildehaus in Belm, die zugleich Nachbarn des Meyerhofes waren und einen Taler schenkten.

Krankheit verhindert war, entzieht sich unserer Kenntnis.[91] Auch die Verwandten der verstorbenen ersten Frau des Bräutigams nahmen an der Feier teil: ihr Oheim, der Vollerbe Linnemann in Icker, sowie ihr väterlicher Onkel, der Colon Meyer zu Hüningen. So waren mit einer Ausnahme die derzeitigen Inhaber all der Höfe anwesend, aus denen während der letzten dreieinhalb Jahrzehnte eine Frau oder ein Mann auf den Belmer Meyerhof gekommen war; und infolge einer Kette von Todesfällen und Wiederheiraten waren von 1806 bis 1838 immerhin sechs Hochzeiten auf dem Hof begangen worden. Nur von dem vorletzten Interimswirt, dem 1833 verstorbenen zweiten Mann der Brautmutter, wurden anscheinend keine Angehörigen eingeladen[92]; er war durch verschwenderische Mißwirtschaft aufgefallen.[93]

Neben den Verwandten zählten die Nachbarn zu den Gästen der Feier. Aus der kleinen Bauerschaft Gretesch, zu der der Meyerhof gehörte, waren alle fünf Hofbesitzer eingeladen, sämtlich Vollerben; ihr Angebinde belief sich jeweils auf einen oder eineinhalb Taler. Der Meyerhof grenzte unmittelbar an das Kirchdorf Belm an, in dem es nur Klein- und Kleinststellen gab. Von deren Besitzern nahmen mehrere, aber längst nicht alle an dem großen Fest teil; ihre Gaben unterschieden sich kaum von denen der Gretescher Großbauern. Dazu kamen etliche Colone aus andern Bauerschaften in und außerhalb des Kirchspiels Belm. Doch die besitzenden Landleute blieben nicht völlig unter sich. Auf der einen Seite feierte „Herr Dieckriede in Osnabrück" mit und spendierte drei Taler; er scheint Gastwirt und Kornhändler in der nahen Stadt gewesen zu sein.[94] Auf der anderen Seite waren die Landlosen nicht ausgeschlossen. Dabei sein durften alle Heuerleute und sonstigen Nebenhausbewohner des Meyerhofes mit einer einzigen Ausnahme[95], immerhin elf an der Zahl. Sie wollten nicht hinter den Großbauern

---

[91] Sie starb sechs Jahre später an „Entkräftung vor Alter".

[92] Auf der Liste der Geber bzw. Gäste finden sich keine Personen seines Nachnamens. Da er von auswärts stammte, können andere Verwandte nicht identifiziert werden. Der im Folgenden erwähnte Herr Dieckriede war freilich Vormund der Kinder, die dieser Interimswirt mit der Brautmutter gezeugt hatte, wie aus dem Vergleichs-Vertrag zwischen ihm und dem Meyerhof zu Belm vom 5./19.10.1844 (im HOFARCHIV MEYER ZU BELM) hervorgeht.

[93] Vgl. unten S. 500 ff. Bis 1841 mußten von dem Stammhof dieses Interimswirtes beträchtliche Entschädigungszahlungen an den Belmer Meyerhof geleistet werden; erst 1844 wurden die restlichen Ansprüche durch einen Vergleich bereinigt (s. vorige Anm.).

[94] Als Gastwirt wurde der Vormund Dieckriede aus Osnabrück in dem Vergleichs-Vertrag vom 5./19.10.1844 (s. die vorvorige Anm.) bezeichnet, als Kornhändler im Jahr 1853 der Pate Johann Heinrich Dieckriede in Osnabrück bei der Taufe des sechsten Kindes der Brautleute von 1840.

[95] Das ergibt der Vergleich mit den Volkszählungslisten von 1836 und 1842 (die Liste von 1839 ist nicht erhalten): StA OS Rep. 350 Osn. Nr. 183 und 184. – Bei der Feier fehlte der Heuerling Bode; Heuerleute von anderen Höfen konnten nicht festgestellt werden.

aus der Nachbarschaft zurückstehen und brachten ebenfalls je ein bis eineindrittel Taler auf, obwohl das den Gegenwert von neun bis zwölf Tagen Arbeit darstellte. Klockenbrink, der kein Heuerling war, sondern in einem neugebauten Nebenhaus des Hofes seine Gastwirtschaft und Bäckerei betrieb, gab zwei Taler. Zu den Gästen ohne Landbesitz zählte der unterste lokale Vertreter der Staatsgewalt, der Untervogt Fraumann; auch er wohnte in einem Nebengebäude des Meyerhofes und schenkte 1⅓ Taler.[96] Ob die höhere weltliche und geistliche Obrigkeit des Ortes, der Vogt und der Pastor, nicht mitfeierten oder ob die Hochzeiter sie vorsichtshalber nicht in die Liste der Geldgeber aufnahmen, bleibt uns verborgen. Immerhin ist das erhaltene Dokument geeignet, Zweifel daran aufkommen zu lassen, ob hier gemäß den staatlichen Anordnungen eine Form des Schenkens gewählt wurde, bei welcher „der eine Gast nicht bemerken kann, was der andere gibt", oder ob vielmehr verbotswidrig die Gaben „öffentlich abgezählet und abgelesen oder abgerufen" wurden – was nach Meinung der besorgten Regierung „einer unleidlichen Art der Schätzung" gleichkam, weil das Verfahren darauf ziele, „diejenigen, welche nach der Absicht des Empfängers nicht reichlich genug geben, solchergestalt zu beschämen".[97] Natürlich bedeutete die praktische Geldform der Gaben zugleich deren exakte Vergleichbarkeit. Allerdings haben wohl nicht alle ihren Obulus beim Fest bar überreicht; nur bei 19 von 71 Gebern vermerkt die Liste „dd", dedit, hat gezahlt. Die übrigen scheinen am Tag der Feier nur ein Versprechen zu Protokoll gegeben zu haben.

Wenn die obrigkeitlichen Ge- und Verbote über die rechte Diskretion beim Schenken ebenso wie die über die Höchstzahl der Gäste umgangen oder verletzt wurden, so deshalb, weil die Bauern sogar bei ihren Festen eigene Vorstellungen und Normen hatten. Diese gaben eine Richtlinie, wer aus der Verwandtschaft, der Nachbarschaft und der Klientel der Heuerleute einzuladen war und auf wen allenfalls verzichtet werden konnte. Dadurch war der Kreis derer, die man zur Hochzeit bat, relativ fest, aber nicht ganz starr umrissen: Daß in der Liste von 1840 einzelne fehlen aus Gruppen, die sonst vollständig berücksichtigt wurden, läßt darauf schließen, daß Ausnahmen von solchen Regeln stets möglich waren, wenn es besondere Gründe gab – mochten diese nun in einer äußerlichen Verhinderung oder in einer gestörten sozialen Beziehung liegen.

---

[96] Zu ihm, Klockenbrink und den Heuerleuten dieses Hofes unten Kap. 7.3.; dort auch zum Lohnsatz für Heuerleute.
[97] So die Verordnung vom 18.8.1780 §4, die am 28.1.1822 bekräftigt wurde, vgl. oben S. 411 f. mit Anm. 77.

## 6.4.2. Anerbe/Anerbin des Hofes und einheiratender Teil, der ‚Brautschatz'

Bevor eine Hochzeit gefeiert werden konnte, galt es, den passenden Partner zu finden. Welche Gatten gewählt wurden und welche Personenkreise kaum eine Chance hatten, in Betracht gezogen zu werden, ist in hohem Maße aussagekräftig für den Verlauf von Grenzen in dieser Gesellschaft.

Was die geographische Ausdehnung des Heiratskreises angeht, so zeigten die Bauern und insbesondere die auf großen Höfen eine überdurchschnittlich hohe Bereitschaft, eine Braut von auswärts ins Haus zu holen (Anhang Tab. 3 b).[98] Von den Ehefrauen der Vollbauern, die Mitte des 19. Jahrhunderts im Kirchspiel Belm lebten, war gut die Hälfte außerhalb geboren; bei den Kleinbauernfrauen war es knapp die Hälfte, bei den Landlosen etwa zwei Fünftel. Umgekehrt verhielt es sich freilich bei den Männern: Daß drei Viertel der Colone in Belm getauft waren, während in der landlosen Schicht der Anteil der Zugewanderten bei den Männern etwa ebenso hoch war wie bei den Frauen, ergab sich als Folge der Bevorzugung männlicher Erben auf den Höfen. Wenn Anerben auf der Suche nach einem Ehepartner die Grenze ihres Kirchspiels ebenso oft überschritten wie einhielten, so gingen sie doch selten sehr weit in das Land hinaus: In aller Regel stammten die Auswärtigen aus einem der umliegenden Kirchspiele.

In der Respektierung und Mißachtung konfessioneller Grenzen entsprachen die Bauern im wesentlichen dem Trend, wie er sich für die lokale Gesellschaft insgesamt abzeichnet: Während bis etwa 1740 Heiraten zwischen Lutheranern und Katholiken häufig vorkamen, ging der Anteil der gemischten Ehen danach drastisch zurück und behielt bis zum Ende der Untersuchungsperiode sinkende Tendenz (Tab. 6.09).[99] Bei den Bauern tritt dieser Wandel jedoch noch ausgeprägter in Erscheinung als bei der Gesamtbevölkerung: Anfänglich gab es in der landbesitzenden Schicht überdurchschnittlich viele Mischehen, um 1700 fast ein Viertel aller Heiraten. Bisweilen wurde dann der konfessionelle Einklang des Paares durch eine Konversion hergestellt. So hatte 1702 der katholische Berndt Albert Voß die lutherische Anna Margarethe Brockhoffes geheiratet und war so auf deren Vollerbe in Darum gekommen. Nach Anna Margarethes Tod nahm er 1715 Anna Engel Meinert zur Frau, die auch Lutheranerin war; nun bezeichnete ihn der katholische Seelenhirte als Berndt Albert Brockhoff „Apostata". –

---

[98] Hier und bei der folgenden Auswertung betr. konfessionelle Endogamie sind sowohl Erstehen als auch Wiederheiraten berücksichtigt.

[99] Vergleichszahlen für Augsburg sowie andere Orte und Regionen bei FRANÇOIS 1991 S. 190 ff.

Tabelle 6.09: Konfessionell gemischte Ehen in % aller Ehen,
nach sozialer Schicht und Heiratsperiode

| Heiratsperiode | Großbauern | Kleinbauern | Heuerlinge/ Landlose | alle (einschl. Schicht unbekannt) |
|---|---|---|---|---|
| 1681–1710 | 24,7 % | 23,1 % | – | 21,8 % |
| 1711–1740 | 15,4 % | 21,7 % | – | 26,8 % |
| 1741–1770 | 6,5 % | 3,8 % | 8,6 % | 8,3 % |
| 1771–1800 | 3,7 % | 3,4 % | 7,3 % | 6,6 % |
| 1801–1830 | 0,0 % | 1,0 % | 5,6 % | 4,0 % |
| 1831–1860 | 0,0 % | 2,4 % | 3,3 % | 2,2 % |
| insgesamt | 7,2 % | 6,4 % | – | 9,3 % |

Anmerkung: Seit etwa 1680 ist bis zum Beginn der lutherischen Heiratsregister (1810/11) bei der großen Mehrzahl der Heiraten die Konfession beider Ehegatten angegeben; in dieser Periode werden auch die wenigen Fälle als Mischehen betrachtet, bei denen ein Teil als lutherisch gekennzeichnet ist, während bei dem anderen Teil die Konfession nicht angegeben ist. – Seit Beginn der getrennten Kirchenbuch-Führung von Lutheranern und Katholiken (1810/11) wurde die Konfession in der Regel nur noch bei andersgläubigen Personen angegeben; daher werden in dieser Periode die Fälle als Mischehen betrachtet, bei denen ein Teil vom katholischen Pfarrer als lutherisch oder vom lutherischen Pfarrer als katholisch bezeichnet ist.

Im 18. Jahrhundert verlief der Übergang zur konfessionellen Endogamie bei den Colonen dramatischer, geradezu abrupt um 1740 bei den Kleinbauern. Im 19. Jahrhundert hielten sich die Landbesitzer besonders strikt an den Grundsatz, gemischte Ehen zu vermeiden; bei den Großbauern läßt sich in dieser Periode keine Ausnahme mehr nachweisen.

In sozialer Hinsicht war der Heiratskreis der Großbauern weitgehend geschlossen, der der Kleinbauern hingegen offener sowohl nach oben wie nach unten. Fünf von sechs Besitzern großer Höfe nahmen die Tochter eines anderen Vollbauern zur Frau (Tab. 6.02 d). Unter allen Bräuten, die von Anerben in ihrer ersten Ehe auf Vollhöfe gebracht wurden, finden wir während der beiden Jahrhunderte nur elf Töchter von Kleinbauern und sieben Heuerlingstöchter (Tab. 6.10). So trat im Oktober 1697 der 29jährige Gerdt Voß, Anerbe des Wellinger Vollerbes, vor den Traualtar mit der zehn Jahre jüngeren Anna Margaretha Gildehauß, Tochter des Markkötters im Kirchdorf. 1818 nahm Gerhard Heinrich Bultmann, 21 Jahre und Erbe des Vehrter Vollhofes, die 20jährige Maria Elisabetha Hackmann aus dem Markkotten in Icker zur Frau. Maria Elisabeth Degener, die 1819 mit 21 Jahren Frau des sieben Jahre älteren Anerben Adam Heinrich Hellmann vom Wellinger Vollhof wurde, war sogar Tochter eines Heuermanns. Das traf auch zu auf Katharine Marie Wiehemeyer, die 1857 als 20 jährige von dem acht Jahre älteren Johann Wilhelm Drehlmann auf dessen väterliches Vollerbe geholt wurde, nachdem seine beiden Eltern schon einige Jahre zuvor gestorben waren. Daß eine junge Frau in dieser Weise ‚hinaufheiraten' konnte, blieb eine seltene Ausnahme.

Unter den Inhabern von Kleinstellen nahmen nur zwei von fünf die Tochter eines anderen Kleinbauern zur Frau, jeder vierte führte die Tochter eines Großbauern heim, fast jeder dritte eine Heuerlingstochter (Tab. 6.02 d). So gewann der Markkötter Dirk Wennemar Krämer in Haltern 1724 die 30 jährige Catharina Elisabeth Niederrielage aus dem Power Vollerbe zu seiner zweiten Gattin, während sein Enkel Christopher Henrich 1793 die Heuerlingstochter Margaretha Elisabeth Kiel ehelichte – er 29, sie 23 Jahre alt. Unter den Bräuten, die von Anerben kleiner Stätten in erster Ehe heimgeführt wurden, waren fast die Hälfte Töchter von Großbauern; für junge Kleinbauern waren die Chancen, eine Frau aus einer begüterteren Familie zu gewinnen, anscheinend etwas besser als für verwitwete (Tab. 6.10).

Fiel ein großer Hof an eine Erbtochter, so heiratete auch diese in aller Regel einen Partner, der aus einem Vollhof stammte. Nur vier Anerbinnen großer Höfe lassen sich finden, die einem Mann die Gelegenheit boten, durch Heirat aufzusteigen (Tab. 6.11). Catharina Anna Strüwe, die nach dem Tod ihrer beiden Brüder zur Erbin des väterlichen Vollerbes in Haltern wurde, gab 1781 im Alter von 23 Jahren ihre Hand dem acht Jahre älteren Johann Henrich Pimpe, Sohn eines Markkötters. Eine Verbindung zwischen den beiden Familien war schon fünf Jahre zuvor hergestellt worden, als Johann Gerd Pimpe, Johann Henrichs älterer Bruder, damals 37 Jahre alt und Erbe des mütterlichen Markkottens, Maria Elisabeth Strüwe, Catharina Annas jüngere Schwester, im Alter von 22 Jahren zur Frau nahm. – Anne Marie Bückers, deren einziger Bruder gestorben war, kam das Halberbe ihrer Eltern in Haltern zu; sie wählte 1815 den Erbköttersohn Conrad Florenz Hagebusch zum Gemahl, der gleich ihr erst zwanzig Jahre zählte. – Maria Catharina Bultmanns Vater Johann Heinrich Voß stammte aus dem Vollerbe in Lüstringen, hatte aber zunächst ohne Landbesitz als Heuermann geheiratet und später – ein seltener Fall – Bultmanns Vollerbe in Vehrte käuflich erwerben können, weil dessen Vorbesitzer ausgewandert waren; so nahm er den Namen dieses Hofes an. Da er keinen Sohn hatte, wurde Maria Catharina Erbin; die 25 jährige heiratete 1846 den gleichaltrigen Hermann Friedrich Möller; der Markköttersohn wurde so zum Vollerben Bultmann. – Anne Marie Niemann, die 1819 nach dem Tod ihrer drei Brüder[100] im

---

[100] Der älteste kam 1812/13 als Corporal der französischen Armee in Wilna um; doch traf die Nachricht erst im November 1817 bei der Familie ein, worauf ihm die Stiefeltern am

Tabelle 6.10: Konnubium der Anerben und Witwer auf großen und kleinen Höfen

a) Großbauern

| Art der Ehe | Schicht des Vaters der Ehefrau | | | | Summe |
|---|---|---|---|---|---|
| | Großbauern | Kleinbauern | Heuerlinge/ Landlose | Sonstige | |
| Erstehe des Anerben (Zeilen-%) | 94 (81,0%) | 11 (9,5%) | 7 (6,0%) | 4 (3,4%) | 116 |
| Wiederheirat eines Witwers (Zeilen-%) | 40 (81,6%) | 4 (8,2%) | 5 (10,2%) | – | 49 |
| Summe (Zeilen-%) | 134 (81,2%) | 15 (9,1%) | 12 (7,3%) | 4 (2,4%) | 165 |

b) Kleinbauern

| Art der Ehe | Schicht des Vaters der Ehefrau | | | | Summe |
|---|---|---|---|---|---|
| | Großbauern | Kleinbauern | Heuerlinge/ Landlose | Sonstige | |
| Erstehe des Anerben (Zeilen-%) | 18 (47,4%) | 4 (10,5%) | 16 (42,1%) | – | 38 |
| Wiederheirat eines Witwers (Zeilen-%) | 11 (39,3%) | 8 (28,6%) | 9 (32,1%) | – | 28 |
| Summe (Zeilen-%) | 29 (43,9%) | 12 (18,2%) | 25 (37,9%) | – | 66 |

Alter von 27 Jahren das elterliche Vollerbe in Haltern von ihrem Stiefvater und dessen zweiter Frau übernahm, entschied sich sogar für einen Heuerlingssohn, den drei Jahre jüngeren Wilhelm Heinrich Westrup. In dieser Geringschätzung des sozialen Abstands zu den landlosen Familien fand sie unter den Anerbinnen großer Höfe keine Nachahmerin.

---

4.1.1818 eine Leichenpredigt halten ließen. Der jüngste starb 1815 im Alter von 18 Jahren; der mittlere war als Säugling abgeschieden.

Tabelle 6.11: Konnubium der Anerbinnen und Witwen auf großen und kleinen Höfen

a) Großbäuerinnen

| Art der Ehe | Schicht des Vaters des Ehemannes | | | | Summe |
|---|---|---|---|---|---|
| | Großbauern | Kleinbauern | Heuerlinge/ Landlose | Sonstige | |
| Erstehe der Anerbin (Zeilen-%) | 26 (86,7%) | 3 (10,0%) | 1 (3,3%) | – | 30 |
| Wiederheirat einer Witwe (Zeilen-%) | 33 (82,5%) | 1 (2,5%) | 5 (12,5%) | 1 (2,5%) | 40 |
| Summe (Zeilen-%) | 59 (84,3%) | 4 (5,7%) | 6 (8,6%) | 1 (1,4%) | 70 |

b) Kleinbäuerinnen

| Art der Ehe | Schicht des Vaters des Ehemannes | | | | Summe |
|---|---|---|---|---|---|
| | Großbauern | Kleinbauern | Heuerlinge/ Landlose | Sonstige | |
| Erstehe der Anerbin (Zeilen-%) | 8 (44,4%) | 1 (5,6%) | 8 (44,4%) | 1 (5,6%) | 18 |
| Wiederheirat einer Witwe (Zeilen-%) | 6 (46,2%) | 1 (7,7%) | 6 (46,2%) | – | 13 |
| Summe (Zeilen-%) | 14 (45,2%) | 2 (6,5%) | 14 (45,2%) | 1 (3,2%) | 31 |

Eher heirateten Anerbinnen von Kleinstellen einen Sohn landloser Eltern; insgesamt acht Ehen dieser Art lassen sich ermitteln, ebenso viele wie von Anerbinnen kleiner Stätten mit weichenden Söhnen von Großbauern geschlossen wurden (Tab. 6.11).

In der Regel kamen für Anerben und Anerbinnen also nur die nicht erbenden Kinder von Bauern als Ehepartner in Frage; das galt für die Großbauern mit ganz wenigen Ausnahmen, für die Kleinbauern in der Mehrheit der Fälle. Ob ein Sohn oder eine Tochter den Hof erbte, machte für das

Ausmaß der sozialen Endogamie keinen Unterschied (Tab. 6.10-6.11). Da jedoch von vier Anerben drei männlich waren, hatten die Töchter der Bauern eine wesentlich höhere Chance, von einem ledigen Anerben auf dessen Hof geholt zu werden, als Söhne von einer ledigen Anerbin.

Ein illegitimes Kind war kein unbedingtes Hindernis für eine standesgemäße Heirat, obwohl gerade bei Großbauern die voreheliche Sexualität immer stärker kontrolliert wurde.[101] Ein lediger Vater verlor offenbar nicht ohne weiteres das „gute Gerücht", und eine unverheiratete Mutter galt nicht gleich als „dem Hurenleben ergeben" oder „sonst berüchtigt"; denn sonst hätten sie als ‚untüchtig' zur Führung eines Hofes gegolten.[102] Eine 23 jährige Vollerbentocher aus Haltern brachte 1818 eine uneheliche Tochter zur Welt. Als Vater wurde der Sohn eines Heuerlings auf dem Hof ihrer Eltern registriert; er war ein Jahr älter als sie. Nur zwei Monate nach der Geburt und Taufe ihres Kindes stand sie vor dem Traualtar, – jedoch nicht mit ihrem bisherigen Gefährten, sondern mit dem 19 jährigen Anerben eines Halberben-Hofes. Ob ihre Eltern eine dauerhafte Verbindung mit dem Heuerlingssohn verhinderten oder ob sie selber den Anerben vorzog, wissen wir nicht. Überliefert ist hingegen, daß der uneheliche Vater drei Jahre später eine andere gute Partie machte: Er ehelichte eine 19 jährige Vollerbentochter. Obwohl er keinen Landbesitz gewann, sondern als Tischler arbeitete, war er nicht unvermögend. Als er 1834 mit Frau und seinen fünf ehelichen Kindern auswanderte, konnte er etwa 1000 Taler mitnehmen.

Ebensowenig war ein ‚Fehltritt' dieser Art ein Grund, den regulären Anerben zu enterben und den Hof einem anderen Kind zu übertragen. Im Mai 1807 wurde bei der Taufe eines unehelichen Mädchens der jüngste Sohn eines Vollerben als Vater registriert. Die Mutter, Tochter eines Heuermanns, hatte einen Monat zuvor einen anderen Mann geheiratet; dieser war landlos und bekam eine Heuerstelle auf eben diesem Vollerbe; dort wurde im Januar 1812 die uneheliche Tochter bei ihr unter dem Namen ihres Mannes – der inzwischen bereits gestorben war – in der Zensusliste verzeichnet. Nachdem dieser Vollerbe 1809 gestorben war, heiratete der Sohn im Jahre 1811 eine 22 jährige Großbauerntochter und übernahm den Hof. Sein älterer Bruder, der als alternativer Erbe in Betracht gekommen wäre, heiratete erst 1817. – Auch die Erbtochter eines großen Hofes ‚leistete' sich im 19. Jahrhundert ein illegitimes Kind. Sie war damals erst zwanzig Jahre alt, hatte allerdings keine Geschwister mehr. Der Vater des Kindes, ein Schlachter, sah offenbar keine

---

[101] Siehe oben Kap. 3.2. und Tab. 3.09-3.10.
[102] Eigentums-Ordnung (vgl. oben Anm. 10) Kap. 4 §3. – Vgl. die Fallstudien BECKER 1990 und BREIT 1991 zum sozialen Kontext und zur Bewertung illegitimer Geburten.

Chance für eine Legalisierung dieser Beziehung und ging ein gutes Jahr später eine Ehe ohne Landbesitz ein. Die Anerbin heiratete nach weiteren vier Jahren einen anderen Mann, den Sohn eines Kleinbauern. Das voreheliche Kind lebte mit im Haushalt der Mutter und des Stiefvaters und führte den Namen des Hofes, obwohl sein natürlicher Vater sich zu ihm bekannt und ins Kirchenbuch hatte eintragen lassen. – In diesen Fällen scheint es den Beteiligten wichtiger gewesen zu sein, einen möglichst ‚standesgemäßen' Ehepartner zu finden als ein Verhältnis zu legalisieren, aus dem zwar bereits ein Nachkomme hervorgegangen war, das aber die Grenze zwischen besitzenden und eigentumslosen Familien mißachtete.

Eine wesentliche Rolle bei der Sicherung der sozialen Endogamie der Bauern, insbesondere der Großbauern, dürfte die Mitgift gespielt haben, die von dem einheiratenden Teil – gleichgültig, ob Mann oder Frau – erwartet wurde. Auch die Osnabrückische Eigentums-Ordnung sprach diese Erwartung unter den Anforderungen, die an einen auf den Hof kommenden Ehepartner zu stellen seien, deutlich aus: „Will der Anerbe zur Ehe schreiten, so soll er oder sie eine solche Person aussehen und dem Gutsherrn darstellen, welche Gott fürchtet und eines so guten Gerüchts ist, daß der Gutsherr dawieder nichts mit Bestand einzuwenden habe, und welche das Erbe mit einem proportioniertem [!] Stück Geldes oder sonst verbessern könne."[103]

Aufzubringen war die Mitgift, im Osnabrückischen und Westfälischen meist „Brautschatz" genannt, von dem Hof, aus dem die Braut bzw. der einheiratende Bräutigam stammte; ihre Höhe war abhängig von Größe und Zustand dieses Anwesens.[104] Seit dem späten 16. Jahrhundert war die Sorge, daß die Bauern ihren weichenden Kindern zu hohe Abfindungen ausloben und damit die Fähigkeit der Höfe, Feudallasten und Steuern zu tragen, beeinträchtigen könnten, ein wichtiger Aspekt in den Verordnungen, durch die der Landesherr, beraten von den Ständen, die bäuerlich-grundherrlichen Verhältnisse zu normieren suchte. Zumal der Grundherr Anspruch auf den „Sterbfall"[105] hatte, meist in Höhe der Hälfte der beweglichen Güter aus

---

[103] Eigentums-Ordnung (vgl. oben Anm. 10) Kap. 1 § 12.

[104] Vgl. für benachbarte Gebiete SAUERMANN 1971/72, auch zum Folgenden; MOOSER 1984 S. 190 ff.; sowie für andere Regionen Nordwestdeutschlands ACHILLES 1965 S. 52 ff., 79 ff.; BEIßNER 1986; BEGEMANN 1990 S. 132 ff. – Grundsätzlich zur Bedeutung der Mitgift für das Familien- und Verwandtschaftssystem GOODY 1973a.

[105] Dazu Eigentums-Ordnung (vgl. oben Anm. 10) Kap. 6; vgl. KLÖNTRUP 1798–1800 Bd. 3 S. 188–202 s.v. ‚Sterbfall'; HIRSCHFELDER 1971 S. 146 ff.; WINKLER 1959 S. 44 f.; BREMEN 1971 S. 114 ff. – Für einige Gruppen von Bauern galten Sonderregelungen; doch war der ‚Sterbfall' rechtlich durchweg als eine bestimmte Quote vom Nachlaß des Eigenbehörigen definiert. So stand der Herrschaft von den sog. ‚Hausgenossen' oft nur „der vierte Fuß, d. i. der vierte Teil

dem Nachlaß seiner Eigenbehörigen – dieser Anspruch pflegte durch eine jeweils auszuhandelnde Geldzahlung abgelöst zu werden –, war er unmittelbar interessiert, vorhergehende Vermögensübertragungen seiner Bauern zu kontrollieren. Seit 1583 schärften die Edikte immer wieder ein, daß die Auslobung des Brautschatzes nur mit Zustimmung des Grundherrn geschehen durfte.[106]

Für die Höhe des Brautschatzes der einzelnen Höfeklassen gab der „Kirchspiels-Gebrauch" wesentliche Anhaltspunkte; im einzelnen war er zwischen den beiden Höfen auszuhandeln und vom Herrn des auslobenden Bauern zu billigen. Seit 1768/1779 wurden auch dafür durch landesherrliche Verordnung Richtlinien festgelegt, nach denen in Streitfällen auf eigenbehörigen Stätten entschieden werden sollte. Demnach erhielt der Anerbe vorab das Haupthaus mit Hofplatz, Garten, Leibzucht, Wirtschaftsgebäuden und den Rechten an der gemeinen Mark; hingegen sollte für Äcker, Wiesen, private Weiden sowie Heuerlingskotten der Reinertrag – nach Abzug von Feudallasten, Steuern, Schuldzinsen – geschätzt und daraufhin ihr Kapitalwert veranschlagt werden. Von diesem Kapitalwert kam dem Anerben wiederum die Hälfte vorab zu, die andere Hälfte aber war zwischen dem Anerben und den abgehenden Geschwistern je nach deren Zahl zu teilen: war nur ein Kind abzufinden, so bekam es von der zweiten Hälfte ein Drittel; zwei weichende Erben erhielten je ein Viertel, drei oder vier je ein Fünftel von der zweiten Hälfte, während der Rest zusätzlich an den Anerben fiel; waren jedoch fünf oder mehr Geschwister auszusteuern, so wurde die zweite Hälfte ganz unter diese aufgeteilt. Nach diesem Schlüssel stand mithin von dem gesamten Kapitalwert (ohne Haupthaus, Hofplatz, Markgerechtigkeit usw.) einem einzelnen abgehenden Kind ein Sechstel, dem Anerben fünf Sechstel zu; zwei weichende Erben konnten je ein Achtel, drei, vier oder fünf je ein Zehntel erwarten.[107] – Anspruch auf eine Abfindung

---

des vierfüßigen Viehes", zu: KLÖNTRUP 1798–1800 Bd. 2 S. 145 s. v. ‚Hausgenossen'; vgl. HIRSCHFELDER 1971 S. 82 ff., 148 ff. – Es gab aber auch einige Höfe, die als sog. ‚Winnerbe' weder Auffahrt noch Sterbfall noch Freibriefe, sondern neben den jährlichen Abgaben in festgelegten Abständen – oft alle 12 Jahre – ein ‚Winngeld' zu zahlen hatten; s. KLÖNTRUP 1798–1800 Bd. 3 S. 311–315; HIRSCHFELDER 1971 S. 62 ff.; zwei Höfe dieser Art aus dem Kirchspiel Belm finden sich im Lagerbuch des Domkapitels (StA OS Rep. 560 III Nr. 693 pag. 2, 7) verzeichnet.

[106] Verordnungen vom 12.11.1583, 14.7.1605, 2.2.1682, abgedr. in: OSNABRÜCKISCHES EIGENTUMS-RECHT 1794 S. 49 ff., 51 ff., 57 ff.; Eigentums-Ordnung (vgl. oben Anm. 10) Kap. 15 § 7 ff.; vgl. KLÖNTRUP 1798–1800 Bd. 1 S. 101–107 s. v. ‚Auslobung der abgehenden Kinder'; ebd. S. 184–190 s. v. ‚Brautschatz'; HIRSCHFELDER 1971 S. 170 f.; WINKLER 1959 S. 46.

[107] Verordnungen vom 5.12.1768 und vom 27.7.1779, abgedr. in: OSNABRÜCKISCHES EIGENTUMS-RECHT 1794 S. 91 ff., 109 ff. Die Verordnung von 1768 hatte in § 7 einen für die weichen-

sollten Kinder aus erster und aus folgenden Ehen gleichermaßen haben, außer wenn sie erst geboren waren, nachdem ihre Eltern den Hof übergeben hatten und auf die Leibzucht gegangen waren.[108] - Aus der Mitte des 19. Jahrhunderts sind für das Kirchspiel Belm einige Konfliktfälle über die Auslobung weichender Erben überliefert; sie wurden auf der Grundlage dieser Verordnungen geregelt.[109]

Faktisch bestand die Mitgift eines Großbauernkindes in der Regel aus einer Geldsumme, einigen Stücken Vieh, Möbeln, Hausgerät, Kleidung, Wäsche, Leinen; z. T. gehörten auch Getreide und andere Naturalgüter dazu. So versprach Henrich Grube, Anerbe des Vollhofes in Wellingen, 1676 seiner Schwester als Brautschatz einhundert Taler, drei fruchtbare Kühe, drei Rinder, ein Stück Schlachtvieh, ein Pferd, ein Fohlen, sechs magere Schweine, sowie je zwei Malter Roggen, Gerste und Hafer.[110] - Auf Pantes Vollerbe, ebenfalls in Wellingen, wurde im Juli 1797 ein Vertrag über die Abfindung der weichenden Erben geschlossen zwischen dem 68jährigen verwitweten Colon Jost Gerd Pante, seiner 31 Jahre alten Tochter aus erster Ehe Maria Engel als Anerbin sowie deren sieben Jahre jüngerem Verlobten Carl Diederich Lammerding[111] und dessen Vater, einem Bauern aus dem benachbarten Kirchspiel Ostercappeln. Auszusteuern waren die vier noch unverheirateten Stiefgeschwister der Anerbin; diese Söhne und Töchter aus Jost Gerd Pantes zweiter Ehe standen im Alter zwischen 28 und 14 Jahren. Zugesprochen wurden „einem jeden abgehenden Kinde bei der Verheiratunge und nachhero dreihundert Reichstaler in gangbarer Münze nebst Brautwagen Land- und Kirchspielgebrauch nach".[112] Der „Brautwagen" gehörte zu der üblichen Mitgift für die Töchter von Großbauern, während die Söhne

---

den Erben günstigeren Schlüssel vorgesehen: Von dem veranschlagten Kapitalwert sollte der Anerbe einen Anteil erhalten, der doppelt so hoch war wie der der abgehenden Geschwister; demnach stand einem einzelnen abgehenden Kind ein Drittel, zwei weichenden Erben je ein Viertel, dreien je ein Fünftel, vieren ein Sechstel zu usw. - und zwar jeweils von dem gesamten Kapitalwert (ohne Haupthaus, Hofplatz, Markgerechtigkeit usw.). Die Verordnung von 1779 stellte fest, daß dieser Schlüssel „mit der Erhaltung der Eigenbehörigen Stätten nicht bestehen könne", und bestimmte stattdessen die im Text genannten Quotierungen.

[108] In Fällen, wo es offenkundig war, daß ein Interimswirt den Hof heruntergewirtschaftet hatte, konnte seinen Kindern jedoch ein geringerer Brautschatz zugewiesen werden: Verordnung vom 5.12.1768 (vgl. vorige Anm.) §1; KLÖNTRUP 1798-1800 Bd. 1 S. 185 s. v. ‚Brautschatz'.

[109] So der oben S. 260 ff. erwähnte Streit auf dem Meyerhof zu Powe: StA OS Rep. 350 Osn. Nr. 1837; andere Fälle z. B. in ebd. Nr. 1781 und Nr. 1789.

[110] WESTERFELD 1934 S. 56.

[111] Von ihrem späteren Schicksal sowie der Ablösung der „ungewissen Eigentumsgefälle" von Pantes Hof wurde oben S. 407 f. berichtet.

[112] VINCKE 1950 S. 32 f., vgl. 28 ff.

– zumindest an manchen Orten – in dieser Hinsicht weniger erhielten; er bestand aus „gewissen Stücken an Kleidung, Vieh, Hausgeräte, Betten, Bettlaken, Hemden und dergleichen".[113] Seine feierliche Abholung von dem Hof, aus dem die Braut – bzw. der einheiratende Bräutigam – stammte, bildete einen wichtigen Bestandteil der Hochzeitsrituale.

Während die mitgegebenen Naturalien oft zur Eheschließung übergeben wurden, war es üblich, die Geldbeträge in Raten auszuzahlen. In Pantes Vertrag von 1797 hieß es: „Es verstehet sich aber hiebei, daß diese Abfindung nicht auf einmal, sondern nach und nach, so wie es des Erbes Umstände erleiden, geschehen solle." Für Konfliktfälle wurde durch landesherrliche Verordnung ein Zeitplan in der Weise vorgesehen, daß von einem Hofe innerhalb eines Jahres nie mehr als der geschätzte Reinertrag, in der Regel aber nur die Hälfte davon, ausgezahlt werden mußte.[114] Maria Engel und Carl Diederich Pante, geborener Lammerding, leisteten 1844 die letzten Raten, die Maria Engels Halbgeschwistern zustanden, – 47 Jahre, nachdem sie den Pante-Hof übernommen hatten, vier Jahrzehnte nach der Heirat der Halbschwester; Empfänger waren deren Erben sowie ein Schwiegersohn des Halbbruders: Die ausstehende Forderung war inzwischen an die nächste Generation als Teil der Mitgift weitergereicht worden.[115] – Blieb ein Brautschatz zu lange unausgezahlt, so konnte das freilich zu Streit zwischen den beteiligten Verwandten führen. Eine derartige „Zwistigkeit" regelte 1764 die Witwe Duhling in Powe, die dreißig Jahre zuvor das elterliche Vollerbe

---

[113] KLÖNTRUP 1798–1800 Bd. 1 S. 190 f. s. v. ‚Brautwagen'; vgl. SAUERMANN 1971/72 S. 127 ff. – Im Jahre 1860 bestand der „standesmäßige Brautwagen" für den Sohn des Halberben Bergmann zu Icker „in 1 Ackerwagen, 1 Pflug, 1 Kuh, 1 Kessel, 2 Töpfen, 1 Bett, 1 Bettstelle, 1 Kleiderschrank, 1 Anrichte, 6 Stühlen usw.": Ehestiftung vom 21.11.1860, in: StA OS Rep. 350 Osn. Nr. 1772.

[114] Verordnung vom 5.12.1768 (s. oben Anm. 107) § 10.

[115] VINCKE 1950 S. 36, vgl. 29 f. – Ähnliches berichten SAUERMANN 1971/72 S. 124 f. und BEIßNER 1986 S. 171 f.; hingegen stellt ACHILLES 1965 S. 81 eine zunehmende Tendenz zur vollständigen Auszahlung am Tag der Hochzeit fest; differenziert BEGEMANN 1990 S. 136 ff. – Vgl. auch unten S. 467: Eine Tochter von Vincken Vollerbe in Gretesch, die 1780 auf einen anderen großen Hof geheiratet hatte, hatte bis zum Jahr 1804 „ihren Kindesteil *fast* völlig empfangen"; später hieß es vorsichtiger, daß „ihre Abfindung *größtenteils* erfolget" sei (StA OS Rep. 550 II Nr. 116: Eingaben der Eheleute Osterhus vom 26.5. und 2.8.1804; Hervorhebungen von mir, J.S.). – Einen Teil des Brautschatzes, der einer Tochter vom Meyerhof zu Belm bei ihrer Hochzeit in der ersten Hälfte des 18. Jahrhunderts versprochen war, erhielt erst ihre Tochter nach ihrer Heirat; ein Rest stand angeblich noch zu Beginn des 19. Jahrhunderts aus: StA OS Rep. 350 Osn. Nr. 3042, Bericht des Vogts von Schledehausen vom 17.1.1805; vgl. unten S. 516 f. – Siehe auch oben S. 323: In den 1850er Jahren waren 190 Taler Brautschatz noch unausgezahlt, die einer abgehenden Tochter von Voß' Vollerbe zu Darum etwa 60 Jahre zuvor versprochen waren.

übernommen hatte, mit ihrem Bruder Johann Dirck, der in den Hof eines Nachbar-Kirchspiels eingeheiratet hatte. Der von Duhlings Grundherrn genehmigte Vergleich sah jedoch vor, daß die noch ausstehenden Teile der Abfindung für Johann Dirck in Raten gezahlt werden sollten: 30 Taler in zweijährigen Raten zu 5 Talern, beginnend Ostern 1765; 2 Malter Hafer und ½ Malter Gerste in Raten zu ½ Malter, beginnend Ostern 1764; ferner zwei Kühe, die eine Michaelis 1764, die andere zwei Jahre später. So wurden die restlichen Leistungen auf elf Jahre verteilt, immerhin aber an bestimmte Termine gebunden.[116]

Eine kleine Stätte konnte einen Brautschatz in der Höhe – und einen Brautwagen in der reichhaltigen Ausstattung – wie ein großer Hof in der Regel nicht aufbringen.[117] Das war ein wichtiger Grund, warum Kinder von Kleinbauern so wenig Chancen hatten, in einen Vollhof einzuheiraten, während umgekehrt die Mitgift eines weichenden Erben aus einer begüterteren Familie natürlich auch auf einer Kleinstelle sehr willkommen war. Wer freilich nur eine winzige Neubauernstelle besaß, mußte sich manchmal mit einem äußerst kargen Beibringen des Ehepartners begnügen. Der Bräutigam der Erbpächterswitwe Lampe im Kirchspiel Bissendorf besaß 1849 „außer seinem Leibzeuge und Wäsche nur 1 Schrein, 1 Spinnrad und 1 Haspel". Als er elf Jahre später nach dem Tod der ersten Frau die etwa 49 jährige Heuerlingstochter Catharina Elisabeth Blanckemeyer aus dem Kirchspiel Belm heiratete, bestand deren „Vermögen" in „einem Koffer, Bett, Spinnrad, Haspel und ihrer Kleidung und Wäsche".[118]

Auf den regulären Höfen stand es nicht im freien Belieben eines Anerben oder einer Anerbin, auf ein reichliches Beibringen des Partners zu verzichten; denn im Zusammenhang mit Heirat und Besitzübertragung fielen auf den eigenbehörigen Stätten Kosten an, die weit über die der Hochzeitsfeier hinausgingen. Der einheiratende Teil – Frau oder Mann – mußte sich, um sein Anrecht auf die Stätte zu begründen, dem Grundherrn dieser Stätte ‚eigen geben' und zu diesem Zweck vorher bei dem Herrn seiner Eltern freikaufen.[119] Höher noch war der Betrag, den er oder sie dem neuen Herrn als „Weinkauf" oder „Auffahrtgeld" zu zahlen hatten.[120] War der bisherige

---

[116] StA OS Rep. 560 III Nr. 724.
[117] SAUERMANN 1971/72 S. 111 ff.; vgl. BEIßNER 1986 S. 173 f.; BEGEMANN 1990 S. 132 ff.
[118] Ehestiftungen vom 29.8.1860 und 25.1.1849, in: StA OS Rep. 350 Osn. Nr. 1772.
[119] Eigentums-Ordnung (vgl. oben Anm. 10) Kap. 1 §§ 13 ff.; KLÖNTRUP 1798–1800 Bd. 1 S. 308–311 s. v. ‚Eigengebung'; vgl. HIRSCHFELDER 1971 S. 98 ff., 155. Zu Ausnahmen s. oben Anm. 105.
[120] Eigentums-Ordnung (vgl. oben Anm. 10) Kap. 5; KLÖNTRUP 1798–1800 Bd. 1 S. 91–96 s. v. ‚Auffahrt'; ebd. Bd. 3 S. 291–295 s. v. ‚Weinkauf'; vgl. HIRSCHFELDER 1971 S. 152 ff.; WINKLER 1959 S. 45 f.; BREMEN 1971 S. 116 f. Zu Ausnahmen s. oben Anm. 105.

Inhaber der Stätte gestorben, so mußte der „Sterbfall"[121] beglichen werden; lebte er noch, so erschien es oft zweckmäßig, gleich bei der Auffahrt des Nachfolgers auch den Sterbfall für den künftigen Altenteiler zu „dingen". Gab es unversorgte Geschwister, so wurde ihre Abfindung gern im Zusammenhang der Übergabe an den Anerben geregelt; dazu gehörte auch ihr Freikauf beim Grundherrn. All diese Feudalabgaben waren im Osnabrückischen in ihrer Höhe nicht fixiert, sondern mußten von Fall zu Fall mit dem Herrn oder seinem Beauftragten ausgehandelt werden. Erst die Ablösungs-Verordnungen von 1831/33 setzten dem ein Ende.[122]

Die Transaktionen des Jahres 1797 auf Pantes Vollerbe in Wellingen zeigen, in welcher Weise sich diese Belastungen um den Zeitpunkt der Hochzeit der Anerbin bündelten: Bevor Maria Engel Pante mit Carl Diederich, geborenem Lammerding, im November 1797 zum Traualtar schritt, wurde nicht nur im Juli die Abfindung der Stiefgeschwister vertraglich geregelt, sondern außerdem waren im August 130 Taler für die Auffahrt des Bräutigams sowie 40 Taler für den Sterbfall des noch lebenden Altbauern und weitere 46 Taler für die Freibriefe der beiden älteren Stiefgeschwister beim Domkapitel als dem Grundherrn der Stätte zu erlegen.[123] Schon für diese Zwecke war der Brautschatz des Bräutigams – über dessen Größe wir nicht unterrichtet sind – hoch erwünscht, wenn nicht notwendig.

Wenn bäuerliche Eltern ihren weichenden Kindern einen möglichst großen Brautschatz zukommen ließen, so war das nicht nur ein taktisches Mittel, um einen Teil ihres Vermögens dem Zugriff des Grundherrn zu entziehen; mehr noch diente eine reichliche Mitgift dem Ziel, die Chancen der Kinder zu verbessern, in einen guten Hof einzuheiraten. Die Abfindung der weichenden Erben war also nicht nur bezüglich der Übertragung der Vermögenswerte eine Abmilderung des Prinzip der ungeteilten Vererbung, sondern hatte auch in sozialer Hinsicht den Sinn, neben dem vorwaltenden Grundsatz der ungeschmälerten Kontinuität des Stammhofs – dessen mate-

---

[121] Siehe oben Anm. 105.
[122] Die Ablösungs-Ordnung vom 23.7.1833 (s. oben Anm. 8) §§ 133f. bestimmte, daß die Eigenbehörigkeit – und mit ihr diese ungewissen Gefälle – bis 1836 abgelöst werden sollte; danach konnte die „Gutsherrschaft" nur noch die Umwandlung in eine feste Geld-Abgabe fordern. – Einige Höfe hatten freilich schon früher mit ihrem Gutsherrn einzelvertraglich die Ablösung der ungewissen Leibeigentums-Gefälle vereinbart, so der Vollerbe Meyer zu Osterhus in Powe am 22.3.1791 mit dem Domkapitel; „statt der Auffahrten, Sterbfälle, Zwangdienste der im Eigentum gebornen Kinder und deren Freikaufung" hatte er jährlich 1,5 Malter Roggen zu liefern (und zwar zusätzlich zu den regulären Abgaben von 2 Malter Roggen und 3 Malter Hafer): StA OS Rep. 560 III Nr. 700.
[123] VINCKE 1950 S. 32f., 81f. – Allgemein zu der Höhe dieser Lasten BREMEN 1971 S. 114ff.

rielle und symbolische Ressourcen einem einzigen Kind zufielen – so gut wie möglich auch die anderen „Kinder in eine Lage zu versetzen, die dem Status der Familie angemessen" war.[124]

### 6.4.3. Mehrfache Heirats-Allianzen zwischen zwei Höfen – arrangierte Ehen?

Anerben und Anerbinnen, Inhaber und Inhaberinnen großer Höfe – so hat sich gezeigt – heirateten ganz überwiegend Kinder anderer Großbauern. Zu fragen bleibt, ob dieser von den anderen Schichten deutlich abgegrenzte Heiratskreis für die handelnden Menschen ein homogenes Ganzes war, so daß die einzelnen jungen Leute und ihre Eltern jeweils relativ frei einen Partner aus allen heiratsfähigen Leuten ihrer Schicht in Belm und den benachbarten Kirchspielen wählten. Oder verlief die einzelne Eheanbahnung von vorherein in bestimmten Gleisen, die durch Verwandtschaft oder frühere Heiratsbeziehungen vorgegeben waren? Sozialanthropologen haben in verschiedenen Gesellschaften regelmäßige Muster des Austauschs von Ehepartnern gefunden und deren Bedeutung diskutiert; besondere Berühmtheit hat die ‚Kreuzbasenheirat' erlangt.[125] Für europäische Bauern hat man gemeint, daß in einem System der Realteilung viele Heiraten zwischen Verwandten geschlossen würden in dem Bestreben, den Besitz innerhalb der ‚Familie' zu halten.[126] Ein System ungeteilter Hofvererbung mit Abfindung der weichenden Erben hingegen, so wird behauptet, schaffe Anreize, zwischen zwei oder mehreren Höfen ein festes System des Austausches von Heiratspartnern und Mitgiften zu etablieren: So könnten sich die Brautschatz-Forderungen gegenseitig ausgleichen – entweder unmittelbar durch gleichzeitige kreuzweise Einheiraten oder mit zeitlicher Verzögerung, über die Generationen hin.[127]

---

[124] SEGALEN 1984 S. 191, die die Ziele eines egalitären Erbsystems so formuliert: „Heirats- und Vererbungsstrategien zielen [...] darauf ab, [...] jedes der Kinder in eine Lage zu versetzen, die dem Status der Familie angemessen ist."

[125] Siehe etwa Fox 1967 S. 180 ff.; LÉVI-STRAUSS 1981 bes. S. 194 ff.; BOURDIEU 1979 S. 66 ff.; BOURDIEU 1987b.

[126] LIPP 1982 S. 452 ff.; KHERA 1972b S. 355; KHERA 1973 S. 819; SEGALEN 1972 S. 103 f., vgl. aber 84 ff. Siehe die differenzierten Analysen SEGALEN 1985 S. 117 ff.; SABEAN 1990 S. 23, 288 f., 407 f., 420, 425; SABEAN 1992 S. 120 ff.; DELILLE 1985 S. 269 ff.; MERZARIO 1990.

[127] LAMAISON 1979 bes. S. 733 ff.; vgl. CLAVERIE/LAMAISON 1982 bes. S. 271 ff.; COLLOMP 1983 S. 113 ff. – Vgl. auch den Fall einer Doppelheirat zweier Geschwisterpaare, jeweils eines Anerben und eines weichenden Kindes, bei BEIßNER 1986 S. 165.

Grafik 6.02: Heiratsbeziehungen zwischen den Höfen Rolf und Sudendarp, 1778–1815

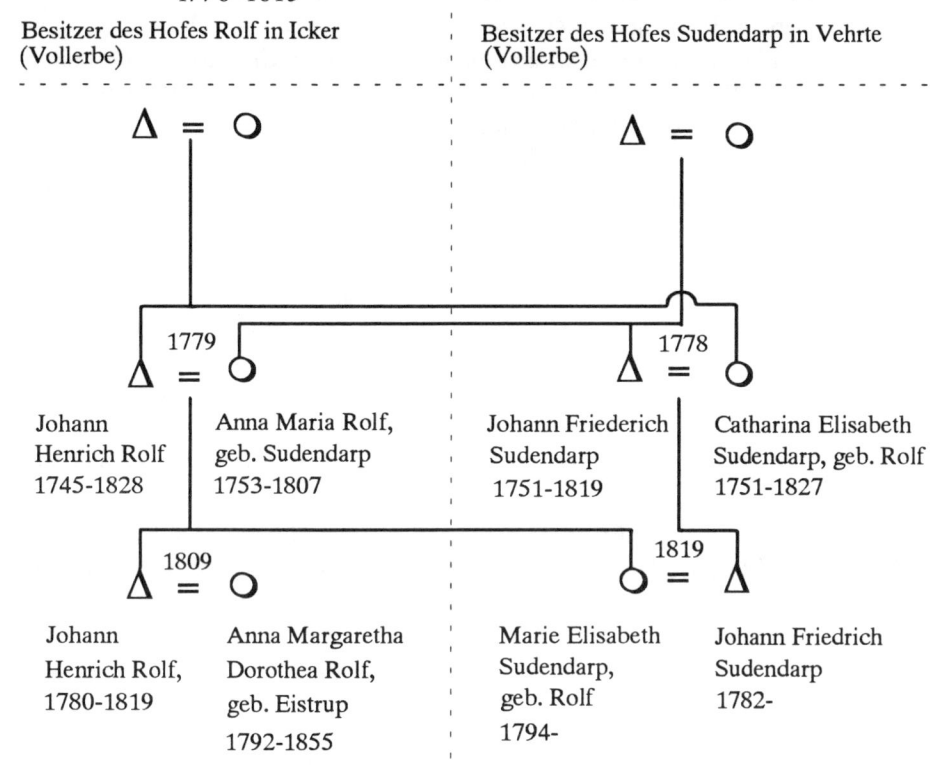

Besitzer des Hofes Rolf in Icker (Vollerbe)

Besitzer des Hofes Sudendarp in Vehrte (Vollerbe)

△ = ○                     △ = ○

1779                       1778
△ = ○                     △ = ○

Johann Henrich Rolf 1745-1828 | Anna Maria Rolf, geb. Sudendarp 1753-1807 | Johann Friederich Sudendarp 1751-1819 | Catharina Elisabeth Sudendarp, geb. Rolf 1751-1827

1809                       1819
△ = ○                     ○ = △

Johann Henrich Rolf, 1780-1819 | Anna Margaretha Dorothea Rolf, geb. Eistrup 1792-1855 | Marie Elisabeth Sudendarp, geb. Rolf 1794- | Johann Friedrich Sudendarp 1782-

In der Tat finden wir bei den Belmer Bauern Fälle dieser Art, wo die einzelne Eheschließung als Teil eines mehrgliedrigen Austauschprozesses zwischen zwei Höfen erscheint. Johann Friederich Sudendarp, 27 jähriger Anerbe des Vollhofes in Vehrte, heiratete am 4. Oktober 1778 die gleichaltrige Catharina Elisabeth Rolf aus dem Vollerbe in Icker (Grafik 6.02). Fast auf den Tag ein Jahr später, am 3. Oktober 1779, vermählte sich der Bruder dieser Braut, Johann Henrich Rolf, 34 Jahre alt und Erbe des väterlichen Anwesens, mit der acht Jahre jüngeren Anna Maria Sudendarp, der Schwester des Bräutigams von 1778. In der folgenden Generation nahm 1815 Johann Friedrich Sudendarp, Anerbe und Sohn des gleichnamigen Vaters und der Catharina Elisabeth, geborener Rolf, zur Frau die Marie Elisabeth Rolf, Tochter des Bruders seiner Mutter und der Schwester seines Vaters; der 33 jährige Bräutigam war also Vetter seiner 21 jährigen Braut. – Am 18. November 1812 schritten Johann Christoph Strüve und Anne Marie

Hackmann zum Traualtar, er 29, sie 30 Jahre alt, er Anerbe des von der Mutter kommenden Halterner Vollerbes, sie weichende Tochter des Vollerben in Vehrte. Es verging kein Monat, da feierte am 12. Dezember Anne Maries Bruder, Johann Ebert Hackmann, mit Johann Christophs Schwester, Marie Elisabeth Strüve, Hochzeit. Hier war er Anerbe des väterlichen Hofes, 35 Jahre alt, sie 10 Jahre jünger. – Eine Doppelhochzeit wurde am 21. November 1860 auf den Vollhöfen Sudhoff in Darum und Glüsenkamp in Gretesch begangen. Die beiden Anerben heirateten jeweils die Schwester des anderen: der 29jährige Johann Christian Glüsenkamp die 28jährige Katharine Margarethe Wilhelmine Sudhoff und der 22 Jahre alte Johann Heinrich Sudhoff die drei Jahre ältere Marie Luise Glüsenkamp. Die ‚Ehestiftung' wurde, wie Mitte des 19. Jahrhunderts üblich, beim Amtsgericht schriftlich abgefaßt und ist daher überliefert. Hier wurde ausdrücklich vereinbart, daß die Mitgiften der Bräute einander ausglichen: „Die Braut [Marie Luise Glüsenkamp] [...] erhält als Aussteuer und Abfindung aus der elterlichen Glüsenkamp-Stätte dasjenige, was aus Sutthoffs Stätte der Katharine Margarethe Wilhelmine Sutthoff zu verabreichen, inferiert solches auch hiedurch in die Sutthoff Stätte, daß es darin bleibt." Und „die Braut [Katharine Margarethe Wilhelmine Sutthoff] [...] bringt ihre Aussteuer und ihre Abfindung aus Sutthoffs Stätte zu Darum dadurch in dieselbe, daß die ihrer künftigen Schwiegerin Marie Luise Glüsenkamp zukommende Aussteuer und Abfindung in Glüsenkamps Stätte bleibt."[128]

Ein einziges Mal kam ein wechselseitiger Austausch von Ehepartnern zwischen einem großen und einem kleinen Hof vor: Daß Maria Elisabeth Strüwe aus Haltern als abgehende Vollerbentochter dem Anerben eines Markkottens wie Johann Gerd Pimpe die Hand reichte, war an sich nicht ungewöhnlich. Aus dem Rahmen des Üblichen fiel hingegen, daß fünf Jahre danach Maria Elisabeths Schwester als Anerbin des Strüweschen Vollhofes einen Markköttersohn, nämlich den Bruder ihres Schwagers Pimpe, zum Gemahl wählte.[129] Ob durch die vorhergehende Heirat zwischen den beiden Familien gewissermaßen der Weg gebahnt war oder ob durch den zwei Monate vor der Eheschließung der Anerbin eingetretenen Tod ihres Vaters eine besondere Situation geschaffen war, entzieht sich unserer Kenntnis.

Zwischen zwei kleinen Stellen läßt sich kein einziger Fall einer Kreuz-

---

[128] Doppel-Ehestiftung Sutthoff-Glüsenkamp vom 25.10.1860 in: StA OS Rep. 350 Osn. Nr. 1772. Auch die Beziehungen zwischen älterer und jüngerer Generation (Übergabe der „Regierung" erst später, Art und Höhe des Altenteils) wurden für beide Höfe exakt gleichförmig geregelt, obwohl die Colona Sutthoff Witwe war, während bei Glüsenkamps Vater und Mutter noch lebten; vgl. unten S. 447 Anm. 166.
[129] Zu diesem Fall vgl. oben S. 420.

Heirats-Beziehung feststellen. Das spricht dafür, daß bei einem solchen wechselseitigen Austausch der heiratsfähigen Kinder in der Tat der Gesichtspunkt der Mitgiften eine Rolle spielte; denn dieser wog ja bei den Abkömmlingen der Großbauern viel schwerer als bei denen der Kleinbauern.

Die soziale Symmetrie eines derartigen Austauschs blieb auch gewahrt, wenn auf dem einen Hof ein Anerbe, auf dem anderen eine Anerbin zur Ehe schritt und eine Braut für einen Bräutigam ‚getauscht' wurde. So ehelichte am 29. April 1800 Margarethe Elisabeth Beermann, 35jährige Anerbin des Vehrter Vollhofes, den Johann Heinrich Brockmann, der am Tage danach sein 25. Lebensjahr vollendete. Am 21. Mai, also dreieinhalb Wochen später, führte dessen Bruder Gerd Wennemar, 22 Jahre jung und Anerbe von Brockmanns Vollerbe in Icker, die gleichaltrige Halbschwester seiner Schwägerin, Catharina Engel Beermann, heim; letztere entstammte der zweiten Ehe der vorigen Colona Beermann.

Es liegt nahe, gerade bei solchen Kreuz-Heirats-Beziehungen in den beiderseitigen Eltern die enscheidenden Agenten zu vermuten, die derartige Ehen nach einem sozialen und ökonomischen Kalkül mehr oder weniger über die Köpfe der betroffenen jungen Menschen hinweg arrangierten.[130] Die beiden Beermann - Brockmann - Heiraten sprechen gegen diese Annahme. Beermanns Vollerbe war vor der Heirat der Anerbin gewissermaßen verwaist: Ihr Stiefvater, der Interimswirt, war bereits 1791, ihre Mutter Ende 1798 verstorben. Auf Brockmanns Hof lebte nur noch die verwitwete Mutter des Anerben; sein Vater, von dem der Hof stammte, war bereits 1778, sein Stiefvater, der Interimswirt, 1797 abgeschieden.[131]

Infolge von Wiederheiraten konnten sich die Generationen bei einer Doppel-Hochzeit zwischen zwei Höfen verschachteln in einer Weise, die uns ungewöhnlich erscheint; für die Beteiligten war dies offenbar kein Stein des Anstoßes, war es ihnen doch auch sonst eine vertraute Erscheinung, daß Zweit- und Drittehen die Generationsgrenzen verwischten. Am 6. Februar 1852 heiratete Christian Friedrich Placke, geborener Linkmeyer, verwitweter Interimswirt auf dem Power Halberbe, 44 Jahre alt, die 31jährige Catharina Engel Lahmann (Grafik 6.03). Zweieinhalb Wochen später gab deren Schwester Maria Elisabeth Lahmann ihr Jawort dem 18jährigen Gerhard Christian Placke. Sie war Anerbin des Vollhofes in Lüstringen und hatte ihm acht Lebensjahre voraus; er war der Stiefsohn ihres Schwagers, des Halberben Placke, und entstammte der Ehe von dessen erster Frau mit dem seinerzeitigen Anerben der Placken-Stätte. – Im Jahre 1820 bot Anna Margre-

---

[130] So COLLOMP 1983 S. 117, 126 ff.
[131] Zu dem ungewöhnlichen späteren Schicksal dieser verheirateten Geschwisterpaare s. unten S. 453 f.

Grafik 6.03: Heiratsbeziehungen zwischen den Höfen Lahmann und Placke, 1852

Besitzer des Hofes Lahmann in Lüstringen (Vollerbe) | Besitzer des Hofes Placke in Powe (Halberbe)

```
        1815                                    1790
     ○ = △                                   △ = ○
        │                                       │
   ┌────┴────┐                    ┌─────────────┼─────────────┐
  1852                          1822          1840          1852
  ○ = △──────────────────────→ △ = ○ = △ = ○
```

Maria Elisabeth Lahmann 1825-
Gerhard Christian Lahmann, geb. Placke 1833-1854
Johann Friedrich Henrich Placke 1796-1840
Marie Engel Placke, geb. Hüvelmeyer 1803-1847
Christian Friedrich Placke, geb. Linkmeyer 1807-
Catharina Engel Placke, geb. Lahmann 1820-

---

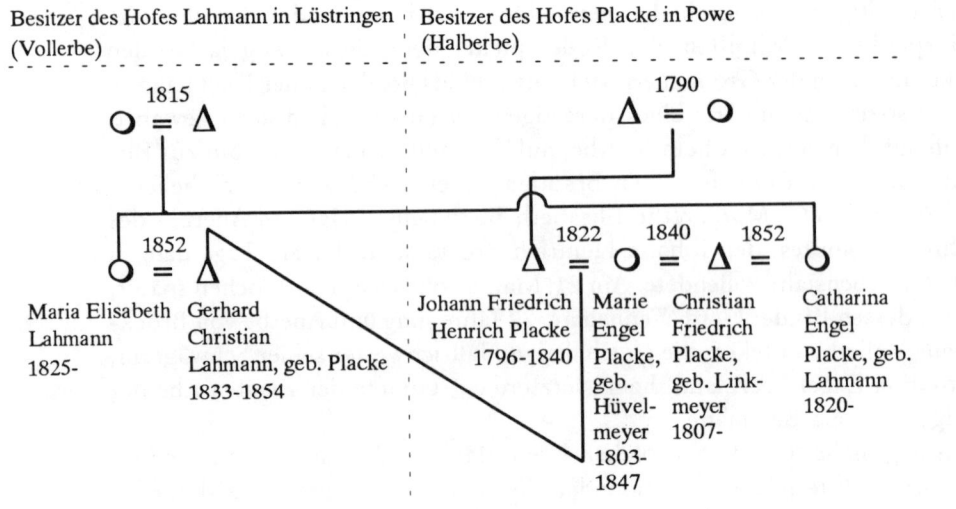

Grafik 6.04: Heiratsbeziehungen zwischen den Höfen Holtgreve, Meikinghaus und Althoff, 1807–1835

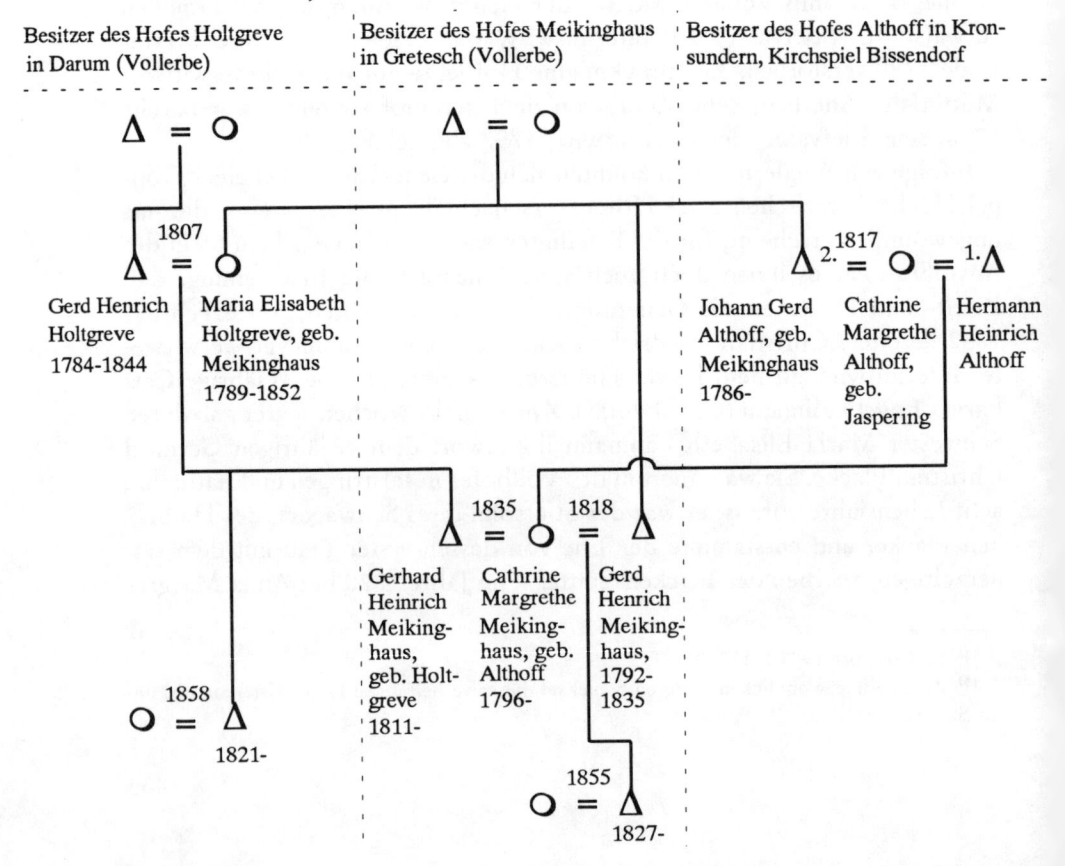

Besitzer des Hofes Holtgreve in Darum (Vollerbe) | Besitzer des Hofes Meikinghaus in Gretesch (Vollerbe) | Besitzer des Hofes Althoff in Kronsundern, Kirchspiel Bissendorf

```
     △ = ○                △ = ○
        │                   │
    1807│               ┌───┴──────────────┐                2. 1817      1.
     △ = ○              │                  │              △ = ○ = △
```

Gerd Henrich Holtgreve 1784-1844
Maria Elisabeth Holtgreve, geb. Meikinghaus 1789-1852
Johann Gerd Althoff, geb. Meikinghaus 1786-
Cathrine Margrethe Althoff, geb. Jaspering
Hermann Heinrich Althoff

```
                            1835   1818
                          △ = ○ = △
```

Gerhard Heinrich Meikinghaus, geb. Holtgreve 1811-
Cathrine Margrethe Meikinghaus, geb. Althoff 1796-
Gerd Henrich Meikinghaus 1792-1835

        1858
     ○ = △
        1821-

                    1855
                 ○ = △
                    1827-

Grafik 6.05: Heiratsbeziehungen zwischen den Höfen Aulbrand und Tiemann, 1760-1860

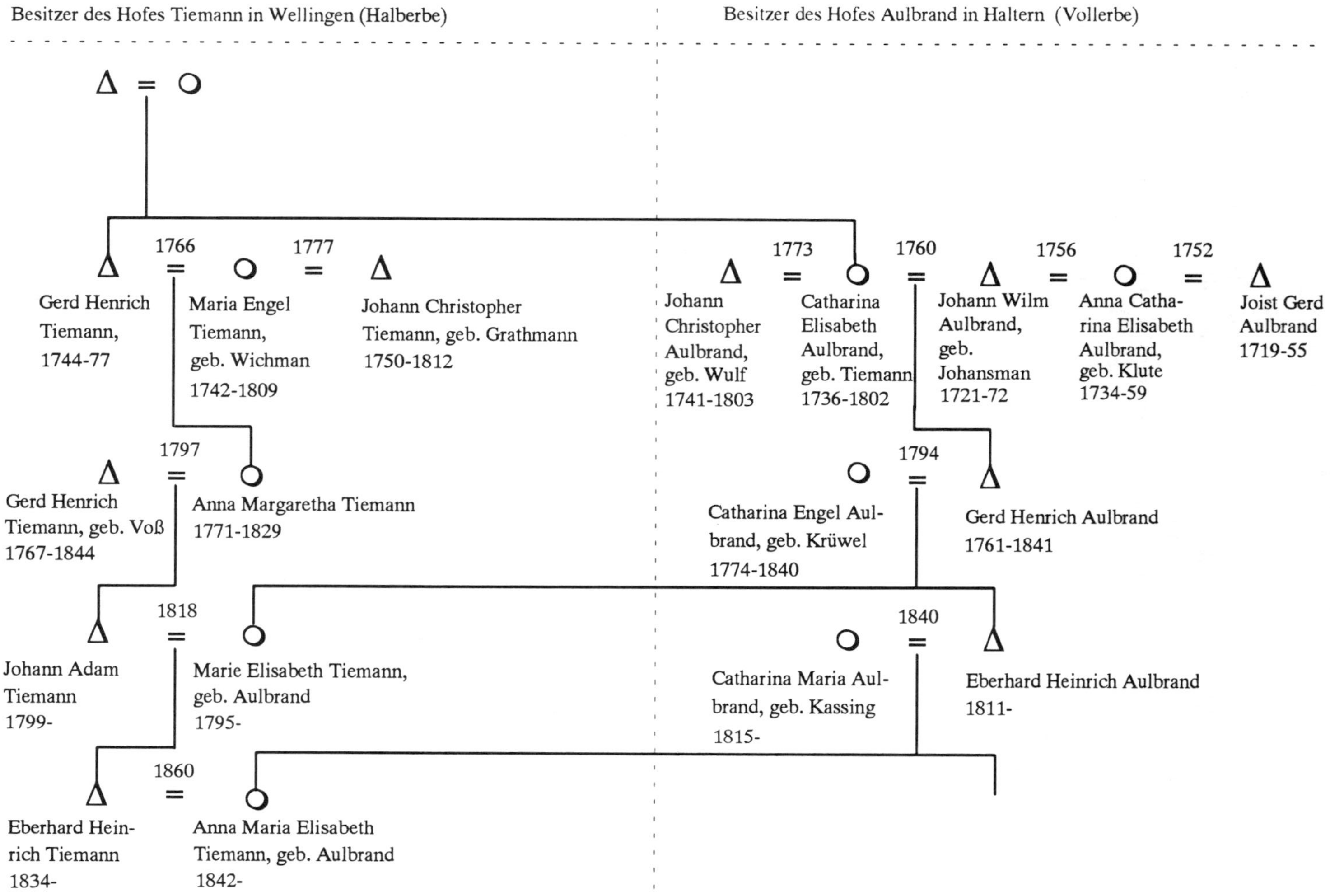

Besitzer des Hofes Tiemann in Wellingen (Halberbe)  
Besitzer des Hofes Aulbrand in Haltern (Vollerbe)

△ = ○

Gerd Henrich Tiemann, 1744-77 —1766= Maria Engel Tiemann, geb. Wichman 1742-1809 —1777= △ Johann Christopher Tiemann, geb. Grathmann 1750-1812

Johann Christopher Aulbrand, geb. Wulf 1741-1803 △ =1773 ○ Catharina Elisabeth Aulbrand, geb. Tiemann 1736-1802 =1760 △ Johann Wilm Aulbrand, geb. Johansman 1721-72 =1756 ○ Anna Catharina Elisabeth Aulbrand, geb. Klute 1734-59 1752= △ Joist Gerd Aulbrand 1719-55

○ Anna Margaretha Tiemann 1771-1829 =1797 △ Gerd Henrich Tiemann, geb. Voß 1767-1844

○ Catharina Engel Aulbrand, geb. Krüwel 1774-1840 =1794 △ Gerd Henrich Aulbrand 1761-1841

△ Johann Adam Tiemann 1799-

○ Marie Elisabeth Tiemann, geb. Aulbrand 1795- =1818

○ Catharina Maria Aulbrand, geb. Kassing 1815- =1840 △ Eberhard Heinrich Aulbrand 1811-

△ Eberhard Heinrich Tiemann 1834- =1860 ○ Anna Maria Elisabeth Tiemann, geb. Aulbrand 1842-

the Rolf, geborene Eistrup, mit 27 Jahren bereits Witwe auf Rolfs Vollerbe in Icker, dem vier Jahre jüngeren Gerhard Wilhelm Gerding die Gelegenheit, als Interimswirt auf den Hof zu kommen. Anerbe auf Gerdings Vollerbe, ebenfalls in Icker, war dessen um 14 Jahre jüngerer Bruder Johann Heinrich. Dieser heiratete 1835 eine Stieftochter seines Bruders, die aus der ersten Ehe der Anna Margrethe, geborener Eistrup, mit dem Anerben Rolf hervorgegangen war. Konnte diese Braut der Generationsfolge nach gewissermaßen als Nichte ihres Mannes gelten, so war sie doch nur zwei Jahre jünger als er.

Im Oktober 1817 heiratete Johann Gerd Meikinghaus, 31 jähriger Sohn des Gretescher Vollerben, die Witwe Althoff und kam so auf deren Hof im Kirchspiel Bissendorf (Grafik 6.04). Ein Jahr danach gab sein sechs Jahre jüngerer Bruder, der Anerbe Gerd Henrich Meikinghaus, seine Hand der 21 jährigen Cathrine Margrethe Althoff, einer Tochter aus der ersten Ehe seiner Schwägerin. In dem Hofübergabe- und Abfindungsvertrag vom Februar 1818 wurde festgehalten, daß „Brautwagen und Brautschatz gegeneinander verglichen" wurden.[132] – Als Gerd Henrich Meikinghaus im April 1835 gestorben war, wählte seine Witwe Cathrine Margrethe, geborene Althoff, ihren zweiten Mann wiederum aus einem Hof, dem Meikinghaus' Vollerbe bereits durch eine Heirats-Allianz verbunden war: Im November 1835 ehelichte sie, nun 39 Jahre alt, ihren 24 jährigen Neffen Gerhard Heinrich Holtgreve, einen Sohn der Schwester ihres ersten Gemahls, die 1807 den Erben von Holtgreves Vollhof in Darum geheiratet hatte.

Eine dreigliedrige Kette von Eheschließungen wurde in dem Jahrhundert von 1760 und 1860 zwischen Aulbrands Vollerbe in Haltern und Tiemanns Halberbe in Wellingen errichtet; gleich zweimal wurde dabei Blutsverwandtschaft von Bräutigam und Braut akzeptiert (Grafik 6.05).[133] Im Jahre 1760 hatte der verwitwete Colon Johann Wilm Aulbrand Catharina Elisabeth Tiemann, eine Tochter des Halberben, gefreit. Zwei Generationen später reichte 1818 der Anerbe Johann Adam Tiemann, 19 Jahre jung, seine Hand der drei Jahre älteren Marie Elisabeth Aulbrand, einer Tochter des Erbsohnes des Aulbrand-Paares von 1760. Da der Bräutigam Enkel eines Bruders der Catharina Elisabeth Aulbrand, geborener Tiemann, war, heiratete er seine Cousine zweiten Grades. Der Sohn der beiden, der 1834 geborene Eberhard Heinrich Tiemann brachte 1860 als Anerbe seine direkte Cousine

---

[132] StA OS Rep. 350 Osn. Nr. 1789. – Bei der unten folgenden Auszählung der mehrfachen Heirats-Beziehungen zwischen zwei Höfen wird dieser Fall nicht mitgerechnet, da der eine Hof auswärts lag und seine Größenklasse nicht ermittelt werden konnte.

[133] Siehe andererseits zu einem Fall, wo 1814 „zu nahe Verwandtschaft" als Grund für die einvernehmliche Auflösung eines Eheversprechens angegeben wurde, oben S. 261.

Anna Maria Elisabeth Aulbrand auf den Hof; die 18jährige hatte zum Vater den Bruder seiner Mutter, der 1840 Aulbrands Vollerbe angetreten hatte.

In einigen Fällen kamen zwischen zwei Höfen auch mehrfache Heirats-Verbindungen vor, bei denen jedesmal dieselbe Seite die gebende war; hier kann ein gegenseitiger Ausgleich von Brautschatz-Forderungen also nicht Teil der Strategie gewesen sein. 1707 hatte Gerd Gerding, Anerbe des Vollhofes in Icker, seine Frau Anna Margaretha aus Linnemanns Vollerbe in derselben Bauerschaft geholt. Ihr Enkel Gerd Henrich Gerding fand 1794 seine Braut Anna Maria ebenfalls auf dem Nachbarhof; sie war seine Cousine zweiten Grades. – Über drei Generationen spannte sich der Bogen, der vom Vollerben Eistrup in Powe zum Halberben Droste in Vehrte (s. Abb. 4 auf S. 205) ging. 1698 hatte ein Eistrup-Sohn bei Droste eingeheiratet. Die Urenkelin dieses Paares, Cathrine Elisabeth Droste, holte sich 1814 erneut den Gatten von dieser Stätte; er hieß Johann Hermann Eistrup und war ihr Vetter dritten Grades. – Nicht immer handelte es sich bei solchen wiederholten Allianzen zwischen zwei Höfen um Verwandten-Ehen. Nachdem die Witwe des Meyer zu Icker 1764 einen Sohn des Vollerben Wiebold als ihren zweiten Mann auf die Stätte gebracht hatte, nahm im Mai 1788, zwei Monate nach ihrem Tod, der Anerbe Johann Gerd Meyer, ihr Sohn aus erster Ehe, eine Tochter des derzeitigen Colons Wiebold zur Frau. Zwischen den beiden auf den Meyerhof kommenden Wiebolds, dem Bräutigam von 1764 – der bereits 1780 gestorben war – und der Braut von 1788, gab es keine Blutsverwandtschaft, da der Vater der letzteren durch eine Kette von Wiederheiraten auf Wiebolds Hof gekommen war.[134] – Eine Schwester seiner Stiefmutter wählte 1831 Johann Heinrich Klute als Gattin. Sein Vater, der Vollerbe Eberhard Heinrich Klute in Haltern, hatte 1820 im Alter von 54 Jahren seine zweite Ehe mit Maria Elisabeth Voß geschlossen, die annähernd 24 Jahre jünger war als er und aus der zweiten Ehe des eingeheirateten Vollerben Voß in Lüstringen stammte. Nachdem der Vater Ende 1829 verschieden war, heiratete Johann Heinrich 1831 Maria Engel Voß, die zehn Jahre jüngere Schwester der Witwe. Freilich führte Johann Heinrich Klute als ältester Sohn den Betrieb nur interimistisch, bis 1839 sein jüngster Bruder als eigentlicher Anerbe in den Ehestand trat.

Mit diesem Fall ist die Liste der innerhalb des Kirchspiels Belm feststellbaren mehrfachen Heiratsverbindungen zwischen zwei Höfen erschöpft.[135]

---

[134] Siehe unten S. 477 und die Grafik 6.07 dort.

[135] Es liegt in der Begrenzung des verwendeten Quellenmaterials, daß solche Fälle in der Regel nur identifiziert werden können, wenn beide Höfe im Kirchspiel Belm liegen. Siehe jedoch oben S. 413 f. Anm. 85 und Grafik 6.01 zu den beiden Söhnen des Colon Plogmann im Kirchspiel Holte, die 1835 und 1838 in den Meyerhof zu Belm einheirateten. – Nur in einem

Es fällt auf, daß solche wiederholten Allianzen offenbar nicht zwischen kleinen Höfen geschlossen wurden, sondern bis auf eine Ausnahme ausschließlich zwischen Großbauern, insgesamt neun zwischen zwei Vollerben und drei zwischen einem Voll- und einem Halberben. Da allgemein eine beträchtliche Zahl weichender Kinder von großen Höfen in Kleinstellen einheirateten, ist es bemerkenswert, daß nicht ein Vollhof wiederholt Ehepartner für dieselbe kleine Stätte stellte, sondern daß die kreuzweise Heirat zwischen Pimpes Markkötterei und Strüwes Vollerbe das einzige Beispiel einer mehrfachen Verbindung zwischen eindeutig ungleichen Stätten ist.

Daß wechselseitiges Einheiraten zwischen Höfen eher vorkam als wiederholte Heiraten in dieselbe Richtung, spricht dafür, daß jenes Muster besonders zu einem System ungeteilter Hofvererbung mit Abfindung weichender Kinder paßt. Festzuhalten ist auch, daß solche Kreuz-Heiraten eher in einem engen zeitlichen Zusammenhang stattfanden als mit einer oder gar mehreren Generationen Abstand: in fünf Fällen lag weniger als ein Jahr zwischen den beiden Eheschließungen, nur einmal mehr als dreißig Jahre. Es scheint sich also häufiger um annähernd gleichzeitig vorbereitete Doppelhochzeiten zu handeln als um Generationen übergreifende Langzeitmuster.

Schließlich fällt auf, daß vor den 1770er Jahren keine mehrfache Heiratsverbindung zwischen zwei Höfen ermittelt werden konnte. Daß für die zweite Hälfte unserer Untersuchungsperiode insgesamt die Quellen detaillierter sind und dadurch für eine größere Zahl von bäuerlichen Ehen der Herkunftshof beider Seiten mit genügender Sicherheit festgestellt werden konnte, scheint nicht die einzige Ursache für diesen Befund zu sein.[136] In

---

einzigen Fall ließ sich feststellen, daß Bräutigam und Braut ein und demselben Hof entstammten: 1761 heiratete Gerd Wellmar Kasting, Anerbe des Vollhofes in Haltern, 36 Jahre alt, die 25jährige Anna Margarethe Kasting, Tochter des Interimswirtes auf diesem Hof. Sie war also gewissermaßen seine Stiefschwester, freilich nicht blutsverwandt: Sein Vater war der Anerbe in der vorhergehenden Generation gewesen; nach dessen Ableben hatte seine Mutter in zweiter Ehe den Interimswirt geheiratet; dieser war nach ihrem Tod eine neue Ehe eingegangen, in der Anna Margarethe geboren wurde. – Vgl. CLAVERIE/LAMAISON 1982 S. 296 (vgl. LAMAISON 1979 S. 733), die für ein französisches Gebiet mit Einzelerbfolge feststellen: „Les mariages consanguins n'ont jamais lieu à l'intérieur d'une même lignée patrimoniale, car ils seraient contraires à la logique même du système d'échanges entre oustas [...]"; zum Begriff ‚ousta' oder ‚ostal' (Haus), der eine gewisse Ähnlichkeit mit dem des Hofes hat, s. unten S. 508.

[136] Teilt man nach dem Heiratsdatum in Perioden zu je 30 Jahren ein, so verteilen sich die Ehen von Bauern, bei denen der Herkunftshof von Bräutigam und Braut ermittelt werden konnte, folgendermaßen:
1651–1680: 1, 1681–1710: 39, 1711–1740: 37, 1741–1770: 50, 1771–1800: 65, 1801–1830: 80, 1831–1860: 44.
Datiert man die mehrfachen Eheverbindungen zwischen zwei Höfen jeweils nach dem Da-

dieser Gesellschaft bildete tatsächlich, so ist vielmehr zu folgern, die einzelne Heirat eher im späten 18. und im 19. Jahrhundert als in der früheren Periode den Bestandteil eines mehrgliedrigen Austauschprozesses von Ehepartnern und Brautschätzen zwischen zwei Höfen.

Grundlegend aber gilt es zu beachten, daß solche mehrfachen Ehe-Allianzen selten blieben.[137] Nur 9% all der Heiraten von Bauern, bei denen wir den Stammhof beider Seiten kennen, waren in der einen oder anderen Weise Teil einer Mehrfach-Allianz. Demnach darf für die Bauern in dieser Gesellschaft weder das wechselseitige Einheiraten zwischen zwei Höfen noch das wiederholte Einheiraten von einem Hof in einen bestimmten anderen als dominantes Muster gelten. Immerhin kann die kreuzweise Einheirat als eine spezielle strategische Möglichkeit verstanden werden, der seit dem späten 18. Jahrhundert eine gewisse praktische Bedeutung zukam.

Leider fehlen uns die Quellen für die Frage, wie die ehelichen Verbindungen jeweils angebahnt wurden, wieweit die Initiative von dem jungen Mann und/oder der jungen Frau ausging oder in welchem Maße und mit welchen Mitteln die jeweiligen Eltern und Verwandten die Schritte der jungen Leute lenkten. Was die bäuerlichen Paare angeht, so zeigt schon die Verknüpfung der Heirat mit Fragen des Besitz-Transfers (Regelung von Hofübergabe, Altenteil, Mitgift und Abfindung lediger Geschwister), daß eine solche Entscheidung von zwei jungen Menschen jedenfalls nicht ohne Einbeziehung der beidseitigen Eltern getroffen werden konnte; lebten diese nicht mehr, so waren Absprachen mit dem Interimswirt bzw. den Vormündern unversorgter Geschwister erforderlich. Auf der anderen Seite wurde die Möglichkeit, daß Eltern und Verwandte eine Heirat von Kindern langfristig im voraus planen und arrangieren könnten, von den Bauern wie den interessierten Beamten offenbar als wenig realistisch betrachtet, auch wenn gelegentlich ein dynamischer Vater eine solche Idee erwog. Darauf deutet jedenfalls ein Fall aus dem frühen 19. Jahrhundert hin[138]: Johann Henrich, geborener Bertelsmann, war 1789 als Interimswirt auf Dreyers Vollerbe in Vehrte gekommen. Der Anerbe, ein Sohn aus der ersten Ehe seiner Frau, war 1786 geboren; die ‚Mahljahre' wurden offenbar bis zur Vollendung

---

tum der zweiten Heirat, so verteilen sie sich wie folgt: Von den kreuzweisen Heiraten fanden drei 1771-1800 statt, zwei 1801-1830, vier 1831-1860; daß ein Hof zum wiederholten Mal Ehepartner von einem bestimmten anderen Hof holte, kam 1771-1800 in zwei Fällen, 1801-30 sowie 1831-1860 in je einem Fall vor.

Natürlich konnte der Herkunftshof generell nicht mit genügender Sicherheit identifiziert werden, wenn die betreffende Person außerhalb des Kirchspiels Belm geboren war.

[137] So auch COLLOMP 1983 S. 116, 120.

[138] Dafür sprechen sogar auch die Befunde hinsichtlich der mehrfachen Ehe-Allianzen zwischen zwei Höfen, siehe oben S. 433 und 438.

seines 30. Lebensjahres im Jahre 1816 begrenzt.[139] Dem Johann Henrich Dreyer, geborenem Bertelsmann, wurde von anderen Bauern nachgesagt, daß er „ein ganz ausgezeichneter Oeconom und guter Wirtschafter" sei: er habe die „Dreyers Stätte, welche ganz herunter war, in den blühendsten Zustand versetzt".[140] Darüber hinaus hatte er sich persönlich „ein bedeutendes Vermögen erworben", indem er „Schenkwirtschaft und sonstige Industrie" betrieb.[141] Als die Übergabe des Hofes an seinen Stiefsohn heranrückte, während er sich als Mittfünfziger noch zu jung für ein bloßes Altenteil fühlte, standen ihm daher bessere Alternativen offen: Er hatte etwas Land als persönliches Eigentum erworben und schaffte dazu Baumaterialien für ein Haus an; in diesem wollte er die Gastwirtschaft fortsetzen. Da starb auf dem Vollerbe Rittmar, ebenfalls in der Bauerschaft Vehrte, im März 1814 zunächst der Colon, am 6. Mai 1815 dann dessen Witwe. Zurück blieben der 12 jährige Anerbe und sechs Schwestern im Alter zwischen einem und fünfzehn Jahren; der Hof war zudem außerordentlich hoch verschuldet. In dieser Situation faßte Johann Henrich Dreyer, geborener Bertelsmann, einen neuen Plan ins Auge, der ihn und anschließend eines seiner Kinder in den Besitz des Rittmar-Hofes bringen sollte: Er bot an, für 15 Jahre auf diese Stätte zu ziehen, mit den bereits gekauften Materialien dort ein neues Haus statt des in wenig gutem Zustand befindlichen alten zu bauen, die Rittmarschen Schulden von 2700 Talern „nicht allein zu verzinsen, sondern auch successive abzutragen", alle Steuern, Feudalabgaben und sonstigen Lasten zu tragen, sowie „den vier[142] abgehenden Rittmannschen Kindern jedem 100 Taler an Gelde, eine Kuh und eine [!] Bette als Brautschatz mitzugeben". Dies Angebot klang sehr verlockend, nicht nur aus der Sicht des Rittmar-Hofes und seines künftigen Besitzers, sondern auch aus der der weichenden Erben, für die in Anbetracht der Schuldenlast sonst „an eine Mitgift [...] fast gar nicht zu denken" war.[143] Johann Henrich Dreyer, geb. Bertelsmann,

---

[139] Vgl. dazu allgemein unten S. 451 ff.

[140] Eingabe der Colonen Kruse in Hickingen und Barth in Vehrte an die General-Interims-Administrations-Kommission der geistlichen Güter vom Juli 1815, in: StA OS Rep. 550 II Nr. 132.

[141] Bericht des Administrators Meyer an die General-Interims-Administrations-Kommission der geistlichen Güter vom 4.6.1815, in: ebd. Nach diesem Bericht auch das Folgende; die Familien-Konstellation aufgrund der Familien-Rekonstitution.

[142] Daß hier nur "vier abgehende Kinder" im Blick waren, könnte dadurch zu erklären sein, daß die beiden ältesten Töchter vielleicht bereits in den Gesindedienst gegangen waren; sie waren 1799 und 1801 geboren.

[143] Letzteres stellte am 1.7.1815 der Teil der Rittmarschen Verwandten fest, der ursprünglich dem Dreyerschen Projekt positiv gegenüberstand, und stieß in diesem Punkt auf keinen Widerspruch. Auch der Administrator Meyer äußerte sich am 21.6.1815 spektisch über die Chancen der „abgehenden Kinder" auf eine Mitgift: StA OS Rep. 550 II Nr. 132.

knüpfte es jedoch an die „Voraussetzung, daß dereinst der Rittmannsche Anerbe eine seiner Töchter oder, falls dieser früher sterben sollte, die alsdann erbende Rittmannsche Tochter einen seiner Söhne heiraten werde." Wenn das geschehe, sollten alle Leistungen des Excolonen Dreyer dem Hof Rittmar „ohne alle Herausgabe" zugutekommen. „Kommt aber eine solche Heirat nach Ablauf der 15 Jahre nicht zustande, so muß der Rittmannsche Anerbe ihm oder seinen Kindern nicht allein das neue Haus nach seinem alsdann durch Taxation auszumittelnden Werte, jedoch nach Abzug desjenigen, wozu das alte Haus gegenwärtig taxiert wird, bezahlen, sondern auch dasjenige, was er an Schulden bezahlt oder abgehenden Kindern mitgegeben, wieder herausgeben." Dieser Plan hatte für den Interimswirt auf Dreyers Hof nicht nur den Vorteil, daß er für eineinhalb Jahrzehnte auf dem „auch an der Heerstraße, mithin ebenfalls zur Wirtschaft nicht übel gelegenen" Vollerbe Rittmar die Kombination von Land- und Gastwirtschaft fortsetzen konnte, die er so erfolgreich praktizierte; zugleich sollte einem seiner Kinder die Einheirat in diesen großen Hof frühzeitig gesichert werden. Daran lag ihm um so mehr, als er keinem ein bäuerliches Anwesen vererben konnte: Anerbe von Dreyers Stätte war sein Stiefsohn. Johann Henrich Dreyer, geborener Bertelsmann, ging nicht so weit, ein bestimmtes aus der Schar seiner Kinder für dieses Projekt auszuersehen, etwa Maria Margaretha, die genau wie der Anerbe Rittmar zwölf Jahre zählte. Immerhin hatte er zu diesem Zeitpunkt aus zwei Ehen fünf unversorgte Töchter im Alter von 19, 16, 15, 12 und 3 Jahren. Falls der Anerbe Rittmar vorzeitig sterben sollte – auch diese Eventualität hatte der Dreyersche Interimswirt ja mitbedacht –, blieb einer Rittmarschen Erbtochter immerhin die Wahl zwischen zwei Dreyer-Söhnen; der eine war 1807, der andere im März 1815 geboren. Da Johann Henrich Dreyers Frau 1815 erst 39 Jahre alt war, konnten auch noch ein oder zwei Kinder hinzukommen.[144] – Trotzdem war von der Realisierbarkeit dieses Heirats-Projekts nicht einmal der Teil der Rittmarschen Verwandten hinreichend überzeugt, der dem Plan grundsätzlich aufgeschlossen gegenüberstand; denn gegenüber dem Grundherrn brachten sie gleichzeitig einen Alternativ-Vorschlag ins Gespräch, der eine bloße Verpachtung des Hofes an einen anderen Gastwirtschafts-Interessenten für 15 Jahre vorsah. Der gutsherrliche Beauftragte kommentierte Dreyers Plan ebenfalls mit Skepsis: „Könnte man mit Bestimmtheit darauf rechnen, daß der Rittmannsche Anerbe – oder Anerbin – dereinst eins von den Dreyerschen Kindern heiraten würde, so würde der Antrag des Col. Dreyer für den Anerben und den künftigen Flor des praedii [d.i. des Hofes] offenbar der vorteilhafteste sein. Sollte aber dieses Projekt nicht zur Ausführung

---

[144] In der Tat wurde 1819 noch ein Sohn geboren, er starb freilich nach vier Monaten.

kommen, so würde durch das, was der Anerbe dem Col. Dreyer oder dessen Erben zu vergüten hat, das praedium alsdann in eine noch drückendere Lage geraten, als worin es sich gegenwärtig befindet. Der [...] Vorschlag ist also, so vorteilhaft er auf der einen Seite erscheint, dennoch sehr großen Bedenklichkeiten unterworfen." In der Tat sprach sich der gutsherrliche Beauftragte für eine bloße Verpachtung auf die 15 Jahre bis zur Volljährigkeit des Anerben Rittmar aus. – Als Gutsherr fungierte damals anstelle des ehemaligen Domkapitels die ‚General-Interims-Administrations-Kommission der säkularisierten geistlichen Güter'. Diese hielt die Erfolgschancen eines derartigen Heirats-Projekts für ‚absolut ungewiß' und wies das Dreyersche Projekt kurzerhand ab: „Bei der absoluten Ungewißheit des Ausganges derjenigen Bedingungen, die der Excolonus Dreyer bei seinen gemachten Anträgen zum Grunde gelegt hat, sehen wir nicht, daß darauf irgend hineingegangen werden könne [...]."[145] – Hier wurden also die heranwachsenden Kinder keineswegs als bloße Karten im Spiel ihrer Eltern oder Verwandten betrachtet.[146] Man konnte offenbar *nicht* ‚mit Bestimmtheit darauf rechnen', daß sie sich den Plänen ihrer Eltern einfach fügen würden, selbst wenn diese ökonomisch noch so vorteilhaft nicht nur für die Familie insgesamt, sondern auch für sie selber waren.[147]

Natürlich bedeutet diese Feststellung nicht, daß bei der Wahl des Ehepartners die ökonomisch-sozialen Gesichtspunkte gering wogen. Daß sie zumindest für die Bauern eine wesentliche Rolle spielten, läßt allgemein

---

[145] Schreiben der General-Interims-Administrations-Kommission der geistlichen Güter an den Administrator Meyer vom 17.6.1815, in: STA OS Rep. 550 II Nr. 132.

[146] Das ist gegen BOURDIEU 1987 a S. 265 ff. einzuwenden.

[147] Daß die Bedenken gegen die Realisierbarkeit des Dreyerschen Heiratsprojekts tiefer begründet waren als durch die Sorge vor demographischen Wechselfällen, etwa infolge Kindersterblichkeit, ergibt sich schon daraus, daß die Zahl der Töchter und Söhne Dreyers gar nicht erwähnt, diese Seite des Risikos also mit keinem Wort abgewogen wurde. – Nach Ablehnung dieses Vorschlags versuchte J. H. Dreyer, sich das Rittmarsche Vollerbe durch Pachtung auf 15 Jahre zu sichern. Als die Entscheidung im Herbst 1815 gegen ihn fiel, verwirklichte er offenbar seinen ursprünglichen Plan und baute auf dem gekauften Landstück: bei seinem Tode im Jahre 1832 wurde er als „Neubauer et Excolonus" bezeichnet. Der Erfolg bestätigte, daß seine weitsichtige Planung im Jahre 1815 insofern begründet war, als es selbst für einen Interimswirt wie ihn, der doch – neben der Anwartschaft auf ein Altenteil für sich und seine Frau und auf Brautschätze für seine Kinder – ein erhebliches persönliches Vermögen erworben hatte, nicht leicht war, seinen Kindern auf dem ‚freien Heiratsmarkt' die Einheirat in große Höfe zu ermöglichen: Die älteste der 1815 noch unversorgten Töchter blieb ledig und lebenslang Magd; die zweite heiratete 1818 den Halberben Meyer zu Powe, die dritte im selben Jahr den Markkötter Johann-Hackmann in Icker; der Stand der Ehemänner der beiden jüngsten Töchter war nicht zu ermitteln, weil sie 1825 bzw. 1836 nach auswärts heirateten. Unbekannt ist, was aus den beiden Söhnen Dreyers wurde.

schon das hohe Ausmaß der sozialen Endogamie[148] und der Zusammenhang von Mitgift und Einheirat[149] vermuten. Noch deutlicher tritt dies in den spezifischen Konstellationen einiger auffälliger Allianzen hervor, z. B. wenn die Bewerber um die Nachfolge auf einem Hof, dessen Besitzer ohne Leibeserben waren, konkurrierende Ansprüche durch eine eheliche Verbindung zwischen Verwandten der weiblichen und der männlichen Seite bündelten. Wir wissen, daß diese Strategie sowohl 1806 bei einem langwierigen Erbstreit um den Meyerhof zu Belm[150] als auch 1847 bei der Nachfolgeregelung für Pantes Vollerbe in Wellingen[151] zum Erfolg führte. Auch andere ins Auge fallende Ehe-Bündnisse lassen sich möglicherweise so erklären. Daß Johann Heinrich, geborener Plogmann, der 1838 die Anerbin des Belmer Meyerhofes geheiratet hatte, nach deren Tod 1840 wiederum eine Tocher Meyer zu Belm zur Frau wählte, könnte mit der Sicherung seines Anspruchs auf den Hof zu tun haben. Denn seine erste Frau und er hatten die Leitung der Stätte noch nicht angetreten, und seine zweite Braut war die „im Erbrecht nächstfolgende".[152] Da der Meyerhof von einem Interimswirt geführt wurde, dessen ‚Mahljahre' festgelegt waren, bis die Anerbin 1842 ihr 30. Lebensjahr vollendete, hatte das junge Paar nämlich nur die Leibzucht inne.[153] Das einzige Kind, das er mit der Anerbin gezeugt hatte, war tot zur Welt gekommen; und an den Folgen der Entbindung war diese seine erste Frau 1839 verstorben. Zwar hatte er sich sein Recht auf den Meyerhof für einen solchen Fall bereits vor der ersten Eheschließung vertraglich zu sichern gesucht[154], doch mochte die – gewiß noch lebendige – Erinnerung an den

---

[148] Siehe oben S. 419 ff.
[149] Siehe oben S. 424 ff.
[150] Siehe unten S. 514 ff.
[151] Siehe oben S. 407 f.
[152] So ein Schreiben seines Rechtsvertreters an das Amt Osnabrück vom 30. 3. 1854, Konzept im Hofarchiv Meyer zu Belm. – Zur Feier der Hochzeit von 1840 s. oben S. 413 ff.; s. auch Grafik 6.01 dort; zur Vorgeschichte unten S. 500 ff.
[153] Siehe unten Anm. 167.
[154] Bevor er die Anerbin Anne Marie Meyer zu Belm am 18. 12. 1838 geheiratet hatte, war er am 22. 8. 1838 mit ihr sowie seiner verwitweten Mutter vor dem Amt Osnabrück erschienen und hatte mit Hinweis auf die noch andauernden Mahljahre der Stiefeltern Meyer zu Belm folgende Vereinbarung zu Protokoll gegeben: „Sollte [...] die künftige Ehefrau vor ihrem Ehemann versterben und keine Kinder hinterlassen, so verstehe es sich nach den bestehenden Rechten von selbst, werde aber zum Überflusse hiemit ausdrücklich erklärt, daß dann der letztere im alleinigen Besitze und Eigentume des Hofes verbleiben und ihm unbenommen sein solle, sich darauf wieder zu verheiraten. Sollte aber der Ehemann vor der Ehefrau kinderlos versterben, so solle das Eingebrachte desselben, welches aus 900 Talern und einem vollen Brautwagen bestehe, von den Verwandten des Ehemannes nicht zurückgefordert werden können, sondern dem Meyerhofe und insbesondere der Witwe verbleiben." Das Amt als Grundherrschaft genehmigte diesen Vertrag.

zermürbenden Erbstreit, der kaum drei Jahrzehnte zuvor gerade um diesen Hof geführt worden war[155], es nahelegen, einen eventuell denkbaren konkurrierenden Anspruch gar nicht erst aufkommen zu lassen. Das wäre für den jungen Witwer dann ein zusätzlicher Gesichtspunkt gewesen, die 19jährige Stief-Stief-Schwester seiner ersten Frau zu ehelichen.

Es spricht also vieles dafür, daß Erwägungen, die auf Besitz und Status zielten, erhebliche Bedeutung für die Eheschließungen der Bauern hatten. Doch diese Gesichtspunkte scheinen in der Regel nicht über die Köpfe der Betroffenen hinweg von Eltern und Verwandten durchgesetzt, sondern auch in den Köpfen der jungen Leute selbst wirksam geworden zu sein. Und es sollte nicht einfach vorausgesetzt werden, daß diese Kopf und Herz, ökonomisch-soziale Interessen und persönliche Neigungen, notwendig als Gegensatz erlebten und empfanden. Zwar liegt es in der Natur der obrigkeitlichen Quellen, daß sie Besitzrechte, nicht Gefühlsregungen registrierten; die Landleute sprachen nicht das Idiom sentimentaler Romane, viel weniger schrieben sie es; doch ist das Schweigen der Quellen kein Beweis der Nicht-Existenz persönlichen Gefühls. Emotionale Bande und wirtschaftlich-soziale Zwecke können sich vielmehr auf eine Weise verflochten haben, die den von der Wunsch-Vorstellung der ‚romantischen Liebe' geprägten Blick fremd anmutet.[156]

### 6.4.4. Hofübergabe an die Jungen – Rückzug der Alten auf die Leibzucht

In der Regel stand die Heirat des Anerben in einem engen zeitlichen Zusammenhang mit der Übergabe des Hofes an ihn[157]; die Stätte wurde dem Anerben und seiner Braut – bzw. der Anerbin und ihrem Bräutigam – gegen Bezahlung der Auffahrtgelder durch den einheiratenden Teil vom Grundherren „eingetan".[158]

Prinzipiell war bei ungeteilter Weitergabe der bäuerlichen Anwesen der Transfer des Besitzes von der älteren an die jüngere Generation ein einmaliger Akt. Hier liegt ein wesentlicher Unterschied zu einer Gesellschaft, in der Realteilung praktiziert wird. Wenn das Immobiliarvermögen zerstückelt

---

[155] Siehe unten S. 511 ff.

[156] Dazu s. THOMPSON 1977; SEGALEN 1980 S. 20 ff.; SCHLUMBOHM 1983a S. 11 ff.; MEDICK/SABEAN 1984.

[157] So auch BEGEMANN 1990 S. 123 f.

[158] KLÖNTRUP 1798–1800 Bd. 1 S. 91–96 s.v. ‚Auffahrt', bes. S. 95 f. – Ein Beispiel aus dem Jahre 1761: StA OS Rep. 560 III Nr. 700.

wird und alle Kinder gleiche Teile erhalten, ist die Übergabe an die nächste Generation oft ein langwieriger Prozeß, der mit der Heirat des ersten Kindes beginnt und erst nach dem Tod des längstlebenden Elternteils zum Abschluß kommt.[159] Freilich darf auch in dieser Hinsicht der Unterschied der beiden Erbsysteme nicht überspitzt werden: Schon vor der ungeteilten Übergabe des Hofes wurden Mitgiften an diejenigen Kinder ausgeteilt, die vor dem Anerben heirateten; und wenn die Altenteiler von dem Recht Gebrauch machten, sich einen Teil des Landes zur lebenslänglichen Nutzung vorzubehalten, fiel dieser erst später an den Nachfolger.

Die zeitliche Verknüpfung von Eheschließung des Anerben und Hofübernahme durch ihn galt nicht ausnahmslos. Ende des 18. Jahrhunderts entschied die Osnabrückische Regierung nach Beratung mit den Ständen, daß ein Gutsherr nicht das Recht haben solle, die Verheiratung des Anerben bis zum Ablauf der Zeit der Interimswirtschaft zu verhindern[160]; insbesondere wenn der Erbe bereits das 25. Lebensjahr vollendet habe, solle der Vermählung zugestimmt werden, auch wenn den Stiefeltern die Leitung des Hofes bis zum 30. Lebensjahr des Anerben zugestanden sei.[161] Die vorwiegende Praxis aber traf Justus Möser, wenn er schrieb: „Hier muß insgemein der Anerbe warten, bis der Vater stirbt oder abzieht; ehe [!] ist vor eine junge Frau kein Platz im Hause offen."[162]

Bisweilen stoßen wir allerdings auf Fälle, wo der Anerbe sich nach der Heirat noch mehrere Jahre gedulden mußte, bis er die Führung der Wirtschaft antreten konnte. In einem Fall des 17. Jahrhunderts lagen volle vierzehn Jahre zwischen den beiden Ereignissen: Margareta Eistrup, Anerbin des Power Vollhofes, heiratete im Oktober 1661 Heinrich Haustede, den Sohn eines Vollerben in Vehrte; sie zählte damals etwa 29, er 32 Jahre. Seit Margaretas Vater 1634 gestorben war und ihre Mutter wiedergeheiratet hatte, lag Eistrups Vollerbe in der Hand der Mutter Gertrud, geborener Pante, und des Stiefvaters Steffen Eistrup, eines geborenen Plogmann; aus deren Ehe gingen sechs Kinder hervor. Erst ein Jahr nach dem Tode des Stiefvaters, im November 1675, zog sich die Mutter aufs Altenteil zurück;

---

[159] SABEAN 1990 S. 16, 189 ff., 247 ff., 259 ff., 300 ff.; SABEAN 1984 bes. S. 247 ff.; SCHRAUT 1989 S. 195 ff.; LIPP 1982 S. 344 ff.; SEGALEN 1972 S. 101 f. - Vgl. unten S. 533.

[160] Bestätigtes Gutachten der Stände wegen der Heirat der Anerben vom 13.2.1772, in: CCO 1783-1819 Teil 2 Bd. 1 Nr. 1182 S. 465 f.; die Regierung folgte damit der Meinung von Ritterschaft und Bürgerschaft, das Domkapitel war entgegengesetzter Ansicht.

[161] Rescript an die Ämter wegen der Dingung des Anerben während der Mahljahre vom 2.4.1787, in: CCO 1783-1819 Teil 2 Bd. 2 Nr. 1400 S. 620 f.

[162] Justus Möser, Die Frage: Ist es gut, daß die Untertanen jährlich nach Holland gehen? wird bejahet (1767), in: MÖSER 1944 ff. Bd. 4 S. 84-97, hier 86.

nun konnte Margareta Eistrup mit ihrem Mann beim Domkapitel, ihrem Grundherrn, die Auffahrt dingen und die Stätte antreten.[163] Inzwischen hatten die beiden bereits fünf Kinder; erst jetzt führte der Ehemann den Namen Eistrup. Obwohl das Verhältnis zwischen den Generationen augenscheinlich nicht einfach war, wurden bemerkenswerterweise die Beziehungen doch gepflegt, jedenfalls von den jungen Leuten: Bei der Taufe ihres ersten Kindes stand im Februar 1662 der Stiefvater Steffen Eistrup Pate, und der Täufling erhielt von ihm den Namen Johannes Stephanus. Als im November 1663 der nächste Sohn geboren war, war Peter Eistrup der namengebende Gevatter, ein Stiefbruder der Margareta; außerdem hatten die Eltern die Hofinhaberin Gertrud Eistrup zur Patin gebeten.[164]

Im Zensus von 1812 ist kein verheirateter Anerbe auszumachen, der noch unter der Autorität seines Vorgängers auf dem Hof lebte. Wohl aber wohnte Catharina Elisabeth Stappe, Anerbin eines Markkottens, mit ihrem Ehemann Nicolaus Friederich Middendarp als Heuerling beim Vollerben Aulbert in Vehrte. Im Jahre 1800 hatten sie geheiratet, als er 23, sie 20 Jahre zählte. Auf dem Vehrter Markkotten Stappe saß im Januar 1812 noch Catharina Elisabeths Stiefmutter; ihr Vater war im Oktober 1811 verschieden. Bald danach ging die Stätte jedoch an Catharina Elisabeth und Nicolaus Friederich über, der nun als Colon den Namen Stappe annahm.

1858 finden wir im Hause zweier Vollerben und eines Neubauern verheiratete Anerben, wobei die Führung offenbar noch in der Hand des Vaters lag.[165] Der Vollerbe Johann Heinrich Hindriker in Lüstringen war bereits 72 Jahre alt und seit 13 Jahren Witwer; trotzdem hatte er sich noch nicht entschließen können, das Ruder an seinen Sohn Johann Daniel abzugeben; dieser stand zwar erst im 25. Lebensjahre, war aber seit drei Jahren verehelicht und lebte mit Frau und Tochter im Vaterhaus. – Bereits fünf Jahre verheiratet war Johann Wilhelm Klute; mit Frau und drei Kindern gehörte der 27 jährige zum Haushalt seiner Eltern, des Vollerben Everhard Heinrich Klute in Wellingen und seiner Frau, die beide etwa 60 Jahre zählten. – Auch der 58 jährige Christopher Heinrich Wiemeyer und seine Frau hatten ihren 25 Jahre alten Sohn Johann Kaspar mit Frau und Kind bei sich auf ihrer Kleinst-Stelle; geheiratet hatte das junge Paar im August 1857.

Aus den Ehestiftungen dieser Zeit wissen wir, daß sich manche Eltern in

---

[163] VINCKE 1938 S. 10 ff., 14 ff.

[164] 1666 und 1670 fehlten die Eistrups unter den Paten; 1673 aber war wieder ein Stiefbruder Margaretas an der Reihe. Ein dritter Stiefbruder fungierte 1681 als Trauzeuge, als Margareta nach dem Tod ihres Mannes zur zweiten Ehe schritt.

[165] Das ergibt sich daraus, daß der Vater als „Colon" (nicht als „Excolon"), der Sohn – obwohl verheiratet – als „Sohn" (nicht als „Colon") bezeichnet wird.

der Tat die „Regierung" vorbehielten, wenn der Anerbe heiratete.[166] In solchen Fällen wurde oft ausdrücklich vereinbart, daß der jüngeren Generation einstweilen genau das zustehen sollte, was nach Übergabe der „Herrschaft" für die Altenteiler vorgesehen war.[167] Die Reziprozität zwischen den Generationen – auf die die Bemessung der Leibzucht nach dem Herkommen jedes Hofes grundsätzlich zielte[168] – wurde hier unmittelbar im Wechselverhältnis zweier Paare praktiziert.

Gelegentlich kam es auch vor, daß schon ein Lediger die Leitung einer bäuerlichen Wirtschaft übernahm. Im Januar 1812 verzeichnete die Volkszählung den 34jährigen Johann Ebert Hackmann als Vollerben in Vehrte; noch unbeweibt, hatte er offenbar ausreichende Unterstützung von seiner fünf Jahre jüngeren Schwester Anne Marie – die, wie in dieser Liste üblich,

---

[166] So ohne Befristung auf beiden beteiligen Vollerben-Höfen bei der Doppelhochzeit Sutthoff-Glüsenkamp (vgl. oben S. 432, Ehestiftung vom 25.10.1860, in: StA OS Rep. 350 Osn. Nr. 1772) und bei der Heirat des Anerben von Kempers Markkotten zu Wellingen (Ehestiftung vom 22.6.1861, in: ebd.); lediglich für ein Jahr, nämlich bis zur Volljährigkeit des 24jährigen Anerben, auf Meyers Halberbe zu Powe (Ehestiftung vom 29.10.1859, in: ebd.). – Vgl. auch die beiden Fälle, wo die ältere Generation keine leiblichen Erben hatte und unter Vorbehalt der „Herrschaft im Hofe" an entferntere Verwandte übergab, unten S. 451 mit Anm. 179.

[167] So auf dem Markkotten Kemper 1861 (wo der Altbauer verwitwet war), „vollständige Alimentation und ein jährliches Taschengeld von 20 Talern" in halbjährlichen Raten; bei den Vollerben Sutthoff und Glüsenkamp anläßlich der Doppelhochzeit von 1860 jeweils „standesmäßige Alimentation" und ein „jährliches Taschengeld von 50 Talern" in halbjährlichen Raten (siehe zu diesen Ehestiftungen die Nachweise in der vorigen Anmerkung). Bei der Doppel-Ehestiftung wurde nicht nur auf die Symmetrie zwischen den Generationen geachtet, sondern auch auf genaue Gleichheit der Bestimmungen für beide Höfe – und das, obwohl die 61jährige Colona Sutthoff Witwe war, während bei Glüsenkamps Vater und Mutter noch lebten (er zählte 69, sie 57 Jahre). – Eine entsprechende Regelung findet sich auch, wo Stiefeltern den Hof führten, Anerbe/Anerbin jedoch vor Ablauf von deren Mahljahren heiratete; in diesem Fall erhielt das junge Paar einstweilen die Leibzucht mit den zugehörigen Landstücken. So sah es der Colonats-Contract zum Belmer Meyerhof vom 29.4.1817 (in: StA OS Rep. 350 Osn. Nr. 3042) § 11 vor: Die Mahljahre des damaligen Interimswirtes sollten dauern, bis die Anerbin ihr 30. Lebensjahr vollendete; falls diese jedoch „nach ihrem zurückgelegten 25. Jahre sich auf eine angemessene Art verheiraten wolle, [solle] ihr von dem auf Mahljahre sitzenden jetzigen Colonen einstweilen und bis dahin sie das 30. Jahr zurückgelegt, eine vollständige Leibzucht zur Benutzung überlassen werden". So geschah es in der Tat: Als die Anerbin 1838 im Alter von 26 Jahren heiratete, ging sie mit ihrem Mann auf die Leibzucht; nach ihrem Tod (1839) blieb dieser auch mit seiner zweiten Frau dort, bis 1842 die Mahljahre des Interimswirts abliefen, weil die – inzwischen verstorbene – Anerbin ihr 30. Lebensjahr vollendet hätte. Nun gingen die alten Meyers zu Belm auf die Leibzucht, die jungen traten den Hof an und bezogen das Haupthaus (so in den Volkszählungs-Listen von 1848, 1852, 1858; umgekehrt noch in derjenigen vom 1.7.1842: StA OS Rep. 350 Osn. Nr. 184). Vgl. dazu oben S. 413 ff. mit Grafik 6.01, S. 443 f. und unten S. 500 ff.; zur Vorgeschichte dieses Hofes unten S. 511 ff. mit Grafik 6.08.

[168] Siehe oben S. 253.

als „Magd" figurierte – und von seiner Mutter, der 74 Jahre alten Witwe Hackmann. Bevor das Jahr 1812 zu Ende ging, tauschte Johann Ebert seine Schwester gegen Marie Elisabeth Strüwe aus dem Halterner Vollerbe ein; ein Austausch war es in diesem Fall tatsächlich – in Form einer Kreuz-Heirat.[169] – Etwas anders lagen wahrscheinlich die Dinge auf dem Hofe zu Hage in Vehrte. Zwar wurde auch dort der ledige Henrich zu Hage als Vollerbe registriert; für die weiblichen Aufgaben standen dem 43 jährigen seine Mutter, die 67 Jahre alte „Excolona", und zwei Mägde zur Seite. Doch war seine Leitungsfunktion wohl nur als Zwischenlösung gedacht. Mit Sicherheit kann das nicht gesagt werden, weil er bereits 1816 unverheiratet starb; doch spricht dafür nicht nur die vorherrschende Erb-Praxis, die ihm als dem ältesten von mehreren Söhnen geringere Chancen einräumte, sondern vor allem die Tatsache, daß er mit 19 Jahren bei der Königlichen Garde du Corps zu Hannover eingetreten war. Bis zum „Wachtmeister im Regiment Seiner Königlichen Hoheit des Herzogs von Cumberland" hatte er es in seiner militärischen Karriere gebracht, wie der Todeseintrag anerkennend festhielt; das war kaum der Lebensweg eines zum Anerben bestimmten Bauernsohnes. Nachdem im Januar 1819 auch die Witwe zu Hage entschlafen war, heiratete ein halbes Jahr später ihr jüngster 1788 geborener Sohn, der – wie öfter bei interimistischer Verwaltung durch einen Bruder – sich 1812 nicht auf dem Hof aufgehalten hatte[170], und trat das Vollerbe an. – 1858 waren von allen Landbesitzern nur der 40 jährige Halberbe Clamor Adolf Schefermann und der 66 Jahre alte Neubauer Eberhard Pimpe unverheiratet.[171]

Wenn wir den Lebensweg der Bauern, die zwischen den beiden Volkszählungen von 1852 und 1858 erstmals heirateten, verfolgen, können wir genauer abschätzen, wie oft es zu dieser Zeit vorkam, daß Heirat und Hofübernahme um eine beträchtliche Zeitspanne auseinanderfielen. Auf der einen Seite stehen die beiden Vollerbensöhne Johann Daniel Hindriker und Johann Wilhelm Klute sowie der Neubauerssohn Johann Kaspar Wiemeyer, die seit Jahr und Tag verheiratet waren, sich aber noch mit einer untergeordneten Position begnügen mußten. Andererseits finden wir drei Vollerben und einen Neubauern, die schon 1852 als Ledige ihrem Haus und Hof vorstanden, obwohl sie erst ein bis sechs Jahre später freiten. Gerhard Heinrich Brockhoff wirtschaftete im Dezember 1852 als 29 jähriger lediger Vollerbe in Darum und heiratete im November des Folgejahres die Tochter des nahen Vollerben Sudhoff. – Johann Hermann Rolf, 1817 geboren, waltete

---

[169] S. oben S. 431 f.
[170] Siehe oben Kap. 5.4, bes. S. 345.
[171] Siehe oben Kap. 4.4.

ebenfalls 1852 als Vollerbe ohne Ehefrau; seine verwitwete Mutter wird deren Stelle vertreten haben. Der Interimswirt, sein Stiefvater, war 1849 gestorben; die ihm vom Grundherrn bewilligten Mahljahre waren jedoch schon 1845 abgelaufen, als der Anerbe sein 28. Lebensjahr vollendete.[172] Nachdem auch die Mutter im März 1855 abschied, ließ Johann Hermann Rolf sich noch eineinhalb Jahre Zeit, bevor er eine Ehefrau auf den Hof holte. – Der Vater des ledigen Vollerben Johann Eberhard Holtgreve war bereits 1844 verblichen, die Mutter folgte im November 1852. So fungierte der 31jährige als Colon; bei ihm lebten seine beiden jüngeren Brüder sowie die ältere Schwester, außerdem die 26jährige Ehefrau Maria Wichmann mit einem dreijährigen Sohn, aber ohne ihren Mann; möglicherweise nahm sie die Funktionen einer Haushälterin wahr. Erst im Juli 1858 schritt der Colon zur Ehe. – Schwerlich mit diesen Konstellationen vergleichbar war die Situation des 42jährigen ledigen Neubauers, der bereits 1852 seinen winzigen Besitz mit der Mutter seines Kindes teilte und das Verhältnis im April 1855 legalisierte.[173]

Den vier Männern, die 1852 schon vor der Heirat den Besitz übernommen hatten, und den dreien, die 1858, obwohl verehelicht, noch nicht die Leitung angetreten hatten, stehen unter den Heiratenden der Jahre 1852 bis 1858 achtzehn Anerben und Anerbinnen gegenüber, die offenbar um den Zeitpunkt ihrer ersten Eheschließung an die Spitze ihres Hofes rückten.

Mitte des 19. Jahrhunderts zeigt sich also eine gewisse Lockerung des Zusammenhangs zwischen Heirat und Hofübernahme. Zwar waren diese beiden Ereignisse auch früher nicht in jedem Fall aneinander gekoppelt, doch scheinen die Fälle, in denen beide auseinanderfielen, etwas häufiger geworden zu sein, nachdem die Agrarreformen die Kontroll- und Mitspracherechte der Grundherren beseitigt hatten. Diesem Befund kommt insofern Bedeutung zu, als er zeigt, daß das demographisch relevante Ereignis der Zulassung zur legitimen Fortpflanzung nun weniger strikt an die Voraussetzung der sozial-ökonomischen Selbständigkeit gebunden war; umgekehrt konnte den Status sozialer und wirtschaftlicher Unabhängigkeit bisweilen auch ein Unverheirateter erlangen. Die „Kette zwischen Reproduktion und Erbschaft"[174] war also selbst bei den Bauern keineswegs eisern.

Gleichwohl darf das Ausmaß dieser Lockerung nicht überschätzt werden. In der deutlichen Mehrzahl der Fälle blieben auch in der Mitte des 19. Jahrhunderts die Hoferben ledig, solange sie den Besitz nicht übernehmen konn-

---

[172] StA OS Rep. 350 Osn. Nr. 1805 d. Der Begriff der ‚Mahljahre' wird im Folgenden erläutert.
[173] Vgl. oben in Kap. 4.4.
[174] TILLY/TILLY 1971 S. 189.

ten, und: sie traten in den Ehestand, sobald ihnen die Führung des Hofes zufiel. Wenn dieser Zusammenhang sich gelockert hatte, so war er doch keineswegs beseitigt.

Lebte das bisherige Hofbesitzerpaar bei der Heirat des Anerben noch, so zog es sich in der Regel auf das Altenteil zurück; das galt erst recht für einen Witwer oder eine Witwe. Auf den Höfen, die einen speziellen Leibzuchtkotten hatten – das waren fast alle großen und eine Minderheit der kleinen – standen dafür zwei Möglichkeiten offen: Die Altbauern konnten dies eigene Wohngebäude beziehen oder im Haupthaus bleiben, zusammen mit dem jungen Paar.[175] Welche dieser Möglichkeiten auch gewählt wurde, prinzipiell besteht hier ein wesentlicher Unterschied zu der ‚Stammfamilie', wie sie Frédéric Le Play, aber auch die moderne historische Anthropologie für den Süden Frankreichs schildern: Dort war es üblich, daß Eigentumsrechte, Autorität und Macht lebenslang in der Hand der älteren Generation lagen; das zum Erben ausersehene Kind lebte mit Ehegatte und eigenen Nachkommen im „Haus des Vaters" und blieb ihm unterstellt; erst mit dem Tode des Vaters pflegte die Leitung an die jüngere Generation übergeben zu werden.[176] Bei diesem System der ‚Stammfamilie' wäre zu erwarten, daß die Hindernisse gegen frühes Heiraten nicht wirksam waren, die dem ‚europäischen Heirats-System' zugeschrieben werden: die Eheschließung der jungen Leute konnte erfolgen, längst bevor Haus und Hof zur Übernahme frei waren.[177]

Allerdings wird in der Praxis die offizielle Übergabe des Hofes und der Eintritt in den Status des Altenteilers nicht immer bedeutet haben, daß Autorität und Wirtschaftsführung von einem Tag auf den anderen vom alten an den jungen Bauern übergingen.[178] Besonders wenn beide Generationen im Haupthaus zusammenlebten, wird es vielfältige Möglichkeiten zu einem mehr oder weniger gleitenden Wechsel gegeben haben. Nachdem der Voll-

---

[175] Siehe oben Kap. 4. 5.

[176] LE PLAY 1871 S. 28 ff.; COLLOMP 1983; COLLOMP 1984; FAUVE-CHAMOUX 1987 bes. S. 247. FAUVE-CHAMOUX 1985 S. 119 f. weist auf einen Wandel im Zeitverlauf hin: In diesem Pyrenäengebiet kam es Mitte des 19. Jahrhunderts – anders als im 18. – häufiger vor, daß Väter die Führung des Hauses schon zu Lebzeiten aus der Hand gaben. – Den Unterschied zwischen „Stammfamilie" und „Ausgedingefamilie" (oder Altenteilerfamilie) West- und Mitteleuropas betonen MITTERAUER/SIEDER 1977 S. 38 ff., 48 ff. und COLLOMP 1988 S. 68 f.; vgl. aber bei MITTERAUER 1979c S. 44 ff. den Hinweis, daß in Teilen Österreichs zwischen dem frühen 17. und dem 18. Jahrhundert möglicherweise ein Wandel von der Stamm- zur Altenteilerfamilie stattfand.

[177] Vgl. die Hinweise zum Heiratsalter bei FAUVE-CHAMOUX 1987 S. 249 f.; COLLOMP 1988 S. 79; vgl. aber FAUVE-CHAMOUX 1981 S. 58. – Vgl. oben Kap. 3. 2.

[178] REBEL 1983 S. 170 ff., 179 ff. bringt aus Oberösterreich im 16. und frühen 17. Jahrhundert Belege und Argumente dafür, daß Altenteiler oft eine aktive, ja bestimmende Rolle spielten.

erbe Carl Diederich Pante, geborener Lammerding, und seine Frau Maria Engel die ungewissen Gefälle und die grundherrlichen Mitwirkungsrechte beim Besitzwechsel abgelöst hatten, konnten sie diese Fragen 1847 im Übergabevertrag mit dem von ihnen erwählten Nachfolger Carl Diederich Sudhoff, einem Großneffen der Frau, explizit nach ihren Vorstellungen regeln. Am 4. März 1847 vereinbarte das kinderlose alte Paar mit Sudhoff, seiner Braut und beider Eltern, daß das junge Paar „um Michaelis d.J. die Stätte an[...]treten" werde. War für die offizielle Übergabe mit dem 29. September 1847 ein fester Termin fixiert, dem auch innerhalb sechs Wochen – am 9. November – die Hochzeit der neuen Besitzer folgte, so behielten sich die alten Pantes doch vor, „der Wirtschaft auf dem Colonate selbst noch vorzustehen, so lange es uns gefällt"; den jungen Leuten wurde aufgegeben, „uns in allen Dingen zu gehorchen, was wir wegen der Wirtschaft auf dem Colonate anordnen". Lediglich eine der mit der Führung verbundenen Aufgaben übertrug der 72jährige Panten-Bauer sogleich an den Nachfolger: „Jedoch soll der Carl Diederich Sudhoff gleich von Anfang an das Wecken der Hausgenossen und Knechte übernehmen, was sonst dem Hausherrn zusteht."[179] – Daß die Quellen von der Volkszählung des Jahres 1858 bei etlichen bäuerlichen Haushalten schwanken, ob der „Excolon" (bzw. die „Excolona") oder der „Colon" als Haushaltsvorstand anzusehen sei[180], mag ein weiteres Indiz dafür sein, daß der Status der Altenteiler nicht in jedem Fall der einer eindeutigen Unterordnung war.

### 6.4.5. Wiederheiraten und ihre Auswirkungen auf die Erbfolge

Bei weitem nicht alle Bauern und Bäuerinnen lebten solange, bis sie den Hof an einen Sohn oder eine Tochter weitergeben konnten; immer wieder rief der Tod den einen oder die andere vorzeitig ab. In einem solchen Fall blieb der überlebende Teil – gleichgültig, ob Mann oder Frau, ob Anerbe oder eingeheiratet, ob mit Kindern oder ohne, – im Besitze des Hofes und konnte wiederheiraten. Natürlich mußten die entsprechenden Abgaben – wie Sterbfall und Auffahrtsgeld – an den Grundherrn entrichtet, seine Mitwirkungsrechte beachtet werden. Waren aus der ersten Ehe Kinder vorhanden, so

---

[179] Abgedr. bei VINCKE 1950 S. 37f.; vgl. oben S. 407f. zu dieser Hofübergabe. – Vgl. auch unten S. 513ff.: Als die 77jährige Witwe Meyer zu Belm 1804 den Weg freigab zur Neubesetzung des Colonats, behielt sie sich zeitlebens die „Herrschaft im Hofe" vor, was nach Einschätzung des Amtes Iburg „in der natürlichen Billigkeit" beruhte: Bericht vom 11.5.1805, in: StA OS Rep. 560 VIII Nr. 944. Gemeinsam ist diesem Fall und dem auf Pantes Hof (1847), daß die alten Colonen keine leiblichen Erben hatten.

[180] Die „Liste" führte in der Regel den Colon als Haushaltsvorstand auf, die „Urliste" nicht selten den Excolon oder die Excolona. Vgl. die Quellenbeschreibung oben in Kap. 1.

sollte der Grundherr bei der Wiederheirat die Führung der Wirtschaft auf eine bestimmte Zahl von Jahren, die sog. „Mahljahre", begrenzen; diese durften in der Regel nicht länger dauern, als bis der aus der ersten Ehe stammende Anerbe volljährig – d. i. 25 Jahre alt – war, keinesfalls länger, als bis er das 30. Lebensjahr vollendet hatte. Nach Ablauf der Mahljahre hatte ein solcher Interimswirt den gleichen Anspruch auf ein Altenteil wie leibliche Eltern des Anerben. Gab es hingegen aus der ersten Ehe keine Kinder, so erhielt der neue Gatte volle und unbefristete Rechte an dem Hof, auch wenn der überlebende Teil nicht der ursprüngliche Anerbe, sondern der Eingeheiratete war.[181]

Hier lag ein wesentlicher Unterschied zu vielen anderen bäuerlichen Gesellschaften, in denen der Landbesitz ungeteilt vererbt wurde; da die Anerben überwiegend Männer waren, kam er vor allem verwitweten Frauen zugute. Anderswo war ihre Position oft entschieden schwächer. So wurde in einigen südfranzösischen Gebieten einer Witwe die Führung des Hauses und die Vormundschaft über ihre Kinder meist nur unter der ausdrücklichen Bedingung überlassen, daß sie nicht wiederheiratete.[182] Starb der Mann, der den väterlichen Besitz übernommen hatte, bevor er ein Kind gezeugt hatte, so hatte in manchen Gegenden seine Witwe keine bleibenden Rechte an dem Hof, sondern dieser fiel an die Familie des Mannes zurück.[183]

Anders in Belm: hatte der Anerbe oder die Anerbin den Besitz einmal angetreten und verstarb danach, so blieb das Anwesen regelmäßig in der Hand des verwitweten Teils, obwohl der von außen eingeheiratet hatte; es konnte von diesem an einen neuen Gatten weitergegeben werden. Von dem Recht zur Wiederheirat auf der Stätte machten in der Tat die eingeheirateten Partner nicht weniger Gebrauch als die, welche den Hof von den Eltern bekommen hatten. Unter den bäuerlichen Witwen und Witwern, die zu einer neuen Ehe schritten, können wir 99 als Anerben bzw. Anerbinnen, 155 als eingeheiratet identifizieren.

---

[181] Eigentums-Ordnung (vgl. oben Anm. 10) Kap. 4 §§ 22 f.; vgl. auch das Votum der Osnabrückischen Stände vom 17. 1. 1709, abgedr. in: OSNABRÜCKISCHES EIGENTUMS-RECHT 1794 S. 63; KLÖNTRUP 1798–1800 Bd. 2 S. 294–305 s. v. ‚Mahljahre', Bd. 2 S. 211–216 s. v. ‚Interims-Wirtschaft' sowie den Zusatz bei RUNGE 1898, S. 108 f.

[182] LE PLAY 1871 S. 29 f.; COLLOMP 1983 S. 166 ff.

[183] GOODY 1976b S. 24 f.; MITTERAUER 1986a S. 266; COLE/WOLF 1974 S. 157, 200; GAY 1953 S. 176 ff., 192 ff., 226 f., 236. – In einem Braunschweigischen Gebiet wandelte sich während des 17. Jahrhunderts die Praxis der Eheverträge weg von derartigen Bestimmungen hin zu solchen, die den Osnabrückischen ähnelten („längst Leib, längst Gut"): ACHILLES 1965 S. 63 ff.; die Regel „längst Leib, längst Gut" wird als vorherrschend in Nordwestdeutschland beschrieben: WITTICH 1896 S. 37 ff., 47 f. – In Hohenlohe hatten hingegen Witwen schlechtere Rechte als Witwer: ROBISHEAUX 1989 S. 128 f., 133 ff.

Diese Regelung der Erbfolge führte dazu, daß der Hof der ursprünglichen Besitzerfamilie entfremdet wurde, falls keine Nachkommen aus der ersten Ehe vorhanden waren. Nur in ganz seltenen Ausnahmefällen kam nach dem Tod eines Vorbesitzers dessen Bruder oder Schwester in den Genuß des Erbes, das doch von ihren Eltern herstammte.[184]

Eine Verkettung besonderer Umstände führte am Ende des 17. Jahrhunderts dazu, daß auf Dreiers Vollerbe in Wellingen nach dem Tod des eigentlichen Erben seine Schwester den Hof bekam, obwohl jener längst verheiratet war und das Anwesen übernommen hatte. Bereits zu Lebzeiten seines Vaters Nicolaus Dreier hatte der jüngere der beiden Söhne, der 1663 geborene Gerd Dreier, im Jahre 1684 die Gretescher Vollerbentochter Anna Catharina Sundermann geehelicht und drei Kinder mit ihr gezeugt. Da verschied im September 1692 seine Frau. Ehe Gerd Dreier eine neue Gattin gefunden hatte, überraschte im Januar 1695 auch ihn der Tod: „Vom Nachtfrost vernichtet, kam er elend um", so notierte der Pfarrer.[185] Im September desselben Jahres entschlief auch der Altbauer Nicolaus Dreier. So kam die Reihe an die jüngere Schwester des verstorbenen Gerd, Engel Gertrud Dreier. Im Februar 1696 heiratete sie Johann Caspar Vincke, und schon bei der Taufe des ersten Kindes, im Dezember desselben Jahres, trug er als neuer Colon den Namen „Vincke dictus Dreier zu Wellingen". Es ist durchaus möglich, daß Engel Gertrud und Johann Caspar zunächst nur interimistisch die Führung des verwaisten Hofes übernommen hatten, bis ein Kind des Bruders als Anerbe herangewachsen war. Da dessen jüngster Sohn schon 1693 im Alter von drei Jahren dem Vater vorangegangen war, kam dafür in erster Linie der 1688 geborene Johann in Frage; doch im Jahre 1705 starb auch er. So erbte später ein Sohn von Engel Gertrud Dreier und Johann Caspar, geborenem Vincke, den Hof. Ob das älteste Kind des ursprünglichen Anerben Gerd Dreier, eine Tochter, die wie ihre Mutter Anna Catharina hieß, übergangen wurde oder gleichfalls verstorben war, entzieht sich unserer Kenntnis.

Noch ungewöhnlicher waren die Umstände, die im Jahre 1801 dazu führten, daß Johann Henrich Beermann, geborener Brockmann, auf den Brockmann-Hof in Icker zurückkehrte, den sein Bruder zuvor bereits übernommen hatte, und daß gleichzeitig die Witwe Catharina Engel Brockmann, geborene Beermann, Beermanns Vollerbe in Vehrte antrat, auf dem bis dahin ihre Halbschwester als Anerbin gesessen hatte. Vorausgegangen war

---
[184] Die Geschwister, die bereits ausgesteuert waren oder sich freigekauft hatten, hatten ohnehin keine Rechtsansprüche auf die Nachfolge mehr: Eigentums-Ordnung (vgl. oben Anm. 10) Kap. 4 § 6.
[185] „Frigore nocturno obrutus misere periit."

im April/Mai 1800 die Doppelhochzeit der Anerbin Margarethe Elisabeth Beermann mit Johann Heinrich Brockmann und von dessen Bruder Gerd Wennemar Brockmann mit Margarethe Elisabeths Halbschwester Catharina Engel.[186] Da starb nach weniger als acht Monaten der Ehe der Anerbe Gerd Wennemar Brockmann am 18. Februar 1801. Daß seine junge Witwe bereits im Juli mit Jobst Henrich Kossmann zur zweiten Ehe schritt, widersprach zwar den Moralvorstellungen der geistlichen Obrigkeit, fiel aber keineswegs aus dem Rahmen der gängigen Praxis der Belmer Landleute.[187] Einmalig war jedoch, daß die Witwe nun mit ihrem Schwager und dessen Frau, ihrer Halbschwester, die Höfe tauschte! Schon bei der Taufe seines ersten Kindes im Mai 1802 wurde Jobst Henrich Kossmann als Colon Beermann in Vehrte registriert, und er blieb es nach dem Tode seiner Frau bei zwei weiteren Ehen; Beermanns Vollerbe ging durch eine Kette von Wiederheiraten entlang dieser Linie weiter.[188] Im Gegenzug waren 1801/02 Margarethe Elisabeth Beermann, die den ihr als Anerbin zugefallenen Hof in Vehrte aufgab, mit ihrem Mann Johann Henrich, geborenem Brockmann, auf das Anwesen in Icker gewechselt, aus dem dieser stammte; hinfort waren sie die Vollerben Brockmann. Er starb im September 1806, gut zwei Monate später heiratete die Witwe wieder, und ihr neuer Gatte fungierte als Colon Brockmann, bis 1822 der Anerbe aus erster Ehe eine Frau nahm und Brockmanns Hof antrat.

Ein nicht minder spektakulärer Ausnahmefall ereignete sich ein Jahrzehnt später auf Dreyers Vollerbe in Wellingen: Der Bruder des verstorbenen Anerben trat dessen Nachfolge an – als Hofbesitzer und als Ehemann, indem er die Witwe heiratete. Im November 1810 hatte der Anerbe Evert Henrich Dreyer die Bauerntochter Marie Elisabeth Middendorf aus dem benachbarten Kirchspiel Schledehausen zur Frau genommen, zwei Monate nachdem seine verwitwete Mutter, von welcher der Hof kam, entschlafen war. Bereits im Oktober 1811 starb der Ehemann im Alter von 34 Jahren kinderlos. Wie üblich, übernahm die 30jährige Witwe die Führung des Hofes. Bei der Volkszählung im Januar 1812 wurde sie als „Vollerbe" registriert, zwei Mägde und drei Knechte standen ihr zur Seite. Der älteste unter den Knechten war mit 28 Jahren Johann Hermann Dreyer, von dem wir wissen, daß er der Bruder ihres verstorbenen Mannes war.[189] In den folgen-

---

[186] Siehe oben S. 433.
[187] Siehe oben Kap. 3.4. und Tab. 3.21.
[188] Siehe unten S. 463 f.
[189] Im Zensus von 1812 wurden ja nahezu alle unverheirateten jungen Leute ab 14 Jahren als „Knecht" bzw. „Magd" bezeichnet, auch wenn sie Kinder oder Verwandte des Haushaltsvorstands waren.

den Monaten muß sich eine tiefe Neigung zwischen Johann Hermann und der verwitweten Marie Elisabeth entwickelt haben. Die beiden waren in einer äußerst schwierigen Situation, da nach kirchlichem Eherecht ja keineswegs nur Blutsverwandtschaft, sondern auch Schwägerschaft ein Ehehindernis darstellte und insbesondere die Heirat einer Witwe mit dem Bruder ihres verstorbenen Mannes eindeutig verboten war. Das evangelische Konsistorium in Osnabrück hatte derartige Ehen sogar für „gänzlich verboten" erklärt: bei so naher „Blut-, Freund- oder Schwägerschaft" sollten Gesuche um Dispensation „nicht gehöret", sondern als „unziemlich" „sofort abgewiesen" werden, selbst wenn „die fleischliche Vermischung geschehen sein möchte".[190] So gebar Marie Elisabeth am 24. Februar 1813 eine Tochter. Zwei Tage später trug Johann Hermann sein Kind zu dem lutherischen Pfarrer, der inzwischen in Belm neben dem katholischen amtierte, und ließ es auf den Namen Marie Engel taufen. Den Tatsachen entsprechend wurde die Mutter im Kirchenbuch als Witwe registriert, und Johann Hermann bekannte sich offen als Vater; zugleich scheint er in eine zusätzliche Beziehung zu dem Kind und seiner Mutter getreten zu sein: Als ersten Paten verzeichnet das Kirchenbuch Johann Hermann Dreyer, und nach Ausweis des Zensus von 1812 war er – zumindest innerhalb des Kirchspiels – der einzige Träger dieses Namens. Am Tage darauf erschien Johann Hermann Dreyer mit seinem Töchterchen beim Maire Koltfärber als dem zuständigen Zivilstandsbeamten – noch gehörte das Gebiet zum Kaiserreich Frankreich. Der Maire war im Glauben, er habe den Colon Dreyer aus Wellingen und dessen eheliche Tochter vor sich, und Johann Hermann beließ es dabei. Doch unternahmen Marie Elisabeth und Johann Hermann alle Anstrengungen, um das Verdikt der Illegitimität, das auf ihrem Verhältnis lag, abzuwenden. Zu Beginn des folgenden Jahres – das Osnabrücker Land stand inzwischen unter hannoverscher Verwaltung – hatten sie endlich Erfolg. Das Kirchenbuch meldet: „Auf besondere Dispensation von S[eine]r Kön[iglichen] Hoheit dem Prinzen Regenten, namens S[eine]r Königl[ichen] Majest[ät] Georg III., auf Vorstellung des Land-Consistoriums an das Königl[iche] Staats- und Cabinettsministerium zu Hannover, sind d[ominica] 2 p[ost] epiph[aniam] und d[ominica] 3 p[ost] epiph[aniam] [d.i. 16. und 23. 1. 1814] proclamiert und den 29. Januar 1814 copuliert Colon Johann Hermann Dreyer zu Wellingen mit des Bruders Witwe Marie Elisabeth gebore-

---

[190] Verordnung die gänzlich verbotenen Ehen betreffend vom 15.12.1727, in: CCO 1783-1819 Teil 2 Bd. 1 Nr. 805 S. 297 f.; erneuert durch Ausschreiben des Evangel. Consistorii an die Prediger vom 7.5.1788, in: ebd. Teil 2 Bd. 2 Nr. 1413 S. 631. – Allgemein zu den kirchenrechtlichen Ehehindernissen die anregende Interpretation von GOODY 1983.

ner Mündriep."[191] – Das Paar hatte noch drei weitere Kinder zusammen, bevor Marie Elisabeth 1827 an Schwindsucht starb. Johann Hermann erlag nach zwei weiteren Heiraten im Jahre 1833 ebenfalls der Schwindsucht. Nach einer Interimswirtschaft fiel der Hof 1848 an den jüngsten überlebenden Sohn von Marie Elisabeth und Johann Hermann, den 1820 geborenen Gerhard Heinrich Dreyer.

Daß zwei Geschwister nacheinander den elterlichen Hof führten, kam sonst nahezu ausschließlich in der Form vor, daß ein älterer Bruder oder eine ältere Schwester mit ihrem Mann interimistisch eingesetzt wurden, bis der eigentliche Anerbe alt genug war.[192]

Starb ein Bauer, bevor seine Frau etwa vierzig Jahre alt war, so brachte sie meist innerhalb eines Jahres einen neuen Mann als Colon auf die Stätte. Entsprechend führten Bauern, die vor ihrem 50. Lebensjahr Witwer wurden, in kurzer Frist eine neue Frau heim.[193] Während sich bei den Männern die Wiederheiratschancen zwischen Großbauern, Kleinbauern und Landlosen nur relativ wenig unterschieden, nahmen die Inhaberinnen großer Höfe weit häufiger einen zweiten Mann als andere Witwen; dadurch war die geschlechtsspezifische Differenz hinsichtlich der Chancen einer weiteren Ehe bei den Großbauern wesentlich geringer als bei den anderen Schichten.

Da die Witwer und Witwen in der Regel Partner wählten, die ledig und nur wenig älter waren als andere Bräute bzw. Bräutigame[194], boten sie zahlreichen jungen Leuten die Möglichkeit zur Einheirat auf einen Hof. Für junge Männer war die Chance, durch die Ehe mit einer Witwe auf einen Hof zu kommen, sogar größer als die, eine ledige Anerbin zu finden; das galt speziell bei großen Höfen: die Zahl der Männer, die durch Heirat mit einer Witwe in den Besitz eines Vollhofs kamen, war um etwa 50 % höher als die, denen das durch die Erstehe einer Anerbin gelang.[195] Da Söhne als Anerben bevorzugt wurden, hatten Töchter gute Aussichten, von einem Erben in seiner ersten Ehe auf seinen Hof geholt zu werden; im Vergleich dazu war die Zahl der Frauen, die von einem verwitweten Bauern heimgeführt wurden, geringer; als zweite Chance fiel diese Möglichkeit aber auch für das weibliche Geschlecht ins Gewicht (Tab. 6.04).

Was die soziale Herkunft der Bräute von hofbesitzenden Witwern angeht,

---

[191] Zu zwei späteren Fällen, in denen verwitwete Heuerleute eine Schwester ihrer ersten Frau heirateten und dazu nur den Dispens des Konsistoriums benötigten, s. unten S. 531.
[192] Siehe oben S. 345 ff., 399 f., 437. Anders lag der Fall bei Schnieders Erbkotten in Wellingen um 1800, s. oben S. 393.
[193] Siehe oben Kap. 3.4. und Tab. 3.21, auch zum Folgenden.
[194] Siehe oben Kap. 3.2.
[195] Siehe Tab. 6.04 a: 79 Männer konnten die Anerbin eines großen Hofes heiraten, 118 eine verwitwete Großbäuerin.

so gab es keine wesentlichen Unterschiede zu den Frauen, die von Anerben in erster Ehe gefreit wurden (Tab. 6.10); das gleiche gilt für die Bräutigame bäuerlicher Witwen im Vergleich zu den Ehepartnern von Anerbinnen (Tab. 6.11). Allenfalls bei den Kleinbauern mag die Chance, die Tochter von einem großen Hof zu gewinnen, für einen Witwer etwas geringer gewesen zu sein als für einen Anerben. Dieser Befund verdient Beachtung: Die Jugend des neuen Partners kompensierte offenbar weder in den Augen von Witwern noch in denen von Witwen ein eventuelles Defizit, was die soziale Herkunft und – damit zusammenhängend – die Mitgift anging.[196] Dabei sollte man denken, daß ein Witwer oder eine Witwe nicht in dem Maße wie ein Jungbauer auf den Brautschatz angewiesen war; zwar hatte auch er Sterbfall und Auffahrt zu bezahlen, doch Abfindungen für weichende Geschwister waren wohl weniger häufig noch auszuloben.

Aus der Sicht des einheiratenden Teils war unter wirtschaftlich-sozialen Aspekten ein Witwer oder eine Witwe weniger attraktiv als ein lediger Hoferbe, wenn Kinder aus der vorigen Ehe vorhanden waren; denn dann winkte die Inhaberschaft des Hofes nur für die Mahljahre bis zum 25. oder 30. Lebensjahr des Anerben. Je kürzer die Spanne bis zu diesem Zeitpunkt war, desto mehr fiel dieser Gesichtspunkt ins Gewicht, zumal dann auch die Eventualität, daß durch vorzeitigen Tod des Anerben die interimistische Inhaberschaft in eine unbefristete verwandelt werden könnte, immer unwahrscheinlicher wurde: mit dem Alter nahm das Mortalitätsrisiko bei Kindern ab. Immerhin war auch für den Partner aus der Zweit- oder Drittehe des Bauern oder der Bäuerin die spätere Versorgung durch ein Altenteil gesichert, zumindest auf den größeren Höfen. Wenn einer jungen Frau oder einem jungen Mann der Altersvorsprung des verwitweten Ehepartners ein weniger willkommener Aspekt war, so konnte sie oder er sich immerhin damit trösten, daß mit dem Altersunterschied auch die Wahrscheinlichkeit zunahm, daß der andere Teil zuerst sterben und danach Gelegenheit zu einer erneuten Heirat, diesmal mit einem jungen Partner, sein werde.

Was auch immer die Neigungen und Interessen sein mochten, grundlegend für die Heiratsmöglichkeiten in dieser ländlichen Gesellschaft war die Tatsache, daß bei ungeteilter Vererbung der Höfe und der gegebenen Fertilität und Mortalität längst nicht alle weichenden Söhne und Töchter von Bauern einen ledigen Anerben oder eine Anerbin als Gemahl finden konnten. Da die einzige Alternative am Ort der Abstieg in den Heuerlingsstand war – von dem äußerst selten gewählten Verzicht auf die Ehe abgesehen –, war die Verbindung mit einem/r verwitweten Hofbesitzer/in keineswegs unattraktiv.

---

[196] Siehe als Beispiel für einen entgegengesetzten Befund SABEAN 1990 S. 230 ff., vgl. 243 f.

Erst wenn ein Bauer oder eine Bäuerin den Hof übergeben und das Altenteil bezogen hatte, bot eine weitere Eheschließung vom wirtschaftlich-sozialen Gesichtspunkt aus einschneidend schlechtere Aussichten. Die Osnabrückische Eigentumsordnung sah nämlich vor, daß die Hälfte des Altenteils – „es seie Land, Garten oder Wiesenwachs" und je nach Ortsgebrauch auch der halbe Leibzuchtkotten – an den Hof zurückfiel, wenn von einem Leibzüchterpaar der erste Teil starb. Schritt ein Witwer nun zu einer neuen Ehe, so sollte ihm doch nur das halbe Altenteil bleiben. Wenn die einheiratende Person sich eigen gab und die entsprechenden Abgaben an den Grundherrn entrichtet wurden, so erwarb sie allerdings einen lebenslangen Anspruch auf die halbe Leibzucht; wurde dies versäumt, mußte sie beim Tod des eigentlichen Altenteilers den Hof verlassen.[197]

Daß der Ehekandidatin gerade auch eines relativ alten Witwers die Frage der späteren Versorgung wichtig war, zeigt der Fall des Altenteilers Johann Jürgen Eistrup, geborenen Meyers zu Weghorst, der 1773 im Alter von 79 Jahren nach dem Tod seines Nachfolgers und dessen Frau noch einmal die interimistische Leitung des Vollerbes übernahm.[198] Kaum zwei Monate nachdem das Domkapitel als Feudalherr ihm die Wirtschaft angetragen hatte, fand er eine passende Braut. Die erwartete jedoch, daß ihr Leibzuchtrechte zugesichert würden. Dazu wollte sich das Domkapitel nicht verstehen; es versprach – für den Fall, daß Johann Jürgen Eistrup, geborener Meyer, vor ihr sterben sollte – lediglich, sich je nach den Umständen, wie sie mit ihrem Mann dem Hof vorstehen würde, erkenntlich gegen sie zu zeigen. Diese Aussicht war der Erwählten zunächst zu unsicher; sie zögerte ein volles Jahr mit ihrem Jawort. Im Juli 1774 trat die 56jährige Christina Elisabeth Brombstrup dann doch mit dem 80jährigen vor den Traualtar. Nachdem dieser zwei Jahre später verschied, stand sie dem Hof noch zwölf Jahre vor, bis im Oktober 1788 der Anerbe heiratete. Offenbar fand ihre Leistung Anerkennung; denn ihr wurde nun die halbe Leibzucht zur Verfügung gestellt. Beschlossen hat sie ihr Leben freilich doch nicht auf dem Eistrup-Hof, denn es kam zu Streit mit den Mitbewohnern des Leibzuchtkottens. So zog sie aus, erwartete aber eine kleine Rente in Höhe des Pachtwerts der zur halben Leibzucht gehörigen Ländereien. Die aber weigerte sich der junge Bauer zu zahlen. Nach vergeblichen Schlichtungsversuchen entschied das Domkapitel im September 1790, daß der neue Colon Eistrup ihr jährlich 16 $^{2}/_{3}$ Taler zu zahlen habe – als Anerkennung dafür,

---

[197] Eigentums-Ordnung (vgl. oben Anm. 10) Kap. 7 §§ 5, 16, vgl. Kap. 4 § 14; KLÖNTRUP 1798–1800 Bd. 2 S. 272 f. s. v. ‚Leibzucht'.
[198] Vgl. oben S. 400.

daß sie dem Hof gut vorgestanden habe.[199] Davon allein wird sie freilich Unterkunft und Verpflegung kaum haben bestreiten können.

Von der Möglichkeit, sogar auf dem Altenteil noch einmal zu heiraten, machten Witwer gelegentlich Gebrauch, kaum hingegen Witwen. Es scheint kein Zufall zu sein, daß in den wenigen Fällen, wo wir die soziale Herkunft ihrer Bräute kennen, keine Tochter eines Großbauern dabei war. Im Unterschied zu anderen Witwern[200] nahmen Altenteiler recht häufig eine Witwe zur Frau. Johann Wilm geborener Behrmann war 1760 als 31jähriger Mahljahrswirt auf Schleibaums Vollerbe in Darum gekommen, indem er die 12 Jahre ältere Anna Gertrud geborene Pante, die Witwe seines drei Monate zuvor verschiedenen Vorgängers, ehelichte. Nach zwanzig Mahljahren heiratete im April 1780 Johann Gerd Schleibaum, der Anerbe aus der ersten Ehe, er war inzwischen 28 Jahre alt. Im Dezember 1781 starb die Altenteilerin Anna Gertrud. Vierzehn Monate danach schritt der Leibzüchter Johann Wilm Schleibaum, geborener Behrmann, nunmehr 54 Jahre alt, zur zweiten Ehe; seine Braut war die Tochter eines Heuermanns, Anna Catharina Brand, die mit 28 Jahren kaum mehr als die Hälfte seines Alters hatte. Nach seinem Tod im Januar 1790 konnte oder wollte sie nicht in der Leibzucht bleiben; ein halbes Jahr später nahm sie den Heuerling Stiegemeyer zum Mann. – Johann Adam Wegmann war 1835 mit 29 Jahren Interimswirt auf Dreyers Vollerbe in Wellingen geworden, indem er die zwei Jahre ältere Witwe von Johann Hermann Dreyer[201] aus dessen dritter Ehe zur Frau nahm. 1848 vollendete ihr Stiefsohn, der Anerbe, sein 28. Lebensjahr, heiratete und übernahm den Hof; die Stiefeltern gingen auf die Leibzucht, wo die Frau im April 1852 starb. Im August 1854 entschloß sich der Witwer – wiewohl Altenteiler, erst 48 Jahre alt – zu einer neuen Verbindung. Auch in diesem Fall war die Braut Tochter eines Heuerlings, Catharina Elisabeth, geborene Möller; außerdem Witwe des Heuermanns Michel im Nachbar-Kirchspiel Schledehausen und sieben Jahre älter als er. Sie starb bereits nach drei Jahren, so blieb er wiederum unbeweibt in der Leibzucht zurück. Diese brauchte er 1858 jedoch mit keinem anderen Haushalt zu teilen, sondern bewohnte sie mit Sohn, Tochter, Magd und deren kleiner Tochter allein. – Wilhelm Heinrich Niemann, geborener Westrup, hatte 1819 eine Anerbin und damit Niemanns Vollerbe in Haltern für sich gewonnen, – für einen Heuerlingssohn wie ihn ein außergewöhnlicher Erfolg.[202] Nachdem seine Frau 1851 einem Bruchleiden erlegen war und der jüngste Sohn als Anerbe

---

[199] VINCKE 1938 S. 27 ff.
[200] Vgl. oben Kap. 3.2. und Tab. 3.05.
[201] Zu ihm s. oben S. 454 ff.
[202] Siehe oben S. 420 f.

1856 mit 23 Jahren geheiratet hatte, suchte Wilhelm Heinrich als 63 jähriger Ex-Vollerbe ein neues Glück. Er heiratete die Altenteilerin Koke, Tochter des Markkötters Möllenbrock aus Vehrte, Witwe eines Halberben, 18 Jahre jünger als er, und zog zu ihr auf den Hof ihres verstorbenen Mannes nach Schwagstorf im benachbarten Kirchspiel Ostercappeln. – Da die Versorgung eines Paares, das erst auf der Leibzucht heiratete, offenbar schlechter war als bei denjenigen Altenteilern, die noch als Colonen die Ehe geschlossen hatten, mag es dem ehemaligen Interimswirt des Vollerbes Meyer zu Lüstringen willkommen gewesen sein, daß seine Frau Wilhelmine geborene Schave, Witwe eines Heuermanns, als Hebamme zum Einkommen beitrug; denn sie war ihm erst im Jahre 1800 angetraut worden, als er bereits seit sechs Jahren Leibzüchter war.[203] – Als Altenteilerin auf dem Meyerhof zu Powe ging Engel Gertrud, geborene Führing, im Februar 1822 eine neue Ehe ein. Über die Ausstattung der Leibzucht kam es zu einem heftigen Streit mit dem Colonen, einem Stiefsohn ihres ersten Mannes; doch wurde dieser durch Vermittlung der Grundherrschaft beigelegt.[204]

Was die spätere Erbregelung angeht, so sah die Osnabrückische Eigentumsordnung unmißverständlich vor, „daß, solang Kinder aus erster Ehe vorhanden, selbige denen Kindern anderer und mehrer Ehen in der Succession und Überlassung des Guts vorzuziehen seien."[205] Eine Tochter erster Ehe sollte also den Vorrang vor einem Sohn zweiter Ehe genießen; dem Interimswirt bzw. der zweiten Frau wurde damit verwehrt, ein eigenes Kind zulasten des Stiefkindes in der Erbfolge zu begünstigen.[206] Prinzipiell war damit eine der Ursachen für Konflikte ausgeräumt, von denen wir aus einigen Regionen im Zusammenhang mit Wiederheiraten hören[207]; die Praxis zeigt freilich auch hier ein gewisses Maß an Flexibilität.

Infolge dieser Regelung der Erbfolge war es häufig, daß ein Anerbe oder eine Anerbin nicht direkt auf seine leiblichen Eltern folgte, sondern auf einen

---

[203] Vgl. oben in Kap. 3. 4. zu ihr und den anderen Hebammen.
[204] Siehe oben S. 260 ff.; vgl. unten S. 462.
[205] Eigentums-Ordnung (vgl. oben Anm. 10) Kap. 4 §5, vgl. KLÖNTRUP 1802 S. 10 ff.
[206] Nach WITTICH 1896 S. 39 ff. war dies in Nordwestdeutschland die Regel. – Zu ähnlichen und zu abweichenden Regeln und Praktiken im österreichischen Raum MITTERAUER 1986a S. 312 ff.; SIEDER/MITTERAUER 1983 S. 341 f.; zu anderen Formen der Berücksichtigung der verschiedenen Ehen eines Elternteils bei der Erbregelung LE ROY LADURIE 1972 S. 831 f.
[207] SABEAN 1990 S. 268 f. zeigt in einem Realteilungsgebiet Stiefelternteil und Kinder erster Ehe als Konkurrenten um Eigentumsrechte. – Insbesondere aus Frankreich wird berichtet, daß Wiederheiraten ein häufiger Anlaß für Charivaris waren: N. Z. DAVIS, Die Narrenherrschaft, in: DAVIS 1987 S. 106–135, bes. 115 ff.; REY-FLAUD 1985 bes. S. 231 ff. und die Interpretation von LÉVI-STRAUSS 1971 S. 369 ff. Für Deutschland und England gibt es dazu jedoch kaum Parallelen: HINRICHS 1981 S. 301 ff.; SCHIEDER 1983 S. 94 ff., 149; THOMPSON 1980a bes. S. 143 ff., 150 ff.; vgl. THOMPSON 1991c. Allgemein vgl. LEGOFF/SCHMITT 1981.

Stiefvater oder/und eine Stiefmutter. Von den 501 Fällen, in denen sich während der beiden Jahrhunderte eine Hofübernahme durch einen Anerben oder eine Anerbin feststellen ließ, waren bei 343 - also gut zwei Dritteln - die leiblichen Eltern die unmittelbaren Vorbesitzer; bei 158 - fast einem Drittel - ging ein Interim dergestalt voraus, daß mindestens ein Stiefelternteil dabei war. In 34 Fällen waren auf dem betreffenden Hof in der Zeit, die zwischen der ‚Regierung' der leiblichen Eltern und der des Anerben lag, sogar zwei ‚Interims-Ehen' geschlossen worden, in 8 Fällen drei. Gerhard Heinrich Dreyer z. B. übernahm im Jahre 1848 das Wellinger Vollerbe von seinem Stiefvater und seiner Stiefmutter; die Ehe seiner eigenen Eltern hatte von 1814 bis 1827 bestanden; dazwischen lagen zwei Wiederheiraten seines Vaters und eine seiner Stiefmutter.[208]

Offen war hingegen der Weg zur Nachfolge im Hofbesitz für die Kinder der zweiten Ehe, wenn die erste kinderlos geblieben war oder alle aus ihr hervorgegangenen Abkömmlinge verstarben. War in solchen Fällen der überlebende Ehegatte derjenige, der eingeheiratet hatte, so führte das dazu, daß die nachfolgende Generation der Hofbesitzer mit den vorherigen nicht mehr durch Bande der Abstammung und Blutsverwandtschaft verbunden war.

Dieser letztere Fall läßt sich im Kirchspiel Belm während der beiden Jahrhunderte immerhin 31 mal nachweisen, auf 23 großen und 6 kleinen Höfen; bei den Vollerben Eversmann in Powe und Dreyer in Wellingen sogar je zweimal. In der Mehrzahl dieser Fälle lebte kein Kind aus der vorhergegangenen Ehe[209]; in einigen kennen wir die Konstellation nicht genau, weil es aus der Vorehe Kinder mit unbekanntem Schicksal gibt. In mindestens sechs Fällen[210] aber war ein Kind des ursprünglichen Hoferben vorhanden, und trotzdem fiel das Anwesen dem Abkömmling eines nachfolgenden Interimswirts zu.

Nach den Regeln des Rechts wäre Catharina Maria Holtgreive die Anerbin des Darumer Vollerben gewesen; denn sie entstammte der Verbindung des vorigen Anerben, Johann Dirck Holtgreive, mit Anna Margaretha Thymanns. Als sie erst zwei Wochen alt war, war ihr Vater im Juni 1772 nach knapp sieben Ehejahren gestorben; einundhalb Monate später bekam sie in Gerd Henrich geborenem Suddendarp einen Stiefvater. Von den vier Kindern dieser zweiten Ehe ihrer Mutter wurde der jüngste 1807 im Alter von

---

[208] Vgl. zur Vorgeschichte oben S. 454 ff., 459.

[209] Siehe als Beispiel den unten S. 489 Anm. 261 erwähnten Fall auf dem Halberbe Böhle in Icker.

[210] Fünf davon werden im folgenden geschildert, außerdem der des Johann Wilhelm Vincke, der zwar starb, bevor der Zeitpunkt der Hofübergabe da war, sich aber schon vorher zur Auswanderung entschlossen hatte. Zu dem sechsten, der sich beim Vollerben Wiebold in Vehrte ereignete, freilich durch einen unvorhersehbaren Todesfall bedingt erscheint, s. unten S. 477 f.

23 Jahren Anerbe, gut ein Jahr nach dem Tod der Mutter. Das beruhte jedoch nicht etwa auf einer Intrige, die der Stiefvater nach dem Tod seiner Frau eingefädelt hatte. Vielmehr war Catharina Maria Holtgreive bereits im Jahre 1794 von dem Hof gegangen, den ihr Vater 1765 von seinem Vater und dieser 1730 von seinem Vater geerbt hatte: Sie heiratete den Anerben des Vollhofes Siebert in Vehrte. – Ähnlich erging es Catharina Gertrud Meyer zu Powe, Tochter der Anerbin Catharina Engel Meyer zu Powe und ihres Gemahls Johann Henrich, eines geborenen Niederrielage. Aus der zweiten Ehe, die ihr Vater 1773 einging, als sie ein Jahr zählte, wurde 1818 der jüngste Sohn Inhaber des Halberbes Meyer zu Powe[211]; 1795 hatte sie den Hof verlassen, der mindestens seit der Mitte des siebzehnten Jahrhunderts – der Generation ihrer Ururgroßeltern – in direkter Linie weitergegeben worden war, trotz zweier dazwischenliegender Interims-Heiraten. Sie nahm den Halberben Langewand in Icker zum Mann. – Daß in diesen beiden Fällen Söhne aus der zweiten Ehe statt der Töchter aus der ersten zum Zug kommen konnten, hing offenbar damit zusammen, daß diese eine Gelegenheit zur Einheirat in einen anderen Hof gefunden hatten. Möglicherweise war Catharina Gertrud Meyer und Catharina Maria Holtgreive dieser Weg dadurch geebnet worden, daß ihnen wegen ihres Verzichts zusätzlich zu der normalen Abfindung eine „absonderliche Erkenntnis ausgelobet" wurde, wie die Osnabrückische Eigentumsordnung es vorsah.[212]

Seit den 1830er Jahren suchten hin und wieder junge Männer ihr Glück in der Neuen Welt, obwohl sie in der Heimat den Besitz eines großen Hofes zu erwarten hatten, wenn die Mahljahre ihrer Stiefeltern erst einmal abgelaufen waren. Gerhard Henrich Lübbersmann erhielt für den Verzicht auf das Vollerbe in Icker, das von seinem 1825 verstorbenen Vater herrührte und zuvor seit mindestens vier Generationen in gerader männlicher Linie vererbt worden war, offensichtlich eine ansehnliche Entschädigung: Als der 25jährige sich im Juli 1848 auf die Reise nach Amerika machte, trug er 1200 Taler bei sich. Seine zwei Jahre ältere Schwester, die ihm 1845 vorausge-

---

[211] Dazu s. oben S. 260 ff. Nach dem Tod der Catharina Engel Meyer zu Powe, die den Hof 1771 von ihrem Vater übernommen hatte, hatte die Gutsherrschaft dem Witwer Johann Henrich Meyer, geborenem Niederrielage, bei der Wiederheirat im Jahre 1773 vierundzwanzig Mahljahre zugestanden. Da die Tochter als einziges Kind der ersten Ehe jedoch 1795 den Hof verlassen hatte, entfiel der Grund für diese zeitliche Begrenzung der Hofesführung. In den Genuß kam jedoch nicht Johann Henrich Meyer, geb. Niederrielage, der im Februar 1798 starb, sondern seine zweite Frau und deren zweiter Mann: Als sie im Juni 1798 zur zweiten Ehe schritt, bewilligte die Gutsherrschaft noch einmal zwanzig Mahljahre, bis zum vollendeten 30. Lebensjahr des nunmehrigen Anerben: StA OS Rep. 350 Osn. Nr. 2998 fol. 18.
[212] Eigentums-Ordnung (vgl. oben Anm. 10) Kap. 4 § 2.

gangen war, hatte sich mit 150 Talern begnügen müssen. Frei wurde so der Weg für die spätere Nachfolge des jüngsten Sohnes aus der zweiten Ehe, die Maria Elisabeth Lübbersmann, geborene Langsenkamp, ein Vierteljahr nach dem Tod ihres ersten Mannes mit Johann Wilhelm geborenem Wiebold geschlossen hatte. Unmittelbar kam es Maria Elisabeth und Johann Wilhelm zugute, daß sich durch den Abgang des Anerben erster Ehe die Dauer ihrer eigenen Wirtschafsführung verlängerte. Da er im Jahre 1848 erst 45, sie 52 Jahre zählte, wird ihnen das nicht unwillkommen gewesen sein. Die Heirat seines Sohnes Franz Heinrich, des neuen Anerben von Lübbersmanns Colonat, erlebte Johann Wilhelm freilich nicht mehr. Als jener 1858 im Alter von 22 Jahren vor den Traualtar trat, ruhte dieser bereits drei Jahre auf dem Kirchhof.

Ganz anders als bei Gerhard Henrich Lübbersmann waren die Umstände, unter denen sich 1833 der Anerbe Johann Friedrich Beermann aus Vehrte auf die Reise über den Ozean begeben hatte. Als einzig überlebendes von den sechs Kindern der ersten Ehe von Jobst Henrich Beermann, geborenem Kossmann, und Catharina Engel Beermann war ihm die Anwartschaft auf das Vollerbe sicher, das seine Mutter nach ihrer kurzen und kinderlosen ersten Ehe mit dem Anerben Brockmann in Icker durch den Höfe-Tausch mit ihrem Schwager und ihrer Halbschwester erworben hatte.[213] Die Mutter war seit 1815 tot; im selben Jahr war eine Stiefmutter auf den Hof gekommen, die 1824 gleichfalls entschlief; 1825 hatte sein Vater zum dritten Mal geheiratet; drei Jahre danach rief ihn der Tod ab. Die zweite Stiefmutter brachte nun einen neuen Interimswirt auf den Hof. Im Juni 1833 verließ Johann Friedrich Beermann, zwanzig Jahre jung, die Heimat – ganze 60 Taler im Beutel.[214] Als sieben Jahre danach das Amt Osnabrück eine entsprechende Umfrage hielt, berichtete der zuständige Obervogt, daß er aus dem Kirchspiel Belm der einzige Anerbe sei, der nach Amerika auswanderte, ohne über sein Anerbrecht „disponiert" zu haben; auch habe er „nach seiner Abreise nichts von sich hören lassen und ist über dessen Leben oder Tod keine Nachricht vorhanden." Gerade aus solchen ungeklärten Fällen konnten, so befürchtete das Amt, „über kurz oder lang große Schwierigkeiten

---

[213] Siehe oben S. 433, 453 f.

[214] Der Preis für die Überfahrt eines Erwachsenen von Bremen nach Nordamerika wird für die 1830er und 1840er Jahre mit 20 bis 45 Talern angegeben, wobei auch innerhalb eines Jahres erhebliche Schwankungen vorkamen: ENGELSING 1961 S. 117 f.; KIEL 1941 S. 151 f.; vgl. GLADEN 1970 S. 145. – Allerdings ist nicht klar, ob der in den Listen der Auswanderer angegebene „mutmaßliche Betrag des mitgenommenen Vermögens" einschließlich oder ausschließlich des Fahrpreises zu verstehen ist. Siehe zu den Geldbeträgen, die die Auswanderer aus verschiedenen Teilen des Osnabrücker Landes mitnahmen, die Angaben bei KAMPHOEFNER 1982 S. 64 ff.

und Nachteile [...] erwachsen".²¹⁵ Wer sollte nun Anerbe von Beermanns Vollerbe sein? Aus der zweiten – 1815 geschlossenen – Ehe des Jobst Henrich Beermann wurden alle vier Kinder erwachsen. Doch im April 1845 wanderten die beiden mittleren, Franz Heinrich und Maria Elisabeth, 27 und 24 Jahre alt, zusammen aus; 120 Taler nahmen sie mit. Im Jahr darauf verstarb der älteste Sohn im Alter von 31 Jahren unverheiratet. Blieb der jüngste, Johann Heinrich, geboren 1832. Doch im April 1848 folgte er seinen Geschwistern in die Neue Welt, allein reiste er mit 120 Talern in der Tasche. Wenn das eine Abfindung für das Anerbenrecht – das ihm doch wohl zustand – enthielt, so war diese sehr bescheiden ausgefallen. Nachfolger auf dem Hof wurde 1851 der 25jährige Caspar Heinrich Beermann, das einzige Kind aus der dritten Ehe des Jobst Henrich Beermann, geborenen Kossmanns.

Mit 150 Talern ausgestattet, gab 1845 auch der 24 Jahre alte Johann Heinrich Bergmann den Anspruch auf das väterliche Halberbe in Icker auf und zog gen Amerika. Er war das einzige Kind aus der Ehe, die sein Vater als Anerbe mit der Markkötterstochter Catharina Maria, geborener Droste auf Talkamp, 1820 geschlossen hatte, die aber bereits nach zweieinhalb Jahren durch Tod endete. Die Mutter hatte zwei Monate später einen zweiten Mann gefunden. Dieser war zunächst lediglich „mahljähriger Besitzer", brachte den Hof aber „durch Ankauf von dem Anerben eigentümlich an sich", konnte ihn so bis zum Jahre 1860 selbst leiten und dann an einen leiblichen Sohn, und zwar den 1839 geborenen jüngsten, übergeben.²¹⁶

Was diese jungen Männer bewegte, dem sicheren – wenn auch von der Realisierung noch einige Jahre entfernten – Anspruch auf das Anwesen ihrer Eltern ausdrücklich oder stillschweigend zu entsagen²¹⁷ und stattdessen ein

---

²¹⁵ Amt Osnabrück an Obervogt Schwicker, 20.3.1840; Obervogt Schwicker an Amt Osnabrück (Konzept), 23.3.1840: StA OS Rep. 360 Osn. Nr. 9, fol. 57.
²¹⁶ Ehestiftung vom 21.11.1860, in: StA OS Rep. 350 Osn. Nr. 1772 (daraus die Zitate).
²¹⁷ Zu einem weiteren derartigen Fall, dem des 1833 ausgewanderten Anerben Johann Eberhard Wiebold, s. unten S. 478.
Zwei weitere Anerben wurden in den Auswandererlisten festgestellt, doch konnte die spätere Erbfolge auf ihren Höfen nicht sicher ermittelt werden, da sie jenseits des Endes der Untersuchungsperiode 1858/60 fällt: Johann Gerhard Eversmann wanderte im März 1841, knapp 21 Jahre alt, mit seiner um drei Jahre älteren Schwester aus; sein Vermögen wird mit 150 Talern angegeben. Ein älterer Bruder war bereits 1835 mit 60 Talern nach Amerika gegangen. Auch dieser Hof wurde zur Zeit der Auswanderung des Anerben von dessen Stiefeltern verwaltet: Der leibliche Vater war im Februar 1829 gestorben; die Mutter hatte im April noch eine Tochter geboren und im Juni desselben Jahres wiedergeheiratet. Diese Ehe blieb kinderlos. Im Januar 1838 starb dann die Mutter, und der Stiefvater holte im August 1838 eine neue Frau auf den Hof. Nachdem der Stiefvater im Februar 1857 einer Brustkrankheit erlag, nahm die Witwe drei

größeres oder anderes Glück in dem fernen Kontinent zu suchen, haben sie uns nicht mitgeteilt. Klar ist, daß Gerhard Henrich Lübbersmann mit der stattlichen Summe, die er davontrug, bessere Aussichten zur Realisierung materieller Hoffnungen[218] hatte als Johann Friedrich Beermann oder auch Johann Heinrich Bergmann. Sollte für diese Anerben das Verhältnis zu ihrem Stiefvater ein Anlaß gewesen sein, der heimatlichen Enge zu entfliehen, so bleibt auffällig, daß sie nicht wie andere die naheliegende Lösung wählten, bis zum Ende der Mahljahre als Knecht auf einen fremden Hof zu gehen.[219]

Von einem wissen wir, daß sich seine Hoffnung auf eine große Zukunft jenseits des Meeres nicht erfüllte. Johann Wilhelm Vincke machte sich im Mai 1832 auf den Weg, 24 Jahre alt. Die 150 Taler, die seine Barschaft ausmachten, scheinen in keinem rechten Verhältnis dazu zu stehen, daß er als einziges Kind der Anerbin des Gretescher Vollerbes der natürliche Anwärter auf den schönen Hof war. „Anerbe von der Stätte", so hält ein Bleistiftvermerk in der Liste der Auswanderer ausdrücklich fest. Darüber steht: „Ist auf der Reise gestorben." Der Vincken Hof – den seine Mutter 1805 nach dem Tod ihres Vaters zugesprochen erhielt[220], den dieser 1757 von seinem Vater, dieser 1706 nach dem vorzeitigen Tod seines Vaters von seiner Mutter und seinem Stiefvater übernommen hatte – fiel nun an das einzige Kind aus der zweiten Ehe des eingeheirateten Vaters Vincke, geborenen Meyers zu Varwick: an Johann Henrich, der 1838 heiratete und neuer Vollerbe Vincke wurde.

Daß das Vorrecht der Kinder erster Ehe nicht realisiert wurde, kam

---

Heuerlingsfamilien in das Haupthaus des Hofes und lebte 1858 selber als „Excolona" in der Leibzucht, obwohl sie erst 47 Jahre zählte; bei ihr wohnten ihre beiden leiblichen Kinder, ein 18jähriger Sohn und eine 13jährige Tochter. Von den sieben leiblichen Geschwistern des ursprünglichen Anerben Johann Gerhard Eversmann war keines mehr vorhanden; denn fünf waren als Säuglinge oder Kleinkinder gestorben, die überlebenden abgewandert.

Der 22jährige Gerhard Heinrich Plümer, ältester Sohn und Anerbe des Markkötters in Vehrte, brach 1841 mit 70 Talern nach Amerika auf. Sein Vater lebte zu dieser Zeit noch; nach dem Tod der Mutter hatte er 1835 freilich eine Stiefmutter ins Haus gebracht. Gerhard Heinrich hatte zuvor Gesindedienst geleistet, denn er wird in der Auswandererliste nicht nur „Anerbe von der Kötterei", sondern auch „Ackerknecht" genannt. Zwei Brüder und eine Schwester folgten ihm in den Jahren 1845, 1846 und 1847. Die zweite Ehe des Vaters blieb kinderlos. Nach dem Tod ihres Mannes im Jahre 1853 lebte die Stiefmutter als Witwe mit einer fremden Familie zusammen in Plümers Markkotten. Ihr Stiefsohn Johann Joseph, der einzige am Ort gebliebene unter den vier Geschwistern des ursprünglichen Anerben Gerhard Heinrich, hatte 1856 geheiratet und lebte als Zeitpächter auf einer kleinen Stätte in Powe.

[218] Aussagen über die Karrieren von Auswanderern aus dem benachbarten Tecklenburg im Staate Missouri aufgrund nominativer Analyse bei KAMPHOEFNER 1982 S. 156 ff.
[219] Siehe oben Kap. 5.4.
[220] Darüber wird sogleich eingehend berichtet.

natürlich nicht nur dann vor, wenn derjenige Elternteil gestorben war, von dem der Hof stammte, und es die eingeheiratete Person war, die eine neue Verbindung einging.[221] Als Anna Gertrud Möller, geborene Bullerdyck, 1752 nach acht Ehejahren abschied, ließ sie ihren Mann, den Markkötter Johann Berend Möller in Wellingen, mit der 4jährigen Tochter Anna Elisabeth zurück; eine andere Tochter war nur eine Woche alt geworden. Ein halbes Jahr später hatte der Witwer eine neue Frau gefunden; mit ihr zeugte er vier Töchter, von denen zwei überlebten. Im Juli 1765 rief der Tod den Markkötter ab. Im Februar 1767 nahm Anna Elisabeth Möller, die Tochter erster Ehe, noch keine zwanzig Jahre alt, Abschied von der Stätte ihres Vaters, vermählte sich mit Balz Henrich Holtmeyer und zog zu ihm auf seine Markkötterei in Haltern. Erst sieben Monate danach brachte ihre Stiefmutter einen neuen Hausherrn auf die Stätte; sie verharrte also mehr als zwei Jahre im Witwenstande – in unserem Gebiet eine recht lange Frist. Hatte sie der Stieftochter die Möglichkeit einräumen wollen, den Besitz unmittelbar zu übernehmen? Obwohl Anna Elisabeth abgezogen war, blieb der neue Kötter Möller bloßer Interimswirt und konnte die Stelle nicht an ein eigenes Kind weitergeben. Zum Zuge kam im Jahre 1789 Catharina Engel, die jüngere seiner Stieftöchter, die 1764 aus der zweiten Ehe des Johann Berend Möller hervorgegangen war.

Wenn Anna Elisabeth Möller die Anwartschaft auf die Markkötterei ihres Vaters aufgab, um auf die gleichrangige Stelle ihres Bräutigams zu wechseln, so nahm die präsumtive Markkottens-Anerbin Anna Gertrud Krämer die seltene Chance zum Aufstieg in einen Vollhof wahr. Die Ursachen und Umstände, durch die ihre Eltern in den Besitz der Markkötterei Krämer in Haltern gelangt waren, liegen für uns im Dunkeln: Dirk Wennemar Krämer war ein geborener Wulf, Catharina Gertrud eine geborene Baarts. Durch Catharina Gertrud Krämers frühes Ende blieb die 1722 geborene Anna Gertrud ihr einziges Kind; hingegen entsprangen der 1724 geschlossenen zweiten Ehe des Vaters fünf Kinder. Als 1742 Dirk Wellmar Niemann, der 23jährige Erbsohn des Halterner Vollerbes um die Hand der Anna Gertrud Krämer anhielt, gab sie ihr Jawort. Den Krämerschen Kotten überließ sie ihrem ältesten[222] Stiefbruder.

Einen Konflikt um das Vorrecht der Kinder erster Ehe gab es 1804 auf dem Vollerbe Vincke in Gretesch (Grafik 6.06).[223] Der Colon, der diesen

---

[221] Siehe auch unten S. 484 den Fall des 1835 auswandernden Johann Ferdinand Hümmelmeyer.

[222] Vgl. oben S. 392.

[223] StA OS Rep. 550 II Nr. 116. – Abb. 2 auf S. 203 zeigt Vinckes Haupthaus, Karte 3 (im Anhang) den Meyerhof zu Osterhus.

dem Domdechanten eigenbehörigen[224] Hof 1757 als Anerbe übernommen hatte, war 1802 gestorben. Der Tod seiner zweiten Frau am 16. Mai 1804 machte die Erbfrage akut. Unstreitig war der einzige überlebende Sohn aus erster Ehe, der 37jährige Johann Wilm Vincke, der eigentliche Anerbe. Ebenso unbestritten war er jedoch infolge Krankheit nicht geeignet, den Hof auf Dauer zu bewirtschaften: Zwar war er nach dem Urteil des Beauftragten des Grundherrn „sehr vernünftig", besaß „eine gesunde Beurteilungskraft" und regierte „das Ackerwesen und den ganzen Haushalt ordentlich", doch war er „am Körper schwach und mit der Gicht geplaget und dieserhalb zur Arbeit unfähig". Daher meldeten acht Tage nach dem Tod der Witwe Vincke der Vollerbe Osterhus und seine Frau Maria Elisabeth, geborene Vincke, ihre Ansprüche beim Grundherrn durch einen Procurator an. Sie entstammte gleichfalls der ersten Ehe des vorigen Colonen Vincke, hatte zwar 1794 in den Meyerhof zu Osterhus geheiratet, sich aber wohlweislich weder einen Brautschatz auszahlen noch vom Grundherrn einen Freibrief ausstellen lassen[225], um ihre Erbansprüche auf Vinckes Stätte zu wahren. Diese wollten sie nun beziehen, Osterhus' Hof könnten sie „sehr vorteilhaftig verpachten". Die ältere Schwester Maria Engel Vincke, die 1780 den Vollerben Kuhlmann geehelicht hatte, habe „den Freibrief [...] ausgewirket, ihren Brautwagen und ihren Kindesteil fast völlig empfangen". Die beiden anderen Kinder erster Ehe lebten nicht mehr, wohl aber sechs Kinder aus der zweiten Ehe. Der kränkliche Anerbe nun wollte einem dieser Halbgeschwister den Hof abtreten. Das Recht dazu sprach ihm die Gegenseite ab, während die „nächsten Verwandten" der Kinder zweiter Ehe ihn in seinem Vorhaben unterstützten. Der Procurator des Anerben, seiner Halbgeschwister und ihrer „nächsten Verwandten" argumentierte, daß durch die Osnabrückische Eigentums-Ordnung „denjenigen Kindern, welche andere Erben und Güter angenommen haben, der Regreß zur Anerbschaft oder Succession in dem Erbe versagt wird".[226] Darüber hinaus sei „überhaupt durch unsere

---

[224] Zur Zeit des Streits hatte die General-Interims-Administrations-Kommission der säkularisierten geistlichen Güter die grundherrlichen Rechte übernommen.

[225] Sie brauchte diesen Freibrief nicht, weil sie sich zur ‚Auffahrt' auf den Meyerhof zu Osterhus nicht eigen geben mußte; denn dieser hatte 1791 einzelvertraglich mit seinem Grundherrn, dem Domkapitel, die Ablösung der ungewissen Leibeigentums-Gefälle gegen eine fixe jährliche Roggen-Abgabe vereinbart: StA OS Rep. 560 III Nr. 700.

[226] Die Eigentums-Ordnung (vgl. oben Anm. 10) bestimmte in dem angeführten Kap. 4 §6: „Welche aber vom Erbe mit Aussteuer abgegütet, darauf Verzicht getan, *oder* andere Erbe und Güter angenommen, *oder* sich frei gekaufet haben, [...] dieselbe können auf entstehenden Fall, wann nämlich ihr jüngster Bruder und Schwester oder auch ihre Eltern ohne Nachlassung anderer Kinder abgehen sollten, keinen Regress zur Anerbschaft oder Succession in dem Erbe haben, es sei dann, daß der Gutsherr sie mittelst gebührender Qualification hinwieder zu solchem Erbe zulassen wollte." (Hervorhebungen von mir, J.S.)

Grafik 6.06: Hofbesitzerfolge auf dem Hof Vincke in Gretesch, 1757–1838

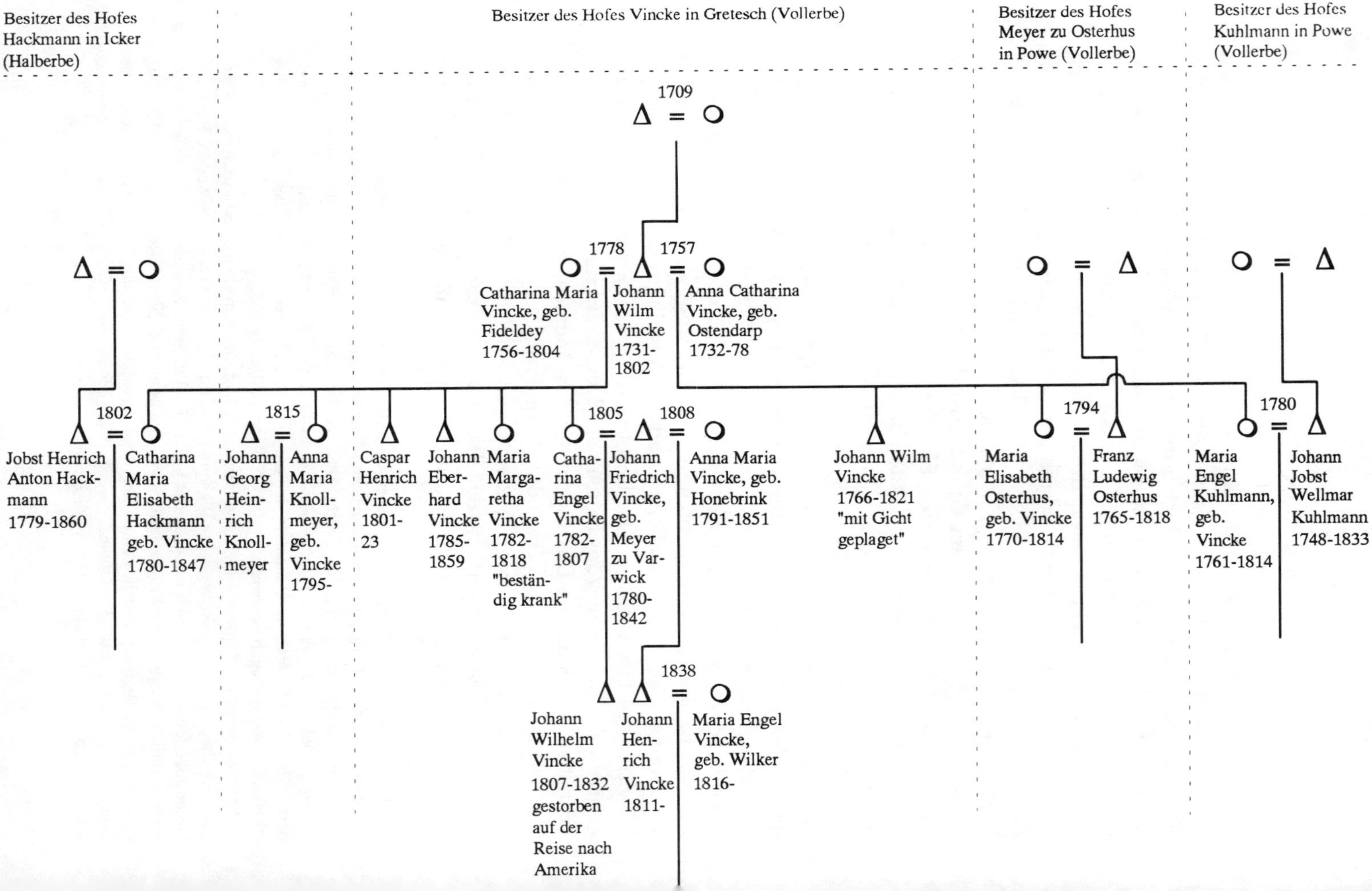

Verordnungen vorgeschrieben [...], daß jede schatz- und reihepflichtige Stätte einen eigenen beständigen Colon oder Wehrfester haben solle [...]. So kann in der Regel kein Bauer zwei solche Stätten besitzen."[227] Gegen eine Erbfolge der Osterhus spreche auch, daß der Vincken Hof zu sehr belastet werde, wenn diese ihn mit ihren sechs kleinen Kindern bezögen; denn von den Vincken-Kindern zweiter Ehe sei bisher nur die älteste Tochter verheiratet, die fünf anderen lebten noch auf der Stätte[228], darunter die jüngsten mit drei und acht [in Wirklichkeit neun] Jahren sowie die etwa 20jährige [tatsächlich 21jährige] Tochter, die „beständig krank" sei, so daß sie „noch weit mehr Aufwartung, Hege und Pflege als der Anerbe" bedürfe (dieser sei „gleich einem kleinen Kinde" darauf angewiesen). Lediglich deren Zwillingsschwester Catharina Engel, die jetzt dem Haushalt vorstehe, und der 18jährige Johann Eberhard seien arbeitsfähig.[229] Vinckes Hof den Osterhus zu übertragen, würde also „sehr [...] zum Nachteil des Erbes und der Kinder zweiter Ehe sein". – In einer zweiten Eingabe teilte der kränkliche Anerbe mit, daß er vorbehaltlich der gutsherrlichen Genehmigung sein Anerbrecht auf seine Halbschwester Catharina Engel zu übertragen wünsche. Dadurch werde er „in den Stand gesetzet [...], künftig ein sorgenfreies, ruhiges Leben führen zu können"; denn von ihr, die übrigens „eine gute Hauswirtin" sei, könne er „sich weit mehr versprechen, als wenn eine fremde Schwiegerin auf den Hof käme". (Daß die Halbschwester ihn seit längerem „mit ebenso großer Sorge als Langmut gepflegt" hatte, brachte sie offenbar seinem Herzen so nahe, daß die leibliche Schwester, die seit fast zehn Jahren

---

[227] Zitiert wurden hier die Verordnung, die Wiederbesetzung der wüsten Stätten betreffend, vom 27.11.1670 sowie die Verordnung, daß die wüsten oder vakanten eigenbehörigen Stätten in Jahresfrist mit einem beständigen Colono wieder besetzt werden sollen, vom 5.5.1702, abgedr. in CCO 1783-1819 Teil 1 Bd. 2 S. 1113f., 1115f. Die Gegenseite versäumte nicht, darauf hinzuweisen, daß diese Verordnungen „hier [...] unpassend" seien, da sie „von wüstliegenden und gutsherrlich eingezogenen Praediis" handelten, „wodurch dem Publico oder gemeinen Wesen in der Schatzung ein Merkliches abginge".

[228] Von den vier früh verstorbenen Kindern dieser Ehe war nicht mehr die Rede.

[229] Von diesen beiden hatte der Beauftragte des Grundherrn in seinem Gutachten berichtet, daß sie dem kränklichen Anerben „in allem sehr getreulich behülflich" seien. Dies Gutachten, das sogleich nach dem ersten Vorstoß der Eheleute Osterhus erstattet wurde, kam zu dem Ergebnis, daß Haus und Hof von dem kränklichen Anerben mit Hilfe dieser beiden Halbgeschwister gut bewirtschaftet wurden „und folglich keine Ursache vorhanden ist, ihm die Verwaltung desselben zu benehmen". Wie später von den Geschwistern Vincke wurde schon hier vor der Belastung der Stätte gewarnt, die durch den Aufzug der kinderreichen Osterhus-Familie zusätzlich zu den unversorgten Vincke-Kindern entstehen werde. Die Frage, wie eine dauerhafte Lösung aussehen könnte, überging der Gutachter mit Stillschweigen. Grundlage seiner Äußerung war ein Besuch auf Vincken Hof anläßlich der Regelung des Sterbfalls für die jüngst verstorbene Witwe Vincke; bei dieser Gelegenheit hatte der gutsherrliche Beauftragte sich mit dem Anerben „eine Stunde lang in Reden unterhalten".

auf dem Osterhus-Hof lebte, demgegenüber als „fremde Schwiegerin" erschien). – Der Colon Osterhus und seine Frau ließen dem durch ihren Rechtsbeistand entgegenhalten, daß gemäß der Eigentums-Ordnung „der Hauptpunkt, wodurch jemand das Anerbrecht verliert, darin [bestehe], daß für denselben ein Freibrief bedungen und ausgefertigt sein muß". Die übrigen angeführten Verordnungen paßten nicht auf diesen Fall; obendrein seien die Osterhus „nicht gesonnen", die beiden Höfe „auf immer zu combinieren", und sie würden alle Steuern und Lasten für beide tragen; schließlich fehle es „nicht an Beispielen, daß 2 Praedia von einem Wehrfester auf immer verwaltet werden", namhaft gemacht wurde ein Fall im Kirchspiel Melle. In wirtschaftlicher Hinsicht werde die Vincken Stätte durch den Colon Osterhus und seine Frau, „die bereits einem weit größern Hofe seit mehrern Jahren rühmlichst vorgestanden haben", wesentlich besser versorgt als durch „ein 20jähriges Mädchen aus 2ter Ehe, welches [...] nicht das mindeste von einer Bauern-Haushaltung versteht". Dieses solle sich lieber samt seinem 18jährigen Bruder „nächstens bei guten Wirten in Dienst begeben [...] und [...] sich die Geschicklichkeit einer künftigen Landwirtin" erwerben. Die Belastung der Stätte durch die Osterhusschen und Vinckeschen Kinder werde mit deren Heranwachsen abnehmen; wenn hingegen die Vincken Tochter zweiter Ehe den Hof übernähme, könnte sie ihn „ohne Ehemann nicht verwalten" und werde „auch wahrscheinlich nicht kinderlos bleiben". – Auf Vorschlag der Geschwister Vincke beraumte der Grundherr für den 4. August 1804 einen Termin an, zu dem beide Seiten mit ihren Procuratoren erschienen. Nachdem beide ihre Standpunkte wiederholt hatten, bot der kränkliche Anerbe den Eheleuten Osterhus „für den Abstand des Fincken Erbe eine vorzügliche Abfindung" an. Daraufhin gaben die Beauftragten des Grundherrn – die es sichtlich vermieden, zu den diskutierten Rechtsfragen Stellung zu nehmen – sich „alle Mühe [...], um die Eheleute Osterhues dazu in Güte zu bewegen", insbesondere verwiesen sie auf die „mannigfachen Beschwerden, welche mit der Verwaltung der beiden Höfe verbunden sein würden". Als diese Seite sich dazu durchaus nicht verstehen wollte, versuchten die grundherrlichen Beamten umgekehrt, die Geschwister Vincke zur Übergabe der Stätte an die Eheleute Osterhus zu veranlassen – auch dies vergebens. Der Streit blieb ungeschlichtet. Im November 1804 ersuchten der Colon Osterhus und seine Frau den Grundherrn um eine Erklärung, „daß es den Parteien freigestellt werde, die rechtliche Entscheidung in foro competente auszubringen". Dieser beraumte zuvor „zu einem abermaligen Versuch der Güte" einen Termin auf den 14. Dezember 1804 an. Die Geschwister Vincke und ihre Verwandten wiederholten, auch im Namen des abwesenden kränklichen Anerben, den Vorschlag, den sie bei dem vorigen Termin gemacht hatten, und „nach langer Überlegung" kam in der Tat ein

Vergleich zustande: Die Eheleute Osterhus verzichteten auf „ihr prätendiertes Anerbrecht", und zwar entsprechend „dem einstimmigen Wunsche der sämtlichen Finken Kinder sowohl als der Angehörigen" zugunsten der Tochter zweiter Ehe Catharina Engel. Dafür erhielten sie „eine gewisse Abfindung an Gelde", deren Höhe zwischen beiden Seiten vereinbart werden sollte.[230] Zu zahlen war sie von dem künftigen Bräutigam der Catharina Engel, und zwar „vor Beziehung des Finken praedii, mithin ohne dieses dadurch zu beschweren". Auf diese Weise wurde wohl tatsächlich verfahren, so daß dieser Teil der Erb-Angelegenheit in den grundherrlichen Akten nicht mehr auftauchte. Offenbar wurden auch die familialen Beziehungen zwischen den Geschwistern Vincke und den Eheleuten Osterhus wieder aufgenommen. Denn am 27. September 1805 erschienen gemeinsam vor dem Gutsherrn der „eigentliche Anerbe" Johann Wilm Vincke, das Ehepaar Osterhus, Catharina Engel Vincke, ihr Bräutigam Johann Friedrich Meyer zu Varwick, mit dem „sie sich [...] bereits unter allerseitigem Gutbefinden versprochen hatte", dessen verwitwete Mutter sowie einer der „Anverwandten der Vinken Stätte". Nun ging es nur noch um die Sicherstellung des verzichtenden kränklichen Anerben: er verlangte, „daß in Hinsicht seiner unter gutsherrlicher Genehmigung etwas Gewisses festgesetzet werden möchte, damit er bei seinen unglücklichen Gesundheitsumständen nicht in Not und Verlegenheit kommen möchte". Catharina Engel Vincke, ihr Bräutigam und dessen Mutter auf der einen Seite sowie der „gewesene Anerbe", die Eheleute Osterhus und der andere Verwandte auf der anderen hatten auch bereits eine Übereinkunft erzielt: Der kränkliche Johann Wilm erhielt „von der Stätte Wartung und Pflege in gesunden und kranken Tagen nebst Essen und Trinken, so gut wie es die Haushaltung mit sich bringt und seine schwächliche Constitution es fordert, nebst dem gewöhnlichen Linnen und täglichen Kleidungsstücken", dazu jährlich 25 Taler für die Sonntagskleidung und „zu sonstigen besonderen Bedürfnissen". Diese 25 Taler sollte er „von den Heuerleuten oder Bewohnern des Leibzuchts-Kotten zu erheben berechtigt sein". Wenn er aber „wider Verhoffen" mit Schwester und Schwager sich „künftig nicht sollte vertragen können, so daß diese ihm Ursach geben, sich zu beschweren und von ihnen zu ziehen", so sollten ihm statt 25 vielmehr 50 Taler jährlich zustehen, zahlbar in halbjährigen Raten, außerdem die „tägliche Kleidung an Linnen und Wollen". – Als erste aus der Reihe der Vincken

---

[230] In dem – als Konzept erhaltenen – Protokoll war zunächst von 800 Talern die Rede; doch wurde der entsprechende Satz abgebrochen, gestrichen und durch die oben erwähnte Regelung ersetzt. Offenbar hielten es beide Seiten für richtiger, dem Grundherrn den genauen Betrag nicht mitzuteilen, möglicherweise in der Tat auch die Entscheidung darüber noch offenzuhalten, bis der zahlungspflichtige Bräutigam zur Stelle war.

Geschwister starb freilich im Oktober 1807 die neue Colona Catharina Engel, knapp zwei Jahre nach ihrer Hochzeit, vier Wochen nach der Geburt ihres ersten Kindes, eines Sohnes.[231] Ihre kranke Zwillingsschwester folgte erst 1818, der gichtgeplagte ursprüngliche Anerbe 1821; vermutlich blieben beide bei dem Schwager Johann Friedrich, geborenem Meyer zu Varwick, und dessen zweiter Frau. Bei deren Sohn, seinem nicht blutsverwandten Neffen, lebte noch 1858 der letzte überlebende Bruder aus der Geschwisterreihe, der 1785 geborene Johann Eberhard Vincke, der in den Soldatenstand getreten, ledig geblieben und später auf den Stammhof zurückgekehrt war.

Wurde in diesem Fall der eigentliche Anerbe aus erster Ehe, der krankheitshalber den Hof nicht antreten konnte, durch eine lebenslängliche Versorgung schadlos gehalten und erhielt seine Schwester, ebenfalls aus erster Ehe, die bereits in einen größeren Hof eingeheiratet hatte, eine offenbar stattliche Abfindungssumme in bar, so galt doch nicht in allen Fällen, wo das Vorrecht der Kinder einer früheren Ehe übergangen wurde, daß diesen eine gleich gute oder bessere Alternative geboten wurde.[232] Weder in einen großen noch in einen kleinen Hof konnten die Töchter des Markkötters Voßkuhle in Lüstringen einheiraten, obwohl sie zugunsten des Stiefbruders aus einer späteren Verbindung ihres Vaters zurückstanden. 1728 hatte Johann Gerd Voßkuhle seine erste Ehe geschlossen; ihr war nur kurze Dauer und kein Nachwuchs beschieden. Bald danach heiratete er zum zweiten Mal; seine Frau Anna Elisabeth Catharina gebar ihm sieben Kinder und entschlief zweieinhalb Wochen nach der letzten Entbindung. Die ältesten beiden, zwei Töchter, starben als Säuglinge; was aus den drei Söhnen wurde, wissen wir nicht. Zwei Mädchen wuchsen heran. Catharina Engel ging 1762 mit 26 Jahren aus dem Haus und heiratete Johann Christoffer Kiel, einen Heuermann. Die jüngere, Catharina Margaretha mit Namen, wählte Christoffer Henrich Eylert, ebenfalls einen Mann ohne Haus- und Landbesitz. 27jährig feierte sie im Mai 1772 die Hochzeit mit ihm, obgleich er von Krankheit so gezeichnet war, daß die Trauung nicht in der Belmer Kirche, sondern in Voßkuhles Markkotten stattfinden mußte.[233] Zwei Monate später brachte Catharina Margaretha einen Knaben zur Welt; nach weiteren drei Monaten trug man ihren Mann zu Grabe. Drei Jahre verbrachte sie im Witwenstande, dann ehelichte sie Johann Gerd Dircker; auch er war Heuermann. Der nächste Markkötter Voßkuhle wurde 1781 der jüngste Sohn aus der dritten Ehe des Johann Gerd Voßkuhle.

In der großen Mehrheit der Fälle jedoch wurde das Vorrecht der Kinder

---

[231] Er war der Anerbe, der 1832 auswanderte und unterwegs starb, s. oben S. 465.
[232] Siehe auch unten S. 491 den Fall auf Düsterkötters Markkotten um 1840.
[233] „Copulati in aedibus sponsae ob infirmitatem sponsi", meldet das Kirchenbuch.

Tabelle 6.12: Die soziale Mobilität von Groß- und Kleinbauernsöhnen, nach dem Rang der Ehe ihrer Eltern

a) Söhne von Großbauern

| Der Sohn wird | Der Sohn ist geboren in | | Summe |
| --- | --- | --- | --- |
| | der Erstehe des Anerben/der Anerbin | einer Wiederheirat | |
| Großbauer | 147[1] | 37[2] | 184 |
| (Spalten-%) | (78,6%) | (60,7%) | (74,2%) |
| Kleinbauer | 11 | 10 | 21 |
| (Spalten-%) | (5,9%) | (16,4%) | (8,5%) |
| Heuerling/landlos | 29 | 14 | 43 |
| (Spalten-%) | (15,5%) | (23,0%) | (17,3%) |
| Summe | 187 | 61 | 248 |

[1] Darunter 115 Anerben.
[2] Darunter 27 Anerben.

b) Söhne von Kleinbauern.

| Der Sohn wird | Der Sohn ist geboren in | | Summe |
| --- | --- | --- | --- |
| | der Erstehe des Anerben/der Anerbin | einer Wiederheirat | |
| Großbauer | 5 | – | 5 |
| (Spalten-%) | (7,1%) | | (5,9%) |
| Kleinbauer | 43[1] | 8[2] | 51 |
| (Spalten-%) | (61,4%) | (53,3%) | (60,0%) |
| Heuerling/landlos | 17 | 7 | 24 |
| (Spalten-%) | (24,3%) | (46,7%) | (28,2%) |
| Sonstiger | 5 | – | 5 |
| (Spalten-%) | (7,1%) | | (5,9%) |
| Summe | 70 | 15 | 85 |

[1] Darunter 40 Anerben.
[2] Diese 8 sind sämtlich Anerben.

Anmerkung: Es wurden nur die Fälle berücksichtigt, bei denen der Sohn zwischen 1771 und 1860 erstmals heiratete.

Tabelle 6.13: Die soziale Mobilität von Groß- und Kleinbauerntöchtern, nach dem Rang der Ehe ihrer Eltern

a) Töchter von Großbauern

| Die Tochter wird | Die Tochter ist geboren in | | Summe |
|---|---|---|---|
| | der Erstehe des Anerben/der Anerbin | einer Wiederheirat | |
| Großbauernfrau | 94[1] | 19[2] | 113 |
| (Spalten-%) | (60,6%) | (38,8%) | (55,4%) |
| Kleinbauernfrau | 20 | 7 | 27 |
| (Spalten-%) | (12,9%) | (14,3%) | (13,2%) |
| Frau eines Heuerlings/Landlosen | 37 | 23 | 60 |
| (Spalten-%) | (23,9%) | (46,9%) | (29,4%) |
| Frau eines Sonstigen | 4 | – | 4 |
| (Spalten-%) | (2,6%) | | (2,0%) |
| Summe | 155 | 49 | 204 |

[1] Darunter 25 Anerbinnen.
[2] Darunter 4 Anerbinnen.

aus der früheren Ehe beachtet, so daß der Abkömmling einer späteren Ehe erst in die Position des Anerben aufrückte, wenn infolge Tod oder Abfindung kein Sproß aus der vorhergegangenen Verbindung mehr in Frage kam. Infolgedessen hatten die Söhne und Töchter aus Wiederheiraten von Bauern und Bäuerinnen schlechtere Chancen, den sozialen Status ihrer Eltern zu erhalten, als Kinder aus Erstehen von Anerben oder Anerbinnen; der Anteil derer, die in die landlose Schicht abstiegen, war höher (Tab. 6.12–6.13).[234]

Starben jedoch die Kinder der ersten Ehe oder wurde deren Anerbenrecht abgelöst oder ausgeräumt, so hatte das für die Stiefeltern die Folge, daß sich ihre Mahljahre entsprechend verlängerten; gegebenenfalls dauerte da-

---

[234] Rechnet man aus den Tabellen 6.12 und 6.13 jeweils die Anerben und Anerbinnen heraus, so zeigt sich, daß die höhere Abstiegsmobilität der Kinder aus Wiederheiraten von Bauern und Bäuerinnen nicht *ausschließlich* durch den Vorrang der Kinder erster Ehe beim Anerbenrecht bedingt ist. Es stellt sich demnach die Frage, ob entgegen dem § 1 der Verordnung von 1768 (s. o. S. 425 f.) in der Praxis Kinder aus Wiederheiraten zum Teil geringere Brautschätze erhielten als Kinder erster Ehe.

b) Töchter von Kleinbauern

| Die Tochter wird | Die Tochter ist geboren in | | Summe |
|---|---|---|---|
| | der Erstehe des Anerben/der Anerbin | einer Wiederheirat | |
| Großbauernfrau | 5 | 1 | 6 |
| (Spalten-%) | (8,2%) | (3,6%) | (6,7%) |
| Kleinbauernfrau | 29[1] | 11[2] | 40 |
| (Spalten-%) | (47,5%) | (39,3%) | (44,9%) |
| Frau eines Heuerlings/Landlosen | 24 | 16 | 40 |
| (Spalten-%) | (39,3%) | (57,1%) | (44,9%) |
| Frau eines Sonstigen | 3 | – | 3 |
| (Spalten-%) | (4,9%) | | (3,4%) |
| Summe | 61 | 28 | 89 |

[1] Darunter 19 Anerbinnen.
[2] Darunter 8 Anerbinnen.

Anmerkung: Es wurden nur die Fälle aufgenommen, bei denen die Tochter zwischen 1771 und 1860 erstmals heiratete.

durch ihre Inhaberschaft sogar bis zur Übergabe an ein eigenes Kind[235] – für relativ junge Interimswirte und -wirtinnen vermutlich eine positive Aussicht. Auf der strukturellen Ebene trugen solche Vorgänge dazu bei, die Weitergabe des Landbesitzes durch Ketten von Wiederheiraten zu einer wesentlichen und über die bloße Interimswirtschaft hinausgehenden Erscheinung zu machen.

In der Tat stellten Ketten von Wiederheiraten so etwas wie einen zweiten Weg der Reproduktion dieser bäuerlichen Gesellschaft dar – neben dem Wechsel der Generationen, ja z.T. statt dessen. In welchem Maße das der Fall sein konnte, zeigt als extremes Beispiel die Folge der Besitzer von Wiebolds Vollerbe in Vehrte (Grafik 6.07).

Nach dem Ende des Dreißigjährigen Krieges standen Mentze Wiebold und seine Frau dem Anwesen vor; 1651 lebten vier Kinder in ihrem Hause, sechs weitere wurden ihnen in den folgenden Jahren geschenkt, darunter anno 1657 Drillinge. Erbe wurde Johan Wiebold, der 1654 auf die Welt, aber erst 1693 zur Heirat kam. Nach dem Tod seiner ersten Frau holte er

---

[235] Siehe etwa den oben S. 464 geschilderten Fall vom Halberbe Bergmann zu Icker.

Grafik 6.07: Hofbesitzerfolge auf dem Vollerbe Wiebold in Vehrte, 1651-1867

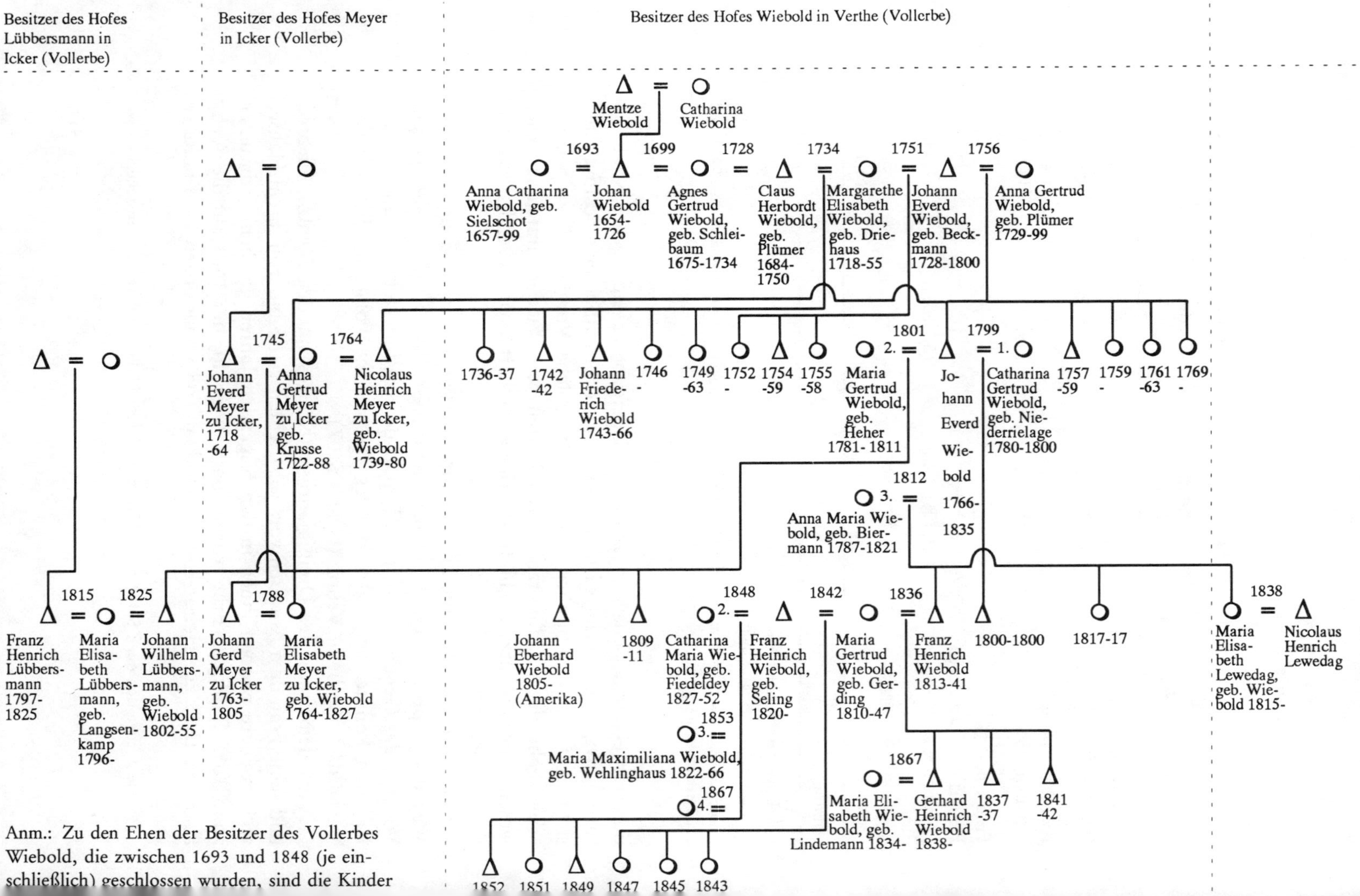

Anm.: Zu den Ehen der Besitzer des Vollerbes Wiebold, die zwischen 1693 und 1848 (je einschließlich) geschlossen wurden, sind die Kinder

eine zweite auf den Hof; doch in beiden Ehen blieben ihm Kinder versagt. Nachdem er 1726 im Alter von 72 Jahren entschlafen war, nahm seine Witwe Agnes Gertrud, eine geborene Schleibaum vom Darumer Vollerbe, 1728 Claus Herbordt Plümer zum zweiten Mann. Mit 53 Jahren war sie freilich jenseits des Alters, in dem sie auf Nachkommen hätte hoffen dürfen. Nur dreieinhalb Jahre waren ihr noch vergönnt; sechs Monate nach ihrem Tod wurde Claus Herbordt Wiebold im November 1734 mit seiner neuen Gattin Margarethe Elisabeth getraut. Da die Braut des 50jährigen Witwers erst 16 Jahre zählte, gab es nun endlich wieder Kinder auf dem Hof. Von den sechsen, die geboren wurden, starben zwei als Säuglinge, eine Tochter verschied im Alter von 14 Jahren, von einer weiteren kennen wir das weitere Schicksal nicht. Mindestens zwei Söhne erreichten das Erwachsenen-Alter, der 1739 geborene Nicolaus Heinrich und der 1743 geborene Johann Friederich. Knapp sechzehn gemeinsame Jahre waren dem Paar beschieden, bis der Tod Claus Herbordt im Oktober 1750 abrief. Im Mai 1751 machte die Witwe Margarethe Elisabeth – sie war mit 33 Jahren ja noch jung – Johann Everd geborenen Beckmann zum Colon Wiebold; er stand erst im 23. Lebensjahr. Johann Everd wird auf den Hof gekommen sein in der Erwartung, ihn lediglich als Interimswirt während zweier Jahrzehnte zu führen, bis der Anerbe aus der vorigen Ehe seiner Frau das erforderliche Alter erreichte. Diese Verbindung brachte drei Kinder hervor. Dann starb Ende 1755 die Frau, und nach elf Monaten heiratete im November 1756 der nun 28jährige Johann Everd Wiebold, geborener Beckmann, die um ein Jahr jüngere Anna Gertrud Plümer. 1758/59 verschieden zwei kleine Kinder aus Johann Everds vorhergegangener Ehe, von dem Ende des dritten ist nichts bekannt. 1764 nutzte der 25jährige Nicolaus Heinrich Wiebold, der ältere von den beiden Stiefsöhnen dieses Paares, die Gelegenheit, auf Meyers Vollerbe in Icker einzuheiraten. Zwei Jahre danach starb mit knapp 23 Jahren Johann Friederich Wiebold, der nach Recht und Herkommen zum Anerben bestimmt war. Da der ältere Bruder Nicolaus Heinrich bereits abgefunden war und anscheinend auch kein Kind aus der Ehe von 1751 überlebte, änderte dieser Todesfall die Konstellation hinsichtlich des Erbes grundlegend: Johann Everd Wiebold, geborener Beckmann, und Anna Gertrud, geborene Plümer, waren nicht mehr Mahljahrswirte, sondern vollberechtigte Hofinhaber. Ihre Ehe dauerte fast 43 Jahre und war mit sechs Kindern gesegnet; nur von zweien wissen wir freilich mit Sicherheit, daß sie erwachsen wurden. Die 1764 geborene Maria Elisabeth wurde 1788 vom Anerben des Meyerhofes zu Icker heimgeführt.[236] Der 1766 geborene Sohn, der wie sein Vater Johann Everd hieß, wurde dessen Nachfolger. Im Oktober 1799, zwei Monate nach

---

[236] Siehe oben S. 437.

dem Tod seiner Mutter, ein Jahr vor dem Tod seines Vaters, heiratete er die 19 jährige Catharina Gertrud Niederrielage, eine Tochter aus dem Vollerbe in Powe. Nachdem Wiebolds Hof mehr ein volles Jahrhundert lang ausschließlich durch eine Folge von Wiederheiraten weitergegeben worden war, war dies erstmals wieder eine Vererbung an die nachfolgende Generation. Auch im 19. Jahrhundert kam es auf diesem Hof zu mehrfachen Wiederheiraten. Catharina Gertrud Wiebold, geborene Niederrielage, erlag im Oktober 1800 der Ruhr, elf Tage nach der Geburt ihres einzigen Kindes, das mit nur sechs Tagen der gleichen Seuche zum Opfer gefallen war. Im April 1801 schloß Johann Everd Wiebold seine zweite Ehe. Bevor auch die zweite Frau im September 1811 an der Ruhr starb, gebar sie drei Söhne, von denen der jüngste allerdings der Mutter bald im Tode folgte. Hingegen wurden Johann Wilhelm, geboren 1802, und Johann Eberhard, geboren 1805, erwachsen. Im April 1812 heiratete Johann Everd Wiebold ein drittes Mal; auch dieser Ehe waren nur neun Jahre vergönnt; im Juli 1821 wurde Johann Everd Wiebold wieder Witwer. Nachdem der Tod ihm drei Frauen genommen hatte, konnte er sich nicht mehr zu einer neuen Verbindung entschließen. 1825 nahm Johann Wilhelm, der ältere seiner beiden Söhne aus zweiter Ehe, die Witwe Maria Elisabeth Lübbersmann, geborene Langsenkamp, zur Frau und wurde so Vollerbe in Icker.[237] Im Juni 1833 machte sich der jüngere, Johann Eberhard, auf die Reise nach Amerika; er war der „Anerbe von der Stätte", das hielt ein Bleistift-Kommentar in der Liste der Auswanderer fest. Doch enthielten die 300 Taler, die er mitnahm, offenbar die Abgeltung dieses Anspruchs; denn 1840 zählte ihn der Obervogt nicht zu denjenigen Anerben, die ausgewandert waren, ohne über ihr Anerbrecht disponiert zu haben.[238] Im März 1835 folgte der 68 jährige Johann Everd Wiebold seinen drei Frauen im Tode. Da aus seiner ersten Ehe kein Kind überlebte und die Söhne aus zweiter Ehe abgefunden waren, wurde Franz Heinrich Wiebold sein Nachfolger; er war 1813 von der dritten Frau geboren und nahm im November 1836 Maria Gertrud Gerding aus Haste zur Frau. Bereits im Juli 1841 erlag Franz Heinrich Wiebold der Schwindsucht. Zuvor hatte ihm seine Frau drei Kinder geschenkt, unter ihnen den 1838 geborenen Gerhard Heinrich, der im Juli 1867 den Hof übernahm. Bis dahin kam es freilich noch einmal zu einer Serie von Wiederheiraten: Im Mai 1842 schloß Franz Heinrich Wiebolds Witwe eine zweite Ehe; vier Monate nach ihrem Ableben nahm ihr hinterlassener Mann im Februar 1848 eine zweite Frau, nach deren Tod eine dritte im August 1853 und eine vierte im Februar 1867 – ein knappes halbes Jahr vor der Hochzeit des Anerben.

---

[237] Zu ihm s. oben S. 462 f.
[238] Siehe oben S. 463.

Gewiß ist die Abfolge der Besitzer auf Wiebolds Vollerbe in Vehrte ein extremes Beispiel: Die Übergabe des Hofes von einer Eltern- an eine Kindergeneration kommt hier nur als Ausnahme vor, dominierend erscheint die Kette der Weitergaben von einem Ehegatten an den nächsten. Auch wenn es sich im Kirchspiel Belm insgesamt natürlich anders verhielt, fiel doch die Zahl der Besitztransfers durch Wiederheiraten erheblich ins Gewicht. Während der beiden untersuchten Jahrhunderte standen den 501 Fällen der Hofübernahme durch einen Anerben oder eine Anerbin – sei es direkt von den eigenen Eltern, sei es nach einer Interimswirtschaft – immerhin 353 Fälle gegenüber, in denen ein verwitweter Colon oder eine verwitwete Colona durch Wiederheirat eine neue Gattin bzw. einen neuen Gatten zum Mitinhaber des Hofes machte; d. h. auf zehn Fälle der ersten Art kamen sieben der zweiten. In den beiden ersten Dritteln des 18. Jahrhunderts waren die Wiederheiraten von Bauern und Bäuerinnen nahezu ebenso häufig wie die Übergaben an Anerben; gegen die Mitte des 19. nahm ihr Anteil allmählich ab (Tab. 6.04).

Für unsere ländliche Gesellschaft hatte demnach diese Form der Weitergabe des Landbesitzes „nach seitwärts" fast so große Bedeutung wie die „vertikale" Vererbung von Eltern an Kinder. Um diesen – bisher kaum ausreichend gewürdigten[239] – Sachverhalt hervorzuheben, scheint es gerechtfertigt, die Ketten von Wiederheiraten als einen zweiten Weg der sozialen Reproduktion zu bezeichnen, der in dieser Gesellschaft lange Zeit nicht weniger ‚normal' war als der des Generationenwechsels.[240]

Das führte auch dazu, daß die Dauer der Hofinhaberschaft außerordentlich breit gestreut war. Da in der Regel die Heirat des Anerben mit der Hofübergabe zeitlich eng zusammenfiel, können wir als Näherungswert den Abstand zwischen zwei Heiraten auf demselben Hof nehmen; wir berücksichtigen dabei auch Wiederheiraten, d.h. wir fragen danach, wie lange jeweils ein Paar den Hof führte.[241] Im Durchschnitt hatte ein Paar sein bäuerliches Anwesen etwa 25 Jahre lang inne, wobei zwischen großen und kleinen Höfen kein nennenswerter Unterschied auftritt. Dieser Mittelwert,

---

[239] Siehe immerhin MITTERAUER/SIEDER 1979 bes. S. 263, 280; SIEDER/MITTERAUER 1983 S. 311 ff.; SMITH 1984 S. 53 ff. – Die Unterscheidung von „lateraler" und „vertikaler Vererbung", von „seitwärts" und „abwärts" findet sich bei GOODY 1970, der dort als laterale Vererbung jedoch nur die Besitz-Weitergabe an Geschwister untersucht, und zwar vor allem aufgrund anthropologischen Materials für Afrika.

[240] Siehe auch oben Kap. 3.4.

[241] Dabei wird die Zeit eingeschlossen, während welcher der überlebende Teil als Witwe(r) den Hof führte. Dadurch sowie andererseits durch den Ausschluß der Zeiten, in denen ein Paar auf dem Altenteil zusammenlebte, unterscheidet sich die ‚Dauer der Hofinhaberschaft' von der – oben in Kap. 3.4. mit Tab. 3.19 besprochenen – Ehedauer.

der nicht weit von unserer Vorstellung des normalen Abstandes zwischen den Generationen entfernt ist, erweist sich jedoch als wenig aussagekräftig, ja in gewisser Weise als irreführend. Die bäuerlichen Paare zerfallen nämlich in vier annähernd gleich große Gruppen und eine fünfte, die nur wenig schwächer besetzt war: Die erste stand ihrem Hof weniger als zehn Jahre vor, die zweite zehn bis zwanzig Jahre, die dritte zwanzig bis dreißig, die vierte dreißig bis vierzig Jahre; die fünfte Gruppe, die mehr als vierzig Jahre lang die Verantwortung für das Anwesen trug, umfaßt immerhin noch 15 % aller Paare – ohne Frage eine Folge der Tatsache, daß die Großbauern nicht den ältesten, sondern den jüngsten Sohn als Anerben bevorzugten.[242]

## 6.5. Der Hof als lebenslange und vererbbare Versorgung

### 6.5.1. Vorherrschendes Muster und Ausnahmen

Im Lebenslauf des einzelnen verband sich mit der Einheirat in einen Hof die feste Erwartung, bis zum Tode auf diesem Anwesen zu bleiben, zunächst als Bauer bzw. Bäuerin, danach als AltenteilerIn, wenn nicht ein früher Tod eintrat. Erst recht galt das für den Anerben, der ja meist von der Geburt an ohne Unterbrechung auf dem Stammhof wohnte. So jedenfalls sah das regelmäßige Muster des Lebensweges der Inhaber und Inhaberinnen sowohl großer als kleiner Höfe aus.

Altenteiler und Altenteilerinnen, die nicht auf ihrem Hof blieben – sei es im Haupthaus bei ihrem Nachfolger, sei es im Leibzuchtkotten –, waren eine relativ seltene Ausnahme. Dazu dürfte beigetragen haben, daß nach der Osnabrückischen Eigentumsordnung ein Leibzüchter, der „von der Leibzucht sich anderswohin befreien und einlassen sollte", definitiv den Anspruch auf dieselbe verlor.[243] Vor allem wird es für die meisten kaum eine attraktivere Alternative zu der Versorgung durch das Altenteil gegeben ha-

---

[242] Genau wurden als durchschnittliche Dauer der Hofinhaberschaft für Großbauern 24,4 Jahre, für Kleinbauern 25,8 Jahre, insgesamt 24,8 Jahre errechnet. 19,9 % der bäuerlichen Paare hatten ihren Hof weniger als 10 Jahre inne; 22,5 % 10 bis 20 Jahre; 19,0 % 20 bis 30 Jahre; 23,6 % 30 bis 40 Jahre und 15,0 % 40 Jahre und länger. Bei diesen Berechnungen wurden nur diejenigen Hofbesitzerfolgen berücksichtigt, die lückenlos erscheinen. Außerdem wurden nur die Paare berücksichtigt, deren Hofinhaberschaft vor 1811 begann; denn das Ende der Untersuchungsperiode mit dem Jahre 1860 hätte sonst dazu geführt, daß für die letzten Jahrzehnte nur die Paare mit kurzer Inhaberschaft in die Auswertung gekommen wären.
[243] Eigentums-Ordnung (vgl. oben Anm. 10) Kap. 7 § 14; KLÖNTRUP 1798–1800 Bd. 2 S. 271 s. v. ‚Leibzucht'.

ben. Vereinzelt freilich kam es immer wieder einmal vor, daß ein Excolon oder eine Excolonin den Hof verließ, am ehesten im Zusammenhang mit einer Wiederheirat.[244] Schon Mitte des 17. Jahrhunderts findet sich ein solcher Fall. Als Leibzüchter schloß Nicolaus Meier tho Hage am 18. April 1651 die Ehe mit Anna Reekers. Nach Ausweis des Seelenregisters lebte er gegen Ende desselben Jahres nicht auf dem Hof bei seinem gleichnamigen Nachfolger, der bereits Frau und sieben Kinder hatte; dort im Kotten des Meierhofes zu Hage in Vehrte wohnte vielmehr ein Fremder, Andreas Westerkamp, samt Frau und drei Kindern. Der Altenteiler des Meierhofes zu Hage hatte sich mit seiner neuen Frau im Kotten des Vollerbes Bahrt, ebenfalls in der Bauerschaft Vehrte, eingemietet. – Um 1790 zog die Witwe Christina Elisabeth Eistrup von dem Hof fort, den sie zuvor geleitet hatte, weil sie sich nicht mit der Heuerlingsfamilie vertrug, mit der sie den Leibzuchtkotten teilen mußte; immerhin bekam sie danach eine kleine jährliche Zahlung vom Vollerben Eistrup.[245] – Die Altenteilerin von Steinmeyers Vollerbe in Lüstringen, Margarethe Elisabeth geborene Pöhler mit Namen, heiratete 1815 den ehemaligen Inhaber des Reckerschen Vollerbes in Gretesch.[246] Als zwanzigjährige hatte die Bauerntochter aus dem etwa fünfzehn Kilometer entfernten Westeroldendorf 1772 auf Steinmeyers Hof geheiratet; zehn Kinder hatte sie dort zur Welt gebracht und 1804 den Hof an ihre Tochter Maria Elisabeth übergeben; denn alle vier Söhne waren gestorben. 1808 war ihr Mann entschlafen. Nach sieben Jahren im Witwenstande entschloß sie sich dann im Alter von 63 Jahren, den Hof zu verlassen, auf dem sie mehr als vier Jahrzehnte gewirkt hatte. Möglicherweise hing diese Entscheidung damit zusammen, daß ihre Tochter, die den Hof geerbt hatte, im Juni 1811 gestorben war und der eingeheiratete Schwiegersohn im November desselben Jahres eine neue Frau ins Haus geholt hatte. Vierzehn Jahre der Ehe waren ihr noch auf Reckers Hof beschieden, zusammen mit dem um elf Jahre jüngeren dortigen Excolonen. – Mitte des 19. Jahrhunderts wurde bisweilen in Hofübergabeverträgen vereinbart, daß die Altbauern eine Bar-Entschädigung in Form einer einmaligen Zahlung oder eines erhöhten Taschengeldes erhalten sollten, falls sie von der Stätte wegzogen.[247]

---

[244] Vgl. die oben S. 278 und 460 erwähnten Fälle.
[245] Siehe oben S. 458 f.
[246] Er hatte 1814 den Hof an den Papierfabrikanten Gruner verkauft (HINZE 1972 S. 59), konnte aber im Haupthaus wohnen bleiben. Siehe dies Haus in Abb. 3 auf S. 204.
[247] Die Ehestiftung des Halberben Bergmann zu Icker vom 21.11.1860 (in: StA OS Rep. 350 Osn. Nr. 1772) sah für diesen Fall eine einmalige Zahlung in Höhe von 300 Talern vor. Dadurch sollte die unentgeltliche „Wohnung, Kost, Hege und Pflege" auf dem Colonate abgelöst werden; das Taschengeld in Höhe der „aus der Leibzucht aufkommenden Pacht" jedoch würde den Altenteilern unverändert weiter zufließen. – Die Doppel-Ehestiftung zwischen den Voller-

Als in den 1830er Jahren die Auswanderungswelle das Osnabrücker Land erfaßte, schlossen sich auch einige Altenteiler dem Zug in die Neue Welt an. Der ehemalige Interimswirt von Marquards Vollerbe in Icker, Gerd Heinrich geborener Wiehemeyer, hatte 1828 im Alter von 47 Jahren den Hof übergeben an seine Stieftochter Anna Maria Engel, die aus der ersten Ehe seiner 1811 verstorbenen ersten Frau hervorgegangen war. 1836 entschloß er sich, die gesicherte, wenn auch begrenzte Existenz als Leibzüchter aufzugeben und eine neue jenseits des Atlantik aufzubauen. Freilich ging es nicht nur um seine persönliche Zukunft und die seiner zweiten 1812 angetrauten Frau, die inzwischen 52 Jahre zählte; mit ihnen brachen ihre vier unverheirateten Töchter und ihr Sohn auf; auch sein alter Vater wollte nicht zurückbleiben. Diese acht Personen führten für den Neubeginn 400 Taler mit – offenbar die Entschädigung für die geräumte Leibzucht und für die Ansprüche der Kinder auf Brautschätze. Anscheinend handelte es sich nicht um eine unvorbereitete kurzfristige Entscheidung, die etwa erst durch den einen Monat vor der Auswanderung eingetretenen Tod des derzeitigen Vollerben Marquard, des Ehemannes der erbenden Stieftochter, und die damit eröffnete Aussicht auf einen erneuten Personenwechsel ausgelöst worden wäre. Jedenfalls war die einzige Tochter aus der ersten Ehe von Gerd Heinrich Marquard, geborenem Wiehemeyer, mit ihrem Gemahl, dem Heuerling Stumpe, 1833 nach Amerika vorausgegangen.[248]

Bereits 65 Jahre zählte der Leibzüchter Franz Henrich Middendarp, geborener Lüermann, als er sich im August 1845 mit zwei Töchtern und einem Enkel zur Reise über den Ozean anschickte. 1810 war er als Mahljahreswirt auf das Vollerbe in Icker gekommen und hatte sich schon 1827 auf das Altenteil zurückgezogen, bedingt durch die Hochzeit der 1805 geborenen Anerbin, seiner zweitjüngsten Stieftochter aus der ersten Ehe seiner Frau. Im Januar 1845 war dann seine Frau einer „Lungensucht" erlegen; sie hatte seinerzeit den Hof von ihren Eltern geerbt, und es scheint, daß sie sich nicht

---

ben Sutthoff und Glüsenkamp vom 25.10.1860 (in: ebd.; vgl. oben S. 432, 477 Anm. 166 f.) sah jeweils eine Erhöhung des Taschengeldes von 50 auf 70 Taler vor, „wenn die Eltern oder der oder die Überlebende von ihnen es vorziehen sollte, die Stätte zu verlassen und anderwärts zu leben".

[248] Da unsere Quellen keine Angaben über die Zielorte der Auswanderer machen, läßt sich aus ihnen nicht ermitteln, wieweit Verwandte, die nacheinander emigrierten, in dasselbe Zielgebiet strebten. KAMPHOEFNER 1987 S. 3 ff., 103 ff., 183 ff.; KAMPHOEFNER 1984 (vgl. KAMPHOEFNER 1982 S. 86, 110 ff.) betont jedoch aufgrund der neueren Auswanderungsforschung und seiner Arbeit über die nordwestdeutschen Auswanderer in den USA die Bedeutung der „Kettenauswanderung": Die Auswanderer zogen weithin nicht als ‚entwurzelte' isolierte Individuen oder Kleinfamilien in die Neue Welt; sondern Verwandte, Nachbarn, Menschen aus einem Dorf oder einer kleinen Region zogen einer den anderen nach und siedelten in den USA oft beieinander.

von der Heimat ihrer Väter trennen wollte, so daß erst ihr Tod den Weg für die Auswanderung ihres Mannes freimachte. Freilich hatten sich auch in diesem Fall zuvor herangewachsene Kinder in dem fernen Kontinent niedergelassen: 1834 waren die 1808 geborene jüngste Stieftochter aus der ersten Ehe von Franz Heinrich Middendarps Frau sowie sein 1816 geborener leiblicher Sohn mit je 100 Talern aufgebrochen, und 1842 war ein jüngerer Sohn im Alter von 23 Jahren gefolgt.

Aber auch ein Altenteiler von einem Vollerbe, das er selber von seinen Eltern und Voreltern ererbt hatte, entschied sich dafür, in der Neuen Welt noch einmal zu beginnen. Johann Heinrich Niederrielage aus Powe war 1789 geboren und hatte 1812 von seinem Vater das Anwesen übernommen, das seit der Mitte des 17. Jahrhunderts in direkter Linie vom Vater auf den Sohn oder die Tochter vererbt worden war.[249] In fast dreißig Ehejahren schenkte seine Frau ihm sechzehn Kinder, von denen allerdings acht im ersten Lebensjahr wieder verschieden. Fünf von seinen Söhnen wanderten im Laufe der Jahre 1834 bis 1842 aus, zwei zusammen – mit je 40 Talern, die anderen einzeln mit 100 bis 150 Talern. Im August 1842 wurde Johann Heinrich Niederrielage Witwer; zwölf Monate später heiratete sein ältester Sohn, der Anerbe, der wie er den Namen Johann Heinrich trug. Nur wenige Monate begnügte sich der 54jährige mit der Rolle des Leibzüchters; bereits im Februar 1844 verließ er mit seinen beiden jüngsten Kindern den Hof, auf dem er bis dahin sein ganzes Leben verbracht hatte.[250] 2000 Taler trugen die drei davon, ein ansehnliches Startkapital; dafür konnte der erbende Sohn – er zählte dreißig Jahre – die Stätte sogleich ohne Belastung durch Altenteil oder Brautschätze antreten: Er blieb als einziger aus der langen Geschwisterreihe zurück.

Nicht als Aufbruch in eine vielversprechende Zukunft, sondern als Flucht aus einer düsteren Vergangenheit und Gegenwart erscheint der Abschied des Excolonen Gerd Heinrich Hümmelmeyer aus Lüstringen im Oktober 1844; auch er hatte seinen Markkotten vom Vater und Großvater übernommen. 1780 geboren, hatte er 1800 eine Tochter des Vollerben Oberrielage aus Powe geheiratet und mit ihr drei Söhne und drei Töchter gezeugt. Zwei Monate nach dem Tod der ersten Frau nahm er im Mai 1814 seine zweite; auch in dieser Ehe wurden sechs Kinder geboren. Nachdem drei Abkömmlinge der ersten und eine Tochter der zweiten Ehe im Kindesalter gestorben waren, heiratete 1832 die jüngste Tochter erster Ehe den Heuerling Düster-

---

[249] Dabei hatte es Ende des 17. Jahrhunderts zwei Interimswirtschaften gegeben. Vgl. zur Erbfolge auf diesem Hof oben S. 392.
[250] Anfang 1812, neun Monate vor seiner Hochzeit, lebte er im Haushalt seiner Eltern.

berg, der älteste Sohn fand im folgenden Jahr eine Braut im benachbarten Kirchspiel Ostercappeln. Der letzte verbleibende Sohn aus der ersten Ehe, der 23jährige Johann Ferdinand, gab 1835 die Aussicht auf den väterlichen Markkotten auf und ging mit 50 Talern nach Amerika. Im April 1842 folgten seine beiden Stiefbrüder im Alter von 25 und 19 Jahren; insgesamt 150 Taler konnten sie – wohl als Abfindung – mitnehmen. Im selben Monat heiratete deren 23jährige Schwester Maria Angela; da kein Sohn mehr im Lande war, trat sie nun die Stätte an. Am 7. Juli 1844 ging das Leben von Gerd Heinrich Hümmelmeyers zweiter Frau auf eine Art zu Ende, die ihn ohne Frage tief betroffen machte: „Selbstmord mit Strick" notierte der Pastor im Kirchenbuch und fügte zur Erklärung hinzu: „Sie war oft gemütskrank." Noch im Herbst desselben Jahres entfloh der Altenteiler, zusammen mit seinen letzten unversorgten Kindern, zwei Töchtern von 19 und 15 Jahren, dem Ort dieses bedrückenden Erlebens. Siebzig Taler stellten das ganze Startkapital der drei dar. Offenbar war die kleine Stelle auch ökonomisch in prekärem Zustand; denn die Anerbin Maria Angela Hümmelmeyer mußte sie nach wenigen Jahren aufgeben. 1848 war das Anwesen an fremde Eigner übergegangen.

Insgesamt registrieren die Auswandererlisten der 1830er und 1840er Jahre neun Altenteiler aus dem Kirchspiel Belm, vier von großen und fünf von kleinen Höfen. Im Rahmen des gesamten Abstroms stellten sie nur wenige Tropfen, und auch unter den Leibzüchtern blieben sie eine kleine Minderheit. Trotzdem ist bemerkenswert, daß auch einigen aus dieser Gruppe die Lebensmöglichkeiten in der Heimat zu eng wurden. Soweit die Umstände der Auswanderung Rückschlüsse auf die Motive gestatten, waren diese durchaus nicht einheitlich. Die Einen, die das Alter von fünfzig Jahren überschritten hatten, aber noch Kraft und Tatendrang in sich verspürten, mochten sich offenbar nicht für den Rest ihres Lebens in die engen Grenzen schicken, die dem Dasein als Leibzüchter gesetzt waren, auch wenn dies ein Dasein ohne unmittelbare Sorge um den Unterhalt gewesen wäre; sie trauten sich den Start in ein ‚zweites Leben' zu. Dieser Gruppe werden wir insbesondere die Excolonen zurechnen dürfen, die stattliche Geldbeträge mitnehmen konnten und noch keine sechzig Jahre alt waren. Dazu gehörte außer den Ex-Vollerben Johann Heinrich Niederrielage und Gerd Heinrich Marquard auch der ehemalige Interimswirt von Reckers Markkotten in Vehrte, der 1840 mit Frau, drei Söhnen und vier Töchtern aufbrach, ausgestattet mit 1300 Talern; zweieinhalb Jahre zuvor hatte er die Stätte an die Anerbin übergeben, das einzige Kind aus der ersten Ehe seiner Frau. – Andere scheinen weniger angelockt von den Verheißungen der Ferne als vielmehr fortgetrieben durch wirtschaftliche und/oder persönlich-familiäre Widrigkeiten, die auch die Existenz als Altenteiler unsicher machten. Neben Gerd Heinrich Hümmelmeyer und einem Vollerben, der sich in ein Betrugsdelikt verstrickt und in diesem Zusammenhang den Besitz eingebüßt hatte[251], mag auch der ehemalige Markkötter Hermann Heinrich Bultmann aus Icker dazu gehört haben, der 1846 im Alter von siebzig Jahren mit einem Vermögen von lediglich 70 Talern als Einzelperson auswanderte. Bei mehreren wird auch mitgesprochen haben, daß sie angesichts des Weggangs ihrer Kinder nicht allein zurückbleiben mochten, so insbesondere bei den Ex-Markköttern Holschemacher aus Icker und Düsterkötter aus Lüstringen, die 1844 bzw. 1847 jeweils mit ihren Nachfolgern und deren Familien die Reise nach Amerika antraten.[252]

Sogar einige aktive Hofinhaber trennten sich seit den 1830er Jahren von ihrem Besitz und brachen in die Neue Welt auf. Vereinzelt kam es auch früher vor, daß Colonen ihren Hof aufgaben, sei es gezwungen, sei es aus eigenem Entschluß. Nach der Osnabrückischen Eigentumsordnung hatte ein Feudalherr das Recht, einen Eigenbehörigen seines Hofes zu entsetzen, wenn er sich gravierende wirtschaftliche oder rechtliche Verfehlungen zuschuldenkommen ließ. Dazu zählten das Heruntwirtschaften der Stätte, hohe vom Herrn nicht bewilligte Schulden, mehrjährige Rückstände bei den Feudalabgaben, die Auslobung von Brautschätzen ohne Vorwissen des Herrn, die Heirat und Heimführung von Braut oder Bräutigam ohne Bezahlung des Weinkaufs sowie die schwere Belastung der Stätte durch „schändliches Hurenleben [...], Ehebruch [...], Diebstahl" oder „andere grobe Missetat". Lagen solche Tatbestände in dem von der Eigentumsordnung geforderten Maße vor, so konnte der Grundherr vor dem zuständigen Richter ein Verfahren zur „Abäußerung" des Eigenbehörigen einleiten; nach einem landesherrlichen Rescript von 1729 sollten die Richter bei Prozessen dieser Art allerdings „die Äquität der Schärfe [...] vorziehen". Durch ein entsprechendes Urteil verloren der Colon und seine Familie alle Rechtsansprüche auf den Hof, und der Grundherr konnte ihn an einen anderen ausgeben.[253]

---

[251] Siehe unten S. 489.

[252] Zu ihnen s. unten S. 491 f.

[253] Eigentums-Ordnung (vgl. oben Anm. 10) Kap. 18, das Zitat aus § 11; Rescript an alle Gografen, wegen in Ansehung des 18. Kapitels der Eigentumsordnung der Schärfe vorzuziehenden Billigkeit, vom 30. 3. 1729, abgedr. in: OSNABRÜCKISCHES EIGENTUMS-RECHT 1794 S. 68 f.; vgl. KLÖNTRUP 1798–1800 Bd. 1 S. 1–7 s. v. ‚Abäußerung'; HIRSCHFELDER 1971 S. 93 ff.; WINKLER 1959 S. 26 f., 79 ff. – Zwei Fälle im Kirchspiel Belm aus den Jahren 1564 und 1615 werden erwähnt von STÜVE 1853–1882 Bd. 2 S. 663 f., 836; WESTERFELD 1934 S. 70. – Bei WESTERFELD 1934 S. 71 f. auch die Geschichte des Vollerben Dreyer in Vehrte, der Ende des 17. Jahrhunderts völlig verarmte und unter die Soldaten ging, während seine Frau und Kinder in ein Nebengebäude des Hofes zogen. Der Eigentümer des Gutes Astrup als Grundherr

Unsere Quellen lassen in der Regel nicht die tieferen Ursachen erkennen, wenn hin und wieder ein Hofinhaber seinen Besitz verlor oder aufgab.[254] Nur der Hergang läßt manchmal Rückschlüsse zu. Nach dem Tod des Power Markkötters Jost Wellmar Klencke im Jahre 1768 konnte seine Witwe das kleine Anwesen nicht halten. Im Haupthaus wohnte 1772 ein „Heuersmann" namens Berend Weber mit Frau und Kind. In der „Nebenwohnung" lebte freilich die „Wittibe Klencken" Catharina Maria, geborene Herff, mit einem Sohn und einer Tochter, beide unter 14 Jahren; doch wurde sie nicht als Leibzüchterin bezeichnet, sondern ihr „Gewerbe" war das Garnspinnen. Offenbar hatten wirtschaftliche Schwierigkeiten zu dieser Situation geführt; denn bei dem Heuersmann Weber, der im Haupthaus saß, ist ausdrücklich vermerkt: „zahlet Monat- und Rauchschatz". Er hatte also nicht nur – wie jeder Heuerling – die Steuer für das bewohnte Haus („Rauchschatz"), sondern auch die Grundsteuer („Monatschatz") für den gesamten Markkotten übernommen.[255] Keines der Kinder von Jost Wellmar und Catharina Maria Klencke konnte den Besitz antreten, der immerhin mindestens seit der Mitte des 17. Jahrhunderts, von ihrem Ururgroßvater bis zu ihrem Vater, in gerader Linie innerhalb der Familie vererbt worden war; die Nachkommen dieser Generation wurden sämtlich Heuerleute. Bis 1778 war der Markkotten an Christopher Henrich Frische – anscheinend einen Fremden – und dessen Familie übergegangen; sie führten hinfort den Namen Klencke.

Seit in den 1830er Jahren die Agrarreformen durchgeführt wurden und zugleich die Massenauswanderung nach Amerika einsetzte, kam es etwas häufiger dazu, daß Bauern sich von ihrem angestammten Hof trennten – meist um in der Neuen Welt ihr Glück zu suchen. Fünf Großbauern, sieben Erb- bzw. Markkötter und fünf Inhaber einer winzigen Neubauern- bzw. Erbpächterstelle finden wir in den Auswandererlisten der 1830er und 1840er Jahre. Da gleichzeitig 120 Heuerlinge und andere Landlose emigrierten[256], ist unverkennbar, daß vor allem Eigentumslose in die Neue Welt aufbrachen;

---

verpachtete die Grundstücke längere Zeit; infolge der landesherrlichen Politik zur Erhaltung der steuerpflichtigen bäuerlichen Stellen mußte er aber den Hof als solchen bestehen lassen, die öffentlichen Lasten davon aufbringen und sogar ein neues Wohnhaus darauf errichten. 1787 wurde schließlich gegen ein Auffahrtsgeld von 550 Talern ein neuer Colon darauf gesetzt.

[254] Von der Markkötterei Holschemacher in Icker wissen wir z. B. nur, daß sie zwischen 1808 und 1810 durch Kauf den Besitzer wechselte, ohne daß die näheren Umstände durchsichtig wären; s. unten S. 492.

[255] KLÖNTRUP 1798–1800 Bd. 3 S. 91–94 s. v. ‚Rauchschatz' und S. 146–153 s. v. ‚Schatz'. Allgemein war vorgesehen, daß fremde Inhaber einzelner Grundstücke eines Hofes anteilig zum Monatschatz des Hofes beitragen sollten: Verordnung wegen des revidierten Schatzanschlages vom 5.9.1667, in: CCO 1783–1819 Teil 2 Bd. 1 Nr. 268 S. 84–86; Edict wegen der Landpfenninge vom 28.2.1668, in: ebd. Teil 1 Bd. 1 S. 533–535 Anm.

[256] Es werden hier nur verheiratete Paare und verwitwete Personen berücksichtigt.

der Beitrag der Colonenschicht zur Auswanderung war deutlich geringer als ihr Anteil an der Bevölkerung.[257] Das gilt insbesondere für die Vollbauern, aber auch für die Besitzer der alten Kleinstellen; lediglich die Inhaber der neuen Kleinst-Stätten waren relativ zahlreich in dem Zug nach Amerika vertreten.

Trotzdem verdienen diese Fälle Aufmerksamkeit, zeigen sie doch – wie auch die der emigrierenden Altenteiler und Anerben –, daß die Verbundenheit mit der ererbten Scholle nicht so unbedingt war, wie manche Vorstellungen vom ‚traditionellen Bauerntum' annehmen.[258] Darüber hinaus mag eine nähere Betrachtung der Vor- und Nachgeschichte der betroffenen Höfe und Familien etwas zur Aufhellung der Ursachen und Folgen der Abwanderung von Hofinhabern beitragen. Während ein Anerbe, der nach Amerika ging, in der Regel durch einen Bruder, eine Schwester oder ein Stiefgeschwister ersetzt werden konnte und der Abzug eines Altenteilers rein wirtschaftlich eher eine Entlastung des Hofes bedeutete, stellt sich bei der Emigration eines aktiven Colonen die Frage, ob sie zu einem einschneidenden Kontinuitätsbruch führte.

Hin und wieder scheint ein Großbauer durch hohe Schulden zur Aufgabe seines ererbten Hofes und zur Auswanderung bewegt worden zu sein. Darauf deutet die Angabe über das mitgenommene Vermögen hin. Wenn die sechsköpfige Familie des 58-jährigen Johann Eberhard Hackmann im April

---

[257] Vgl. in Tab. 4.01 c und 4.02 c die Verteilung der Haushalte bzw. Haushaltsvorstände auf die sozialen Schichten. – Dieser Befund bestätigt die Ergebnisse von KAMPHOEFNER 1982 S. 57 ff.; er steht den Annahmen der älteren deutschen Forschung entgegen. So meinte MARSCHALCK 1973 S. 82 f., bis etwa 1865 habe in Deutschland die „Familienauswanderung selbständiger Kleinbauern und Kleinhandwerker" überwogen, erst danach sei sie „durch die Auswanderung unterbäuerlicher und unterbürgerlicher Schichten in Familien und als Einzelpersonen abgelöst" worden; ähnlich noch BADE 1984 S. 275 ff. LINDE 1951 S. 432 behauptete für das Königreich Hannover: „Nicht dieses ländliche Proletariat stellt das Hauptkontingent der Auswanderer, sondern eine Schicht, die durch den Verkauf eines eigenen Anwesens unter Mitnahme eigener Ersparnisse oder Erbschaftsanteile die Überfahrt ermöglichen konnte." WALKER 1964 S. 51, der für die Zeit bis 1845 grundsätzlich ähnlich urteilte, differenzierte seine These gerade im Hinblick auf die nordwestdeutschen Heuerlinge. – Ähnliche Befunde wie für Belm ergeben sich für das Nachbar-Kirchspiel Schledehausen: BÖLSKER-SCHLICHT 1990 b S. 353 ff., 359. Im benachbarten preußischen Kreis Tecklenburg war hingegen die Zahl der auswandernden Klein- und Neubauern in diesem Zeitraum etwas höher als die der Heuerlinge; größere Bauern wanderten auch dort nur vereinzelt aus: GLADEN 1970 S. 151 f., 210.

[258] Das betrifft nicht nur die Blut- und Boden-Ideologie (s. GÜNTHER 1941 bes. S. 326 ff.) und die traditionelle Volkskunde: vgl. deren Gründungsvater RIEHL 1885 S. 41 ff., 66 ff. zu dem „Bauern von guter Art", insbes. dem „Hofbauern" bei ungeteilter Vererbung des „väterlichen Besitzes" (S. 49, 54), im Unterschied zu dem „entarteten Bauern". Auch von einem Autor, der sich als Vertreter einer kulturanthropologisch-sozialgeschichtlichen Richtung versteht, werden derartige Vorstellungen geteilt: MACFARLANE 1978 S. 18 ff., 23 ff.

1835 insgesamt 800 Taler mitführte, so war sie zwar weit besser ausgestattet als die meisten Heuerleute; den Gegenwert eines unbelasteten Vollerbes kann dieser Betrag jedoch keinesfalls darstellen. Der älteste Sohn Gerd Heinrich war freilich im August 1834 vorausgegangen, mehr als 140 Taler hatte aber auch seine Barschaft nicht betragen. Der Erwerber des Hofes kam von auswärts, nahm sogleich den Namen Hackmann an, entschloß sich im September 1838 aber ebenfalls zur Auswanderung mit Frau, fünf Kindern, einem Knecht und einer Magd. Er hatte immerhin 2000 Taler vorzuweisen, dürfte also weit weniger verschuldet gewesen sein. Der Vollhof in der Bauerschaft Vehrte, der auf diese Weise innerhalb von vier Jahren zweimal an fremde Eigentümer ging, war zuvor seit Mitte des 17. Jahrhunderts immer in gerader Linie vom Vater auf den Sohn vererbt worden.[259]

Christoph Heinrich Brockhoff, 52-jähriger Vollerbe in Darum, machte sich im August 1834 mit seiner Frau, drei Söhnen und zwei Töchtern auf die Reise über den Ozean. Da sich sein Vermögen auf nicht mehr als 1000 Taler belief, werden Schulden auch auf diesem Hof gelegen haben, der seit Christoph Heinrichs Urgroßvater jeweils vom Vater auf den Sohn gekommen war (wenn auch zum Teil zwischendurch Zweitehen eingetreten waren). Die Heuerlingsfamilie, die das Vollerbe und den Namen Brockhoff übernahm, war mit den Vorbesitzern anscheinend nicht durch Verwandtschaft verbunden.

Gerhard Heinrich Bultmann hatte 1818 den Vollhof in Vehrte von seinem Vater übernommen; im Alter von 41 Jahren zog er 1838 mit seiner Frau und seinen acht Kindern in die Neue Welt. Wenn ihre 1100 Taler den Reinerlös aus dem Verkauf ihres Anwesens darstellten, werden auch sie beträchtliche Forderungen haben tilgen müssen. Der Heuermann Johann Heinrich Voß erwarb das Bultmannsche Colonat durch Kauf, so erfahren wir bei der Hochzeit seiner Erbtochter[260]; weder er noch seine Frau war mit dem Vorbesitzer verwandt. Einen Teil der notwendigen Mittel mag ihnen noch aus ihren Abfindungen zur Verfügung gestanden haben; denn Johann Heinrich Voß stammte aus dem Vollerbe in Lüstringen, seine Frau war Tochter des Halberben Placke in Powe, hatte freilich schon in erster Ehe einen Heuerling geheiratet.

Günstiger war die wirtschaftliche Situation des Halberben Johann Gerhard Böhle in Icker, der 1845 mit seiner dritten Frau, einer Tochter aus erster und einem Sohn aus dritter Ehe sowie zwei anderen männlichen Jugendlichen in die Ferne strebte. Ihm standen immerhin 1800 Taler für den

---

[259] Mitte des 18. Jahrhunderts war der Anerbe allerdings ein Kind der zweiten Ehe des Hoferben der vorherigen Generation.
[260] Vgl. dazu oben S. 420.

Neubeginn zur Verfügung. Zwar zählte er schon 54, seine Frau aber erst 29 Jahre. Bei ihm scheint verständlich, daß er weniger mit diesem Hof verbunden war. Seine erste Frau war die Anerbin gewesen[261], während er aus der unfernen Bauerschaft Schinkel stammte. Außerdem hatte der Tod seine Familie auf der erheirateten Stätte immer wieder hart getroffen: Zwei Ehefrauen raffte er hin, außerdem drei Kinder der ersten Ehe, vier der zweiten und zwei der dritten. Die letzte Tochter und den letzten Sohn, die ihm blieben, führte Johann Gerhard Böhle mit auf die Seereise.

Noch dramatischer waren die Umstände, die Mitte der 1840er Jahre einen anderen Vollerben seines Hofes beraubten und samt seiner Frau zur Auswanderung trieben, versehen mit lediglich 100 Talern. Die beiden waren zuvor als Betrüger „zum Arbeitshause condemniert".[262] Der Mann hatte den Hof seinerzeit von seiner Mutter geerbt. Seit der zweiten Hälfte des 17. Jahrhunderts war der Besitz immer an ein leibliches Kind der ersten Ehe des jeweiligen Anerben bzw. der Anerbin weitergegeben worden, trotz gelegentlicher Wiederheiraten. Nun ging er in fremde Hände. Da nicht nur die erste, sondern bisher auch die zweite Ehe dieses Vollerben kinderlos war, zeichnete sich in dieser Generation allerdings ohnehin ein Bruch der Familienkontinuität ab. Der Erwerber des Hofes war Gerhard Heinrich Timmermeister, geboren 1791 jenseits der preußischen Grenze im Ravensbergischen Dissen; er hatte offenbar als Meister – möglicherweise zugleich als Pächter – der Ziegelei auf dem Gut Astrup[263] soviel Vermögen angesammelt, daß er sich nun auf einem der großen alten Vollerbenhöfe niederlassen konnte.

Ganz ungewöhnlich war der Entschluß der Maria Elisabeth Hustedde, Ehefrau des Vehrter Vollerben, die Reise über den Atlantik ohne ihren Mann, nur in Begleitung ihres achtjährigen Sohnes Gerhard Heinrich Philipp zu wagen. Trotzdem scheint ihr Aufbruch Ende Oktober 1846 nicht unvorbereitet erfolgt zu sein. Ihr ältester Sohn und ihre älteste Tochter waren 1842 und 1845 mit 45 bzw. 40 Talern vorausgegangen. Die 51jährige Maria Elisabeth, eine geborene Rahe aus dem Power Vollerbe, und ihr

---

[261] Deren Vater war aus der zweiten Ehe einer eingeheirateten Frau hervorgegangen und 1792 zum Anerben geworden, weil das einzige Kind erster Ehe zuvor verstorben war. Im übrigen war der Hof seit der zweiten Hälfte des 17. Jahrhunderts stets in gerader Linie vom Vater an den Sohn weitergegeben worden.

[262] Da sie den Hof offenbar schon vor dem Entschluß zur Auswanderung verloren hatten, sind sie formell den Excolonen zuzurechnen. Der Mann war der Obrigkeit bereits 1828/29 als Kamerad bei dem feuchtfröhlichen Treiben eines Interimswirts auf dem Meyerhof zu Belm mißliebig aufgefallen, s. unten S. 503.

[263] HINZE/LINDEMANN 1980 S. 121 erwähnt, daß die 1822 eingerichtete Ziegelei des Gutes stets verpachtet war.

jüngster nahmen 200 Taler mit. Die beiden letzten noch in der Heimat verharrenden Kinder folgten in den Jahren danach; doch wissen wir nicht, welche Geldbeträge sie mitführten. Allein zurück blieb Gerhard Heinrich Hustedde, der den Hof 1823 bei seiner Hochzeit mit Maria Elisabeth aus den Händen seines Vaters und seiner Stiefmutter übernommen hatte. Offen bleibt für uns, ob die Eheleute sich bewußt trennten oder ob Gerhard Heinrich Hustedde ursprünglich beabsichtigte, seiner Frau später nachzureisen, und diesen Plan wegen ihres vorzeitigen Todes fallenließ. Als Gerhard Heinrich 1853 im Alter von sechzig Jahren an Entkräftung starb, notierte der Pfarrer, daß seine Ehefrau in Amerika abgeschieden war. Den Hof hatte er schon seit mehreren Jahren nicht mehr inne. 1848 wohnten vier fremde Haushalte in Husteddes Haupthaus, 1852 drei Heuerlingsfamilien. Gerhard Heinrich Hustedde fristete sein Dasein 1852 als „Kostgänger" im Hause des Bruders seiner Frau, des Vollerben Rahe in Powe. Auch 1858 wurde das „Colonat Hustedde", wie es nach wie vor hieß, ausschließlich von Heuerleuten bewohnt, doch meldet die Zensusliste, daß der „Besitzer I. Meyer" war – offenbar der damalige Eigentümer des Gutes Astrup, der Montanunternehmer und radikale Politiker Julius Meyer.[264] Insgesamt spricht der Hergang dafür, daß die Familie Hustedde ihren Besitz wirtschaftlicher Schwierigkeiten halber nicht halten konnte und deshalb – mit Ausnahme des Bauern selber – den Ausweg über den Ozean suchte.

Es gab aber auch einzelne Eigentümer von Haus und Land, die offensichtlich aus einer Situation der Prosperität heraus in die Neue Welt gingen – vermutlich in der Hoffnung, dort noch bessere Entfaltungsmöglichkeiten anzutreffen. Hier sind vier oder fünf Inhaber kleiner und kleinster Stellen zu nennen, die ebenso hohe oder höhere Vermögenswerte mitführten wie die auswandernden Vollbauern.[265]

Nicht um einem drohenden Abstieg zuvorzukommen, sondern um ihren Aufstieg fortzusetzen, brachen Johann Christopher Wiehemeyer und seine Frau Catharina Elisabeth, geborene Grothmann, 1834 mit ihren sieben Kindern nach Amerika auf – er 50, sie 54 Jahre alt. Beide stammten aus Heuerlingsfamilien und hatten nach ihrer Hochzeit viele Jahre als Heuerleute auf dem Hof des Halberben Klemann in Haltern gearbeitet. Um 1820 gelang es ihnen jedoch, eine kleine Erbpächterstelle in Haltern zu begründen. In

---

[264] Zu ihm HINZE/LINDEMANN 1980.

[265] Zum vermögendsten aller registrierten Auswanderer des Kirchspiels Belm, dem Erbkötter Hagebusch aus Darum, s. unten S. 498. – Es muß davor gewarnt werden, aus der Relation dieser Vermögensangaben allgemeine Schlußfolgerungen hinsichtlich der Vermögensverhältnisse von Großbauern einerseits, Kleinbauern andererseits zu ziehen; denn vieles spricht dafür, daß bei den wenigen auswandernden Großbauern eine besonders hohe Verschuldung vorlag.

der Auswandererliste wird Johann Christopher als Neubauer und „Handelsmann" bezeichnet. Die 2000 Taler, die er angesammelt hatte, werden also nur zum geringsten Teil in seiner winzigen Landwirtschaft verdient worden sein. Sein Nachfolger auf der Erbpächterstelle, Johann Ludwig Engel mit Namen, wendete sich ebenfalls dem tertiären Sektor zu: Er war „Schenkwirt".

Den zweithöchsten Vermögenswert aller erfaßten Auswanderer des Kirchspiels Belm transferierte 1836 der 39 jährige Markkötter Johann Heinrich Hollmann aus Gretesch. Er und sein 68 jähriger verwitweter Vater, der mitging, werden die 3800 Taler im wesentlichen durch ihr Handwerk als Schmiede zusammengetragen haben. Das war selbst für zehn Personen eine gute finanzielle Basis; mit den beiden Männern reisten Johann Heinrichs Frau und ihre fünf Kinder sowie zwei weitere weibliche Jugendliche. Wie bei vielen auswandernden Familien war auch hier ein lediger naher Verwandter in den fernen Kontinent vorausgezogen: Im Frühjahr 1834 war Johann Heinrichs jüngster Bruder Johann Friedrich, damals 24 Jahre alt und ebenfalls Schmied, mit 125 Talern abgereist.

Der nächste in der Skala der vermögendsten Belmer Emigranten war ebenfalls ein Markkötter, Adam Heinrich Düsterkötter aus Lüstringen. 1841 hatte er, ein geborener Wilker aus dem benachbarten Kirchspiel Schledehausen, im Alter von 26 Jahren die um ein Jahr ältere Maria Elisabeth Düsterkötter gefreit; sie erbte die Stätte, obwohl sie in der zweiten Ehe ihres Vaters geboren war und auch aus der ersten mehrere Kinder überlebten.[266] Nachdem Maria Elisabeth zwei Söhne geboren hatte, entschied sich die Familie 1847, die Stelle aufzugeben und mit 2800 Talern in der Ferne einen Neubeginn zu wagen. Maria Elisabeths Stiefmutter und ihr zweiter Mann, der seit 1826 den Düsterkotten interimistisch geführt hatte, schlossen sich ihnen an, obwohl beide im 67. Lebensjahr standen. Auch hier waren mehrere nahe Verwandte zuvor nach Amerika übersiedelt: als erster im Jahre 1834 Maria Elisabeths ältester 1803 geborener Stiefbruder Gerd Heinrich, ausgestattet mit 150 Talern; dann 1839 ihr jüngerer Bruder Siegfried mit 90 Talern; 1841 ein weiterer Stiefbruder Christoph Henrich mit 70 Talern. Der älteste Stiefbruder Gerd Heinrich war sogar eigens zurückgekommen, um seine Stiefeltern und die Familie der Stiefschwester nachzuholen: niemand als er kann der 46 jährige Gerd Heinrich, „Sohn der Schwiegereltern" des Colon Düsterkötter sein, den die Auswandererliste eigens registriert.

Stattlich erscheint auch das Startkapital von 1600 Talern, das 1844 der Markkötter Eberhard Henrich Holschemacher aus Icker mitnehmen konnte

---

[266] Der jüngste Sohn aus der ersten Ehe ihres Vaters, der 1806 geborene Johann Heinrich Düsterkötter, heiratete 1840 und lebte hinfort als Heuerling auf dem Meyerhof zu Belm.

– dies um so mehr, als noch sein Vater als Heuermann begonnen hatte. Dieser, Johann Jürgen Henrich Leonard mit Namen, hatte mit seiner 1805 angetrauten Frau zwischen 1808 und 1810 den Markkotten Holschemacher käuflich erwerben können.[267] Zustatten kam ihm vermutlich, daß er sich nicht nur auf landwirtschaftliche Arbeit verstand, sondern auch als Schuhmacher sein Geld verdiente. Sein einzig überlebender Sohn Eberhard Henrich hatte 1826 im Alter von nur 18 Jahren geheiratet und sogleich das Anwesen übernommen. Im März 1844 trat er die Reise nach Amerika an, gemeinsam mit seiner zweiten Frau und dreien von seinen fünf Kindern erster Ehe; sein verwitweter Vater, der 66 Jahre alte Excolon Johann Jürgen Henrich Holschemacher geborener Leonard, mochte nicht zurückbleiben. Neuer Erwerber dieser Kleinstätte war wiederum ein Mann, der sich mit seiner Frau aus dem Status der Eigentumslosigkeit allmählich emporarbeitete. Johann Henrich und Anna Maria Barrenpohl stammten beide aus dem unfernen Kirchspiel Engter. Nach ihrer Hochzeit im Jahre 1837 arbeiteten sie zunächst als Heuerleute beim Vollerben Brockmann in Icker; dort blieben sie auch wohnen, doch wurde Johann Henrich 1842 bei der Taufe seines dritten Kindes als Ziegelbrenner, im nächsten Jahr sogar als Ziegelmeister bezeichnet. Wenn er sich auch nicht wie sein Berufskollege Timmermeister zum Vollerben aufschwingen konnte, so reichten seine Einkünfte doch, einen Markkotten zu erstehen. Bei der Taufe seines fünften Kindes wurde er 1845 als Colon Holzschuhmacher, geborener Barrenpohl, eingetragen.

Drei andere Markkötter brachen mit bescheideneren Summen auf, waren aber doch deutlich besser gestellt als die Masse der Heuerlinge in dem Zug gen Westen. Auf 600 Taler belief sich 1833 die Barschaft der fünfköpfigen Familie des 53 jährigen Johann Heinrich Wellmann in Wellingen. Das war vermutlich die Entschädigung dafür, daß er seine Stätte einer Nichte seiner eingeheirateten Frau überließ: die neue Colona Wellmann, die nun mit ihrem Mann den Markkotten bezog, war eine Tochter des Vollerben Voß in Wellingen, eines Stiefbruders der auswandernden bisherigen Colona Wellmann. Zuvor war die Stätte seit mindestens fünf Generationen vom Vater an den Sohn oder die Tochter vererbt worden. – 700 Taler besaß 1840 Gerd Henrich Fänger, als er nach vierzehn Jahren die vom Vater ererbte Wirtschaft aufgab und samt seiner Frau, den beiden Kindern sowie seinem jüngsten Bruder Abschied von der Heimat nahm. Wie gewöhnlich trug sein Nachfolger fortan den Namen Fänger, doch bereits nach fünf Jahren hielt es ihn nicht mehr auf dem neuen Besitz; ihm standen 900 Taler zu Gebote, als er sich 1845 mit Frau und drei Söhnen einschiffte. Diesmal nutzte ein Heuer-

---

[267] „Hi coniuges emerant colonatum Holschemacher in Icker", heißt es 1825 im Todeseintrag der Frau.

mann die Gelegenheit, um seinen Traum vom Eigentum an Grund und Boden zu verwirklichen. Gerhard Friedrich Weghorst, der zuvor beim Vollerben Nordmann in Icker gearbeitet hatte, wurde zum Markkötter Fänger; und ein halbes Jahr nach seinem Tode konnte 1851 seine kinderlose Frau den Besitz an ihren zweiten Mann weitergeben.

Beachtlich war auch die Ausstattung des Neubauern und Tischlers Gerd Heinrich Wessel aus Icker; 1836 standen dem 32jährigen mit Frau und Sohn 700 Taler zur Verfügung. Die 56 Jahre alte Neubauernwitwe Anne Marie Bleckmann und ihre vier Kinder fuhren 1838 mit 320 Talern nicht schlecht, während 1834 der Neubauer und Tischler Victor Brückener mit seinen 160 Talern alle Hoffnung auf die Zukunft setzen mußte – er zählte erst 27 Jahre, hatte für Frau und einen kleinen Sohn zu sorgen. Der vierköpfigen Familie des 53jährigen Erbpächters Böhmer aus Darum hatte ihr Besitztum offenbar nur 150 Taler Reinerlös gebracht. Das sind Beträge, wie sie auch Heuerlingsfamilien zusammensparten.

In der Mehrzahl dieser – insgesamt ja wenig zahlreichen – Fälle ging der Hof, den ein emigrierender oder resignierender[268] Colon aufgab, nicht an Verwandte, sondern in fremde Hände über.[269] Durchweg bestanden die großen Höfe und die alten Kleinstellen als selbständige Besitzeinheit fort; die jungen und winzigen Erbpachtungen und Neubauernstellen hingegen, die ohnehin nicht in großer Zahl geschaffen wurden, erwiesen sich zum Teil als kurzlebig. Von den alten Stätten scheinen nur ein Vollerbe[270] und ein Markkotten vollständig eingegangen zu sein: Der Düsterkotten in Lüstringen wurde im Zensus vom Juli 1848 – neun Monate nach der Auswanderung der Besitzer – noch registriert, bewohnt von zwei Haushalten; in den Volkszählungen der 1850er Jahre ist er nicht mehr verzeichnet. Hustreddes Vollerbe wurde zwar vom Eigentümer des Gutes Astrup aufgekauft, offenbar aber

---

[268] Auch zur Zeit der Massenauswanderung finden wir einzelne Colone, die ihren Besitz aufgaben, ohne auszuwandern: Adam Henrich Holtmeyer in Haltern verließ 1836 den elterlichen Markkotten, den er 1809 angetreten hatte, und starb 1847 als Heuerling auf Eilerts Vollerbe in Haltern. Nachfolger wurde eine von auswärts kommende fremde Familie. Etwa 1842 räumte auch diese die Stelle und das Kirchspiel Belm, ohne in den Auswandererlisten verzeichnet zu sein, und die Stätte ging in den Besitz des bisherigen Heuermanns Hermann Heinrich Hollenbeck über. – Der Markkötter Johann-Hackmann in Icker, der sein Anwesen 1818 von den Eltern übernommen hatte, verlor dieses Anfang der 1840er Jahre; in der Folge war er bis 1858 Heuermann beim Vollerben Drehlmann in Icker. Erwerber war ein Fremder namens Knollmeyer, der offenbar als Bäcker und Ehemann einer Colonentocher über entsprechende Mittel verfügte.

[269] Nur in dem soeben dargestellten Fall des Markkottens Wellmann sowie in dem folgenden des Erbkottens Hagebusch läßt sich Verwandtschaft zwischen dem auswandernden und dem nachfolgenden Inhaber feststellen.

[270] Dierker in Lüstringen, von dem im Folgenden die Rede ist.

nicht in dieses einverleibt. Über den Erwerber von Böhles Halberbe wissen wir nichts; doch saß auf ihm 1848 und 1852 Ferdinand Wallenhorst als Pächter; 1858 freilich stand das Haupthaus leer und nur im Nebengebäude wohnte eine Heuerlingsfamilie.

In einigen Fällen konnten ehemalige Heuerleute die Chance nutzen und die freiwerdende Stätte erlangen, so Brockhoffs Vollerbe in Darum und Bultmanns in Vehrte, außerdem die beiden Markkotten Holschemacher und Fänger in Icker.

In anderen Fällen wurde die Stelle, die zur Disposition stand, zum Objekt der Familienstrategie in der Hand des Besitzers eines anderen Hofes; er nutzte damit die Erweiterung der Möglichkeiten, die im Gefolge von Agrarreformen und Auswanderung eintrat.

### 6.5.2. Familienstrategien: erweiterte Möglichkeiten und neue Risiken im Gefolge der Agrarreformen

Bis ins frühe 19. Jahrhundert hatte jede bäuerliche Familie bei der Strategie zur Plazierung ihrer Kinder von recht fixen grundsätzlichen Bedingungen auszugehen: Nur *einem* Nachkommen konnte sie Landbesitz übergeben; die übrigen waren lediglich mit Teilen des mobilen Vermögens als Brautschätzen auszustatten; mit diesem ‚Einsatz' galt es, die weichenden Erben in die Lage zu versetzen, in einen der anderen Höfe einzuheiraten. Verbunden werden konnten zwei Höfe im Besitz eines Haushalts während des 17. und 18. Jahrhunderts prinzipiell ebensowenig, wie ein Hof unter mehrere Kinder geteilt werden durfte. Nur in ganz seltenen Ausnahmefällen konnte ein weichender Erbe anders als durch Einheirat in den Besitz eines Hofes kommen, etwa als Nachfolger eines kinderlosen Verwandten[271] oder durch Auffahrt auf eine verlassene bzw. durch Abäußerung vakant gewordene Stelle.

Daß ein Hofbesitzer eine zweite Stätte hinzuerwarb, war eine auffallende Ausnahme. Als Ende des 18. Jahrhunderts die umfassende Vermessung und Katasteraufnahme für das Fürstbistum Osnabrück durchgeführt wurde, gab es im Kirchspiel Belm lediglich drei kleine Stätten, die mit zu einem anderen Anwesen gehörten. Den Markkotten Steinbrink in Icker hatte der dortige Erbkötter Schwarze erlangt (s. Abb. 5 auf S. 206), den Markkotten Buckkotte – ebenfalls in Icker – der Vollerbe Marquard, und Schlömers Markkotten in Powe war in der Hand des Vollerben Duling. Die Eigentümer

---

[271] Dazu s. oben S. 404 ff.

vermieteten diese Stätten an Heuerleute. Bei Schlömers Stätte bestand dieser Zustand schon seit langem: Der Grundsteuerkataster von 1667 vermerkte, daß dort ein Schmied als „Hüsselte" wohnte. – Anders verhielt es sich mit den wüst gefallenen Stellen; acht von ihnen wurden noch am Ende des 18. Jahrhunderts als solche registriert, mit dem Vermerk, welche Höfe ihre Ländereien übernommen hatten. 1667 waren nur drei davon überhaupt erwähnt worden, diese mit dem Hinweis, sie seien „von undenklichen Jahren vakant". In der Tat waren die wüsten Stätten nicht etwa erst im Dreißigjährigen Krieg oder in den schwierigen Nachkriegsjahren verlassen worden – die vier, auf die das zutraf, sind lediglich mit „vacat" markiert und wurden bald wieder besetzt.[272] Die wüsten Höfe waren vielmehr meist in der spätmittelalterlichen Agrarkrise aufgegeben und bereits vor dem frühen 16. Jahrhundert mit einem andern Anwesen vereinigt.[273]

Im Jahre 1804 versuchten die Eheleute Osterhus, zusätzlich zu dem großen Meyerhof, den der Ehemann von seinen Eltern geerbt hatte, Vinckes Vollerbe in Gretesch, aus dem die Frau stammte, durch Anerbrecht zu erwerben.[274] Diese Strategie war möglich und nicht ganz ohne Erfolgsaussichten, weil der Meyer zu Osterhus bereits 1791 einzelvertraglich mit seinem Grundherrn, dem Domkapitel, die Ablösung der ungewissen Leibeigentums-Gefälle gegen eine feste jährliche Roggen-Abgabe vereinbart hatte. Deshalb brauchte seine Braut Maria Elisabeth, geborene Vincke, sich bei ihrer Heirat 1794 nicht eigen zu geben, also auch keinen Freibrief von Vinckes Grundherrn, dem Domdechanten, zu lösen und konnte so ihre Ansprüche auf Vincken Hof wahren. Trotzdem drang das Ehepaar Osterhus mit dem Versuch, zwei Höfe zumindest zeitweilig in seinem Besitz zu vereinigen, letztlich nicht durch, sondern mußte sich mit einer Geld-Abfindung begnügen. Dafür war offenbar auch die Tatsache mit entscheidend, daß der Grundherr der Vincken Stätte dem Bestreben der Eheleute Osterhus wenig geneigt war; denn dieser Hof war weiterhin in vollem Umfang eigenbehörig, so daß die Nachfolge nicht ohne den Herrn geregelt werden konnte.

Dem Papierfabrikanten Gruner, der 1808 die sogenannte Burg Gretesch als Betriebsgelände erworben hatte, gelang es in den Jahren 1814 bis 1816, zusätzlich noch zwei große Höfe in Besitz zu nehmen. 1808 hatte er zu-

---

[272] Allgemein dazu WINKLER 1959 S. 19 ff.; HIRSCHFELDER 1971 S. 186 ff. Möglicherweise bezieht sich das „vacat" auch lediglich auf das Hauptwohngebäude des Hofes und bedeutet nicht mehr, als daß dieses in so schlechtem Zustand war, daß der Haushalt des Hofinhabers in der Leibzucht wohnte.

[273] VINCKE 1951 S. 268 ff.; vgl. DU PLAT/WREDE 1784/1961 S. 22 ff., 26 ff.; allgemein s. RÖSENER 1985 S. 255 ff.; ABEL 1976.

[274] Siehe oben S. 466 ff.; auch zum Folgenden. – Karte 3 (im Anhang) zeigt den Meyerhof zu Osterhus.

sammen mit der Burg bereits die grundherrlichen Rechte über das Reckersche Vollerbe in Gretesch von der Stadt Osnabrück gekauft, 1814 erstand er das Colonat selbst.[275] Allerdings blieb dieser Hof formal als selbständige Einheit bestehen, und der bisherige Inhaber Recker konnte mit seiner Familie im Haupthaus wohnen bleiben. Wohl im Jahre 1816 nahm Gruner darüber hinaus Dierkers Vollerbe zu Lüstringen in Erbpacht. Hier hatte er radikalere Pläne: Er wollte das Erbwohnhaus auf Abbruch verkaufen, den Hof also offenbar eingehen lassen. Da er sich nicht scheute, eine entsprechende Verkaufsannonce in den ‚Osnabrückischen Anzeigen' zu veröffentlichen, reagierte die Obrigkeit. Das Amt untersagte ihm den Abbruch des Gebäudes unter Hinweis auf die Verordnungen, die im 17. und frühen 18. Jahrhundert zum Bestands-Schutz der Höfe erlassen waren. Gruner versicherte daraufhin, daß er „keinesweges beabsichtige, [...] [das] Dierkersche Colonat [...] eingehen lassen zu wollen", und verpflichtete sich, binnen Jahresfrist dort ein neues Haus zu errichten. So hob das Amt das Verbot auf und ließ, „um allen Mißdeutungen vorzubeugen", eine entsprechende Erklärung in die ‚Osnabrückischen Anzeigen' einrücken: Die „bestehenden Landesgesetze" zum Höfe-Schutz würden sehr wohl beachtet. Obwohl die Verkaufs-Anzeige betont hatte, das Dierkersche Haus sei „in sehr gutem Stande", zögerte das Amt nicht, die Erklärung zu akzeptieren und zu publizieren, der Abbruch geschehe „nur der Baufälligkeit wegen".[276] Angesichts dieser nachsichtigen Haltung der Obrigkeit kann es nicht sehr überraschen, daß Gruner anscheinend seine Zusage nicht in der gegebenen Form einhielt. In den späteren Zensus-Listen wurden dieser Hof und seine Wohngebäude nicht mehr aufgeführt.

Was der Papierfabrikant und Landrat Gruner durchsetzen konnte, war den Bauern nicht in gleicher Weise möglich. In welcher Weise jedoch einzelne von ihnen im 19. Jahrhundert die erweiterten Möglichkeiten für familiale Strategien nutzten, wird am Beispiel des Erbkötters Hagebusch in Darum sichtbar.

Seit dem Ende des 17. Jahrhunderts war dies Gehöft immer an ein Kind der ersten Ehe des Anerben bzw. der Anerbin weitergegeben worden, auch wenn Interimswirtschaften zwischenzeitlich vorgekommen waren. Im Oktober 1789 holte die 25jährige Anerbin Catharina Margaretha Hagebusch den um zwei Jahre jüngeren Johann Gerhard Wiewinner als Ehemann auf den Hof, einen Bauernsohn aus dem jenseits der Stadt Osnabrück gelegenen,

---

[275] HINZE 1972 S. 58 f.; vgl. WREDE 1975–1980 Bd. 1 S. 105 s. v. ‚Burg Gretesch'. – Abb. 3 auf S. 204 zeigt Reckers Haupthaus.

[276] StA OS Rep. 350 Osn. Nr. 1874; OSNABRÜCKISCHE ÖFFENTLICHE ANZEIGEN 1816, Beilage zum 90. Stück vom 9.11.1816 und 96. Stück vom 30.11.1816.

etwa 15 Kilometer entfernten Hasbergen. Damals zählte das Anwesen mit insgesamt 11,5 Hektar Land zu den mittelgroßen im Kirchspiel. Johann Gerhard Hagebusch, geborener Wiewinner, verstand es jedoch, seiner Wirtschaft als Schmied eine erweiterte Grundlage zu geben. Daß er über seinen Kotten und seine Familie hinauszublicken wußte, hielt der lutherische Pfarrer 1840 im Todeseintrag fest: Der Colon Hagebusch „machte sich als Vorsteher um die kirchlichen Angelegenheiten sehr verdient". Außerdem war er 1824 zum Rechnungsführer bei der Teilung der Gretesch-Darum-Lüstringer Mark gewählt worden[277] und hatte wiederholt dem großen Meyerhof zu Belm in kritischen Jahren als „Emonitor" (Kassenführer) gedient.[278] Seine schriftlich erhaltene Buchführung zeichnet sich durch große Sorgfalt aus, auch wenn sein Hochdeutsch nicht frei von den ‚Fehlern' war, die bei Schreibern mit niederdeutscher Muttersprache üblich waren.

Nicht zuletzt sollten seine Weitsicht und sein wirtschaftlicher Erfolg den eigenen Kindern zugutekommen. Neun Nachkommen gebar ihm seine Frau, vier davon starben im ersten Lebensjahr. Die älteste von den überlebenden und einzige Tochter, Anna Catharina Elisabeth, geboren 1792, konnte 1814 den Anerben des Wichmannschen Vollerbes in Haltern ehelichen und sich damit in der dörflichen Oberschicht plazieren. – Das gelang ein Jahr danach auch dem ältesten überlebenden Sohn, der 1795 auf den Namen Johann Friedrich Conrad getauft, später meist Conrad Florenz genannt wurde: Er gewann Anne Marie Bücker zur Frau, gleich alt wie er, aber Erbtochter des Halberben in Haltern. – Ob zunächst unter der Führung des Vaters oder schon aus eigener Kraft und eigenem Antrieb – auch die Kinder des Erbkötters Hagebusch gingen ungewöhnliche Wege: Als im Mai 1817 der Vollerbe Wichmann nach zweieinhalb Jahren der Ehe kinderlos starb, holte seine junge Witwe Anna Catharina Elisabeth, geborene Hagebusch, nicht wie üblich einen zweiten Mann auf den erheirateten Hof; vielmehr ging sie fünf Monate später auf ein anderes Vollerbe, dessen Anerben sie zu ihrem zweiten Gatten erkor. Den Nutzen davon hatte später ihr jüngster Bruder Johann Friedrich Henrich. – Für seinen zweitjüngsten Sohn Johann Henrich Daniel verfolgte der Erbkötter noch höhere Pläne; er schickte ihn auf das Gymnasium in der Stadt Osnabrück. Im Juni 1820 setzte der Tod diesem vielver-

---

[277] HINZE 1972 S. 32, 34.
[278] So 1813–15, also in den letzten beiden Lebensjahren des der ‚Trunksucht' verfallenen Meyers zu Belm, geborenen Meyers zu Hüningen (vgl. unten S. 523); seit ca. 1829, also zur Zeit des ‚unökonomischen' und ‚ausschweifenden' Interimswirtes, geborenen Schlies (vgl. unten S. 500 ff.); außerdem 1815 und 1823 während der Witwenschaft der Meyerschen. Seit ca. 1836 fungierte er auch als Vormund der minderjährigen Anerbin des Meyerhofes. Dies ergibt sich aus den Akten in StA OS Rep. 350 Osn. Nr. 3042, aus den beiden Anschreibebüchern und weiteren Aktenstücken im HOFARCHIV MEYER ZU BELM.

sprechenden Lebensweg ein Ende, der 16jährige erlag der Schwindsucht. Er „war ein hoffnungsvoller Jüngling", lautete der Nachruf, den der Pastor im Kirchenbuch notierte. – Nachdem Johann Gerhard Hagebusch, geborener Wiewinner, und seine Frau Catharina Margaretha der Wirtschaft 36 Jahre vorgestanden hatten, übergaben sie 1825 den Erbkotten an ihren zweiten Sohn Gerd Henrich bei dessen Hochzeit. Sieben Kinder sahen die Großeltern im Laufe der Jahre heranwachsen, ein weiteres starb bald. – Ihr jüngster Sohn, dem eine über die Dorfschule hinausführende Bildung zuteil geworden war[279], übernahm im Jahre 1829 Wichmanns Vollerbe in Haltern, das 1817 durch den unbeerbten Tod ihres Schwiegersohns und die neuerliche Einheirat ihrer verwitweten Tochter verfügbar geworden war. Der neue Colon Wichmann, Johann Friedrich Henrich, geborener Hagebusch, war zu diesem Zeitpunkt erst 22 Jahre alt; mit seiner Frau leitete er den Betrieb noch 1858. – Der Altvater überlebte seine einzige Tochter, die 1837 starb, nachdem auch ihre zweite Ehe kinderlos geblieben war; im Jahre 1840 schloß er selbst die Augen. Die Söhne standen dem Vater an Weitblick nicht nach, sogar die Enkel zeichneten sich früh durch Wagemut aus. Sein Nachfolger auf dem Erbkotten wurde zum Gemeindevorsteher gewählt.[280] Dessen Sohn Johann Gerhard Hagebusch, Schmiedelehrling und 15 Jahre alt, machte sich im September 1841 auf die Reise nach Amerika. Nur vier andere Belmer finden sich verzeichnet, die so jung ohne erwachsene Begleitung auswanderten; jünger war keiner. Dabei übernahm Johann Gerhard Hagebusch auch die Verantwortung für seinen dreizehnjährigen Bruder und seine neunjährige Schwester; die drei trugen immerhin 300 Taler mit sich. Ein Jahr später folgte die ganze Familie. Wie erfolgreich der Erbkötter Hagebusch und sein Vater gearbeitet hatten, zeigt sich darin, daß er 4000 Taler mitnehmen konnte – den höchsten Betrag, der für einen Belmer in den 1830er und 1840er Jahren notiert wurde. – Doch nicht ein Fremder hatte für solch stolzen Preis den Erbkotten erworben; der Bruder Conrad Florenz Bücker, geborener Hagebusch, nahm ihn in Besitz. Er nutzte die Gelegenheit, die durch die Abwanderung seines Anerben-Bruders entstand, und dachte dabei an die Versorgung seiner Kinder. Fünfzehn hatte seine Frau geboren, fünf waren allerdings tot zur Welt gekommen, vier weitere als Säuglinge oder Kleinkinder gestorben; die älteste Tochter hatte 1841 auf

---

[279] Er war im Frühjahr 1821 mit knapp 14 Jahren konfirmiert worden; der Dispens wurde beantragt und bewilligt, weil er „Ostern zu dem Hrn. Schullehrer Weber [kommt], um sich dort weiter auszubilden" (siehe oben S. 327 f.).
[280] Als solcher nahm er z.B. die Statistische Tabelle vom 24.3.1833 für die Bauerschaft Darum auf: StA OS Rep. 350 Osn. Nr. 182.

einen auswärtigen Hof geheiratet; vier oder fünf[281] blieben noch zu versorgen. Conrad Florenz siedelte mit seiner Familie auf den Erbkotten Hagebusch nach Darum über, führte nun wieder dessen Namen und verpachtete einstweilen Bückers Hof in Haltern; so hatte die Altenteilerin Catharina Margaretha Hagebusch, die 1789 die Stätte geerbt hatte, trotz der Auswanderung ihres Erbsohnes in den letzten Lebensjahren einen Sohn bei sich. 1854 übergaben Anne Marie und Conrad Florenz Hagebusch, vormalige Bückers, ihrem einzig überlebenden Sohn bei dessen Hochzeit das Bückersche Halberbe in Haltern. 1857 konnten sie aber auch ihrer jüngsten Tochter und deren Bräutigam eine Stätte anvertrauen: den Erbkotten, den Conrad Florenz einst als Bräutigam verlassen und nach der Emigration des erbenden Bruders neu erworben hatte. Zwei weitere Töchter hatten 1853 und 1854 auf einen Hof im Nachbarkirchspiel Venne geheiratet. – Nicht alles freilich, was im Kreise der Geschwister Hagebusch und ihrer Familien unternommen wurde, endete glücklich und ruhmreich. Der Schwager, zweiter Ehemann der einzigen Schwester, war es, der nach deren Tod mit seiner zweiten Frau als Betrüger zum Arbeitshaus verurteilt wurde, sein angestammtes Vollerbe verlor und sich in die Emigration flüchtete.[282] So verfügte diese Gruppe von drei Brüdern und einem Schwager am Ende doch nicht mehr über vier, sondern über drei Höfe: Hagebuschs Erbkotten, Bückers Halberbe und Wichmanns Vollerbe.

Ein jüngerer Stiefbruder des Johann Gerhard Wiewinner, der 1789 in Hagebuschs Erbkotten eingeheiratet und seinen Kindern und Enkeln so erfolgreich den Weg gebahnt hatte, gibt ein weiteres Beispiel für die zupackende Ausnutzung der Möglichkeiten, die hin und wieder durch das Freiwerden einer bäuerlichen Stelle in dieser Gesellschaft eröffnet wurden. Friedrich Wilhelm Wiewinner war etwa 1792 in Hasbergen geboren; als junger Mann freite er 1815 die Witwe des verstorbenen Anerben von Hurdelbrinks Markkotten, die ihm um siebzehn Lebensjahre voraus war, und wurde so Interimswirt auf der kleinen Stätte in Powe. Im Mai 1838 führte Johann Heinrich Hurdelbrink, der 1810 geborene Anerbe aus der ersten Ehe seiner Frau, eine Braut heim und trat die Nachfolge an. Der nun 46jährige Stiefvater begnügte sich nicht mit der bescheidenen Rolle eines Altenteilers auf dem kleinen Anwesen. Da im September desselben Jahres der Inhaber von Hackmanns Vollerbe in Vehrte nach Amerika zog[283], konnte er diesen stattlichen Hof erwerben, mit seiner Frau und seinen leiblichen Kindern dorthin übersiedeln und sich Colon Hackmann nennen. Nachdem seine Frau

---

[281] Das Schicksal einer Tochter ist unbekannt.
[282] Siehe oben S. 489.
[283] Vgl. oben S. 487 f.

1843 entschlafen war, blieb er Witwer und führte den Hof mit Hilfe von Dienstboten und seiner heranwachsenden Tochter. Wäre er auf Hurdelbrinks Markkotten geblieben, hätte er ihr nur eine – vermutlich nicht üppige – Mitgift zuteilen können; nun übergab er ihr und ihrem Bräutigam bei der Hochzeit 1856 das Hackmannsche Vollerbe.

Im Gefolge der Auswanderung einzelner Bauern gelang es also hin und wieder einem Colon, einen zweiten Hof in seine Hand zu bekommen. Das Ziel war in einem solchen Fall aber nicht die dauerhafte Vergrößerung des Betriebes durch Verschmelzung zweier Anwesen. Vielmehr wurden beim folgenden Generationswechsel die beiden Höfe getrennt vererbt: Das Ziel bestand darin, ein zweites Kind mit einer bäuerlichen Stelle auszustatten.[284]

Die Erweiterung der strategischen Möglichkeiten war für die Bauern allerdings mit Risiken verbunden. Das mußte in den 1820/30er Jahren Anne Marie Meyer zu Belm, geborene Gerding, schmerzlich erfahren. 1819 war sie mit knapp 25 Jahren von Carl Diederich Meyer zu Belm, geborenem Buddendiek, auf diesen größten Hof des Kirchspiels geholt worden, wo er als Mahljahreswirt fungierte, bis die Anerbin, seine Stieftochter, im Jahre 1842 ihr dreißigstes Lebensjahr vollenden würde (vgl. Grafik 6.01).[285] Nachdem Anne Marie ihm in vier Ehejahren zwei Töchter geschenkt hatte – von denen nur die jüngere Anna Maria Luise überlebte –, erlag Carl Diederich im Februar 1823 der Schwindsucht. Die 29jährige Witwe verspürte keine Eile, einen neuen Ehemann auf den Hof zu bringen, sondern ließ dreieinhalb Jahre verstreichen, bevor sie erneut vor den Traualtar trat. Offenbar hatte sie sich erst nach reiflicher Überlegung entschieden und dabei über die ihr zugestandenen Mahljahre hinausgedacht. Ihr zweiter Bräutigam, Caspar Heinrich Schlie, drei Jahre jünger als sie, war als ältester Sohn Anerbe eines freien[286] Hofes in einem unfernen Kirchspiel. Da auch auf dem Belmer Meyerhof die ungewissen Eigentumsgefälle bereits abgelöst waren[287], brauchte er sich nicht dessen Gutsherrschaft eigen zu geben, um für sich und seine eventuellen Kinder die Rechte der Interimswirtschaft zu erwerben, – was nach dem Osnabrücker Eigentumsrecht den Verzicht auf das Anerb-

---

[284] Ähnlich für sein südostfranzösisches Untersuchungsgebiet im 17. und 18. Jahrhundert COLLOMP 1983 S. 73 ff., 97 f.

[285] Anne Marie Meyer zu Belm, geborene Gerding, war eine Nichte (Schwesters Tochter) der ersten Frau ihres Mannes Carl Diederich Meyer zu Belm, geborenen Buddendieks; zur Vorgeschichte s. unten S. 511 ff. und Grafik 6.08. – Den Meyerhof zu Belm zeigt Karte 1 (im Anhang).

[286] Von der „freien Schlien Stätte" ist in einer Schuldurkunde vom 23.5.1829 (HOFARCHIV MEYER ZU BELM) die Rede. Vermutlich war sie durch freiwillige Ablösung der ungewissen Gefälle ‚frei' geworden.

[287] Durch den Vertrag von 1805/17, siehe unten S. 520 f. mit Anm. 342.

recht zu dem Hof seiner Eltern bedeutet hätte[288] –; vielmehr nutzten die Brautleute die gewonnene Freiheit, um sich die Mahljahre auf dem Meyerhof *und* die Anwartschaft auf Schlien Stätte zu sichern. Zu diesem Zweck schlossen sie untereinander sowie mit den Eltern Schlie am 16. August 1826 vor dem Amt Osnabrück einen Vertrag[289]: Die Eltern des Bräutigams Schlie wollten ihren Hof noch elf Jahre „bewirtschaften und davon unbeschränkte Eigentümer bleiben", danach sollte er „ihrem ältesten Sohne Caspar Heinrich als gesetzlichem Anerben zum vollen Eigentum zufallen". Bei der Übernahme hatte dieser seinen Brüdern und Schwestern als Abfindung eine Summe von insgesamt 2000 Talern, jedoch vermindert um eventuelle Schulden des Hofes, bar auszuzahlen. Diese Regelung bot den Eltern Schlie den Vorteil, daß sie erst aufs Altenteil gehen würden, wenn der Anerbe 40 Jahre alt war. Für die Brautleute bedeutete er, daß sie im Anschluß an ihre Mahljahre auf dem Belmer Meyerhof sich nicht mit der dortigen Leibzucht begnügen mußten, sondern als Colonen auf Schlien Hof wechselten. Dieser Wechsel würde sogar schon 1837 stattfinden und nicht erst bei Ablauf der Mahljahre 1842; 1837 aber würde die Anerbin des Meyerhofes ihr 25. Lebensjahr vollenden und damit nach der 1817 getroffenen Vereinbarung[290] das Recht erhalten, zu heiraten und mit ihrem Mann die „vollständige Leibzucht" zu nutzen. Mithin könnten Caspar Heinrich, geborener Schlie, und seine Frau als Stiefeltern ab 1837 der Anerbin und ihrem Auserwählten den ganzen Meyerhof sogleich bei deren Hochzeit, fünf Jahre vor der Zeit, überlassen, wofür diese sich ohne Frage in der einen oder anderen Weise erkenntlich zeigen würden. Natürlich konnten in den elf Jahren manche Wechselfälle eintreten; für die vorhersehbaren sorgte der Vertrag vom 16.8.1826; wenn beide Eltern Schlie vor Ablauf der elf Jahre stürben, würde der Hof dem Anerben Caspar Heinrich bereits beim Tode des Letztlebenden zufallen.[291] Falls jedoch der Anerbe Caspar Heinrich vorzeitig „ohne Leibeserben" sterben sollte, so würde Schlien Stätte nicht etwa einem seiner Geschwister[292], sondern „seiner künftigen Ehefrau, der verwitweten Colona

---

[288] Vgl. oben S. 467 Anm. 226.
[289] Ein Exemplar wird im HOFARCHIV MEYER ZU BELM aufbewahrt.
[290] Siehe oben S. 443 f., 447 Anm. 167.
[291] Zum Ausgleich würde der Betrag von 2000 Talern zur Abfindung seiner Geschwister pro Jahr um 100 Taler erhöht.
[292] Die jüngeren Geschwister des Caspar Heinrich Schlie sollten außer der Bar-Abfindung ein entlegenes Stück Land erhalten, das der Vater Schlie angekauft hatte. Eine Chance des Zugriffs auf den Schlien Hof wurde ihnen lediglich in Form eines Vorkaufsrechts in dem Fall eingeräumt, daß der Anerbe Caspar Heinrich oder dessen Frau oder dessen Kinder den Hof späterhin zu verkaufen wünschten; freilich hätten sie dann den Kaufpreis zu zahlen, den ein anderer Käufer bot.

Meyer zu Belm, und nach deren Ableben ihrer Tochter Luise Meyer [...] erb- und eigentümlich zufallen." Das war eine weitgehende Sicherung der Braut und bot zugleich ihrer Tochter erster Ehe die Aussicht auf einen Hof, den sie sonst nur durch Heirat gewinnen konnte. In Anbetracht dessen fiel es der Braut gewiß nicht schwer, auf eine eigentliche Mitgift, wie sie sonst ein einheiratender Bräutigam mitgebracht hätte, zu verzichten und sich damit abzufinden, daß der ihre mit nichts als einem Pferd auf den Meyerhof zu Belm kam[293]: Als Anerbe hatte er natürlich keinen Anspruch auf einen Brautschatz.

Etwa drei Wochen nach Abschluß dieses Vertrags konnten sich Caspar Heinrich, geborener Schlie, und Anne Marie, geborene Gerding, verwitwete Meyer zu Belm, am 5. September 1826 in der nahe dem Meyerhof gelegenen lutherischen Kirche trauen lassen, ohne sich Sorgen um die Zukunft machen zu müssen – so schien es. Doch es dauerte nicht lange, da entstand ein Problem – für die Frau zumindest – von einer Seite her, nach der hin sie recht ungeschützt war und die sie bei aller vorsorglichen Überlegung außer acht gelassen hatte: Ihr Ehemann erwies sich als gar zu sorglos.[294] Kaum eineinhalb Jahre waren seit der Hochzeit vergangen, da erhoben Anfang 1828 die Vormünder der Anerbin des Meyerhofes und ihrer Schwester Klagen beim Amt über die schlechte Wirtschaftsführung des neuen Interimswirts: sein Umgang mit dem Baumbestand komme einer „Holzverwüstung" gleich. Zunächst kam der Vogt dem Meyer durch einen wohlwollenden Bericht zu Hilfe. Erneut angesprochen, schaltete das Amt im November des Jahres zwei auswärtige Bauern als Sachverständige ein, die die Kritik, insbesondere an der Forstwirtschaft, unterstützten.[295] Im Februar 1829 fällte dann der zuständige Vogt ein alarmierendes Urteil: Während der 29 Monate der Leitung durch den Meyer, geborenen Schlie, habe „der Meyerhof zu Belm sehr gelitten [...], und wenn das Wesen so fortgesetzt und geduldet wird, [werde] der Meyerhof bald ruiniert sein". Ursache dessen sei, daß Caspar Heinrich Schlie, der „jetzige Stiefvater Meyer, [....] weder ein nüchterner Mann noch Oeconom ist". Beides wußte der Vogt mit haarsträuben-

---

[293] Letzteres erwähnt der Vogt in seinem Bericht an das Amt Osnabrück vom 21.2.1829, in: StA OS Rep. 350 Osn. Nr. 3042.

[294] Andererseits bemühte sich Caspar Heinrich Meyer zu Belm, geborener Schlie, insbesondere zu Anfang seiner Wirtschaft um eine geordnete verschriftlichte Buchführung; im September 1827 brachte er sogar die meisten Heuer-Verträge des Hofes in Schriftform, dazu unten Kap. 7.3.

[295] StA OS Rep. 350 Osn. Nr. 3042 (auch zum Folgenden). Anlaß zum Eingreifen des Amts gab diesmal der Plan des Meyers, weitere Eichen zu fällen und für einen Neubau des Leibzuchthauses zu verwenden; dazu bedurfte er der Zustimmung des Amtes als ‚Gutsherrschaft' (vgl. unten Anm. 298).

den Ereignissen zu belegen, die sich in der Öffentlichkeit des Dorfes und der nahen Stadt, z. T. vor den Augen und Ohren der weltlichen oder geistlichen Obrigkeit abgespielt hatten: „Um Dünger zu erhalten, wird Holz niedergeschlagen, das Holz nach der Stadt gebracht, dafür Mist eingetauscht und aus Osnabrück nach den Gründen des Meyerhofes zu Belm geschleppet, – gefahren kann nicht mehr gesagt werden, da die Pferde soweit sind, daß sie als Meyers Pferde nur noch eben in der Haut hängen [...]. Daß der jetzige Stiefvater Meyer kein nüchterner Mensch, sondern ein Schwärmer sei, ist kirchspielskundig": Zusammen mit einem anderen Großbauern[296] aus dem Kirchspiel Belm hat er „auf öffentlicher Landstraße ruhige Bürger aus Osnabrück mit entblößtem Säbel mehrmals angefallen", weshalb beide durch die Polizeidirektion vom 20. bis 21. Juli 1828 „mit Gefängnisstrafe belegt" wurden; darauf haben sie „derartig sich gebessert [...], daß [auf dem Heimweg] von der Stadt aus bis nach Belm sie in alle Krüge eingekehrt und lustig darauf wieder losgesoffen haben." Am Jahresende 1828 verbrachte Caspar Heinrich „eine ganze Nacht" in einer offenbar unrühmlich bekannten Wohnung in Osnabrück, und noch Mitte Februar 1829 erweiterte er sein Sündenregister: Ausgerechnet an einem Sonntag, dazu noch „am hellen Mittage", wurde er in der Stadt vom Amtmann, einem Vogt und anderen gesehen, als „er so betrunken gewesen, daß er auf seinem Pferde grade [!] nicht mehr sitzen können. Durchgesoffen bis am Montage [...], wo Meyer mit seinen [beiden] Kameraden[297] [...] auf der Chaussee und im Dorfe Belm auf Pferden hängend, bis in die düstere Nacht herumgetobet, so daß die Herren Prediger in Belm darüber sehr empfindlich geworden, bis endlich der Meyer zu Belm mit seinem Pferde niedergeschlagen, darauf Meyer dann um ein Gewehr gerufen, womit er das Pferd totschießen, wie er aber ein [!] Gewehr nicht habhaft werden können, ein Messer gefordert, womit er das Pferd töten wollen." Um diesen „verabscheuungswerten schwärmerischen Lebenswandel, womit andere Untugenden verbunden," zu bestreiten, verwendete Caspar Heinrich nicht nur den Ertrag des Meyerhofes, sondern machte beträchtliche Schulden und verminderte sogar die Substanz der Stätte, indem er ohne die erforderliche Erlaubnis[298] des Amtes, der Grundherrschaft, Bäume fällte und sie teils in öffentlicher Auktion, teils heimlich verkaufte.

---

[296] Es war der Vollerbe, der Mitte der 1840er Jahre auswanderte, nachdem er mit seiner zweiten Frau wegen Betrugs „zum Arbeitshause condemniert" war, s. oben S. 489.

[297] Einer davon war wieder der andere säbelgewaltige Großbauer aus dem Kirchspiel Belm.

[298] So der Colonats-Contract zum Belmer Meyerhof vom 29.4.1817 §26, in: StA OS Rep. 350 Osn. Nr. 3042; dies entsprach im Kern den Bestimmungen der Osnabrückischen Eigentums-Ordnung von 1722 (vgl. oben Anm. 10) Kap. 15 §§ 11–12.

An guten Vorsätzen scheint es dem leichtlebigen Mann nicht gemangelt zu haben. Nach dem Tod seines Vaters im Oktober 1829 notierte er im Anschreibebuch des Meyerhofes: „[...] Der gerechte Gott gebe, daß er mir möchte doch so wandeln lassen, wie er gewandelt hat, und daß ich seine[!] Fußstapfen nachgehen könnte. Das segnen [!] der Herr unser Gott."[299] Doch Ende 1830 zeigten die Vormünder der beiden Meyer-Töchter aus den früheren Ehen an, daß „der Colon Meyer noch immer mit den eigenmächtigen Hauungen und dem Verkauf des im besten Wachstum befindlichen Eichenholzes fortfahre, für die Holz-Kultur aber gar nichts tue". Nun unterstellte das Amt, ihrem Antrag entsprechend, die gesamte Forstwirtschaft des Meyerhofes der speziellen Aufsicht des Untervogts Fraumann, der als Diener des Vogts der unterste Vertreter der weltlichen Obrigkeit am Ort war und in einem Nebenhaus des Meyerhofes wohnte.[300] – Im Februar 1832 ließ das Amt das gesamte Kirchspiel ganz offiziell davon unterrichten, daß dem Interimswirt auf dem Meyerhof zu Belm die Kontrolle über wichtige Teile der Wirtschaft genommen wurde. In beiden Kirchen hatten die Küster an drei Sonntagen „öffentlich zu jedermanns Wissenschaft zu bringen", daß ohne „Vorwissen und Anweisung" des Untervogts Fraumann vom Meyerhof „überall kein Holz zum Verkauf gefällt werden darf" und „daß die vom Meyerhofe jetzt aufkommenden Heuergelder insgesamt nur allein an den zu deren Erhebung bestellten Emonitor, Colon Hagebusch zu Darum, abzutragen sind".[301] Nachdem die Interimswirtschaft des Caspar Heinrich Meyer, geborenen Schlies, sechs Jahre gedauert hatte, war es am 18. Dezember 1832 soweit, daß alle Gläubiger zum Professions-Termin zusammengerufen und der Meyerhof anschließend unter ‚Administration' gestellt wurde. Insgesamt wurden Forderungen in Höhe von etwa 5300 Talern angemeldet[302], während sich die Schulden bei seinem Antritt auf knapp 1700 Taler belaufen

---

[299] Anschreibebuch, begonnen 1817, im HOFARCHIV MEYER ZU BELM.

[300] Protokoll vom 15.12.1830, in: StA OS Rep. 350 Osn. Nr. 3042. Als zweiten möglichen Kandidaten hatten die Vormünder Wilhelm Suhre, einen Heuermann des Meyerhofes, vorgeschlagen. Dieser war seit fast zwei Jahrzehnten als Heuerling auf dem Meyerhof und hatte ihm bereits 1814–15 zugleich als „Holzfürster" gedient (so die Ausgaben-Aufstellung für diese Jahre in dem 1774 begonnenen Anschreibebuch, im HOFARCHIV MEYER ZU BELM). Möglicherweise hielt es das Amt für problematisch, einen Heuerling zum Kontrolleur seines Colonen zu machen; jedenfalls gab es der Amtsperson Fraumann den Vorzug. Den Vormündern kam es darauf an, daß der Holz-Aufseher nicht nur „zuverlässig" sei, sondern auch „in der Nähe des Meyerhofes wohne". – Zum Untervogt Fraumann und dem Heuerling Suhre s. auch unten S. 544f., 550f.

[301] Publicandum des Amtes Osnabrück vom 8.2.1832, in: StA OS Rep. 350 Osn. Nr. 3042.

[302] So die „Übersicht der auf dem Meyerhofe zu Belm haftenden und im Professions-Termine am 18.12.1832 angemeldeten Schulden und der infolge der angeordneten Administration abgetragenen Schulden [...]" von ca. 1842, im HOFARCHIV MEYER ZU BELM.

hatten.³⁰³ Ein Jahr später, am 30. November 1833, starb Caspar Heinrich Meyer zu Belm, geborener Schlie, im Alter von 36 Jahren – laut Eintrag im Kirchenbuch an „Trunksucht". Anne Marie Meyer zu Belm, geborene Gerding, war zum zweiten Mal Witwe, nun 39 Jahre alt. Verdüstert war die einst so schöne Aussicht, 1837 auf den Hof ihres Mannes überzuwechseln; stattdessen galt es nun, die von ihm hinterlassenen Schulden auszugleichen. Drei Söhne hatte sie von ihm; an den ältesten, den kaum sechsjährigen Christian Georg Heinrich, ging das Anerbrecht auf Schlien Hof über. Gewiß hätte sie von 1837 bis zu dessen Volljährigkeit diese Stätte selber bewohnen und bewirtschaften können. Sie verzichtete darauf, heiratete vielmehr im März 1835 ein drittes Mal, und zwar den Bauernsohn Christoph Heinrich Plogmann aus dem Kirchspiel Holte, der gut sechs Jahre jünger war als sie, und blieb mit ihm auf dem Belmer Meyerhof. Da Caspar Heinrich Meyer, geborener Schlie, als Interimswirt nicht befugt gewesen war, Schulden zu Lasten des Meyerhofes zu machen, mußte der Stammhof Schlie, dessen Anerbe er war, im wesentlichen für seine Schulden aufkommen. Von 1833 bis 1841 wurden zu diesem Zweck aus den jährlichen Überschüssen der Schlien Stätte insgesamt rund 1900 Taler überwiesen.³⁰⁴ Nachdem 1842 Christoph Heinrich Meyer zu Belm, geborener Plogmann, mit seiner Frau Anne Marie, geborener Gerding, die Leibzucht des Meyerhofs bezogen hatten³⁰⁵, schloß der neue Meyer zu Belm 1844 mit den Vormündern der Schlie-Kinder einen Vergleich, der den Schlußstrich unter die wechselseitigen Verpflichtungen der beiden Höfe setzen sollte: Schlien Stätte übernahm noch 400 Taler von den Schulden des Meyerhofes, dafür verzichtete Meyer zu Belm auf alle Regreß-Ansprüche an Schlien Hof wegen der von dem Interimswirt gemachten Schulden; Voraussetzung war allerdings, daß keines von den Kindern des Interimswirts eine Abfindung von dem Meyerhof forderte.³⁰⁶ Als diese im Jahre 1854 26 bis 22 Jahre alt waren, machten sie Anstalten, diesen Vergleich anzufechten.³⁰⁷ Es kam dann wohl doch nicht

---

³⁰³ Protokoll vom 15.12.1830. Dem hatten damals ausstehende Forderungen des Meyerhofes in Höhe von etwa 1500 Talern gegenübergestanden. In diesem Protokoll wurde das Inventar revidiert und fortgeschrieben, das am 5.6.1823 nach dem Tode des Carl Diederich Meyer zu Belm, geborenen Buddendieks, aufgenommen worden war; das Inventar von 1823 befindet sich im HOFARCHIV MEYER ZU BELM.
³⁰⁴ So die in der vorletzten Anm. zitierte „Übersicht" von ca. 1842.
³⁰⁵ Dazu und zu den Nachfolgern s. oben S. 443 f. und 413 ff.
³⁰⁶ Vergleichs-Vertrag vor dem Amt Osnabrück vom 5./19.10.1844, in: HOFARCHIV MEYER ZU BELM.
³⁰⁷ Antrag an das Amt Osnabrück auf Verstattung von Akten-Einsicht von Seiten des Col. Meyer zu Belm, 30.3.1854, Konzept im HOFARCHIV MEYER ZU BELM. – Der Colonats-Contract zum Belmer Meyerhof vom 29.4.1817 (in: STA OS Rep. 350 Osn. Nr. 3042) sah in § 15 vor, daß die Kinder der verschiedenen Ehen in der Regel „ihre Auslobung aus dem Hofe nach

zu dem Streit. Die beiden jüngeren Söhne wanderten nach Amerika aus, der älteste übernahm als Anerbe den Schlien Hof. Nachdem seine Mutter Anne Marie Meyer zu Belm, geborene Gerding, 1863 als Altenteilerin auf dem Meyerhof gestorben war, setzte sein Stiefvater Christoph Heinrich Meyer zu Belm, geborener Plogmann, als er wenig später sein Ende nahen fühlte, ihm, dem Colon Schlie, letztwillig ein Legat von 350 Talern aus.[308] So scheint die 1826 hoffnungsvoll begonnene, dann so unglücklich verlaufene Verflechtung zwischen den beiden Höfen versöhnlich geendet zu haben.

### 6.5.3. Kontinuität des Hofes und/oder des ‚Geblüts': bäuerliches Erbhof-Denken?

Noch unter den Bedingungen der Agrarreformen und der Auswanderung erwiesen sich die Höfe als äußerst stabile Einheiten; das gilt für die kleinen Erb- und Markkotten nicht weniger als für die Voll- und Halberben.

Die Kontinuität dieser groß- und kleinbäuerlichen Stellen wurde ausgedrückt und bewußt gemacht durch die Praxis, daß der jeweilige Inhaber und seine Familie den Namen des Hofes annahmen – gleichgültig, wie sie in den Besitz gekommen waren. Nicht nur der Sohn übernahm diesen Namen von seinem Vater; die erbende Tochter behielt ihn bei und gab ihn dem einheiratenden Gatten und den gemeinsamen Kindern. Die hofbesitzende Witwe reichte ihn an den Interimswirt weiter wie der Witwer an seine neue Frau. Auch wer anders als durch Heirat auf die Stätte kam, sei es als Nachfolger eines kinderlosen oder abgeäußerten Colons, sei es als Käufer, führte hinfort mit Frau und Kindern den Namen des Hofes als Familiennamen. Bei derjenigen Person, die von außen auf den Hof gekommen war, wurde nicht selten zusätzlich der Geburtsname registriert; in der folgenden Generation verschwand dieser jedoch. Es gab also – im Unterschied zu anderen Regio-

---

einerlei Grundsätzen zu erwarten" hatten; wenn jedoch ein Interimswirt Schulden mache, könnten diese bloß auf das Erbvermögen *seiner* Kinder angerechnet werden. Ähnliches hatten die Verordnungen für die Eigenbehörigen vorgesehen, s. oben S. 425 f. mit Anm. 108.

[308] Testament vom 15.9.1863, Abschrift im HOFARCHIV MEYER ZU BELM. Die beiden leiblichen Kinder des Christoph Heinrich Meyer zu Belm, geborenen Plogmann, und seiner Frau Anne Marie, geborener Gerding, waren im Alter von einem bzw. sechzehn Jahren gestorben. Sein gesamtes übriges Vermögen vermachte er seinem Nachfolger, dem Colonen Meyer zu Belm, der zugleich sein Bruder und Stiefschwiegersohn war (vgl. oben S. 413 ff. und Grafik 6.01 dort).

nen[309] – nicht ein Nebeneinander von Familiennamen und Hofnamen; vielmehr war der Hofname zugleich der Name der Familie. Nur die wenigen Kirchhöfer im Kirchdorf Belm – sie waren die kleinsten aller Stellen und besaßen um 1800 durchweg weniger als einen Viertel Hektar Grund – brachten es nicht zu dieser Kontinuität der Namen. Unter den eigentlichen Colonen aber war der Mann, der auf dem Vollerbe to Hage in Vehrte einheiratete, und *nicht* samt seinen Nachkommen dauerhaft den Namen des Hofes annahm, eine ganz ungewöhnliche Ausnahme: 1766 freite die Anerbin Anna Maria to Hage den Johann Berend Eckelmann; er selber wurde hinfort to Hage genannt. Sein Sohn und Nachfolger Johann Friedrich Anton jedoch führte – aus Gründen, die uns verborgen bleiben – den Geburtsnamen des Vaters Eckelmann, so daß hier, abweichend vom allgemeinen Gebrauch des Osnabrücker Landes, in der ersten Hälfte des 19. Jahrhunderts der Familienname des Besitzers nicht mehr mit dem Hofnamen identisch war.

Daß der Name des Hofes Vorrang hatte gegenüber einem vom Vater ererbten Familiennamen, bedeutet zugleich, daß die Kontinuität des Hofes und des Namens seiner Inhaber keineswegs zugleich eine Kontinuität der Besitzerfamilie im Sinne einer Abstammungslinie beinhaltet. Erst recht nicht kann aus der Fortdauer des Namens auf eine ununterbrochene Vater-Sohn-Vererbung geschlossen werden. Die Höfe hatten über die Jahrhunderte hin Bestand, und ihre Geschichte läßt sich dank der festgehaltenen Namen über lange Perioden verfolgen; ob hingegen jeweils eine Familie seit unvordenklichen Zeiten mit diesem Hof verbunden war – wie Frédéric Le Play in Nordwestdeutschland voll Bewunderung glaubte feststellen zu können[310] –, ist eine durchaus andere Frage.

Man hat im Hinblick auf bäuerliche Verhältnisse von der „Perennität der Familie" gesprochen und damit auf wichtige Unterschiede hingewiesen im Vergleich zu neolokalen Familien, die mit der Eheschließung und dem Tod der Eltern einen deutlichen Anfang und ein klares Ende haben.[311] Für unsere ländliche Gesellschaft jedoch erscheint es weit treffender, von einer Perennität der Höfe zu sprechen. Ohne Frage bestand eine wesentliche Verbindung zwischen der Familie und ihrem Hof, sie kam zum Ausdruck in der

---

[309] Siehe als norddeutsches Beispiel BARENSCHEER 1960; als österreichisches Beispiel EISELT 1989, der – im Unterschied zu nicht wenigen rein philologischen Untersuchungen – das komplexe Neben- und Miteinander von Hof- und Familiennamen deutlich werden läßt; vgl. auch KHERA 1972a S. 30; COLE/WOLF 1974 S. 237f.

[310] LE PLAY 1877–1879 Bd. 3 S. 134 (betr. das Fürstentum Lüneburg): „[...] les familles restent, depuis un temps immémorial, incorporées aux mêmes domaines"; ebd. S. 140 spricht er von einem Hof, der seit dem Jahr 1000 im Besitz derselben Familie sei.

[311] MITTERAUER/SIEDER 1977 S. 72ff.; MITTERAUER/SIEDER 1979 S. 280; für die spezifischen Verhältnisse in Zentralrußland zur Zeit der Leibeigenschaft CZAP 1982.

Identität von Hof- und Familienname. Insofern stellt der Hof – ähnlich wie in Südfrankreich die ‚domus' (‚ostal')[312] – die komplexe Einheit dar von materiellen und symbolischen Gütern (Haus, Land, Nutzungsrechte, Ansehen) einerseits und den sie besitzenden Menschen andererseits. Doch scheint dieser Begriff der ‚domus', was den diachronen Aspekt angeht, primär auf die genealogische Abstammungslinie abzuheben, entlang derer der Besitz weitergegeben wurde, weniger auf die Kontinuität des physischen Hauses und der Ländereien. In der von uns untersuchten Gesellschaft hingegen liegt der Akzent auf der Kontinuität des Hofes; er blieb stabil über die Jahrhunderte als Komplex von Gebäuden, zugehörigen Ländereien, Rechten und Pflichten; er trug durchgehend *einen* Namen, während der genealogische Zusammenhang der besitzenden Familien durchaus Brüche aufweisen konnte. „Der Hof ist nach unserer Verfassung die Hauptsache", so formulierte ein zeitgenössischer Kenner der bäuerlichen Rechte des Osnabrücker Landes; „daher dann auch [...] nicht der Hof nach dem Besitzer, sondern der Besitzer nach dem Hofe benannt wird."[313]

Ohne Frage war der Grundbesitz auch in dieser bäuerlichen Gesellschaft fundamental wichtig, seine Erhaltung und/oder Erwerbung rangierte hoch unter den Zielen der Vererbungs- und Heiratsstrategien. Doch die Verbindung eines Geschlechts mit einem bestimmten Hof, die Weitergabe des Anwesens in der Linie der Blutsverwandten hatte hier weder im Recht noch in der Praxis die höchste Priorität. Starb der Hoferbe oder die Hoferbin nach der Heirat, ohne Nachkommen zu hinterlassen, so fiel der Besitz nach Norm und gängiger Praxis dem verwitweten Teil und seinem neuen Gatten zu, nicht einem Geschwister des verstorbenen Erben.[314] Daß in einigen Fällen der prinzipiell anerkannte Vorrang der Kinder aus der ersten Ehe des Hoferben übergangen wurde, ein solches Kind etwa in einen anderen Hof einheiratete und stattdessen das Kind eines Interimswirtes Anerbe wurde[315], zeigt, daß auch im Denken und Handeln der Bauern die Erhaltung des Besitzes innerhalb der Linie der bisherigen Inhaberfamilie keine unverletzliche Norm war. In manchen Fällen scheint sich vielmehr das Eigeninteresse

---

[312] COLLOMP 1983 S. 53 ff., 81 ff.; CLAVERIE/LAMAISON 1982 S. 35 ff.; s. zum Mittelalter LE ROY LADURIE 1983 S. 55 ff., bes. 62 ff.

[313] KLÖNTRUP 1802 S. 6. Im Kontext lautet die Stelle: „So wie nun der Anerbe bei der Eröffnung der Stätte in alle Rechte des Erblassers eintritt, so fallen ihm auch alle Verbindlichkeiten desselben zur Last, oder vielmehr bleiben diese auf dem Hofe kleben; denn der Hof ist nach unserer Verfassung die Hauptsache, der dem Staate für alles haftet; daher dann auch überall nicht der Hof nach dem Besitzer, sondern der Besitzer nach dem Hofe benannt wird." – Zur Entwicklung des Namensrechts seit 1815 BORCK 1971.

[314] Siehe oben S. 451 ff.

[315] Siehe oben S. 461 ff.

des durch eine Wiederheirat auf den Hof gekommenen Interimswirts dagegen durchgesetzt zu haben, und dieses ging auf eine Verlängerung der eigenen Hofinhaberschaft und – damit verbunden – auf eine Vererbung an ein eigenes Kind. Auch wo ein bäuerliches Paar ohne Kinder blieb, war bei der Auswahl des Erben die Wahrung der Abstammungskontinuität mit der bisherigen Besitzerfamilie offenbar nicht der oberste Gesichtspunkt.[316] Daß im 19. Jahrhundert ein paar Anerben und Colonen in die Neue Welt gingen[317], ist eine bis dahin unerhörte Erscheinung, nicht aber die Tatsache, daß eine bäuerliche Familie von ihrem Hof sich trennte oder getrennt wurde. In dieser ländlichen Gesellschaft scheinen die Bauern demnach von einer „Notwendigkeit, den Erbhof unbedingt der Abstammungsgruppe zu erhalten", nicht überzeugt gewesen zu sein; ihre Praxis deutet nicht darauf hin, daß sie „der unversehrten Bewahrung des Familienerbes" einen „absoluten Primat"[318] zugestanden hätten.

Welchen Stellenwert die Verbindung des Hofes mit einer bestimmten Familie, mit einer durch biologische Abstammung definierten Linie im Denken und Handeln der Bauern tatsächlich hatte, beleuchtet ein gut belegter Konfliktfall aus dem beginnenden 19. Jahrhundert. Zugleich läßt sich hier besser als in den Fällen, bei denen wir nur das Ergebnis, nicht die Vorgeschichte kennen, unterscheiden, wieweit die feudale Rechtsordnung und der Einfluß der Herrschaft die Weitergabe des bäuerlichen Besitzes bestimmten und was die Bauern selbst erstrebten. Auch in diesem Konflikt ging es um den größ-

---

[316] Siehe oben S. 404 ff.
[317] Siehe oben S. 462 ff., 485 ff.
[318] So BOURDIEU 1987a S. 264, 273 für das Béarn (Südwestfrankreich). Bei MACFARLANE 1978 S. 23 ff., 62 ff. wird dieser Gesichtspunkt zu einem der Kriterien stilisiert, die angeblich die ‚bäuerlichen Gesellschaften' Kontinentaleuropas von dem ‚individualistisch-kapitalistischen' England unterschieden; freilich ist inzwischen für den englischen Fall argumentiert worden, daß die Verbindung der Familien mit bestimmten Anwesen im 16. und 17. Jahrhundert nicht so unbedeutend war, wie Macfarlane behauptete: SREENIVASAN 1991. – Vgl. auf der anderen Seite die Bedenken gegen die Annahme eines grundsätzlichen „Stammhalterdenkens" in bäuerlichen Familien und die Warnung, „Erbhofideologien der jüngeren Vergangenheit als Wesensmerkmal familienwirtschaftlichen Denkens von Bauern in die Geschichte zurückzuprojizieren", bei MITTERAUER 1986a S. 312 ff. aufgrund österreichischen Materials; vgl. auch SAUERMANN 1970 zum „Widerstreit" von „Hof" und „Familie". – In einem südwestdeutschen Realteilungsgebiet lassen sich erst recht keine Anzeichen für ein Bestreben feststellen, ein bestimmtes Haus mit dem dazugehörigen Land in der Familie zu halten: SABEAN 1990 S. 248 ff., 263 ff., 353 ff., 421. Hingegen stellt SEGALEN 1984 S. 189 ff., SEGALEN 1985 S. 103 ff. in ihrem bretonischen Untersuchungsgebiet trotz egalitären Erbrechts bei einem Teil der Bauern eine Praxis fest, die auf eine Erhaltung des Hofes innerhalb der Familie abzielte. – Im Adel scheint tatsächlich die „Erhaltung adligen Stammes und Namens" einschließlich der Erhaltung des Familienbesitzes höchste Priorität gehabt zu haben, jedenfalls im stiftsfähigen Adel Westfalens während des 18. Jahrhunderts: REIF 1979 S. 78 ff., bes. 90 ff.

**Grafik 6.08: Hofbesitzerfolge auf dem Meyerhof zu Belm, 1716–1815, und Bewerber um den Hof, 1803–1809**

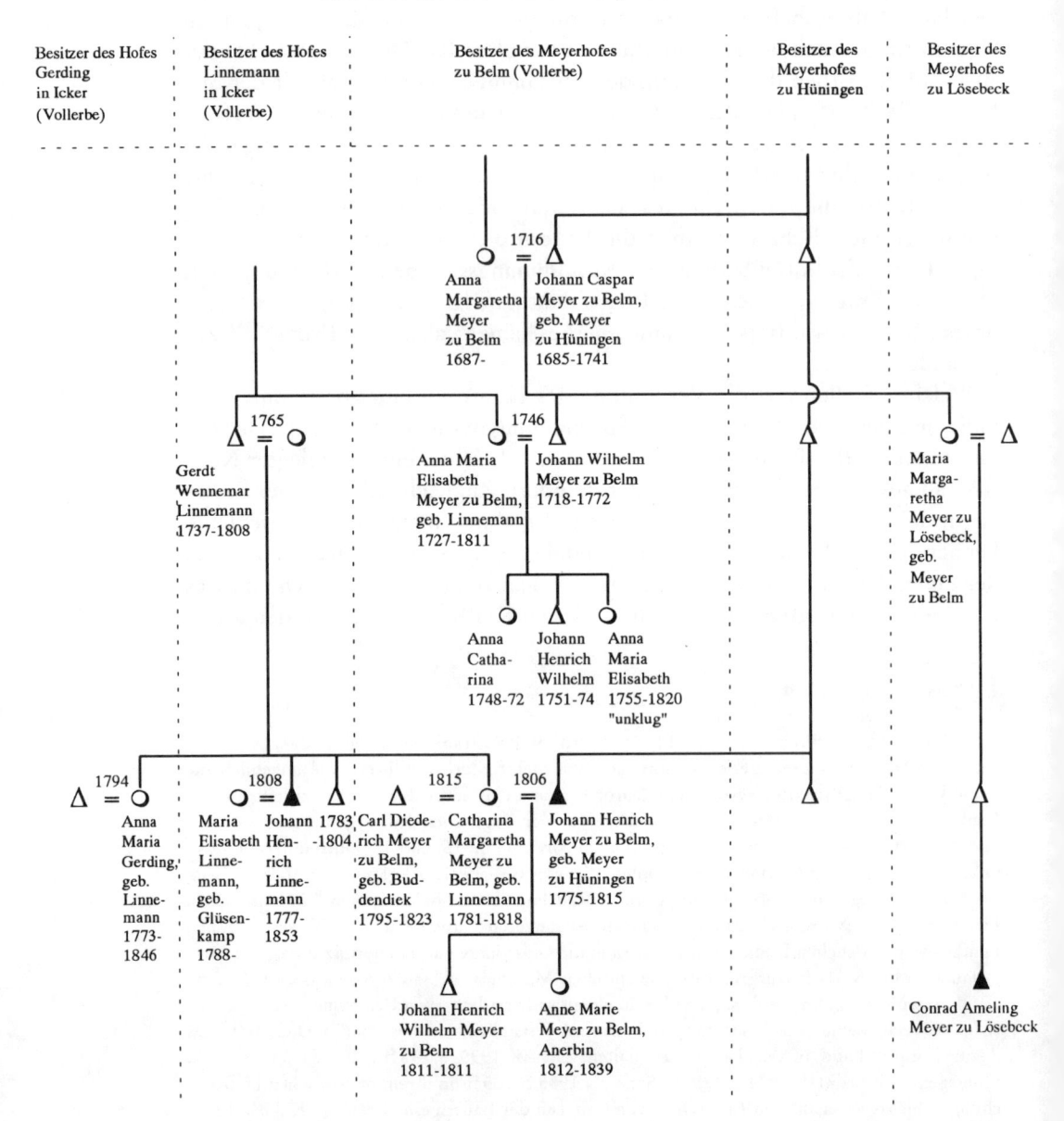

| Besitzer des Hofes Gerding in Icker (Vollerbe) | Besitzer des Hofes Linnemann in Icker (Vollerbe) | Besitzer des Meyerhofes zu Belm (Vollerbe) | Besitzer des Meyerhofes zu Hüningen | Besitzer des Meyerhofes zu Lösebeck |
|---|---|---|---|---|

1716
Anna Margaretha Meyer zu Belm 1687- = Johann Caspar Meyer zu Belm, geb. Meyer zu Hüningen 1685-1741

1765
Gerdt Wennemar Linnemann 1737-1808

1746
Anna Maria Elisabeth Meyer zu Belm, geb. Linnemann 1727-1811 = Johann Wilhelm Meyer zu Belm 1718-1772

Maria Margaretha Meyer zu Lösebeck, geb. Meyer zu Belm

Anna Catharina 1748-72 — Johann Henrich Wilhelm 1751-74 — Anna Maria Elisabeth 1755-1820 "unklug"

1794
Anna Maria Gerding, geb. Linnemann 1773-1846

1808
Maria Elisabeth Linnemann, geb. Glüsenkamp 1788-

Johann Henrich Linnemann 1777-1853

1783-1804
Carl Diederich Meyer zu Belm, geb. Buddendiek 1795-1823

1815
Catharina Margaretha Meyer zu Belm, geb. Linnemann 1781-1818

1806
Johann Henrich Meyer zu Belm, geb. Meyer zu Hüningen 1775-1815

Conrad Ameling Meyer zu Lösebeck

Johann Henrich Wilhelm Meyer zu Belm 1811-1811 — Anne Marie Meyer zu Belm, Anerbin 1812-1839

Anm.: Die flächig ausgefüllten Symbole bezeichnen die Bewerber um den Meyerhof zu Belm 1803–1809.

ten Hof des Kirchspiels, den Meyerhof zu Belm. Dieser war seit der Mitte des 17. Jahrhunderts stets von den Eltern an einen Sohn oder – in Ermangelung männlicher Nachkommen – an eine Tochter vererbt worden, wenn auch einmal eine Interimswirtschaft durch einen Stiefvater vorgekommen war. Seit 1772 wurde das Anwesen von einer Witwe geführt, der 1727 geborenen Anna Maria Elisabeth, geborener Linnemann. 1746 war sie durch ihre Heirat mit dem Anerben auf den Hof gekommen; dieser war 1772 im Alter von 54 Jahren verstorben (s. Grafik 6.08; zum Hof vgl. Karte 1 im Anhang). Von ihren drei Kindern war die älteste Tochter wenige Monate vor dem Vater mit 24 Jahren verschieden. Anerbe sollte der 1751 geborene Johann Heinrich Wilhelm sein; doch im Juni 1774 starb auch er. Trotzdem entschloß sich die Witwe Meyer, geborene Linnemann, nicht zu einer zweiten Ehe. Möglicherweise hoffte sie zu dieser Zeit noch, ihre einzig verbliebene Tochter, die am Neujahrstag 1755 nach ihr Anna Maria Elisabeth getauft worden war, könne später heiraten und die Nachfolge antreten. Mehr und mehr aber wurde klar, daß diese „unglückliche" Tochter „den Meyerhof auch nicht übernehmen wird"[319]; die Beamten nannten sie „unklug", „unsinnig" oder „blödsinnig". 1774, im Todesjahr des Anerben, hatte die Witwe ein Anschreibebuch[320] begonnen, in dem sie insbesondere die regelmäßigen Zahlungsverpflichtungen ihrer Heuerleute notierte und das sie unter das Motto stellte:

> „Laß mich bei Zeit mein Haus bestellen,
> Daß ich bereit sei für und für
> Und sage frisch in allen Fällen:
> Herr, wie Du wilt, so schick's mit mir.
> Mein Gott, ich bitt' durch Christi Blut,
> Machs nur mit meinem Ende gut."

So energisch sie die Wirtschaft anpackte – die Beamten bescheinigten ihr, „immer eine tüchtige Wirtin gewesen" zu sein[321] –, so schwierig wurde es für sie, ‚ihr Haus zu bestellen'. Im höheren Alter ließen auch ihre Kräfte

---

[319] So die erste Eingabe der Witwe Meyer zu Belm vom 27.8./5.9.1803, in: StA OS Rep. 560 VIII Nr. 944. Nach dieser Akte der Regierung sowie der Gegenüberlieferung des Amtes Iburg (StA OS Rep. 350 Osn. Nr. 3042) auch alles Folgende zu diesem Konflikt; die genealogischen Zusammenhänge zusätzlich nach der Familien-Rekonstitution. – Der Sterbeeintrag vom März 1820 hielt fest, daß die „Jungfrau" Anna Maria Elisabeth Meyer „seit vielen Jahren schwermütig" war, ohne einen genaueren Zeitpunkt anzugeben.
[320] Es befindet sich im HOFARCHIV MEYER ZU BELM und wird unten in Kap. 7.3. im Hinblick auf die Verhältnisse zwischen Bauer und Heuerleuten ausgewertet. Vgl. auch oben S. 44.
[321] So der Obervogt Rohde am 11.6.1805, in: StA OS Rep. 560 VIII Nr. 944.

nach; drastisch berichtete das Amt 1805, daß „seit den letzten Jahren" die Gebäude des Hofes „äußerst vernachlässiget" und „verfallen seien", „daß Zäune, Befriedigungen, Schlagbäume fehlen und von Dieben weggetragen werden; daß die Holzungen nicht bloß durch unterlassene Anpflanzung und Besamung, sondern auch durch Mangel an Aufsicht und daher vermehrten [!] Diebereien sehr heruntergekommen und daß der gesamte Ackerbau und Haushalt mit einer Nachlässigkeit behandelt werde, wie man es nur auf einem verdorbenen Bauernhofe antrifft".[322] Die Witwe Meyer zu Belm hatte das selbst eingesehen und, weil der Landesherr ihr Grundherr war, sich im August 1803 erstmals an die Regierung gewendet, um die Nachfolge im Hof zu klären. Denn da keine geeigneten direkten Erben vorhanden waren, handelte es sich um eine Wiederbesetzung ‚ex nova gratia' durch den Gutsherrn. Die erste Eingabe hatte ihr Nachbar, der Erbpächter der Belmer Mühle Karl Diederich Buddendiek als „Execommiss. der Witwe Meyer zu Belm", geschrieben und sie hatte persönlich ihren Namen daruntergesetzt; alle weiteren Schriftsätze wurden von Rechtsbeiständen aufgesetzt und unterschrieben.[323] Ihr Wunsch ging dahin, „den Meyerhof an einen ihrer Blutsfreundschaft übertragen zu können", und zwar an ihren „nächsten männlichen Blutsverwandten", Johann Henrich Linnemann, den 26jährigen Sohn ihres Bruders, des Vollerben Linnemann in Icker.[324] Für diesen sprächen auch seine „wirtschaftliche Kenntnis und Unbescholtenheit des Wandels"; zudem kenne er den Hof sowie sie und ihre „unglückliche Tochter" aufs beste, da er seit mehreren Jahren als erster Knecht auf dem Hofe diene „und des Ganzen sich mit angenommen hat, wenn die Witwe Meyer durch Kränklichkeit oder sonst verhindert wurde". Obendrein wünsche er, „sich mit einer Blutsverwandtin des verstorbenen Meyers zu verheiraten", falls er dazu „Gelegenheit haben sollte". Der Kandidat, den die Witwe ausersehen hatte, war also mit ihr, der in den Meyerhof Eingeheirateten, verwandt und nicht mit der Familie der bisherigen Besitzer. Die Aussicht, daß Johann Henrich Linnemann durch Heirat eine Kontinuität zu letzterer herstellen könnte, blieb vage. So fuhr das Gesuch an dieser Stelle im Konjunktiv, aber mit gesteigerter Emphase fort: „Die Stätte käme alsdann wiederum an Personen von dem nämlichen Geblüte, das bisher auf derselben war. Und daß die jetzige Besitzerin eine solche Wiederbesetzung aller [!] anderen vorziehen müsse, das ist ebenso natürlich als es unverkennlich ist, daß gewöhnlich bei Wiederbesetzung vacanter Höfe zunächst auf Personen, die mit den abgegan-

---

[322] Amt Iburg, 11.5.1805, in: ebd.
[323] Das gilt auch für die Eingaben der anderen Beteiligten dieses Konflikts.
[324] Dies und das Folgende aus dem am 5.9.1803 bei der Regierung eingereichten Gesuch, das bereits von ihrem Rechtsbeistand konzipiert war.

genen Wehrfestern[325] am nächsten verwandt sind, Rücksicht genommen werde."

Die Regierung des im Jahre 1802 an Hannover gefallenen, seit Juni 1803 aber von französischen Truppen besetzten Osnabrücker Landes[326] beschied die Witwe Meyer umgehend am 9. September 1803: „Es hat die Supplicantin, sobald ruhigere Zeiten eintreten, mit diesem Gesuch sich wieder zu melden." Das tat sie ein Jahr später. Nun aber war von der ‚natürlichen' Vorstellung, eine bäuerliche Stelle solle möglichst ‚dem nämlichen Geblüte, das bisher auf derselben war', erhalten bleiben, nicht mehr die Rede. Vielmehr setzte die Witwe Meyer zu Belm am 3. August 1804 durch notariellen Vertrag ihren Bruderssohn Johann Henrich Linnemann „zu ihrem Erbfolger auf ihrem Meyerhofe" ein, freilich „unter Vorbehalt gutsherrlicher Genehmigung". Die einzigen Bedingungen, die sie daran knüpfte, waren erstens, daß sie „bis zu ihrem gottgefälligen Ableben die Administration selbst behalten wolle und ihr ernannter Erbfolger gegen ihr kindlichen Gehorsam bezeigen und dem Meyerhofe nach seinen Kräften vorstehen solle," und zweitens, daß er die unglückliche Meyerstochter großzügig versorgen und gut behandeln müsse. Von einer eventuellen Heirat des erwählten Nachfolgers mit einer Verwandten der bisherigen Besitzerfamilie wurde mit keinem Wort mehr gesprochen; vielmehr hielt der Schriftsatz, mit dem diese notarielle Regelung am 10. August 1804 der Regierung zur gutsherrlichen Genehmigung vorgelegt wurde, die Frage der Ehepartnerin ganz offen, indem er argumentierte, erst nach der Bestätigung des Nachfolgers könne „derselbe die Frau sich wählen […], die außer der Auffahrt und sonstigem Einbringen die Fähigkeit besäße, dem Haushalt auf einem Meyerhofe vorzustehen". Während der Gedanke an eine Kontinuität des ‚Geblüts' der Besitzerfamilie mit keiner Silbe mehr anklang, wurde jetzt ausschließlich abgehoben auf den Wunsch der eingeheirateten Witwe, den Hof „mit Personen *ihres* Geblüts" wiederzubesetzen: Sie hoffe, daß „*ihre* Sorgfalt für den Meyerhof *ihren* Blutsverwandten nützlich werden und ihre Arbeit und Aufopferung nicht für Fremde geschehen sein würde".[327]

Die Osnabrücker Regierung leitete das Gesuch dem zuständigen Obervogt Rohde zwecks Begutachtung zu; explizit fragte sie nach, „ob nähere oder gleich nahe Verwandte vorhanden sind". In seinem Bericht vom 26. August 1804 bestätigte der Obervogt, daß die Wiederbesetzung des Meyerhofes „so

---

[325] Vgl. KLÖNTRUP 1798–1800 Bd. 3 S. 285 s. v. ‚Wehrfester': Man nennt "in Westfalen jeden Bauern, der seinen Hof erblich besitzt, einen Wehrfester, und hält Wehrfester und Colonus für Synonymen." ‚Wehr' ist in etwa gleichbedeutend mit Bauernhof: ebd. S. 282 f. s. v. ‚Wehr'.

[326] HOFFMEYER/BÄTE 1964 S. 232 ff., 236 ff.

[327] Hervorhebungen von mir, J. S.

nötig als nützlich" sei: „Denn wo kein Wirt, der sich seiner eigenen Sache annimmt, vorhanden ist, da kann natürlich eine so große Wirtschaft nicht bestehen noch durch eine 80 jährige Frau und blödsinnige Tochter gehörig vorgestanden werden." Weiter berichtete der Obervogt, daß sich am 24. August bei ihm der Meyer zu Hüningen aus der Bauerschaft Atter gemeldet und seine Ansprüche auf den Belmer Meyerhof zu Protokoll gegeben habe: „Von väterlicher Seite wäre er unstreitig der nächste Verwandte, indem des verstorbenen Meyers zu Belm Vater ein Sohn vom Meyerhofe zu Hüningen und seines Vaters Bruder gewesen sei, sie folglich Brüder Kinder gewesen." In der Tat hatte im Jahre 1716 die damalige Anerbin Anna Margaretha Meyer zu Belm den Johann Caspar Meyer zu Hüningen geheiratet, so daß dessen Sohn, der verstorbene Meyer zu Belm, ein Vetter des jetzigen Meyers zu Hüningen war. Dieser gab nun weiter zu Protokoll: „Die Witwe Meyers zu Belm hätte sonst immer gegen ihn den Wunsch geäußert, daß einer von seinen Söhnen Meyer zu Belm werden möchte." Da die Witwe zu dieser Behauptung nie Stellung nahm, läßt sich nicht mit Sicherheit sagen, ob sie tatsächlich zunächst einen Verwandten ihres verstorbenen Mannes als Nachfolger ins Auge gefaßt hatte und erst in einer späteren Phase ihrem eigenen Neffen den Vorzug gab. Jedenfalls erklärte sie dem Meyer zu Hüningen am 24. August – dem Tage, an dem dieser anschließend beim Obervogt vorstellig wurde –, nun sei es „zu spät, indem der Hof bereits ihrem Bruders Sohn Linnemann von Icker verschrieben sei". Dagegen appellierte der Meyer von Hüningen an „die allergnädigste Gutsherrschaft", bei der Wiederbesetzung ex nova gratia „auf die Verwandte [!] sowohl von väterlicher als mütterlicher Seite Rücksicht [zu] nehmen". Zusätzlich brachte er einen Heiratsplan vor, der offenbar darauf zielte, die Zustimmung der Witwe Meyer zu Belm und ihrer Verwandtschaft zu erreichen: Der mittlere seiner drei Söhne, Johann Henrich, den er für den Belmer Meyerhof ausersehen habe, sei „in diesem Fall [...] bereitwillig, die zwote Tochter des Col. Linnemann zu Icker, als der Witwe Meyers Bruders Tochter, zu heiraten". Die eventuelle Braut war also eine Schwester des von der Witwe Meyer erwählten Nachfolgers. Der Obervogt beschränkte sich in seinem Bericht auf den Kommentar: „Übrigens sind sowohl die Linnemanns wie auch die Meyers zu Hüningen als rechtschaffene brave Leute und vorzüglich gute Haushälter mir bekannt."

Der Plan des Meyer zu Hüningen, seinem Sohn den Belmer Meyerhof durch eine Ehe-Allianz mit einer Linnemann-Tochter zu sichern, zeitigte im Oktober/November 1804 einen ersten wichtigen Erfolg: Die Witwe Meyer zu Belm, geborene Linnemann, erklärte sich einverstanden. Der Grund für ihren Sinneswandel wird nicht allein darin gelegen haben, daß die Regierung sie am 31. August beschieden hatte, „daß es ihr keineswegs gebühre, einen Erbfolger auf dem Meyerhof zu Belm zu ernennen", mithin der notarielle

Vertrag vom 3. August „ganz und gar von keiner Folge sei". Die Situation hatte sich vielmehr insofern geändert, daß am 28. August dieses Jahres der jüngste Sohn ihres Bruders, der Anerbe des Linnemann-Hofes, im Alter von 20 Jahren gestorben war; damit wurde Johann Henrich Linnemann, den die Witwe Meyer zu Belm bisher als ihren Nachfolger ausersehen hatte, zum nächsten Anwärter auf Linnemanns Vollerbe in Icker, da neben ihm nur zwei ledige Schwestern in Frage kamen. Als die zuständigen Beamten die Witwe Meyer am 22. Oktober aufsuchten und den Vorschlag des Meyers von Hüningen, einschließlich der Ehe-Allianz mit Linnemanns, zur Sprache brachten, erklärte die Witwe, „daß sie für ihre Person wohl damit zufrieden wäre". Als Begündung führte sie jedoch nicht die veränderte Konstellation in der Famllie ihres Bruders Linnemann an, sondern verwies lediglich auf die durch Familientradition verbürgten Qualitäten der Meyers zu Hüningen: Sie seien „als besonders gute Haushälter bekannt [...], auch der Hüninger Sohn, so vormals den Meyerhof zu Belm bewohnt, [habe] ganz fürtrefflich hausgehalten". Letzterer war ihr Schwiegervater, der vor nahezu neun Jahrzehnten eingeheiratet und 1741, fünf Jahre bevor sie auf den Belmer Meyerhof kam, verstorben war. Freilich vermied die Witwe in diesem Moment eine definitive Festlegung, indem sie nach ihrer persönlichen Einverständnis-Erklärung fortfuhr: „und wolle sie hierüber mit ihrer Tochter sprechen"; dazu bemerkte der Bericht der Beamten lakonisch: „Indessen wird es auf den Rat einer offenbar unsinnigen Person nicht ankommen."[328] Das Amt Iburg vergewisserte sich nun am 19. November 1804 durch persönliche Vorladung, daß das Erbfolge- und Heiratsprojekt nicht nur bei den Meyers von Hüningen, sondern auch bei den Linnemanns die notwendige Unterstützung fand: Die Eltern beider Seiten gaben ihre Zustimmung und stellten entsprechende Mitgiften zur Bestreitung des Auffahrtgeldes an die Gutsherrschaft in Aussicht; der 29jährige Johann Henrich Meyer zu Hüningen erklärte sich „bereit", die sechs Jahre jüngere Catharina Margaretha Linnemann „nicht abgeneigt", die Ehe miteinander einzugehen, *wenn* ihnen der Meyerhof zu Belm übergeben werde. Daraufhin begaben sich die Beamten, der Meyer zu Hüningen samt seinem Sohn Johann Henrich und der Colon Linnemann am 22. November zu der Witwe Meyer nach Belm. Diese erklärte sich mit dem ganzen Plan einverstanden, bekräftigte dies feierlich „mittelst Handschlages" und stellte nur die beiden – bereits zuvor akzeptierten – Bedingungen, „daß sie während ihres Lebens die Herrschaft auf dem Hofe behalte und ihre unglückliche Tochter ebenfalls zeit ihres Lebens aufs beste und wie eine

---

[328] Bericht des Oberzahl-Commissär Preuß und des Obervogts Rohde vom 31.10.1804, in: StA OS Rep. 560 VIII Nr. 944.

Tochter des Hauses behandelt" und versorgt werde. Damit war es gelungen, die Ansprüche der Verwandten von der Seite des verstorbenen Meyers zu Belm und die der Angehörigen seiner Witwe durch einen Ehebund zusammenzufassen. Freilich stammte keiner von den beiden jungen Leuten aus dem ‚Geblüt' der bisherigen Meyer zu Belm, sondern bei beiden war die Verwandtschaft durch eine eingeheiratete Person vermittelt.

Da sich die zuständigen Beamten überzeugt hatten, daß die Bewerber auch die persönlichen und finanziellen Voraussetzungen erfüllten, bereiteten sie die Besetzung der Stätte mit Johann Henrich Meyer von Hüningen und Catharina Margaretha Linnemann vor. Da traf am 12. Dezember 1804 beim Amt Iburg eine einstweilige Verfügung der Land- und Justizkanzlei als oberster Gerichtsinstanz des Osnabrücker Landes[329] ein, die anordnete, „mit der Disposition über das Colonat auf dem Meyerhofe zu Belm vorerst Anstand zu nehmen". Erwirkt hatte sie Conrad Ameling Meyer zu Lösebeck im benachbarten Kirchspiel Schledehausen; sein Anspruch war, „dem Geblüte und der Erbfolge nach" der nächste zu sein, dem der Meyerhof zu Belm von der Gutsherrschaft „einzutun" sei.[330] Eine Spezifizierung dieser Behauptung hielt der Anwalt des Klägers zunächst nicht für erforderlich. Er überließ es den Beamten herauszufinden, daß sein Mandant der leibliche Enkel der Maria Margaretha, geborener Meyer zu Belm, war, einer Schwester des 1772 verstorbenen Meyers zu Belm, die vor sechzig oder siebzig Jahren in den Meyerhof zu Lösebeck eingeheiratet hatte.[331] Er war mithin ein Großneffe des letzten Meyers zu Belm, während der junge Meyer zu Hüningen der Sohn eines Vetters war. So mußte das Amt Iburg in seiner Erwiderung an die Land- und Justizkanzlei am 25.1.1805 einräumen, daß der Anspruch des Klägers hinsichtlich des „Geblüts" insofern zutreffe, als er „mittelst" seiner Großmutter „vom Belmischen Meyerhofe abstamme". Daraus folge jedoch keineswegs ein Rechtsanspruch, diesen Hof zu erben. Denn die Großmutter habe vom Meyerhof zu Belm 600 Taler sowie den Brautwagen erhalten[332] und sich aus der Hörigkeit ihres bisherigen Gutsherrn in die des

---

[329] Dazu BÄR 1901 S. 32 ff.; HEUVEL 1984 S. 160 ff.

[330] StA OS Rep. 350 Osn. Nr. 3042.

[331] Bericht des Obervogts Rohde vom 18.12.1804 und Bericht des Vogts von Schledehausen vom 17.1.1805, in: ebd. – Rohde bemühte sich, sowohl die wirtschaftlichen Verhältnisse des Meyerhofs zu Lösebeck als auch die persönlichen Qualitäten der Besitzerfamilie in ein düsteres Licht zu rücken. Obwohl er in demselben Schriftstück das Verwandtschaftsverhältnis zutreffend darlegte, äußerte er den Verdacht, der Kläger wolle „probieren, ob er mit seinen vielen Schulden […] *aus fremdem Geblüte* nicht den Meyerhof zu Belm erhaschen kann" (Hervorhebung von mir, J.S.).

[332] Dies hatte der Vogt von Schledehausen (Bericht vom 17.1.1805) im Auftrag des Amts (20.12.1804) bei Conrad Ameling Meyer zu Lösebeck in Erfahrung gebracht; dieser gab an,

Gutsherrn ihres Mannes, des Meyers zu Lösebeck, begeben. Damit habe sie nach der Osnabrückschen Eigentumsordnung[333] „auf jeden Anspruch für sich und ihre Deszendenz zu dem Meyerhofe zu Belm Verzicht getan".

Diese Argumentation scheint darauf hinauszulaufen, daß nach Meinung der Gutsherrschaft in Fällen, wo auf einem eigenbehörigen Hof keine Kinder des Vorbesitzers vorhanden waren, Personen aus dem ‚Geblüt' der Hofbesitzerfamilie für die Nachfolge weniger in Betracht kamen als die Verwandten von seiten eingeheirateter Personen; denn die aus dem Hof stammenden weichenden Erben wurden in der Regel durch eine Aussteuer ‚abgefunden'. Ganz so entgegengesetzt war jedoch die Position der Gutsherrschaft nicht zu einem ‚Geblütsdenken'; sie bestritt, genau genommen, nur einen geblütsrechtlich begründeten Rechtsanspruch des Meyers zu Lösebeck auf den Belmer Meyerhof und schloß nicht prinzipiell aus, daß er bei der Besetzung ‚aus neuer Gnade' in Betracht gezogen werden könne.[334]

Im März 1805 änderte die Witwe Meyer zu Belm erneut ihre Position: Sie trat auf der Seite des Meyers zu Lösebeck in den Rechtsstreit gegen ihre Gutsherrshaft und den Meyer zu Hüningen ein. Der Schriftsatz, den ihr neuer Rechtsbeistand - es war derselbe, der den Meyer zu Lösebeck vertrat - am 22.3.1805 einreichte, ist ein einziges vehementes Plädoyer für eine an der Kontinuität des ‚Geblüts' orientierte bäuerliche Erbfolge. Nicht weniger als zehnmal kam das Wort ‚Geblüt' auf diesen acht locker beschriebenen Seiten vor, außerdem war mehrfach von ‚Blutsverwandten', ‚nächsten Anverwandten' u. dgl. die Rede. Die Witwe Meyer machte geltend, daß nicht nur der zunächst von ihr als Nachfolger gewünschte Johann Henrich Lin-

---

es „von seinem Vater gehört zu haben"; versprochen worden sei der Großmutter ein höherer Brautschatz, gezahlt worden seien darüber hinaus lediglich noch einmal 100 Taler in der nächsten Generation.

[333] Angeführt wurde insbesondere Kap. 4 § 6 (siehe oben S. 467 Anm. 226).

[334] Nach Ausweis der Akten erwogen jedoch Regierung und Amt den Meyer zu Lösebeck oder eines seiner Geschwister nie mehr als alternativen Kandidaten für den Belmer Meyerhof, seitdem das Amt im Dezember 1804/Januar 1805 Informationen über ihn eingeholt hatte. Der Grund dürfte nicht allein in der Tatsache liegen, daß er mit der Klage gegen das Amt als Gutsherrn vorging, sondern eher in den negativen Meldungen insbesondere des Obervogts Rohde über die wirtschaftlichen und persönlichen Qualitäten dieser Familie. Diesen widersprach zwar der Vogt von Schledehausen am 17.1.1805 in mehreren Punkten, doch leugnete er nicht die - von der Gutsherrschaft mit 2000 bis 2500 Talern bezifferte - Verschuldung des Hofes. Gegen Conrad Ameling Meyer zu Lösebeck wurde des weiteren angeführt, daß er bereits verheiratet war, zwei Kinder hatte und als Anerbe den Lösebecker Meyerhof schon tatsächlich bewirtschaftete, wenn auch die Gutsherrschaft ihn und seine Frau der - aus der Zeit seines verstorbenen Vaters herrührenden - hohen Schulden halber noch nicht förmlich zur Auffahrt zugelassen hatte. Diese letzteren Einwände konnten jedoch seine ledigen Geschwister nicht treffen, und seit dem März 1805 klagte er gemeinsam mit ihnen: ihm oder einem seiner ledigen Geschwister solle der Belmer Meyerhof eingetan werden.

nemann, sondern auch der im Herbst 1804 akzeptierte Johann Henrich Meyer zu Hüningen „gar kein Geblüte vom Meyerhofe" zu Belm sei. „Das nächste Geblüt vom Meyerhofe zu Belm" seien vielmehr Conrad Ameling Meyer zu Lösebeck und seine Geschwister. Außerdem – und dies war ein ganz neuer Gedanke – sei auch der Vollerbe Glüsenkamp in Gretesch „vom Geblüt des Meyerhofes zu Belm, und zwar ein Blutsverwandter sowohl vom zuletzt verstorbenen Meyer zu Belm als von dessen nachgelassenen [!] Witwe, der untertänigen Supplikantin"; die Tochter Glüsenkamp aber wolle sich „auch wohl" mit Johann Henrich Linnemann – den die Witwe zunächst zum Nachfolger gewünscht hatte – „verheiraten und den Meyerhof zu Belm annehmen". Das Begehren der Witwe ging nun dahin, daß der Hof demnächst entweder dem Conrad Ameling Meyer zu Lösebeck oder dessen unverheiratetem Bruder oder der Tochter des Colon Glüsenkamp mit dem Johann Henrich Linnemann übergeben werde.[335]

Doch war die Position, die hier vertreten wurde, nicht so konsequent geblütsrechtlich, wie sie sich den Anschein gab. Inwiefern der Colon Glüsenkamp „ein vom Meyerhofe zu Belm abstammendes Geblüte" sei, wurde nicht belegt; weder konnten die Beamten die Verwandtschaft ermitteln[336], noch läßt sie sich aufgrund der Familienrekonstitution feststellen; wenn sie mehr als eine Sage war, ging sie also auf die Zeit vor der Mitte des 17. Jahrhunderts zurück. – Was den Meyer zu Hüningen betraf, so verstieg sich die Eingabe bis zu der Behauptung, die Meyers zu Hüningen seien „gar keine Blutsverwandte, ja nicht mal Verschwägerte von dem verstorbenen Meyer zu Belm, sondern ein ganz fremdes Geblüt, und ist der Meyer zu Hüningen auch nicht mal eines Vatern Bruders Sohn vom verstorbenen Meyer zu Belm." Hier wurden allgemein bekannte Tatsachen der Familiengeschichte und der Verwandtschaftsbeziehungen geleugnet, um einen Bewerber auszuschalten, der noch vor wenigen Monaten mit feierlichem Handschlag begrüßt worden war, von dem es aber nun – zwar ohne Anführung der Gründe, doch gleich zweimal – hieß, daß er der Witwe Meyer zu Belm und ihrer Tochter „äußerst zuwider" sei: „Lieber als diesen auf dem Meyerhof zu sehn [!], will die untertanigste [!] Supplikantin dem Colonate bis an ihr Lebensende vorstehen und auch abwarten, ob ihre nur kranke Tochter, die Anerbin, nicht wieder zur Verheiratung genesen werde." – Daß der Wunsch, die

---

[335] Conrad Ameling Meyer zu Lösebeck, seine unverheirateten Geschwister und der Colon Glüsenkamp begleiteten und unterstützten das Gesuch der Witwe Meyer zu Belm am 8., 11. und 13. April 1805 mit gemeinsamen Eingaben. Was die Beteiligten dazu bewegte, die Tochter Glüsenkamp mit dem Linnemann-Sohn als weitere Nachfolge-Kandidaten ins Spiel zu bringen, ist nicht ersichtlich; es könnte sich um ein taktisches Manöver handeln.

[336] Bericht des Amtes Iburg an die Regierung vom 11.5.1805.

Kontinuität des ‚Geblüts' auf dem Meyerhof zu erhalten, nicht die beherrschende Idee der Witwe war, wird vor allem daran deutlich, daß sie zunächst ihren Neffen, dann ihre Nichte mit dem Sohn des Vetters ihres Mannes als Nachfolger vorgesehen oder doch akzeptiert hatte, ohne daran Anstoß zu nehmen, daß keiner von diesen „ein vom Meyerhofe zu Belm abstammendes Geblüt" war. Und es dauerte keine drei Monate, da revidierte die „alte bizarre Frau"[337] wiederum ihren Standpunkt. Am 11. Juni 1805 konnte der Obervogt Rohde berichten, daß die Witwe Meyer und ihre Tochter schriftlich erklärten, sie seien „durch falsche Vorspiegelungen" zu der Unterschrift „verleitet" worden, die ohne ihr Wissen und ihren Willen „zu einem Prozeß gegen ihre gnädigste Gutsherrschaft" gebraucht worden sei. Sie widerriefen „diejenige Unterschrift, so wir neulich [...] aus Überredung und Einfalt unterschrieben haben", und erklärten sich erneut für Johann Henrich Meyer zu Hüningen und die Linnemann-Tochter als „rechtmäßige Erben", entsprechend dem im November 1804 protokollierten „Contract". Man könnte also glauben, der Anwalt des Conrad Ameling Meyer zu Lösebeck habe die ganze Idee der ‚Geblüts'-Kontinuität auf Bauernhöfen ohne Willen und Wissen der bäuerlichen Witwe vorgebracht, in deren Auftrag er vorgab, tätig zu sein. Wahrscheinlicher ist jedoch, daß die alte Frau tatsächlich schwankte. Dafür spricht nicht nur die Einschätzung der Beamten[338], sondern mehr noch, was wir über ihr vorheriges wie ihr späteres Verhalten wissen. Freilich steht die Variabilität ihrer faktischen Präferenzen in deutlichem Kontrast zu den festen geblütsrechtlichen Prinzipien, die der Anwalt in seinem vehementen Plädoyer vom 22.3.1805 so beredt vorgetragen hatte.

Der Rechtsstreit, den der Meyer zu Lösebeck mit wechselndem Erfolg um den Belmer Meyerhof führte, zog sich noch volle vier Jahre hin. Gegen dessen auf das ‚Geblüt' gestützte Ansprüche verfocht das Amt als Gutsherr den Grundsatz der „freien Wahl der Gutsherrschaft" in Fällen, wo kein geeigneter Anerbe vorhanden sei: der Gutsherr sei „nach strengen Rechten bei der Besetzung ex nova gratia auf die Anverwandte [!] gar keine Rück-

---

[337] So wurde die Witwe Meyer zu Belm in einem Bericht vom 16.12.1807 genannt, in: StA OS Rep. 350 VIII Nr. 944.

[338] Das Amt Iburg hatte am 11.5.1805 ihre Beteiligung an der Klage des Meyers zu Lösebeck gegen das Amt als Gutsherrn für einen deutlichen Beweis genommen, „daß nicht nur ihre Körperkräfte völlig dahinschwinden, sondern ihre Geisteskräfte sehr gelähmt sind, sie also von einigen gewinnsüchtigen Anverwandten gemißbrauchet werde". – Als Johann Henrich Meyer zu Hüningen auf den Belmer Meyerhof gezogen war, es aber neue Schwierigkeiten mit der Witwe gab, berichtete das Amt Iburg am 18.10.1805, daß bei der alten Frau „jeder, auch der geringste Umstand hinreichend ist, ihre Meinung bald zugunsten, bald zum Nachteil des jungen Colonen zu ändern".

sicht zu nehmen verbunden, sondern berechtiget [...], ganz fremde Personen zum Colonate zu berufen; die Anverwandte [!] des zuletzt verstorbenen wahren Anerben [genießen] vor den Verwandten der angeheirateten Person nicht den mindesten Vorzug, sondern es hängt hier alles ganz allein von der freien Wahl der Gutsherrschaft ab."[339] Die Land- und Justizkanzlei entschied am 9. Juli 1805 zugunsten des Meyer zu Hüningen und seiner Braut, der Linnemann-Tochter: letztere sei „als der Colonae nächste Anverwandtin" dem Meyer zu Lösebeck „als einem entferntern billig vorzuziehen"; überdies habe die Großmutter[340] des Klägers „den Meyerhof zu Belm verlassen und sich in fremdes Eigentum begeben", mithin nach der Eigentumsordnung für sich und ihre Nachkommen auf alle Ansprüche an den Stammhof verzichtet. Das Gericht gab also dem Standpunkt der Gutsherrschaft insoweit recht, als sie keinen Vorzug für die aus dem ‚Geblüt' der bisherigen Hofbesitzer stammenden Bewerber vor den Verwandten des eingeheirateten Teils einräumte, sondern im Gegenteil den Ausschluß derjenigen Abkömmlinge eines Hofes, die auf fremde eigenbehörige Stätten gingen, von der Erbfolge bestätigte. Ein Recht auf völlig freie Wahl ohne Rücksicht auf Verwandtschaft wurde der Gutsherrschaft hingegen nicht zugesprochen. – Die Regierung nutzte die Entscheidung der Kanzlei und die Rückwendung der Witwe Meyer zu dem Johann Henrich Meyer zu Hüningen, um diesem zunächst die „Administration" des Belmer Meyerhofes zu übertragen[341] und dann am 10. Oktober 1805 vom Amt mit den Brautleuten, ihren Eltern und der Witwe Meyer die Bedingungen aushandeln zu lassen, unter denen Johann Henrich Meyer zu Hüningen und Catharina Margaretha Linnemann den Belmer Meyerhof als Colonen übernehmen sollten[342]: Wie schon im

---

[339] Bericht des Amtes Iburg an die Regierung vom 11.5.1805.

[340] In dem Spruch stand hier „Mutter". Wäre das richtig gewesen, so wäre der Meyer zu Lösebeck als Neffe mit dem verstorbenen Meyer zu Belm ebenso nah verwandt gewesen wie die Linnemann-Tochter als Nichte mit dessen Witwe. In Wirklichkeit war der Meyer zu Lösebeck bekanntlich Großneffe des verstorbenen Meyer zu Belm.

[341] Resolution der Regierung an den Obervogt Rohde vom 13.7.1805. Zugleich wurde dem Johann Henrich Linnemann – der noch immer auf dem Meyerhofe wirtschaftete, aber von den Beamten zunehmend für dessen sich verschlechternden Zustand verantwortlich gemacht wurde – befohlen, sich nicht weiter mit dessen Administration zu befassen. Im Entwurf war zunächst vorgesehen, dem J.H. Linnemann zu befehlen, binnen drei Tagen den Meyerhof zu verlassen, widrigenfalls er ins Gefängnis nach Iburg zu bringen sei.

[342] Es fehlte zu diesem „Contract" – so wurde das Protokoll später bezeichnet – vom 10.10.1805 nur noch die Ratifikation der Regierung als oberster gutsherrlicher Behörde. Der Sache nach blieb mehr oder weniger offen, ob das Auffahrtsgeld, das die neuen Colonen der Gutsherrschaft zu zahlen hatten, 2000 oder 3000 Taler betragen sollte und wie im einzelnen die Umwandlung der ungewissen Gefälle in eine feste jährliche Abgabe zu regeln sei. Wegen des anhaltenden Rechtsstreits mit dem Meyer zu Lösebeck sowie wegen der politischen Verän-

November des Vorjahres abgesprochen, behielt die Witwe bis zum Tode „die Herrschaft im Hofe"[343], und ihre Tochter wurde zeitlebens „wie eine Tochter des Hauses" behandelt und versorgt.

Conrad Ameling Meyer zu Lösebeck und seine Geschwister beharrten darauf, daß sie „als das nächste vom Meyerhofe zu Belm abstammende Geblüt" die „wahren zur Sukzession [...] berechtigten Anerben" seien, und legten Appellation gegen den Spruch der Osnabrücker Land- und Justizkanzlei ein.[344] Die Witwe Meyer und ihre Tochter aber verhielten sich weiterhin wechselhaft. Am 28. April 1806, ein halbes Jahr, nachdem die Bedingungen der Übergabe in einem förmlichen Protokoll festgesetzt waren, berichtete das Amt der Regierung, daß Johann Henrich Meyer von Hüningen zwar seit seiner Einsetzung im Juli des Vorjahres „rechtlich und fleißig" die Wirtschaft des Belmer Meyerhofes zu führen suche, die „Wittibe Meyer und ihre unkluge Tochter" ihm jedoch „absichtlich und aufgehetzt durch schadenfrohe Nachbarn" große Hindernisse in den Weg legten; deshalb und wegen der ausstehenden Ratifikation der am 10.10.1805 ausgehandelten Bedingungen durch die Regierung habe er „noch immer Bedenklichkeiten, um seine Braut auf den Hof zu führen". Drei Wochen danach wurde dem Amt eine einstweilige Verfügung der Land- und Justizkanzlei zugestellt, die vom Anwalt der Witwe Meyer erwirkt war und dem Amt bis auf weiteres untersagte, den Johann Henrich Meyer von Hüningen zur Auffahrt-Dingung auf dem Belmer Meyerhof zuzulassen. Die Witwe hatte vortragen lassen, sie habe diesen Johann Henrich Meyer auf Zureden des Amts „als Knecht zu sich ins Haus genommen"; er betrage sich jetzt aber ganz „ungebührlich gegen sie", geriere sich als „Herr des Hofes" und habe „sogar gedrohet, daß er in einigen Tagen eine gewisse Lindemann-Tochter heiraten, mit derselben den Hof beziehen und denselben bei den Herren Beamten bedingen wolle"; deshalb solle ihm befohlen werden, den Meyerhof sofort und für immer zu verlassen; schließlich sei „sie selbst noch im Stande [...],

---

derungen infolge der preußischen, westfälischen und französischen Herrschaft wurde ein definitiver Vertrag erst am 29.4.1817 von Catharina Margaretha Meyer zu Belm geborener Linnemann, ihrem zweiten Mann und dem Amt unterzeichnet. Doch ging man davon aus, daß der Hof dem Johann Henrich Meyer von Hüningen und der Catharina Margaretha, geborener Linnemann, bereits bei ihrer Heirat (31.7.1806) rechtlich übergeben war, zumal der Vater des Bräutigams gleich bei Abfassung des Protokolls am 10.10.1805 die erste Rate des Auffahrtsgeldes in Höhe von 500 Talern an die Gutsherrschaft bezahlt hatte und in den folgenden Jahren zu diesem Zweck weitere 1500 Taler beglichen waren: STA OS Rep. 350 Osn. Nr. 3042; vgl. Rep. 560 VIII Nr. 944.

[343] Jetzt wurde hinzugefügt, daß „jedoch die neuen Wehrfester gegen sie in das Verhältnis treten, was zwischen Eltern und Kindern besteht, wenn sie zusammen im Hofe bleiben".

[344] Am 14.7.1805, in: STA OS Rep. 350 Osn. Nr. 3042.

zu heiraten und den Hof auf ihren Mann zu bringen". Aufgrund der Gegenvorstellungen der Gutsherrschaft hob die Land- und Justizkanzlei am 22. Juli 1806 die einstweiligen Verfügungen „gegen die Zulassung zur Auffahrt und Heimführung der anzuheiratenden Ehefrau" auf.[345] Nun trat Johann Henrich Meyer von Hüningen sogleich am 31. Juli mit Catharina Margaretha Linnemann vor den Traualtar. So waren doch die beiden auf den Meyerhof zu Belm gekommen, die nicht aus dessen ‚Geblüt' stammten, sondern nur durch Eingeheiratete verwandt waren. – Der Meyer zu Lösebeck verfolgte seine Ansprüche in der Appellations-Instanz weiter, zunächst vor der Justiz-Kanzlei in Hannover, später vor dem Appellationsgericht des Königreichs Westfalen in Kassel. Seine Position schien dort immerhin soweit aussichtsreich, daß der Rechtsvertreter des Gutsherrn zu einem Vergleich riet.[346] Der junge Meyer zu Belm, geborener Meyer zu Hüningen, hatte einen solchen schon seit einiger Zeit gesucht. Schließlich kam eine gütliche Einigung am 13.7.1809 vor dem Friedensgericht zu Schledehausen zustande[347]: Der junge Meyer zu Belm bezahlte 400 Taler an den Meyer zu Lösebeck, dafür verzichtete dieser „für sich, seine Erben und Nachkommen und namens seiner sämtlichen Geschwister auf alle etwaige [!] Ansprüche an den Meyerhofe [!] zu Belm" und an den Nachlaß der Hofinhaber. Drohte den neuen Meyers zu Belm von dieser Seite keine Unsicherheit mehr, so war ihre tägliche Situation darum noch nicht wesentlich gebessert. 1808 war berichtet worden, daß sie vom Hof „nichts weiter als die Kost" erhielten und „sich sogar die Kleidungsstücke und den Handpfenning [!] von ihren Eltern verabreichen lassen" mußten, da die alte Witwe Meyer sich die Administration des Hofes zeitlebens vorbehalten hatte.[348] Schließlich schloß diese im Jahre 1811 die Augen. Das von ihr hinterlassene persönliche Vermögen wurde auf 1500 Taler geschätzt. Nicht den jungen Meyers zu Belm vermachte sie es jedoch testamentarisch, sondern anderen Verwandten.[349] Genannt wurden keine Verwandten vom ‚Geblüt' des Meyerhofes, sondern

---

[345] Bericht des Advocati Fisci vom 4.10.1806, in: StA OS Rep. 560 VIII Nr. 944.

[346] Bericht des Advocati Fisci vom 16.12.1807, vgl. den Bericht desselben vom 19.11.1807, in: ebd.

[347] Abschrift in: StA OS Rep. 350 Osn. Nr. 3042.

[348] Bericht des Advocati Fisci vom 21.1.1808, in: StA OS Rep. 560 VIII Nr. 944.

[349] Memorandum des Obervogts Rohde vom 31.7.1815, in: StA OS Rep. 350 Osn. Nr. 3042. Die Meyerin zu Belm konnte über ihr persönliches Vermögen letztwillig verfügen, weil der Meyerhof zu den ‚Hausgenossen' gehörte, bei denen der Gutherrschaft nicht der Sterbfall nach der Eigentumsordnung, sondern nur der „vierte Fuß, d.i. der vierte Teil des vierfüßigen Viehes" (KLÖNTRUP 1798–1800 Bd. 2 S. 145 s.v. ‚Hausgenossen') bzw. eine entsprechend auszuhandelnde Geldzahlung zustand; daher galt für sie nicht das Testier-Verbot der Eigentumsordnung (vgl. oben Anm. 10) Kap. 7 §9; s. dazu auch oben S. 424f. mit Anm. 105.

Linnemanns und Gerdings. Das waren offenbar der Sohn und die Tochter ihres Bruders: Johann Henrich Linnemann, der einst ihr erster Knecht und ausersehener Nachfolger gewesen war, nach dem Tod seines Vaters aber dessen Hof übernommen und im September 1808 in der Tat die Glüsenkamp-Tochter geheiratet hatte, wie schon 1805 geplant; und dessen ältere Schwester, die seit 1794 mit dem Vollerben Gerding zu Icker verheiratet war. Leer ging die jüngste Schwester dieser beiden aus, Catharina Margaretha, geborene Linnemann, die seit 1806 im Haus der erblassenden Witwe als junge Meyerin lebte. Der Obervogt wußte im Juli 1815 zu berichten, Johann Henrich Meyer zu Belm, geborener Meyer zu Hüningen, habe sich „über dieses höchst unbillige Verfahren so sehr [gegrämt], daß er, der sonst keinen Branntwein auf die Zunge nahm, sich dem Trunk so stark ergab, daß er den Tod darin fand". Das war am 10. März 1815. Er hinterließ seine Frau und eine Tochter als spätere Anerbin. Jene heiratete im Juli desselben Jahres zum zweiten Mal, erlag aber drei Jahre später der Schwindsucht. Überlebt wurden die beiden Colonen, die 1805/06 auf den Meyerhof gekommen waren, von der unklugen Anna Maria Elisabeth, die 1820 im Alter von 65 Jahren dahinging. Der damalige Interimswirt des Meyerhofes räumte ihr, entsprechend der von seinem Vorgänger übernommenen Verpflichtung, die Position einer ‚Tochter des Hauses' ein, indem er ihren Tod zwischen den Geburten seiner eigenen Töchter in seinem Anschreibebuch notierte.[350]

Der lange Erbfolgestreit, der die Beteiligten über viele Jahre so sehr beschäftigte und belastete, zeigt, daß der Ausschluß des aus dem ‚Geblüt' des Hofes stammenden Prätendenten und die Bevorzugung der Bewerber, die nur durch Eingeheiratete verwandt waren, wesentlich durch die Entscheidung der Grundherrschaft im Rahmen der Rechtsordnung der Eigenbehörigkeit bedingt war.[351] Doch die Bauern selber waren keineswegs klare Ver-

---

[350] Er unterließ dabei jede Erwähnung ihrer Geistes- und Gemütskrankheit. Das Anschreibebuch befindet sich im HOFARCHIV MEYER ZU BELM. – Zur weiteren Geschichte des Hofes s. oben S. 413 ff. und Grafik 6.01, S. 443 f., 500 ff.

[351] Dafür spricht auch die Einschätzung des Vertreters der Grundherrschaft und des jungen Meyers zu Belm, geborenen Meyers zu Hüningen, in diesem Rechtsstreit: Sollte vor den auswärtigen Appellations-Instanzen fraglich werden, ob auf die Erbfolge beim Belmer Meyerhof das Recht der Eigenbehörigen (entsprechend der Eigentumsordnung von 1722) anzuwenden ist oder ob sie als sog. ‚Hausgenossen' „personenfrei" sind, so würden die Aussichten des Meyer zu Lösebeck steigen. Dies war – neben der möglichen langen Prozeßdauer und der schwierigen Lage des jungen Meyers zu Belm – ein Hauptgrund, zum Vergleich zu raten: Bericht des Advocati Fisci vom 16.12.1807; vgl. auch die Einschätzung der Osnabrücker Land- und Justizkanzlei in dieser Phase (laut Bericht des Advocati Fisci vom 19.11.1807; in beiden Berichten finden sich auch die rechtlichen Gegenargumente: STA OS Rep. 560 VIII Nr. 944) sowie schon die Argumentation des Anwalts des Meyer zu Lösebeck am 14.5.1805: STA OS Rep. 350 Osn. Nr. 3042.

treter des Grundsatzes der ‚Geblüts'-Kontinuität auf dem Hofe. Nicht nur vertraten die Meyers von Hüningen und die Linnemanns entschieden ihren Anspruch, der mit einem solchen Prinzip unvereinbar war, sondern auch die bisherige Colona, die alte Witwe Meyer, neigte lange Zeit und im entscheidenden Augenblick zu diesen. Einzig der Anwalt des Meyer zu Lösebeck berief sich konsequent auf den Vorrang der ‚Geblüts'-Linie, auf dem der Anspruch seines Mandanten beruhte. Wenn wir auch die Argumente, die ihre Rechtsbeistände vortrugen, nicht einfach als ‚bäuerliches Denken' nehmen dürfen, so waren doch die Ziele, auf welche die Eingaben gerichtet waren, fraglos die der Mandanten. Dieser Fall deutet demnach darauf hin, daß die Belmer Bauern, weit entfernt von der Idee der ‚Geblüts'-Kontinuität der Hofbesitzerfamilie beherrscht zu sein, vielmehr diese Vorstellung nur soweit vertraten und benutzten, wie es ihren Interessen und Wünschen dienlich war. Trotzdem gaben sie Hof und Besitz in aller Regel nahen Verwandten. Nur: es mußten nicht unbedingt die Verwandten aus dem ‚Geblüt' der bisherigen Besitzerfamilie sein; das Verhalten der Witwe Meyer kann vielmehr so gedeutet werden, daß der jeweils überlebende bzw. entscheidende Teil eine gewisse Neigung hatte, in erster Linie die Verwandten der eigenen Seite zu berücksichtigen, selbst wenn er/sie eingeheiratet war.

## 6.6. Ehen der Landlosen

Wenn im Zentrum der bäuerlichen Familienstrategien stand, einem Kind den Hof zu vererben und den anderen möglichst den Weg zur Einheirat in einen anderen Hof zu bahnen, so hatten die Landlosen weder einen nennenswerten Besitz zu vererben noch gab es für ihre Kinder eine reale Chance, durch Eheschließung zu Haus und Grund zu gelangen. Welche Partner wählten die jungen Leute der eigentumslosen Schicht? Und wie fanden sie den konkreten Platz in dieser Gesellschaft, auf dem sie sich nach der Hochzeit niederlassen konnten, den Hof also, der sie in einem Heuerlingskotten aufnahm?

Wie der Grad der Selbstrekrutierung der landlosen Schicht vom 18. zum 19. Jahrhundert von etwa 80% auf 90% stieg (Tab. 6.01: Zeilen-%), so nahm auch das Ausmaß der sozialen Endogamie zu. Hatte Ende des 18. Jahrhunderts noch einer von vier Männern ohne Immobiliarvermögen eine Colonentochter zur Frau gewonnen, so war es Mitte des 19. nur noch einer von acht (Tab. 6.02).

Was die Beachtung der Konfessionsgrenze betrifft, so folgten die Landlosen zwar dem Trend, indem sie immer weniger Mischehen eingingen:

Deren Anteil sank von 9% in der Mitte des 18. auf 3% Mitte des 19. Jahrhunderts; im Vergleich zu den Colonen – und insbesondere den Großbauern – waren die Heuerleute jedoch weniger strikt auf den religiösen Einklang der Ehen bedacht (Tab. 6.09).

Hinsichtlich der räumlichen Mobilität zeichnete sich die eigentumslose Schicht dadurch aus, daß bei Männern und Frauen die Bereitschaft zum Ortswechsel gleich hoch war: 1858 waren gut 40% dieser Haushaltsvorstände wie auch ihrer Ehefrauen auswärts geboren (Anhang Tab. 3b). Soweit Angaben über die Herkunft vorliegen, deuten sie jedoch – wie bei den Colonen – darauf hin, daß die allermeisten aus der näheren Umgebung zugezogen waren.

Für diejenigen jungen Leute, die innerhalb der bäuerlichen Schicht heirateten, war in dieser ländlichen Gesellschaft mit der Wahl des Ehepartners zugleich die Entscheidung über den künftigen Wohnsitz getroffen. Je nachdem, von welcher Seite der Hof kam, ließ sich das neue Paar virilokal oder uxorilokal nieder: Da praktisch keine neuen Höfe entstanden, holte der Anerbe seine Braut auf den elterlichen Hof, die Anerbin ihren Bräutigam; entsprechendes galt bei der Wiederheirat verwitweter HofinhaberInnen. Wahlmöglichkeit bestand lediglich in der Frage, ob das junge Paar mit den Eltern oder Stiefeltern einen gemeinsamen Haushalt führen wollte oder ob man sich absonderte und die Älteren in den Leibzuchtkotten zogen; die Mehrzahl entschied sich für das Zusammenleben unter einem Dach.[352]

Ganz anders sah es für diejenigen jungen Leute aus, die ohne Aussicht auf Haus- und Grundbesitz vor den Traualtar traten. Sie waren frei, sich niederzulassen, wo sie wollten – oder anders ausgedrückt: Sie mußten sich selber einen Platz suchen, der ihnen Wohn- und Erwerbsmöglichkeit bot, in der Regel eine Heuerlingsstelle bei einem Bauern. Wo und wie fanden sie diesen Platz?

Einigen Aufschluß darüber erhalten wir, wenn wir dem Lebenslauf derjenigen Männer und Frauen folgen, die zwischen dem 1. Februar 1812 und dem 31. Dezember 1815 erstmals heirateten. Es zeigt sich, daß die Kinder der Eigentumslosen – ganz im Gegensatz zu den angehenden Bauern – nur selten in die Spuren der Eltern traten. Unter etwa vierzig jungen Paaren aus der landlosen Schicht (s. Tab. 5.12) lassen sich nicht mehr als vier finden, die nach der Hochzeit auf demselben Hof lebten wie zuvor die Eltern des einen Teils. Davon waren drei Söhne, die offenbar zuvor ihrer verwitweten Mutter geholfen hatten, die Heuerlingsstelle nach dem Tod des Vaters weiterzuführen, und diese nach der Eheschließung selber übernahmen. Das traf

---

[352] Siehe oben Kap. 4.4.

zu auf Gerhard Heinrich Barringhaus, der Anfang 1812 mit seiner Mutter beim Vollerben Weghorst in Icker wohnte, 1814 heiratete und danach als Heuermann auf eben diesem Hof registriert wurde: Mit zwei anderen Heuerlingshaushalten teilte er sich in den Leibzuchtkotten, der über zwei Feuerstätten verfügte.[353] Johann Friedrich Dierker diente 1812, neunzehn Jahre alt, seiner Mutter und jüngeren Schwester als männlicher Beistand; nachdem er 1814 eine Frau gefunden hatte, blieb er bei dem Halberben Schamel in Powe als Heuermann. Heinrich Philipp Hagemann lebte 1812 mit seiner verwitweten Mutter und zwei Schwestern in einem Nebengebäude des Vollerben to Hage in Vehrte und war nach der Hochzeit, die er im Dezember 1813 feierte, dort Heuerling. Ebert Henrich Mutert gehörte 1812 zum Haushalt seines Vaters und seiner Stiefmutter, die als Heuerleute auf Eistrups Hof in Powe arbeiteten; nachdem er 1814 in den Stand der Ehe getreten war, ließ er sich in einem anderen Kotten desselben Hofes nieder, auf dem auch die Eltern weiterhin lebten.

Dies Bild paßt zu den Befunden hinsichtlich der Haushaltsstrukturen im 18. Jahrhundert: Bei den Landlosen lebten selten zwei verheiratete und/oder verwitwete Generationen in einem Haushalt zusammen[354]; auch bei der Suche eines Hofes, der ein junges Paar als Heuerleute aufnahm, waren die eigentumslosen Eltern offenbar nur selten in der Lage zu helfen. Einzig der Immobiliarbesitz konnte – so scheint es in dieser Periode – regelmäßig eine generationenübergreifende Kontinuität stiften.

Derselbe Sachverhalt ließe sich freilich auch so interpretieren, daß die jungen Heuerleute nicht auf die Vermittlung ihrer Eltern oder Schwiegereltern angewiesen waren, sondern aus eigener Initiative eine Wohn- und Pachtstelle fanden. Die Beziehungen, die sie in der Zeit ihres Gesindedienstes geknüpft hatten, nutzten sie dazu allerdings kaum. Nur einer von den jungen Leuten aus der landlosen Schicht, die 1812 bis 1815 heirateten, ließ sich anschließend bei demjenigen Bauern nieder, bei dem er zuvor Dienstbote gewesen war: Johann Ernst Kolckmeyer war Anfang 1812 Knecht beim Vollerben Vincke in Gretesch, im Anschluß an seine Hochzeit wurde er Ende 1813 in einem Kotten dieses Hofes Heuermann.[355]

---

[353] Diese Angaben beruhen auf dem „Verzeichnis der Feuerstätten und der Volkszahl vom Kirchspiele Belm" vom Dezember 1815; s. dazu oben in Kap. 1.
[354] Siehe oben Kap. 4.5., insbesondere die Auswertung des Zensus von 1772.
[355] Cathrine Margrete Tiemann war nach ihrer Verehelichung zwar auch Heuersfrau beim Vollerben Wiesehahn in Icker, bei welchem sie 1812 als Magd gedient hatte; doch dürfte dafür ausschlaggebend gewesen sein, daß ihr Mann Christian Menke dort zuvor bereits mit seiner ersten Frau in einem Heuerlingskotten wohnte.

Es scheint in dieser Zeit nicht schwer gewesen zu sein, eine Heuerlingsstelle zu finden. Darauf deutet auch das relativ niedrige Heiratsalter insbesondere der Männer hin.[356]

Durch die wirtschaftlich-sozialen Veränderungen der folgenden Jahrzehnte, insbesondere die Krise des Hausleinengewerbes, wurden die Möglichkeiten für die jungen Leute ohne Besitz offenbar enger, in der lokalen Gesellschaft einen Platz zu finden, der ihnen Wohnung und Erwerb bot. Folgen wir dem Lebensweg derer, die zwischen den beiden Volkszählungen vom 3. Dezember 1852 und 3. Dezember 1858 erstmals heirateten, so zeigt sich die Bedeutung der Eltern für landlose junge Paare in völlig anderem Licht als in der Periode zuvor. Unter 68 beidseitigen Erstehen in dieser Schicht finden wir nun nicht weniger als 39 Paare, die auf demselben Hof unterkamen, auf dem zuvor bereits die Eltern des Bräutigams oder der Braut Heuerleute waren; das sind nahezu drei von fünfen. Was zu Beginn des Jahrhunderts selten war, scheint nun zur Regel geworden: Die Landlosen fanden ihren Platz, indem sie unmittelbar in die Fußstapfen der Eltern oder Schwiegereltern traten.

Zwanzig ließen sich bei den Eltern des Mannes nieder. So z. B. Johann Heinrich Feldmann, der 1856 im Alter von 24 Jahren die um vier Jahre jüngere Heuerlingstochter Katharina Maria Domhoff heiratete; 1858 waren sie Heuerleute beim Vollerben Holdgrewe in Darum, wo seine Eltern schon zuvor gearbeitet hatten; die ältere und die jüngere Generation bildeten 1858 sogar zusammen einen gemeinsamen Haushalt: Der 73jährige Altvater, seine um 16 Jahre jüngere zweite Frau, ihr leiblicher Sohn mit seiner Gattin und dem zwei Jahre alten Enkelkind. Ähnlich hielt es Johann Heinrich Berner, der 1852 als Sohn und Zigarrenmacher mit seiner Mutter, einer Heuerlingswitwe, und drei weiteren Geschwistern auf dem Vollerbe Riepe in Powe wohnte; nachdem er sich 1854 verheiratet hatte, lebte er mit Frau und Kind als Heuermann auf eben diesem Hof; in seinem Haushalt finden wir außerdem seine nun 58 Jahre alte Mutter und seine drei jüngeren Geschwister.

Neunzehn junge Paare ohne Grundbesitz zogen dorthin, wo zuvor bereits die Eltern der Braut wohnten. Als Eberhard Heinrich Frische 1856 Anna Maria Müller gefreit hatte, wurde er Heuermann beim Vollerben Biermann in Powe, wo seine Schwiegereltern schon 1852 in gleicher Stellung gelebt hatten; die beiden Paare sind 1858 als ein gemeinsamer Haushalt registriert. Und Caspar Heinrich Strakeljahn, der 1827 im Kirchspiel Hoyel etwa 25 km von Belm entfernt geboren und als Knecht nach Powe gekommen war, finden wir nach seiner Hochzeit mit der um zehn Jahre älteren Maria Eli-

---

[356] Siehe oben Kap. 3.2.

sabeth Tiemann als Heuerling beim Power Halberben Schamel in einem gemeinsamen Haushalt mit der Schwiegermutter, die dort bereits 1852 als Heuerlingswitwe ansässig war. Ob die jungen Leute zu den Eltern des Mannes oder zu denen der Frau gingen, hing offenbar von der jeweiligen Raumsituation sowie von der persönlichen Konstellation ab; anders als bei den bäuerlichen Paaren, die infolge der Bevorzugung der männlichen Erbfolge sich mehrheitlich virilokal niederließen, gab es hierin bei den Landlosen keine allgemeine Festlegung.

Wenn sich das junge Paar auf demselben Hof ansiedelte, wo zuvor schon die Eltern des Bräutigams oder der Braut Heuerleute gewesen waren, so bildeten fast immer beide Generationen einen gemeinsamen Haushalt; nur in drei von diesen Fällen lebten sie unter einem Dach, wurden aber im Zensus von 1858 als separate Haushalte registriert.[357] So führte Johann Heinrich Rielage, 30 Jahre alt und Schneider, einen eigenen Hausstand mit der ihm seit acht Monaten angetrauten Therese Florentine Bowinkelmann, die als Zigarrenarbeiterin aus dem Paderbornischen Lügde – also von relativ weit her – nach Belm gekommen war. Sein 60jähriger Vater Johann Franz Rielage wohnte als Heuermann im selben Kotten, zusammen mit seiner um 19 Jahre jüngeren zweiten Frau und sechs Kindern aus beiden Ehen; er hatte auch 1852 schon zu diesem Hof, dem Power Vollerbe Niederrielage, gehört. Die alten und die jungen Rielages teilten 1858 den Kotten mit dem vierköpfigen Haushalt des Heuermanns Holthaus.

Das Zusammenwohnen der Generationen, das Mitte des 19. Jahrhunderts auch bei den Landlosen häufig geworden war, bot also nicht nur den Älteren eine gewisse Fürsorge[358]; ebenso hilfreich war es für die Jüngeren: Die neu Vermählten fanden auf diese Weise ein Unterkommen – in einer Situation, wo Wohnraum knapp und der Erwerb des Lebensunterhalts schwieriger geworden war.

Die Beziehungen, die die jungen Menschen aus eigentumslosen Familien selber während ihres Gesindedienstes zu Bauern angeknüpft hatten, halfen in dieser Situation kaum weiter. Nur dreimal kam es vor, daß sich die frisch Verheirateten bei demjenigen Colon niederlassen konnten, wo einer von beiden zuvor Knecht oder Magd gewesen war. Der 1827 geborene Johann Friedrich Rittmann war 1852 „Dienstknecht" beim Vollerben Sundermann

---

[357] In drei weiteren Fällen waren bis 1858 beide Eltern gestorben. – Die geringfügige Abweichung dieser Zahlen von den oben in Kap. 4.5. genannten erklärt sich dadurch, daß dort alle für 1858 feststellbaren Fälle des Zusammenwohnens von Eltern(teilen) und verheirateten Kindern interessierten, unabhängig davon, ob die Eltern 1852 bereits auf demselben Hof gelebt hatten.

[358] Dazu oben Kap. 4.5.

in Gretesch; dort wird er seine spätere Braut, die drei Jahre jüngere Maria Engel Kuhlmann kennengelernt haben, denn die Heuerlingstochter aus Haltern diente als Magd im selben Haushalt. Daß die beiden nach der Hochzeit, die sie 1855 feierten, als Heuerleute auf Sundermanns Hof unterkamen, dürfte trotzdem eher darauf zurückzuführen sein, daß Johann Friedrichs Eltern dort schon 1852 ansässig waren; in der Tat zogen die jungen Rittmanns zu den alten in denselben Kotten, wenn sie auch 1858 mit ihren beiden kleinen Kindern einen getrennten Haushalt bildeten. Johann Friedrich Rittmann gehörte also zu den relativ wenigen jungen Leuten, die bei demjenigen Bauern in den Dienst gingen, bei welchem die Eltern Heuerleute waren.[359] Auch in den beiden anderen Fällen scheint der Gesindedienst eher mit dem Kennenlernen der späteren Eheleute[360] als mit dem Finden einer gemeinsamen Wohn- und Arbeitsmöglichkeit in ursächlichem Zusammenhang zu stehen. Johann Franz Piel, geboren 1825, lebte 1858 wie schon 1852 als Tischlermeister im Haushalt seiner Eltern, der Heuerleute Franz und Catharina Maria Piel, auf dem Vollerbe Osterhaus in Powe (s. Karte 3 im Anhang); da er 1854 geheiratet hatte, gehörten freilich 1858 Frau und Kind mit dazu. Die Bekanntschaft seiner Braut wird er gemacht haben, als sie 1852 Magd bei Osterhaus war. Ähnlich verhielt es sich mit Katharina Maria Elstroh, Tochter von Heuerleuten bei Niederrielage in Powe. 1852 hatte sie dort bei ihren Eltern gewohnt, während der aus Driehausen im benachbarten Kirchspiel Ostercappeln gebürtige Franz Heinrich Clevorn auf diesem Hof als Knecht arbeitete. Nachdem die beiden 1854 die Ehe geschlossen hatten, lebten sie als Heuerlinge bei Niederrielage, und Katharina Marias 1856 verwitwete Mutter gehörte 1858 zu ihrem Haushalt. – Die Beziehung des Dienstboten zu seinem Bauern war und blieb entschieden auf zeitlich begrenzte Rechte und Verpflichtungen angelegt[361]; sie diente kaum dazu, eine dauerhafte Verbindung zu schaffen, die in ein Heuerlingsverhältnis zwischen den Beteiligten mündete.

Wenn ein verwitweter Heuermann wiederheiratete, so blieb er meist auf derselben Stelle, die er mit seiner vorigen Frau innegehabt hatte. So Johann Gerhard Gang, der 1852 mit seiner zweiten Gattin als Heuerling bei Osterhaus in Powe lebte. Nachdem diese im April 1858 dahingegangen war, holte der 57jährige im Juli desselben Jahres die 22 Jahre junge Anna Maria Schevemann als Hausfrau in seinen Kotten. So handelten sieben von den zehn landlosen Witwern, die zwischen Dezember 1852 und 1858 eine neue Ehe eingingen. Die drei anderen hatten mit der ersten Frau außerhalb des Kirch-

---

[359] Siehe oben Kap. 5.4.
[360] Auch dazu oben in Kap. 5.4.
[361] Siehe oben Kap. 5.4.

spiels Belm gelebt und zogen anläßlich der Wiederverheiratung zu. Einer von diesen, Johann Ferdinand Flore mit Namen, wurde Heuerling beim Vollerben Osterhaus in Powe, wo zuvor die Eltern seiner 1857 angetrauten zweiten Frau Marie Klara Piel als Heuerleute gelebt und gearbeitet hatten.

Landlose Witwen gingen seltener eine neue Ehe ein als Witwer ihrer Schicht, viel seltener auch als Witwen, die einen großen Hof innehatten.[362] Wenn sie es aber taten, so holten auch sie den neuen Partner in den Kotten, den sie bereits mit dem ersten Mann bewohnt hatten. Anna Philippine Melcher, die 1827 im nahen Haaren geboren war, lebte 1852 mit ihrem ersten Mann, dem Heuerling Carl Heinrich Probst, in einem Nebengebäude des Vollerben Sundermann zu Gretesch. Nachdem dieser im Mai 1854 verstorben war, heiratete sie elf Monate später Johann Wilhelm Rotert, der damals Knecht in der benachbarten Bauerschaft Schinkel war. 1858 wurden sie als Heuerleute in Gretesch auf eben diesem Hof registriert. Catharina Maria Beermann, geborene Michel, verlor im Oktober 1857 ihren Mann; im Mai 1858 trat die 38jährige mit Eberhard Christian Rahe, der zuvor mit seiner verwitweten Mutter im Wellinger Armenhaus untergebracht war, vor den Traualtar. Die beiden wohnten fortan mit zwei Kindern der ersten Ehe in einem Kotten des Vollerben Iburg in Vehrte, wo Catharina Maria bereits 1852 mit ihrem ersten Gemahl ansässig war.[363]

Relativ selten scheinen in der landlosen Schicht Ehen zwischen Verwandten oder Verschwägerten gewesen zu sein. Darauf deuten die Notizen hin, die sich in den Kirchenbüchern über Dispense finden. Solche Vermerke sind von den Pfarrern nicht regelmäßig eingetragen worden[364]; doch gibt es wenig Grund zu der Annahme, daß derartige Sachverhalte in den Heiratsregistern mit *schicht*spezifischer Tendenz festgehalten oder weggelassen wurden.[365] Von den 35 Bemerkungen dieser Art beziehen sich 16 auf Trauungen von

---

[362] Siehe oben Kap. 3.2. und Tab. 3.21.

[363] Diese beiden waren die einzigen landlosen Witwen, die zwischen dem 4.12.1852 und dem 3.12.1858 wiederheirateten.

[364] Bei mehreren der oben S. 436 ff. erwähnten Fälle enthält der Eintrag im Kirchenbuch keinen Vermerk betr. Dispens.

[365] Eine Kontrolle war für die evangelischen Trauungen von 1819 bis 1853 aufgrund der erhaltenen Anlagen zu den Kirchenbüchern möglich (EPA BELM K. B. III Nr. 1-4). Dort finden sich 6 Dispense wegen Verwandtschaft, die nicht im Kirchenbuch vermerkt sind; davon betreffen drei großbäuerliche und drei landlose Paare. – Unter den wenigen Ehedispensen wegen Verwandtschaft, die sich im katholischen Pfarrarchiv Belm finden (KPA BELM Nr. 208: betr. 1831-1863), ist nur einer, der nicht im Kirchenbuch vermerkt ist. Er betrifft die Heirat eines Heuermanns im Jahr 1838.

Großbauern, 4 auf kleinbäuerliche Paare und 8 auf landlose.[366] Das bestätigt, daß Ehen zwischen Blutsverwandten ebenso wie mehrfache Heiratsallianzen zwischen bestimmten Familien eher eine Sache der Großbauern[367] als der Kleinbauern und Landlosen waren; gemessen an dem Anteil der Schichten an der Gesamtzahl der Belmer Haushalte sind die Inhaber großer Höfe unter den wegen Verwandtschaft dispensierten Brautleuten in auffallender Weise überrepräsentiert.

Hin und wieder heirateten aber auch in der eigentumslosen Schicht Verschwägerte oder Verwandte. Im 19. Jahrhundert finden sich sogar zwei verwitwete Heuerleute, die eine Schwester ihrer ersten Frau ehelichten.[368] Der Heuerlingssohn Johann Friedrich Lange, geboren 1799, hatte 1821 die um sieben Jahre ältere Anna Maria geborene Glüsenkamp geheiratet; sie war Tochter des Heuermanns Friedrich Wilhelm Glüsenkamp und Witwe des Heuermanns Gerd Heinrich Westrup, der ein halbes Jahr zuvor nach nur eineinhalb Ehejahren verstorben war. Nachdem Anna Maria ihrem zweiten Gatten zwei Kinder geschenkt hatte, verblich sie im Januar 1827. Bereits drei Monate später stand Johann Friedrich Lange mit ihrer jüngeren Schwester Catharina Engel Glüsenkamp vor dem Traualtar. Während im 18. Jahrhundert das Evangelische Konsistorium in Osnabrück derartige Verbindungen für gänzlich verboten erklärt hatte und noch am Beginn der Hannoverschen Herrschaft nur ein Dispens von Allerhöchster Stelle Ehewillige, die in dieser Weise verschwägert waren, aus ihrer schwierigen Situation befreien konnte[369], genügte nun der Dispens des Königlichen Konsistoriums, der offensichtlich schnell erreicht wurde. – Johann Heinrich Sundermann, geboren 1820 in Grambergen im Nachbarkirchspiel Schledehausen, hatte im Dezember 1840 die 29jährige Heuerlingstochter Marie Engel Krüwel aus Wellingen geheiratet, obwohl die Zwillinge, die sie ihm zwei Monate vorher geboren hatte, nach wenigen Tagen verstorben waren. Am 13. Juli 1842 erlag Marie Engel der Schwindsucht. Ein Vierteljahr später, am 27. Oktober 1842, trat ihre um zehn Jahre jüngere Schwester Margrethe Elisabeth Krüwel in die Lücke, die der Tod gerissen hatte. Sie brachte in den folgenden achtzehn Jahren neun Kinder zur Welt. Auch hier reichte der Dispens des Konsistoriums, um die Verbindung mit dem Schwager zu ermöglichen.

---

[366] 7 konnten nicht eindeutig einer sozialen Schicht zugeordnet werden. – Zeitlich entfallen 6 dieser Vermerke auf die zweite Hälfte des 17. Jahrhunderts, 11 auf das 18. Jahrhundert und 18 auf die Zeit von 1800 bis 1860.
[367] Siehe oben S. 430 ff.
[368] Außerdem heiratete der Heuermann Wilhelm Schnieder 1837 eine Stiefschwester seiner verstorbenen Frau. – Zu dem ehemaligen Heuermann, späteren Neubauern Franz Henrich Buschkotte, der 1831 eine Nichte seiner ersten Frau ehelichte, s. oben S. 246 f.
[369] Siehe oben S. 454 f.

Andere Dispense bezogen sich auf blutsverwandte Brautleute. Am engsten scheinen unter den Landlosen Gerhard Heinrich Meyer, geboren 1822, und die zwei Jahre jüngere Catharina Maria Brüggemann versippt gewesen zu sein. Beide Eltern waren Heuerlinge, sein Vater Gerd Wennemar Meyer war ein Bruder von ihrer Mutter Maria Elisabeth, geborener Meyer. Auch die gemeinsamen Großeltern Meyer waren bereits Heuerleute gewesen. Nachdem das Evangelische Konsistorium Ende November 1845 den Dispens wegen der Verwandtschaft zweiten Grades erteilt hatte[370], konnten sie am 10. Dezember 1845 heiraten. – Auch zwei andere landlose Brautpaare waren Vetter und Cousine, jedoch nur Kinder von Stiefgeschwistern. Der 22jährige Adam Heinrich Wichmann heiratete die fünf Jahre ältere Maria Elisabeth Wichmann. Beide hatten den Vollerben Johann Christopher Wichmann in Haltern zum Großvater; doch stammte sein Vater aus dessen zweiter Ehe und war Heuermann geworden, während ihr Vater in der ersten Ehe geboren und Nachfolger auf dem Hof gewesen war. Auch hier mußte das Evangelische Konsistorium vom „zweiten Grade der Blutsfreundschaft" dispensieren[371], bevor die beiden am 8. Dezember 1842 getraut werden konnten. Ähnlicher Art war die Verwandtschaft zwischen Johann Heinrich Klute, einem Fabrikarbeiter in Gretesch – wohl bei der Papierfabrik –, und seiner Verlobten Maria Elisabeth Droste. Er war 1824 als Sohn des Heuermanns Adam Henrich Klute und seiner Frau Catharine Engel, geborener Hüffmeyer, zur Welt gekommen; die Eltern der 1830 geborenen Maria Elisabeth waren der Heuerling Franz Heinrich Droste und seine Gattin Catharina Maria, geborene Hüffmeyer. Die Mutter der Braut scheint eine Halbschwester der Mutter des Bräutigams gewesen zu sein; denn als Vater wird bei beiden Christoph Hüffmeyer, Heuerling im Kirchspiel Schledehausen, angegeben; die mütterliche Großmutter von Johann Heinrich hieß jedoch Maria Dorothea, geborene Jannis, die von Maria Elisabeth wird Marie Engel, geborene Sieksmeyer, genannt. Demnach waren auch diese Verlobten Vetter und Cousine, Kinder von Stiefgeschwistern. Am 22. Oktober 1850 wurden sie getraut, nachdem ihnen „wegen naher Verwandtschaft vom Königl. Consistorio Erlaubnis zur Heirat erteilt" worden war.

Insgesamt jedoch hatten Ehen zwischen verwandten oder verschwägerten Personen in der landlosen Schicht noch weniger systematische Bedeutung als in der großbäuerlichen.

Bei den Kindern von Eltern ohne Landbesitz war die Heirat nicht in der Weise ausschlaggebend für den sozialen Status wie bei den Kindern von

---

[370] EPA Belm K. B. III Nr. 4.
[371] Ebd. Nr. 3.

Bauern; denn für die große Mehrheit der Nachkommen aus eigentumslosen Familien war bereits mit der Geburt gegeben, daß sie ihr Leben lang in der landlosen Schicht bleiben würden. In der Zeit vom späten 18. Jahrhundert bis zur Mitte des 19. konnten nur 5% der Söhne und 7% der Töchter landloser Eltern zu Haus- und Grundbesitz gelangen, meist durch die Heirat mit Erben oder Inhabern einer kleinbäuerlichen Stelle (Tab. 6.01-6.02: Spalten-%).

Für diese wenigen Aufsteiger galt, was vor allem auf die Colonenkinder zutraf: Mit der Erstehe entschied sich der soziale Status für das ganze Leben. Wer als Erbe oder durch Einheirat einmal in den Besitz eines Hofes gekommen war, saß normalerweise bis zum Lebensende auf ihm, zunächst als Bauer bzw. Bäuerin, später als AltenteilerIn. Wer aber einmal als Heuerling geheiratet hatte, blieb sein Leben lang ohne Eigentum an Grund und Boden. Soweit also nicht bereits durch die Geburt die sozialen Ränge zugewiesen waren – wie es für die Masse der Kinder landloser Familien zutraf –, wurden die Positionen in der Tat mit der Heirat verteilt; es bestätigt sich insofern für unsere lokale Gesellschaft, daß der Eheschließung fundamentale Bedeutung für die Reproduktion der Struktur zukam.

Dies ist in unserem Fall noch deutlicher als bei denjenigen ländlichen Gesellschaften, in denen Realteilung praktiziert wurde und die Übergabe der Besitztümer von der älteren an die jüngere Generation einen langwierigen Prozeß, nicht einen einmaligen Akt darstellte.[372] Dort variierte der Rang, den ein Haushalt in der lokalen Hierarchie einnahm, in erheblichem Maß mit dem Familienzyklus[373]: Bei der Hochzeit erhielten Mann und Frau einen ersten Teil des Vermögens ihrer Eltern, mit deren Älterwerden und Tod wurde mehr und mehr übertragen; bei der Heirat der eigenen Kinder begann dann wiederum die Verteilung des Angesammelten. Anders in unserem Fall: Die Höfe wurden geschlossen übernommen – in der Regel in zeitlichem Zusammenhang mit der Hochzeit – und später geschlossen übergeben.

In unserem Untersuchungsgebiet war die soziale Ungleichheit also nicht primär ein lebenszyklisches Phänomen, sondern sie bedeutete eine Differenzierung zwischen sozialen Schichten, bei der eine Person in der Regel le-

---

[372] Vgl. oben S. 444f.
[373] SABEAN 1990 S. 256ff., 479f.; SCHRAUT 1989 S. 193ff., 343ff. Natürlich kommt es auch in diesem Punkt weniger auf das Erbrecht als auf die Praxis an. Wenn z.B. bei prinzipiell bestehendem Anerbenrecht Land häufig verkauft oder verpachtet wurde, konnte es ebenfalls dazu kommen, daß eine Person im Laufe ihres Lebens mehrfach die Grenzen zwischen den sozialen Schichten überquerte; zu einer solchen dörflichen Gesellschaft s. SIEDER/MITTERAUER 1983 S. 324ff.

benslang, von der Geburt oder doch von der ersten Heirat an bis zum Tod, in ein und derselben Schicht verblieb. Lebenszyklische Veränderungen fehlten auch hier nicht völlig: Altenteiler werden über weniger Einkünfte verfügt haben als Hofinhaber, und bei den Landlosen gibt es Hinweise auf Altersarmut.[374] Doch waren dies in unserer ländlichen Gesellschaft sekundäre Momente, die hinter dem Unterschied zurücktraten, welcher zwischen Großbauern, Kleinbauern und Landlosen bestand.

Die Grenzen zwischen diesen drei Schichten waren durchlässig für abwärts gerichtete Mobilität. Im Lebenslauf wurde der Abstieg vollzogen mit der Erstehe: Etliche Söhne, mehr noch Töchter von Bauern wurden Heuerleute. Trotzdem stellen sich sowohl die großbäuerliche als auch die landlose Schicht als fest gefügt dar, zumindest seit der zweiten Hälfte des 18. Jahrhunderts: Die große Mehrheit der Männer und Frauen beider Schichten hatte ihren Status von den Eltern geerbt. Im Vergleich dazu waren die Grenzen der Kleinbesitzer-Schicht offener: Ein erheblicher Teil der Kleinbauern, ein größerer noch der Kleinbäuerinnen war entweder aus der Oberschicht ab- oder aus der Unterschicht aufgestiegen (Tab. 6.01-6.03).

Selten waren in unserer lokalen Gesellschaft die Ausnahmen, wo eine Person nach der Erstehe die Grenze zwischen diesen Schichten kreuzte: Bauern, die ihren Hof nicht halten konnten und Heuerleute wurden; Landlose, die eine bäuerliche Stelle erwarben.[375]

Einige wenige konnten noch durch eine Zweitehe aus der eigentumslosen in die landbesitzende Schicht aufsteigen. Marie Elisabeth Niekamp hatte 1767 im Alter von 21 Jahren den Heuermann Johann Henrich Kämper geheiratet. Nach 15 Ehejahren wurde sie im Dezember 1782 Witwe. Vier Monate später holte Gerd Heinrich Laustermann, geborener Mehrpohl, sie auf seinen Markkotten nach Wellingen; er hatte bereits im Herbst 1777 seine Frau verloren, welche 1735 die Stätte von ihren Eltern übernommen und ihn 1752 als zweiten Mann gewählt hatte. – Johann Victor Rußwinkel war seit 1810 mit Maria Clara Kasting verehelicht und – wie schon sein Vater – Heuermann. Im März 1826 starb ihm die Frau. Ein halbes Jahr später wurde er Interimswirt auf dem Düsterkotten in Lüstringen; denn Catharina Engel, geborene Laumann, die selber 1809 als zweite Frau des Inhabers auf den Markkotten gekommen und im Juni 1826 Witwe geworden war, nahm ihn zum Mann. Er konnte mit seiner neuen Frau der kleinen Wirtschaft vorstehen, bis er 1841 von seiner Stieftochter, der Anerbin, abgelöst wurde.[376] – Die Heuerlingstochter Maria Angela Voßgröne war zunächst mit dem Heu-

---

[374] Siehe oben Kap. 4.5.
[375] Siehe oben S. 485 ff.
[376] Zur späteren Auswanderung der älteren und der jüngeren Generation s. oben S. 491.

ermann Everhard Heinrich Koch verheiratet und lebte mit ihm auf dem Hof des Vollerben Eilert in Haltern, bis ihr Mann nach acht Jahren der Ehe im März 1835 starb. Im Oktober desselben Jahres wurde sie Markkötterin Espo in Icker, indem Johann Heinrich Espo, geborener Lange, sie freite; seine erste Gemahlin, die Erbin der Stätte, war im März 1834 verschieden. In diesen Fällen des Aufstiegs durch eine zweite Ehe war also der neue Ehepartner ebenfalls verwitwet; der Heuerlingswitwer bzw. die Heuerlingswitwe wurde daher lediglich InterimswirtIn der kleinen Stelle, in die er bzw. sie nun heiratete.

So groß die Bedeutung der Wiederheiraten für diese Gesellschaft in mancher Hinsicht war – wir nannten sie deshalb einen zweiten Weg der sozialen Reproduktion, neben dem des Generationenwechsels[377] – die Gelegenheit zu einem Auf- oder Abstieg boten sie in der Regel nicht mehr. Vielmehr lag ihre spezifische Bedeutung in unserem Gebiet gerade darin, daß normalerweise der verwitwete Teil seinen Status als Bauer oder als Heuerling an den neuen Partner weitergab.

Die Auswanderung nach Amerika, die in unserem Gebiet in den 1830er Jahren massenhaft einsetzte, kann verstanden werden als Eröffnung neuer Lebenswege jenseits der Festlegungen der lokalen Gesellschaft. Wenn im Kirchspiel Belm im Laufe der siebzehn Jahre von 1832 bis 1848 insgesamt 1237 Auswanderer registriert wurden[378], so stellt diese Menge nahezu ein Drittel der Einwohnerzahl von 1833 dar, dem Jahr mit der höchsten Bevölkerungsziffer vor dem Ende des 19. Jahrhunderts.[379] Der Ausbruch aus den Schranken, die dem Fortkommen am Ort gesetzt waren, war also massiv. Von zahlreichen jungen ledigen Männern, auch Frauen wurde er unternommen.[380] Doch daneben beteiligten sich mindestens 164 Ehepaare und 13 verwitwete Personen – Menschen also, die nach den Maßstäben der heimischen Gesellschaft bereits ihren lebenslangen Status nahezu unwiderruflich gefunden hatten. Wenn auch einzelne Bauern und Altenteiler mitzogen[381], so waren es doch ganz überwiegend Familien der landlosen Schicht, die an den Bedingungen der Heimat kein Genüge mehr fanden: Mindestens 120 Paare bzw. Familien waren Heuerleute und andere Landlose – das ist fast ein Drittel des Bestands an Haushalten, die diese Schicht im 19. Jahrhundert umfaßte.[382]

---

[377] Siehe oben Kap. 3.4. und S. 475 ff.
[378] Tab. 2.06.
[379] Tab. 2.01, vgl. oben Kap. 2.4.
[380] Siehe oben Kap. 5.4.
[381] Siehe oben S. 482 ff., 486 ff.
[382] Tab. 4.01 c und 4.02 c.

Während der langen Periode davor, von der Mitte des 17. Jahrhunderts bis etwa 1830, hatte sich unsere Gesellschaft als bemerkenswert aufnahmefähig für immer mehr landlose Haushalte erwiesen. So fix der Bestand der großen Höfe und so wenig flexibel die Zahl der kleinbäuerlichen Stätten war, so unbegrenzt erschien während dieser langen Periode die Zunahme der Heuerlingsstellen. Die Ipsen/Mackenrothsche Vorstellung einer starren Zahl von Stellen in vorindustrieller Zeit trifft unter den Bedingungen der ungeteilten Weitergabe der Höfe zwar für die bäuerliche Schicht zu, keineswegs aber für diese ländliche Gesellschaft als ganze. Das Bevölkerungswachstum wurde also dadurch gerade nicht begrenzt; denn die hinzukommenden Menschen konnten sich in wachsender Zahl als Heuerleute in den Nebengebäuden der Höfe niederlassen und ihren Lebensunterhalt durch die Kombination von Landarbeit, kleiner Pachtwirtschaft und Leinengewerbe erarbeiten.

Wenn in dem Mackenrothschen Theorem der „vorindustriellen alten Bevölkerungsweise der europäischen Völker" die „Verankerung der [...] Zwei-Generationen-Kleinfamilie [...] in der Wirtschaftsweise", also die Koppelung von Heirat und Begründung eines neuen Haushalts als der entscheidende Mechanismus angenommen wurde, der das Bevölkerungswachstum in den Schranken der durch die starre Zahl von ‚Stellen' repräsentierten Nahrungsressourcen hielt[383], so müssen die Befunde in unserer Gesellschaft als paradox erscheinen: Gerade in der bäuerlichen Schicht, wo die Annahme der begrenzten Stellenzahl zutraf, war es keineswegs die Regel, daß das jung verheiratete Paar einen eigenen Haushalt für sich bildete; vielmehr wohnten ältere und jüngere Generation meist zusammen.[384] In der landlosen Schicht hingegen, wo bis ins frühe 19. Jahrhundert die neu Vermählten in der Tat einen eigenen Hausstand zu begründen pflegten, war die Zahl der Stellen gerade nicht starr begrenzt. Das spricht dafür, daß sich die in dem Theorem unterstellten Kausalitätsbeziehungen bis zu einem gewissen Grade auch umkehren lassen: Nicht weil die Heirat nach europäischem Brauch regelmäßig mit der Begründung eines neuen Kleinfamilienhaushalts verbunden war, blieb das Bevölkerungswachstum im Rahmen der begrenzten Stellenzahl; sondern soweit die Stellenzahl - wie bei den Heuerleuten - vermehrbar war, bildeten die frisch Vermählten einen eigenen Hausstand, separat von ihren Eltern; soweit die Stellenzahl nicht vermehrbar war, akzeptierte man das Zusammenleben mehrerer verheirateter oder verwitweter Generationen in einem Hausstand.

---

[383] MACKENROTH 1953 S. 408, 426. Vgl. oben Kap. 3.1. und 3.5.
[384] Siehe oben Kap. 4.5. – Vgl. aber auch Kap. 3.2. für die Auswirkungen des Zusammenhangs von Erbgang und Heirat, insbesondere auf das Heiratsalter der Männer.

Für diese partielle Umkehrung der Zusammenhänge spricht außer dem Vergleich zwischen den sozialen Schichten auch die diachrone Entwicklung, insbesondere die Tatsache, daß gegen Mitte des 19. Jahrhunderts, als die Möglichkeiten für die Landlosen in dieser lokalen Gesellschaft enger wurden, die jung Verheirateten dieser Schicht nicht mehr darauf bestanden, einen eigenen Haushalt zu bilden. Entgegen der früheren Praxis wohnte nun die Mehrheit nach der Hochzeit mit den Eltern des Mannes oder der Frau zusammen. Die Theorien, die das demo-ökonomische Gleichgewichtssystem Nordwesteuropas auf dem Neolokalitätsprinzip ruhen sehen, würden bei einer Verschlechterung der wirtschaftlichen Situation ein steigendes Heiratsalter und einen wachsenden Anteil Eheloser erwarten.[385] Die jungen Leute in dieser ländlichen Gesellschaft hingegen waren eher bereit, unter sehr beengten Verhältnissen mit Eltern oder Schwiegereltern zusammenzuleben als die Heirat und Familiengründung bis in ein fortgeschrittenes Alter zu verzögern oder gar ganz auf sie zu verzichten. Dieser tiefgreifende Wandel der Verhaltensweisen fand – das muß betont werden – gerade nicht unter dem Eindruck einer raschen wirtschaftlichen Transformation durch die Industrialisierung statt, sondern in einem Gebiet, dessen Hausleinengewerbe der De-Industrialisierung unterlag.[386] Neben der Auswanderung erscheint so die Veränderung der Mikro-Strukturen der Gesellschaft, der ‚Regeln' über die Formung der Familien und Haushalte, als eine Möglichkeit dieser Menschen, eine aktive Antwort auf sich wandelnde Bedingungen zu geben; sie waren dem Druck der Verhältnisse nicht passiv preisgegeben.[387]

Diese Veränderung zeigt zugleich, daß die Muster, die wir in den Lebensläufen dieser Gesellschaft finden, weder starr noch unveränderlich waren. Regelmäßige Muster lassen sich durchaus feststellen, von der Kindheit bis zum Tod; sie waren entschieden sozial und auch geschlechtsspezifisch differenziert. Diese Muster beruhten nicht unbedingt auf der Erwartung eines ungebrochenen Lebenslaufs, eines kontinuierlichen Familienzyklus'; viel-

---

[385] So insbesondere das Modell Wrigley's und Schofield's, s. oben Kap. 3.1.
[386] Vgl. oben Kap. 2.4. und 4.6.
[387] Im übrigen mag auch der – zumindest in der Wahrnehmung der Gebildeten und der Obrigkeit – wachsende Konsum von Branntwein als Reaktion auf die wirtschaftlich-sozialen Veränderungen verstanden werden. Freilich sollte man sich hüten, den starken Verbrauch von Alkohol ausschließlich als Ausdruck hoffnungsloser Verelendung zu betrachten und einen möglichen sozialen ‚Sinn' dieses Verhaltens ganz außer acht zu lassen; s. dazu etwa die Überlegungen und Beobachtungen von KRIEDTE/MEDICK/SCHLUMBOHM 1977 S. 138 ff.; MEDICK 1982b S. 173 ff.; MAGNUSSON 1986. – Für unser Gebiet muß dies Phänomen einer gesonderten Untersuchung vorbehalten bleiben. Aus den in dieser Arbeit erwähnten Fällen wird bereits deutlich, daß ‚Trunksucht' in dieser lokalen Gesellschaft keineswegs nur bei den Eigentumslosen vorkam, sondern ebenso bei den Großbauern.

mehr wurden auch Auswege aus Bruch-Situationen – etwa zum Schließen von Lücken, die der Tod riß – mit einer gewissen Regelmäßigkeit beschritten. Die Muster dürfen zudem nie als starre Gesetzmäßigkeiten mißverstanden werden; durchweg ließen sie Raum für ein gewisses Maß von Alternativen, für die Entfaltung von Strategien. Nicht zuletzt erwiesen die Menschen sich als fähig, die vorherrschenden Muster zu ändern oder durch neue zu ersetzen, wenn die Bedingungen sich wandelten.

# 7. Höfe:
# Verbund bäuerlicher und landloser Haushalte

## 7.1. Einleitung

Die Beobachtung der nach Schicht und Geschlecht spezifischen Lebensläufe hat die Muster hervortreten lassen, nach denen sich die Wege der einzelnen Menschen zu Haushalten bündelten: Die Kindheit wurde in aller Regel im Haus der Eltern oder auch Stiefeltern verlebt; die ‚Jugend' verbrachten viele – insbesondere aus der eigentumslosen Schicht – in untergeordneter Stellung im Haus eines ‚fremden' Herrn; mit der Eheschließung erreichte der Mann meist, aber nicht immer die Stellung eines Hausvaters, die Frau die einer Hausmutter; ob diese bis zum Tod beibehalten wurde oder ob man/frau sich im Alter einem anderen Haushalt einordnete, hing von Schicht, Periode und familialer Konstellation ab. Bei dieser Untersuchung wurde sichtbar, daß und in welchem Maße für die beteiligten Personen Alternativen, Spielräume für Entscheidungen und für die Entfaltung von Strategien bestanden. Zugleich ist deutlich geworden, daß ein Haushalt keineswegs als eine Quasi-Substanz – als eine Einheit, die in der sozialen Realität wie in den Quellen gewissermaßen naturgegeben existierte – betrachtet werden darf.

Wenn damit die Haushalte gewissermaßen in ihre Atome, die einzelnen Personen, zergliedert wurden, so gilt es nun den Blick auf mögliche größere Zusammenhänge zu richten, in die der einzelne Haushalt eingeordnet sein mochte. Denn es ist durchaus fraglich, ob er in diesen Jahrhunderten regelmäßig das Maß an Geschlossenheit, Autonomie und Autarkie hatte, das sich mit der Riehl-Brunnerschen Vorstellung des „ganzen Hauses" verbindet.[1] Wenn sich die Protagonisten quantitativer Haushaltsanalysen auch prinzipiell darüber im klaren waren, daß ihre Untersuchungseinheit nur bedingt als ökonomische Einheit angesehen werden kann[2], so erweckten ihre Studien doch oft den Eindruck, daß jeder Haushalt isoliert von allen anderen für sich bestand, gewissermaßen mit undurchdringlichen Grenzen und gleich

---

[1] Siehe dazu oben Kap. 4.1. Auch DÜLMEN 1990 S.12ff. erweckt m.E. zu sehr diese Vorstellung.
[2] Siehe etwa LASLETT 1983.

unmittelbar zu allen anderen Haushalten. Demgegenüber ist darauf hingewiesen worden, daß in der sozialen Realität Verwandtschaftsbeziehungen über Haushaltsgrenzen hinweg grundlegende Bedeutung haben konnten[3] und daß der Haushalt – als Einheit des Zusammen-Wohnens – in verschiedenen Teilen des frühneuzeitlichen Europa keineswegs zugleich eine ökonomische Einheit im Sinne einer Familienwirtschaft sein mußte: Selbst in manchen agrarischen Gebieten entstand ein wirtschaftlich überlebensfähiges Gebilde erst durch die Kooperation mehrerer Haushalte.[4]

Gerade in unserer ländlichen Gesellschaft, die durch die Ungleichheit zwischen hofbesitzenden Großbauern und eigentumslosen Kleinpächter-Arbeitern gekennzeichnet ist, können wir nicht bei dem abstrakten Bild eines Nebeneinander zweier – oder dreier – Schichten stehenbleiben, sondern müssen nach dem konkreten gelebten Miteinander der Menschen fragen: Wie sah das Verhältnis zwischen dem Bauern und seinen Heuerleuten aus? In welchem Maße und auf welche Weise waren die verschiedenen Haushalte, die auf einem Hof zusammenwohnten, miteinander verflochten? Wieweit können sie als voneinander unabhängige, selbständige Einheiten verstanden werden, wieweit waren sie Teile eines Verbundes? Und: wie dauerhaft war ein solcher Verbund in seiner konkreten Zusammensetzung aus ganz bestimmten Personen und Familien?

## 7.2. Bauern und ihre Nebenhausbewohner: Umriß der quantitativen Entwicklung

Gehen wir zunächst von den quantitativen Relationen aus[5], so zeigt sich der Ansatz zu einem Verbund landloser und landbesitzender Haushalte auf den großen Höfen bereits Mitte des 17. Jahrhunderts. Von den 99 Voll- und Halberben, die 1667 in dem Kataster für die Grundsteuer registriert wurden, hatten 71 – also fast dreiviertel – außer dem Haupthaus eine Nebenfeuerstätte auf dem Hof. Bei den meisten wurde diese „Leibzucht" genannt, bei

---

[3] Siehe etwa CHAYTOR 1980 und die anschließende Diskussion: WRIGHTSON 1981; HARRIS 1982; HOUSTON/SMITH 1982. – SIDDLE 1986a und SIDDLE 1986b liefert ein weiteres Beispiel. – Noch LEVI 1990 und KERTZER/HOGAN/KARWEIT 1992 kritisieren mit Recht, daß die Arbeiten zur Geschichte der Familie sich bisher zu sehr auf die einzelnen Haushalte konzentriert und die Frage nach den Beziehungen zu der nicht ko-residierenden Verwandtschaft vernachlässigt haben. – Zu den methodischen Problemen s. insbes. PLAKANS 1984.

[4] LEVI 1986 S. 49ff., 70ff.; SABEAN 1990 S. 20f., 96ff., 259ff., 300ff.; vgl. FREITAG 1988 S. 32ff.

[5] Siehe dazu auch oben Kap. 2.1.–2.2.

Tabelle 7.01: Durchschnittliche Zahl der Haushalte und Personen
je Hof, 1651 - 1772 - 1858

| Jahr | große Höfe durchschnittliche Zahl der | | kleine Höfe durchschnittliche Zahl der | |
|---|---|---|---|---|
| | Haushalte | Personen | Haushalte | Personen |
| 1651 | 1,7 | 9,2 | 1,1 | 5,5 |
| 1772 | 3,0 | 16,3 | 1,5 | 6,4 |
| 1858 | 3,8 | 22,6 | 1,5 | 7,9 |

einem „Kotten"; drei hatten in ihrem „Backhaus" Wohnraum geschaffen – vermutlich jedoch keinen Platz für einen Kuhstall; und beim Vollerben Kasting in Haltern war der „Schafstall" zu einer Nebenfeuerstätte ausgebaut. Fünf von diesen Großbauern verfügten sogar über zwei bewohnbare Nebengebäude: Der Meyer zu Belm, Wiesehahn in Icker und Sudhoff in Darum konnten außer in der „Leibzucht" noch in ihrem „Backhaus", „Bei-" oder „Nebenkotten" weitere Menschen unterbringen; bei Steinhaus und Gödeker in Wellingen gab es zwar auch ein „Backhaus" neben der „Leibzucht", doch standen ihre Haupthäuser leer; vermutlich waren sie in so schlechtem Zustand, daß die Familie des Inhabers stattdessen in der Leibzucht lebte. Unter den 64 registrierten kleinbäuerlichen Stellen waren der Erbkötter Buddeke in Icker und der Markkötter Landwehr in Haltern die einzigen, die eine Nebenfeuerstätte besaßen; bei beiden diente das „Backhaus" als Unterkunft.

Schon 1651 verzeichnete der katholische Pfarrer in der Seelenbeschreibung auf 50 großen Höfen – also auf jedem zweiten – mehr als einen Haushalt, auf elfen lebten sogar drei Haushalte, beim Vollerben Dierker in Lüstringen vier. Außerdem wohnte auf sechs Kleinstellen eine zweite Familie. Unter all diesen nicht-bäuerlichen Haushalten können jedoch nicht mehr als siebzehn als Altenteiler des betreffenden Hofes identifiziert werden. Die Leibzucht-Kotten waren also überwiegend an ‚fremde' Familien vermietet. So lebten auf einem Voll- oder Halberbenhof im Schnitt neun Personen (Tab. 7.01), beim Meyer zu Belm und bei Sudendarp in Vehrte – zwei Vollerben mit je drei Haushalten – sogar 22 bzw. 24.

Der Zensus von 1772 zeigt, daß inzwischen auf fast allen großen Höfen neben der Familie des Besitzers mindestens ein Heuerlingshaushalt lebte. Bis auf fünf verfügten nun sämtliche Voll- und Halberben über ein Nebenwohngebäude, dreißig sogar über zwei, vier über drei, und der Meyer zu Belm hatte nicht weniger als fünf errichtet. Von den 72 registrierten Kleinbauern besaßen immerhin 23 ein zweites bewohntes Gebäude, der Markkötter Hur-

541

delbrink in Powe sogar noch ein drittes, nämlich sein Backhaus. So lebten im Durchschnitt drei Haushalte mit insgesamt sechzehn Personen auf einem Vollhof. Auf dem Meyerhof zu Belm, dem größten bäuerlichen Anwesen des Kirchspiels, wohnten in jedem der vier Kotten zwei Haushalte, in der Leibzucht sogar drei; mithin waren hier außer dem 12köpfigen Haushalt des Vollerben Johann Wilhelm Meyer elf eigentumslose Familien mit 51 Personen untergebracht, alles in allem 63 Menschen auf diesem einen Hof.[6]

Mitte des 19. Jahrhunderts besaß über die Hälfte der Großbauern mindestens zwei bewohnte Nebengebäude, ein Dutzend verfügte über drei, drei über vier, zwei über fünf. Nun wohnten im Schnitt 3,8 Haushalte mit etwa 23 Personen auf einem Vollhof; der am meisten bevölkerte war diesmal Niederrielage in Powe mit insgesamt zehn Haushalten und 56 Personen.

Auffallend ist, daß der Papierfabrikant Gruner und der Maschinenfabrikant Stüve bis zu einem gewissen Grade das Modell der Bauer-Heuerling-Beziehung übernahmen. Im Unterschied zu der Zigarren-„Fabrik"[7] beschäftigten sie in erheblichem Maße verheiratete[8] Arbeiter und siedelten diese überwiegend auf ihrem ‚Hof' an, wie der Zensus von 1858 zeigt. Der Vater des damaligen Fabrikanten, der spätere Landrat Christian Siegfried Gruner hatte 1808 die Grundstücke des Gretescher Turms erworben und alsbald mit der Papierherstellung begonnen[9], zunächst jedoch mit ledigen Papiermachern, die 1812 alle sieben zusammen in der ehemaligen Walkemühle wohnten und von zwei Mägden versorgt wurden. In der Folge ging der Fabrikant einen anderen Weg: Er zog selbst auf das Betriebsgelände, nahm verheiratete Arbeiter an und gab ihnen auf seinem Grund Wohnung. 1858 lebten auf diesem Areal neun Haushalte, deren Vorstände sämtlich zur Fabrik gehörten. Im Hauptgebäude wohnte die Familie Siegfried Gruner selbst; sie beschäftigte neben einer Haushälterin fünf Dienstmägde und fünf Dienstknechte; aber auch der 31jährige ledige Buchhalter, ein 19 Jahre alter Lehrling und ein 28jähriger unverheirateter Fabrikarbeiter wohnten mit ihrem Arbeitgeber unter einem Dach, so daß der herrschaftliche Haushalt insgesamt neunzehn Personen umfaßte. Im zweiten Wohnhaus finden wir den „Factor" Carl Kamps mit Frau, Kindern und Dienstmagd, den „Werkführer" Johann Kiefer mit Familie sowie die Haushalte der beiden „Fabrikarbeiter" Johann Heinrich Freese und Hermann Friedrich Kohlbrügge. Das

---

[6] Auf dem adeligen Gut Astrup wohnten in 12 Gebäuden 19 Haushalte mit insgesamt 90 Personen. – Auf den kleinen Höfen wohnten 1772 im Durchschnitt 1,5 Haushalte mit zusammen 6,4 Personen; 1858 waren es ebenfalls 1,5 Haushalte, jedoch mit 7,9 Personen.

[7] Siehe oben Kap. 5.4.

[8] Zu den ledigen Fabrikarbeitern s. oben Kap. 5.4.

[9] HINZE 1972 S. 43 ff., 58 ff.

dritte Gebäude teilten sich vier „Fabrikarbeiter" samt ihren Angehörigen. –
Auch der „Fabrikant" und „Maschinenbauer" August Stüve hatte es so ein-
gerichtet, daß die meisten von seinen verheirateten Arbeitern auf seinem
Grund und Boden in unmittelbarer Nähe seines Betriebes in Lüstringen
untergebracht waren. Er selbst wohnte mit Frau, Kind, zwei Mägden, einem
Knecht, seinem ledigen Buchhalter und einem unverheirateten Fabrikarbeiter in einem Haus. Im zweiten saßen der „Werkführer" Wilhelm Rietzel mit
Familie, der Einpersonenhaushalt des verwitweten Fabrikarbeiters Gerhard
Heinrich Brüggemann sowie der Fabrikarbeiter August Tühner mit den Sei-
nen. Das dritte Wohngebäude beherbergte drei weitere Fabrikarbeiter-
Haushalte. Insgesamt wohnten also von 16 Fabrikarbeitern des Kirchspiels,
die einen eigenen Hausstand hatten, nicht weniger als 11 auf dem Gelände
ihres Herrn. Das Modell des verheirateten Arbeiters, der in unmittelbarer
Nähe des Arbeitgebers lebte, in einem Haus und auf einem Grundstück, das
diesem gehörte, bewährte sich offenbar auch in der Frühzeit der Industrie.
Wirtschaftlich freilich bestand hier eine ganz andere Basis als bei den Heuerleuten der Bauern: die Vollzeitbeschäftigung im gewerblichen Betrieb des
Arbeit- und Wohnungsgebers.

## 7.3. Das Verhältnis des Bauern zu seinen Heuerleuten: ein Hof mit schriftlicher Überlieferung

Über die wirtschaftlich-soziale Lage der Heuerleute haben die Behörden im
18. und vor allem im 19. Jahrhundert manche Untersuchungen angestellt,
auf deren Grundlage sich ein allgemeines Bild durchaus zeichnen läßt.[10] Wie
jedoch die *Beziehungen* zwischen Bauern und Heuerleuten aussahen, darüber pendeln die Meinungen zwischen zwei Extremen. Auf der einen Seite
wird der stabile patriarchalische Charakter des Verhältnisses betont: Die
Heuerlinge seien großenteils ihr Leben lang auf einem Hof geblieben, viele
Familien sogar über mehrere Generationen; dazu habe nicht nur die Wech-
selseitigkeit der ökonomischen Interessen beigetragen, sondern oft auch verwandtschaftliche Bindungen – gegründet in der Herkunft der Heuerleute
aus der bäuerlichen Schicht; durchweg seien die Beziehungen „freundschaft-
lich-nachbarlicher" Art gewesen.[11] Auf der anderen Seite steht das Bild von

---

[10] Die grundlegende Untersuchung ist immer noch WRASMANN 1919–1921; s. jetzt auch
BÖLSKER-SCHLICHT 1990c; vgl. für das benachbarte preußische Gebiet MOOSER 1984 bes. 197ff.,
231ff., 246ff.
[11] So WRASMANN 1919–1921 Teil 1 S. 103f.; ähnlich für die frühere Zeit FUNKE 1847 S. 8f.,

der Unstetigkeit der Heuerleute, deren Interessen infolge des Mangels an Eigentum denen der Bauern entgegengesetzt waren, die – vertrieben oder aus eigenem Willen – alle paar Jahre von Hof zu Hof und Ort zu Ort zogen, bindungslos in der Not zu Bettel oder Diebstahl ihre Zuflucht nahmen.[12]

Daß es schwierig ist, die Beziehungen zwischen den Bauern und ihren Heuerleuten im einzelnen zu analysieren und zu bewerten, ist zum Teil ein Problem der Quellen. Denn die Heuer-Verträge wurden in aller Regel nicht schriftlich, sondern mündlich geschlossen, obwohl seit dem frühen 19. Jahrhundert Reformer, die sich für eine Verbesserung der Situation der Heuerleute einsetzten, immer wieder verlangten, die Schriftform verbindlich zu machen.[13]

Im Kirchspiel Belm hat jedoch im Jahre 1827 der damalige Inhaber des größten Hofes, der Meyer zu Belm, mit acht Heuerleuten geschriebene Verträge gemacht und über eine weitere Vereinbarung dieser Art eine Aktennotiz angefertigt.[14] Caspar Heinrich, geborener Schlie, war im September 1826 durch seine Heirat mit der Witwe des Meyer zu Belm als Interimswirt auf den Hof gekommen.[15] Im September des folgenden Jahres setzte er eigenhändig in sauberer Schrift acht „Verheurungs-Contracte" auf, zwei sind auf den 8. September, sechs auf den 29. September – also Michaelis – datiert; erst ein Jahr später, Michaelis 1828, sollte die Geltungsdauer der Verträge beginnen. Aufgrund der Familien-Rekonstitution wissen wir jedoch von mindestens sechs dieser Heuerlinge, daß sie längst auf dem Meyerhof ansässig waren: Johann Henrich Honebrink und Henrich Fraumann wurden dort bereits 1812 von dem Zensus registriert, Wilhelm Suhre seit 1813 vom Anschreibebuch des Meyerhofes; Gerhard Henrich Fraumann, Wilhelm

---

70. Es muß betont werden, daß Wrasmann die Augen keineswegs vor den „Schattenseiten" (Teil 1 S. 127 f.) der Situation der Heuerleute verschließt; er sieht sie jedoch eher als Folge einer späteren krisenhaften Entwicklung (s. insbes. Teil 2 S. 5 ff., 25 ff.).

[12] Siehe als drastisches Beispiel Justus Möser, Von dem Einflusse der Bevölkerung durch Nebenwohner auf die Gesetzgebung (1773), in: MÖSER 1944ff. Bd. 5. 1945 S. 11–22; vgl. zu ihm HATZIG 1909 S. 163 ff., 168 ff. und KNUDSEN 1986 S. 128 ff.; sowie allgemein MOOSER 1984 S. 201 ff., 247 ff. Siehe auch den interessanten Versuch der Vermittlung ebd. S. 255 ff.

[13] WRASMANN 1919–1921 Teil 2 S. 58 ff., 63 ff., 78 ff., 89, 92, 95; vgl. FUNKE 1847 S. 36, 39, 82.

[14] Die Akte befindet sich im HOFARCHIV MEYER ZU BELM. – Ein Kontrakt vom Jahre 1844 aus Alfhausen im Amt Bersenbrück ist abgedruckt bei WRASMANN 1919–1921 Teil 2 S. 33 ff.; im Vergleich zu den Verträgen vom Meyerhof zu Belm fällt er durch ungewöhnliche Präzision, nicht zuletzt in der Begrenzung der Arbeitspflicht des Heuerlings, auf. Laut STATISTISCHE NACHRICHTEN ÜBER ... HEUERLEUTE 1849 waren in den Gemeinden des Kirchspiels Alfhausen in der Tat „ungemessene Dienste der Heuerleute" nicht „üblich". – Den Meyerhof zu Belm mit seinen Heuerhäusern zeigt Karte 1 (im Anhang); vgl. dazu die Erläuterungen auf S. 627.

[15] Zu ihm siehe oben S. 500 ff.

Kuhlmann und Gerhard Heinrich Schwegmann waren zumindest seit der Taufe ihrer Kinder im Jahre 1820 bzw. 1823 Heuerleute des Meyer zu Belm. Demnach wurde hier nicht ein neues Vertragsverhältnis begründet, sondern ein bestehendes verschriftlicht. Das spricht dafür, daß der Inhalt der Kontrakte zumindest in seinem Kern nicht aus dem Rahmen des üblichen fiel, auch wenn die Schriftform ungewöhnlich war.

Einige grundlegende Bestimmungen waren in diesen acht Dokumenten gleich oder doch ähnlich; über weite Teile ist sogar der Wortlaut identisch. Der Meyer zu Belm als „Besitzer" „verheuerte" dem jeweiligen „Heuersmann" einen halben Kotten – dieser wurde jeweils namentlich bezeichnet – sowie mehrere Stücke Ackerland, die ebenfalls mit Flurnamen und Größenangabe benannt sind. Der Gesamtumfang der Pachtung eines Heuerlings bewegte sich zwischen 15 und 19 Scheffelsaat, also 1,75 und 2,25 Hektar.[16] Der jährliche Mietzins für den halben Kotten, zu dem bei einigen auch ein halber Garten gehörte, belief sich auf 5 bis 9 Taler; der jährliche Pachtpreis je Scheffelsaat Ackerland auf ein bis zwei Taler.[17]

Dieser Pachtzins der Heuerleute war niedriger als der, den ein ‚freier Pächter' zu zahlen hatte. Jedenfalls notierte Caspar Heinrich Meyer zu Belm um die gleiche Zeit, daß er dem „Schenkwirt Klockenbrinck" zwei Flächen von 4,15 bzw. 4 Scheffelsaat zu je 12 Talern – je Scheffelsaat also für etwa drei Taler – „verheuert" hatte. Von Friedrich Wilhelm Klockenbrinck wissen wir, daß er in keinem Heuerlings-Verhältnis zum Meyerhof stand, sondern hauptsächlich als Bäcker und Wirt seinen Lebensunterhalt verdiente, obgleich er auch ein Nebengebäude des Hofes als Wohnung, Werkstatt und vermutlich Wirtsstube mietete.[18] Da der Belmer Meyerhof unmittelbar beim

---

[16] 1 Scheffelsaat entsprach 0,1177 ha.

[17] Vgl. unten in Tab. 7.02 c die Übersicht über die Heuerleute des Belmer Meyerhofes um das Jahr 1827.

[18] Diese summarische Notiz steht am Ende der Akte mit den Heuerlings-Verträgen im HOFARCHIV MEYER ZU BELM. Die beiden von Klockenbrinck gepachteten Parzellen lagen „Auf dem sogenannten Dieckfelde" bzw. „Auf dem Kirchkamp". Dort hatte auch der Heuermann Wilhelm Suhre je eine Parzelle gepachtet, und zwar für 1,4 bzw. 1,25 Taler je Scheffelsaat. Zwar steht über der Notiz betr. Klockenbrinck – wie über den anderen Verträgen – „Verheurungs-Contract"; doch bedeutete „Heuer" zunächst nicht mehr als ‚Miete, Pacht' (s. KLÖNTRUP 1798–1800 Bd. 2 S. 162 s.v. ‚Heuer', S. 350–352 s.v. ‚Miethe'). Daß Klockenbrink kein Heuermann des Meyerhofes war, ergibt sich klar aus dem ausformulierten „Verheurungs Contract" zwischen dem Meyer zu Belm und F. W. Klockenbrink vom 29.9.1829 (im HOFARCHIV MEYER ZU BELM): Eine Arbeits- und Treuepflicht wird nicht erwähnt. Die Angaben über die gepachteten Flächen und den Pachtzins weichen hier nur geringfügig von denen der Notiz von ca. 1827 ab. Von 1829 an mietete Klockenbrink auf acht Jahre ein neu erbautes Nebenhaus des Hofes, und zwar für jährlich 60 Taler. Mehr als zwei Drittel des jährlichen Pacht- und Mietzinses sollten jedoch zur Tilgung der 250 Taler dienen, die der Meyer zu Belm dem F. W. Klockenbrink

Kirchdorf lag, in dem es sonst keinen Großbauern gab, hatte er weit mehr als die Höfe der anderen Bauerschaften die Möglichkeit, kleine Parzellen an die Kleinbauern, Handwerker und Landlosen im Dorf zu verpachten, ohne ihnen einen Kotten zu vermieten und ein Heuerlingsverhältnis zu begründen.[19] Diese freien Kleinpächter mußten in der Regel einen höheren Zins entrichten.[20]

Im Unterschied zu den – in dieser Region relativ seltenen – ‚freien Pächtern' trug der Heuerling samt seiner Frau einen Teil seines Miet- und Pachtzinses durch ‚Hilfe' beim Bauern ab. So sahen es auch die Kontrakte auf dem Belmer Meyerhof vor. Die Verpflichtung von Heuermann und -frau zur Arbeitsleistung war weder dem Umfang noch der Art nach begrenzt; auch der Zeitpunkt stand offenbar ganz im Ermessen des Bauern. „Der Heuermann Johann Henrich Honebrink muß mir alle Hülfe leisten, welche ich für meinen Hof bedarf", so lautete die Generalklausel. Für einen ganzen Tag Arbeit erhielt der Heuermann vier Mariengroschen, die Frau drei, für einen halben jeweils die Hälfte. Um einen Taler zu verdienen, mußte der Mann demnach neun, die Frau zwölf volle Tage arbeiten. Da aus dem Osnabrückischen vielfach noch im 19. Jahrhundert von unentgeltlichen Diensten der Heuerlinge für ihre Bauern berichtet wird, bedeutete es für die Leute auf dem Meyerhof immerhin eine gewisse Sicherung, daß ihnen für jeden Arbeitstag einige Groschen gutgeschrieben wurden. Die Höhe des vereinbarten Lohnsatzes freilich scheint deutlich unter dem zu liegen, was als angemessener Tagelohn betrachtet wurde.[21] Niedriger Miet- und Pachtzins und niedriges Arbeitsentgelt sollten sich wechselseitig entsprechen.[22] Auf dem

---

schuldete. In einem Zusatz vom 29.9.1830 wird festgehalten, daß der Meyer sich inzwischen weitere 250 Taler von Klockenbrink geliehen hatte. – Daß der nominelle Pachtzins für Heuerlinge relativ niedrig war, weil die Arbeitsdienste Teil des Zinses waren, wurde des öfteren beobachtet: WRASMANN 1919–1921 Teil 2 S. 32, 37 f.; FUNKE 1847 S. 35.

[19] Diese Möglichkeit wird hervorgehoben in dem Sachverständigen-Gutachten der beiden auswärtigen Bauern vom 17.11.1828, in: StA OS Rep. 350 Osn. Nr. 3042. – In der Regel wurde der Belmer Meyerhof übrigens zur Bauerschaft Gretesch gerechnet.

[20] In dem 1817 begonnenen Anschreibebuch (im HOFARCHIV MEYER ZU BELM) notierte Caspar Heinrich Meyer zu Belm eine Übersicht „Einnahme von verschiedenen Stellen wegen Mietleute [...] von 1827 an und so weiter". Zu 10 Landstücken, die an acht verschiedene freie Kleinpächter, meist im Kirchdorf Belm, verpachtet waren, gab er außer dem Pachtzins auch die Größe an (sie schwankte zwischen einem und vier Scheffelsaat). Bei 8 Parzellen belief sich der jährliche Pachtzins auf 2,5 bis 4 Taler je Scheffelsaat, bei einer betrug er 2 Taler, bei einer 1,1 Taler.

[21] Siehe insbes. WRASMANN 1919–1921 Teil 2 S. 87, vgl. 31 ff., 37 ff., 110.

[22] MOOSER 1984 S. 267 ff. beobachtet jedoch für das benachbarte Minden-Ravensberg im 19. Jahrhundert eine sich immer weiter öffnende Schere zwischen der Entwicklung von Miet- und Pachtzins einerseits, Arbeitsentgelt andererseits.

Meyerhof zu Belm bedeutete das: Den Pachtzins für einen Hektar des preisgünstigsten Ackerlands konnte der Mann in etwa drei, die Frau in vier Monaten erarbeiten; und die Jahresmiete für den billigsten halben Kotten kostete den Mann knapp zwei Monate Arbeit, die für den teuersten mehr als drei Monate.[23] Da die gesamte Geldschuld eines Heuerlings sich pro Jahr auf 25 bis 33 Taler belief, hätten Mann *und* Frau jeweils etwa ein halbes Jahr ausschließlich für den Bauern tätig sein müssen, wenn sie alles durch Arbeit hätten abgelten sollen.[24] – Ob der Bauer jeweils ganze oder halbe Tage Arbeit einforderte, war für die Heuerleute nicht so gleichbedeutend, wie der vereinbarte Lohnsatz glauben macht. Denn aus zeitgenössischen Berichten ist bekannt, daß die ‚Helfenden‘ an den Tagen der Arbeit auf dem Hof beköstigt wurden. Im 19. Jahrhundert wurde häufig darüber geklagt, daß die Bauern dieser Verpflichtung aus dem Wege gingen, indem sie mehr und mehr zu halbtägiger Arbeit riefen: Sie ließen die Heuerleute kommen, sowie die Mittagszeit zu Ende war und schickten sie womöglich kurz vor dem Abendbrot nach Hause. Wie es der Meyer zu Belm damit hielt, bleibt unserem Blick verborgen.[25]

Auf der anderen Seite standen Hilfsleistungen des Bauern für seine Leute. Allerdings werden die Colonen dazu kaum in Person auf dem Pachtland ihrer Heuerlinge angetreten sein, sie schickten vielmehr einen Knecht.[26] Von den Heuermännern des Meyers zu Belm hatte keiner Pferde. Zwar benutzten alle die beiden Kühe, die sie durchweg besaßen, auch zur Feldarbeit[27] und verminderten damit ihre Abhängigkeit von der Gespannhilfe des Hofes; doch Pflug, Wagen und andere Geräte mußten sie gewiß dort leihen. Nicht nur beim Bestellen und Abernten ihres Pachtlandes, auch in anderen größeren oder kleineren Dingen werden sie schwerlich ohne die Hilfe des Bauern ausgekommen sein. Üblich war z. B., daß die Heuerleute ihr Brot an den Backtagen mit im Backhaus des Hofes backten. Im Kirchspiel Belm hatte

---

[23] 1 Hektar entspricht 8,5 Scheffelsaat. Für 8,5 Taler mußte der Heuermann also 76,5 volle Tage, die Frau 102 Tage arbeiten. Rechnet man 13 bzw. 17 Sonntage hinzu, so entspricht das ziemlich genau drei bzw. vier Monaten.

[24] Bei dem Gesamtbetrag der jährlichen Geldschuld sind 1. die Miete für den halben Kotten und ggf. den Garten, jedoch bereits ohne den durch die Haferlieferung abzugeltenden Betrag, 2. die Pacht für das Ackerland sowie 3. die Bezahlung für die Hilfsleistungen des Bauern enthalten; nicht berücksichtigt sind die Winngelder. Rechnet man ein halbes Arbeitsjahr im groben Überschlag zu 150 Arbeitstagen, so verdiente der Heuermann in dieser Zeit 16,66 Taler, die Frau 12,5 Taler.

[25] Siehe unten S. 608. Vgl. allgemein WRASMANN 1919–1921 Teil 2 S. 38; FUNKE 1847 S. 37; sowie zum benachbarten Minden-Ravensberg MOOSER 1984 S. 269 f.

[26] Vgl. WRASMANN 1919–1921 Teil 2 S. 38 f.

[27] StA OS Rep. 350 Osn. Nr. 182: Statistische Tabellen vom März 1833, hier: Gretesch; vgl. unten S. 557.

es nach Ausweis der Volkszählungen von 1772 und 1812 keinen Bäcker gegeben, bei dem Brot hätte gekauft oder gegen Bezahlung gebacken werden können. Da sich 1825 der Bäcker und Schenkwirt Friedrich Wilhelm Klokkenbrink auf dem Meyerhof zu Belm eingemietet hatte[28], könnten die Heuerlinge sich in dieser Hinsicht von ihrem Colon unabhängig gemacht und den Bedarf stattdessen auf dem ‚Markt' gedeckt haben. Trotzdem blieben sie soweit auf die Hilfe ihres Bauern angewiesen, daß der Meyer zu Belm „für die sogenannten Hülfsleistungen, welche der Heuermann in Arbeit frei hat", bei der Mehrzahl seiner Pächter fünf Taler pro Jahr in Rechnung stellen konnte.

Schließlich hatte jeder Heuermann jährlich einen „Sack voll Hafer, sechs Scheffel enthaltend," zu liefern; dessen Wert wurde von dem Mietzins für die Wohnung abgezogen.

Alle acht Kontrakte wurden für die Zeit „von Michaeli 1828 bis dahin 1832" geschlossen. An späterer Stelle hieß es jedoch in jedem der acht Dokumente: "Dieser Verheurungs-Contract ist nur allein auf der Heuerleute Habe und Güter gültig, und zwar so lange, bis einer von ihnen lebt; doch können von mir alle vier Jahre Veränderungen damit vorgenommen werden." Damit sollte offenbar einerseits vereinbart werden, daß keine Erben automatisch in das Vertragsverhältnis eintraten, falls Heuermann *und* -frau vor Ablauf der vier Jahre stürben. Andererseits enthält die Klausel doch wohl einen recht starken Hinweis auf eine lebenslange Ausdehnung des Verhältnisses, freilich mit der Möglichkeit der Veränderung der Bedingungen durch den Bauern.

Daß die Vertragsdauer an die Bedingung gekoppelt wurde, daß wenigstens *einer* von dem Heuerlingspaar noch lebte, bedeutete einen gewissen Schutz für die Witwe eines Heuermanns. Dies wird der Weg gewesen sein, auf dem wiederheiratende Heuerlingswitwen ihren neuen Mann zu sich in den bisher bewohnten Kotten holen konnten.[29] Auch auf dem Meyerhof zu Belm waren dies offenbar keine leeren Worte. Unter dem „Verheurungs-Contract" des Wilhelm Kuhlmann findet sich ein späterer Zusatz folgenden Wortlauts: „Der vorbenannte Heuercontract von dem verstorbenen Wilhelm Kuhlmann dauert auf Christoffer Heinr. Fraumann auf die folgenden vier Jahre, als von Michaelis 1832 anfangend und 1836 an Michaelis sich endigend. Jedoch ist der [!] vorbenannte Fraumann von seiten des Col. Meyer

---

[28] Er blieb dort wohnen, bis er im Jahre 1848 „per ebriositatem" starb. – 1858 wurden vier Bäcker im Kirchspiel registriert, davon drei im Kirchdorf Belm, also nahe beim Meyerhof. Offenbar wurde in diesen Jahrzehnten immer mehr Brot fertig gekauft oder aber gegen Bezahlung vom Bäcker gebacken.

[29] Siehe oben Kap. 6.6.

zur Pflicht gemacht, die bei ihm [wohnende] verwitwete Kuhlmann nicht zu verstoßen oder zu vertreiben. Dieses ist von Fraumann eigenhändigst unterschrieben, daß er dieses vorbenannte eingeht." Wie die Familien-Rekonstitution zeigt, war Wilhelm Kuhlmann bereits am 12. Oktober 1829, also nach einjähriger Dauer des geschriebenen Vertrags, im Alter von 55 Jahren gestorben. Johann Christopher Fraumann[30], der 23jährige Sohn des Henrich Fraumann aus dem anderen Kotten des Meyerhofes, hatte am 23. Oktober 1829 geheiratet, und zwar Anna Maria Kuhlmann, eine Tochter der Witwe und ihres jüngst beerdigten Mannes. Die hinterlassene Frau seines Vorgängers, die „nicht zu verstoßen oder zu verteiben" der Meyer ihm zur Pflicht machte, war also seine Schwiegermutter. Die Klausel wurde dann vor Beginn von Fraumanns Vertragszeit ohnehin gegenstandslos, weil im Januar 1832 die Witwe Kuhlmann im Alter von 47 Jahren wiederheiratete und nach auswärts zog.

Für die eigentliche Vertragsdauer von vier Jahren hatten alle acht Heuerleute von jedem Scheffelsaat gepachteten Ackerlandes ein „Winngeld" in Höhe von zwölf Mariengroschen, d. h. einem Drittel Taler, zu entrichten. Diese Zahlung diente - wie bei anderen Verträgen - zum „Zeichen der würklich geschehenen Vollziehung".[31] Bei einem jährlichen Pachtzins von einem Taler je Scheffelsaat bedeutete der Weinkauf ein Aufgeld von 8,3 % pro Jahr.

Etwa die Hälfte des Vertragstextes machten allgemeine Bedingungen aus, die für alle acht gleichlautend formuliert waren. Ausführlich wurde geregelt, daß nicht nur der Heuermann, sondern auch seine Ehefrau „ihre sämtliche Habe und Güter, das heißt ihre Mobilien und Vermögen [...], welche entweder dem Mann oder der Frau gehören mögen, zum Unterpfand oder Hypothek" auf die Heuer setzten. Für den Fall, daß sie „bei irgendeinem unvorhergesehenen, sie etwa betreffenden unglücklichen Ereignis" „entweder mit der Bezahlung der Heuergelder zurückkommen oder auf irgendeine Art sich etwas zuschulden kommen lassen" sollten, verzichteten sie auf „alle Ausflüchte und dagegen zu machenden Widerreden" und besiegelten Mann und Frau „durch ihre eigenhändige Unterschrift oder drei Kreuze [...], daß sie [...] ihre Habe und Güter an mir hiedurch gänzlich abtreten und verlieren müssen". Diese Mithaftung der Heuerlingsfrau zu erreichen, hatte die Osnabrückische Regierung 1782 den Colonen erleichtert, indem sie durch eine Verordnung ein vereinfachtes Verfahren ermöglichte. Begründet worden war das seinerzeit mit Berichten, „daß, da in dem Hochstifte Osnabrück

---

[30] Mit diesen Vornamen unterschrieb er, und so hieß er auch in den Kirchenbüchern.
[31] KLÖNTRUP 1798-1800 Bd. 3 S. 291 s. v. ‚Weinkauf'. Vgl. oben S. 356 f. zum Gesindevertrag.

[...] unter den Heuerleuten eine Gemeinschaft der Güter nicht hergebracht ist, oftmals, wenn über geständigte Rückstände der Heuer Klage geführt und die Execution erkannt worden, diese durch die intervenierenden Ehefrauen der Heuerleute, welche alles vorhandene Vermögen für das ihrige ausgeben, vereitelt" werde.[32] Vor solchen Risiken suchte der Meyer sich zu schützen.

Schließlich wurde den Heuerleuten „ein sittliches Betragen und zur angesetzten Zeit pünktliche Bezahlung" zur Pflicht gemacht – zwei Dinge, die der Text, vom Colon in der Ich-Form redigiert, in einem Atemzug nannte; anscheinend lag ihm das zweite nicht minder am Herzen als das erste. Der schärfsten Ahndung, nämlich fristloser Kündigung von einem Tag auf den anderen unter Verfall der Winngelder, setzten sie sich durch „Untreue" gegen ihren Bauern und seinen Hof aus: „wenn Mann und Frau oder die Seinigen Untreue gegen mich oder den Meyerhof beweisen", sollten sie „täglich winn- und heuerlos" sein.

Obwohl die meisten inhaltlichen Bestimmungen in allen acht Verträgen ähnlich waren und die Texte über weite Teile gleich lautetten, gab es im einzelnen doch eine Reihe von Differenzierungen. Zum Teil werden diese in Unterschieden der Sache begründet sein. Wilhelm Suhre und Gerhard Heinrich Düsterberg hatten für den halben „Vorhoffs-Kotten" nebst halbem Garten je neun Taler pro Jahr zu zahlen, Johann Henrich Honebrink für den halben „Heeden-Kotten" nebst halbem Garten sechs, Gerhard Henrich Fraumann und sein Vatersbruder Henrich Fraumann für den halben „Windbeutels-Kotten" nebst halbem Garten je fünf Taler, ebenso viel wie Gerhard Henrich Schwegmann, Caspar Heidbrink und Wilhelm Kuhlmann für je einen halben Kotten *ohne* Garten. Daß die beiden Heuerleute, die sich einen Kotten teilten, jeweils mit dem gleichen Betrag belastet wurden, spricht dafür, daß der Mietzins je nach Größe und Beschaffenheit der Gebäude und ggf. der Gärten angesetzt wurde.

Schwerer wog, daß der Meyer zu Belm bei zwei Heuerleuten völlig oder weitgehend auf die Arbeitspflicht verzichtete, die auf den anderen unbegrenzt lastete. Die Klausel ‚Der Heuermann ... muß mir alle Hülfe leisten ...' hatte Caspar Henrich Meyer bei dem einen verändert in: „Der Heuermann Gerhard Henrich Fraumann müßte mir alle Hülfe leisten, welche ich für meinen Hof bedarf". Statt der Festlegung der Lohnsätze hatte er hier hinzugefügt: „doch ist diese nicht nötig, da er solche mit Gelde auskehrt." Der letzte Halbsatz könnte so verstanden werden, als habe Fraumann für

---

[32] Verordnung die Mitverpflichtung der Ehefrauen für die Heuergelder betr. vom 11.11.1782, abgedr. in: CCO 1783-1819 Teil 1 Bd. 2 S. 1758 f.; vgl. WRASMANN 1919-1921 Teil 1 S. 141 f.; HATZIG 1909 S. 173.

die Befreiung von der Arbeitsverpflichtung einen besonderen Geldbetrag zahlen müssen. Da ein solcher Betrag jedoch nirgends spezifiziert wurde, wird vielmehr gemeint sein, daß er die Heuergelder zur Gänze bar beglich. Ursache dafür war augenscheinlich, daß Gerhard Henrich Fraumann zugleich „Untervogt" war; mit dieser Amtsbezeichnung wird er zu Beginn des Kontrakts apostrophiert. Als solcher war er „Diener des Vogts" und hatte „dessen Aufträge [...] sowohl in Ansehung der Bestellungen und der Beitreibung des Schatzes als in Ansehung der dem Vogte aufgetragenen Rechtshülfe", z. B. bei Pfändungen, auszuführen.[33] Möglicherweise hätte eine ungemessene Arbeitspflicht auf dem Meyerhof zeitlich mit den Anforderungen dieses Amts kollidiert, vielleicht wäre sie auch seiner Würde nicht angemessen gewesen. Jedenfalls werden die Amtseinkünfte es dem Untervogt ermöglicht haben, den Miet- und Pachtzins bar zu bezahlen. – Diese Fähigkeit hatte Wilhelm Kuhlmann dadurch, daß er zugleich den Beruf eines „Zimmermeisters" ausübte. In seinem Vertrag war der Passus über die „Hülfe" auf dem Hof ersetzt durch folgenden elliptischen Satz: „Ohnentgeldliche Dienste an meinem Hofe werden nicht anders, als jährlich in der Wiese Gras mähen zu helfen, welche in Gelde ausgekehrt werden." Anstelle des gemütvoller klingenden Worts „Hülfe" gebrauchte der Colon hier den Terminus „Dienste", der vor allem die Fronen der Bauern gegenüber den Feudalherren bezeichnete, im 19. Jahrhundert aber von Verwaltungsbeamten der Region durchaus auch auf die Arbeitspflicht der Heuerleute angewendet wurde.[34] Daß der Meyer zu Belm hier ein anderes Wort wählte, scheint dadurch bedingt, daß Kuhlmann im Unterschied zu den anderen Heuerleuten seiner Arbeitspflicht völlig unentgeltlich nachzukommen hatte. Der Umfang dieser Leistung jedoch war bei ihm relativ eng – wenn auch vielleicht nicht ganz scharf – begrenzt auf die Mitwirkung beim jährlichen Mähen der Wiese. Die Heuergelder, das will wohl der letzte Halbsatz sagen, zahlte der Zimmermeister Kuhlmann wie der Untervogt Fraumann ganz in bar. – Da die den Heuerleuten gutgeschriebenen Lohnsätze nach allem, was wir wissen, niedrig waren, stand sich der Untervogt Fraumann wesentlich besser als die anderen; denn obwohl er von der Arbeitspflicht völlig befreit war, hatte er für Wohnung und Land keine höheren Heuergelder zu zahlen als sein Onkel Henrich Fraumann, mit dem er den Kotten teilte, und auch für die Hilfs-

---

[33] KLÖNTRUP 1798–1800 Bd. 3 S. 238 f. s. v. ‚Untervögte'. Ähnlich die Beschreibung des Kirchspiels Belm um 1790: HINZE 1985 a S. 148 f. – HEUVEL 1984 untersucht die Osnabrückische Beamtenschaft nur bis hinab zu den Vögten.

[34] In STATISTISCHE NACHRICHTEN ÜBER ... HEUERLEUTE 1849 hieß eine Rubrik: „Ob ungemessene Dienste der Heuerleute üblich sind?" – Vgl. KLÖNTRUP 1798–1800 Bd. 1 S. 260–266 s. v. ‚Dienste' zum Wortgebrauch im Verhältnis zwischen Feudalherr und Bauern.

leistungen des Bauern wurde ihm nicht mehr berechnet. Dem Zimmermeister Kuhlmann wurden ebenfalls keine größeren geldlichen Lasten auferlegt als seinen unmittelbaren Nachbarn; doch hatte er den einzigen von ihm geforderten Dienst ohne Bezahlung zu leisten.

Erhebliche Unterschiede gab es im Pachtzins für das Ackerland. Für die meisten Parzellen wurde 1 Taler je Scheffelsaat und Jahr verlangt. Mehrere Stücke wurden höher veranschlagt, mit 1,2 oder 1,8 oder sogar 2 Talern je Scheffelsaat. Es liegt nahe, die Ursache in Differenzen der Bodenqualität zu suchen. Denn für Stücke mit derselben Flurbezeichnung wurde meist verschiedenen Heuerleuten der gleiche Zins berechnet: Die Pacht für je 1½ Scheffelsaat „Hinter dem Garten" betrug bei Henrich Fraumann wie bei Johann Henrich Honebrink 1½ Taler; „Auf dem Neuen Lande" hingegen kostete jeder Scheffelsaat 2 Taler – bei Gerhard Henrich Schwegmann wie bei Caspar Heidbrink und Wilhelm Kuhlmann. Aber ganz einheitlich ist dies Bild nicht. Für Parzellen „Auf dem Steinigen" wurde Gerhard Henrich und Henrich Fraumann sowie Johann Henrich Honebrink pro Scheffelsaat 1 Taler in Rechnung gestellt, Gerhard Henrich Schwegmann und Caspar Heidbrink aber 1¼ Taler: Für vier Scheffelsaat hatte jeder von ihnen fünf Taler zu erlegen. Auf der anderen Seite wurden dem hier anscheinend um einen Taler benachteiligten Gerhard Henrich Schwegmann zwei Scheffelsaat „Auf der Breede" „zugegeben" und „nicht berechnet"; auch bei den Winngeldern blieb dieser Ackerteil von knapp einem Viertel Hektar außer Betracht. Dabei hatten Suhre, Düsterberg und Honebrink für ihre Teile „Auf der Breede" einen Taler je Scheffelsaat zu zahlen. Caspar Heidbrink, dem „Auf dem Steinigen" ebenfalls ein Taler ‚zu viel' abverlangt wurde, erhielt „Auf dem Hövel" zwei Scheffelsaat „zugegeben", wo Suhre und Honebrink pro Scheffelsaat einen Taler schuldeten. Auch Wilhelm Kuhlmann empfing eine solche Zugabe; 1½ Scheffelsaat „Auf der Blankendiecks Breede" wurden ihm nicht berechnet, während ihm weitere 5 Scheffelsaat derselben Flur mit 9 Talern zu Buche schlugen. Was die Bodenqualität der einzelnen Landstücke angeht, so zeigt ein Blick in die ‚Schätzungsregister' zu Du Plats Landesvermessung keinen klaren Zusammenhang zwischen der Bewertung durch die Taxatoren und den Pachtpreisen.[35] Um so mehr wirkt die Differenzierung der Pachtzinsen und die Verteilung von Zugaben undurchsichtig; ein sachlicher Grund ist nicht erkennbar. Interessanterweise waren jedoch die drei Heuermänner, denen eine Kleinparzelle „zugegeben" wurde, gerade

---

[35] StA OS Rep. 100a IV Nr. 7a fol. 5: Der Acker „Das neue Land", der 1827 besonders teuer verpachtet war, wurde i.J. 1805 von zwei Taxatoren mit 3¼, von einem mit 3½ bewertet; der Acker „Auf den [!] Steinigen" wurde von allen drei Taxatoren mit 3½ eingestuft, „Auf den Höfel" mit 3¼, „Blankenteichs Breite" mit 3¾.

diejenigen, welche einen Anteil an dem teuerst berechneten Landstück hielten; sie hatten dort sogar jeweils ihre Hauptfläche: Schwegmann und Heidbrink je 13 Scheffelsaat zu 26 Talern, Kuhlmann 9½ Scheffelsaat zu 19 Talern.

Ins Auge fällt, daß der „eine Sack voll Hafer", den jeder von den acht Heuerlingen jährlich zu liefern hatte, bei fünfen mit 1½ Talern gutgeschrieben wurde, bei den anderen hingegen mit vollen drei Talern. Dabei war bei allen acht ausdrücklich spezifiziert, daß der Sack „sechs Scheffel enthaltend" gemeint sei. Die drei, die hier begünstigt wurden, sind Schwegmann, Heidbrink und Kuhlmann – dieselben, die einerseits das teuerste Land pachteten, andererseits eine unberechnete Zugabe empfingen. – Bei eben diesen dreien fehlt auch jede Erwähnung der „Hülfsleistungen" des Bauern. Daß sie diese im Unterschied zu ihren fünf Nachbarn völlig entbehren konnten, weil sie selber Pflug und Wagen angeschafft hatten, ausschließlich ihre eigenen Kühe einspannten oder bei fremden Bauern Hilfe zu billigerem Preis erhielten, ist wenig wahrscheinlich. Der Meyer scheint ihnen seine Unterstützung kostenlos gewährt zu haben. – Zwei von diesen dreien, nämlich Schwegmann und Heidbrink, genossen noch einen speziellen Vorzug. Der Colon reduzierte für diesmal ihre Winngelder um einen und ein Drittel Taler: Nachdem er wie bei allen für jeden Scheffelsaat Ackerland 12 Mariengroschen in Rechnung gestellt hatte, für die 17 Scheffelsaat, die diese beiden hatten – ohne Berücksichtigung der „zugegebenen" zwei Scheffelsaat –, also 5 Taler 24 Mariengroschen, fügte er hinzu: „Diese Winne ist dem Heuermann auf diese vier Jahre zu vier Reichstaler zwölf Mariengroschen erlassen." Beim Weinkauf kam der Meyer auch Wilhelm Suhre ein wenig entgegen: Für das eine „Stück ohne Maße" in der Flur „Auf dem Bröcke", das er ihm neben vier Parzellen von zusammen 15 Scheffelsaat überließ, verlangte er zwar pro Jahr 2½ Taler Heuer; bei den Winngeldern jedoch blieb es außer Betracht.

Daß die Heuerlingsverhältnisse nicht überall einheitlich waren, sondern von Amt zu Amt, ja von Ort zu Ort im einzelnen Unterschiede aufwiesen, war Kennern im 19. Jahrhundert vertraut.[36] Daß darüber hinaus nicht nur innerhalb einer Bauerschaft, sondern sogar auf ein und demselben Hof die Verträge differenziert gestaltet wurden, erscheint durchaus bemerkenswert. Denn derartige Variationen können nicht mit naturräumlichen Bedingungen oder lokalen Gewohnheiten erklärt werden, sie bedürfen einer eigenen Analyse.

Nur einen Teil der Differenzierungen, die der Meyer zu Belm in den Bedingungen seiner acht Heuerlinge vornahm, können wir plausibel auf

---

[36] Siehe etwa FUNKE 1847 S. 11 ff.

sachliche Unterschiede zurückführen, so die Varianz im Mietzins auf verschiedene Größe und Qualität der Kotten und Gärten. Daß der Untervogt Gerhard Henrich Fraumann völlig und der Zimmermeister Wilhelm Kuhlmann weitgehend von der Pflicht zur Arbeit auf dem Meyerhof befreit waren, ist ohne Frage in ihrer Person begründet: Sie hatten einen anderweitigen Beruf. Aber warum verlangte der Colon dann keinen höheren Pachtzins von ihnen, wie er es beim Bäcker und Schenkwirt Klockenbrinck tat? Gerhard Henrich Fraumann hatte ursprünglich in einem normalen Heuerlings-Verhältnis zu diesem Hof gestanden: Bei der Taufe seiner ersten beiden Kinder 1820 und 1823 war er schlicht Heuermann beim Meyer zu Belm; seit 1826 führte er den Titel eines „Untervogts", blieb aber in dem Kotten des Hofes wohnen. Vielleicht war es für einen Großbauern nicht ohne Nutzen, mit dem lokalen, wenn auch untersten Vertreter der Staatsmacht auf gutem Fuße zu stehen; dieser Gesichtspunkt könnte insbesondere den Interimswirt Caspar Heinrich Meyer, geborenen Schlie, bewegt haben, der durch seine extravagante Lebensweise und schlechte Wirtschaftsführung mehr und mehr Anstoß erregte – bis er 1833 im Alter von 36 Jahren an „Trunksucht" starb.[37] – Ob und ggf. in welcher Weise der Zimmermeister Kuhlmann dem Hof oder seinem Inhaber einen speziellen Nutzen brachte, wissen wir nicht.

Die übrigen Unterscheidungen, die uns unerklärlich bleiben, betreffen – der in Geldbeträgen ausdrückbaren Größenordnung nach – zweitrangige Posten, insbesondere wenn wir berücksichtigen, daß sich die Vor- und Nachteile bei dem einzelnen bis zu einem gewissen Grad aufzuheben scheinen: ein überdurchschnittlicher Pachtzins auf der einen Seite, eine „zugegebene" Parzelle auf der anderen. Wenn wir von den beiden Dienstbefreiungen absehen, waren die grundlegenden Bedingungen und die wesentlichen Posten der finanziellen Lasten für alle ähnlich.

Was also war der Sinn der feinen Unterschiede? Die plausibelste Erklärung mag darin liegen, daß sie ihren Sinn in sich hatten: Sie sollten dem einzelnen Heuerling zeigen, daß der Hofbesitzer die Besonderheiten seiner Umstände berücksichtigte, daß er ihm entgegenkam, soweit er konnte, und, wenn er ihm auf der einen Seite eine Last aufbürdete, ihm auf der anderen doch Erleichterung verschaffte. Der Pachtzins für den Acker „Auf dem Neuen Lande" war recht hoch, die Bodenqualität nur durchschnittlich, mochte der Heuermann meinen, und der Colon verschloß sich dem nicht, sondern gab eine kleine Parzelle gänzlich unberechnet zu, gewährte auch für den Sack Hafer einen guten Preis und ließ vielleicht beim Winngeld noch einen Taler nach – freilich nur für dies eine Mal. Auf der anderen Seite holte

---

[37] Siehe oben S. 502 ff.

der Bauer sich wohl ein bißchen zurück und berechnete den Pachtzins für „Das Steinige" um ein Viertel höher als bei den anderen. Auch für ganz persönliche Gesichtspunkte, Vertrauen, Vorliebe oder Abneigung, mochte hier Raum sein.[38] Die Botschaft des Colonen an den einzelnen Heuermann scheint darin zu bestehen, daß das Heuerlingsverhältnis gerade *nicht* für alle gleich war, nicht einmal für die Leute auf demselben Hof, sondern daß es sich lohne, die Gunst des Bauern zu erwerben: durch fleißige Arbeit, wann immer dazu gerufen wurde, durch pünktliche Bezahlung der Heuer und vor allem durch ‚Treue' gegen den Colon und gegen seinen Hof.

Zu gern wüßten wir, wie die Heuerleute diese Botschaft aufnahmen, ob und in welchem Maße sie das Verfahren durchschauten. Hinsichtlich der Wirkung wäre wichtig zu erfahren, ob einer die Bedingungen des anderen im Detail kannte oder ob jeder im Glauben war, eine ungewöhnliche Vergünstigung erreicht zu haben, und diese vor den anderen zu verbergen suchte. All dies wissen wir nicht.[39] Wenn wir Vermutungen darüber plausibel machen wollen, so müssen wir uns vor allem auf das stützen, was uns über die Beziehungen der Heuerleute untereinander bekannt ist.

Da fällt zunächst auf, daß jeweils die beiden Heuerlinge, die sich in einen Kotten teilten, sehr ähnliche Vertragsbedingungen hatten. Darüber hinaus scheint durch lange Ansässigkeit auf dem Meyerhof und verwandtschaftliche Bande ein engerer Zusammenhang zwischen Suhre, Düsterberg, Honebrink, Henrich und Gerhard Henrich Fraumann zu bestehen. Henrich Fraumann und Johann Henrich Honebrink waren 1827 seit mindestens eineinhalb Jahrzehnten Heuerleute des Meyer zu Belm, Wilhelm Suhre seit 14 Jahren. Gerhard Henrich Fraumann, der Untervogt, war nicht nur Neffe von Henrich Fraumann, sondern sein eigener Vater war ebenfalls bereits Heuermann des Meyers gewesen. Gerhard Henrich Düsterberg trat zwar erst nach seiner Hochzeit 1826 in ein Heuerlingsverhältnis zu diesem, doch war er als Stiefsohn Honebrinks hier aufgewachsen. Diese Gruppe von fünf Heuerleuten hatte relativ ähnliche Bedingungen: Das meiste Ackerland erhielten sie für einen Taler je Scheffelsaat, sie mußten fünf Taler für die Hilfe des Bauern zahlen und bekamen nur 1½ Taler für den Sack Hafer gutgeschrieben.[40]

---

[38] Daß das Verhältnis zwischen Bauer und Heuermann mehr war als ein rein ökonomisches, kommt auch darin zum Ausdruck, daß 1840 bei der großen Hochzeit des Meyer zu Belm mit einer Ausnahme alle Heuerleute des Hofes mitfeierten und namhafte Geschenke gaben; siehe oben S. 416 f.

[39] Daß der Untervogt und der Zimmermeister nicht wie sie der Arbeitspflicht unterlagen, war für die anderen zwar offensichtlich. Nicht evident ist hingegen, ob den anderen bekannt war, daß die beiden trotzdem keine höheren Heuergelder zahlten.

[40] Doch gab es auch innerhalb dieser Gruppe Unterschiede: So hatte Wilhelm Suhre für eine Parzelle 1,4 Taler je Scheffelsaat zu zahlen, brauchte freilich von einem unvermessenen Land-

Schwegmann, Heidbrink und Kuhlmann hingegen wurden anscheinend erst in den 1820er Jahren Heuerleute des Meyerhofes. Sie mußten einen deutlich höheren Pachtzins zahlen, bekamen aber etwas Land zugegeben, und ihr Sack Hafer wurde höher bewertet.[41] Es erscheint immerhin denkbar, daß diese beiden ‚Gruppen' wechselseitig über ihre Konditionen nicht im Detail Bescheid wußten, während diejenigen, die eng verwandt waren oder seit vielen Jahren zusammenwohnten, sich doch wohl über ihre Vertragsbedingungen ausgetauscht haben werden. Spätestens als Henrich Fraumanns Sohn die Tochter des verstorbenen Wilhelm Kuhlmann heiratete und in dessen Vertrag eintrat, gab es jedoch eine direkte Verbindung zwischen den beiden ‚Gruppen' – freilich ohne daß die Vertragstexte angeglichen wurden.[42] Es mag also sein, daß die Heuerleute eines Hofes die z.T. willkürlich wirkenden Unterschiede zwischen ihren Bedingungen kannten – wenn nicht alle von allen, so doch einige von einigen –, daß sie sich jedoch angesichts der Schwäche ihrer Verhandlungsposition außerstande sahen, dies zu ändern. Möglicherweise suchten sie dann ein solches Wissen zu nutzen, um wenigstens für spezielle Belastungen in einem Punkt einen Ausgleich durch Konzessionen in einem anderen zu erreichen. Für diese Interpretation dürfte die Tatsache sprechen, daß es in dem einzelnen Vertrag jeweils einen gewissen Ausgleich von – im Vergleich zu den anderen – besonders günstigen und besonders ungünstigen Bedingungen gibt.[43]

---

stück kein Winngeld zu entrichten. Außerdem ist natürlich die Arbeitsbefreiung des Untervogts nicht zu vergessen.

[41] Auch hier gab es Unterschiede innerhalb der Gruppe: nicht nur die weitgehende Befreiung Kuhlmanns von der Arbeitspflicht, sondern auch den einmaligen Nachlaß beim Winngeld für die beiden anderen. – Soweit die Aktennotiz über den Vertrag mit Gerhard Henrich Trentmann (das neunte Dokument, das in der Akte des Meyerhofes zu Belm im Anschluß an die acht Heuerlings-Verträge enthalten ist) die Bedingungen spezifiziert, scheinen seine Konditionen eher denen dieser zweiten Gruppe geähnelt zu haben, insbesondere in der Höhe des Pachtzinses und der Nicht-Berechnung der Hilfsleistungen des Bauern; ganz abweichend war hingegen die Hafer-Lieferung geregelt. Auch durch Ehe-Allianz fügte Trentmann sich in diese zweite Gruppe ein, indem er 1828 die Tochter von Schwegmann heiratete.

[42] Dem Wortlaut nach – siehe oben S. 548f., 551 – könnte man sogar annehmen, daß auch die weitgehende Freistellung von der Arbeitspflicht von Kuhlmann auf Johann Christopher Fraumann überging.

[43] Wollte man annehmen, daß die Bedingungen der ersten fünf im Kern auf die Zeit zurückgingen, wo sie bzw. ihre Väter erstmals als Heuerleute auf den Meyerhof kamen, und insofern einen älteren Zustand spiegelten, während die Konditionen der anderen drei einem neueren Zustand entsprachen, so würde das an der hier geführten vorwiegend ‚synchronen' Argumentation nichts Wesentliches ändern. Denn es bliebe die Frage, warum einerseits die Bedingungen nicht bei allen angepaßt wurden und warum andererseits die Konditionen der drei neueren Heuerlinge nicht durchaus schlechter waren als die der anderen, sondern in einigen Punkten ungünstiger, in anderen günstiger. Außerdem wären natürlich auch bei einer solchen stärker

Obwohl der Meyer zu Belm sich 1827 entschloß, die Verträge mit seinen Heuerlingen in Schriftform zu bringen, hat er offenbar nicht alles in diesen Dokumenten zu regeln gesucht. Woher und zu welchen Bedingungen die Nebenhausbewohner das Futter für ihr Vieh bekamen, wird zum Beispiel nicht gesagt. Da sie alle nur Ackerland und keine Wiesenstücke pachteten, bleibt unklar, woher sie Weide und Heu insbesondere für ihre Kühe hatten: Nach einer Liste von März 1833 besaß jeder von ihnen mindestens zwei Kühe, der Untervogt sogar drei; einige hatten zusätzlich ein oder zwei Stück Jungvieh.[44] Möglicherweise standen ihnen noch die Gemeinheiten zur Verfügung; denn die Teilungen der Belmer sowie der Gretesch-Darum-Lüstringer Mark, zu denen der Meyerhof gehörte, wurden – als letzte im Kirchspiel – erst in den Jahren 1834 bzw. 1835 beendet.[45] – Auch in den Formalien scheint der Colon nicht ausschließlich auf die Schriftlichkeit vertraut zu haben. In manchem wirkt der Kanzleistil perfekt, so wenn zum Schluß ausdrücklich gesagt wird, „daß dieses [...] in Duplo ausgefertigt, wovon der Heuersmann ein Exemplar[!], und das andere sich in meinen Händen befindet". An anderer Stelle mangelt die Konsequenz im Formalen: Obwohl der gleichlautende Text aller acht Kontrakte so sorgfältig die Mithaftung der Ehefrau stipulierte und zu diesem Zweck ausdrücklich Unterschrift oder drei Kreuze auch von der Ehefrau verlangte, findet sich unter vier Dokumenten weder Signatur noch Zeichen der Frau. Rechts steht unter der Firma „Der Besitzer" überall in schwungvollen Zügen „Caspar Heinrich Meyer", links unter „Der Heuersmann" stets eine flüssige oder ungelenke Unterschrift oder drei Kreuze; doch darunter bei „dessen Frau" fehlt viermal jeder Eintrag.

Schon bald scheint der Meyer wieder von der geschriebenen Kontraktsform abgekommen zu sein. Ein neuntes Dokument findet sich noch in dem Heft, auch dies ist überschrieben „Verheurung Contract". Doch die Schrift wirkt flüchtiger, der Text improvisiert. Dem Gerhard Heinrich Trentmann wurden ein halber Kotten und 13 Scheffelsaat Ackerland[46] auf fünf Jahre verheuert von Michaelis 1827 bis 1832, zusammen für jährlich 25 Taler. Das Winngeld sollte 15 Mariengroschen je Scheffelsaat betragen, war also entsprechend der Vertragsdauer erhöht. Es fehlen in diesem Schriftstück alle Vereinbarungen über Arbeitspflicht, Hilfe des Bauern, Haftung von Mann und Frau, Betragen usw. Und es ist von keiner Seite unterschrieben, hat also

---

,diachronen' Interpretation die Unterschiede zwischen einzelnen Verträgen innerhalb beider ,Gruppen' zu erklären.

[44] StA OS Rep. 350 Osn. Nr. 182: Statistische Tabellen vom März 1833, hier: Gretesch. – Auf dem Acker gebauter Klee kann einen Teil des Futterbedarfs gedeckt haben.

[45] HERZOG 1938 S. 169f.; HINZE 1972 S. 32ff.

[46] Trentmann hatte also weniger Land zur Verfügung als die anderen acht, nämlich etwa 1,5 Hektar.

lediglich den Charakter einer Aktennotiz. – Nach dem Tod des Zimmermeisters Kuhlmann im Oktober 1829 nahm Caspar Henrich Meyer die Übertragung auf den Schwiegersohn noch einmal schriftlich vor und achtete dabei auf beidseitige Unterschrift, verzichtete freilich auf die der Ehefrau des Heuermanns. Danach hat er offenbar keine Kontrakte mit seinen Heuerlingen mehr geschrieben. Aus einer Aufstellung, die er im August 1830 anfertigte[47], wissen wir, daß außer den neun Heuerleuten, mit denen er die Verträge schriftlich niederlegte, drei weitere auf dem Hof lebten, für die nichts dergleichen überliefert ist: Heinrich Lahrmann, Matthias Haustermann und Bals Bode; letzterer war bereits im Dezember 1827 bei der Taufe seines ersten Kindes Heuermann des Meyerhofes. Demnach scheint Caspar Henrich Meyer zu keinem Zeitpunkt die Vereinbarungen mit seinen *sämtlichen* Heuerlingen auf eine schriftliche Grundlage gestellt zu haben.

Auf dem Belmer Meyerhof hatte die schriftliche Buchführung eine gewisse Tradition, seit 1774 die Witwe Meyer ihr Anschreibebuch begonnen hatte.[48] Ihr war es vor allem darum zu tun, eine Übersicht über die „Einnahme von Haus-, Garten-, Landheuer und Canon"[49] zu bekommen. Daher hatte sie für jeden Heuerling und Kleinpächter eine Aufstellung der zur Nutzung überlassenen Immobilien sowie des dafür geschuldeten Pachtzinses angelegt – oder anlegen lassen – und Rubriken zum Notieren der jährlichen Zahlungen vorbereitet; erschlossen wurde der Band durch einen Namens-Index. Zwar wurde die Buchführung nicht durchgehend in dieser geordneten Form fortgesetzt[50]; doch gab es mehrere neue Anläufe, insbesondere einen im Jahre 1813, am Ende der ‚Regierung' des Johann Henrich Meyer, geborenen Meyers zu Hüningen.[51] Mit Hilfe dieser Eintragungen ist es möglich, die Entwicklung der Pachtbedingungen für die Heuerleute dieses Hofes in wesentlichen Aspekten über ein halbes Jahrhundert zu verfolgen (Tab. 7.02).

Verglichen mit den freien Kleinpächtern, wurden auch im späten 18. und zu Beginn des 19. Jahrhunderts den Heuerlingen niedrigere Pachtzinsen in Rechnung gestellt. Um 1774 hatten sämtliche Heuerleute einen Taler je Scheffelsaat zu zahlen; nur eine einzige Parzelle bildete mit 1,25 Talern die

---

[47] "Verzeichnis der jetzt einzuhebenden Mietgelder vom Meyerhofe zu Belm" vom 3.8.1830: StA OS Rep. 350 Osn. Nr. 3042.

[48] Vgl. oben S. 44, 511. Es wird im HOFARCHIV MEYER ZU BELM aufbewahrt.

[49] So der Außentitel auf der einen Seite des Anschreibebuchs. „Canon" wird hier im Sinne von „Grundzinsen" gebraucht; vgl. KLÖNTRUP 1798–1800 Bd. 1 S. 208 s. v. ‚Canon'.

[50] Deshalb ist es nicht möglich, aus dem Anschreibebuch einen zuverlässigen Überblick über das Ausmaß des Wechsels und die Dauer des Bleibens der Heuerlinge des Hofes zu gewinnen.

[51] Vermutlich gehen diese Eintragungen auf den damaligen ‚Emonitor' des Meyerhofes, den Erbkötter Hagebusch in Darum, zurück; vgl. oben S. 497.

Ausnahme. Anderen Pächtern wurden in der Regel höhere Sätze berechnet: der Durchschnitt belief sich hier auf 1,26, das Maximum auf 1,5 Taler; am günstigsten standen sich der Küster und der Schulmeister, die wie die Heuerleute des Meyerhofes nur einen Taler pro Scheffelsaat schuldeten, sowie der Vogt mit 1⅙ Taler.[52] – Um 1813 zahlten sechs der acht Heuerlinge des Hofes immer noch einen Taler pro Scheffelsaat; von Köster und Wiehemeyer, die sich den Dieck-Kotten teilten, aber wurden Sätze zwischen 1,2 und 1,5 Talern verlangt. Für die freien Kleinpächter streute der Zins breiter, nämlich von einem bis zu drei Talern; der überwiegende Teil aber entrichtete mehr als den Regelsatz der Heuerleute. Trotz einer gewissen Varianz innerhalb jeder Flur erklären sich die großen Unterschiede bei den Nutzungsentgelten der freien Pächter zum Teil aus Differenzen der Bodenqualität der einzelnen Felder. Auf dem ‚Steinigen' betrug der Zins im Mittel 1,16 Taler je Scheffelsaat, auf der ‚Schafstalls-Brede' 1,24, auf dem ‚Heedkamp' 2,53 Taler.[53] Der ‚Heedkamp' oder ‚Heitkamp' enthielt das beste Ackerland des Hofes[54], und so konnte man dessen Nutznießern – entgegen dem, was bei freien Pächtern sonst üblich war – zusätzlich zu dem Geldzins auch eine kleine Arbeitsleistung, je Scheffelsaat und Jahr einen „Handdienst", abverlangen.[55]

Für einen Teil der Heuerlinge weist die Buchführung des Meyerhofes eine Stabilität des Pachtzinses über ein halbes Jahrhundert aus, die um so bemerkenswerter erscheint, als sie mit einer klaren Steigerung der Entgelte freier Pächter kontrastiert. Zahlten die Heuerleute 1774 nahezu ausnahmslos einen Taler je Scheffelsaat, so galt derselbe Satz um 1813 noch für sechs, 1827 für vier von acht. Aber auch bei denjenigen Heuerstellen, die eine Erhöhung zu spüren bekamen, blieb diese klar hinter dem durchschnittlichen Anstieg der ‚freien' Pachtzinsen zurück.[56]

Trotzdem nahm im Laufe der fünfzig Jahre der Gesamtbetrag, den ein Heuerling dem Meyer für Pachtland zu zahlen hatte, kräftig zu. Belief sich dieser Posten 1774 im Durchschnitt auf 7,6 Taler, so verdoppelte er sich

---

[52] Hier und im Folgenden verstehen sich die Angaben zum Pachtzins stets je Scheffelsaat.
[53] Der Vergleich mit den Heuerlingen wird dadurch erschwert, daß diese ihre Parzellen durchweg in anderen Flurstücken hatten. Das gilt auch für 1774.
[54] Das zeigt die Aufstellung über den „Bestand der [...] vollerbigen Meyers Stätte zu Belm [...]" vom 10.12.1804 (in: StA OS Rep. 350 Osn. Nr. 3042) und die Taxation von 1805 im ‚Schätzungsregister' (StA OS Rep. 100a IV Nr. 7a fol. 5): „Der Heitkamp" wurde von allen Äckern des Meyerhofes am höchsten bewertet, nämlich mit 4½; „Auf den [!] Steinigen" wurde mit 3½ taxiert, „Die Schafstalls Breite" von zwei Schätzern mit 3½, von einem mit 3¼.
[55] Nur auf der Seite des Anschreibebuches, auf der die verpachteten Parzellen dieses Flurstücks verzeichnet sind, steht oben: „Jeder Scheffelsaat tut jährlich ein Handienst [!] [...]".
[56] Siehe für 1827 oben S. 546 Anm. 20.

Tabelle 7.02: Die Heuerleute des Meyerhofs zu Belm, ihre Ausstattung mit Wohnraum und Land sowie ihr Miet- und Pachtzins, 1774 – 1813 – 1827

a) ca. 1774

| lfd. Nr. | Name des Heuerlings | Wohnung und Garten | | Land | | Summe |
| --- | --- | --- | --- | --- | --- | --- |
| | | Bezeichnung | Mietzins (Taler) | Fläche (Scheffelsaat) | Pachtzins (Taler) | Miet- und Pachtzins (Taler) |
| 1 | Christoffer Meyer | ⅓ Leibzucht u. Garten | 5,33 | 8 | 8 | 13,33 |
| 2 | Gerd Hinrich Schwegmann | ⅓ Leibzucht u. Garten | 5,33 | 6,66 | 6,66 | 12 |
| 3 | Caspar Köring | ⅓ Leibzucht u. Garten | 5,33 | 5,25 | 5,25 | 10,58 |
| 4 | Hinrich Frahmann | ½ Windbühl u. Garten | 4,5 | 11,25 | 11,25 | 15,75 |
| 5 | Adam Schemann | ½ Windbühl u. Garten | 4,5 | 5 | 5 | 9,5 |
| 6 | Christoffer Grönen Witwe | ½ Neuer Kotten u. Garten | 4,5 | 4,5 | 4,5 | 9 |
| 7 | Joh. Adam Westrub | ½ Neuer Kotten u. Garten | 4,5 | 8,66 | 8,66 | 13,16 |
| 8 | Claus Hagemann | ½ Dieck-Kotten u. Garten | 5 | 8,25 | 8,25 | 13,25 |
| 9 | Gerd Schwegmann | ½ Dieck-Kotten u. Garten | 5 | 9 | 9 | 14 |
| 10 | Gerdt Vincke | ½ Dieck-Backhaus u. Garten | 5 | 9 | 9 | 14 |
| 11 | Gerd Meyer | ½ Dieck-Backhaus u. Garten | 5 | 8,5 | 8,5 | 13,5 |
| | Durchschnitt | | 4,91 | 7,58 | 7,64 | 12,55 |

Anmerkung: Die Daten für ca. 1774 und ca. 1813 sind dem 1774 begonnenen Anschreibebuch (im HOFARCHIV MEYER ZU BELM) entnommen. Die Daten für ca. 1827 sind für Nr. 1 bis 9 den Heuerlingsverträgen (im HOFARCHIV MEYER ZU BELM) entnommen. Für Nr. 10 bis 12 sind sie ergänzt aus dem „Verzeichnis der jetzt einzuhebenden Mietgelder vom Meyerhofe zu Belm" vom 3. 8. 1830: StAOS Rep. 350 Osn. Nr. 3042. Den Meyerhof zu Belm mit seinen Heuerhäusern zeigt Karte 1 (im Anhang); vgl. dazu die Erläuterungen auf S. 627.

b) ca. 1813

| lfd. Nr. | Name des Heuerlings | Wohnung und Garten | | Land | | Summe |
| --- | --- | --- | --- | --- | --- | --- |
| | | Bezeichnung | Mietzins (Taler) | Fläche (Scheffelsaat) | Pachtzins (Taler) | Miet- und Pachtzins (Taler) |
| 1 | Wilhelm Suhre | ½ Vorhoffes-Kotten in der Leibzucht u. Garten (3 Scheffelsaat) | 9 | 9 | 9 | 18 |
| 2 | Henrich Wilh. Niegengerdt | ½ Vorhoffes-Kotten in der Leibzucht u. Garten | 9 | 6 | 6 | 15 |
| 3 | Gerhard Henrich Köster | ½ Dieck-Kotten u. Garten | 8 | 15 | 21 | 29 |
| 4 | Caspar Henrich Wiehemeyer | ½ Dieck-Kotten u. Garten | 8 | ca. 21 | 30 | 38 |
| 5 | Gerdt Fraumann | ½ Windbühl u. Garten | 5,5 | 17 | 17 | 22,5 |
| 6 | Henrich Fraumann | ½ Windbühl u. Garten | 5,5 | 9,5 | 9,5 | 15 |
| 7 | Hermann Henrich Bode | ½ Neuer Kotten u. Garten | 6 | 11 | 11 | 17 |
| 8 | Joh. Henrich Honenbrinck | ½ Neuer Kotten u. Garten | 6 | 11,5 | 11,5 | 17,5 |
| | Durchschnitt | | 7,1 | 12,5 | 14,4 | 21,5 |

Tabelle 7.02 (Fortsetzung):

c) ca. 1827

| lfd. Nr. | Name des Heuerlings | Wohnung und Garten | | Land | | Summe |
|---|---|---|---|---|---|---|
| | | Bezeichnung | Mietzins (Taler) | Fläche (Scheffelsaat) | Pachtzins (Taler) | Miet- und Pachtzins (Taler) |
| 1 | Wilhelm Suhre | ½ Vorhofs-Kotten u. ½ Garten | 9 | ca. 17 | 20 | 29 |
| 2 | Gerhard Henrich Düsterberg | ½ Vorhofs-Kotten u. ½ Garten | 9 | 17 | 17 | 26 |
| 3 | Gerhard Henrich Fraumann, Untervogt | ½ Windbeutels-Kotten u. ½ Garten | 5 | 15 | 15 | 20 |
| 4 | Henrich Fraumann | ½ Windbeutels-Kotten u. ½ Garten | 5 | 16,5 | 16,5 | 21,5 |
| 5 | Johann Henrich Honebrink | ½ Heede-Kotten u. ½ Garten | 6 | 15,5 | 15,5 | 21,5 |
| 6 | Gerhard Henrich Schwegmann | ½ Berg-Kotten | 5 | 19 | 31 | 36 |
| 7 | Caspar Heidbrink | ½ Berg-Kotten | 5 | 19 | 31 | 36 |
| 8 | Wilhelm Kuhlmann, Zimmermeister | ½ Berg-Kotten | 5 | 16 | 28 | 33 |
| 9 | Gerhard Heinrich Trentmann | ½ neuen Berg-Kotten | | 13 | | 25 |
| 10 | Bals Bode | | | | | 19,5 |
| 11 | Heinrich Lahrmann | | | | | 55 |
| 12 | Matthias Haustermann | | | | | 20 |
| | Durchschnitt[1] | | 6,1 | 16,4 | 21,8 | 28,5 |

[1] 1827 ist der Durchschnitt jeweils für alle Heuerleute berechnet, für die in *dieser Spalte* Angaben verfügbar sind. Daher können die einzelnen Durchschnittswerte von 1827 zueinander nicht unmittelbar in Beziehung gesetzt werden.

bis 1813 annähernd und verdreifachte sich bis 1827 (14,4 bzw. 21,8 Taler: Tab. 7.02). Die Hauptursache dafür scheint aber ein zunehmender Umfang der gepachteten Flächen gewesen zu sein. Den schriftlichen Unterlagen zufolge nutzte ein Heuerlings-Haushalt um 1774 im Schnitt 0,9 ha, um 1813 schon 1,5 ha und 1827 gar 1,9 ha. Eine so starke Ausweitung der den Heuerleuten zur Nutzung überlassenen Parzellen wirkt überraschend angesichts des starken Bevölkerungswachstums gerade dieser Periode (s. Tab. 2.01), zumal die förmliche und nahezu vollständige Aufteilung der Marken, an denen der Belmer Meyerhof berechtigt war, noch nicht erfolgt war.[57] Oder überließ dieser Bauer einen wachsenden Anteil seines Landes den Heuerleuten, statt es selbst zu bewirtschaften?

Wahrscheinlicher ist eine andere Erklärung. Als im Jahre 1804 auf Antrag der alternden Witwe Meyer zu Belm das Amt – in seiner Eigenschaft als Grundherr dieses Hofes – die Einsetzung eines neuen Colons vorbereitete, ließ es Wert und Ertragskraft des ganzen Anwesens abschätzen. Bei dieser Gelegenheit wurde kritisch darauf hingewiesen, daß die verpachteten „Ländereien zum Teile gar nicht vermessen und den Heuerleuten nur nach den Stücken verheuert, wo sie dann für ein Stück [...] 1 Taler bezahlen [...]. So hat daselbst ein Kötter[58] 7 Stück zu 7 Taler angeheuert, und wie vor einigen Jahren darüber einiges geäußert worden, ist solches vermessen, und hat sich dabei gefunden, daß diese 7 Stück 11 Scheffelsaat betragen; bezahlt aber nach wie vor 7 Taler."[59] Durch genaue Vermessung der Pachtflächen ließen sich also die Geld-Erträge des Hofes beträchtlich erhöhen, so meinten die Beamten. Darüber hinaus behaupteten sie, daß „die Heuerleute [...] jetzt noch die nämliche Heuer wie vor 50 und mehren [!] Jahren bezahlen". Auch das Entgelt je Flächeneinheit sei steigerungsfähig, und einige Grundeigentümer berechneten angeblich bereits höhere Sätze. Wenn der Belmer Meyerhof in den folgenden Jahrzehnten diesen zweiten Weg der Anhebung des Zinses je Scheffelsaat bei seinen Heuerlingen nur in beschränktem Umfang gegangen ist, so liegt doch die Vermutung nahe, daß die starke Vergrößerung der Pachtflächen mehr scheinbar als real ist und in Wirklichkeit vor allem auf eine genauere Berechnung der betreffenden Parzellen zurückgeht.

Auch die Aufwendungen der Heuerleute für Kottenmiete und Garten nahmen von 1774 auf 1813 merklich zu. Im Schnitt belief sich dieser Posten anfangs auf knapp fünf, später auf gut sieben Taler (Tab. 7.02). Beim Dieck-Kotten betrug die Erhöhung sogar 60 %. Zwischen 1813 und 1827 stagnierten jedoch diese Entgelte, ja sie gingen teilweise zurück. Die Ursache wird

---

[57] Siehe oben S. 557.
[58] Hier im Sinne von Heuerling.
[59] Promemoria vom 30.12.1804, in: StA OS Rep. 350 Osn. Nr. 3042, auch zum Folgenden.

darin liegen, daß inzwischen vier von den sechs Heuerhäusern des Hofes dringend und von Grund auf renovierungsbedürftig waren.[60] – Im übrigen zeigt das Anschreibebuch, daß die Gesamtmiete eines Nebenhauses nicht davon abhängig gemacht wurde, ob es von zwei, drei oder mehr Parteien genutzt wurde. Die Leibzucht samt Garten brachte 1774 sechzehn Taler ein: jeder der beteiligten drei Haushalte zahlte 5⅓ Taler. Als sich in den Folgejahren zeitweilig zwei Parteien ein Drittel dieser Immobilie teilten, erlegten diese beiden je 2⅔ Taler. Als dann nur zwei Familien das Gebäude bewohnten, wurden jeder acht Taler in Rechnung gestellt.

Für Wohnraum und Land zusammen mußten die Heuerlinge also deutlich wachsende Summen ausgeben. Hatten um 1774 im Mittel 12,6 Taler dafür ausgereicht, so stieg der Betrag in den folgenden vier Jahrzehnten um etwa 70 %, in den nächsten 14 Jahren noch einmal um 33 %. Ob dem, wie die Eintragungen suggerieren, eine Verbesserung der Landausstattung gegenüberstand, erscheint nach näherer Betrachtung zweifelhaft. Um so mehr hebt sich diese Erhöhung der Ausgaben von den seit 1815 drastisch sinkenden Leinenpreisen und -erlösen ab, die nur zeitweilig durch eine Verbilligung der Nahrungsmittel kompensiert wurden (vgl. Grafiken 2.06–2.08). Es spricht also vieles dafür, daß sich auch für die eigentumslosen Familien auf dem Meyerhof die Schere zwischen Ausgaben und Einnahmen öffnete, daß ihre wirtschaftliche Situation prekärer wurde – wie es für die Heuerleute des Osnabrücker Raums allgemein bezeugt ist.

Die Aufstellungen von 1774 und 1813 sagen nichts über Umfang und Bedingungen der Arbeitsleistungen, die die Heuerlinge für die bäuerliche Wirtschaft zu erbringen hatten; auch die Gespannhilfe des Hofes übergehen sie mit Schweigen. Dieser wichtige Teil des Verhältnisses wurde offenbar nicht auf die Ebene schriftlicher Buchführung gehoben. Wohl aber gewähren die beiden Anschreibebücher des Meyerhofes und ergänzende Aufzeichnungen Einblicke in die Kreditbeziehungen zwischen dem Colon und seinen Heuerleuten.

Über die Schulden, die der Hof bzw. sein Interimswirt Caspar Heinrich Meyer, geborener Schlie, bis Ende 1832 aufgenommen hatte, unterrichtet umfassend ein Verzeichnis aus dem Ende seiner ‚Regierungszeit'.[61] Damals meldeten neben zahlreichen anderen Gläubigern sieben von den elf Heuer-

---

[60] So das Gutachten der beiden auswärtigen Bauern vom 17.11.1828, in: StA OS Rep. 350 Osn. Nr. 3042.

[61] "Übersicht der auf dem Meyerhofe zu Belm haftenden und im Professions-Termine am 18.12.1832 angemeldeten Schulden und der infolge der angeordneten Administration abgetragenen Schulden [...]" von ca. 1842, im Hofarchiv Meyer zu Belm. – Die damaligen Heuerleute des Hofes wurden ermittelt aus StA OS Rep. 350 Osn. Nr. 182: Statistische Tabellen vom März 1833, hier: Gretesch.

leuten des Hofes Forderungen an. Heinrich Lahrmann hatte sogar 103 Taler vom Meyer zu bekommen! Bei den anderen freilich ging es nur um Klein- und Kleinstbeträge zwischen 3 und 15 Talern. Und angesichts der gesamten Schuldenlast des Hofes von etwa 5300 Talern nahm sich die Summe von ca. 185 Talern, die den sieben Heuerleuten zustanden, bescheiden aus (3,5 %).[62] Trotzdem bedeuteten Außenstände von zehn oder fünfzehn Talern für einen Heuermann einen beachtlichen Posten. Und allein das Faktum, daß nicht der Bauer den ‚Eigentumslosen‘, sondern umgekehrt diese jenem Kredit gaben, scheint geeignet, das düstere Bild von der Lage der Heuerleute in Zweifel zu ziehen. Allerdings ist zu bedenken, daß das Verzeichnis von 1832 nur die Schulden, nicht die Forderungen des Meyerhofes auflistet, die Kreditbeziehungen also nur einseitig registriert. Darüber hinaus kann die finanzielle Situation gegen Ende der Interimswirtschaft des leichtlebigen Caspar Heinrich, geborenen Schlies, kaum als typisch angesehen werden.[63]

Das Inventar, das im Juni 1823 nach dem Tode seines Vorgängers aufgenommen war, führt neben dem Sach-Vermögen sowohl die Verbindlichkeiten wie die ausstehenden Forderungen des Meyerhofes auf.[64] Auch damals hatte er Schulden bei vier seiner Heuerleute, allerdings bei keinem mehr als acht Taler, bei allen zusammen gut 22 Taler. Auf der anderen Seite war allein der Heuermann Wilhelm Suhre mit 49 Talern im Rückstand „ohne Zinsen, die nicht gerechnet werden"; obendrein hatte der Colon zu seinen Gunsten für 50 anderweitig geliehene Taler gebürgt. Entspricht dies Bild eher dem normalen Soll und Haben zwischen dem Bauern und seinen Heuerlingen? War es üblich, vom Heuermann keine Zinsen zu verlangen? Doch wie kam der Meyer dazu, für seinen hochverschuldeten Nebenhausbewohner auch noch eine Bürgschaft zu übernehmen?

Einigen Aufschluß über das Ausmaß der Zahlungsrückstände der Heuerleute bei ihrem Colon geben die beiden Anschreibebücher des Meyerhofes. In den Eintragungen von 1774 bis etwa 1812 ist Claus Hagemann der einzige Heuermann, der kein Mal etwas schuldig blieb. Alle anderen hatten gelegentlich oder häufiger Rückstände. Allerdings beliefen sich die Schulden in den allermeisten Fällen nicht auf mehr als das Miet- und Pacht-Entgelt eines Jahres, sehr oft handelte es sich lediglich um Teilbeträge; und das höchste registrierte Soll belief sich auf 22 Taler: das entsprach der Heuer für 1½ Jahre. Allenfalls bei zwei Heuerlingen wurden die Rückstände zur Regel: In

---

[62] Der Bäcker und Gastwirt Klockenbrinck, der als Mieter und freier Pächter auf dem Meyerhof wohnte, meldete hingegen Forderungen in Höhe von 547 Talern an.

[63] Vgl. oben S. 504 ff.

[64] Es liegt im HOFARCHIV MEYER ZU BELM. Zur Ergänzung, auch hinsichtlich der Forderungen an W. Suhre, das Protokoll vom 15.12.1830, in: StA OS Rep. 350 Osn. Nr. 3042.

den 1770/1780er Jahren blieb ihr Konto in der Mehrzahl der Jahre unausgeglichen. – Vereinzelt finden sich aber auch Notizen über Schulden des Bauern bei einem seiner Heuerleute: 1814 wurden an Gerhard Henrich Köster 30 Taler zurückgezahlt, die dieser dem Meyer 1813 geliehen hatte; dazu kamen Zinsen für ein Jahr in Höhe von einem Taler. Im selben Jahr wurden Wilhelm Suhre 2,4 Taler ausgehändigt, die er „von seinem Tagelohn noch gut" hatte; und Wilhelm Niegengerdt „im Kotten" bekam 0,7 Taler Tagelohn. Gerhard Fraumann lieferte seinem Colon Erbsen und Grütze und erhielt dafür einen halben Scheffel Lein sowie fast neun Taler. Aufs Ganze gesehen, waren Schulden der Heuerleute bei ihrem Colon offenbar eine häufige Erscheinung, Kredite eines Heuermanns an seinen Colon eine von Zeit zu Zeit belegte Ausnahme.[65]

In dem zweiten Anschreibebuch finden sich Aufzeichnungen über Forderungen des Meyerhofes aus den 1840/1850er Jahren. In dieser Periode gab es mindestens vier Heuerleute, die mit einiger Regelmäßigkeit im Rückstand mit ihren Verpflichtungen waren. Manchmal handelte es sich auch hier nur um Teilbeträge des Jahresentgelts. Doch bei jedem von ihnen liefen zeitweilig Verbindlichkeiten von 70 bis 115 Talern auf; das entspricht dem Zweibis Vierfachen der jährlichen Heuer. Im Vergleich zum späten 18. Jahrhundert hatte die Verschuldung offenbar deutlich zugenommen. – Nicht festgehalten wurde in all diesen Eintragungen, wieviel von ihrem Pachtzins die Heuermänner und -frauen durch Arbeitshilfe abgalten: Dieser Teil des Verhältnisses wurde nach wie vor nicht durch die schriftliche Kontoführung erfaßt. Notiert findet sich jedoch, daß der Austausch zwischen dem Meyer und seinen Heuerlingen auch tierische und pflanzliche Produkte umfaßte, zumindest gelegentlich. Der Bauer verkaufte des öfteren einem Nebenhausbewohner Holz, insbesondere „Ellern" (Erlen), manchmal ein Ferkel. Umgekehrt lieferten Heuerleute ihrem Colon Hafer, bisweilen Erbsen oder Grütze.

Die Möglichkeit zu prüfen, ob die Bedingungen beim Meyer zu Belm in etwa normal oder aber außergewöhnlich waren, bietet sich für das Jahr 1847. Damals wurden in allen Orten des Landdrosteibezirks Osnabrück Daten über die Lage der Heuerleute erhoben (Tab. 7.03). Im Kirchspiel Belm hatten die Colonen 19% ihres Ackerlandes, aber nur 4% ihrer Wie-

---

[65] In einem Verzeichnis „alter Schulden" des Halberben Meyer zu Powe, das 1851 erstellt wurde, aber den Zustand um 1818 wiedergeben soll, findet sich unter der Gesamtschuld von 1510 Talern auch eine Forderung von „Trentmann in Meiers Kotten zu Powe" in Höhe von 300 Talern (StA OS Rep. 350 Osn. Nr. 1837). Dieser Karl Trentmann wohnte in der Tat in einem Nebengebäude des Meyerhofes zu Powe; im Zensus von 1812 wird er jedoch nicht als Heuermann, sondern als „Wirt" bezeichnet.

senflächen an Heuerlinge verpachtet.[66] Ein Heuerlingshaushalt verfügte im Durchschnitt über 5,6 Morgen Acker, d.i. knapp 1½ Hektar, aber nur ¼ Morgen Wiese, d.i. weniger als 0,1 Hektar. Trotzdem hielt ein solcher Haushalt normalerweise zwei Kühe, im Schnitt entfielen 1,8 Kühe auf einen Heuerling. Da inzwischen alle Marken des Kirchspiels geteilt waren, stellt sich die Frage, ob die Heuerleute hinsichtlich des Futters besondere Vereinbarungen mit den Colonen getroffen hatten oder ob sie ihr Vieh weitgehend mit Klee und anderen auf dem Acker gebauten Pflanzen fütterten; denn so viele Kühe konnten kaum allein durch das „Abgrasen von Wegen, einzelnen Ackerstücken, an Gräben und Triften"[67] ernährt werden. In allen Bauerschaften des Kirchspiels – wie in den meisten des ganzen Fürstentums Osnabrück – waren „ungemessene Dienste der Heuerleute üblich"[68], nur auf dem Gut Astrup nicht. Die Regelungen, die zwanzig Jahre zuvor in den Verträgen auf dem Meyerhof in Belm getroffen wurden, scheinen also nicht untypisch für das Kirchspiel und diese Jahrzehnte gewesen zu sein.[69] Die durchschnittlichen Pachtpreise, die von Heuerlingen für Ackerland verlangt wurden, waren nach der Erhebung von 1847 allerdings von einer Bauerschaft zur anderen sehr unterschiedlich, am niedrigsten in Gretesch mit 2,75 Talern je Morgen – was 1,23 Taler je Scheffelsaat entspräche[70], also näher bei dem niedrigen als dem hohen Pachtzins von 1827 auf dem Meyerhof. Der höchste durchschnittliche Pachtzins wurde 1847 in der Bauerschaft Wellingen und im Kirchdorf Belm mit 5 Talern je Morgen Ackerland gefordert; das entspricht 2¼ Taler je Scheffelsaat.

---

[66] Dies und das Folgende errechnet aus STATISTISCHE NACHRICHTEN ÜBER ... HEUERLEUTE 1849, wo die Daten der Erhebung von 1847 für die einzelnen Bauerschaften veröffentlicht wurden. Vgl. WRASMANN 1919–1921 Teil 2 S. 35, 96 ff. mit den zusammenfassenden Werten für die Kirchspiele.

[67] Spangenberg, in: FESTSCHRIFT ZUR SÄCULARFEIER [...] LANDWIRTSCHAFTSGESELLSCHAFT 1864–1865 2. Abt., Bd. 2 S. 86 sagt, daß im Osnabrückischen viele Heuerleute vor allem auf diese Weise ihr Vieh „pflegen"; dabei führe eine Person die Kühe an Stricken. – Vgl. die detaillierten Angaben zum Futterbedarf des Viehs in der exemplarischen Untersuchung der ‚naturalen Ökonomie' eines bayerischen Dorfes im 18. Jahrhundert BECK 1986 S. 86 ff. – Daß schon am Anfang des 19. Jahrhunderts im Kirchspiel Belm viel Klee gebaut wurde, zeigen die Zahlen von 1806/07, s. oben S. 51.

[68] Im Oktober 1848 wurden sie gesetzlich verboten, s. unten S. 614.

[69] Die Heuerleute des Meyerhofes zu Belm hatten 1827 mit durchschnittlich 1,9 ha etwas mehr Ackerland gepachtet als 1847 der Durchschnitt der Heuerlinge im Kirchspiel (1,5 ha Acker und 0,1 ha Wiese). Doch auch 1847 hatte die Bauerschaft Gretesch mit 1,9 ha Ackerland und 0,2 ha Wiese je Heuerling den günstigsten Durchschnitt; die übrigen Bauerschaften des Kirchspiels wiesen Durchschnitte von 1,3 bis 1,7 ha Ackerland und 0 bis 0,1 ha Wiese je Heuerling auf. Die 11 Heuerleute im Kirchdorf Belm hatten allerdings durchschnittlich nur je 0,5 ha Acker und keine Wiesen.

[70] Ein hannoverscher Morgen = 0,2621 ha, also 1 Morgen = 2,23 Scheffelsaat.

Tabelle 7.03: Die Verhältnisse der Heuerleute in den Ortschaften des Kirchspiels Belm, 1847

| 1. Ort | 2. Zahl der Colonen, welche Heuerleute halten | 3. Gesamtgrundbesitz der Sp. 2 aufgeführten Colonen | | 4. Zahl der Heuerleute | 5. Gesamtgrundbesitz der Sp. 4 aufgeführten Heuerleute | | 6. Die Sp. 4 aufgeführten Heuerleute haben | |
|---|---|---|---|---|---|---|---|---|
| | | a. Garten- und Ackerland (Morgen) | b. Wiesen und privative Weiden (Morgen) | | a. Garten- und Ackerland (Morgen) | b. Wiesen und privative Weiden (Morgen) | a. Kühe | b. Pferde |
| Dorf Belm | 13 | 241 | 117 | 11 | 20 | – | 9 | – |
| Bauerschaft Icker | 32 | 1 900 | 340 | 52 | 315 | 22 | 99 | – |
| Bauerschaft Powe | 18 | 1 970 | 276 | 67 | 382 | 18 | 127 | – |
| Bauerschaft Vehrte | 36 | 2 338 | 409 | 65 | 326 | 10 | 119 | – |
| Bauerschaft Haltern | 24 | 947 | 151 | 35 | 199 | – | 64 | – |
| Bauerschaft Wellingen | 17 | 672 | 135 | 21 | 108 | 3 | 32 | – |
| Bauerschaft Darum | 11 | 495 | 92 | 25 | 132 | 1 | 33 | – |
| Bauerschaft Lüstringen | 11 | 430 | 160 | 16 | 85 | 2 | 26 | – |
| Bauerschaft Gretesch | 10 | 565 | 298 | 35 | 256 | 29 | 74 | 2 |
| Gut Astrup | 1 | 538 | 84 | 11 | 69 | 2 | 19 | – |
| Kirchspiel Belm insgesamt | 173 | 10 096 | 2 062 | 338 | 1 892 | 87 | 602 | 2 |
| Zum Vergleich: Amt Osnabrück insgesamt | 845 | 43 996 | 20 400 | 1 956 | 10 808 | 789 | 3 340 | 105 |
| Fürstentum Osnabrück insg. | 5 429 | 213 932 | 113 268 | 12 692 | 58 482 | 8 435 | 18 052 | 436 |

Quelle: STATISTISCHE NACHRICHTEN ÜBER ... HEUERLEUTE 1849 (für Spalte 1 bis 8).

| 7. Sind ungemessene Dienste der Heuerleute üblich? | 8. Wieviel Pacht wird durchschnittl. für 1 Morgen bezahlt? | | 9. Wieviele Heuerleute kommen auf 1 Colon?[1] | 10. Anteil des Pachtlands der Heuerleute am Gesamtgrundbesitz der Colonen[2] | | 11. Durchschnittl. Umfang des Pachtlands je Heuerling[3] | | 12. Durchschnittl. Zahl der Kühe je Heuerling[4] |
|---|---|---|---|---|---|---|---|---|
| | a. Ackerland (Taler) | b. Wiesengrund (Taler) | | a. Garten- und Ackerland | b. Wiesen und privative Weiden | a. Garten- und Ackerland (Morgen) | b. Wiesen und privative Weiden (Morgen) | |
| ja | 5 | – | [5] | 8,3 % | 0 % | 1,8 | 0 | 0,8 |
| ja | 4 | 5 | 1,63 | 16,6 % | 6,5 % | 6,1 | 0,4 | 1,9 |
| ja | 3 | 3,5 | 3,72 | 19,4 % | 6,5 % | 5,7 | 0,3 | 1,9 |
| ja | 4,67 | 5 | 1,81 | 13,9 % | 2,4 % | 5,0 | 0,2 | 1,8 |
| ja | 4 | – | 1,46 | 21,0 % | 0 % | 5,7 | 0 | 1,8 |
| ja | 5 | 5,67 | 1,24 | 16,1 % | 2,2 % | 5,1 | 0,1 | 1,5 |
| ja | 4,67 | 3 | 2,27 | 26,7 % | 1,1 % | 5,3 | 0,04 | 1,3 |
| ja | 4 | 4 | 1,45 | 19,8 % | 1,3 % | 5,3 | 0,1 | 1,6 |
| ja | 2,75 | 3 | 3,50 | 45,3 %[6] | 9,7 % | 7,3 | 0,8 | 2,1 |
| nein | 4 | 3 | 11,00 | 12,8 % | 2,4 % | 6,3 | 0,2 | 1,7 |
| | | | 1,95 | 18,7 % | 4,2 % | 5,6 | 0,3 | 1,8 |
| | | | 2,31 | 24,6 % | 3,9 % | 5,5 | 0,4 | 1,7 |
| | | | 2,34 | 27,3 % | 7,4 % | 4,6 | 0,7 | 1,4 |

[1] Spalte 4 : Spalte 2
[2] Spalte 5 : Spalte 3 x 100
[3] Spalte 5 : Spalte 4
[4] Spalte 6a : Spalte 4
[5] Nicht berechnet, da in der Quelle für das Dorf Belm in Sp. 2 oder Sp. 4 ein Irrtum vorliegen muß.
[6] Dieser Wert liegt vermutlich deshalb besonders hoch, weil einer der Gretescher Vollhöfe vom Papierfabrikanten Gruner aufgekauft und ganz an Heuerleute verpachtet war.

## 7.4. Das Verhältnis zwischen Bauer und seinen Heuerleuten: Dauer und Mobilität

Wenn ein Teil der Zeitgenossen und Historiker das Verhältnis zwischen Bauern und ihren Heuerlingen charakterisierten als ein im positiven Sinne „patriarchalisches", das durch „Anhänglichkeit und Liebe zueinander", durch „gegenseitige Gewohnheit" und „sittliche Bande" bestimmt war und bei dem die Fürsorge des Bauern für die eigentumslosen Familien auf seinem Hof ihre Antwort fand in der willigen Arbeit der Heuerleute für den „Vorteil" des Hofes, zu dem sie sich „mit [...] gehörend" fühlten, so war eine zentrale Stütze dieser Argumentation stets die Behauptung, daß die Beziehungen zwischen einer bäuerlichen Familie und den Familien ihrer Heuerlinge langfristig stabil waren: „Zwar wurde formell wohl der Pachtcontract von vier zu vier Jahren erneuert; allein ein Colon dachte nicht daran, die s.g. Heuer [...] an einen andern zu geben." Ebensowenig stand dem Heuermann der Sinn nach einem Wechsel von Hof zu Hof. Dadurch habe „der Bauernhof mit den Heuern gewissermaßen eine Hoffamilie" gebildet.[71]

Zeichnete auf der anderen Seite ein Mann wie Justus Möser schon in der zweiten Hälfte des 18. Jahrhunderts ein ganz und gar unidyllisches Bild von dem Verhältnis zwischen grundbesitzenden Colonen und eigentumslosen „Nebenwohnern" und diagnostizierte er gar einen scharfen Interessengegensatz zwischen „Hofgesessenen" und „Heuerleuten", so beruhte das auf der Einschätzung, daß die „Unangesessenen", die Menschen ohne Grundbesitz, „Fremde" und „Flüchtlinge" seien, die in der Regel gerade nicht dauerhaft in einen Hof oder in eine bestimmte bäuerliche Gemeinde integriert seien.[72]

Wie stabil das Verhältnis einer landlosen Familie zu einem bestimmten Hof war und wie groß die Mobilität, können wir erst für das 19. Jahrhundert ermitteln, als Volkszählungen in genügend dichten Abständen vorgenommen wurden und die Eintragungen in den Kirchenbüchern mehr Informationen enthielten als zuvor. In den Zensuslisten wurden die Haushalte in aller Regel nach Höfen angeordnet, und in den Pfarregistern vermerkte der Geistliche nun häufig, bei welchen Colonen die Heuerleute wohnten.

---

[71] FUNKE 1847 S.8f., vgl. 70; das letzte Zitat aus WRASMANN 1919–1921 Teil 2 S.25. Es ist daran zu erinnern, daß beide Autoren diese Einschätzung des urprünglichen Heuerlings-Verhältnisses der krisenhaften Entwicklung insbesondere im Laufe des 19. Jahrhunderts gegenüberstellten, s. oben Anm.11. Zu Funke, dem Pastor von Menslage im nördlichen Osnabrücker Land, s. ZIESSOW 1988 S.35, 98, 221.

[72] Justus Möser, Von dem Einflusse der Bevölkerung durch Nebenwohner auf die Gesetzgebung (1773), in: MÖSER 1944ff. Bd.5. 1945 S.11–22. Vgl. die Literaturhinweise zu Möser oben Anm.12.

Einen ersten Einblick bietet für das frühe 19. Jahrhundert das Verzeichnis der Feuerstätten und Haushalte im Kirchspiel Belm vom Dezember 1815 in Verbindung mit der Zensusliste von 1812. Gehen wir von den landlosen Haushalten in der späteren Liste aus und fragen, welche von ihnen schon auf demselben Hof lebten, als im Januar 1812 das Ober-Ems-Département des Kaiserreichs Frankreich seine Volkszählung durchführen ließ[73], so stellen wir fest, daß dies auf 230 von diesen Haushalten zutrifft, während 94 damals auf einem anderen Hof oder außerhalb des Kirchspiels Belm wohnten.[74] In den knapp vier Jahren waren also 29 % der Heuerlingsfamilien von einem Bauern zu einem anderen umgezogen. Da vier Jahre gerade der Zeit entspricht, die meist für die Dauer der Heuerlings-Kontrakte genannt wird, heißt das, daß beim Auslaufen der Pachtperiode fast ein Drittel der eigentumslosen Haushalte den Hof wechselten. Das ist ein Wert, der schlecht zu der These von der lebenslangen oder gar Generationen überdauernden Bindung der Heuerlinge an ‚ihren' Hof paßt. Wollten wir annehmen, daß alle Landlosen im gleichen Maße mobil waren, so ergäbe sich aus der Quote von 29 % für vier Jahre, daß innerhalb von etwa 14 Jahren sämtliche Haushalte dieser Schicht auf einen anderen Hof wechselten. Auf der anderen Seite erweist dies Ergebnis eine Vorstellung als irrig, die bei jedem Auslaufen der Pachtperiode die eigentumslosen Familien mit Kuh und Bett und Tisch auf der Straße umherirren und nach einer neuen Bleibe suchen sähe.

Vierzig Jahre später können wir in ähnlicher Weise ermitteln, welche von den in der Volkszählung vom Dezember 1858 registrierten Haushalten schon beim Zensus vom Dezember 1852 auf demselben Hof ansässig waren. Auf 186 Familien trifft dies zu, während 75 damals bei einem anderen Colon oder auswärts lebten.[75] Auch hier beträgt die Quote der Mobilen also 29 % – genau wie Anfang des Jahrhunderts. Berücksichtigt werden muß jedoch, daß die Beobachtungsdauer mit sechs Jahren um die Hälfte länger ist. Würden wir wiederum eine gleichmäßige Mobilität für alle Haushalte dieser Schicht annehmen, so ergäbe sich, daß nun in etwa 21 Jahren sämtliche Landlosen einmal auf einen anderen Hof umzogen. Die Bindungen zwischen Bauern und ihren Heuerlingen scheinen also eher dauerhafter, nicht lockerer geworden zu sein. Das widerspricht diametral den allgemeinen Aussagen von Zeitgenossen und Geschichtsschreibern, unter dem Druck der Krise des Hausleinengewerbes und der Agrarreformen sei der Abstand zwischen Co-

---

[73] Siehe zu beiden Quellen oben in Kap. 1.

[74] Außer Betracht bleiben die 26 landlosen Haushalte aus der Liste von 1815, deren Vorstände sich erst nach dem Zensus vom Januar 1812 verheiratet hatten.

[75] Auch hier bleiben diejenigen Haushalte außer Betracht, deren Vorstände erst seit dem 3.12.1852 geheiratet hatten.

lonen und Heuerleuten immer größer geworden, das „sittliche Band" zwischen ihnen zerrissen.[76] – Allerdings ist zu bedenken, daß hier all die Menschen außer Betracht bleiben, die sich nach Amerika aufgemacht hatten, da wir von 1858 aus zurückblicken, nicht von 1852 nach vorn. Immerhin, die Eigentumslosen, die in der Heimat blieben, scheinen, was die Dauer der Ansässigkeit auf einem bestimmten Hof angeht, Mitte des 19. Jahrhunderts in stabileren Verhältnissen gelebt zu haben als vierzig Jahre zuvor.

Verfolgen wir einzelne Heuerlingsfamilien über einen längeren Zeitraum, so wird erkennbar, in welchem Maße sie jeweils bestrebt waren, sich in ihrer Umgebung, insbesondere auf dem Hof, zu dem sie ‚gehörten', zu verankern. Wenn wir eine genügende Zahl von Landlosen auf diese Weise beobachten, läßt sich darüber hinaus abschätzen, ob ein nennenswerter Teil von ihnen über mehrere Generationen ausschließlich einem Hof verbunden blieb, während andere alle vier Jahre bei einem neuen Bauern Wohnung und Arbeit suchten, oder ob das Verhalten allgemein zwischen diesen Extremen lag.

Die Familie des Franz Stephan Meyer zu Farck gehörte zu den beständigen. Dabei war er aus dem benachbarten Rulle zugezogen; ob er direkt aus dem dortigen Vollerbe dieses Namens stammte, wissen wir nicht. Seine Frau Maria Engel, geborene Klencke, war die Tochter eines Heuermanns von Biermanns Vollerbe in Powe. Bei der Hochzeit im Jahre 1826 zählte er 36, sie 24 Jahre; zu Trauzeugen hatten sie Friedrich Osterhaus, den Sohn des Power Vollerben, und Anna Maria Klencke, eine Schwester der Braut, gebeten. Danach fanden sie ein Unterkommen beim Vollerben Oberrielage, ebenfalls in Powe. Als die beiden 1829 ihr erstes Kind auf den Namen Franz Heinrich taufen ließen, wählten sie zum Paten den Besitzer des Hofes, Johann Ferdinand Oberrielage; zu Taufzeugen[77] machten sie den Heuermann Wessel von Biermanns Hof in Powe – er war gewissermaßen Stief-Großvater des Kleinen: Maria Engels Mutter hatte ihn 1823 als zweiten Mann auf ihre Heuerstelle geholt – und die Heuerlingsfrau Maria Elisabeth Klencke aus Gretesch, wohl auch eine Verwandte der mütterlichen Seite.

---

[76] FUNKE 1847 S. 9, vgl. 34 f.: „[...] durch die Aufhebung des gutsherrlich-bäuerlichen Verbandes [kommt] in die Grundbesitzer mehr städtisches Wesen [...]. Dadurch aber, daß sich die Lage der bäuerlichen Grundbesitzer verbessert hat und noch mehr verbessern wird, [...] werden dieselben den Heuerleuten, zumal wenn deren Lage eine immer bedrängtere wird, entfremdet. Wie früher der Gutsherr die Eigenbehörigen im Gegensatz von sich ‚Leute' nannte, ebenso redet jetzt bereits der Colonus von ‚Leuten', wenn er im Gegensatz von sich die Heuerleute bezeichnen will." – Vgl. WRASMANN 1919–1921 Teil 2 S. 5 ff., 25 ff.; MOOSER 1984 S. 201 ff., 266 ff.

[77] In den katholischen Kirchenbüchern dieser Periode wurde nur ein „patrinus" oder eine „patrina" eingetragen, außerdem aber meist zwei „testes".

Ein zweites Kind brachte Maria Engel erst 1836, freilich tot, zur Welt. Die Familie blieb bei Oberrielage wohnen. Als 1840 die Tochter Anna Elisabeth geboren war, hob die Bäuerin des Hofes, Maria Elisabeth Oberrielage, sie aus der Taufe; als Zeugen fungierten der Eigentümer des Nachbarhofes Johann Heinrich Niederrielage und Anna Maria Elstro, geborene Klencke; letztere war die Schwester der Kindsmutter, die ihr schon 1826 als Trauzeugin zur Seite gestanden, 1831 selber geheiratet hatte und mit ihrem Mann inzwischen auf eine Heuerstelle im nahen Schinkel gegangen war. Im Juni 1849 starb Franz Stephan Meyer zum Farck an einer „schnell tödlichen" Krankheit. Doch die Witwe konnte mit ihren beiden Kindern in dem Kotten bleiben und die Pacht mit Hilfe des Sohnes Franz Heinrich fortsetzen. Als dieser im November 1857 die Tochter des landlosen Tischlers Weghorst aus Powe heiratete, blieb das junge Paar bei seiner Mutter wohnen und führte die Heuerlingsstelle fort. Im Januar 1858 nahm die Tochter, 17 Jahre jung, Caspar Heinrich Kahmann zum Gemahl, den Stiefsohn eines Heuermanns vom selben Hof. Auch sie blieben auf Oberrielages Vollerbe, indem sie mit Kahmanns verwitweter Mutter einen gemeinsamen Hausstand bildeten. Im März gebar die junge Frau den ersten Sohn; Gevatter stand der derzeitige Colon Oberrielage. Die Familie Meyer zum Farck hatte sich offenbar im Laufe von mehr als zwei Jahrzehnten nicht nur in den Hof, sondern auch in die Bauerschaft Powe fest eingefügt; sie pflegte die Beziehungen zu der Familie des Besitzers, aber auch zu den Mit-Heuerleuten auf diesem Anwesen und zu benachbarten Bauern.

Gerhard Heinrich Barringhaus und seine Frau Maria Engel, geborene Sander, verhielten sich in dieser Hinsicht ähnlich, obwohl sie einmal den Hof wechselten, freilich zu einem frühen Zeitpunkt ihrer Familiengeschichte. Beide stammten aus Heuerlingsfamilien. Er war 1816 in einem Kotten von Weghorsts Vollerbe in Icker geboren, sie 1818 auf dem Hof Oberrielage in Powe. Im August 1840 feierten sie Hochzeit; Trauzeugen waren ein Bruder der Braut und eine Schwester des Bräutigams. Zunächst kamen sie auf Oberrielages Stätte unter, wohl bei Maria Engels Mutter; der Vater war bis zu seinem Tod im Jahre 1837 dort Heuermann gewesen. Im Februar 1841 wurde ihr erstes Kind auf den Namen Anna Maria getauft, augenscheinlich nach seiner Patin[78], Anna Maria Barringhaus, der Frau des Vatersbruders; Zeugen waren die väterliche Großmutter, Maria Engel Barringhaus, und Ewerhard Lanwert aus Rulle. Bald darauf zog die junge Familie um, auf

---

[78] Aus anderen Regionen wird berichtet, daß Kinder regelmäßig die Vornamen ihrer Paten erhielten: ZONABEND 1978 S. 666 ff.; LOUX 1983 S. 69 f.; STAUDT 1958 S. 45 ff.; SIMON 1989 S. 137 ff.; vgl. MASSER 1980; KLAPISCH-ZUBER 1990 S. 109 ff. – Für Belm gilt das nur teilweise, wie die Beispiele zeigen.

Lübbersmanns Vollerbe in Icker, wo im August 1843 eine zweite Tochter, Marie Luise, zur Welt kam. Die Patenwahl zeugt von dem Bestreben, sich in der neuen Umgebung zu verankern: Maria Elisabeth Lübbersmann, die Colona des Hofes, hob die Kleine aus der Taufe; als Zeugen fungierten Maria Elisabeth Brockmann und Gerhard Heinrich Drehlmann, ledige Tochter bzw. Sohn benachbarter Vollerben in Icker. Der Colon Johann Wilhelm Lübbersmann übernahm 1846 die Patenschaft zu Johann Wilhelm; Zeugen wurden der Schneidergesell Johann Wilhelm Sander aus dem Kirchdorf, wohl ein Verwandter der mütterlichen Seite, und die Erbköttersfrau Anna Maria Budke aus Icker. Bei ihrem zweiten Sohn berücksichtigten die Eltern 1848 ausschließlich Verwandte und Nahestehende aus der eigenen Schicht: Namengebender Gevatter war der Bruder Johann Friedrich Barringhaus, der in Powe eine Heuerstelle innehatte, Zeugen Gerhard Heinrich Beckmann, ein Heuerlingssohn aus Vehrte, der damals in Rulle als Knecht arbeitete und zweieinhalb Jahre später die Schwester von Gerhard Heinrich Barringhaus heiratete, sowie Katharina Maria Barth, eine Magd des Vollerben Lübbersmann. Beim fünften Kind 1851 gab es nur eine Patin, Antonette Lübbe, Heuerfrau auf dem benachbarten Brockmann-Hof; sie war die zweite Frau von Gerhard Heinrich Barringhaus' Schwager, hatte ihn 1846 nach dem Tod von Maria Elisabeth, geborener Barringhaus, geheiratet. Vielleicht verzichtete die Familie deshalb auf Zeugen und eine große Tauffeier, weil das Töchterchen schwächlich wirkte; jedenfalls war der kleinen Antonette Marianne nur eine Lebensdauer von zwei Monaten beschieden. 1853 bei der Taufe von Marie Elisabeth Engel wählten die Eltern ausschließlich Hofinhaber aus ihrer Bauerschaft Icker: Patin wurde – wie schon zehn Jahre zuvor bei dem ersten auf diesem Hof geborenen Kind – die Colonin Lübbersmann, Zeugin die Halberbin Langewand, Zeuge der Halberbe Ostendarp. 1856 bei der kleinen Maria Anna Agnes kamen unverheiratete Kinder der örtlichen Großbauern an die Reihe; Maria Anna Middendarp hob sie aus der Taufe, Agnes Lübbersmann und Wilhelm Drehlmann übernahmen die Zeugenschaft; die 17jährige Agnes war die jüngste Tochter der Hofinhaber, der 26jährige Wilhelm Anerbe des Nachbarhofes. 1860 schließlich stand der Halberbe Johann Anton Hackmann aus Icker Pate für den kleinen Anton; der neue Colon Lübbersmann, der den Hof eineinhalb Jahre zuvor von den Eltern übernommen hatte, war erster Taufzeuge, zweiter der ledige Vollerbensohn Franz Wilhelm Brockmann, ebenfalls aus Icker. – Nachdem also Gerhard Heinrich Barringhaus mit seiner Familie anfänglich für ein oder zwei Jahre bei der Mutter der Frau untergekommen war, konnte er anschließend eine eigene Heuerlingspacht auf Lübbersmanns Hof übernehmen und blieb dort seßhaft. 1858 trugen die beiden ältesten Töchter als Zigarrenarbeiterinnen zum Einkommen bei. Als die zweite, Marie Luise,

1863 mit knapp zwanzig Jahren heiratete, fand sie mit ihrem Mann Unterkunft in einer „Behausung" des Colons Lübbersmann; vermutlich wurde das junge Paar zunächst wiederum von ihren Eltern aufgenommen.

Gerd Henrich Michel hatte im Laufe dreier Jahrzehnte Heuerstellen auf drei verschiedenen Höfen inne und gehörte damit zu den mobileren. Mit 27 Jahren ehelichte er im November 1825 die um drei Jahre jüngere Katharina Maria Klene, Tochter eines Heuermanns aus dem etwa 12 Kilometer entfernten Bohmte. Sein Vater war spätestens seit 1812 Heuerling beim Halberben Hackmann in Icker, seit Mai 1825 Witwer. So führten Gerd Henrich und Katharina Maria ein Jahrzehnt lang diese Heuer seines Vaters weiter und bildeten einen gemeinsamen Haushalt mit ihm. Als sie am zweiten Weihnachtstag 1826 ihren ersten Sohn auf den Namen Henrich Ludwig taufen ließen, stand ihr Colon, Jobst Henrich Anton Hackmann, Pate; Ludwig Klene als Bruder der Mutter und die Bäuerin vom Meyerhof zu Belm traten als Zeugen auf. Für Johann Karl Adam, der 1829 zur Welt kam und sie nach sieben Wochen wieder verließ, wurde nur ein Gevatter verzeichnet: Johann Adam Klene aus Bohmte, wohl ein Verwandter mütterlicherseits. Die kleine Catharina Maria Elisabeth wurde im Februar 1831 von der Vollerbin Catharina Maria Brockmann in Icker aus der Taufe gehoben, das Zeugenamt lag bei einer Magd aus Vehrte, Maria Elisabeth Kottmann mit Namen, und bei dem Halberben Böhle in Icker. Lauter Großbauern aus der Bauerschaft wurden im Juni 1832 bei der Taufe von Franz Wilhelm und im Januar 1834 bei der von Johann Gerhard zugezogen: als Gevatter 1832 der Halberbe Franz Heinrich Ostendarp, 1834 der Vollerbe Johann Gerhard Drehlmann; als Zeugen zunächst der Vollerbe Johann Wilhelm Rolf und die Colona Lübbersmann, danach der Vollerbe Middendarp und die Vollerbin Nardmann. – Einige Zeit danach zogen Gerd Henrich und Katharina Maria Michel um, zusammen mit ihren Söhnen Heinrich Ludwig und Johann Gerhard, dem erst- und dem letztgeborenen ihrer Kinder; von den drei mittleren war keines älter als vier Monate geworden. Sie blieben freilich in der Bauerschaft Icker. Nicht zu einem der neun Hofinhaber, die Paten oder Taufzeugen ihrer Kinder waren, gingen sie in den Kotten, sondern zu dem benachbarten Halberben Bergmann. Ihn machten sie auch zum Zeugen bei der Taufe ihres nächsten Sohnes im November 1837; namengebender Gevatter aber war ein anderer Bauer, der Halberbe Johann Wilhelm Langewand, ebenfalls aus Icker. Bei ihrem siebten Kind Hermann Heinrich wählten die Eltern im Jahre 1840 drei ledige Kinder von Großbauern zu Paten bzw. Zeugen: Johann Heinrich Niederrielage, Anerben aus Powe, Hermann Heinrich Linnemann aus Icker und Anna Maria Oberrielage, Erbtochter aus Powe. Für Catharina Maria Luise übernahmen 1843 wiederum drei BesitzerInnen großer Höfe diese Aufgaben, Patin war Catharina Maria Bergmann, die den Eltern Wohnung und Arbeit gab, Zeugin die Meyerin zu Icker, Zeuge der Halberbe Langewand, ebenfalls aus Icker. Ihrem neunten und letzten Kind gaben die Eltern 1846 Johann Friedrich Bergmann, den ledigen Sohn ihres Colonen, zum Gevatter, sowie zu Taufzeugen Franz Anton Klemann, den Anerben des Halterner Vollhofes, und Maria Drehlmann aus Icker, letztere war entweder die Vollerben-Witwe oder deren älteste Tochter; der kleine Friedrich Anton starb aber bereits zwei Tage danach. Ein volles Jahrzehnt blieb die Familie Michel im Kotten des Halberben Bergmann in Icker, dann zog sie aus dieser Bauerschaft, wo sie zu so vielen ColonInnen Paten- und Taufzeugen-Verbindungen geknüpft hatte, nach Powe zum Vollerben Eistrup. Dort wurden die Michels mit ihren überlebenden fünf Kindern im Dezember 1852 registriert. Im April des folgenden Jahres schloß Maria Elisabeth Michel, geborene Klene, die Augen. Heinrich Ludwig, der älteste Sohn, heiratete ein halbes Jahr danach; seine Frau brachte er offenbar mit in den Kotten seines Vaters. Er übernahm die Heuer, verdiente aber als Maurergesell dazu. Sein erstes Kind durfte im September 1857 der Großvater Gerd Henrich Michel aus der Taufe heben; im Juni 1858 verstarb dieser. Heinrich Ludwig Michel, der Heuermann und Maurer, aber blieb dort wohnen, hatte die Fäden zu dem Hof auch bereits verstärkt, indem er den Colon, Hermann Eistrup, zum Taufzeugen seines ersten Kindes machte. In dessen Haus diente der 18jährige Bruder Hermann Henrich im Jahre 1858 als Knecht. Zwei weitere Geschwister lebten bei Heinrich Ludwig mit in Eistrups Kotten, der 21jährige Johann Wilhelm und die 15jährige Catharina Maria Luise; beide hatten als Zigarrenarbeiter ihren Verdienst. – Wenn diese Familie auch zweimal den Hof wechselte, scheint sie sich kaum weniger um die Verbindung zu den örtlichen Colonen im allgemeinen und zu ihrem jeweiligen Hofbesitzer im besondern bemüht zu haben; höchstens zu der Familie ihres ersten Wohnungs- und Arbeitgebers Hackmann wirken die Fäden weniger dicht: es kam nur zu einer Patenschaft, und zwar bei dem ersten der fünf auf dem Hof geborenen Kinder.

Johann Friedrich Baute und seine Frau Catharina Engel, geborene Schulhoff, finden wir im Laufe der neunzehn Jahre ihrer Anwesenheit im Kirchspiel Belm bei drei verschiedenen Colonen. Danach zogen sie erneut um, diesmal aber nach auswärts. Damit gehörten sie zu den beweglicheren Familien. Johann Friedrich stammte aus Bohmte und diente vor seiner Hochzeit beim Markkötter Graelmann im Kirchdorf Belm; Catharina Engel war hier 1791 als Tochter des Markkötters Schulhoff geboren. Zu Trauzeugen wählten sie im Januar 1816 zwei Nachbarn aus dem Dorf, den Heuermann Hehmann und den Lehrer Ossenbeck. Drei Monate später bei der Taufe des ersten Kindes Franz Heinrich standen zwei weitere Nachbarn als Pate und als Zeuge bereit, der Markkötterssohn und Schmied Johann Franz Heinrich

Lietemeyer sowie Johann Caspar Hage, Sohn des Heuermanns und Leinewebers; hinzu kam die 20jährige Catharina Elisabeth Schulhoff als jüngste Schwester der Mutter. Die junge Familie fand zunächst bei den Eltern der Frau in Schulhoffs Markkotten Unterschlupf. Dort kam 1819 der zweite Sohn zur Welt; der Vater gab ihm seinen ehemaligen Dienstherrn, den Markkötter Graelmann, zum Gevatter; Taufzeugen waren Heinrich Ludwig Baute aus dem benachbarten Ostercappeln, wohl ein Verwandter von väterlicher Seite, und die Belmer Markkötterin Fickerschmidt. Nachdem Johann Friedrich und Catharina Engel Baute etwa vier Jahre verheiratet waren, fanden sie offenbar eine reguläre Heuerlingsstelle auf einem großen Hof, und zwar beim Vollerben Dreyer in Vehrte. Dem ersten Kind, das hier geboren wurde, gab 1821 die Colona Maria Bernardina Dreyer als Patin ihre Namen. Bei den beiden folgenden Kindern wählten die Eltern wieder alte Nachbarn aus dem Kirchdorf zu Paten, 1823 den Schneider Balke, der beim Küster Piepmeyer wohnte, 1825 die Markkötterin Lietemeyer, dazu ZeugInnen aus verschiedene Orten des Kirchspiels und der Umgebung. Nach etwa acht Jahren der Ansässigkeit auf Dreyers Hof wechselten die Bautes erneut, allerdings innerhalb der Bauerschaft Vehrte; sie zogen in einen Kotten des Vollerben Barth. Für das erste Kind, das hier 1829 das Licht der Welt erblickte, übernahm der Colon die Patenschaft, auch gab er ihm seine Vornamen Johann Heinrich; als Zeugen wurden der Halberbe Schamel aus Powe und die Vollerbentochter Anna Maria Rittmar aus Vehrte eingetragen. 1832 bei der nächsten Taufe fungierte der Colon Barth als Zeuge, Gevatter stand Johann Heinrich Flore, der Heuermann eines benachbarten Hofes in Vehrte. Zu ihrem achten Kind baten die Eltern 1834 den Sohn des Vehrter Vollerben Besselmann, die Patenstelle zu übernehmen; als Zeugen luden sie Franz Heinrich Dreyer, einen Sohn von dem Hof, auf dem sie zuvor gelebt hatten, und Catharina Maria Amelink aus dem Kirchdorf. Nachdem sie im Dezember 1834 ihren zweieinhalb Jahre alten Sohn Johann Friedrich zu Grabe getragen hatten – er war der Schwindsucht erlegen –, verließen sie das Kirchspiel. Die Familie scheint in der Umgebung geblieben zu sein; jedenfalls dienten zwei Töchter Mitte der 1840er Jahre in Vehrte, bevor sie dann nach Amerika auswanderten. Stärker als andere haben die Bautes bei der Auswahl der PatInnen und TaufzeugInnen die Verbindungen ‚nach rückwärts' gepflegt, zu den alten Nachbarn aus dem Kirchdorf Belm, zu dem ehemaligen Dienstherrn, zu der Familie des Vollerben Dreyer auch noch, als sie nicht mehr in seinem Kotten wohnten. Trotzdem waren sie nach jedem Wechsel bestrebt, die Fäden zu ihrem neuen Colon zu verstärken, indem sie – wie andere Heuerlinge – den Hofinhaber bzw. die Hofinhaberin ihr nächstes Kind aus der Taufe heben ließen. Zu dauerhafter Seßhaftigkeit hat sie das nicht geführt.

Eine der mobilsten Heuerlingsfamilien war die von Franz Heinrich Minning. Er war 1814 in Icker als Sohn eines Heuermanns geboren, seine Frau Catharina Maria Strathmann 1810 als Colonentochter in einem benachbarten Kirchspiel. Bei ihrer Eheschließung am 17. Dezember 1834 ließen sie sich – laut Trauschein[79] – in einem Kotten auf Wiesehahns Vollerbe in Icker nieder. Als sie einen guten Monat später ihre erste Tochter zur Taufe brachten, wohnten sie bereits beim Vollerben Middendarp in Icker. Als Gevattern wählten sie die Markkötterin Niehaus in Haltern, die anscheinend nicht verwandt war, sowie Catharina Maria Minning, die Schwester des Kindsvaters, und einen Verwandten der Mutter. Zwei Jahre danach bei der Geburt des nächsten Kindes – wiederum eines Mädchens – lebten sie beim Erbkötter Buddeke in Icker. Paten waren diesmal die Frau des Vollerben Wiesehahn, der ihnen bei der Heirat die für den Trauschein erforderte Unterkunft geboten hatte, sowie Anna Dorothea Rolf, ebenfalls Vollerbenfrau in Icker, und Christian Heinrich Tiemann, der 22 jährige ledige Sohn eines anderen Großbauern in dieser Bauerschaft. Nach weiteren zweieinhalb Jahren, am 30. September 1839, brachte Catharina Maria Minning, geborene Strathmann, ein drittes Mädchen zur Welt. Doch Mutter und Tochter starben am selben Tage, jene, „nachdem sie schon seit längerer Zeit an der Auszehrung gelitten" hatte, wie der Pfarrer im Totenregister vermerkte. Als einzige Gevatterin war bei der eilig vollzogenen Taufe die Schwester des Kindsvaters zur Hand, die schon beim ersten Kind Pate gestanden hatte. Zu dieser Zeit war die Familie auf Lübbersmanns Hof in Icker ansässig. Franz Heinrich Minning entschloß sich nicht schnell zu einer zweiten Ehe. Im Dezember 1840 verschied seine zweite Tochter, und zwar laut Kirchenbuch in einem Kotten von Middendarp, wo die Familie fünf Jahre zuvor schon einmal gewohnt hatte. Nach gut zweijähriger Witwerschaft nahm Minning im November 1841 die 24 Jahre alte Heuerlingstochter Maria Engel Dirker zur Frau und zog mit ihr zum Vollerben Sudendarp in Vehrte. Zwei Monate später gebar Maria Engel einen toten Knaben. Nachdem 1845 auch das letzte überlebende Kind der ersten Ehe gestorben war, verließ die Familie das Kirchspiel Belm. In den elf Jahren, während derer wir ihren Weg beobachten können, scheinen die Minnings nicht weniger als sechsmal umgezogen zu sein. Es fällt auf, daß sie nie jemand aus der Familie desjenigen Bauern als Paten wählten, bei dem sie gerade lebten. Wohl baten sie mehrere andere Personen aus der bäuerlichen Schicht ihres Wohnorts zu Gevattern. Freilich konnten sie nur bei den ersten beiden Geburten die Patenwahl in Ruhe vorbereiten; danach ließ ihnen der Tod diese Möglichkeit nicht mehr.

---

[79] EPA Belm K. B. III Nr. 2.

Beobachten wir eine Stichprobe von Heuerleuten ab der Heirat während der ganzen Dauer ihres Aufenthalts im Kirchspiel Belm, so läßt sich die Relation zwischen mobilen und stabilen quantitativ einschätzen. Von fünfzig Landlosen, die zwischen 1833 und 1838 ihre erste Ehe schlossen[80], kann fast ein Drittel als Schnell-Wechsler bezeichnet werden: Sie blieben im Schnitt nur für eine Pachtperiode von vier Jahren oder noch kürzer auf einem Hof (Tab. 7.04 a). Kleiner war der Anteil derjenigen, die eine besonders starke Anhänglichkeit an einen Bauern zeigten: Ein knappes Fünftel kam auf eine mittlere Verweildauer von mehr als dreizehn Jahren. Die Hälfte aber lag zwischen diesen Extremen, indem sie mehr als eine, aber nicht mehr als drei Pachtperioden einem Hof ‚treu' blieb. Für alle Familien errechnet sich ein Durchschnitt von etwa acht Jahren. – Nehmen wir nicht die verschiedenen Familien, sondern die einzelnen Aufenthalte als Grundlage, so zeigt sich, daß sogar gut die Hälfte nur vier Jahre oder kürzer dauerte (Tab. 7.04 b). Die Mobilität der Heuerlinge erscheint also erst in ihrem vollen Ausmaß, wenn wir sowohl diejenigen einbeziehen, die über Kirchspielsgrenzen hinweg wechselten, als auch die, die nach Amerika auswanderten.[81]

---

[80] Als Stichprobe ausgewählt wurden die ersten 50 beidseitigen Erstehen von Landlosen ab 1833, die lutherisch geschlossen wurden. Es wurde mit 1833 begonnen, weil von da an die Trauscheine von Landlosen regelmäßig den Hof angeben, auf dem sie sich niederlassen werden; erhalten sind diese Trauscheine im Evangelischen Pfarrarchiv Belm (EPA BELM K.B. III Nr. 2-3). Im Katholischen Pfarrarchiv Belm sind die Trauscheine hingegen erst ab 1842 erhalten. Ausgeschlossen wurden diejenigen Eheschließungen, bei denen als künftiger Wohnsitz auf dem Trauschein ein Ort außerhalb des Kirchspiels Belm angegeben ist. Die 50 Heiraten verteilen sich bis Juni 1838. Da die Kirchenbücher in dieser Zeit bei Taufen und Beerdigungen meist den Hof nennen, auf dem die Familie wohnte, läßt sich anhand der Familienrekonstitution der weitere Weg dieser Heuerlingsfamilien bis zum Zensus vom 3.12.1858 verfolgen, wenn sie nicht vorher aus- oder abwanderten. – Für frühere Perioden sind entsprechende Auswertungen unmöglich, weil die Kirchenbücher in aller Regel nicht den Hof angeben, auf dem die betreffende Familie wohnte; auch stehen vor dem 19. Jahrhundert keine namentlichen Zensuslisten in kurzen zeitlichen Abständen zur Verfügung. – Manchmal zogen Heuerleute auch auf demselben Hof in einen anderen Kotten, was sich in den Kirchenbüchern verfolgen läßt, da die einzelnen Nebenwohngebäude eines Hofes durch verschiedene Buchstaben bezeichnet wurden. Derartige Umzüge innerhalb eines Hofes blieben bei den Auswertungen unberücksichtigt.

[81] Beide Gruppen wurden oben bei der Rückschau von 1815 nach 1812 und von 1858 auf 1852 implizit ausgeschlossen; darüber hinaus konnte dort nicht festgestellt werden, ob manche Familien zwischen dem Anfangs- und dem End-Zeitpunkt den Hof mehrfach gewechselt hatten. – Es könnte vermutet werden, daß bei der Stichprobe der 50 landlosen Familien die Mobilität überschätzt werde, da stets angenommen wurde, daß mit dem Beobachtungsende (spätestens am 3.12.1858, dem Tag des Zensus) auch der Aufenthalt auf dem letzten Hof zu Ende ging. In Wirklichkeit aber dauerte dieser Aufenthalt gewiß oft noch kürzere oder längere Zeit an. Diese Tendenz zur Überschätzung der Mobilität wird jedoch zumindest teilweise dadurch ausgeglichen, daß der Hof, auf dem die Familie wohnte, nicht kontinuierlich bekannt ist, sondern nur für die Zeitpunkte, wo eine Taufe oder ein Todesfall registriert ist. Da insbeson-

Tabelle 7.04: 50 ausgewählte Heuerlingsfamilien nach ihrer Verweildauer auf einem Hof, ab 1833

a) wie lange blieb die Heuerlingsfamilie durchschnittlich auf einem Hof?

|  | 0–4 Jahre | mehr als 4 Jahre, weniger als 13 Jahre | 13– Jahre | Durchschnitt der Familien |
|---|---|---|---|---|
| Zahl der Familien | 16 | 25 | 9 | 8,2 Jahre |
| % | 32,0% | 50,0% | 18,0% | |

b) wie lange dauerten die einzelnen Aufenthalte?

|  | 0–4 Jahre | mehr als 4 Jahre, weniger als 13 Jahre | 13– Jahre | Durchschnitt der Aufenthalte |
|---|---|---|---|---|
| Zahl der Aufenthalte | 51 | 29 | 19 | 7,2 Jahre |
| % | 51,5% | 29,3% | 19,2% | |

Anmerkung: Zur Auswahl der Stichprobe der 50 Familien s. den Text mit Anmerkungen.

Besonders kurz blieben die Heuerlingspaare oft auf dem ersten Hof, bei dem sie gleich nach der Eheschließung unterkamen. Bei 20% unserer Familien dauerte dieser erste Aufenthalt kürzer als ein Jahr, bei weiteren 38% ein bis vier Jahre. Anscheinend kam es zur Zeit der Heirat vor allem darauf an, eine vorläufige Bleibe zu finden, nicht zuletzt um den Anforderungen der Hannöverschen Domizil- und Trauscheinordnung zu entsprechen.[82]

Die drei Familien der Stichprobe, die am Ende nach Amerika auswanderten, fielen, solange sie im Kirchspiel blieben, keineswegs durch besondere

---

dere in den späteren Jahren einer Ehe Kinder selten geboren werden, liegen diese Zeitpunkte oft eine ganze Reihe von Jahren auseinander; daher wird mancher Hof-Wechsel eines Heuerlings verborgen bleiben. Insgesamt gesehen, dürfte daher die tatsächliche Mobilität der Landlosen näher bei den Ergebnissen der Stichprobe der 50 Familien liegen als bei den Auswertungen für 1815/12 und 1858/52.

[82] Zu diesen 1827 eingeführten Ehebeschränkungen s. oben Kap. 3.2. (S. 111). – Vgl. oben Kap. 6.6. (S. 527 f.) zu der Strategie heiratender Heuerlingskinder, zunächst mit (Schwieger-)Eltern einen gemeinsamen Haushalt zu bilden: In diesen Fällen überdauerte zwar, formal betrachtet, die Bindung der Heuerleute an einen bestimmten Hof die Generationengrenze. Doch blieben die jungen Leute oft nur begrenzte Zeit auf dem Hof, zu dem ihre Eltern gehört hatten (s. die soeben dargelegten Beispiele der Familien Barringhaus und Michel). Darüber hinaus ist zu fragen, ob die Bindung an den Hof ausschlaggebend war oder aber das enge Verhältnis zu den (Schwieger-)Eltern, die dort als Heuerleute lebten; dazu s. das folgende Kap. 7.5.

Bindungslosigkeit auf. Eberhard Heinrich Potts lebte mit den Seinen von der Heirat an mehr als 18 Jahre in der Heuerwohnung des Reckerschen Colonats in Gretesch, um dann in die Neue Welt aufzubrechen. Johann Wilhelm Minning zog nach der Eheschließung im Jahre 1834 in einen Kotten beim Vollerben Drehlmann in Icker, wechselte nach vier Jahren zum Halberben Hackmann, nach weiteren neun Jahren zum Vollerben Tiemann in derselben Bauerschaft und ging schließlich 1856 nach Amerika. Während der 22 Jahre, die er mit Familie im Kirchspiel verbrachte, war er also auf drei Höfen ansässig. Johann Christoph Hagebusch fand bei der Heirat 1835 zunächst beim Vollerben Steinmeyer in Lüstringen ein Unterkommen, war aber bereits ein Jahr danach zu Brockhoff in Darum übersiedelt und blieb dort fast zwölf Jahre. 1847 wohnte er beim Erbkötter Hagebusch in Darum; 1849 trat er die Reise über den Atlantik an.

Die sieben Familien der Stichprobe, von denen wir wissen, daß der Mann oder die Frau von besitzenden Eltern stammte, zeichneten sich, insgesamt gesehen, nicht durch besondere ‚Treue' zu einem Hof aus. Die durchschnittliche Verweildauer betrug bei ihnen 8,7 Jahre, lediglich ein halbes Jahr mehr als sonst (Tab. 7.04a). Hinter dem Mittelwert verbergen sich freilich sehr unterschiedliche Verhaltensweisen. Immerhin fünf von den sieben Familien lebten zeitweilig oder dauerhaft in einem Kotten des Hofes, aus dem der Mann oder die Frau stammte. Drei davon aber verließen diesen sehr schnell wieder. Christoph Heinrich Jürgens oder Torloxten ließ sich – laut Trauschein – bei der Heirat auf dem Markkotten Torloxten nieder, aus dem er offenbar gebürtig war, zog aber bald danach aus dem Kirchspiel fort. Das gilt auch für Gerhard Heinrich Niemann, den Vollerbensohn, der nach kurzem Aufenthalt auf dem Niemann-Hof abwanderte. Maria Engel Kröger, geborene Hinnerker, gab mit ihrem Mann für den Trauschein ebenfalls den elterlichen Vollhof in Lüstringen als Unterkunft an, war aber drei Monate später bei der Geburt des ersten Kindes bereits nach Gretesch übersiedelt. In diesen drei Fällen bot der Stammhof dem weichenden Kinde lediglich eine kurzfristige Bleibe für die erste Zeit nach der Eheschließung[83]; vielleicht half er nur, den formalen Anforderungen für die Erteilung des obrigkeitlichen Trauscheins zu genügen. Zwei andere Heuerleute blieben hingegen auf Dauer in einem Nebenhaus ihres Stammhofes: Catharina Maria Michel, geborene Ahlbrand, beim Vollerben Ahlbrand in Haltern; Eberhard Meyer beim Vollerben Meyer zu Hage in Vehrte.[84] – Auf der anderen Seite lebten die Vollerbentochter Maria Gertrud Siebert, verheiratete

---

[83] Vgl. auch den soeben (S. 576f.) dargelegten Fall der Markköttterstochter Catharina Engel Schulhoff, verheiratete Baute.
[84] Siehe dazu auch das folgende Kap. 7.5. (S. 588f.).

Placke, und die Markkötterstochter Maria Elisabeth Dirker, verheiratete Wessel, seit ihrer Eheschließung mit einem Heuermann nie mehr auf den Stätten, auf denen sie geboren waren, sondern bei verschiedenen anderen Bauern. Die Herkunft aus einer besitzbäuerlichen Familie bot also bisweilen weichenden Erben, die in die landlose Schicht heirateten, die Gewähr dauernder Wohnung in einem Kotten des Stammhofs; doch galt das bei weitem nicht in allen Fällen.

## 7.5. Verwandtschaft zwischen Bauer und seinen Heuerleuten – Verwandtschaftsbeziehungen unter Heuerleuten – Patenschaft

Die Frage nach der Verbindung nicht-erbender Kinder zu ihrem Stammhof ist auch für die grundsätzliche Beurteilung der Beziehung zwischen Besitzenden und Eigentumslosen von erheblicher Bedeutung. Denn die These von dem positiv-patriarchalischen Charakter des Verhältnisses zwischen Bauern und Heuerleuten wird oft gestützt auf die Vorstellung, daß die Heuerleute letztlich aus den bäuerlichen Familien hervorgegangen seien und daß die Colonen gern ihre „Abfindlinge" auf den Neben-Feuerstätten des Hofes unterbrachten, daß also „verwandtschaftliche [...] Beziehungen" zwischen dem Eigentümer und den landlosen Haushalten einer Stätte häufig waren.[85]

Für unser Untersuchungsgebiet hat die Analyse der sozialen Mobilität gezeigt, daß trotz des Abstiegs eines beträchtlichen Teils der Söhne und – mehr noch – der Töchter von Bauern schon in der zweiten Hälfte des 18. Jahrhunderts nur eine recht kleine Minderheit der Heuerleute in einer bäuerlichen Familie geboren war: ein Viertel der Frauen, weniger als ein Fünftel der Männer. Bis zur Mitte des 19. Jahrhunderts nahmen diese Anteile weiter ab.[86]

Nun könnte allerdings diese zahlenmäßige Minorität der Heuerlinge für die Qualität der Beziehungen zwischen Bauern und eigentumslosen Leuten von erheblicher Bedeutung sein. Wenn auf vielen Höfen auch nur einer von den Heuermännern oder eine von den Heuerfrauen nahe mit dem Eigentümer verwandt war, so mögen solche Verwandtschaftsbande – das ist von sozialanthropologischer Seite gerade im Hinblick auf ‚bäuerliche Gesellschaften' bemerkt worden – auch den übrigen Beziehungen zwischen Landbesitzern und Landlosen eine besondere Tönung geben und dazu beitragen,

---

[85] WRASMANN 1919–1921 Teil 1 S. 104; vgl. MOOSER 1984 S. 197; MAGER 1982 S. 460 f.
[86] Siehe Tab. 6.01–6.03 und oben Kap. 6.2.

daß nicht das Bewußtsein eines Interessen- oder gar Klassen-Gegensatzes aufkommt.[87]

Blieben – so ist also zu fragen – die absteigenden Bauernkinder als Heuerleute auf dem Stammhof und bildeten dort einen stabilen Kern unter den Nebenhausbewohnern? Aufgrund der Volkszählungsliste von 1772 läßt sich die Frage erstmals querschnittartig für alle in Frage kommenden Familien beantworten, indem aufgrund der Familien-Rekonstitution die Bande naher Verwandtschaft zwischen den Haushalten erhellt werden. Das erste Ergebnis besteht darin, daß von den Kindern kleinbäuerlicher Eltern nicht eines als Heuerling auf der Stätte geblieben war, daß also die absteigenden Nachkommen dieser Schicht sämtlich auf einen fremden Hof gegangen waren. Das kann nicht überraschen, denn nur ein Viertel der Kleinbauern verfügte ja über ein zweites bewohnbares Gebäude. Die Möglichkeit, eine Heuerstelle auf dem Stammhof zu übernehmen, kam also eigentlich nur für weichende Kinder von Großbauern in Betracht. Unter den landlosen Hausvätern und -müttern lassen sich acht als Söhne und acht als Töchter von Vollbauern identifizieren. Davon waren nur zwei Töchter in einem Kotten des elterlichen Anwesens ansässig, keiner der Söhne; die übrigen vierzehn finden wir auf fremden Höfen.

In der Leibzucht des Vollerben Weghorst in Icker lebte 1772 der Heuersmann Johann Friedrich Möller; seine Frau Maria Agnes, geborene Weghorst, war die jüngste Schwester des Colonen Johann Henrich Weghorst (Grafik 7.01). Dieser hatte 1749 im Alter von 24 Jahren geheiratet. Als Maria Agnes 1765 mit 35 Jahren den eigentumslosen Johann Friedrich Möller ehelichte, war der hofbesitzende Bruder einer der beiden Trauzeugen. Bei der Taufe des ersten Sohnes der Möllers war 1766 der Inhaber des Nachbarhofes Johann Hermann Meyer zur Weghorst namengebender Pate. Bei Margarethe Elisabeth, dem zweiten und letzten Kind – Maria Agnes gebar es 1775 im Alter von 45 Jahren –, fungierten als Paten Catharina Margaretha Wiesehahne, die älteste Tochter vom Nachbarhof, und Johann Gerd Weghorst, der älteste Sohn des Vollerben, also ein Cousin des Täuflings. In diesem Fall blieb die Verbindung zwischen der Familie des Anerben und dem Zweig seiner in die landlose Schicht gegangenen Schwester auch in der folgenden Generation bestehen: Im Jahre 1796 heiratete die 1775 geborene Margarethe Elisabeth Möller den Heuermann Johann Rudolph Kisse; diese Familie lebte 1812 auf dem Hofe Weghorst, den im Jahre 1797 die 1771 geborene Maria Engel als jüngste Tochter von ihren Eltern übernommen hatte. Dort starb die Witwe Kisse, geborene Möller, im Jahre 1835;

---

[87] MINTZ 1973/74b bes. S. 305, 319; vgl. MINTZ 1973/74a bes. S. 101.

Grafik 7.01: Verwandtschaft zwischen dem Vollerben Weghorst und einem seiner Heuerleute, ca. 1765–1835

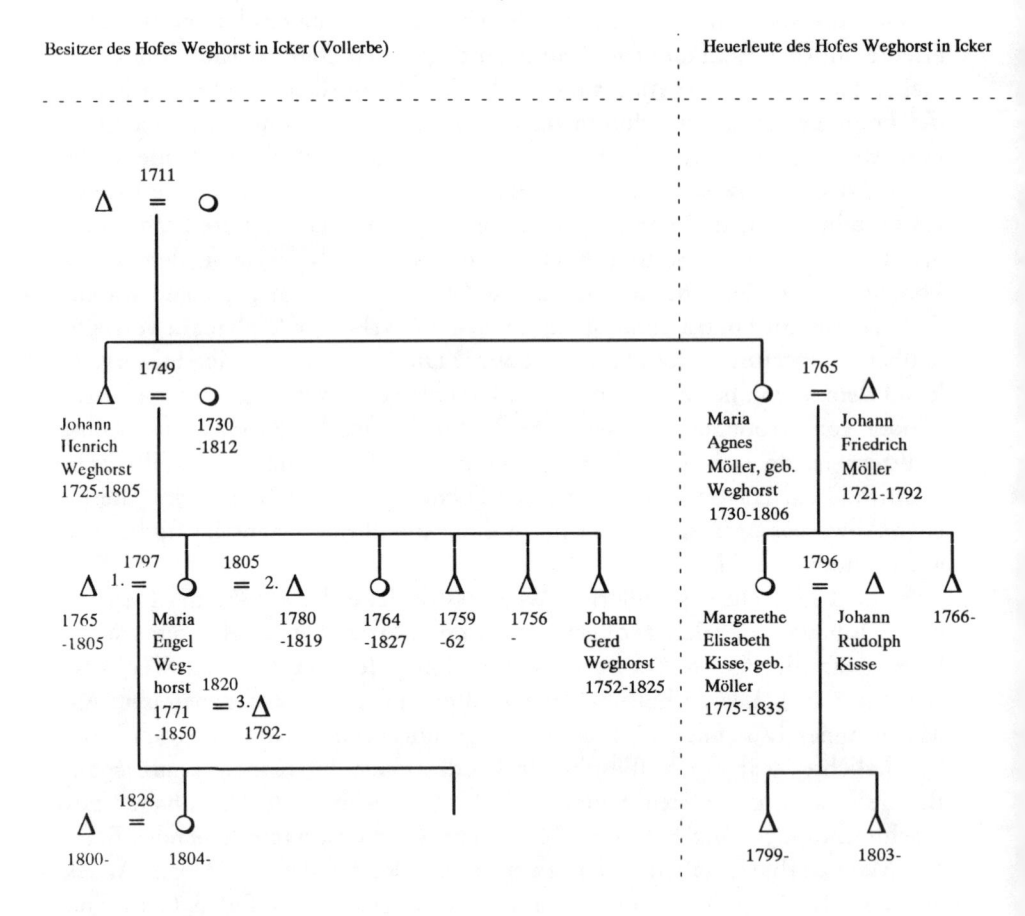

Besitzer des Hofes Weghorst in Icker (Vollerbe) | Heuerleute des Hofes Weghorst in Icker

[Genealogische Darstellung:

1711: △ = ○

1749: △ = ○ (Johann Henrich Weghorst 1725–1805 / 1730–1812)
1765: ○ = △ (Maria Agnes Möller, geb. Weghorst 1730–1806 / Johann Friedrich Möller 1721–1792)

1797: △ 1.= ○ = 2.△ | ○ △ △ △ | Johann Gerd Weghorst 1752–1825
1765–1805 | Maria Engel Weghorst 1771–1850 | 1780–1819 | 1764–1827 | 1759–62 | 1756–
1805: = 2.△
1820: = 3.△ 1792–

1796: ○ = △ △ 1766–
Margarethe Elisabeth Kisse, geb. Möller 1775–1835 | Johann Rudolph Kisse

1828: △ = ○ | 1800– 1804– | △ △ 1799– 1803–]

den Hof hatte zu dieser Zeit ihre Cousine Maria Engel Weghorst bereits an die Tochter weitergegeben.

Die zweite Großbauerntochter, die 1772 mit ihrem eigentumslosen Mann in einem Kotten des Stammhofes wohnte, war Clara Elisabeth Sundermann in Gretesch. Hier liegt insofern ein besonderer Fall vor, als sie mit ihrem Gemahl Caspar Adam Herbert von 1763 bis Anfang 1772 den Hof interimistisch geführt hatte, um die Zeit vom Tod der Eltern bis zur Hochzeit des erbenden Bruders zu überbrücken. Das wird hier die Ursache für die lebenslange Verbindung mit dem Vollerbe sein.[88]

Natürlich lassen sich einige Beispiele finden, wo zwischen Bauer und

---

[88] Siehe zu diesem Fall oben in Kap. 6.3.

seinem Heuerling eine Verwandtschaftsbeziehung bestand, die weniger direkt oder weniger eng war. Auf Boehles Halberbe in Icker firmierte 1772 Johann Claus Boehle als Besitzer. In der Leibzucht wohnte neben der Familie des Heuersmanns Balz Hespe die „vidua Boehlen" mit einem Sohn über 14 Jahr; sie ernährte sich durch Spinnen. Der Mann, den sie 1744 geheiratet, aber schon 1755 verloren hatte, war Johann Henrich Boehle, älterer Sohn des Colonen, der die Stätte in der ersten Hälfte des Jahrhunderts innegehabt hatte. Der jüngere Bruder dieses Johann Henrich Boehle, Johann Anton mit Namen, hatte den elterlichen Hof erhalten und 1752 Catharina Margaretha Beckmann geheiratet; bereits 1757 starb er. Ein halbes Jahr später holte die Witwe Johann Claus, geborenen Schave, auf den Hof; diese beiden waren also 1772 die Besitzer. Zu Lebzeiten der Brüder Boehle hatte der Heuermann das Band zu seinem erbenden Bruder auch durch Patenschaften verstärkt: Sein zweites Kind hatte er von dem Anerben Johann Anton Boehle aus der Taufe heben lassen, sein sechstes 1753 dann von dessen junger Frau Catharina Margaretha. Nach dem Tod der beiden sozial ungleichen Brüder wurde die Verbindung von den Schwägerinnen fortgesetzt. – In der Leibzucht des Vollerben Niederrielage lebte 1772 – zusammen mit einem weiteren Haushalt – der Heuermann und Spinnradmacher Johann Henrich Niederrielage. Wie die Namensgleichheit vermuten läßt, war er mit der Familie des Colonen, der zufällig auch die gleichen Vornamen trug, verwandt; doch handelte es sich nicht um Blutsverwandtschaft, vielmehr war der 37jährige Heuerling so etwas wie ein Stief-Cousin der 56 Jahre alten Bäuerin (Grafik 7.02). Sein Vater, ebenfalls Johann Henrich geheißen, war bereits Heuermann gewesen; dessen Vater, ein geborener Hardinghues, aber hatte seit 1695 als Interimswirt Niederrielages Stätte vorgestanden. Die Anerbin, die diesem gefolgt war und deren Tochter die Colona von 1772 war, stammte aus der ersten Ehe des ersten Mannes der Frau, die 1695 den Interimswirt Hardinghues auf den Hof geholt hatte. Zwischen der Familie des Heuermanns und Spinnradmachers Niederrielage und derjenigen der Vollerbin bestand lediglich ein einfaches Patenschafts-Band, obwohl jener vier Kinder zeugte: Der Anerbe Johann Joist Niederrielage wurde 1765 Gevatter des zweiten Kindes, das wie der Vater die Vornamen Johann Henrich erhielt.

Normal aber war es, daß ein Großbauernkind, das keine Gelegenheit zur Einheirat in einen Hof fand, im wörtlichen Sinne ‚wich' und bei einem fremden Colon eine Heuerstelle annahm. Johann Wellmar Besselmann z.B., 1722 als Sohn des Vehrter Vollerben geboren, hatte 1747 ohne Grundbesitz die Ehe geschlossen. 1772 finden wir ihn mit seiner zweiten Frau – die erste war schon im Kindbett gestorben – als Heuermann in der Leibzucht des Vollerben Nordmann in Icker. Den väterlichen Hof hatte seit 1736 sein

Grafik 7.02: Verwandtschaft zwischen dem Vollerben Niederrielage und einem seiner Heuerleute, 1772

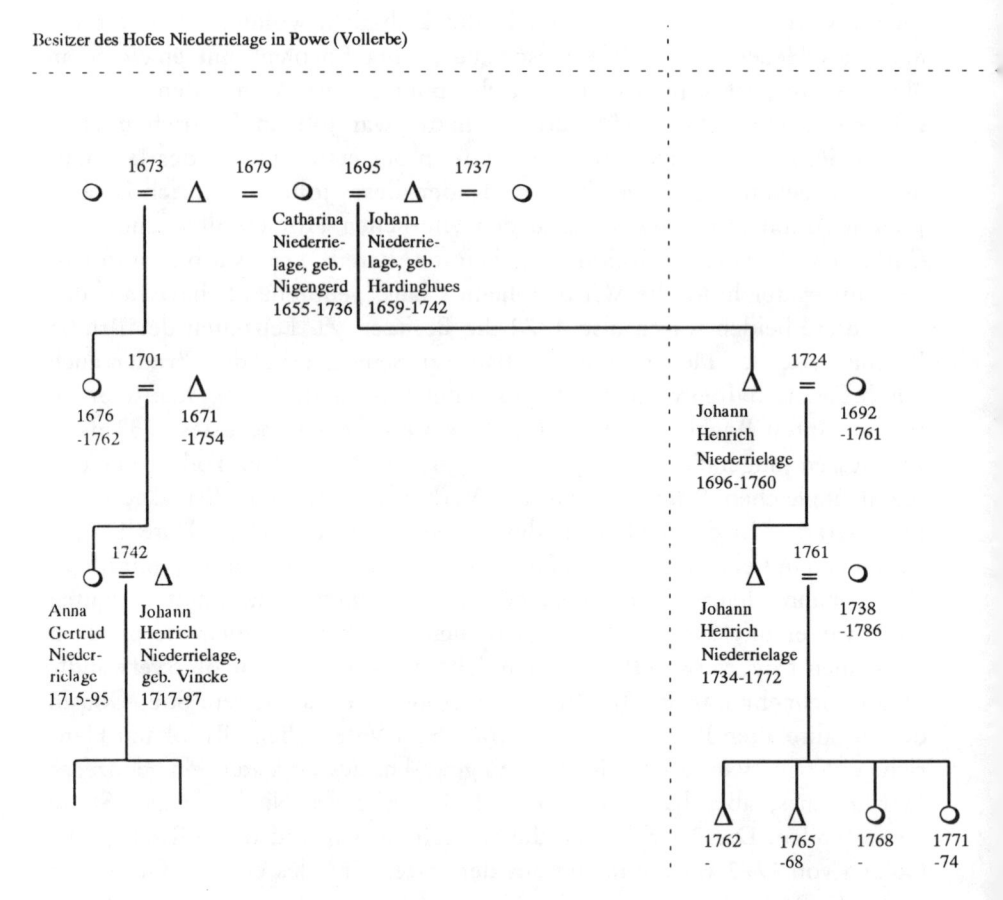

Besitzer des Hofes Niederrielage in Powe (Vollerbe)

```
        1673      1679        1695         1737
         ○  =  △  =  ○    =    △    =    ○
                   Catharina  Johann
                   Niederrie- Niederrie-
                   lage, geb. lage, geb.
                   Nigengerd  Hardinghues
                   1655-1736  1659-1742
```

(Familienstammbaum mit folgenden Personen:)

1701
○ = △
1676  1671
-1762 -1754

1742
○ = △
Anna     Johann
Gertrud  Henrich
Nieder-  Niederrielage,
rielage  geb. Vincke
1715-95  1717-97

1724
△ = ○
Johann   1692
Henrich  -1761
Niederrielage
1696-1760

1761
△ = ○
Johann   1738
Henrich  -1786
Niederrielage
1734-1772

△    △    ○    ○
1762 1765 1768 1771
-    -68  -    -74

älterer Bruder Johann Philipp inne. Dieser hatte ihn 1747, ein halbes Jahr vor seiner ersten Ehe, zum zweiten Paten seines vierten Kindes, einer Tochter, gebeten; und umgekehrt hatte der Vollerbe 1753 die Gevatterschaft bei dem ersten Sohn – dem dritten Kind – des Heuerlings-Bruders übernommen; weitere Paten-Beziehungen zwischen den beiden Familien gab es dann aber nicht mehr. In der Leibzucht von Besselmanns Vollerbe wohnte 1772 eine fremde Heuerfrau. – Johann Henrich Kuhlmann, ein Sohn des Power Vollerben, war 1772 Heuerling auf Horstmanns Vollerbe in Wellingen. Den Stammhof führte zu dieser Zeit als Interimswirt Johann Henrich Kuhlmann, geborener Riepe, zusammen mit der Mutter des Heuermanns; diese hatte den Riepe 1761 geheiratet, drei Monate, nachdem ihr erster Mann bei einem unglücklichen Sturz eine tödliche Kopfwunde davongetragen hatte. Die

Leibzucht des Hofes wurde 1772 von zwei fremden Haushalten bewohnt. 1780 übernahm dann der jüngere Bruder des Heuermanns Johann Henrich Kuhlmann als Anerbe das Anwesen. Auffällig ist, daß dieser aus großbäuerlicher Familie stammende Heuerling keinem der fünf Kinder, die er in seinen drei Ehen zeugte, einen oder eine Kuhlmann zum Paten gab. – Anna Margaretha Eilert, 1729 als Tochter des Vollerben in Haltern zur Welt gekommen, ging 1749 die Ehe mit dem landlosen Friederich Daniel Clausing ein. 1772 lebte dieser mit Frau und sechs Kindern als Heuer- und Zimmermann in einem Nebengebäude des Gutes Astrup. Catharina Elisabeth Eilert, die jüngere Schwester der Heuerfrau, war Anerbin des elterlichen Hofes und leitete diesen 1772 mit ihrem dritten Mann; in der Leibzucht waren zwei fremde Familien untergebracht, der Heuermann und Zimmerknecht Naber und der Schneider Kiewitt. In diesem Fall gab es sogar eine wechselseitige Verknüpfung durch Patenschaft zwischen den Familien der sozial ungleichen Schwestern: Ein halbes Jahr vor ihrer ersten Ehe war die Anerbin 1758 zweite Patin bei dem vierten Kind der Clausings geworden; der Heuer- und Zimmermann Friederich Daniel Clausing aber durfte im folgenden Jahr Johann Friederich Eilert aus der Taufe heben, das erste Kind seiner Schwägerin, der Vollerbin. – Der Halberbe Franz Henrich Placke hatte zwei fremde Haushalte in seine Leibzucht genommen, während seine Schwester 1772 mit ihrem Mann, dem Heuerling und Holzschuhmacher Johann Everd Brüggemann, ein Nebenhaus des Gutes Astrup bewohnte, gemeinsam mit einem anderen Haushalt. Doch hatte der Anerbe Franz Henrich Placke 1760 den Schwager Brüggemann als Trauzeugen gewählt, und 1778 lud er bei der Taufe seines jüngsten Kindes die älteste Tochter der Brüggemanns als zweite Patin. Umgekehrt trugen die landlosen Brüggemanns bei keinem ihrer acht Kinder dem Hoferben Placke, seiner Frau oder seinen Kindern eine Patenschaft an.

Daß 1772 vierzehn jener sechzehn eigentumslosen Hausväter und -mütter, die wir als Kinder von Großbauern identifizieren konnten, dem Stammhof den Rücken gekehrt und anderswo eine Heuerstelle bezogen hatten, scheint zu einem Muster zu passen, das man bisweilen in anderen Gebieten gefunden hat, die ungeteilte Vererbung bäuerlichen Landbesitzes praktizierten und einen Teil der Bauernkinder der Abwärts-Mobilität aussetzten: Hoferben und diejenigen ihrer Geschwister, die in die dörfliche Unterschicht abgestiegen waren, gingen einander aus dem Wege.[89] Der Anerbe bzw. die Anerbin nahm lieber fremde Heuerleute in seine Kotten als einen Bruder

---

[89] So für eine österreichische Region im 20. Jahrhundert KHERA 1972a S. 32 ff.; KHERA 1973 S. 816 f.; vgl. KHERA 1972b. – Ähnlich für ein Südtiroler Dorf COLE/WOLF 1974 S. 243, 255. – Allgemeiner SABEAN 1976 S. 98 f. – Vgl. jedoch SPUFFORD 1974 S. 111.

oder Schwager. Hatten die Lebenswege Geschwister in sehr ungleiche Vermögensverhältnisse geführt, so hatte das in der Regel auch eine räumliche Distanzierung der Familienzweige zur Folge. Verstärkt wird dieser Eindruck durch die Tatsache, daß sich unter den in die landlose Schicht abgestiegenen Bauernkindern nicht ein einziges finden ließ, das einem Bruder oder einer Schwester gefolgt wäre, der oder die das Glück gehabt hatte, in einen anderen Hof einzuheiraten: Wer eine bäuerliche Stätte erheiratet hatte, nahm erst recht keinen Bruder und keine Schwester als Heuerling mit auf den Hof.

Doch die räumliche Trennung mußte nicht gleichbedeutend sein mit dem Abbruch der sozialen Verbindungen. Darauf deutet die Wahl der Paten und der Trauzeugen hin; nur auf dieser formellen Ebene können wir die sozialen Beziehungen in unseren Quellen fassen. Einerseits zeigt das Beispiel des Heuerlings Johann Henrich Kuhlmann, daß es auch in dieser Hinsicht zu einer Kluft zwischen nahen Verwandten kommen konnte, wenn Ungleichheit des Besitzes und räumliche Distanz eingetreten waren. Hingegen suchten andere Familien offenbar, das Trennende durch Patenschaftsbeziehungen zu überbrücken. Besonders bemerkenswert erscheint, daß zwischen dem Heuerling Clausing und seiner Schwägerin, der Vollerbin Eilert, Gevatterschaften sogar wechselseitig übernommen wurden: Der großbäuerliche Familienzweig stellte nicht nur Paten für die armen Verwandten, sondern lud auch den eigentumslosen Schwager als Gevatter für die eigenen Kinder. Noch auffälliger ist, daß der Halberbe Placke zwar seinen landlosen Schwager Brüggemann und dessen Angehörige als Trauzeugen und Paten bat, es aber keine Erwiderung in umgekehrter Richtung gab. Die Verschiedenheit dieser Befunde spricht dafür, daß ein breites Spektrum möglicher Verhaltensweisen bestand, wie Geschwister damit umgingen, wenn eine erhebliche Ungleichheit des Besitzes zwischen sie getreten war. Nur eines vermieden sie in der Regel: die enge alltägliche Interaktion, wie sie zwischen einem Bauern und seinem Heuerling gegeben war.

Gerade in diesem Punkt änderte sich das Verhalten von Geschwistern während des 19. Jahrhunderts.[90] Führen wir eine ähnliche Untersuchung wie für 1772 für 1858 durch, so finden wir fünf Söhne und achtzehn Töchter von Großbauern als Hausväter oder -mütter in der landlosen Schicht. Davon waren nun zwei Söhne und neun Töchter Heuerlinge auf dem Hof, aus dem sie stammten – in der Regel also bei einem Bruder, Schwager oder Elternteil. Diese Konstellation, die ein knappes Jahrhundert zuvor nur in Ausnahmefällen akzeptiert wurde, wählte nun etwa die Hälfte der Geschwisterpaare, die in so ungleiche Vermögensverhältnisse gegangen waren.

---

[90] Vgl. auch oben S. 581 f.

In einem Kotten von Sudendarps Vollerbe in Vehrte lebte der Heuerling Heinrich Stagge mit seiner sechsköpfigen Familie. Seine Frau Anna Maria war eine geborene Sudendarp, Tochter des Excolonenpaars und Schwester des Colonen, die gemeinsam im Haupthaus wohnten. – Auf Rittmars Vollerbe, ebenfalls in Vehrte, finden wir den Heuerling Christian Daumeyer, der sich samt Frau und drei Kindern ein Nebengebäude mit dem Acht-Personen-Haushalt des Schmiedes Weber teilte. Margaretha Daumeyer, geborene Rittmar, war die Schwester des Bauern. – Der Vehrter Vollerbe Hermann Siebert gab seiner älteren Schwester Elisabeth sowie seinem Schwager und Heuermann Gerhard Meyer mit deren beiden Töchtern einen ganzen Kotten. – Auch Eberhard Heinrich Ahlbrand, Vollerbe in Haltern, stellte seiner Schwester Catharina Maria, deren Mann Hermann Heinrich Michel und ihren fünf Kindern ein Nebenhaus ungeteilt zur Verfügung. – Der Halterner Vollerbe Friedrich Strüwe beherbergte in dem einzigen Nebenwohngebäude seines Hofes gleich zwei Schwestern mit ihren Heuerlings-Ehemännern und ihren Kindern: August Walkenhorst und Maria, geborene Strüwe, nebst drei Kindern sowie Friedrich Placke und Engel, geborene Strüwe, mit einem Kind. Hier gibt es einen Hinweis, daß es die Verknappung der Wohnungen und Heuerstellen war, die dazu führte, daß Bauerntöchter, die einen Heuermann heirateten, nun auf dem Stammhof unterzukommen suchten: Friedrich Placke hatte die Ehe mit Engel Strüwe im Februar 1852 geschlossen; im Dezember desselben Jahres finden wir die beiden samt ihrem ersten Kind im Haupthaus des Strüweschen Hofes – eine ungewöhnliche Situation für ein verheiratetes Kind, das nicht Anerbe ist. Die Eltern Strüwe, die damals noch lebten und den Hof leiteten, hatten ihnen einstweilen Obdach gewährt. Da beide Eltern bis 1858 starben und der erbende Bruder heiratete, zogen die Plackes dann in die Leibzucht, ebenso wie die Walkenhorsts. – Eingeheiratet hatte der Halberbe Probst in Darum; den einen seiner Kotten bewohnte die Schwester seiner Frau, Margaretha Gertrud Dirker, geborene Probst; ihr Mann war der Heuerling und Tischler Eberhard Heinrich Dirker. – Auf dem benachbarten Vollerbe Sudhoff, das von Marie Elisabeth, geborener Buddendiek, der Witwe des seinerzeitigen Anerben Adam Heinrich Sudhoff, verwaltet wurde, lebte ebenfalls eine Heuerlingsfrau, die aus dem Hof stammte. Maria Elisabeth Dirker, geborene Sudhoff, war jedoch mit der jetzigen Besitzerfamilie nicht blutsverwandt, sondern die Tochter aus der zweiten Ehe des Interimswirts, der bis zur Heirat zwischen Adam Heinrich Sudhoff und Marie Elisabeth Buddendiek gewaltet hatte. Auf einer weiteren Nebenfeuerstätte dieses Anwesens wohnte ein Neffe der Colona, der Heuerling Johann Heinrich Sudhoff; sein Vater war ein Bruder des verstorbenen Bauern Adam Heinrich Sudhoff, aber auch schon landlos gewesen. Daneben beherbergte der Hof zwei weitere Heuerlingsfamilien, die augenscheinlich nicht verwandt waren. – Die Vollerbenwitwe Horstmann in Wellingen hatte ihren Schwiegersohn und Heuerling Johann Heinrich Hagedorn mit ihrer Tochter und ihren Enkeln in einen Kotten ihrer Stätte eingewiesen, nachdem sie die jungen Leute in der ersten Zeit nach der Hochzeit 1852 sogar im Haupthaus aufgenommen hatte. – Auf dem Meyerhof zu Hage in Vehrte lebte ein Stiefbruder des Leibzüchters, also sozusagen ein Stief-Onkel des Vollerben, als Heuerling. Eberhard Meyer, so hieß er, entstammte der zweiten Ehe des vorvorigen Colonen, sein Bruder der Excolon von 1858, der ersten. – Bei Hustedders Vollerbe ergab sich die merkwürdige Situation, daß der Heuermann Gerhard Wennemar Hustedde als einziger Abkömmling der Besitzerfamilie und Namensträger auf dem Hof blieb, nachdem Frau und Kinder seines Stiefbruders, des Vollerben Gerhard Heinrich Hustedde, in den 1840er Jahren nach Amerika ausgewandert waren und dieser als Kostgänger in fremdem Hause den Tod gefunden hatte.[91] Der Heuerling Gerhard Wennemar Hustedde blieb jedoch, wie schon seit der Geburt seines ersten Kindes im Jahre 1830, in einem Nebengebäude des Hofes; das Haupthaus teilten sich fremde Heuerlingsfamilien.

Sogar unter den Kleinbauern finden wir 1858 einen Fall, in dem Tochter und Schwiegersohn in einer Nebenfeuerstätte aufgenommen wurden: Die Haushälterin und Markkötterin Anna Maria Fickerschmidt in Belm besaß ein Nebengebäude und ließ dort den Schuhmacher Heinrich Caspar Trentmann mit seiner Frau, ihrer Tochter Maria Elisabeth, wohnen. Die übrigen 23 landlosen Hausväter und -mütter, die Kinder von Kleinbauern waren, lebten allerdings auf fremden Höfen.

Wie in der früheren Periode läßt sich kein Fall entdecken, wo ein in die landlose Schicht abgestiegenes Bauernkind als Heuerling auf *den* Hof gegangen wäre, in den ein Bruder oder eine Schwester eingeheiratet hatte. Das spricht dafür, daß es mehr auf die Beziehung zu dem Hof, aus dem man stammte, ankam, weniger auf die Blutsverwandtschaft als solche. Dazu paßt auch, daß die Heuerfrau Dirker auf Sudhoffs Vollerbe blieb: Sie war mit der derzeitigen Besitzerfamilie nicht blutsverwandt, aber die Tochter eines früheren Interimswirts.

Mitte des 19. Jahrhunderts nutzten also landlose Leute die nahe Verwandtschaft zu einem Großbauern bzw. die Abstammung aus einer großbäuerlichen Familie zu Zwecken, zu denen sie ihnen im späten 18. Jahrhundert kaum gedient hatte: zum Finden einer Heuerstelle. Angesichts der enger gewordenen wirtschaftlichen Möglichkeiten in der Heimat, der Verknappung der lokalen Wohn- und Arbeitsmöglichkeiten blieb nun die Hälfte der

---

[91] Siehe oben S. 489 f.

Großbauernkinder, die ohne Landbesitz heirateten, in einem Kotten des Stammhofes. Den beteiligten Bauern mag diese Entwicklung nicht unwillkommen gewesen sein, weil sie hofften, daß die Belastung des Verhältnisses zu den Heuerleuten, die mit der Verschärfung der wirtschaftlichen Situation vielfach einherging, durch die verwandtschaftliche Nähe gemildert werden könnte.

Daß zwischen einem Colon und seinem Heuerling nahe Verwandtschaft bestand, kam also Mitte des 19. Jahrhunderts nicht seltener, sondern häufiger vor als im späten 18.: Dies Ergebnis widerspricht der lokalen Überlieferung, die eine immer stärkere Auflösung solcher Bande zwischen Besitzern und Landlosen behauptet.[92] Es steht zugleich allgemeineren Vorstellungen entgegen, die den familial-verwandtschaftlichen Strukturen für ‚traditionelle Agrargesellschaften' grundlegende Bedeutung beimessen und diese Bedeutung im Zuge von deren Zerfall und Transformation zur ‚Moderne' mehr und mehr schwinden sehen.[93]

Trotzdem war ein Band enger Verwandtschaft zwischen Bauern und *ihren* Heuerlingen nicht nur im 18., sondern auch im 19. Jahrhundert eine zu seltene Ausnahme, als daß dies die Grundlage für die von der lokalen Tradition behauptete „Anhänglichkeit und Liebe zueinander"[94] gewesen sein könnte. Nur auf jedem zehnten Großhof saß 1858 ein Heuermann, der mit seinem Colon eng verwandt oder verschwägert war; und in der Gesamtheit der Heuerleute waren diejenigen, die mit ihrem Bauern nahe versippt waren, eine verschwindende Minderheit.

Daß Verwandtschaftsbande zwischen Heuerleuten von Bedeutung waren, ergibt sich in der lokalen Überlieferung, die ein positives Bild zumindest von dem ursprünglichen Verhältnis zwischen Bauer und Heuerling zeichnet, lediglich implizit und indirekt als Folge der stabilen Beziehung zum Besitzer: „Zwar wurde formell wohl der Pachtcontract von vier zu vier Jahren erneuert; allein ein Colon dachte nicht daran, die s.g. Heuer [...] an einen andern zu geben. Nach einer bestimmten Ordnung ging vielmehr die Heuer von den Eltern auf die Kinder über. Beispiele, daß Heuerlingsfamilien mehrere Hunderte von Jahren dieselben Häuser bewohnt haben, dürften nicht selten sein."[95] Die These, daß „die Heuern ebenso wie der Hof sich in den Familien forterbten"[96], enthält nicht nur eine Aussage über die Qualität des Verhält-

---

[92] Dazu s. oben S. 543 f., 570, 582.
[93] Dazu s. unten S. 595.
[94] Siehe oben S. 570.
[95] FUNKE 1847 S. 8 f.
[96] WRASMANN 1919–1921 Teil 2 S. 25; vgl. Teil 1 S. 104: „[...] zwischen Grundeigentümer

nisses zwischen Colonen und Heuerleuten, sondern auch über die Beziehungen zwischen den Generationen innerhalb der landlosen Schicht: Auf der Basis der stabilen Integration in einen Hof, so wird impliziert, konnten auch die Familien ohne Eigentumsrechte enge Bande zwischen Eltern und erwachsenen Kindern entwickeln und erhalten; ohne eine solche sachliche Grundlage, wo nicht in Form von Eigentum, so doch von dauerhafter Pachtung, konnten solche Bande nicht bestehen – diese Annahme schwingt oft mit und wird bisweilen ausdrücklich geäußert.[97]

Aufgrund der Volkszählung von 1772 können wir erstmals für unser Untersuchungsgebiet prüfen, ob und in welchem Maße die Vorstellung gerechtfertigt ist, daß die Heuerstellen in ähnlicher Weise vererbt wurden wie das Eigentum an den Höfen und daß sich daher die Beziehungen zwischen den Generationen bei den Heuerleuten analog zu denen bei den Bauern gestalteten. Die Analyse der Haushaltsstrukturen hat freilich in dieser Hinsicht eher gegensätzliche Verhaltensweisen bei Landbesitzern und Landlosen gezeigt: So häufig in der bäuerlichen Schicht verheiratete Kinder mit einem verwitweten Elternteil oder auch beiden Eltern einen gemeinsamen Haushalt bildeten, so selten war das bei den Landlosen.[98] Nun könnte man allerdings vermuten, daß es die Heuerleute wegen der Enge ihrer Wohnungen vermieden, solche komplexen und großen Haushalte zu bilden, und daß sie stattdessen den Zusammenhalt zwischen den Generationen über Haushaltsgrenzen hinweg pflegten, indem Eltern und Kinder einen Doppelkotten oder benachbarte Gebäude desselben Hofes bewohnten: Auch so hätte sich die Weitergabe der Heuer innerhalb der Familie sichern lassen.

Durch die Verknüpfung der Zensusliste mit der Familien-Rekonstitution läßt sich feststellen, daß 1772 fünfzehn landlose Haushaltsvorstände mindestens ein Kind hatten, das selber Hausvater oder -mutter im Kirchspiel Belm war; erwartungsgemäß war keines dieser Kinder zu Landbesitz gekommen. Nur in zwei dieser Fälle lebten beide Generationen auf demselben Hof: In der Leibzucht des Vollerben Strüwe zu Haltern wohnte als erster Haushalt der Heuermann Gerd Henrich Köster mit seiner Frau Maria Gertrud; er zählte 57, sie 62 Jahre; seit 33 Jahren waren sie verheiratet, hatten also keine Kinder mehr bei sich. Die zweite Familie in diesem Kotten war die von Johann Henrich Mehrhoff, sie umfaßte Eltern und zwei kleine Kinder. Den dritten Haushalt bildete Johann Gerd Köster mit seiner Frau; er war

---

und Heuerling bestand ein patriarchalisches Verhältnis, das in den meisten Fällen in den verwandtschaftlichen oder freundschaftlich-nachbarlichen Beziehungen der Familien seinen Grund hatte. Die Heuern waren daher in Wirklichkeit gleich Erbpachtungen."

[97] Siehe unten Anm. 102.
[98] Siehe oben Kap. 4. 5.

Sohn von Gerd Henrich und Maria Gertrud Köster und hatte erst im November 1771 die Ehe geschlossen. – In Buckkottes Markkötterei, die zu dieser Zeit bereits in das Eigentum eines Vollerben übergegangen war, lebte der Heuermann Gerd Krämer mit Frau und Kind sowie – als separater Haushalt – die „vidua Minnings", seine Schwiegermutter, die sich durch Spinnen zu ernähren suchte; hinzu kam noch die „vidua Kätters", ebenfalls mit eigenem Hausstand. – In den übrigen dreizehn Fällen finden wir Väter bzw. Mütter und ihre verheirateten Kinder in den Nebenfeuerstätten verschiedener Höfe. Die Befunde von 1772 sprechen mithin gegen die These, daß die Heuerstellen ähnlich wie die Höfe vererbt wurden, und widerlegen die Vorstellung, daß die landlosen Familien die Beziehungen zwischen den Generationen ähnlich gestalteten wie die Bauern.

Weit eher scheinen diese Vorstellungen berechtigt in der Mitte des 19. Jahrhunderts – gerade in der Periode, als die Zeitgenossen die „sittlichen Bande" des Heuerlings-Verhältnisses in voller Auflösung begriffen sahen.[99] Die Analyse der Haushalte zeigt, daß nun in der landlosen Schicht verheiratete Kinder mit ihren Eltern ebenso oft einen gemeinsamen Hausstand führten wie bei den Bauern.[100] Die Beobachtung der Lebensläufe ergibt, daß mehr als die Hälfte der jung verheirateten Leute ohne Grundbesitz sich auf *dem* Hof niederließen, auf dem die Eltern oder Schwiegereltern eine Heuerstelle innehatten, und daß sie gewöhnlich einen gemeinsamen Haushalt mit ihnen bildeten.[101]

Wenn ein junges Paar zunächst zu den Eltern zog und deren Heuer weiterführte, bedeutete das allerdings noch nicht, daß es auf diesem Hof auch langfristig ansässig blieb. Denn wie die Stichprobe gezeigt hat, zogen die Landlosen im Schnitt nach jeder zweiten Pachtperiode um, und weniger als ein Fünftel pflegte länger als drei Vierjahresperioden auszuhalten (Tab. 7.04a).

Demnach war es nicht die Generationen überdauernde Verbindung zwischen Heuerlings- und Colonenfamilie, welche die jungen Leute bewegte, sich auf demselben Hof niederzulassen, wo schon die Eltern lebten und arbeiteten; sondern es waren die verwandtschaftlichen Bande innerhalb der landlosen Schicht, insbesondere zwischen Eltern und erwachsenen Kindern, die diesen ermöglichten, im Anschluß an die Heirat bei jenen unterzukommen, und die den Alten einen Platz im Haushalt der Jüngeren gaben. Nicht ein über die Generationen stabiles Band zwischen Bauern und ihren Heuerleuten war die Grundlage für ein enges Verhältnis zwischen landlosen Eltern und ihren Kindern; vielmehr aktivierten die Eigentumslosen ihre Verwandt-

---

[99] Siehe oben S. 570.   [100] Siehe oben Kap. 4.5.   [101] Siehe oben Kap. 6.6.

schaftsbeziehungen für den Zweck der Wohnungs- und Arbeitssuche, als die Zeiten für sie schwieriger wurden, und daraus ergab sich, daß nun die jüngere Generation häufiger denn früher ihren Weg als Heuerling bei dem Bauern begann, zu dem ihre Eltern gehörten.

Daß Verwandtschaftsbeziehungen innerhalb der landlosen Schicht schon immer eine gewisse Bedeutung hatten, dafür spricht die Tatsache, daß Geschwister relativ oft auf ein und demselben Hof Heuerleute waren. Es scheint, als habe einer den anderen nachgezogen, wenn eine günstige Stelle frei wurde. Von neunzehn landlosen Geschwistergruppen, die sich 1772 ermitteln lassen, finden wir immerhin sechs auf demselben Anwesen. In die Leibzucht auf Tiemanns Vollerbe in Icker teilten sich die Brüder Gerd und Menze Weghorst. Auf dem Meyerhof zu Belm wohnte Christoph Meyer mit Frau und Kindern als dritter Haushalt in der Leibzucht, in einer anderen „Nebenwohnung" lebte sein Bruder Gerd samt den Seinen; sie stammten übrigens nicht aus der Familie der Hofbesitzer. Unter den elf landlosen Haushalten des Meyerhofes findet sich noch ein zweites Brüderpaar, Gerd Henrich und Gerd Schwegmann; auch sie lebten nicht unter demselben Dach, sondern teilten ihren Kotten jeweils mit Fremden (vgl. Tab. 7.02a). Drei Geschwisterpaare waren unter den neunzehn eigentumslosen Haushalten, die das adelige Gut Astrup bevölkerten: die Brüder Diederich und Balz Henrich Brörmann sowie die Schwestern Maria Engel Hüggelmeyer und Anna Maria Havekemeyer, beide geborene Hoetmar; schließlich Anna Gertrud Broermann und Anna Maria Stagge, Töchter des Halberben Langewand in Haltern; in keinem Fall wohnten hier die Geschwister gemeinsam in einem Kotten. – 1858 können wir 85 Geschwistergruppen unter den landlosen Hausvätern und -müttern identifizieren, davon waren 20 auf demselben Hof ansässig. Im 18. wie im 19. Jahrhundert hielten also viele Brüder und Schwestern der eigentumslosen Schicht auch nach ihrer Heirat engen Kontakt und wurden Nachbarn.

Wie diese Ergebnisse und insbesondere die Befunde aus der Mitte des 19. Jahrhunderts eindringlich zeigen, gab es keinen simplen Kausalzusammenhang der Art, daß sich relevante Bande zwischen Verwandten nur auf der Grundlage von stabilem Besitz entfaltet hätten. Für diese ländliche Gesellschaft erweist sich die These als unzutreffend, daß die Armen auch arm an Verwandten waren.[102] Vielmehr aktivierten gerade auch die Männer und

---

[102] Vgl. die Hypothese von SABEAN 1976 S. 98: „[...] in the absence of property there is little tendency to develop extended kin ties"; sowie BOURDIEU 1972 S. 1109: „[...] les plus grands ont aussi les plus grandes familles tandis que les ‚parents pauvres' sont aussi les plus pauvres en parents [...]".

Frauen ohne Grundbesitz ihre Verwandtschaftsbeziehungen, um einen Platz zum Wohnen und Arbeiten zu finden. Auch nahmen sie sich in ähnlicher Weise wie die begüterten Bauern ihrer Enkelkinder, Nichten oder Neffen an, wenn deren Eltern gestorben oder in besondere Bedrängnis geraten waren.[103]

Die Veränderungen, die wir im Zeitverlauf feststellten, widersprechen entschieden der Vorstellung einer linearen Entwicklung der Art, daß im Zuge des Übergangs von einer sog. ‚traditionellen‘ bäuerlichen Gesellschaft hin zu einer ‚modernen‘ sich die Verwandtschaftsbindungen immer mehr aufgelöst und abgeschwächt hätten und daß so die „Kernfamilie" immer stärker von dem Netz der Verwandtschaft „isoliert" worden sei.[104] Im Gegenteil, um die ökonomischen und sozialen Probleme der ‚Modernisierung‘ zu bewältigen – so könnte man sagen –, wurden Verwandtschaftsbeziehungen im 19. Jahrhundert stärker aktiviert als zuvor, zwischen Bauern und ihren ‚armen Verwandten‘, vor allem aber innerhalb der eigentumslosen Schicht selbst.[105]

Daß gerade auch zwischen den Heuerleuten eines Hofes Bande naher Verwandtschaft häufiger wurden, mag dazu beigetragen haben, daß sich ein engerer Zusammenhang und intensiverer Austausch unter ihnen herstellte und das Bewußtsein einer gemeinsamen Situation – trotz mancher Differenzierungen im einzelnen[106] – entstand.

Bei der Betrachtung einzelner Familien fiel bereits auf, daß die Wahl der Paten keineswegs völlig zufällig oder ganz von individueller Willkür abhängig war, sondern daß möglicherweise bestimmte Muster vorherrschten. Es stellt sich also die Frage, ob und ggf. in welcher Weise die Menschen der verschiedenen Schichten das Instrument der ‚rituellen Verwandtschaft‘[107] nutzten, um Beziehungsnetze zu erweitern oder zu verstärken. Besonders gilt es zu verfolgen, wieweit die Gevatterschaft anderen bereits bestehenden Banden, z.B. der Blutsverwandtschaft, Schwägerschaft oder aber dem Co-

---

[103] Siehe oben Kap. 5.2.

[104] Klassisch PARSONS 1964; der evolutionistische Kontext dieser Vorstellungen wird besonders deutlich bei TYRELL 1976.

[105] Ähnliches ist bereits bei frühen Industriearbeitern beobachtet worden, s. dazu SEGALEN 1990 S. 104 ff.; ROSENBAUM 1992 S. 140 ff.; SCHWÄGLER 1970 S. 150 ff. Für eine ländliche Gemeinde s. jetzt SABEAN 1990 bes. S. 36, 420, 424 f., vgl. 371 ff., 407 ff.; SABEAN 1992. – Methodisch wichtig PLAKANS 1984. – Zur Frage der ‚Kernfamilie‘ s. oben Kap. 4. – In diesem Zusammenhang ist auch an die seit dem späten 18. Jahrhundert zunehmende Zahl der Heiraten zwischen Verwandten und Verschwägerten zu erinnern; siehe oben S. 430 ff., vgl. S. 530 ff.

[106] Vgl. oben S. 550 ff., 555 ff.

[107] Allgemein dazu MINTZ/WOLF 1950; PITT-RIVERS 1968; WEIBUST 1972.

Tabelle 7.05: Die Taufpaten nach Geschlecht und Familienstand, 1767–1777 und 1850–1860 (Stichproben)

a) nach Geschlecht

| Geschlecht des Kindes | Geschlecht des Paten | | | | | | | | | | | |
|---|---|---|---|---|---|---|---|---|---|---|---|---|
| | 1767–1777 | | | | | | 1850–1860 | | | | | |
| | 1. Pate | | 2. Pate | | 3. Pate | | 1. Pate | | 2. Pate | | 3. Pate | |
| | m. | w. | m. | w. | m. | w. | m. | w. | m. | w. | m. | w. |
| männlich (m.) | 21 | – | 1 | 20 | – | 1 | 13 | – | 13 | – | 8 | 4 |
| weiblich (w.) | – | 14 | 14 | – | – | 1 | – | 14 | – | 11 | 7 | 4 |

b) nach Familienstand[1]

| Familienstand des Paten | 1767–1777 | | | 1850–1860 | | |
|---|---|---|---|---|---|---|
| | 1. Pate | 2. Pate | 3. Pate | 1. Pate | 2. Pate | 3. Pate alle |
| ledig (Spalten-%) | 4 (16,0%) | 8 (36,4%) | – | 12 (25,5%) | 6 (25,0%) | 12 (54,5%) | 15 (68,2%) | 33 (48,5%) |
| verheiratet (Spalten-%) | 20 (80,0%) | 12 (54,5%) | – | 32 (68,1%) | 18 (75,0%) | 9 (40,9%) | 6 (27,3%) | 33 (48,5%) |
| verwitwet (Spalten-%) | 1 (4,0%) | 2 (9,1%) | – | 3 (6,4%) | – | 1 (4,5%) | 1 (4,5%) | 2 (2,9%) |

[1] Hier sind diejenigen Paten nicht berücksichtigt, deren Familienstand nicht ermittelt werden konnte.

Anmerkung: Zur Auswahl der Stichproben s. den Text mit Anmerkung.

lon-Heuerlings-Verhältnis, folgte und wieweit sie darüber hinausgriff. Zwei Stichproben, die im zeitlichen Umfeld der Volkszählungen von 1772 und 1858 gezogen wurden, erlauben, durchgehende Verhaltensmuster und Veränderungen im Umriß zu erkennen.[108]

Nicht üblich war es in Belm, daß Eltern für mehrere von ihren Kindern dieselbe Person als Paten wählten.[109] Wohl aber machten sie des öfteren nacheinander verschiedene Angehörige derselben Familie zu Gevattern. – Recht klar regelte der Brauch, welchem Geschlecht die Paten angehören sollten. Söhne wurden stets von einer männlichen, Töchter von einer weiblichen Person aus der Taufe gehoben (Tab. 7.05 a). Im späten 18. Jahrhundert, als laut Kirchenbuch gewöhnlich nur zwei Gevattern zugezogen wurden, war der zweite in aller Regel vom anderen Geschlecht, so daß die ‚rituellen Miteltern' gewissermaßen wie die leiblichen ein Paar bildeten.[110] Mitte des 19. Jahrhunderts sind meist drei Paten[111] verzeichnet; davon hatten die beiden ersten das gleiche Geschlecht wie der Täufling, der dritte oft, aber keineswegs immer das andere. – Offener war, welchen Familienstand Gevattern haben sollten. Um 1770 wurden überwiegend Verheiratete genommen; ein Viertel stellten Ledige, deutlich mehr freilich an zweiter als an erster Stelle (Tab. 7.05 b). In der Folge wurden junge unverehelichte Gevattern viel beliebter, in den 1850er Jahren waren sie ebenso häufig wie vermählte. Dem Verheirateten wurde jedoch meist der erste Platz eingeräumt, dem Ledigen der zweite oder dritte. Witwer und Witwen wählte man selten, in der späteren Epoche noch weniger als zuvor.

Angesichts der religiösen Erwartungen, die die Kirche mit dem Patenamt verband, überrascht es, daß im 18. Jahrhundert der katholische Priester in Belm anscheinend nichts dagegen einzuwenden hatte, wenn rechtgläubige Eltern Lutheraner zu Gevattern nahmen (Tab. 7.06 a).[112] Freilich ging er

*Forts. S. 602*

---

[108] Untersucht wurden 72 PatInnen bei Taufen der Jahre 1767–1777 sowie 74 PatInnen bei Taufen der Jahre 1850–1860. Als Stichprobe ausgewählt wurden diejenigen Haushalte der Volkszählungen von 1772 bzw. 1858, die im Alphabet der Familiennamen die ersten sind. Datengrundlage ist die Verknüpfung der Volkszählungslisten mit der Familienrekonstitution.

[109] In einem schwäbischen Dorf war es hingegen vom 16. bis 19. Jahrhundert gebräuchlich, daß Eltern all ihren Kindern dieselben Paten gaben: SABEAN 1992 S. 123. In unseren Stichproben kam das nicht vor; zu drei Ausnahmen s. jedoch oben S. 315, 574 und S. 578. Im letzteren Fall war die Ausnahme offenbar bedingt durch die Eile bei Taufe des Kindes, das am Tag der Geburt starb.

[110] Das entsprach den Vorschriften des Tridentinum für die katholische Kirche: HOBERG 1939 S. 31.

[111] Im katholischen Kirchenbuch ein Pate und zwei Zeugen.

[112] So handelten im 18. Jahrhundert auch andere katholische Pfarrer des Osnabrücker Landes: HOBERG 1939 S. 31 ff.

Tabelle 7.06: Die Taufpaten und Eltern des Täuflings nach Konfession, sozialer Schicht, Verwandtschaft und Colon-Heuerling-Beziehung, 1767–1777 und 1850–1860 (Stichproben)

a) nach Konfession

| Eltern | Paten 1767–1777 | | | Paten 1850–1860 | | |
|---|---|---|---|---|---|---|
| | katholisch | lutherisch | unbekannt | katholisch | lutherisch | unbekannt |
| katholisch | 12 | 13 | 13 | 22 | – | 2 |
| (Zeilen-%) | (31,6%) | (34,2%) | (34,2%) | (91,7%) | | (8,3%) |
| lutherisch | – | 16 | 10 | 4 | 32 | 14 |
| (Zeilen-%) | | (61,5%) | (38,5%) | (8,0%) | (64,0%) | (28,0%) |
| gemischt | 2 | 5 | 1 | – | – | – |

b) nach sozialer Schicht[1]

| Eltern | Paten 1767–1777 | | | | | Paten 1850–1860 | | | | |
|---|---|---|---|---|---|---|---|---|---|---|
| | Großbauern | Kleinbauern | Heuerlinge/Landlose | Sonstige | Schicht unbekannt | Großbauern | Kleinbauern | Heuerlinge/Landlose | Sonstige | Schicht unbekannt |
| Großbauern | 21 | 3 | – | 1 | 9 | 14 | 6 | 3 | – | 3 |
| (Zeilen-%) | (61,8%) | (8,8%) | | (2,9%) | (26,5%) | (53,8%) | (23,1%) | (11,5%) | | (11,5%) |
| Kleinbauern | – | – | – | – | 4 | 1 | – | – | 5 | 2 |
| (Zeilen-%) | | | | | | | | | | |
| Heuerlinge/Landlose | 16 | 2 | 4 | – | 6 | 20 | 3 | 12 | 2 | 3 |
| (Zeilen-%) | (57,1%) | (7,1%) | (14,3%) | | (21,4%) | (50,0%) | (7,5%) | (30,0%) | (5,0%) | (7,5%) |
| Sonstige | 1 | – | – | 1 | 4 | – | – | – | – | – |
| Summe | 38 | 5 | 4 | 2 | 23 | 35 | 9 | 15 | 7 | 8 |
| (Zeilen-%) | (52,8%) | (6,9%) | (5,6%) | (2,8%) | (31,9%) | (47,3%) | (12,2%) | (20,3%) | (9,5%) | (10,8%) |

[1] Ledige Paten, zu denen keine Standesangabe vorliegt, werden der Schicht ihres Vaters zugeordnet.

c) nach Colon-Heuerling-Beziehung

| Schicht der Eltern des Täuflings | Paten 1767–1777 | | | Paten 1850–1860 | | |
|---|---|---|---|---|---|---|
| | Anzahl insgesamt | davon: Heuerling[1] bei den Eltern des Täuflings | davon: Colon/Arbeitgeber[1] der Eltern des Täuflings | Anzahl insgesamt | davon: Heuerling[1] bei den Eltern des Täuflings | davon: Colon/Arbeitgeber[1] der Eltern des Täuflings |
| Großbauern (Zeilen-%) | 34 (100%) | – | | 26 (100%) | 2 (7,7%) | |
| Kleinbauern | 4 | – | | 8 | – | |
| Heuerlinge/Landlose (Zeilen-%) | 28 (100%) | | 5 (17,9%) | 40 (100%) | | 8 (20,0%) |
| Sonstige | 6 | – | – | – | – | – |

[1] Einschl. dessen Familienangehörigen (Frau, ledige Kinder).

Tabelle 7.06 (Fortsetzung):

d) nach Verwandtschaft

| Stellung der Paten zu den Eltern des Täuflings | Schicht der Eltern des Täuflings ||||||||||
|---|---|---|---|---|---|---|---|---|---|---|
| | 1767–1777 ||||| 1850–1860 |||||
| | Groß-bauern | Klein-bauern | Heuerlinge/ Landlose | Sonstige | ins-gesamt | Groß-bauern | Klein-bauern | Heuerlinge/ Landlose | Sonstige | ins-gesamt |
| Eltern oder Stiefeltern | 4 | – | – | – | 4 | 2 | – | 1 | – | 3 |
| Geschwister oder deren Ehegatten | 4 | – | 1 | 1 | 6 | 7 | 2 | 6 | – | 15 |
| Cousin(e)[1] oder deren Ehegatten | 2 | – | – | – | 2 | – | – | 5 | – | 5 |
| Neffe oder Nichte | – | – | 2 | – | 2 | 6 | – | 1 | – | 7 |
| sonstige Verwandte oder Verwandtschaftsgrad unsicher[2] | 1 | 2 | 3 | 1 | 7 | – | – | 2 | – | 2 |
| verwandt mit Vater des Täuflings | 3 | 2 | 4 | 1 | 10 | 12 | – | 10 | – | 22 |
| verwandt mit Mutter des Täuflings | 8 | – | 2 | 1 | 11 | 3 | 2 | 5 | – | 10 |
| verwandt (insgesamt) (Spalten-%) | 11 (32,4%) | 2 | 6 (21,4%) | 2 | 21 (29,2%) | 15 (51,7%) | 2 | 15 (37,5%) | – | 32 (43,2%) |
| nicht verwandt[3] (Spalten-%) | 2 (5,9%) | – | 1 (3,6%) | – | 3 (4,2%) | 2 (7,7%) | – | 14 (35,0%) | – | 16 (21,6%) |
| unbekannt[3] (Spalten-%) | 21 (61,8%) | 2 | 21 (75,0%) | 4 | 48 (66,7%) | 9 (34,6%) | 6 | 11 (27,5%) | – | 26 (35,1%) |

[1] Hier nur Cousins/Cousinen ersten Grades (= Geschwisterkinder); Cousins und Cousinen zweiten Grades (= Enkel von Geschwistern) werden als „sonstige Verwandte" gezählt.

[2] 1767-77 sind unter den sieben Paten dieser Kategorie vier, deren Verwandtschaftsgrad unsicher ist, sowie eine Vatersschwester und zwei Frauen von Cousins zweiten Grades des jeweiligen Kindsvaters. 1850-60 fallen nur der Sohn eines Cousins zweiten Grades und die zweite Frau des Schwestermanns des jeweiligen Kindsvaters in diese Kategorie.

[3] Als „nicht verwandt" werden Paten nur dann betrachtet, wenn die Namen bzw. Geburtsnamen beider Eltern von Kindsvater, Kindsmutter und Pate/Patin – bei verheirateten auch seines/ihres Ehegatten – bekannt sind und und keine Verwandtschaft erkennen lassen. Erfaßt werden mithin regelmäßig Verwandte bis einschl. Cousins/Cousinen ersten Grades. – Die große Zahl der Paten mit „unbekanntem" Verwandtschafts-Status 1767-77 erklärt sich vor allem dadurch, daß in dieser Periode für viele Eltern von Täuflingen und/oder Paten diese Informationen in der Familienrekonstitution nicht vollständig gegeben sind.

e) nach sozialer Schicht und Verwandtschaft: hier nur die Fälle, in denen die Eltern des Täuflings Heuerlinge/Landlose sind

| Verwandtschaft mit den Eltern des Täuflings | Soziale Schicht der Paten | | | | | | | |
|---|---|---|---|---|---|---|---|---|
| | 1767-1777 | | | | 1850-1860 | | | |
| | Groß- bauern | Klein- bauern | Heuerlinge/ Landlose | Sonstige | Schicht unbekannt | Groß- bauern | Klein- bauern | Heuerlinge/ Landlose | Sonstige | Schicht unbekannt |
| verwandt | 4 | 1 | – | – | 1 | 3 | – | 10 | 1 | 1 |
| nicht verwandt | 1 | – | – | – | – | 11 | 2 | – | 1 | – |
| unbekannt | 11 | 1 | 4 | – | 5 | 6 | 1 | 2 | – | 2 |
| Summe | 16 | 2 | 4 | – | 6 | 20 | 3 | 12 | 2 | 3 |

Anmerkung: Zur Auswahl der Stichproben s. den Text mit Anmerkung.

nicht soweit, die Konfession der Paten im Kirchenbuch zu notieren. Doch zeigt die Familienrekonstitution, daß mindestens ein Drittel der Paten katholischer Kinder evangelisch waren, in einzelnen Fällen waren sogar beide Paten Lutheraner. Merkwürdigerweise findet sich in der Stichprobe aus der Zeit vor Errichtung der lutherischen Pfarrei in Belm kein Fall, wo lutherische Eltern einen Katholiken zum Gevatter machten – und das, obwohl sie ihre Kinder vom katholischen Priester taufen ließen.[113] Oder waren es die Katholiken, die eine Gevatterschaft gegenüber protestantischen Eltern ablehnten?[114] Mitte des 19. Jahrhunderts wurde die konfessionelle Grenze viel entschiedener beachtet: Paten des anderen Bekenntnisses waren nun eine seltene Ausnahme, bei den Katholiken noch weniger zulässig als bei den Evangelischen. Doch auch bei diesen wurde ein Andersgläubiger allenfalls neben zwei solchen Personen geduldet, die für die Erziehung des Kindes im rechten Glauben einstehen konnten.

In dieser ausgeprägt inegalitären Gesellschaft stand weitgehend fest, wo man sich Gevattern in der Regel *nicht* suchte: in einer niedrigeren Schicht (Tab. 7.06 b).[115] Großbauern wählten Paten vor allem unter ihresgleichen, dazu einige aus kleinbäuerlichen Familien, nur ganz vereinzelt unter den Heuerleuten. Die einzigen Fälle der letzten Art stellt in der Stichprobe der Vollerbe Ahlbrand in Haltern. Sein sechstes Kind ließ er von der Frau seines Heuerlings Michel aus der Taufe heben – diese war aber seine leibliche Schwester. Als zweiter Pate beim achten Kind fungierte dann deren lediger Sohn Hermann Heinrich Michel. Beim siebten Kind war Ahlbrands Dienstmagd Wilhelmine Luise Osthaar zweite Patin – eine Konstellation, die sonst nicht vorkam. Da sie von auswärts stammte, wissen wir nicht, ob sie mit Ahlbrands verwandt war. Daß ein Bauer einen Landlosen zum Gevatter nahm, kam also sehr selten und offenbar nur dann vor, wenn nahe Verwandtschaft den sozialen Unterschied überbrückte.[116]

---

[113] Siehe oben Kap. 1.

[114] Vgl. HOBERG 1939 S. 34 zu Warnungen und Verboten der katholischen Kirche gegen die Patenschaft bei protestantischer Taufe.

[115] In vielen Gesellschaften ist beobachtet worden, daß entweder ‚Klienten' ihrem ‚Patron' die Patenschaft antrugen oder sozial Gleichrangige sich wechselseitig zu Paten ihrer Kinder machten, während sozial niedriger Stehende seltener als Paten gewählt wurden: MINTZ/WOLF 1950 S. 350 f., 358 ff.; STAUDT 1958 S. 28, 30 f.; FOJTIK 1969; ZWAHR 1981 S. 165 ff., 175 ff.; BOSSY 1984; FRANKE 1988; ERICSSON 1989; SABEAN 1992 S. 123 f.; vgl. aber VERNIER 1984 S. 99 ff.; differenziert KLAPISCH-ZUBER 1990 S. 109 ff.; 123 ff.

[116] Siehe den Hinweis auf vergleichbare Befunde bei FOJTIK 1969 bes. S. 342: Während in Böhmen, Mähren und Schlesien in der Regel Höher- oder Gleichgestellte als Paten gewählt wurden, gab es in bäuerlichen Gebieten mit inegalitärer Erbpraxis wechselseitige Patenschaften zwischen den Familien sozial ungleicher Geschwister: „In den Bauernfamilien, in denen schon im 18. Jahrhundert die Ungerechtigkeit des Erbrechts häufig zu Zwistigkeiten unter den Ge-

Umgekehrt gaben Heuerleute ihren Kindern mehrheitlich Paten aus der bäuerlichen, vor allem der großbäuerlichen Schicht. Insbesondere legten sie Wert darauf, den Colon, bei dem sie lebten und arbeiteten, seine Frau oder seine ledigen Kinder, nicht zuletzt den Anerben, als Gevattern zu gewinnen: Die jeweilige Hofbesitzerfamilie stellte immerhin etwa ein Fünftel aller Paten von Heuerlingskindern, im 18. wie im 19. Jahrhundert (Tab. 7.06 c). Nur ein einziges landloses Paar der Stichprobe verzichtete ganz auf Paten aus der Familie ‚ihres' Bauern.[117] In einem Fall empfand die Frau des ‚Brotherrn' die soziale Distanz zu der Familie des Täuflings anscheinend als so groß, daß sie die Patenschaft zwar nicht ablehnte, sich jedoch in der Kirche durch ihre Magd vertreten ließ: Hier handelte es sich jedoch nicht um eine Bauersfrau, sondern die Gemahlin des Papierfabrikanten Gruner von der Gretescher Burg, und es ging um die Taufe des ersten Kindes von dessen „Fabrikarbeiter" Gerhard Heinrich Baecke, der auch als „Heuerling" bezeichnet wurde; denn er wohnte auf Reckers Vollerbe, das von Gruner angekauft war.[118] – Außer dem eigenen wählten Heuerleute auch andere Colonen oder deren Angehörige als Gevattern, und zwar in noch größerer Zahl. Natürlich griff man gern auf Verwandte in der besitzenden Schicht zurück, wenn man sie hatte. Doch die meisten großbäuerlichen Paten von Eigentumslosen waren nicht verwandt, jedenfalls in den 1850er Jahren, wahrscheinlich auch schon um 1770 (Tab. 7.06 e). Die Heuerlingsfamilien nutzten also die Institution der Patenschaft, um die durch Blutsverwandtschaft gegebenen und die durch Ehe-Allianzen geknüpften Beziehungsnetze zu erweitern bzw. zu ergänzen, und zwar vor allem ‚vertikal', nach oben; dabei gingen sie vielfach auch über ihr aktuelles Heuer-Verhältnis hinaus.

Dies Verhalten paßt zu dem Befund, daß die meisten Landlosen sich nicht lebenslang an einen Hof banden, sondern von Zeit zu Zeit wechselten. Es

---

schwistern führte, half das wechselseitige Pate-Stehen, die verwandtschaftlichen Bindungen zu verstärken und somit die Ungleichheit zwischen dem Haupterben = Hofbesitzer und seinen Brüdern = Häusler oder sogar Instleuten zu überbrücken."

[117] Dies Elternpaar hatte auch nur ein Kind.
[118] Vgl. oben S. 495 f. sowie Kap. 7.1. zur Nachbildung einiger Aspekte des Heuerlingsverhältnisses durch den Papierfabrikanten Gruner. – Aus Köln wird für das frühe 19. Jahrhundert berichtet, daß „die geringeren Klassen [...] die Patenwahl als ein Spekulations-Geschäft" betrachteten und meist „reichere Bürger" ansprachen; es galt als „Sünde, diese Bitte abzuschlagen", doch konnte man sich allenfalls „bei der Taufe durch einen anderen, einen sogenannten ‚Aaschjevatter', vertreten" lassen: SCHLUMBOHM 1983a S. 245. – Eine alternative Erklärung könnte sein, daß Frau Gruner sich wegen ihrer Schwangerschaft vertreten ließ; jedenfalls berichten Volkskundler gelegentlich, daß eine Frau, die selbst ein Kind erwartete, zwar die Patenschaft annahm, sich aber bei der Taufe vertreten ließ: KÜCK 1906 S. 2 f. Frau Gruner brachte gut einen Monat nach der Taufe des Baecke-Kindes eine Tochter zur Welt. Bemerkenswert bliebe auch bei dieser Erklärung, daß sie sich gerade von ihrer Magd vertreten ließ.

stellt sich die Frage, ob zwischen diesen beiden Mustern ein sachlicher Zusammenhang besteht, etwa eine Strategie, welche darauf zielte, die durch Patenschaft hergestellten Verbindungen zu nutzen, um eine Heuerstelle zu finden. Betrachten wir daraufhin noch einmal die Stichprobe der fünfzig eigentumslosen Familien ab 1833[119], so finden sich nur wenige Fälle, die eine solche strategische Benutzung der Gevatterschaft bestätigen könnten. Caspar Heinrich Mutert und Anna Maria Gang ließen 1831 ein voreheliches Kind taufen; erster Pate war der Interimswirt Hermann Iborg. Nach ihrer Heirat im Jahre 1835 wurden sie Heuerleute auf Iborgs Vollerbe in Icker, dem inzwischen freilich Hermann Iborgs Stiefsohn und Nachfolger vorstand; sie blieben dort bis zu ihrem Tod.[120] – Gerhard Heinrich Placke und Margrethe Elisabeth, geborene Kassing, hielten sich insgesamt auf vier verschiedenen Höfen des Kirchspiels Belm auf. Als sie 1841 ihr viertes Kind bekamen, waren sie beim Markkötter Hurdelbrink in Powe ansässig; erster Pate wurde der Vollerbe Gerhard Christian Duling aus derselben Bauerschaft. 1846 fungierte dessen ledige Tochter Maria Sophia Dorothea Duling als zweite Patin des sechsten Kindes. Nachdem die Plackes die erste Hälfte der 1850er Jahre beim Vollerben Michel in Powe verbracht hatten, finden wir sie 1858 auf dem Hof der Dulings, mit denen sie ein doppeltes Band der Patenschaft verknüpfte. – Gerhard Heinrich Wiemeyer und Maria Engel, geborene Barth, welche 1835 die Halberbenfrau Maria Clara Negengerd als dritte Patin ihres zweiten Kindes, 1845 deren Mann zum ersten Paten ihres sechsten Kindes gewählt hatten, zogen anschließend auf Negengerds Hof nach Verthe. – Diesen drei oder vier Fällen, in denen Landlose eine Heuerstelle auf *dem* Hof antraten, zu dessen Besitzerfamilie sie zuvor eine ‚rituelle Verwandtschaft' hergestellt hatten, stehen achtzehn gegenüber, in denen eine solche Nutzung der Gevatterschaft mit Sicherheit ausgeschlossen werden kann.[121] Noch geringer sind die Anzeichen, daß die in der

---

[119] Siehe oben Kap. 7.4 und Tab. 7.04.

[120] Ähnlich zogen Johann Friedrich Wichmann und Maria Elisabeth, geborene Hagemann, 1835 nach der Heirat in einen Kotten bei Eckelmann in Verthe, nachdem sie die Vollerbenfrau Eckelmann 1831 zur ersten Patin ihres vorehelichen Kindes gemacht hatten. Hier ist jedoch im Taufeintrag von 1831 vermerkt, daß die ledige Mutter oder der uneheliche Vater – der damals Knecht war – zu diesem Zeitpunkt bereits bei Eckelmann wohnte. Es bleibt daher offen, ob die Wichmanns aufgrund der Gevatterschaft oder aufgrund dieser älteren Wohn- bzw. Arbeits-Beziehung nach der Heirat die Heuerstelle bei Eckelmann erhielten.

[121] Die übrigen 28 können aus z.T. unterschiedlichen Gründen nicht so eindeutig als Gegenbeweis angesehen werden: Einige wechselten den Hof nicht mehr, nachdem ihr erstes Kind getauft war; andere verließen das Kirchspiel Belm, bevor sie ein Kind hatten; wieder andere ließen zwar Kinder in Belm taufen, wechselten aber den Hof nicht innerhalb des Kirchspiels, sondern wanderten nach auswärts ab, so daß wir nicht wissen, ob sie sich dort vielleicht bei einem Paten eines ihrer Kinder niederließen.

vorigen Generation geknüpften Patenschafts-Verbindungen bei der Suche nach einem Kotten hilfreich waren: Kein einziger Fall belegt eindeutig, daß ein Heuermann oder eine Heuerfrau durch seine/ihre Beziehung zu einem Patenonkel bzw. einer Patentante aus der bäuerlichen Schicht eine Unterkunft fand.[122] Wenn es darum ging, eine Wohnung und Heuerstelle zu erlangen, waren die Gevattern-Beziehungen zu den Colonen demnach nur von sehr begrenztem Nutzen. In dieser Hinsicht waren die Verwandtschaftsbande innerhalb der landlosen Schicht weitaus wichtiger: Geschwister halfen einander offenbar bei dieser elementar wichtigen Aufgabe, und als in der Mitte des 19. Jahrhunderts die Möglichkeiten für die Besitzlosen enger geworden waren, gaben Eltern und Schwiegereltern der Mehrzahl der Jungverheirateten die entscheidende Hilfestellung, indem sie sie in ihre Heuerwohnung aufnahmen.[123] Daß unsere Quellen wenig Anhaltspunkte für eine direkte Instrumentalisierung der Patenschaftsbeziehung liefern[124], heißt freilich keineswegs, daß diese für die Beteiligten ohne nennenswerte Bedeutung war. Schon die offenbar sorgfältige Auswahl der Paten spricht gegen eine solche Geringschätzung.

Nur eine Minderheit der Paten von Heuerlingskindern war selbst landlos; im 19. Jahrhundert scheint diese Minorität gegenüber dem 18. freilich etwas gewachsen zu sein (Tab. 7.06 b). Zumindest in der späteren Periode wurden eigentumslose Paten in der Regel nur gewählt, wenn sie verwandt waren (Tab. 7.06 e). In der ganzen Stichprobe findet sich kein einziger Gevatter, der Mit-Heuerling *auf demselben Hof* oder Familienangehöriger eines solchen gewesen wäre. Demnach nutzten die Landlosen die Institution der rituellen Verwandtschaft nicht oder nur in geringem Maße, um das Netz ihrer Beziehungen ‚horizontal' innerhalb der eigenen Schicht auszuweiten; in dieser Richtung genügten ihnen offenbar die durch Blutsverwandtschaft und Ehe-Allianzen geschaffenen Verbindungen.

Soweit Bauern oder Heuerleute Verwandte zu Gevattern machten, wählten sie meist nahe Verwandte, insbesondere Geschwister oder deren Ehe-

---

[122] Da oft einer von den Ehegatten von auswärts kam, so daß wir seine Paten nicht kennen, konnten für diese Frage nur 29 von den 50 Fällen ausgewertet werden. Darunter fanden sich zwar vier, die – zumindest zeitweilig – Heuerling auf dem Hof ihres Patenonkels bzw. ihrer Patentante waren; jedoch waren in diesen vier Fällen schon die Eltern Heuerleute auf dem betreffenden Hof gewesen. Daher wird die Patenschaft kaum der entscheidende Faktor beim Finden der Heuerstelle gewesen sein, sondern eher die Beziehung des landlosen Paares zu seinen Eltern; diese hatten seinerzeit ‚ihren' Colonen oder einen von seinen Angehörigen zum Gevatter gemacht. Die Patenbeziehung mag allenfalls erleichternd hinzugekommen sein.

[123] Siehe oben S. 527 ff.

[124] Vgl. oben S. 317 f. zur begrenzten Bedeutung der Paten-Beziehungen für Entscheidungen über die Aufnahme von Pflegekindern.

gatten; im 19. Jahrhundert, als ledige Paten beliebter geworden waren, auch deren Kinder (d.h. Neffen oder Nichten der Eltern des Täuflings) (Tab. 7.06d). Einige baten die eigenen Eltern oder Stiefeltern, Pate eines Enkels zu werden. Weniger oft kamen Cousins, Cousinen oder deren Ehepartner an die Reihe. Bevorzugt wurden im 18. und im 19. Jahrhundert Verwandte aus der Generation der Eltern des Täuflings. In der früheren Zeit wurden in zweiter Linie Verwandte der älteren Generation berücksichtigt, insbesondere die Großeltern, gelegentlich auch eine Großtante oder ein Großonkel des Täuflings. In der späteren Periode hingegen nahm man lieber jemand aus der Generation des Täuflings als aus der Generation von dessen Großeltern. Um 1770 waren Verwandte der väterlichen und der mütterlichen Seite unter den Paten recht ausgewogen vertreten, in den 1850er Jahren hingegen überwog die väterliche Seite. Sofern die kleine Stichprobe hier reale Veränderungen widerspiegelt, bleiben deren Ursachen im Dunkeln. Keinen Anhaltspunkt finden wir jedenfalls dafür, daß bei Bauern in dieser Hinsicht der Teil den Ausschlag gegeben hätte, von dessen Seite der Hof stammte: Wir finden Paare, die Verwandte der Frau als Gevattern bevorzugten, obwohl der Mann den Hof geerbt hatte; und es gab Anerbinnen, deren Kinder mehr Paten aus der Verwandtschaft des Mannes erhielten.

Auch wenn unsere Quellen wenig darüber aussagen, welche Erwartungen, Rechte und Pflichten gegenüber dem Patenkind und dessen Eltern sich mit dem Patenamt verbanden, machen die differenzierten Muster der Patenwahl doch deutlich, daß diese Institution mit Bedacht eingesezt wurde, um die Beziehungen zu Familien der begüterten Schicht, aber auch zu Verwandten und Verschwägerten zu unterstreichen und zu verstärken.

## 7.6. „Die Bauern fressen die Heuersleute auf"

Noch seltener als die Bauern haben sich die Heuerleute explizit und in einer Form artikuliert, die die Chance bot, zu überdauern und von der Nachwelt gehört zu werden. Nicht zuletzt deshalb galt es in dieser Arbeit, aus äußeren Indizien wie Lebenslauf-Mustern und Formen des Zusammenlebens Schlüsse auf Strategien und Einstellungen zu ziehen. Ein Heuermann aus dem Kirchspiel Belm jedoch hat sich geäußert, und das mit einer Deutlichkeit und Schärfe, die uns nach mehr als einundhalb Jahrhunderten aufhorchen läßt.

Zwischen den Auswandererlisten des Amtes Osnabrück liegt lose ein unscheinbares Briefchen, mit rotem Siegel und der Anschrift: „An Herrn Hochwohlgeboren Hochzuehrenden Herrn Amtmann Stüffe in Osnabrück".¹²⁵ Der Schriftsatz lautet: „Da ich meine Reise d. 23ten Julius angetreten habe und nicht einsah, daß ich mehr leben konnte hier in dieser Gegend, so finde ich mich bewogen, an Sie zu schreiben und die ganze Beschaffenheit der Sache, wie die Bauern es mit die Heuerleute machen [!]. Zum ersten, man muß ihn von den schlechten Lande die schweren Heuergelder geben. Zum andern, man muß ihn so viel arbeiten helfen, daß man es nicht mehr aushalten kann, so daß man seine Arbeit bei Nachte verrichten muß. Denn bei Tage muß man den Bauern helfen, so viel als sie es haben w[ollen]. Will der arme Heuermann ein Tagelohn verdienen: O nein, du sollst mir helfen, und sonst geh mir sogleich aus meinen Kotten. Und so ist es nur bloß auf den angesehen, daß die Heuerleute beinahe alle arm sind und sind geschwungen [!], sich aus Deutschland zu verfügen in andere Ländern. Wenn Sie nicht das ändern können, so wird es hier schlecht aussehen. Es heißt hier von einem Jahr zum andern, daß es anders werden soll. Aber es bleibt so, wie es gewesen ist, und es wird immer noch schlechter. Man muß so viel Arbeit tun, daß man es doch nicht aushalten kann, wie Sie hier sehen können. Die Bauern fressen die Heuersleute auf. Und dabei so viel Arme, daß sie nicht wissen, wo sie damit bleiben sollen, welches Sie auch selbst erfahren. Ich habe Ihn [!] nur so ungefähr geschrieben die Arbeit, die ich in [!] Jahre 1832 getan habe; auch vom Jahr 1833 von April bis den 4. Julius habe ich ungefähr bemerket." Darunter steht: „An den Hochwohlgeboren Hochzuehrenden Herrn Amtmann Stüffen in Osnabrück. Geschrieben von Johann Hennerich Buhr, hat gewohnt in Voß' Kotten zu Gretesche. Brake d. 30. Julius 1833."

In auffallend grundsätzlicher Weise übte Johann Henrich Buhr Kritik an dem Heuerlings-Verhältnis, und das in einer Sprache, die das Wesentliche zu treffen weiß und die nur mit wenigen – meist aus der niederdeutschen Muttersprache stammenden – ‚Fehlern' behaftet ist.¹²⁶

Im Mittelpunkt dieser Kritik stand die Arbeitshilfe, die dem Bauern zu leisten war. Beigefügt hat Buhr je eine detaillierte Aufstellung, was und wieviel er mit seiner Frau in den Jahren 1832 und 1833 für „Colonus Voß zu [Grete]sch gearbeitet"¹²⁷ hatte. Die Summe belief sich für 1832 auf 42

---

¹²⁵ StA OS Rep. 350 Osn. Nr. 209, fol. 348 ff. Der Anfang des Brieftextes, mindestens eine Zeile, fehlt, da das Blatt oben beschädigt ist. – KIEL 1941 S. 105 bringt einen ähnlich lautenden Brieftext. Da dieser Brief nicht in der von ihm angeführten Akte (jetzige Signatur: StA OS Rep. 335 Nr. 4245) liegt, ist anzunehmen, daß er den Brief des J. H. Buhr paraphrasiert (freilich wie ein wörtliches Zitat in Anführungszeichen).

¹²⁶ Derartige Fehler waren damals auch in der Schriftsprache von Großbauern gang und gäbe, s. etwa den unten Anm. 146 zitierten Text.

¹²⁷ So die Überschrift; auch von diesem Blatt ist der obere Rand beschädigt.

Arbeitstage; 1833 brach die Liste mit dem 4.Juli ab – wohl gleichzeitig mit dem Heuerlings-Verhältnis –, bis dahin waren 9¾ Arbeitstage angefallen.[128]

1832 hatte der Colon an vier ganzen und sechs halben Tagen zwischen Ende Juli und Mitte September „2 Mann" zur Hilfe kommen lassen, also Mann und Frau; das war bei der Getreide-, Erbsen- und Flachs-Ernte. Beim Mähen des Getreides wird die Frau die Garben abgenommen und gebunden haben; bei der Flachs-Ernte ging es um das „Luken" und „Reepen"[129], das Ausraufen der Pflanze und das Abtrennen der Samenkapseln vom Stengel, das Heuermann und -frau Mitte August zu erledigen hatten; einen Monat später kam das „Flachs Aufnehmen": Die Pflanzen, die nach der Röste zum Trocknen auf der Erde ausgebreitet waren, mußten heimgeholt werden. Am 20. Mai 1833 hatten „2 Mann [einen] halben Tag Katuffel [zu] pflanzen".

1832 forderte der Bauer 15 ganze und 54 halbe Arbeitstage ein; in der ersten Hälfte 1833 waren es zweimal ganze, vierzehnmal halbe Tage und dreimal je ein Vierteltag. Allerdings scheint der Colon bei den halben Arbeitstagen nicht systematisch jede Beköstigung seiner Heuerleute abgelehnt zu haben. Nur für den 14. September 1832 hat Johann Henrich Buhr das ausdrücklich notiert: „halben Tag Flachs aufnehmen 2 Mann ohne Kost".[130]

Über den Jahreslauf verteilte sich die Hilfe des Heuerlings sehr ungleich, das zeigt die Aufstellung für 1832. In den Wintermonaten Dezember bis Februar brauchte der Bauer sie gar nicht; im Sommer von Juli bis September hingegen fielen insgesamt 26½ Arbeitstage an, das sind fast zwei Drittel der Jahresleistung. Das bedeutete, daß der Heuermann im Sommer etwa ein Viertel seiner gesamten Arbeitszeit dem Colon zu helfen hatte.[131] Im Frühjahr und Herbst schwankte der Arbeitskräftebedarf des Colonen zwischen einem und fünf Tagen je Monat.

Im Frühling begannen die Pflichten mit dem Spinnen: im März/April 1832 insgesamt drei Tage, im April 1833 einen Tag. Im April wurde auch Hilfe beim „Rieollen", dem doppelten Pflügen[132], verlangt, 1832 und 1833 je einen halben Tag; außerdem beim „Bohnen Pflanzen" – einen halben Tag. Im Mai war der Arbeitsbedarf des Hofes 1832 mit eineinhalb Tagen geringer, 1833 fielen drei Tage an, da schon die Kartoffeln gepflanzt werden konnten. Im

---

[128] Ich habe in volle Arbeitstage einer Person umgerechnet.

[129] ROSEMANN-KLÖNTRUP 1982–1984 Bd.1 Sp.501 s.v. ‚luken': „ziehen, ausziehen. Daher *upluken, utluken* eine Pflanze aus den[!] Boden ziehen." – Vgl. SCHONEWEG 1923 für eine ausführliche Beschreibung aller Arbeitsgänge beim Anbau und bei der Verarbeitung des Flachses; Beschreibung in Osnabrücker Mundart bei STRODTMANN 1756 S. 390f.

[130] Vgl. oben S. 547.

[131] Das ergibt sich, wenn man von den 26½ Tagen die 7 abzieht, die die Frau mitarbeitete, und die drei Monate abzüglich der Sonntage auf 83 Arbeitstage veranschlagt.

[132] ROSEMANN-KLÖNTRUP 1982–1984 Bd.2 Sp.99: „**rijolen** auch **rojolen** doppelt pflügen."

Juni wurde der Heuermann – oder seine Frau, das wissen wir nicht – vor allem beim „Wehen", dem Jäten des Unkrauts[133], gebraucht: 1832 zwei halbe Tage in den „Wurzeln"[134], drei halbe Tage im Flachs. Dazu kam ein halber Tag „Kohl pflanzen". Im Juni 1833 zog der Colon Voß die Buhrs nur zwei halbe Tage zum Jäten heran, dafür vier halbe und einen viertel Tag zum Kohl-Pflanzen; außerdem begann in diesem Jahr die Heu-Ernte bereits Ende Juni: „Junius 25 – einen Morgen in der Wiese mähen; 27 – halben Tag heuen". 1832 fiel der erste Schnitt des Heus voll in den Juli: zwei halbe Tage mähte Johann Henrich Buhr mit in Voß' Wiese, außerdem war 4½ Tage lang zu „heuen". Zwischendurch gab es noch einen halben Tag Kohl zu pflanzen. Am 31. Juli 1832 begann endlich die Getreideernte, sie zog sich bis Mitte September hin – es war alles spät in diesem Jahr. Zuerst kam der Roggen, 2 Tage halfen Heuermann und -frau gemeinsam beim Mähen, einen halben Tag einer beim Einfahren. Dann wurde Mitte bis Ende August der Flachs ausgerauft und gereept, zwei Tage lange von „2 Mann", einen halben von einem. Ende August bis Anfang September folgte das Mähen von Erbsen, Hafer und Gerste – drei halbe und ein ganzer Tag jeweils zu zweit. Dann half J. H. Buhr beim Einfahren, am 5. September die Erbsen, am 12. den Hafer, am 15. schließlich die Gerste. Zwischendurch mußte der Flachs aufgenommen werden. Ende September schloß sich der zweite Heu-Schnitt an, zwei halbe Tage mähen, drei Arbeitstage heuen. Im Oktober hat Buhr acht halbe Tage „Katuffeln ausgegraben" und zwei halbe Tage „braket", Flachs gebrochen. Anfang November holte der Bauer seinen Heuermann noch drei halbe Tage zum Wurzeln ausgraben und einen halben zum „Rüben Luken", zur Rüben-Ernte.

Elf Arbeitstage[135] – gut ein Viertel des Jahrespensums, das Johann Henrich Buhr und seine Frau für den Vollerben Voß erfüllten – entfielen 1832 auf den Anbau und die Verarbeitung des Flachses; davon aber nur drei Tage auf das Spinnen, das doch vom gesamten Prozeß der Leinenherstellung bei weitem der arbeitsaufwendigste Teil war.[136] Bei der Heu-Ernte wurden die Heuerleute 9½ Tage lang gebraucht, bei der Getreideernte 7½ Tage. Beim Gemüsebau halfen die Buhrs insgesamt acht Tage; Bohnen, Möhren, Kohl und Erbsen waren zu pflanzen und zu ernten. Hinzu kamen 4½ Tage bei der Kartoffel- und Rübenernte.

Auf das ganze Jahr gesehen, scheinen 42 Arbeitstage Hilfe für den Bauern

---

[133] Ebd. Sp. 527: „**wehen** gäthen, das Unkraut ausrupfen."
[134] Ebd. Sp. 568: „**Wuortel** 1) die Wurzel [...]. 2) die eßbare Möhre [...]".
[135] Hier wurde wiederum in volle Arbeitstage einer Person umgerechnet. 1½ Tage lassen sich nicht eindeutig einem Betriebszweig zuordnen.
[136] SCHLUMBOHM 1979 S. 284; vgl. oben Kap. 2.3.

nicht so viel zu sein, vielleicht der siebte Teil des Arbeitsjahres einer Person. Die saisonale Verteilung aber zeigt, wo die Konflikte entstanden. Der Bauer war für den Sockel seines Arbeitskräftebedarfs, der das ganze Jahr über bestand, mit seinen Dienstboten und Familienangehörigen ausreichend versorgt: Unter den elf Personen im Haushalt des Vollerben Voß waren vier männliche und drei weibliche über 14 Jahren.[137] Den Heuermann und dessen Frau brauchte er nur für die kurzfristigen Spitzen, zum Teil im Frühling und Herbst, vor allem im Sommer bei der Ernte. Genau in dieser Zeit aber wollte der Heuerling auch die Erträge von seinem Pachtland einbringen. Und zugleich war dies die Periode, wo sich am ehesten die Gelegenheit bot, bei anderen im freien Tagelohn ein paar Groschen oder Taler hinzuzuverdienen. Die Rechnung, daß auch in den drei Sommermonaten ‚nur' etwa ein Viertel der Arbeitstage des Heuermanns vom Bauern beansprucht wurden, läßt das Konfliktpotential noch nicht deutlich genug werden: Die Wechselhaftigkeit der Witterung muß berücksichtigt werden. Wenn das Wetter endlich gut war zum Mähen oder zum Einfahren, dann ließ der Bauer den Heuerling rufen. Drohte bald wieder Regen, so sah der Abhängige fast keine andere Möglichkeit mehr, als „*seine* Arbeit bei Nachte [zu] verrichten". Obendrein nahm der Bauer das Recht in Anspruch, den Heuermann bei Bedarf ganz kurzfristig zur Arbeit zu rufen. Hatte dieser inzwischen einem andern zugesagt, gegen Tagelohn zu arbeiten, so drohte der Colon: „O nein, Du sollst mir helfen, und sonst geh mir sogleich aus meinen Kotten!"

Der unbedingte Vorrang, den der Colon für seinen Anspruch auf die Arbeitskraft des Heuerlings durchsetzte, beraubte diesen der Autonomie in der Nutzung seiner Zeit. Im Juli 1833 setzte Johann Henrich Buhr dem ein Ende. Im Frühling war er seinen Pflichten nachgekommen wie in all den Jahren zuvor. Noch am 1. Juli half er einen „halben Tag wehen", am 2. „ein Vierteltag heuen", am 4. „halben Tag heuen". Da bricht die Aufstellung ab. Mitten in der Heu-Ernte, kurz vor der Getreide- und Flachsernte löste Buhr seinen Heuer-Kontrakt mit dem Vollerben Voß, gerade zu Beginn der Periode, wo dieser ihn und seine Frau am dringendsten brauchte. Dieses eine und zugleich letzte Mal gingen die Terminvorstellungen des Heuermanns vor, er wollte sein Schiff nach Amerika erreichen. Die letzten zweieinhalb Wochen, die er in der Heimat verbrachte, half er dem Bauern nicht mehr – und das auf dem Höhepunkt der Ernte-Saison.

Daß „man den Bauern helfen [muß], so viel als sie es haben w[ollen]", war für Buhr Ausdruck willkürlicher Herrschaft des Colonen und Haupt-

---

[137] So der Stand bei der Volkszählung vom 1. Juli 1833 laut der „Liste der Seelenzahl und der Wohngebäude" von Gretesch: StA OS Rep. 350 Osn. Nr. 181. Auch im März 1833 umfaßte der Haushalt 11 Personen: StA OS Rep. 350 Osn. Nr. 182: Statistische Tabellen, hier: Gretesch.

ursache der wirtschaftlichen Misere des Heuerlings. Aufmerksame Zeitgenossen waren sich dessen bewußt, daß diese Einschätzung in der landlosen Schicht verbreitet war.[138]

Auf der ökonomischen Seite war wesentlicher Bestandteil des Problems, daß die Arbeitshilfe des Heuerlings entweder gar nicht oder gering bezahlt wurde. Angesichts dieser Tatsache wurden die „Heuergelder" als „schwer" empfunden, zumal bei der schlechten Qualität des Pachtlandes. Obendrein berechnete der Bauer seine Gegendienste in barem Geld. Johann Henrich Buhr schrieb unter die Aufstellung seiner Arbeitstage bis zum 4. Juli 1833: „Diese benannten Tage habe ich [für] ihn gearbeitet und dazu noch 2 Taler bezahlen müssen für die Dienste." Zwischen Forderungen und Leistungen der Colonen sah Buhr ein krasses Mißverhältnis, das die Armut der Heuerlinge zur direkten Folge hatte. Er unterstellt den Bauern, so scheint es, sogar die Absicht dazu: „[...] sonst geh mir sogleich aus meinen Kotten. Und so ist es nur bloß auf den angesehen, daß die Heuerleute beinahe alle arm sind [...]".

Mit 158 Talern machte Buhr sich auf die große Reise; die ungewöhnliche Präzision dieser Angabe bürgt für ihre Korrektheit. Für eine vierköpfge Familie war das in der Tat ein sehr bescheidenes Startkapital. Im März zuvor besaß er – wie die meisten Heuerleute – zwei Kühe, aber keinerlei weiteres Vieh. Seine Wohnverhältnisse waren beengt, wie gewöhnlich bei seinen Standesgenossen. Er teilte sich einen Kotten mit einer weiteren Heuerlingsfamilie; insgesamt waren in den vier bewohnbaren Nebengebäuden des Vollerben Voß zu Gretesch sechs Haushalte untergebracht.[139]

---

[138] FUNKE 1847 S. 35, 38: „ [...] die unbestimmten Dienste oder die Haushülfe machen sein Verhältnis nicht selten drückend und lassen ihn oft zu keiner geregelten Tätigkeit für den eigenen Haushalt kommen. [...] Die ungemessenen Handdienste, welche die Heuerleute zu leisten haben, beschränken ihre Freiheit, lähmen ihre Tätigkeit, verursachen Unordnungen in der häuslichen Wirtschaft, erzeugen Unzufriedenheit und Bitterkeit und werden nicht selten so drückend, daß wir auch sie als eine Ursache der überhand nehmenden Verarmung der Heuerleute mit ansehen müssen, indem dadurch dem kleinen Haus- und Ackerwesen derselben die nötigen Kräfte geraubt werden und zugleich für sie die Gelegenheit verloren geht, in einer Zeit, wo die Arbeit gesucht wird, durch Tagelohn etwas zu verdienen." Ebd. S. 48 ff. zur „Stimmung der Heuerleute": „[...] die Colonen [werden] von Heuerleuten [...] der Bedrückung angeklagt", nach Funkes Meinung „häufig ungerechter Weise". – Vgl. WRASMANN 1919–1921 Teil 2 S. 35 ff., 58 ff., 78 ff., 95 f. zu den „ungemessenen Diensten" und den seit dem zweiten Jahrzehnt des 19. Jahrhunderts oft wiederholten, aber bis 1848 vergeblichen Bemühungen von Reformern um deren Abschaffung.

[139] Liste der Seelenzahl und der Wohngebäude vom 1.7.1833 sowie Statistische Tabellen vom März 1833 für Gretesch: StA OS Rep. 350 Osn. Nr. 181 und 182. – Einen von Voß' Heuerlingskotten zeigt Abb. 7 auf S. 208.

Johann Henrich Buhr war aus dem Nachbarkirchspiel Ostercappeln nach Belm gekommen und hatte dort im Mai 1827 im Alter von etwa 27 Jahren Maria Elisabeth Holtmeyer geheiratet. Sie war ein Jahr jünger als er und Tochter eines Heuermanns, der seit längerem beim Vollerben Osterhaus in Powe ansässig war. Als Trauzeugen standen ihnen Ewerhard Heinrich Buhr und Catharina Maria Holtmeyer zur Seite, der Bruder des Bräutigams und die Schwester der Braut. Gleich danach traten sie die Heuerstelle beim Vollerben Voß in Gretesch an; im März 1828, als sie ihr erstes Kind auf den Namen Maria Elisabeth taufen ließen, wohnten sie bereits dort. Patin war die Schwester des Vaters, Maria Elisabeth Buhr; Zeugen die mütterliche Großmutter Gertrud Holtmeyer und Christopher Thörner, ein Heuermann vom benachbarten Hof Glüsenkamp. Im September 1831 ließen sie ihr zweites Kind Franz Heinrich von dem Power Vollerben Georg Heinrich Kuhlmann aus der Taufe heben. Namengebend freilich war der Zeuge Franz Heinrich Holtmeyer, ein Bruder der Mutter. Als zweite Zeugin hatten die Buhrs die Bäuerin des Hofes, zu dem sie gehörten, Clara Voß gebeten. Man kann also nicht sagen, daß Johann Henrich und Maria Elisabeth Buhr nicht versucht hätten, die Verbindung zu Angehörigen der landbesitzenden Schicht und speziell zur Familie ihres Colonen zu verstärken. Im Vergleich zu anderen betonten sie vielleicht mehr den Zusammenhalt mit ihren Verwandten; daß sie aus der Hofbesitzerfamilie nicht gleich beim ersten, sondern erst beim zweiten Kind einen Gevatter luden, und dann nicht als Hauptpaten, sondern als zweiten Taufzeugen, mochte ein wenig halbherzig wirken. – Weniger als zwei Jahre danach gab Johann Henrich Buhr diese Versuche endgültig auf. Nachdem er vom 5. Juli 1833 an das Heuerlings-Verhältnis beim Colon Voß aufgekündigt hatte, meldete er sich am 15. beim Vogt, dem örtlichen Vertreter der weltlichen Obrigkeit, ab und machte sich am 23. Juli mit Frau und beiden Kindern auf die Reise. Am 30. Juli war er in Brake – wohl an der Unterweser – angekommen und schrieb dort seinen Brief an den Amtmann Stüve in Osnabrück.

Dies Dokument, das in dem Satz gipfelt „Die Bauern fressen die Heuersleute auf", zeugt von dem Bewußtsein eines scharfen Interessengegensatzes zwischen beiden Schichten. Es ist nicht getragen von einem Glauben an eine bessere Vergangenheit, sondern von der Überzeugung der Notwendigkeit einer besseren Zukunft. Daß „es [so] bleibt [...], wie es gewesen ist," darin bestand das Unerträgliche; „anders werden" mußte es. Doch wer sollte die Dinge ändern, und wie konnte das geschehen? Am ehesten scheint Johann Henrich Buhr der Regierung und Verwaltung die Fähigkeit zuzutrauen: Er schrieb an den Amtmann, für das Porto war ihm sein spärliches Vermögen nicht zu schade. Doch überzeugt war er keineswegs, daß die Obrigkeit den unhaltbaren Zustand zum Besseren wenden konnte und wollte; zu lange schon hatten die Heuerleute vergeblich darauf gehofft: „[...] es heißt hier von einem Jahr zum andern, daß es anders werden soll [...]". Doppeldeutig klingt der Satz: „Wenn Sie nicht das ändern können, so wird es hier schlecht aussehen." Enthält er nur die Vorhersage tiefsten Elends oder schwingt eine Drohung mit, daß die Heuerleute ihre Sache gemeinsam in die eigene Hand nehmen könnten?

Für sich und die Seinen sah Johann Henrich Buhr nur einen Ausweg aus der Heuerlings-Situation, in der er nicht „mehr leben konnte": Er gab den Versuch auf, die Beziehung zu seinem Colon zu intensivieren, und glaubte nicht, bei einem anderen wesentlich bessere Bedingungen zu finden; Abschied nahm er von der Hoffnung auf Reformen durch die Regierung; die Vorstellung der Möglichkeit gemeinsamer Selbsthilfe der Bedrückten blieb, wenn sie überhaupt auftauchte, in weiter Ferne. Konkret gewählt wurde der Weg, der jetzt gangbar war für viele einzelne und zahlreiche Familien: die Auswanderung. Johann Henrich Buhr unterschied sich von Hunderten und Tausenden, die den gleichen Entschluß faßten, dadurch, daß es ihm wichtig war, kundzutun, warum er tat, was er tat – auch wenn es für ihn und die Seinen keinerlei praktische Folgen mehr hatte. Als der Amtmann das Siegel des Briefes erbrach, werden die Buhrs bereits auf See gewesen sein. Immerhin machte der Empfänger sich die Mühe, die Arbeitstage, die J.H. Buhr geleistet und notiert hatte, zur Summe zu addieren – wenn auch mit einer gewissen Flüchtigkeit.[140]

Ganz allein steht Buhrs Zeugnis nicht. Auch andernorts hielten Auswanderer nicht hinter dem Berg mit ihren Klagen über die Mißstände, die sie aus der Heimat trieben.[141] Im Osnabrückischen kursierte seit 1836 das 48 Strophen lange Lied, das ein aus dem – Belm benachbarten – Weichbild Ostercappeln stammender Drechslergeselle in Baltimore auf eigene Kosten hatte drucken lassen; auch im preußischen Tecklenburg wurde es gern gesungen.[142] Wurden dort „harte Dienstbarkeit" und „Not" eher auf Fürsten, Adel, Beamte, Steuern und Gläubiger zurückgeführt, so verbreiteten sich auch andere Verse, die gezielt die Heuerleute als „Bauernsklaven" zur Auswanderung aufriefen.

---

[140] Da er ein paar Mal halbe für volle Tage rechnete, kam er für 1832 auf 45 Arbeitstage.

[141] Vgl. die berühmt gewordenen Befragungen württembergischer Auswanderer durch Friedrich List im Jahre 1817: MOLTMANN 1989 S.120ff. Im Unterschied zu J.H.Buhr äußerten sie sich nicht von sich aus, sondern die Initiative ging von dem Beamten aus.

[142] Abgedr. bei GLADEN 1970 S.215ff.; vgl. dazu ebd. S.141; KAMPHOEFNER 1982 S.76f.; KIEL 1941 S.127f. Im Unterschied zu J.H.Buhr wollte der Verfasser dieses Liedes direkt die Betroffenen beeinflussen, und zwar, wie es in der vorletzten Strophe ausdrücklich hieß, „nicht [...] zum Aufruhr", sondern zur Auswanderung in das „gelobte Land" Amerika.

> „Hier sind wir nur Bauernsklaven
> Dort fahren wir in Kutschewagen,
> Drum, ihr deutschen Brüder, ja,
> Es geht nichts vor Amerika!"
>
> „Ihr Bauern werdet eure Häuser leer,
> Und keiner will den Schmachtstall mehr.
> Aus eurem Haus ein Ziegenstall
> Und euer Land bald Heide all."[143]

1848 meldeten sich in einigen Orten des Osnabrücker Landes wie der benachbarten Gebiete Heuerleute mit Tumulten, Versammlungen oder Petitionen zu Wort.[144] Die hannoversche Regierung suchte der weiteren Ausbreitung dieser Bewegung im Oktober durch ein Gesetz zuvorzukommen, das die schlimmsten Mißstände beseitigen und Hoffnung auf ein Verfahren zu weiteren Verbesserungen machen sollte. Nachdem die zahlreichen Reformbemühungen bis dahin in keinem Punkt zu einer zwingenden gesetzlichen Regelung geführt hatten, griffen die Gesetzgeber nun bei drei Konfliktbereichen unmittelbar ein. Zum einen wurde bestimmt, daß ab sofort der Bauer dem Heuermann spätestens am Vortag bis Sonnenuntergang Bescheid zu geben hatte, wenn dieser für ihn arbeiten sollte – mit Ausnahme freilich der Erntezeit. Sodann wurden für die Zukunft „ungemessene Dienste" verboten: „In neu einzugehenden oder zu verlängernden Heuerverträgen dürfen ungemessene Dienste des Heuermanns bei Strafe der Nichtigkeit nicht ausbedungen werden." Schließlich erhielt der Heuermann das Recht zu verlangen, daß die gemietete Wohnung trocken sei und Wohnstube und Kammer gelüftet werden könnten. Im übrigen sollten in den Bauerschaften gemischte Kommissionen von Bauern und Heuerlingen gebildet werden, die Streitfragen schlichteten und regulierend eingreifen konnten; dabei sollten die der Kommission angehörigen Grundbesitzer von den Heuerleuten, die Heuerleute von den Grundbesitzern gewählt werden.[145] Auch in Belm wurde ein solcher Ausschuß gebildet. Die Heuerleute wählten den größten Bauern des Kirchspiels, den Meyer zu Belm, sowie den Müller Christopher Zurwelle; die Grundbesitzer entschieden sich für die Heuerleute Gerhard Piepmeyer vom Halberbe Bergmann in Icker sowie den Leinewebermeister Joseph Fischer, der im Kirchdorf bei Markkötter Schulhof lebte.[146]

---

[143] Zit. nach WRASMANN 1919–1921 Teil 2 S. 83.

[144] WRASMANN 1919–1921 Teil 2 S. 102 ff.; BEHR 1974; MOOSER 1984 S. 355 ff.; MAGER 1984 S. 174 ff.

[145] Gesetz, die Verhältnisse der Heuerleute (im Fürstentum Osnabrück) betr., vom 24.10. 1848, abgedr. in: EBHARDT 1851 Bd. 1 S. 15 f. Vgl. WRASMANN 1919–1921 Teil 2 S. 57 ff., 115 ff.

[146] Nach dem Gesetz vom 24.10.1848 durfte „keine neue Heuer angelegt werden, ohne daß

## 7.7. Schlußbemerkungen: Patron-Klienten-Beziehung und/oder Selbstbewußtsein als Klasse

Nach solchen Reformen, nach der starken Amerika-Auswanderung und der anschließenden Migration in die neuen Industriezentren hat das Heuerlings-System in mehr oder weniger stark veränderter Form bis in die Mitte des 20. Jahrhunderts fortbestanden; ein Teil der Heuerleute fand in der intensivierten bäuerlichen Landwirtschaft hinreichende Beschäftigung, andere kombinierten als ‚Industrieheuerlinge' Fabrikarbeit mit agrarischem Nebenerwerb.[147]

In unserer Untersuchungsperiode war das Verhältnis des Heuerlings-Haushalts zum Colonen gekennzeichnet durch die spezifische Verbindung von partieller Selbständigkeit mit Abhängigkeit. Schon den Zeitgenossen lag der Vergleich mit dem Gesinde nahe, wenn sie an die ungemessenen Dienste dachten, zu denen die Heuerleute jederzeit bereitstehen mußten: In dieser Hinsicht setzte „sich das Dienstbotenverhältnis noch bei eigenem Herde fort".[148] Der eigene – wenn auch gemietete – Herd jedoch war der Angelpunkt der Selbständigkeit. Der Heuermann hatte seine eigene Wirtschaft: als Kleinpächter – der freilich auf die Gespannhilfe des Bauern angewiesen war – und als hausgewerblicher Textilproduzent. Und vor allem: Er hatte seine eigene Familie, seinen Haushalt. Dadurch hob er sich ab von dem Zustand des Gesindes, den Heuermann und -frau als eine abgeschlossene Phase ihres Lebens hinter sich hatten. Im Unterschied zu anderen bäuerlichen Gesellschaften, insbesondere solchen, die ebenfalls Einzelerbfolge

---

die Kommission dieselbe unter Berücksichtigung ihrer Preisverhältnisse als zum Unterhalte einer Familie zulänglich erklärt hat" (§ 6 Abs. 3). Erhalten hat sich im HOFARCHIV MEYER ZU BELM ein Gutachten der „Belmer Heuerlings-Kommission" vom 1.8.1851 im Umfang von einer Seite, das vom Colon Meyer zu Belm geschrieben und von allen vier Mitgliedern namentlich unterzeichnet ist. Es kommt zu einem kritischen Urteil über die von dem Neubauern Heinrich Hesse in der Belmer Heide an den Sattlergesellen Pirkin vermietete „Heuer": „1. Die Heuerwohnung befindet sich in solchen [!] Zustande, daß sie den [!] Betrieb einer ländlichen Haushaltung [nicht??] entspricht, da in das Haus weder eingefahren noch auf der Diele gedroschen werden kann. 2. Von den [!] Garten und Ackerlande kann unberücksichtigt der hohe Mietpreis ohne kostspielige Dünger-Anschaffung nicht [!] erzielt werden. a) Auf den Garten und Ackerlande kann mit den [!] größten Fleiße kaum soviel Frucht erzielt werden, daß eine Familie davon zu leben imstande ist, und jetzt in Begriffe stehen zwei Familien, da zu leben."

[147] SERAPHIM 1948; HALM 1949; vgl. WRASMANN 1919–1921 Teil 2 S. 124 ff. – Vgl. auch oben S. 542 f. zur partiellen Übernahme des Modells in zwei frühen Industriebetrieben des Kirchspiels Belm.

[148] FUNKE 1847 S. 38, vgl. 8, 36. – MOOSER 1984 S. 255 ff. leitet aus dem Vergleich mit dem Status des Gesindes die These von der „begrenzten Emanzipation" der Heuerleute ab; ähnlich KOCKA 1990 b S. 180 ff.

praktizierten, blieben die Arbeitskräfte hier nicht lebenslang als ledige Verwandte[149] oder Dienstboten Teil des bäuerlichen Haushalts.

Daß eine Heuerstelle – im Unterschied zu der Position eines Knechts und einer Magd – für ein Paar, eine Familie vorgesehen war, also die Möglichkeit zur Heirat und legitimen Fortpflanzung bot, war fundamental für die Eigenständigkeit der Heuerleute gegenüber dem bäuerlichen Haushalt. Zugleich beruhte darauf die Möglichkeit des anhaltenden Bevölkerungswachstums. Durch die Kinder dieser eigentumslosen Familien wurde wiederum ein ausreichender Nachschub von jungen Gesindepersonen für die bäuerlichen Wirtschaften gestellt.

Als Kleinpächter und als Mieter war der Heuerling mit seiner Haushaltung abhängig von dem Bauern als Eigentümer; als auf Abruf bereitstehende Arbeitskraft und als Empfänger der Hilfsleistungen des Bauern war er mit seiner Wirtschaft darüber hinaus dem Hof, der Ökonomie des Colonen, subsumiert.[150] Freilich konnte dieser allein dem Heuerling keine ausreichende Subsistenzbasis stellen, nicht einmal mit der wesentlichen Ergänzung durch die kollektiven Ressourcen der gemeinen Mark: Das Hausleinengewerbe war der zweite Pfeiler des Lebensunterhalts. Hier konnte der Bauer als Eigentümer des Landes zwar die Bedingungen für den Rohstoffnachschub stellen, keineswegs aber den Absatz der fertigen Produkte gewährleisten.

In der spezifischen Form, die die Proto-Industrialisierung hier annahm: als saisonales Nebengewerbe ohne nennenswerte Arbeitsteilung, das von allen Schichten der örtlichen Gesellschaft betrieben wurde, führte sie nicht dazu, daß eine hausindustrielle Bevölkerung neben der bäuerlichen und in wachsender Unabhängigkeit von dieser sich entwickelte.[151] Nicht nur ökonomisch spielten die Großbauern eine führende Rolle ähnlich wie im agrarischen so auch im textilen Sektor, indem sie weit größere Leinenmengen je Haushalt herstellten als die Landarmen und Landlosen. Dadurch, daß sie die Heuerlinge in ihre Höfe einbanden, blieben sie in dieser dörflichen Gesellschaft auch sozial nahezu unangefochten dominierend, obwohl sie der Zahl nach seit langem eine begrenzte Minorität darstellten: Der gewerbliche

---

[149] Eindringlich dazu VERNIER 1984.

[150] Vgl. MAGER 1982 S. 461: „Kolonenbetrieb und Heuerlingsstätte [...] stellten gemeinwirtschaftlich miteinander verknüpfte, paternalistisch einander verbundene Teilbetriebe eines ‚Hofverbandes' dar." Allerdings scheint Mager das Ausmaß der Verwandtschaftsbeziehungen zwischen Colon und seinen Heuerleuten sowie die Dauerhaftigkeit ihres Verhältnisses, bis hin zur Erblichkeit, zu überschätzen: ebd. S. 460 f.

[151] Vgl. dazu KRIEDTE/MEDICK/SCHLUMBOHM 1977 S. 138 ff. sowie als klassische Pionierstudie BRAUN 1960.

Bereich wurde gewissermaßen den großbäuerlich geprägten Strukturen unterworfen.

Als das Hausleinengewerbe infolge der Veränderungen auf den internationalen Märkten und in den interregionalen Konkurrenzbeziehungen in eine manifeste Krise geriet und die agrarischen Verhältnisse im Gefolge der Reformen tiefgreifend umgebildet wurden, traten die latenten Spannungen zwischen Heuerleuten und Bauern stellenweise zutage. Die Massenauswanderung kann auch als eine – freilich für die Nachwelt meist stumm erfolgende – Abstimmung mit den Füßen über die bisherigen Lebensverhältnisse verstanden werden.

Gerade im Kontrast zu den wenigen expliziten Äußerungen der Kritik von Heuerleuten an dem Verhältnis zu den Colonen ist das eigentlich Bemerkenswerte die langfristige Hinnahme der Bedingungen entschiedener Ungleichheit in dieser ländlichen Gesellschaft. Dies um so mehr, als einige der gängigen Erklärungsversuche sich in der Mikro-Analyse bereits für die zweite Hälfte des 18. Jahrhunderts als unzutreffend erwiesen haben, so die Behauptung enger verwandtschaftlicher Bande zwischen Bauern und ihren Heuerleuten oder die These von der Quasi-Erblichkeit der Heuerstellen. Auch zeigt die Beobachtung der Lebensläufe, daß die Menschen der landlosen Schicht in der Regel nicht von der Wiege bis zur Bahre in einen bestimmten Hof eingebunden waren: Als Knecht oder Magd verdingten sie sich normalerweise gerade nicht bei dem Bauern, zu dem ihre Eltern als Heuerleute gehörten; oft dienten sie in einem benachbarten Kirchspiel, und die meisten blieben nicht auf einer Stelle. Selbst wenn sie sich – wie gegen Mitte des 19. Jahrhunderts – nach der Heirat bei Eltern oder Schwiegereltern niederließen, bedeutete das keineswegs, daß sie bis zum Lebensende auf diesem Hof ansässig blieben. Der soziale Status der Landlosigkeit währte für die große Mehrheit lebenslang, doch die meisten praktizierten einige Mobilität von Hof zu Hof.[152]

Als grundlegend für das Heuerlings-Verhältnis erscheint, daß der Heuerling zu seiner Arbeits- und Geldleistung eine Gegenleistung des Colonen sah, teils im ökonomischen Sinn: als Pachtland, Gespannhilfe u.dgl., teils aber auch in einem umfassenderen sozialen Sinn: Der Bauer übernahm ein Stück Verantwortung für seinen Heuermann und dessen Familie. Wesentlich war, daß die Beziehung von beiden Seiten als personale praktiziert wurde, nicht als eine unpersönlich-marktförmige. Selbst wo die Verträge ausnahmsweise schriftlich gemacht wurden, waren sie im Detail nicht gleichförmig, sondern individuell variiert; und sie verlangten sittliches Betragen, Treue

---

[152] Insofern ist die These von der „quasifeudalen Struktur des Heuerlingssystems" (MOOSER 1984 S. 247 ff.) nur partiell erhellend.

gegen den Bauern und den Hof ebenso wie prompte Erfüllung der Arbeits- und Zahlungsverpflichtungen. Indem der Heuerling seinen Colon, dessen Frau oder erwachsene Kinder zu Gevattern wählte, bestätigte und verstärkte er diesen personalen Charakter des Verhältnisses, appellierte wohl auch an die Pflicht zur Fürsorge. Hin und wieder nahm eine Bauernfamilie das verwaiste Kind eines Heuerlings in Pflege.[153]

Man hat Gesellschaften mit intensiven Austauschbeziehungen zwischen begüterten Bauern und unterbäuerlichen Gruppen oder Schichten als „Systeme der Reziprozität" bezeichnet.[154] Dieser Terminus ist zwar geeignet, die Tatsache auszudrücken, daß beide Seiten in gewisser Weise aufeinander angewiesen waren; nicht zum Ausdruck bringt er jedoch die grundlegende Asymmetrie des Verhältnisses.[155] Dieser Aspekt kommt besser in dem Konzept der Patron-Klienten-Beziehung zum Ausdruck; es betont zugleich den personalen Charakter eines Verhältnisses, das Ökonomisches zwar wesentlich einschließt, es jedoch ‚einbettet' in sozial-personale Zusammenhänge. Bislang wurden als Patrone meist höhere Herren betrachtet und Patron-Klienten-Verhältnisse vor allem auf ihre politische Bedeutung hin untersucht[156]; doch kann der Begriff durchaus für die Beziehungen zwischen besitzenden Bauern und landarmen oder landlosen Unterschichten fruchtbar gemacht werden, wenn jene Zugang zu der knappen Ressource Land gewährten, diese dafür ihre Arbeitskraft zur Verfügung stellten und beide wechselseitig, wiewohl asymmetrisch, in einem umfassenden Sinn verpflichtet erscheinen.

---

[153] Freilich keineswegs regelmäßig, s. oben S. 316f.

[154] MITTERAUER 1986a S. 240ff. Er übernahm den Terminus von SARMELA 1969, freilich unter wesentlicher Veränderung seines Inhalts.

[155] In dem von Polanyi sich herleitenden Konzept setzt „reciprocity" im Gegenteil symmetrische Strukturen voraus: POLANYI 1957 bes. S. 250ff.; vgl. S.C. Humphreys, in: POLANYI 1979 S. 46ff.; SAHLINS 1965. – Vgl. auch SABEAN 1990 S. 259ff., 300ff., 348, der von „reciprocity" zwischen Eltern und verheirateten Kindern spricht, um ihr wechselseitiges Aufeinander-Angewiesen-Sein in einem Gebiet mit egalitärer Vererbungs-Praxis zu kennzeichnen.

[156] Richtungweisend die Studie zum Verhältnis zwischen englischer Gentry und ‚Plebs' mit Betonung der Ambivalenzen dieses Verhältnisses THOMPSON 1980b; dazu jetzt THOMPSON 1991a. Allgemein s. MACZAK 1988; NOLTE 1989. Interessante Diskussion der vielfältigen Formen des frühzeuzeitlichen Klientelismus PFISTER 1992a. – BOURNE 1986 zeigt, daß Patron-Klienten-Beziehungen nicht nur in vor-industrieller Zeit und nicht nur in der Politik Bedeutung hatten. – Versuch einer generalisierenden soziologischen Theorie EISENSTADT/RONIGER 1984. – Wichtig der Beitrag von sozialanthropologischer Seite, s. etwa PITT-RIVERS 1971 S. 140ff., 154ff., 204ff.; WOLF 1966 bes. S. 16ff.; GELLNER/WATERBURY 1977. – Eine exemplarische Studie zu einem norditalienischen Dorf um 1700 ist LEVI 1986; interessante Anwendung auf die Beziehungen zwischen Bauern und ländlichen Unterschichten (Oberösterreich 20. Jahrhundert): ORTMAYR 1986.

Auch das Heuerlings-Verhältnis hatte starke Züge eines Austausches zwischen Patron und Klienten. Freilich zeichnete es sich aus durch einen beträchtlichen Grad der Verrechtlichung – weniger der Verschriftlichung – und durch die prinzipielle zeitliche Befristung. Die Mobilität von Hof zu Hof zeigt, daß die Eigentumslosen sich in der Tat nicht ausschließlich auf ‚ihren‘ Colon – oder gar den der Eltern – verließen. Daß als Paten außer dem ‚eigenen‘ Colon und seinen Familienangehörigen auch Inhaber anderer Höfe gewählt wurden, deutet in die gleiche Richtung. Der Heuerling orientierte sich nicht ausschließlich auf einen Eigentümer als seinen Patron, sondern suchte durch breitere Beziehungsnetze zur besitzenden Schicht mehr Halt zu finden.

Doch die allgemeine Einordnung in die großbäuerlich dominierten Strukturen und die spezifische Erwartung der erwidernden Gegenleistung an den jeweiligen Hofeigentümer stellten zusammen nur eine Seite des Verhaltens der Heuerlinge dar. Neben den großbäuerlichen Paten standen solche aus der landlosen Schicht, meist Verwandte. Beim Verkauf des selbstgefertigten Leinens waren die Heuerleute ohnehin unabhängig von ihrem Colon; die Analyse ihres Verhaltens zeigt darüber hinaus, daß sie es weitestgehend vermieden, eine dauerhafte Tauschbeziehung mit einem bestimmten Leinenkaufmann einzugehen: Sie zogen es vor, immer wieder an einen anderen zu verkaufen, und das trotz des ausgesprochen oligopolistischen Charakters des Osnabrücker Leinenhandels[157] – gleichsam als wollten sie im gewerblichen Bereich, auf dem städtischen Leinenmarkt, die Selbständigkeit des kleinen Warenproduzenten um so entschiedener betonen, als diese ihnen im dörflich-agrarischen Leben mangelte. Vor allem in der Zeit der Krise wurde sichtbar, daß die Menschen ohne Eigentum eigene Wege gingen und von sich aus Lösungen suchten: die einen in der Auswanderung in die Neue Welt, die übrigen in der Aktivierung der Familien- und Verwandtschaftsbeziehungen, in der Umformung der häuslichen Mikrostrukturen der Gesellschaft. Gesichert wurde so das Überleben nicht nur im wirtschaftlichen, sondern auch im sozialen Sinne: Die Landlosen akzeptierten kein Zurück zu lebenslanger Ehelosigkeit und Gesindestatus. Das war kaum der Königsweg zu spektakulären Verbesserungen; von passivem Erdulden jedoch ist dies Verhalten merklich unterschieden. Auch ohne das Band vererbbaren Eigentums erwiesen sich die meisten als fähig, verläßliche Beziehungen zwischen den Generationen zu praktizieren und einen Austausch wechselseitiger Hilfen zu organisieren, der in den schwierigen Zeiten nicht minder wichtig war als der Rückhalt am Colon.

---

[157] Gleiches gilt freilich für die bäuerlichen Leinenverkäufer: SCHLUMBOHM 1982 S. 331 ff. (nominative Analyse für die Jahre 1809 bis 1814).

Das Verhalten der Landlosen des Kirchspiels Belm ging nicht auf in einer Patron-Klienten-Beziehung; es läßt sich weder charakterisieren als bestimmt durch den Zusammenhalt einer eigentumslosen Klasse[158] noch als geprägt von rein individuellen Strategien. Es stellt sich vielmehr dar als eingewoben in ein komplexes Geflecht von vertikalen und horizontalen Beziehungen. Je nach Zeit und Umständen traten die einen oder die anderen mehr oder weniger hervor, doch selten, so scheint es, wurden die einen zugunsten der anderen ganz vernachlässigt.

---

[158] Aus der neueren Diskussion über Klasse und Klassenbildung s. insbesondere THOMPSON 1968; THOMPSON 1978; THOMPSON 1991 a; STEDMAN JONES 1983; STEDMAN JONES 1988; sowie als Radikalkritik REDDY 1987; modifiziert REDDY 1992. Als exemplarische Fallstudie jetzt KRIEDTE 1991 bes. S. 259 ff.

## 8. Statt einer Zusammenfassung: Soziale Ungleichheit und soziale Integration als Lebenserfahrung

Die Mikro-Geschichte hat einige Einblicke in die Tiefenstruktur einer lokalen Gesellschaft gewährt, indem sie die Ebene der gewohnten Aggregate konsequent verließ und aus den einzelnen Ereignissen die Lebensläufe, aus den Lebensläufen die Geschichten der Familien und Haushalte, aus diesen den Verbund der größeren Einheiten rekonstruierte. Dabei hat sich gezeigt, daß in unserer ländlichen Gesellschaft die soziale Ungleichheit keineswegs primär lebenszyklischer Art war, sondern eine permanente Differenzierung in Schichten bzw. Klassen bedeutete. Nur relativ wenige Menschen überschritten im Laufe ihres Lebens die Schichtungsgrenzen; diejenigen, die es taten, stiegen ganz überwiegend ab; Aufstieg fand nur als seltene Ausnahme statt. Die Großbauern waren nahezu ausschließlich Kinder von Großbauern, und spätestens seit der zweiten Hälfte des 18. Jahrhunderts stammte die überwiegende Mehrheit der Landlosen von landlosen Eltern; lediglich die schmale Schicht der Kleinbauern war offener. Insofern handelt es sich – in der Sprache der Typologen – eher um eine ‚moderne Klassengesellschaft' als eine ‚traditionelle bäuerliche Gesellschaft'. Dichotomische Klassifizierungen dieser Art und die auf ihnen aufbauenden Theorien haben sich jedoch im Laufe unserer Untersuchung immer wieder als ungeeignet erwiesen, das Verständnis vergangener sozialer Strukturen und ihres Wandels zu fördern: Diese Gesellschaft war in hohem Maße bäuerlich geprägt, und sie blieb es, obwohl sie von der Proto-Industrialisierung erfaßt wurde und die Bauern bald nur noch eine Minderheit in ihr waren.

Die Ungleichheit hatte weitreichende Auswirkungen auf die Lebenslaufmuster; die Chancen für die Kinder der Besitzlosen waren sehr verschieden von denen der Mehrheit der Kinder begüterter Bauern. Insgesamt bedeutete das mehr Wechsel und Mobilität für die Landlosen, mehr Sicherheit und Stabilität für die Besitzenden, insbesondere die Anerben bzw. Anerbinnen unter ihnen. Freilich war auch diesen ihr Lebensweg nicht seit der Wiege fest vorgegeben: Dem Mortalitätsrisiko waren sie in gleichem Maße unterworfen wie alle anderen. Außerdem liegt es in der Natur des Jüngsten-Erbrechts, daß der präsumtive Erbe erst ex posteriori zu bestimmen war; darüber hinaus zeigt sich, daß die Belmer Bauern sich in der Praxis der Hof-Vererbung den Spielraum für eine gewisse Flexibilität offenhielten: Nicht immer wählten sie den jüngsten der Söhne; und manchmal kam eine Tochter zum Zuge, obwohl auch ein Sohn lebte. – Die schichtspezifischen Unterschiede in den Mustern der Lebensläufe betrafen vor allem die Phase vor der Heirat sowie nahezu alle Aspekte, die mit der Eheschließung zu tun haben. Der Gesindedienst, beginnend vom 15. Lebensjahr an, war überwiegend Sache der Kinder der Heuerleute, während die Nachkommen der Großbauern meist bis zur Heirat im Elternhaus blieben. Wie unterschiedlich die Bedingungen für die Familiengründung waren, zeigte sich schon an den schichtspezifischen Differenzen im Heiratsalter und wurde konkret sichtbar an dem Zusammenhang zwischen Eheschließung und Hofübergabe bzw. Abfindung bei den Bauern, zwischen Heirat und Niederlassung auf einer Heuerstelle bei den Landlosen. Wenn nicht mit der Geburt – wie für die Masse der Kinder der Eigentumslosen –, so entschied sich mit der Erstehe die soziale Position für das Leben: Anerbe – Einheirat in einen anderen Hof – oder ohne Grundbesitz. Ganz unmittelbar läßt sich hier die Funktion der Heiraten für die Reproduktion der sozialen Struktur fassen.

Und doch gab es nicht weniger bedeutende Aspekte der Lebensläufe, in denen eine Gemeinsamkeit zwischen den Angehörigen der verschiedenen Schichten zum Ausdruck kommt. Die wichtigste ist in mancher Hinsicht die, daß in dieser agrarisch-protoindustriellen Gesellschaft alle Frauen und alle Männer heiraten und legitimen Nachwuchs zeugen konnten. Und in elementaren Fragen des Überlebens und des Zusammenlebens boten die Familien der Besitzenden und der Nicht-Besitzenden ihren Kindern ähnliche Bedingungen: Die Mütter stillten sie relativ lange, wohl ein gutes Jahr, minderten damit das Mortalitätsrisiko und schützten sich zugleich bewußt oder unbewußt vor einer zu dichten Folge von Schwangerschaften und Geburten. Bis etwa zum Alter von vierzehn Jahren blieb die große Mehrzahl aller Kinder bei ihren Eltern oder auch Stiefeltern.

Freilich werden solche abstrakt scheinenden Gemeinsamkeiten kaum die Bande gewesen sein, die diese Gesellschaft über die Ungleichheit der Besitzverhältnisse hinweg zusammenhielten. Indem wir die Muster der Lebensläufe verfolgten, sahen wir mehr von der Art der Verflechtung zwischen begüterten Bauern und ihren eigentumslosen Nachbarn; zugleich ließen sich auch die Fugen und mögliche Risse erkennen. Grundlegend ist, daß sich in der ökonomischen und sozialen Praxis fast nie Klassen oder Schichten als Aggregate gegenübertraten[1], ja nicht einmal eine größere Zahl von Angehö-

---

[1] Dazu gab es Ansätze am ehesten in der Frühphase unserer Untersuchungsperiode bei den

rigen der einen Gruppe einem Vertreter der anderen gegenüberstand. Dominierend war vielmehr die Verflechtung der Eigentumslosen in die Vielzahl der kleinen Einheiten der Höfe.

Der Gesindedienst war hier weitgehend ein Klassen-Phänomen, was die soziale Rekrutierung der Dienenden einerseits, der ‚Brotherren' andererseits angeht. Doch der Knecht und die Magd waren eingefügt in die Arbeit, das Leben, die Ordnung eines bäuerlichen Haushalts – Tag und Nacht, Monat für Monat. ‚Familienhaftigkeit' war insofern in der Tat ein wesentlicher Aspekt des Gesindestatus, freilich nicht in dem ‚freundlich-gemütlichen' Sinn, den Riehl mit dem herrschaftlichen verknüpfen wollte. – Im Vergleich dazu war die Abhängigkeit des Heuermanns und der Heuerfrau gelockert; sie lebten zwar auf dem Hof des Bauern, aber nicht unter einem Dach mit ihm; wirtschaftlich waren sie nicht nur dessen Landarbeiter, sondern hatten zugleich ihre eigene Ökonomie als Pächter wie als Leinenproduzenten. Auch der Heuerling aber stand ‚seinem' Bauern in der Regel allein oder nur mit ein, zwei oder drei Genossen gegenüber. Ein Glücksfall der Quellen-Überlieferung ließ erkennen, daß sogar zwischen den Heuerleuten *eines* Hofes die Bedingungen weitgehend differenziert, das Verhältnis möglichst individualisiert wurde. Seltene Ausnahmen waren enge verwandtschaftliche Bande zwischen einem Bauern und seinem Heuerling, zumindest seit der zweiten Hälfte des 18. Jahrhunderts; doch ‚rituelle Verwandtschaft' verstärkte die Beziehungen: Häufig wählten eigentumslose Eltern ihren Colon oder dessen Familienangehörige als Taufpaten ihres Kindes.

Fugenlos war weder die Einbindung der Gesindepersonen in den bäuerlichen Haushalt noch die Verflechtung der Heuerlinge in den Hof. Gerade die Mägde und Knechte, die sich in das Bauernhaus nahezu vollständig einzuordnen hatten, entfalteten eine ausgeprägte Mobilität bei der Auswahl ihrer Dienstherren; sie blieben nicht bei dem Colonen ihrer Eltern, gingen mit Vorliebe in ein auswärtiges Kirchspiel und dienten im Laufe der Jahre meist mehr als einem Herrn. Im Vergleich dazu zeigten die Heuerleute mit ihren Familien größere Beständigkeit, doch ihr ganzes Leben lang oder gar über mehrere Generationen blieben die wenigsten bei demselben Bauern.

Wo das Sich-Verlassen auf den Arbeit, Wohnung und Pacht gebenden Bauern seine Grenze hatte, wurde das Beziehungsnetz zwischen den landlosen Personen und Familien wichtig, und ein wesentlicher Bestandteil dieses Netzes waren Bande familialer und verwandtschaftlicher Art. Gerade als die wirtschaftlichen Möglichkeiten enger wurden, halfen Eltern ihren erwachsenen Kindern, eine Wohnung und Heuer zu finden, und verheiratete Kin-

---

grundsätzlichen Konflikten um die Ansiedlung landloser Leute (s. Kap. 2.2.) und in der Krisenzeit Mitte des 19. Jahrhunderts (s. Kap. 7.6.).

der nahmen alte und verwitwete Eltern auf. Geschwister suchten mit- oder füreinander nach einer passenden Gesindestelle. Starke Familien- und Verwandtschaftsbande standen hier nicht im Widerspruch zur Mobilität, sondern ermöglichten sie oder machten sie erträglich.

Wird die Gesellschaft nicht aus der Vogelschau der Makro-Perspektive, sondern von der Vielzahl der Lebensläufe und Familiengeschichten her betrachtet, so wird zugleich sichtbar, daß die Menschen die Ungleichheit der Verhältnisse nicht lediglich erlitten, sondern daß sie diese Verhältnisse und deren Entwicklung auch mit gestalteten – und das keineswegs nur durch seltene spektakuläre Eruptionen des Aufruhrs oder Protests. Gerade durch ihre Lebensführung und die Organisation der kleinen Welt ihrer Familien trugen sie zu Reproduktion und Wandel der Gesellschaft im Großen bei. Indem fast alle heirateten, ermöglichten sie das Wachsen der Bevölkerung. Indem die Großbauern vorzugsweise junge Frauen ehelichten und keine Geburtenbeschränkung praktizierten, sondern mehr Kinder aufzogen als mit Höfen versorgt werden konnten, verstärkten sie die Expansion der landlosen Schicht. In diesem Verhalten waren die Menschen und Familien keineswegs nur bewußtlose und passive Instrumente der überlegenen Mächte eines demo-ökonomischen Regelungssystems. Sie gaben vielmehr unterschiedliche Antworten auf die Herausforderungen ihrer Zeit, nutzten die Wahlmöglichkeiten, die ihnen offenstanden, und änderten die Mikrostrukturen ihres Zusammenlebens, statt – den Erwartungen hochaggregierter Theorien entsprechend – sich dem Druck der Verhältnisse zu beugen.

## Technische Hinweise

Bei Quellenzitaten wird der Lautstand gewahrt; im übrigen werden Orthographie und Interpunktion dem heutigen Gebrauch angeglichen. Hervorhebungen innerhalb von Zitaten entstammen dem Original, wenn nichts anderes angegeben wird.

Die Schreibweise der Vor-, Familien- und Hofnamen wurde nicht durchgreifend normalisiert, auch nicht der Wechsel zwischen ihren hoch- und niederdeutschen Formen.

Die namentlich ausgewerteten Hauptquellen werden in Kapitel 1 beschrieben; dort ist auch ihr Fundort genannt. Im folgenden werden sie in Text und Tabellen nicht mehr einzeln nachgewiesen.

Querverweise auf Anmerkungen beziehen sich jeweils auf das laufende Kapitel, wenn nichts anderes vermerkt ist.

Die Abkürzungen werden im Quellen- und Literaturverzeichnis aufgelöst.

## Maße und Währungseinheiten

1 Maltersaat = 12 Scheffelsaat
1 Scheffelsaat = 0,1177 Hektar
1 Morgen = 0,2621 Hektar

1 Malter = 12 Scheffel = 344,436 Liter
1 Malter Roggen = ca. 251 Kilogramm Roggen

1 Leggeelle = 1,22 Meter

1 Taler = 21 Schilling = 252 Pfennig
1 Taler = 36 Mariengroschen = 252 Pfennig
1 Taler = 24 Gutegroschen = 288 Pfennig

Die Nachweise finden sich in den Anmerkungen, insbes. zu den betr. Tabellen.

# Erläuterung zu den Verwandtschaftsdiagrammen

(Grafiken 6.01 bis 6.08 sowie 7.01 und 7.02)

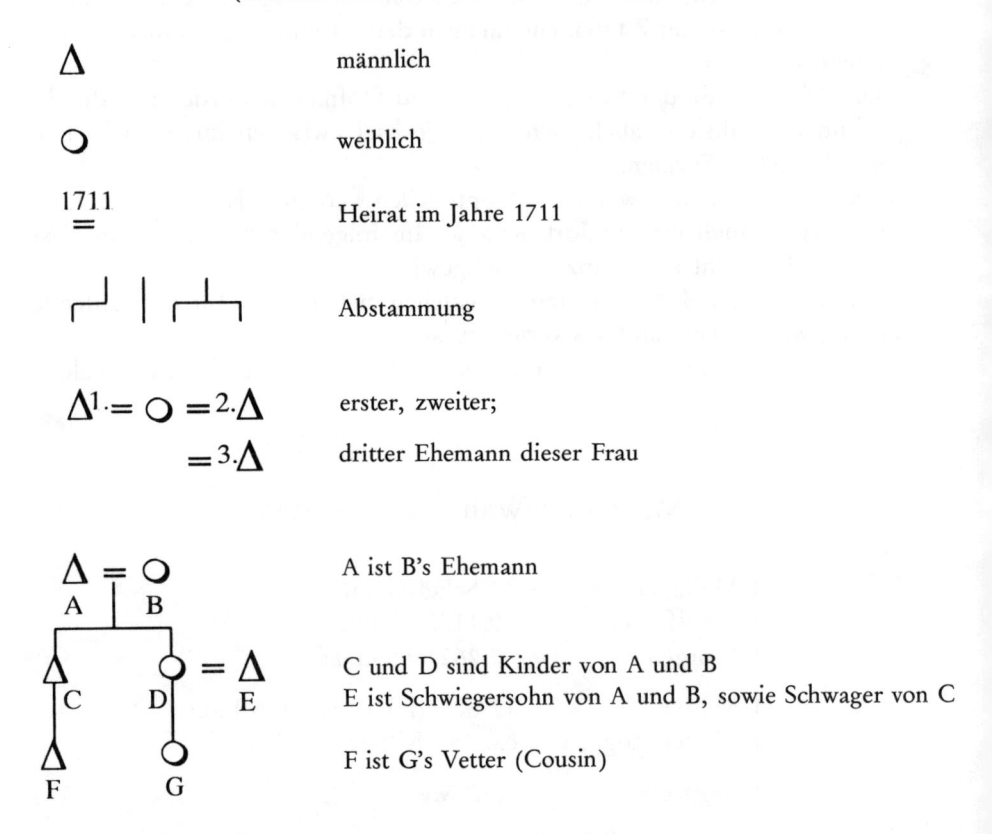

$\triangle$      männlich

$\bigcirc$      weiblich

$\overset{1711}{=}$      Heirat im Jahre 1711

⌐ | ⌐      Abstammung

$\triangle^1 = \bigcirc = 2\cdot\triangle$      erster, zweiter;

$\phantom{\triangle^1 = \bigcirc} = 3\cdot\triangle$      dritter Ehemann dieser Frau

A ist B's Ehemann

C und D sind Kinder von A und B
E ist Schwiegersohn von A und B, sowie Schwager von C

F ist G's Vetter (Cousin)

Die Diagramme zeigen in der Regel *nicht* sämtliche Kinder der in ihnen aufgeführten Ehen.

# Erläuterungen zu den Karten-Beilagen

(am Schluß des Bandes)

Die im Original mehrfarbigen (s. Legende auf Karte 1) Karten 1–3 werden hier zweifarbig wiedergegeben. Außerdem sind unsere Karten 1–3 in unterschiedlichem Maße verkleinert; das Original hat den Maßstab 1:3840.

Karte 1: Das Kirchdorf Belm sowie der Meyerhof zu Belm mit seinen Heuerlingskotten, 1784

Ausschnitt aus dem Blatt Belm von Du Plats Landesvermessung (StA OS K 100 Nr. 1 H IV 7; vgl. dazu das ‚Schätzungsregister' Rep. 100a IV Nr. 7a fol. 4ff.).
In der rechten Bildmitte liegt die – mit einem eingezeichneten Kreuz markierte – Kirche, bei ihr die Häuser der Kirchhöfer und einiger Markkötter (ihr Besitz ist mit den Buchstaben b bis q gekennzeichnet).
Der Meyerhof zu Belm liegt etwa 200 Meter südlich der Kirche (auf der Karte unter ihr): a 25 in Flur V ist das Haupthaus mit den Wirtschaftsgebäuden. Etwa 150 Meter westlich davon befindet sich die Leibzucht (a 24 in Flur V). Etwa 900 Meter westlich vom Haupthaus steht der „Neue Kotte" (a 14 in Flur VI), ca. 350 Meter südwestlich von ihm ein weiterer Heuerlingskotten des Meyerhofes, der „Windbeutel" oder „Windbühl" (a 8 in Flur VI). Ein weiterer zum Hof gehöriger Kotten stand südwestlich vom „Windbeutel", ist jedoch nicht auf diesem Blatt eingezeichnet, sondern auf dem der Gretesch-Darum-Lüstringer Mark. Etwa 500 Meter nordöstlich vom Haupthaus des Meyerhofes lag schließlich der „Dickkotten" mit „Backhaus"(a 4 in Flur IV, nicht weit vom rechten Rand unseres Ausschnitts, nördlich vom „Dieck-Feld").
Der Landbesitz des Meyerhofes (mit a gekennzeichnet) lag recht geschlossen bei ihm, und zwar in großen Schlägen („Kampflur"). Flur VI besteht ganz überwiegend aus Acker. Nördlich davon Flur I ist die „Belmer Heide", größtenteils Gemeinheit, in der jedoch der Meyerhof die ausschließliche Plaggen-Nutzung beanspruchte.
Zum Meyerhof und seinen Heuerleuten siehe Kap. 7.3. – Zur Belmer Mark siehe Du Plat/ Wrede 1784/1961, Karte 12 und Text S. 25 f.; Wrede 1975–1980 Bd. 1 S. 51 f.; Piesch 1985 S. 92 ff.

Karte 2: Die Bauerschaft Icker mit einem Teil ihrer Mark, 1785/89

Ausschnitt aus dem Blatt Icker von Du Plats Landesvermessung (StA OS K 100 Nr. 1 H IV 5b; vgl. dazu das ‚Schätzungsregister' Rep. 100a IV Nr. 5a).
Der Kern der Bauerschaft Icker (im unteren Zentrum unseres Ausschnitts) kann als Beispiel für eine relativ geschlossene Dorfsiedlung des Osnabrücker Landes gelten. Trotzdem stehen die Haupthäuser der einzelnen Höfe etwa 50 bis 150 Meter voneinander entfernt: die Vollerben Nordmann (Flur IX a 43), Linnemann (b 60), Meyer zu Icker (c 59), Middendorf (d 46), Thiemann (e 40) und Rolf (f 56) sowie die Halberben Langewand (p 45), Rotert (q 62), Bergmann (r 42), Hackmann (s 35), Böhle (t 33) und Ostendarp (u 52).
In der unmittelbaren Umgebung des Haupthauses befinden sich meist einige Wirtschaftsgebäude und der jeweilige Hausgarten. Rings um das Dorf schließt sich die gewannartige Ackerflur an: der Westeresch (Flur VIII), der Nordesch (IX) und der Oberesch (XI). Hier findet sich die typische Gemengelage der streifenförmigen Parzellen der einzelnen Höfe. Davon heben sich die ‚Kämpe' in Flur X ab, die meist zu Einzelhöfen gehören (diese liegen östlich und nördlich des Dorfes, außerhalb unseres Ausschnitts). – Wiesen gibt es nordöstlich und nordwestlich des Dorfes (z.B. f 35, e 30, t 29, f 26 in Flur IX; b 13, q 15, b 35 in Flur VII), außerdem in größerer Zahl im Tal des Baches, der im Norden (am oberen Rand unseres Ausschnitts) fließt. Jenseits der Eschflur beginnt die Heide, die überwiegend Gemeinheit ist (auf dem Ausschnitt nur zum geringen Teil enthalten): „die Westerheide" (Flur VII), „In der Eulen-Scheure" (links unten).
Nördlich des Dorfes liegt am Bach (am oberen Rand des Ausschnitts) die geschlossene Kottensiedlung „der Espo": Hier wohnen die Markkötter Rölker oder Bultmann (x), Dieckmann (aa), Espowe oder Wellmann (bb), Strüve (ee), Holschenmacher (ff) und Telker (gg).
Bemerkenswert ist bei der Bauerschaft Icker, daß sich die Nebenfeuerstätten (Leibzuchten) sämtlich außerhalb des Dorfkerns befinden: Nordmanns, Linnemanns und Meyers Altenteilerkotten stehen in der Westerheide (Flur VII a 5, b 7, c 30), die von Middendorf, Rotert, Thiemann, Rolf, Langewand, Hackmann und Ostendarp beim oder im Espo (Flur IX d 18, q 1; Flur VI [Beschriftung oben außerhalb des Ausschnitts] e 37, f 22, p 33, s 36, u 19).
Vgl. Du Plat/ Wrede 1784/1961, Karte 9 und Text S. 20 ff.; Wrede 1975–1980 Bd. 1 S. 294 f.; Piesch 1985 S. 35 ff.

Karte 3: Teil der Bauerschaft Powe mit dem Meyerhof zu Osterhus und seinen Heuerlingskotten, 1785/86

Ausschnitt aus dem Blatt Powe von Du Plats Landesvermessung (StA OS K 100 Nr. 1 H IV 6a; vgl. dazu das ‚Schätzungsregister' Rep. 100a IV Nr. 6a bes. fol. 25 ff.). Links unten auf unserem Ausschnitt liegt der Kern der Bauerschaft Powe, westlich davon (im Zentrum unseres Ausschnitts) das Vollerbe Meyer zu Osterhus, dessen Ländereien mit dem Buchstaben i gekennzeichnet sind. Der Hof zählt zu den besonders großen im Kirchspiel Belm und kann als Beispiel für eine recht geschlossene Anlage von Haupt- und Nebenfeuerstätten sowie für geschlossen gelegenen Landbesitz gelten („Kamphof"). Das schließt vereinzelten Streubesitz wie den Ackerstreifen i 23 in Flur VI nicht aus.

Das Haupthaus von Meyer zu Osterhus ist i 17 in Flur VII (mit Wirtschaftsgebäuden). Etwa 150 Meter entfernt (i 13 in Flur VII, hier: links oberhalb des Haupthauses) steht das Leibzucht-Haus. Ein Heuerlingskotten liegt ca. 200 Meter östlich (hier: links) des Haupthauses (i 5 in Flur VI). In dessen unmittelbarer Nachbarschaft liegt der Markkotten Schäffer beim Hagen, jetzt Lammert (Flur VI r 1 ist sein Haupthaus, r 2 sein „Ofen-Backhaus").

Der Kartenausschnitt wird in der Mitte von oben bis unten von einer großen Heidefläche durchzogen („Daes Heide" bis „Im Laa"). Großenteils ist sie Gemeinheit, ein beträchtlicher Teil im Zentrum (i 24 in Flur VII) befindet sich jedoch im Privatbesitz von Meyer zu Osterhus (als „Heide oder Plaggenmat"). Auch verfügt dieser Hof über einen beträchtlichen privaten („eingefriedigten") Holzbestand („Im Sundern", hier vor allem rechts und oberhalb des Haupthauses).

Vgl. Du Plat/ Wrede 1784/1961, Karte 10 und Text S. 22 ff.; Wrede 1975-1980 Bd. 2 S. 134 f.; Piesch 1985 S. 66 ff.

Karte 4: Das Kirchspiel Belm, 1834-1850

Aus der Gaußschen Landesaufnahme der 1815 durch Hannover erworbenen Gebiete (vgl. dazu Gerardy 1955; Großmann 1955). Unsere Karte ist ein Zusammendruck von Teilen der Blätter 54-57 des Neudrucks (Gauß 1827/1980), hat wie dieser den Maßstab 1 : 25000 (4 cm auf der Karte = 1 km in der Natur) und ist nach Norden ausgerichtet. Die Gaußschen Originalkarten sind im Maßstab 1 : 21333⅓ gehalten.

# Tabellen-Anhang

Tabelle 1: Roggenpreise in Osnabrück (Taler je Osnabrückischen Malter[1]), 1647–1861

a) Jährliche Preise

| Jahr | Preis in Taler | Preis in Taler vereinheitlicht[2] | Jahr | Preis in Taler | Preis in Taler vereinheitlicht[2] |
|---|---|---|---|---|---|
| 1647 | 4,000 | 4,200 | 1675 | 8,500 | 8,925 |
| 1648 | 5,000 | 5,250 | 1676 | 6,000 | 6,300 |
| 1649 | 8,000 | 8,400 | 1677 | 5,000 | 5,250 |
| 1650 | 8,000 | 8,400 | 1678 | 5,000 | 5,250 |
| 1651 | 12,000 | 12,600 | 1679 | 5,250 | 5,512 |
| 1652 | 7,000 | 7,350 | 1680 | 5,000 | 5,250 |
| 1653 | 3,750 | 3,937 | 1681 | 5,000 | 5,250 |
| 1654 | 3,750 | 3,937 | 1682 | 5,000 | 5,250 |
| 1655 | 4,000 | 4,200 | 1683 | 6,250 | 6,562 |
| 1656 | 3,500 | 3,675 | 1684 | 8,000 | 8,400 |
| 1657 | 4,000 | 4,200 | 1685 | 5,000 | 5,250 |
| 1658 | 4,000 | 4,200 | 1686 | 4,000 | 4,200 |
| 1659 | 6,000 | 6,300 | 1687 | 4,500 | 4,725 |
| 1660 | 6,000 | 6,300 | 1688 | 4,000 | 4,200 |
| 1661 | 7,000 | 7,350 | 1689 | 5,250 | 5,512 |
| 1662 | 9,000 | 9,450 | 1690 | 5,000 | 5,250 |
| 1663 | 6,000 | 6,300 | 1691 | 5,500 | 5,775 |
| 1664 | 5,000 | 5,250 | 1692 | 8,000 | 8,400 |
| 1665 | 5,500 | 5,775 | 1693 | 10,500 | 11,025 |
| 1666 | 4,000 | 4,200 | 1694 | 6,250 | 6,562 |
| 1667 | 4,000 | 4,200 | 1695 | 4,500 | 4,725 |
| 1668 | 5,750 | 6,037 | 1696 | 6,000 | 6,300 |
| 1669 | 4,500 | 4,725 | 1697 | 8,000 | 8,400 |
| 1670 | 4,000 | 4,200 | 1698 | 12,000 | 12,600 |
| 1671 | 4,000 | 4,200 | 1699 | 15,000 | 15,750 |
| 1672 | 4,000 | 4,200 | 1700 | 5,000 | 5,250 |
| 1673 | 6,000 | 6,300 | 1701 | 6,000 | 6,300 |
| 1674 | 8,000 | 8,400 | 1702 | 5,000 | 5,250 |

| Jahr | Preis in Taler | in Taler vereinheitlicht[2] | Jahr | Preis in Taler | in Taler vereinheitlicht[2] |
|---|---|---|---|---|---|
| 1703 | 6,000 | 6,300 | 1743 | 5,500 | 5,775 |
| 1704 | 6,000 | 6,300 | 1744 | 5,000 | 5,250 |
| 1705 | 6,000 | 6,300 | 1745 | 6,000 | 6,300 |
| 1706 | 5,500 | 5,775 | 1746 | 6,500 | 6,825 |
| 1707 | 4,500 | 4,725 | 1747 | 7,500 | 7,875 |
| 1708 | 4,500 | 4,725 | 1748 | 8,000 | 8,400 |
| 1709 | 9,000 | 9,450 | 1749 | 8,000 | 8,400 |
| 1710 | 6,000 | 6,300 | 1750 | 6,000 | 6,300 |
| 1711 | 7,000 | 7,350 | 1751 | 6,500 | 6,825 |
| 1712 | 5,000 | 5,250 | 1752 | 7,667 | 8,050 |
| 1713 | 7,000 | 7,350 | 1753 | 8,000 | 8,400 |
| 1714 | 10,000 | 10,500 | 1754 | 8,333 | 8,750 |
| 1715 | 6,000 | 6,300 | 1755 | 6,500 | 6,825 |
| 1716 | 7,000 | 7,350 | 1756 | 8,000 | 8,400 |
| 1717 | 8,000 | 8,400 | 1757 | 8,000 | 8,400 |
| 1718 | 9,000 | 9,450 | 1758 | 8,000 | 8,400 |
| 1719 | 8,000 | 8,400 | 1759 | 10,000 | 10,500 |
| 1720 | 8,000 | 8,400 | 1760 | 13,000 | 13,650 |
| 1721 | 6,000 | 6,300 | 1761 | 24,000 | 25,200 |
| 1722 | 5,500 | 5,775 | 1762 | 10,000 | 10,500 |
| 1723 | 6,000 | 6,300 | 1763 | 8,000 | 8,400 |
| 1724 | 8,000 | 8,400 | 1764 | 8,000 | 8,400 |
| 1725 | 8,000 | 8,400 | 1765 | 9,000 | 9,450 |
| 1726 | 8,000 | 8,400 | 1766 | 9,000 | 9,450 |
| 1727 | 7,500 | 7,875 | 1767 | 8,000 | 8,400 |
| 1728 | 6,000 | 6,300 | 1768 | 7,500 | 7,875 |
| 1729 | 5,500 | 5,775 | 1769 | 7,000 | 7,350 |
| 1730 | 5,000 | 5,250 | 1770 | 10,000 | 10,500 |
| 1731 | 4,500 | 4,725 | 1771 | 12,000 | 12,600 |
| 1732 | 4,667 | 4,900 | 1772 | 11,000 | 11,550 |
| 1733 | 5,000 | 5,250 | 1773 | 8,000 | 8,400 |
| 1734 | 6,667 | 7,000 | 1774 | 10,000 | 10,500 |
| 1735 | 5,667 | 5,950 | 1775 | 9,500 | 9,975 |
| 1736 | 6,000 | 6,300 | 1776 | 6,500 | 6,825 |
| 1737 | 6,500 | 6,825 | 1777 | 6,000 | 6,300 |
| 1738 | 6,000 | 6,300 | 1778 | 6,000 | 6,300 |
| 1739 | 7,000 | 7,350 | 1779 | 7,000 | 7,350 |
| 1740 | 12,000 | 12,600 | 1780 | 9,000 | 9,450 |
| 1741 | 8,000 | 8,400 | 1781 | 8,500 | 8,925 |
| 1742 | 5,000 | 5,250 | 1782 | 8,000 | 8,400 |

| Jahr | Preis in Taler | in Taler vereinheitlicht[2] | Jahr | Preis in Taler | in Taler vereinheitlicht[2] |
|---|---|---|---|---|---|
| 1783 | 9,000 | 9,450 | 1823 | 5,833 | 6,125 |
| 1784 | 7,000 | 7,350 | 1824 | 4,500 | 4,725 |
| 1785 | 7,000 | 7,350 | 1825 | 5,500 | 5,775 |
| 1786 | 9,000 | 9,450 | 1826 | 8,500 | 8,925 |
| 1787 | 8,000 | 8,400 | 1827 | 12,333 | 12,950 |
| 1788 | 8,000 | 8,400 | 1828 | 9,000 | 9,450 |
| 1789 | 11,500 | 12,075 | 1829 | 7,333 | 7,700 |
| 1790 | 7,500 | 7,875 | 1830 | 13,667 | 14,350 |
| 1791 | 7,500 | 7,875 | 1831 | 12,750 | 13,387 |
| 1792 | 10,500 | 11,025 | 1832 | 9,250 | 9,712 |
| 1793 | 12,000 | 12,600 | 1833 | 6,333 | 6,650 |
| 1794 | 12,000 | 12,600 | 1834 | 7,250 | 7,250 |
| 1795 | 11,500 | 12,075 | 1835 | 6,000 | 6,000 |
| 1796 | 9,000 | 9,450 | 1836 | 7,000 | 7,000 |
| 1797 | 9,000 | 9,450 | 1837 | 6,875 | 6,875 |
| 1798 | 10,500 | 11,025 | 1838 | 12,333 | 12,333 |
| 1799 | 12,000 | 12,600 | 1839 | 9,674 | 9,674 |
| 1800 | 12,500 | 13,125 | 1840 | 5,656 | 5,656 |
| 1801 | 13,000 | 13,650 | 1841 | 9,529 | 9,529 |
| 1802 | 17,000 | 17,850 | 1842 | 11,269 | 11,269 |
| 1803 | 13,000 | 13,650 | 1843 | 8,863 | 8,863 |
| 1804 | 16,000 | 16,800 | 1844 | 8,773 | 8,773 |
| 1805 | 16,000 | 16,800 | 1845 | 11,960 | 11,960 |
| 1806 | 16,000 | 16,800 | 1846 | 18,635 | 18,635 |
| 1807 | 10,500 | 11,025 | 1847 | 9,017 | 9,017 |
| 1808 | 9,500 | 9,975 | 1848 | 6,412 | 6,412 |
| 1809 | 9,750 | 10,237 | 1849 | 5,721 | 5,721 |
| 1810 | 7,667 | 8,050 | 1850 | 10,117 | 10,117 |
| 1811 | 12,278 | 12,892 | 1851 | 12,575 | 12,575 |
| 1812 | 14,417 | 15,137 | 1852 | 10,680 | 10,680 |
| 1813 | 10,000 | 10,500 | 1853 | 19,057 | 19,057 |
| 1814 | 9,000 | 9,450 | 1854 | 16,766 | 16,766 |
| 1815 | 10,000 | 10,500 | 1855 | 23,185 | 23,185 |
| 1816 | 18,000 | 18,900 | 1856 | 12,760 | 12,760 |
| 1817 | 19,000 | 19,950 | 1857 | 10,136 | 10,136 |
| 1818 | 14,667 | 15,400 | 1858 | 10,923 | 10,923 |
| 1819 | 9,667 | 10,150 | 1859 | 14,842 | 14,842 |
| 1820 | 7,111 | 7,467 | 1860 | 11,199 | 11,199 |
| 1821 | 8,333 | 8,750 | 1861 | 14,400 | 14,400 |
| 1822 | 7,250 | 7,612 | | | |

b) Durchschnittspreise pro Jahrzehnt

| Jahrzehnt | Preis in Taler | Preis in Taler vereinheitlicht[2] | Jahrzehnt | Preis in Taler | Preis in Taler vereinheitlicht[2] |
|---|---|---|---|---|---|
| 1651–1660 | 5,400 | 5,670 | 1761–1770 | 10,050 | 10,553 |
| 1661–1670 | 5,475 | 5,749 | 1771–1780 | 8,500 | 8,925 |
| 1671–1680 | 5,675 | 5,959 | 1781–1790 | 8,350 | 8,768 |
| 1681–1690 | 5,250 | 5,513 | 1791–1800 | 10,650 | 11,183 |
| 1691–1700 | 8,075 | 8,479 | 1801–1810 | 12,842 | 13,484 |
| 1701–1710 | 5,850 | 6,143 | 1811–1820 | 12,414 | 13,035 |
| 1711–1720 | 7,500 | 7,875 | 1821–1830 | 8,225 | 8,636 |
| 1721–1730 | 6,550 | 6,878 | 1831–1840 | 8,312 | 8,454 |
| 1731–1740 | 6,400 | 6,720 | 1841–1850 | 10,030 | 10,030 |
| 1741–1750 | 6,550 | 6,878 | 1851–1860 | 14,212 | 14,212 |
| 1751–1760 | 8,417 | 8,838 | | | |

[1] 1 Osnabrückischer Malter = 344,436 Liter (nach NOBACK 1858 S. 540). Nach dem von ABEL 1978 a S. 294 errechneten Reduktionsfaktor für Liter in kg (bei Roggen 0,7278) entspricht das etwa 251 kg.

[2] D.i. Preis in Taler, jedoch für die Jahre bis 1833 einschließlich multipliziert mit 1,05. Grund: Das Königreich Hannover stellte seine Währung 1834 vom Conventionsfuß auf den Vierzehntalerfuß um (s. GESETZ-SAMMLUNG HANNOVER 1834 1. Abteilung Nr. 8 S. 25 ff.; zum Silbergehalt: NOBACK 1858 S. 268 f., 1004 f.).

Quellen:

1647–1705: OSNABRÜCKISCHE INTELLIGENZBLÄTTER 1767 Nr. 1, 2.1.1767, Sp. 13–16: „Eines Hochw. Domkapitels Korntaxe".

1706–1766: ebd. Nr. 3, 17.1.1767, Sp. 45–48: „Eines Hochw. Domkapitels Korntaxe".

1767–1810 und 1813–1861: StA OS Dep. 3 b V Nr. 1401 fol. 94: „Des vormaligen Domkapitels Korntaxe" (Druck).

1811–1812: GERHARD/KAUFHOLD 1990 S. 189.

Anmerkungen: Die Preise von 1841–1861 sind in der Quelle in Taler je hannoverschen Malter angegeben. Sie wurden in Osnabrückische Malter umgerechnet: 1 Osnabrückischer Malter = 1,843 hannoversche Malter (errechnet aufgrund NOBACK 1858 S. 271, 540).

Die Korntaxe des Domkapitels kann zwar nicht als Notierung der Marktpreise gelten (s. BREMEN 1971 S. 89; GERHARD/KAUFHOLD 1990 S. 76), hat aber für die Zwecke dieser Arbeit den Vorteil, über einen langen Zeitraum vergleichbare Werte zu liefern.

In der bei GERHARD/KAUFHOLD 1990 S. 187–189 abgedruckten Preisreihe weichen die Angaben für wenige Jahre (1653, 1654, 1668, 1732, 1738, 1743, 1754, 1820) von den hier wiedergegebenen ab. Wo eine Ursache dafür ermittelt werden konnte, lag sie darin, daß GERHARD/KAUFHOLD 1990 in diesen Fällen einer ‚Kontrollquelle' von 1862 folgen, die für diese Jahre von dem ursprünglichen Druck des Jahres 1767 abweicht. – Außerdem finden sich bei den Werten ab 1839 geringfügige Differenzen, die durch das von GERHARD/KAUFHOLD 1990 gewählte Rundungsverfahren bedingt scheinen.

Tabelle 2: Leinenverkauf auf der Stadtlegge Osnabrück: Menge, Wert und Durchschnittspreis pro Jahr und pro Jahrzehnt, 1770/1806–1880

a) pro Jahr

| Jahr | Zahl der Leinenstücke | Menge in Meter | Wert | | Durchschnittspreis | | Quotient Leinenpreis: Roggenpreis[3] |
|---|---|---|---|---|---|---|---|
| | | | in Taler | in Taler vereinheitlicht[1] | in Taler je 100 Meter | in Taler vereinheitlicht[2] je 100 Meter | |
| 1770 | (2 533)[4] | | | | | | |
| 1771 | 5 319 | | | | | | |
| 1772 | 5 264 | | | | | | |
| 1773 | 6 121 | | | | | | |
| 1774 | 5 623 | | | | | | |
| 1775 | 6 668 | | | | | | |
| 1776 | 7 096 | | | | | | |
| 1777 | 7 972 | | | | | | |
| 1778 | 8 136 | | | | | | |
| 1779 | 8 678 | | | | | | |
| 1780 | 6 861 | | | | | | |
| 1781 | 8 500 | | | | | | |
| 1782 | 12 540 | | | | | | |
| 1783 | 9 478 | | | | | | |
| 1784 | 7 781 | | | | | | |
| 1785 | 9 096 | | | | | | |
| 1786 | 9 136 | | | | | | |

| Jahr | Zahl der Leinenstücke | Menge in Meter | Wert in Taler | Wert in Taler vereinheitlicht[1] | Durchschnittspreis in Taler je 100 Meter | Durchschnittspreis in Taler vereinheitlicht[2] je 100 Meter | Quotient Leinenpreis: Roggenpreis[3] |
|---|---|---|---|---|---|---|---|
| 1787 | 8 247 | | | | | | |
| 1788 | 8 316 | | | | | | |
| 1789 | 8 523 | | | | | | |
| 1790 | 8 304 | | | | | | |
| 1791 | 8 826 | | | | | | |
| 1792 | (9 453)[5] | | | | | | |
| 1793 | 8 371 | | | | | | |
| 1794 | 8 851 | | | | | | |
| 1795 | 8 957 | | | | | | |
| 1796 | (9 563)[5] | | | | | | |
| 1797 | 8 357 | | | | | | |
| 1798 | 8 418 | | | | | | |
| 1799 | 6 645 | | | | | | |
| 1800 | 7 955 | | | | | | |
| 1801 | 8 730 | | | | | | |
| 1802 | 7 740 | | | | | | |
| 1803 | 8 442 | | | | | | |
| 1804 | 8 173 | | | | | | |
| 1805 | (6 797)[6] | | | | | | |
| 1806 | 8 816 | 917 231 | 209 557 | 220 035 | 22,85 | 23,99 | 1,428 |
| 1807 | 10 975 | 1 182 962 | 288 507 | 302 932 | 24,39 | 25,61 | 2,323 |
| 1808 | 8 008 | 864 819 | 158 483 | 166 407 | 18,33 | 19,24 | 1,929 |

| Jahr | Zahl der Leinenstücke | Menge in Meter | Wert in Taler | Wert in Taler vereinheitlicht[1] | Durchschnittspreis in Taler je 100 Meter | Durchschnittspreis in Taler vereinheitlicht[2] je 100 Meter | Quotient Leinenpreis: Roggenpreis[3] |
|---|---|---|---|---|---|---|---|
| 1809 | 8630 | 941 783 | 190 813 | 200 354 | 20,26 | 21,27 | 2,078 |
| 1810 | 8636 | 926 845 | 203 313 | 213 478 | 21,94 | 23,03 | 2,861 |
| 1811 | 7724 | 836 599 | 150 563 | 158 091 | 18,00 | 18,90 | 1,466 |
| 1812 | 8039 | 864 342 | 173 240 | 181 901 | 20,04 | 21,05 | 1,390 |
| 1813 | 8036 | 865 980 | 163 878 | 172 072 | 18,92 | 19,87 | 1,892 |
| 1814 | 8259 | 885 779 | 209 200 | 219 660 | 23,62 | 24,80 | 2,624 |
| 1815 | 8943 | 942 882 | 258 507 | 271 433 | 27,42 | 28,79 | 2,742 |
| 1816 | 9304 | 957 447 | 242 850 | 254 992 | 25,36 | 26,63 | 1,409 |
| 1817 | 8605 | 910 605 | 191 427 | 200 999 | 21,02 | 22,07 | 1,106 |
| 1818 | 8790 | 877 314 | 181 490 | 190 564 | 20,69 | 21,72 | 1,410 |
| 1819 | 8533 | 899 238 | 191 612 | 201 192 | 21,31 | 22,37 | 2,204 |
| 1820 | 7214 | 717 552 | 164 101 | 172 306 | 22,87 | 24,01 | 3,216 |
| 1821 | 9172 | 962 214 | 214 013 | 224 714 | 22,24 | 23,35 | 2,669 |
| 1822 | 7080 | 744 388 | 139 343 | 146 310 | 18,72 | 19,66 | 2,582 |
| 1823 | 8576 | 879 287 | 148 350 | 155 767 | 16,87 | 17,72 | 2,892 |
| 1824 | 9428 | 984 700 | 167 320 | 175 686 | 16,99 | 17,84 | 3,776 |
| 1825 | 9915 | 1 032 177 | 179 819 | 188 809 | 17,42 | 18,29 | 3,168 |
| 1826 | 7819 | 811 212 | 133 170 | 139 829 | 16,42 | 17,24 | 1,931 |
| 1827 | 7501 | 750 332 | 122 468 | 128 592 | 16,32 | 17,14 | 1,323 |
| 1828 | 8085 | 840 464 | 123 788 | 129 977 | 14,73 | 15,46 | 1,637 |
| 1829 | 6668 | 659 987 | 91 018 | 95 569 | 13,79 | 14,48 | 1,881 |
| 1830 | 6276 | 618 229 | 91 430 | 96 001 | 14,79 | 15,53 | 1,082 |

| Jahr | Zahl der Leinenstücke | Menge in Meter | Wert in Taler | Wert in Taler vereinheitlicht[1] | Durchschnittspreis in Taler je 100 Meter | Durchschnittspreis in Taler vereinheitlicht[2] je 100 Meter | Quotient Leinenpreis: Roggenpreis[3] |
|---|---|---|---|---|---|---|---|
| 1831 | 7564 | 717858 | 115953 | 121751 | 16,15 | 16,96 | 1,267 |
| 1832 | 7819 | 757987 | 125214 | 131475 | 16,52 | 17,35 | 1,786 |
| 1833 | 7812 | 760502 | 128316 | 134732 | 16,87 | 17,72 | 2,664 |
| 1834 | 7811 | 765749 | 131680 | 131680 | 17,20 | 17,20 | 2,372 |
| 1835 | 8071 | 779856 | 142890 | 142890 | 18,32 | 18,32 | 3,054 |
| 1836 | 10414 | 1027357 | 213262 | 213262 | 20,76 | 20,76 | 2,965 |
| 1837 | 9782 | 951850 | 195468 | 195468 | 20,54 | 20,54 | 2,987 |
| 1838 | 12192 | 1284087 | 280642 | 280642 | 21,86 | 21,86 | 1,772 |
| 1839 | 10844 | 1080830 | 178187 | 178187 | 16,49 | 16,49 | 1,704 |
| 1840 | 9229 | 837669 | 134989 | 134989 | 16,11 | 16,11 | 2,849 |
| 1841 | 9884 | 852343 | 143101 | 143101 | 16,79 | 16,79 | 1,762 |
| 1842 | 9270 | 875224 | 143807 | 143807 | 16,43 | 16,43 | 1,458 |
| 1843 | 9209 | 888089 | 149617 | 149617 | 16,85 | 16,85 | 1,901 |
| 1844 | 7041 | 680406 | 101485 | 101485 | 14,92 | 14,92 | 1,700 |
| 1845 | 6520 | 613975 | 92021 | 92021 | 14,99 | 14,99 | 1,253 |
| 1846 | 5070 | 464987 | 80729 | 80729 | 17,36 | 17,36 | 0,932 |
| 1847 | 5650 | 472382 | 93952 | 93952 | 19,89 | 19,89 | 2,206 |
| 1848 | 6260 | 549738 | 86857 | 86857 | 15,80 | 15,80 | 2,464 |
| 1849 | 7350 | 613927 | 107782 | 107782 | 17,56 | 17,56 | 3,069 |
| 1850 | 8652 | 721091 | 128781 | 128781 | 17,86 | 17,86 | 1,765 |
| 1851 | 6040 | 532168 | 86272 | 86272 | 16,21 | 16,21 | 1,289 |
| 1852 | 6050 | 479985 | 83422 | 83422 | 17,38 | 17,38 | 1,627 |

| Jahr | Zahl der Leinenstücke | Menge in Meter | Wert in Taler | Wert in Taler vereinheitlicht[1] | Durchschnittspreis in Taler je 100 Meter | Durchschnittspreis in Taler vereinheitlicht[2] je 100 Meter | Quotient Leinenpreis: Roggenpreis[3] |
|---|---|---|---|---|---|---|---|
| 1853 | 5 401 | 467 136 | 80 988 | 80 988 | 17,34 | 17,34 | 0,910 |
| 1854 | 4 436 | 354 056 | 64 465 | 64 465 | 18,21 | 18,21 | 1,086 |
| 1855 | 5 720 | 417 413 | 88 148 | 88 148 | 21,12 | 21,12 | 0,911 |
| 1856 | 4 720 | 354 792 | 66 011 | 66 011 | 18,61 | 18,61 | 1,458 |
| 1857 | 5 530 | 401 036 | 91 236 | 91 236 | 22,75 | 22,75 | 2,244 |
| 1858 | 5 569 | 401 770 | 87 419 | 87 419 | 21,76 | 21,76 | 1,992 |
| 1859 | 4 414 | 364 485 | 73 680 | 73 680 | 20,21 | 20,21 | 1,362 |
| 1860 | 4 789 | 379 897 | 74 540 | 74 540 | 19,62 | 19,62 | 1,752 |
| 1861 | 5 381 | 404 127 | 80 837 | 80 837 | 20,00 | 20,00 | 1,389 |
| 1862 | 6 702 | 451 879 | 91 851 | 91 851 | 20,33 | 20,33 | |
| 1863 | 6 426 | 450 392 | 98 171 | 98 171 | 21,80 | 21,80 | |
| 1864 | 8 406 | 633 283 | 161 664 | 161 664 | 25,53 | 25,53 | |
| 1865 | 8 359 | 601 289 | 133 429 | 133 429 | 22,19 | 22,19 | |
| 1866 | 7 719 | 530 208 | 123 231 | 123 231 | 23,24 | 23,24 | |
| 1867 | 6 961 | 488 132 | 112 179 | 112 179 | 22,98 | 22,98 | |
| 1868 | 6 338 | 445 673 | 95 861 | 95 861 | 21,51 | 21,51 | |
| 1869 | 4 348 | 308 329 | 67 041 | 67 041 | 21,74 | 21,74 | |
| 1870 | 5 141 | 323 715 | 73 833 | 73 833 | 22,81 | 22,81 | |
| 1871 | 5 325 | 339 293 | 73 145 | 73 145 | 21,56 | 21,56 | |
| 1872 | 4 529 | 304 781 | 67 147 | 67 147 | 22,03 | 22,03 | |
| 1873 | 4 658 | 301 384 | 76 133 | 76 133 | 25,26 | 25,26 | |
| 1874 | 4 833 | 301 345 | 76 148 | 76 148 | 25,27 | 25,27 | |

| Jahr | Zahl der Leinenstücke | Menge in Meter | Wert | | Durchschnittspreis | | Quotient Leinenpreis: Roggenpreis[3] |
|---|---|---|---|---|---|---|---|
| | | | in Taler | in Taler vereinheitlicht[1] | in Taler je 100 Meter | in Taler vereinheitlicht[2] je 100 Meter | |
| 1875 | 4478 | 278 917 | 66 551 | 66 551 | 23,86 | 23,86 | |
| 1876 | 4146 | 273 497 | 60 301 | 60 301 | 22,05 | 22,05 | |
| 1877 | 3918 | 241 293 | 54 642 | 54 642 | 22,65 | 22,65 | |
| 1878 | 4131 | 248 105 | 52 797 | 52 797 | 21,28 | 21,28 | |
| 1879 | 3967 | 233 489 | 46 869 | 46 869 | 20,07 | 20,07 | |
| 1880 | 3592 | 206 862 | 42 191 | 42 191 | 20,40 | 20,40 | |

*Quellen:*

| | |
|---|---|
| 30.5.1770–September 1780: | StA OS Dep. 3 b V Nr. 1059 |
| Oktober 1780–1795: | StA OS Dep. 3 b V Nr. 1041 |
| 1797–Juli 1805: | StA OS Dep. 3 b V Nr. 1060 |
| 1806–1858: | StA OS Dep. 3 b V Nr. 1061–1113 |
| 1859–1880: | StA OS Rep. 335 Nr. 8023 und 9345 |
| 1865: | Osnabrückische Anzeigen 1866 Nr. 33 vom 10.2.1866 |
| 1868: | Osnabrückische Anzeigen 1869 Nr. 40 vom 19.2.1869 |
| 1869: | Osnabrückische Anzeigen 1870 Nr. 40 vom 19.2.1870 |
| 1876: | Osnabrückische Anzeigen 1877 Nr. 40 vom 20.2.1877 |

Die Zahl der Leinenstücke ist durchgängig den genannten Quellen entnommen, ab 1839 auch die ‚Menge der Meter' und der ‚Wert in Taler' (ggfs. umgerechnet). Für 1828 und 1829 sind ‚Menge' und ‚Wert' entnommen aus StA OS Rep. 335 Nr. 106–107, für 1830 aus REDEN 1833 S. 22, für 1831–1838 aus StA OS Rep. 335 Nr. 8018 und 8019. Die ‚Menge' für 1827 ist entnommen der „Übersicht", die in StA OS Dep. 3 b V Nr. 1081 liegt. Für 1828 bis 1880 ist der ‚Durchschnittspreis' errechnet aus ‚Wert'; ‚Menge'.

Für 1806 bis 1827 wurde der Durchschnittspreis jeweils durch eine Zufallsstichprobe von 110 Leinenstücken pro Jahr aus den Leggeregistern ermittelt. Auf dieselbe Weise wurde für 1806 bis 1826 die durchschnittliche Länge eines Leinenstückes ermittelt. Aus der durchschnittlichen Länge eines Stückes und der Stückzahl wurde für diese Jahre die ‚Menge in Meter' errechnet, aus der ‚Menge in Meter' und dem Durchschnittspreis der ‚Wert in Taler'.

Vor 1810 endete das Rechnungsjahr der Osnabrücker Legge bereits Mitte Dezember; die in den Quellen angegebenen Jahres-Summen wurden jedoch so berichtigt, daß die in dieser Tabelle aufgeführten Werte jeweils das Kalenderjahr betreffen.

Umrechnung: Die Längenangaben sind in den Quellen bis 1858 in Leggeellen zu 1,22 Meter; 1859 bis 1871 in hannoverschen Ellen zu 0,58 Meter; ab 1872 in Meter.

Die Wertangaben sind in den Quellen bis 1874 in Taler, ab 1875 in Mark (1 Taler = 3 Mark).

b) Durchschnittswerte pro Jahrzehnt

| Jahrzehnt | Zahl der Leinenstücke | Menge in Meter | Wert | | Durchschnittspreis | | Quotient Leinenpreis: Roggenpreis[3] |
|---|---|---|---|---|---|---|---|
| | | | in Taler | in Taler vereinheitlicht[1] | in Taler je 100 Meter | in Taler vereinheitlicht[2] je 100 Meter | |
| 1771–1780 | 6774 | | | | | | |
| 1781–1790 | 8992 | | | | | | |
| 1791–1800 | 8540 | | | | | | |
| 1801–1810 | 8495 | | | | | | |
| 1811–1820 | 8345 | 875774 | 192687 | 202321 | 21,92 | 23,02 | 1,946 |
| 1821–1830 | 8052 | 828299 | 141072 | 148125 | 16,83 | 17,67 | 2,294 |
| 1831–1840 | 9154 | 896374 | 164660 | 166508 | 18,08 | 18,33 | 2,342 |
| 1841–1850 | 7491 | 673216 | 112813 | 112813 | 16,84 | 16,84 | 1,851 |
| 1851–1860 | 5267 | 415274 | 79618 | 79618 | 19,32 | 19,32 | |
| 1861–1870 | 6578 | 463703 | 103810 | 103810 | 22,21 | 22,21 | 1,463 |
| 1871–1880 | 4358 | 272897 | 61592 | 61592 | 22,44 | 22,44 | |

*Anmerkungen zu den Tabellenteilen 2a) und 2b):*

[1] D.i. Wert in Taler, jedoch für die Jahre bis 1833 einschließlich multipliziert mit 1,05. Grund: Das Königreich Hannover stellte seine Währung 1834 vom Conventionsfuß auf den Vierzehntalerfuß um (s. GESETZ-SAMMLUNG HANNOVER 1834 1. Abteilung Nr. 8 S. 25 ff.; zum Silbergehalt: NOBACK 1858 S. 268 f, 1004 f.).

[2] D.i. Preis in Taler, jedoch für die Jahre bis 1833 einschließlich multipliziert mit 1,05.

[3] Roggenpreise laut Anhang Tab. 1. Der Quotient gibt an, wieviel Malter Roggen dem Wert von 100 Meter Leinen entsprachen.

[4] Nur 30.5.–31.12.1770.

[5] Schätzung aufgrund der Zahl der auf den Landleggen verkauften Stücke (StA OS Rep. 100/190 Nr. 40, 50, 52–54, 59–62) entsprechend der Relation der Stückzahl auf den Landleggen zu der auf der Stadtlegge in den sechs umliegenden Jahren.

[6] Da in der Quelle die Stückzahl für August bis Dezember 1805 fehlt, wurde die Jahresstückzahl durch ‚Hochrechnung' aufgrund der Stückzahl in den Monaten Januar bis Juli geschätzt, und zwar nach dem durchschnittlichen Anteil dieser sieben Monate an der Jahresstückzahl in den umliegenden sechs Jahren.

Tabelle 3: Im Kirchspiel Belm – auswärts Geborene nach Stellung im Haushalt und nach sozialer Schicht, 1858

a) alle Personen nach Stellung im Haushalt.

|  | in Belm geboren | | auswärts geboren | | Summe |
|---|---|---|---|---|---|
|  | Zahl | % | Zahl | % |  |
| männl. Haushaltsvorstände | 305 | 61,5% | 191 | 38,5% | 496 |
| deren Ehefrauen/weibl. Haushaltsvorstände | 280 | 55,2% | 227 | 44,8% | 507 |
| Kinder der Haushaltsvorstände unter 15 Jahren | 911 | 92,4% | 75 | 7,6% | 986 |
| Kinder der Haushaltsvorstände ab 15 Jahren | 337 | 90,8% | 34 | 9,2% | 371 |
| Pflegekinder | 32 | 47,1% | 36 | 52,9% | 68 |
| Knechte | 87 | 39,4% | 134 | 60,6% | 221 |
| Mägde | 82 | 43,2% | 108 | 56,8% | 190 |
| Sonstige unter 15 Jahren | 94 | 84,7% | 17 | 15,3% | 111 |
| Sonstige ab 15 Jahren | 183 | 52,9% | 163 | 47,1% | 346 |
| Summe | 2311 | 70,1% | 985 | 29,9% | 3296 |

b) Haushaltsvorstände und deren Ehefrauen nach sozialer Schicht

| Schicht | Geschlecht | in Belm geboren | | auswärts geboren | | Summe |
|---|---|---|---|---|---|---|
|  |  | Zahl | % | Zahl | % |  |
| Großbauern | männlich | 65 | 78,3% | 18 | 21,7% | 83 |
|  | weiblich | 39 | 49,4% | 40 | 50,6% | 79 |
| Kleinbauern | männlich | 47 | 74,6% | 16 | 25,4% | 63 |
|  | weiblich | 34 | 52,3% | 31 | 47,7% | 65 |
| Heuerlinge/Landlose | männlich | 187 | 57,4% | 139 | 42,6% | 326 |
|  | weiblich | 199 | 58,4% | 142 | 41,6% | 341 |
| Sonstige | männlich | 6 | 25,0% | 18 | 75,0% | 24 |
|  | weiblich | 8 | 36,4% | 14 | 63,6% | 22 |

Tabelle 4: Die männlichen und weiblichen Personen nach Alter und Familienstand, 1812

a) männliche Personen

| Alter (in Jahren) | Familienstand | | | | insgesamt (Spalten-%) |
|---|---|---|---|---|---|
| | ledig | verheiratet | verwitwet | unbekannt | |
| 0–4 | 177 | – | – | – | 177 |
| (Zeilen-%) | (100%) | | | | (12,4%) |
| 5–9 | 186 | – | – | – | 186 |
| (Zeilen-%) | (100%) | | | | (13,0%) |
| 10–14 | 186 | – | – | – | 186 |
| (Zeilen-%) | (100%) | | | | (13,0%) |
| 15–19 | 128 | – | – | – | 128 |
| (Zeilen-%) | (100%) | | | | (8,9%) |
| 20–24 | 83 | 1 | 1 | – | 85 |
| (Zeilen-%) | (97,6%) | (1,2%) | (1,2%) | | (5,9%) |
| 25–29 | 57 | 24 | – | – | 81 |
| (Zeilen-%) | (70,4%) | (29,6%) | | | (5,7%) |
| 30–34 | 37 | 90 | 2 | – | 129 |
| (Zeilen-%) | (28,7%) | (69,8%) | (1,6%) | | (9,0%) |
| 35–39 | 9 | 79 | – | – | 88 |
| (Zeilen-%) | (10,2%) | (89,8%) | | | (6,1%) |
| 40–44 | 5 | 88 | 1 | – | 94 |
| (Zeilen-%) | (5,3%) | (93,6%) | (1,1%) | | (6,6%) |
| 45–49 | 3 | 58 | 3 | – | 64 |
| (Zeilen-%) | (4,7%) | (90,6%) | (4,7%) | | (4,5%) |
| 50–54 | 1 | 53 | 2 | – | 56 |
| (Zeilen-%) | (1,8%) | (94,6%) | (3,6%) | | (3,9%) |
| 55–59 | 1 | 22 | 2 | – | 25 |
| (Zeilen-%) | (4,0%) | (88,0%) | (8,0%) | | (1,7%) |
| 60–64 | 1 | 57 | 7 | 1 | 66 |
| (Zeilen-%) | (1,5%) | (86,4%) | (10,6%) | (1,5%) | (4,6%) |
| 65–69 | 2 | 18 | 9 | 1 | 30 |
| (Zeilen-%) | (6,7%) | (60,0%) | (30,0%) | (3,3%) | (2,1%) |
| 70–74 | 1 | 16 | 6 | – | 23 |
| (Zeilen-%) | (4,3%) | (69,6%) | (26,1%) | | (1,6%) |
| 75–79 | 1 | 4 | 4 | – | 9 |
| (Zeilen-%) | (11,1%) | (44,4%) | (44,4%) | | (0,6%) |
| 80– | – | – | 4 | – | 4 |
| (Zeilen-%) | | | (100%) | | (0,3%) |
| Summe männl. Personen | 878 | 510 | 41 | 2 | 1431 |
| (Zeilen-%) | (61,4%) | (35,6%) | (2,9%) | (0,1%) | (100%) |

b) weibliche Personen

| Alter (in Jahren) | Familienstand | | | | insgesamt (Spalten-%) |
|---|---|---|---|---|---|
| | ledig | verheiratet | verwitwet | unbekannt | |
| 0–4 | 213 | – | – | – | 213 |
| (Zeilen-%) | (100%) | | | | (14,3%) |
| 5–9 | 182 | – | – | – | 182 |
| (Zeilen-%) | (100%) | | | | (12,2%) |
| 10–14 | 190 | – | – | – | 190 |
| (Zeilen-%) | (100%) | | | | (12,7%) |
| 15–19 | 136 | – | – | – | 136 |
| (Zeilen-%) | (100%) | | | | (9,1%) |
| 20–24 | 101 | 20 | 1 | – | 122 |
| (Zeilen-%) | (82,8%) | (16,4%) | (0,8%) | | (8,2%) |
| 25–29 | 29 | 64 | 3 | – | 96 |
| (Zeilen-%) | (30,2%) | (66,7%) | (3,1%) | | (6,4%) |
| 30–34 | 8 | 86 | 1 | 2 | 97 |
| (Zeilen-%) | (8,2%) | (88,7%) | (1,0%) | (2,1%) | (6,5%) |
| 35–39 | 9 | 81 | 5 | 3 | 98 |
| (Zeilen-%) | (9,2%) | (82,7%) | (5,1%) | (3,1%) | (6,6%) |
| 40–44 | 5 | 64 | 5 | 1 | 75 |
| (Zeilen-%) | (6,7%) | (85,3%) | (6,7%) | (1,3%) | (5,0%) |
| 45–49 | 3 | 63 | 2 | – | 68 |
| (Zeilen-%) | (4,4%) | (92,6%) | (2,9%) | | (4,6%) |
| 50–54 | 2 | 41 | 13 | 2 | 58 |
| (Zeilen-%) | (3,4%) | (70,7%) | (22,4%) | (3,4%) | (3,9%) |
| 55–59 | 1 | 23 | 4 | – | 28 |
| (Zeilen-%) | (3,6%) | (82,1%) | (14,3%) | | (1,9%) |
| 60–64 | 2 | 34 | 22 | – | 58 |
| (Zeilen-%) | (3,4%) | (58,6%) | (37,9%) | | (3,9%) |
| 65–69 | 1 | 11 | 13 | 1 | 26 |
| (Zeilen-%) | (3,8%) | (42,3%) | (50,0%) | (3,8%) | (1,7%) |
| 70–74 | – | 9 | 18 | – | 27 |
| (Zeilen-%) | | (33,3%) | (66,7%) | | (1,8%) |
| 75–79 | – | 2 | 7 | – | 9 |
| (Zeilen-%) | | (22,2%) | (77,8%) | | (0,6%) |
| 80– | – | 5 | 6 | – | 11 |
| (Zeilen-%) | | (45,5%) | (54,5%) | | (0,7%) |
| Summe weibl. Personen | 882 | 503 | 100 | 9 | 1494 |
| (Zeilen-%) | (59,0%) | (33,7%) | (6,7%) | (0,6%) | (100%) |

Anmerkung zu den Tabellenteilen a) und b): Im Zensus von 1812 sind außerdem 3 weibliche und 7 männliche Personen ohne Altersangabe verzeichnet.

Tabelle 5: Die männlichen und weiblichen Personen nach Alter und Familienstand, 1858

a) männliche Personen

| Alter (in Jahren) | Familienstand | | | insgesamt (Spalten-%) |
|---|---|---|---|---|
| | ledig | verheiratet | verwitwet | |
| 0–4 | 183 | – | – | 183 |
| (Zeilen-%) | (100%) | | | (11,0%) |
| 5–9 | 211 | – | – | 211 |
| (Zeilen-%) | (100%) | | | (12,7%) |
| 10–14 | 194 | – | – | 194 |
| (Zeilen-%) | (100%) | | | (11,7%) |
| 15–19 | 213 | – | – | 213 |
| (Zeilen-%) | (100%) | | | (12,8%) |
| 20–24 | 148 | 6 | – | 154 |
| (Zeilen-%) | (96,1%) | (3,9%) | | (9,3%) |
| 25–29 | 80 | 37 | 1 | 118 |
| (Zeilen-%) | (67,8%) | (31,4%) | (0,8%) | (7,1%) |
| 30–34 | 31 | 86 | 1 | 118 |
| (Zeilen-%) | (26,3%) | (72,9%) | (0,8%) | (7,1%) |
| 35–39 | 11 | 82 | 1 | 94 |
| (Zeilen-%) | (11,7%) | (87,2%) | (1,1%) | (5,7%) |
| 40–44 | 11 | 58 | – | 69 |
| (Zeilen-%) | (15,9%) | (84,1%) | | (4,2%) |
| 45–49 | 2 | 72 | 2 | 76 |
| (Zeilen-%) | (2,6%) | (94,7%) | (2,6%) | (4,6%) |
| 50–54 | 8 | 47 | 8 | 63 |
| (Zeilen-%) | (12,7%) | (74,6%) | (12,7%) | (3,8%) |
| 55–59 | 8 | 49 | 6 | 63 |
| (Zeilen-%) | (12,7%) | (77,8%) | (9,5%) | (3,8%) |
| 60–64 | 2 | 29 | 8 | 39 |
| (Zeilen-%) | (5,1%) | (74,4%) | (20,5%) | (2,3%) |
| 65–69 | 2 | 17 | 13 | 32 |
| (Zeilen-%) | (6,3%) | (53,1%) | (40,6%) | (1,9%) |
| 70–74 | 2 | 5 | 11 | 18 |
| (Zeilen-%) | (11,1%) | (27,8%) | (61,1%) | (1,1%) |
| 75–79 | 1 | 6 | 7 | 14 |
| (Zeilen-%) | (7,1%) | (42,9%) | (50,0%) | (0,8%) |
| 80– | – | 1 | 2 | 3 |
| (Zeilen-%) | | (33,3%) | (66,7%) | (0,2%) |
| Summe männl. Personen | 1107 | 495 | 60 | 1662 |
| (Zeilen-%) | (66,6%) | (29,8%) | (3,6%) | (100%) |

b) weibliche Personen

| Alter (in Jahren) | Familienstand | | | insgesamt (Spalten-%) |
|---|---|---|---|---|
| | ledig | verheiratet | verwitwet | |
| 0–4 | 208 | – | – | 208 |
| (Zeilen-%) | (100%) | | | (12,7%) |
| 5–9 | 201 | – | – | 201 |
| (Zeilen-%) | (100%) | | | (12,3%) |
| 10–14 | 184 | – | – | 184 |
| (Zeilen-%) | (100%) | | | (11,3%) |
| 15–19 | 212 | 3 | – | 215 |
| (Zeilen-%) | (98,6%) | (1,4%) | | (13,2%) |
| 20–24 | 127 | 36 | 1 | 164 |
| (Zeilen-%) | (77,4%) | (22,0%) | (0,6%) | (10,0%) |
| 25–29 | 42 | 55 | – | 97 |
| (Zeilen-%) | (43,3%) | (56,7%) | | (5,9%) |
| 30–34 | 18 | 67 | 1 | 86 |
| (Zeilen-%) | (20,9%) | (77,9%) | (1,2%) | (5,3%) |
| 35–39 | 17 | 83 | 3 | 103 |
| (Zeilen-%) | (16,5%) | (80,6%) | (2,9%) | (6,3%) |
| 40–44 | 9 | 70 | 5 | 84 |
| (Zeilen-%) | (10,7%) | (83,3%) | (6,0%) | (5,1%) |
| 45–49 | 2 | 56 | 8 | 66 |
| (Zeilen-%) | (3,0%) | (84,8%) | (12,1%) | (4,0%) |
| 50–54 | 6 | 44 | 14 | 64 |
| (Zeilen-%) | (9,4%) | (68,8%) | (21,9%) | (3,9%) |
| 55–59 | 3 | 43 | 21 | 67 |
| (Zeilen-%) | (4,5%) | (64,2%) | (31,3%) | (4,1%) |
| 60–64 | 4 | 24 | 19 | 47 |
| (Zeilen-%) | (8,5%) | (51,1%) | (40,4%) | (2,9%) |
| 65–69 | 2 | 6 | 15 | 23 |
| (Zeilen-%) | (8,7%) | (26,1%) | (65,2%) | (1,4%) |
| 70–74 | – | 6 | 10 | 16 |
| (Zeilen-%) | | (37,5%) | (62,5%) | (1,0%) |
| 75–79 | – | 2 | 5 | 7 |
| (Zeilen-%) | | (28,6%) | (71,4%) | (0,4%) |
| 80– | – | – | 2 | 2 |
| (Zeilen-%) | | | (100%) | (0,1%) |
| Summe weibl. Personen | 1035 | 495 | 104 | 1634 |
| (Zeilen-%) | (63,3%) | (30,3%) | (6,4%) | (100%) |

Anmerkung: Bei den Auswertungen der Volkszählungsliste von 1858 wurden die Altersangaben für alle Personen, die innerhalb des Kirchspiels Belm geboren sind, aufgrund des Geburtseintrags überprüft und ggf. korrigiert.

# Verzeichnis der benutzten Quellen

## a) Ungedruckte Quellen

*Katholische Kirchengemeinde Belm, Pfarrarchiv* (KPA BELM):
Kirchenbücher Bd. 1–Bd. 13. 1651–1879.
Zivilstandsregister 1808–1813.
Akten.

*Evangelisch-lutherische Kirchengemeinde Belm, Pfarrarchiv* (EPA BELM):
A:				Akten.
K. B. I Nr. 1–Nr. 8:	Kirchenbücher 1810–1870.
K. B. III:			Anlagen zu den Kirchenbüchern.
Z. R. Nr. 1–Nr. 8:	Zivilstandsregister 1808–1812.
K. R.:			Kirchenrechnungen und andere Rechnungen.

*Hofarchiv Meyer zu Belm.*

*Hofarchiv Landwehr, Haltern* (Familie Karl-Heinz Hüsemann, Belm).

*Evangelisch-Lutherische Landeskirche Hannovers, Landeskirchliches Archiv* (LKA H):
A9:				Visitationsakten.

*Niedersächsisches Staatsarchiv Osnabrück* (StA OS):
Rep. 100:		Osnabrücker Hauptarchiv – Akten (Abschnittsarchiv).
Rep. 100 a:		Osnabrücker Hauptarchiv – Landesvermesung.
Rep. 230:		Weserdepartement und andere westphälische Behörden.
Rep. 240:		Oberemsdepartement und andere französische Behörden.
Rep. 330:		Landdrostei – Älterer Teilbestand.
Rep. 335:		Landdrostei/Regierung – Älterer Hauptbestand.
Rep. 350 Osn.:	Amt Osnabrück.
Rep. 350 Ibg.:	Amt Iburg.
Rep. 355:		Rechnungsbücher und Register.
Rep. 360 Osn.:	Vogtei Osnabrück.
Rep. 550:		General-Interims-Administrationskommission der säkularisierten geistlichen Güter im Fürstentum Osnabrück.
Rep. 560:		Obere Domänenverwaltung in Hannover – Hauptbestand.
Dep. 3 b:		Stadtarchiv Osnabrück.
Dep. 6 b:		Historischer Verein Osnabrück.
K:				Karten.

*Niedersächsisches Landesverwaltungsamt Hannover, Institut für Denkmalpflege:*
Kartei der Baudenkmale für die Stadt Osnabrück und die Gemeinde Belm.

## b) Gedruckte Quellen

CCO 1783-1819 Codex Constitutionum Osnabrugensium, Teil 1 Bd. 1-2. Osnabrück 1783; Teil 2 Bd. 1-2. Osnabrück 1819.

Du Plat/Wrede 1784/1961 Johann Wilhelm Du Plat, Die Landesvermessung des Fürstbistums Osnabrück 1784-1790, hg. von Günther Wrede (Osnabrücker Geschichtsquellen 6). Lieferung 3: Die Kirchspiele Wallenhorst, Rulle und Belm. Osnabrück 1961.

Ebert 1873 A. Ebert, Die Heimats-, Armen- und Gemeinde-Gesetzgebung nebst Ausführungs-Vorschriften in der Provinz Hannover. Hannover ²1873.

Ebhardt 1839-1840 Christian Hermann Ebhardt (Hg.), Gesetze, Verordnungen und Ausschreiben für das Königreich Hannover aus dem Zeitraume von 1813 bis 1839. 8 Bde. Hannover 1839-1840.

Ebhardt 1847 Christian Hermann Ebhardt (Hg.), Gesetze, Verordnungen und Ausschreiben für das Königreich Hannover, 1. Folge: 1841 bis 1845. 2 Bde. Hannover 1847.

Ebhardt 1851 Christian Hermann Ebhardt (Hg.), Gesetze, Verordnungen und Ausschreiben für das Königreich Hannover, 2. Folge: 1846 bis 1850. 2 Bde. Göttingen 1851.

Ebhardt 1856-1857 Christian Hermann Ebhardt (Hg.), Gesetze, Verordnungen und Ausschreiben für das Königreich Hannover, 3. Folge: 1851 bis 1855. 3 Bde. Göttingen 1856-1857.

Ebhardt 1863-1864 Christian Hermann Ebhardt (Hg.), Gesetze, Verordnungen und Ausschreiben für das Königreich Hannover, 4. Folge: 1856 bis 1862. 4 Bde. Hannover 1863-1864.

Festschrift zur Säcularfeier [...] Landwirtschaftsgesellschaft 1864-1865 Festschrift zur Säcularfeier der Königlichen Landwirtschafts-Gesellschaft zu Celle am 4. Juni 1864, 3 Abteilungen in 3 Bdn. Hannover 1864-1865.

Funke 1847 Georg Ludwig Wilhelm Funke, Über die gegenwärtige Lage der Heuerleute im Fürstentume Osnabrück, mit besonderer Beziehung auf die Ursachen ihres Verfalls und mit Hinblick auf die Mittel zu ihrer Erhebung. Bielefeld 1847.

Gauß 1827/1980 Gaußsche Landesaufnahme der 1815 durch Hannover erworbenen Gebiete, 1827-1861. Neudruck: 61 Karten im Maßstab 1:25000 (Veröffentlichungen der Historischen Kommission für Niedersachsen 28). Hannover 1963-1980.

Gerhard/Kaufhold 1990 Hans-Jürgen Gerhard/Karl Heinrich Kaufhold, Preise im vor- und frühindustriellen Deutschland: Grundnahrungsmittel (Göttinger Beiträge zur Wirtschafts- und Sozialgeschichte 15). Göttingen 1990.

Gesetz-Sammlung Hannover Sammlung der Gesetze, Verordnungen und Ausschreiben für das Königreich Hannover. Hannover 1818-1866.

Gülich 1827 Gustav von Gülich, Über den gegenwärtigen Zustand des Ackerbaus, des Handels und der Gewerbe im Königreiche Hannover. Hannover 1827.

Gülich 1831 Gustav von Gülich, Über den Handel und die übrigen Zweige der Industrie im Königreiche Hannover, besonders über den Zustand derselben seit dem Jahre 1826. Hannover 1831.

Hanssen 1850 G[eorg] Hanssen, Gutachten über die Verbesserung des Volkszählungswesens im Königreiche Hannover. Göttingen 1850.

Haustafel für Dienstboten Haustafel für Dienstboten nach den Vorschriften der Dienstboten-Ordnung vom 28. April 1838, mit besonderer Rücksicht auf die Verhältnisse des Bauernstandes [1 Blatt, o. O., o. J.].

Klöntrup 1798-1800 J[ohann] Aegidius Klöntrup, Alphabetisches Handbuch der besondern

Rechte und Gewohnheiten des Hochstifts Osnabrück mit Rücksicht auf die benachbarten westfälischen Provinzen. 3 Bde. Osnabrück 1798-1800.

KLÖNTRUP 1802 J[ohann] Ae[gidius] Klöntrup, Vorläufige Bemerkungen zu einer künftigen Theorie von dem Anerbrechte bei reihepflichtigen Bauerngütern in Westfalen, mit Anlagen. Osnabrück 1802.

KRAUS 1980 Antje Kraus, Quellen zur Bevölkerungsstatistik Deutschlands 1815-1875 (Forschungen zur deutschen Sozialgeschichte 2, 1) (Quellen zur Bevölkerungs-, Sozial- und Wirtschaftsstatistik Deutschlands 1815-1875 1). Boppard 1980.

LE PLAY 1867 Frédéric Le Play, La réforme sociale en France déduite de l'observation comparée des peuples européens, 3 Bde. Paris $^3$1867.

LE PLAY 1871 Frédéric Le Play, L'organisation de la famille selon le vrai modèle signalé par l'histoire de toutes les races et de tous les temps. Paris 1871.

LE PLAY 1877-1879 Frédéric Le Play, Les ouvriers européens. 6 Bde. Tours $^2$1877-1879.

MÖSER 1944 ff. Justus Möser, Sämtliche Werke. Historisch-kritische Ausgabe in 14 Bänden, hg. von der Akademie der Wissenschaften zu Göttingen, Bd. 1-. Oldenburg usw. 1944-.

NIEMEYER/STRANDES 1863 G. Niemeyer, Die Domicil-Ordnung für das Königreich Hannover und der s.g. Gothaer Vertrag wegen Übernahme Auszuweisender. 2. Aufl. hg. von A. Strandes. Hannover 1863.

NOBACK 1850 C. Noback, Die Leinen-Industrie in Deutschland. Untersuchungen über ihren Verfall und Beleuchtung der zu ihrer Abhülfe vorgeschlagenen Mittel. Eine handelspolitische Abhandlung. Hamburg 1850.

OSNABRÜCKISCHE ANZEIGEN Jg. 1866, 1869, 1870, 1877.

OSNABRÜCKISCHE INTELLIGENZBLÄTTER 1767 Die Osnabrückischen Intelligenzblätter (Wöchentliche Osnabrückische Anzeigen) Jg. 1767.

OSNABRÜCKISCHE ÖFFENTLICHE ANZEIGEN Jg. 1816.

OSNABRÜCKISCHES EIGENTUMS-RECHT 1794 Osnabrückisches Eigentums-Recht, oder Verordnungen für die Gutsherrn und eigenbehörige Leute und Güter. Osnabrück 1794.

PFEUFER 1810 Christian Pfeufer, Über das Verhalten der Schwangeren, Gebärenden und Wöchnerinnen auf dem Lande und ihre Behandlungsart der Neugebornen und Kinder in den ersten Lebensjahren, in: Jahrbuch der Staatsarzneikunde 3. 1810 S. 43-74.

REDEN 1833 [Friedrich Wilhelm] von Reden, Über die Garn- und Leinen-Verfertigung und den Garn- und Leinen-Handel des Königreichs Hannover. Hannover 1833.

REDEN 1838 [Friedrich Wilhelm] von Reden, Der Leinwand- und Garnhandel Norddeutschlands. Hannover 1838.

RIEHL 1856 Wilhelm Heinrich Riehl, Die Familie (ders., Die Naturgeschichte des Volkes als Grundlage einer deutschen Social-Politik 3). Stuttgart usw. $^4$1856.

RIEHL 1885 Wilhelm Heinrich Riehl, Die bürgerliche Gesellschaft (ders., Die Naturgeschichte des Volkes als Grundlage einer deutschen Social-Politik 2). Stuttgart $^8$1885.

ROSCHER 1845 Wilhelm Roscher, Über die gegenwärtige Produktionskrise des hannoverschen Leinengewerbes mit besonderer Rücksicht auf den Absatz in Amerika, in: Göttinger Studien. Göttingen 1845 S. 384-440.

RUNDE 1805 Christian Ludwig Runde, Die Rechtslehre von der Leibzucht oder dem Altenteile auf deutschen Bauerngütern nach gemeinen und besonderen Rechten. Oldenburg 1805.

SAMMLUNG ... OBER-EMS-DEPARTEMENT 1811-1813 Sammlung der Präfektur-Akten des Ober-Ems-Departements/Recueil des actes de la préfecture du département de l'Ems supérieur. 3 Bde. Osnabrück 1811-1813.

STATISTISCHE NACHRICHTEN ÜBER ... HEUERLEUTE 1849 Statistische Nachrichten über die Verhältnisse der im Verwaltungsbezirke der Landdrostei Osnabrück vorhandenen Heuerleute, sowie Neubauer und Erbpächter. Osnabrück 1849. [vorhanden im Staatsarchiv Osnabrück].

STRANDES 1863 A. Strandes, Zusammenstellung der im Königreiche Hannover geltenden allgemeinen Vorschriften über die obrigkeitlichen Trauscheine. Hannover 1863.

SÜßMILCH 1765 Johann Peter Süßmilch, Die göttliche Ordnung in den Veränderungen des menschlichen Geschlechts, aus der Geburt, dem Tode und der Fortpflanzung desselben erwiesen. 2 Bde., Berlin ³1765.

URKUNDE LANDWEHR 1980 Eine Urkunde vom Hofe Landwehr in Haltern aus dem Jahre 1829, in: Irmgard Sprang (Hg.), Heimatbuch Belm [Bd. 1]. Belm 1980 S. 80–88.

# Verzeichnis der benutzten Literatur

## a) Hilfsmittel

DÜRING 1896 A. von Düring, Ortschaftsverzeichnis des ehemaligen Hochstiftes Osnabrück, in: Mitteilungen des Vereins für Geschichte und Landeskunde von Osnabrück 21. 1896 S. 40–97.
HANDWÖRTERBUCH RECHTSGESCHICHTE 1971 ff. Handwörterbuch zur deutsche Rechtsgeschichte, hg. Adalbert Erler/Ekkehard Kaufmann, Bd. 1–. Berlin 1971–.
HENNING/WEGELEBEN 1991 Eckart Henning/Christel Wegeleben, Kirchenbücher. Bibliographie gedruckter Tauf-, Trau- und Totenregister sowie der Bestandsverzeichnisse im deutschen Sprachgebiet (Genealogische Informationen 23). Neustadt/Aisch 1991.
NOBACK 1858 Christian Noback/Friedrich Noback, Münz-, Maß- und Gewichtsbuch. Das Geld-, Maß- und Wechselwesen, die Kurse, Staatspapiere, Banken, Handelsanstalten und Usanzen aller Staaten und wichtigern Orte. Leipzig 1858.
PENNERS 1978 Theodor Penners (Hg.), Übersicht über die Bestände des Niedersächsischen Staatsarchivs in Osnabrück (Veröffentlichungen der Niedersächsischen Archivverwaltung 36). Göttingen 1978.
PRESSAT/WILSON 1985 Roland Pressat, The dictionary of demography, hg. Christopher Wilson. Oxford 1985.
ROSEMANN-KLÖNTRUP 1982–1984 Johan Gilges Rosemann genannt Klöntrup, Niederdeutsch-Westphälisches Wörterbuch, bearb. von Wolfgang Kramer/Hermann Niebaum/Ulrich Scheuermann (Veröffentlichungen des Instituts für Historische Landesforschung der Universität Göttingen 16–17) 2 Bde. Hildesheim 1982–1984.
SPSS-X 1988 SPSS-X user's guide. Chicago $^3$1988.
STRODTMANN 1756 Johann Christoph Strodtmann, Idioticon Osnabrugense. Leipzig usw. 1756 (Ndr. Osnabrück 1973).
THALLER 1991 Manfred Thaller, Kleio 3.1.1. Ein Datenbanksystem (Halbgraue Reihe zur Historischen Fachinformatik Serie B Bd. 1). St. Katharinen $^2$1991.
WREDE 1975–1980 Günther Wrede, Geschichtliches Ortsverzeichnis des ehemaligen Fürstbistums Osnabrück (Geschichtliches Ortsverzeichnis von Niedersachsen 3) (Veröffentlichungen der Historischen Kommission für Niedersachsen und Bremen 30). 3 Bde. Hildesheim 1975–1980.

## b) Darstellungen

ABEL 1976 Wilhelm Abel, Die Wüstungen des ausgehenden Mittelalters (Quellen und Forschungen zur Agrargeschichte 1). Stuttgart $^3$1976.
ABEL 1978a Wilhelm Abel, Agrarkrisen und Agrarkonjunktur. Eine Geschichte der Land- und Ernährungswirtschaft Mitteleuropas seit dem hohen Mittelalter. Hamburg usw. $^3$1978.
ABEL 1978b Wilhelm Abel, Geschichte der deutschen Landwirtschaft vom frühen Mittelalter bis zum 19. Jahrhundert (Deutsche Agrargeschichte 2). Stuttgart $^3$1978.

ACHILLES 1965 Walter Achilles, Vermögensverhältnisse braunschweigischer Bauernhöfe im 17. und 18. Jahrhundert (Quellen und Forschungen zur Agrargeschichte 13). Stuttgart 1965.

ACHILLES 1975 Walter Achilles, Die Bedeutung des Flachsanbaus im südlichen Niedersachsen für Bauern und Angehörige der unterbäuerlichen Schicht im 18. und 19. Jahrhundert, in: Hermann Kellenbenz (Hg.), Agrarisches Nebengewerbe und Formen der Reagrarisierung im Spätmittelalter und 19./20. Jahrhundert. Bericht über die 5. Arbeitstagung der Gesellschaft für Sozial- und Wirtschaftsgeschichte (Forschungen zur Sozial- und Wirtschaftsgeschichte 21). Stuttgart 1975 S. 109-124.

ACHILLES 1982 Walter Achilles, Die Lage der hannoverschen Landbevölkerung im späten 18. Jahrhundert (Veröffentlichungen der Historischen Kommission für Niedersachsen und Bremen 34, 9). Hildesheim 1982.

ACHILLES 1991 Walter Achilles, Landwirtschaft in der frühen Neuzeit (Enzyklopädie deutscher Geschichte 10). München 1991.

ADELMANN 1974 Gerhard Adelmann, Strukturelle Krisen im ländlichen Textilgewerbe Nordwestdeutschlands zu Beginn der Industrialisierung, in: Hermann Kellenbenz (Hg.), Wirtschaftspolitik und Arbeitsmarkt. München 1974 S. 110-128. (Auch in: Gerhard Adelmann, Vom Gewerbe zur Industrie im kontinentalen Nordwesteuropa [Zeitschrift für Unternehmensgeschichte Beiheft 38]. Stuttgart 1986 S. 47-65).

ALDERSON/SANDERSON 1991 Arthur S. Alderson/Stephen K. Sanderson, Historic European household structures and the capitalist world-economy, in: Journal of family history 16. 1991 S. 419-432.

ANDERSON 1971 Michael Anderson, Family structure in 19th century Lancashire (Cambridge studies in sociology 5). Cambridge 1971.

ANDERSON 1980 Michael Anderson, Approaches to the history of the Western family 1500-1914. Houndmills usw. 1980.

ANDERSON 1985 Michael Anderson, The emergence of the modern life cycle in Britain, in: Social history 10. 1985 S. 69-87.

ANDERSON 1988 Michael Anderson, Households, families and individuals: some preliminary results from the national sample from the 1851 census of Great Britain, in: Continuity and change 3. 1988 S. 421-438.

ANGERMANN 1982 Gertrud Angermann, Land-Stadt-Beziehungen. Bielefeld und sein Umland 1760-1860 unter besonderer Berücksichtigung von Markenteilungen und Hausbau (Beiträge zur Volkskultur in Nordwestdeutschland 27). Münster 1982.

ARIÈS 1975 Philippe Ariès, Geschichte der Kindheit. München 1975.

ASSIER-ANDRIEU 1984 Louis Assier-Andrieu, Le Play et la famille-souche des Pyrénées: politique, juridisme et science sociale, in: Annales E. S. C. 39. 1984 S. 495-512.

AUFBAU DER HEBAMMENSCHULEN 1982 Zum Aufbau der Hebammenschulen in Niedersachsen im 18. und 19. Jahrhundert. Dokumente, Darstellungen und Instrumente. Hannover ²1982.

BADE 1984 Klaus J. Bade, Die deutsche überseeische Massenauswanderung im 19. und 20. Jahrhundert: Bestimmungsfaktoren und Entwicklungsbedingungen, in: ders. (Hg.), Auswanderer - Wanderarbeiter - Gastarbeiter. Bevölkerung, Arbeitsmarkt und Wanderung in Deutschland seit der Mitte des 19. Jahrhunderts Bd. 1. Ostfildern 1984 S. 259-299.

BADINTER 1984 Elisabeth Badinter, Die Mutterliebe. Geschichte eines Gefühls vom 17. Jahrhundert bis heute (dtv 10240). München 1984.

BÄR 1901 Max Bär, Abriß einer Verwaltungsgeschichte des Regierungsbezirks Osnabrück (Quellen und Darstellungen zur Geschichte Niedersachsens 5). Hannover usw. 1901.

BARDET 1983 Jean-Pierre Bardet, Rouen aux 17ᵉ et 18ᵉ siècles. Les mutations d'un espace social. 2 Bde. Paris 1983.

BARDET u. a. 1981 Jean-Pierre Bardet u. a., La mortalité maternelle autrefois: une étude comparée (de la France de l'ouest à l'Utah), in: Annales de démographie historique 1981 S. 31-48.

BARENSCHEER 1960 Friedrich Barenscheer, Die Hofnamen des Kreises Celle (Schriftenreihe des Lönsbundes Celle 2). Celle 1960.

BECK 1986 Rainer Beck, Naturale Ökonomie. Unterfinning: Bäuerliche Wirtschaft in einem oberbayerischen Dorf des frühen 18. Jahrhunderts (Forschungshefte hg. vom Bayerischen Nationalmuseum München 11). München 1986.

BECKER 1989 Peter Becker, Leben, Lieben, Sterben. Die Analyse von Kirchenbüchern (Halbgraue Reihe zur Historischen Fachinformatik Serie A Bd. 5). St. Katharinen 1989.

BECKER 1990 Peter Becker, Leben und Lieben in einem kalten Land. Sexualität im Spannungsfeld von Ökonomie und Demographie. Das Beispiel St. Lambrecht 1600-1850 (Studien zur Historischen Sozialwissenschaft 15). Frankfurt/M. usw. 1990.

BEGEMANN 1990 Ulrike Begemann, Bäuerliche Lebensbedingungen im Amt Blumenau (Fürstentum Calenberg) 1650-1850. Dargestellt anhand der Eheverträge, der Kirchenbücher des Kirchspiels Limmer und anderer registerförmiger Quellen (Quellen und Darstellungen zur Geschichte Niedersachsens 104). Hannover 1990.

BEHR 1974 Hans-Joachim Behr, Zur Rolle der Osnabrücker Landbevölkerung in der bürgerlichen Revolution von 1848, in: Osnabrücker Mitteilungen 81. 1974 S. 128-146.

BEIßNER 1986 Heinz Beißner, Ehebeschreibungen (Eheverträge) in den Ämtern Bückeburg und Arensburg von 1740 bis 1770, in: Zeitschrift für Agrargeschichte und Agrarsoziologie 34. 1986 S. 160-175.

BERKNER 1972 Lutz K. Berkner, The stem family and the developmental cycle of the peasant household: An 18th-century Austrian example, in: American historical review 77. 1972 S. 398-418.

BERKNER 1976 Lutz K. Berkner, Inheritance, land tenure and peasant family structure: A German regional comparison, in: Jack Goody u. a. (Hg.), Family and inheritance. Rural society in western Europe, 1200-1800. Cambridge 1976 S. 71-95.

BERRY/SCHOFIELD 1971 B. Midi Berry/Roger S. Schofield, Age at baptism in pre-industrial England, in: Population studies 25. 1971 S. 453-463.

BERTHOLD 1964 Rudolf Berthold, Wachstumsprobleme der landwirtschaftlichen Nutzfläche im Spätfeudalismus (zirka 1500 bis 1800), in: Jahrbuch für Wirtschaftsgeschichte 1964 Teil 2/3 S. 5-23.

BERTHOLD 1978 Rudolf Berthold, Die Veränderungen im Bodeneigentum und in der Zahl der Bauernstellen, der Kleinstellen und der Rittergüter in den preußischen Provinzen Sachsen, Brandenburg und Pommern während der Durchführung der Agrarreformen des 19. Jahrhunderts, in: Studien zu den Agrarreformen des 19. Jahrhunderts in Preußen und Rußland (Jahrbuch für Wirtschaftsgeschichte Sonderband 1978). Berlin 1978 S. 7-116.

BINDEL 1924 Richard Bindel, Geistliche Polizei-Ordnung des Fürstentums Osnabrück vom Jahre 1662, in: Mitteilungen des Vereins für Geschichte und Landeskunde von Osnabrück 46. 1924 S. 49-141.

BIRABEN 1970 Jean-Noël Biraben, La statistique de population sous le Consulat et l'Empire, in: Revue d'histoire moderne et contemporaine 17. 1970 S. 359-372.

BIRG 1992 Herwig Birg, Differentielle Reproduktion aus der Sicht der biographischen Theorie der Fertilität, in: Eckart Voland (Hg.), Fortpflanzung: Natur und Kultur im Wechselspiel. Versuch eines Dialogs zwischen Biologen und Sozialwissenschaftlern (Suhrkamp Taschenbuch Wissenschaft 983). Frankfurt/M. 1992 S. 189-215.

BIRG/FLÖTHMANN/REITER 1991 Herwig Birg/Ernst-Jürgen Flöthmann/Iris Reiter, Biographische Theorie der demographischen Reproduktion (Forschungsberichte des Instituts für Bevölkerungsforschung und Sozialpolitik Universität Bielefeld 18). Frankfurt/M. usw. 1991.

BISCHOFF 1966 Wolfgang Bischoff, Die Geschichte des Anerbenrechts in Hannover von der Ablösungsgesetzgebung bis zum Höfegesetz vom 2. Juni 1874, Diss. jur. Göttingen 1966.

BLASIUS 1987 Dirk Blasius, Ehescheidung in Deutschland 1794-1945. Scheidung und Scheidungsrecht in historischer Perspektive (Kritische Studien zur Geschichtswissenschaft 74). Göttingen 1987.

BLAYO 1975a Yves Blayo, La proportion de naissances illégitimes en France de 1740 à 1829, in: Population 30. 1975 S. 65-70.

BLAYO 1975b Yves Blayo, La mortalité en France de 1740 à 1829, in: Population 30. 1975 S. 123-142.

BLUM 1961 Jerome Blum, Lord and peasant in Russia from the 9th to the 19th century. Princeton N.J. 1961.

BLUMBERG 1960 Horst Blumberg, Ein Beitrag zur Geschichte der deutschen Leinenindustrie von 1834 bis 1870, in: Hans Mottek u. a., Studien zur Geschichte der industriellen Revolution in Deutschland (Veröffentlichungen des Instituts für Wirtschaftsgeschichte an der Hochschule für Ökonomie Berlin-Karlshorst 1). Berlin 1960 S. 65-143.

BÖHME/KRETER 1990 Ernst Böhme/Karljosef Kreter, Die Rodenbrocksche Armenstiftung in Buer 1823-1872. Armenpflege und Geldgeschäft im Osnabrücker Land in der Periode von Pauperismus und Frühindustrialisierung, in: Osnabrücker Mitteilungen 95. 1990 S. 179-244.

BÖLSKER-SCHLICHT 1987 Franz Bölsker-Schlicht, Die Hollandgängerei im Osnabrücker Land und im Emsland. Ein Beitrag zur Geschichte der Arbeiterwanderung vom 17. bis zum 19. Jahrhundert (Emsland/Bentheim. Beiträge zur neueren Geschichte 3). Sögel 1987.

BÖLSKER-SCHLICHT 1990a Franz Bölsker-Schlicht, Heuerlinge und Bauern: Bevölkerung und soziale Schichtung vom 16. bis zum 20. Jahrhundert, in: Klaus J. Bade u. a. (Hg.), Schelenburg – Kirchspiel – Landgemeinde. 900 Jahre Schledehausen. Bissendorf 1990 S. 327-339.

BÖLSKER-SCHLICHT 1990b Franz Bölsker-Schlicht, Von Schledehausen in die Neue Welt: Die Nordamerika-Auswanderung im 19. Jahrhundert, in: Klaus J. Bade u. a. (Hg.), Schelenburg – Kirchspiel – Landgemeinde. 900 Jahre Schledehausen. Bissendorf 1990 S. 341-362.

BÖLSKER-SCHLICHT 1990c Franz Bölsker-Schlicht, Sozialgeschichte des ländlichen Raumes im ehemaligen Regierungsbezirk Osnabrück im 19. und frühen 20. Jahrhundert unter besonderer Berücksichtigung des Heuerlingswesens und einzelner Nebengewerbe, in: Westfälische Forschungen 40. 1990 S. 223-250.

BORCK 1971 Heinz-Günther Borck, Die Verwendung von Hofnamen als Familiennamen im Regierungsbezirk Osnabrück seit 1815, in: Osnabrücker Mitteilungen 78. 1971 S. 117-130.

BORSCHEID 1989 Peter Borscheid, Geschichte des Alters. Vom Spätmittelalter zum 18. Jahrhundert (dtv 4489). München 1989.

BOSERUP 1965 Ester Boserup, The conditions of agricultural growth. The economics of agrarian change under population pressure. London 1965.

BOSSY 1984 John Bossy, Godparenthood: the fortunes of a social institution in early modern christianity, in: Kaspar von Greyerz (Hg.), Religion and society in early modern Europe 1500-1800. London 1984 S. 194-201.

BOTZET 1992 Rolf Botzet, Bauersleut und Heimarbeiter: Feldarbeit und Hausgewerbe im Ravensberger Land (Herforder Forschungen 7). Herford 1992.

BOUCHARD 1972 Gérard Bouchard, Le village immobile. Sennely-en-Sologne au 18e siècle. Paris 1972.

BOURDIEU 1972 Pierre Bourdieu, Les stratégies matrimoniales dans le système de reproduction, in: Annales E. S. C. 27. 1972 S. 1105-1127.

BOURDIEU 1979 Pierre Bourdieu, Entwurf einer Theorie der Praxis auf der ethnologischen Grundlage der kabylischen Gesellschaft (Suhrkamp Taschenbuch Wissenschaft 291). Frankfurt/M. 1979.

BOURDIEU 1987a Pierre Bourdieu, Boden und Heiratsstrategien, in: ders., Sozialer Sinn. Kritik der theoretischen Vernunft. Frankfurt/M. 1987 S. 264-287 ( = überarbeitete Fassung von Bourdieu 1972).
BOURDIEU 1987b Pierre Bourdieu, Sozialer Nutzen der Verwandtschaft, in: ders., Sozialer Sinn. Kritik der theoretischen Vernunft. Frankfurt/M. 1987 S. 288-351.
BOURNE 1986 J. M. Bourne, Patronage and society in 19th-century England. London 1986.
BRAKENSIEK 1990 Stefan Brakensiek, Markenteilungen in Ravensberg 1770 bis 1850, in: Westfälische Forschungen 40. 1990 S. 45-85.
BRAKENSIEK 1991 Stefan Brakensiek, Agrarreform und ländliche Gesellschaft. Die Privatisierung der Marken in Nordwestdeutschland 1750-1850 (Forschungen zur Regionalgeschichte 1). Paderborn 1991.
BRAUDEL 1985-1986 Fernand Braudel, Sozialgeschichte des 15.-18. Jahrhunderts. 3 Bde. München 1985-1986.
BRAUDEL 1986 Fernand Braudel, Die Dynamik des Kapitalismus. Stuttgart 1986.
BRAUN 1960 Rudolf Braun, Industrialisierung und Volksleben. Veränderungen der Lebensformen unter Einwirkung der verlagsindustriellen Heimarbeit in einem ländlichen Industriegebiet (Zürcher Oberland) vor 1800. Zürich usw. 1960. (Nachdruck Göttingen 1979).
BREIT 1991 Stefan Breit, „Leichtfertigkeit" und ländliche Gesellschaft. Voreheliche Sexualität in der frühen Neuzeit (Ancien Régime, Aufklärung und Revolution 23). München 1991.
BREMEN 1971 Lüder von Bremen, Abgaben und Dienste der Bauern im westlichen Niedersachsen im 18. Jahrhundert, in: 15. Jahresheft der Albrecht-Thaer-Gesellschaft. 1971 S. 73-159.
BROOKE 1970 Michael Z. Brooke, Le Play: engineer and social scientist. The life and work of Frédéric Le Play. London 1970.
BROSTRÖM 1987 Göran Broström, The influence of mother's death on infant mortality: a case study in matched data survival analysis, in: Scandinavian journal of statistics 14. 1987 S. 113-123.
BRÜGGEMEIER/KOCKA 1985 Franz Josef Brüggemeier/Jürgen Kocka (Hg.), ‚Geschichte von unten - Geschichte von innen'. Kontroversen um die Alltagsgeschichte. Hagen 1985.
BRUNNER 1968 Otto Brunner, Das „ganze Haus" und die alteuropäische „Ökonomik", in: ders., Neue Wege der Verfassungs- und Sozialgeschichte. Göttingen ²1968 S. 103-127.
BURCKHARDT-SEEBASS 1975 Christine Burckhardt-Seebass, Konfirmation in Stadt und Landschaft Basel. Volkskundliche Studie zur Geschichte eines kirchlichen Festes (Schriften der Schweizerischen Gesellschaft für Volkskunde 57). Basel 1975.
BURGUIÈRE 1972 André Burguière, De Malthus à Weber: le mariage tardif et l'esprit d'entreprise, in: Annales E. S. C. 27. 1972 S. 1128-1138.
CABOURDIN 1981 Guy Cabourdin, Le remariage en France sous l'Ancien Régime (16e-18e siècles), in: Jacques Dupâquier u. a. (Hg.), Marriage and remarriage in populations of the past. London usw. 1981 S. 273-285.
CASPARI 1890 Walter Caspari, Die evangelische Konfirmation vornehmlich in der lutherischen Kirche. Erlangen usw. 1890.
CHAIX/VEIT 1991 Gérald Chaix/Patrice Veit, Les cantiqes dans l'Allemagne du 16e siècle: choisir son chant, in: Annales de Bretagne et des Pays de l'Ouest 98. 1991 S. 231-246.
CHARBONNEAU 1970 Hubert Charbonneau, Tourouve-au-Perche aux 17e et 18e siècles. Etude de démographie historique (Institut national d'études démographiques. Travaux et documents 55). Paris 1970.
CHAYANOV 1966 Alexander V. Chayanov, The theory of peasant economy, hg. Daniel Thorner u. a. Homewood, Ill. 1966.
CHAYTOR 1980 Miranda Chaytor, Household and kinship: Ryton in the late 16th and early 17th centuries, in: History workshop 10. 1980 S. 25-60.

CLAVERIE/LAMAISON 1982 Elisabeth Claverie/Pierre Lamaison, L'impossible mariage. Violence et parenté en Gévaudan 17e, 18e et 19e siècles. Paris 1982.

COING 1973 ff. Helmut Coing (Hg.), Handbuch der Quellen und Literatur der neueren europäischen Privatrechtsgeschichte, 3 Bde. in 9. München 1973–.

COING 1985–1989 Helmut Coing, Europäisches Privatrecht, 2 Bde. München 1985–1989.

COLE/WOLF 1974 John W. Cole/Eric R. Wolf, The hidden frontier. Ecology and ethnicity in an Alpine valley. New York usw. 1974.

COLLINS 1991 Stephen Collins, British stepfamily relationships, 1500–1800, in: Journal of family history 16. 1991 S. 331–344.

COLLOMP 1983 Alain Collomp, La maison du père. Famille et village en Haute-Provence aux 17e et 18e siècles. Paris 1983.

COLLOMP 1984 Alain Collomp, Spannung, Konflikt und Bruch: Familienkonflikte und häusliche Gemeinschaften in der Haute-Provence im 17. und 18. Jahrhundert, in: Hans Medick/David Sabean (Hg.), Emotionen und materielle Interessen. Sozialanthropologische und historische Beiträge zur Familienforschung (Veröffentlichungen des Max-Planck-Instituts für Geschichte 75). Göttingen 1984 S. 199–230.

COLLOMP 1988 Alain Collomp, From stem family to nuclear family: changes in the coresident domestic group in Haute Provence between the end of the 18th and the middle of the 19th centuries, in: Continuity and change 3. 1988 S. 65–81.

CONZE 1947 Werner Conze, Die liberalen Agrarreformen Hannovers im 19. Jahrhundert (Agrarwissenschaftliche Vortragsreihe 2). Hannover o. J. [ca. 1947].

CZAP 1982 Peter Czap, The perennial multiple family household, Mishino, Russia 1782–1858, in: Journal of family history 7. 1982 S. 5–26.

CZERANNOWSKI 1988 Barbara Czerannowski, Das bäuerliche Altenteil in Holstein, Lauenburg und Angeln 1650–1850. Eine Studie anhand archivalischer und literarischer Quellen (Studien zur Volkskunde und Kulturgeschichte Schleswig-Holsteins 20). Neumünster 1988.

DA MOLIN 1990 Giovanna Da Molin, Family forms and domestic service in Southern Italy from the seventeenth to the nineteenth centuries, in: Journal of family history 15. 1990 S. 503–527.

DAVIS 1987 Natalie Zemon Davis, Humanismus, Narrenherrschaft und die Riten der Gewalt. Gesellschaft und Kultur im frühneuzeitlichen Frankreich (Fischer-Taschenbuch 4369). Frankfurt/M. 1987.

DAVIS 1988 Natalie Zemon Davis, „On the lame", in: American historical review 93. 1988 S. 572–603.

DAVIS 1989 Natalie Zemon Davis, Die wahrhaftige Geschichte von der Wiederkehr des Martin Guerre (Fischer-Taschenbuch 4433). Frankfurt/M. 1989.

DAVIS 1990 Natalie Zemon Davis, The shapes of social history, in: Storia della Storiografia 17. 1990 S. 28–34.

DEBARD 1987 Jean-Marc Debard, La première Communion dans la principauté luthérienne de Montbéliard du 16e au 18e siècle, in: Jean Delumeau (Hg.), La première Communion. Quatre siècles d'histoire. Paris 1987 S. 279–291.

DELILLE 1985 Gérard Delille, Famille et propriété dans le royaume de Naples, 15e-19e siècle (Bibliothèque des Ecoles Françaises d'Athènes et de Rome 259) (Démographie et société 18). Rom usw. 1985.

DEMAUSE 1977 Lloyd deMause, Evolution der Kindheit, in: ders. (Hg.), Hört ihr die Kinder weinen. Eine psychogenetische Geschichte der Kindheit. Frankfurt/M. 1977 S. 12–111.

DEMAUSE 1989 Lloyd deMause, Zur Demographie der Kindestötung, in: ders., Grundlagen der Psychohistorie. Psychohistorische Schriften, hg. Aurel Ende (edition suhrkamp 1175). Frankfurt/M. 1989 S. 70–89.

DEPAUW 1972 Jacques Depauw, Amour illégitime et société à Nantes au 18ᵉ siècle, in: Annales E. S. C. 27. 1972 S. 1155–1182.
DEROUET 1980 Bernard Derouet, Une démographie différentielle: clés pour un système autorégulateur des populations rurales d'Ancien Régime, in: Annales E. S. C. 35. 1980 S. 3–41.
DESSERTINE 1981 Dominique Dessertine, Divorcer à Lyon sous la Révolution et l'Empire. Lyon 1981.
DETTMER 1976 Hermann Dettmer, Die Figur des Hochzeitsbitters. Untersuchungen zum hochzeitlichen Einladungsvorgang und zu Erscheinungsformen, Geschichte und Verbreitung einer Brauchgestalt (Artes populares 1). Frankfurt/M. usw. 1976.
DIENST 1979 Karl Dienst, Zur Geschichte der Konfirmation in Frankfurt am Main, in: Hermann Bannasch/Hans-Peter Lachmann (Hg.), Aus Geschichte und ihren Hilfswissenschaften. Festschrift für Walter Heinemeyer zum 65. Geburtstag (Veröffentlichungen der Historischen Kommission für Hessen 40). Marburg 1979 S. 701–721.
DIPPER 1980 Christof Dipper, Die Bauernbefreiung in Deutschland, 1790–1850 (Urban-Taschenbücher 298). Stuttgart usw. 1980.
DIPPER 1991 Christof Dipper, Deutsche Geschichte 1648–1789 (edition suhrkamp 1253). Frankfurt/M. 1991.
DRAKE 1969 Michael Drake, Population and society in Norway 1735–1865. Cambridge 1969.
DROYSEN 1977 Johann Gustav Droysen, Historik. Historisch-kritische Ausgabe von Peter Leyh, Bd. 1. Stuttgart 1977.
DÜLMEN 1990 Richard van Dülmen, Das Haus und seine Menschen, 16.–18. Jahrhundert (ders., Kultur und Alltag in der Frühen Neuzeit 1). München 1990.
DÜNNINGER 1967 Dieter Dünninger, Wegsperre und Lösung. Formen und Motive eines dörflichen Hochzeitsbrauches. Ein Beitrag zur rechtlich-volkskundlichen Brauchtumsforschung (Schriften zur Volksforschung 2). Berlin 1967.
DUPÂQUIER 1970 Jacques Dupâquier, Problèmes démographiques de la France napoléonienne, in: Revue d'histoire moderne et contemporaine 17. 1970 S. 339–358.
DUPÂQUIER 1972 Jacques Dupâquier, De l'animal à l'homme: le mécanisme autorégulateur des populations traditionelles, in: Revue de l'institut de sociologie 45. 1972 S. 177–211.
DUPÂQUIER 1979 Jacques Dupâquier, La population rurale du Bassin Parisien à l'époque de Louis XIV. Paris 1979.
DUPÂQUIER 1981a Jacques Dupâquier, La situation de la démographie historique en France, in: Gerhard A. Ritter/Rudolf Vierhaus (Hg.), Aspekte der historischen Forschung in Frankreich und Deutschland. Schwerpunkte und Methoden. Deutsch-Französisches Historikertreffen Göttingen 3.–6. 10. 1979 (Veröffentlichungen des Max-Planck-Instituts für Geschichte 69). Göttingen 1981 S. 164–171.
DUPÂQUIER 1981b Jacques Dupâquier, Quelques réflexions sur la mesure de la nuptialité dans les monographies paroissiales, in: Jacques Dupâquier u. a. (Hg.), Marriage and remarriage in populations of the past. London usw. 1981 S. 177–189.
DUPÂQUIER 1984 Jacques Dupâquier, Pour la démographie historique. Paris 1984.
DUPÂQUIER 1988 Jacques Dupâquier (Hg.), Histoire de la population française, 4 Bde. Paris 1988.
DUPÂQUIER/DUPÂQUIER 1985 Jacques Dupâquier/Michel Dupâquier, Histoire de la démographie. La statistique de la population des origines à 1914. Paris 1985.
DURIE 1979 Alastair J. Durie, The Scottish linen industry in the 18th century. Edinburgh 1979.
EBELING/KLEIN 1988 Dietrich Ebeling/Peter Klein, Das soziale und demographische System der Ravensberger Protoindustrialisierung, in: Ernst Hinrichs/Henk van Zon (Hg.), Bevölkerungsgeschichte im Vergleich: Studien zu den Niederlanden und Nordwestdeutschland. Aurich 1988 S. 27–48.

ECKELMANN/KLAUSING 1982 Wolf Eckelmann/Christian Klausing, Plaggenwirtschaft im Landkreis Osnabrück, in: Osnabrücker Mitteilungen 88. 1982 S. 234–248.

EDER 1990 Franz Eder, Geschlechterproportion und Arbeitsorganisation im Land Salzburg, 17. bis 19. Jahrhundert (Sozial- und wirtschaftshistorische Studien 20). Wien usw. 1990.

EHMER 1990 Josef Ehmer, Sozialgeschichte des Alters (edition suhrkamp 1541). Frankfurt/M. 1990.

EHMER 1991 Josef Ehmer, Heiratsverhalten, Sozialstruktur, ökonomischer Wandel. England und Mitteleuropa in der Formationsperiode des Kapitalismus (Kritische Studien zur Geschichtswissenschaft 92). Göttingen 1991.

EISELT 1989 Franz Eiselt, Grundlagen, Entwicklung und Bestand der Vulgar- und Familiennamen in den Vorauer Gemeinden, in: Zeitschrift des historischen Vereines für Steiermark 80. 1989 S. 93–139.

EISENSTADT/RONIGER 1984 S. N. Eisenstadt/L. Roniger, Patrons, clients and friends. Interpersonal relations and the structure of trust in society. Cambridge 1984.

EGERBLADH 1989 Inez Egerbladh, From complex to simple family households: peasant households in northern coastal Sweden 1700–1900, in: Journal of family history 14. 1989 S. 241–264.

EMMERICH 1971 Wolfgang Emmerich, Zur Kritik der Volkstumsideologie (edition suhrkamp 502). Frankfurt/M. 1971.

ENGELSING 1961 Rolf Engelsing, Bremen als Auswandererhafen 1683–1880 (Veröffentlichungen aus dem Staatsarchiv der Freien Hansestadt Bremen 29). Bremen 1961.

ERICSSON 1989 Tom Ericsson, Kinship and sociability: Urban shopkeepers in nineteenth-century Sweden, in: Journal of family history 14. 1989 S. 229–239.

ERIKSSON/ROGERS 1978 Ingrid Eriksson/John Rogers, Rural Labor and population change. Social and demographic developments in east-central Sweden during the 19th century (Acta Universitatis Upsaliensis 100). Uppsala 1978.

FAUVE-CHAMOUX 1981 Antoinette Fauve-Chamoux, Population et famille dans les Hautes Pyrénées aux 18$^e$-20$^e$ siècles. L'exemple d'Esparros, in: Celina Bobinska/Joseph Goy (Hg.), Les Pyrénées et les Carpates, 16$^e$-20$^e$ siècles. Recherches franco-polonaises comparées. Warszawa usw. 1981 S. 43–63.

FAUVE-CHAMOUX 1983 Antoinette Fauve-Chamoux, La femme devant l'allaitement, in: Annales de démographie historique 1983 S. 7–22.

FAUVE-CHAMOUX 1984 Antoinette Fauve-Chamoux, Les structures familiales au royaume des familles-souches: Esparros, in: Annales E. S. C. 39. 1984 S. 513–528.

FAUVE-CHAMOUX 1985 Antoinette Fauve-Chamoux, Vieillesse et famille-souche, in: Annales de démographie historique 1985 S. 111–125.

FAUVE-CHAMOUX 1987 Antoinette Fauve-Chamoux, Le fonctionnement de la famille-souche dans les Baronnies des Pyrénées avant 1914, in: Annales de démographie historique 1987 S. 241–262.

FAUVE-CHAMOUX (Hg.) 1987 Antoinette Fauve-Chamoux (Hg.), Évolution agraire et croissance démographique. Liège 1987.

FAUVE-CHAMOUX 1988 Antoinette Fauve-Chamoux, Les structures familiales en France aux 17$^e$ et 18$^e$ siècles, in: Jacques Dupâquier (Hg.), Histoire de la population française 2. Paris 1988 S. 317–347.

FEATHERMAN 1989 David L. Featherman, Gesellschaftlicher Strukturwandel, soziale Mobilität und Lebenslauf, in: Ansgar Weymann (Hg.), Handlungsspielräume. Untersuchungen zur Individualisierung und Institutionalisierung von Lebensläufen in der Moderne (Der Mensch als soziales und personales Wesen 9). Stuttgart 1989 S. 61–75.

FINLAY 1988 Robert Finlay, The refashioning of Martin Guerre, in: American historical review 93. 1988 S. 553-571.

FITZ 1985 Arno J. Fitz, Die Frühindustrialisierung Vorarlbergs und ihre Auswirkungen auf die Familienstruktur (Vorarlberg in Geschichte und Gegenwart 2). Dornbirn 1985.

FLANDRIN 1969 Jean-Louis Flandrin, Contraception, mariage et relations amoureuses dans l'Occident chrétien, in: Annales E. S. C. 24. 1969 S. 1370-1390.

FLANDRIN 1977 Jean-Louis Flandrin, Späte Heirat und Sexualleben, in: Marc Bloch u. a., Schrift und Materie der Geschichte. Vorschläge zur systematischen Aneignung historischer Prozesse, hg. Claudia Honegger (edition suhrkamp 814). Frankfurt/M. 1977 S. 272-310.

FLANDRIN 1978 Jean-Louis Flandrin, Familien. Soziologie - Ökonomie - Sexualität. Frankfurt/M. usw. 1978.

FLASKAMP 1940 Franz Flaskamp, Die Anfänge des Volksschulwesens im Bistum Osnabrück. Visitationsbericht vom Jahre 1653 (Quellen und Forschungen zur Natur und Geschichte des Kreises Wiedenbrück 54). Wiedenbrück 1940.

FLEURY/HENRY 1976 Michel Fleury/Louis Henry, Nouveau manuel de dépouillement et d'exploitation de l'état civil ancien. Paris ²1976.

FLINN 1981 Michael W. Flinn, The European demographic system 1500-1820 (Pre-industrial Europe 5). Brighton 1981.

FOJTIK 1969 Karel Fojtik, Die Inhalts- und Funktionswandlungen der Gevatternschaft in Böhmen, Mähren und Schlesien vom 14. bis zum 20. Jahrhundert, in: Kontakte und Grenzen. Probleme der Volks-, Kultur- und Sozialforschung. Festschrift für Gerhard Heilfurth zum 60. Geburtstag, Göttingen 1969 S. 337-343.

FOSTER 1974 John Foster, Class struggle and the industrial revolution. Early industrial capitalism in three English towns. London 1974.

FOUCAULT 1977 Michel Foucault, Überwachen und Strafen. Die Geburt des Gefängnisses (Suhrkamp Taschenbuch Wissenschaft 184). Frankfurt/M. 1977.

Fox 1967 Robin Fox, Kinship and marriage: An anthropological perspective. Harmondsworth 1967.

FRANÇOIS 1978 Etienne François, La mortalité urbaine en Allemagne au 18$^e$ siècle, in: Annales de démographie historique 1978 S. 135-165.

FRANÇOIS 1982 Etienne François, Buch, Konfession und städtische Gesellschaft im 18. Jahrhundert. Das Beispiel Speyers, in: Mentalitäten und Lebensverhältnisse. Beispiele aus der Sozialgeschichte der Neuzeit. Rudolf Vierhaus zum 60. Geburtstag, Göttingen 1982 S. 34-54.

FRANÇOIS 1991 Etienne François, Die unsichtbare Grenze. Protestanten und Katholiken in Augsburg 1648-1806 (Abhandlungen zur Geschichte der Stadt Augsburg 33). Sigmaringen 1991.

FRANKE 1988 Peter Franke, Märkische Glasarbeiter im 19. Jahrhundert. Eine Untersuchung der Patenschaftsbeziehungen und Familienverbände in den Glashütten Neuglobsow und Pian zwischen 1804 und 1889, in: Jahrbuch für Wirtschaftsgeschichte 1988, Heft 3 S. 69-92.

FRANZ 1970 Günther Franz, Geschichte des deutschen Bauernstandes vom frühen Mittelalter bis zum 19. Jahrhundert (Deutsche Agrargeschichte 4). Stuttgart 1970.

FRANZ 1979 Günther Franz, Der Dreißigjährige Krieg und das deutsche Volk. Untersuchungen zur Bevölkerungs- und Agrargeschichte (Quellen und Forschungen zur Agrargeschichte 7). Stuttgart ⁴1979.

FREITAG 1988 Winfried Freitag, Haushalt und Familie in traditionalen Gesellschaften: Konzepte, Probleme und Perspektiven der Forschung, in: Geschichte und Gesellschaft 14. 1988 S. 5-37.

FRIEDERICH 1987 Gerd Friederich, Das niedere Schulwesen, in: Christa Berg u. a. (Hg.), Handbuch der deutschen Bildungsgeschichte 3: 1800-1870. München 1987 S. 123-152.

Furet 1963 François Furet, Pour une définition des classes inférieures à l'époque moderne, in: Annales. E.S.C. 18. 1963 S. 459-474.

Gatterer 1934 Michael Gatterer, Artikel „Kommunion", in: Michael Buchberger (Hg.), Lexikon für Theologie und Kirche 6. Freiburg i.Br. 1934 Sp. 103-108.

Gaunt 1982 David Gaunt, Formen der Altersversorgung in Bauernfamilien Nord- und Mitteleuropas, in: Michael Mitterauer/Reinhard Sieder (Hg.), Historische Familienforschung (Suhrkamp Taschenbuch Wissenschaft 387). Frankfurt/M. 1982 S. 156-191.

Gautier/Henry 1958 Etienne Gautier/Louis Henry, La population de Crulai, paroisse normande (Institut national d'études démographiques. Travaux et documents, cahier 33). Paris 1958.

Gay 1953 Jean Lucien Gay, Les effets pécuniaires du mariage en Nivernais du 14$^e$ aus 18$^e$ siècle. Thèse pour le doctorat, faculté de droit, Dijon 1953.

Geertz 1987 Clifford Geertz, Dichte Beschreibung. Bemerkungen zu einer deutenden Theorie von Kultur, in: ders., Dichte Beschreibung. Beiträge zum Verstehen kultureller Systeme (Suhrkamp Taschenbuch Wissenschaft 696). Frankfurt/M. 1987 S. 7-43.

Gehrmann 1984 Rolf Gehrmann, Leezen 1720-1870. Ein historisch-demographischer Beitrag zur Sozialgeschichte des ländlichen Schleswig-Holstein (Studien zur Wirtschafts- und Sozialgeschichte Schleswig-Holsteins 7). Neumünster 1984.

Gellner/Waterbury 1977 Ernest Gellner/John Waterbury (Hg.), Patrons and clients in Mediterranean societies. London 1977.

Geramb 1954 Viktor von Geramb, Wilhelm Heinrich Riehl. Leben und Wirken, 1823-1897. Salzburg 1954.

Gerardy 1955 Th. Gerardy, Die Triangulation des Königreichs Hannover durch C.F. Gauß (1821-1844), in: C.F. Gauß und die Landesvermessung in Niedersachsen. Hannover 1955 S. 83-114.

Gerhard 1978 Ute Gerhard, Verhältnisse und Verhinderungen. Frauenarbeit, Familie und Rechte der Frauen im 19. Jahrhundert (edition suhrkamp 933). Frankfurt/M. 1978.

Gestrich 1986 Andreas Gestrich, Traditionelle Jugendkultur und Industrialisierung. Sozialgeschichte der Jugend in einer ländlichen Arbeitergemeinde Württembergs, 1800-1920 (Kritische Studien zur Geschichtswissenschaft 69). Göttingen 1986.

Gillis 1980 John R. Gillis, Geschichte der Jugend. Tradition und Wandel im Verhältnis der Altersgruppen und Generationen in Europa von der zweiten Hälfte des 18. Jahrhunderts bis zur Gegenwart. Weinheim usw. 1980.

Gillis 1984 John R. Gillis, Peasant, plebeian, and proletarian marriage in Britain, 1600-1900, in: David Levine (Hg.), Proletarianization and family history. Orlando usw. 1984 S. 129-162.

Gillis 1985 John R. Gillis, For better, for worse: British marriages, 1600 to the present. New York/Oxford 1985.

Ginzburg 1979 Carlo Ginzburg, Der Käse und die Würmer. Die Welt eines Müllers um 1600. Frankfurt/M. 1979.

Ginzburg 1988 Carlo Ginzburg, Spurensicherung. Der Jäger entziffert die Fährte, Sherlock Holmes nimmt die Lupe, Freud liest Morelli – die Wissenschaft auf der Suche nach sich selbst, in: ders., Spurensicherungen. Über verborgene Geschichte, Kunst und soziales Gedächtnis (dtv 10974). München 1988 S. 78-125.

Ginzburg/Poni 1981 Carlo Ginzburg/Carlo Poni, La micro-histoire, in: Le débat 17. 1981 S. 133-136. (Leicht gekürzte deutsche Fassung u.d.T.: Was ist Mikrogeschichte? in: Geschichtswerkstatt 6. 1985 S. 48-52).

Gladen 1970 Albin Gladen, Der Kreis Tecklenburg an der Schwelle des Zeitalters der Industrialisierung (Veröffentlichungen der Historischen Kommission Westfalens 22a). Münster 1970.

GÖTTSCH 1978 Silke Göttsch, Beiträge zum Gesindewesen in Schleswig-Holstein zwischen 1740 und 1840 (Studien zur Volkskunde und Kulturgeschichte Schleswig-Holsteins 3). Neumünster 1978.

GOODY 1970 Jack Goody, Sideways or downwards? Lateral and vertical succession, inheritance and descent in Africa and Eurasia, in: Man 5. 1970 S. 627-638.

GOODY 1973a Jack Goody, Bridewealth and dowry in Africa and Eurasia, in: ders./S.J. Tambiah, Bridewealth and dowry (Cambridge papers in social anthropology 7). Cambridge 1973 S. 1-58.

GOODY 1973b Jack Goody, Strategies of heirship, in: Comparative studies in society and history 15. 1973 S. 3-20.

GOODY 1976a Jack Goody, Production and reproduction. A comparative study of the domestic domain (Cambridge studies in social anthropology 17). Cambridge 1976.

GOODY 1976b Jack Goody, Inheritance, property and women: some comparative considerations, in: ders. u.a. (Hg.), Family and inheritance. Rural society in western Europe, 1200-1800. Cambridge 1976 S. 10-36.

GOODY 1983 Jack Goody, The development of the family and marriage in Europe. Cambridge 1983.

GOODY 1990 Jack Goody, The oriental, the ancient and the primitive. Systems of marriage and the family in the pre-industrial societies of Eurasia. Cambridge 1990.

GRAF 1972 Christa V. Graf, Johann Carl Bertram Stüve und die Befreiung des hannoverschen Bauerntums, in: Osnabrücker Mitteilungen 79. 1972 S. 24-36.

GRAFF 1937-1939 Paul Graff, Geschichte der Auflösung der alten gottesdienstlichen Formen in der evangelischen Kirche Deutschlands. Göttingen Bd. 1 $^2$1937, Bd. 2 1939.

GREES 1983 Hermann Grees, Unterschichten mit Grundbesitz in ländlichen Siedlungen Mitteleuropas, in: Gerhard Henkel (Hg.), Die ländliche Siedlung als Forschungsgegenstand der Geographie (Wege der Forschung 616). Darmstadt 1983 S. 193-223.

GROSSMANN 1955 W. Großmann, Niedersächsische Vermessungsgeschichte im 18. und 19. Jahrhundert, in: C. F. Gauß und die Landesvermessung in Niedersachsen. Hannover 1955 S. 17-59.

GÜNTHER 1941 Hans F. K. Günther, Das Bauerntum als Lebens- und Gemeinschaftsform. Leipzig usw. $^2$1941.

GUTIERREZ/HOUDAILLE 1983 Hector Gutierrez/Jacques Houdaille, La mortalité maternelle en France au 18$^e$ siècle, in: Population 38. 1983 S. 975-993.

GUTMAN 1976 Herbert G. Gutman, The black family in slavery and freedom, 1750-1925. New York 1976.

GUTMANN 1987 Myron P. Gutmann, Protoindustrialization and marriage ages in eastern Belgium, in: Annales de démographie historique 1987 S. 143-173.

GUTMANN 1988 Myron P. Gutmann, Toward the modern economy. Early industry in Europe, 1500-1800. New York 1988.

HAJNAL 1965 John Hajnal, European marriage patterns in perspective, in: D. V. Glass/D. E. C. Eversley (Hg.), Population in history. Essays in historical demography. London 1965 S. 101-143.

HAJNAL 1982 John Hajnal, Two kinds of pre-industrial household formation system, in: Population and development review 8. 1982 S. 449-494. (Kürzere Fassung auch in: Richard Wall u.a. (Hg.), Family forms in historic Europe. Cambridge 1983 S. 65-104).

HALM 1949 Wilhelm Halm, Das Heuerlingswesen im Nordosten des Kreises Osnabrück, dargestellt an sechzehn Gemeinden. Landwirtsch. Diss. Bonn 1949. (Maschinenschriftlich).

HAMMEL 1974 E. A. Hammel, The zadruga as process, in: Peter Laslett/Richard Wall (Hg.), Household and family in past time. Cambridge $^2$1974 S. 335-373.

HAMMEL 1984 E. A. Hammel, On the * * * of studying household form and function, in: Robert McC. Netting u. a. (Hg.), Households. Comparative and historical studies of the domestic group. Berkeley usw. 1984 S. 29-43.

HAMMEL/LASLETT 1974 E. A. Hammel/Peter Laslett, Comparing household structure over time and between cultures, in: Comparative studies in society and history 16. 1974 S. 73-109.

HARDER-GERSDORFF 1986 Elisabeth Harder-Gersdorff, Leinen-Regionen im Vorfeld und im Verlauf der Industrialisierung (1780-1914), in: Hans Pohl (Hg.), Gewerbe- und Industrielandschaften vom Spätmittelalter bis ins 20. Jahrhundert (Vierteljahrschrift für Sozial- und Wirtschaftsgeschichte Beiheft 78). Stuttgart 1986 S. 203-253.

HAREVEN 1982 Tamara K. Hareven, Family time and historical time, in: Michael Mitterauer/Reinhard Sieder (Hg.), Historische Familienforschung (Suhrkamp Taschenbuch Wissenschaft 387). Frankfurt/M. 1982 S. 64-87.

HARNISCH 1984 Hartmut Harnisch, Kapitalistische Agrarreform und industrielle Revolution. Agrarhistorische Untersuchungen über das ostelbische Preußen zwischen Spätfeudalismus und bürgerlich-demokratischer Revolution von 1848/49 unter besonderer Berücksichtigung der Provinz Brandenburg (Veröffentlichungen des Staatsarchivs Potsdam 19). Weimar 1984.

HARNISCH 1985 Hartmut Harnisch, Die Gutsherrschaft. Forschungsgeschichte, Entwicklungszusammenhänge und Strukturelemente, in: Jahrbuch für Geschichte des Feudalismus 9. 1985 S. 189-240.

HARRIS 1982 Olivia Harris, Households and their boundaries, in: History workshop 13. 1982 S. 143-152.

HASSELL 1898-1901 W. von Hassell, Geschichte des Königreichs Hannover, 2 Teile in 3 Bdn. Bremen 1898-1901.

HATZIG 1909 Otto Hatzig, Justus Möser als Staatsmann und Publizist (Quellen und Darstellungen zur Geschichte Niedersachsens 27). Hannover usw. 1909.

HAUSCHILDT 1959 Karl Hauschildt, Zur Geschichte und Diskussion der Konfirmationsfrage vom Pietismus bis zum 20. Jahrhundert, in: Kurt Frör (Hg.), Confirmatio. Forschungen zur Geschichte und Praxis der Konfirmation. München 1959 S. 43-73.

HELD 1985 Thomas Held, Ausgedinge und ländliche Gesellschaft. Generationenverhältnisse im Österreich des 17. bis 19. Jahrhundert, in: Christoph Conrad/Hans-Joachim von Kondratowitz (Hg.), Gerontologie und Sozialgeschichte. Wege zu einer historischen Betrachtung des Alters (Beiträge zur Gerontologie und Altenarbeit 48). Berlin ²1985 S. 151-185.

HENKHAUS 1991 Uwe Henkhaus, Das Treibhaus der Unsittlichkeit. Lieder, Bilder und Geschichte(n) aus der hessischen Spinnstube. Marburg 1991.

HENRY 1952 Louis Henry, Aspects divers de la fécondité des populations humaines, in: Revue des questions scientifiques, Jg. 65 Bd. 123 S. 360-381.

HENRY 1953 Louis Henry, Fondements théoriques des mesures de la fécondité naturelle, in: Revue de l'institut international de statistique 21. 1953 S. 135-151.

HENRY 1961 Louis Henry, La fécondité naturelle. Observation - théorie - résultats, in: Population 16. 1961 S. 625-636.

HENRY 1972 Louis Henry, Fécondité des mariages dans le quart sud-ouest de la France de 1720 à 1829, in: Annales E. S. C. 27. 1972 S. 612-640, 977-1023.

HENRY 1978 Louis Henry, Fécondité des mariages dans le quart sud-est de la France de 1670 à 1829, in: Population 33. 1978 S. 855-883.

HENRY 1979 Louis Henry, Concepts actuels et résultats empiriques sur la fécondité naturelle, in: Henri Leridon/Jane Menken (Hg.), Natural fertility. Patterns and determinants of natural fertility. Proceedings of a seminar on natural fertility. Liège 1979 S. 15-28.

HENRY/BLUM 1988 Louis Henry/Alain Blum, Techniques d'analyse en démographie historique. Paris ²1988.

HENRY/HOUDAILLE 1973 Louis Henry/Jacques Houdaille, Fécondité des mariages dans le quart nord-ouest de la France de 1670 à 1829, in: Population 28. 1973 S. 873–924.

HENRY/HOUDAILLE 1978-1979 Louis Henry/Jacques Houdaille, Célibat et âge au mariage aux 18e et 19e siècles en France, Teil 1, in: Population 33. 1978 S. 43–84; Teil 2, in: ebd. 34. 1979 S. 403–442.

HERBERT 1982 Michael Herbert, Erziehung und Volksbildung in Altwürttemberg. Umbruch und Neuorientierung in der zweiten Hälfte des 18. Jahrhunderts (Studien und Dokumentationen zur deutschen Bildungsgeschichte 20). Weinheim usw. 1982.

HERZOG 1938 Friedrich Herzog, Das Osnabrücker Land im 18. und 19. Jahrhundert. Eine kulturgeographische Untersuchung (Veröffentlichungen der Wirtschaftswissenschaftlichen Gesellschaft zum Studium Niedersachsens A 40). Oldenburg 1938.

HEUVEL 1984 Christine van den Heuvel, Beamtenschaft und Territorialstaat. Behördenentwicklung und Sozialstruktur der Beamtenschaft im Hochstift Osnabrück 1550-1800 (Osnabrücker Geschichtsquellen und Forschungen 24). Osnabrück 1984.

HINRICHS 1980 Ernst Hinrichs, Einführung in die Geschichte der Frühen Neuzeit. München 1980.

HINRICHS 1981 Ernst Hinrichs, Le charivari et les usages de réprimande en Allemagne. Etat et perspectives de la recherche, in: Jacques Le Goff/Jean-Claude Schmitt (Hg.), Le charivari (Civilisations et sociétés 67). Paris usw. 1981 S. 297–306.

HINRICHS/KRÄMER/REINDERS 1988 Ernst Hinrichs/Rosemarie Krämer/Christoph Reinders, Die Wirtschaft des Landes Oldenburg in vorindustrieller Zeit. Eine regionalgeschichtliche Dokumentation für die Zeit von 1700 bis 1850. Oldenburg 1988.

HINRICHS/LIFFERS/ZIEGLER 1981 Ernst Hinrichs/Rita Liffers/Jutta Ziegler, Sozialspezifische Unterschiede im generativen Verhalten eines Wesermarsch-Kirchspiels (1800-1850). Ergebnisse der Auswertung des Familienregisters von Altenesch, in: Wolfgang Günther (Hg.), Sozialer und politischer Wandel in Oldenburg. Regionalgeschichte vom 17. bis 20. Jahrhundert. Oldenburg 1981 S. 49–73.

HINRICHS/NORDEN 1980 Ernst Hinrichs/Wilhelm Norden, Regionalgeschichte. Probleme und Beispiele (Quellen und Untersuchungen zur Wirtschafts- und Sozialgeschichte Niedersachsens in der Neuzeit 6). Hildesheim 1980.

HINZE 1972 Konrad Hinze, Aus der Geschichte der Gemeinde Gretesch. o. O. 1972.

HINZE 1980a Konrad Hinze, Zigarrenfabriken in Belm, in: Irmgard Sprang (Hg.), Heimatbuch Belm [Bd. 1]. Belm 1980 S. 133–136.

HINZE 1985a Konrad Hinze, Das Kirchspiel am Ende des 18. Jahrhunderts, in: Heimatbuch Belm Bd. 2. Belm 1985 S. 146–157.

HINZE/LINDEMANN 1980 Konrad Hinze/Ilsetraut Lindemann, Julius Meyer, Verfechter der Grundrechte. Aus dem Lebenslauf eines Unternehmers und Sozialisten, in: Irmgard Sprang (Hg.), Heimatbuch Belm [Bd. 1]. Belm 1980 S. 106–122.

HIRSCHFELDER 1971 Heinrich Hirschfelder, Herrschaftsordnung und Bauerntum im Hochstift Osnabrück im 16. und 17. Jahrhundert (Osnabrücker Geschichtsquellen und Forschungen 16). Osnabrück 1971.

HOBERG 1939 Hermann Hoberg, Die Gemeinschaft der Bekenntnisse in kirchlichen Dingen. Rechtszustände im Fürstentum Osnabrück vom Westfälischen Frieden bis zum Anfang des 19. Jahrhunderts (Das Bistum Osnabrück 1). Osnabrück 1939.

HOBSBAWM 1954 Eric J. Hobsbawm, The general crisis of the European economy in the 17th century, Teil 1, in: Past and present 5. 1954 S. 33–53; Teil 2, in: ebd. 6. 1954 S. 44–65.

HOBSBAWM 1962 Eric J. Hobsbawm, Sozialrebellen. Archaische Sozialbewegungen im 19. und 20. Jahrhundert (Soziologische Texte 14). Neuwied 1962.

HOFFMEYER 1925a Ludwig Hoffmeyer, Geschichte der evangelischen Volksschulen des Fürstentums Osnabrück, der Niedergrafschaft Lingen sowie der Städte Meppen und Papenburg. Osnabrück 1925.

HOFFMEYER 1925b Ludwig Hoffmeyer, Geschichte des Handwerks im Fürstentum Osnabrück, in Lingen, Meppen und Papenburg. Osnabrück 1925.

HOFFMEYER/BÄTE 1964 Ludwig Hoffmeyer/Ludwig Bäte, Chronik der Stadt Osnabrück. Osnabrück ³1964.

HOHORST 1977 Gerd Hohorst, Wirtschaftswachstum und Bevölkerungsentwicklung in Preußen 1816 bis 1914. New York 1977.

HOPF-DROSTE/HACKE 1989 Marie-Luise Hopf-Droste/Sabine Hacke (Hg.), Katalog ländlicher Anschreibebücher aus Nordwestdeutschland (Volkskunde 3). Münster 1989.

HORNUNG 1905 Erich Hornung, Entwicklung und Niedergang der hannoverschen Leinwandindustrie. Hannover 1905.

HOUDAILLE 1976 Jacques Houdaille, La fécondité des mariages de 1670 à 1829 dans le quart nord-est de la France, in: Annales de démographie historique 1976 S. 341–391.

HOUDAILLE 1980 Jacques Houdaille, La mortalité des enfants en Europe avant le 19$^e$ siècle, in: Paul-Marie Boulanger/Dominique Tabutin (Hg.), La mortalité des enfants dans le monde et dans l'histoire. Liège 1980 S. 85–118.

HOUDAILLE 1984 Jacques Houdaille, La mortalité des enfants dans la France rurale de 1690 à 1779, in: Population 39. 1984 S. 77–106.

HOUSTON/SMITH 1982 Rab Houston/Richard Smith, A new approach to family history?, in: History workshop 14. 1982 S. 120–131.

HOWELL 1983 Cicely Howell, Land, family and inheritance in transition. Kibworth Harcourt 1280–1700. Cambridge 1983.

HUFTON 1974 Olwen H. Hufton, The poor of 18th-century France, 1750–1789. Oxford 1974.

HUPPERTZ 1939 Barthel Huppertz, Räume und Schichten bäuerlicher Kulturformen in Deutschland. Ein Beitrag zur Deutschen Bauerngeschichte. Bonn 1939.

IGGERS 1978 Georg G. Iggers, Neue Geschichtswissenschaft. Vom Historismus zur Historischen Sozialwissenschaft. Ein internationaler Vergleich (dtv Wissenschaftliche Reihe 4308). München 1978.

ILISCH 1976 Peter Ilisch, Zum Leben von Knechten und Mägden in vorindustrieller Zeit, in: Rheinisch-westfälische Zeitschrift für Volkskunde 22. 1976 S. 255–265.

IMHOF 1977 Arthur E. Imhof, Einführung in die Historische Demographie. München 1977.

IMHOF 1981a Arthur E. Imhof, Die gewonnenen Jahre. Von der Zunahme unserer Lebensspanne seit 300 Jahren, oder von der Notwendigkeit einer neuen Einstellung zu Leben und Sterben. München 1981.

IMHOF 1981b Arthur E. Imhof, Unterschiedliche Säuglingssterblichkeit in Deutschland, 18. bis 20. Jahrhundert – warum?, in: Zeitschrift für Bevölkerungswissenschaft 7. 1981 S. 343–382.

IMHOF 1984 Arthur E. Imhof, Die verlorenen Welten. Alltagsbewältigung durch unsere Vorfahren und weshalb wir uns heute so schwer damit tun. München 1984.

IMHOF 1988 Arthur E. Imhof, Die Lebenszeit. Vom aufgeschobenen Tod und von der Kunst des Lebens. München 1988.

IMHOF 1990 Arthur E. Imhof, Lebenserwartungen in Deutschland vom 17. bis 19. Jahrhundert. Weinheim 1990.

IMSIEKE 1985 Wilhelm Imsieke, Die evangelische Kirche in Belm, in: Heimatbuch Belm Bd. 2. Belm 1985 S. 209–223.

IPSEN 1933 Gunther Ipsen, Bevölkerungslehre, in: Handwörterbuch des Grenz- und Auslanddeutschtums Bd. 1. Breslau 1933 S. 425–463 (diese Lieferung erschien 1934).

IPSEN 1941 Gunther Ipsen, Agrarische Bevölkerung, in: Archiv für Bevölkerungswissenschaft und Bevölkerungspolitik 11. 1941 S. 209–220.

ISAAC 1982 Rhys Isaac, The transformation of Virginia, 1740–1790. Chapel Hill 1982.

JAFFÉ 1899 E. Jaffé, Hausindustrie und Fabrikbetrieb in der deutschen Cigarrenfabrikation, in: Hausindustrie und Heimarbeit in Deutschland und Österreich 3 (Schriften des Vereins für Socialpolitik 86). Leipzig 1899 S. 279–341.

JOSTES 1904 Franz Jostes, Westfälisches Trachtenbuch, die jetzigen und ehemaligen westfälischen und schaumburgischen Gebiete umfassend. Bielefeld usw. 1904.

KAAK 1991 Heinrich Kaak, Die Gutsherrschaft. Theoriegeschichtliche Untersuchungen zum Agrarwesen im ostelbischen Raum (Veröffentlichungen der historischen Kommission zu Berlin 79). Berlin usw. 1991.

KÄMMERER 1986 Christian Kämmerer, Stadt Osnabrück (Baudenkmale in Niedersachsen 32). Braunschweig usw. 1986.

KAMPHOEFNER 1982 Walter D. Kamphoefner, Westfalen in der Neuen Welt. Eine Sozialgeschichte der Auswanderung im 19. Jahrhundert (Beiträge zur Volkskultur in Nordwestdeutschland 26). Münster 1982.

KAMPHOEFNER 1984 Walter D. Kamphoefner, ‚Entwurzelt' oder ‚verpflanzt'? Zur Bedeutung der Kettenwanderung für die Einwandererakkulturation in Amerika, in: Klaus J. Bade (Hg.), Auswanderer – Wanderarbeiter – Gastarbeiter. Bevölkerung, Arbeitsmarkt und Wanderung in Deutschland seit der Mitte des 19. Jahrhunderts Bd. 1. Ostfildern 1984 S. 321–349.

KAMPHOEFNER 1987 Walter D. Kamphoefner, The Westfalians: From Germany to Missouri. Princeton N.J. 1987.

KAUFHOLD 1978 Karl Heinrich Kaufhold, Das Gewerbe in Preußen um 1800 (Göttinger Beiträge zur Wirtschafts- und Sozialgeschichte 2). Göttingen 1978.

KAUFHOLD 1983 Karl Heinrich Kaufhold, Gewerbe und ländliche Nebentätigkeiten im Gebiet des heutigen Niedersachsen um 1800, in: Archiv für Sozialgeschichte 23. 1983 S. 163–218.

KEESENBERG 1972 Hermann Keesenberg, Die Altersversorgung im alten Wilhelmsburg. Testamente, Altenteils-, Erb- und Eheverträge aus vergangenen Jahrhunderten als Zeugnisse einer geregelten Alters- und Sozialversorgung. Hamburg 1972.

KERTZER 1985 David I. Kertzer, Future directions in historical household studies, in: Journal of family history 10. 1985 S. 98–107.

KERTZER/HOGAN/KARWEIT 1992 David I. Kertzer/Dennis P. Hogan/Nancy Karweit, Kinship beyond the household in a nineteenth-century Italian town, in: Continuity and change 7. 1992 S. 103–121.

KHERA 1972a Sigrid Khera, An Austrian peasant village under rural industrialization, in: Behavior science notes 7. 1972 S. 29–36.

KHERA 1972b Sigrid Khera, Kin ties and social interaction in an Austrian peasant village with divided land inheritance, in: Behavior science notes 7. 1972 S. 349–365.

KHERA 1973 Sigrid Khera, Social stratification and land inheritance among Austrian peasants, in: American anthropologist 75. 1973 S. 814–823.

KIEL 1941 Karl Kiel, Gründe und Folgen der Auswanderung aus dem Osnabrücker Regierungsbezirk, insbesondere nach den Vereinigten Staaten, in: Mitteilungen des Vereins für Geschichte und Landeskunde von Osnabrück 61. 1941 S. 85–176.

KINTNER 1985 Hallie J. Kintner, Trends and regional differences in breastfeeding in Germany from 1871 to 1937, in: Journal of family history 10. 1985 S. 163–182.

KLAPISCH-ZUBER 1990 Christiane Klapisch-Zuber, La maison et le nom. Stratégies et rituels dans l'Italie de la Renaissance (Civilisations et sociétés 81). Paris 1990.

KNODEL 1967 John E. Knodel, Law, marriage and illegitimacy in 19th-century Germany, in: Population studies 20. 1967 S. 279–294.

KNODEL 1975 John E. Knodel, Ortssippenbücher als Quelle für die Historische Demographie, in: Geschichte und Gesellschaft 1. 1975 S. 288–324.

KNODEL 1978 John E. Knodel, Natural fertility in pre-industrial Germany, in: Population studies 32. 1978 S. 481–510.

KNODEL 1988 John E. Knodel, Demographic behavior in the past. A study of fourteen German village populations in the 18th and 19th centuries (Cambridge studies in population, economy and society in past time 6). Cambridge 1988.

KNODEL/MAYNES 1976 John E. Knodel/Mary Jo Maynes, Urban and rural marriage patterns in imperial Germany, in: Journal of family history 1. 1976 S. 129–168.

KNUDSEN 1986 Jonathan B. Knudsen, Justus Möser and the German enlightenment. Cambridge 1986.

KOCKA 1984 Jürgen Kocka, Zurück zur Erzählung? Plädoyer für historische Argumentation, in: Geschichte und Gesellschaft 10. 1984 S. 395–408.

KOCKA 1986 Jürgen Kocka, Sozialgeschichte. Begriff, Entwicklung, Probleme (Kleine Vandenhoeck-Reihe 1434). Göttingen ²1986.

KOCKA 1990a Jürgen Kocka, Weder Stand noch Klasse. Unterschichten um 1800 (Geschichte der Arbeiter und der Arbeiterbewegung in Deutschland seit dem Ende des 18. Jahrhunderts 1). Bonn 1990.

KOCKA 1990b Jürgen Kocka, Arbeitsverhältnisse und Arbeiterexistenzen. Grundlagen der Klassenbildung im 19. Jahrhundert (Geschichte der Arbeiter und der Arbeiterbewegung in Deutschland seit dem Ende des 18. Jahrhunderts 2). Bonn 1990.

KÖLLMANN 1974 Wolfgang Köllmann, Bevölkerung und Arbeitskräftepotential in Deutschland 1815–1865. Ein Beitrag zur Analyse der Problematik des Pauperismus, in: ders., Bevölkerung in der industriellen Revolution. Studien zur Bevölkerungsgeschichte Deutschlands (Kritische Studien zur Geschichtswissenschaft 12). Göttingen 1974 S. 61–98.

KÖNIG 1966 René König, Alte Probleme und neue Fragen in der Familiensoziologie, in: Kölner Zeitschrift für Soziologie und Sozialpsychologie 18. 1966 S. 1–20.

KÖNIG 1976 René König, Soziologie der Familie, in: ders. (Hg.), Handbuch zur empirischen Sozialforschung 7 (dtv Wissenschaftliche Reihe 4242). Stuttgart 1976 S. 1–217.

KOHL 1985 Thomas Kohl, Familie und soziale Schichtung. Zur historischen Demographie Triers 1730–1860 (Industrielle Welt 39). Stuttgart 1985.

KOHLI 1985 Martin Kohli, Die Institutionalisierung des Lebenslaufs. Historische Befunde und theoretische Argumente, in: Kölner Zeitschrift für Soziologie und Sozialpsychologie 37. 1985 S. 1–29.

KOLB/TEIWES 1977 Karlheinz Kolb/Jürgen Teiwes, Beiträge zur politischen, Sozial- und Rechtsgeschichte der Hannoverschen Ständeversammlung von 1814–1833 und 1837–1849 (Quellen und Darstellungen zur Geschichte Niedersachsens 88). Hildesheim 1977.

KOPP 1959 Eitel Georg Kopp, Namensrecht der Unehelichen vor dem Inkrafttreten des BGB in Deutschland. Frankfurt/M. usw. 1959.

KRÄMER/REINDERS 1986 Rosemarie Krämer/Christoph Reinders, Prozesse der sozialen und räumlichen Differenzierung im Herzogtum Oldenburg und im Niederstift Münster 1650 bis 1850, in: Niedersächsisches Jahrbuch für Landesgeschichte 58. 1986 S. 89–130.

KRAMER 1987 Karl-Sigismund Kramer, Volksleben in Holstein, 1550–1800. Eine Volkskunde aufgrund archivalischer Quellen. Kiel 1987.

KRAMER/WILKENS 1979 Karl-Sigismund Kramer/Ulrich Wilkens, Volksleben in einem holsteinischen Gutsbezirk. Eine Untersuchung aufgrund archivalischer Quellen (Studien zur Volkskunde und Kulturgeschichte Schleswig-Holsteins 4). Neumünster 1979.

KRAUS 1979 Antje Kraus, „Antizipierter Ehesegen" im 19. Jahrhundert. Zur Beurteilung der Illegitimität unter sozialgeschichtlichen Aspekten, in: Vierteljahrschrift für Sozial- und Wirtschaftsgeschichte 66. 1979 S. 174–215.

KRIEDTE 1980 Peter Kriedte, Spätfeudalismus und Handelskapital. Grundlinien der europäischen Wirtschaftsgeschichte vom 16. bis zum Ausgang des 18. Jahrhunderts (Kleine Vandenhoeck-Reihe 1459). Göttingen 1980.

KRIEDTE 1982 Peter Kriedte, Lebensverhältnisse, Klassenstrukturen und Proto-Industrie in Krefeld während der französischen Zeit, in: Mentalitäten und Lebensverhältnisse. Beispiele aus der Sozialgeschichte der Neuzeit. Rudolf Vierhaus zum 60. Geburtstag. Göttingen 1982 S. 295–314.

KRIEDTE 1983 Peter Kriedte, Proto-Industrialisierung und großes Kapital. Das Seidengewerbe in Krefeld und seinem Umland bis zum Ende des Ancien Régime, in: Archiv für Sozialgeschichte 23. 1983 S. 219–266.

KRIEDTE 1986 Peter Kriedte, Demographic and economic rhythms: The rise of the silk industry in Krefeld in the 18th century, in: The journal of European economic history 15. 1986 S. 259–289.

KRIEDTE 1991 Peter Kriedte, Eine Stadt am seidenen Faden. Haushalt, Hausindustrie und soziale Bewegung in Krefeld in der Mitte des 19. Jahrhunderts (Veröffentlichungen des Max-Planck-Instituts für Geschichte 97). Göttingen 1991.

KRIEDTE/MEDICK/SCHLUMBOHM 1977 Peter Kriedte/Hans Medick/Jürgen Schlumbohm, Industrialisierung vor der Industrialisierung. Gewerbliche Warenproduktion auf dem Land in der Formationsperiode des Kapitalismus (Veröffentlichungen des Max-Planck-Instituts für Geschichte 53). Göttingen 1977.

KRIEDTE/MEDICK/SCHLUMBOHM 1983 Peter Kriedte/Hans Medick/Jürgen Schlumbohm, Proto-Industrialisierung auf dem Prüfstand der historischen Zunft. Antwort auf einige Kritiker, in: Geschichte und Gesellschaft 9. 1983 S. 87–105.

KRIEDTE/MEDICK/SCHLUMBOHM 1992 Peter Kriedte/Hans Medick/Jürgen Schlumbohm, Sozialgeschichte in der Erweiterung – Proto-Industrialisierung in der Verengung? Demographie, Sozialstruktur, moderne Hausindustrie: eine Zwischenbilanz der Proto-Industrialisierungs-Forschung, in: Geschichte und Gesellschaft 18. 1992 S. 70–87, 231–255.

KÜCK 1906 Eduard Kück, Das alte Bauernleben der Lüneburger Heide. Studien zur niedersächsischen Volkskunde. Leipzig 1906.

KÜTHER 1983 Carsten Küther, Menschen auf der Straße. Vagierende Unterschichten in Bayern, Franken und Schwaben in der zweiten Hälfte des 18. Jahrhunderts (Kritische Studien zur Geschichtswissenschaft 56). Göttingen 1983.

KUNZE 1961 Arno Kunze, Vom Bauerndorf zum Weberdorf. Zur sozialen und wirtschaftlichen Struktur der Waldhufendörfer der südlichen Oberlausitz im 16., 17. und 18. Jahrhundert, in: Martin Reuther (Hg.), Oberlausitzer Forschungen. Beiträge zur Landesgeschichte. Leipzig 1961 S. 165–192.

KUSKE 1949 Bruno Kuske, Wirtschaftsgeschichte Westfalens in Leistung und Verflechtung mit den Nachbarländern bis zum 18. Jahrhundert (Veröffentlichungen des Provinzialinstituts für westfälische Landes- und Volkskunde Reihe 1 Heft 4). Münster ²1949.

KUSSMAUL 1981 Ann Kussmaul, Servants in husbandry in early modern England. Cambridge 1981.

LABOUVIE 1992 Eva Labouvie, Selbstverwaltete Geburt. Landhebammen zwischen Macht und Reglementierung (17.–19. Jahrhundert), in: Geschichte und Gesellschaft 18. 1992 S. 477–506.

LAMAISON 1979 Pierre Lamaison, Les stratégies matrimoniales dans un système complexe de parenté: Ribennes en Gévaudan, 1650–1830, in: Annales E. S. C. 34. 1979 S. 721–743.

LASLETT 1971 Peter Laslett, The world we have lost. London ²1971. (Deutsche Übersetzung: Verlorene Lebenswelten. Geschichte der vorindustriellen Gesellschaft [Fischer-Taschenbuch 10561]. Frankfurt/M. 1991).

LASLETT 1974a Peter Laslett, Introduction: The history of the family, in: Peter Laslett/Richard Wall (Hg.), Household and family in past time. Cambridge ²1974 S. 1–89.

Laslett 1974b Peter Laslett, Mean household size in England since the 16th century, in: Peter Laslett/Richard Wall (Hg.), Household and family in past time. Cambridge ²1974 S. 125-158.

Laslett 1976 Peter Laslett, Familie und Industrialisierung: eine „starke Theorie", in: Werner Conze (Hg.), Sozialgeschichte der Familie in der Neuzeit Europas. Neue Forschungen (Industrielle Welt 21). Stuttgart 1976 S. 13-31.

Laslett 1977a Peter Laslett, Characteristics of the Western family considered over time, in: ders., Family life and illicit love in earlier generations. Essays in historical sociology. Cambridge 1977 S. 12-49.

Laslett 1977b Peter Laslett, Parental deprivation in the past: a note on orphans and stepparenthood in English history, in: ders., Family life and illicit love in earlier generations. Essays in historical sociology. Cambridge 1977 S. 160-173.

Laslett 1977c Peter Laslett, Age at sexual maturity in Europe since the Middle Ages, in: ders., Family life and illicit love in earlier generations. Essays in historical sociology. Cambridge 1977 S. 214-232.

Laslett 1977d Peter Laslett, Long-term trends in bastardy in England, in: ders., Family life and illicit love in earlier generations. Essays in historical sociology. Cambridge 1977 S. 102-159.

Laslett 1980a Peter Laslett, Introduction: comparing illegitimacy over time and between cultures, in: ders. u.a. (Hg.), Bastardy and its comparative history. London 1980 S. 1-65.

Laslett 1980b Peter Laslett, The bastardy prone sub-society, in: ders. u.a. (Hg.), Bastardy and its comparative history. London 1980 S. 217-240.

Laslett 1983 Peter Laslett, Family and household as work group and kin group: areas of traditional Europe compared, in: Richard Wall (Hg.), Family forms in historic Europe. Cambridge 1983 S. 513-563.

Laslett 1988 Peter Laslett, Family, kinship and collectivity as systems of support in pre-industrial Europe: a consideration of the 'nuclear-hardship' hypothesis, in: Continuity and change 3. 1988 S. 153-175.

Leboutte 1988 René Leboutte, Reconversions de la main-d'œuvre et transition démographique. Les bassins industriels en aval de Liège 17e-19e siècles (Bibliothèque de la faculté de philosphie et lettres de l'université de Liège 251). Paris 1988.

Leder 1973 Klaus Leder, Kirche und Jugend in Nürnberg und seinem Landgebiet 1400 bis 1800 (Einzelarbeiten aus der Kirchengeschichte Bayerns 52). Neustadt a.d. Aisch 1973.

Lee 1976/77 W. Robert Lee, Bastardy and the socioeconomic structure of South Germany, in: Journal of interdisciplinary history 7. 1976/77 S. 403-425.

Lee 1977 W. Robert Lee, Population growth, economic development and social change in Bavaria, 1750-1850. New York 1977.

Lee 1977/78 W. Robert Lee, Bastardy in South Germany. A reply, in: Journal of interdisciplinary history 8. 1977/78 S. 471-476.

Le Goff/Schmitt 1981 Jacques Le Goff/Jean-Claude Schmitt (Hg.), Le charivari (Civilisations et sociétés 67). Paris usw. 1981.

Leineweber 1978 Anke Leineweber, Die rechtliche Beziehung des nichtehelichen Kindes zu seinem Erzeuger in der Geschichte des Privatrechts (Beiträge zur Neueren Privatrechtsgeschichte 7). Königstein/Ts. 1978.

Lenski 1977 Gerhard Lenski, Macht und Privileg. Eine Theorie der sozialen Schichtung (Suhrkamp Taschenbuch Wissenschaft 183). Frankfurt/M. 1977.

Le Roy Ladurie 1972 Emmanuel Le Roy Ladurie, Structures familiales et coutumes d'héritage en France au 16e siècle: Système de la coutume, in: Annales E.S.C. 27. 1972 S. 825-846.

Le Roy Ladurie 1978 Emmanuel Le Roy Ladurie, L'histoire immobile, in: ders., Le territoire de l'historien, Bd. 2. Paris 1978 S. 7-34.

Le Roy Ladurie 1983 Emmanuel Le Roy Ladurie, Montaillou. Ein Dorf vor dem Inquisitor, 1294-1324 (Ullstein-Buch 34114). Berlin usw. 1983.

Leschinsky/Roeder 1976 Achim Leschinsky/Peter Martin Roeder, Schule im historischen Prozeß. Zum Wechselverhältnis von institutioneller Erziehung und gesellschaftlicher Entwicklung. Stuttgart 1976.

Levi 1986 Giovanni Levi, Das immaterielle Erbe. Eine bäuerliche Welt an der Schwelle zur Moderne. Berlin 1986.

Levi 1990 Giovanni Levi, Family and kin – a few thoughts, in: Journal of family history 15. 1990 S. 567-578.

Levi 1991 Giovanni Levi, On microhistory, in: Peter Burke (Hg.), New perspectives on historical writing. Oxford 1991 S. 93-113.

Lévi-Strauss 1971 Claude Lévi-Strauss, Mythologica I. Das Rohe und das Gekochte. Frankfurt/M. 1971.

Lévi-Strauss 1981 Claude Lévi-Strauss, Die elementaren Strukturen der Verwandtschaft. Frankfurt/M. 1981.

Levine 1977 David Levine, Family formation in an age of nascent capitalism. New York usw. 1977.

Lienhard 1987 Marc Lienhard, La première Communion chez les luthériens d'Alsace du 16e au 20e siècle, in: Jean Delumeau (Hg.), La première Communion. Quatre siècles d'histoire. Paris 1987 S. 255-277.

Linde 1951 Hans Linde, Das Königreich Hannover an der Schwelle des Industriezeitalters, in: Neues Archiv für Niedersachsen Heft 24. 1951 S. 413-443.

Lipp 1982 Carola Lipp, Dörfliche Formen generativer und sozialer Reproduktion, in: Wolfgang Kaschuba/Carola Lipp, Dörfliches Überleben. Zur Geschichte materieller und sozialer Reproduktion ländlicher Gesellschaft im 19. und frühen 20. Jahrhundert (Untersuchungen des Ludwig-Uhland-Instituts der Universität Tübingen 56). Tübingen 1982 S. 287-598.

Lipp 1984 Carola Lipp, Gerettete Gefühle? Überlegungen zur Erforschung der historischen Mutter-Kind-Beziehung, in: Sozialwissenschaftliche Informationen für Unterricht und Studium 13. 1984 Heft 2 S. 59-73.

Livi-Bacci 1991 Massimo Livi-Bacci, Population and nutrition. An essay on European demographic history (Cambridge studies in population, economy and society in past time 14). Cambridge usw. 1991.

Löfgren 1974 Orvar Löfgren, Family and household among Scandinavian peasants: an exploratory essay, in: Ethnologia Scandinavica. A journal for nordic ethnology 1974 S. 17-52.

Lorenzen-Schmidt 1987 Klaus-J. Lorenzen-Schmidt, Ländliche Familienstrukturen in der nordwestdeutschen Küstenregion 1750-1870 (Archiv für Agrargeschichte der Holsteinischen Elbmarschen Beiheft 3). Engelbrechtsche Wildnis 1987.

Lorenzen-Schmidt/Poulsen 1992 Klaus-Joachim Lorenzen-Schmidt/Bjørn Poulsen (Hg.), Bäuerliche Anschreibebücher als Quellen zur Wirtschaftsgeschichte (Studien zur Wirtschafts- und Sozialgeschichte Schleswig-Holsteins 21). Neumünster 1992.

Lottin u. a. 1975 Alain Lottin u. a., La désunion du couple sous l'Ancien Régime. L'example du Nord. Lille usw. 1975.

Loudon 1986 Irvine Loudon, Deaths in childbed from the 18th century to 1935, in: Medical history 30. 1986 S. 1-41.

Loudon 1992 Irvine Loudon, Death in childbirth. An international study of maternal care and maternal mortality 1800-1950. Oxford 1992.

Loux 1983 Françoise Loux, Das Kind und sein Körper. Volksmedizin, Hausmittel, Bräuche (Ullstein-Buch 39068). Frankfurt/M. usw. 1983.
Lucassen 1986 Jan Lucassen, Migrant labour in Europe, 1600–1900. The drift to the North Sea. London usw. 1986.
Lüdtke 1989 Alf Lüdtke, Was ist und wer treibt Alltagsgeschichte?, in: ders. (Hg.), Alltagsgeschichte. Zur Rekonstruktion historischer Erfahrungen und Lebensweisen. Frankfurt/M. usw. 1989 S. 9–47.
Lütge 1967 Friedrich Lütge, Geschichte der deutschen Agrarverfassung vom frühen Mittelalter bis zum 19. Jahrhundert (Deutsche Agrargeschichte 3). Stuttgart ²1967.
Macfarlane 1970 Alan Macfarlane, The family life of Ralph Josselin, a 17th-century clergyman. An essay in historical anthropology. Cambridge 1970.
Macfarlane 1978 Alan Macfarlane, The origins of English individualism. The family, property and social transition. Oxford 1978.
Macfarlane 1986 Alan Macfarlane, Marriage und love in England. Modes of reproduction 1300–1840. Oxford 1986.
Machens o.J. Konrad Machens, Der Osnabrücker Leinenhandel. Osnabrück o.J. [ca. 1967] (Manuskript, vorhanden in Staatsarchiv Osnabrück).
Machens 1961 Konrad Machens, Beiträge zur Wirtschaftsgeschichte des Osnabrücker Landes im 17. und 18. Jahrhundert, in: Osnabrücker Mitteilungen 70. 1961 S. 86–104.
Mackenroth 1953 Gerhard Mackenroth, Bevölkerungslehre. Theorie, Soziologie und Statistik der Bevölkerung. Berlin usw. 1953.
McLaren 1984 Angus McLaren, Reproductive rituals: The perception of fertility in England from the sixteenth century to the nineteenth century. London usw. 1984.
Maczak 1988 Antoni Maczak (Hg.), Klientelsysteme im Europa der frühen Neuzeit (Schriften des Historischen Kollegs: Kolloquien 9). München 1988.
Mager 1981 Wolfgang Mager, Haushalt und Familie in protoindustrieller Gesellschaft: Spenge (Ravensberg) während der ersten Hälfte des 19. Jahrhunderts – eine Fallstudie, in: Neithardt Bulst u. a. (Hg.), Familie zwischen Tradition und Moderne. Studien zur Geschichte der Familie in Deutschland und Frankreich vom 16. bis zum 20. Jahrhundert (Kritische Studien zur Geschichtswissenschaft 48). Göttingen 1981 S. 141–181.
Mager 1982 Wolfgang Mager, Protoindustrialisierung und agrarisch-heimgewerbliche Verflechtung in Ravensberg während der Frühen Neuzeit. Studien zu einer Gesellschaftsformation im Übergang, in: Geschichte und Gesellschaft 8. 1982 S. 435–474.
Mager 1984 Wolfgang Mager (Hg.), Geschichte der Stadt Spenge. Spenge 1984.
Magnusson 1986 Lars Magnusson, Drinking and the Verlag system 1820–1850: The significance of taverns and drink in Eskilstuna before industrialisation, in: The Scandinavian economic history review 36. 1986 S. 1–19.
Marcuse 1936 Herbert Marcuse, Ideengeschichtlicher Teil, in: Studien über Autorität und Familie (Schriften des Instituts für Sozialforschung 5). Paris 1936 S. 136–228.
Marschalck 1973 Peter Marschalck, Deutsche Überseewanderung im 19. Jahrhundert. Ein Beitrag zur soziologischen Theorie der Bevölkerung (Industrielle Welt 14). Stuttgart 1973.
Masser 1980 Achim Masser, Der Einfluß des Paten auf die Namengebung in Südtirol, in: Peter Wiesinger (Hg.), Sprache und Name in Österreich. Festschrift für Walter Steinhauser zum 95. Geburtstag (Schriften zur deutschen Sprache in Österreich 6). Wien 1980 S. 325–338.
Maßmann 1934 Ernst Heinrich Maßmann, Hochzeitssitten und Hochzeitsgebräuche des Osnabrücker Landes, in: Zeitschrift für Volkskunde 44 (= N.F. 6). 1934 S. 214–232.
Matz 1980 Klaus-Jürgen Matz, Pauperismus und Bevölkerung. Die gesetzlichen Ehebeschränkungen in den süddeutschen Staaten während des 19. Jahrhunderts (Industrielle Welt 31). Stuttgart 1980.

MAURER 1959 Wilhelm Maurer, Geschichte der Firmung und Konfirmation bis zum Ausgang der lutherischen Orthodoxie, in: Kurt Frör (Hg.), Confirmatio. Forschungen zur Geschichte und Praxis der Konfirmation. München 1959 S. 9-38.

MAYHEW 1973 Alan Mayhew, Rural settlement and farming in Germany. London 1973.

MEDICK 1980 Hans Medick, Spinnstuben auf dem Dorf. Jugendliche Sexualkultur und Feierabendbrauch in der ländlichen Gesellschaft der frühen Neuzeit, in: Gerhard Huck (Hg.), Sozialgeschichte der Freizeit. Wuppertal 1980 S. 19-49.

MEDICK 1982a Hans Medick, ‚Freihandel für die Zunft'. Ein Kapitel aus der Geschichte der Preiskämpfe im württembergischen Leinengewerbe des 18. Jahrhunderts, in: Mentalitäten und Lebensverhältnisse. Beispiele aus der Sozialgeschichte der Neuzeit. Rudolf Vierhaus zum 60. Geburtstag. Göttingen 1982 S. 277-294.

MEDICK 1982b Hans Medick, Plebejische Kultur, plebejische Öffentlichkeit, plebejische Ökonomie. Über Erfahrungen und Verhaltensweisen Besitzarmer und Besitzloser in der Übergangsphase zum Kapitalismus, in: Robert M. Berdahl u. a., Klassen und Kultur. Sozialanthropologische Perspektiven in der Geschichtsschreibung, Frankfurt/M. 1982 S. 157-204.

MEDICK 1983 Hans Medick, Privilegiertes Handelskapital und ‚kleine Industrie'. Produktion und Produktionsverhältnisse im Leinengewerbe des alt-württembergischen Oberamts Urach im 18. Jahrhundert, in: Archiv für Sozialgeschichte 23. 1983 S. 267-310.

MEDICK 1986 Hans Medick, Weben, Überleben und Widerstand im alten Laichingen, in: Schwäbische Heimat 37. 1986 Heft 1 S. 40-52.

MEDICK 1989 ‚Missionare im Ruderboot'? Ethnologische Erkenntnisweisen als Herausforderung an die Sozialgeschichte, in: Alf Lüdtke (Hg.), Alltagsgeschichte. Zur Rekonstruktion historischer Erfahrungen und Lebensweisen. Frankfurt/M. usw. 1989 S. 48-84. (Überarbeitete Fassung des Aufsatzes aus: Geschichte und Gesellschaft 10. 1984 S. 295-319).

MEDICK 1991a Hans Medick, Buchkultur auf dem Lande: Laichingen 1748-1820. Ein Beitrag zur Geschichte der protestantischen Volksfrömmigkeit in Altwürttemberg, in: Hans Erich Bödeker/Gérald Chaix/Patrice Veit (Hg.), Der Umgang mit dem religiösen Buch. Studien zur Geschichte des religiösen Buches in Deutschland und Frankreich in der frühen Neuzeit (Veröffentlichungen des Max-Planck-Instituts für Geschichte 101). Göttingen 1991 S. 156-179.

MEDICK 1991b Hans Medick, Entlegene Geschichte? Sozialgeschichte im Blickpunkt der Kulturanthropologie, in: Konrad H. Jarausch u. a. (Hg.), Geschichtswissenschaft vor 2000. Festschrift für Georg Iggers (Beiträge zur Geschichtskultur 5). Hagen 1991 S. 360-369.

MEDICK/SABEAN 1984 Hans Medick/David Sabean, Emotionen und materielle Interessen in Familie und Verwandtschaft: Überlegungen zu neuen Wegen und Bereichen einer historischen und sozialanthropologischen Familienforschung, in: Hans Medick/David Sabean (Hg.), Emotionen und materielle Interessen. Sozialanthropologische und historische Beiträge zur Familienforschung (Veröffentlichungen des Max-Planck-Instituts für Geschichte 75). Göttingen 1984 S. 27-54.

MELLOT 1987 Jean Mellot, Rite de passage et fête familiale, rapprochements, in: Jean Delumeau (Hg.), La première Communion. Quatre siècles d'histoire. Paris 1987 S. 171-196.

MENDELS 1972 Franklin F. Mendels, Proto-industrialization: The first phase of the industrialization process, in: Journal of economic history 32. 1972 S. 241-261.

MENDELS 1981 Franklin F. Mendels, Industrialization and population pressure in eighteenth-century Flanders. New York 1981.

MENEFEE 1981 Samuel Pyeatt Menefee, Wives for sale. An ethnographic study of British popular divorce. Oxford 1981.

MERZARIO 1990 Raul Merzario, Land, kinship, and consanguineous marriage in Italy from the seventeenth to the nineteenth centuries, in: Journal of family history 15. 1990 S. 529-546.

MIASKOWSKI 1882-1884 August von Miaskowski, Das Erbrecht und die Grundeigentumsverteilung im Deutschen Reiche. Ein sozialwirtschaftlicher Beitrag zur Kritik und Reform des deutschen Erbrechts. 2 Bde. (Schriften des Vereins für Socialpolitik 20, 25). Leipzig 1882-1884.

MIDDENDORFF 1927 Rudolf Middendorff, Der Verfall und die Aufteilung der gemeinen Marken im Fürstentum Osnabrück bis zur napoleonischen Zeit, in: Mitteilungen des Vereins für Geschichte und Landeskunde von Osnabrück 49. 1927 S. 1-157.

MIES 1990 Thomas Mies, Art. ‚Familie', in: Hans Jörg Sandkühler (Hg.), Europäische Enzyklopädie zu Philosophie und Wissenschaften 2. Hamburg 1990 S. 15-53.

MINTZ 1973/74a Sidney W. Mintz, A note on the definition of peasantries, in: The journal of peasant studies 1. 1973/74 S. 92-106.

MINTZ 1973/74b Sidney W. Mintz, The rural proletariat and the problem of rural proletarian consciousness, in: The journal of peasant studies 1. 1973/74 S. 291-325.

MINTZ/WOLF 1950 Sidney W. Mintz/Eric R. Wolf, An analysis of ritual co-parenthood (compadrazgo), in: Southwestern journal of anthropology 6. 1950 S. 341-368.

MITTERAUER 1973 Michael Mitterauer, Zur Familienstruktur in ländlichen Gebieten Österreichs im 17. Jahrhundert, in: Heimold Helczmanovszki (Hg.), Beiträge zur Bevölkerungs- und Sozialgeschichte Österreichs. Wien usw. 1973 S. 167-221.

MITTERAUER 1975 Michael Mitterauer, Familiengröße - Familientypen - Familienzyklus. Probleme quantitativer Auswertung von österreichischem Quellenmaterial, in: Geschichte und Gesellschaft 1. 1975 S. 226-255.

MITTERAUER 1979a Michael Mitterauer, Familienformen und Illegitimität in ländlichen Gebieten Österreichs, in: Archiv für Sozialgeschichte 19. 1979 S. 123-188.

MITTERAUER 1979b Michael Mitterauer, Zur familienbetrieblichen Struktur im zünftischen Handwerk, in: ders., Grundtypen alteuropäischer Sozialformen. Haus und Gemeinde in vorindustriellen Gesellschaften (Kultur und Gesellschaft 5). Stuttgart 1979 S. 98-122.

MITTERAUER 1979c Michael Mitterauer, Vorindustrielle Familienformen. Zur Funktionsentlastung des ‚ganzen Hauses' im 17. und 18. Jahrhundert, in: ders., Grundtypen alteuropäischer Sozialformen. Haus und Gemeinde in vorindustriellen Gesellschaften (Kultur und Gesellschaft 5). Stuttgart 1979 S. 35-97.

MITTERAUER 1983 Michael Mitterauer, Ledige Mütter. Zur Geschichte unehelicher Geburten in Europa. München 1983.

MITTERAUER 1985 Michael Mitterauer, Gesindedienst und Jugendphase im europäischen Vergleich, in: Geschichte und Gesellschaft 11. 1985 S. 177-204.

MITTERAUER 1986a Michael Mitterauer, Formen ländlicher Familienwirtschaft. Historische Ökotypen und familiale Arbeitsorganisation im österreichischen Raum, in: Josef Ehmer/Michael Mitterauer (Hg.), Familienstruktur und Arbeitsorganisation in ländlichen Gesellschaften. Wien usw. 1986 S. 185-323.

MITTERAUER 1986b Michael Mitterauer, Sozialgeschichte der Jugend (edition suhrkamp 1278). Fankfurt/M. 1986.

MITTERAUER 1989 Michael Mitterauer, Geschlechtsspezifische Arbeitsteilung und Geschlechterrollen in ländlichen Gesellschaften Mitteleuropas, in: Jochen Martin/Renate Zoepffel (Hg.), Aufgaben, Rollen und Räume von Frau und Mann (Veröffentlichungen des Instituts für Historische Anthropologie 5). Freiburg usw. 1989 Bd. 2 S. 819-914.

MITTERAUER 1990a Michael Mitterauer, Gesindeehen in ländlichen Gebieten Kärntens - ein Sonderfall historischer Familienbildung, in: ders., Historisch-anthropologische Familienforschung. Fragestellungen und Zugangsweisen (Kulturstudien 15). Wien usw. 1990 S. 233-256.

MITTERAUER 1990b Michael Mitterauer, Geschlechtsspezifische Arbeitsteilung in vorindustrieller Zeit, in: ders., Historisch-anthropologische Familienforschung. Fragestellungen und Zugangsweisen (Kulturstudien 15). Wien usw. 1990 S. 289-314.

MITTERAUER/SIEDER 1977 Michael Mitterauer/Reinhard Sieder, Vom Patriarchat zur Partnerschaft. Zum Strukturwandel der Familie (Beck'sche Schwarze Reihe 158). München 1977.

MITTERAUER/SIEDER 1979 Michael Mitterauer/Reinhard Sieder, The developmental process of domestic groups: Problems of reconstruction and possibilities of interpretation, in: Journal of family history 4. 1979 S. 257-284.

MITTERAUER/SIEDER 1982 Michael Mitterauer/Reinhard Sieder, Einleitung, in: dies. (Hg.), Historische Familienforschung (Suhrkamp Taschenbuch Wissenschaft 387). Frankfurt/M. 1982 S. 10-39.

MOLLY 1919 Ferdinand Molly, Die Reform des Armenwesens in Stadt und Stift Osnabrück in der Zeit der französischen Herrschaft 1806-1813. Phil. Diss. Münster 1919.

MOLTMANN 1989 Günter Moltmann (Hg.), Aufbruch nach Amerika. Die Auswanderungswelle von 1816/17. Stuttgart ²1989.

MOOSER 1980 Josef Mooser, Familie und soziale Plazierung in der ländlichen Gesellschaft am Beispiel des Kirchspiels Quernheim im 19. Jahrhundert, in: Jürgen Kocka u. a., Familie und soziale Plazierung. Studien zum Verhältnis von Familie, sozialer Mobilität und Heiratsverhalten an westfälischen Beispielen im späten 18. und 19. Jahrhundert (Forschungsbericht des Landes Nordrhein-Westfalen 2953). Opladen 1980 S. 127-212.

MOOSER 1984 Josef Mooser, Ländliche Klassengesellschaft 1770-1848. Bauern und Unterschichten, Landwirtschaft und Gewerbe im östlichen Westfalen (Kritische Studien zur Geschichtswissenschaft 64). Göttingen 1984.

NEUNHEUSER 1983 Burkhard Neunheuser, Taufe und Firmung (Handbuch der Dogmengeschichte 4, 2). Freiburg usw. ²1983.

NIEBAUM 1985 Hermann Niebaum, Johann Aegidius Rosemann genannt Klöntrup. Rechtsgelehrter, Literat, Dialektlexikograph, kritischer Geist, in: Horst-Rüdiger Jarck (Hg.), Quakenbrück. Von der Grenzfestung zum Gewerbezentrum (Osnabrücker Geschichtsquellen und Forschungen 25). Quakenbrück 1985 S. 334-347.

NOLTE 1989 Hans-Heinrich Nolte (Hg.), Patronage und Klientel. Ergebnisse einer polnisch-deutschen Konferenz (Beihefte zum Archiv für Kulturgeschichte 29). Köln 1989.

NORDEN 1984 Wilhelm Norden, Eine Bevölkerung in der Krise. Historisch-demographische Untersuchungen zur Biographie einer norddeutschen Küstenregion, Butjadingen 1600-1850 (Quellen und Untersuchungen zur Wirtschafts- und Sozialgeschichte Niedersachsens in der Neuzeit 11). Hildesheim 1984.

OBERSCHELP 1988 Reinhard Oberschelp, Politische Geschichte Niedersachsens 1803-1866 (Veröffentlichungen der Niedersächsischen Landesbibliothek Hannover 8). Hildesheim 1988.

OGILVIE 1986 Sheilagh C. Ogilvie, Coming of age in a corporate society: capitalism, pietism and family authority in rural Württemberg, 1590-1740, in: Continuity and change 1. 1986 S. 279-331.

ORTMAYR 1986 Norbert Ortmayr, Ländliches Gesinde in Oberösterreich 1918-1938, in: Josef Ehmer/Michael Mitterauer (Hg.), Familienstruktur und Arbeitsorganisation in ländlichen Gesellschaften. Wien usw. 1986 S. 325-416.

OTTENJANN/WIEGELMANN 1982 Helmut Ottenjann/Günter Wiegelmann (Hg.), Alte Tagebücher und Anschreibebücher. Quellen zum Alltag der ländlichen Bevölkerung in Nordwesteuropa (Beiträge zur Volkskultur in Nordwestdeutschland 33). Münster 1982.

PANKE-KOCHINKE 1990 Birgit Panke-Kochinke, „Dienen lerne beizeiten das Weib ...": Frauengeschichten aus Osnabrück (Forum Frauengeschichte 1). Pfaffenweiler 1990.

PANKOKE 1970 Eckart Pankoke, Sociale Bewegung - Sociale Frage - Sociale Politik. Grundfragen der deutschen „Socialwissenschaft" im 19. Jahrhundert (Industrielle Welt 12). Stuttgart 1970.

PARSONS 1964 Talcott Parsons, Das Verwandtschaftssystem in den Vereinigten Staaten, in: ders., Beiträge zur soziologischen Theorie, hg. Dietrich Rüschemeyer (Soziologische Texte 15). Neuwied usw. 1964 S. 84–108.

PERRENOUD 1978 Alfred Perrrenoud, Die soziale Ungleichheit vor dem Tod in Genf im 17. Jahrhundert, in: Arthur E. Imhof (Hg.), Biologie des Menschen in der Geschichte. Beiträge zur Sozialgeschichte der Neuzeit aus Frankreich und Skandinavien (Kultur und Gesellschaft 3). Stuttgart 1978 S. 118–146.

PERROT/WOOLF 1984 Jean-Claude Perrot/Stuart J. Woolf, State and statistics in France 1789–1815 (Social orders 2). Chur usw. 1984.

PETERS 1967 Jan Peters, Ostelbische Landarmut. Sozialökonomisches über landlose und landarme Agrarproduzenten im Spätfeudalismus, in: Jahrbuch für Wirtschaftsgeschichte 1967 Teil 3 S. 255–302.

PETERS 1970 Jan Peters, Ostelbische Landarmut. Statistisches über landlose und landarme Agrarproduzenten im Spätfeudalismus (Schwedisch-Pommern und Sachsen), in: Jahrbuch für Wirtschaftsgeschichte 1970 Teil 1 S. 97–126.

PETERS/HARNISCH/ENDERS 1989 Jan Peters/Hartmut Harnisch/Lieselott Enders, Märkische Bauerntagebücher des 18. und 19. Jahrhunderts. Selbstzeugnisse von Milchviehbauern aus Neuholland (Veröffentlichungen des Staatsarchivs Potsdam 23). Weimar 1989.

PFISTER 1989 Ulrich Pfister, Proto-industrialization and demographic change: The Canton of Zürich revisited, in: The journal of European economic history 18. 1989 S. 629–662.

PFISTER 1990 Ulrich Pfister, Haushalt und Familie auf der Zürcher Landschaft des Ancien régime, in: Sebastian Brändli u. a. (Hg.), Schweiz im Wandel. Studien zur neueren Gesellschaftsgeschichte. Festschrift für Rudolf Braun zum 60. Geburtstag. Basel usw. 1990 S. 19–42.

PFISTER 1991 Ulrich Pfister, Die protoindustrielle Hauswirtschaft im Kanton Zürich des 17. und 18. Jahrhunderts, in: Dietmar Petzina (Hg.), Zur Geschichte der Ökonomik der Privathaushalte (Schriften des Vereins für Socialpolitik N.F. 207). Berlin 1991 S. 71–108.

PFISTER 1992a Ulrich Pfister, Politischer Klientelismus in der frühneuzeitlichen Schweiz, in: Schweizerische Zeitschrift für Geschichte 42. 1992 S. 28–68.

PFISTER 1992b Ulrich Pfister, The protoindustrial household economy: toward a formal analysis, in: Journal of family history 17. 1992 S. 201–232.

PHAYER 1977 J. Michael Phayer, Sexual liberation and religion in 19th century Europe. London 1977.

PHILLIPS 1980 Roderick Phillips, Family breakdown in late 18th-century France. Divorces in Rouen, 1792–1803. Oxford 1980.

PHILLIPS 1988 Roderick Phillips, Putting asunder. A history of divorce in Western society. Cambridge 1988.

PIEPENBROCK 1926 Johannes Piepenbrock, Die Entwicklung des Altenteils oder der Leibzucht unter besonderer Berücksichtigung von Westfalen. Diss. jur. Münster 1926.

PIESCH 1985 Gerd-Ulrich Piesch, Zur Geschichte der Gemeinde Belm im Mittelalter, in: Heimatbuch Belm Bd. 2. Belm 1985 S. 9–145.

PITT-RIVERS 1968 Julian Pitt-Rivers, Artikel „Kinship III. Pseudo-kinship", in: International encyclopedia of the social sciences 8. 1968 S. 401–413.

PITT-RIVERS 1971 Julian A. Pitt-Rivers, The people of the Sierra. Chicago usw. ²1971.

PLAKANS 1984 Andrejs Plakans, Kinship in the past. An anthropolgy of European family life, 1500–1900. Oxford 1984.

POLANYI 1957 Karl Polanyi, The economy as instituted process, in: ders. u. a. (Hg.), Trade and market in the early empires. Economies in history and theory. Glencoe, Ill. 1957 S. 243-270.

POLANYI 1979 Karl Polanyi, Ökonomie und Gesellschaft (Suhrkamp Taschenbuch Wissenschaft 295). Frankfurt/M. 1979.

POULAIN/TABUTIN 1980 Michel Poulain/Dominique Tabutin, La mortalité aux jeunes âges en Europe et en Amérique du nord du 19e à nos jours, in: Paul-Marie Boulanger/Dominique Tabutin (Hg.), La mortalité des enfants dans le monde et dans l'histoire. Liège 1980 S. 119-157.

PRINZ 1948-1950 Joseph Prinz, Die ältesten Landkarten, Kataster- und Landesaufnahmen des Fürstentums Osnabrück. Teil 1, in: Mitteilungen des Vereins für Geschichte und Landeskunde von Osnabrück 63. 1948 S. 251-302; Teil 2, in: ebd. 64. 1950 S. 110-145.

RAEFF 1983 Marc Raeff, The well-ordered police state. Social and institutional change through law in the Germanies and Russia, 1600-1800. New Haven usw. 1983.

RAZI 1981 Zvi Razi, Family, land and the village community in later medieval England, in: Past and present 93. 1981 S. 3-36.

REBEL 1983 Hermann Rebel, Peasant classes. The bureaucratization of property and family relations under early Habsburg absolutism, 1511-1636. Princeton, N.J. 1983.

REDDY 1987 William M. Reddy, Money and liberty in modern Europe. A critique of historical understanding. Cambridge usw. 1987.

REDDY 1992 William M. Reddy, The concept of class, in: M.L. Bush (Hg.), Social orders and social classes in Europe since 1500: Studies in social stratification. London usw. 1992 S. 13-25.

REEKERS 1965 Stephanie Reekers, Beiträge zur statistischen Darstellung der gewerblichen Wirtschaft Westfalens um 1800. Teil 2: Minden-Ravensberg, in: Westfälische Forschungen 18. 1965 S. 75-130.

REEKERS 1966 Stephanie Reekers, Beiträge zur statistischen Darstellung der gewerblichen Wirtschaft Westfalens um 1800. Teil 3: Tecklenburg-Lingen, Reckenberg, Rietberg und Rheda, in: Westfälische Forschungen 19. 1966 S. 27-78.

REIBSTEIN 1909 E. Reibstein, Die hannoversche Ablösungsgesetzgebung mit besonderer Rücksicht auf Osnabrück, in: Mitteilungen des Vereins für Geschichte und Landeskunde von Osnabrück 34. 1909 S. 115-131.

REIF 1979 Heinz Reif, Westfälischer Adel 1770-1860. Vom Herrschaftsstand zur regionalen Elite (Kritische Studien zur Geschichtswissenschaft 35). Göttingen 1979.

REININGHAUS 1982 Wilfried Reininghaus, Die lippische Tabakindustrie vom 17. Jahrhundert bis zum ersten Weltkrieg, in: Lippische Mitteilungen aus Geschichte und Landeskunde 51. 1982 S. 63-127.

RENGER 1968 Reinhard Renger, Landesherr und Landstände im Hochstift Osnabrück in der Mitte des 18. Jahrhunderts. Untersuchungen zur Institutionengeschichte des Ständestaates im 17. und 18. Jahrhundert (Veröffentlichungen des Max-Planck-Instituts für Geschichte 19). Göttingen 1968.

REVEL 1989 Jacques Revel, L'histoire au ras du sol, in: Giovanni Levi, Le pouvoir au village. Histoire d'un exorciste dans le Piémont du 17e siècle. Paris 1989 S. I-XXXIII.

REY-FLAUD 1985 Henri Rey-Flaud, Le charivari. Les rituels fondamentaux de la sexualité. Paris 1985.

RHOTERT 1921 Johannes Rhotert, Die Entwicklung des katholischen Volksschulwesens im Bistum Osnabrück. Osnabrück 1921.

RITTER 1968 Gert Ritter, Die Nachsiedlerschichten im nordwestdeutschen Raum und ihre Bedeutung für die Kulturlandschaftsentwicklung unter besonderer Berücksichtigung der

Kötter im Niederbergischen Land, in: Berichte zur Deutschen Landeskunde 41. 1968 S. 85-128.

ROBERT 1987 Odile Robert, Fonctionnement et enjeux d'une institution chrétienne au 18e siècle, in: Jean Delumeau (Hg.), La première Communion. Quatre siècles d'histoire. Paris 1987 S. 77-113.

ROBISHEAUX 1989 Thomas Robisheaux, Rural society and the search for order in early modern Germany. Cambridge 1989.

RÖDEL 1985 Walter G. Rödel, Mainz und seine Bevölkerung im 17. und 18. Jahrhundert. Demographische Entwicklung, Lebensverhältnisse und soziale Strukturen in einer geistlichen Residenzstadt (Geschichtliche Landeskunde 28). Stuttgart 1985.

RÖSENER 1985 Werner Rösener, Bauern im Mittelalter. München 1985.

ROHM 1991 Thomas Rohm, Osnabrück, in: Anton Schindling/Walter Ziegler (Hg.), Die Territorien des Reichs im Zeitalter der Reformation und Konfessionalisierung. Land und Konfession 1500-1650 Bd. 3 (Katholisches Leben und Kirchenreform im Zeitalter der Glaubensspaltung 51). Münster 1991 S. 130-146.

ROLLER 1907 Otto Konrad Roller, Die Einwohnerschaft der Stadt Durlach im 18. Jahrhundert in ihren wirtschaftlichen und kulturgeschichtlichen Verhältnissen dargestellt aus ihren Stammtafeln. Karlsruhe 1907.

ROSENBAUM 1982 Heidi Rosenbaum, Formen der Familie. Untersuchungen zum Zusammenhang von Familienverhältnissen, Sozialstruktur und sozialem Wandel in der deutschen Gesellschaft des 19. Jahrhunderts (Suhrkamp Taschenbuch Wissenschaft 374). Frankfurt/M. 1982.

ROSENBAUM 1992 Heidi Rosenbaum, Proletarische Familien. Arbeiterfamilien und Arbeiterväter im frühen 20. Jahrhundert zwischen traditioneller, sozialdemokratischer und kleinbürgerlicher Orientierung (Suhrkamp Taschenbuch Wissenschaft 1029). Frankfurt/M. 1992.

ROTT 1959 W. Rott, Artikel „Konfirmation. Geschichtlich und praktisch", in: Kurt Galling (Hg.), Die Religion in Geschichte und Gegenwart 3. Tübingen ³1959 Sp. 1759-1765.

RUGGLES 1987 Steven Ruggles, Prolonged connections. The rise of the extended family in 19th-century England and America. Madison, Wisconsin 1987.

RUNGE 1898 Friedrich Runge, Johann Ägidius Rosemann genannt Klöntrup, der Osnabrücker Jurist, Dichter und Sprachforscher, in: Mitteilungen des Vereins für Geschichte und Landeskunde von Osnabrück 23. 1898 S. 71-119.

RUNGE 1966 Joachim Runge, Justus Mösers Gewerbetheorie und Gewerbepolitik im Fürstbistums Osnabrück in der zweiten Hälfte des 18. Jahrhunderts (Schriften zur Sozial- und Wirtschaftsgeschichte 2). Berlin 1966.

SAALFELD 1960 Diedrich Saalfeld, Bauernwirtschaft und Gutsbetrieb in der vorindustriellen Zeit (Quellen und Forschungen zur Agrargeschichte 6). Stuttgart 1960.

SAALFELD 1964 Diedrich Saalfeld, Die Bedeutung des Getreides für die Haushaltsausgaben städtischer Verbraucher in der zweiten Hälfte des 18. Jahrhunderts, in: Hans-Günther Schlotter (Hg.), Landwirtschaft und ländliche Gesellschaft in Geschichte und Gegenwart. Festschrift Wilhelm Abel (Schriftenreihe für ländliche Sozialfragen 44). Hannover 1964 S. 26-38.

SAALFELD 1967 Diedrich Saalfeld, Die Produktion und Intensität der Landwirtschaft in Deutschland und angrenzenden Gebieten um 1800, in: Zeitschrift für Agrargeschichte und Agrarsoziologie 15. 1967 S. 137-175.

SAALFELD 1991a Diedrich Saalfeld, Bedeutungs- und Strukturwandel der Ausgaben für die Ernährung in den privaten Haushalten Deutschlands von 1800 bis 1913, in: Dietmar Petzina (Hg.), Zur Geschichte der Ökonomik der Privathaushalte (Schriften des Vereins für Socialpolitik N.F. 207). Berlin 1991 S. 133-148.

SAALFELD 1991b Diedrich Saalfeld, Agrarproduktion in Fridericianischer Zeit und die Nahrungsversorgung der preußischen Bevölkerung im 18. Jahrhundert, in: Jürgen Ziechmann (Hg.), Fridericianische Miniaturen 2 (Forschungen und Studien zur Fridericianischen Zeit 3). Oldenburg 1991 S. 9-35.

SABEAN 1976 David Sabean, Aspects of kinship behaviour and property in rural Western Europe before 1800, in: Jack Goody u. a. (Hg.), Family and inheritance. Rural society in Western Europe, 1200-1800. Cambridge 1976 S. 96-111.

SABEAN 1982 David Sabean, Unehelichkeit: Ein Aspekt sozialer Reproduktion kleinbäuerlicher Produzenten. Zu einer Analyse dörflicher Quellen um 1800, in: Robert M. Berdahl u. a., Klassen und Kultur. Sozialanthropologische Perspektiven in der Geschichtsschreibung. Frankfurt/M. 1982 S. 54-76.

SABEAN 1984 David Sabean, ‚Junge Immen im leeren Korb': Beziehungen zwischen Schwägern in einem schwäbischen Dorf, in: Hans Medick/David Sabean (Hg.), Emotionen und materielle Interessen. Sozialanthropologische und historische Beiträge zur Familienforschung (Veröffentlichungen des Max-Planck-Instituts für Geschichte 75). Göttingen 1984 S. 231-250.

SABEAN 1990 David Warren Sabean, Property, production, and family in Neckarhausen, 1700-1870 (Cambridge studies in social and cultural anthropology 73). Cambridge 1990.

SABEAN 1992 David Warren Sabean, Social background to Vetterleswirtschaft: Kinship in Nekkarhausen, in: Rudolf Vierhaus u. a. (Hg.), Frühe Neuzeit - frühe Moderne? Forschungen zur Vielschichtigkeit von Übergangsprozessen (Veröffentlichungen des Max-Planck-Instituts für Geschichte 104). Göttingen 1992 S. 113-132.

SACHSSE/TENNSTEDT 1980 Christoph Sachße/Florian Tennstedt, Geschichte der Armenfürsorge in Deutschland. Vom Spätmittelalter bis zum Ersten Weltkrieg. Stuttgart usw. 1980.

SAHLINS 1965 Marshall D. Sahlins, On the sociology of primitive exchange, in: The relevance of models for social anthropology (A. S. A. monographs 1). London 1965 S. 139-236.

SARMELA 1969 Matti Sarmela, Reciprocity systems of the rural society in the Finnish-Karelian culture area with special reference to social intercourse of the youth (F[olklore] f[ellows] communications Bd. 88, 1 Nr. 207). Helsinki 1969.

SAUERMANN 1970 Dietmar Sauermann, Hofidee und bäuerliche Familienverträge in Westfalen, in: Rheinisch-westfälische Zeitschrift für Volkskunde 17. 1970 S. 58-78.

SAUERMANN 1971/72 Dietmar Sauermann, Bäuerliche Brautschätze in Westfalen (17.-20. Jahrhundert), in: Rheinisch-westfälische Zeitschrift für Volkskunde 18/19. 1971/72 S. 103-153.

SCHARPWINKEL 1965 Klaus Scharpwinkel, Die westfälischen Eigentumsordnungen des 17. und 18. Jahrhunderts. Diss. jur. Göttingen 1965.

SCHIEDER 1983 Elmar A. M. Schieder 1983, Das Haberfeldtreiben. Ursprung, Wesen, Deutung (Miscellanea Bavarica Monacensia 125). München 1983.

SCHILDT 1986 Gerhard Schildt, Tagelöhner, Gesellen, Arbeiter. Sozialgeschichte der vorindustriellen und industriellen Arbeiter in Braunschweig 1830-1880 (Industrielle Welt 40). Stuttgart 1986.

SCHINDLER 1984 Norbert Schindler, Spuren in die Geschichte der ‚anderen' Zivilisation. Probleme und Perspektiven einer historischen Volkskulturforschung, in: Richard van Dülmen/Norbert Schindler (Hg.), Volkskultur. Zur Wiederentdeckung des vergessenen Alltags, 16.-20. Jahrhundert (Fischer Taschenbuch 3460). Frankfurt/M. 1984 S. 13-77.

SCHLEGEL 1992 Birgit Schlegel, Konfirmation im 20. Jahrhundert am Beispiel der südniedersächsischen Kirchengemeinde Katlenburg. Mannheim 1992.

SCHLOEMANN 1925 Heinrich Schloemann, Beitrag zur Geschichte der Besiedlung und der Bevölkerung des Gebietes der Angelbecker Mark im 16.-18. Jahrhundert unter besonderer Berücksichtigung der Folgen des 30jährigen Krieges, in: Mitteilungen des Vereins für Geschichte und Landeskunde von Osnabrück 47. 1925 S. 175-362.

SCHLUMBOHM 1979 Jürgen Schlumbohm, Der saisonale Rhythmus der Leinenproduktion im Osnabrücker Lande während des späten 18. und der ersten Hälfte des 19. Jahrhunderts. Erscheinungsbild, Zusammenhänge und interregionaler Vergleich, in: Archiv für Sozialgeschichte 19. 1979 S. 263-298.

SCHLUMBOHM 1981 Jürgen Schlumbohm, ‚Traditionale‘ Kollektivität und ‚moderne‘ Individualität: einige Fragen und Thesen für eine historische Sozialisationsforschung. Kleines Bürgertum und gehobenes Bürgertum in Deutschland um 1800 als Beispiel, in: Rudolf Vierhaus (Hg.), Bürger und Bürgerlichkeit im Zeitalter der Aufklärung (Wolfenbütteler Studien zur Aufklärung 7). Heidelberg 1981 S. 265-320.

SCHLUMBOHM 1982 Jürgen Schlumbohm, Agrarische Besitzklassen und gewerbliche Produktionsverhältnisse: Großbauern, Kleinbesitzer und Landlose als Leinenproduzenten im Umland von Osnabrück und Bielefeld während des frühen 19. Jahrhunderts, in: Mentalitäten und Lebensverhältnisse. Beispiele aus der Sozialgeschichte der Neuzeit. Rudolf Vierhaus zum 60. Geburtstag. Göttingen 1982 S. 315-334.

SCHLUMBOHM 1983a Jürgen Schlumbohm (Hg.), Kinderstuben. Wie Kinder zu Bauern, Bürgern, Aristokraten wurden, 1750-1850 (dtv Dokumente 2933). München 1983.

SCHLUMBOHM 1983b Jürgen Schlumbohm, Geschichte der Kindheit – Fragen und Kontroversen, in: Geschichtsdidaktik 8. 1983 S. 305-315.

SCHLUMBOHM 1986 Jürgen Schlumbohm, Bauern – Kötter – Heuerlinge. Bevölkerungsentwicklung und soziale Schichtung in einem Gebiet ländlichen Gewerbes: das Kirchspiel Belm bei Osnabrück, 1650-1860, in: Niedersächsisches Jahrbuch für Landesgeschichte 58. 1986 S. 77-88.

SCHLUMBOHM 1991 Jürgen Schlumbohm, Social differences in age at marriage: examples from rural Germany during the 18th and 19th centuries, in: Historiens et populations. Liber amicorum Etienne Hélin. Louvain-la-Neuve 1991 S. 593-607.

SCHLUMBOHM 1992a Jürgen Schlumbohm, Sozialstruktur und Fortpflanzung bei der ländlichen Bevölkerung Deutschlands im 18. und 19. Jahrhundert. Befunde und Erklärungsansätze zu schichtspezifischen Verhaltensweisen, in: Eckart Voland (Hg.), Fortpflanzung: Natur und Kultur im Wechselspiel. Versuch eines Dialogs zwischen Biologen und Sozialwissenschaftlern (Suhrkamp Taschenbuch Wissenschaft 983). Frankfurt/M. 1992 S. 322-346.

SCHLUMBOHM 1992b Jürgen Schlumbohm, Familie, Verwandtschaft und soziale Ungleichheit: Der Wandel einer ländlichen Gesellschaft vom 17. zum 19. Jahrhundert, in: Rudolf Vierhaus u. a. (Hg.), Frühe Neuzeit – frühe Moderne? Forschungen zur Vielschichtigkeit von Übergangsprozessen (Veröffentlichungen des Max-Planck-Instituts für Geschichte 104). Göttingen 1992 S. 133-156.

SCHLUMBOHM 1992c Jürgen Schlumbohm, From peasant society to class society: Some aspects of family and class in a Northwest German protoindustrial parish, 17th-19th centuries, in: Journal of family history 17. 1992 S. 183-199.

SCHLUMBOHM (im Druck) Jürgen Schlumbohm, ‚Wilde Ehen‘: Zusammenleben angesichts kirchlicher Sanktionen und staatlicher Sittenpolizei (Osnabrücker Land, ca. 1790-1870), in: ders. (Hg.), Familie und Familienlosigkeit. Fallstudien aus Niedersachsen und Bremen vom 15. bis 20. Jahrhundert (Quellen und Untersuchungen zur Wirtschafts- und Sozialgeschichte Niedersachsens in der Neuzeit 17). Hannover 1993, S. 63-80.

SCHMIDT 1972 Heinrich Schmidt, Landesgeschichte und Gegenwart bei Johann Carl Bertram Stüve, in: Hartmut Boockmann u. a., Geschichtswissenschaft und Vereinswesen im 19. Jahrhundert. Beiträge zur Geschichte historischer Forschung in Deutschland (Veröffentlichungen des Max-Planck-Instituts für Geschichte 1). Göttingen 1972 S. 74-98.

SCHNEIDER/SEEDORF 1989 Karl Heinz Schneider/Hans Heinrich Seedorf, Bauernbefreiung und Agrarreformen in Niedersachsen (Schriften zur Heimatpflege 4). Hildesheim 1989.

SCHOFIELD 1976 Roger Schofield, The relationship between demographic structure and environment in pre-industrial Western Europe, in: Werner Conze (Hg.), Sozialgeschichte der Familie in der Neuzeit Europas. Neue Forschungen (Industrielle Welt 21). Stuttgart 1976 S. 147–160.

SCHOFIELD 1985 Roger Schofield, English marriage patterns revisited, in: Journal of family history 10. 1985 S. 2–20.

SCHOFIELD 1986 Roger Schofield, Did mothers really die? Three centuries of maternal mortality in 'the world we have lost', in: Lloyd Bonfield u. a. (Hg.), The world we have gained. Histories of population and social structure. Essays presented to Peter Laslett on his 70th birthday. Oxford 1986 S. 231–260.

SCHOFIELD 1989 Roger Schofield, Family structure, demographic behaviour, and economic growth, in: John Walter/Roger Schofield (Hg.), Famine, disease and the social order in early modern society (Cambridge studies in population, economy and society in past time 10). Cambridge 1989 S. 279–304.

SCHOFIELD/WRIGLEY 1981 Roger Schofield/E.A. Wrigley, Remarriage intervals and the effect of marriage order on fertility, in: Jacques Dupâquier u. a. (Hg.), Marriage and remarriage in populations of the past. London usw. 1981 S. 211–227.

SCHONEWEG 1923 Eduard Schoneweg, Das Leinengewerbe in der Grafschaft Ravensberg. Ein Beitrag zur niederdeutschen Volks- und Altertumskunde. Bielefeld 1923.

SCHRAUT 1989 Sylvia Schraut, Sozialer Wandel im Industrialisierungsprozeß. Esslingen 1800–1870 (Esslinger Studien. Schriftenreihe 9). Esslingen 1989.

SCHRÖDER 1978 Wilhelm Heinz Schröder, Arbeitergeschichte und Arbeiterbewegung. Industriearbeit und Organisationsverhalten im 19. und frühen 20. Jahrhundert. Frankfurt/M. usw. 1978.

SCHRÖDER 1992 Rainer Schröder, Das Gesinde war immer frech und unverschämt. Gesinde und Gesinderecht vornehmlich im 18. Jahrhundert. Frankfurt/M. 1992.

SCHRÖTER 1959 Hermann Schröter, Handel, Gewerbe und Industrie im Landdrosteibezirk Osnabrück 1815–1866, in: Osnabrücker Mitteilungen 68. 1959 S. 309–358.

SCHUBART-FIKENTSCHER 1967 Gertrud Schubart-Fikentscher, Die Unehelichen-Frage in der Frühzeit der Aufklärung (Sitzungsberichte der Sächsischen Akademie der Wissenschaften zu Leipzig, Philologisch-historische Klasse Bd. 112 H. 3). Berlin 1967.

SCHUBERT 1983 Ernst Schubert, Arme Leute, Bettler und Gauner im Franken des 18. Jahrhunderts (Darstellungen aus der fränkischen Geschichte 26). Neustadt a. d. Aisch 1983.

SCHULER 1990 Thomas Schuler (Hg.), Die Bevölkerung der niedersächsischen Städte in der Vormoderne. Ein Quellen- und Datenhandbuch 1 (Quellen und Forschungen zur Historischen Statistik von Deutschland 11). St. Katharinen 1990.

SCHULTZ 1983 Helga Schultz, Landhandwerk im Übergang vom Feudalismus zum Kapitalismus. Vergleichender Überblick und Fallstudie Mecklenburg-Schwerin (Forschungen zur Wirtschaftsgeschichte 21). Berlin 1984.

SCHULTZ 1991 Helga Schultz, Social differences in mortality in the eighteenth century. An analysis of Berlin church registers, in: International review of social history 36. 1991 S. 232–248.

SCHULZE 1980 Winfried Schulze, Bäuerlicher Widerstand und feudale Herrschaft in der frühen Neuzeit (Neuzeit im Aufbau 6). Stuttgart 1980.

SCHULZE 1990 Winfried Schulze, Die Entwicklung des ‚teutschen Bauernrechts' in der Frühen Neuzeit, in: Zeitschrift für Neuere Rechtsgeschichte 12. 1990 S. 127–163.

SCHUMACHER 1985 Astrid Schumacher, Die sexuelle Reifung, in: Ernst Wilhelm Müller (Hg.), Geschlechtsreife und Legitimation zur Zeugung (Veröffentlichungen des Instituts für historische Anthropologie 3). Freiburg 1985 S. 17–53.

SCHWAB 1975 Dieter Schwab, Art. ‚Familie', in: Otto Brunner u. a. (Hg.), Geschichtliche Grundbegriffe 2. Stuttgart 1975 S. 253-301.

SCHWÄGLER 1970 Georg Schwägler, Soziologie der Familie. Ursprung und Entwicklung (Heidelberger Sociologica 9). Tübingen 1970.

SCHWEIZER 1972 H. R. Schweizer u. a., Art. ‚Familie, Ehe', in: Joachim Ritter (Hg.), Historisches Wörterbuch der Philosophie 2. Basel usw. 1972 Sp. 895-904.

SEGALEN 1972 Martine Segalen, Nuptialité et alliance. Le choix du conjoint dans une commune de l'Eure (Mémoires d'anthropologie française 1). Paris 1972.

SEGALEN 1980 Martine Segalen, Mari et femme dans la société pysanne. Paris 1980.

SEGALEN 1984 Martine Segalen, ‚Sein Teil haben': Geschwisterbeziehungen in einem egalitären Vererbungssystem, in: Hans Medick/David Sabean (Hg.), Emotionen und materielle Interessen. Sozialanthropologische und historische Beiträge zur Familienforschung (Veröffentlichungen des Max-Planck-Instituts für Geschichte 75). Göttingen 1984 S. 181-198.

SEGALEN 1985 Martine Segalen, Quinze générations de Bas-Bretons. Parenté et société dans le pays bigouden Sud 1720-1980. Paris 1985.

SEGALEN 1989 Martine Segalen, Aufgaben und Rollenverteilung bei Männern und Frauen im ländlichen Milieu des 19. und 20. Jahrhunderts: Frankreich und die Gesellschaften des Mittelmeerraumes, in: Jochen Martin/Renate Zoepffel (Hg.), Aufgaben, Rollen und Räume von Frau und Mann (Veröffentlichungen des Instituts für Historische Anthropologie 5). Freiburg usw. 1989 Bd. 2 S. 915-936.

SEGALEN 1990 Martine Segalen, Die Familie. Geschichte, Soziologie, Anthropologie. Frankfurt/M. usw. 1990.

SERAPHIM 1948 Hans-Jürgen Seraphim, Das Heuerlingswesen in Nordwestdeutschland (Veröffentlichungen des Provinzialinstituts für westfälische Landes- und Volkskunde Reihe 1 Heft 5). Münster 1948.

SERING 1899-1910 Max Sering (Hg.), Die Vererbung des ländlichen Grundbesitzes im Königreich Preußen, 4 Bde. in 5 Teilen (Landwirtschaftliche Jahrbücher Bd. 28. 1899 Erg.Bd. 1; Bd. 29. 1900 Erg.Bd. 3; Bd. 34. 1905 Erg.Bd. 2; Bd. 37. 1908 Erg.Bd. 5; Bd. 39. 1910 Erg.Bd. 5). Berlin 1899-1910.

SHANIN 1972 Teodor Shanin, The awkward class. Political sociology of peasantry in a developing society: Russia 1910-1925. Oxford 1972.

SHORTER 1971/72 Edward Shorter, Illegitimacy, sexual revolution, and social change in modern Europe, in: Journal of interdisciplinary history 2. 1971/72 S. 237-272.

SHORTER 1977 Edward Shorter, Die Geburt der modernen Familie. Reinbek 1977.

SHORTER 1977/78 Edward Shorter, Bastardy in South Germany. A comment, in: Journal of interdisciplinary history 8. 1977/78 S. 459-469.

SHORTER 1987 Edward Shorter, Der weibliche Körper als Schicksal. Zur Sozialgeschichte der Frau (Serie Piper 719). München 1987.

SIDDLE 1986 a David J. Siddle, Inheritance strategies and lineage development in peasant society, in: Continuity and change 1. 1986 S. 333-361.

SIDDLE 1986 b David J. Siddle, Articulating the grid of inheritance: the accumulation and transmission of wealth in peasant Savoy, 1561-1792, in: Markus Mattmüller (Hg.), Wirtschaft und Gesellschaft in Berggebieten (Itinera 5/6). Basel 1986 S. 123-181.

SIEDER 1978 Reinhard Sieder, Strukturprobleme der ländlichen Familie im 19. Jahrhundert, in: Zeitschrift für bayerische Landesgeschichte 41. 1978 S. 173-217.

SIEDER 1987 Reinhard Sieder, Sozialgeschichte der Familie (edition suhrkamp 1276). Frankfurt/M. 1987.

SIEDER/MITTERAUER 1983 Reinhard Sieder/Michael Mitterauer, The reconstruction of the family life course: theoretical problems and empirical results, in: Richard Wall (Hg.), Family forms in historic Europe. Cambridge 1983 S. 309-345.

SIMON 1989 Michael Simon, Vornamen wozu? Taufe, Patenwahl und Namengebung in Westfalen vom 17. bis zum 20. Jahrhundert (Beiträge zur Volkskultur in Nordwestdeutschland 67). Münster 1989.

SMITH 1984 Richard M. Smith, Some issues concerning families and their property in rural England 1250-1800, in: ders. (Hg.), Land, kinship and life-cycle (Cambridge studies in population, economy and society in past time 1). Cambridge 1984 S. 1-86.

SNELL 1989 K.D.M. Snell, English historical continuity and the culture of capitalism: the work of Alan Macfarlane, in: History workshop 27. 1989 S. 154-163.

SOKOLL 1987 Thomas Sokoll, The pauper household small and simple? The evidence from listings of inhabitants and pauper lists of early modern England reassessed, in: Ethnologia Europaea 17. 1987 S. 25-42.

SPUFFORD 1974 Margaret Spufford, Contrasting communities. English villagers in the 16th and 17th centuries. Cambridge 1974.

SPUFFORD 1976 Margaret Spufford, Peasant inheritance customs and land distribution in Cambridgeshire from the 16th to the 18th centuries, in: Jack Goody u. a. (Hg.), Family and inheritance. Rural society in Western Europe, 1200-1800. Cambridge 1976 S. 156-176.

SREENIVASAN 1991 Govind Sreenivasan, The land-family bond at Earls Colne (Essex) 1550-1650, in: Past and present 131. 1991 S. 3-37.

STADLER 1936 Josef Klemens Stadler, Der Familienname des unehelichen Kindes in Altbayern, in: Zeitschrift für bayerische Landesgeschichte 9. 1936 S. 432-439.

STAUDT 1958 Reinhold Staudt, Studien zum Patenbrauch in Hessen. Darmstadt 1958.

STEDMAN JONES 1983 Gareth Stedman Jones, Languages of class. Studies in English working class history 1832-1982. Cambridge usw. 1983.

STEDMAN JONES 1988 Gareth Stedman Jones, Klassen, Politik und Sprache. Für eine theorieorientierte Sozialgeschichte. Münster 1988.

STEINBACH 1980 Peter Steinbach, Wilhelm Heinrich Riehl, in: Hans-Ulrich Wehler (Hg.), Deutsche Historiker 6 (Kleine Vandenhoeck-Reihe 1461). Göttingen 1980 S. 37-54.

STENFLO 1989 Gun Alm Stenflo, Parity-dependent fertility in a population with natural fertility in Northern Sweden 1720-1900, in: Journal of family history 14. 1989 S. 211-227.

STEPHAN 1990 Peter Stephan, Menarche- und Heiratsalter in früheren Jahrhunderten, in: Ärztliche Jugendkunde 81. 1990 S. 41-54.

STONE 1977 Lawrence Stone, The family, sex and marriage in England 1500-1800. London 1977.

STONE 1979 Lawrence Stone, The revival of the narrative. Reflections on a new old history, in: Past and present 85. 1979 S. 3-24.

STONE 1990 Lawrence Stone, Road to divorce. England 1530-1987. Oxford 1990.

STÜVE 1851 [Johann] C[arl Bertram] Stüve, Wesen und Verfassung der Landgemeinden und des ländlichen Grundbesitzes in Niedersachsen und Westfalen. Geschichtliche und statistische Untersuchungen mit unmittelbarer Beziehung auf das Königreich Hannover. Jena 1851.

STÜVE 1853-1882 [Johann] C[arl Bertram] Stüve, Geschichte des Hochstifts Osnabrück, 3 Bde. Osnabrück bzw. Jena 1853-1882.

STÜVE 1864 Johann Carl Bertram Stüve, Gewerbswesen und Zünfte in Osnabrück, in: Mitteilungen des historischen Vereins zu Osnabrück 7. 1864 S. 23-227.

STÜVE 1900 Gustav Stüve, Johann Carl Bertram Stüve nach Briefen und persönlichen Erinnerungen. 2 Bde. Hannover usw. 1900.

TENFELDE 1979 Klaus Tenfelde, Ländliches Gesinde in Preußen. Gesinderecht und Gesindestatistik 1810 bis 1861, in: Archiv für Sozialgeschichte 19. 1979 S. 189-229.

TEUTEBERG/WIEGELMANN 1972 Hans J. Teuteberg/Günter Wiegelmann, Der Wandel der Nahrungsgewohnheiten unter dem Einfluß der Industrialisierung (Studien zum Wandel von Gesellschaft und Bildung im 19. Jahrhundert 3). Göttingen 1972.

THALLER 1981 Manfred Thaller, Praktische Probleme bei der interdisziplinären Untersuchung von Gemeinschaften ‚langer Dauer', in: Gerhard A. Ritter/Rudolf Vierhaus (Hg.), Aspekte der historischen Forschung in Frankreich und Deutschland. Schwerpunkte und Methoden. Deutsch-Französisches Historikertreffen Göttingen 3.-6. 10. 1979 (Veröffentlichungen des Max-Planck-Instituts für Geschichte 69). Göttingen 1981 S. 172-189.

THIELKING 1988 Bernd-Friedrich Thielking, Die Entstehung und Frühphase der Minden-Ravensberger Zigarrenindustrie (1830-1875), in: Hans-Jürgen Teuteberg (Hg.), Westfalens Wirtschaft am Beginn des „Maschinenzeitalters" (Untersuchungen zur Wirtschafts-, Sozial- und Technikgeschichte 6). Dortmund 1988 S. 171-197.

THOMPSON 1968 Edward P. Thompson, The making of the English working class. Harmondsworth ²1968. (Deutsche Übersetzung u. d. T.: Die Entstehung der englischen Arbeiterklasse, 2 Bde. [edition suhrkamp 1170]. Frankfurt/M. 1987).

THOMPSON 1977 Edward P. Thompson, Happy families [Rezension von Stone 1977], in: New society 8. Sept. 1977 S. 499-501.

THOMPSON 1978 Edward P. Thompson, Eighteenth-century English society: class struggle without class?, in: Social history 3. 1978 S. 133-165.

THOMPSON 1980 a Edward P. Thompson, ‚Rough Music' oder englische Katzenmusik, in: ders., Plebeische Kultur und moralische Ökonomie. Aufsätze zur englischen Sozialgeschichte des 18. und 19. Jahrhunderts, hg. Dieter Groh (Ullstein Buch 35046). Frankfurt/M. usw. 1980 S. 131-168.

THOMPSON 1980 b Edward P. Thompson, Patrizische Gesellschaft, plebeische Kultur, in: ders., Plebeische Kultur und moralische Ökonomie. Aufsätze zur englischen Sozialgeschichte des 18. und 19. Jahrhunderts, hg. Dieter Groh (Ullstein Buch 35046). Frankfurt/M. usw. 1980 S. 169-202.

THOMPSON 1980 c Edward P. Thompson, Die ‚moralische Ökonomie' der englischen Unterschichten im 18. Jahrhundert, in: ders., Plebeische Kultur und moralische Ökonomie. Aufsätze zur englischen Sozialgeschichte des 18. und 19. Jahrhunderts, hg. Dieter Groh (Ullstein Buch 35046). Frankfurt/M. usw. 1980 S. 67-130.

THOMPSON 1991 a Edward P. Thompson, The patricians and the plebs, in: ders., Customs in common. London 1991 S. 16-96.

THOMPSON 1991 b Edward P. Thompson, The moral economy reviewed, in: ders., Customs in common. London 1991 S. 259-351.

THOMPSON 1991 c Edward P. Thompson, Rough music, in: ders., Customs in common. London 1991 S. 467-538.

TILLY/TILLY 1971 Charles Tilly/Richard Tilly, Agenda for European economic history in the 1970s, in: The journal of economic history 31. 1971 S. 184-198.

TREIBER 1988 Angela Treiber, Bäuerliche Altenfürsorge in Franken am Beispiel eines fränkischen Juradorfes (Quellen und Forschungen zur Europäischen Ethnologie 5). Würzburg 1988.

TSCHAJANOW 1987 Alexander Tschajanow, Die Lehre von der bäuerlichen Wirtschaft. Versuch einer Theorie der Familienwirtschaft im Landbau. Mit einer Einleitung von Gerd Spittler. Frankfurt usw. 1987.

TURNER 1966 W. H. K. Turner, Osnabrück and Osnaburg, in: Osnabrücker Mitteilungen 73. 1966 S. 55-70.

TYRELL 1976 Hartmann Tyrell, Probleme einer Theorie der gesellschaftlichen Ausdifferenzierung der privatisierten modernen Kernfamilie, in: Zeitschrift für Soziologie 5. 1976 S. 393–417.

UELSCHEN 1966 Gustav Uelschen, Die Bevölkerung in Niedersachsen 1821–1961 (Veröffentlichungen der Akademie für Raumforschung und Landesplanung. Abhandlungen 45). Hannover 1966.

ULBRICHT 1990 Otto Ulbricht, Kindsmord und Aufklärung in Deutschland (Ancien Régime, Aufklärung und Revolution 18). München 1990.

VEIT 1986 Patrice Veit, Das Kirchenlied in der Reformation Martin Luthers. Eine thematische und semantische Untersuchung (Veröffentlichungen des Instituts für europäische Geschichte Mainz 120). Stuttgart 1986.

VEIT 1988 Patrice Veit, Das Gesangbuch als Quelle lutherischer Frömmigkeit, in: Archiv für Reformationsgeschichte 79. 1988 S. 206–229.

VENTKER 1935 August Friedrich Ventker, Stüve und die hannoversche Bauernbefreiung (Veröffentlichungen der Wirtschaftswissenschaftlichen Gesellschaft zum Studium Niedersachsens A 28). Oldenburg 1935.

VERNIER 1984 Bernard Vernier, Vom rechten Gebrauch der Verwandten und der Verwandtschaft: Die Zirkulation von Gütern, Arbeitskräften und Vornamen auf Karpathos (Griechenland), in: Hans Medick/David Sabean (Hg.), Emotionen und materielle Interessen. Sozialanthropologische und historische Beiträge zur Familienforschung (Veröffentlichungen des Max-Planck-Instituts für Geschichte 75). Göttingen 1984 S. 55–110.

VIERHAUS 1984a Rudolf Vierhaus, Deutschland im Zeitalter des Absolutismus, 1648–1763 (Deutsche Geschichte 6) (Kleine Vandenhoeck-Reihe 1439). Göttingen ²1984.

VIERHAUS 1984b Rudolf Vierhaus, Staaten und Stände. Vom Westfälischen bis zum Hubertusburger Frieden, 1648 bis 1763 (Propyläen Geschichte Deutschlands 5). Berlin 1984.

VINCKE 1928 Johannes Vincke, Die Lage und Bedeutung der bäuerlichen Wirtschaft im Fürstentum Osnabrück während des späten Mittelalters (Quellen und Darstellungen zur Geschichte Niedersachsens 37). Hildesheim usw. 1928.

VINCKE 1938 Franz Vincke, Eistrup zu Powe. Ein Beitrag zu der Geschichte des Hofes und der Familie. o. O. 1938 (Manuskript).

VINCKE 1948 Johannes Vincke, Die Hausinschriften des Kirchspiels Belm. Eine Einführung in das Hausinschriftenwesen des Osnabrücker Landes, in: Mitteilungen des Vereins für Geschichte und Landeskunde von Osnabrück 63. 1948 S. 152–250.

VINCKE 1950 Franz Vincke, Geschichte des Hofes und der Familie Pante in Wellingen (Osnabrücker sippenkundliche Quellen und Forschungen 4). Lingen 1950.

VINCKE 1951 Johannes Vincke, Belm, in: Matthias Brinkmann, Unsere Heimat. Heimatbuch für den Landkreis Osnabrück. Osnabrück 1951 S. 265–275.

VINCKE 1980 Johannes Vincke, Geschichte der Kirchengemeinde Belm, in: 750 Jahre St. Dionysius Belm. Belm 1980 S. 10–38.

VISCHER 1958 Lukas Vischer, Die Geschichte der Konfirmation. Ein Beitrag zur Diskussion über das Konfirmationsproblem. Zollikon 1958.

VOIGTLÄNDER 1983 Lutz Voigtländer, Das Dorf Breitenhagen, der Halbspänner Johann Christian Westphal und sein Einschreibebuch (1811–1845). Eine agrar- und kulturgeschichtliche Untersuchung (Studien zur Wirtschafts- und Sozialgeschichte 3). Ostfildern 1983.

VOLAND 1984 Eckart Voland, Human sex-ratio manipulation: historical data from a German parish, in: Journal of human evolution 13. 1984 S. 99–107.

VOLAND 1987 Eckart Voland, Differential infant and child mortality in evolutionary perspective: data from late 17th to 19th century Ostfriesland, Germany, in: L.L.Betzig u. a. (Hg.), Human reproductive behaviour: a Darwinian perspective. Cambridge 1987 S. 253–261.

VOLAND 1989 Eckart Voland, Differential parental investment: some ideas on the contact area of European social history and evolutionary biology, in: V. Standen/R.A. Foley (Hg.), Comparative socioecology. The behavioural ecology of humans and other mammals (Special publication of the British ecological society 8). Oxford usw. 1989 S. 391–403.

VORMBAUM 1980 Thomas Vormbaum, Politik und Gesinderecht im 19. Jahrhundert, vornehmlich in Preußen 1810–1918 (Schriften zur Rechtsgeschichte 21). Berlin 1980.

WALKER 1964 Mack Walker, Germany and the emigration 1816–1885 (Harvard historical monographs 56). Cambridge/Mass. 1964.

WALL 1977 Richard Wall, Regional and temporal variations in English household structure from 1650, in: John Hobcraft/Philip Rees (Hg.), Regional demographic development. London [ca. 1977] S. 89–113.

WALL 1978 Richard Wall, The age at leaving home, in: Journal of family history 3. 1978 S. 181–202.

WALL 1983a Richard Wall, Introduction, in: ders. (Hg.), Family forms in historic Europe. Cambridge 1983 S. 1–63.

WALL 1983b Richard Wall, The household: demographic and economic change in England, 1650–1970, in: ders. (Hg.), Family forms in historic Europe. Cambridge 1983 S. 493–512.

WALL 1986a Richard Wall, Work, welfare and the family: an illustration of the adaptive family economy, in: Lloyd Bonfield u. a. (Hg.), The world we have gained. Histories of population and social structure. Essays presented to Peter Laslett on his 70th birthday. Oxford 1986 S. 261–294.

WALL 1986b Richard Wall, Arbeit, Fürsorge und Familie. Eine vergleichende Betrachtung von Handwerkern, Bauern und Arbeitern in Devon und Westflandern, in: Josef Ehmer/Michael Mitterauer (Hg.), Familienstruktur und Arbeitsorganisation in ländlichen Gesellschaften. Wien usw. 1986 S. 495–554.

WALL 1987 Richard Wall, Leaving home and the process of household formation in pre-industrial England, in: Continuity and change 2. 1987 S. 77–101.

WALLE/WALLE 1972 Etienne van de Walle/Francine van de Walle, Allaitement, stérilité et contraception: les opinions jusqu'au 19$^e$ siècle, in: Population 27. 1972 S. 685–701.

WALLERSTEIN 1974–1989 Immanuel Wallerstein, The modern world system. 3 Bde. New York usw. 1974–1989.

WARNECKE 1984 Edgar F. Warnecke, Bauernhöfe. Zeugnisse bäuerlichen Lebens im Land von Hase und Ems. Osnabrück 1984.

WEBER-KELLERMANN 1975 Ingeborg Weber-Kellermann, Die deutsche Familie. Versuch einer Sozialgeschichte (Suhrkamp Taschenbuch Wissenschaft 185). Frankfurt/M. $^2$1975.

WEBER-KELLERMANN 1979 Ingeborg Weber-Kellermann, Die Kindheit. Kleidung und Wohnen, Arbeit und Spiel. Eine Kulturgeschichte. Frankfurt/M. 1979.

WEBER-KELLERMANN 1985 Ingeborg Weber-Kellermann, Saure Wochen, frohe Feste. Volksbräuche im Wandel. München usw. 1985.

WEBER-KELLERMANN/BIMMER 1985 Ingeborg Weber-Kellermann/Andreas C. Bimmer, Einführung in die Volkskunde/Europäische Ethnologie. Eine Wissenschaftsgeschichte (Sammlung Metzler 79). Stuttgart 1985.

WEHLER 1987 Hans-Ulrich Wehler, Deutsche Gesellschaftsgeschichte, Bd. 1–2. München 1987.

WEIBUST 1972 Knut Weibust, Ritual coparenthood in peasant societies, in: Ethnologia Scandinavica 1972 S. 101–114.

WEILAND 1939 Hans Georg Weiland, Die geschichtliche Entwicklung des bäuerlichen Altenteils und seine Regelung nach dem Reichserbhofgesetz, unter besonderer Berücksichtigung des Altenteils der Bauernwitwe. Diss. jur. Berlin 1939.

WEIR 1984 David R. Weir, Rather never than late: Celibacy and age at marriage in English cohort fertility, 1541–1871, in: Journal of family history 9. 1984 S. 340–354.

Westerfeld 1934 Heinrich Westerfeld, Beiträge zur Geschichte und Volkskunde des Osnabrücker Landes. Haltern 1934.

Westerfeld 1981-1982 Heinrich Westerfeld, Bäuerliche Hochzeiten in altosnabrückischer Zeit, hg. Klaus Kischnick, in: Osnabrücker Land. Heimat-Jahrbuch 1981 S. 125-137; ebd. 1982 S. 130-140.

Weymann 1989 Ansgar Weymann, Handlungsspielräume im Lebenslauf. Ein Essay zur Einführung, in: ders. (Hg.), Handlungsspielräume. Untersuchungen zur Individualisierung und Institutionalisierung von Lebensläufen in der Moderne (Der Mensch als soziales und personales Wesen 9). Stuttgart 1989 S. 1-39.

White/Vann 1983 Stephen D. White/Richard T. Vann, The invention of English individualism: Alan Macfarlane and the modernization of pre-modern England, in: Social history 8. 1983 S. 345-363.

Wieacker 1967 Franz Wieacker, Privatrechtsgeschichte der Neuzeit unter besonderer Berücksichtigung der deutschen Entwicklung. Göttingen $^2$1967.

Wiegelmann 1960 Günter Wiegelmann, Zum Problem der bäuerlichen Arbeitsteilung in Mitteleuropa, in: Aus Geschichte und Landeskunde. Forschungen und Darstellungen. Franz Steinbach zum 65. Geburtstag. Bonn 1960 S. 637-671.

Wiegelmann 1975 Günter Wiegelmann, Bäuerliche Arbeitsteilung in Mittel- und Nordeuropa – Konstanz oder Wandel?, in: Ethnologia scandinavica. A journal for nordic ethnology 1975. S. 5-22.

Wiemann 1910 Hermann Wiemann, Die Osnabrücker Stadtlegge, in: Mitteilungen des Vereins für Geschichte und Landeskunde von Osnabrück 35. 1910 S. 1-76.

Wilson 1984 C. Wilson, Natural fertility in pre-industrial England, 1600-1799, in: Population studies 38. 1984 S. 225-240.

Winkler 1959 Klaus Winkler, Landwirtschaft und Agrarverfassung im Fürstentum Osnabrück nach dem Dreißigjährigen Kriege. Eine wirtschaftsgeschichtliche Untersuchung staatlicher Eingriffe in die Agrarwirtschaft (Quellen und Forschungen zur Agrargeschichte 5). Stuttgart 1959.

Wittich 1896 Werner Wittich, Die Grundherrschaft in Nordwestdeutschland. Leipzig 1896.

Wolf 1966 Eric R. Wolf, Kinship, friendship, and patron-client relations in complex societies, in: Michael Banton (Hg.), The social anthropology of complex societies (A. S. A. monographs 4). London 1966 S. 1-22.

Wrasmann 1919-1921 Adolf Wrasmann, Das Heuerlingswesen im Fürstentum Osnabrück, Teil 1, in: Mitteilungen des Vereins für Geschichte und Landeskunde von Osnabrück 42. 1919 S. 53-171; Teil 2, in: ebd. 44. 1921 S. 1-154.

Wrede 1964 Günther Wrede, Die Entstehung der Landgemeinde im Osnabrücker Land, in: Die Anfänge der Landgemeinde und ihr Wesen Teil 1 (Vorträge und Forschungen 7). Konstanz usw. 1964 S. 289-303.

Wrede 1971 Günther Wrede, Siedlungsentwicklung vom 9. bis 18. Jahrhundert, in: Hans Joachim Behr (Hg.), Der Landkreis Osnabrück. Geschichte und Gegenwart. Osnabrück 1971 S. 97-113.

Wrightson 1981 Keith Wrightson, Household and kinship in 16th-century England, in: History workshop 12. 1981 S. 151-158.

Wrigley 1966 E. A. Wrigley, Family limitation in pre-industrial England, in: Economic history review 19. 1966 S. 82-109.

Wrigley 1978 E. A. Wrigley, Fertility strategy for the individual and the group, in: Charles Tilly (Hg.), Historical studies of changing fertility. Princeton 1978 S. 135-154. (Wieder abgedr. in: E.A. Wrigley, People, cities and wealth. The transformation of traditional society. Oxford 1987 S. 197-214.)

WRIGLEY 1981 E. A. Wrigley, Marriage, fertility and population growth in 18th-century England, in: R. B. Outhwaite (Hg.), Marriage and society. Studies in the social history of marriage. London 1981 S. 137–185.

WRIGLEY 1983 E. A. Wrigley, The growth of population in 18th-century England: A conundrum resolved, in: Past and present 98. 1983 S. 121–150.

WRIGLEY/SCHOFIELD 1983 E. A. Wrigley/Roger S. Schofield, English population history from family reconstitution: Summary results 1600–1799, in: Population studies 37. 1983 S. 157–184.

WRIGLEY/SCHOFIELD 1989 E. A. Wrigley/Roger S. Schofield, The population history of England, 1541–1871. A reconstruction. Cambridge ²1989.

WÜLKER 1940 Heinz Wülker, Bauerntum am Rande der Großstadt. Bevölkerungsbiologie der Dörfer Hainholz, Vahrenwald und List (Hannover) (Bäuerliche Lebensgemeinschaft 1). Leipzig 1940.

WUNDER 1986 Heide Wunder, Die bäuerliche Gemeinde in Deutschland (Kleine Vandenhoeck-Reihe 1483). Göttingen 1986.

WUNDER 1992 Heide Wunder, „Er ist die Sonn', sie ist der Mond". Frauen in der Frühen Neuzeit. München 1992.

ZIESSOW 1988 Karl-Heinz Ziessow, Ländliche Lesekultur im 18. und 19. Jahrhundert. Das Kirchspiel Menslage und seine Lesegesellschaften 1790–1840. Bd. 1–2 (Materialien zur Volkskultur nordwestliches Niedersachsen 12–13). Cloppenburg 1988.

ZONABEND 1978 Françoise Zonabend, La parenté baptismale à Minot (Côte-d'Or), in: Annales E. S. C. 33. 1978 S. 656–676.

ZSCHUNKE 1984 Peter Zschunke, Konfession und Alltag in Oppenheim. Beiträge zur Geschichte von Bevölkerung und Gesellschaft in einer gemischtkonfessionellen Kleinstadt in der frühen Neuzeit (Veröffentlichungen des Instituts für Europäische Geschichte 115). Wiesbaden 1984.

ZWAHR 1981 Hartmut Zwahr, Zur Konstituierung des Proletariats als Klasse. Strukturuntersuchung über das Leipziger Proletariat während der industriellen Revolution. München 1981.

# Glossar

Abkürzungen: i.e.S. = im engeren Sinne; i.w.S. = im weiteren Sinne

*Auffahrt(geld)* Abgabe an den Feudalherrn bei Einheirat in einen Hof.

*Bauerschaft* ländliche Gemeinde, Dorf; im Osnabrücker Land meist mehr oder weniger locker gruppiert bzw. gestreut.

*Brautschatz* die Mitgift, welche die von einem Hofe abgehenden Kinder aus demselben bzw. von dem elterlichen Vermögen erhielten; bedeutete zugleich Abfindung für eventuelle Erbansprüche an den elterlichen Hof.

*Colon* Besitzer eines großen oder kleinen bäuerlichen Hofes; im Osnabrücker Land wurden insbesondere Voll- und Halberben, Erb- und Markkötter (s. jeweils dort) unterschieden.

*Eigenbehörigkeit* wurde im Osnabrücker Land und in benachbarten Gebieten die dort vorherrschende Form der Abhängigkeit und persönlichen Unfreiheit der Bauern gegenüber ihren Feudalherren genannt. Neben den regelmäßigen Abgaben fielen im Osnabrückischen insbesondere auch die ‚ungewissen Gefälle' wie Auffahrtgeld und Sterbfall (s. dort) ins Gewicht.

*Erbkötter* der Inhaber eines – im Vergleich zu den Voll- und Halberben – meist kleineren Hofes mit geringerer Berechtigung in der Mark; in dieser Arbeit zu den ‚Kleinbauern' gezählt.

*Halberbe* a) ein Hof (‚Erbe'), der meist etwas geringere Rechte in der Mark und etwas geringeren Landbesitz hatte als ein Vollerbe; b) der Inhaber eines solchen Hofes. Voll- und Halberben werden in der vorliegenden Arbeit als ‚Groß-' oder ‚Vollbauern' zusammengefaßt.

*Hauptfeuerstätte* das Hauptwohngebäude eines Hofes, in dem der Bauer mit seiner Familie wohnte.

*Heuer* a) Miete, Pacht; b) Arbeitslohn.

*Heuerling* ein Mensch ohne Eigentumsrechte an Haus und Land, der im Nebenwohngebäude eines Hofes zur Miete wohnte, zur Arbeit auf dem Hofe verpflichtet war und etwas Land von dem Hof gepachtet hatte.

*Hof* i.e.S.: der um das Bauernhaus gelegene Hofraum samt den Nebengebäuden (Kotten, Speicher, Schuppen usw.); i.w.S.: das ganze Bauerngut mit allem Zubehör.

*Hussel* bis ins 18. Jahrhundert im Osnabrücker Land Bezeichnung für einen Mieter ohne Eigentumsrechte an Haus und Land.

*Kirchhöfer* Inhaber eines kleinen Gebäudes im Kirchdorf, mit äußerst geringem Landbesitz; in dieser Arbeit zu den ‚Kleinbauern' gezählt.

*Kirchspiel* Kirchengemeinde; umfaßte im Osnabrücker Land meist außer dem Kirchdorf mehrere Bauerschaften.

*Kötter* kann im Osnabrücker Land zwei verschiedene Bedeutungen haben: entweder a) kleinere bäuerliche Eigentümer, die Erb- und Markkötter; oder b) Heuerleute.

*Kotten* ein kleineres Wohngebäude; entweder a) Haus (und Hof) eines Erb- oder Markkötters; oder b) das von Heuerleuten bewohnte Nebengebäude eines Hofes.

*Legge* Schauanstalt, meist städtisch oder staatlich, zu Kontrolle und Verkauf der hausindustriell erzeugten Textilien.

*Leibzucht* das Altenteil oder Ausgedinge, also der Teil des Hofes, den das bisherige Bauernpaar nach der Übergabe an den Nachfolger zur lebenslangen Nutzung behielt; i.e.S. das für die Altenteiler bestimmte Nebenwohngebäude.

*Löwend* grobes Leinen, wie es im Osnabrücker Land und angrenzenden Gebieten hausindustriell hergestellt wurde.

*Mahljahre* die dem Interimswirt zugestandene Zeitspanne; nach ihrem Ablauf hatte er den Hof an den Anerben/die Anerbin zu übergeben (s. S. 451 f.).

*Mark* i.e.S.: die gemeine Mark (Gemeinheit, Allmende), also die Grundstücke, die nicht durch Zäune, Hecken, Wälle o.dgl. eingefriedigt waren und nicht einzelnen Höfen, sondern der Gesamtheit der Markgenossen gehörten und von ihnen nach einem bestimmten Schlüssel genutzt wurden; i.w.S.: die ganze Gemarkung einer Markgenossenschaft (diese umfaßte im Osnabrückischen eine oder mehrere Bauerschaften), also Gemeinheiten *und* die Grundstücke, die einzelnen Höfen gehörten.

*Markkötter* der Inhaber eines Hofes, der meist kleiner war als Vollerben, Halberben und Erbkötter, mit nur geringen Rechten in der Mark; in dieser Arbeit zu den ‚Kleinbauern' gezählt.

*Nebenfeuerstätte* die weiteren Wohngebäude eines Hofes, wie Leibzucht (für Altenteiler), Kotten (für Heuerleute).

*Neubauer* Inhaber einer kleinen neu begründeten Stätte (Haus mit sehr geringem Landbesitz); in dieser Arbeit zu den ‚Kleinbauern' gezählt.

*Plaggen* Gras- oder Heidesoden, als Viehstreu und Dünger benutzt.

*praedium* (lat.) der Bauernhof.

*Stätte* der Bauernhof.

*Sterbfall* Abgabe an den Feudalherrn bei Tod des Bauern/der Bäuerin.

*Vogt* hieß im Osnabrückischen der unterste Vertreter der landesherrlichen Gewalt. Sein Amtsbezirk, die Vogtei, umfaßte ein oder mehrere Kirchspiel(e). Er war dem jeweiligen ‚Amt' als nächsthöherer Behörde unterstellt.

*Vollerbe* a) ein Hof (‚Erbe') mit voller Berechtigung in der Mark, in der Regel die größten Höfe; b) der Inhaber eines solchen Hofes. Voll- und Halberben werden in der vorliegenden Arbeit als ‚Groß-' oder ‚Vollbauern' zusammengefaßt.

*Wehrfester* Colon.

*Weinkauf, Winngeld* übliche Geldzahlung zur Bekräftigung eines Vertragsabschlusses, z.B. bei Pachtung, Miete, Dienstbotenverhältnis, Kauf; auch gleichbedeutend mit Auffahrtgeld (s. dort) gebraucht.

*Zuschlag* Grundstück(steil), das aus der gemeinen Mark ausgeschieden wurde und in das Eigentum eines einzelnen Hofes überging.

# Sachregister

Abkürzungen: s.a. = siehe auch; s.u. = siehe unter
Wird der betreffende Sachverhalt nur im Anmerkungsteil erwähnt, so ist die entsprechende Seitenzahl kursiv gesetzt.

Agrarreformen (s.a. Teilung der gemeinen Mark) 75, 379, 381, 383, 407 ff., 429, 449, 451, 486, 494 ff., 500 f., 571 f., 617
Alkohol *128*, 170, *489*, *497*, 503, 505, 523, *537, 548,* 554
Altenteil s. Leibzucht
Anschreibebücher 44, *356*, *497*, 544, *546*, 558 ff., 565 f.
Arme(nwesen) 239, 241, 247 f., 265 ff., 285 ff., 306 f., 310, 313, 319 f., 325, 327 f., 330, 530, 534, 607
Arzt *161*, 166, 185 *265*, 315
Auffahrt(geld) *424f.*, 428 f., 444 ff., 451 f., 457 f., 485, 520 f.
Ausgedinge s. Leibzucht
Auswanderung 43, 47, 91 ff., 95, 112, 139, 170, 185, 247, 250, 288, 327, 364 f., 374, 401 f., 407, *461*, 462 ff., *472*, 474, 482 ff., 486-494, 498 f., 506, 509, 535, 572, 577, 579 ff., 590, 606 ff., 613 ff., 617, 619

Beerdigung 31 ff., 34 f., 173, *265, 420f.*
Brautschatz 115, 261 f., 322 f., 357, 361, 396 f., 408, 424-430, 432 f., 436 f., 439 ff., 443, 445, 457, 462 ff., 467 ff., 482 f., 485, 494, 501 f., 505 f., 516 f.

Ehebeschränkungen 111 f., 138 f., 243 f., 578 ff.
Ehelosigkeit 96 ff., 137 ff., 188 ff., 222 f., 240 f., 619
Ehescheidung, Trennung von Ehegatten 168 ff., 245, 250 f., 295, 490
Eigenbehörigkeit 233/235, 379 ff., 407 f., 423 ff., 428 f., 467 ff., 485, 495 f., 509-524
Erbrecht und Erbpraxis 55, 95, 107, 113 f., 116 ff., 242, 259, 270, *274f.*, 280, 284, 369 f., 379-411, 423 ff., 429 f., 430, 438, 443 f., 444 ff., 451-480, 508-524, 621 f.
Erst-Kommunion (s.a. Firmung; Konfirmation) 331-335

Fabrikindustrie, Fabrikarbeiter 74, 93, 242, *244*, 251, 274 f., 290, 308, 309 f., 363 f., 495 f., 532, 537, 542 f., *595*, 603, 615
Firmung (s.a. Erst-Kommunion; Konfirmation) *334*
Freikauf *424f.*, 428 f., 467 ff., 516 f., 520
Fruchtbarkeit 96 ff., 140-151, 185 ff., 233, 622, 624

Gemeinheiten s. Mark
Gesinde 63, 69, 97, 114 f., 139, 170, 191 ff., 195, 198 ff., 213-233, 235 ff., 249, 261, 267 ff., 270, 276 f., 279 f., 291 ff., 296, 303 f., 308 f., 310, 312 f., 316 f., 323, 324, 329 ff., 337-363, 399, 454 f., *465*, 470, 488, 512, 520 f., 523, 526, 528 f., 542 f., 576 f., 602 ff., 610, 615 ff., 619, 622 f.
Gleichgewichtssystem Bevölkerung – Ökonomie 25, 27, 96 ff., 112 f., 139 f., 185-190, 193, 221 ff., 266, 368 f., 449 f., 536 ff., 624
Grundherren 55, 58, 60 ff., 113, 180, *256/258*, 260 f., *322*, 379 ff., 381 ff., 383 ff., 394 ff., 407 ff., 424 ff., 428 ff., 439 ff., 445, 451 f., 458 ff., *462*, 467 ff., 485, 495 f., 500 ff., 509-524

Häuser 38 f., 46, 58 f., 63, 75, 203 ff., 258 f., 278 f., 284 f., 315, 366 f., 440 f., 450 f., 486, 490, 496, 502, 508, 512, 526, 528, 540 ff., *545*, 554 ff., 560 ff., 563 ff., 583 ff., 589, 592 f., 611, 614 f., 627 ff.
Handwerk 73 f., 93 f., 96 f., 340, 361 f., 489,

491 ff., 497, 545 f., 548, 551, 554, 576, 587, 589 f.
Haushaltslisten (s. a. Volkszählungen) 35 ff., 195 f., 219 f., 298, 335, 541
Hebammen 74, 165 ff., 460
Heirat (s. a. Trauzeugen) 31 ff., 96 ff., 99–140, 168, 188 f., 222 f., 251, 253, 261, 263, 310 f., 316, 337 f., 348 f., 361 ff., 368–538, 616, 622, 624
- Wiederheirat (s. a. Stiefeltern) 173–184, 260 ff., 280, 292 f., 295, 367, 398, 421 ff., 425 f., 433/436 f., 443, 445 f., 451–480, 481, 500 ff., 529 f., 534 f., 578
Höfe 28, 39 ff., 46, 52 ff., 96 ff., 189 f., 253, 320 ff., 359, 370, 379 ff., 391 ff., 396 f., *438*, 451 ff., 469 ff., 479 f., 480–524, 525 ff., 527 ff., 536, 539–620, 623

Interimswirtschaft
- von Stiefeltern 256, 259 ff., 278 ff., 347, 350/353, 398, 413, 425 f., 439 ff., 443, 445 f., 451–480, 482, 500 ff., 506, 508 f., 523, 534 f., 544, 565, 585 f., 590, 604
- von Geschwistern 345 ff., 399 f., 437, 453, 456, 584
- von Großeltern o. ä. 314 f., 400, 458

Kinder (s. a. Fruchtbarkeit; Pflegekinder; uneheliche Kinder; Stiefkinder) 198 ff., 213–233, 235 ff., 260, 267 ff., 273, 276 ff., 282 ff., 289 f., 292, 294–337, 382 ff., 404 ff., 622
Kirche (s. a. Konfession; Pfarrer) 32 f., 334, 413, 504
Kirchenbücher 31 ff., 34 f., 128, 131, 152, 160 f., *170*, 173, 180, 195, 242 ff., 249, 306 f., 310, 326, *419*, 453, 455, *472*, 484, 490, 497 f., *511*, 530 f., 570, 578 f., 597
Knechte s. Gesinde
Konfession 30 f., 125 ff., 131 f., 154, 159, 163, 166 f., 244–250, 285 f., 287, 326, 336, 418 f., 524 f., 597 f., 602
Konfirmation (s. a. Erst-Kommunion; Firmung) *239*, 286, 306 f., 323, 324–337
Konkubinat 242–250, 449
Krise (s. a. Teuerung) 75 ff., 108 ff., 112, 138 f., 157, 190, 285, 290, 527, 537, 564, 566, *570*, 571 f., 617, 619

Landwirtschaft 47 ff., 75, 426 ff., 502 ff., 511 ff., 545 f., 552 f., 557, 566 ff., 608 ff., 627 ff.
Legge 42 f., 67 ff., 76 ff., 634 ff.
Leibzucht 46, 113, 195, 253–265, 277 ff., 284, 323, 353, 400, 408, *432*, 439, 445 ff., 450 f., 452, 457 ff., *465*, 480 ff., 499, 501 f., 505, 540 ff., 627, 629
Leinengewerbe 42 f., *47*, 51, 66 ff., 75 ff., 107 ff., 157, 221 f., 239 f., 251, 285, 293, 339 f., 356, 427 f., 486, 564, 585, 593, 608 ff., 615 f., 619, 634 ff.

Mägde s. Gesinde
Mark (s. a. Teilung) 50 ff., 60 ff., 75, 557, 563, 567, 616, 627 ff.
Mikro-Geschichte 19 ff., 28, 190, 617 ff., 621 ff.
Mobilität,
- soziale 115 f., 348 ff., 369 f., 370 ff., 410 f., 419 ff., 428 ff., 456 ff., 459 ff., 466, 473 ff., 488 ff., 497 ff., 499 f., 532 ff., 581, 582 ff., 587 f., 621
- räumliche (s. a. Auswanderung) 250, 306, 310 f., 338 f., 340 f., 357 ff., 362, 364, 367, *415*, 418, 525, 543 f., 570–582, 585 f., 587 f., 603 ff., 617, 619, 621, 623 f., 641

Nachbarschaft 411 f., 416 f., *482*, 543 f., 594
Namen 29 f., 32 f., 197, 445 f., 625
- Familiennamen 242, 281 f., 400, 423 f., 453, 506 ff.
- Hofnamen 58, 499, 506 ff.
- Vornamen 33, *549*, 573 ff., 583
Niederdeutsche Sprache 29, 497, 607, 625
Nottaufen s. u. Taufen

Paten 28, 249, 312 ff., 317 ff., 325, *416*, 446, 455, 572 ff., 583, 585 f., 588, 595–606, 612, 618 f., 623
Pfarrer 30 f., 50, 74, 127 f., 139, 170, 173, 175, 180, 195, 240 ff., 285, 287, 289, 319, 325 ff., 341 f., 412, 418 f., 455, 484, 497 f., 602
Pflegekinder 198 ff., *215*, *233*, *269*, 276 f., 279, 286, 287 ff., 296, 298 f., 303–324, 407, 618
Proto-Industrialisierung 19, 47, 66 ff., *94*,

97 f., 105 ff., 138 f., 275, *284*, 290, 339 f., 616 f.

Religion s. Konfession

Schichtung, soziale 52 ff., 94 f., 341 ff., 362 f., 365 ff., 369 f., 418 ff., 524, 533 ff., 543 f., 582 f., 612 ff., 618 ff., 621 ff.
Schule 74, *266*, 286 f., 294, 306, 310, 312, 317, 321, 327, 328 ff., 331/334, 336 f., 380, 497 f., 559
Schulden 261, 286 f., 321, 323, *397*, 399, 440 f., 485, 487 f., 490, 501, 503 ff., 516 f., *545 f.*, 549 f., 564 ff.
Selbstmord 170, 316
Soldaten 170, 244, 321, *343*, 346, *420*, 448, 472, *485*
Sterbfall *256/258*, 424 f., 428 f., 451 f., 457, 522
Sterblichkeit *34 f.*, 95, 96 ff., 149, 152–173, 185 ff., 194, 233, 294 ff., 302/306, 311, 365 ff., 451 f., 457 f., 622
Steuern 39 ff., 47, 59, 63 ff., 321, 379, 424, 470, 486
Stiefeltern, Stiefkinder 256, 259 f., 278 ff., 282 ff., 299 ff., 305, 316 f., 347, 350/353, 398, 413, 415, 433, 440 f., *443*, 445 ff., 451–480, 482 f.
Stillen *35*, 160, 185 ff., 296, 622

Taufe (s. a. Paten) 31 ff., 34, 325, 578
- Nottaufe *143 f.*, 165 f.

Teilung der gemeinen Mark 50 ff., 75, 497, 557, 563, 567
Teuerung (s. a. Krise) 36 f., 72, 240, 266, 270 ff., 293
Totgeburten *143 f.*, *155*, 162, *164*, 166 f., 413, 443, 573, 578
Trauzeugen 572 f., 576, 583, 587 f., 612

Uneheliche Geburten/Kinder 122, 124, 129 ff., 167, 242–250, 288, 307 ff., 355, 423 f., 455, 604

Verwandtschaft 28, 30, 59, 95, 139, 194 f., 197, *215 f.*, 220, 256, 265 ff., 276, 279 f., 281 ff., 290 f., 310, 312 ff., 316, 320 ff., 324, 360, 367, 405 ff., 411 f., 415 f., 417, 439 ff., 467 ff., 482 f., 493, 509–524, 527 ff., 540, 543 f., 555 f., 581 f., 582–595, 600 f., 603, 605 f., 612, 616 f., 619 f., 623 f., 626
- Ehe zwischen Verwandten 246 f., *261*, 430–439, 453 ff., 530 ff.
Volkszählungen 36 ff., 195 f., 219, 250 f., 267, 289, 337, 342, 349, 357 f., 493, 541 f., 570 f., 592, *610*
Voreheliche Konzeptionen 122 ff., 144

Witwen und Witwer 116, 118 ff., 171–184, 195 f., *225*, 235 ff., 249, 251, 252–290, 295, 311 ff., 319, 323, 361 f., 415, 446 ff., 452, 456, 459, *479*, 597, 624
- Witwen 40, 73, 170, 327, 345, 401, 466, 472, 511 ff., 548 f., 558, 563, 585, 589 f.

# Veröffentlichungen des Max-Planck-Instituts für Geschichte

**77** **Reinhold P. Kuhnert · Urbanität auf dem Lande**
Badereisen nach Pyrmont im 18. Jahrhundert. 1984. 295 Seiten mit 5 Abbildungen und 1 Faltkarte. ISBN 3-525-35393-6

**78** **Eckhart Hellmuth**
**Naturrechtsphilosophie und bürokratischer Werthorizont**
Studien zur preußischen Geistes- und Sozialgeschichte des 18. Jahrhunderts. 1985. 302 Seiten. ISBN 3-525-35394-4

**82** **Hans P. Ullmann · Staatsschulden und Reformpolitik**
Die Entstehung moderner öffentlicher Schulden in Bayern und Baden 1780-1820. 2 Teile. 1986. Teil 1: 399 Seiten, Teil 2: XI, 441 Seiten. ISBN 3-525-35398-7

**87** **Bernd von Münchow-Pohl · Zwischen Reform und Krieg**
Untersuchungen zur Bewußtseinslage in Preußen 1809-1812. 1987. 479 Seiten. ISBN 3-525-35623-4

**89** **Rudolf Schlögl · Bauern, Krieg und Staat**
Oberbayerische Bauernwirtschaft und frühmoderner Staat im 17. Jahrhundert. 1988. 422 Seiten. ISBN 3-525-35625-0

**90** **Edith Saurer · Straße, Schmuggel, Lottospiel**
Materielle Kultur und Staat in Niederösterreich, Böhmen und Lombardo-Venetien im frühen 19. Jahrhundert. 1989. 532 Seiten, ISBN 3-525-35626-9

**96** **Manfred Gailus · Straße und Brot**
Sozialer Protest in den deutschen Staaten unter besonderer Berücksichtigung Preußens, 1847-1849. 546 Seiten mit 13 Abbildungen, 13 Tabellen und 1 Faltkarte. ISBN 3-525-35632-3

**97** **Peter Kriedte · Eine Stadt am seidenen Faden**
Haushalt, Hausindustrie und soziale Bewegung in Krefeld in der Mitte des 19. Jahrhunderts. 2., durchgesehene Auflage 1992. 436 Seiten mit 43 Abbildungen, 48 Tabellen und 3 Karten im Anhang. ISBN 3-525-35633-1

**99** **Rainer Sabelleck · Jüdisches Leben**
**in einer nordwestdeutschen Stadt: Nienburg**
1991. 406 Seiten. ISBN 3-525-35636-6

## Vandenhoeck & Ruprecht · Göttingen und Zürich

# Veröffentlichungen des Max-Planck-Instituts für Geschichte

**101 Le livre religieux et ses pratiques / Der Umgang mit dem religiösen Buch**
Etudes sur l'histoire du livre religieux en Allemagne et en France à l'époque moderne / Studien zur Geschichte des religiösen Buches in Deutschland und Frankreich in der frühen Neuzeit. 19 Beiträge. Herausgegeben von Hans Erich Bödeker, Gérald Chaix und Patrice Veit. 1991. 415 Seiten mit 6 Tabellen, 2 Schaubildern und 1 Karte. ISBN 3-525-35638-2

**102 Werner Rösener · Grundherrschaft im Wandel**
Untersuchungen zur Entwicklung geistlicher Grundherrschaften im südwestdeutschen Raum vom 9. bis 14. Jahrhundert. 1991. 607 Seiten mit 21 Tabellen im Text, 4 Tabellen im Anhang und 30 Karten. ISBN 3-525-35639-0

**103 Wolfgang Kaiser · Marseille im Bürgerkrieg**
Sozialgefüge, Religionskonflikt und Faktionskämpfe von 1559-1596. 1991. 390 Seiten mit 91 Abbildungen, Tabellen, Graphiken und Zeichnungen sowie 1 Karte. ISBN 3-525-35640-4

**104 Frühe Neuzeit – Frühe Moderne?**
Forschungen zur Vielschichtigkeit von Übergangsprozessen. Neunzehn Beiträge. Herausgegeben von Rudolf Vierhaus und Mitarbeitern des Max-Planck-Instituts für Geschichte. 1992. 467 Seiten. ISBN 3-525-35641-2

**105 Martin Dinges · Der Maurermeister und der Finanzrichter**
Ehre, Geld und soziale Kontrolle im Paris des 18. Jahrhunderts. 1994. Ca. 470 Seiten. ISBN 3-525-35642-0

**106 Sieglinde Graf · Aufklärung in der Provinz**
Die sittlich-ökonomische Gesellschaft von Ötting-Burghausen 1765-1802. 1993. 305 Seiten mit 4 Tabellen. ISBN 3-525-35643-9

**107 Andrea Hofmeister-Hunger · Pressepolitik und Staatsreform**
Die Institutionalisierung staatlicher Öffentlichkeitsarbeit bei Karl-August von Hardenberg (1792-1822). 1994. Ca. 464 Seiten. ISBN 3-525-35644-7

**108 Valentin Groebner · Ökonomie ohne Haus**
Zum Wirtschaften armer Leute in Nürnberg am Ende des 15. Jahrhunderts. 1993. 291 Seiten. ISBN 3-525-35645-5

**109 Christine Sauer · Fundatio und Memoria**
Stifter und Klostergründer im Bild 1100 bis 1350. 1993. 407 Seiten und 48 Seiten Tafelteil mit 74 Abbildungen. ISBN 3-525-35646-3

*Vandenhoeck & Ruprecht · Göttingen und Zürich*